皮书系列为

“十二五”“十三五”国家重点图书出版规划项目

中国省域竞争力蓝皮书
**BLUE BOOK** OF
CHINA'S PROVINCIAL COMPETITIVENESS

# 中国省域经济综合竞争力发展报告（2015~2016）

REPORT ON CHINA'S PROVINCIAL ECONOMIC COMPETITIVENESS DEVELOPMENT (2015-2016)

## 供给侧结构性改革与中国区域经济新动能培育

Supply-Side Structural Reform and Cultivation of China's Regional Economic New Growth Drivers

主　　编／李建平　李闽榕　高燕京
副 主 编／李建建　苏宏文
执行主编／黄茂兴

社会科学文献出版社
SOCIAL SCIENCES ACADEMIC PRESS (CHINA)

图书在版编目（CIP）数据

中国省域经济综合竞争力发展报告. 2015－2016：供给侧结构性改革与中国区域经济新动能培育 / 李建平，李闽榕，高燕京主编. －－北京：社会科学文献出版社，2017.2

（中国省域竞争力蓝皮书）

ISBN 978－7－5201－0385－5

Ⅰ.①中… Ⅱ.①李… ②李… ③高… Ⅲ.①省－区域经济发展－研究报告－中国－2015－2016 Ⅳ.①F127

中国版本图书馆 CIP 数据核字（2017）第 033302 号

中国省域竞争力蓝皮书

中国省域经济综合竞争力发展报告（2015～2016）

——供给侧结构性改革与中国区域经济新动能培育

主　　编 / 李建平　李闽榕　高燕京
副 主 编 / 李建建　苏宏文
执行主编 / 黄茂兴

出 版 人 / 谢寿光
项目统筹 / 王　绯
责任编辑 / 曹长香

出　　版 / 社会科学文献出版社 · 社会政法分社（010）59367156
地址：北京市北三环中路甲 29 号院华龙大厦　邮编：100029
网址：www.ssap.com.cn
发　　行 / 市场营销中心（010）59367081　59367018
印　　装 / 三河市东方印刷有限公司

规　　格 / 开 本：787mm × 1092mm　1/16
印 张：39　字 数：895 千字
版　　次 / 2017 年 2 月第 1 版　2017 年 2 月第 1 次印刷
书　　号 / ISBN 978－7－5201－0385－5
定　　价 / 198.00 元

皮书序列号 / PSN B－2007－088－1/1

本书如有印装质量问题，请与读者服务中心（010－59367028）联系

中国社会科学院创新工程学术出版项目

荣获中国首届优秀皮书“最佳影响力奖”（2009 年）

荣获中国第二届“优秀皮书奖”（2011 年）

荣获第三届“中国优秀皮书奖·报告奖”一等奖（2012 年）

荣获第四届“中国优秀皮书奖”（2013 年）

荣获第五届“中国优秀皮书奖”（2014 年）

荣获第六届“中国优秀皮书奖”（2015 年）

荣获第七届“中国优秀皮书奖”（2016 年）

入选 2013 年中国“十大皮书”（2013 年）

全国经济综合竞争力研究中心 2016 年重点项目研究成果

中智科学技术评价研究中心 2016 年重点项目研究成果

中央组织部首批青年拔尖人才支持计划（组厅字〔2013〕33 号）2016 年资助的阶段性研究成果

中央组织部第 2 批“万人计划”哲学社会科学领军人才（组厅字〔2016〕37 号）2017 年资助的阶段性研究成果

中宣部 2014 年入选全国文化名家暨“四个一批”人才工程（中宣办发〔2015〕49 号）资助的阶段性研究成果

2016 年教育部哲学社会科学研究重大课题（项目编号：16JZD028）的阶段性研究成果

国家社科基金重点项目（项目编号：16AGJ004）的阶段性研究成果

国家社科基金青年项目（项目编号：14CKS013）的阶段性研究成果

福建省特色重点学科和福建省重点建设学科福建师范大学理论经济学2017年重大研究成果

福建省首批哲学社会科学领军人才、福建省高校领军人才支持计划2017年阶段性研究成果

福建省社会科学研究基地——福建师范大学竞争力研究中心2017年资助的研究成果

福建省高等学校科技创新团队培育计划（项目编号：闽教科〔2012〕03号）的阶段性研究成果

福建师范大学创新团队建设计划（项目编号：IRTW1202）2017年的阶段性研究成果

# 中国省域竞争力蓝皮书编委会



**编著人员名单**

**主　　编**　李建平　李闽榕　高燕京

**副 主 编**　李建建　苏宏文

**执行主编**　黄茂兴

**编写组人员**　黄茂兴　李军军　林寿富　叶　琪　王珍珍
陈洪昭　陈伟雄　唐　杰　黄新焕　易小丽
郑　蔚　杨莉莎　周利梅　张宝英　马永伟
林　瀚　吴　娟　林惠玲　兰筱琳　李师源
夏　琼　彭席席　张艺婷　黄　成　李　振
张　越　游宇东　张贵平　余学颖　张若琼
史方圆　陈　鹏　唐璟怡　肖　蕾

# 主要编撰者简介

**李建平**　男，1946年出生于福建莆田，浙江温州人。曾任福建师范大学政治教育系副主任、主任，经济法律学院院长，副校长、校长。现任全国经济综合竞争力研究中心福建师范大学分中心主任，教授，博士生导师，福建师范大学理论经济学一级学科博士点和博士后科研流动站学术带头人，福建省特色重点建设学科与福建省重点建设学科理论经济学的学科负责人。兼任福建省人民政府经济顾问、中国《资本论》研究会副会长、中国经济规律研究会副会长、全国马克思主义经济学说史研究会副会长、全国历史唯物主义研究会副会长等社会职务。长期从事马克思主义经济思想发展史、《资本论》和社会主义市场经济、经济学方法论、区域经济发展等问题研究，已发表学术论文100多篇，撰写、主编学术著作、教材60多部。科研成果获得教育部第六届、第七届社会科学优秀成果二等奖1项、三等奖1项，八次获得福建省哲学社会科学优秀成果一等奖，两次获得二等奖，还获得全国第七届“五个一工程”优秀理论文章奖，专著《〈资本论〉第一卷辩证法探索》获世界政治经济学学会颁发的第七届“21世纪世界政治经济学杰出成果奖”。福建省优秀专家，享受国务院特殊津贴专家，国家有突出贡献中青年专家，2009年被评为福建省第二届杰出人民教师。

**李闽榕**　男，1955年生，山西安泽人。经济学博士。原福建省新闻出版广电局党组书记、副局长，现为中智科学技术评价研究中心理事长，福建师范大学兼职教授、博士生导师，中国区域经济学会副理事长。主要从事宏观经济学、区域经济竞争力、现代物流等问题研究，已出版著作《中国省域经济综合竞争力研究报告（1998～2004）》等20多部（含合著），并在《人民日报》《求是》《管理世界》等国家级报纸杂志上发表学术论文200多篇。科研成果曾荣获新疆维吾尔自治区第二届、第三届社会科学优秀成果三等奖，以及福建省科技进步一等奖（排名第三）、福建省第七届至第十届社会科学优秀成果一等奖、福建省第六届社会科学优秀成果二等奖、福建省第七届社会科学优秀成果三等奖等10多项省部级奖励（含合作），并有20多篇论文和主持完成的研究报告荣获其他省厅级奖励。

**李建建**　男，1954年生，福建仙游人。经济学博士。原福建师范大学经济学院院长，教授、博士生导师，享受国务院特殊津贴专家。主要从事经济思想史、城市土地经济问题等方面的研究，先后主持和参加了国家自然科学基金、福建省社科规划基金、福建省发展改革委、福建省教育厅和国际合作研究课题20余项，已出版专著、合著《中国城市土地市场结构研究》等10多部，主编《〈资本论〉选读课教材》《政治经济学》

《发展经济学与中国经济发展策论》等教材，在《经济研究》《当代经济研究》等刊物上发表论文70余篇。曾获福建省高校优秀共产党员、福建省教学名师和学校教学科研先进工作者称号，科研成果荣获国家教委优秀教学成果二等奖（合作）、福建省哲学社会科学优秀成果一等奖（合作）、福建省社会科学优秀成果二等奖、福建省社会科学优秀成果三等奖和福建师范大学优秀教学成果一等奖等多项省部级和厅级奖励。

**黄茂兴**　男，1976年生，福建莆田人。教授、博士生导师。现为福建师范大学经济学院院长、福建师范大学福建自贸区综合研究院院长、中国（福建）生态文明建设研究院执行院长、全国经济综合竞争力研究中心福建师范大学分中心常务副主任、二十国集团（G20）联合研究中心常务副主任、福建省人才发展研究中心执行主任，兼任中国数量经济学会副理事长、中国特色社会主义政治经济学论坛副主席、中国区域经济学会常务理事等。主要从事技术经济、区域经济、竞争力问题研究，主持教育部重大招标课题、国家社科基金重点项目等国家、部厅级课题近60项；出版《技术选择与产业结构升级》《论技术选择与经济增长》等著作45部，在《经济研究》《管理世界》等权威刊物发表论文160多篇，科研成果分别荣获教育部第六届、第七届社会科学优秀成果二等奖1项、三等奖1项（合作），福建省第七届至第十一届社会科学优秀成果一等奖7项（含合作）、二等奖3项等近20项省部级科研奖励。入选“国家首批‘万人计划’青年拔尖人才”“国家第2批‘万人计划’哲学社会科学领军人才”“中宣部全国文化名家暨‘四个一批’人才”“人社部国家百千万人才工程国家级人选”“教育部新世纪优秀人才”“福建省高校领军人才”“福建省首批哲学社会科学领军人才”等多项人才奖励计划。2015年荣获人社部授予的“国家有突出贡献的中青年专家”和教育部授予的“全国师德标兵”荣誉称号，2016年荣获中国环境科学学会第十届“青年科技奖”，并荣获2014年团中央授予的第18届“中国青年五四奖章”提名奖等多项荣誉称号。带领的科研团队于2014年被人社部、教育部评为“全国教育系统先进集体”。

# 摘　要

省域经济作为中国经济的一个重要组成部分，在中国经济社会发展中发挥了重要作用。省域经济综合竞争力是衡量一个省域或地区在激烈的市场竞争中能否占据优势的关键因素。在当代经济发展中，中国要增强经济发展的内生活力和动力，就必须大力提升省域经济综合竞争力。

全书共三大部分。第一部分为总报告，旨在从总体上评价分析 2014～2015 年中国省域经济综合竞争力的发展变化，揭示中国各省域经济综合竞争力的优劣势和变化特征，提出增强省域经济综合竞争力的基本路径、方法和对策，为我国省域经济战略决策提供分析依据。第二部分为分报告，通过对 2014～2015 年中国 31 个省、区、市（不包括港澳台）的经济综合竞争力进行评价和比较分析，明确各自内部的竞争优势和薄弱环节，追踪研究各省、区、市经济综合竞争力的演化轨迹和提升方向。第三部分为专题分析报告，专题报告开辟了“供给侧结构性改革与中国区域经济新动能培育”这个专题，分别从供给侧结构性改革与中国区域经济发展格局重塑、中国区域生态环境优化、中国区域产业转型升级、中国区域对外开放新格局构建等方面进行系统分析，深入追踪研究了省域经济发展与中国区域经济综合竞争力的内在关系，为提升中国省域经济综合竞争力提供有价值的决策依据。

附录部分收录了本书关于中国省域经济综合竞争力评价指标体系的指标设置情况和各级指标得分及排名情况，以及 2014～2015 年中国 31 个省、区、市主要经济指标的统计数据，可为广大读者进行定量化分析提供数据参考。

**关键词**　省域经济　综合竞争力　评价分析

# Abstract

As an important part of Chinese economy, provincial economy plays an important mainstay role in economic and social development. The overall competitiveness of economy is a key factor for an area, an industry or a domain to keep superiority and stay in an invincible position in the intense market competition. In contemporary economic development, China should pay attention to and promote the overall competitiveness of provincial economy in order to enhance the inner force and power of economic development.

The book consists of three parts. The first part is a general report, which generally evaluates and analyzes the development and changes of overall competitiveness of China's provincial economy during 2014 – 2015, revealing the strengths, weaknesses and the variation of overall competitiveness in various provinces. The first part also proposes the basic paths, methods and strategies to enhance provincial competitiveness. By this way, it can provide analytical basis for making strategic decisions of China's regional development. The second part is sub-reports. Through the comparative analysis and evaluation of overall competitiveness among China's 31 provinces (not including Hong Kong, Macao and Taiwan) during 2014 – 2015, each province clarifies their own competition advantages and disadvantages. Then it furthers studies on the evolutionary tracks and enhances the direction of the overall competitiveness of economy for provinces, cities, districts. The third part is special analysis reports, which opens up a new topic, namely supply-side structural reform and cultivation of China's regional economic new growth drivers. This part systematically analyzes the China's supply-side structural reform and the reconstruction of regional economic development pattern, the optimization of regional eco-environment, the regional industrial transformation and upgrading, and the construction of new pattern of regional opening. Moreover, it deeply studies the relationship between provincial economic development and regional economic comprehensive competitiveness. Finally, it provides important suggestion for decision making on enhancing China's provincial economic competitiveness.

The appendixes include index system of overall competitiveness of Chinese provincial economy as well as all levels of indicators scores and ranks. Further more, relatively statistical data of overall competitiveness among China's 31 provinces during 2014 – 2015 are provided to readers for further more information.

**Keywords**: Provincial Economy; Overall Competitiveness; Comparative Analysis

# 前　言

“竞争”是市场经济的自然属性和基本要义。省域经济发展的动力就是省域拥有的经济综合竞争力，任何一个省域要想在激烈的市场竞争中求得生存和发展，就必须具有能够占据优势的经济综合竞争力。党的十八大以来，党中央多次强调要提高综合国力、国际竞争力和文化、企业等方面的竞争力。党的十八大报告将“综合国力、国际竞争力、国际影响力迈上一个大台阶”列为十年来取得的重大成就之一，并将“国际竞争力明显增强”作为全面建成小康社会和全面深化改革开放的目标，强调要“提高银行、证券、保险等行业竞争力”“提高大中型企业核心竞争力，把我国经济发展活力和竞争力提高到新的水平”“增强文化整体实力和竞争力”“形成激发人才创造活力、具有国际竞争力的人才制度优势”。党的十八届五中全会强调，“在增强国家硬实力的同时注重提升国家软实力，不断增强发展整体性”。2015 年 11 月 10 日，习近平总书记在中央财经领导小组第十一次会议上首次提出，要“在适度扩大总需求的同时，着力加强供给侧结构性改革”。这一新的表述，标志着中国宏观管理思路的重大变化，将会构筑起下一阶段经济发展的新型驱动力。推进供给侧结构性改革既是适应和引领经济发展新常态的重大创新，也是适应国际金融危机发生后综合国力竞争新形势的主动选择，也是我国经济发展新常态的必然要求。2016 年 12 月 14 日至 16 日在北京举行的 2016 年中央经济工作会议强调指出：“要坚持以提高质量和核心竞争力为中心，坚持创新驱动发展，扩大高质量产品和服务供给。”“引导企业形成自己独有的比较优势，发扬‘工匠精神’，加强品牌建设，培育更多‘百年老店’，增强产品竞争力。”这些论述充分表明，在经济社会发展中，我们党越来越重视国际竞争力和产业、行业竞争力的提升。

省域经济是集社会主义基本制度与市场经济体制的不同属性要求于一体、具有鲜明中国特色的区域经济类型，是中国社会主义市场经济不可或缺的一个重要组成部分，提升省域经济综合竞争力日益引起理论界、学术界和各级政府部门的高度重视。省域经济综合竞争力研究是中国社会主义市场经济建设和发展的产物，国际竞争力理论的兴起和发展过程为它提供了深厚的历史和理论背景，中国社会主义市场经济体制的建立和发展为它的产生提供了“沃土”。研究和提升中国省域经济综合竞争力既要借鉴国际竞争力、国家竞争力和区域竞争力的基本原理和方法，又要立足于中国社会主义市场经济发展的具体实际，不能全盘照搬西方竞争力研究的理论和方法；既要搞好中国省域经济综合竞争力的评价，也要加强中国省域经济综合竞争力未来发展变化的预测。党的十八届三中全会提出，要“完善发展成果考核评价体系，纠正单纯以经济增长速度评定政绩的偏向，加大资源消耗、环境损害、生态效益、产能过剩、科技创新、安全生产、新增债务等指标的权重，更加重视劳动就业、居民收入、社会保障、人民健康状况”。这是我国首次以党的决议形式作出的关于调整政绩考核指标体系的规定，是党中央对新形势下“政绩观”和“发展观”的有效廓清，引导地方政府把注意力更多地集中到转方式、调结构、增效益上来，更加注重“提质增效”和“改革成果惠及全体人民”。这有助于推动各级地方政府和官员从“为数量增长而竞争”“唯 GDP 论英雄”到“为科学发展而竞争”的重大转变，具有十分重要的意义。“中国省域竞争力蓝皮书”自 2007 年首次发布以来，课题组在中国省域经济综合竞争力评价研究过程中就一直淡化 GDP 色彩，注重对经济发展质量的综合性评价，强调经济社会与资源环境的协调和可持续发展。当然，在今后的研究中，我们将继续按照新的考核体系的要求，进一步修改完善中国省域经济综合竞争力评价指标体系，以推动全国各省、区、市更加重视经济发展的质量和效益，更加重视环境保护和生态建设，更加重视安全生产和社会和谐稳定，追求符合长远利益的发展目标，努力实现全面协调可持续的“包容性增长”。只有这样，才能对中国省域经济综合竞争力的提升乃至整个中国经济的又好又快发展，提供重要的理论和实践指导。

有鉴于此，为适应国际竞争力发展和国内区域经济竞争格局的需要，早在 2006 年 1 月，国务院发展研究中心管理世界杂志社、福建师范大学等单位就联合成立了全国经济综合竞争力研究中心。同年，福建师范大学设立了分中心，福建师范大学原校长、博士生导师李建平教授担任分中心主任。十余年来，该分中心主要从事中国省域经济综合竞争力、环境竞争力、国家创新竞争力、低碳经济竞争力、创意经济竞争力及其他竞争力问题的研究。本蓝皮书具体由全国经济综合竞争力研究中心福建师范大学分中心负责组织研究。2007 年 3 月，由李建平、李闽榕、高燕京担任主编的第一部省域竞争力蓝皮书《中国省域经济综合竞争力发展报告（2005～2006）》首次面世，并在中国社会科学院召开新闻发布会，引起了各级政府、理论界和新闻界的广泛关注，产生了强烈的社会反响。随后在 2008 年 3 月、2009 年 3 月、2010 年 2 月、2011 年 2 月、2012 年 2 月、2013 年 2 月、2014 年 3 月、2015 年 2 月、2016 年 2 月，分别编撰、出版了《中国省域经济综合竞争力发展报告（2006～2007）》《中国省域经济综合竞争力发展报告（2007～2008）》《中国省域经济综合竞争力发展报告（2008～2009）》《中国省域经济综合竞争力发展报告（2009～2010）》《“十一五”期间中国省域经济综合竞争力发展报告》《中国省域经济综合竞争力发展报告（2011～2012）》《“十二五”中期中国省域经济综合竞争力发展报告》《中国省域经济综合竞争力发展报告（2013～2014）》《中国省域经济综合竞争力发展报告（2014～2015）》等，目前已出版 10 部蓝皮书，国内外新闻媒体持续对该系列蓝皮书的最新研究成果作了深入报道，引起了各级政府、学术界、理论界和新闻媒体的广泛关注，产生了积极的社会反响。据不完全统计，每年互联网上报道的信息超过 50 万条。经过这些年的努力，该系列蓝皮书已跃升为中国皮书家族中很有影响力的蓝皮书。2009 年 8 月 17～19 日，中国社会科学院在辽宁丹东举行中国首届优秀蓝皮书表彰大会，在全国 100 多种蓝皮书中仅评选出 6 种优秀皮书，其中“中国省域竞争力蓝皮书”荣获“中国首届优秀皮书‘最佳影响力奖’”。2011 年 9 月，在安徽合肥召开的中国优秀皮书颁奖大会上，表彰了 10 部优秀皮书，“中国省域竞争力蓝皮书”

再次荣获“中国优秀皮书奖”，这是入选10部获奖皮书中唯一由地方高校承担的研究成果。2012年9月，在江西南昌举行的第三届“中国优秀皮书奖·报告奖”颁奖大会上，该分中心完成的《2009~2010年全国省域经济综合竞争力总体评价报告》和《2001~2010年G20集团国家创新竞争力总体评价与比较分析》双双荣获第三届“中国优秀皮书奖·报告奖”一等奖，是唯一一个课题组同时获得两项一等奖。2013年8月24~25日在甘肃兰州召开的中国优秀皮书颁奖大会上，本蓝皮书又荣获第四届“中国优秀皮书奖”。2014年8月，在贵州贵阳举行的第五届“中国优秀皮书奖”颁奖大会上，“中国省域竞争力蓝皮书”再次获得殊荣。2015年8月，在湖北恩施举行的第六届“中国优秀皮书奖”颁奖大会上，“中国省域竞争力蓝皮书”再次荣获中国优秀皮书奖。2016年8月，在河南郑州举行的第七届“中国优秀皮书奖”颁奖大会上，“中国省域竞争力蓝皮书”荣获“中国优秀皮书奖”一等奖。连续七次荣获中国优秀皮书奖。一系列皮书成果的科研奖励，充分显示了这一研究成果的学术价值和社会价值。

本年度的研究报告在充分借鉴国内外相关研究成果的基础上，进一步丰富和完善中国省域经济综合竞争力的内涵，紧密跟踪省域经济综合竞争力的最新研究动态，结合当前中国经济进入新常态的新变局、新情况、新挑战，深入分析当前我国省域经济综合竞争力面临的国内外形势、变化特点、发展趋势及动因，同时深度探讨了“十三五”时期中国省域经济面临的环境，并作出相应的政策判断。全书以2014~2015年中国31个省级区域经济综合竞争力的比较分析和评价回顾为主要内容，深刻揭示不同类型和发展水平的中国省域经济综合竞争力的特点及其相对差异，明确各自内部的竞争优势和薄弱环节，追踪研究中国各省、区、市经济综合竞争力的演化轨迹和提升方向，为提升中国省域经济综合竞争力提供有价值的理论指导和决策借鉴。全书共三大部分，基本框架如下。

第一部分为总报告，即2014~2015年全国省域经济综合竞争力总体评价报告。总报告是对2014~2015年中国（除港澳台外）31个省、区、市的经济综合竞争力进行评价分析，构建了由1个一级指标、9个二级指标、25个三级指标和210个四级指标组成的评价体系。在进行综合分析的基础上，通过对2014~2015年中国省域经济综合竞争力变化态势的评价分析，阐述2014~2015年全国各省、区、市经济综合竞争力的区域分布情况，明示我国各省域的优劣势和相对地位，分析评价期内省域经济综合竞争力的变化特征及发展启示，提出增强省域经济综合竞争力的基本路径、方法和对策，为我国区域经济战略选择提供有价值的分析依据。

第二部分为分报告，即对2014~2015年各省域进行经济综合竞争力评价分析。对2014~2015年中国（除港澳台外）31个省级区域的经济综合竞争力进行全面深入科学的比较分析和评价，深刻揭示2014~2015年中国不同类型和发展水平的省域经济综合竞争力的特点及其相对差异性，明确各自内部的竞争优势和薄弱环节，追踪研究各省、区、市经济综合竞争力的演化轨迹和提升方向。

第三部分为专题分析报告，即“供给侧结构性改革与中国区域经济新动能培育”。该专题分别从供给侧结构性改革与中国区域经济发展格局重塑、中国区域生态环境优化、中国区域产业转型升级、中国区域创新能力提升、中国区域对外开放新格局构建等方面的内容进行系统分析，深入追踪研究了省域经济发展与中国区域经济综合竞争力的内在关系，为提升中国省域经济综合竞争力提供有价值的决策依据。

最后为附录部分，其中附录一列出了本书所构建的中国省域经济综合竞争力评价指标体系，为读者详细品读本书的各项研究结论提供分析依据；附录二列出了 2015 年中国省域经济综合竞争力各级指标得分和排名情况，为读者提供可量化的分析依据；附录三列出了 2015 年中国（除港澳台外）31 个省、区、市主要经济指标的统计数据，为读者进行定量化分析提供分析依据。

本报告以过去十年的系列研究成果为基础，力图在中国省域经济综合竞争力的理论、研究方法和实践评价上尝试做一些创新和突破，但受到研究能力和占有资料有限等主客观因素的制约，我们在一些方面的认识和研究仍然不够深入和全面，还有许多需要深入研究的问题未及研究。此外，对各省、区、市如何提升省域经济综合竞争力的具体对策，也需要我们在今后继续深入探索和研究。课题组愿与关注这些问题的研究者一起，不断深化对省域经济综合竞争力理论和方法的研究，使省域经济综合竞争力的评价更加符合客观实际，更为有效地指导省域经济和区域经济发展。

作　者<br>2016 年 12 月 30 日

# 目　录

## Ⅰ　总报告



## Ⅱ　分报告

## Ⅲ 专题分析报告

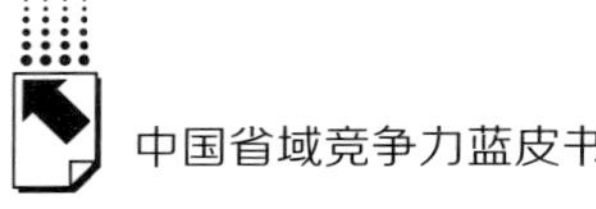




## Ⅳ　附　录



皮书数据库阅读**使用指南**

# CONTENTS

## I General Report

## Ⅱ Departmental Reports

## Ⅲ Special Reports

## Ⅳ Appendix

# Ⅰ 总报告

General Report

## B.1 全国省域经济综合竞争力总体评价报告

中国位于亚欧大陆的东部、太平洋西岸，陆地面积约960万平方公里，陆地边界长达2.28万公里；海域面积473万平方公里，大陆海岸线长约1.8万公里。2015年年末全国总人口为13.75亿人，实现国内生产总值68.55万亿元，同比增长6.9%。世界经济论坛公布的《全球竞争力报告2016～2017》显示，中国在全球竞争力排名榜上保持在第28位，领跑于金砖国家，保持最具竞争力新兴市场地位。省域是中国最大的行政区划，省域经济是中国经济的重要组成部分，省域经济综合竞争力在一定程度上决定着中国经济及其国际竞争力水平。本部分通过对2014～2015年中国省域经济综合竞争力以及各要素竞争力的排名变化分析，从中找出中国省域经济综合竞争力的推动点及影响因素，为进一步提升中国经济综合竞争力提供决策参考。

## 一 全国各省、区、市经济综合竞争力发展评价

### 1.1 全国省域经济综合竞争力评价结果

根据中国省域经济综合竞争力的指标体系和数学模型，对2014～2015年全国除港澳台外的31个省、区、市的相关指标数据进行统计和分析，图1－1、图1－2、图1－3和表1－1是评价期内全国31个省、区、市经济综合竞争力排位和排位变化情况及其下属9个二级指标的评价结果。

### 1.2 全国省域经济综合竞争力排序分析

2015年全国31个省、区、市经济综合竞争力处于上游区（1～10位）的依次为广

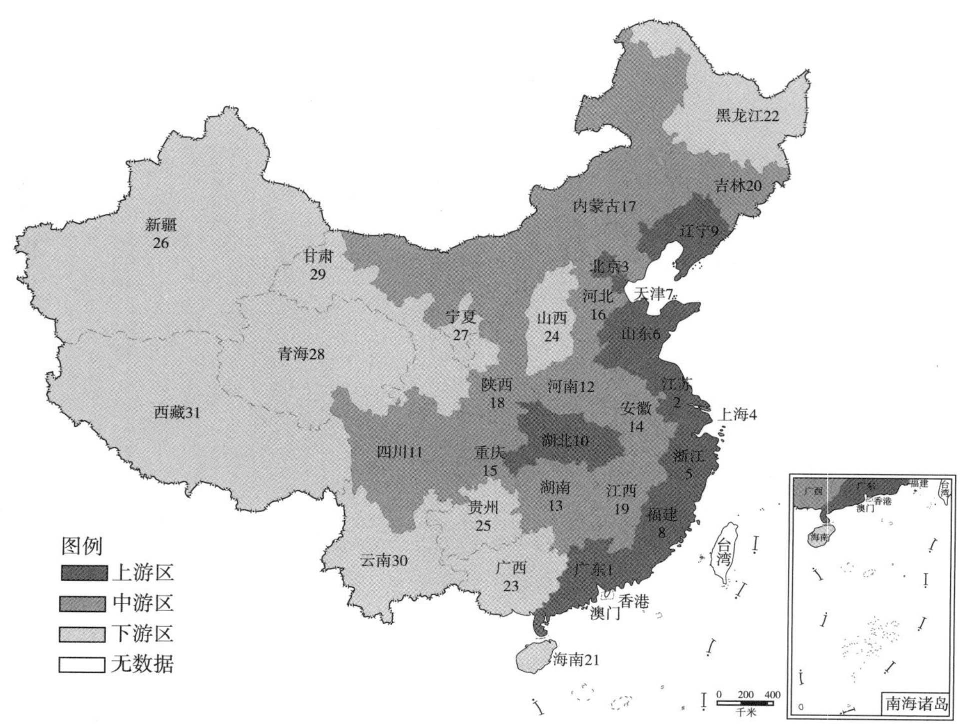


图 1-1　2014 年全国省域经济综合竞争力排位图

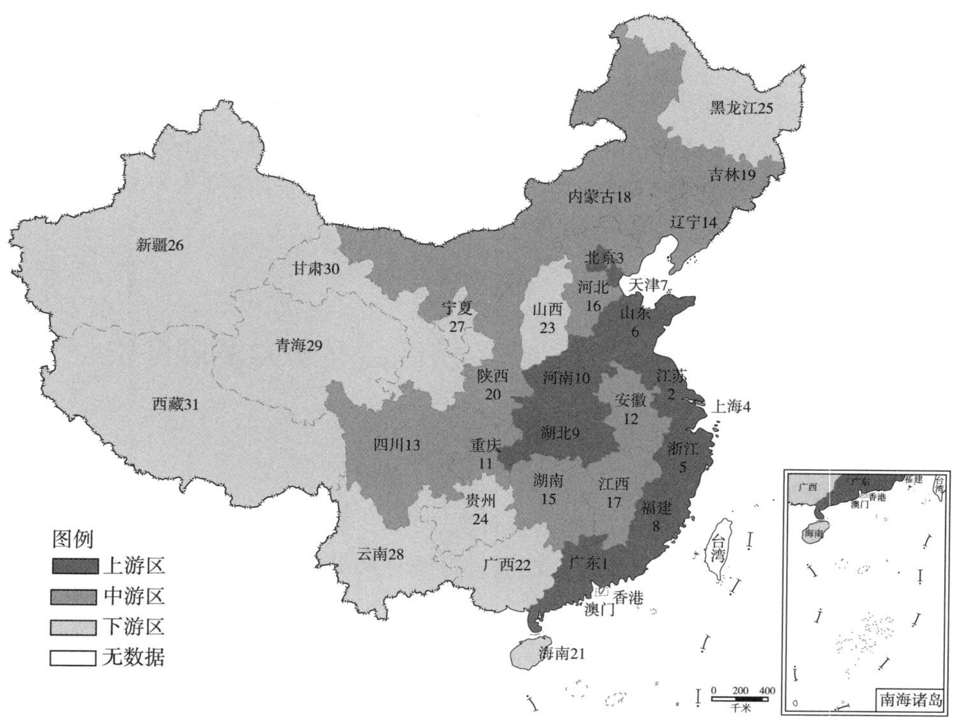


图 1-2　2015 年全国省域经济综合竞争力排位图

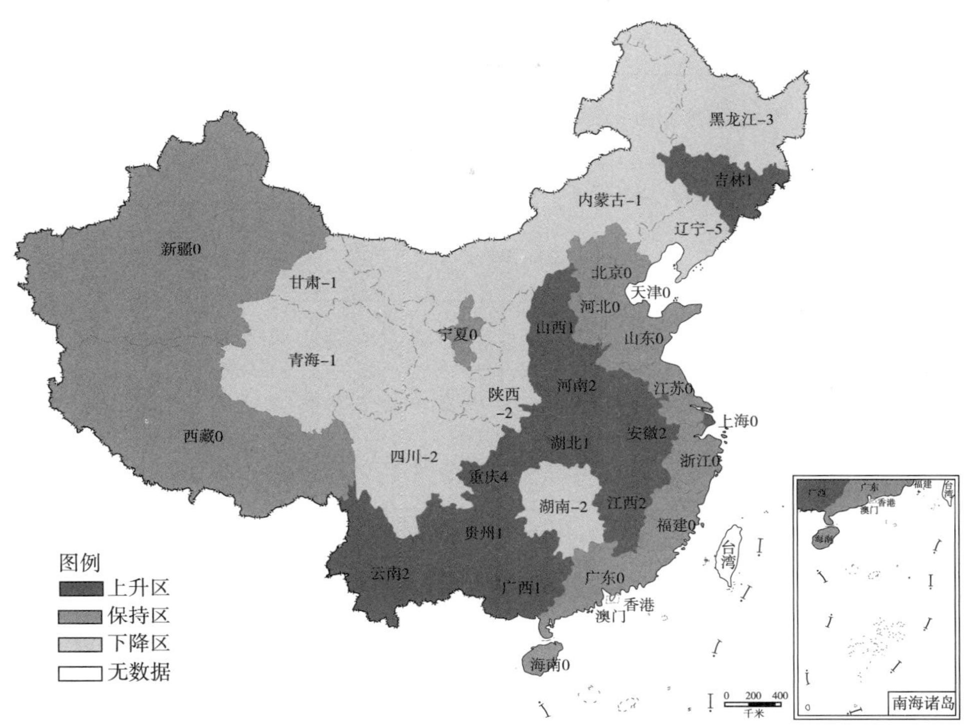


图 1-3　2014～2015 年全国省域经济综合竞争力排位变化图

东省、江苏省、北京市、上海市、浙江省、山东省、天津市、福建省、湖北省、河南省，排在中游区（11～20 位）的依次为重庆市、安徽省、四川省、辽宁省、湖南省、河北省、江西省、内蒙古自治区、吉林省、陕西省，处于下游区（21～31 位）的依次为海南省、广西壮族自治区、山西省、贵州省、黑龙江省、新疆维吾尔自治区、宁夏回族自治区、云南省、青海省、甘肃省、西藏自治区。

2014 年全国 31 个省、区、市经济综合竞争力处于上游区（1～10 位）的依次为广东省、江苏省、北京市、上海市、浙江省、山东省、天津市、福建省、辽宁省、湖北省，排在中游区（11～20 位）的依次为四川省、河南省、湖南省、安徽省、重庆市、河北省、内蒙古自治区、陕西省、江西省、吉林省，处于下游区（21～31 位）的依次为海南省、黑龙江省、广西壮族自治区、山西省、贵州省、新疆维吾尔自治区、宁夏回族自治区、青海省、甘肃省、云南省、西藏自治区。

## 1.3　全国省域经济综合竞争力排序变化比较

2015 年与 2014 年相比较，经济综合竞争力排位上升的有 10 个省、区、市，上升幅度最大的是重庆市，排位上升了 4 位，河南省、江西省、安徽省和云南省均上升了 2 位；13 个省、区、市排位没有变化；排位下降的有 8 个省、区、市，下降幅度最大的是辽宁省，排位下降了 5 位，黑龙江省下降了 3 位，四川省、湖南省和陕西省等下降了 2 位。

## 表 1－1　2014～2015 年全国 31 个省、区、市经济综合竞争力评价比较

| 地区 \ 指标 | 2014年 宏观经济竞争力 | 2014年 产业经济竞争力 | 2014年 可持续发展竞争力 | 2014年 财政金融竞争力 | 2014年 知识经济竞争力 | 2014年 发展环境竞争力 | 2014年 政府作用竞争力 | 2014年 发展水平竞争力 | 2014年 统筹协调竞争力 | 2014年 全国比较综合排名 | 2015年 宏观经济竞争力 | 2015年 产业经济竞争力 | 2015年 可持续发展竞争力 | 2015年 财政金融竞争力 | 2015年 知识经济竞争力 | 2015年 发展环境竞争力 | 2015年 政府作用竞争力 | 2015年 发展水平竞争力 | 2015年 统筹协调竞争力 | 2015年 全国比较综合排名 | 综合排名升降 |
|---|---|---|---|---|---|---|---|---|---|---|---|---|---|---|---|---|---|---|---|---|---|
| 北京 | 5 | 5 | 2 | 1 | 2 | 2 | 5 | 3 | 17 | 3 | 5 | 6 | 1 | 1 | 3 | 2 | 7 | 5 | 4 | 3 | 0 |
| 天津 | 7 | 7 | 17 | 5 | 7 | 6 | 6 | 8 | 1 | 7 | 7 | 7 | 4 | 5 | 8 | 7 | 5 | 8 | 1 | 7 | 0 |
| 河北 | 15 | 11 | 27 | 28 | 20 | 14 | 13 | 17 | 9 | 16 | 16 | 12 | 27 | 23 | 20 | 14 | 9 | 18 | 17 | 16 | 0 |
| 山西 | 29 | 29 | 7 | 16 | 16 | 23 | 15 | 25 | 26 | 24 | 29 | 29 | 10 | 16 | 17 | 23 | 11 | 24 | 25 | 23 | 1 |
| 内蒙古 | 12 | 15 | 1 | 27 | 28 | 20 | 16 | 21 | 10 | 17 | 23 | 13 | 2 | 26 | 28 | 21 | 17 | 17 | 11 | 18 | -1 |
| 辽宁 | 10 | 17 | 11 | 23 | 19 | 9 | 3 | 10 | 13 | 9 | 13 | 18 | 19 | 31 | 21 | 11 | 2 | 16 | 5 | 14 | -5 |
| 吉林 | 22 | 21 | 15 | 30 | 22 | 26 | 12 | 19 | 7 | 20 | 17 | 17 | 12 | 30 | 23 | 26 | 12 | 20 | 9 | 19 | 1 |
| 黑龙江 | 27 | 22 | 5 | 31 | 27 | 28 | 9 | 26 | 2 | 22 | 27 | 31 | 5 | 28 | 27 | 30 | 15 | 25 | 7 | 25 | -3 |
| 上海 | 4 | 6 | 12 | 2 | 5 | 1 | 8 | 2 | 6 | 4 | 3 | 5 | 3 | 2 | 6 | 1 | 8 | 3 | 2 | 4 | 0 |
| 江苏 | 2 | 1 | 19 | 4 | 3 | 3 | 4 | 1 | 4 | 2 | 2 | 1 | 16 | 4 | 1 | 3 | 1 | 1 | 6 | 2 | 0 |
| 浙江 | 3 | 4 | 9 | 6 | 6 | 5 | 2 | 5 | 8 | 5 | 4 | 4 | 6 | 6 | 5 | 5 | 4 | 4 | 3 | 5 | 0 |
| 安徽 | 16 | 13 | 18 | 22 | 15 | 10 | 14 | 15 | 15 | 14 | 10 | 15 | 17 | 20 | 14 | 12 | 13 | 12 | 18 | 12 | 2 |
| 福建 | 8 | 12 | 3 | 13 | 13 | 8 | 10 | 9 | 19 | 8 | 8 | 9 | 9 | 10 | 13 | 8 | 14 | 9 | 10 | 8 | 0 |
| 江西 | 21 | 20 | 24 | 15 | 14 | 21 | 26 | 12 | 16 | 19 | 18 | 19 | 24 | 21 | 16 | 18 | 22 | 11 | 16 | 17 | 2 |
| 山东 | 6 | 2 | 13 | 12 | 4 | 7 | 7 | 6 | 5 | 6 | 6 | 3 | 11 | 8 | 4 | 6 | 6 | 7 | 8 | 6 | 0 |
| 河南 | 17 | 8 | 23 | 18 | 8 | 16 | 21 | 16 | 11 | 12 | 12 | 8 | 22 | 18 | 7 | 17 | 21 | 10 | 13 | 10 | 2 |
| 湖北 | 11 | 10 | 22 | 10 | 10 | 11 | 20 | 14 | 20 | 10 | 9 | 10 | 14 | 7 | 10 | 10 | 19 | 15 | 15 | 9 | 1 |
| 湖南 | 13 | 9 | 26 | 24 | 12 | 15 | 17 | 13 | 12 | 13 | 14 | 11 | 26 | 27 | 11 | 13 | 18 | 13 | 14 | 15 | -2 |
| 广东 | 1 | 3 | 8 | 3 | 1 | 4 | 1 | 4 | 14 | 1 | 1 | 2 | 8 | 3 | 2 | 4 | 3 | 2 | 12 | 1 | 0 |
| 广西 | 25 | 23 | 10 | 29 | 21 | 24 | 24 | 18 | 22 | 23 | 19 | 21 | 13 | 29 | 19 | 25 | 25 | 19 | 24 | 22 | 1 |
| 海南 | 20 | 25 | 6 | 11 | 26 | 27 | 18 | 22 | 24 | 21 | 20 | 22 | 7 | 15 | 26 | 19 | 10 | 22 | 23 | 21 | 0 |
| 重庆 | 9 | 18 | 25 | 19 | 17 | 12 | 19 | 7 | 21 | 15 | 11 | 16 | 21 | 13 | 15 | 9 | 20 | 6 | 19 | 11 | 4 |
| 四川 | 14 | 14 | 31 | 8 | 11 | 19 | 11 | 11 | 3 | 11 | 15 | 14 | 25 | 12 | 9 | 20 | 16 | 14 | 20 | 13 | -2 |
| 贵州 | 23 | 24 | 28 | 9 | 18 | 18 | 28 | 24 | 30 | 25 | 24 | 23 | 30 | 11 | 18 | 15 | 27 | 26 | 29 | 24 | 1 |
| 云南 | 31 | 27 | 14 | 17 | 25 | 31 | 30 | 27 | 29 | 30 | 30 | 25 | 23 | 25 | 25 | 29 | 29 | 29 | 27 | 28 | 2 |
| 西藏 | 28 | 30 | 16 | 7 | 31 | 30 | 31 | 31 | 23 | 31 | 25 | 26 | 28 | 9 | 31 | 31 | 31 | 31 | 21 | 31 | 0 |
| 陕西 | 19 | 16 | 21 | 20 | 9 | 17 | 23 | 23 | 18 | 18 | 21 | 20 | 15 | 17 | 12 | 22 | 24 | 23 | 22 | 20 | -2 |
| 甘肃 | 30 | 26 | 29 | 25 | 23 | 29 | 27 | 30 | 28 | 29 | 31 | 30 | 29 | 19 | 22 | 28 | 28 | 30 | 28 | 30 | -1 |
| 青海 | 26 | 31 | 30 | 21 | 30 | 22 | 29 | 28 | 25 | 28 | 22 | 28 | 31 | 22 | 30 | 24 | 30 | 28 | 26 | 29 | -1 |
| 宁夏 | 18 | 28 | 20 | 26 | 29 | 13 | 22 | 20 | 31 | 27 | 26 | 27 | 18 | 24 | 29 | 16 | 23 | 21 | 31 | 27 | 0 |
| 新疆 | 24 | 19 | 4 | 14 | 24 | 25 | 25 | 29 | 27 | 26 | 28 | 24 | 20 | 14 | 24 | 27 | 26 | 27 | 30 | 26 | 0 |

### 1.4 全国省域经济综合竞争力跨区段变化情况及动因分析

在评价期内，有部分省份的排位出现跨区段变化，其中河南省由中游区跨入上游区，上升了2位，辽宁省由上游区跌入中游区，下降了5位。中游区和下游区其他省份排位没有发生跨区段变化。由于一级指标仍属于合成性指标，要真正找准影响省域经济综合竞争力升降的根本原因，还必须对处于基础地位、具有确定值的四级指标进行评价分析，本书第二部分将对每个省份的经济综合竞争力进行具体评价分析。

## 二 全国各省、区、市经济综合竞争力的区域分布

### 2.1 全国省域经济综合竞争力均衡性分析

按照阈值法进行无量纲化处理和加权求和后得到的各省、区、市经济综合竞争力排位，反映的只是排序位差，要更为准确地反映各省、区、市经济综合竞争力的实际差距，还需要分析各级指标竞争力得分及分布情况，对竞争力得分的实际差距及其均衡性进行深入研究和分析。图2－1是2014年和2015年全国各省、区、市经济综合竞争力评价分值的分布情况。表2－1则以2015年排位为基础，列出了评价期内全国各省、区、市经济综合竞争力评价分值及其变化情况。

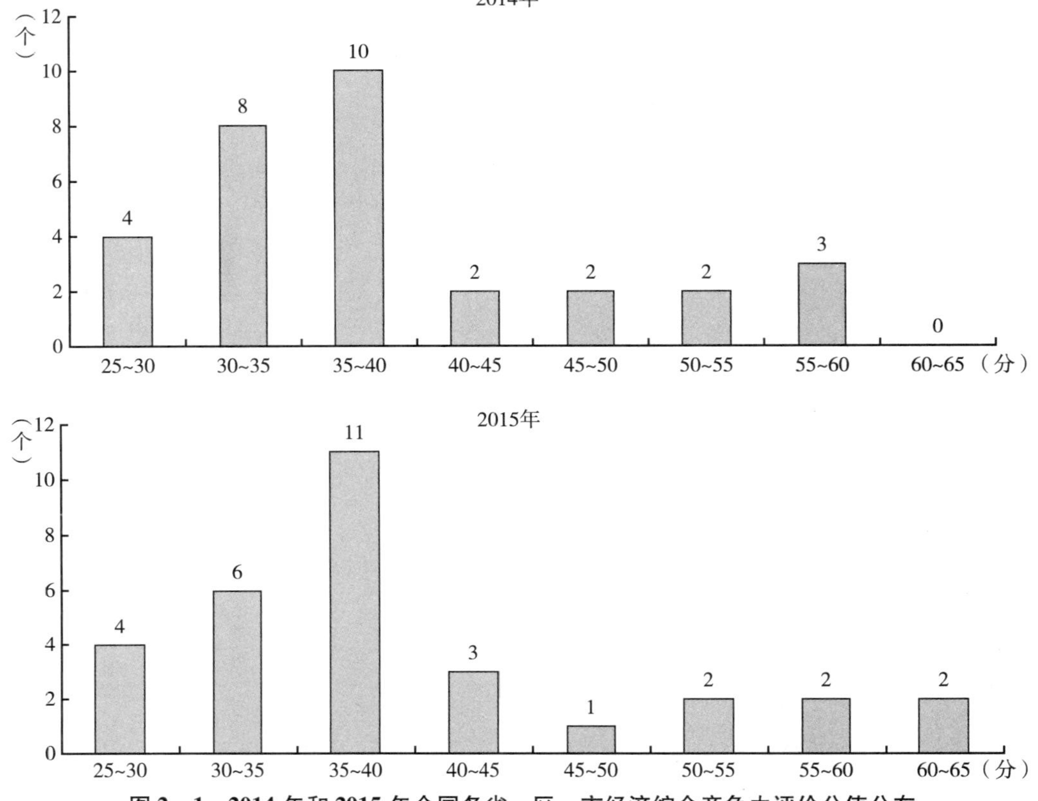


**图2－1 2014年和2015年全国各省、区、市经济综合竞争力评价分值分布**

**表 2－1　全国各省、区、市经济综合竞争力评价分值及分差比较**

单位：分

| 2015 年排位 | 地区 | 2014 年 | 2015 年 | 分值升降 |
|---|---|---|---|---|
| 1 | 广　东 | 59.2 | 60.9 | 1.7 |
| 2 | 江　苏 | 58.4 | 60.6 | 2.3 |
| 3 | 北　京 | 57.1 | 57.7 | 0.6 |
| 4 | 上　海 | 54.2 | 57.2 | 3.0 |
| 5 | 浙　江 | 50.5 | 53.0 | 2.5 |
| 6 | 山　东 | 48.6 | 50.5 | 1.9 |
| 7 | 天　津 | 47.5 | 49.4 | 1.9 |
| 8 | 福　建 | 41.0 | 43.0 | 2.1 |
| 9 | 湖　北 | 39.4 | 41.1 | 1.7 |
| 10 | 河　南 | 38.7 | 40.4 | 1.7 |
| **平均** | | **49.5** | **51.4** | **1.9** |
| 11 | 重　庆 | 37.8 | 39.9 | 2.1 |
| 12 | 安　徽 | 37.9 | 39.5 | 1.6 |
| 13 | 四　川 | 39.0 | 39.3 | 0.3 |
| 14 | 辽　宁 | 40.1 | 39.2 | -0.8 |
| 15 | 湖　南 | 38.0 | 38.9 | 0.8 |
| 16 | 河　北 | 36.6 | 38.1 | 1.5 |
| 17 | 江　西 | 35.5 | 36.9 | 1.4 |
| 18 | 内蒙古 | 36.6 | 36.3 | -0.3 |
| 19 | 吉　林 | 34.2 | 36.0 | 1.8 |
| 20 | 陕　西 | 36.3 | 35.5 | -0.8 |
| **平均** | | **37.2** | **38.0** | **0.8** |
| 21 | 海　南 | 33.7 | 35.0 | 1.3 |
| 22 | 广　西 | 32.4 | 34.2 | 1.8 |
| 23 | 山　西 | 32.4 | 33.4 | 1.0 |
| 24 | 贵　州 | 31.9 | 32.1 | 0.2 |
| 25 | 黑龙江 | 33.1 | 31.0 | -2.2 |
| 26 | 新　疆 | 31.7 | 30.9 | -0.8 |
| 27 | 宁　夏 | 31.7 | 30.8 | -0.9 |
| 28 | 云　南 | 27.7 | 28.2 | 0.4 |
| 29 | 青　海 | 28.3 | 27.9 | -0.4 |
| 30 | 甘　肃 | 27.9 | 27.8 | -0.1 |
| 31 | 西　藏 | 26.5 | 27.6 | 1.1 |
| **平均** | | **30.7** | **30.8** | **0.1** |
| **全国平均** | | **38.8** | **39.8** | **1.0** |

从图 2－1 中可以看出，不同地区的经济综合竞争力分布很不均衡，全国有一半多的省份经济综合竞争力得分集中在 30～40 分，整体上看，都比较分散，而且

呈现偏态分布。从 2014 ~ 2015 年的对比情况来看，各省份得分的分布有较大变化，其中得分在 30 ~ 35 分的省份由 8 个减少到 6 个，在 35 ~ 40 分的省份由 10 个增加到 11 个，特别是 60 ~ 65 分增加了 2 个，其他得分区间的省份数量变化不明显。

从表 2 – 1 中可以看出，不同区段省份经济综合竞争力的综合得分差距悬殊，2015 年，得分最低的西藏自治区只有 27.6 分，不到第一名广东省的一半。另外，同一区段内部各省份的得分差距也比较明显，同样是处于上游区，排在第 10 位的河南省与排在第 1 位的广东省在评价总分值上相差了 20.5 分；但是处于中游区的 10 个省份得分比较接近，排在第 11 位的重庆市得分为 39.9 分，比排在第 20 位的陕西省仅多出 4.4 分。同样是处于下游区，排在第 21 位的海南省比排在第 31 位的西藏自治区高出 7.4 分。处于上游区的 10 个省份平均分值为 51.4 分，处于中游区的 10 个省份平均分值为 38.0 分，处于下游区的 11 个省份平均分值为 30.8 分，比差为 1.67∶1.23∶1。

从 2014 ~ 2015 年得分升降来看，全国 23 个省份的得分有所上升，上升幅度最大的是上海市，增加了 3.0 分，其次是浙江省、江苏省、重庆市和福建省，都增加了 2 分以上。共有 8 个省份得分下降，下降幅度最大的是黑龙江省，下降了 2.2 分。从全国平均分值来看，2015 年为 39.8 分，与 2014 年相比，上升了 1 分。

## 2.2 全国省域经济综合竞争力区域评价分析

表 2 – 2 列出了评价期内全国四大区域经济综合竞争力评价分值及其分差情况。2014 年全国四大区域经济综合竞争力的评价分值依次为：东部地区 48.7 分、中部地区 37.0 分、西部地区 32.3 分、东北地区 35.8 分，四大区域的分值比差为 1∶0.76∶0.66∶0.74，西部地区经济综合竞争力分值与东部地区的差距比较大。2015 年全国四大区域经济综合竞争力的评价分值依次为：东部地区 50.5 分、中部地区 38.4 分、西部地区 32.5 分、东北地区 35.4 分，比差为 1∶0.76∶0.64∶0.70，西部地区经济综合竞争力与东部地区的差距有所扩大。与 2014 年相比，西部地区与东部地区的差距扩大了 1.7 分，表明西部地区与东部地区的差距在扩大。

从 2014 ~ 2015 年区域经济综合竞争力平均分值变化情况看，四个地区平均分值各有变化，其中东部地区平均分值上升最多，增加了 1.8 分；中部地区平均得分增加了 1.4 分，而东北地区平均得分下降了 0.4 分。由此反映出各个板块经济综合竞争力变化出现分化现象，四大区域经济综合竞争力发展的协调性还有待提高。

**表 2 – 2　全国四大区域经济综合竞争力评价分值及分差比较**

单位：分

| 地区 | 2014 年 | 2015 年 | 分值升降 | 地区 | 2014 年 | 2015 年 | 分值升降 |
|---|---|---|---|---|---|---|---|
| 东部地区 | 48.7 | 50.5 | 1.8 | 西部地区 | 32.3 | 32.5 | 0.2 |
| 中部地区 | 37.0 | 38.4 | 1.4 | 东北地区 | 35.8 | 35.4 | –0.4 |

## 2.3 全国省域经济综合竞争力区域内部差异分析

省域经济综合竞争力不仅在全国四大区域之间有明显差距，各区域内部各省份之间也存在较大差距，为分析我国四大区域各自内部省份的经济综合竞争力排位差异情况，表2-3、表2-4、表2-5和表2-6分别列出了评价期内东部地区、中部地区、西部地区和东北地区省份在全国的排位情况。

从表2-3中可以看出，东部10个省份的经济综合竞争力排位绝大部分都在上游区，只有河北省和海南省分别处于中游区和下游区，其他8个省份都处在上游区，并且排位比较稳定，排位没有发生变化，说明东部地区在全国处于绝对优势地位。但在东部地区的10个省份内部，竞争格局也是不平衡的，最明显的差距体现在海南省与其他省份之间，就是同样处在上游区的省份，也存在较大的差距。表2-1的竞争力得分结果显示，除广东省和江苏省以外，北京市、上海市、浙江省和山东省得分都在50分以上，福建省得分相对较低。

**表2-3 东部地区经济综合竞争力排位比较**

| 地区 | 东部地区排位 | | | 全国排位 | | |
|---|---|---|---|---|---|---|
| | 2014年 | 2015年 | 排位升降 | 2014年 | 2015年 | 排位升降 |
| 广 东 | 1 | 1 | 0 | 1 | 1 | 0 |
| 江 苏 | 2 | 2 | 0 | 2 | 2 | 0 |
| 北 京 | 3 | 3 | 0 | 3 | 3 | 0 |
| 上 海 | 4 | 4 | 0 | 4 | 4 | 0 |
| 浙 江 | 5 | 5 | 0 | 5 | 5 | 0 |
| 山 东 | 6 | 6 | 0 | 6 | 6 | 0 |
| 天 津 | 7 | 7 | 0 | 7 | 7 | 0 |
| 福 建 | 8 | 8 | 0 | 8 | 8 | 0 |
| 河 北 | 9 | 9 | 0 | 16 | 16 | 0 |
| 海 南 | 10 | 10 | 0 | 21 | 21 | 0 |

从表2-4中可以看出，中部地区6个省份的经济综合竞争力排位，湖北省、河南省处于上游区，山西省处在下游区，其他3个省份都处在中游区。与2014年相比，2015年湖南省的综合排位下降了2位，其他省份排位都有上升。从表2-2的竞争力得分来看，中部地区与东部地区得分差距较大，与西部地区得分差距较小，这说明就整体而言，中部地区尚不具备明显的竞争优势。中部地区内部的6个省份也表现出明显的非均衡性，分别处于上游区、中游区和下游区。从地区内部的排位变化来看，中部地区各省份竞争力相对变化不明显。

**表 2－4　中部地区经济综合竞争力排位比较**

| 地区 | 中部地区排位 | | | 全国排位 | | |
|---|---|---|---|---|---|---|
| | 2014 年 | 2015 年 | 排位升降 | 2014 年 | 2015 年 | 排位升降 |
| 湖　北 | 1 | 1 | 0 | 10 | 9 | 1 |
| 河　南 | 2 | 2 | 0 | 12 | 10 | 2 |
| 安　徽 | 4 | 3 | 1 | 14 | 12 | 2 |
| 湖　南 | 3 | 4 | －1 | 13 | 15 | －2 |
| 江　西 | 5 | 5 | 0 | 19 | 17 | 2 |
| 山　西 | 6 | 6 | 0 | 24 | 23 | 1 |

从表 2－5 中可以看出，西部地区 12 个省份的经济综合竞争力排位大多数处在下游区，但是也有重庆市、四川省、陕西省和内蒙古自治区处于中游区，其他各省份处于明显的劣势地位。从表 2－2 的竞争力得分来看，2015 年西部地区平均得分只有东部地区得分的 64%，表明其竞争力与东部地区相比有很大差距，但西部地区与中部地区相比，很多省份的竞争力得分差距很小，其竞争力劣势就不太明显。从 2014～2015 年得分变化来看，西部地区平均得分增加幅度较小，但延续了往年的变化趋势，说明西部地区的竞争力在逐步提升。从西部地区 12 个省份内部来看，各省份之间的差距也是很明显的，西部地区各省份的综合竞争力排位相对稳定，除了少数省份排位有所调整以外，多数没有太大的变化。

**表 2－5　西部地区经济综合竞争力排位比较**

| 地区 | 西部地区排位 | | | 全国排位 | | |
|---|---|---|---|---|---|---|
| | 2014 年 | 2015 年 | 排位升降 | 2014 年 | 2015 年 | 排位升降 |
| 重　庆 | 2 | 1 | 1 | 15 | 11 | 4 |
| 四　川 | 1 | 2 | －1 | 11 | 13 | －2 |
| 内蒙古 | 3 | 3 | 0 | 17 | 18 | －1 |
| 陕　西 | 4 | 4 | 0 | 18 | 20 | －2 |
| 广　西 | 5 | 5 | 0 | 23 | 22 | 1 |
| 贵　州 | 6 | 6 | 0 | 25 | 24 | 1 |
| 新　疆 | 7 | 7 | 0 | 26 | 26 | 0 |
| 宁　夏 | 8 | 8 | 0 | 27 | 27 | 0 |
| 云　南 | 11 | 9 | 2 | 30 | 28 | 2 |
| 青　海 | 9 | 10 | －1 | 28 | 29 | －1 |
| 甘　肃 | 10 | 11 | －1 | 29 | 30 | －1 |
| 西　藏 | 12 | 12 | 0 | 31 | 31 | 0 |

从表 2－6 中可以看出，相对于其他地区，东北地区 2015 年竞争力有所下降，处于上游区的辽宁排位下降了 5 位，从上游区降入中游区，吉林省处于中游区，而黑龙江省则处于下游区，平均得分也有所下降。从东北地区内部来看，吉林省和黑龙江省的排位与辽宁省相比，仍然有较大差距。

**表 2 - 6　东北地区经济综合竞争力排位比较**

| 地区 | 东北地区排位 | | | 全国排位 | | |
|---|---|---|---|---|---|---|
| | 2014 年 | 2015 年 | 排位升降 | 2014 年 | 2015 年 | 排位升降 |
| 辽　宁 | 1 | 1 | 0 | 9 | 14 | -5 |
| 吉　林 | 2 | 2 | 0 | 20 | 19 | 1 |
| 黑龙江 | 3 | 3 | 0 | 22 | 25 | -3 |

## 三　全国省域宏观经济竞争力评价分析

### 3.1　全国省域宏观经济竞争力评价结果

根据宏观经济竞争力指标体系和数学模型，课题组对采集到的 2014 ~ 2015 年全国 31 个省、区、市的相关统计资料进行整理和合成，图 3 - 1、图 3 - 2、图 3 - 3 和表 3 - 1 显示了这两个年份宏观经济竞争力排位和排位变化情况，以及其下属 3 个三级指标的评价结果。

### 3.2　全国省域宏观经济竞争力排序分析

2014 年全国各省、区、市宏观经济竞争力处于上游区（1 ~ 10 位）的依次是广东省、江苏省、浙江省、上海市、北京市、山东省、天津市、福建省、重庆市、辽宁省，排在中游区（11 ~ 20 位）的依次为湖北省、内蒙古自治区、湖南省、四川省、河北省、

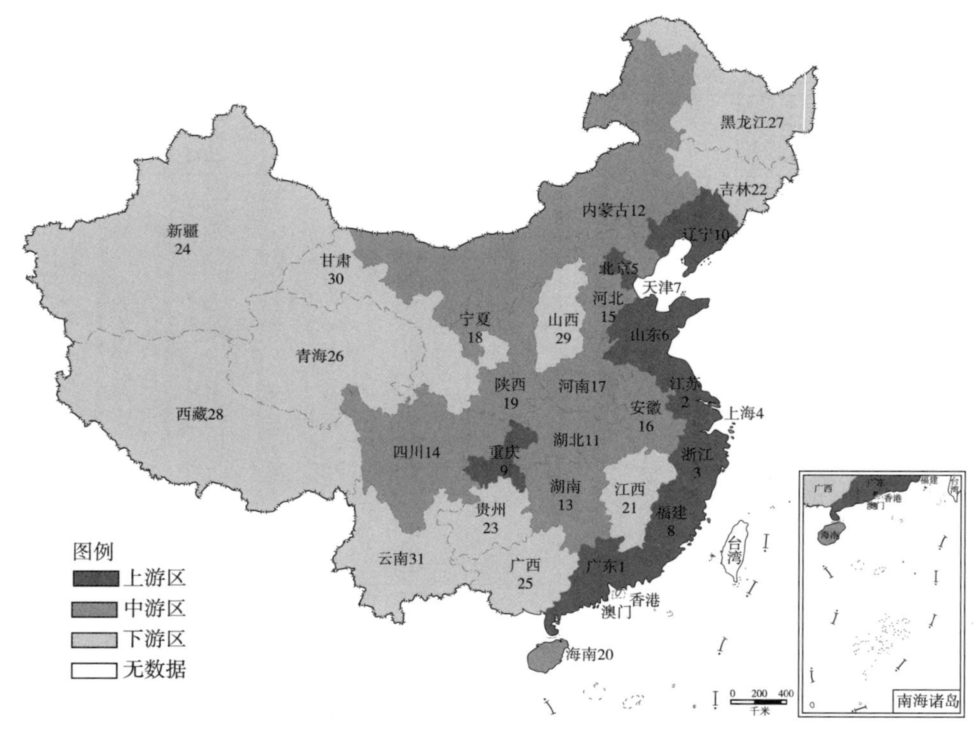


**图 3 - 1　2014 年全国省域宏观经济竞争力排位图**

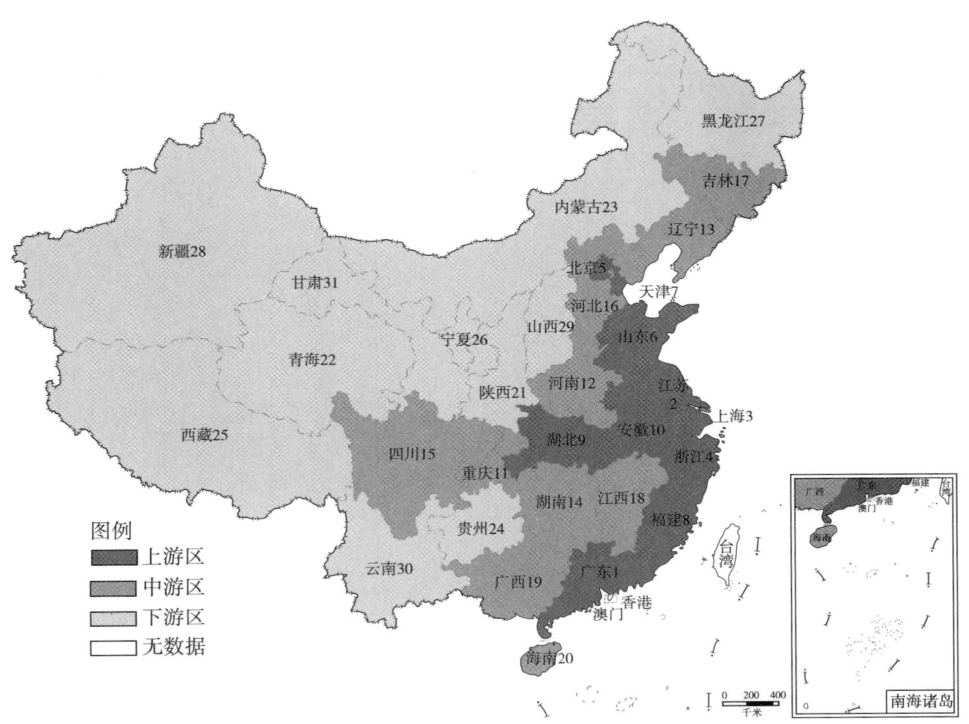


图 3-2　2015 年全国省域宏观经济竞争力排位图

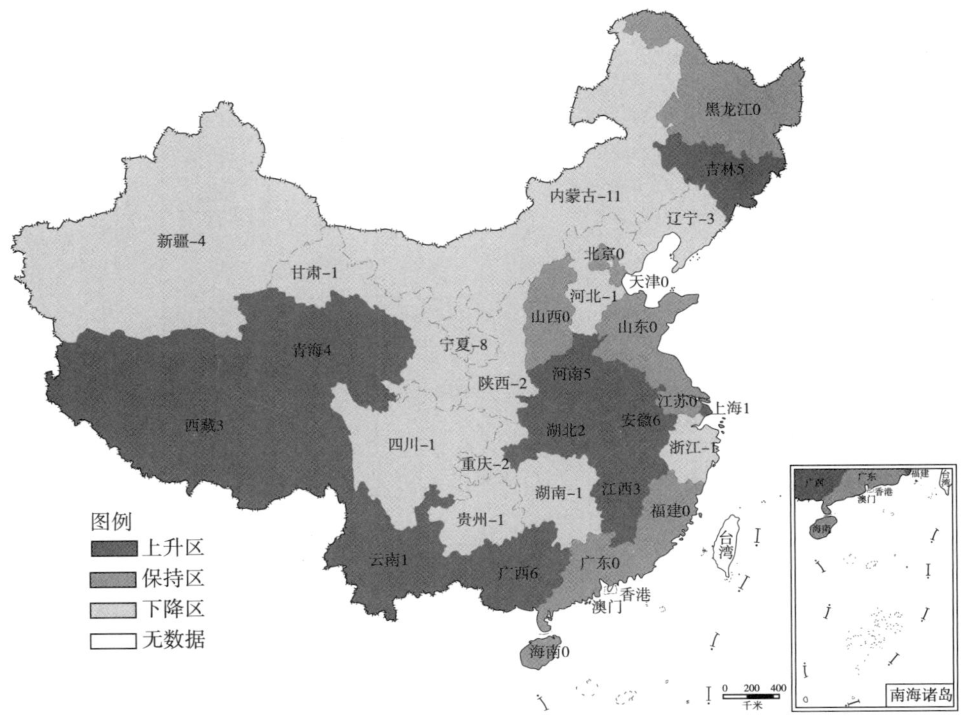


图 3-3　2014～2015 年全国省域宏观经济竞争力排位变化图

**表 3－1　全国各省、区、市宏观经济竞争力评价比较**

| 项目/地区 | 2014 年 | | | | 2015 年 | | | | 综合排名升降 |
|---|---|---|---|---|---|---|---|---|---|
| | 经济实力竞争力 | 经济结构竞争力 | 经济外向度竞争力 | 全国比较综合排名 | 经济实力竞争力 | 经济结构竞争力 | 经济外向度竞争力 | 全国比较综合排名 | |
| 北　京 | 5 | 1 | 4 | 5 | 7 | 1 | 4 | 5 | 0 |
| 天　津 | 6 | 6 | 8 | 7 | 5 | 6 | 10 | 7 | 0 |
| 河　北 | 18 | 14 | 21 | 15 | 15 | 12 | 19 | 16 | －1 |
| 山　西 | 30 | 25 | 26 | 29 | 30 | 24 | 25 | 29 | 0 |
| 内蒙古 | 10 | 15 | 13 | 12 | 23 | 16 | 24 | 23 | －11 |
| 辽　宁 | 13 | 8 | 17 | 10 | 18 | 8 | 13 | 13 | －3 |
| 吉　林 | 24 | 12 | 29 | 22 | 16 | 10 | 28 | 17 | 5 |
| 黑龙江 | 31 | 18 | 28 | 27 | 28 | 15 | 30 | 27 | 0 |
| 上　海 | 8 | 5 | 2 | 4 | 6 | 3 | 2 | 3 | 1 |
| 江　苏 | 1 | 3 | 3 | 2 | 1 | 2 | 3 | 2 | 0 |
| 浙　江 | 4 | 4 | 5 | 3 | 4 | 4 | 5 | 4 | －1 |
| 安　徽 | 16 | 19 | 22 | 16 | 14 | 19 | 9 | 10 | 6 |
| 福　建 | 7 | 11 | 10 | 8 | 8 | 9 | 8 | 8 | 0 |
| 江　西 | 22 | 16 | 20 | 21 | 19 | 21 | 16 | 18 | 3 |
| 山　东 | 2 | 10 | 7 | 6 | 2 | 13 | 6 | 6 | 0 |
| 河　南 | 11 | 26 | 18 | 17 | 9 | 27 | 12 | 12 | 5 |
| 湖　北 | 9 | 13 | 16 | 11 | 10 | 14 | 14 | 9 | 2 |
| 湖　南 | 15 | 17 | 15 | 13 | 12 | 18 | 20 | 14 | －1 |
| 广　东 | 3 | 2 | 1 | 1 | 3 | 5 | 1 | 1 | 0 |
| 广　西 | 26 | 28 | 14 | 25 | 20 | 25 | 11 | 19 | 6 |
| 海　南 | 27 | 7 | 25 | 20 | 26 | 7 | 23 | 20 | 0 |
| 重　庆 | 12 | 9 | 9 | 9 | 13 | 11 | 18 | 11 | －2 |
| 四　川 | 14 | 20 | 19 | 14 | 11 | 17 | 27 | 15 | －1 |
| 贵　州 | 19 | 29 | 12 | 23 | 24 | 29 | 17 | 24 | －1 |
| 云　南 | 29 | 31 | 23 | 31 | 22 | 31 | 21 | 30 | 1 |
| 西　藏 | 23 | 21 | 31 | 28 | 21 | 22 | 31 | 25 | 3 |
| 陕　西 | 17 | 24 | 11 | 19 | 17 | 23 | 15 | 21 | －2 |
| 甘　肃 | 20 | 30 | 30 | 30 | 31 | 30 | 22 | 31 | －1 |
| 青　海 | 28 | 23 | 27 | 26 | 25 | 28 | 7 | 22 | 4 |
| 宁　夏 | 25 | 22 | 6 | 18 | 29 | 20 | 26 | 26 | －8 |
| 新　疆 | 21 | 27 | 24 | 24 | 27 | 26 | 29 | 28 | －4 |

安徽省、河南省、宁夏回族自治区、陕西省、海南省，处于下游区（21～31 位）的依次为江西省、吉林省、贵州省、新疆维吾尔自治区、广西壮族自治区、青海省、黑龙江省、西藏自治区、山西省、甘肃省、云南省。

2015 年全国各省、区、市宏观经济竞争力处于上游区（1～10 位）的依次是广东省、江苏省、上海市、浙江省、北京市、山东省、天津市、福建省、湖北省、安徽省，处于中游区（11～20位）的依次为重庆市、河南省、辽宁省、湖南省、四川省、河北省、吉林省、江西省、广西壮族自治区、海南省，处于下游区（21～31位）的依次为陕西省、青海省、内蒙古自治区、贵州省、西藏自治区、宁夏回族自治区、黑龙江省、新疆维吾尔自治区、山西省、云南省、甘肃省。

### 3.3 全国省域宏观经济竞争力排序变化比较

2015年与2014年相比较，排位上升的有10个省、区、市，上升幅度最大的是广西壮族自治区和安徽省（6位），其他依次为吉林省（5位）、河南省（5位）、青海省（4位）、西藏自治区（3位）、江西省（3位）、湖北省（2位）、上海市（1位）、云南省（1位）；有9个省、区、市的排位没有变化；排位下降的有12个省、区、市，下降幅度最大的是内蒙古自治区（11位），其他依次为宁夏回族自治区（8位）、新疆维吾尔自治区（4位）、辽宁省（3位）、陕西省（2位）、重庆市（2位）、河北省（1位）、浙江省（1位）、湖南省（1位）、四川省（1位）、贵州省（1位）、甘肃省（1位）。

### 3.4 全国省域宏观经济竞争力跨区段变化情况

不同区段是衡量竞争力优劣的重要标志，在评价期内，一些省、区、市宏观经济竞争力排位出现了跨区段变化。在跨区段上升方面，安徽省由中游区升入上游区，吉林省、广西壮族自治区由下游区升入中游区。在跨区段下降方面，宁夏回族自治区、内蒙古自治区由中游区降入下游区。

### 3.5 全国省域宏观经济竞争力动因分析

作为省域经济综合竞争力的二级指标，省域宏观经济竞争力的变化是三级指标变化综合作用的结果，表3－1还列出了3个三级指标的变化情况。

经济实力竞争力方面，2014年排在前10位的省、区、市依次为江苏省、山东省、广东省、浙江省、北京市、天津市、福建省、上海市、湖北省、内蒙古自治区，2015年排在前10位的省、区、市依次为江苏省、山东省、广东省、浙江省、天津市、上海市、北京市、福建省、河南省、湖北省。

经济结构竞争力方面，2014年排在前10位的省、区、市依次为北京市、广东省、江苏省、浙江省、上海市、天津市、海南省、辽宁省、重庆市、山东省，2015年排在前10位的省、区、市依次为北京市、江苏省、上海市、浙江省、广东省、天津市、海南省、辽宁省、福建省、吉林省。

经济外向度竞争力方面，2014年排在前10位的省、区、市依次为广东省、上海市、江苏省、北京市、浙江省、宁夏回族自治区、山东省、天津市、重庆市、福建省，2015年排在前10位的省、区、市依次为广东省、上海市、江苏省、北京市、浙江省、山东省、青海省、福建省、安徽省、天津市。

从上述宏观经济竞争力排位跨区段升降的省、区、市来看，安徽省的宏观经济竞争力排位上升了6位，是经济实力竞争力排位上升2位和经济外向度竞争力排位上升13

位共同推动的结果；内蒙古自治区的宏观经济竞争力排位下降11位，主要是受3个三级指标排位较大幅度下降的影响。此外，从宏观经济竞争力排位在评价期内均处于上游区的省、区、市来看，要保持优势地位，都需要3个三级指标的良好表现来支撑。

## 四　全国省域产业经济竞争力评价分析

### 4.1　全国省域产业经济竞争力评价结果

根据产业经济竞争力指标体系和数学模型，课题组对采集到的2014～2015年全国31个省、区、市的相关统计资料进行了整理和合成，图4－1、图4－2、图4－3和表4－1显示了这两个年份产业经济竞争力排位和排位变化情况，以及其下属4个三级指标的评价结果。

### 4.2　全国省域产业经济竞争力排序分析

2014年全国各省、区、市产业经济竞争力处于上游区（1～10位）的依次是江苏省、山东省、广东省、浙江省、北京市、上海市、天津市、河南省、湖南省、湖北省，排在中游区（11～20位）的依次为河北省、福建省、安徽省、四川省、内蒙古自治区、陕西省、辽宁省、重庆市、新疆维吾尔自治区、江西省，处于下游区（21～31位）的

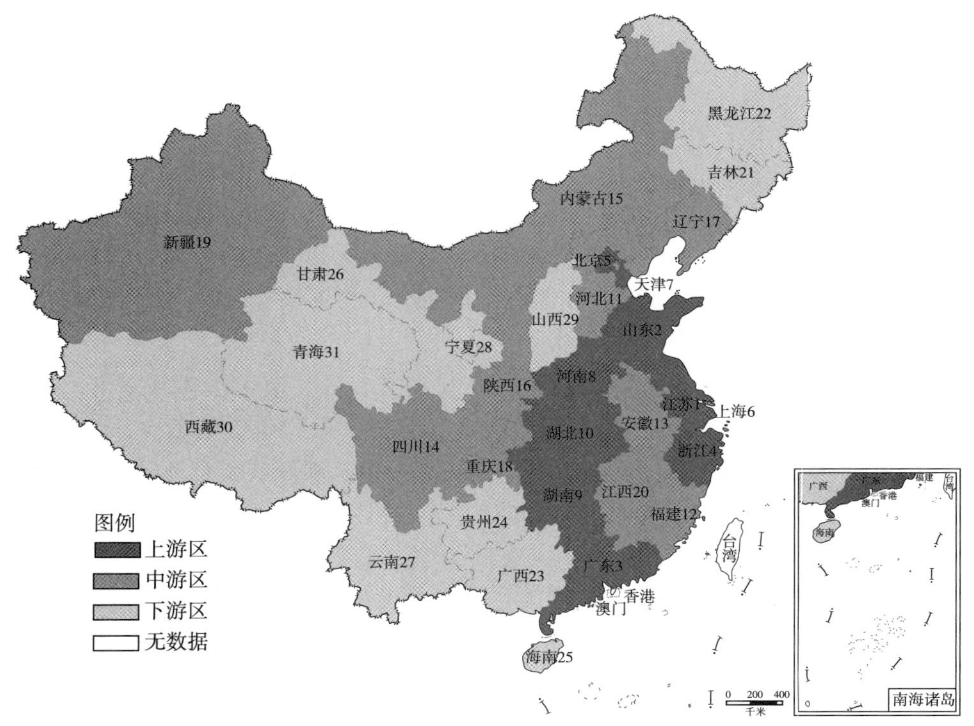


图4－1　2014年全国省域产业经济竞争力排位图

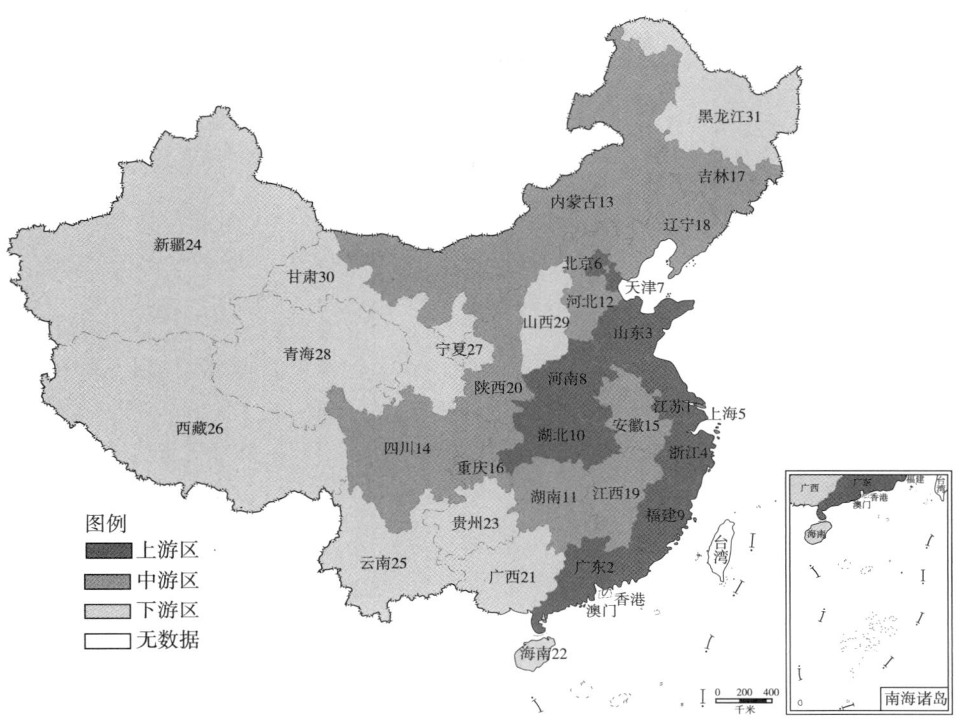


图 4-2　2015 年全国省域产业经济竞争力排位图

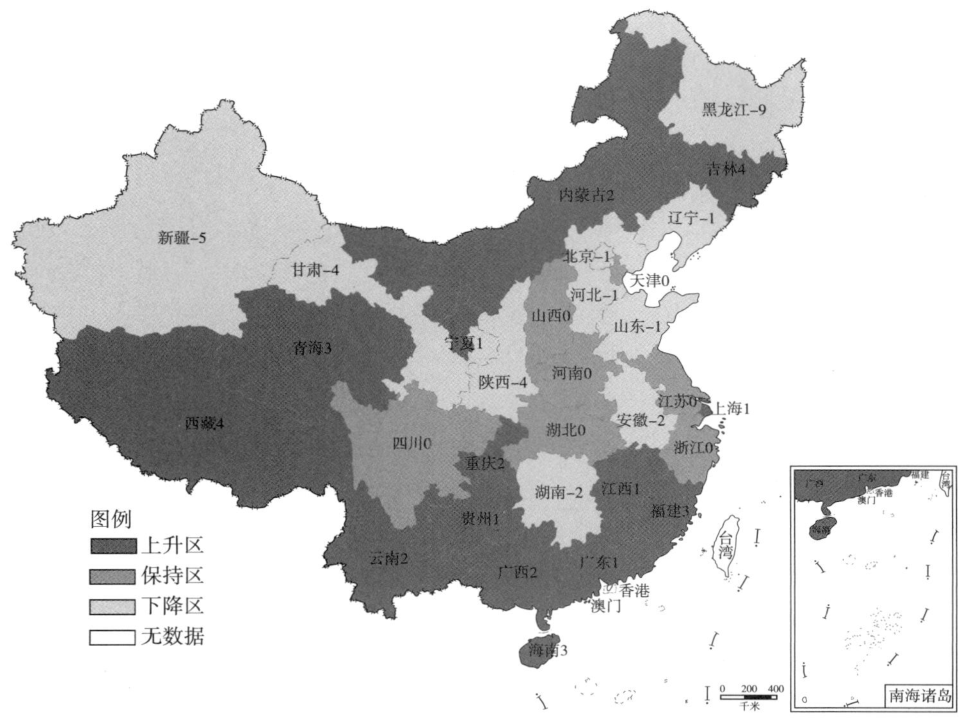


图 4-3　2014～2015 年全国省域产业经济竞争力排位变化图

**表 4－1　全国各省、区、市产业经济竞争力评价比较**

| 项目<br>地区 | 2014 年 | | | | | 2015 年 | | | | | 综合排名升降 |
|---|---|---|---|---|---|---|---|---|---|---|---|
| | 农业竞争力 | 工业竞争力 | 服务业竞争力 | 企业竞争力 | 全国比较综合排名 | 农业竞争力 | 工业竞争力 | 服务业竞争力 | 企业竞争力 | 全国比较综合排名 | |
| 北　京 | 31 | 23 | 3 | 1 | 5 | 31 | 20 | 5 | 1 | 6 | －1 |
| 天　津 | 29 | 6 | 7 | 6 | 7 | 28 | 6 | 10 | 2 | 7 | 0 |
| 河　北 | 5 | 8 | 13 | 20 | 11 | 6 | 13 | 13 | 18 | 12 | －1 |
| 山　西 | 30 | 30 | 29 | 8 | 29 | 30 | 30 | 25 | 21 | 29 | 0 |
| 内蒙古 | 8 | 7 | 26 | 17 | 15 | 5 | 8 | 27 | 10 | 13 | 2 |
| 辽　宁 | 21 | 14 | 17 | 16 | 17 | 11 | 19 | 20 | 16 | 18 | －1 |
| 吉　林 | 15 | 18 | 27 | 21 | 21 | 17 | 16 | 24 | 12 | 17 | 4 |
| 黑龙江 | 1 | 25 | 24 | 23 | 22 | 2 | 28 | 28 | 31 | 31 | －9 |
| 上　海 | 19 | 16 | 4 | 7 | 6 | 19 | 10 | 2 | 5 | 5 | 1 |
| 江　苏 | 4 | 1 | 2 | 2 | 1 | 3 | 1 | 4 | 3 | 1 | 0 |
| 浙　江 | 16 | 5 | 6 | 3 | 4 | 7 | 4 | 3 | 6 | 4 | 0 |
| 安　徽 | 10 | 15 | 11 | 15 | 13 | 15 | 17 | 14 | 15 | 15 | －2 |
| 福　建 | 12 | 9 | 14 | 13 | 12 | 8 | 7 | 7 | 13 | 9 | 3 |
| 江　西 | 20 | 12 | 19 | 27 | 20 | 21 | 12 | 21 | 23 | 19 | 1 |
| 山　东 | 2 | 2 | 5 | 5 | 2 | 1 | 2 | 6 | 4 | 3 | －1 |
| 河　南 | 3 | 4 | 12 | 9 | 8 | 4 | 5 | 11 | 17 | 8 | 0 |
| 湖　北 | 7 | 13 | 10 | 14 | 10 | 9 | 9 | 9 | 11 | 10 | 0 |
| 湖　南 | 11 | 11 | 9 | 11 | 9 | 10 | 11 | 12 | 9 | 11 | －2 |
| 广　东 | 24 | 3 | 1 | 4 | 3 | 18 | 3 | 1 | 7 | 2 | 1 |
| 广　西 | 18 | 22 | 22 | 25 | 23 | 20 | 22 | 19 | 25 | 21 | 2 |
| 海　南 | 6 | 31 | 21 | 18 | 25 | 12 | 29 | 22 | 8 | 22 | 3 |
| 重　庆 | 27 | 20 | 15 | 10 | 18 | 25 | 15 | 15 | 14 | 16 | 2 |
| 四　川 | 13 | 17 | 8 | 19 | 14 | 13 | 18 | 8 | 19 | 14 | 0 |
| 贵　州 | 14 | 19 | 20 | 30 | 24 | 22 | 21 | 17 | 28 | 23 | 1 |
| 云　南 | 17 | 24 | 25 | 31 | 27 | 16 | 23 | 23 | 30 | 25 | 2 |
| 西　藏 | 28 | 28 | 18 | 29 | 30 | 27 | 25 | 16 | 29 | 26 | 4 |
| 陕　西 | 23 | 10 | 23 | 12 | 16 | 24 | 14 | 26 | 20 | 20 | －4 |
| 甘　肃 | 22 | 29 | 28 | 22 | 26 | 23 | 31 | 29 | 26 | 30 | －4 |
| 青　海 | 25 | 27 | 31 | 28 | 31 | 29 | 27 | 31 | 22 | 28 | 3 |
| 宁　夏 | 26 | 26 | 30 | 26 | 28 | 26 | 26 | 30 | 27 | 27 | 1 |
| 新　疆 | 9 | 21 | 16 | 24 | 19 | 14 | 24 | 18 | 24 | 24 | －5 |

依次为吉林省、黑龙江省、广西壮族自治区、贵州省、海南省、甘肃省、云南省、宁夏回族自治区、山西省、西藏自治区、青海省。

2015 年全国各省、区、市产业经济竞争力处于上游区（1～10 位）的依次是江苏省、广东省、山东省、浙江省、上海市、北京市、天津市、河南省、福建省、湖北省，处于中游区（11～20 位）的依次为湖南省、河北省、内蒙古自治区、四川省、安徽省、重庆市、吉林省、辽宁省、江西省、陕西省，处于下游区（21～31位）的依次为广西壮族自治区、海南省、贵州省、新疆维吾尔自治区、云南省、西藏自治区、宁夏回族自治区、青海省、山西省、甘肃省、黑龙江省。

### 4.3 全国省域产业经济竞争力排序变化比较

2015年与2014年相比较，排位上升的有14个省、区、市，上升幅度最大的是吉林省（4位）和西藏自治区（4位），其他依次为福建省（3位）、海南省（3位）、青海省（3位）、内蒙古自治区（2位）、广西壮族自治区（2位）、重庆市（2位）、云南省（2位）、广东省（1位）、上海市（1位）、江西省（1位）、贵州省（1位）、宁夏回族自治区（1位）；7个省、区、市排位没有变化；其他10个省份排位下降，下降幅度最大的是黑龙江省（9位），其他依次为新疆维吾尔自治区（5位）、陕西省（4位）、甘肃省（4位）、湖南省（2位）、安徽省（2位）、北京市（1位）、山东省（1位）、河北省（1位）、辽宁省（1位）。

### 4.4 全国省域产业经济竞争力跨区段变化情况

在评价期内，一些省、区、市产业经济竞争力排位出现了跨区段变化。在跨区段上升方面，福建省由中游区升入上游区，吉林省由下游区升入中游区；在跨区段下降方面，新疆维吾尔自治区由中游区降入下游区。

### 4.5 全国省域产业经济竞争力动因分析

在农业竞争力方面，2014年排在前10位的省、区、市依次为黑龙江省、山东省、河南省、江苏省、河北省、海南省、湖北省、内蒙古自治区、新疆维吾尔自治区、安徽省，2015年排在前10位的省、区、市依次为山东省、黑龙江省、江苏省、河南省、内蒙古自治区、河北省、浙江省、福建省、湖北省、湖南省。

在工业竞争力方面，2014年排在前10位的省、区、市依次为江苏省、山东省、广东省、河南省、浙江省、天津市、内蒙古自治区、河北省、福建省、陕西省，2015年排在前10位的省、区、市依次为江苏省、山东省、广东省、浙江省、河南省、天津市、福建省、内蒙古自治区、湖北省、上海市。

在服务业竞争力方面，2014年排在前10位的省、区、市依次为广东省、江苏省、北京市、上海市、山东省、浙江省、天津市、四川省、湖南省、湖北省，2015年排在前10位的省、区、市依次为广东省、上海市、浙江省、江苏省、北京市、山东省、福建省、四川省、湖北省、天津市。

在企业竞争力方面，2014年排在前10位的省、区、市依次为北京市、江苏省、浙江省、广东省、山东省、天津市、上海市、山西省、河南省、重庆市，2015年排在前10位的省、区、市依次为北京市、天津市、江苏省、山东省、上海市、浙江省、广东省、海南省、湖南省、内蒙古自治区。

从上述产业经济竞争力排位跨区段升降的省、区、市看，吉林省产业经济竞争力排位上升4位，是由3个三级指标排位上升共同作用的结果，特别是企业竞争力排位有较大幅度的上升。所以，要不断提升一个地区的产业经济竞争力，就必须全面提升三级指标的排位。产业经济竞争力排位在评价期内均处于上游区的省、区、市，也都是由于有4个三级指标的良好表现来支撑的。

## 五 全国省域可持续发展竞争力评价分析

### 5.1 全国省域可持续发展竞争力评价结果

根据可持续发展竞争力指标体系和数学模型，课题组对采集到的2014～2015年全国31个省、区、市的相关统计资料进行了整理和合成，图5－1、图5－2、图5－3和表5－1显示了这两个年份可持续发展竞争力排位和排位变化情况，以及其下属3个三级指标的评价结果。

### 5.2 全国省域可持续发展竞争力排序分析

2014年全国各省、区、市可持续发展竞争力处于上游区（1～10位）的依次排序是内蒙古自治区、北京市、福建省、新疆维吾尔自治区、黑龙江省、海南省、山西省、

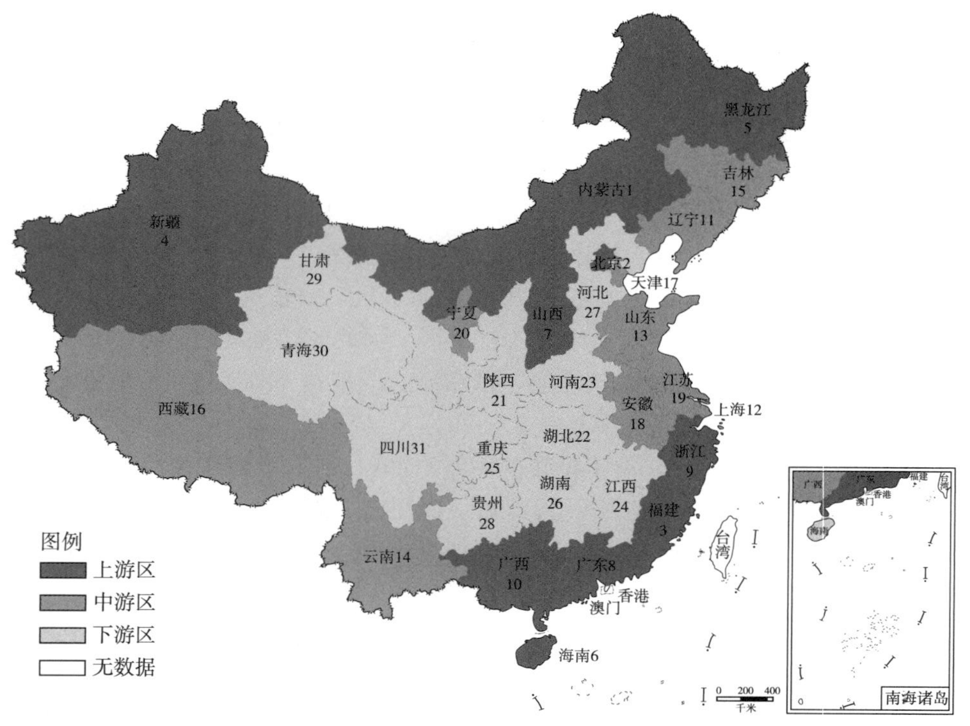


**图5－1 2014年全国省域可持续发展竞争力排位图**

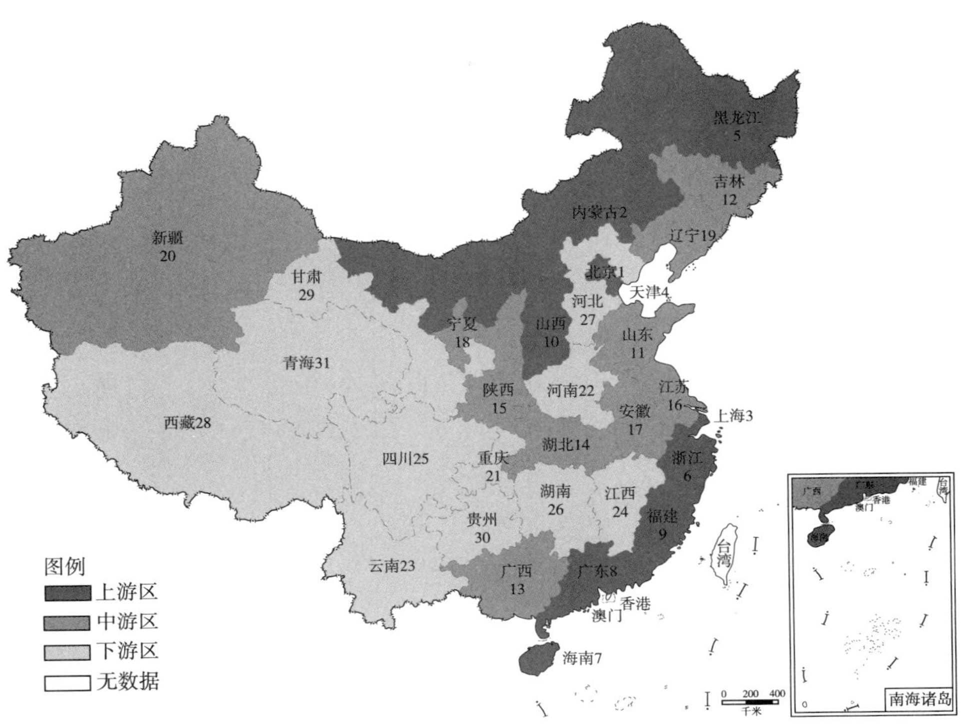


图5-2 2015年全国省域可持续发展竞争力排位图

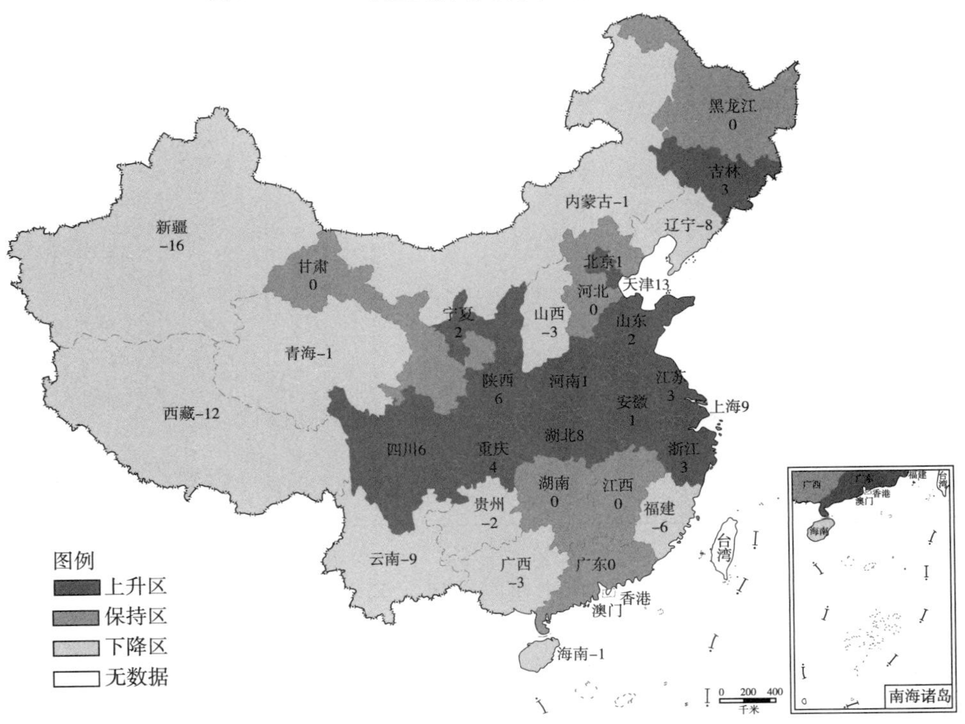


图5-3 2014~2015年全国省域可持续发展竞争力排位变化图

表 5-1 全国各省、区、市可持续发展竞争力评价比较

| 地区＼项目 | 2014年 资源竞争力 | 2014年 环境竞争力 | 2014年 人力资源竞争力 | 2014年 全国比较综合排名 | 2015年 资源竞争力 | 2015年 环境竞争力 | 2015年 人力资源竞争力 | 2015年 全国比较综合排名 | 综合排名升降 |
|---|---|---|---|---|---|---|---|---|---|
| 北京 | 31 | 9 | 1 | 2 | 31 | 7 | 1 | 1 | 1 |
| 天津 | 29 | 17 | 5 | 17 | 25 | 5 | 5 | 4 | 13 |
| 河北 | 14 | 22 | 25 | 27 | 11 | 22 | 19 | 27 | 0 |
| 山西 | 4 | 24 | 15 | 7 | 3 | 28 | 11 | 10 | -3 |
| 内蒙古 | 1 | 23 | 10 | 1 | 1 | 27 | 8 | 2 | -1 |
| 辽宁 | 7 | 21 | 9 | 11 | 7 | 24 | 17 | 19 | -8 |
| 吉林 | 9 | 14 | 16 | 15 | 8 | 17 | 13 | 12 | 3 |
| 黑龙江 | 5 | 18 | 22 | 5 | 4 | 9 | 27 | 5 | 0 |
| 上海 | 30 | 26 | 2 | 12 | 16 | 19 | 3 | 3 | 9 |
| 江苏 | 18 | 20 | 7 | 19 | 10 | 20 | 10 | 16 | 3 |
| 浙江 | 25 | 13 | 4 | 9 | 27 | 11 | 4 | 6 | 3 |
| 安徽 | 21 | 12 | 12 | 18 | 19 | 18 | 12 | 17 | 1 |
| 福建 | 15 | 1 | 11 | 3 | 12 | 3 | 14 | 9 | -6 |
| 江西 | 28 | 4 | 28 | 24 | 30 | 4 | 28 | 24 | 0 |
| 山东 | 10 | 15 | 13 | 13 | 6 | 16 | 15 | 11 | 2 |
| 河南 | 19 | 16 | 20 | 23 | 14 | 15 | 23 | 22 | 1 |
| 湖北 | 23 | 11 | 14 | 22 | 26 | 14 | 7 | 14 | 8 |
| 湖南 | 26 | 7 | 27 | 26 | 28 | 10 | 25 | 26 | 0 |
| 广东 | 24 | 19 | 3 | 8 | 24 | 26 | 2 | 8 | 0 |
| 广西 | 22 | 3 | 21 | 10 | 22 | 2 | 21 | 13 | -3 |
| 海南 | 11 | 2 | 17 | 6 | 9 | 1 | 20 | 7 | -1 |
| 重庆 | 27 | 6 | 23 | 25 | 29 | 6 | 24 | 21 | 4 |
| 四川 | 17 | 30 | 26 | 31 | 21 | 21 | 18 | 25 | 6 |
| 贵州 | 16 | 10 | 30 | 28 | 17 | 12 | 31 | 30 | -2 |
| 云南 | 13 | 5 | 24 | 14 | 15 | 13 | 26 | 23 | -9 |
| 西藏 | 2 | 27 | 31 | 16 | 2 | 31 | 29 | 28 | -12 |
| 陕西 | 20 | 8 | 18 | 21 | 20 | 8 | 16 | 15 | 6 |
| 甘肃 | 8 | 29 | 19 | 29 | 13 | 25 | 22 | 29 | 0 |
| 青海 | 6 | 31 | 29 | 30 | 23 | 29 | 30 | 31 | -1 |
| 宁夏 | 12 | 25 | 6 | 20 | 18 | 23 | 9 | 18 | 2 |
| 新疆 | 3 | 28 | 8 | 4 | 5 | 30 | 6 | 20 | -16 |

广东省、浙江省、广西壮族自治区，排在中游区（11～20位）的依次为辽宁省、上海市、山东省、云南省、吉林省、西藏自治区、天津市、安徽省、江苏省、宁夏回族自治区，处于下游区（21～31位）的依次排序为陕西省、湖北省、河南省、江西省、重庆市、湖南省、河北省、贵州省、甘肃省、青海省、四川省。

2015年全国各省、区、市可持续发展竞争力处于上游区（1～10位）的依次排序

是北京市、内蒙古自治区、上海市、天津市、黑龙江省、浙江省、海南省、广东省、福建省、山西省，排在中游区（11~20位）的依次为山东省、吉林省、广西壮族自治区、湖北省、陕西省、江苏省、安徽省、宁夏回族自治区、辽宁省、新疆维吾尔自治区，处于下游区（21~31位）的依次排序为重庆市、河南省、云南省、江西省、四川省、湖南省、河北省、西藏自治区、甘肃省、贵州省、青海省。

### 5.3 全国省域可持续发展竞争力排序变化比较

2015年与2014年相比较，排位上升的有14个省、区、市，上升幅度最大的是天津市（13位），其他依次为上海市（9位）、湖北省（8位）、陕西省（6位）、四川省（6位）、重庆市（4位）、浙江省（3位）、吉林省（3位）、江苏省（3位）、山东省（2位）、宁夏回族自治区（2位）、北京市（1位）、安徽省（1位）、河南省（1位）；6个省、区、市排位没有变化；排位下降的有11个省份，下降幅度最大的是新疆维吾尔自治区（16位），其他依次为西藏自治区（12位）、云南省（9位）、辽宁省（8位）、福建省（6位）、山西省（3位）、广西壮族自治区（3位）、贵州省（2位）、内蒙古自治区（1位）、海南省（1位）、青海省（1位）。

### 5.4 全国省域可持续发展竞争力跨区段变化情况

在评价期内，一些省、区、市可持续发展竞争力排位出现了跨区段变化。在跨区段上升方面，天津市、上海市由中游区升入上游区，湖北省、陕西省由下游区升入中游区。在跨区段下降方面，新疆维吾尔自治区由上游区跌入中游区，云南省、西藏自治区由中游区跌入下游区。

### 5.5 全国省域可持续发展竞争力动因分析

在资源竞争力方面，2014年排在前10位的省、区、市依次为内蒙古自治区、西藏自治区、新疆维吾尔自治区、山西省、黑龙江省、青海省、辽宁省、甘肃省、吉林省、山东省，2015年排在前10位的省、区、市依次为内蒙古自治区、西藏自治区、山西省、黑龙江省、新疆维吾尔自治区、山东省、辽宁省、吉林省、海南省、江苏省。

在环境竞争力方面，2014年排在前10位的省、区、市依次为福建省、海南省、广西壮族自治区、江西省、云南省、重庆市、湖南省、陕西省、北京市、贵州省，2015年排在前10位的省、区、市依次为海南省、广西壮族自治区、福建省、江西省、天津市、重庆市、北京市、陕西省、黑龙江省、湖南省。

在人力资源竞争力方面，2014年排在前10位的省、区、市依次为北京市、上海市、广东省、浙江省、天津市、宁夏回族自治区、江苏省、新疆维吾尔自治区、辽宁省、内蒙古自治区，2015年排在前10位的省、区、市依次为北京市、广东省、上海市、浙江省、天津市、新疆维吾尔自治区、湖北省、内蒙古自治区、宁夏回族自治区、江苏省。

从可持续发展竞争力3个三级指标的变化可以看出，可持续发展竞争力排位上升幅度最大的天津市，主要是由于2个三级指标排位出现较大幅度上升，尤其是环境竞争力排位上升了12位。可持续发展竞争力排位下降幅度最大的新疆维吾尔自治区，主要是资源竞争力和环境竞争力排位下降导致的。这说明资源竞争力、环境竞争力是影响可持续发展竞争力的重要因素，各个地区必须重视资源的有效开发以及生态环境的保护，以更好地提升可持续发展竞争力。

## 六　全国省域财政金融竞争力评价分析

### 6.1　全国省域财政金融竞争力评价结果

根据财政金融竞争力指标体系和数学模型，课题组对采集到的2014～2015年全国31个省、区、市的相关统计资料进行了整理和合成，图6－1、图6－2、图6－3和表6－1显示了这两个年份财政金融竞争力排位和排位变化情况，以及其下属2个三级指标的评价结果。

### 6.2　全国省域财政金融竞争力排序分析

2014年全国各省、区、市财政金融竞争力处于上游区（1～10位）的依次是北京市、上海市、广东省、江苏省、天津市、浙江省、西藏自治区、四川省、贵州省、湖北

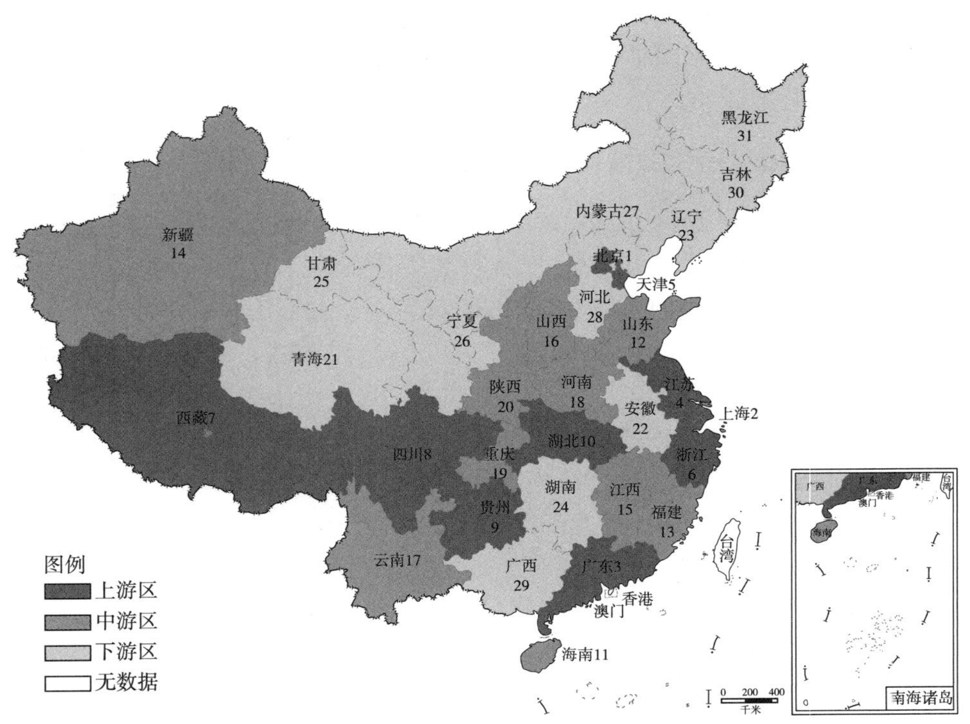


**图6－1　2014年全国省域财政金融竞争力排位图**

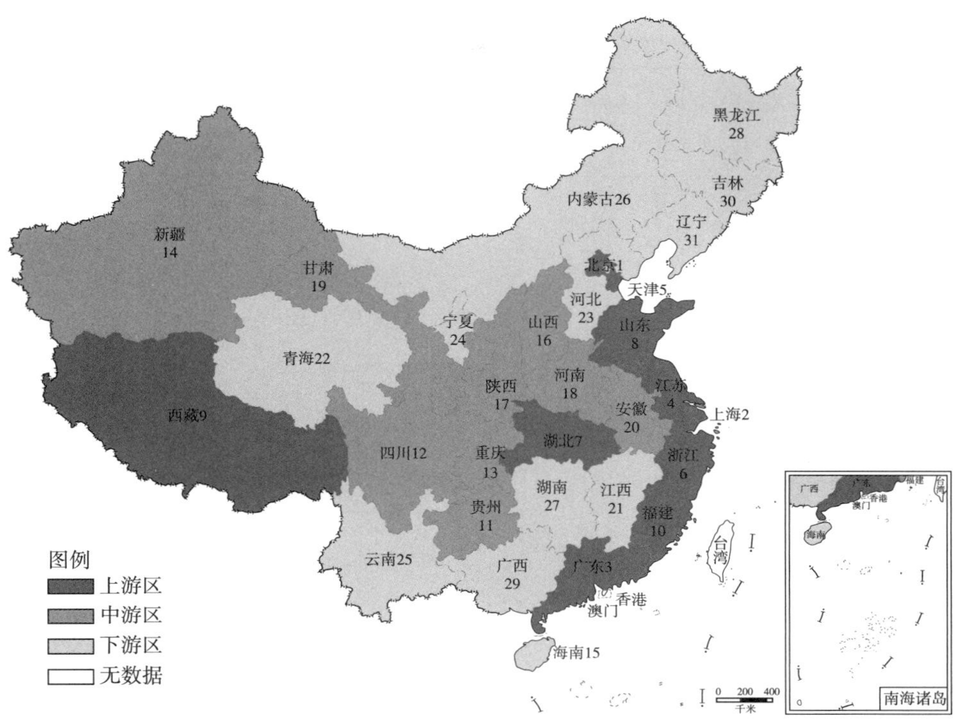


图 6-2　2015 年全国省域财政金融竞争力排位图

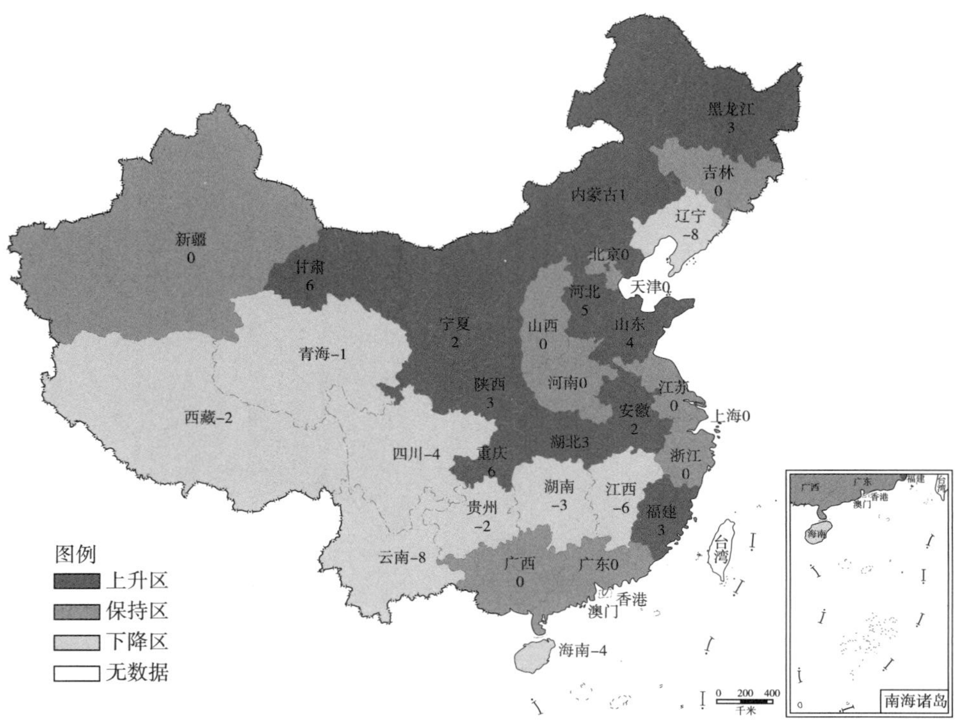


图 6-3　2014～2015 年全国省域财政金融竞争力排位变化图

**表 6－1　全国各省、区、市财政金融竞争力评价比较**

| 地区 \ 项目 | 2014年 | | | 2015年 | | | 综合排名升降 |
|---|---|---|---|---|---|---|---|
| | 财政竞争力 | 金融竞争力 | 全国比较综合排名 | 财政竞争力 | 金融竞争力 | 全国比较综合排名 | |
| 北　京 | 1 | 1 | 1 | 2 | 1 | 1 | 0 |
| 天　津 | 3 | 8 | 5 | 4 | 8 | 5 | 0 |
| 河　北 | 28 | 22 | 28 | 25 | 17 | 23 | 5 |
| 山　西 | 26 | 7 | 16 | 27 | 7 | 16 | 0 |
| 内蒙古 | 25 | 26 | 27 | 17 | 30 | 26 | 1 |
| 辽　宁 | 27 | 10 | 23 | 31 | 10 | 31 | －8 |
| 吉　林 | 30 | 25 | 30 | 30 | 28 | 30 | 0 |
| 黑龙江 | 31 | 27 | 31 | 28 | 22 | 28 | 3 |
| 上　海 | 2 | 2 | 2 | 1 | 3 | 2 | 0 |
| 江　苏 | 6 | 4 | 4 | 5 | 4 | 4 | 0 |
| 浙　江 | 12 | 5 | 6 | 9 | 5 | 6 | 0 |
| 安　徽 | 18 | 18 | 22 | 22 | 16 | 20 | 2 |
| 福　建 | 13 | 13 | 13 | 13 | 11 | 10 | 3 |
| 江　西 | 9 | 29 | 15 | 10 | 31 | 21 | －6 |
| 山　东 | 14 | 9 | 12 | 15 | 6 | 8 | 4 |
| 河　南 | 19 | 15 | 18 | 21 | 15 | 18 | 0 |
| 湖　北 | 10 | 14 | 10 | 7 | 14 | 7 | 3 |
| 湖　南 | 24 | 16 | 24 | 26 | 29 | 27 | －3 |
| 广　东 | 4 | 3 | 3 | 3 | 2 | 3 | 0 |
| 广　西 | 29 | 24 | 29 | 29 | 24 | 29 | 0 |
| 海　南 | 8 | 17 | 11 | 11 | 23 | 15 | －4 |
| 重　庆 | 22 | 11 | 19 | 14 | 12 | 13 | 6 |
| 四　川 | 15 | 6 | 8 | 20 | 9 | 12 | －4 |
| 贵　州 | 7 | 20 | 9 | 8 | 21 | 11 | －2 |
| 云　南 | 17 | 19 | 17 | 24 | 18 | 25 | －8 |
| 西　藏 | 5 | 31 | 7 | 6 | 27 | 9 | －2 |
| 陕　西 | 20 | 12 | 20 | 23 | 13 | 17 | 3 |
| 甘　肃 | 21 | 30 | 25 | 16 | 25 | 19 | 6 |
| 青　海 | 16 | 23 | 21 | 18 | 20 | 22 | －1 |
| 宁　夏 | 23 | 28 | 26 | 19 | 26 | 24 | 2 |
| 新　疆 | 11 | 21 | 14 | 12 | 19 | 14 | 0 |

省，排在中游区（11～20位）的依次为海南省、山东省、福建省、新疆维吾尔自治区、江西省、山西省、云南省、河南省、重庆市、陕西省，处于下游区（21～31位）的依次排序为青海省、安徽省、辽宁省、湖南省、甘肃省、宁夏回族自治区、内蒙古自治区、河北省、广西壮族自治区、吉林省、黑龙江省。

2015年全国各省、区、市财政金融竞争力处于上游区（1～10位）的依次是北京市、上海市、广东省、江苏省、天津市、浙江省、湖北省、山东省、西藏自治区、福建省，排在中游区（11～20位）的依次为贵州省、四川省、重庆市、新疆维吾尔自治区、海南省、山西省、陕西省、河南省、甘肃省、安徽省，处于下游区（21～31位）的依次排序为江西省、青海省、河北省、宁夏回族自治区、云南省、内蒙古自治区、湖南省、黑龙江省、广西壮族自治区、吉林省、辽宁省。

## 6.3 全国省域财政金融竞争力排序变化比较

2015年与2014年相比较，排位上升的有11个省、区、市，上升幅度最大的是重庆市和甘肃省（6位），其他依次为河北省（5位）、山东省（4位）、湖北省（3位）、福建省（3位）、陕西省（3位）、黑龙江省（3位）、安徽省（2位）、宁夏回族自治区（2位）、内蒙古自治区（1位）；11个省、区、市排位没有变化；排位下降的有9个省、区、市，下降幅度最大的是云南省和辽宁省（8位），其他依次为江西省（6位）、海南省（4位）、四川省（4位）、湖南省（3位）、西藏自治区（2位）、贵州省（2位）、青海省（1位）。

## 6.4 全国省域财政金融竞争力跨区段变化情况

在评价期内，一些省、区、市财政金融竞争力排位出现了跨区段变化。在跨区段上升方面，甘肃省由下游区升入中游区，山东省由中游区升入上游区；在跨区段下降方面，四川省由上游区跌入中游区，云南省、江西省由中游区跌入下游区。

## 6.5 全国省域财政金融竞争力动因分析

在财政竞争力方面，2014年排在前10位的省、区、市依次为北京市、上海市、天津市、广东省、西藏自治区、江苏省、贵州省、海南省、江西省、湖北省，2015年排在前10位的省、区、市依次为上海市、北京市、广东省、天津市、江苏省、西藏自治区、湖北省、贵州省、浙江省、江西省。

在金融竞争力方面，2014年排在前10位的省、区、市依次为北京市、上海市、广东省、江苏省、浙江省、四川省、山西省、天津市、山东省、辽宁省，2015年排在前10位的省、区、市依次为北京市、广东省、上海市、江苏省、浙江省、山东省、山西省、天津市、四川省、辽宁省。

从省域财政金融竞争力2个三级指标的变化情况可以看出，在评价期内，财政金融竞争力居于前10位的大部分省、区、市的2个三级指标都处于上游区，表明财政、金融的关系密不可分，财政金融竞争力优势的形成需要财政竞争力、金融竞争力的共同支撑。

## 七　全国省域知识经济竞争力评价分析

### 7.1　全国省域知识经济竞争力评价结果

根据知识经济竞争力指标体系和数学模型，课题组对采集到的 2014 ~2015 年全国 31 个省、区、市的相关统计资料进行了整理和合成，图 7 -1、图 7 -2、图 7 -3 和表 7 -1显示了这两个年份知识经济竞争力排位和排位变化情况，以及其下属 3 个三级指标的评价结果。

### 7.2　全国省域知识经济竞争力排序分析

2014 年全国各省、区、市知识经济竞争力处于上游区（1 ~10 位）的依次是广东省、北京市、江苏省、山东省、上海市、浙江省、天津市、河南省、陕西省、湖北省，排在中游区（11 ~20 位）的依次为四川省、湖南省、福建省、江西省、安徽省、山西省、重庆市、贵州省、辽宁省、河北省，处于下游区（21 ~31 位）的依次为广西壮族自治区、吉林省、甘肃省、新疆维吾尔自治区、云南省、海南省、黑龙江省、内蒙古自治区、宁夏回族自治区、青海省、西藏自治区。

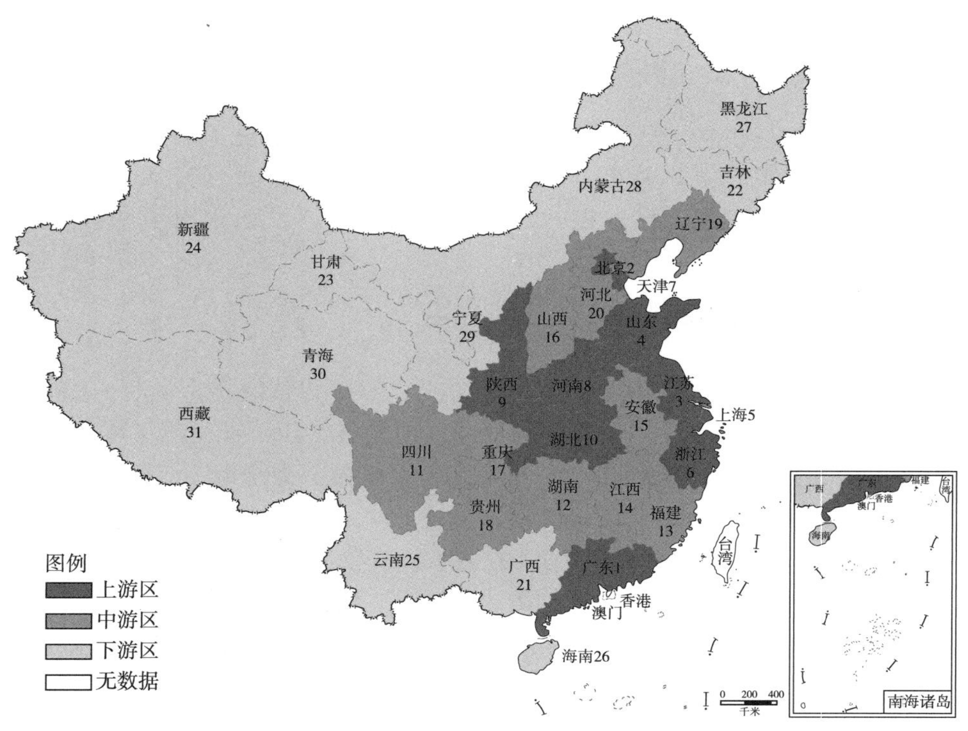


**图 7 -1　2014 年全国省域知识经济竞争力排位图**

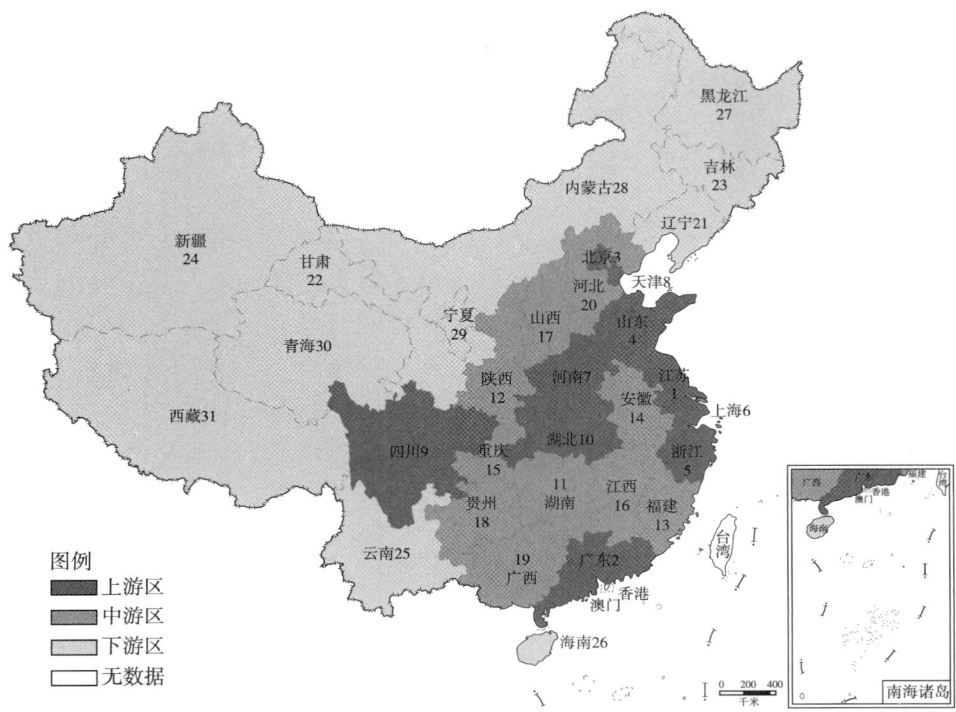


**图 7－2　2015 年全国省域知识经济竞争力排位图**

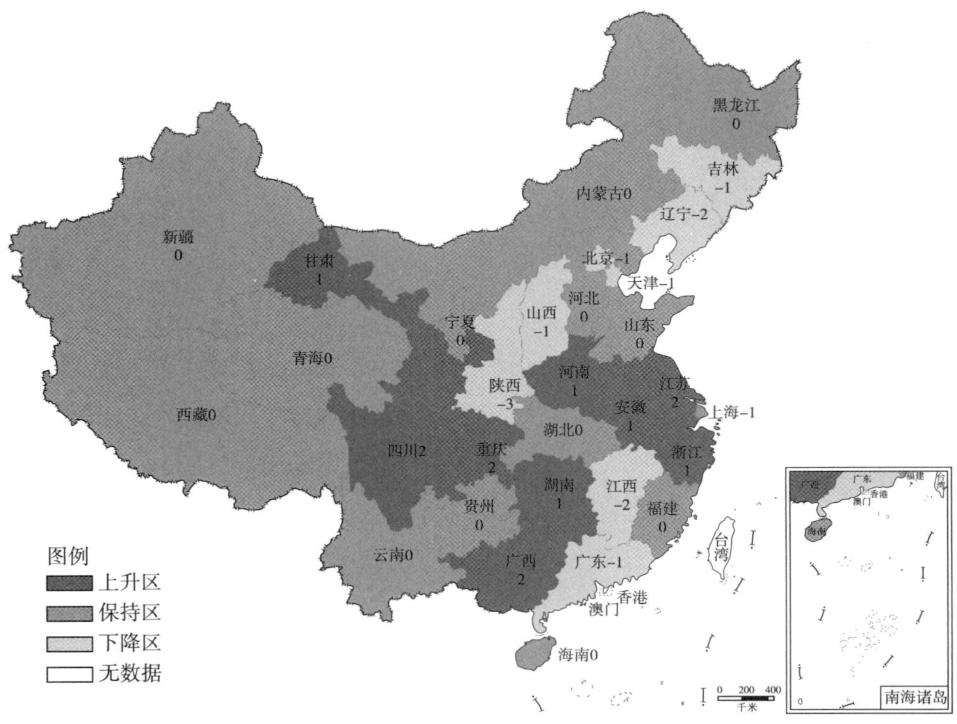


**图 7－3　2014～2015 年全国省域知识经济竞争力排位变化图**

表 7－1　全国各省、区、市知识经济竞争力评价比较

| 项目<br>地区 | 2014 年 | | | | 2015 年 | | | | 综合排名升降 |
|---|---|---|---|---|---|---|---|---|---|
| | 科技竞争力 | 教育竞争力 | 文化竞争力 | 全国比较综合排名 | 科技竞争力 | 教育竞争力 | 文化竞争力 | 全国比较综合排名 | |
| 北　京 | 3 | 1 | 1 | 2 | 3 | 1 | 1 | 3 | －1 |
| 天　津 | 7 | 7 | 25 | 7 | 7 | 14 | 22 | 8 | －1 |
| 河　北 | 19 | 15 | 26 | 20 | 20 | 13 | 25 | 20 | 0 |
| 山　西 | 18 | 17 | 6 | 16 | 19 | 16 | 8 | 17 | －1 |
| 内蒙古 | 27 | 31 | 11 | 28 | 27 | 31 | 9 | 28 | 0 |
| 辽　宁 | 15 | 25 | 8 | 19 | 15 | 25 | 10 | 21 | －2 |
| 吉　林 | 22 | 24 | 12 | 22 | 21 | 23 | 12 | 23 | －1 |
| 黑龙江 | 23 | 28 | 16 | 27 | 23 | 28 | 17 | 27 | 0 |
| 上　海 | 4 | 14 | 7 | 5 | 4 | 20 | 7 | 6 | －1 |
| 江　苏 | 2 | 3 | 2 | 3 | 2 | 2 | 2 | 1 | 2 |
| 浙　江 | 5 | 10 | 5 | 6 | 5 | 8 | 5 | 5 | 1 |
| 安　徽 | 14 | 21 | 24 | 15 | 13 | 21 | 24 | 14 | 1 |
| 福　建 | 12 | 19 | 17 | 13 | 12 | 19 | 20 | 13 | 0 |
| 江　西 | 17 | 9 | 22 | 14 | 17 | 9 | 19 | 16 | －2 |
| 山　东 | 6 | 4 | 10 | 4 | 6 | 3 | 6 | 4 | 0 |
| 河　南 | 10 | 5 | 15 | 8 | 10 | 5 | 15 | 7 | 1 |
| 湖　北 | 9 | 12 | 9 | 10 | 11 | 15 | 13 | 10 | 0 |
| 湖　南 | 16 | 16 | 4 | 12 | 14 | 18 | 3 | 11 | 1 |
| 广　东 | 1 | 2 | 3 | 1 | 1 | 4 | 4 | 2 | －1 |
| 广　西 | 20 | 18 | 19 | 21 | 18 | 17 | 23 | 19 | 2 |
| 海　南 | 21 | 27 | 21 | 26 | 22 | 27 | 30 | 26 | 0 |
| 重　庆 | 11 | 26 | 27 | 17 | 9 | 24 | 26 | 15 | 2 |
| 四　川 | 8 | 13 | 29 | 11 | 8 | 10 | 27 | 9 | 2 |
| 贵　州 | 24 | 8 | 14 | 18 | 24 | 6 | 11 | 18 | 0 |
| 云　南 | 26 | 22 | 20 | 25 | 26 | 22 | 21 | 25 | 0 |
| 西　藏 | 29 | 23 | 31 | 31 | 28 | 26 | 31 | 31 | 0 |
| 陕　西 | 13 | 6 | 13 | 9 | 16 | 7 | 14 | 12 | －3 |
| 甘　肃 | 25 | 20 | 23 | 23 | 25 | 12 | 18 | 22 | 1 |
| 青　海 | 31 | 29 | 28 | 30 | 31 | 30 | 28 | 30 | 0 |
| 宁　夏 | 28 | 30 | 18 | 29 | 29 | 29 | 16 | 29 | 0 |
| 新　疆 | 30 | 11 | 30 | 24 | 30 | 11 | 29 | 24 | 0 |

2015 年全国各省、区、市知识经济竞争力处于上游区（1 ~ 10 位）的依次为江苏省、广东省、北京市、山东省、浙江省、上海市、河南省、天津市、四川省、湖北省，排在中游区（11 ~ 20 位）的依次为湖南省、陕西省、福建省、安徽省、重庆市、江西省、山西省、贵州省、广西壮族自治区、河北省，处于下游区（21 ~ 31 位）的依次为辽宁省、甘肃省、吉林省、新疆维吾尔自治区、云南省、海南省、黑龙江省、内蒙古自治区、宁夏回族自治区、青海省、西藏自治区。

## 7.3 全国省域知识经济竞争力排序变化比较

2015 年与 2014 年相比，排位上升的有 9 个省、区、市，上升幅度都不大，依次为江苏省（2 位）、四川省（2 位）、重庆市（2 位）、广西壮族自治区（2 位）、浙江省（1 位）、河南省（1 位）、湖南省（1 位）、安徽省（1 位）、甘肃省（1 位）；13 个省、区、市的排位没有变化；排位下降的有 9 个省、区、市，下降幅度最大的是陕西省（3 位），其他依次为江西省（2 位）、辽宁省（2 位）、广东省（1 位）、北京市（1 位）、上海市（1 位）、天津市（1 位）、吉林省（1 位）、山西省（1 位）。

## 7.4 全国省域知识经济竞争力跨区段变化情况

在评价期内，一些省、区、市知识经济竞争力排位出现了跨区段变化。在跨区段上升方面，四川省由中游区升入上游区，广西壮族自治区由下游区升入中游区；在跨区段下降方面，陕西省由上游区跌入中游区。

## 7.5 全国省域知识经济竞争力动因分析

在科技竞争力方面，2014 年排在前 10 位的省、区、市依次为广东省、江苏省、北京市、上海市、浙江省、山东省、天津市、四川省、湖北省、河南省，2015 年排在前 10 位的省、区、市依次为广东省、江苏省、北京市、上海市、浙江省、山东省、天津市、四川省、重庆市、河南省。

在教育竞争力方面，2014 年排在前 10 位的省、区、市依次为北京市、广东省、江苏省、山东省、河南省、陕西省、天津市、贵州省、江西省、浙江省，2015 年排在前 10 位的省、区、市依次为北京市、江苏省、山东省、广东省、河南省、贵州省、陕西省、浙江省、江西省、四川省。

在文化竞争力方面，2014 年排在前 10 位的省、区、市依次为北京市、江苏省、广东省、湖南省、浙江省、山西省、上海市、辽宁省、湖北省、山东省，2015 年排在前 10 位的省、区、市依次为北京市、江苏省、湖南省、广东省、浙江省、山东省、上海市、山西省、内蒙古自治区、辽宁省。

从省域知识经济竞争力 3 个三级指标的变化情况可以看出，经济发达地区多数表现出科技竞争力、教育竞争力和文化竞争力比较均衡、协调提升的态势，一些中西部省份的 3 个三级指标也保持了比较均衡、协调提升的态势，如湖北省、湖南省、四川省、陕西省。

# 八　全国省域发展环境竞争力评价分析

## 8.1　全国省域发展环境竞争力评价结果

根据发展环境竞争力指标体系和数学模型，课题组对采集到的2014～2015年全国31个省、区、市的相关统计资料进行了整理和合成，图8－1、图8－2、图8－3和表8－1显示了这两个年份发展环境竞争力排位和排位变化情况，以及其下属2个三级指标的评价结果。

## 8.2　全国省域发展环境竞争力排序分析

2014年全国各省、区、市发展环境竞争力处于上游区（1～10位）的依次是上海市、北京市、江苏省、广东省、浙江省、天津市、山东省、福建省、辽宁省、安徽省，排在中游区（11～20位）的依次为湖北省、重庆市、宁夏回族自治区、河北省、湖南省、河南省、陕西省、贵州省、四川省、内蒙古自治区，处于下游区（21～31位）的依次排序为江西省、青海省、山西省、广西壮族自治区、新疆维吾尔自治区、吉林省、海南省、黑龙江省、甘肃省、西藏自治区、云南省。

2015年全国各省、区、市发展环境竞争力处于上游区（1～10位）的依次是上海

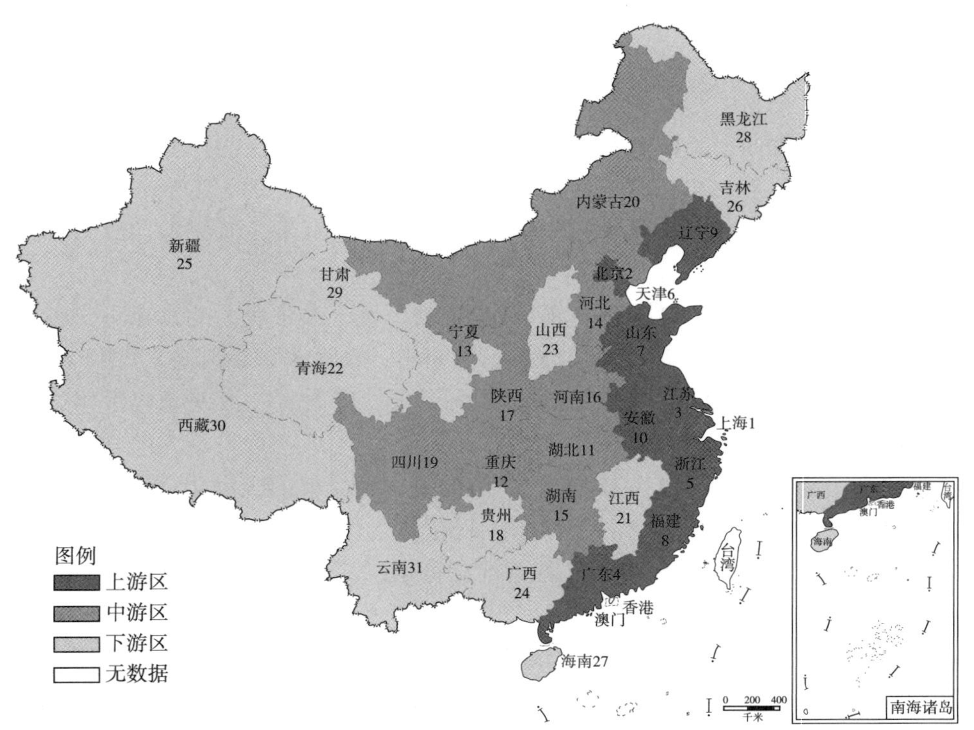


**图8－1　2014年全国省域发展环境竞争力排位图**

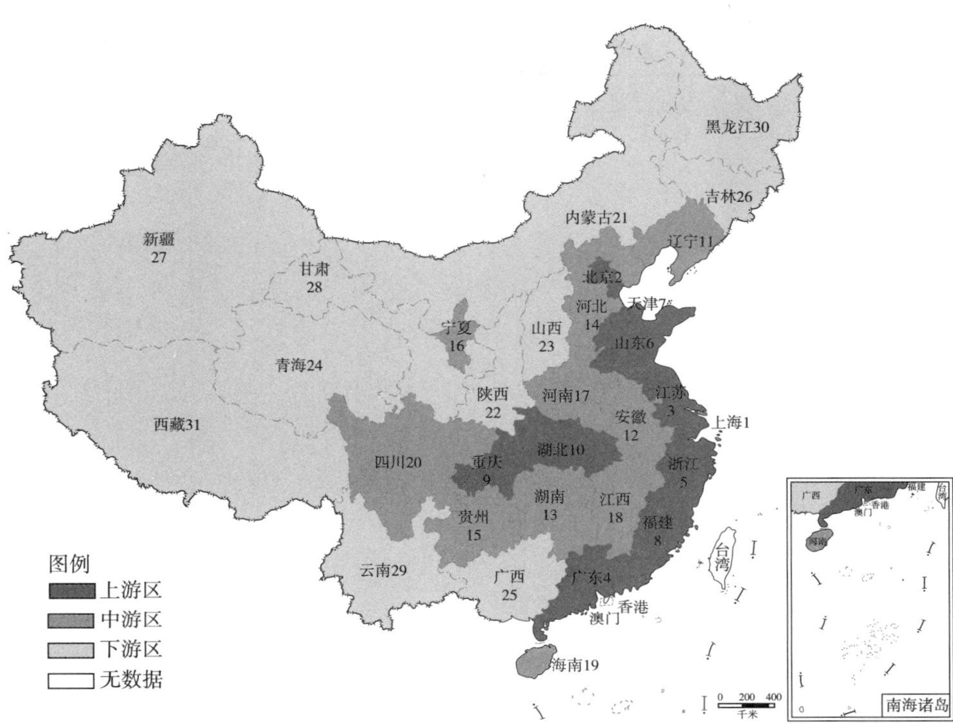


图 8－2　2015 年全国省域发展环境竞争力排位图

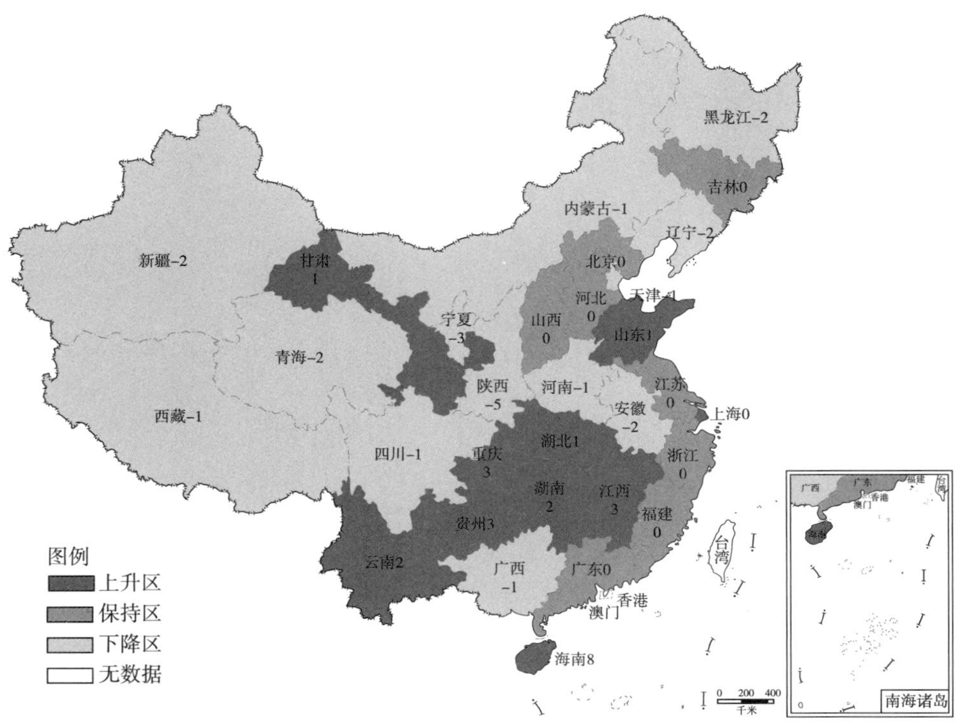


图 8－3　2014～2015 年全国省域发展环境竞争力排位变化图

**表 8－1　全国各省、区、市发展环境竞争力评价比较**

| 地区＼项目 | 2014年 | | | 2015年 | | | 综合排名升降 |
|---|---|---|---|---|---|---|---|
| | 基础设施竞争力 | 软环境竞争力 | 全国比较综合排名 | 基础设施竞争力 | 软环境竞争力 | 全国比较综合排名 | |
| 北　京 | 3 | 2 | 2 | 3 | 2 | 2 | 0 |
| 天　津 | 6 | 10 | 6 | 6 | 9 | 7 | －1 |
| 河　北 | 10 | 27 | 14 | 10 | 24 | 14 | 0 |
| 山　西 | 17 | 31 | 23 | 18 | 25 | 23 | 0 |
| 内蒙古 | 19 | 19 | 20 | 19 | 22 | 21 | －1 |
| 辽　宁 | 7 | 17 | 9 | 8 | 27 | 11 | －2 |
| 吉　林 | 26 | 26 | 26 | 27 | 14 | 26 | 0 |
| 黑龙江 | 28 | 25 | 28 | 28 | 31 | 30 | －2 |
| 上　海 | 1 | 1 | 1 | 1 | 1 | 1 | 0 |
| 江　苏 | 4 | 3 | 3 | 5 | 3 | 3 | 0 |
| 浙　江 | 5 | 4 | 5 | 4 | 4 | 5 | 0 |
| 安　徽 | 11 | 14 | 10 | 13 | 16 | 12 | －2 |
| 福　建 | 9 | 12 | 8 | 9 | 8 | 8 | 0 |
| 江　西 | 20 | 18 | 21 | 20 | 18 | 18 | 3 |
| 山　东 | 8 | 8 | 7 | 7 | 7 | 6 | 1 |
| 河　南 | 12 | 28 | 16 | 11 | 30 | 17 | －1 |
| 湖　北 | 13 | 15 | 11 | 12 | 15 | 10 | 1 |
| 湖　南 | 15 | 20 | 15 | 15 | 11 | 13 | 2 |
| 广　东 | 2 | 5 | 4 | 2 | 6 | 4 | 0 |
| 广　西 | 25 | 23 | 24 | 25 | 21 | 25 | －1 |
| 海　南 | 24 | 29 | 27 | 22 | 12 | 19 | 8 |
| 重　庆 | 14 | 16 | 12 | 14 | 10 | 9 | 3 |
| 四　川 | 23 | 9 | 19 | 23 | 13 | 20 | －1 |
| 贵　州 | 22 | 7 | 18 | 21 | 5 | 15 | 3 |
| 云　南 | 29 | 30 | 31 | 29 | 29 | 29 | 2 |
| 西　藏 | 31 | 6 | 30 | 31 | 23 | 31 | －1 |
| 陕　西 | 18 | 13 | 17 | 17 | 28 | 22 | －5 |
| 甘　肃 | 30 | 21 | 29 | 30 | 26 | 28 | 1 |
| 青　海 | 21 | 24 | 22 | 24 | 20 | 24 | －2 |
| 宁　夏 | 16 | 11 | 13 | 16 | 17 | 16 | －3 |
| 新　疆 | 27 | 22 | 25 | 26 | 19 | 27 | －2 |

市、北京市、江苏省、广东省、浙江省、山东省、天津市、福建省、重庆市、湖北省，排在中游区（11～20位）的依次为辽宁省、安徽省、湖南省、河北省、贵州省、宁夏回族自治区、河南省、江西省、海南省、四川省，处于下游区（21～31位）的依次排序为内蒙古自治区、陕西省、山西省、青海省、广西壮族自治区、吉林省、新疆维吾尔自治区、甘肃省、云南省、黑龙江省、西藏自治区。

## 8.3　全国省域发展环境竞争力排序变化比较

2015年与2014年相比较，排位上升的有9个省、区、市，上升幅度最大的是海南省（8位），其他依次为贵州省（3位）、江西省（3位）、重庆市（3位）、湖南省（2位）、云南省（2位）、山东省（1位）、湖北省（1位）、甘肃省（1位）；9个省份排位没有变化；排位下降的有13个省、区、市，下降幅度最大的是陕西省（5位），其他依次为宁夏回族自治区（3位）、辽宁省（2位）、安徽省（2位）、青海省（2位）、黑龙江省（2位）、新疆维吾尔自治区（2位）、天津市（1位）、河南省（1位）、四川省（1位）、内蒙古自治区（1位）、广西壮族自治区（1位）、西藏自治区（1位）。

## 8.4　全国省域发展环境竞争力跨区段变化情况

在评价期内，一些省、区、市发展环境竞争力排位出现了跨区段变化。在跨区段上升方面，重庆市由中游区升入上游区，海南省、江西省由下游区升入中游区；在跨区段下降方面，陕西省由中游区降入下游区。

## 8.5　全国省域发展环境竞争力动因分析

在基础设施竞争力方面，2014年排在前10位的省、区、市依次为上海市、广东省、北京市、江苏省、浙江省、天津市、辽宁省、山东省、福建省、河北省，2015年排在前10位的省、区、市依次为上海市、广东省、北京市、浙江省、江苏省、天津市、山东省、辽宁省、福建省、河北省。

在软环境竞争力方面，2014年排在前10位的省、区、市依次为上海市、北京市、江苏省、浙江省、广东省、西藏自治区、贵州省、山东省、四川省、天津市，2015年排在前10位的省、区、市依次为上海市、北京市、江苏省、浙江省、贵州省、广东省、山东省、福建省、天津市、重庆市。

从省域发展环境竞争力2个三级指标的变化可以看出，发展环境竞争力排位处于上游区的省、区、市，基础设施竞争力和软环境竞争力基本都在同一区段内比较协调地变化，那些排位差距呈现不断拉大趋势的地区，发展环境竞争力的综合排位也呈现下降趋势，表明基础设施竞争力和软环境竞争力都是发展环境竞争力不可缺少的重要组成部分，需要协调发展、同步提升。

# 九　全国省域政府作用竞争力评价分析

## 9.1　全国省域政府作用竞争力评价结果

根据政府作用竞争力指标体系和数学模型，课题组对采集到的2014～2015年全国31个省、区、市的相关统计资料进行了整理和合成，图9－1、图9－2、图9－3和表9－1显示了这两个年份政府作用竞争力排位和排位变化情况，以及其下属3个三级指标的评价结果。

## 9.2　全国省域政府作用竞争力排序分析

2014年全国各省、区、市政府作用竞争力处于上游区（1～10位）的依次是广东省、浙江省、辽宁省、江苏省、北京市、天津市、山东省、上海市、黑龙江省、福建省，排在中游区（11～20位）的依次为四川省、吉林省、河北省、安徽省、山西省、内蒙古自治区、湖南省、海南省、重庆市、湖北省，处于下游区（21～31位）的依次排序为河南省、宁夏回族自治区、陕西省、广西壮族自治区、新疆维吾尔自治区、江西省、甘肃省、贵州省、青海省、云南省、西藏自治区。

2015年全国各省、区、市政府作用竞争力处于上游区（1～10位）的依次是江苏省、辽宁省、广东省、浙江省、天津市、山东省、北京市、上海市、河北省、海南省，

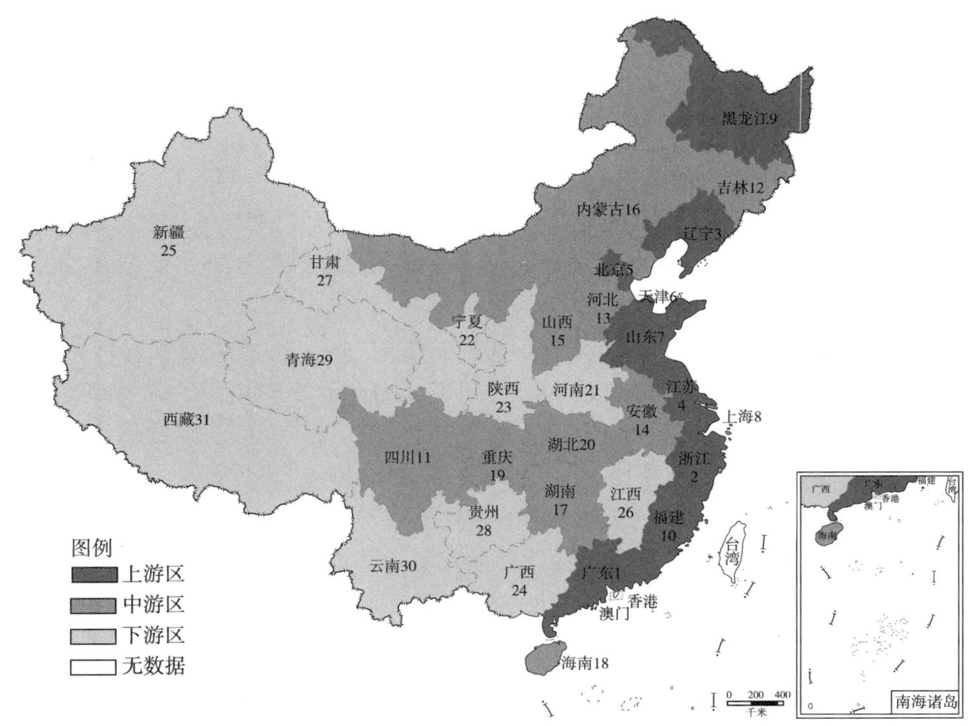


**图9－1　2014年全国省域政府作用竞争力排位图**

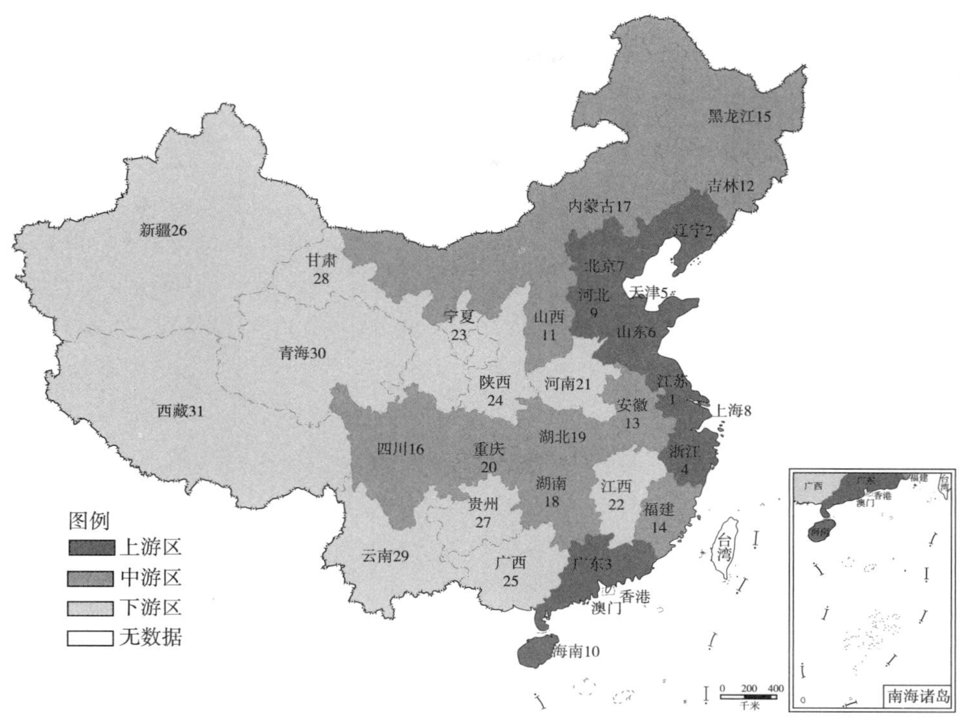


图 9－2　2015 年全国省域政府作用竞争力排位图

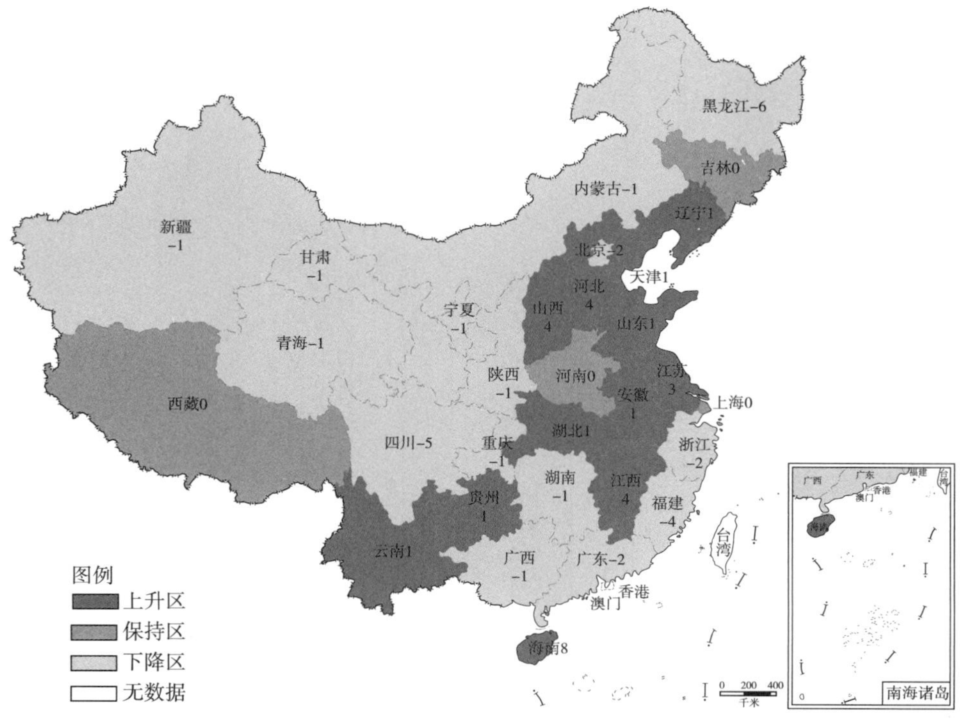


图 9－3　2014～2015 年全国省域政府作用竞争力排位变化图

**表 9-1 全国各省、区、市政府作用竞争力评价比较**

| 项目<br>地区 | 2014年 | | | | 2015年 | | | | 综合排名升降 |
|---|---|---|---|---|---|---|---|---|---|
| | 政府发展经济竞争力 | 政府规调经济竞争力 | 政府保障经济竞争力 | 全国比较综合排名 | 政府发展经济竞争力 | 政府规调经济竞争力 | 政府保障经济竞争力 | 全国比较综合排名 | |
| 北京 | 24 | 2 | 2 | 5 | 27 | 3 | 2 | 7 | -2 |
| 天津 | 4 | 1 | 20 | 6 | 3 | 1 | 19 | 5 | 1 |
| 河北 | 9 | 12 | 16 | 13 | 14 | 7 | 11 | 9 | 4 |
| 山西 | 21 | 4 | 15 | 15 | 21 | 2 | 20 | 11 | 4 |
| 内蒙古 | 19 | 9 | 19 | 16 | 20 | 9 | 21 | 17 | -1 |
| 辽宁 | 7 | 6 | 5 | 3 | 5 | 6 | 5 | 2 | 1 |
| 吉林 | 17 | 7 | 14 | 12 | 18 | 8 | 16 | 12 | 0 |
| 黑龙江 | 22 | 3 | 11 | 9 | 22 | 4 | 15 | 15 | -6 |
| 上海 | 8 | 13 | 7 | 8 | 7 | 11 | 7 | 8 | 0 |
| 江苏 | 1 | 11 | 6 | 4 | 2 | 10 | 6 | 1 | 3 |
| 浙江 | 5 | 5 | 4 | 2 | 6 | 5 | 3 | 4 | -2 |
| 安徽 | 10 | 10 | 17 | 14 | 9 | 13 | 14 | 13 | 1 |
| 福建 | 3 | 18 | 21 | 10 | 4 | 20 | 25 | 14 | -4 |
| 江西 | 16 | 25 | 25 | 26 | 15 | 25 | 24 | 22 | 4 |
| 山东 | 2 | 19 | 8 | 7 | 1 | 17 | 8 | 6 | 1 |
| 河南 | 12 | 16 | 26 | 21 | 10 | 18 | 28 | 21 | 0 |
| 湖北 | 13 | 20 | 18 | 20 | 12 | 21 | 17 | 19 | 1 |
| 湖南 | 11 | 15 | 24 | 17 | 13 | 16 | 23 | 18 | -1 |
| 广东 | 6 | 17 | 1 | 1 | 8 | 22 | 1 | 3 | -2 |
| 广西 | 15 | 22 | 28 | 24 | 16 | 23 | 27 | 25 | -1 |
| 海南 | 28 | 26 | 3 | 18 | 25 | 15 | 4 | 10 | 8 |
| 重庆 | 14 | 23 | 12 | 19 | 11 | 26 | 12 | 20 | -1 |
| 四川 | 18 | 8 | 13 | 11 | 17 | 14 | 13 | 16 | -5 |
| 贵州 | 23 | 28 | 27 | 28 | 23 | 27 | 26 | 27 | 1 |
| 云南 | 25 | 29 | 30 | 30 | 24 | 29 | 31 | 29 | 1 |
| 西藏 | 31 | 31 | 31 | 31 | 31 | 31 | 30 | 31 | 0 |
| 陕西 | 20 | 14 | 29 | 23 | 19 | 12 | 29 | 24 | -1 |
| 甘肃 | 27 | 27 | 22 | 27 | 26 | 28 | 18 | 28 | -1 |
| 青海 | 29 | 30 | 23 | 29 | 30 | 30 | 22 | 30 | -1 |
| 宁夏 | 26 | 21 | 9 | 22 | 28 | 19 | 10 | 23 | -1 |
| 新疆 | 30 | 24 | 10 | 25 | 29 | 24 | 9 | 26 | -1 |

排在中游区（11～20位）的依次为山西省、吉林省、安徽省、福建省、黑龙江省、四川省、内蒙古自治区、湖南省、湖北省、重庆市，处于下游区（21～31位）的依次排序为河南省、江西省、宁夏回族自治区、陕西省、广西壮族自治区、新疆维吾尔自治区、贵州省、甘肃省、云南省、青海省、西藏自治区。

## 9.3 全国省域政府作用竞争力排序变化比较

2015年与2014年相比较，排位上升的有12个省、区、市，上升幅度最大的为海南省（8位），其他依次为山西省（4位）、河北省（4位）、江西省（4位）、江苏省（3位）、安徽省（1位）、云南省（1位）、天津市（1位）、辽宁省（1位）、山东省（1位）、湖北省（1位）、贵州省（1位）；排位没有变化的有4个省、区、市；排位下降的有15个省、区、市，下降幅度最大的是黑龙江省（6位），其他依次为四川省（5位）、福建省（4位）、北京市（2位）、广东省（2位）、浙江省（2位）、湖南省（1位）、重庆市（1位）、内蒙古自治区（1位）、宁夏回族自治区（1位）、陕西省（1位）、广西壮族自治区（1位）、新疆维吾尔自治区（1位）、甘肃省（1位）、青海省（1位）。

## 9.4 全国省域政府作用竞争力跨区段变化情况

在评价期内，一些省、区、市政府作用竞争力排位出现了跨区段变化。在跨区段上升方面，海南省、河北省由中游区升入上游区；在跨区段下降方面，黑龙江省、福建省由上游区降入中游区。

## 9.5 全国省域政府作用竞争力动因分析

在政府发展经济竞争力方面，2014年排在前10位的省、区、市依次为江苏省、山东省、福建省、天津市、浙江省、广东省、辽宁省、上海市、河北省、安徽省，2015年排在前10位的省、区、市依次为山东省、江苏省、天津市、福建省、辽宁省、浙江省、上海市、广东省、安徽省、河南省。

在政府规调经济竞争力方面，2014年排在前10位的省、区、市依次为天津市、北京市、黑龙江省、山西省、浙江省、辽宁省、吉林省、四川省、内蒙古自治区、安徽省，2015年排在前10位的省、区、市依次为天津市、山西省、北京市、黑龙江省、浙江省、辽宁省、河北省、吉林省、内蒙古自治区、江苏省。

在政府保障经济竞争力方面，2014年排在前10位的省、区、市依次为广东省、北京市、海南省、浙江省、辽宁省、江苏省、上海市、山东省、宁夏回族自治区、新疆维吾尔自治区，2015年排在前10位的省、区、市依次为广东省、北京市、浙江省、海南省、辽宁省、江苏省、上海市、山东省、新疆维吾尔自治区、宁夏回族自治区。

从省域政府作用竞争力3个三级指标的变化中可以看出，经济比较活跃和发达的省、区、市3个指标大多数表现较好，3个指标表现欠佳的多数是中西部经济欠发达地区。这表明，在经济体制转轨时期，政府作用对经济增长有着直接影响，提升省域经济综合竞争力必须全面提升政府作用竞争力。

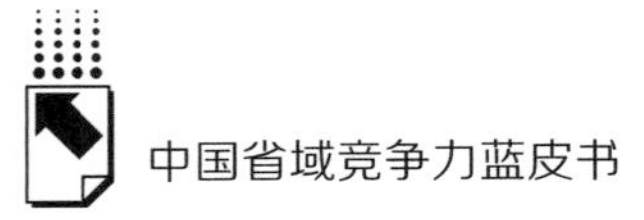


# 十　全国省域发展水平竞争力评价分析

## 10.1　全国省域发展水平竞争力评价结果

根据发展水平竞争力指标体系和数学模型，课题组对采集到的2014～2015年全国31个省、区、市的相关资料进行了整理和合成，图10－1、图10－2、图10－3和表10－1显示了这两个年份发展水平竞争力排位和排位变化情况，以及其下属3个三级指标的评价结果。

## 10.2　全国省域发展水平竞争力排序分析

2014年全国各省、区、市发展水平竞争力处于上游区（1～10位）的依次是江苏省、上海市、北京市、广东省、浙江省、山东省、重庆市、天津市、福建省、辽宁省，排在中游区（11～20位）的依次为四川省、江西省、湖南省、湖北省、安徽省、河南省、河北省、广西壮族自治区、吉林省、宁夏回族自治区，处于下游区（21～31位）的依次排序为内蒙古自治区、海南省、陕西省、贵州省、山西省、黑龙江省、云南省、青海省、新疆维吾尔自治区、甘肃省、西藏自治区。

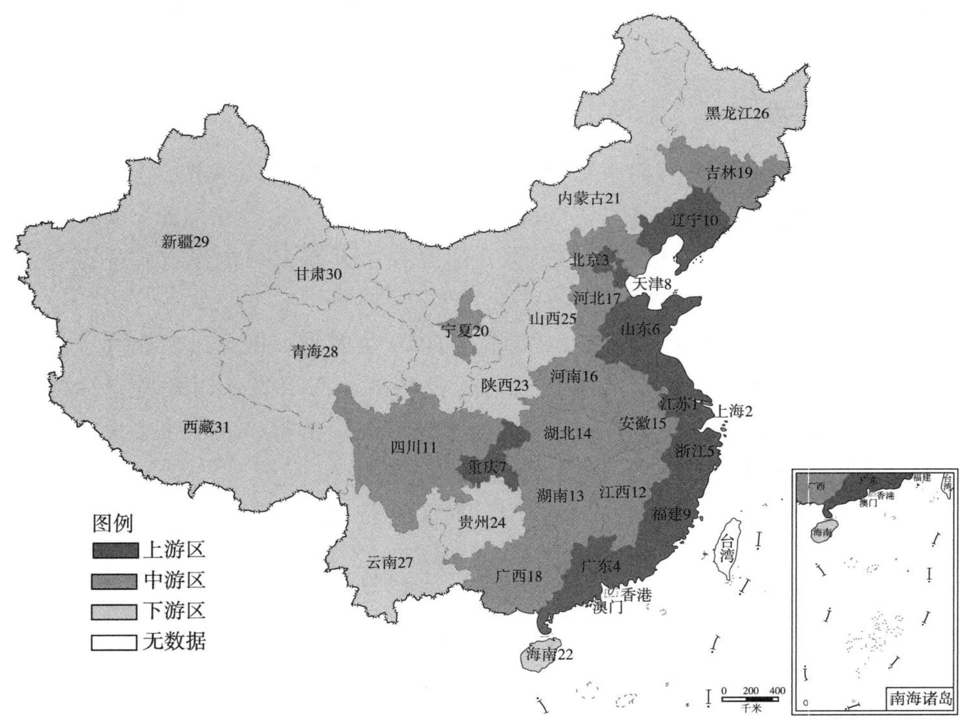


图10－1　2014年全国省域发展水平竞争力排位图

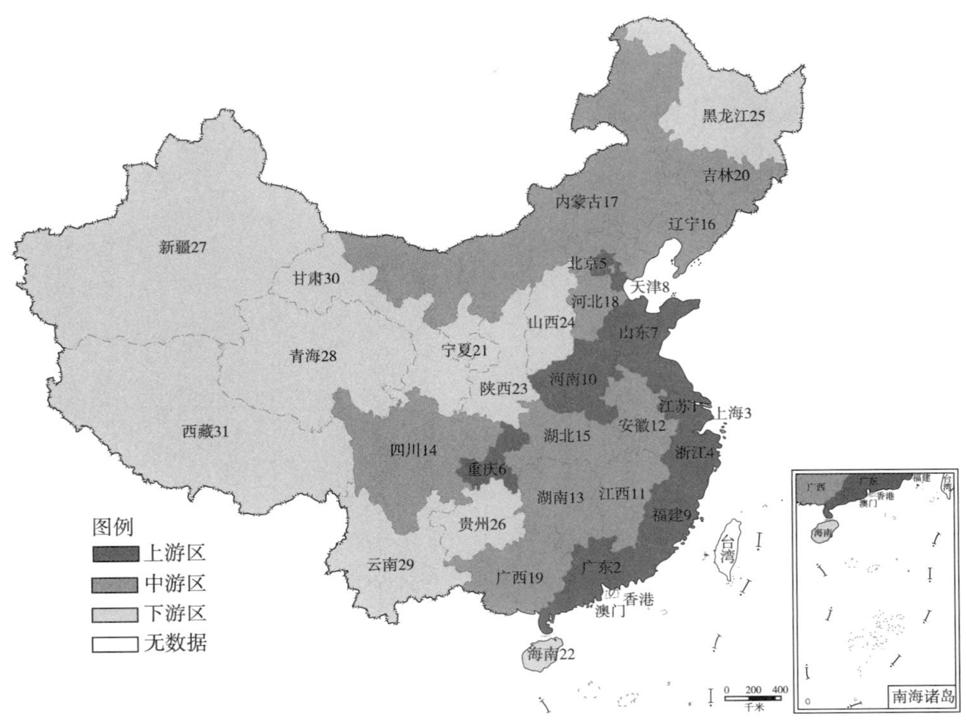


图 10－2　2015 年全国省域发展水平竞争力排位图

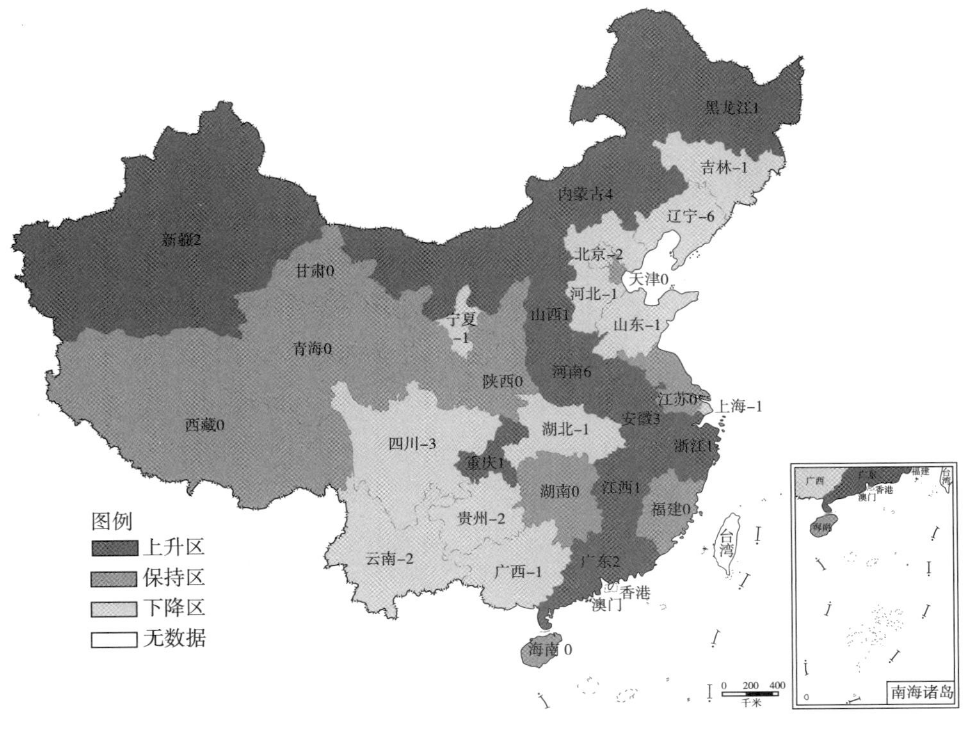


图 10－3　2014～2015 年全国省域发展水平竞争力排位变化图

**表 10－1　全国各省、区、市发展水平竞争力评价比较**

| 地区 \ 项目 | 2014年 | | | | 2015年 | | | | 综合排名升降 |
|---|---|---|---|---|---|---|---|---|---|
| | 工业化进程竞争力 | 城市化进程竞争力 | 市场化进程竞争力 | 全国比较综合排名 | 工业化进程竞争力 | 城市化进程竞争力 | 市场化进程竞争力 | 全国比较综合排名 | |
| 北　京 | 2 | 1 | 24 | 3 | 7 | 1 | 22 | 5 | －2 |
| 天　津 | 7 | 5 | 22 | 8 | 5 | 6 | 21 | 8 | 0 |
| 河　北 | 24 | 14 | 12 | 17 | 20 | 15 | 13 | 18 | －1 |
| 山　西 | 21 | 21 | 26 | 25 | 17 | 20 | 27 | 24 | 1 |
| 内蒙古 | 29 | 8 | 19 | 21 | 23 | 7 | 19 | 17 | 4 |
| 辽　宁 | 19 | 9 | 7 | 10 | 22 | 14 | 10 | 16 | －6 |
| 吉　林 | 16 | 18 | 18 | 19 | 19 | 18 | 17 | 20 | －1 |
| 黑龙江 | 31 | 22 | 25 | 26 | 28 | 10 | 23 | 25 | 1 |
| 上　海 | 4 | 2 | 4 | 2 | 3 | 2 | 7 | 3 | －1 |
| 江　苏 | 3 | 4 | 2 | 1 | 2 | 3 | 2 | 1 | 0 |
| 浙　江 | 15 | 3 | 1 | 5 | 15 | 4 | 1 | 4 | 1 |
| 安　徽 | 18 | 17 | 10 | 15 | 12 | 17 | 6 | 12 | 3 |
| 福　建 | 9 | 10 | 13 | 9 | 9 | 9 | 11 | 9 | 0 |
| 江　西 | 12 | 19 | 5 | 12 | 13 | 11 | 9 | 11 | 1 |
| 山　东 | 13 | 7 | 3 | 6 | 10 | 8 | 4 | 7 | －1 |
| 河　南 | 8 | 28 | 14 | 16 | 6 | 24 | 15 | 10 | 6 |
| 湖　北 | 14 | 13 | 11 | 14 | 14 | 16 | 14 | 15 | －1 |
| 湖　南 | 10 | 20 | 9 | 13 | 11 | 21 | 8 | 13 | 0 |
| 广　东 | 1 | 6 | 8 | 4 | 1 | 5 | 3 | 2 | 2 |
| 广　西 | 17 | 23 | 15 | 18 | 16 | 26 | 18 | 19 | －1 |
| 海　南 | 23 | 16 | 16 | 22 | 27 | 23 | 16 | 22 | 0 |
| 重　庆 | 6 | 12 | 6 | 7 | 4 | 19 | 5 | 6 | 1 |
| 四　川 | 5 | 24 | 17 | 11 | 8 | 30 | 12 | 14 | －3 |
| 贵　州 | 20 | 30 | 21 | 24 | 21 | 31 | 24 | 26 | －2 |
| 云　南 | 27 | 27 | 23 | 27 | 26 | 29 | 28 | 29 | －2 |
| 西　藏 | 30 | 31 | 31 | 31 | 29 | 27 | 31 | 31 | 0 |
| 陕　西 | 11 | 15 | 27 | 23 | 18 | 13 | 26 | 23 | 0 |
| 甘　肃 | 25 | 29 | 30 | 30 | 31 | 25 | 29 | 30 | 0 |
| 青　海 | 22 | 26 | 28 | 28 | 25 | 28 | 30 | 28 | 0 |
| 宁　夏 | 26 | 11 | 20 | 20 | 24 | 12 | 20 | 21 | －1 |
| 新　疆 | 28 | 25 | 29 | 29 | 30 | 22 | 25 | 27 | 2 |

2015年全国各省、区、市发展水平竞争力处于上游区（1~10位）的依次是江苏省、广东省、上海市、浙江省、北京市、重庆市、山东省、天津市、福建省、河南省，排在中游区（11~20位）的依次为江西省、安徽省、湖南省、四川省、湖北省、辽宁省、内蒙古自治区、河北省、广西壮族自治区、吉林省，处于下游区（21~31位）的依次排序为宁夏回族自治区、海南省、陕西省、山西省、黑龙江省、贵州省、新疆维吾尔自治区、青海省、云南省、甘肃省、西藏自治区。

## 10.3 全国省域发展水平竞争力排序变化比较

2015年与2014年相比较，排位上升的有10个省、区、市，上升幅度最大的是河南省（6位），其他依次为内蒙古自治区（4位）、安徽省（3位）、广东省（2位）、新疆维吾尔自治区（2位）、重庆市（1位）、浙江省（1位）、江西省（1位）、山西省（1位）、黑龙江省（1位）；有9个省、区、市排位没有变化；排位下降的有12个省、区、市，下降幅度最大的是辽宁省（6位），其他依次为四川省（3位）、北京市（2位）、贵州省（2位）、云南省（2位）、上海市（1位）、山东省（1位）、湖北省（1位）、河北省（1位）、广西壮族自治区（1位）、吉林省（1位）、宁夏回族自治区（1位）。

## 10.4 全国省域发展水平竞争力跨区段变化情况

在评价期内，一些省、区、市发展水平竞争力排位出现了跨区段变化。在跨区段上升方面，河南省由中游区升入上游区，内蒙古自治区由下游区升入中游区；在跨区段下降方面，辽宁省由上游区降入中游区。

## 10.5 全国省域发展水平竞争力动因分析

在工业化进程竞争力方面，2014年排在前10位的省、区、市依次为广东省、北京市、江苏省、上海市、四川省、重庆市、天津市、河南省、福建省、湖南省，2015年排在前10位的省、区、市依次为广东省、江苏省、上海市、重庆市、天津市、河南省、北京市、四川省、福建省、山东省。

在城市化进程竞争力方面，2014年排在前10位的省、区、市依次为北京市、上海市、浙江省、江苏省、天津市、广东省、山东省、内蒙古自治区、辽宁省、福建省，2015年排在前10位的省、区、市依次为北京市、上海市、江苏省、浙江省、广东省、天津市、内蒙古自治区、山东省、福建省、黑龙江省。

在市场化进程竞争力方面，2014年排在前10位的省、区、市依次为浙江省、江苏省、山东省、上海市、江西省、重庆市、辽宁省、广东省、湖南省、安徽省，2015年排在前10位的省、区、市依次为浙江省、江苏省、广东省、山东省、重庆市、安徽省、上海市、湖南省、江西省、辽宁省。

从省域发展水平竞争力3个三级指标的变化中可以看出，排位居于前10位的省份主要分布在经济比较活跃的东部沿海地区，多数3个指标表现都较好，这表明工业化、

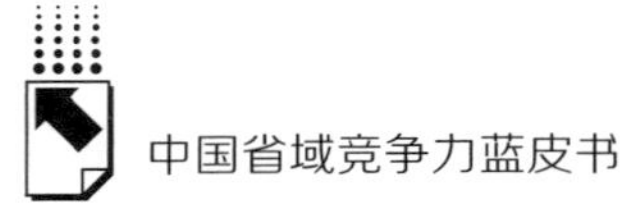


城市化、市场化进程在总体上是一个联系密切、相辅相成、互相促进的发展过程，一个省域的发展水平竞争力是工业化、城市化、市场化进程的综合体现。

## 十一　全国省域统筹协调竞争力评价分析

### 11.1　全国省域统筹协调竞争力评价结果

根据统筹协调竞争力指标体系和数学模型，课题组对采集到的2014～2015年全国31个省、区、市的相关统计资料进行了整理和合成，图11－1、图11－2、图11－3和表11－1显示了这两个年份统筹协调竞争力排位和排位变化情况，以及其下属2个三级指标的评价结果。

### 11.2　全国省域统筹协调竞争力排序分析

2014年全国各省、区、市统筹协调竞争力处于上游区（1～10位）的依次是天津市、黑龙江省、四川省、江苏省、山东省、上海市、吉林省、浙江省、河北省、内蒙古自治区，排在中游区（11～20位）的依次为河南省、湖南省、辽宁省、广东省、安徽省、江西省、北京市、陕西省、福建省、湖北省，处于下游区（21～31位）的依次排序为重庆市、广西壮族自治区、西藏自治区、海南省、青海省、山西省、新疆维吾尔自

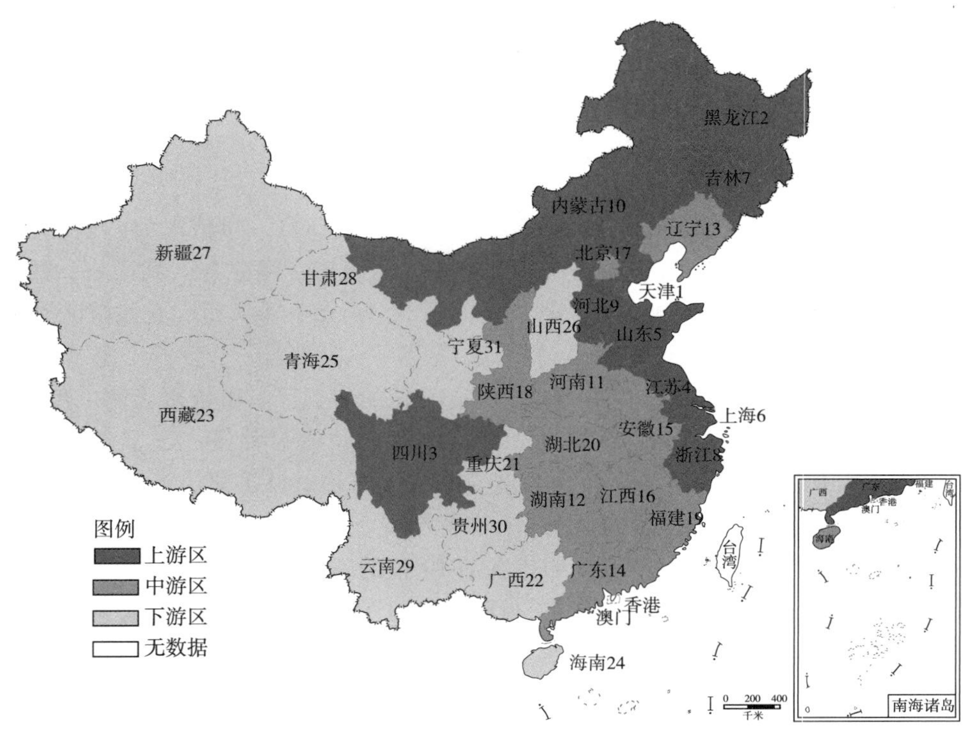


图11－1　2014年全国省域统筹协调竞争力排位图

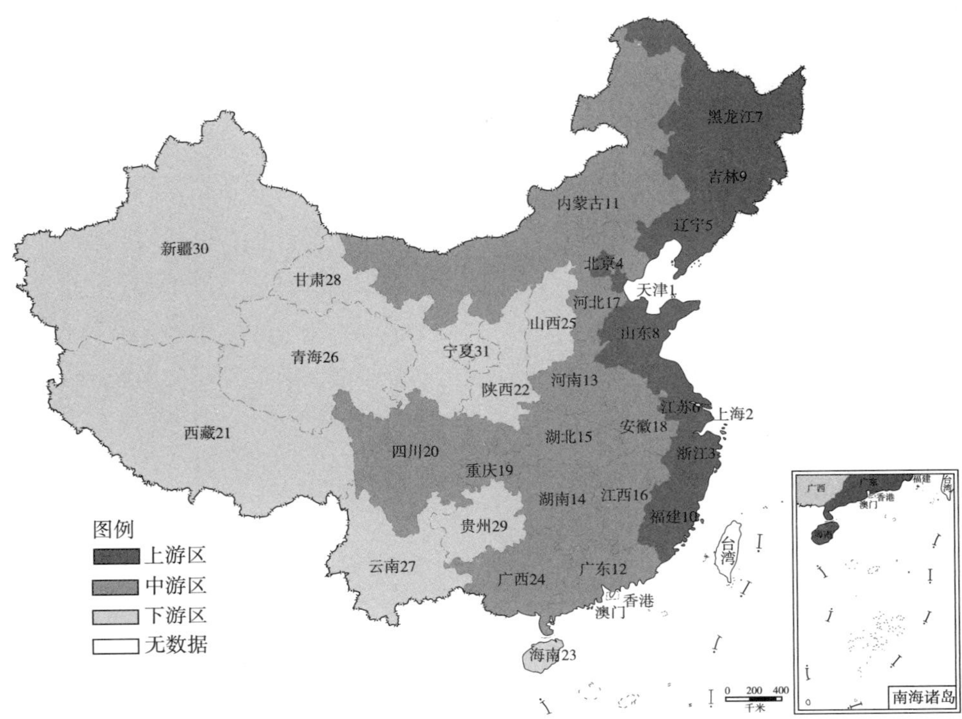


**图 11－2　2015 年全国省域统筹协调竞争力排位图**

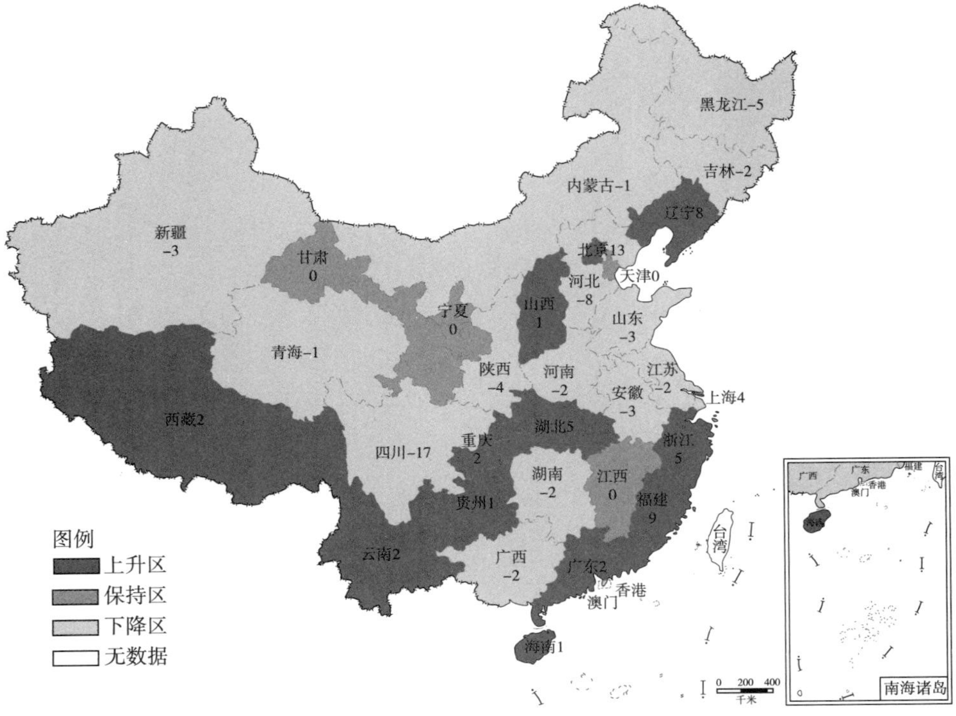


**图 11－3　2014～2015 年全国省域统筹协调竞争力排位变化图**

**表 11－1　全国各省、区、市统筹协调竞争力评价比较**

| 项目／地区 | 2014 年 | | | 2015 年 | | | 综合排名升降 |
|---|---|---|---|---|---|---|---|
| | 统筹发展竞争力 | 协调发展竞争力 | 全国比较综合排名 | 统筹发展竞争力 | 协调发展竞争力 | 全国比较综合排名 | |
| 北　京 | 6 | 30 | 17 | 3 | 29 | 4 | 13 |
| 天　津 | 1 | 9 | 1 | 1 | 13 | 1 | 0 |
| 河　北 | 20 | 4 | 9 | 23 | 1 | 17 | －8 |
| 山　西 | 27 | 16 | 26 | 26 | 18 | 25 | 1 |
| 内蒙古 | 23 | 1 | 10 | 18 | 2 | 11 | －1 |
| 辽　宁 | 16 | 13 | 13 | 7 | 6 | 5 | 8 |
| 吉　林 | 10 | 5 | 7 | 13 | 4 | 9 | －2 |
| 黑龙江 | 3 | 6 | 2 | 9 | 11 | 7 | －5 |
| 上　海 | 2 | 28 | 6 | 2 | 19 | 2 | 4 |
| 江　苏 | 4 | 21 | 4 | 4 | 25 | 6 | －2 |
| 浙　江 | 8 | 11 | 8 | 6 | 8 | 3 | 5 |
| 安　徽 | 18 | 15 | 15 | 19 | 10 | 18 | －3 |
| 福　建 | 11 | 25 | 19 | 8 | 16 | 10 | 9 |
| 江　西 | 15 | 18 | 16 | 12 | 17 | 16 | 0 |
| 山　东 | 7 | 10 | 5 | 10 | 12 | 8 | －3 |
| 河　南 | 17 | 8 | 11 | 17 | 5 | 13 | －2 |
| 湖　北 | 25 | 7 | 20 | 16 | 9 | 15 | 5 |
| 湖　南 | 14 | 12 | 12 | 14 | 15 | 14 | －2 |
| 广　东 | 5 | 29 | 14 | 5 | 31 | 12 | 2 |
| 广　西 | 13 | 27 | 22 | 22 | 26 | 24 | －2 |
| 海　南 | 22 | 24 | 24 | 24 | 21 | 23 | 1 |
| 重　庆 | 19 | 20 | 21 | 11 | 22 | 19 | 2 |
| 四　川 | 9 | 3 | 3 | 21 | 7 | 20 | －17 |
| 贵　州 | 28 | 23 | 30 | 28 | 24 | 29 | 1 |
| 云　南 | 24 | 31 | 29 | 25 | 30 | 27 | 2 |
| 西　藏 | 21 | 26 | 23 | 20 | 14 | 21 | 2 |
| 陕　西 | 12 | 22 | 18 | 15 | 27 | 22 | －4 |
| 甘　肃 | 26 | 19 | 28 | 27 | 28 | 28 | 0 |
| 青　海 | 30 | 2 | 25 | 31 | 3 | 26 | －1 |
| 宁　夏 | 31 | 17 | 31 | 30 | 23 | 31 | 0 |
| 新　疆 | 29 | 14 | 27 | 29 | 20 | 30 | －3 |

治区、甘肃省、云南省、贵州省、宁夏回族自治区。

2015 年全国各省、区、市统筹协调竞争力处于上游区（1～10 位）的依次是天津市、上海市、浙江省、北京市、辽宁省、江苏省、黑龙江省、山东省、吉林省、福建省，排在中游区（11～20 位）的依次为内蒙古自治区、广东省、河南省、湖南省、湖北省、江西省、河北省、安徽省、重庆市、四川省，处于下游区（21～31 位）的依次排序为西藏自治区、陕西省、海南省、广西壮族自治区、山西省、青海省、云南省、甘肃省、贵州省、新疆维吾尔自治区、宁夏回族自治区。

## 11.3　全国省域统筹协调竞争力排序变化比较

2015 年与 2014 年相比较，排位上升的有 13 个省、区、市，上升幅度最大的是北京市（13 位），其他依次为福建省（9 位）、辽宁省（8 位）、浙江省（5 位）、湖北省（5 位）、上海市（4 位）、广东省（2 位）、重庆市（2 位）、西藏自治区（2 位）、云南省（2 位）、海南省（1 位）、山西省（1 位）、贵州省（1 位）；有 4 个省、区、市排位没有变化；排位下降的有 14 个省、区、市，下降幅度最大的是四川省（17 位），其他依次为河北省（8 位）、黑龙江省（5 位）、陕西省（4 位）、山东省（3 位）、安徽省（3 位）、新疆维吾尔自治区（3 位）、江苏省（2 位）、吉林省（2 位）、河南省（2 位）、湖南省（2 位）、广西壮族自治区（2 位）、内蒙古自治区（1 位）、青海省（1 位）。

## 11.4　全国省域统筹协调竞争力跨区段变化情况

在评价期内，一些省、区、市统筹协调竞争力排位出现了跨区段变化。在跨区段上升方面，北京市、福建省、辽宁省由中游区升入上游区；在跨区段下降方面，四川省、河北省由上游区降入中游区，陕西省由中游区降入下游区。

## 11.5　全国省域统筹协调竞争力动因分析

在统筹发展竞争力方面，2014 年排在前 10 位的省、区、市依次为天津市、上海市、黑龙江省、江苏省、广东省、北京市、山东省、浙江省、四川省、吉林省，2015 年排在前 10 位的省、区、市依次为天津市、上海市、北京市、江苏省、广东省、浙江省、辽宁省、福建省、黑龙江省、山东省。

在协调发展竞争力方面，2014 年排在前 10 位的省、区、市依次为内蒙古自治区、青海省、四川省、河北省、吉林省、黑龙江省、湖北省、河南省、天津市、山东省，2015 年排在前 10 位的省、区、市依次为河北省、内蒙古自治区、青海省、吉林省、河南省、辽宁省、四川省、浙江省、湖北省、安徽省。

可以看出，大部分省、区、市，不管是统筹协调竞争力排位靠前还是靠后，统筹发展竞争力和协调发展竞争力 2 个三级指标都不太协调，经济较发达的省份也存在不协调发展的情况，这与各地发展基础以及自然状况有关，也与经济发展的路径选择有关。如何在经济新常态下进一步加快发展方式转变，着力推动供给侧结构性改革，是每一个省份都要认真思考的问题。

# 十二　2014～2015年全国省域经济综合竞争力变化的基本特征及启示

省域经济综合竞争力评价指标体系由1个一级指标、9个二级指标、25个三级指标和210个四级指标构成，评价结果由这些指标共同决定，综合反映了一个省份在经济、科技、教育、财政、金融、资源、环境、政府作用和统筹协调发展等各方面的发展水平及发展潜力。省域经济社会发展的各方面相互促进、相互制约，共同影响省域经济综合竞争力的排位和变化，也表现出一定的变化规律和特征。要了解省域经济综合竞争力的变化特征，通过研究和发现提升省域经济综合竞争力的正确路径、方法和对策，从而有效提升省域经济综合竞争力。

## 12.1　省域经济综合竞争力排位整体比较稳定，个别省份竞争力排位波动较为明显

表12－1列出了2014年和2015年全国各省、区、市经济综合竞争力排位及变化情况。

**表12－1　全国各省、区、市2014～2015年经济综合竞争力排位变化分析**

| | 地　区 | 2014年 | 2015年 | | 地　区 | 2014年 | 2015年 | | 地　区 | 2014年 | 2015年 |
|---|---|---|---|---|---|---|---|---|---|---|---|
| 上游区 | 广　东 | 1 | 1 | 中游区 | 重　庆 | 15 | 11 | 下游区 | 海　南 | 21 | 21 |
| | 江　苏 | 2 | 2 | | 安　徽 | 14 | 12 | | 广　西 | 23 | 22 |
| | 北　京 | 3 | 3 | | 四　川 | 11 | 13 | | 山　西 | 24 | 23 |
| | 上　海 | 4 | 4 | | 辽　宁 | 9 | 14 | | 贵　州 | 25 | 24 |
| | 浙　江 | 5 | 5 | | 湖　南 | 13 | 15 | | 黑龙江 | 22 | 25 |
| | 山　东 | 6 | 6 | | 河　北 | 16 | 16 | | 新　疆 | 26 | 26 |
| | 天　津 | 7 | 7 | | 江　西 | 19 | 17 | | 宁　夏 | 27 | 27 |
| | 福　建 | 8 | 8 | | 内蒙古 | 17 | 18 | | 云　南 | 30 | 28 |
| | 湖　北 | 10 | 9 | | 吉　林 | 20 | 19 | | 青　海 | 28 | 29 |
| | 河　南 | 12 | 10 | | 陕　西 | 18 | 20 | | 甘　肃 | 29 | 30 |
| | | | | | | | | | 西　藏 | 31 | 31 |

从表12－1中排位变化情况来看，整体上各省份经济综合竞争力排位相对稳定，在某一区段内变化较小，只是在局部有所调整。2014年处于上游区的10个省份，2015年只有辽宁省降入中游区，其他都继续保持在上游区，而且排位基本保持不变，竞争优势地位比较稳固。2014年处于中游区的10个省份也只有河南省升入上游区，其他各省份都继续保持在中游区。处于下游区的11个省份仍然继续处于下游区，特别是西部地区几个省份排位一直处于下游区末尾，排名没有太大的变化，表现出明显的竞争劣势，长期形成的劣势地位在短期内难以改变。

尽管各省份经济综合竞争力排位相对稳定，但各省份之间的竞争优劣势也会发生一定的变化。从竞争力得分的相对比较就可以看出，各省域竞争力得分之间的差距还是有所变化的，只不过这种变化在短时间内还不够明显，对排位不会产生较大影响。从较长一段时间内观察，就会发现这种竞争力差距会逐步扩大，并使各省域竞争力排位发生变化。特别是在中游区和下游区的省份，竞争力综合排位发生变化的省份比较多，其中中游区和下游区省份的排位都发生了变化，最主要的原因是中游区和下游区的各省份得分非常接近，各省份之间竞争优劣势的差距不太突出，得分的变化容易导致排位发生变化。尽管上游区各省份得分差距比较大，排位比较稳定，但当分差的变动累积到一定程度以后，就有可能发生排位上的变化，但需要更长时间来体现。

省域经济综合竞争力排名是众多客观指标综合体现的结果，竞争力排名的波动体现了一个省份长期积累的竞争优势或者竞争劣势。因此，一个省份的综合竞争力排名短期内不会大起大落，其竞争优劣势是相对稳定的，要提升省域经济综合竞争力排位，就不能寄希望于一时的变化，也不能仅仅依靠少数指标的排位上升，而是需要经过长期不懈的努力，使各方面得到综合发展、协同提升。同时，在市场经济条件下，各省份相互之间又是充分竞争的，各种因素都会起作用，省域经济综合竞争力会出现高低起伏，竞争力排位动态变化，具有不稳定的特点。不管这个省份的经济规模是大还是小，经济发展水平是高还是低，只要抓住各种机遇，加快发展、持续发展和协调发展，就能有效提升省域经济综合竞争力。

## 12.2　省域经济综合竞争力是多种要素综合作用的展现，客观反映了各省域经济发展的能力与水平

表 12－2 列出了 2014 年和 2015 年各省份经济综合竞争力得分与 9 个二级指标得分的相关系数及变化情况。

**表 12－2　全国各省份经济综合竞争力与二级指标得分相关系数**

| 指　标 | 宏观经济竞争力 | 产业经济竞争力 | 可持续发展竞争力 | 财政金融竞争力 | 知识经济竞争力 | 发展环境竞争力 | 政府作用竞争力 | 发展水平竞争力 | 统筹协调竞争力 |
|---|---|---|---|---|---|---|---|---|---|
| 2014 年 | 0.964 | 0.914 | 0.307 | 0.775 | 0.935 | 0.931 | 0.846 | 0.953 | 0.555 |
| 2015 年 | 0.977 | 0.922 | 0.584 | 0.786 | 0.923 | 0.942 | 0.828 | 0.942 | 0.730 |
| 变化 | 0.013 | 0.008 | 0.277 | 0.011 | －0.012 | 0.011 | －0.019 | －0.011 | 0.175 |

从表 12－2 来看，与省域经济综合竞争力得分相关程度最高的二级指标是宏观经济竞争力，相关系数达到 0.977，其次为发展环境竞争力和发展水平竞争力，相关系数都是 0.942，远高于其他几个二级指标，同时产业经济竞争力、知识经济竞争力等几个二级指标的相关系数也比较大，超过了 0.9。二级指标相关系数的表现说明宏观经济竞争力是省域经济综合竞争力最直接的体现，经济发展的主要指标都体现在宏观经济发展水平上。各省份在促进产业发展、提高经济发展水平的过程中，经济综合竞争力也会得到

相应提升，经济发展是硬道理，经济实力是竞争力的最直接体现。产业发展离不开良好的发展环境，不管是基础设施等硬环境，还是营商环境等软环境，都是保障经济、提升经济发展效率的重要基础。科技创新是第一生产力，也是促进省域经济快速、健康发展的主要推动力，教育发展为科技创新和经济发展提供人力资源和智力支持，文化也是凝聚人才、促进科技教育发展的重要内容，所以知识经济是提升省域经济发展质量、优化省域经济结构、提高省域经济效益的有效手段。从两年内指标间相关系数的变化来看，相关系数增加较大的有可持续发展竞争力和统筹协调竞争力，反映了近年来各省份更多地关注和谐发展、科学发展。

总之，省域经济综合竞争力是多种要素综合反映的结果，既是经济总量的竞争，也是增长速度、平均水平、经济结构和效益的综合竞争，是显性优势和潜在优势的综合反映。任何一个省份要提升省域经济综合竞争力，都要从综合竞争力各要素出发，全面培养竞争优势，减少劣势，制定竞争力提升的长期战略。

## 12.3　产业经济竞争力是影响或推动省域经济综合竞争力提升的重要因素，需要不断加强和巩固其竞争实力

农业、工业和服务业是国民经济发展的基础，三次产业是国民经济的主要载体，产业经济的发展是经济增长的动力，而企业竞争力更是地区经济竞争力的核心。图 12－1和图 12－2 分别描述了 2014 年和 2015 年全国各省、区、市经济综合竞争力排位变化与产业经济竞争力的变动关系。

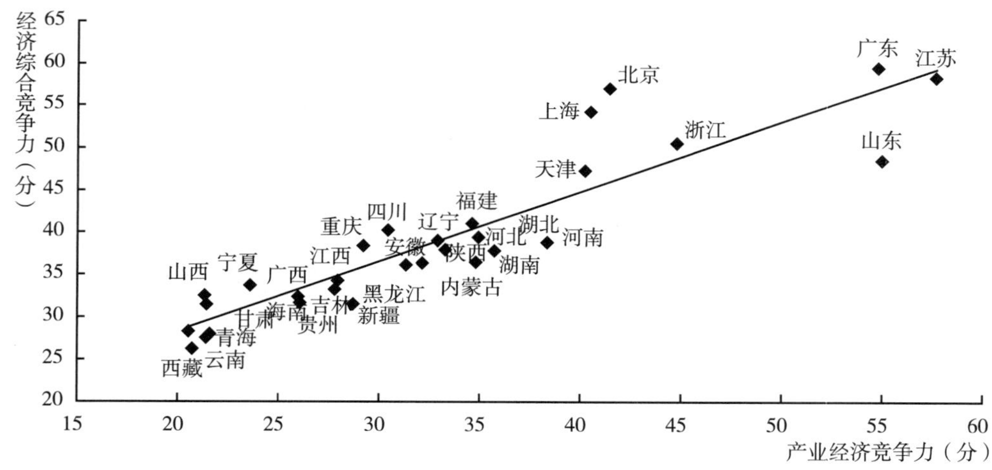


**图 12－1　2014 年全国各省、区、市产业经济竞争力和经济综合竞争力得分对应关系**

从图 12－1 和图 12－2 中可以看出，各省、区、市经济综合竞争力和产业经济竞争力基本上是同方向变化的，大部分省份都聚集在趋势线上，产业经济竞争力和经济综合竞争力具有很强的正向线性关系，两者得分的相关系数也高达 0.922，表明产业经济竞争力得分越高的省份，其经济综合竞争力得分也越高。当然，也有一些比较特殊的省

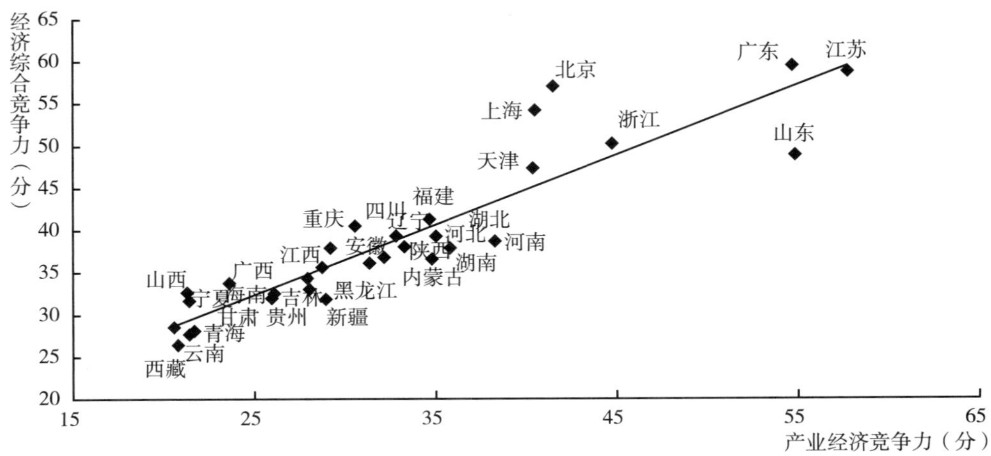


**图 12－2　2015 年全国各省、区、市产业经济竞争力和经济综合竞争力得分对应关系**

份，如北京市和上海市等地的产业经济竞争力不是特别靠前，但经济综合竞争力反而名列前茅，而山东省的产业经济竞争力排名第 3，但经济综合竞争力却落后于北京市和上海市，这是其他二级指标得分影响的结果。可以说，没有产业的发展，就没有国民经济的发展，产业没有竞争力，国民经济也不会有竞争力。因此，要稳步提升省域经济综合竞争力，必须以发展产业经济为抓手，紧紧抓住产业经济竞争力这一关键环节。

## 12.4　不断固强扶优、优化省域经济综合竞争力指标结构，保持省域经济综合竞争力处于优势地位

表 12－3 列出了 2015 年全国各省、区、市经济综合竞争力四级指标的竞争态势结构，以反映竞争力指标优劣势及其结构对竞争力排位的影响。

**表 12－3　全国各省、区、市经济综合竞争力四级指标优劣势结构分析**

| 地　区 | 强势指标(个) | 优势指标(个) | 中势指标(个) | 劣势指标(个) | 2015 年综合排位 |
|---|---|---|---|---|---|
| 广　东 | 65 | 68 | 40 | 37 | 1 |
| 江　苏 | 58 | 81 | 39 | 32 | 2 |
| 北　京 | 72 | 40 | 39 | 59 | 3 |
| 上　海 | 68 | 56 | 39 | 47 | 4 |
| 浙　江 | 34 | 94 | 42 | 40 | 5 |
| 山　东 | 37 | 72 | 66 | 35 | 6 |
| 天　津 | 42 | 60 | 49 | 59 | 7 |
| 福　建 | 10 | 78 | 80 | 42 | 8 |
| 湖　北 | 10 | 59 | 99 | 42 | 9 |
| 河　南 | 13 | 64 | 71 | 62 | 10 |
| 重　庆 | 10 | 57 | 100 | 43 | 11 |

续表

| 地　区 | 强势指标(个) | 优势指标(个) | 中势指标(个) | 劣势指标(个) | 2015 年综合排位 |
|---|---|---|---|---|---|
| 安　徽 | 3 | 53 | 107 | 47 | 12 |
| 四　川 | 5 | 54 | 91 | 60 | 13 |
| 辽　宁 | 9 | 69 | 80 | 52 | 14 |
| 湖　南 | 10 | 45 | 101 | 54 | 15 |
| 河　北 | 5 | 48 | 92 | 65 | 16 |
| 江　西 | 8 | 40 | 97 | 65 | 17 |
| 内蒙古 | 17 | 35 | 67 | 91 | 18 |
| 吉　林 | 9 | 35 | 95 | 71 | 19 |
| 陕　西 | 2 | 34 | 114 | 60 | 20 |
| 海　南 | 16 | 40 | 63 | 91 | 21 |
| 广　西 | 5 | 30 | 96 | 79 | 22 |
| 山　西 | 11 | 30 | 71 | 98 | 23 |
| 贵　州 | 20 | 23 | 52 | 115 | 24 |
| 黑龙江 | 15 | 30 | 45 | 120 | 25 |
| 新　疆 | 14 | 31 | 55 | 110 | 26 |
| 宁　夏 | 5 | 41 | 46 | 118 | 27 |
| 云　南 | 2 | 28 | 63 | 117 | 28 |
| 青　海 | 14 | 24 | 44 | 128 | 29 |
| 甘　肃 | 10 | 24 | 44 | 132 | 30 |
| 西　藏 | 31 | 28 | 17 | 134 | 31 |

省域经济综合竞争力是由众多基础指标构成的，一个省份基础指标的优劣个数及其构成决定了其综合排位。从表 12－3 中可以看出，一个省份拥有众多的强势指标和优势指标，其省域经济综合竞争力才能在较长时间内保持优势地位，取得较好的排位。广东省、江苏省、北京市和上海市等省份之所以长期处于上游区，而且排位始终名列前茅，具有明显的竞争优势，就是因为这些省份都有一大批始终处于上游区的强势指标和优势指标，而且强势指标的数量也是最多的。强势指标的数量以天津市为界，形成了明显的断层，排位在天津市以前的省份强势指标数量较多，远远超过其他省份，其省域经济综合竞争力的优势地位非常稳固，而福建省、湖北省和河南省虽然位居上游区，但强势指标个数相对较少，与全国其他省份没有太大差别，特别是湖北省与排位相近的河南省综合得分比较接近，排位有时互换。当然，强势指标的个数也不能完全决定一个省份在全国的排位，特别是处于中游区的省份强势指标个数较少，而处于下游区的省份强势指标个数反而较多，很多排位比较靠前的省份强势指标个数反而比排位靠后的省份少。比如，排在末位的西藏自治区，拥有 31 个强势指标，比其他中游区和下游区省份的强势指标多。另外，贵州省和青海省也拥有较多数量的强势指标，但排位都处在下游区。

决定一个省份排位的不仅仅是强势指标数量，更重要的是优势指标数量，处于上游区的福建省和湖北省虽然强势指标不多，但它们拥有的优势指标数量比较多，这是排在下游区的省份无法比拟的，其他处于上游区的省份也有这个特点。把各省份的强势指标个数和优势指标个数加总可以发现，强势指标和优势指标个数之和越多，其省域经济综合竞争力排位越靠前。处于上游区的 10 个省份中，排在前 7 位的省份强势指标和优势指标个数之和都超过 100 个，福建省也有 88 个，大大超过中游区和下游区省份。所以，强势指标与优势指标的组合实力，才是决定一个省域在全国排位能否处于上游区的关键因素。中游区和下游区省份强势指标和优势指标数量之和都比较少，区别不大，区分中游区和下游区又主要体现在劣势指标的数量上。排在第 23 位以后的省份劣势指标个数都超过 100 个，其他下游区省份的劣势指标个数也接近 100 个，远多于排位处在中游区的省份。所以，一个省、区、市经济综合竞争力排位需要依靠更多的强势指标和优势指标来支撑，劣势指标太多，就会导致省域经济综合竞争力排位靠后。处于下游区的省份强势、优势指标都比较少，中势指标和劣势指标数量相对较多，劣势指标越多，排位越靠后。

总之，一个省份在指标体系中强势指标、优势指标、中势指标、劣势指标的不同结构分布，决定了其在全国的竞争力排位，也为提升省域经济综合竞争力指明了基本路径和方法。因此，要保持和提升省域经济综合竞争力优势地位，关键在于增加强势指标和优势指标的数量，想方设法减少劣势指标数量。要有针对性地采取措施保持强势指标，强化优势指标，减少劣势指标，不断优化指标组成结构，才能保证省域经济综合竞争力的优势地位。

## 12.5　努力增加上升指标、不断减少下降指标，这是显著提升省域经济综合竞争力的重要方向

表 12－4 列出了 2015 年全国各省、区、市经济综合竞争力四级指标的变化趋势，以反映指标排位波动及其结构对竞争力排位的影响。

**表 12－4　全国各省、区、市经济综合竞争力四级指标竞争变化趋势**

| 地　区 | 上升指标(个) | 保持指标(个) | 下降指标(个) | 波动趋势 | 排位变化 |
|---|---|---|---|---|---|
| 重　庆 | 93 | 63 | 54 | 上升 | 4 |
| 安　徽 | 85 | 69 | 56 | 上升 | 2 |
| 江　西 | 82 | 67 | 61 | 上升 | 2 |
| 河　南 | 75 | 78 | 57 | 上升 | 2 |
| 云　南 | 70 | 74 | 66 | 上升 | 2 |
| 山　西 | 54 | 66 | 90 | 上升 | 1 |
| 吉　林 | 80 | 66 | 64 | 上升 | 1 |
| 湖　北 | 89 | 55 | 66 | 上升 | 1 |
| 广　西 | 88 | 63 | 59 | 上升 | 1 |
| 贵　州 | 75 | 77 | 58 | 上升 | 1 |
| 北　京 | 52 | 98 | 60 | 保持 | 0 |
| 天　津 | 62 | 93 | 55 | 保持 | 0 |

续表

| 地　区 | 上升指标(个) | 保持指标(个) | 下降指标(个) | 波动趋势 | 排位变化 |
|---|---|---|---|---|---|
| 河　北 | 73 | 67 | 70 | 保持 | 0 |
| 上　海 | 55 | 109 | 46 | 保持 | 0 |
| 江　苏 | 62 | 98 | 50 | 保持 | 0 |
| 浙　江 | 70 | 93 | 47 | 保持 | 0 |
| 福　建 | 72 | 83 | 55 | 保持 | 0 |
| 山　东 | 70 | 83 | 57 | 保持 | 0 |
| 广　东 | 68 | 94 | 48 | 保持 | 0 |
| 海　南 | 62 | 83 | 65 | 保持 | 0 |
| 西　藏 | 49 | 115 | 46 | 保持 | 0 |
| 宁　夏 | 58 | 80 | 72 | 保持 | 0 |
| 新　疆 | 56 | 65 | 89 | 保持 | 0 |
| 内蒙古 | 59 | 79 | 72 | 下降 | -1 |
| 甘　肃 | 57 | 85 | 68 | 下降 | -1 |
| 青　海 | 52 | 84 | 74 | 下降 | -1 |
| 湖　南 | 90 | 60 | 60 | 下降 | -2 |
| 四　川 | 73 | 65 | 72 | 下降 | -2 |
| 陕　西 | 59 | 62 | 89 | 下降 | -2 |
| 黑龙江 | 48 | 68 | 94 | 下降 | -3 |
| 辽　宁 | 59 | 62 | 89 | 下降 | -5 |

从表12-4可以看出，各省、区、市210个四级指标排位波动及其构成变化对省域经济综合竞争力的变化有较大影响，在综合排位上升的10个省份中，有9个省份都是上升指标个数超过了下降指标个数，特别是上升指标数量显著大于下降指标数量的省份，其排位的上升幅度较大。比如，重庆市上升指标个数超过下降指标39个，排位上升幅度较大。排位保持不变的13个省份中，虽然上升指标和下降指标一致的省份不多，但没有表现出明显的差别，其中几个省份的上升指标和下降指标数量比较接近，但都是排位保持的指标个数最多，占据主导地位，只有少数几个省份的上升指标个数与下降指标个数有较大的差别。在综合排位下降的8个省份中，有6个省份的下降指标个数大于上升指标个数。因此，要保持省域经济综合竞争优势，提高综合排位，就需要维持各指标的竞争优势，力促有优势的指标排位不断上升，避免或减少劣势指标排位下降，才能系统而有效地促进省域经济综合竞争力整体水平的不断提升。

## 十三　提升省域经济综合竞争力的基本路径、方法和对策

（1）牢固树立和贯彻落实新发展理念，坚持宏观政策要稳、产业政策要准、微观政策要活、改革政策要实、社会政策要托底的政策思路，以深化供给侧结构性改革为主线，构建全方位对外开放新格局，进一步提升省域宏观经济竞争力。2016年底召开的中央经济工作会议指出，2017年是实施“十三五”规划的重要一年，是供给侧结构性

改革深化的一年。“深化”是建立在2016年供给侧结构性改革已经取得初步成效的基础上，围绕着“去产能、去库存、去杠杆、降成本、补短板”五大任务，供给侧结构性改革精准发力，瞄准关键领域和重点环节多年来积累的“顽疾”，坚定推进，积极效应正在显现。国家发展改革委数据显示，在去产能方面，截至2016年10月底，钢铁已提前完成全年去产能4500万吨的目标任务，煤炭全年去产能2.5亿吨的目标任务也几乎提前完成。在去库存方面，截至2016年10月底，全国商品房待售面积已连续8个月减少。在去杠杆方面，截至2016年10月底，全国规模以上工业企业资产负债率为56.1%，同比下降0.7个百分点。在降成本方面，通过实施煤电联动、推进电力直接交易等，每年可减少企业电费支出约1500亿元；通过下调非居民用天然气价格，每年可减轻用气行业企业负担约430亿元；通过规范涉企业收费、简化环节等，每年可减轻企业负担约540亿元，切切实实减少了实体企业的运营成本。在补短板方面，农业农村、水利、脱贫攻坚、生态环保等投入明显加大，极大地弥补了这些领域的投入不足。虽然供给侧结构性改革取得了阶段性成效，但是我国经济增长的基础仍不稳固，经济增长率从原来的两位数跌至2016年前三季度的6.7%，新旧动力转换过程还未完成，消费、贸易和投资仍在低水平阶段徘徊，人民币贬值压力加大，外商撤资与资本外逃风险依然存在，劳动力成本持续上升等仍是困扰我国经济发展的难题。要坚持以新发展理念为指导，坚持以提高发展质量和效益为中心，坚持宏观政策要稳、产业政策要准、微观政策要活、改革政策要实、社会政策要托底的政策思路，坚持以推进供给侧结构性改革为主线，适度扩大总需求，做实做稳宏观经济基础。

第一，要坚持稳中求进。在保持大局稳定的基础上，在关键性领域要积极推进，力求有所突破。继续实施积极的财政政策和稳健的货币政策，积极的财政政策要向供给侧结构性改革倾斜，降低企业的税费和成本，保障民生兜底；稳健的货币政策要调整好货币的供给，确保货币政策传导机制畅通，努力维持人民币汇率的稳定，防范金融风险。第二，要深入推进供给侧结构性改革。围绕五大任务，继续推动钢铁、煤炭等产业化解过剩产能，妥善处理“僵尸企业”，创新条件推动企业兼并重组。坚持分类调控，分城施策，重点做好三、四线城市房地产去库存的任务，同时把去库存与城镇化结合起来，加强三、四线城市基础设施建设。加大股权融资力度，支持企业法治化债转股，把降低企业杠杆率作为去杠杆的重中之重。进一步实施减税、简化环节、减少服务收费等政策，降低企业的交易成本、用能成本、物流成本等，减轻企业的经营负担；持续推进农业供给侧结构性改革，加大生态文明建设和生态环境保护工作，推动精准扶贫、精准脱贫等政策落地，切实补齐我国经济发展中的短板。第三，提高产品质量和扩大服务供给。引导企业着力于提高产品的质量水平，培育产品的核心竞争优势。加强企业的品牌建设，增强产品竞争力，在更大范围占领国内外高端消费市场，发扬“工匠精神”，做优做精产品，培育更多的“百年老店”。政府部门要加大服务供给，在市场准入、要素配置等方面为实体经济和实体产业的发展提供更加优质的服务，营造更加公平的市场竞争环境。第四，要做好重点领域的风险防控。要创新和完善宏观调控，推进政策协同配套，提高政策精准性和有效性，确保经济在合理的区域内运行。深化国有企业等重点领域和关键环节的改革，进一步提高国有企业效率，为经济发展提供更加稳定的基础。第五，进一步构建全方位对外开放新格局。深入推进“一带一路”和自贸区战略，形成海陆内外联动、东西双向开放的全方位对外开放新格局，推动我国经济融入全球市场，面向价值链高端参与国际分工，占有更大的国际市场。

（2）深入贯彻稳中求进的总基调，坚持以提高质量和核心竞争力为中心，坚持创新驱动发展，扩大高质量产品和服务供给，振兴实体经济，构建更加健康完善的产业体系，着力提升省域产业经济竞争力。产业结构转型升级是推动经济持续健康发展永恒的主线，坚持稳中求进的总基调就是要稳定大局，即产业结构调整不会引起经济的大起大落。同时，在稳的前提下要积极进取，努力探索产业发展的新方向，在改造传统产业的同时培育和发展以节能环保、新一代信息技术、生物技术、高端装备制造、新能源、新材料等为代表的新兴产业部门，构筑现代化产业体系。农业方面要深化农业供给侧结构性改革，狠抓农产品标准化生产、品牌创建、质量安全监管，加大对绿色优质农产品的供给；积极稳妥改革粮食等重要农产品的价格形成机制和收储制度，积极化解农产品的过剩问题，妥善做好政策性粮食库存的消化工作；细化和落实承包土地“三权分置”办法，培育新型农业经营主体和服务主体，大力提高农民农业生产的积极性，提高土地生产力水平。工业方面要继续做好产能过剩的化解工作，除了巩固煤炭和钢铁行业的去产能成果外，还要持续深入推进化解过剩产能，此外，要密切关注火电、建材、水泥、平板玻璃等存在产能过剩隐忧的行业。大力发展战略性新兴产业，以智能制造为导向，推动制造业发展高端化和智能化，推动产业链向研发设计和销售环节延伸，向价值链高端挺进。加快发展现代服务业，特别是科技服务业和生产性服务业，在研发设计、流程优化、市场营销、物流配送、节能降耗等方面推动制造业服务化，为战略性新兴产业的发展提供有力的支撑，同时壮大旅游、金融保险、现代物流业等具有一定基础，又有较好发展前景的产业，使产业结构更加合理。强化企业的市场经济主体作用，面向国际市场培育大企业和大企业集团，加大国有企业改革力度，以混合所有制为突破口，按照完善治理、强化激励、突出主业、提高效率的要求，在电力、石油、天然气、铁路、民航等领域取得实质性的进展。

振兴实体经济，完善现代产业体系，要以创新为支撑和引领。深入实施创新驱动发展战略，充分发挥市场在资源配置中的基础性作用，更好地发挥政府作用，破除制约创新的体制机制束缚，在全社会营造良好的创新氛围。积极营造“大众创业、万众创新”的政策环境和制度环境，结合实施“互联网＋”行动计划和《中国制造 2025》，着力把一批新兴产业培育成主导产业，促进移动互联网、云计算、大数据、物联网等与现代制造业融合，催生一大批新产业和新业态。要完善创新基础设施建设，注重基础研究和原创性研究，大力提升我国的自主创新能力，力求在前沿技术和关键性技术方面有所突破，把握在国际上的创新主动权和引导权。

要完善现代产业体系，还要以高质量的产品和服务为中心，产业结构升级的效果要由市场的表现来检验，只有提供高质量的产品和服务才符合消费者需求结构的变化，才能顺应未来消费市场的变化趋势。因此，我国的产业结构还要顺应消费市场从大众化向个性化转变的趋势，既追求批量化生产的效率，也注重个性化需求的打造，追求精益求精，大幅度提高产品和服务的附加价值。

（3）继续实施积极的财政政策和稳健的货币政策，进一步深化财税体制改革和金融体制改革，高度重视防控金融风险，畅通货币政策传导机制，切实提升省域财政金融竞争力。

当前全球经济仍处在深度调整之中，隐藏在经济中的风险一触即发，严重拖累了全球经济复苏的步伐，各个国家和地区必须在多变的世界经济中小心翼翼地实施宏观经济政策，逐步化解风险。2016 年底召开的中央经济工作会议指出，我国应继续实施积极的财政政策和稳健的货币政策。积极的财政政策表现为预算安排要适应推进供给侧结构性改革、降低企业税费负担、保障民生兜底的需要。货币政策要保持稳健中性，适应货币供应方式新变化，调节好货币闸门，努力畅通货币政策传导渠道和机制，维护流动性基本稳定。在金融政策方面，则把防控金融风险放在了更加重要的地位，着力控制资产泡沫，加强对金融体系的监管，确保不发生系统性的金融风险。

在提升财政竞争力方面，第一，要继续实施积极的财政政策。继续实施减税降费政策，降低企业的生产成本，确保经济运行处于合理的区间。取消、规范和调整行政事业性收费项目，适度增加支出规模，合理安排收入预算，盘活存量资金。第二，进一步深化财税体制改革。深化部门预算改革，加强项目库特别是储备项目建设，进一步细化预算编制，提高年初预算到位率。清理整合专项转移支付，减少项目审批数量。推进预算绩效管理改革、中央与地方财政事权与支出责任划分改革、个人所得税改革、资源税改革等多项改革。加快剥离企业办社会职能和解决历史遗留问题。扩大政府购买服务范围和规模。加快养老保险制度改革，提高制度覆盖面。第三，调整优化财政支出结构。下决心压缩一般性支出，阶段性提高财政赤字率，有效保障扶贫、农业、教育、社保、医疗等重点领域的支出。第四，加强地方政府性债务管理。加大发行地方政府债券置换存量债务工作力度，妥善化解地方政府的债务存量。加强对地方落实债务管理制度情况的监督。加大查处违法违规举债融资行为和问责力度。深入推进融资平台公司市场化转型，加强地方债务风险评估和预警。

在提升金融竞争力方面，第一，要防控系统性金融风险。要继续加大对房地产市场的调控，以防房价上涨过快、房贷快速增加而累积的金融风险；要加大对金融机构的监管，对部分资金脱实向虚，部分金融机构加杠杆、期限错配进行纠正，防范有可能产生的交叉风险；要对全球资金流向和汇率变动进行密切关注，防止外部市场变化造成的金融风险。第二，要实施稳健的货币政策。从促增长方面来看，货币政策要保持流动性的充裕才能保证经济平稳增长，但从防风险来看，货币政策又不能太宽松，必须寻求两者之间的平衡，调节好货币闸门，努力畅通货币政策传导渠道和机制，维护流动性基本稳定。第三，要保持人民币汇率在合理均衡水平上的基本稳定。深化汇率市场化改革，增强汇率弹性，提升人民币对国际金融市场变化的抗压能力。第四，推进金融体制改革。要构建与当前金融业态创新相适应、有利于防范系统性金融风险的宏观审慎监管框架。加强全方位金融监管，规范各类融资行为，抓紧开展金融风险专项整治，坚决遏制非法集资蔓延势头，加强风险监测预警，妥善处理风险案件，坚决守住不发生系统性和区域性风险的底线。积极发展各类金融市场，形成多种所有制和多种经营形式、结构合理、功能完善、高效安全的现代金融体系。

（4）坚持以绿色发展新理念为指导，持续加强节能环保和生态建设，推动绿色低碳发展取得新进展，大力保障人才优先发展，加快推进人才强国，切实提升省域可持续发展竞争力。绿色发展是我国五大发展理念之一，是生态文明思想的具体演绎和实践。实施绿色发展就是要大力发展资源节约型和环境友好型产业，持续加强节能环保和生态建设，降低资源和能源消耗，促进生态环境保护和改善，推动低碳经济和循环经济发展，实现经济社会环境协调共生发展。

在今后省域经济综合竞争力提升过程中，可持续发展竞争力将会越来越重要，省域之间的竞争将会更加集中于绿色发展和资源环境保护上。各省份应该把绿色发展放在更加突出的位置，推动可持续发展竞争力持续上升，不断提升生态文明水平，共同推进美丽中国建设。第一，积极推进绿色创新，转变生产生活方式。加大绿色创新力度，尤其是加强绿色技术创新力度，通过开发和推广节约、替代、循环利用和治理污染的先进适用技术，加快转变资源和能源的开发利用方式，合理开发资源，大力发展清洁能源和可再生能源，建立科学合理的能源资源利用体系，提高能源资源利用效率。积极推动产业结构调整升级，引导企业投资转向科技含量高、资源消耗少、环境污染少的产业部门，逐渐建立绿色产业体系。同时，积极倡导绿色生活方式和消费方式，提倡合理消费，不断优化消费结构。第二，着力解决生态环境领域的突出问题。近年来，雾霾、水土污染、空气污染等问题非常突出，老百姓非常关注。今后，我们要创新思路，真正找到问题的根源，寻找新方法破解难题，着力解决雾霾等环境污染问题。要有效控制农业面源污染，防止农药化肥的滥用；积极开展植树造林，防止水土流失；有效保护海岸线环境，防止海洋生态污染；真正构筑起生态安全屏障，有效保护水土资源和生态环境。第三，加快生态文明制度建设，不断完善生态文明制度体系。实施最严格的生态环境保护制度、源头保护制度、损害赔偿制度、责任追究制度等，完善环境治理和生态修复制度，加强环保监督与治理，严格环境执法，用制度保护生态环境。

除了生态环境的可持续发展外，还要注重人力资源的可持续发展，深入实施人才强国战略，提升人才在推动经济发展和综合竞争力方面的作用。第一，要大力培养绿色发展、创新发展急需的紧缺人才，以“高精尖缺”为导向，通过优惠的人才政策吸引海内外高层次人才，服务于我国产业结构调整和战略新兴产业发展，引进和培养一批核心关键领域的领军人才、具有国际化经营管理能力和熟知国际规则的复合型人才。第二，要优化人口结构，实现优生优育，不断提高人口的健康素质和文化素质。第三，实施重点人才工程，继续推进“千人计划”“万人计划”等国家重大人才工程，使人才工程成为凝聚和培养重要人才的基础和依托，各个省份也要结合自身的发展需要实施各具特色的人才工程，在全社会形成人才集聚的大体系、大平台。

（5）大力实施创新驱动战略，有效提升科技创新实力和水平，继续实施教育优先发展战略，切实提高各级教育质量和水平，扎实推进文化建设，不断提升省域知识经济竞争力。当今世界，知识经济是经济综合竞争力的重要组成部分。特别是在第四次科技革命的前夜，全球科技创新步伐日益加快，围绕创新开展的竞争已经日趋白热化。创新发展是我国五大发展理念之首，创新发展涵盖的范围很广，包括理论创新、技术创新、文化创新、制度创新等，创新是一个综合的体系，其中，科技创新占据关键地位。各省份要加快深化科技体制改革，建立健全鼓励原始创新、集成创新、引进消化吸收再创新的体制机制，加大知识产权保护力度，健全技术创新市场导向机制，积极构筑技术支持体系，发挥市场在科技创新中的导向作用。促进科技与经济结合，加快科技成果转化为现实生产力，提高经济增长的技术含量。充分集聚优势资源，优化创新资源配置，加大重大科技专项实施力度，加强相关技术的配套集成与创新，合力突破制约经济社会发展的关键技术，抢占一批科技制高点。有效推动“大众创业、万众创新”，最大程度地激发创新的动力和活力；继续深入实施“互联网 +”行动计划，努力开拓科技创新空间，重点支持基础研究、前沿技术研究、社会公益性技术研究，筛选和扶持一批原创性研究项目和重大高新技术产业化项目，不断增强自主创新能力；此外，不断强化企业技术创新的主体地位，不断增强企业自主研发能力和成果转化能力。

教育公平是今后我国教育发展的重要目标。我们要深化教育领域综合改革，健全教育投入保障机制，合力优化教育资源配置，大力促进教育公平，着力健全家庭经济困难学生资助体系，让贫困家庭的孩子都能接受公平的有质量的教育。引入新理念、新方法，不断扩大优质教育资源的覆盖面，逐步缩小区域之间、城乡之间、校际之间的差距。大力发展职业教育，提高高等教育质量，努力建设全民学习、终身学习的学习型社会。

坚定文化自信，全面加强文化建设，繁荣发展文化事业。要以社会主义核心价值观为引领，繁荣整个社会文化精品的创作生产，提升整个民族的文化素养；大力弘扬中华民族优秀传统文化，加大文化遗产的保护力度，促进传统文化的传承和创新；加快推进基本公共文化服务均衡化发展，大力发展文化产业。不断推动文化“走出去”，积极开展文化交流发展，促进文化贸易。

（6）继续加大基础设施建设力度，有效提升基础设施建设的现代化水平和互联互通水平，加快体制机制改革，不断强化软硬件环境对经济社会发展的支撑作用，进一步提升发展环境竞争力。良好的发展环境是经济社会发展不可缺少的基础条件，不断加大基础设施建设力度，持续优化软硬件环境可以为我国省域经济综合竞争力提升提供更广阔的空间。在提升基础设施竞争力方面，要继续加大基础设施建设力度，不断拓展基础设施建设空间。首先，要不断加快提升基础设施现代化水平，主要包括加快构建高速、移动、安全、泛在的新一代信息基础设施。不断完善水利、铁路、公路、水运、民航、通用航空、管道、邮政等综合交通基础设施网络，不断满足快速提升的运输需求。加快城市公共交通以及城市供水、供电、供气等基础设施建设，支撑城市化进程和提升人们生活水平。深化投融资改革，创新投融资方式，加快推进 PPP 模式在基础设施领域的应用，充分发挥财政资金的撬动作用，引导更多的社会资本投向基础设施建设领域。其次，不断提升基础设施互联互通水平，主要包括国际的互联互通和国内的互联互通。国际的互联互通主要体现在以“一带一路”建设为契机，推进与沿线国家、周边国家和地区的高铁网络建设、港口建设、跨境物流体系建设等，增加与合作国家与地区的便利过境网点、运输线路、海上航线，形成便捷的运输网络，加快形成国际物流联盟；鼓励和引导国内企业通过投资、参股等方式参与海外基础设施建设。国内的互联互通主要体现在依托四大板块和三大支撑带建设，推进区域间基础设施建设的互联互通，实现区域间基础设施的体系化发展和无缝对接，推进区域经济一体化建设进程。还要特别注重基础设施的均等化发展，提高基础设施的公共服务能力和共享水平，对革命老区、民族地区、边疆地区、贫困地区的基础设施建设给予特别支持，增强基础设施的民生保障能力。

在提升软环境竞争力方面，要积极推进体制机制改革，为经济社会发展提供更加完善的制度体系。第一，要以构建优质高效的社会服务支撑体系为目标，强化各级政府部门和社会中介服务组织的服务功能，及时帮助企业解决生产经营中遇到的难题，促进公用事业和公共服务领域形成多元投资、公平竞争、规范经营的发展格局，创造良好的社会服务环境和行政环境；第二，要进一步完善养老、医疗、住房等各项社会保障制度，提高社会福利水平；第三，要加强社会治安综合治理，积极防范和严厉打击各类违法犯罪活动，保障各类市场主体的合法权益，切实改善营商环境，加快形成统一透明、有序规范的市场环境；第四，要加快社会信用体系建设，建立企业和个人信用档案，健全信用监管和失信惩戒机制，提高企业和个人的信用水平，建立良好的社会信用环境。

（7）深入推进“三去一降一补”和农业供给侧结构性改革，着力振兴实体经济，全面提升经济社会发展水平，显著提升省域发展水平竞争力。首先，加强供给侧结构性改革，应在适度扩大总需求的同时，“去产能、去库存、去杠杆、降成本、补短板”，提高供给体系质量和效率。2016 年“三去一降一补”任务已取得实质性进展，2017 年应深入推进五大任务，根据新情况新问题新矛盾不断完善政策措施。在去产能方面，继续推动钢铁、煤炭行业化解过剩产能。钢铁企业“走出去”要和“一带一路”战略充分衔接，通过重点国家、重点项目来助推“一带一路”建设落地，推进沿线国家和地区基础设施、互联互通、产能等领域的务实合作。煤炭行业化解过剩产能应充分发挥市场机制作用，用法治化和市场化相结合的手段化解过剩产能。严格控制新增产能，切实淘汰落后产能，有序退出过剩产能，探索保留产能与退出产能适度挂钩。通过化解过剩产能，促进企业优化组织结构、技术结构、产品结构，创新体制机制，提升综合竞争力，推动煤炭行业转型升级。把处置“僵尸企业”作为化解过剩产能的“牛鼻子”，通过兼并重组、债务重组、产权转让乃至破产清算，实现市场出清。在去库存方面，要坚持分类调控，因城因地施策，重点解决三、四线城市房地产库存过多问题。要把去库存和促进城镇化结合起来，着眼整个大都市圈的统筹规划，加强三、四线城市和特大城市间基础设施的互联互通，合理配置教育、医疗等公共资源，提高三、四线城市公共服务水平，增强对农业转移人口的吸引力，最终促进人口的空间优化。在去杠杆方面，在控制总杠杆率的前提下，把降低企业杠杆率作为重中之重。积极推进企业兼并重组，完善现代企业制度，强化自我约束，多措并举盘活企业存量资产，多方式优化企业债务结构，有序开展市场化银行债权转股权，依法依规实施企业破产，积极发展股权融资，降低企业杠杆率。在降成本方面，通过政府职能转变、加强事中事后监管、减少审批环节，切实降低制度性交易成本；推进税制改革和完善行政收费机制，切实降低企业税费负担；全面推进金融体系的改革和金融产品的创新，切实降低企业融资成本；通过完善医疗保险、养老保险和社会保险制度，提升产业技术水平，提高劳动力市场灵活性，切实降低要素成本；推进能源价格形成机制的市场化改革，降低企业用能成本；推进产业物流业整合和道路通行机制改革，实现区域间基础设施的互联互通，降低物流成本。在补短板方面，不同资源禀赋和发展阶段的省份要识别本省份严重制约经济社会发展的重要领域和关键环节、人民群众迫切需要解决的突出问题，根据不同短板的不同性质，各有侧重，因“短”施策。总体来说，最主要的是做好四个“推”：推动实施，加快重大工程项目的建设进度；推进改革，突破制度层面上的束缚和阻碍；推崇创新，探索和推广盘活沉淀资金、提高资源配置效率和效益的新模式新路径；推行奖惩，建立补短板项目推进激励机制，最终实现既补硬短板也补软短板，既补发展短板也补制度短板的目标。其次，深入推进农业供给侧结构性改革。一是要着眼于产品，适应消费需求。把增加绿色优质农产品供给放在突出位置，优化土地、劳动、资本、技术四大要素组合方式，提高全要素生产率，提升农产品质量，增强农业综合竞争力。二是要着眼于产业，推动农业的绿色发展、可持续发展；加大农村环境突出问题综合治理力度，加大退耕还林还湖还草力度，严守耕地红线，推动“藏粮于地、藏粮于技”战略加快落地，保护和提高粮食综合生产能力。三是要着眼于主体，培育新型农业经营主体和服务主体，提升人力资本；加大科技推广、公共服务体系建设和政策支持力度，增强主体的经济实力和发展活力。四是要着眼于机制体制创新，深化农村产权制度改革，明晰农村集体产权归属，细化和落实承包土地“三权分置”办法；积极稳妥推进粮食等重要农产品价格形成机制和收储制度的改革；推进玉米收储制度改革，做好政策性粮食库存消化工作。再次，着力振兴实体经济。供给侧改革要以提高质量和核心竞争力为主攻方向。企业要树立质量第一的强烈意识，开展质量提升行动，提高质量标准，加强全面质量管理。企业应形成自己独有的比较优势，加强品牌建设，培育更多“百年老店”，增强产品竞争力。实施创新驱动发展战略，推动战略性新兴产业蓬勃发展，注重用新技术新业态全面改造提升传统产业，扩大高质量产品和服务供给。推进职业教育改革和职业精神培养，发扬“工匠精神”，为扩大高质量产品和服务供给厚植土壤。积极营造法治化的市场营商环境，充分发挥市场在资源配置中的决定性作用，完善知识产权保护等创新激励机制，提升对外资的吸引力，更好地发挥外资企业对促进实体经济发展的重要作用。重视优化产业组织，提升国内知名企业的素质，做大做强重点企业，在市场准入、要素配置等方面创造条件，使中小微企业更好地参与市场公平竞争。

（8）把保障和改善民生放在突出位置，切实给人民群众带来实惠，加强和创新社会管理，推进国家治理体系建设，不断提升政府作用竞争力。保障和改善民生是学习贯彻十八大精神、构建和谐社会的内在要求，也是经济发展的有效支撑和落脚点。科学发展要以人为本，要尊重人在发展中的主体地位，实现社会进步与人的全面发展相协调，让广大人民群众在新的发展阶段过上更美好的生活。目前，就业、教育、医疗、社保、住房、收入分配等事关群众切身利益的民生领域还存在较突出的问题，迫切需要我们下更大力气补短板，给人民群众带来稳定的民生政策和实惠。要坚持就业优先战略，实施更加积极的就业政策，完善创业扶持政策，完善城乡公共就业服务体系，重点抓好高校毕业生就业和化解产能过剩中出现的下岗再就业工作。推动养老保险制度改革，加快出台养老保险制度改革方案，适时调整企业退休人员基本养老金，继续推进“五个同步”工作，即机关与事业单位同步改革，职业年金与基本养老保险制度同步建立，养老保险制度改革与完善工资制度同步推进，待遇确定机制与调整机制同步完善，改革在全国范围同步实施。继续缩小城乡居民收入差距，保障农业生产持续增收，协调城乡税收优惠政策，加大基础教育发展投入，构建区域结对帮扶机制。重视城乡教育公平问题，落实《国务院关于统筹推进县域内城乡义务教育一体化改革发展的若干意见》的十项改革举措，从基础教育抓起，实现高等教育突破，提高教育供给水平，拓展教育新形态，努力让人民群众在教育改革中有更多的获得感。坚持“房子是用来住的、不是用来炒的”的定位，既抑制房地产泡沫，又防止出现大起大落。加快研究建立符合国情、适应市场规律的包括产权制度、不动产登记制度、土地征收储备和出让制度、房地产税收和投融资制度、住房保障制度等在内的房地产基础性制度，建立长效机制。完善土地招拍挂配套制度，建立“多层次、普惠制”的住房金融制度，完善中央与地方分权的财税体制，深化户籍制度改革，促进新型城镇化健康发展，以释放新市民群体的购房需求。落实支持农业转移人口市民化若干财政政策，促进农民工市民化，助推起点公平、机会公平与规则公平，进一步夯实社会发展基础。适时提高新型农村合作医疗和城镇居民基本医疗保险财政补助标准，完善基本医保、大病保险、疾病应急救助、医疗救助等相互衔接的机制，加快推进城市公立医院改革和分级诊疗，使人民群众看病更方便、更省钱。面对新的社会结构和社会矛盾，我国的社会治理是一个比较明显的“短板”，应不断加强和创新社会管理，推进国家治理体系建设。一是以现代化的社会治理理念为引领。社会治理要充分考虑我国历史文化传统和“熟人社会”等社情特征，发挥自身独特优势，也要借鉴国外社会治理的有益经验，集成开放式治理和底线治理、柔性治理理念，不断提升社会治理现代化水平。二是以法治化为社会治理的基石。把社会治理领域的立法工作摆到更加突出的位置，加快推进相关法律的出台和完善，如“行政补偿法”“行政程序法”，修订《行政复议法》《行政诉讼法》《国家赔偿法》等。把治理法治化与治理精细化、常态化结合起来，着力健全利益表达、利益协调、利益保护机制，促进社会公平正义。科学界定政府、社会组织、个人在社会治理方面的权利和义务，树立合作、互通、共享理念，政府和社会各归其位、各担其责，共同推进社会善治。三是以信息化为社会治理的支撑。将“信息化思维”融入社会治理各个领域，加强顶层设计、统一规划，充分发挥云计算、“互联网+”、大数据、物联网等现代信息技术的作用，形成工作信息化、管理扁平化、服务网格化的良好格局。稳步推进经济、社会、政治、文化、生态等领域的信息化，通过信息化提升这些领域的程序化、法制化、制度化水平，形成“技术+制度”的国家治理体系。四是以社会化为社会治理的目标。加快转变政府职能，推进简政放权，减少行政干预，强化公共服务意识。各级党组织和党员要主动融入群众、服务群众、引导群众，当好社会治理的组织者和参与者。在发挥好党委领导、政府主导作用的同时，引导社会成员增强主人翁精神，激发社会能动、自主、自治力量，让民众的问题由民众自己来解决。

（9）推进二十国集团落实2030年可持续发展议程行动计划，深入实施可持续发展战略，不断提高经济社会环境协调发展水平，全面提升省域统筹协调竞争力。坚定支持和践行可持续发展理念，全面深化改革，全面依法治国，按照创新、协调、绿色、开放、共享的发展理念，加大供给侧结构性改革力度，坚持推动经济提质增效升级，加强环境保护和生态文明建设，积极与国际社会全面合作，促进经济社会环境的协调发展。当前，我国应继续深化供给侧结构性改革，推动新旧增长动能加速转换。努力打造高质量、多元化、精细化的生活性服务业，稳步培育科技密集、金融密集、知识密集、人力资本密集的生产性服务业，推动我国经济由以工业为主导向以服务业为主导转变。充分发挥“大众创业、万众创新”一系列政策措施的作用，推动新经济、新产业、新业态、新模式在我国快速成长。倡导不同省域共同发展、平等参与、成果共享的发展模式，让改革开放的成果惠及所有民众。更有力、更扎实地推进脱贫攻坚各项工作，集中力量攻克薄弱环节，把功夫用到帮助贫困群众解决实际问题上，推动精准脱贫及其各项政策措施落地生根。缩小贫困地区基本公共服务水平与全国平均水平的差距，推进教育公平、就业公平新举措的实施。推广利用市场机制来减少污染，切实提升资源使用效率，利用PPP模式开展绿色投资；加强省域间环保基础设施的互联互通，促进清洁和可再生能源以及气候适应性基础设施的发展；加强创新、新工业革命和数字经济领域的省域间合作，推动与环境有关的创新产品的开发及产业化。推动国际社会全面合作，积极应对粮食安全、能源安全、气候变化、自然灾害等全球性难题，追求人与自然和谐相处。总之，应在推进经济建设的同时，统筹推进社会建设和生态文明建设，努力实现各领域、各环节的相互配合、相互促进，切实提高经济、社会、环境协调发展水平，全面提升省域统筹协调竞争力。

# Ⅱ　分报告

Departmental Reports

# B.2
# 1
# 北京市经济综合竞争力评价分析报告

北京市简称京，是中华人民共和国的首都，为历史悠久的世界著名古城。位于华北平原西北边缘，东南距渤海约150公里，与河北省、天津市相接。全市面积为16410平方公里，2015年常住人口为2171万人，地区生产总值为23015亿元，同比增长6.9%，人均GDP达106497元。本部分通过分析2014～2015年北京市经济综合竞争力以及各要素竞争力的排名变化，从中找出北京市经济综合竞争力的推动点及影响因素，为进一步提升北京市经济综合竞争力提供决策参考。

## 1.1　北京市经济综合竞争力总体分析

**1.北京市经济综合竞争力一级指标概要分析**

（1）从综合排位看，2015年北京市经济综合竞争力排位在全国居第3位，这表明其在全国处于强势地位；与2014年相比，综合排位没有发生变化。

（2）从指标所处区位看，9个二级指标皆处于上游区，其中可持续发展竞争力、财政金融竞争力、知识经济竞争力和发展环境竞争力等指标为北京市经济综合竞争力的强势指标。

（3）从指标变化趋势看，9个二级指标中，有2个指标处于上升趋势，分别为可持续发展竞争力和统筹协调竞争力，这些是北京市经济综合竞争力的上升动力所在；有3个指标排位没有发生变化，分别为宏观经济竞争力、财政金融竞争力和发展环境竞争力；有4个指标处于下降趋势，为产业经济竞争力、知识经济竞争力、政府作用竞争力和发展水平竞争力，是北京市经济综合竞争力的下降拉力所在。

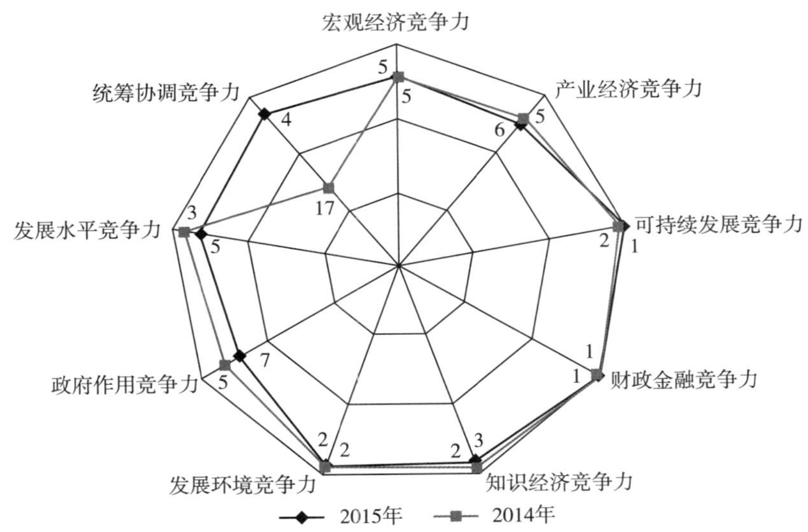


**图 1-1 2014～2015 年北京市经济综合竞争力二级指标比较**

**表 1-1 2014～2015 年北京市经济综合竞争力二级指标表现情况**

| 项目/年份 | 宏观经济竞争力 | 产业经济竞争力 | 可持续发展竞争力 | 财政金融竞争力 | 知识经济竞争力 | 发展环境竞争力 | 政府作用竞争力 | 发展水平竞争力 | 统筹协调竞争力 | **综合排位** |
|---|---|---|---|---|---|---|---|---|---|---|
| 2014 | 5 | 5 | 2 | 1 | 2 | 2 | 5 | 3 | 17 | 3 |
| 2015 | 5 | 6 | 1 | 1 | 3 | 2 | 7 | 5 | 4 | 3 |
| 升降 | 0 | -1 | 1 | 0 | -1 | 0 | -2 | -2 | 13 | 0 |
| 优劣度 | 优势 | 优势 | 强势 | 强势 | 强势 | 强势 | 优势 | 优势 | 优势 | 强势 |

## 2. 北京市经济综合竞争力各级指标动态变化分析

**表 1-2 2014～2015 年北京市经济综合竞争力各级指标排位变化情况**

| 二级指标 | 三级指标 | 四级指标数 | 上升 | | 保持 | | 下降 | | 变化趋势 |
|---|---|---|---|---|---|---|---|---|---|
| | | | 指标数 | 比重(%) | 指标数 | 比重(%) | 指标数 | 比重(%) | |
| 宏观经济竞争力 | 经济实力竞争力 | 12 | 3 | 25.0 | 4 | 33.3 | 5 | 41.7 | 下降 |
| | 经济结构竞争力 | 6 | 1 | 16.7 | 3 | 50.0 | 2 | 33.3 | 保持 |
| | 经济外向度竞争力 | 9 | 4 | 44.4 | 3 | 33.3 | 2 | 22.2 | 保持 |
| | 小　计 | 27 | 8 | 29.6 | 10 | 37.0 | 9 | 33.3 | 保持 |
| 产业经济竞争力 | 农业竞争力 | 10 | 2 | 20.0 | 7 | 70.0 | 1 | 10.0 | 保持 |
| | 工业竞争力 | 10 | 5 | 50.0 | 3 | 30.0 | 2 | 20.0 | 上升 |
| | 服务业竞争力 | 10 | 1 | 10.0 | 7 | 70.0 | 2 | 20.0 | 下降 |
| | 企业竞争力 | 10 | 3 | 30.0 | 3 | 30.0 | 4 | 40.0 | 保持 |
| | 小　计 | 40 | 11 | 27.5 | 20 | 50.0 | 9 | 22.5 | 下降 |

续表

| 二级指标 | 三级指标 | 四级指标数 | 上升 | | 保持 | | 下降 | | 变化趋势 |
|---|---|---|---|---|---|---|---|---|---|
| | | | 指标数 | 比重（%） | 指标数 | 比重（%） | 指标数 | 比重（%） | |
| 可持续发展竞争力 | 资源竞争力 | 9 | 3 | 33.3 | 6 | 66.7 | 0 | 0.0 | 保持 |
| | 环境竞争力 | 8 | 3 | 37.5 | 3 | 37.5 | 2 | 25.0 | 上升 |
| | 人力资源竞争力 | 8 | 1 | 12.5 | 3 | 37.5 | 4 | 50.0 | 保持 |
| | 小　计 | 25 | 7 | 28.0 | 12 | 48.0 | 6 | 24.0 | 上升 |
| 财政金融竞争力 | 财政竞争力 | 12 | 6 | 50.0 | 3 | 25.0 | 3 | 25.0 | 下降 |
| | 金融竞争力 | 10 | 1 | 10.0 | 9 | 90.0 | 0 | 0.0 | 保持 |
| | 小　计 | 22 | 7 | 31.8 | 12 | 54.5 | 3 | 13.5 | 保持 |
| 知识经济竞争力 | 科技竞争力 | 9 | 2 | 22.2 | 4 | 44.4 | 3 | 33.3 | 保持 |
| | 教育竞争力 | 10 | 0 | 0.0 | 8 | 80.0 | 2 | 20.0 | 保持 |
| | 文化竞争力 | 8 | 0 | 0.0 | 4 | 50.0 | 4 | 50.0 | 保持 |
| | 小　计 | 27 | 2 | 7.4 | 16 | 59.3 | 9 | 33.3 | 下降 |
| 发展环境竞争力 | 基础设施竞争力 | 9 | 0 | 0.0 | 8 | 88.9 | 1 | 11.1 | 保持 |
| | 软环境竞争力 | 9 | 2 | 22.2 | 3 | 33.3 | 4 | 44.4 | 保持 |
| | 小　计 | 18 | 2 | 11.1 | 11 | 61.1 | 5 | 27.8 | 保持 |
| 政府作用竞争力 | 政府发展经济竞争力 | 5 | 1 | 20.0 | 2 | 40.0 | 2 | 40.0 | 下降 |
| | 政府规调经济竞争力 | 5 | 1 | 20.0 | 2 | 40.0 | 2 | 40.0 | 下降 |
| | 政府保障经济竞争力 | 6 | 0 | 0.0 | 3 | 50.0 | 3 | 50.0 | 保持 |
| | 小　计 | 16 | 2 | 12.5 | 7 | 43.8 | 7 | 43.8 | 下降 |
| 发展水平竞争力 | 工业化进程竞争力 | 6 | 2 | 33.3 | 2 | 33.3 | 2 | 33.3 | 下降 |
| | 城市化进程竞争力 | 7 | 0 | 0.0 | 5 | 71.4 | 2 | 28.6 | 保持 |
| | 市场化进程竞争力 | 6 | 4 | 66.7 | 1 | 16.7 | 1 | 16.7 | 上升 |
| | 小　计 | 19 | 6 | 31.6 | 8 | 42.1 | 5 | 26.3 | 下降 |
| 统筹协调竞争力 | 统筹发展竞争力 | 8 | 3 | 37.5 | 2 | 25.0 | 3 | 37.5 | 上升 |
| | 协调发展竞争力 | 8 | 4 | 50.0 | 0 | 0.0 | 4 | 50.0 | 上升 |
| | 小　计 | 16 | 7 | 43.8 | 2 | 12.5 | 7 | 43.8 | 上升 |
| 合　计 | | 210 | 52 | 24.8 | 98 | 46.7 | 60 | 28.6 | 保持 |

从表1－2可以看出，210个四级指标中，上升指标有52个，占指标总数的24.8%；下降指标有60个，占指标总数的28.6%；保持不变的指标有98个，占指标总数的46.7%。综上所述，北京市经济综合竞争力的上升动力和下降拉力大致相当，且排位保持不变的指标占较大比重，2015年北京市经济综合竞争力排位保持不变。

**3. 北京市经济综合竞争力各级指标优劣势结构分析**

基于图1－2和表1－3，具体到四级指标，强势指标72个，占指标总数的34.3%；优势指标40个，占指标总数的19.0%；中势指标39个，占指标总数的18.6%；劣势指标59个，占指标总数的28.1%。三级指标中，强势指标14个，占三级指标总数的56%；优势指标5个，占三级指标总数的20%；中势指标1个，占三级指标总数的4%；劣势指标5个，占三级指标总数的20%。从二级指标看，强势指标4个，占二级指标总数的44.4%；优势指标有5个，占二级指标总数的55.6%；没有中势指标和劣势指标。综合来看，由于强势指标在指标体系中居于主导地位，2015年北京市经济综合竞争力处于强势地位。

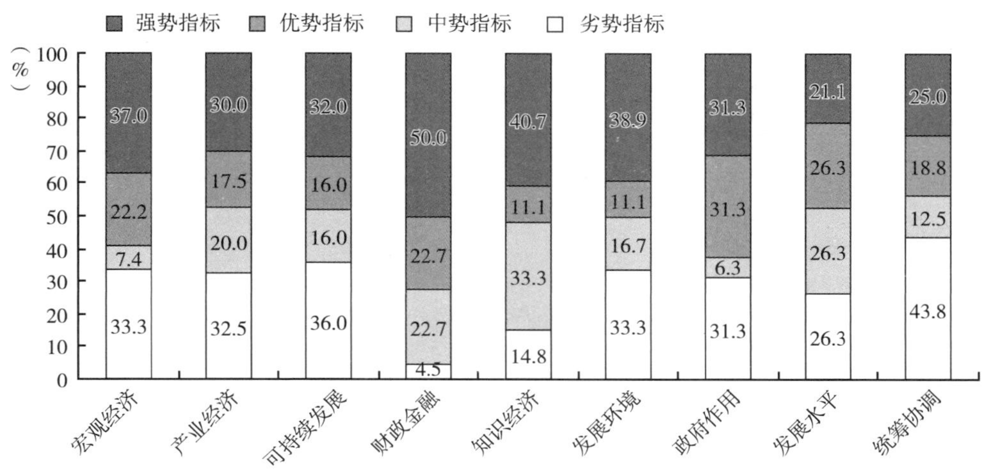


**图1－2 2015年北京市经济综合竞争力各级指标优劣势比较**

**表1－3 2015年北京市经济综合竞争力各级指标优劣势情况**

| 二级指标 | 三级指标 | 四级指标数 | 强势指标 | | 优势指标 | | 中势指标 | | 劣势指标 | | 优劣势 |
|---|---|---|---|---|---|---|---|---|---|---|---|
| | | | 个数 | 比重（%） | 个数 | 比重（%） | 个数 | 比重（%） | 个数 | 比重（%） | |
| 宏观经济竞争力 | 经济实力竞争力 | 12 | 4 | 33.3 | 1 | 8.3 | 2 | 16.7 | 5 | 41.7 | 优势 |
| | 经济结构竞争力 | 6 | 3 | 50.0 | 1 | 16.7 | 0 | 0.0 | 2 | 33.3 | 强势 |
| | 经济外向度竞争力 | 9 | 3 | 33.3 | 4 | 44.4 | 0 | 0.0 | 2 | 22.2 | 优势 |
| | 小　计 | 27 | 10 | 37.0 | 6 | 22.2 | 2 | 7.4 | 9 | 33.3 | 优势 |
| 产业经济竞争力 | 农业竞争力 | 10 | 2 | 20.0 | 1 | 10.0 | 1 | 10.0 | 6 | 60.0 | 劣势 |
| | 工业竞争力 | 10 | 1 | 10.0 | 1 | 10.0 | 5 | 50.0 | 3 | 30.0 | 中势 |
| | 服务业竞争力 | 10 | 3 | 30.0 | 4 | 40.0 | 1 | 10.0 | 2 | 20.0 | 优势 |
| | 企业竞争力 | 10 | 6 | 60.0 | 1 | 10.0 | 1 | 10.0 | 2 | 20.0 | 强势 |
| | 小　计 | 40 | 12 | 30.0 | 7 | 17.5 | 8 | 20.0 | 13 | 32.5 | 优势 |
| 可持续发展竞争力 | 资源竞争力 | 9 | 1 | 11.1 | 0 | 0.0 | 2 | 22.2 | 6 | 66.7 | 劣势 |
| | 环境竞争力 | 8 | 3 | 37.5 | 1 | 12.5 | 2 | 25.0 | 2 | 25.0 | 优势 |
| | 人力资源竞争力 | 8 | 4 | 50.0 | 3 | 37.5 | 0 | 0.0 | 1 | 12.5 | 强势 |
| | 小　计 | 25 | 8 | 32.0 | 4 | 16.0 | 4 | 16.0 | 9 | 36.0 | 强势 |
| 财政金融竞争力 | 财政竞争力 | 12 | 5 | 41.7 | 3 | 25.0 | 4 | 33.3 | 0 | 0.0 | 强势 |
| | 金融竞争力 | 10 | 6 | 60.0 | 2 | 20.0 | 1 | 10.0 | 1 | 10.0 | 强势 |
| | 小　计 | 22 | 11 | 50.0 | 5 | 22.7 | 5 | 22.7 | 1 | 4.5 | 强势 |

续表

| 二级指标 | 三级指标 | 四级指标数 | 强势指标 | | 优势指标 | | 中势指标 | | 劣势指标 | | 优劣势 |
|---|---|---|---|---|---|---|---|---|---|---|---|
| | | | 个数 | 比重（%） | 个数 | 比重（%） | 个数 | 比重（%） | 个数 | 比重（%） | |
| 知识经济竞争力 | 科技竞争力 | 9 | 5 | 55.6 | 1 | 11.1 | 3 | 33.3 | 0 | 0.0 | 强势 |
| | 教育竞争力 | 10 | 2 | 20.0 | 1 | 10.0 | 4 | 40.0 | 3 | 30.0 | 强势 |
| | 文化竞争力 | 8 | 4 | 50.0 | 1 | 12.5 | 2 | 25.0 | 1 | 12.5 | 强势 |
| | 小　计 | 27 | 11 | 40.7 | 3 | 11.1 | 9 | 33.3 | 4 | 14.8 | 强势 |
| 发展环境竞争力 | 基础设施竞争力 | 9 | 4 | 44.4 | 1 | 11.1 | 1 | 11.1 | 3 | 33.3 | 强势 |
| | 软环境竞争力 | 9 | 3 | 33.3 | 1 | 11.1 | 2 | 22.2 | 3 | 33.3 | 强势 |
| | 小　计 | 18 | 7 | 38.9 | 2 | 11.1 | 3 | 16.7 | 6 | 33.3 | 强势 |
| 政府作用竞争力 | 政府发展经济竞争力 | 5 | 0 | 0.0 | 1 | 20.0 | 1 | 20.0 | 3 | 60.0 | 劣势 |
| | 政府规调经济竞争力 | 5 | 2 | 40.0 | 1 | 20.0 | 0 | 0.0 | 2 | 40.0 | 强势 |
| | 政府保障经济竞争力 | 6 | 3 | 50.0 | 3 | 50.0 | 0 | 0.0 | 0 | 0.0 | 强势 |
| | 小　计 | 16 | 5 | 31.3 | 5 | 31.3 | 1 | 6.3 | 5 | 31.3 | 优势 |
| 发展水平竞争力 | 工业化进程竞争力 | 6 | 1 | 16.7 | 2 | 33.3 | 2 | 33.3 | 1 | 16.7 | 优势 |
| | 城市化进程竞争力 | 7 | 3 | 42.9 | 1 | 14.3 | 1 | 14.3 | 2 | 28.6 | 强势 |
| | 市场化进程竞争力 | 6 | 0 | 0.0 | 2 | 33.3 | 2 | 33.3 | 2 | 33.3 | 劣势 |
| | 小　计 | 19 | 4 | 21.1 | 5 | 26.3 | 5 | 26.3 | 5 | 26.3 | 优势 |
| 统筹协调竞争力 | 统筹发展竞争力 | 8 | 4 | 50.0 | 2 | 25.0 | 0 | 0.0 | 2 | 25.0 | 强势 |
| | 协调发展竞争力 | 8 | 0 | 0.0 | 1 | 12.5 | 2 | 25.0 | 5 | 62.5 | 劣势 |
| | 小　计 | 16 | 4 | 25.0 | 3 | 18.8 | 2 | 12.5 | 7 | 43.8 | 优势 |
| 合　计 | | 210 | 72 | 34.3 | 40 | 19.0 | 39 | 18.6 | 59 | 28.1 | 强势 |

### 4. 北京市经济综合竞争力四级指标优劣势对比分析

**表 1－4　2015 年北京市经济综合竞争力四级指标优劣势情况**

| 二级指标 | 优劣势 | 四　级　指　标 |
|---|---|---|
| 宏观经济竞争力（27 个） | 强势指标 | 人均地区生产总值、财政总收入增长率、人均财政收入、人均全社会消费品零售总额、产业结构优化度、城乡经济结构优化度、就业结构优化度、实际 FDI 增长率、外贸依存度、对外直接投资（10 个） |
| | 优势指标 | 财政总收入、贸易结构优化度、进出口总额、出口总额、实际 FDI、外资企业数（6 个） |
| | 劣势指标 | 地区生产总值增长率、固定资产投资额、固定资产投资额增长率、人均固定资产投资额、全社会消费品零售总额增长率、所有制经济结构优化度、资本形成结构优化度、进出口增长率、出口增长率（9 个） |
| 产业经济竞争力（40 个） | 强势指标 | 农民人均纯收入、农产品出口占农林牧渔总产值比重、工业成本费用利润率、人均服务业增加值、限额以上批发零售企业主营业务收入、限额以上餐饮企业利税率、规模以上企业平均资产、规模以上企业平均收入、规模以上企业平均利润、规模以上企业劳动效率、城镇就业人员平均工资、工业企业 R&D 经费投入强度（12 个） |
| | 优势指标 | 农村人均用电量、工业资产总额、服务业增加值、服务业从业人员数增长率、旅游外汇收入、房地产经营总收入、新产品销售收入占主营业务收入比重（7 个） |
| | 劣势指标 | 农业增加值、农业增加值增长率、人均农业增加值、人均主要农产品产量、农业机械化水平、财政支农资金比重、工业增加值、工业资产总贡献率、规模以上工业主营业务收入、服务业增加值增长率、限额以上批零企业利税率、规模以上工业企业数、产品质量抽查合格率（13 个） |

续表

| 二级指标 | 优劣势 | 四级指标 |
| --- | --- | --- |
| 可持续发展竞争力（25个） | 强势指标 | 人均国土面积、人均工业废气排放量、人均工业固体废物排放量、自然灾害直接经济损失、15~64岁人口比例、文盲率、大专以上教育程度人口比例、平均受教育程度（8个） |
|  | 优势指标 | 一般工业固体废物综合利用率、常住人口增长率、人口健康素质、人力资源利用率（4个） |
|  | 劣势指标 | 人均年水资源量、耕地面积、人均耕地面积、人均牧草地面积、主要能源矿产基础储量、人均森林储积量、人均废水排放量、生活垃圾无害化处理率、职业学校毕业生数（9个） |
| 财政金融竞争力（22个） | 强势指标 | 地方财政收入占GDP比重、税收收入占GDP比重、人均地方财政收入、人均地方财政支出、人均税收收入、存款余额、人均存款余额、人均贷款余额、保险密度、保险深度、人均证券市场筹资额（11个） |
|  | 优势指标 | 地方财政收入、地方财政支出、地方财政支出增长率、贷款余额、保险费净收入（5个） |
|  | 劣势指标 | 货币市场融资额（1个） |
| 知识经济竞争力（27个） | 强势指标 | 发明专利授权量、技术市场成交合同金额 、财政科技支出占地方财政支出比重、高技术产业增加值占工业增加值比重 、高技术产品出口额占商品出口额比重、人均教育经费、万人高等学校在校学生数、文化服务业企业营业收入、图书和期刊出版数、报纸出版数、城镇居民人均文化娱乐支出（11个） |
|  | 优势指标 | R&D人员、高校专任教师数、农村居民人均文化娱乐支出（3个） |
|  | 劣势指标 | 公共教育经费占财政支出比重、万人中小学学校数、万人中小学专任教师数、农村居民人均文化娱乐支出占消费性支出比重（4个） |
| 发展环境竞争力（18个） | 强势指标 | 铁路网线密度、人均邮电业务总量、电话普及率、互联网上网人数比重、万人外资企业数、万人商标注册件数、社会捐赠款物（7个） |
|  | 优势指标 | 公路网线密度、罚没收入占财政收入比重（2个） |
|  | 劣势指标 | 人均内河航道里程、全社会旅客周转量、全社会货物周转量、个体私营企业数增长率、万人个体私营企业数、查处商标侵权假冒案件（6个） |
| 政府作用竞争力（16个） | 强势指标 | 统筹经济社会发展、规范税收、医疗保险覆盖率、失业保险覆盖率、城镇登记失业率（5个） |
|  | 优势指标 | 政府公务员对经济的贡献、人口控制、城市城镇社区服务设施数、养老保险覆盖率、下岗职工再就业率（5个） |
|  | 劣势指标 | 财政支出用于基本建设投资比重、政府消费对民间消费的拉动、财政投资对社会投资的拉动、物价调控、调控城乡消费差距（5个） |
| 发展水平竞争力（19个） | 强势指标 | 高技术产业增加值占工业增加值比重、城镇化率、城镇居民人均可支配收入、恩格尔系数（4个） |
|  | 优势指标 | 高技术产业规模以上企业产值 、信息产业增加值占GDP比重、人均公共绿地面积、亿元以上商品市场成交额、亿元以上商品市场成交额占全社会消费品零售总额比重（5个） |
|  | 劣势指标 | 工业增加值占GDP比重、城市平均建成区面积比重、人均拥有道路面积、非公有制经济产值占全社会总产值的比重、居民消费支出占总消费支出比重（5个） |
| 统筹协调竞争力（16个） | 强势指标 | 社会劳动生产率、社会劳动生产率增速、万元GDP综合能耗、固定资产投资额占GDP比重（4个） |
|  | 优势指标 | 非农用地产出率、最终消费率、环境竞争力与宏观经济竞争力比差（3个） |
|  | 劣势指标 | 生产税净额和营业盈余占GDP比重、固定资产交付使用率、资源竞争力与宏观经济竞争力比差、人力资源竞争力与宏观经济竞争力比差、环境竞争力与工业竞争力比差、城乡居民人均现金消费支出比差、全社会消费品零售总额与外贸出口总额比差（7个） |

# 1.2 北京市经济综合竞争力各级指标具体分析

## 1. 北京市宏观经济竞争力指标排名变化情况

**表 1－5 2014～2015 年北京市宏观经济竞争力指标组排位及变化趋势**

| 指　　标 | 2014 | 2015 | 排位升降 | 优劣势 |
|---|---|---|---|---|
| **1 宏观经济竞争力** | 5 | 5 | 0 | 优势 |
| 1.1 经济实力竞争力 | 5 | 7 | －2 | 优势 |
| 地区生产总值 | 13 | 13 | 0 | 中势 |
| 地区生产总值增长率 | 25 | 26 | －1 | 劣势 |
| 人均地区生产总值 | 2 | 2 | 0 | 强势 |
| 财政总收入 | 8 | 7 | 1 | 优势 |
| 财政总收入增长率 | 7 | 2 | 5 | 强势 |
| 人均财政收入 | 2 | 3 | －1 | 强势 |
| 固定资产投资额 | 26 | 26 | 0 | 劣势 |
| 固定资产投资额增长率 | 29 | 26 | 3 | 劣势 |
| 人均固定资产投资额 | 22 | 23 | －1 | 劣势 |
| 全社会消费品零售总额 | 11 | 12 | －1 | 中势 |
| 全社会消费品零售总额增长率 | 16 | 28 | －12 | 劣势 |
| 人均全社会消费品零售总额 | 1 | 1 | 0 | 强势 |
| 1.2 经济结构竞争力 | 1 | 1 | 0 | 强势 |
| 产业结构优化度 | 1 | 1 | 0 | 强势 |
| 所有制经济结构优化度 | 27 | 28 | －1 | 劣势 |
| 城乡经济结构优化度 | 2 | 3 | －1 | 强势 |
| 就业结构优化度 | 2 | 2 | 0 | 强势 |
| 资本形成结构优化度 | 22 | 22 | 0 | 劣势 |
| 贸易结构优化度 | 11 | 8 | 3 | 优势 |
| 1.3 经济外向度竞争力 | 4 | 4 | 0 | 优势 |
| 进出口总额 | 4 | 5 | －1 | 优势 |
| 进出口增长率 | 29 | 25 | 4 | 劣势 |
| 出口总额 | 8 | 8 | 0 | 优势 |
| 出口增长率 | 28 | 22 | 6 | 劣势 |
| 实际 FDI | 5 | 4 | 1 | 优势 |
| 实际 FDI 增长率 | 17 | 3 | 14 | 强势 |
| 外贸依存度 | 2 | 3 | －1 | 强势 |
| 外资企业数 | 5 | 5 | 0 | 优势 |
| 对外直接投资 | 2 | 2 | 0 | 强势 |

## 2. 北京市产业经济竞争力指标排名变化情况

**表 1－6 2014～2015 年北京市产业经济竞争力指标组排位及变化趋势**

| 指　　标 | 2014 | 2015 | 排位升降 | 优劣势 |
|---|---|---|---|---|
| 2 产业经济竞争力 | 5 | 6 | －1 | 优势 |
| 2.1 农业竞争力 | 31 | 31 | 0 | 劣势 |
| 农业增加值 | 29 | 29 | 0 | 劣势 |
| 农业增加值增长率 | 31 | 30 | 1 | 劣势 |
| 人均农业增加值 | 28 | 29 | －1 | 劣势 |
| 农民人均纯收入 | 3 | 3 | 0 | 强势 |
| 农民人均纯收入增长率 | 28 | 18 | 10 | 中势 |
| 农产品出口占农林牧渔总产值比重 | 2 | 2 | 0 | 强势 |
| 人均主要农产品产量 | 31 | 31 | 0 | 劣势 |
| 农业机械化水平 | 30 | 30 | 0 | 劣势 |
| 农村人均用电量 | 8 | 8 | 0 | 优势 |
| 财政支农资金比重 | 28 | 28 | 0 | 劣势 |
| 2.2 工业竞争力 | 23 | 20 | 3 | 中势 |
| 工业增加值 | 24 | 24 | 0 | 劣势 |
| 工业增加值增长率 | 10 | 13 | －3 | 中势 |
| 人均工业增加值 | 14 | 14 | 0 | 中势 |
| 工业资产总额 | 10 | 8 | 2 | 优势 |
| 工业资产总额增长率 | 27 | 14 | 13 | 中势 |
| 工业资产总贡献率 | 27 | 27 | 0 | 劣势 |
| 规模以上工业主营业务收入 | 17 | 21 | －4 | 劣势 |
| 规模以上工业利润总额 | 17 | 15 | 2 | 中势 |
| 工业全员劳动生产率 | 28 | 12 | 16 | 中势 |
| 工业成本费用利润率 | 7 | 1 | 6 | 强势 |
| 2.3 服务业竞争力 | 3 | 5 | －2 | 优势 |
| 服务业增加值 | 5 | 5 | 0 | 优势 |
| 服务业增加值增长率 | 25 | 29 | －4 | 劣势 |
| 人均服务业增加值 | 1 | 1 | 0 | 强势 |
| 服务业从业人员数 | 14 | 14 | 0 | 中势 |
| 服务业从业人员数增长率 | 3 | 5 | －2 | 优势 |
| 限额以上批发零售企业主营业务收入 | 3 | 3 | 0 | 强势 |
| 限额以上批零企业利税率 | 21 | 21 | 0 | 劣势 |
| 限额以上餐饮企业利税率 | 1 | 1 | 0 | 强势 |
| 旅游外汇收入 | 5 | 5 | 0 | 优势 |
| 房地产经营总收入 | 14 | 10 | 4 | 优势 |
| 2.4 企业竞争力 | 1 | 1 | 0 | 强势 |
| 规模以上工业企业数 | 25 | 25 | 0 | 劣势 |
| 规模以上企业平均资产 | 2 | 1 | 1 | 强势 |
| 规模以上企业平均收入 | 1 | 1 | 0 | 强势 |
| 规模以上企业平均利润 | 31 | 1 | 30 | 强势 |
| 规模以上企业劳动效率 | 1 | 2 | －1 | 强势 |
| 城镇就业人员平均工资 | 1 | 1 | 0 | 强势 |
| 新产品销售收入占主营业务收入比重 | 3 | 7 | －4 | 优势 |
| 产品质量抽查合格率 | 14 | 23 | －9 | 劣势 |
| 工业企业 R&D 经费投入强度 | 4 | 3 | 1 | 强势 |
| 中国驰名商标持有量 | 6 | 11 | －5 | 中势 |

## 3. 北京市可持续发展竞争力指标排名变化情况

**表 1－7　2014～2015 年北京市可持续发展竞争力指标组排位及变化趋势**

| 指　　标 | 2014 | 2015 | 排位升降 | 优劣势 |
|---|---|---|---|---|
| **3　可持续发展竞争力** | 2 | 1 | 1 | 强势 |
| 3.1　资源竞争力 | 31 | 31 | 0 | 劣势 |
| 人均国土面积 | 30 | 2 | 28 | 强势 |
| 人均可使用海域和滩涂面积 | 12 | 12 | 0 | 中势 |
| 人均年水资源量 | 30 | 30 | 0 | 劣势 |
| 耕地面积 | 30 | 30 | 0 | 劣势 |
| 人均耕地面积 | 30 | 30 | 0 | 劣势 |
| 人均牧草地面积 | 25 | 24 | 1 | 劣势 |
| 主要能源矿产基础储量 | 25 | 25 | 0 | 劣势 |
| 人均主要能源矿产基础储量 | 22 | 20 | 2 | 中势 |
| 人均森林储积量 | 29 | 29 | 0 | 劣势 |
| 3.2　环境竞争力 | 9 | 7 | 2 | 优势 |
| 森林覆盖率 | 16 | 16 | 0 | 中势 |
| 人均废水排放量 | 27 | 27 | 0 | 劣势 |
| 人均工业废气排放量 | 5 | 1 | 4 | 强势 |
| 人均工业固体废物排放量 | 1 | 1 | 0 | 强势 |
| 人均治理工业污染投资额 | 31 | 16 | 15 | 中势 |
| 一般工业固体废物综合利用率 | 8 | 9 | －1 | 优势 |
| 生活垃圾无害化处理率 | 5 | 28 | －23 | 劣势 |
| 自然灾害直接经济损失 | 3 | 2 | 1 | 强势 |
| 3.3　人力资源竞争力 | 1 | 1 | 0 | 强势 |
| 常住人口增长率 | 3 | 8 | －5 | 优势 |
| 15～64 岁人口比例 | 1 | 2 | －1 | 强势 |
| 文盲率 | 1 | 1 | 0 | 强势 |
| 大专以上教育程度人口比例 | 1 | 1 | 0 | 强势 |
| 平均受教育程度 | 1 | 1 | 0 | 强势 |
| 人口健康素质 | 3 | 4 | －1 | 优势 |
| 人力资源利用率 | 8 | 6 | 2 | 优势 |
| 职业学校毕业生数 | 25 | 26 | －1 | 劣势 |

## 4. 北京市财政金融竞争力指标排名变化情况

**表 1－8　2014～2015 年北京市财政金融竞争力指标组排位及变化趋势**

| 指　　标 | 2014 | 2015 | 排位升降 | 优劣势 |
|---|---|---|---|---|
| **4　财政金融竞争力** | 1 | 1 | 0 | 强势 |
| 4.1　财政竞争力 | 1 | 2 | －1 | 强势 |
| 地方财政收入 | 6 | 6 | 0 | 优势 |
| 地方财政支出 | 13 | 9 | 4 | 优势 |
| 地方财政收入占 GDP 比重 | 2 | 2 | 0 | 强势 |
| 地方财政支出占 GDP 比重 | 18 | 13 | 5 | 中势 |

续表

| 指　　标 | 2014 | 2015 | 排位升降 | 优劣势 |
|---|---|---|---|---|
| 税收收入占 GDP 比重 | 1 | 2 | -1 | 强势 |
| 税收收入占财政总收入比重 | 1 | 14 | -13 | 中势 |
| 人均地方财政收入 | 2 | 2 | 0 | 强势 |
| 人均地方财政支出 | 3 | 2 | 1 | 强势 |
| 人均税收收入 | 1 | 2 | -1 | 强势 |
| 地方财政收入增长率 | 22 | 14 | 8 | 中势 |
| 地方财政支出增长率 | 12 | 4 | 8 | 优势 |
| 税收收入增长率 | 19 | 16 | 3 | 中势 |
| 4.2　金融竞争力 | 1 | 1 | 0 | 强势 |
| 存款余额 | 2 | 2 | 0 | 强势 |
| 人均存款余额 | 1 | 1 | 0 | 强势 |
| 贷款余额 | 5 | 5 | 0 | 优势 |
| 人均贷款余额 | 1 | 1 | 0 | 强势 |
| 货币市场融资额 | 31 | 31 | 0 | 劣势 |
| 中长期贷款占贷款余额比重 | 18 | 16 | 2 | 中势 |
| 保险费净收入 | 4 | 4 | 0 | 优势 |
| 保险密度 | 1 | 1 | 0 | 强势 |
| 保险深度 | 2 | 2 | 0 | 强势 |
| 人均证券市场筹资额 | 1 | 1 | 0 | 强势 |

## 5. 北京市知识经济竞争力指标排名变化情况

**表 1-9　2014～2015 年北京市知识经济竞争力指标组排位及变化趋势**

| 指　　标 | 2014 | 2015 | 排位升降 | 优劣势 |
|---|---|---|---|---|
| **5　知识经济竞争力** | 2 | 3 | -1 | 强势 |
| 5.1　科技竞争力 | 3 | 3 | 0 | 强势 |
| R&D 人员 | 5 | 5 | 0 | 优势 |
| R&D 经费 | 14 | 13 | 1 | 中势 |
| R&D 经费投入强度 | 13 | 12 | 1 | 中势 |
| 发明专利授权量 | 1 | 2 | -1 | 强势 |
| 技术市场成交合同金额 | 1 | 1 | 0 | 强势 |
| 财政科技支出占地方财政支出比重 | 2 | 2 | 0 | 强势 |
| 高技术产业增加值 | 12 | 14 | -2 | 中势 |
| 高技术产业增加值占工业增加值比重 | 2 | 2 | 0 | 强势 |
| 高技术产品出口额占商品出口额比重 | 1 | 2 | -1 | 强势 |
| 5.2　教育竞争力 | 1 | 1 | 0 | 强势 |
| 教育经费 | 11 | 11 | 0 | 中势 |
| 教育经费占 GDP 比重 | 15 | 15 | 0 | 中势 |
| 人均教育经费 | 1 | 1 | 0 | 强势 |
| 公共教育经费占财政支出比重 | 16 | 21 | -5 | 劣势 |
| 人均文化教育支出占个人消费支出比重 | 15 | 16 | -1 | 中势 |
| 万人中小学学校数 | 30 | 30 | 0 | 劣势 |

续表

| 指　　标 | 2014 | 2015 | 排位升降 | 优劣势 |
|---|---|---|---|---|
| 万人中小学专任教师数 | 30 | 30 | 0 | 劣势 |
| 高等学校数 | 14 | 14 | 0 | 中势 |
| 高校专任教师数 | 8 | 8 | 0 | 优势 |
| 万人高等学校在校学生数 | 1 | 1 | 0 | 强势 |
| 5.3　文化竞争力 | 1 | 1 | 0 | 强势 |
| 文化服务业企业营业收入 | 1 | 1 | 0 | 强势 |
| 图书和期刊出版数 | 1 | 1 | 0 | 强势 |
| 报纸出版数 | 1 | 1 | 0 | 强势 |
| 出版印刷工业销售产值 | 18 | 18 | 0 | 中势 |
| 城镇居民人均文化娱乐支出 | 1 | 2 | -1 | 强势 |
| 农村居民人均文化娱乐支出 | 5 | 6 | -1 | 优势 |
| 城镇居民人均文化娱乐支出占消费性支出比重 | 15 | 16 | -1 | 中势 |
| 农村居民人均文化娱乐支出占消费性支出比重 | 27 | 29 | -2 | 劣势 |

## 6. 北京市发展环境竞争力指标排名变化情况

**表 1-10　2014～2015 年北京市发展环境竞争力指标组排位及变化趋势**

| 指　　标 | 2014 | 2015 | 排位升降 | 优劣势 |
|---|---|---|---|---|
| **6　发展环境竞争力** | 2 | 2 | 0 | 强势 |
| 6.1　基础设施竞争力 | 3 | 3 | 0 | 强势 |
| 铁路网线密度 | 2 | 2 | 0 | 强势 |
| 公路网线密度 | 7 | 9 | -2 | 优势 |
| 人均内河航道里程 | 28 | 28 | 0 | 劣势 |
| 全社会旅客周转量 | 25 | 25 | 0 | 劣势 |
| 全社会货物周转量 | 28 | 28 | 0 | 劣势 |
| 人均邮电业务总量 | 1 | 1 | 0 | 强势 |
| 电话普及率 | 1 | 1 | 0 | 强势 |
| 互联网上网人数比重 | 1 | 1 | 0 | 强势 |
| 人均耗电量 | 14 | 14 | 0 | 中势 |
| 6.2　软环境竞争力 | 2 | 2 | 0 | 强势 |
| 外资企业数增长率 | 14 | 13 | 1 | 中势 |
| 万人外资企业数 | 2 | 2 | 0 | 强势 |
| 个体私营企业数增长率 | 19 | 29 | -10 | 劣势 |
| 万人个体私营企业数 | 23 | 24 | -1 | 劣势 |
| 万人商标注册件数 | 1 | 1 | 0 | 强势 |
| 查处商标侵权假冒案件 | 20 | 21 | -1 | 劣势 |
| 每十万人交通事故发生数 | 20 | 15 | 5 | 中势 |
| 罚没收入占财政收入比重 | 3 | 4 | -1 | 优势 |
| 社会捐赠款物 | 3 | 3 | 0 | 强势 |

## 7. 北京市政府作用竞争力指标排名变化情况

**表 1－11　2014～2015 年北京市政府作用竞争力指标组排位及变化趋势**

| 指　　标 | 2014 | 2015 | 排位升降 | 优劣势 |
|---|---|---|---|---|
| **7　政府作用竞争力** | 5 | 7 | －2 | 优势 |
| 7.1　政府发展经济竞争力 | 24 | 27 | －3 | 劣势 |
| 财政支出用于基本建设投资比重 | 18 | 21 | －3 | 劣势 |
| 财政支出对 GDP 增长的拉动 | 14 | 19 | －5 | 中势 |
| 政府公务员对经济的贡献 | 11 | 10 | 1 | 优势 |
| 政府消费对民间消费的拉动 | 29 | 29 | 0 | 劣势 |
| 财政投资对社会投资的拉动 | 28 | 28 | 0 | 劣势 |
| 7.2　政府规调经济竞争力 | 2 | 3 | －1 | 强势 |
| 物价调控 | 4 | 27 | －23 | 劣势 |
| 调控城乡消费差距 | 21 | 24 | －3 | 劣势 |
| 统筹经济社会发展 | 2 | 2 | 0 | 强势 |
| 规范税收 | 2 | 2 | 0 | 强势 |
| 人口控制 | 8 | 7 | 1 | 优势 |
| 7.3　政府保障经济竞争力 | 2 | 2 | 0 | 强势 |
| 城市城镇社区服务设施数 | 7 | 10 | －3 | 优势 |
| 医疗保险覆盖率 | 3 | 3 | 0 | 强势 |
| 养老保险覆盖率 | 6 | 8 | －2 | 优势 |
| 失业保险覆盖率 | 3 | 3 | 0 | 强势 |
| 下岗职工再就业率 | 6 | 7 | －1 | 优势 |
| 城镇登记失业率 | 1 | 1 | 0 | 强势 |

## 8. 北京市发展水平竞争力指标排名变化情况

**表 1－12　2014～2015 年北京市发展水平竞争力指标组排位及变化趋势**

| 指　　标 | 2014 | 2015 | 排位升降 | 优劣势 |
|---|---|---|---|---|
| **8　发展水平竞争力** | 3 | 5 | －2 | 优势 |
| 8.1　工业化进程竞争力 | 2 | 7 | －5 | 优势 |
| 工业增加值占 GDP 比重 | 29 | 29 | 0 | 劣势 |
| 工业增加值增长率 | 20 | 14 | 6 | 中势 |
| 高技术产业规模以上企业产值 | 10 | 8 | 2 | 优势 |
| 高技术产业增加值占工业增加值比重 | 1 | 1 | 0 | 强势 |
| 高技术产品出口额占商品出口额比重 | 1 | 11 | －10 | 中势 |
| 信息产业增加值占 GDP 比重 | 1 | 7 | －6 | 优势 |
| 8.2　城市化进程竞争力 | 1 | 1 | 0 | 强势 |
| 城镇化率 | 2 | 2 | 0 | 强势 |
| 城镇居民人均可支配收入 | 2 | 2 | 0 | 强势 |
| 城市平均建成区面积比重 | 2 | 31 | －29 | 劣势 |

续表

| 指　　标 | 2014 | 2015 | 排位升降 | 优劣势 |
|---|---|---|---|---|
| 人均拥有道路面积 | 30 | 30 | 0 | 劣势 |
| 人均日生活用水量 | 10 | 11 | -1 | 中势 |
| 恩格尔系数 | 1 | 1 | 0 | 强势 |
| 人均公共绿地面积 | 6 | 6 | 0 | 优势 |
| 8.3　市场化进程竞争力 | 24 | 22 | 2 | 劣势 |
| 非公有制经济产值占全社会总产值的比重 | 27 | 28 | -1 | 劣势 |
| 社会投资占投资总额比重 | 14 | 11 | 3 | 中势 |
| 私有和个体企业从业人员比重 | 24 | 20 | 4 | 中势 |
| 亿元以上商品市场成交额 | 9 | 8 | 1 | 优势 |
| 亿元以上商品市场成交额占全社会消费品零售总额比重 | 10 | 9 | 1 | 优势 |
| 居民消费支出占总消费支出比重 | 29 | 29 | 0 | 劣势 |

## 9. 北京市统筹协调竞争力指标排名变化情况

**表 1－13　2014～2015 年北京市统筹协调竞争力指标组排位及变化趋势**

| 指　　标 | 2014 | 2015 | 排位升降 | 优劣势 |
|---|---|---|---|---|
| **9　统筹协调竞争力** | 17 | 4 | 13 | 优势 |
| 9.1　统筹发展竞争力 | 6 | 3 | 3 | 强势 |
| 社会劳动生产率 | 23 | 2 | 21 | 强势 |
| 社会劳动生产率增速 | 31 | 1 | 30 | 强势 |
| 万元 GDP 综合能耗 | 2 | 1 | 1 | 强势 |
| 非农用地产出率 | 5 | 5 | 0 | 优势 |
| 生产税净额和营业盈余占 GDP 比重 | 22 | 25 | -3 | 劣势 |
| 最终消费率 | 3 | 4 | -1 | 优势 |
| 固定资产投资额占 GDP 比重 | 2 | 2 | 0 | 强势 |
| 固定资产交付使用率 | 27 | 30 | -3 | 劣势 |
| 9.2　协调发展竞争力 | 30 | 29 | 1 | 劣势 |
| 环境竞争力与宏观经济竞争力比差 | 7 | 6 | 1 | 优势 |
| 资源竞争力与宏观经济竞争力比差 | 28 | 29 | -1 | 劣势 |
| 人力资源竞争力与宏观经济竞争力比差 | 31 | 28 | 3 | 劣势 |
| 资源竞争力与工业竞争力比差 | 17 | 19 | -2 | 中势 |
| 环境竞争力与工业竞争力比差 | 27 | 25 | 2 | 劣势 |
| 城乡居民家庭人均收入比差 | 15 | 16 | -1 | 中势 |
| 城乡居民人均现金消费支出比差 | 21 | 24 | -3 | 劣势 |
| 全社会消费品零售总额与外贸出口总额比差 | 23 | 22 | 1 | 劣势 |

# B.3
# 2
# 天津市经济综合竞争力评价分析报告

天津市简称津，位于华北平原东北部，与北京市、河北省相接，是中央四大直辖市之一，也是中国北方最大的沿海开放城市，素有“渤海明珠”之称。全市面积为11919.7平方公里。2015年常住人口为1547万人，地区生产总值为16538亿元，同比增长9.3%，人均GDP达107960元。本部分通过分析2014~2015年天津市经济综合竞争力以及各要素竞争力的排名变化，从中找出天津市经济综合竞争力的推动点及影响因素，为进一步提升天津市经济综合竞争力提供决策参考。

## 2.1 天津市经济综合竞争力总体分析

### 1. 天津市经济综合竞争力一级指标概要分析

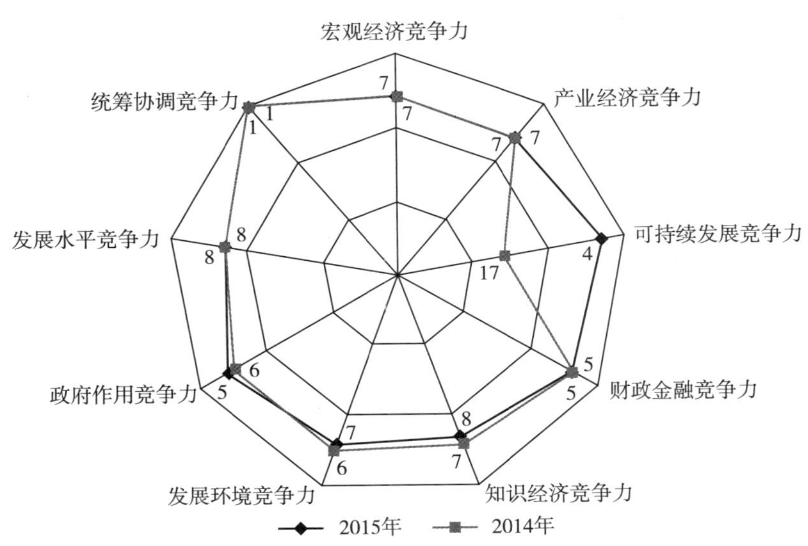


**图2-1　2014~2015年天津市经济综合竞争力二级指标比较**

（1）从综合排位看，2015年天津市经济综合竞争力排位在全国居第7位，这表明其在全国处于优势地位；与2014年相比，综合排位没有发生变化。

（2）从指标所处区位看，9个二级指标皆处于上游区，但其中只有统筹协调竞争力为强势指标，其余指标为优势指标。

表 2-1　2014~2015 年天津市经济综合竞争力二级指标表现情况

| 年份 \ 项目 | 宏观经济竞争力 | 产业经济竞争力 | 可持续发展竞争力 | 财政金融竞争力 | 知识经济竞争力 | 发展环境竞争力 | 政府作用竞争力 | 发展水平竞争力 | 统筹协调竞争力 | 综合排位 |
|---|---|---|---|---|---|---|---|---|---|---|
| 2014 | 7 | 7 | 17 | 5 | 7 | 6 | 6 | 8 | 1 | 7 |
| 2015 | 7 | 7 | 4 | 5 | 8 | 7 | 5 | 8 | 1 | 7 |
| 升降 | 0 | 0 | 13 | 0 | -1 | -1 | 1 | 0 | 0 | 0 |
| 优劣度 | 优势 | 优势 | 优势 | 优势 | 优势 | 优势 | 优势 | 优势 | 强势 | 优势 |

（3）从指标变化趋势看，9 个二级指标中，有 2 个指标处于上升趋势，分别为可持续发展竞争力和政府作用竞争力，这些是天津市经济综合竞争力的上升动力所在；有 5 个指标排位没有发生变化，分别为宏观经济竞争力、产业经济竞争力、财政金融竞争力、发展水平竞争力和统筹协调竞争力；有 2 个指标处于下降趋势，为发展环境竞争力和知识经济竞争力，是天津市经济综合竞争力的下降拉力所在。

**2. 天津市经济综合竞争力各级指标动态变化分析**

表 2-2　2014~2015 年天津市经济综合竞争力各级指标排位变化情况

| 二级指标 | 三级指标 | 四级指标数 | 上升 |  | 保持 |  | 下降 |  | 变化趋势 |
|---|---|---|---|---|---|---|---|---|---|
|  |  |  | 指标数 | 比重（%） | 指标数 | 比重（%） | 指标数 | 比重（%） |  |
| 宏观经济竞争力 | 经济实力竞争力 | 12 | 5 | 41.7 | 5 | 41.7 | 2 | 16.7 | 上升 |
|  | 经济结构竞争力 | 6 | 4 | 66.7 | 1 | 16.7 | 1 | 16.7 | 保持 |
|  | 经济外向度竞争力 | 9 | 3 | 33.3 | 4 | 44.4 | 2 | 22.2 | 下降 |
|  | 小　计 | 27 | 12 | 44.4 | 10 | 37.0 | 5 | 18.5 | 保持 |
| 产业经济竞争力 | 农业竞争力 | 10 | 0 | 0.0 | 7 | 70.0 | 3 | 30.0 | 上升 |
|  | 工业竞争力 | 10 | 2 | 20.0 | 6 | 60.0 | 2 | 20.0 | 保持 |
|  | 服务业竞争力 | 10 | 2 | 20.0 | 5 | 50.0 | 3 | 30.0 | 下降 |
|  | 企业竞争力 | 10 | 3 | 30.0 | 4 | 40.0 | 3 | 30.0 | 上升 |
|  | 小　计 | 40 | 7 | 17.5 | 22 | 55.0 | 11 | 27.5 | 保持 |
| 可持续发展竞争力 | 资源竞争力 | 9 | 3 | 33.3 | 6 | 66.7 | 0 | 0.0 | 上升 |
|  | 环境竞争力 | 8 | 3 | 37.5 | 3 | 37.5 | 2 | 25.0 | 上升 |
|  | 人力资源竞争力 | 8 | 3 | 37.5 | 4 | 50.0 | 1 | 12.5 | 保持 |
|  | 小　计 | 25 | 9 | 36.0 | 13 | 52.0 | 3 | 12.0 | 上升 |
| 财政金融竞争力 | 财政竞争力 | 12 | 3 | 25.0 | 5 | 41.7 | 4 | 33.3 | 下降 |
|  | 金融竞争力 | 10 | 2 | 20.0 | 6 | 60.0 | 2 | 20.0 | 保持 |
|  | 小　计 | 22 | 5 | 22.7 | 11 | 50.0 | 6 | 27.3 | 保持 |
| 知识经济竞争力 | 科技竞争力 | 9 | 1 | 11.1 | 6 | 66.7 | 2 | 22.2 | 保持 |
|  | 教育竞争力 | 10 | 0 | 0.0 | 6 | 60.0 | 4 | 40.0 | 下降 |
|  | 文化竞争力 | 8 | 4 | 50.0 | 3 | 37.5 | 1 | 12.5 | 上升 |
|  | 小　计 | 27 | 5 | 18.5 | 15 | 55.6 | 7 | 25.9 | 下降 |

续表

| 二级指标 | 三级指标 | 四级指标数 | 上升 | | 保持 | | 下降 | | 变化趋势 |
|---|---|---|---|---|---|---|---|---|---|
| | | | 指标数 | 比重（%） | 指标数 | 比重（%） | 指标数 | 比重（%） | |
| 发展环境竞争力 | 基础设施竞争力 | 9 | 1 | 11.1 | 5 | 55.6 | 3 | 33.3 | 保持 |
| | 软环境竞争力 | 9 | 4 | 44.4 | 4 | 44.4 | 1 | 11.1 | 上升 |
| | 小　计 | 18 | 5 | 27.8 | 9 | 50.0 | 4 | 22.2 | 下降 |
| 政府作用竞争力 | 政府发展经济竞争力 | 5 | 2 | 40.0 | 2 | 40.0 | 1 | 20.0 | 上升 |
| | 政府规调经济竞争力 | 5 | 2 | 40.0 | 1 | 20.0 | 2 | 40.0 | 保持 |
| | 政府保障经济竞争力 | 6 | 2 | 33.3 | 2 | 33.3 | 2 | 33.3 | 上升 |
| | 小　计 | 16 | 6 | 37.5 | 5 | 31.3 | 5 | 31.3 | 上升 |
| 发展水平竞争力 | 工业化进程竞争力 | 6 | 5 | 83.3 | 0 | 0.0 | 1 | 16.7 | 上升 |
| | 城市化进程竞争力 | 7 | 2 | 28.6 | 2 | 28.6 | 3 | 42.9 | 下降 |
| | 市场化进程竞争力 | 6 | 2 | 33.3 | 0 | 0.0 | 4 | 66.7 | 上升 |
| | 小　计 | 19 | 9 | 47.4 | 2 | 10.5 | 8 | 42.1 | 保持 |
| 统筹协调竞争力 | 统筹发展竞争力 | 8 | 3 | 37.5 | 3 | 37.5 | 2 | 25.0 | 保持 |
| | 协调发展竞争力 | 8 | 1 | 12.5 | 3 | 37.5 | 4 | 50.0 | 下降 |
| | 小　计 | 16 | 4 | 25.0 | 6 | 37.5 | 6 | 37.5 | 保持 |
| 合　计 | | 210 | 62 | 29.5 | 93 | 44.3 | 55 | 26.2 | 保持 |

从表2－2可以看出，210个四级指标中，上升指标有62个，占指标总数的29.5%；下降指标有55个，占指标总数的26.2%；保持不变的指标有93个，占指标总数的44.3%。综上所述，天津市经济综合竞争力的上升动力和下降拉力大致相当，且排位保持不变的指标占较大比重，2015年天津市经济综合竞争力排位保持不变。

3. 天津市经济综合竞争力各级指标优劣势结构分析

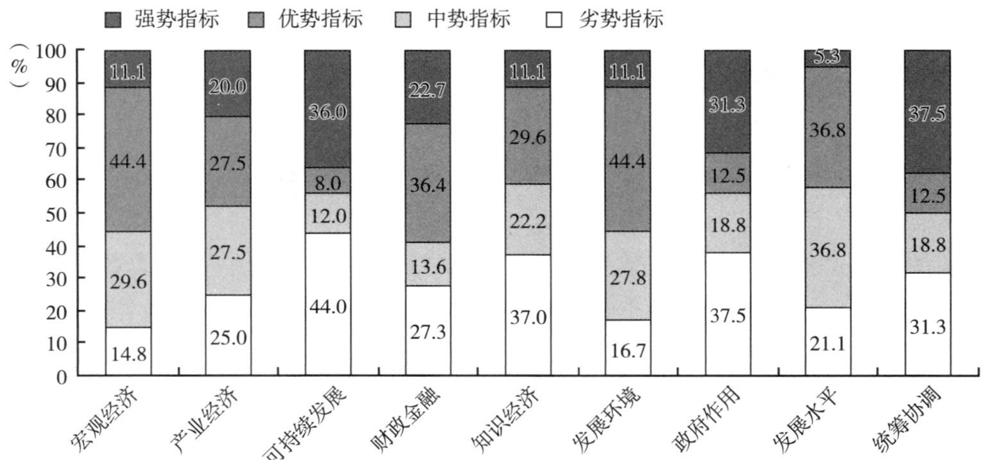


**图2－2　2015年天津市经济综合竞争力各级指标优劣势比较**

**表 2-3　2015 年天津市经济综合竞争力各级指标优劣势情况**

| 二级指标 | 三级指标 | 四级指标数 | 强势指标 | | 优势指标 | | 中势指标 | | 劣势指标 | | 优劣势 |
|---|---|---|---|---|---|---|---|---|---|---|---|
| | | | 个数 | 比重（%） | 个数 | 比重（%） | 个数 | 比重（%） | 个数 | 比重（%） | |
| 宏观经济竞争力 | 经济实力竞争力 | 12 | 2 | 16.7 | 3 | 25.0 | 5 | 41.7 | 2 | 16.7 | 优势 |
| | 经济结构竞争力 | 6 | 1 | 16.7 | 2 | 33.3 | 2 | 33.3 | 1 | 16.7 | 优势 |
| | 经济外向度竞争力 | 9 | 0 | 0.0 | 7 | 77.8 | 1 | 11.1 | 1 | 11.1 | 优势 |
| | 小　计 | 27 | 3 | 11.1 | 12 | 44.4 | 8 | 29.6 | 4 | 14.8 | 优势 |
| 产业经济竞争力 | 农业竞争力 | 10 | 0 | 0.0 | 3 | 30.0 | 0 | 0.0 | 7 | 70.0 | 劣势 |
| | 工业竞争力 | 10 | 3 | 30.0 | 2 | 20.0 | 4 | 40.0 | 1 | 10.0 | 优势 |
| | 服务业竞争力 | 10 | 1 | 10.0 | 3 | 30.0 | 4 | 40.0 | 2 | 20.0 | 优势 |
| | 企业竞争力 | 10 | 4 | 40.0 | 3 | 30.0 | 3 | 30.0 | 0 | 0.0 | 强势 |
| | 小　计 | 40 | 8 | 20.0 | 11 | 27.5 | 11 | 27.5 | 10 | 25.0 | 优势 |
| 可持续发展竞争力 | 资源竞争力 | 9 | 1 | 11.1 | 1 | 11.1 | 0 | 0.0 | 7 | 77.8 | 劣势 |
| | 环境竞争力 | 8 | 3 | 37.5 | 1 | 12.5 | 2 | 25.0 | 2 | 25.0 | 优势 |
| | 人力资源竞争力 | 8 | 5 | 62.5 | 0 | 0.0 | 1 | 12.5 | 2 | 25.0 | 优势 |
| | 小　计 | 25 | 9 | 36.0 | 2 | 8.0 | 3 | 12.0 | 11 | 44.0 | 优势 |
| 财政金融竞争力 | 财政竞争力 | 12 | 2 | 16.7 | 7 | 58.3 | 1 | 8.3 | 2 | 16.7 | 优势 |
| | 金融竞争力 | 10 | 3 | 30.0 | 1 | 10.0 | 2 | 20.0 | 4 | 40.0 | 优势 |
| | 小　计 | 22 | 5 | 22.7 | 8 | 36.4 | 3 | 13.6 | 6 | 27.3 | 优势 |
| 知识经济竞争力 | 科技竞争力 | 9 | 1 | 11.1 | 6 | 66.7 | 2 | 22.2 | 0 | 0.0 | 优势 |
| | 教育竞争力 | 10 | 2 | 20.0 | 0 | 0.0 | 1 | 10.0 | 7 | 70.0 | 中势 |
| | 文化竞争力 | 8 | 0 | 0.0 | 2 | 25.0 | 3 | 37.5 | 3 | 37.5 | 劣势 |
| | 小　计 | 27 | 3 | 11.1 | 8 | 29.6 | 6 | 22.2 | 10 | 37.0 | 优势 |
| 发展环境竞争力 | 基础设施竞争力 | 9 | 1 | 11.1 | 4 | 44.4 | 2 | 22.2 | 2 | 22.2 | 优势 |
| | 软环境竞争力 | 9 | 1 | 11.1 | 4 | 44.4 | 3 | 33.3 | 1 | 11.1 | 优势 |
| | 小　计 | 18 | 2 | 11.1 | 8 | 44.4 | 5 | 27.8 | 3 | 16.7 | 优势 |
| 政府作用竞争力 | 政府发展经济竞争力 | 5 | 2 | 40.0 | 1 | 20.0 | 0 | 0.0 | 2 | 40.0 | 强势 |
| | 政府规调经济竞争力 | 5 | 3 | 60.0 | 0 | 0.0 | 0 | 0.0 | 2 | 40.0 | 强势 |
| | 政府保障经济竞争力 | 6 | 0 | 0.0 | 1 | 16.7 | 3 | 50.0 | 2 | 33.3 | 中势 |
| | 小　计 | 16 | 5 | 31.3 | 2 | 12.5 | 3 | 18.8 | 6 | 37.5 | 优势 |
| 发展水平竞争力 | 工业化进程竞争力 | 6 | 0 | 0.0 | 5 | 83.3 | 1 | 16.7 | 0 | 0.0 | 优势 |
| | 城市化进程竞争力 | 7 | 1 | 14.3 | 2 | 28.6 | 2 | 28.6 | 2 | 28.6 | 优势 |
| | 市场化进程竞争力 | 6 | 0 | 0.0 | 0 | 0.0 | 4 | 66.7 | 2 | 33.3 | 劣势 |
| | 小　计 | 19 | 1 | 5.3 | 7 | 36.8 | 7 | 36.8 | 4 | 21.1 | 优势 |
| 统筹协调竞争力 | 统筹发展竞争力 | 8 | 4 | 50.0 | 2 | 25.0 | 0 | 0.0 | 2 | 25.0 | 强势 |
| | 协调发展竞争力 | 8 | 2 | 25.0 | 0 | 0.0 | 3 | 37.5 | 3 | 37.5 | 中势 |
| | 小　计 | 16 | 6 | 37.5 | 2 | 12.5 | 3 | 18.8 | 5 | 31.3 | 强势 |
| 合　计 | | 210 | 42 | 20.0 | 60 | 28.6 | 49 | 23.3 | 59 | 28.1 | 优势 |

基于图 2-2 和表 2-3，具体到四级指标，强势指标 42 个，占指标总数的 20.0%；优势指标 60 个，占指标总数的 28.6%；中势指标 49 个，占指标总数的 23.3%；劣势指标 59 个，占指标总数的 28.1%。三级指标中，强势指标 4 个，占三级指标总数的 16.0%；优势指标 14 个，占三级指标总数的 56%；中势指标 3 个，占三级指标总数的 12%；劣势指标 4 个，占三级指标总数的 16%。从二级指标看，强势指标 1 个，占二级指标总数的 11.1%；优势指标有 8 个，占二级指标总数的 88.9%；没有中势指标和

劣势指标。综合来看，由于优势指标在指标体系中居于主导地位，2015 年天津市经济综合竞争力处于优势地位。

4. 天津市经济综合竞争力四级指标优劣势对比分析

表 2－4　2015 年天津市经济综合竞争力四级指标优劣势情况

| 二级指标 | 优劣势 | 四　级　指　标 |
|---|---|---|
| 宏观经济竞争力（27 个） | 强势指标 | 人均地区生产总值、人均固定资产投资额、城乡经济结构优化度（3 个） |
| | 优势指标 | 地区生产总值增长率、人均财政收入、人均全社会消费品零售总额、产业结构优化度、就业结构优化度、进出口总额、出口总额、实际 FDI、实际 FDI 增长率、外贸依存度、外资企业数、对外直接投资（12 个） |
| | 劣势指标 | 固定资产投资额、全社会消费品零售总额、资本形成结构优化度、进出口增长率（4 个） |
| 产业经济竞争力（40 个） | 强势指标 | 人均工业增加值、工业全员劳动生产率、工业成本费用利润率、人均服务业增加值、规模以上企业平均收入、规模以上企业平均利润、规模以上企业劳动效率、产品质量抽查合格率（8 个） |
| | 优势指标 | 农民人均纯收入、农产品出口占农林牧渔总产值比重、农村人均用电量、工业资产总贡献率、规模以上工业利润总额、限额以上批发零售企业主营业务收入、限额以上餐饮企业利税率、旅游外汇收入、城镇就业人员平均工资、新产品销售收入占主营业务收入比重、工业企业 R&D 经费投入强度（11 个） |
| | 劣势指标 | 农业增加值、农业增加值增长率、人均农业增加值、农民人均纯收入增长率、人均主要农产品产量、农业机械化水平、财政支农资金比重、工业资产总额增长率、服务业从业人员数、限额以上批零企业利税率（10 个） |
| 可持续发展竞争力（25 个） | 强势指标 | 人均国土面积、人均治理工业污染投资额、一般工业固体废物综合利用率、自然灾害直接经济损失、常住人口增长率、15～64 岁人口比例、文盲率、大专以上教育程度人口比例、平均受教育程度（9 个） |
| | 优势指标 | 人均可使用海域和滩涂面积、人均工业固体废物排放量（2 个） |
| | 劣势指标 | 人均年水资源量、耕地面积、人均耕地面积、人均牧草地面积、主要能源矿产基础储量、人均主要能源矿产基础储量、人均森林储积量、森林覆盖率、人均废水排放量、人力资源利用率、职业学校毕业生数（11 个） |
| 财政金融竞争力（22 个） | 强势指标 | 人均地方财政收入、人均税收收入、人均存款余额、人均贷款余额、人均证券市场筹资额（5 个） |
| | 优势指标 | 地方财政收入、地方财政收入占 GDP 比重、税收收入占 GDP 比重、人均地方财政支出、地方财政收入增长率、地方财政支出增长率、税收收入增长率、保险密度（8 个） |
| | 劣势指标 | 地方财政支出、地方财政支出占 GDP 比重、货币市场融资额、中长期贷款占贷款余额比重、保险费净收入、保险深度（6 个） |
| 知识经济竞争力（27 个） | 强势指标 | R&D 经费投入强度、人均教育经费、万人高等学校在校学生数（3 个） |
| | 优势指标 | R&D 经费、技术市场成交合同金额、财政科技支出占地方财政支出比重、高技术产业增加值、高技术产业增加值占工业增加值比重、高技术产品出口额占商品出口额比重、文化服务业企业营业收入、农村居民人均文化娱乐支出（8 个） |
| | 劣势指标 | 教育经费、教育经费占 GDP 比重、人均文化教育支出占个人消费支出比重、万人中小学学校数、万人中小学专任教师数、高等学校数、高校专任教师数、图书和期刊出版数、城镇居民人均文化娱乐支出占消费性支出比重、农村居民人均文化娱乐支出占消费性支出比重（10 个） |

续表

| 二级指标 | 优劣势 | 四　级　指　标 |
|---|---|---|
| 发展环境竞争力（18个） | 强势指标 | 铁路网线密度、罚没收入占财政收入比重（2个） |
| | 优势指标 | 公路网线密度、人均邮电业务总量、互联网上网人数比重、人均耗电量、外资企业数增长率、万人外资企业数、万人个体私营企业数、万人商标注册件数（8个） |
| | 劣势指标 | 人均内河航道里程、全社会旅客周转量、每十万人交通事故发生数（3个） |
| 政府作用竞争力（16个） | 强势指标 | 政府公务员对经济的贡献、财政投资对社会投资的拉动、调控城乡消费差距、统筹经济社会发展、人口控制（5个） |
| | 优势指标 | 财政支出对GDP增长的拉动、失业保险覆盖率（2个） |
| | 劣势指标 | 财政支出用于基本建设投资比重、政府消费对民间消费的拉动、物价调控、规范税收、城市城镇社区服务设施数、下岗职工再就业率（6个） |
| 发展水平竞争力（19个） | 强势指标 | 城镇化率（1个） |
| | 优势指标 | 工业增加值占GDP比重、高技术产业规模以上企业产值 、高技术产业增加值占工业增加值比重、高技术产品出口额占商品出口额比重、信息产业增加值占GDP比重、城镇居民人均可支配收入、城市平均建成区面积比重（7个） |
| | 劣势指标 | 人均日生活用水量、人均公共绿地面积、私有和个体企业从业人员比重、居民消费支出占总消费支出比重（4个） |
| 统筹协调竞争力（16个） | 强势指标 | 社会劳动生产率、社会劳动生产率增速、非农用地产出率、生产税净额和营业盈余占GDP比重、城乡居民家庭人均收入比差、城乡居民人均现金消费支出比差（6个） |
| | 优势指标 | 万元GDP综合能耗、固定资产投资额占GDP比重（2个） |
| | 劣势指标 | 最终消费率、固定资产交付使用率、资源竞争力与宏观经济竞争力比差、资源竞争力与工业竞争力比差、全社会消费品零售总额与外贸出口总额比差（5个） |

## 2.2　天津市经济综合竞争力各级指标具体分析

### 1. 天津市宏观经济竞争力指标排名变化情况

**表2－5　2014～2015年天津市宏观经济竞争力指标组排位及变化趋势**

| 指　标 | 2014 | 2015 | 排位升降 | 优劣势 |
|---|---|---|---|---|
| **1　宏观经济竞争力** | 7 | 7 | 0 | 优势 |
| 1.1　经济实力竞争力 | 6 | 5 | 1 | 优势 |
| 地区生产总值 | 17 | 19 | －2 | 中势 |
| 地区生产总值增长率 | 4 | 4 | 0 | 优势 |
| 人均地区生产总值 | 1 | 1 | 0 | 强势 |
| 财政总收入 | 20 | 15 | 5 | 中势 |
| 财政总收入增长率 | 10 | 12 | －2 | 中势 |
| 人均财政收入 | 5 | 4 | 1 | 优势 |

续表

| 指　　标 | 2014 | 2015 | 排位升降 | 优劣势 |
|---|---|---|---|---|
| 固定资产投资额 | 21 | 21 | 0 | 劣势 |
| 固定资产投资额增长率 | 23 | 16 | 7 | 中势 |
| 人均固定资产投资额 | 2 | 1 | 1 | 强势 |
| 全社会消费品零售总额 | 23 | 23 | 0 | 劣势 |
| 全社会消费品零售总额增长率 | 31 | 13 | 18 | 中势 |
| 人均全社会消费品零售总额 | 4 | 4 | 0 | 优势 |
| 1.2　经济结构竞争力 | 6 | 6 | 0 | 优势 |
| 产业结构优化度 | 5 | 6 | -1 | 优势 |
| 所有制经济结构优化度 | 18 | 15 | 3 | 中势 |
| 城乡经济结构优化度 | 3 | 2 | 1 | 强势 |
| 就业结构优化度 | 4 | 4 | 0 | 优势 |
| 资本形成结构优化度 | 27 | 25 | 2 | 劣势 |
| 贸易结构优化度 | 24 | 19 | 5 | 中势 |
| 1.3　经济外向度竞争力 | 8 | 10 | -2 | 优势 |
| 进出口总额 | 8 | 8 | 0 | 优势 |
| 进出口增长率 | 20 | 21 | -1 | 劣势 |
| 出口总额 | 10 | 9 | 1 | 优势 |
| 出口增长率 | 20 | 15 | 5 | 中势 |
| 实际 FDI | 9 | 9 | 0 | 优势 |
| 实际 FDI 增长率 | 18 | 8 | 10 | 优势 |
| 外贸依存度 | 6 | 6 | 0 | 优势 |
| 外资企业数 | 9 | 9 | 0 | 优势 |
| 对外直接投资 | 4 | 8 | -4 | 优势 |

## 2. 天津市产业经济竞争力指标排名变化情况

**表 2-6　2014~2015 年天津市产业经济竞争力指标组排位及变化趋势**

| 指　　标 | 2014 | 2015 | 排位升降 | 优劣势 |
|---|---|---|---|---|
| **2　产业经济竞争力** | 7 | 7 | 0 | 优势 |
| 2.1　农业竞争力 | 29 | 28 | 1 | 劣势 |
| 农业增加值 | 28 | 28 | 0 | 劣势 |
| 农业增加值增长率 | 27 | 27 | 0 | 劣势 |
| 人均农业增加值 | 22 | 24 | -2 | 劣势 |
| 农民人均纯收入 | 4 | 4 | 0 | 优势 |
| 农民人均纯收入增长率 | 22 | 23 | -1 | 劣势 |
| 农产品出口占农林牧渔总产值比重 | 4 | 4 | 0 | 优势 |

续表

| 指　　标 | 2014 | 2015 | 排位升降 | 优劣势 |
|---|---|---|---|---|
| 人均主要农产品产量 | 29 | 29 | 0 | 劣势 |
| 农业机械化水平 | 27 | 27 | 0 | 劣势 |
| 农村人均用电量 | 4 | 5 | -1 | 优势 |
| 财政支农资金比重 | 30 | 30 | 0 | 劣势 |
| 2.2　工业竞争力 | 6 | 6 | 0 | 优势 |
| 工业增加值 | 16 | 16 | 0 | 中势 |
| 工业增加值增长率 | 9 | 14 | -5 | 中势 |
| 人均工业增加值 | 1 | 1 | 0 | 强势 |
| 工业资产总额 | 17 | 17 | 0 | 中势 |
| 工业资产总额增长率 | 25 | 26 | -1 | 劣势 |
| 工业资产总贡献率 | 8 | 8 | 0 | 优势 |
| 规模以上工业主营业务收入 | 15 | 15 | 0 | 中势 |
| 规模以上工业利润总额 | 10 | 10 | 0 | 优势 |
| 工业全员劳动生产率 | 9 | 2 | 7 | 强势 |
| 工业成本费用利润率 | 4 | 2 | 2 | 强势 |
| 2.3　服务业竞争力 | 7 | 10 | -3 | 优势 |
| 服务业增加值 | 14 | 14 | 0 | 中势 |
| 服务业增加值增长率 | 3 | 17 | -14 | 中势 |
| 人均服务业增加值 | 3 | 3 | 0 | 强势 |
| 服务业从业人员数 | 25 | 25 | 0 | 劣势 |
| 服务业从业人员数增长率 | 1 | 16 | -15 | 中势 |
| 限额以上批发零售企业主营业务收入 | 7 | 6 | 1 | 优势 |
| 限额以上批零企业利税率 | 29 | 31 | -2 | 劣势 |
| 限额以上餐饮企业利税率 | 7 | 7 | 0 | 优势 |
| 旅游外汇收入 | 7 | 7 | 0 | 优势 |
| 房地产经营总收入 | 20 | 17 | 3 | 中势 |
| 2.4　企业竞争力 | 6 | 2 | 4 | 强势 |
| 规模以上工业企业数 | 16 | 17 | -1 | 中势 |
| 规模以上企业平均资产 | 12 | 12 | 0 | 中势 |
| 规模以上企业平均收入 | 2 | 2 | 0 | 强势 |
| 规模以上企业平均利润 | 10 | 2 | 8 | 强势 |
| 规模以上企业劳动效率 | 2 | 1 | 1 | 强势 |
| 城镇就业人员平均工资 | 2 | 4 | -2 | 优势 |
| 新产品销售收入占主营业务收入比重 | 4 | 5 | -1 | 优势 |
| 产品质量抽查合格率 | 2 | 2 | 0 | 强势 |
| 工业企业 R&D 经费投入强度 | 5 | 5 | 0 | 优势 |
| 中国驰名商标持有量 | 17 | 15 | 2 | 中势 |

### 3. 天津市可持续发展竞争力指标排名变化情况

**表 2-7 2014~2015 年天津市可持续发展竞争力指标组排位及变化趋势**

| 指 标 | 2014 | 2015 | 排位升降 | 优劣势 |
|---|---|---|---|---|
| **3 可持续发展竞争力** | 17 | 4 | 13 | 优势 |
| 3.1 资源竞争力 | 29 | 25 | 4 | 劣势 |
| 人均国土面积 | 29 | 3 | 26 | 强势 |
| 人均可使用海域和滩涂面积 | 9 | 9 | 0 | 优势 |
| 人均年水资源量 | 31 | 31 | 0 | 劣势 |
| 耕地面积 | 29 | 29 | 0 | 劣势 |
| 人均耕地面积 | 28 | 28 | 0 | 劣势 |
| 人均牧草地面积 | 28 | 27 | 1 | 劣势 |
| 主要能源矿产基础储量 | 26 | 26 | 0 | 劣势 |
| 人均主要能源矿产基础储量 | 23 | 22 | 1 | 劣势 |
| 人均森林储积量 | 30 | 30 | 0 | 劣势 |
| 3.2 环境竞争力 | 17 | 5 | 12 | 优势 |
| 森林覆盖率 | 29 | 29 | 0 | 劣势 |
| 人均废水排放量 | 24 | 25 | -1 | 劣势 |
| 人均工业废气排放量 | 18 | 18 | 0 | 中势 |
| 人均工业固体废物排放量 | 8 | 7 | 1 | 优势 |
| 人均治理工业污染投资额 | 7 | 3 | 4 | 强势 |
| 一般工业固体废物综合利用率 | 4 | 1 | 3 | 强势 |
| 生活垃圾无害化处理率 | 9 | 20 | -11 | 中势 |
| 自然灾害直接经济损失 | 1 | 1 | 0 | 强势 |
| 3.3 人力资源竞争力 | 5 | 5 | 0 | 优势 |
| 常住人口增长率 | 1 | 3 | -2 | 强势 |
| 15~64 岁人口比例 | 7 | 1 | 6 | 强势 |
| 文盲率 | 3 | 3 | 0 | 强势 |
| 大专以上教育程度人口比例 | 3 | 3 | 0 | 强势 |
| 平均受教育程度 | 3 | 3 | 0 | 强势 |
| 人口健康素质 | 12 | 11 | 1 | 中势 |
| 人力资源利用率 | 31 | 31 | 0 | 劣势 |
| 职业学校毕业生数 | 29 | 28 | 1 | 劣势 |

### 4. 天津市财政金融竞争力指标排名变化情况

**表 2-8 2014~2015 年天津市财政金融竞争力指标组排位及变化趋势**

| 指 标 | 2014 | 2015 | 排位升降 | 优劣势 |
|---|---|---|---|---|
| **4 财政金融竞争力** | 5 | 5 | 0 | 优势 |
| 4.1 财政竞争力 | 3 | 4 | -1 | 优势 |
| 地方财政收入 | 12 | 10 | 2 | 优势 |
| 地方财政支出 | 26 | 25 | 1 | 劣势 |
| 地方财政收入占 GDP 比重 | 4 | 4 | 0 | 优势 |

续表

| 指　　标 | 2014 | 2015 | 排位升降 | 优劣势 |
|---|---|---|---|---|
| 地方财政支出占 GDP 比重 | 22 | 23 | -1 | 劣势 |
| 税收收入占 GDP 比重 | 9 | 7 | 2 | 优势 |
| 税收收入占财政总收入比重 | 5 | 17 | -12 | 中势 |
| 人均地方财政收入 | 3 | 3 | 0 | 强势 |
| 人均地方财政支出 | 5 | 5 | 0 | 优势 |
| 人均税收收入 | 3 | 3 | 0 | 强势 |
| 地方财政收入增长率 | 5 | 5 | 0 | 优势 |
| 地方财政支出增长率 | 1 | 7 | -6 | 优势 |
| 税收收入增长率 | 7 | 9 | -2 | 优势 |
| 4.2　金融竞争力 | 8 | 8 | 0 | 优势 |
| 存款余额 | 18 | 18 | 0 | 中势 |
| 人均存款余额 | 3 | 3 | 0 | 强势 |
| 贷款余额 | 13 | 13 | 0 | 中势 |
| 人均贷款余额 | 3 | 3 | 0 | 强势 |
| 货币市场融资额 | 23 | 23 | 0 | 劣势 |
| 中长期贷款占贷款余额比重 | 22 | 21 | 1 | 劣势 |
| 保险费净收入 | 22 | 23 | -1 | 劣势 |
| 保险密度 | 5 | 4 | 1 | 优势 |
| 保险深度 | 25 | 26 | -1 | 劣势 |
| 人均证券市场筹资额 | 2 | 2 | 0 | 强势 |

## 5. 天津市知识经济竞争力指标排名变化情况

**表 2-9　2014~2015 年天津市知识经济竞争力指标组排位及变化趋势**

| 指　　标 | 2014 | 2015 | 排位升降 | 优劣势 |
|---|---|---|---|---|
| **5　知识经济竞争力** | 7 | 8 | -1 | 优势 |
| 5.1　科技竞争力 | 7 | 7 | 0 | 优势 |
| R&D 人员 | 11 | 11 | 0 | 中势 |
| R&D 经费 | 9 | 9 | 0 | 优势 |
| R&D 经费投入强度 | 2 | 2 | 0 | 强势 |
| 发明专利授权量 | 15 | 15 | 0 | 中势 |
| 技术市场成交合同金额 | 7 | 7 | 0 | 优势 |
| 财政科技支出占地方财政支出比重 | 5 | 6 | -1 | 优势 |
| 高技术产业增加值 | 6 | 7 | -1 | 优势 |
| 高技术产业增加值占工业增加值比重 | 4 | 4 | 0 | 优势 |
| 高技术产品出口额占商品出口额比重 | 7 | 6 | 1 | 优势 |
| 5.2　教育竞争力 | 7 | 14 | -7 | 中势 |
| 教育经费 | 21 | 25 | -4 | 劣势 |
| 教育经费占 GDP 比重 | 19 | 23 | -4 | 劣势 |
| 人均教育经费 | 2 | 2 | 0 | 强势 |
| 公共教育经费占财政支出比重 | 10 | 20 | -10 | 中势 |

续表

| 指　标 | 2014 | 2015 | 排位升降 | 优劣势 |
|---|---|---|---|---|
| 人均文化教育支出占个人消费支出比重 | 30 | 30 | 0 | 劣势 |
| 万人中小学学校数 | 28 | 28 | 0 | 劣势 |
| 万人中小学专任教师数 | 29 | 29 | 0 | 劣势 |
| 高等学校数 | 23 | 24 | -1 | 劣势 |
| 高校专任教师数 | 23 | 23 | 0 | 劣势 |
| 万人高等学校在校学生数 | 2 | 2 | 0 | 强势 |
| 5.3 文化竞争力 | 25 | 22 | 3 | 劣势 |
| 文化服务业企业营业收入 | 6 | 6 | 0 | 优势 |
| 图书和期刊出版数 | 27 | 26 | 1 | 劣势 |
| 报纸出版数 | 18 | 20 | -2 | 中势 |
| 出版印刷工业销售产值 | 11 | 11 | 0 | 中势 |
| 城镇居民人均文化娱乐支出 | 14 | 12 | 2 | 中势 |
| 农村居民人均文化娱乐支出 | 7 | 5 | 2 | 优势 |
| 城镇居民人均文化娱乐支出占消费性支出比重 | 30 | 30 | 0 | 劣势 |
| 农村居民人均文化娱乐支出占消费性支出比重 | 26 | 25 | 1 | 劣势 |

## 6. 天津市发展环境竞争力指标排名变化情况

**表2-10　2014~2015年天津市发展环境竞争力指标组排位及变化趋势**

| 指　标 | 2014 | 2015 | 排位升降 | 优劣势 |
|---|---|---|---|---|
| **6 发展环境竞争力** | 6 | 7 | -1 | 优势 |
| 6.1 基础设施竞争力 | 6 | 6 | 0 | 优势 |
| 铁路网线密度 | 1 | 1 | 0 | 强势 |
| 公路网线密度 | 6 | 6 | 0 | 优势 |
| 人均内河航道里程 | 27 | 27 | 0 | 劣势 |
| 全社会旅客周转量 | 26 | 26 | 0 | 劣势 |
| 全社会货物周转量 | 17 | 19 | -2 | 中势 |
| 人均邮电业务总量 | 7 | 7 | 0 | 优势 |
| 电话普及率 | 13 | 11 | 2 | 中势 |
| 互联网上网人数比重 | 6 | 7 | -1 | 优势 |
| 人均耗电量 | 8 | 9 | -1 | 优势 |
| 6.2 软环境竞争力 | 10 | 9 | 1 | 优势 |
| 外资企业数增长率 | 23 | 8 | 15 | 优势 |
| 万人外资企业数 | 4 | 4 | 0 | 优势 |
| 个体私营企业数增长率 | 18 | 15 | 3 | 中势 |
| 万人个体私营企业数 | 8 | 7 | 1 | 优势 |
| 万人商标注册件数 | 7 | 7 | 0 | 优势 |
| 查处商标侵权假冒案件 | 10 | 11 | -1 | 中势 |
| 每十万人交通事故发生数 | 31 | 31 | 0 | 劣势 |
| 罚没收入占财政收入比重 | 2 | 2 | 0 | 强势 |
| 社会捐赠款物 | 16 | 15 | 1 | 中势 |

## 7. 天津市政府作用竞争力指标排名变化情况

**表 2－11　2014～2015 年天津市政府作用竞争力指标组排位及变化趋势**

| 指　　标 | 2014 | 2015 | 排位升降 | 优劣势 |
|---|---|---|---|---|
| **7　政府作用竞争力** | 6 | 5 | 1 | 优势 |
| 7.1　政府发展经济竞争力 | 4 | 3 | 1 | 强势 |
| 财政支出用于基本建设投资比重 | 31 | 31 | 0 | 劣势 |
| 财政支出对 GDP 增长的拉动 | 10 | 9 | 1 | 优势 |
| 政府公务员对经济的贡献 | 2 | 2 | 0 | 强势 |
| 政府消费对民间消费的拉动 | 24 | 25 | －1 | 劣势 |
| 财政投资对社会投资的拉动 | 2 | 1 | 1 | 强势 |
| 7.2　政府规调经济竞争力 | 1 | 1 | 0 | 强势 |
| 物价调控 | 11 | 23 | －12 | 劣势 |
| 调控城乡消费差距 | 1 | 2 | －1 | 强势 |
| 统筹经济社会发展 | 1 | 1 | 0 | 强势 |
| 规范税收 | 29 | 27 | 2 | 劣势 |
| 人口控制 | 4 | 1 | 3 | 强势 |
| 7.3　政府保障经济竞争力 | 20 | 19 | 1 | 中势 |
| 城市城镇社区服务设施数 | 24 | 26 | －2 | 劣势 |
| 医疗保险覆盖率 | 14 | 15 | －1 | 中势 |
| 养老保险覆盖率 | 15 | 15 | 0 | 中势 |
| 失业保险覆盖率 | 10 | 9 | 1 | 优势 |
| 下岗职工再就业率 | 31 | 31 | 0 | 劣势 |
| 城镇登记失业率 | 23 | 19 | 4 | 中势 |

## 8. 天津市发展水平竞争力指标排名变化情况

**表 2－12　2014～2015 年天津市发展水平竞争力指标组排位及变化趋势**

| 指　　标 | 2014 | 2015 | 排位升降 | 优劣势 |
|---|---|---|---|---|
| **8　发展水平竞争力** | 8 | 8 | 0 | 优势 |
| 8.1　工业化进程竞争力 | 7 | 5 | 2 | 优势 |
| 工业增加值占 GDP 比重 | 6 | 5 | 1 | 优势 |
| 工业增加值增长率 | 18 | 17 | 1 | 中势 |
| 高技术产业规模以上企业产值 | 9 | 7 | 2 | 优势 |
| 高技术产业增加值占工业增加值比重 | 5 | 6 | －1 | 优势 |
| 高技术产品出口额占商品出口额比重 | 7 | 6 | 1 | 优势 |
| 信息产业增加值占 GDP 比重 | 26 | 5 | 21 | 优势 |
| 8.2　城市化进程竞争力 | 5 | 6 | －1 | 优势 |
| 城镇化率 | 3 | 3 | 0 | 强势 |
| 城镇居民人均可支配收入 | 6 | 6 | 0 | 优势 |

续表

| 指　　标 | 2014 | 2015 | 排位升降 | 优劣势 |
|---|---|---|---|---|
| 城市平均建成区面积比重 | 3 | 9 | -6 | 优势 |
| 人均拥有道路面积 | 10 | 14 | -4 | 中势 |
| 人均日生活用水量 | 25 | 26 | -1 | 劣势 |
| 恩格尔系数 | 24 | 20 | 4 | 中势 |
| 人均公共绿地面积 | 30 | 29 | 1 | 劣势 |
| 8.3　市场化进程竞争力 | 22 | 21 | 1 | 劣势 |
| 非公有制经济产值占全社会总产值的比重 | 18 | 15 | 3 | 中势 |
| 社会投资占投资总额比重 | 16 | 17 | -1 | 中势 |
| 私有和个体企业从业人员比重 | 31 | 30 | 1 | 劣势 |
| 亿元以上商品市场成交额 | 15 | 17 | -2 | 中势 |
| 亿元以上商品市场成交额占全社会消费品零售总额比重 | 9 | 11 | -2 | 中势 |
| 居民消费支出占总消费支出比重 | 24 | 25 | -1 | 劣势 |

## 9. 天津市统筹协调竞争力指标排名变化情况

**表2-13　2014~2015年天津市统筹协调竞争力指标组排位及变化趋势**

| 指　　标 | 2014 | 2015 | 排位升降 | 优劣势 |
|---|---|---|---|---|
| **9　统筹协调竞争力** | 1 | 1 | 0 | 强势 |
| 9.1　统筹发展竞争力 | 1 | 1 | 0 | 强势 |
| 社会劳动生产率 | 1 | 1 | 0 | 强势 |
| 社会劳动生产率增速 | 4 | 3 | 1 | 强势 |
| 万元GDP综合能耗 | 9 | 9 | 0 | 优势 |
| 非农用地产出率 | 2 | 1 | 1 | 强势 |
| 生产税净额和营业盈余占GDP比重 | 1 | 1 | 0 | 强势 |
| 最终消费率 | 29 | 27 | 2 | 劣势 |
| 固定资产投资额占GDP比重 | 7 | 8 | -1 | 优势 |
| 固定资产交付使用率 | 18 | 22 | -4 | 劣势 |
| 9.2　协调发展竞争力 | 9 | 13 | -4 | 中势 |
| 环境竞争力与宏观经济竞争力比差 | 9 | 13 | -4 | 中势 |
| 资源竞争力与宏观经济竞争力比差 | 26 | 26 | 0 | 劣势 |
| 人力资源竞争力与宏观经济竞争力比差 | 19 | 18 | 1 | 中势 |
| 资源竞争力与工业竞争力比差 | 27 | 27 | 0 | 劣势 |
| 环境竞争力与工业竞争力比差 | 9 | 11 | -2 | 中势 |
| 城乡居民家庭人均收入比差 | 1 | 1 | 0 | 强势 |
| 城乡居民人均现金消费支出比差 | 1 | 2 | -1 | 强势 |
| 全社会消费品零售总额与外贸出口总额比差 | 25 | 26 | -1 | 劣势 |

# B.4
# 3
# 河北省经济综合竞争力评价分析报告

河北省简称冀，位于黄河下游以北，东部濒临渤海，东南部和南部与山东、河南两省接壤，西部隔太行山与山西省为邻，西北部、北部和东北部同内蒙古自治区、辽宁省相接。河北省面积为18.77万平方公里。2015年常住人口为7425万人，地区生产总值为29806亿元，同比增长6.8%，人均GDP达40255元。本部分通过分析2014～2015年河北省经济综合竞争力以及各要素竞争力的排名变化，从中找出河北省经济综合竞争力的推动点及影响因素，为进一步提升河北省经济综合竞争力提供决策参考。

## 3.1 河北省经济综合竞争力总体分析

### 1. 河北省经济综合竞争力一级指标概要分析

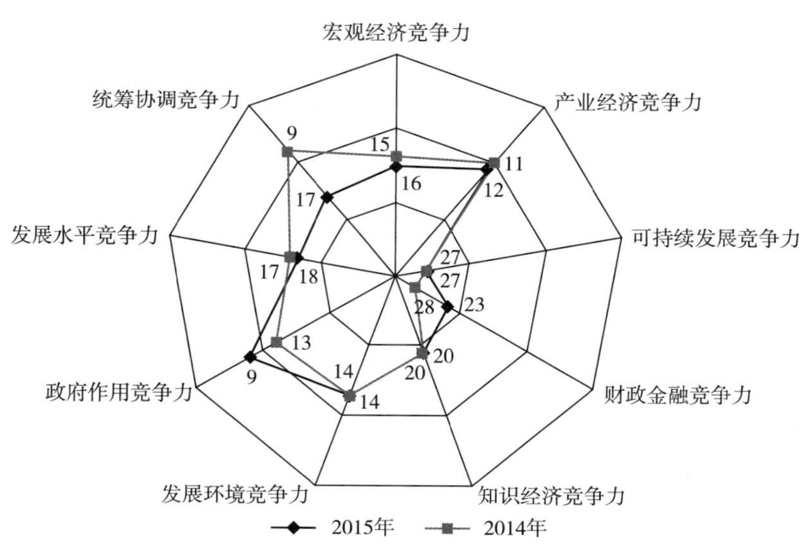


图3－1　2014～2015年河北省经济综合竞争力二级指标比较

（1）从综合排位看，2015年河北省经济综合竞争力排位在全国居第16位，这表明其在全国处于中势地位；与2014年相比，综合排位没有发生变化。

（2）从指标所处区位看，有1个指标处于上游区，为政府作用竞争力，没有强势指标；下游区有2个指标，分别为可持续发展竞争力和财政金融竞争力；其余6个指标处于中游区。

表 3-1 2014~2015 年河北省经济综合竞争力二级指标表现情况

| 项目<br>年份 | 宏观经济竞争力 | 产业经济竞争力 | 可持续发展竞争力 | 财政金融竞争力 | 知识经济竞争力 | 发展环境竞争力 | 政府作用竞争力 | 发展水平竞争力 | 统筹协调竞争力 | **综合排位** |
|---|---|---|---|---|---|---|---|---|---|---|
| 2014 | 15 | 11 | 27 | 28 | 20 | 14 | 13 | 17 | 9 | 16 |
| 2015 | 16 | 12 | 27 | 23 | 20 | 14 | 9 | 18 | 17 | 16 |
| 升降 | -1 | -1 | 0 | 5 | 0 | 0 | 4 | -1 | -8 | 0 |
| 优劣度 | 中势 | 中势 | 劣势 | 劣势 | 中势 | 中势 | 优势 | 中势 | 中势 | 中势 |

（3）从指标变化趋势看，9 个二级指标中，有 2 个指标处于上升趋势，分别为财政金融竞争力和政府作用竞争力，这是河北省经济综合竞争力的上升动力所在；有 3 个指标排位没有发生变化，分别为可持续发展竞争力、知识经济竞争力和发展环境竞争力；有 4 个指标处于下降趋势，分别为宏观经济竞争力、产业经济竞争力、发展水平竞争力和统筹协调竞争力，这些是河北省经济综合竞争力的下降拉力所在。

**2. 河北省经济综合竞争力各级指标动态变化分析**

表 3-2 2014~2015 年河北省经济综合竞争力各级指标排位变化情况

| 二级指标 | 三级指标 | 四级指标数 | 上升 | | 保持 | | 下降 | | 变化趋势 |
|---|---|---|---|---|---|---|---|---|---|
| | | | 指标数 | 比重（%） | 指标数 | 比重（%） | 指标数 | 比重（%） | |
| 宏观经济竞争力 | 经济实力竞争力 | 12 | 5 | 41.7 | 1 | 8.3 | 6 | 50.0 | 上升 |
| | 经济结构竞争力 | 6 | 2 | 33.3 | 1 | 16.7 | 3 | 50.0 | 上升 |
| | 经济外向度竞争力 | 9 | 3 | 33.3 | 2 | 22.2 | 4 | 44.4 | 上升 |
| | 小　计 | 27 | 10 | 37.0 | 4 | 14.8 | 13 | 48.1 | 下降 |
| 产业经济竞争力 | 农业竞争力 | 10 | 1 | 10.0 | 5 | 50.0 | 4 | 40.0 | 下降 |
| | 工业竞争力 | 10 | 3 | 30.0 | 3 | 30.0 | 4 | 40.0 | 下降 |
| | 服务业竞争力 | 10 | 3 | 30.0 | 4 | 40.0 | 3 | 30.0 | 保持 |
| | 企业竞争力 | 10 | 4 | 40.0 | 1 | 10.0 | 5 | 50.0 | 上升 |
| | 小　计 | 40 | 11 | 27.5 | 13 | 32.5 | 16 | 40.0 | 下降 |
| 可持续发展竞争力 | 资源竞争力 | 9 | 3 | 33.3 | 6 | 66.7 | 0 | 0.0 | 上升 |
| | 环境竞争力 | 8 | 4 | 50.0 | 3 | 37.5 | 1 | 12.5 | 保持 |
| | 人力资源竞争力 | 8 | 4 | 50.0 | 2 | 25.0 | 2 | 25.0 | 上升 |
| | 小　计 | 25 | 11 | 44.0 | 11 | 44.0 | 3 | 12.0 | 保持 |
| 财政金融竞争力 | 财政竞争力 | 12 | 9 | 75.0 | 2 | 16.7 | 1 | 8.3 | 上升 |
| | 金融竞争力 | 10 | 2 | 20.0 | 7 | 70.0 | 1 | 10.0 | 上升 |
| | 小　计 | 22 | 11 | 50.0 | 9 | 40.9 | 2 | 9.1 | 上升 |
| 知识经济竞争力 | 科技竞争力 | 9 | 3 | 33.3 | 2 | 22.2 | 4 | 44.4 | 下降 |
| | 教育竞争力 | 10 | 4 | 40.0 | 5 | 50.0 | 1 | 10.0 | 上升 |
| | 文化竞争力 | 8 | 3 | 37.5 | 2 | 25.0 | 3 | 37.5 | 上升 |
| | 小　计 | 27 | 10 | 37.0 | 9 | 33.3 | 8 | 29.6 | 保持 |

续表

| 二级指标 | 三级指标 | 四级指标数 | 上升 | | 保持 | | 下降 | | 变化趋势 |
|---|---|---|---|---|---|---|---|---|---|
| | | | 指标数 | 比重（%） | 指标数 | 比重（%） | 指标数 | 比重（%） | |
| 发展环境竞争力 | 基础设施竞争力 | 9 | 1 | 11.1 | 4 | 44.4 | 4 | 44.4 | 保持 |
| | 软环境竞争力 | 9 | 5 | 55.6 | 1 | 11.1 | 3 | 33.3 | 上升 |
| | 小　　计 | 18 | 6 | 33.3 | 5 | 27.8 | 7 | 38.9 | 保持 |
| 政府作用竞争力 | 政府发展经济竞争力 | 5 | 1 | 20.0 | 1 | 20.0 | 3 | 60.0 | 下降 |
| | 政府规调经济竞争力 | 5 | 3 | 60.0 | 0 | 0.0 | 2 | 40.0 | 上升 |
| | 政府保障经济竞争力 | 6 | 2 | 33.3 | 3 | 50.0 | 1 | 16.7 | 上升 |
| | 小　　计 | 16 | 6 | 37.5 | 4 | 25.0 | 6 | 37.5 | 上升 |
| 发展水平竞争力 | 工业化进程竞争力 | 6 | 3 | 50.0 | 1 | 16.7 | 2 | 33.3 | 上升 |
| | 城市化进程竞争力 | 7 | 1 | 14.3 | 1 | 14.3 | 5 | 71.4 | 下降 |
| | 市场化进程竞争力 | 6 | 2 | 33.3 | 3 | 50.0 | 1 | 16.7 | 下降 |
| | 小　　计 | 19 | 6 | 31.6 | 5 | 26.3 | 8 | 42.1 | 下降 |
| 统筹协调竞争力 | 统筹发展竞争力 | 8 | 0 | 0.0 | 5 | 62.5 | 3 | 37.5 | 下降 |
| | 协调发展竞争力 | 8 | 2 | 25.0 | 2 | 25.0 | 4 | 50.0 | 上升 |
| | 小　　计 | 16 | 2 | 12.5 | 7 | 43.8 | 7 | 43.8 | 下降 |
| 合　　计 | | 210 | 73 | 34.8 | 67 | 31.9 | 70 | 33.3 | 保持 |

从表3－2可以看出，210个四级指标中，上升指标有73个，占指标总数的34.8%；下降指标有70个，占指标总数的33.3%；保持不变的指标有67个，占指标总数的31.9%。综上所述，河北省经济综合竞争力的上升动力和下降拉力大致相当，且排位保持不变的指标占较大比重，2015年河北省经济综合竞争力排位保持不变。

**3. 河北省经济综合竞争力各级指标优劣势结构分析**

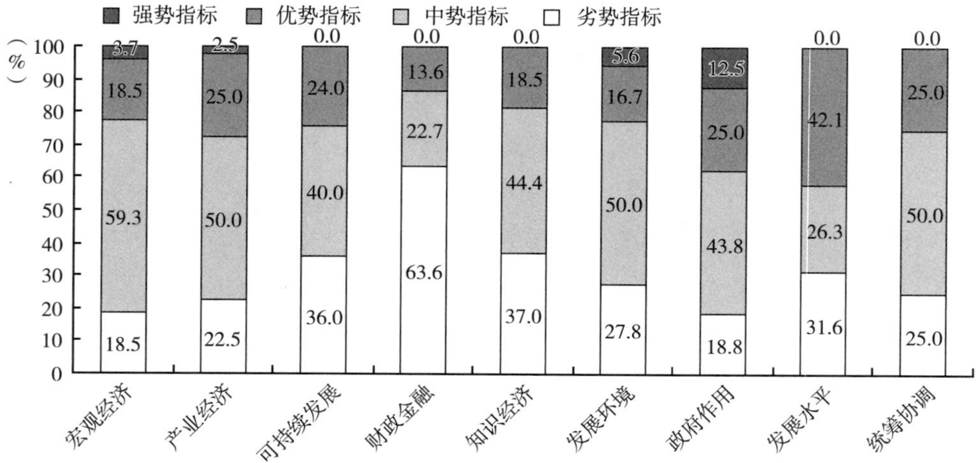


**图3－2　2015年河北省经济综合竞争力各级指标优劣势比较**

**表 3－3　2015 年河北省经济综合竞争力各级指标优劣势情况**

| 二级指标 | 三级指标 | 四级指标数 | 强势指标 | | 优势指标 | | 中势指标 | | 劣势指标 | | 优劣势 |
|---|---|---|---|---|---|---|---|---|---|---|---|
| | | | 个数 | 比重（%） | 个数 | 比重（%） | 个数 | 比重（%） | 个数 | 比重（%） | |
| 宏观经济竞争力 | 经济实力竞争力 | 12 | 0 | 0.0 | 3 | 25.0 | 6 | 50.0 | 3 | 25.0 | 中势 |
| | 经济结构竞争力 | 6 | 1 | 16.7 | 1 | 16.7 | 2 | 33.3 | 2 | 33.3 | 中势 |
| | 经济外向度竞争力 | 9 | 0 | 0.0 | 1 | 11.1 | 8 | 88.9 | 0 | 0.0 | 中势 |
| | 小　计 | 27 | 1 | 3.7 | 5 | 18.5 | 16 | 59.3 | 5 | 18.5 | 中势 |
| 产业经济竞争力 | 农业竞争力 | 10 | 1 | 10.0 | 2 | 20.0 | 5 | 50.0 | 2 | 20.0 | 优势 |
| | 工业竞争力 | 10 | 0 | 0.0 | 4 | 40.0 | 3 | 30.0 | 3 | 30.0 | 中势 |
| | 服务业竞争力 | 10 | 0 | 0.0 | 2 | 20.0 | 5 | 50.0 | 3 | 30.0 | 中势 |
| | 企业竞争力 | 10 | 0 | 0.0 | 2 | 20.0 | 7 | 70.0 | 1 | 10.0 | 中势 |
| | 小　计 | 40 | 1 | 2.5 | 10 | 25.0 | 20 | 50.0 | 9 | 22.5 | 中势 |
| 可持续发展竞争力 | 资源竞争力 | 9 | 0 | 0.0 | 3 | 33.3 | 4 | 44.4 | 2 | 22.2 | 中势 |
| | 环境竞争力 | 8 | 0 | 0.0 | 1 | 12.5 | 3 | 37.5 | 4 | 50.0 | 劣势 |
| | 人力资源竞争力 | 8 | 0 | 0.0 | 2 | 25.0 | 3 | 37.5 | 3 | 37.5 | 中势 |
| | 小　计 | 25 | 0 | 0.0 | 6 | 24.0 | 10 | 40.0 | 9 | 36.0 | 劣势 |
| 财政金融竞争力 | 财政竞争力 | 12 | 0 | 0.0 | 1 | 8.3 | 3 | 25.0 | 8 | 66.7 | 劣势 |
| | 金融竞争力 | 10 | 0 | 0.0 | 2 | 20.0 | 2 | 20.0 | 6 | 60.0 | 中势 |
| | 小　计 | 22 | 0 | 0.0 | 3 | 13.6 | 5 | 22.7 | 14 | 63.6 | 劣势 |
| 知识经济竞争力 | 科技竞争力 | 9 | 0 | 0.0 | 0 | 0.0 | 5 | 55.6 | 4 | 44.4 | 中势 |
| | 教育竞争力 | 10 | 0 | 0.0 | 4 | 40.0 | 3 | 30.0 | 3 | 30.0 | 中势 |
| | 文化竞争力 | 8 | 0 | 0.0 | 1 | 12.5 | 4 | 50.0 | 3 | 37.5 | 劣势 |
| | 小　计 | 27 | 0 | 0.0 | 5 | 18.5 | 12 | 44.4 | 10 | 37.0 | 中势 |
| 发展环境竞争力 | 基础设施竞争力 | 9 | 1 | 11.1 | 2 | 22.2 | 3 | 33.3 | 3 | 33.3 | 优势 |
| | 软环境竞争力 | 9 | 0 | 0.0 | 1 | 11.1 | 6 | 66.7 | 2 | 22.2 | 劣势 |
| | 小　计 | 18 | 1 | 5.6 | 3 | 16.7 | 9 | 50.0 | 5 | 27.8 | 中势 |
| 政府作用竞争力 | 政府发展经济竞争力 | 5 | 0 | 0.0 | 2 | 40.0 | 3 | 60.0 | 0 | 0.0 | 中势 |
| | 政府规调经济竞争力 | 5 | 1 | 20.0 | 2 | 40.0 | 1 | 20.0 | 1 | 20.0 | 优势 |
| | 政府保障经济竞争力 | 6 | 1 | 16.7 | 0 | 0.0 | 3 | 50.0 | 2 | 33.3 | 中势 |
| | 小　计 | 16 | 2 | 12.5 | 4 | 25.0 | 7 | 43.8 | 3 | 18.8 | 优势 |
| 发展水平竞争力 | 工业化进程竞争力 | 6 | 0 | 0.0 | 1 | 16.7 | 2 | 33.3 | 3 | 50.0 | 中势 |
| | 城市化进程竞争力 | 7 | 0 | 0.0 | 3 | 42.9 | 2 | 28.6 | 2 | 28.6 | 中势 |
| | 市场化进程竞争力 | 6 | 0 | 0.0 | 4 | 66.7 | 1 | 16.7 | 1 | 16.7 | 中势 |
| | 小　计 | 19 | 0 | 0.0 | 8 | 42.1 | 5 | 26.3 | 6 | 31.6 | 中势 |
| 统筹协调竞争力 | 统筹发展竞争力 | 8 | 0 | 0.0 | 1 | 12.5 | 3 | 37.5 | 4 | 50.0 | 劣势 |
| | 协调发展竞争力 | 8 | 0 | 0.0 | 3 | 37.5 | 5 | 62.5 | 0 | 0.0 | 强势 |
| | 小　计 | 16 | 0 | 0.0 | 4 | 25.0 | 8 | 50.0 | 4 | 25.0 | 中势 |
| 合　计 | | 210 | 5 | 2.4 | 48 | 22.9 | 92 | 43.8 | 65 | 31.0 | 中势 |

基于图 3－2 和表 3－3，具体到四级指标，强势指标 5 个，占指标总数的 2.4%；优势指标 48 个，占指标总数的 22.9%；中势指标 92 个，占指标总数的 43.8%；劣势

指标65个，占指标总数的31.0%。三级指标中，强势指标1个，占三级指标总数的4.0%；优势指标3个，占三级指标总数的12.0%；中势指标16个，占三级指标总数的64.0%；劣势指标5个，占三级指标总数的20.0%。从二级指标看，没有强势指标；优势指标有1个，占二级指标总数的11.1%；中势指标有6个，占二级指标总数的66.7%；劣势指标2个，占二级指标总数的22.2%。综合来看，由于中势指标在指标体系中居于主导地位，2015年河北省经济综合竞争力处于中势地位。

**4. 河北省经济综合竞争力四级指标优劣势对比分析**

**表3-4　2015年河北省经济综合竞争力四级指标优劣势情况**

| 二级指标 | 优劣势 | 四　级　指　标 |
|---|---|---|
| 宏观经济竞争力（27个） | 强势指标 | 资本形成结构优化度（1个） |
| | 优势指标 | 地区生产总值、固定资产投资额、全社会消费品零售总额、所有制经济结构优化度、实际FDI增长率（5个） |
| | 劣势指标 | 地区生产总值增长率、人均财政收入、固定资产投资额增长率、产业结构优化度、就业结构优化度（5个） |
| 产业经济竞争力（40个） | 强势指标 | 农业机械化水平（1个） |
| | 优势指标 | 农业增加值、农村人均用电量、工业增加值、工业资产总额、规模以上工业主营业务收入、规模以上工业利润总额、服务业增加值增长率、服务业从业人员数、规模以上工业企业数、中国驰名商标持有量（10个） |
| | 劣势指标 | 农业增加值增长率、农民人均纯收入增长率、工业增加值增长率、工业资产总贡献率、工业成本费用利润率、人均服务业增加值、限额以上批零企业利税率、旅游外汇收入、城镇就业人员平均工资（9个） |
| 可持续发展竞争力（25个） | 强势指标 | （0个） |
| | 优势指标 | 人均国土面积、人均可使用海域和滩涂面积、耕地面积、人均废水排放量、文盲率、职业学校毕业生数（6个） |
| | 劣势指标 | 人均年水资源量、人均森林储积量、人均工业废气排放量、人均工业固体废物排放量、一般工业固体废物综合利用率、自然灾害直接经济损失、15~64岁人口比例、大专以上教育程度人口比例、人力资源利用率（9个） |
| 财政金融竞争力（22个） | 强势指标 | （0个） |
| | 优势指标 | 税收收入占财政总收入比重、存款余额、贷款余额（3个） |
| | 劣势指标 | 地方财政收入占GDP比重、地方财政支出占GDP比重、税收收入占GDP比重、人均地方财政收入、人均地方财政支出、人均税收收入、地方财政收入增长率、税收收入增长率、人均存款余额、人均贷款余额、货币市场融资额、保险密度、保险深度、人均证券市场筹资额（14个） |
| 知识经济竞争力（27个） | 强势指标 | （0个） |
| | 优势指标 | 教育经费、公共教育经费占财政支出比重、高等学校数、高校专任教师数、报纸出版数（5个） |
| | 劣势指标 | 技术市场成交合同金额、财政科技支出占地方财政支出比重、高技术产业增加值占工业增加值比重、高技术产品出口额占商品出口额比重、人均教育经费、人均文化教育支出占个人消费支出比重、万人高等学校在校学生数、城镇居民人均文化娱乐支出、农村居民人均文化娱乐支出、城镇居民人均文化娱乐支出占消费性支出比重（10个） |

续表

| 二级指标 | 优劣势 | 四级指标 |
|---|---|---|
| 发展环境竞争力（18个） | 强势指标 | 全社会货物周转量(1个) |
| | 优势指标 | 铁路网线密度、全社会旅客周转量、每十万人交通事故发生数(3个) |
| | 劣势指标 | 人均内河航道里程、人均邮电业务总量、电话普及率、外资企业数增长率、罚没收入占财政收入比重(5个) |
| 政府作用竞争力（16个） | 强势指标 | 物价调控、城市城镇社区服务设施数(2个) |
| | 优势指标 | 财政支出对GDP增长的拉动、财政投资对社会投资的拉动、调控城乡消费差距、统筹经济社会发展(4个) |
| | 劣势指标 | 规范税收、下岗职工再就业率、城镇登记失业率(3个) |
| 发展水平竞争力（19个） | 强势指标 | (0个) |
| | 优势指标 | 工业增加值占GDP比重、人均拥有道路面积、恩格尔系数、人均公共绿地面积、非公有制经济产值占全社会总产值的比重、社会投资占投资总额比重、亿元以上商品市场成交额、亿元以上商品市场成交额占全社会消费品零售总额比重(8个) |
| | 劣势指标 | 工业增加值增长率、高技术产业增加值占工业增加值比重、高技术产品出口额占商品出口额比重、城镇居民人均可支配收入、人均日生活用水量、私有和个体企业从业人员比重(6个) |
| 统筹协调竞争力（16个） | 强势指标 | (0个) |
| | 优势指标 | 固定资产交付使用率、环境竞争力与工业竞争力比差、城乡居民家庭人均收入比差、城乡居民人均现金消费支出比差(4个)劣势 |
| | 指标 | 社会劳动生产率增速、万元GDP综合能耗、生产税净额和营业盈余占GDP比重、最终消费率(4个) |

## 3.2 河北省经济综合竞争力各级指标具体分析

### 1. 河北省宏观经济竞争力指标排名变化情况

**表3-5 2014~2015年河北省宏观经济竞争力指标组排位及变化趋势**

| 指　　标 | 2014 | 2015 | 排位升降 | 优劣势 |
|---|---|---|---|---|
| **1　宏观经济竞争力** | 15 | 16 | -1 | 中势 |
| 1.1　经济实力竞争力 | 18 | 15 | 3 | 中势 |
| 地区生产总值 | 6 | 7 | -1 | 优势 |
| 地区生产总值增长率 | 27 | 27 | 0 | 劣势 |
| 人均地区生产总值 | 18 | 19 | -1 | 中势 |
| 财政总收入 | 15 | 16 | -1 | 中势 |
| 财政总收入增长率 | 26 | 19 | 7 | 中势 |
| 人均财政收入 | 30 | 28 | 2 | 劣势 |
| 固定资产投资额 | 4 | 5 | -1 | 优势 |
| 固定资产投资额增长率 | 24 | 23 | 1 | 劣势 |

续表

| 指　　标 | 2014 | 2015 | 排位升降 | 优劣势 |
|---|---|---|---|---|
| 人均固定资产投资额 | 15 | 17 | -2 | 中势 |
| 全社会消费品零售总额 | 9 | 8 | 1 | 优势 |
| 全社会消费品零售总额增长率 | 24 | 20 | 4 | 中势 |
| 人均全社会消费品零售总额 | 15 | 16 | -1 | 中势 |
| 1.2　经济结构竞争力 | 14 | 12 | 2 | 中势 |
| 产业结构优化度 | 25 | 27 | -2 | 劣势 |
| 所有制经济结构优化度 | 10 | 9 | 1 | 优势 |
| 城乡经济结构优化度 | 16 | 17 | -1 | 中势 |
| 就业结构优化度 | 23 | 23 | 0 | 劣势 |
| 资本形成结构优化度 | 9 | 3 | 6 | 强势 |
| 贸易结构优化度 | 13 | 14 | -1 | 中势 |
| 1.3　经济外向度竞争力 | 21 | 19 | 2 | 中势 |
| 进出口总额 | 13 | 12 | 1 | 中势 |
| 进出口增长率 | 12 | 20 | -8 | 中势 |
| 出口总额 | 13 | 14 | -1 | 中势 |
| 出口增长率 | 12 | 19 | -7 | 中势 |
| 实际 FDI | 14 | 14 | 0 | 中势 |
| 实际 FDI 增长率 | 16 | 10 | 6 | 优势 |
| 外贸依存度 | 20 | 18 | 2 | 中势 |
| 外资企业数 | 14 | 14 | 0 | 中势 |
| 对外直接投资 | 11 | 19 | -8 | 中势 |

## 2. 河北省产业经济竞争力指标排名变化情况

**表 3－6　2014～2015 年河北省产业经济竞争力指标组排位及变化趋势**

| 指　　标 | 2014 | 2015 | 排位升降 | 优劣势 |
|---|---|---|---|---|
| **2　产业经济竞争力** | 11 | 12 | -1 | 中势 |
| 2.1　农业竞争力 | 5 | 6 | -1 | 优势 |
| 农业增加值 | 5 | 5 | 0 | 优势 |
| 农业增加值增长率 | 23 | 26 | -3 | 劣势 |
| 人均农业增加值 | 13 | 15 | -2 | 中势 |
| 农民人均纯收入 | 13 | 14 | -1 | 中势 |
| 农民人均纯收入增长率 | 21 | 24 | -3 | 劣势 |

续表

| 指　　标 | | 2014 | 2015 | 排位升降 | 优劣势 |
|---|---|---|---|---|---|
| | 农产品出口占农林牧渔总产值比重 | 17 | 16 | 1 | 中势 |
| | 人均主要农产品产量 | 12 | 12 | 0 | 中势 |
| | 农业机械化水平 | 3 | 3 | 0 | 强势 |
| | 农村人均用电量 | 9 | 9 | 0 | 优势 |
| | 财政支农资金比重 | 12 | 12 | 0 | 中势 |
| 2.2 | 工业竞争力 | 8 | 13 | -5 | 中势 |
| | 工业增加值 | 6 | 6 | 0 | 优势 |
| | 工业增加值增长率 | 24 | 23 | 1 | 劣势 |
| | 人均工业增加值 | 13 | 15 | -2 | 中势 |
| | 工业资产总额 | 6 | 6 | 0 | 优势 |
| | 工业资产总额增长率 | 8 | 18 | -10 | 中势 |
| | 工业资产总贡献率 | 21 | 21 | 0 | 劣势 |
| | 规模以上工业主营业务收入 | 7 | 6 | 1 | 优势 |
| | 规模以上工业利润总额 | 7 | 8 | -1 | 优势 |
| | 工业全员劳动生产率 | 2 | 13 | -11 | 中势 |
| | 工业成本费用利润率 | 23 | 21 | 2 | 劣势 |
| 2.3 | 服务业竞争力 | 13 | 13 | 0 | 中势 |
| | 服务业增加值 | 12 | 12 | 0 | 中势 |
| | 服务业增加值增长率 | 8 | 5 | 3 | 优势 |
| | 人均服务业增加值 | 22 | 23 | -1 | 劣势 |
| | 服务业从业人员数 | 10 | 10 | 0 | 优势 |
| | 服务业从业人员数增长率 | 13 | 14 | -1 | 中势 |
| | 限额以上批发零售企业主营业务收入 | 14 | 14 | 0 | 中势 |
| | 限额以上批零企业利税率 | 23 | 25 | -2 | 劣势 |
| | 限额以上餐饮企业利税率 | 14 | 11 | 3 | 中势 |
| | 旅游外汇收入 | 23 | 23 | 0 | 劣势 |
| | 房地产经营总收入 | 12 | 11 | 1 | 中势 |
| 2.4 | 企业竞争力 | 20 | 18 | 2 | 中势 |
| | 规模以上工业企业数 | 10 | 9 | 1 | 优势 |
| | 规模以上企业平均资产 | 18 | 19 | -1 | 中势 |
| | 规模以上企业平均收入 | 15 | 18 | -3 | 中势 |
| | 规模以上企业平均利润 | 7 | 17 | -10 | 中势 |
| | 规模以上企业劳动效率 | 17 | 12 | 5 | 中势 |
| | 城镇就业人员平均工资 | 17 | 29 | -12 | 劣势 |
| | 新产品销售收入占主营业务收入比重 | 20 | 19 | 1 | 中势 |
| | 产品质量抽查合格率 | 24 | 16 | 8 | 中势 |
| | 工业企业 R&D 经费投入强度 | 19 | 20 | -1 | 中势 |
| | 中国驰名商标持有量 | 8 | 8 | 0 | 优势 |

## 3. 河北省可持续发展竞争力指标排名变化情况

**表 3－7 2014～2015 年河北省可持续发展竞争力指标组排位及变化趋势**

| 指 标 | 2014 | 2015 | 排位升降 | 优劣势 |
|---|---|---|---|---|
| **3 可持续发展竞争力** | 27 | 27 | 0 | 劣势 |
| 3.1 资源竞争力 | 14 | 11 | 3 | 中势 |
| 人均国土面积 | 22 | 10 | 12 | 优势 |
| 人均可使用海域和滩涂面积 | 8 | 8 | 0 | 优势 |
| 人均年水资源量 | 29 | 27 | 2 | 劣势 |
| 耕地面积 | 7 | 7 | 0 | 优势 |
| 人均耕地面积 | 17 | 17 | 0 | 中势 |
| 人均牧草地面积 | 15 | 11 | 4 | 中势 |
| 主要能源矿产基础储量 | 11 | 11 | 0 | 中势 |
| 人均主要能源矿产基础储量 | 14 | 14 | 0 | 中势 |
| 人均森林储积量 | 25 | 25 | 0 | 劣势 |
| 3.2 环境竞争力 | 22 | 22 | 0 | 劣势 |
| 森林覆盖率 | 19 | 19 | 0 | 中势 |
| 人均废水排放量 | 10 | 9 | 1 | 优势 |
| 人均工业废气排放量 | 25 | 25 | 0 | 劣势 |
| 人均工业固体废物排放量 | 27 | 26 | 1 | 劣势 |
| 人均治理工业污染投资额 | 12 | 12 | 0 | 中势 |
| 一般工业固体废物综合利用率 | 27 | 22 | 5 | 劣势 |
| 生活垃圾无害化处理率 | 25 | 15 | 10 | 中势 |
| 自然灾害直接经济损失 | 15 | 22 | －7 | 劣势 |
| 3.3 人力资源竞争力 | 25 | 19 | 6 | 中势 |
| 常住人口增长率 | 13 | 20 | －7 | 中势 |
| 15～64 岁人口比例 | 21 | 21 | 0 | 劣势 |
| 文盲率 | 8 | 10 | －2 | 优势 |
| 大专以上教育程度人口比例 | 29 | 26 | 3 | 劣势 |
| 平均受教育程度 | 21 | 16 | 5 | 中势 |
| 人口健康素质 | 18 | 12 | 6 | 中势 |
| 人力资源利用率 | 30 | 29 | 1 | 劣势 |
| 职业学校毕业生数 | 6 | 6 | 0 | 优势 |

## 4. 河北省财政金融竞争力指标排名变化情况

**表 3－8 2014～2015 年河北省财政金融竞争力指标组排位及变化趋势**

| 指 标 | 2014 | 2015 | 排位升降 | 优劣势 |
|---|---|---|---|---|
| **4 财政金融竞争力** | 28 | 23 | 5 | 劣势 |
| 4.1 财政竞争力 | 28 | 25 | 3 | 劣势 |
| 地方财政收入 | 11 | 11 | 0 | 中势 |
| 地方财政支出 | 11 | 11 | 0 | 中势 |
| 地方财政收入占 GDP 比重 | 30 | 25 | 5 | 劣势 |
| 地方财政支出占 GDP 比重 | 26 | 24 | 2 | 劣势 |

续表

| 指 标 | 2014 | 2015 | 排位升降 | 优劣势 |
|---|---|---|---|---|
| 税收收入占 GDP 比重 | 28 | 25 | 3 | 劣势 |
| 税收收入占财政总收入比重 | 7 | 9 | -2 | 优势 |
| 人均地方财政收入 | 28 | 27 | 1 | 劣势 |
| 人均地方财政支出 | 31 | 30 | 1 | 劣势 |
| 人均税收收入 | 27 | 25 | 2 | 劣势 |
| 地方财政收入增长率 | 27 | 25 | 2 | 劣势 |
| 地方财政支出增长率 | 26 | 15 | 11 | 中势 |
| 税收收入增长率 | 23 | 22 | 1 | 劣势 |
| 4.2 金融竞争力 | 22 | 17 | 5 | 中势 |
| 存款余额 | 8 | 8 | 0 | 优势 |
| 人均存款余额 | 22 | 22 | 0 | 劣势 |
| 贷款余额 | 10 | 10 | 0 | 优势 |
| 人均贷款余额 | 24 | 24 | 0 | 劣势 |
| 货币市场融资额 | 23 | 23 | 0 | 劣势 |
| 中长期贷款占贷款余额比重 | 25 | 20 | 5 | 中势 |
| 保险费净收入 | 17 | 16 | 1 | 中势 |
| 保险密度 | 29 | 29 | 0 | 劣势 |
| 保险深度 | 30 | 30 | 0 | 劣势 |
| 人均证券市场筹资额 | 28 | 29 | -1 | 劣势 |

## 5. 河北省知识经济竞争力指标排名变化情况

**表 3-9 2014~2015 年河北省知识经济竞争力指标组排位及变化趋势**

| 指 标 | 2014 | 2015 | 排位升降 | 优劣势 |
|---|---|---|---|---|
| **5 知识经济竞争力** | 20 | 20 | 0 | 中势 |
| 5.1 科技竞争力 | 19 | 20 | -1 | 中势 |
| R&D 人员 | 16 | 16 | 0 | 中势 |
| R&D 经费 | 13 | 12 | 1 | 中势 |
| R&D 经费投入强度 | 17 | 14 | 3 | 中势 |
| 发明专利授权量 | 18 | 19 | -1 | 中势 |
| 技术市场成交合同金额 | 22 | 23 | -1 | 劣势 |
| 财政科技支出占地方财政支出比重 | 20 | 27 | -7 | 劣势 |
| 高技术产业增加值 | 20 | 20 | 0 | 中势 |
| 高技术产业增加值占工业增加值比重 | 26 | 25 | 1 | 劣势 |
| 高技术产品出口额占商品出口额比重 | 20 | 22 | -2 | 劣势 |
| 5.2 教育竞争力 | 15 | 13 | 2 | 中势 |
| 教育经费 | 7 | 7 | 0 | 优势 |
| 教育经费占 GDP 比重 | 21 | 17 | 4 | 中势 |
| 人均教育经费 | 31 | 27 | 4 | 劣势 |
| 公共教育经费占财政支出比重 | 7 | 7 | 0 | 优势 |

续表

| 指　　标 | 2014 | 2015 | 排位升降 | 优劣势 |
|---|---|---|---|---|
| 人均文化教育支出占个人消费支出比重 | 24 | 22 | 2 | 劣势 |
| 万人中小学学校数 | 16 | 16 | 0 | 中势 |
| 万人中小学专任教师数 | 15 | 14 | 1 | 中势 |
| 高等学校数 | 7 | 8 | -1 | 优势 |
| 高校专任教师数 | 7 | 7 | 0 | 优势 |
| 万人高等学校在校学生数 | 25 | 25 | 0 | 劣势 |
| 5.3　文化竞争力 | 26 | 25 | 1 | 劣势 |
| 文化服务业企业营业收入 | 18 | 18 | 0 | 中势 |
| 图书和期刊出版数 | 14 | 15 | -1 | 中势 |
| 报纸出版数 | 10 | 10 | 0 | 优势 |
| 出版印刷工业销售产值 | 13 | 14 | -1 | 中势 |
| 城镇居民人均文化娱乐支出 | 30 | 26 | 4 | 劣势 |
| 农村居民人均文化娱乐支出 | 20 | 22 | -2 | 劣势 |
| 城镇居民人均文化娱乐支出占消费性支出比重 | 24 | 22 | 2 | 劣势 |
| 农村居民人均文化娱乐支出占消费性支出比重 | 22 | 20 | 2 | 中势 |

## 6. 河北省发展环境竞争力指标排名变化情况

**表 3-10　2014～2015 年河北省发展环境竞争力指标组排位及变化趋势**

| 指　　标 | 2014 | 2015 | 排位升降 | 优劣势 |
|---|---|---|---|---|
| **6　发展环境竞争力** | 14 | 14 | 0 | 中势 |
| 6.1　基础设施竞争力 | 10 | 10 | 0 | 优势 |
| 铁路网线密度 | 5 | 5 | 0 | 优势 |
| 公路网线密度 | 14 | 14 | 0 | 中势 |
| 人均内河航道里程 | 28 | 28 | 0 | 劣势 |
| 全社会旅客周转量 | 6 | 7 | -1 | 优势 |
| 全社会货物周转量 | 4 | 3 | 1 | 强势 |
| 人均邮电业务总量 | 24 | 28 | -4 | 劣势 |
| 电话普及率 | 21 | 21 | 0 | 劣势 |
| 互联网上网人数比重 | 12 | 13 | -1 | 中势 |
| 人均耗电量 | 13 | 15 | -2 | 中势 |
| 6.2　软环境竞争力 | 27 | 24 | 3 | 劣势 |
| 外资企业数增长率 | 26 | 23 | 3 | 劣势 |
| 万人外资企业数 | 21 | 20 | 1 | 中势 |
| 个体私营企业数增长率 | 10 | 14 | -4 | 中势 |
| 万人个体私营企业数 | 12 | 13 | -1 | 中势 |
| 万人商标注册件数 | 21 | 17 | 4 | 中势 |
| 查处商标侵权假冒案件 | 16 | 18 | -2 | 中势 |
| 每十万人交通事故发生数 | 5 | 4 | 1 | 优势 |
| 罚没收入占财政收入比重 | 31 | 31 | 0 | 劣势 |
| 社会捐赠款物 | 19 | 18 | 1 | 中势 |

## 7. 河北省政府作用竞争力指标排名变化情况

**表 3－11 2014～2015 年河北省政府作用竞争力指标组排位及变化趋势**

| 指 标 | 2014 | 2015 | 排位升降 | 优劣势 |
|---|---|---|---|---|
| **7 政府作用竞争力** | 13 | 9 | 4 | 优势 |
| 7.1 政府发展经济竞争力 | 9 | 14 | -5 | 中势 |
| 财政支出用于基本建设投资比重 | 22 | 16 | 6 | 中势 |
| 财政支出对 GDP 增长的拉动 | 6 | 8 | -2 | 优势 |
| 政府公务员对经济的贡献 | 15 | 17 | -2 | 中势 |
| 政府消费对民间消费的拉动 | 19 | 19 | 0 | 中势 |
| 财政投资对社会投资的拉动 | 5 | 6 | -1 | 优势 |
| 7.2 政府规调经济竞争力 | 12 | 7 | 5 | 优势 |
| 物价调控 | 9 | 3 | 6 | 强势 |
| 调控城乡消费差距 | 4 | 6 | -2 | 优势 |
| 统筹经济社会发展 | 11 | 7 | 4 | 优势 |
| 规范税收 | 21 | 25 | -4 | 劣势 |
| 人口控制 | 22 | 16 | 6 | 中势 |
| 7.3 政府保障经济竞争力 | 16 | 11 | 5 | 中势 |
| 城市城镇社区服务设施数 | 8 | 3 | 5 | 强势 |
| 医疗保险覆盖率 | 19 | 19 | 0 | 中势 |
| 养老保险覆盖率 | 11 | 11 | 0 | 中势 |
| 失业保险覆盖率 | 20 | 20 | 0 | 中势 |
| 下岗职工再就业率 | 22 | 25 | -3 | 劣势 |
| 城镇登记失业率 | 24 | 23 | 1 | 劣势 |

## 8. 河北省发展水平竞争力指标排名变化情况

**表 3－12 2014～2015 年河北省发展水平竞争力指标组排位及变化趋势**

| 指 标 | 2014 | 2015 | 排位升降 | 优劣势 |
|---|---|---|---|---|
| **8 发展水平竞争力** | 17 | 18 | -1 | 中势 |
| 8.1 工业化进程竞争力 | 24 | 20 | 4 | 中势 |
| 工业增加值占 GDP 比重 | 5 | 4 | 1 | 优势 |
| 工业增加值增长率 | 28 | 22 | 6 | 劣势 |
| 高技术产业规模以上企业产值 | 18 | 19 | -1 | 中势 |
| 高技术产业增加值占工业增加值比重 | 25 | 25 | 0 | 劣势 |
| 高技术产品出口额占商品出口额比重 | 20 | 21 | -1 | 劣势 |
| 信息产业增加值占 GDP 比重 | 27 | 20 | 7 | 中势 |
| 8.2 城市化进程竞争力 | 14 | 15 | -1 | 中势 |
| 城镇化率 | 21 | 20 | 1 | 中势 |
| 城镇居民人均可支配收入 | 21 | 22 | -1 | 劣势 |
| 城市平均建成区面积比重 | 14 | 16 | -2 | 中势 |

续表

| 指　　标 | 2014 | 2015 | 排位升降 | 优劣势 |
|---|---|---|---|---|
| 人均拥有道路面积 | 6 | 7 | -1 | 优势 |
| 人均日生活用水量 | 27 | 27 | 0 | 劣势 |
| 恩格尔系数 | 4 | 6 | -2 | 优势 |
| 人均公共绿地面积 | 7 | 8 | -1 | 优势 |
| 8.3　市场化进程竞争力 | 12 | 13 | -1 | 中势 |
| 非公有制经济产值占全社会总产值的比重 | 10 | 9 | 1 | 优势 |
| 社会投资占投资总额比重 | 2 | 4 | -2 | 优势 |
| 私有和个体企业从业人员比重 | 27 | 25 | 2 | 劣势 |
| 亿元以上商品市场成交额 | 6 | 6 | 0 | 优势 |
| 亿元以上商品市场成交额占全社会消费品零售总额比重 | 6 | 6 | 0 | 优势 |
| 居民消费支出占总消费支出比重 | 19 | 19 | 0 | 中势 |

## 9. 河北省统筹协调竞争力指标排名变化情况

**表 3-13　2014~2015 年河北省统筹协调竞争力指标组排位及变化趋势**

| 指　　标 | 2014 | 2015 | 排位升降 | 优劣势 |
|---|---|---|---|---|
| **9　统筹协调竞争力** | 9 | 17 | -8 | 中势 |
| 9.1　统筹发展竞争力 | 20 | 23 | -3 | 劣势 |
| 社会劳动生产率 | 2 | 12 | -10 | 中势 |
| 社会劳动生产率增速 | 24 | 25 | -1 | 劣势 |
| 万元 GDP 综合能耗 | 23 | 23 | 0 | 劣势 |
| 非农用地产出率 | 18 | 18 | 0 | 中势 |
| 生产税净额和营业盈余占 GDP 比重 | 23 | 23 | 0 | 劣势 |
| 最终消费率 | 25 | 25 | 0 | 劣势 |
| 固定资产投资额占 GDP 比重 | 20 | 20 | 0 | 中势 |
| 固定资产交付使用率 | 6 | 7 | -1 | 优势 |
| 9.2　协调发展竞争力 | 4 | 1 | 3 | 强势 |
| 环境竞争力与宏观经济竞争力比差 | 14 | 11 | 3 | 中势 |
| 资源竞争力与宏观经济竞争力比差 | 15 | 15 | 0 | 中势 |
| 人力资源竞争力与宏观经济竞争力比差 | 9 | 13 | -4 | 中势 |
| 资源竞争力与工业竞争力比差 | 21 | 16 | 5 | 中势 |
| 环境竞争力与工业竞争力比差 | 7 | 7 | 0 | 优势 |
| 城乡居民家庭人均收入比差 | 8 | 9 | -1 | 优势 |
| 城乡居民人均现金消费支出比差 | 4 | 6 | -2 | 优势 |
| 全社会消费品零售总额与外贸出口总额比差 | 11 | 12 | -1 | 中势 |

# B.5
# 4
# 山西省经济综合竞争力评价分析报告

山西省简称“晋”，地处黄河以东，太行山之西，基本地形是中间为盆地，东西侧为山地，北与内蒙古自治区相接，东与河北省相接，南与河南省相接，西隔黄河与陕西省为邻。面积为15.6万平方公里，2015年常住人口为3664万人，地区生产总值为12766亿元，同比增长3.1%，人均GDP达34919元。本部分通过分析2014~2015年山西省经济综合竞争力以及各要素竞争力的排名变化，从中找出山西省经济综合竞争力的推动点及影响因素，为进一步提升山西省经济综合竞争力提供决策参考。

## 4.1 山西省经济综合竞争力总体分析

**1. 山西省经济综合竞争力一级指标概要分析**

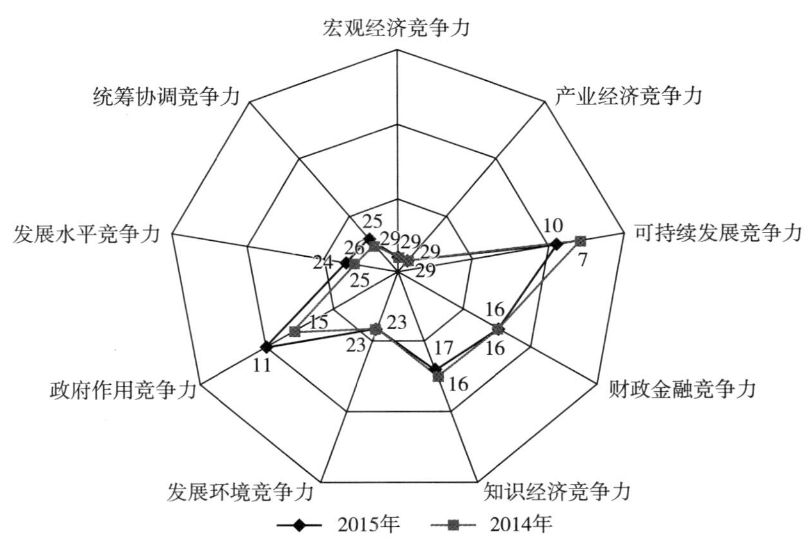


**图4-1 2014~2015年山西省经济综合竞争力二级指标比较**

(1) 从综合排位看，2015年山西省经济综合竞争力排位在全国居第23位，这表明其在全国处于劣势地位；与2014年相比，综合排位上升了1位。

(2) 从指标所处区位看，有1个指标处于上游区，其中可持续发展竞争力指标为山西省经济综合竞争力的优势指标，山西省没有强势指标。

表 4-1　2014～2015 年山西省经济综合竞争力二级指标表现情况

| 年份＼项目 | 宏观经济竞争力 | 产业经济竞争力 | 可持续发展竞争力 | 财政金融竞争力 | 知识经济竞争力 | 发展环境竞争力 | 政府作用竞争力 | 发展水平竞争力 | 统筹协调竞争力 | **综合排位** |
|---|---|---|---|---|---|---|---|---|---|---|
| 2014 | 29 | 29 | 7 | 16 | 16 | 23 | 15 | 25 | 26 | 24 |
| 2015 | 29 | 29 | 10 | 16 | 17 | 23 | 11 | 24 | 25 | 23 |
| 升降 | 0 | 0 | -3 | 0 | -1 | 0 | 4 | 1 | 1 | 1 |
| 优劣度 | 劣势 | 劣势 | 优势 | 中势 | 中势 | 劣势 | 中势 | 劣势 | 劣势 | 劣势 |

（3）从指标变化趋势看，9 个二级指标中，有 3 个指标处于上升趋势，分别为政府作用竞争力、发展水平竞争力和统筹协调竞争力，这些是山西省经济综合竞争力的上升动力所在；有 4 个指标排位没有发生变化，分别为宏观经济竞争力、产业经济竞争力、财政金融竞争力和发展环境竞争力；有 2 个指标处于下降趋势，为可持续发展竞争力和知识经济竞争力，是山西省经济综合竞争力的下降拉力所在。

2. 山西省经济综合竞争力各级指标动态变化分析

表 4-2　2014～2015 年山西省经济综合竞争力各级指标排位变化情况

| 二级指标 | 三级指标 | 四级指标数 | 上升 | | 保持 | | 下降 | | 变化趋势 |
|---|---|---|---|---|---|---|---|---|---|
| | | | 指标数 | 比重（%） | 指标数 | 比重（%） | 指标数 | 比重（%） | |
| 宏观经济竞争力 | 经济实力竞争力 | 12 | 4 | 33.3 | 3 | 25.0 | 5 | 41.7 | 保持 |
| | 经济结构竞争力 | 6 | 1 | 16.7 | 1 | 16.7 | 4 | 66.7 | 上升 |
| | 经济外向度竞争力 | 9 | 2 | 22.2 | 2 | 22.2 | 5 | 55.6 | 上升 |
| | 小　　计 | 27 | 7 | 25.9 | 6 | 22.2 | 14 | 51.9 | 保持 |
| 产业经济竞争力 | 农业竞争力 | 10 | 1 | 10.0 | 3 | 30.0 | 6 | 60.0 | 保持 |
| | 工业竞争力 | 10 | 1 | 10.0 | 4 | 40.0 | 5 | 50.0 | 保持 |
| | 服务业竞争力 | 10 | 5 | 50.0 | 3 | 30.0 | 2 | 20.0 | 上升 |
| | 企业竞争力 | 10 | 2 | 20.0 | 1 | 10.0 | 7 | 70.0 | 下降 |
| | 小　　计 | 40 | 9 | 22.5 | 11 | 27.5 | 20 | 50.0 | 保持 |
| 可持续发展竞争力 | 资源竞争力 | 9 | 0 | 0.0 | 6 | 66.7 | 3 | 33.3 | 上升 |
| | 环境竞争力 | 8 | 3 | 37.5 | 2 | 25.0 | 3 | 37.5 | 下降 |
| | 人力资源竞争力 | 8 | 2 | 25.0 | 2 | 25.0 | 4 | 50.0 | 上升 |
| | 小　　计 | 25 | 5 | 20.0 | 10 | 40.0 | 10 | 40.0 | 下降 |
| 财政金融竞争力 | 财政竞争力 | 12 | 2 | 16.7 | 3 | 25.0 | 7 | 58.3 | 下降 |
| | 金融竞争力 | 10 | 3 | 30.0 | 5 | 50.0 | 2 | 20.0 | 保持 |
| | 小　　计 | 22 | 5 | 22.7 | 8 | 36.4 | 9 | 40.9 | 保持 |
| 知识经济竞争力 | 科技竞争力 | 9 | 3 | 33.3 | 3 | 33.3 | 3 | 33.3 | 下降 |
| | 教育竞争力 | 10 | 3 | 30.0 | 5 | 50.0 | 2 | 20.0 | 上升 |
| | 文化竞争力 | 8 | 0 | 0.0 | 4 | 50.0 | 4 | 50.0 | 下降 |
| | 小　　计 | 27 | 6 | 22.2 | 12 | 44.4 | 9 | 33.3 | 下降 |

续表

| 二级指标 | 三级指标 | 四级指标数 | 上升 | | 保持 | | 下降 | | 变化趋势 |
|---|---|---|---|---|---|---|---|---|---|
| | | | 指标数 | 比重(%) | 指标数 | 比重(%) | 指标数 | 比重(%) | |
| 发展环境竞争力 | 基础设施竞争力 | 9 | 0 | 0.0 | 6 | 66.7 | 3 | 33.3 | 下降 |
| | 软环境竞争力 | 9 | 4 | 44.4 | 2 | 22.2 | 3 | 33.3 | 上升 |
| | 小　计 | 18 | 4 | 22.2 | 8 | 44.4 | 6 | 33.3 | 保持 |
| 政府作用竞争力 | 政府发展经济竞争力 | 5 | 2 | 40.0 | 2 | 40.0 | 1 | 20.0 | 保持 |
| | 政府规调经济竞争力 | 5 | 3 | 60.0 | 0 | 0.0 | 2 | 40.0 | 上升 |
| | 政府保障经济竞争力 | 6 | 1 | 16.7 | 1 | 16.7 | 4 | 66.7 | 下降 |
| | 小　计 | 16 | 6 | 37.5 | 3 | 18.8 | 7 | 43.8 | 上升 |
| 发展水平竞争力 | 工业化进程竞争力 | 6 | 2 | 33.3 | 2 | 33.3 | 2 | 33.3 | 上升 |
| | 城市化进程竞争力 | 7 | 1 | 14.3 | 2 | 28.6 | 4 | 57.1 | 上升 |
| | 市场化进程竞争力 | 6 | 2 | 33.3 | 2 | 33.3 | 2 | 33.3 | 下降 |
| | 小　计 | 19 | 5 | 26.3 | 6 | 31.6 | 8 | 42.1 | 上升 |
| 统筹协调竞争力 | 统筹发展竞争力 | 8 | 4 | 50.0 | 1 | 12.5 | 3 | 37.5 | 上升 |
| | 协调发展竞争力 | 8 | 3 | 37.5 | 1 | 12.5 | 4 | 50.0 | 下降 |
| | 小　计 | 16 | 7 | 43.8 | 2 | 12.5 | 7 | 43.8 | 上升 |
| 合　计 | | 210 | 54 | 25.7 | 66 | 31.4 | 90 | 42.9 | 上升 |

从表4－2可以看出，210个四级指标中，上升指标有54个，占指标总数的25.7%；下降指标有90个，占指标总数的42.9%；保持不变的指标有66个，占指标总数的31.4%。综上所述，2015年山西省经济综合竞争力排位处于上升趋势。

**3. 山西省经济综合竞争力各级指标优劣势结构分析**

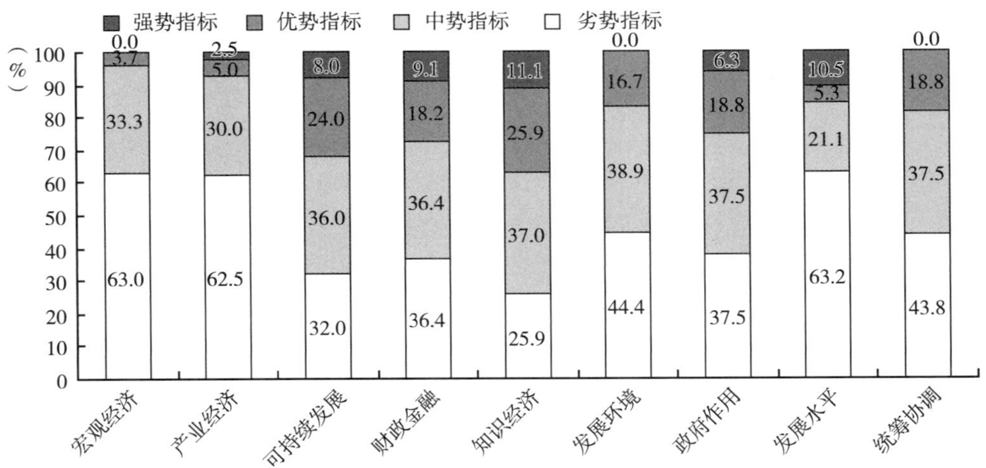


**图4－2　2015年山西省经济综合竞争力各级指标优劣势比较**

**表 4-3　2015 年山西省经济综合竞争力各级指标优劣势情况**

| 二级指标 | 三级指标 | 四级指标数 | 强势指标 | | 优势指标 | | 中势指标 | | 劣势指标 | | 优劣势 |
|---|---|---|---|---|---|---|---|---|---|---|---|
| | | | 个数 | 比重（%） | 个数 | 比重（%） | 个数 | 比重（%） | 个数 | 比重（%） | |
| 宏观经济竞争力 | 经济实力竞争力 | 12 | 0 | 0.0 | 0 | 0.0 | 4 | 33.3 | 8 | 66.7 | 劣势 |
| | 经济结构竞争力 | 6 | 0 | 0.0 | 1 | 16.7 | 2 | 33.3 | 3 | 50.0 | 劣势 |
| | 经济外向度竞争力 | 9 | 0 | 0.0 | 0 | 0.0 | 3 | 33.3 | 6 | 66.7 | 劣势 |
| | 小　计 | 27 | 0 | 0.0 | 1 | 3.7 | 9 | 33.3 | 17 | 63.0 | 劣势 |
| 产业经济竞争力 | 农业竞争力 | 10 | 0 | 0.0 | 0 | 0.0 | 3 | 30.0 | 7 | 70.0 | 劣势 |
| | 工业竞争力 | 10 | 0 | 0.0 | 0 | 0.0 | 1 | 10.0 | 9 | 90.0 | 劣势 |
| | 服务业竞争力 | 10 | 0 | 0.0 | 0 | 0.0 | 6 | 60.0 | 4 | 40.0 | 劣势 |
| | 企业竞争力 | 10 | 1 | 10.0 | 2 | 20.0 | 2 | 20.0 | 5 | 50.0 | 劣势 |
| | 小　计 | 40 | 1 | 2.5 | 2 | 5.0 | 12 | 30.0 | 25 | 62.5 | 劣势 |
| 可持续发展竞争力 | 资源竞争力 | 9 | 2 | 22.2 | 0 | 0.0 | 5 | 55.6 | 2 | 22.2 | 强势 |
| | 环境竞争力 | 8 | 0 | 0.0 | 2 | 25.0 | 2 | 25.0 | 4 | 50.0 | 劣势 |
| | 人力资源竞争力 | 8 | 0 | 0.0 | 4 | 50.0 | 2 | 25.0 | 2 | 25.0 | 中势 |
| | 小　计 | 25 | 2 | 8.0 | 6 | 24.0 | 9 | 36.0 | 8 | 32.0 | 优势 |
| 财政金融竞争力 | 财政竞争力 | 12 | 0 | 0.0 | 1 | 8.3 | 4 | 33.3 | 7 | 58.3 | 劣势 |
| | 金融竞争力 | 10 | 2 | 20.0 | 3 | 30.0 | 4 | 40.0 | 1 | 10.0 | 优势 |
| | 小　计 | 22 | 2 | 9.1 | 4 | 18.2 | 8 | 36.4 | 8 | 36.4 | 中势 |
| 知识经济竞争力 | 科技竞争力 | 9 | 0 | 0.0 | 2 | 22.2 | 5 | 55.6 | 2 | 22.2 | 中势 |
| | 教育竞争力 | 10 | 1 | 10.0 | 4 | 40.0 | 3 | 30.0 | 2 | 20.0 | 中势 |
| | 文化竞争力 | 8 | 2 | 25.0 | 1 | 12.5 | 2 | 25.0 | 3 | 37.5 | 优势 |
| | 小　计 | 27 | 3 | 11.1 | 7 | 25.9 | 10 | 37.0 | 7 | 25.9 | 中势 |
| 发展环境竞争力 | 基础设施竞争力 | 9 | 0 | 0.0 | 2 | 22.2 | 4 | 44.4 | 3 | 33.3 | 中势 |
| | 软环境竞争力 | 9 | 0 | 0.0 | 1 | 11.1 | 3 | 33.3 | 5 | 55.6 | 劣势 |
| | 小　计 | 18 | 0 | 0.0 | 3 | 16.7 | 7 | 38.9 | 8 | 44.4 | 劣势 |
| 政府作用竞争力 | 政府发展经济竞争力 | 5 | 0 | 0.0 | 0 | 0.0 | 3 | 60.0 | 2 | 40.0 | 劣势 |
| | 政府规调经济竞争力 | 5 | 1 | 20.0 | 3 | 60.0 | 1 | 20.0 | 0 | 0.0 | 强势 |
| | 政府保障经济竞争力 | 6 | 0 | 0.0 | 0 | 0.0 | 2 | 33.3 | 4 | 66.7 | 中势 |
| | 小　计 | 16 | 1 | 6.3 | 3 | 18.8 | 6 | 37.5 | 6 | 37.5 | 中势 |
| 发展水平竞争力 | 工业化进程竞争力 | 6 | 1 | 16.7 | 0 | 0.0 | 2 | 33.3 | 3 | 50.0 | 中势 |
| | 城市化进程竞争力 | 7 | 1 | 14.3 | 1 | 14.3 | 1 | 14.3 | 4 | 57.1 | 中势 |
| | 市场化进程竞争力 | 6 | 0 | 0.0 | 0 | 0.0 | 1 | 16.7 | 5 | 83.3 | 劣势 |
| | 小　计 | 19 | 2 | 10.5 | 1 | 5.3 | 4 | 21.1 | 12 | 63.2 | 劣势 |
| 统筹协调竞争力 | 统筹发展竞争力 | 8 | 0 | 0.0 | 1 | 12.5 | 3 | 37.5 | 4 | 50.0 | 劣势 |
| | 协调发展竞争力 | 8 | 0 | 0.0 | 2 | 25.0 | 3 | 37.5 | 3 | 37.5 | 中势 |
| | 小　计 | 16 | 0 | 0.0 | 3 | 18.8 | 6 | 37.5 | 7 | 43.8 | 劣势 |
| 合　计 | | 210 | 11 | 5.2 | 30 | 14.3 | 71 | 33.8 | 98 | 46.7 | 劣势 |

基于图 4-2 和表 4-3，具体到四级指标，强势指标 11 个，占指标总数的 5.2%；优势指标 30 个，占指标总数的 14.3%；中势指标 71 个，占指标总数的

33.8%；劣势指标98个，占指标总数的46.7%。三级指标中，强势指标2个，占三级指标总数的8%；优势指标2个，占三级指标总数的8%；中势指标8个，占三级指标总数的32%；劣势指标13个，占三级指标总数的52%。从二级指标看，没有强势指标；优势指标有1个，占二级指标总数的11.1%；中势指标有3个，占二级指标总数的33.3%；劣势指标有5个，占二级指标总数的55.6%。综合来看，由于劣势指标在指标体系中居于主导地位，2015年山西省经济综合竞争力处于劣势地位。

**4. 山西省经济综合竞争力四级指标优劣势对比分析**

**表4－4 2015年山西省经济综合竞争力四级指标优劣势情况**

| 二级指标 | 优劣势 | 四级指标 |
|---|---|---|
| 宏观经济竞争力（27个） | 强势指标 | （0个） |
| | 优势指标 | 产业结构优化度（1个） |
| | 劣势指标 | 地区生产总值、地区生产总值增长率、人均地区生产总值、财政总收入、财政总收入增长率、人均财政收入、全社会消费品零售总额、全社会消费品零售总额增长率、所有制经济结构优化度、资本形成结构优化度、贸易结构优化度、进出口总额、出口总额、实际FDI增长率、外贸依存度、外资企业数、对外直接投资（17个） |
| 产业经济竞争力（40个） | 强势指标 | 产品质量抽查合格率（1个） |
| | 优势指标 | 规模以上企业平均资产、规模以上企业平均收入（2个） |
| | 劣势指标 | 农业增加值、农业增加值增长率、人均农业增加值、农民人均纯收入、农民人均纯收入增长率、农产品出口占农林牧渔总产值比重、人均主要农产品产量、工业增加值、工业增加值增长率、人均工业增加值、工业资产总额增长率、工业资产总贡献率、规模以上工业主营业务收入、规模以上工业利润总额、工业全员劳动生产率、工业成本费用利润率、服务业从业人员数增长率、限额以上批零企业利税率、旅游外汇收入、房地产经营总收入、规模以上工业企业数、规模以上企业平均利润、规模以上企业劳动效率、城镇就业人员平均工资、新产品销售收入占主营业务收入比重（25个） |
| 可持续发展竞争力（25个） | 强势指标 | 主要能源矿产基础储量、人均主要能源矿产基础储量（2个） |
| | 优势指标 | 人均废水排放量、人均治理工业污染投资额、15～64岁人口比例、文盲率、平均受教育程度、人口健康素质（6个） |
| | 劣势指标 | 人均年水资源量、人均森林储积量、森林覆盖率、人均工业废气排放量、人均工业固体废物排放量、一般工业固体废物综合利用率、常住人口增长率、人力资源利用率（8个） |
| 财政金融竞争力（22个） | 强势指标 | 保险密度、保险深度（2个） |
| | 优势指标 | 地方财政支出占GDP比重、货币市场融资额、保险费净收入、人均证券市场筹资额（4个） |
| | 劣势指标 | 地方财政收入、地方财政支出、人均地方财政支出、人均税收收入、地方财政收入增长率、地方财政支出增长率、税收收入增长率、中长期贷款占贷款余额比重（8个） |
| 知识经济竞争力（27个） | 强势指标 | 人均文化教育支出占个人消费支出比重、城镇居民人均文化娱乐支出占消费性支出比重、农村居民人均文化娱乐支出占消费性支出比重（3个） |
| | 优势指标 | 财政科技支出占地方财政支出比重、高技术产品出口额占商品出口额比重、教育经费占GDP比重、公共教育经费占财政支出比重、万人中小学学校数、万人中小学专任教师数、报纸出版数（7个） |
| | 劣势指标 | 高技术产业增加值、高技术产业增加值占工业增加值比重、教育经费、人均教育经费、文化服务业企业营业收入、图书和期刊出版数、出版印刷工业销售产值（7个） |

续表

| 二级指标 | 优劣势 | 四　级　指　标 |
|---|---|---|
| 发展环境竞争力（18个） | 强势指标 | （0个） |
| | 优势指标 | 铁路网线密度、互联网上网人数比重、查处商标侵权假冒案件（3个） |
| | 劣势指标 | 人均内河航道里程、全社会旅客周转量、人均邮电业务总量、个体私营企业数增长率、万人个体私营企业数、万人商标注册件数、罚没收入占财政收入比重、社会捐赠款物（8个） |
| 政府作用竞争力（16个） | 强势指标 | 物价调控（1个） |
| | 优势指标 | 统筹经济社会发展、规范税收、人口控制（3个） |
| | 劣势指标 | 财政支出对GDP增长的拉动、政府公务员对经济的贡献、城市城镇社区服务设施数、养老保险覆盖率、下岗职工再就业率、城镇登记失业率（6个） |
| 发展水平竞争力（19个） | 强势指标 | 高技术产品出口额占商品出口额比重、恩格尔系数（2个） |
| | 优势指标 | 城市平均建成区面积比重（1个） |
| | 劣势指标 | 工业增加值占GDP比重、工业增加值增长率、高技术产业规模以上企业产值、城镇居民人均可支配收入、人均拥有道路面积、人均日生活用水量、人均公共绿地面积、非公有制经济产值占全社会总产值的比重、社会投资占投资总额比重、私有和个体企业从业人员比重、亿元以上商品市场成交额、亿元以上商品市场成交额占全社会消费品零售总额比重（12个） |
| 统筹协调竞争力（16个） | 强势指标 | （0个） |
| | 优势指标 | 固定资产交付使用率、资源竞争力与宏观经济竞争力比差、全社会消费品零售总额与外贸出口总额比差（3个） |
| | 劣势指标 | 万元GDP综合能耗、非农用地产出率、生产税净额和营业盈余占GDP比重、固定资产投资额占GDP比重、人力资源竞争力与宏观经济竞争力比差、环境竞争力与工业竞争力比差、城乡居民家庭人均收入比差（7个） |

## 4.2 山西省经济综合竞争力各级指标具体分析

### 1. 山西省宏观经济竞争力指标排名变化情况

**表4-5　2014～2015年山西省宏观经济竞争力指标组排位及变化趋势**

| 指　标 | 2014 | 2015 | 排位升降 | 优劣势 |
|---|---|---|---|---|
| **1　宏观经济竞争力** | 29 | 29 | 0 | 劣势 |
| 1.1　经济实力竞争力 | 30 | 30 | 0 | 劣势 |
| 地区生产总值 | 24 | 24 | 0 | 劣势 |
| 地区生产总值增长率 | 31 | 30 | 1 | 劣势 |
| 人均地区生产总值 | 24 | 27 | -3 | 劣势 |
| 财政总收入 | 25 | 23 | 2 | 劣势 |
| 财政总收入增长率 | 27 | 24 | 3 | 劣势 |
| 人均财政收入 | 22 | 25 | -3 | 劣势 |
| 固定资产投资额 | 17 | 17 | 0 | 中势 |

续表

| 指　　标 | 2014 | 2015 | 排位升降 | 优劣势 |
|---|---|---|---|---|
| 固定资产投资额增长率 | 27 | 13 | 14 | 中势 |
| 人均固定资产投资额 | 18 | 18 | 0 | 中势 |
| 全社会消费品零售总额 | 19 | 21 | -2 | 劣势 |
| 全社会消费品零售总额增长率 | 29 | 31 | -2 | 劣势 |
| 人均全社会消费品零售总额 | 18 | 20 | -2 | 中势 |
| 1.2　经济结构竞争力 | 25 | 24 | 1 | 劣势 |
| 产业结构优化度 | 12 | 5 | 7 | 优势 |
| 所有制经济结构优化度 | 29 | 30 | -1 | 劣势 |
| 城乡经济结构优化度 | 18 | 18 | 0 | 中势 |
| 就业结构优化度 | 11 | 13 | -2 | 中势 |
| 资本形成结构优化度 | 24 | 27 | -3 | 劣势 |
| 贸易结构优化度 | 25 | 26 | -1 | 劣势 |
| 1.3　经济外向度竞争力 | 26 | 25 | 1 | 劣势 |
| 进出口总额 | 24 | 24 | 0 | 劣势 |
| 进出口增长率 | 22 | 16 | 6 | 中势 |
| 出口总额 | 24 | 23 | 1 | 劣势 |
| 出口增长率 | 15 | 17 | -2 | 中势 |
| 实际 FDI | 19 | 20 | -1 | 中势 |
| 实际 FDI 增长率 | 12 | 29 | -17 | 劣势 |
| 外贸依存度 | 26 | 27 | -1 | 劣势 |
| 外资企业数 | 23 | 23 | 0 | 劣势 |
| 对外直接投资 | 26 | 28 | -2 | 劣势 |

## 2. 山西省产业经济竞争力指标排名变化情况

**表 4-6　2014~2015 年山西省产业经济竞争力指标组排位及变化趋势**

| 指　　标 | 2014 | 2015 | 排位升降 | 优劣势 |
|---|---|---|---|---|
| **2　产业经济竞争力** | 29 | 29 | 0 | 劣势 |
| 2.1　农业竞争力 | 30 | 30 | 0 | 劣势 |
| 农业增加值 | 25 | 25 | 0 | 劣势 |
| 农业增加值增长率 | 11 | 29 | -18 | 劣势 |
| 人均农业增加值 | 30 | 28 | 2 | 劣势 |
| 农民人均纯收入 | 22 | 23 | -1 | 劣势 |
| 农民人均纯收入增长率 | 23 | 29 | -6 | 劣势 |
| 农产品出口占农林牧渔总产值比重 | 30 | 31 | -1 | 劣势 |
| 人均主要农产品产量 | 22 | 25 | -3 | 劣势 |
| 农业机械化水平 | 12 | 12 | 0 | 中势 |

续表

| 指　　标 | | 2014 | 2015 | 排位升降 | 优劣势 |
|---|---|---|---|---|---|
| | 农村人均用电量 | 16 | 17 | -1 | 中势 |
| | 财政支农资金比重 | 20 | 20 | 0 | 中势 |
| 2.2 | 工业竞争力 | 30 | 30 | 0 | 劣势 |
| | 工业增加值 | 20 | 21 | -1 | 劣势 |
| | 工业增加值增长率 | 31 | 31 | 0 | 劣势 |
| | 人均工业增加值 | 21 | 24 | -3 | 劣势 |
| | 工业资产总额 | 12 | 12 | 0 | 中势 |
| | 工业资产总额增长率 | 23 | 27 | -4 | 劣势 |
| | 工业资产总贡献率 | 30 | 30 | 0 | 劣势 |
| | 规模以上工业主营业务收入 | 22 | 22 | 0 | 劣势 |
| | 规模以上工业利润总额 | 26 | 30 | -4 | 劣势 |
| | 工业全员劳动生产率 | 29 | 30 | -1 | 劣势 |
| | 工业成本费用利润率 | 31 | 30 | 1 | 劣势 |
| 2.3 | 服务业竞争力 | 29 | 25 | 4 | 劣势 |
| | 服务业增加值 | 22 | 20 | 2 | 中势 |
| | 服务业增加值增长率 | 28 | 15 | 13 | 中势 |
| | 人均服务业增加值 | 20 | 19 | 1 | 中势 |
| | 服务业从业人员数 | 19 | 19 | 0 | 中势 |
| | 服务业从业人员数增长率 | 17 | 25 | -8 | 劣势 |
| | 限额以上批发零售企业主营业务收入 | 13 | 15 | -2 | 中势 |
| | 限额以上批零企业利税率 | 30 | 29 | 1 | 劣势 |
| | 限额以上餐饮企业利税率 | 15 | 13 | 2 | 中势 |
| | 旅游外汇收入 | 25 | 25 | 0 | 劣势 |
| | 房地产经营总收入 | 27 | 27 | 0 | 劣势 |
| 2.4 | 企业竞争力 | 8 | 21 | -13 | 劣势 |
| | 规模以上工业企业数 | 22 | 24 | -2 | 劣势 |
| | 规模以上企业平均资产 | 3 | 4 | -1 | 优势 |
| | 规模以上企业平均收入 | 4 | 7 | -3 | 优势 |
| | 规模以上企业平均利润 | 25 | 30 | -5 | 劣势 |
| | 规模以上企业劳动效率 | 31 | 30 | 1 | 劣势 |
| | 城镇就业人员平均工资 | 31 | 26 | 5 | 劣势 |
| | 新产品销售收入占主营业务收入比重 | 24 | 24 | 0 | 劣势 |
| | 产品质量抽查合格率 | 1 | 3 | -2 | 强势 |
| | 工业企业 R&D 经费投入强度 | 15 | 16 | -1 | 中势 |
| | 中国驰名商标持有量 | 15 | 18 | -3 | 中势 |

## 3. 山西省可持续发展竞争力指标排名变化情况

**表 4-7　2014～2015 年山西省可持续发展竞争力指标组排位及变化趋势**

| 指　　标 | 2014 | 2015 | 排位升降 | 优劣势 |
|---|---|---|---|---|
| **3　可持续发展竞争力** | 7 | 10 | -3 | 优势 |
| 3.1　资源竞争力 | 4 | 3 | 1 | 强势 |
| 人均国土面积 | 14 | 18 | -4 | 中势 |
| 人均可使用海域和滩涂面积 | 13 | 13 | 0 | 中势 |
| 人均年水资源量 | 24 | 26 | -2 | 劣势 |
| 耕地面积 | 18 | 18 | 0 | 中势 |
| 人均耕地面积 | 11 | 11 | 0 | 中势 |
| 人均牧草地面积 | 12 | 16 | -4 | 中势 |
| 主要能源矿产基础储量 | 1 | 1 | 0 | 强势 |
| 人均主要能源矿产基础储量 | 1 | 1 | 0 | 强势 |
| 人均森林储积量 | 23 | 23 | 0 | 劣势 |
| 3.2　环境竞争力 | 24 | 28 | -4 | 劣势 |
| 森林覆盖率 | 22 | 22 | 0 | 劣势 |
| 人均废水排放量 | 8 | 6 | 2 | 优势 |
| 人均工业废气排放量 | 28 | 29 | -1 | 劣势 |
| 人均工业固体废物排放量 | 29 | 29 | 0 | 劣势 |
| 人均治理工业污染投资额 | 3 | 10 | -7 | 优势 |
| 一般工业固体废物综合利用率 | 17 | 24 | -7 | 劣势 |
| 生活垃圾无害化处理率 | 20 | 13 | 7 | 中势 |
| 自然灾害直接经济损失 | 22 | 20 | 2 | 中势 |
| 3.3　人力资源竞争力 | 15 | 11 | 4 | 中势 |
| 常住人口增长率 | 17 | 24 | -7 | 劣势 |
| 15～64 岁人口比例 | 9 | 10 | -1 | 优势 |
| 文盲率 | 6 | 7 | -1 | 优势 |
| 大专以上教育程度人口比例 | 21 | 12 | 9 | 中势 |
| 平均受教育程度 | 8 | 5 | 3 | 优势 |
| 人口健康素质 | 10 | 10 | 0 | 优势 |
| 人力资源利用率 | 28 | 28 | 0 | 劣势 |
| 职业学校毕业生数 | 12 | 14 | -2 | 中势 |

## 4. 山西省财政金融竞争力指标排名变化情况

**表 4-8　2014～2015 年山西省财政金融竞争力指标组排位及变化趋势**

| 指　　标 | 2014 | 2015 | 排位升降 | 优劣势 |
|---|---|---|---|---|
| **4　财政金融竞争力** | 16 | 16 | 0 | 中势 |
| 4.1　财政竞争力 | 26 | 27 | -1 | 劣势 |
| 地方财政收入 | 20 | 21 | -1 | 劣势 |
| 地方财政支出 | 24 | 24 | 0 | 劣势 |
| 地方财政收入占 GDP 比重 | 6 | 11 | -5 | 中势 |
| 地方财政支出占 GDP 比重 | 10 | 9 | 1 | 优势 |

续表

| 指　　标 | 2014 | 2015 | 排位升降 | 优劣势 |
|---|---|---|---|---|
| 税收收入占 GDP 比重 | 14 | 16 | -2 | 中势 |
| 税收收入占财政总收入比重 | 16 | 12 | 4 | 中势 |
| 人均地方财政收入 | 16 | 19 | -3 | 中势 |
| 人均地方财政支出 | 24 | 24 | 0 | 劣势 |
| 人均税收收入 | 19 | 22 | -3 | 劣势 |
| 地方财政收入增长率 | 23 | 29 | -6 | 劣势 |
| 地方财政支出增长率 | 28 | 30 | -2 | 劣势 |
| 税收收入增长率 | 30 | 30 | 0 | 劣势 |
| 4.2　金融竞争力 | 7 | 7 | 0 | 优势 |
| 存款余额 | 16 | 16 | 0 | 中势 |
| 人均存款余额 | 13 | 14 | -1 | 中势 |
| 贷款余额 | 19 | 19 | 0 | 中势 |
| 人均贷款余额 | 19 | 20 | -1 | 中势 |
| 货币市场融资额 | 7 | 7 | 0 | 优势 |
| 中长期贷款占贷款余额比重 | 26 | 22 | 4 | 劣势 |
| 保险费净收入 | 9 | 8 | 1 | 优势 |
| 保险密度 | 3 | 3 | 0 | 强势 |
| 保险深度 | 1 | 1 | 0 | 强势 |
| 人均证券市场筹资额 | 8 | 6 | 2 | 优势 |

## 5. 山西省知识经济竞争力指标排名变化情况

**表 4-9　2014~2015 年山西省知识经济竞争力指标组排位及变化趋势**

| 指　　标 | 2014 | 2015 | 排位升降 | 优劣势 |
|---|---|---|---|---|
| **5　知识经济竞争力** | 16 | 17 | -1 | 中势 |
| 5.1　科技竞争力 | 18 | 19 | -1 | 中势 |
| R&D 人员 | 19 | 19 | 0 | 中势 |
| R&D 经费 | 19 | 20 | -1 | 中势 |
| R&D 经费投入强度 | 14 | 18 | -4 | 中势 |
| 发明专利授权量 | 20 | 20 | 0 | 中势 |
| 技术市场成交合同金额 | 18 | 20 | -2 | 中势 |
| 财政科技支出占地方财政支出比重 | 15 | 10 | 5 | 优势 |
| 高技术产业增加值 | 25 | 24 | 1 | 劣势 |
| 高技术产业增加值占工业增加值比重 | 27 | 27 | 0 | 劣势 |
| 高技术产品出口额占商品出口额比重 | 11 | 9 | 2 | 优势 |
| 5.2　教育竞争力 | 17 | 16 | 1 | 中势 |
| 教育经费 | 22 | 21 | 1 | 劣势 |
| 教育经费占 GDP 比重 | 11 | 10 | 1 | 优势 |
| 人均教育经费 | 22 | 22 | 0 | 劣势 |
| 公共教育经费占财政支出比重 | 15 | 10 | 5 | 优势 |

续表

| 指　标 | 2014 | 2015 | 排位升降 | 优劣势 |
|---|---|---|---|---|
| 人均文化教育支出占个人消费支出比重 | 1 | 2 | -1 | 强势 |
| 万人中小学学校数 | 9 | 9 | 0 | 优势 |
| 万人中小学专任教师数 | 5 | 5 | 0 | 优势 |
| 高等学校数 | 17 | 17 | 0 | 中势 |
| 高校专任教师数 | 18 | 18 | 0 | 中势 |
| 万人高等学校在校学生数 | 12 | 14 | -2 | 中势 |
| 5.3　文化竞争力 | 6 | 8 | -2 | 优势 |
| 文化服务业企业营业收入 | 25 | 26 | -1 | 劣势 |
| 图书和期刊出版数 | 21 | 22 | -1 | 劣势 |
| 报纸出版数 | 6 | 7 | -1 | 优势 |
| 出版印刷工业销售产值 | 27 | 27 | 0 | 劣势 |
| 城镇居民人均文化娱乐支出 | 13 | 13 | 0 | 中势 |
| 农村居民人均文化娱乐支出 | 12 | 12 | 0 | 中势 |
| 城镇居民人均文化娱乐支出占消费性支出比重 | 1 | 2 | -1 | 强势 |
| 农村居民人均文化娱乐支出占消费性支出比重 | 1 | 1 | 0 | 强势 |

## 6. 山西省发展环境竞争力指标排名变化情况

**表4-10　2014~2015年山西省发展环境竞争力指标组排位及变化趋势**

| 指　标 | 2014 | 2015 | 排位升降 | 优劣势 |
|---|---|---|---|---|
| **6　发展环境竞争力** | 23 | 23 | 0 | 劣势 |
| 6.1　基础设施竞争力 | 17 | 18 | -1 | 中势 |
| 铁路网线密度 | 7 | 7 | 0 | 优势 |
| 公路网线密度 | 16 | 16 | 0 | 中势 |
| 人均内河航道里程 | 24 | 24 | 0 | 劣势 |
| 全社会旅客周转量 | 23 | 23 | 0 | 劣势 |
| 全社会货物周转量 | 16 | 16 | 0 | 中势 |
| 人均邮电业务总量 | 22 | 22 | 0 | 劣势 |
| 电话普及率 | 17 | 19 | -2 | 中势 |
| 互联网上网人数比重 | 9 | 10 | -1 | 优势 |
| 人均耗电量 | 9 | 12 | -3 | 中势 |
| 6.2　软环境竞争力 | 31 | 25 | 6 | 劣势 |
| 外资企业数增长率 | 25 | 20 | 5 | 中势 |
| 万人外资企业数 | 20 | 19 | 1 | 中势 |
| 个体私营企业数增长率 | 26 | 27 | -1 | 劣势 |
| 万人个体私营企业数 | 20 | 22 | -2 | 劣势 |
| 万人商标注册件数 | 29 | 29 | 0 | 劣势 |
| 查处商标侵权假冒案件 | 13 | 9 | 4 | 优势 |
| 每十万人交通事故发生数 | 19 | 19 | 0 | 中势 |
| 罚没收入占财政收入比重 | 28 | 26 | 2 | 劣势 |
| 社会捐赠款物 | 22 | 23 | -1 | 劣势 |

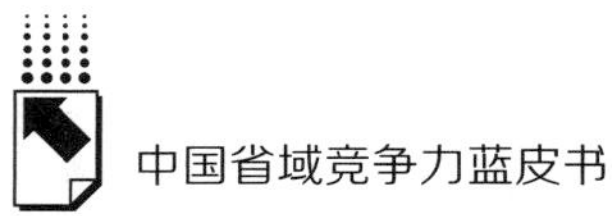


## 7. 山西省政府作用竞争力指标排名变化情况

**表 4－11　2014～2015 年山西省政府作用竞争力指标组排位及变化趋势**

| 指　　标 | 2014 | 2015 | 排位升降 | 优劣势 |
|---|---|---|---|---|
| **7　政府作用竞争力** | 15 | 11 | 4 | 中势 |
| 7.1　政府发展经济竞争力 | 21 | 21 | 0 | 劣势 |
| 财政支出用于基本建设投资比重 | 16 | 15 | 1 | 中势 |
| 财政支出对 GDP 增长的拉动 | 22 | 23 | －1 | 劣势 |
| 政府公务员对经济的贡献 | 27 | 27 | 0 | 劣势 |
| 政府消费对民间消费的拉动 | 17 | 15 | 2 | 中势 |
| 财政投资对社会投资的拉动 | 12 | 12 | 0 | 中势 |
| 7.2　政府规调经济竞争力 | 4 | 2 | 2 | 强势 |
| 物价调控 | 7 | 2 | 5 | 强势 |
| 调控城乡消费差距 | 10 | 14 | －4 | 中势 |
| 统筹经济社会发展 | 3 | 4 | －1 | 优势 |
| 规范税收 | 10 | 9 | 1 | 优势 |
| 人口控制 | 14 | 9 | 5 | 优势 |
| 7.3　政府保障经济竞争力 | 15 | 20 | －5 | 中势 |
| 城市城镇社区服务设施数 | 20 | 22 | －2 | 劣势 |
| 医疗保险覆盖率 | 16 | 16 | 0 | 中势 |
| 养老保险覆盖率 | 20 | 21 | －1 | 劣势 |
| 失业保险覆盖率 | 13 | 12 | 1 | 中势 |
| 下岗职工再就业率 | 20 | 29 | －9 | 劣势 |
| 城镇登记失业率 | 19 | 21 | －2 | 劣势 |

## 8. 山西省发展水平竞争力指标排名变化情况

**表 4－12　2014～2015 年山西省发展水平竞争力指标组排位及变化趋势**

| 指　　标 | 2014 | 2015 | 排位升降 | 优劣势 |
|---|---|---|---|---|
| **8　发展水平竞争力** | 25 | 24 | 1 | 劣势 |
| 8.1　工业化进程竞争力 | 21 | 17 | 4 | 中势 |
| 工业增加值占 GDP 比重 | 12 | 21 | －9 | 劣势 |
| 工业增加值增长率 | 30 | 30 | 0 | 劣势 |
| 高技术产业规模以上企业产值 | 21 | 21 | 0 | 劣势 |
| 高技术产业增加值占工业增加值比重 | 23 | 18 | 5 | 中势 |
| 高技术产品出口额占商品出口额比重 | 11 | 2 | 9 | 强势 |
| 信息产业增加值占 GDP 比重 | 12 | 17 | －5 | 中势 |
| 8.2　城市化进程竞争力 | 21 | 20 | 1 | 中势 |
| 城镇化率 | 15 | 17 | －2 | 中势 |
| 城镇居民人均可支配收入 | 22 | 23 | －1 | 劣势 |
| 城市平均建成区面积比重 | 20 | 7 | 13 | 优势 |

续表

| 指 标 | 2014 | 2015 | 排位升降 | 优劣势 |
|---|---|---|---|---|
| 人均拥有道路面积 | 21 | 23 | -2 | 劣势 |
| 人均日生活用水量 | 29 | 29 | 0 | 劣势 |
| 恩格尔系数 | 2 | 2 | 0 | 强势 |
| 人均公共绿地面积 | 20 | 21 | -1 | 劣势 |
| 8.3 市场化进程竞争力 | 26 | 27 | -1 | 劣势 |
| 非公有制经济产值占全社会总产值的比重 | 29 | 30 | -1 | 劣势 |
| 社会投资占投资总额比重 | 24 | 22 | 2 | 劣势 |
| 私有和个体企业从业人员比重 | 26 | 28 | -2 | 劣势 |
| 亿元以上商品市场成交额 | 24 | 24 | 0 | 劣势 |
| 亿元以上商品市场成交额占全社会消费品零售总额比重 | 26 | 26 | 0 | 劣势 |
| 居民消费支出占总消费支出比重 | 17 | 15 | 2 | 中势 |

## 9. 山西省统筹协调竞争力指标排名变化情况

**表 4-13 2014~2015 年山西省统筹协调竞争力指标组排位及变化趋势**

| 指 标 | 2014 | 2015 | 排位升降 | 优劣势 |
|---|---|---|---|---|
| **9 统筹协调竞争力** | 26 | 25 | 1 | 劣势 |
| 9.1 统筹发展竞争力 | 27 | 26 | 1 | 劣势 |
| 社会劳动生产率 | 21 | 19 | 2 | 中势 |
| 社会劳动生产率增速 | 25 | 16 | 9 | 中势 |
| 万元 GDP 综合能耗 | 28 | 28 | 0 | 劣势 |
| 非农用地产出率 | 22 | 23 | -1 | 劣势 |
| 生产税净额和营业盈余占 GDP 比重 | 24 | 22 | 2 | 劣势 |
| 最终消费率 | 14 | 12 | 2 | 中势 |
| 固定资产投资额占 GDP 比重 | 22 | 25 | -3 | 劣势 |
| 固定资产交付使用率 | 4 | 5 | -1 | 优势 |
| 9.2 协调发展竞争力 | 16 | 18 | -2 | 中势 |
| 环境竞争力与宏观经济竞争力比差 | 21 | 19 | 2 | 中势 |
| 资源竞争力与宏观经济竞争力比差 | 3 | 4 | -1 | 优势 |
| 人力资源竞争力与宏观经济竞争力比差 | 29 | 29 | 0 | 劣势 |
| 资源竞争力与工业竞争力比差 | 9 | 11 | -2 | 中势 |
| 环境竞争力与工业竞争力比差 | 28 | 26 | 2 | 劣势 |
| 城乡居民家庭人均收入比差 | 22 | 21 | 1 | 劣势 |
| 城乡居民人均现金消费支出比差 | 10 | 14 | -4 | 中势 |
| 全社会消费品零售总额与外贸出口总额比差 | 3 | 4 | -1 | 优势 |

# B.6
# 5
# 内蒙古自治区经济综合竞争力评价分析报告

内蒙古自治区位于我国北部边疆，地跨中国东北、西北、华北“三北”地区，西北紧邻蒙古国和俄罗斯，内接黑龙江省、吉林省、辽宁省、河北省、山西省、宁夏回族自治区、甘肃省。全区土地总面积118.3万平方公里。2015年常住人口为2511万人，地区生产总值为17832亿元，同比增长7.7%，人均GDP达71101元。本部分通过分析2014～2015年内蒙古自治区经济综合竞争力以及各要素竞争力的排名变化，从中找出内蒙古自治区经济综合竞争力的推动点及影响因素，为进一步提升内蒙古自治区经济综合竞争力提供决策参考。

## 5.1 内蒙古自治区经济综合竞争力总体分析

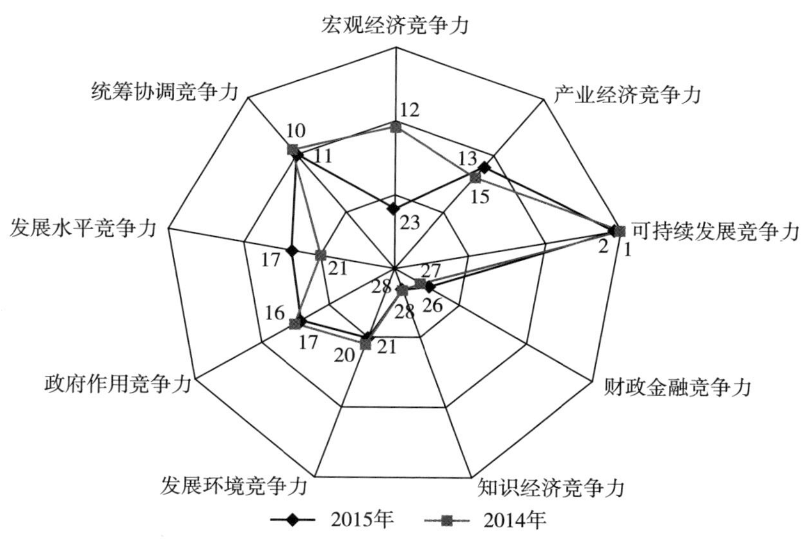


**图5-1 2014～2015年内蒙古自治区经济综合竞争力二级指标比较**

**1. 内蒙古自治区经济综合竞争力一级指标概要分析**

（1）从综合排位看，2015年内蒙古自治区经济综合竞争力排位在全国居第18位，这表明其在全国处于中势地位；与2014年相比，综合排位下降了1位。

（2）从指标所处区位看，有1个二级指标处于上游区，即可持续发展竞争力，并

表 5－1　2014～2015 年内蒙古自治区经济综合竞争力二级指标表现情况

| 项目／年份 | 宏观经济竞争力 | 产业经济竞争力 | 可持续发展竞争力 | 财政金融竞争力 | 知识经济竞争力 | 发展环境竞争力 | 政府作用竞争力 | 发展水平竞争力 | 统筹协调竞争力 | 综合排位 |
|---|---|---|---|---|---|---|---|---|---|---|
| 2014 | 12 | 15 | 1 | 27 | 28 | 20 | 16 | 21 | 10 | 17 |
| 2015 | 23 | 13 | 2 | 26 | 28 | 21 | 17 | 17 | 11 | 18 |
| 升降 | －11 | 2 | －1 | 1 | 0 | －1 | －1 | 4 | －1 | －1 |
| 优劣度 | 劣势 | 中势 | 强势 | 劣势 | 劣势 | 劣势 | 中势 | 中势 | 中势 | 中势 |

且为强势指标。产业经济竞争力、政府作用竞争力、发展水平竞争力和统筹协调竞争力等 4 个二级指标为中势指标。其余 4 个二级指标为劣势指标。

（3）从指标变化趋势看，9 个二级指标中，有 3 个指标处于上升趋势，分别为产业经济竞争力、财政金融竞争力和发展水平竞争力，这些是内蒙古自治区经济综合竞争力的上升动力所在；有 1 个指标排位没有发生变化，为知识经济竞争力；有 5 个指标处于下降趋势，为宏观经济竞争力、可持续发展竞争力、发展环境竞争力、政府作用竞争力和统筹协调竞争力，这些是内蒙古自治区经济综合竞争力的下降拉力所在。

**2. 内蒙古自治区经济综合竞争力各级指标动态变化分析**

表 5－2　2014～2015 年内蒙古自治区经济综合竞争力各级指标排位变化情况

| 二级指标 | 三级指标 | 四级指标数 | 上升 | | 保持 | | 下降 | | 变化趋势 |
|---|---|---|---|---|---|---|---|---|---|
| | | | 指标数 | 比重（%） | 指标数 | 比重（%） | 指标数 | 比重（%） | |
| 宏观经济竞争力 | 经济实力竞争力 | 12 | 2 | 16.7 | 2 | 16.7 | 8 | 66.7 | 下降 |
| | 经济结构竞争力 | 6 | 1 | 16.7 | 4 | 66.7 | 1 | 16.7 | 下降 |
| | 经济外向度竞争力 | 9 | 2 | 22.2 | 2 | 22.2 | 5 | 55.6 | 下降 |
| | 小　计 | 27 | 5 | 18.5 | 8 | 29.6 | 14 | 51.9 | 下降 |
| 产业经济竞争力 | 农业竞争力 | 10 | 3 | 30.0 | 4 | 40.0 | 3 | 30.0 | 上升 |
| | 工业竞争力 | 10 | 2 | 20.0 | 3 | 30.0 | 5 | 50.0 | 下降 |
| | 服务业竞争力 | 10 | 2 | 20.0 | 1 | 10.0 | 7 | 70.0 | 下降 |
| | 企业竞争力 | 10 | 4 | 40.0 | 2 | 20.0 | 4 | 40.0 | 上升 |
| | 小　计 | 40 | 11 | 27.5 | 10 | 25 | 19 | 47.5 | 上升 |
| 可持续发展竞争力 | 资源竞争力 | 9 | 1 | 11.1 | 7 | 77.8 | 1 | 11.1 | 保持 |
| | 环境竞争力 | 8 | 2 | 25.0 | 5 | 62.5 | 1 | 12.5 | 下降 |
| | 人力资源竞争力 | 8 | 4 | 50.0 | 1 | 12.5 | 3 | 37.5 | 上升 |
| | 小　计 | 25 | 7 | 28.0 | 13 | 52.0 | 5 | 20.0 | 下降 |
| 财政金融竞争力 | 财政竞争力 | 12 | 4 | 33.3 | 4 | 33.3 | 4 | 33.3 | 上升 |
| | 金融竞争力 | 10 | 2 | 20.0 | 6 | 60.0 | 2 | 20.0 | 下降 |
| | 小　计 | 22 | 6 | 27.3 | 10 | 45.5 | 6 | 27.3 | 上升 |
| 知识经济竞争力 | 科技竞争力 | 9 | 3 | 33.3 | 6 | 66.7 | 0 | 0.0 | 保持 |
| | 教育竞争力 | 10 | 2 | 20.0 | 5 | 50.0 | 3 | 30.0 | 保持 |
| | 文化竞争力 | 8 | 3 | 37.5 | 3 | 37.5 | 2 | 25.0 | 上升 |
| | 小　计 | 27 | 8 | 29.6 | 14 | 51.9 | 5 | 18.5 | 保持 |

续表

| 二级指标 | 三级指标 | 四级指标数 | 上升 | | 保持 | | 下降 | | 变化趋势 |
|---|---|---|---|---|---|---|---|---|---|
| | | | 指标数 | 比重(%) | 指标数 | 比重(%) | 指标数 | 比重(%) | |
| 发展环境竞争力 | 基础设施竞争力 | 9 | 1 | 11.1 | 6 | 66.7 | 2 | 22.2 | 保持 |
| | 软环境竞争力 | 9 | 3 | 33.3 | 2 | 22.2 | 4 | 44.4 | 下降 |
| | 小　计 | 18 | 4 | 22.2 | 8 | 44.4 | 6 | 33.3 | 下降 |
| 政府作用竞争力 | 政府发展经济竞争力 | 5 | 1 | 20.0 | 1 | 20.0 | 3 | 60.0 | 下降 |
| | 政府规调经济竞争力 | 5 | 1 | 20.0 | 2 | 40.0 | 2 | 40.0 | 保持 |
| | 政府保障经济竞争力 | 6 | 4 | 66.7 | 1 | 16.7 | 1 | 16.7 | 下降 |
| | 小　计 | 16 | 6 | 37.5 | 4 | 25.0 | 6 | 37.5 | 下降 |
| 发展水平竞争力 | 工业化进程竞争力 | 6 | 5 | 83.3 | 1 | 16.7 | 0 | 0.0 | 上升 |
| | 城市化进程竞争力 | 7 | 1 | 14.3 | 6 | 85.7 | 0 | 0.0 | 上升 |
| | 市场化进程竞争力 | 6 | 0 | 0.0 | 1 | 16.7 | 5 | 83.3 | 保持 |
| | 小　计 | 19 | 6 | 31.6 | 8 | 42.1 | 5 | 26.3 | 上升 |
| 统筹协调竞争力 | 统筹发展竞争力 | 8 | 3 | 37.5 | 2 | 25.0 | 3 | 37.5 | 上升 |
| | 协调发展竞争力 | 8 | 3 | 37.5 | 2 | 25.0 | 3 | 37.5 | 下降 |
| | 小　计 | 16 | 6 | 37.5 | 4 | 25.0 | 6 | 37.5 | 下降 |
| 合　计 | | 210 | 59 | 28.1 | 79 | 37.6 | 72 | 34.3 | 下降 |

从表5－2可以看出，210个四级指标中，上升指标有59个，占指标总数的28.1%；下降指标有72个，占指标总数的34.3%；保持不变的指标有79个，占指标总数的37.6%。综上所述，内蒙古自治区经济综合竞争力上升的动力小于下降的拉力，2015年内蒙古自治区经济综合竞争力排位下降。

3. **内蒙古自治区经济综合竞争力各级指标优劣势结构分析**

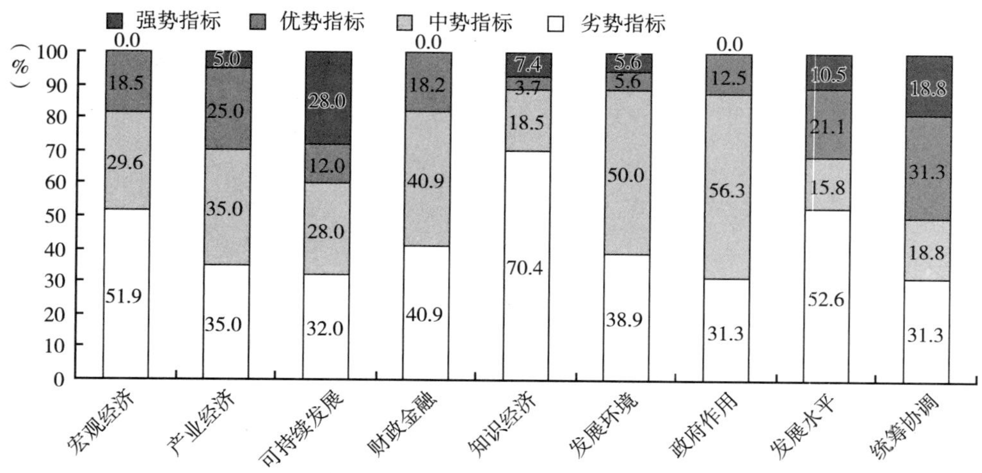


**图5－2　2015年内蒙古自治区经济综合竞争力各级指标优劣势比较**

**表 5 – 3 2015 年内蒙古自治区经济综合竞争力各级指标优劣势情况**

| 二级指标 | 三级指标 | 四级指标数 | 强势指标 | | 优势指标 | | 中势指标 | | 劣势指标 | | 优劣势 |
|---|---|---|---|---|---|---|---|---|---|---|---|
| | | | 个数 | 比重（%） | 个数 | 比重（%） | 个数 | 比重（%） | 个数 | 比重（%） | |
| 宏观经济竞争力 | 经济实力竞争力 | 12 | 0 | 0.0 | 3 | 25.0 | 4 | 33.3 | 5 | 41.7 | 劣势 |
| | 经济结构竞争力 | 6 | 0 | 0.0 | 1 | 16.7 | 3 | 50.0 | 2 | 33.3 | 中势 |
| | 经济外向度竞争力 | 9 | 0 | 0.0 | 1 | 11.1 | 1 | 11.1 | 7 | 77.8 | 劣势 |
| | 小　计 | 27 | 0 | 0.0 | 5 | 18.5 | 8 | 29.6 | 14 | 51.9 | 劣势 |
| 产业经济竞争力 | 农业竞争力 | 10 | 1 | 10.0 | 3 | 30.0 | 4 | 40.0 | 2 | 20.0 | 优势 |
| | 工业竞争力 | 10 | 1 | 10.0 | 2 | 20.0 | 4 | 40.0 | 3 | 30.0 | 优势 |
| | 服务业竞争力 | 10 | 0 | 0.0 | 1 | 10.0 | 3 | 30.0 | 6 | 60.0 | 劣势 |
| | 企业竞争力 | 10 | 0 | 0.0 | 4 | 40.0 | 3 | 30.0 | 3 | 30.0 | 优势 |
| | 小　计 | 40 | 2 | 5.0 | 10 | 25.0 | 14 | 35.0 | 14 | 35.0 | 中势 |
| 可持续发展竞争力 | 资源竞争力 | 9 | 6 | 66.7 | 0 | 0.0 | 2 | 22.2 | 1 | 11.1 | 强势 |
| | 环境竞争力 | 8 | 1 | 12.5 | 0 | 0.0 | 2 | 25.0 | 5 | 62.5 | 劣势 |
| | 人力资源竞争力 | 8 | 0 | 0.0 | 3 | 37.5 | 3 | 37.5 | 2 | 25.0 | 优势 |
| | 小　计 | 25 | 7 | 28.0 | 3 | 12.0 | 7 | 28.0 | 8 | 32.0 | 强势 |
| 财政金融竞争力 | 财政竞争力 | 12 | 0 | 0.0 | 4 | 33.3 | 4 | 33.3 | 4 | 33.3 | 中势 |
| | 金融竞争力 | 10 | 0 | 0.0 | 0 | 0.0 | 5 | 50.0 | 5 | 50.0 | 劣势 |
| | 小　计 | 22 | 0 | 0.0 | 4 | 18.2 | 9 | 40.9 | 9 | 40.9 | 劣势 |
| 知识经济竞争力 | 科技竞争力 | 9 | 0 | 0.0 | 0 | 0.0 | 1 | 11.1 | 8 | 88.9 | 劣势 |
| | 教育竞争力 | 10 | 0 | 0.0 | 0 | 0.0 | 3 | 30.0 | 7 | 70.0 | 劣势 |
| | 文化竞争力 | 8 | 2 | 25.0 | 1 | 12.5 | 1 | 12.5 | 4 | 50.0 | 优势 |
| | 小　计 | 27 | 2 | 7.4 | 1 | 3.7 | 5 | 18.5 | 19 | 70.4 | 劣势 |
| 发展环境竞争力 | 基础设施竞争力 | 9 | 1 | 11.1 | 0 | 0.0 | 5 | 55.6 | 3 | 33.3 | 中势 |
| | 软环境竞争力 | 9 | 0 | 0.0 | 1 | 11.1 | 4 | 44.4 | 4 | 44.4 | 劣势 |
| | 小　计 | 18 | 1 | 5.6 | 1 | 5.6 | 9 | 50.0 | 7 | 38.9 | 劣势 |
| 政府作用竞争力 | 政府发展经济竞争力 | 5 | 0 | 0.0 | 0 | 0.0 | 3 | 60.0 | 2 | 40.0 | 中势 |
| | 政府规调经济竞争力 | 5 | 0 | 0.0 | 2 | 40.0 | 2 | 40.0 | 1 | 20.0 | 优势 |
| | 政府保障经济竞争力 | 6 | 0 | 0.0 | 0 | 0.0 | 4 | 66.7 | 2 | 33.3 | 劣势 |
| | 小　计 | 16 | 0 | 0.0 | 2 | 12.5 | 9 | 56.3 | 5 | 31.3 | 中势 |
| 发展水平竞争力 | 工业化进程竞争力 | 6 | 1 | 16.7 | 0 | 0.0 | 1 | 16.7 | 4 | 66.7 | 劣势 |
| | 城市化进程竞争力 | 7 | 1 | 14.3 | 3 | 42.9 | 1 | 14.3 | 2 | 28.6 | 优势 |
| | 市场化进程竞争力 | 6 | 0 | 0.0 | 1 | 16.7 | 1 | 16.7 | 4 | 66.7 | 中势 |
| | 小　计 | 19 | 2 | 10.5 | 4 | 21.1 | 3 | 15.8 | 10 | 52.6 | 中势 |
| 统筹协调竞争力 | 统筹发展竞争力 | 8 | 0 | 0.0 | 4 | 50.0 | 1 | 12.5 | 3 | 37.5 | 中势 |
| | 协调发展竞争力 | 8 | 3 | 37.5 | 1 | 12.5 | 2 | 25.0 | 2 | 25.0 | 强势 |
| | 小　计 | 16 | 3 | 18.8 | 5 | 31.3 | 3 | 18.8 | 5 | 31.3 | 中势 |
| 合　计 | | 210 | 17 | 8.1 | 35 | 16.7 | 67 | 31.9 | 91 | 43.3 | 中势 |

基于图 5 – 2 和表 5 – 3，具体到四级指标，强势指标 17 个，占指标总数的 8.1%；优势指标 35 个，占指标总数的 16.7%；中势指标 67 个，占指标总数的 31.9%；劣势

指标 91 个，占指标总数的 43.3%。三级指标中，强势指标 2 个，占三级指标总数的 8%；优势指标 7 个，占三级指标总数的 28%；中势指标 6 个，占三级指标总数的 24%；劣势指标 10 个，占三级指标总数的 40%。从二级指标看，强势指标 1 个，占二级指标总数的 11.1%；没有优势指标；中势指标有 4 个，占二级指标总数的 44.4%；劣势指标有 4 个，占二级指标总数的 44.4%。综合来看，2015 年内蒙古自治区经济综合竞争力处于中势地位。

**4. 内蒙古自治区经济综合竞争力四级指标优劣势对比分析**

**表 5－4　2015 年内蒙古自治区经济综合竞争力四级指标优劣势情况**

| 二级指标 | 优劣势 | 四　级　指　标 |
|---|---|---|
| 宏观经济竞争力（27 个） | 强势指标 | （0 个） |
| | 优势指标 | 人均地区生产总值、人均固定资产投资额、人均全社会消费品零售总额、资本形成结构优化度、实际 FDI 增长率（5 个） |
| | 劣势指标 | 地区生产总值增长率、财政总收入、财政总收入增长率、固定资产投资额增长率、全社会消费品零售总额增长率、产业结构优化度、贸易结构优化度、进出口总额、出口总额、出口增长率、实际 FDI、外贸依存度、外资企业数、对外直接投资（14 个） |
| 产业经济竞争力（40 个） | 强势指标 | 人均主要农产品产量、工业全员劳动生产率（2 个） |
| | 优势指标 | 人均农业增加值、农业机械化水平、财政支农资金比重、人均工业增加值、工业资产总额增长率、人均服务业增加值、规模以上企业平均资产、规模以上企业平均收入、规模以上企业平均利润、规模以上企业劳动效率（10 个） |
| | 劣势指标 | 农业增加值增长率、农民人均纯收入增长率、工业增加值增长率、工业资产总贡献率、规模以上工业利润总额、服务业增加值增长率、服务业从业人员数、服务业从业人员数增长率、限额以上批发零售企业主营业务收入、限额以上餐饮企业利税率、房地产经营总收入、规模以上工业企业数、新产品销售收入占主营业务收入比重、中国驰名商标持有量（14 个） |
| 可持续发展竞争力（25 个） | 强势指标 | 耕地面积、人均耕地面积、人均牧草地面积、主要能源矿产基础储量、人均主要能源矿产基础储量、人均森林储积量、人均治理工业污染投资额（7 个） |
| | 优势指标 | 15～64 岁人口比例、大专以上教育程度人口比例、人口健康素质（3 个） |
| | 劣势指标 | 人均国土面积、森林覆盖率、人均工业废气排放量、人均工业固体废物排放量、一般工业固体废物综合利用率、自然灾害直接经济损失、常住人口增长率、职业学校毕业生数（8 个） |
| 财政金融竞争力（22 个） | 强势指标 | （0 个） |
| | 优势指标 | 税收收入占财政总收入比重、人均地方财政收入、人均地方财政支出、人均税收收入（4 个） |
| | 劣势指标 | 税收收入占 GDP 比重、地方财政收入增长率、地方财政支出增长率、税收收入增长率、存款余额、贷款余额、中长期贷款占贷款余额比重、保险费净收入、保险深度（9 个） |
| 知识经济竞争力（27 个） | 强势指标 | 农村居民人均文化娱乐支出、农村居民人均文化娱乐支出占消费性支出比重、（2 个） |
| | 优势指标 | 城镇居民人均文化娱乐支出（1 个） |
| | 劣势指标 | R&D 人员、R&D 经费投入强度、发明专利授权量、技术市场成交合同金额、财政科技支出占地方财政支出比重、高技术产业增加值、高技术产业增加值占工业增加值比重、高技术产品出口额占商品出口额比重、教育经费、教育经费占 GDP 比重、公共教育经费占财政支出比重、万人中小学学校数、高等学校数、高校专任教师数、万人高等学校在校学生数、文化服务业企业营业收入、图书和期刊出版数、报纸出版数、出版印刷工业销售产值（19 个） |

续表

| 二级指标 | 优劣势 | 四　级　指　标 |
|---|---|---|
| 发展环境竞争力（18个） | 强势指标 | 人均耗电量（1个） |
| | 优势指标 | 查处商标侵权假冒案件（1个） |
| | 劣势指标 | 铁路网线密度、公路网线密度、全社会旅客周转量、外资企业数增长率、个体私营企业数增长率、万人商标注册件数、社会捐赠款物（7个） |
| 政府作用竞争力（16个） | 强势指标 | （0个） |
| | 优势指标 | 物价调控、人口控制（2个） |
| | 劣势指标 | 财政支出用于基本建设投资比重、政府消费对民间消费的拉动、规范税收、下岗职工再就业率、城镇登记失业率（5个） |
| 发展水平竞争力（19个） | 强势指标 | 工业增加值占GDP比重、人均公共绿地面积（2个） |
| | 优势指标 | 城镇化率、城镇居民人均可支配收入、人均拥有道路面积、私有和个体企业从业人员比重（4个） |
| | 劣势指标 | 高技术产业规模以上企业产值、高技术产业增加值占工业增加值比重、高技术产品出口额占商品出口额比重、信息产业增加值占GDP比重、城市平均建成区面积比重、人均日生活用水量、社会投资占投资总额的比重、亿元以上商品市场成交额、亿元以上商品市场成交额占全社会消费品零售总额比重、居民消费支出占总消费支出比重（10个） |
| 统筹协调竞争力（16个） | 强势指标 | 资源竞争力与宏观经济竞争力比差、资源竞争力与工业竞争力比差、全社会消费品零售总额与外贸出口总额比差（3个） |
| | 优势指标 | 社会劳动生产率、生产税净额和营业盈余占GDP比重、固定资产投资额占GDP比重、固定资产交付使用率、环境竞争力与工业竞争力比差（5个） |
| | 劣势指标 | 万元GDP综合能耗、非农用地产出率、最终消费率、人力资源竞争力与宏观经济竞争力比差、城乡居民家庭人均收入比差（5个） |

## 5.2　内蒙古自治区经济综合竞争力各级指标具体分析

### 1. 内蒙古自治区宏观经济竞争力指标排名变化情况

**表5-5　2014～2015年内蒙古自治区宏观经济竞争力指标组排位及变化趋势**

| 指　　标 | 2014 | 2015 | 排位升降 | 优劣势 |
|---|---|---|---|---|
| **1　宏观经济竞争力** | 12 | 23 | -11 | 劣势 |
| 1.1　经济实力竞争力 | 10 | 23 | -13 | 劣势 |
| 地区生产总值 | 15 | 16 | -1 | 中势 |
| 地区生产总值增长率 | 22 | 24 | -2 | 劣势 |
| 人均地区生产总值 | 6 | 6 | 0 | 优势 |
| 财政总收入 | 17 | 22 | -5 | 劣势 |
| 财政总收入增长率 | 6 | 28 | -22 | 劣势 |
| 人均财政收入 | 7 | 19 | -12 | 中势 |
| 固定资产投资额 | 13 | 18 | -5 | 中势 |
| 固定资产投资额增长率 | 1 | 30 | -29 | 劣势 |

续表

| 指　　标 | 2014 | 2015 | 排位升降 | 优劣势 |
|---|---|---|---|---|
| 人均固定资产投资额 | 1 | 4 | -3 | 优势 |
| 全社会消费品零售总额 | 21 | 20 | 1 | 中势 |
| 全社会消费品零售总额增长率 | 30 | 26 | 4 | 劣势 |
| 人均全社会消费品零售总额 | 10 | 10 | 0 | 优势 |
| 1.2　经济结构竞争力 | 15 | 16 | -1 | 中势 |
| 产业结构优化度 | 22 | 25 | -3 | 劣势 |
| 所有制经济结构优化度 | 17 | 17 | 0 | 中势 |
| 城乡经济结构优化度 | 13 | 13 | 0 | 中势 |
| 就业结构优化度 | 14 | 14 | 0 | 中势 |
| 资本形成结构优化度 | 12 | 8 | 4 | 优势 |
| 贸易结构优化度 | 27 | 27 | 0 | 劣势 |
| 1.3　经济外向度竞争力 | 13 | 24 | -11 | 劣势 |
| 进出口总额 | 26 | 26 | 0 | 劣势 |
| 进出口增长率 | 8 | 18 | -10 | 中势 |
| 出口总额 | 25 | 26 | -1 | 劣势 |
| 出口增长率 | 2 | 21 | -19 | 劣势 |
| 实际 FDI | 23 | 22 | 1 | 劣势 |
| 实际 FDI 增长率 | 9 | 6 | 3 | 优势 |
| 外贸依存度 | 30 | 31 | -1 | 劣势 |
| 外资企业数 | 25 | 25 | 0 | 劣势 |
| 对外直接投资 | 12 | 26 | -14 | 劣势 |

## 2. 内蒙古自治区产业经济竞争力指标排名变化情况

**表 5-6　2014~2015 年内蒙古自治区产业经济竞争力指标组排位及变化趋势**

| 指　　标 | 2014 | 2015 | 排位升降 | 优劣势 |
|---|---|---|---|---|
| **2　产业经济竞争力** | 15 | 13 | 2 | 中势 |
| 2.1　农业竞争力 | 8 | 5 | 3 | 优势 |
| 农业增加值 | 17 | 20 | -3 | 中势 |
| 农业增加值增长率 | 25 | 25 | 0 | 劣势 |
| 人均农业增加值 | 4 | 4 | 0 | 优势 |
| 农民人均纯收入 | 16 | 19 | -3 | 中势 |
| 农民人均纯收入增长率 | 18 | 27 | -9 | 劣势 |
| 农产品出口占农林牧渔总产值比重 | 27 | 20 | 7 | 中势 |
| 人均主要农产品产量 | 2 | 2 | 0 | 强势 |
| 农业机械化水平 | 10 | 10 | 0 | 优势 |

续表

| 指标 | | 2014 | 2015 | 排位升降 | 优劣势 |
|---|---|---|---|---|---|
| | 农村人均用电量 | 13 | 12 | 1 | 中势 |
| | 财政支农资金比重 | 8 | 4 | 4 | 优势 |
| 2.2 | 工业竞争力 | 7 | 8 | -1 | 优势 |
| | 工业增加值 | 14 | 13 | 1 | 中势 |
| | 工业增加值增长率 | 25 | 22 | 3 | 劣势 |
| | 人均工业增加值 | 3 | 4 | -1 | 优势 |
| | 工业资产总额 | 15 | 15 | 0 | 中势 |
| | 工业资产总额增长率 | 5 | 9 | -4 | 优势 |
| | 工业资产总贡献率 | 25 | 25 | 0 | 劣势 |
| | 规模以上工业主营业务收入 | 18 | 20 | -2 | 中势 |
| | 规模以上工业利润总额 | 19 | 21 | -2 | 劣势 |
| | 工业全员劳动生产率 | 1 | 1 | 0 | 强势 |
| | 工业成本费用利润率 | 11 | 17 | -6 | 中势 |
| 2.3 | 服务业竞争力 | 26 | 27 | -1 | 劣势 |
| | 服务业增加值 | 16 | 19 | -3 | 中势 |
| | 服务业增加值增长率 | 31 | 28 | 3 | 劣势 |
| | 人均服务业增加值 | 7 | 9 | -2 | 优势 |
| | 服务业从业人员数 | 23 | 23 | 0 | 劣势 |
| | 服务业从业人员数增长率 | 24 | 26 | -2 | 劣势 |
| | 限额以上批发零售企业主营业务收入 | 24 | 25 | -1 | 劣势 |
| | 限额以上批零企业利税率 | 11 | 14 | -3 | 中势 |
| | 限额以上餐饮企业利税率 | 19 | 21 | -2 | 劣势 |
| | 旅游外汇收入 | 16 | 17 | -1 | 中势 |
| | 房地产经营总收入 | 23 | 22 | 1 | 劣势 |
| 2.4 | 企业竞争力 | 17 | 10 | 7 | 优势 |
| | 规模以上工业企业数 | 20 | 21 | -1 | 劣势 |
| | 规模以上企业平均资产 | 7 | 7 | 0 | 优势 |
| | 规模以上企业平均收入 | 6 | 4 | 2 | 优势 |
| | 规模以上企业平均利润 | 18 | 6 | 12 | 优势 |
| | 规模以上企业劳动效率 | 6 | 4 | 2 | 优势 |
| | 城镇就业人员平均工资 | 6 | 17 | -11 | 中势 |
| | 新产品销售收入占主营业务收入比重 | 30 | 30 | 0 | 劣势 |
| | 产品质量抽查合格率 | 23 | 15 | 8 | 中势 |
| | 工业企业 R&D 经费投入强度 | 18 | 19 | -1 | 中势 |
| | 中国驰名商标持有量 | 20 | 23 | -3 | 劣势 |

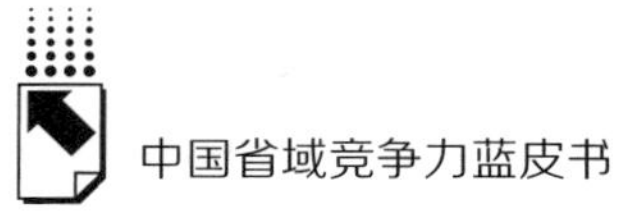



### 3. 内蒙古自治区可持续发展竞争力指标排名变化情况

**表 5－7　2014～2015 年内蒙古自治区可持续发展竞争力指标组排位及变化趋势**

| 指　　标 | 2014 | 2015 | 排位升降 | 优劣势 |
|---|---|---|---|---|
| **3　可持续发展竞争力** | 1 | 2 | －1 | 强势 |
| 3.1　资源竞争力 | 1 | 1 | 0 | 强势 |
| 人均国土面积 | 4 | 28 | －24 | 劣势 |
| 人均可使用海域和滩涂面积 | 13 | 13 | 0 | 中势 |
| 人均年水资源量 | 14 | 13 | 1 | 中势 |
| 耕地面积 | 2 | 2 | 0 | 强势 |
| 人均耕地面积 | 2 | 2 | 0 | 强势 |
| 人均牧草地面积 | 3 | 3 | 0 | 强势 |
| 主要能源矿产基础储量 | 2 | 2 | 0 | 强势 |
| 人均主要能源矿产基础储量 | 2 | 2 | 0 | 强势 |
| 人均森林储积量 | 2 | 2 | 0 | 强势 |
| 3.2　环境竞争力 | 23 | 27 | －4 | 劣势 |
| 森林覆盖率 | 21 | 21 | 0 | 劣势 |
| 人均废水排放量 | 13 | 12 | 1 | 中势 |
| 人均工业废气排放量 | 30 | 30 | 0 | 劣势 |
| 人均工业固体废物排放量 | 30 | 30 | 0 | 劣势 |
| 人均治理工业污染投资额 | 1 | 1 | 0 | 强势 |
| 一般工业固体废物综合利用率 | 28 | 28 | 0 | 劣势 |
| 生活垃圾无害化处理率 | 14 | 12 | 2 | 中势 |
| 自然灾害直接经济损失 | 18 | 23 | －5 | 劣势 |
| 3.3　人力资源竞争力 | 10 | 8 | 2 | 优势 |
| 常住人口增长率 | 24 | 26 | －2 | 劣势 |
| 15～64 岁人口比例 | 8 | 5 | 3 | 优势 |
| 文盲率 | 16 | 18 | －2 | 中势 |
| 大专以上教育程度人口比例 | 15 | 7 | 8 | 优势 |
| 平均受教育程度 | 17 | 11 | 6 | 中势 |
| 人口健康素质 | 8 | 7 | 1 | 优势 |
| 人力资源利用率 | 17 | 19 | －2 | 中势 |
| 职业学校毕业生数 | 22 | 22 | 0 | 劣势 |

### 4. 内蒙古自治区财政金融竞争力指标排名变化情况

**表 5－8　2014～2015 年内蒙古自治区财政金融竞争力指标组排位及变化趋势**

| 指　　标 | 2014 | 2015 | 排位升降 | 优劣势 |
|---|---|---|---|---|
| **4　财政金融竞争力** | 27 | 26 | 1 | 劣势 |
| 4.1　财政竞争力 | 25 | 17 | 8 | 中势 |
| 地方财政收入 | 19 | 19 | 0 | 中势 |
| 地方财政支出 | 17 | 17 | 0 | 中势 |
| 地方财政收入占 GDP 比重 | 20 | 20 | 0 | 中势 |

续表

| 指　　标 | 2014 | 2015 | 排位升降 | 优劣势 |
|---|---|---|---|---|
| 地方财政支出占 GDP 比重 | 17 | 18 | -1 | 中势 |
| 税收收入占 GDP 比重 | 23 | 21 | 2 | 劣势 |
| 税收收入占财政总收入比重 | 20 | 4 | 16 | 优势 |
| 人均地方财政收入 | 7 | 7 | 0 | 优势 |
| 人均地方财政支出 | 6 | 7 | -1 | 优势 |
| 人均税收收入 | 9 | 8 | 1 | 优势 |
| 地方财政收入增长率 | 25 | 26 | -1 | 劣势 |
| 地方财政支出增长率 | 27 | 29 | -2 | 劣势 |
| 税收收入增长率 | 29 | 25 | 4 | 劣势 |
| 4.2　金融竞争力 | 26 | 30 | -4 | 劣势 |
| 存款余额 | 24 | 24 | 0 | 劣势 |
| 人均存款余额 | 18 | 18 | 0 | 中势 |
| 贷款余额 | 22 | 22 | 0 | 劣势 |
| 人均贷款余额 | 12 | 13 | -1 | 中势 |
| 货币市场融资额 | 14 | 14 | 0 | 中势 |
| 中长期贷款占贷款余额比重 | 19 | 30 | -11 | 劣势 |
| 保险费净收入 | 24 | 21 | 3 | 劣势 |
| 保险密度 | 17 | 11 | 6 | 中势 |
| 保险深度 | 29 | 29 | 0 | 劣势 |
| 人均证券市场筹资额 | 13 | 13 | 0 | 中势 |

## 5. 内蒙古自治区知识经济竞争力指标排名变化情况

**表 5-9　2014～2015 年内蒙古自治区知识经济竞争力指标组排位及变化趋势**

| 指　　标 | 2014 | 2015 | 排位升降 | 优劣势 |
|---|---|---|---|---|
| **5　知识经济竞争力** | 28 | 28 | 0 | 劣势 |
| 5.1　科技竞争力 | 27 | 27 | 0 | 劣势 |
| R&D 人员 | 23 | 23 | 0 | 劣势 |
| R&D 经费 | 20 | 19 | 1 | 中势 |
| R&D 经费投入强度 | 23 | 22 | 1 | 劣势 |
| 发明专利授权量 | 27 | 27 | 0 | 劣势 |
| 技术市场成交合同金额 | 26 | 26 | 0 | 劣势 |
| 财政科技支出占地方财政支出比重 | 28 | 28 | 0 | 劣势 |
| 高技术产业增加值 | 24 | 23 | 1 | 劣势 |
| 高技术产业增加值占工业增加值比重 | 28 | 28 | 0 | 劣势 |
| 高技术产品出口额占商品出口额比重 | 30 | 30 | 0 | 劣势 |
| 5.2　教育竞争力 | 31 | 31 | 0 | 劣势 |
| 教育经费 | 24 | 23 | 1 | 劣势 |
| 教育经费占 GDP 比重 | 25 | 25 | 0 | 劣势 |
| 人均教育经费 | 8 | 11 | -3 | 中势 |
| 公共教育经费占财政支出比重 | 27 | 27 | 0 | 劣势 |

续表

| 指　　标 | 2014 | 2015 | 排位升降 | 优劣势 |
|---|---|---|---|---|
| 人均文化教育支出占个人消费支出比重 | 19 | 11 | 8 | 中势 |
| 万人中小学学校数 | 26 | 26 | 0 | 劣势 |
| 万人中小学专任教师数 | 14 | 18 | -4 | 中势 |
| 高等学校数 | 25 | 25 | 0 | 劣势 |
| 高校专任教师数 | 26 | 26 | 0 | 劣势 |
| 万人高等学校在校学生数 | 24 | 26 | -2 | 劣势 |
| 5.3　文化竞争力 | 11 | 9 | 2 | 优势 |
| 文化服务业企业营业收入 | 26 | 25 | 1 | 劣势 |
| 图书和期刊出版数 | 26 | 27 | -1 | 劣势 |
| 报纸出版数 | 27 | 27 | 0 | 劣势 |
| 出版印刷工业销售产值 | 20 | 23 | -3 | 劣势 |
| 城镇居民人均文化娱乐支出 | 8 | 7 | 1 | 优势 |
| 农村居民人均文化娱乐支出 | 2 | 2 | 0 | 强势 |
| 城镇居民人均文化娱乐支出占消费性支出比重 | 19 | 11 | 8 | 中势 |
| 农村居民人均文化娱乐支出占消费性支出比重 | 2 | 2 | 0 | 强势 |

## 6. 内蒙古自治区发展环境竞争力指标排名变化情况

**表 5-10　2014~2015 年内蒙古自治区发展环境竞争力指标组排位及变化趋势**

| 指　　标 | 2014 | 2015 | 排位升降 | 优劣势 |
|---|---|---|---|---|
| **6　发展环境竞争力** | 20 | 21 | -1 | 劣势 |
| 6.1　基础设施竞争力 | 19 | 19 | 0 | 中势 |
| 铁路网线密度 | 25 | 25 | 0 | 劣势 |
| 公路网线密度 | 28 | 28 | 0 | 劣势 |
| 人均内河航道里程 | 13 | 13 | 0 | 中势 |
| 全社会旅客周转量 | 24 | 24 | 0 | 劣势 |
| 全社会货物周转量 | 12 | 12 | 0 | 中势 |
| 人均邮电业务总量 | 16 | 18 | -2 | 中势 |
| 电话普及率 | 9 | 14 | -5 | 中势 |
| 互联网上网人数比重 | 16 | 14 | 2 | 中势 |
| 人均耗电量 | 3 | 3 | 0 | 强势 |
| 6.2　软环境竞争力 | 19 | 22 | -3 | 劣势 |
| 外资企业数增长率 | 13 | 24 | -11 | 劣势 |
| 万人外资企业数 | 18 | 17 | 1 | 中势 |
| 个体私营企业数增长率 | 24 | 26 | -2 | 劣势 |
| 万人个体私营企业数 | 19 | 19 | 0 | 中势 |
| 万人商标注册件数 | 23 | 23 | 0 | 劣势 |
| 查处商标侵权假冒案件 | 3 | 6 | -3 | 优势 |
| 每十万人交通事故发生数 | 17 | 16 | 1 | 中势 |
| 罚没收入占财政收入比重 | 16 | 11 | 5 | 中势 |
| 社会捐赠款物 | 21 | 25 | -4 | 劣势 |

## 7. 内蒙古自治区政府作用竞争力指标排名变化情况

表 5-11 2014~2015 年内蒙古自治区政府作用竞争力指标组排位及变化趋势

| 指　　标 | 2014 | 2015 | 排位升降 | 优劣势 |
|---|---|---|---|---|
| **7 政府作用竞争力** | 16 | 17 | -1 | 中势 |
| 7.1 政府发展经济竞争力 | 19 | 20 | -1 | 中势 |
| 财政支出用于基本建设投资比重 | 15 | 22 | -7 | 劣势 |
| 财政支出对 GDP 增长的拉动 | 15 | 14 | 1 | 中势 |
| 政府公务员对经济的贡献 | 13 | 13 | 0 | 中势 |
| 政府消费对民间消费的拉动 | 22 | 24 | -2 | 劣势 |
| 财政投资对社会投资的拉动 | 11 | 13 | -2 | 中势 |
| 7.2 政府规调经济竞争力 | 9 | 9 | 0 | 优势 |
| 物价调控 | 2 | 7 | -5 | 优势 |
| 调控城乡消费差距 | 11 | 12 | -1 | 中势 |
| 统筹经济社会发展 | 20 | 20 | 0 | 中势 |
| 规范税收 | 26 | 21 | 5 | 劣势 |
| 人口控制 | 6 | 6 | 0 | 优势 |
| 7.3 政府保障经济竞争力 | 19 | 21 | -2 | 劣势 |
| 城市城镇社区服务设施数 | 22 | 20 | 2 | 中势 |
| 医疗保险覆盖率 | 15 | 14 | 1 | 中势 |
| 养老保险覆盖率 | 21 | 17 | 4 | 中势 |
| 失业保险覆盖率 | 19 | 18 | 1 | 中势 |
| 下岗职工再就业率 | 25 | 28 | -3 | 劣势 |
| 城镇登记失业率 | 24 | 24 | 0 | 劣势 |

## 8. 内蒙古自治区发展水平竞争力指标排名变化情况

表 5-12 2014~2015 年内蒙古自治区发展水平竞争力指标组排位及变化趋势

| 指　　标 | 2014 | 2015 | 排位升降 | 优劣势 |
|---|---|---|---|---|
| **8 发展水平竞争力** | 21 | 17 | 4 | 中势 |
| 8.1 工业化进程竞争力 | 29 | 23 | 6 | 劣势 |
| 工业增加值占 GDP 比重 | 8 | 2 | 6 | 强势 |
| 工业增加值增长率 | 29 | 18 | 11 | 中势 |
| 高技术产业规模以上企业产值 | 24 | 24 | 0 | 劣势 |
| 高技术产业增加值占工业增加值比重 | 29 | 28 | 1 | 劣势 |
| 高技术产品出口额占商品出口额比重 | 30 | 25 | 5 | 劣势 |
| 信息产业增加值占 GDP 比重 | 31 | 25 | 6 | 劣势 |
| 8.2 城市化进程竞争力 | 8 | 7 | 1 | 优势 |
| 城镇化率 | 10 | 10 | 0 | 优势 |
| 城镇居民人均可支配收入 | 10 | 10 | 0 | 优势 |
| 城市平均建成区面积比重 | 28 | 23 | 5 | 劣势 |

续表

| 指　　标 | 2014 | 2015 | 排位升降 | 优劣势 |
|---|---|---|---|---|
| 人均拥有道路面积 | 4 | 4 | 0 | 优势 |
| 人均日生活用水量 | 31 | 31 | 0 | 劣势 |
| 恩格尔系数 | 12 | 12 | 0 | 中势 |
| 人均公共绿地面积 | 1 | 1 | 0 | 强势 |
| 8.3　市场化进程竞争力 | 19 | 19 | 0 | 中势 |
| 非公有制经济产值占全社会总产值的比重 | 17 | 17 | 0 | 中势 |
| 社会投资占投资总额比重 | 23 | 24 | -1 | 劣势 |
| 私有和个体企业从业人员比重 | 5 | 7 | -2 | 优势 |
| 亿元以上商品市场成交额 | 25 | 26 | -1 | 劣势 |
| 亿元以上商品市场成交额占全社会消费品零售总额比重 | 27 | 28 | -1 | 劣势 |
| 居民消费支出占总消费支出比重 | 22 | 24 | -2 | 劣势 |

## 9. 内蒙古自治区统筹协调竞争力指标排名变化情况

**表5-13　2014~2015年内蒙古自治区统筹协调竞争力指标组排位及变化趋势**

| 指　　标 | 2014 | 2015 | 排位升降 | 优劣势 |
|---|---|---|---|---|
| **9　统筹协调竞争力** | 10 | 11 | -1 | 中势 |
| 9.1　统筹发展竞争力 | 23 | 18 | 5 | 中势 |
| 社会劳动生产率 | 3 | 6 | -3 | 优势 |
| 社会劳动生产率增速 | 19 | 14 | 5 | 中势 |
| 万元GDP综合能耗 | 25 | 26 | -1 | 劣势 |
| 非农用地产出率 | 27 | 27 | 0 | 劣势 |
| 生产税净额和营业盈余占GDP比重 | 14 | 9 | 5 | 优势 |
| 最终消费率 | 28 | 28 | 0 | 劣势 |
| 固定资产投资额占GDP比重 | 25 | 10 | 15 | 优势 |
| 固定资产交付使用率 | 5 | 9 | -4 | 优势 |
| 9.2　协调发展竞争力 | 1 | 2 | -1 | 强势 |
| 环境竞争力与宏观经济竞争力比差 | 10 | 12 | -2 | 中势 |
| 资源竞争力与宏观经济竞争力比差 | 8 | 2 | 6 | 强势 |
| 人力资源竞争力与宏观经济竞争力比差 | 14 | 27 | -13 | 劣势 |
| 资源竞争力与工业竞争力比差 | 6 | 3 | 3 | 强势 |
| 环境竞争力与工业竞争力比差 | 5 | 4 | 1 | 优势 |
| 城乡居民家庭人均收入比差 | 25 | 25 | 0 | 劣势 |
| 城乡居民人均现金消费支出比差 | 11 | 12 | -1 | 中势 |
| 全社会消费品零售总额与外贸出口总额比差 | 2 | 2 | 0 | 强势 |

# B.7
# 6
# 辽宁省经济综合竞争力评价分析报告

辽宁省简称辽，位于中国东北地区的南部沿海，东隔鸭绿江与朝鲜为邻，内接吉林省、内蒙古自治区、河北省，是中国东北经济区和环渤海经济区的重要结合部。全省陆地面积 14.59 万平方公里，2015 年常住人口为 4382 万人，地区生产总值为 28669 亿元，同比增长 3.0%，人均 GDP 达 65354 元。本部分通过分析 2014～2015 年辽宁省经济综合竞争力以及各要素竞争力的排名变化，从中找出辽宁省经济综合竞争力的推动点及影响因素，为进一步提升辽宁省经济综合竞争力提供决策参考。

## 6.1 辽宁省经济综合竞争力总体分析

**1. 辽宁省经济综合竞争力一级指标概要分析**

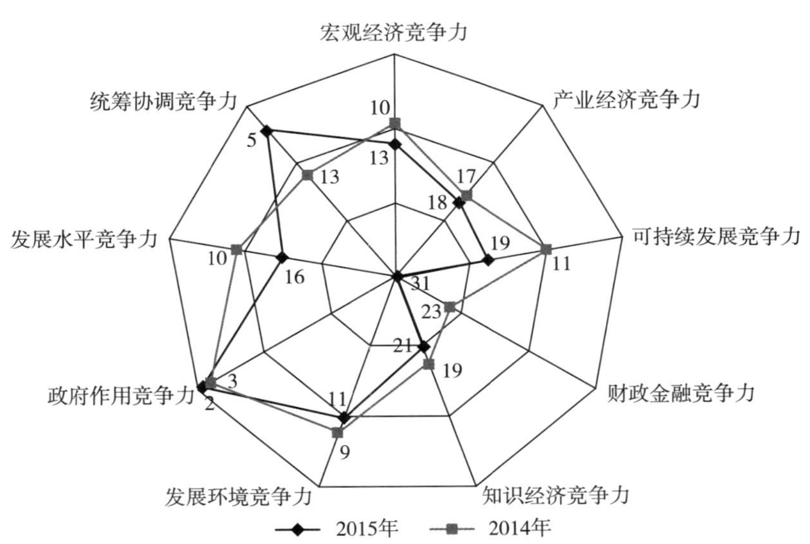


**图 6－1 2014～2015 年辽宁省经济综合竞争力二级指标比较**

（1）从综合排位看，2015 年辽宁省经济综合竞争力排位在全国居第 14 位，这表明其在全国处于中势地位；与 2014 年相比，综合排位下降了 5 位。

（2）从指标所处区位看，有 2 个二级指标处于上游区，为政府作用竞争力和统筹协调竞争力，其中政府作用竞争力为强势指标。财政金融竞争力和知识经济竞争力处于

**表 6－1　2014～2015 年辽宁省经济综合竞争力二级指标表现情况**

| 项目<br>年份 | 宏观经济竞争力 | 产业经济竞争力 | 可持续发展竞争力 | 财政金融竞争力 | 知识经济竞争力 | 发展环境竞争力 | 政府作用竞争力 | 发展水平竞争力 | 统筹协调竞争力 | **综合排位** |
|---|---|---|---|---|---|---|---|---|---|---|
| 2014 | 10 | 17 | 11 | 23 | 19 | 9 | 3 | 10 | 13 | 9 |
| 2015 | 13 | 18 | 19 | 31 | 21 | 11 | 2 | 16 | 5 | 14 |
| 升降 | －3 | －1 | －8 | －8 | －2 | －2 | 1 | －6 | 8 | －5 |
| 优劣度 | 中势 | 中势 | 中势 | 劣势 | 劣势 | 中势 | 强势 | 中势 | 优势 | 中势 |

下游区，有 5 个二级指标为中势指标，有 1 个优势指标。

（3）从指标变化趋势看，9 个二级指标中，有 2 个指标处于上升趋势，分别为政府作用竞争力和统筹协调竞争力，这些是辽宁省经济综合竞争力的上升动力所在；其他 7 个二级指标排位都下降，这些是辽宁省经济综合竞争力的下降拉力所在。

**2. 辽宁省经济综合竞争力各级指标动态变化分析**

**表 6－2　2014～2015 年辽宁省经济综合竞争力各级指标排位变化情况**

| 二级指标 | 三级指标 | 四级指标数 | 上升 | | 保持 | | 下降 | | 变化趋势 |
|---|---|---|---|---|---|---|---|---|---|
| | | | 指标数 | 比重（%） | 指标数 | 比重（%） | 指标数 | 比重（%） | |
| 宏观经济竞争力 | 经济实力竞争力 | 12 | 2 | 16.7 | 2 | 16.7 | 8 | 66.7 | 下降 |
| | 经济结构竞争力 | 6 | 2 | 33.3 | 1 | 16.7 | 3 | 50.0 | 保持 |
| | 经济外向度竞争力 | 9 | 2 | 22.2 | 4 | 44.4 | 3 | 33.3 | 上升 |
| | 小　计 | 27 | 6 | 22.2 | 7 | 25.9 | 14 | 51.9 | 下降 |
| 产业经济竞争力 | 农业竞争力 | 10 | 4 | 40.0 | 5 | 50.0 | 1 | 10.0 | 上升 |
| | 工业竞争力 | 10 | 1 | 10.0 | 2 | 20.0 | 7 | 70.0 | 下降 |
| | 服务业竞争力 | 10 | 2 | 20.0 | 3 | 30.0 | 5 | 50.0 | 下降 |
| | 企业竞争力 | 10 | 6 | 60.0 | 0 | 0.0 | 4 | 40.0 | 保持 |
| | 小　计 | 40 | 13 | 32.5 | 10 | 25.0 | 17 | 42.5 | 下降 |
| 可持续发展竞争力 | 资源竞争力 | 9 | 1 | 11.1 | 7 | 77.8 | 1 | 11.1 | 保持 |
| | 环境竞争力 | 8 | 3 | 37.5 | 3 | 37.5 | 2 | 25.0 | 下降 |
| | 人力资源竞争力 | 8 | 1 | 12.5 | 2 | 25.0 | 5 | 62.5 | 下降 |
| | 小　计 | 25 | 5 | 20.0 | 12 | 48.0 | 8 | 32.0 | 下降 |
| 财政金融竞争力 | 财政竞争力 | 12 | 0 | 0.0 | 2 | 16.7 | 10 | 83.3 | 下降 |
| | 金融竞争力 | 10 | 3 | 30.0 | 5 | 50.0 | 2 | 20.0 | 保持 |
| | 小　计 | 22 | 3 | 13.6 | 7 | 31.8 | 12 | 54.5 | 下降 |
| 知识经济竞争力 | 科技竞争力 | 9 | 1 | 11.1 | 4 | 44.4 | 4 | 44.4 | 保持 |
| | 教育竞争力 | 10 | 1 | 10.0 | 5 | 50.0 | 4 | 40.0 | 保持 |
| | 文化竞争力 | 8 | 1 | 12.5 | 0 | 0.0 | 7 | 87.5 | 下降 |
| | 小　计 | 27 | 3 | 11.1 | 9 | 33.3 | 15 | 55.6 | 下降 |

续表

| 二级指标 | 三级指标 | 四级指标数 | 上升 | | 保持 | | 下降 | | 变化趋势 |
|---|---|---|---|---|---|---|---|---|---|
| | | | 指标数 | 比重（%） | 指标数 | 比重（%） | 指标数 | 比重（%） | |
| 发展环境竞争力 | 基础设施竞争力 | 9 | 3 | 33.3 | 3 | 33.3 | 3 | 33.3 | 下降 |
| | 软环境竞争力 | 9 | 2 | 22.2 | 2 | 22.2 | 5 | 55.6 | 下降 |
| | 小　计 | 18 | 5 | 27.8 | 5 | 27.8 | 8 | 44.4 | 下降 |
| 政府作用竞争力 | 政府发展经济竞争力 | 5 | 2 | 40.0 | 2 | 40.0 | 1 | 20.0 | 上升 |
| | 政府规调经济竞争力 | 5 | 2 | 40.0 | 0 | 0.0 | 3 | 60.0 | 保持 |
| | 政府保障经济竞争力 | 6 | 3 | 50.0 | 1 | 16.7 | 2 | 33.3 | 保持 |
| | 小　计 | 16 | 7 | 43.8 | 3 | 18.8 | 6 | 37.5 | 上升 |
| 发展水平竞争力 | 工业化进程竞争力 | 6 | 2 | 33.3 | 0 | 0.0 | 4 | 66.7 | 下降 |
| | 城市化进程竞争力 | 7 | 3 | 42.9 | 2 | 28.6 | 2 | 28.6 | 下降 |
| | 市场化进程竞争力 | 6 | 1 | 16.7 | 4 | 66.7 | 1 | 16.7 | 下降 |
| | 小　计 | 19 | 6 | 31.6 | 6 | 31.6 | 7 | 36.8 | 下降 |
| 统筹协调竞争力 | 统筹发展竞争力 | 8 | 5 | 62.5 | 2 | 25.0 | 1 | 12.5 | 上升 |
| | 协调发展竞争力 | 8 | 6 | 75.0 | 1 | 12.5 | 1 | 12.5 | 上升 |
| | 小　计 | 16 | 11 | 68.8 | 3 | 18.8 | 2 | 12.5 | 上升 |
| 合　计 | | 210 | 59 | 28.1 | 62 | 29.5 | 89 | 42.4 | 下降 |

从表6－2可以看出，210个四级指标中，上升指标有59个，占指标总数的28.1%；下降指标有89个，占指标总数的42.4%；保持不变的指标有62个，占指标总数的29.5%。综上所述，辽宁省经济综合竞争力上升的动力小于下降的拉力，且排位保持不变的指标占较大比重，2015年辽宁省经济综合竞争力排位保持不变。

3. 辽宁省经济综合竞争力各级指标优劣势结构分析

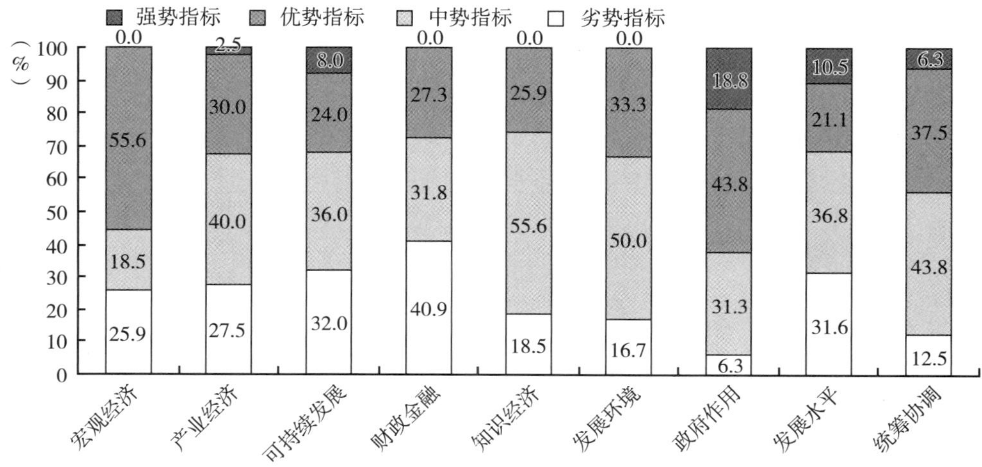


**图6－2　2015年辽宁省经济综合竞争力各级指标优劣势比较**

**表 6－3　2015 年辽宁省经济综合竞争力各级指标优劣势情况**

| 二级指标 | 三级指标 | 四级指标数 | 强势指标 | | 优势指标 | | 中势指标 | | 劣势指标 | | 优劣势 |
|---|---|---|---|---|---|---|---|---|---|---|---|
| | | | 个数 | 比重(%) | 个数 | 比重(%) | 个数 | 比重(%) | 个数 | 比重(%) | |
| 宏观经济竞争力 | 经济实力竞争力 | 12 | 0 | 0.0 | 7 | 58.3 | 2 | 16.7 | 3 | 25.0 | 中势 |
| | 经济结构竞争力 | 6 | 0 | 0.0 | 3 | 50.0 | 2 | 33.3 | 1 | 16.7 | 优势 |
| | 经济外向度竞争力 | 9 | 0 | 0.0 | 5 | 55.6 | 1 | 11.1 | 3 | 33.3 | 中势 |
| | 小　计 | 27 | 0 | 0.0 | 15 | 55.6 | 5 | 18.5 | 7 | 25.9 | 中势 |
| 产业经济竞争力 | 农业竞争力 | 10 | 1 | 10.0 | 4 | 40.0 | 3 | 30.0 | 2 | 20.0 | 中势 |
| | 工业竞争力 | 10 | 0 | 0.0 | 4 | 40.0 | 3 | 30.0 | 3 | 30.0 | 中势 |
| | 服务业竞争力 | 10 | 0 | 0.0 | 3 | 30.0 | 4 | 40.0 | 3 | 30.0 | 中势 |
| | 企业竞争力 | 10 | 0 | 0.0 | 1 | 10.0 | 6 | 60.0 | 3 | 30.0 | 中势 |
| | 小　计 | 40 | 1 | 2.5 | 12 | 30.0 | 16 | 40.0 | 11 | 27.5 | 中势 |
| 可持续发展竞争力 | 资源竞争力 | 9 | 1 | 11.1 | 3 | 33.3 | 4 | 44.4 | 1 | 11.1 | 优势 |
| | 环境竞争力 | 8 | 0 | 0.0 | 0 | 0.0 | 4 | 50.0 | 4 | 50.0 | 劣势 |
| | 人力资源竞争力 | 8 | 1 | 12.5 | 3 | 37.5 | 1 | 12.5 | 3 | 37.5 | 中势 |
| | 小　计 | 25 | 2 | 8.0 | 6 | 24.0 | 9 | 36.0 | 8 | 32.0 | 中势 |
| 财政金融竞争力 | 财政竞争力 | 12 | 0 | 0.0 | 0 | 0.0 | 4 | 33.3 | 8 | 66.7 | 劣势 |
| | 金融竞争力 | 10 | 0 | 0.0 | 6 | 60.0 | 3 | 30.0 | 1 | 10.0 | 优势 |
| | 小　计 | 22 | 0 | 0.0 | 6 | 27.3 | 7 | 31.8 | 9 | 40.9 | 劣势 |
| 知识经济竞争力 | 科技竞争力 | 9 | 0 | 0.0 | 2 | 22.2 | 6 | 66.7 | 1 | 11.1 | 中势 |
| | 教育竞争力 | 10 | 0 | 0.0 | 2 | 20.0 | 4 | 40.0 | 4 | 40.0 | 劣势 |
| | 文化竞争力 | 8 | 0 | 0.0 | 3 | 37.5 | 5 | 62.5 | 0 | 0.0 | 优势 |
| | 小　计 | 27 | 0 | 0.0 | 7 | 25.9 | 15 | 55.6 | 5 | 18.5 | 劣势 |
| 发展环境竞争力 | 基础设施竞争力 | 9 | 0 | 0.0 | 4 | 44.4 | 4 | 44.4 | 1 | 11.1 | 优势 |
| | 软环境竞争力 | 9 | 0 | 0.0 | 2 | 22.2 | 5 | 55.6 | 2 | 22.2 | 劣势 |
| | 小　计 | 18 | 0 | 0.0 | 6 | 33.3 | 9 | 50.0 | 3 | 16.7 | 中势 |
| 政府作用竞争力 | 政府发展经济竞争力 | 5 | 1 | 20.0 | 3 | 60.0 | 1 | 20.0 | 0 | 0.0 | 优势 |
| | 政府规调经济竞争力 | 5 | 0 | 0.0 | 2 | 40.0 | 2 | 40.0 | 1 | 20.0 | 优势 |
| | 政府保障经济竞争力 | 6 | 2 | 33.3 | 2 | 33.3 | 2 | 33.3 | 0 | 0.0 | 优势 |
| | 小　计 | 16 | 3 | 18.8 | 7 | 43.8 | 5 | 31.3 | 1 | 6.3 | 强势 |
| 发展水平竞争力 | 工业化进程竞争力 | 6 | 0 | 0.0 | 0 | 0.0 | 4 | 66.7 | 2 | 33.3 | 劣势 |
| | 城市化进程竞争力 | 7 | 0 | 0.0 | 3 | 42.9 | 0 | 0.0 | 4 | 57.1 | 中势 |
| | 市场化进程竞争力 | 6 | 2 | 33.3 | 1 | 16.7 | 3 | 50.0 | 0 | 0.0 | 优势 |
| 统筹协调竞争力 | 小　计 | 19 | 2 | 10.5 | 4 | 21.1 | 7 | 36.8 | 6 | 31.6 | 中势 |
| | 统筹发展竞争力 | 8 | 1 | 12.5 | 3 | 37.5 | 3 | 37.5 | 1 | 12.5 | 优势 |
| | 协调发展竞争力 | 8 | 0 | 0.0 | 3 | 37.5 | 4 | 50.0 | 1 | 12.5 | 优势 |
| | 小　计 | 16 | 1 | 6.3 | 6 | 37.5 | 7 | 43.8 | 2 | 12.5 | 优势 |
| 合　计 | | 210 | 9 | 4.3 | 69 | 32.9 | 80 | 38.1 | 52 | 24.8 | 中势 |

基于图 6－2 和表 6－3，具体到四级指标，强势指标 9 个，占指标总数的 4.3%；优势指标 69 个，占指标总数的 32.9%；中势指标 80 个，占指标总数的 38.1%；劣势

指标52个，占指标总数的24.8%。三级指标中，没有强势指标；优势指标11个，占三级指标总数的44%；中势指标9个，占三级指标总数的36%；劣势指标5个，占三级指标总数的20%。从二级指标看，强势指标1个，占二级指标总数的11.1%；优势指标有1个，占二级指标总数的11.1%；中势指标有5个，占二级指标总数的55.6%；劣势指标2个，占二级指标总数的22.2%。综合来看，中势指标在指标体系中居于主导地位，2015年辽宁省经济综合竞争力处于中势地位。

**4. 辽宁省经济综合竞争力四级指标优劣势对比分析**

**表6-4　2015年辽宁省经济综合竞争力四级指标优劣势情况**

| 二级指标 | 优劣势 | 四级指标 |
|---|---|---|
| 宏观经济竞争力（27个） | 强势指标 | （0个） |
| | 优势指标 | 地区生产总值、人均地区生产总值、财政总收入、财政总收入增长率、人均财政收入、全社会消费品零售总额、人均全社会消费品零售总额、城乡经济结构优化度、就业结构优化度、贸易结构优化度、进出口总额、出口总额、实际FDI、外资企业数、对外直接投资（15个） |
| | 劣势指标 | 地区生产总值增长率、固定资产投资额增长率、全社会消费品零售总额增长率、资本形成结构优化度、进出口增长率、出口增长率、实际FDI增长率（7个） |
| 产业经济竞争力（40个） | 强势指标 | 人均农业增加值（1个） |
| | 优势指标 | 农民人均纯收入、农产品出口占农林牧渔总产值比重、人均主要农产品产量、农村人均用电量、工业增加值、人均工业增加值、工业资产总额、工业全员劳动生产率、服务业增加值、人均服务业增加值、限额以上批发零售企业主营业务收入、中国驰名商标持有量（12个） |
| | 劣势指标 | 农民人均纯收入增长率、财政支农资金比重、工业增加值增长率、工业资产总额增长率、工业成本费用利润率、服务业增加值增长率、服务业从业人员数增长率、限额以上批零企业利税率、规模以上企业平均收入、规模以上企业平均利润、城镇就业人员平均工资（11个） |
| 可持续发展竞争力（25个） | 强势指标 | 人均可使用海域和滩涂面积、文盲率（2个） |
| | 优势指标 | 人均耕地面积、主要能源矿产基础储量、人均主要能源矿产基础储量、15～64岁人口比例、大专以上教育程度人口比例、平均受教育程度（6个） |
| | 劣势指标 | 人均年水资源量、人均废水排放量、人均工业废气排放量、人均工业固体废物排放量、一般工业固体废物综合利用率、常住人口增长率、人口健康素质、人力资源利用率（8个） |
| 财政金融竞争力（22个） | 强势指标 | （0个） |
| | 优势指标 | 存款余额、人均存款余额、贷款余额、人均贷款余额、货币市场融资额、保险密度（6个） |
| | 劣势指标 | 地方财政收入占GDP比重、地方财政支出占GDP比重、税收收入占GDP比重、税收收入占财政总收入比重、人均地方财政支出、地方财政收入增长率、地方财政支出增长率、税收收入增长率、保险深度（9个） |
| 知识经济竞争力（27个） | 强势指标 | （0个） |
| | 优势指标 | 技术市场成交合同金额、财政科技支出占地方财政支出比重、高等学校数、万人高等学校在校学生数、城镇居民人均文化娱乐支出、农村居民人均文化娱乐支出、农村居民人均文化娱乐支出占消费性支出比重（7个） |
| | 劣势指标 | 高技术产业增加值占工业增加值比重、教育经费占GDP比重、人均教育经费、公共教育经费占财政支出比重、万人中小学专任教师数（5个） |

续表

| 二级指标 | 优劣势 | 四　级　指　标 |
|---|---|---|
| 发展环境竞争力（18个） | 强势指标 | （0个） |
| | 优势指标 | 铁路网线密度、全社会货物周转量、电话普及率、互联网上网人数比重、万人外资企业数、万人个体私营企业数（6个） |
| | 劣势指标 | 人均内河航道里程、个体私营企业数增长率、罚没收入占财政收入比重（3个） |
| 政府作用竞争力（16个） | 强势指标 | 政府消费对民间消费的拉动、医疗保险覆盖率、养老保险覆盖率（3个） |
| | 优势指标 | 财政支出对GDP增长的拉动、政府公务员对经济的贡献、财政投资对社会投资的拉动、统筹经济社会发展、人口控制、失业保险覆盖率、下岗职工再就业率（7个） |
| | 劣势指标 | 调控城乡消费差距（1个） |
| 发展水平竞争力（19个） | 强势指标 | 社会投资占投资总资金的比重、居民消费支出占总消费支出比重（2个） |
| | 优势指标 | 城镇化率、城镇居民人均可支配收入、恩格尔系数、亿元以上商品市场成交额（4个） |
| | 劣势指标 | 工业增加值增长率、高技术产业增加值占工业增加值比重、城市平均建成区面积比重、人均拥有道路面积、人均日生活用水量、人均公共绿地面积、（6个） |
| 统筹协调竞争力（16个） | 强势指标 | 固定资产交付使用率（1个） |
| | 优势指标 | 社会劳动生产率、社会劳动生产率增速、固定资产投资额占GDP比重、环境竞争力与宏观经济竞争力比差、资源竞争力与工业竞争力比差、环境竞争力与工业竞争力比差（6个） |
| | 劣势指标 | 最终消费率、城乡居民人均现金消费支出比差（2个） |

## 6.2　辽宁省经济综合竞争力各级指标具体分析

### 1. 辽宁省宏观经济竞争力指标排名变化情况

**表6-5　2014～2015年辽宁省宏观经济竞争力指标组排位及变化趋势**

| 指　标 | 2014 | 2015 | 排位升降 | 优劣势 |
|---|---|---|---|---|
| **1　宏观经济竞争力** | 10 | 13 | -3 | 中势 |
| 1.1　经济实力竞争力 | 13 | 18 | -5 | 中势 |
| 地区生产总值 | 7 | 10 | -3 | 优势 |
| 地区生产总值增长率 | 29 | 31 | -2 | 劣势 |
| 人均地区生产总值 | 7 | 9 | -2 | 优势 |
| 财政总收入 | 7 | 8 | -1 | 优势 |
| 财政总收入增长率 | 31 | 10 | 21 | 优势 |
| 人均财政收入 | 14 | 9 | 5 | 优势 |
| 固定资产投资额 | 6 | 13 | -7 | 中势 |
| 固定资产投资额增长率 | 30 | 31 | -1 | 劣势 |

续表

| 指　　标 | 2014 | 2015 | 排位升降 | 优劣势 |
|---|---|---|---|---|
| 人均固定资产投资额 | 3 | 14 | -11 | 中势 |
| 全社会消费品零售总额 | 8 | 9 | -1 | 优势 |
| 全社会消费品零售总额增长率 | 27 | 27 | 0 | 劣势 |
| 人均全社会消费品零售总额 | 6 | 6 | 0 | 优势 |
| 1.2 经济结构竞争力 | 8 | 8 | 0 | 优势 |
| 产业结构优化度 | 18 | 13 | 5 | 中势 |
| 所有制经济结构优化度 | 11 | 18 | -7 | 中势 |
| 城乡经济结构优化度 | 7 | 7 | 0 | 优势 |
| 就业结构优化度 | 7 | 8 | -1 | 优势 |
| 资本形成结构优化度 | 17 | 23 | -6 | 劣势 |
| 贸易结构优化度 | 16 | 4 | 12 | 优势 |
| 1.3 经济外向度竞争力 | 17 | 13 | 4 | 中势 |
| 进出口总额 | 9 | 9 | 0 | 优势 |
| 进出口增长率 | 27 | 22 | 5 | 劣势 |
| 出口总额 | 9 | 10 | -1 | 优势 |
| 出口增长率 | 29 | 24 | 5 | 劣势 |
| 实际 FDI | 7 | 7 | 0 | 优势 |
| 实际 FDI 增长率 | 23 | 30 | -7 | 劣势 |
| 外贸依存度 | 11 | 11 | 0 | 中势 |
| 外资企业数 | 8 | 8 | 0 | 优势 |
| 对外直接投资 | 8 | 9 | -1 | 优势 |

## 2. 辽宁省产业经济竞争力指标排名变化情况

**表 6-6　2014~2015 年辽宁省产业经济竞争力指标组排位及变化趋势**

| 指　　标 | 2014 | 2015 | 排位升降 | 优劣势 |
|---|---|---|---|---|
| **2 产业经济竞争力** | 17 | 18 | -1 | 中势 |
| 2.1 农业竞争力 | 21 | 11 | 10 | 中势 |
| 农业增加值 | 12 | 12 | 0 | 中势 |
| 农业增加值增长率 | 28 | 18 | 10 | 中势 |
| 人均农业增加值 | 2 | 2 | 0 | 强势 |
| 农民人均纯收入 | 9 | 9 | 0 | 优势 |
| 农民人均纯收入增长率 | 31 | 28 | 3 | 劣势 |
| 农产品出口占农林牧渔总产值比重 | 8 | 9 | -1 | 优势 |
| 人均主要农产品产量 | 10 | 9 | 1 | 优势 |

续表

| 指　　标 | 2014 | 2015 | 排位升降 | 优劣势 |
|---|---|---|---|---|
| 农业机械化水平 | 15 | 15 | 0 | 中势 |
| 农村人均用电量 | 6 | 6 | 0 | 优势 |
| 财政支农资金比重 | 27 | 26 | 1 | 劣势 |
| 2.2　工业竞争力 | 14 | 19 | -5 | 中势 |
| 工业增加值 | 7 | 8 | -1 | 优势 |
| 工业增加值增长率 | 23 | 27 | -4 | 劣势 |
| 人均工业增加值 | 6 | 9 | -3 | 优势 |
| 工业资产总额 | 7 | 9 | -2 | 优势 |
| 工业资产总额增长率 | 31 | 31 | 0 | 劣势 |
| 工业资产总贡献率 | 20 | 20 | 0 | 中势 |
| 规模以上工业主营业务收入 | 6 | 13 | -7 | 中势 |
| 规模以上工业利润总额 | 13 | 20 | -7 | 中势 |
| 工业全员劳动生产率 | 6 | 9 | -3 | 优势 |
| 工业成本费用利润率 | 28 | 27 | 1 | 劣势 |
| 2.3　服务业竞争力 | 17 | 20 | -3 | 中势 |
| 服务业增加值 | 8 | 8 | 0 | 优势 |
| 服务业增加值增长率 | 27 | 31 | -4 | 劣势 |
| 人均服务业增加值 | 8 | 7 | 1 | 优势 |
| 服务业从业人员数 | 11 | 11 | 0 | 中势 |
| 服务业从业人员数增长率 | 30 | 30 | 0 | 劣势 |
| 限额以上批发零售企业主营业务收入 | 9 | 10 | -1 | 优势 |
| 限额以上批零企业利税率 | 25 | 26 | -1 | 劣势 |
| 限额以上餐饮企业利税率 | 18 | 14 | 4 | 中势 |
| 旅游外汇收入 | 12 | 14 | -2 | 中势 |
| 房地产经营总收入 | 10 | 15 | -5 | 中势 |
| 2.4　企业竞争力 | 16 | 16 | 0 | 中势 |
| 规模以上工业企业数 | 9 | 12 | -3 | 中势 |
| 规模以上企业平均资产 | 21 | 16 | 5 | 中势 |
| 规模以上企业平均收入 | 18 | 23 | -5 | 劣势 |
| 规模以上企业平均利润 | 13 | 27 | -14 | 劣势 |
| 规模以上企业劳动效率 | 24 | 16 | 8 | 中势 |
| 城镇就业人员平均工资 | 24 | 25 | -1 | 劣势 |
| 新产品销售收入占主营业务收入比重 | 14 | 12 | 2 | 中势 |
| 产品质量抽查合格率 | 15 | 13 | 2 | 中势 |
| 工业企业 R&D 经费投入强度 | 16 | 15 | 1 | 中势 |
| 中国驰名商标持有量 | 11 | 7 | 4 | 优势 |

## 3. 辽宁省可持续发展竞争力指标排名变化情况

**表 6-7 2014~2015 年辽宁省可持续发展竞争力指标组排位及变化趋势**

| 指　　标 | 2014 | 2015 | 排位升降 | 优劣势 |
|---|---|---|---|---|
| **3 可持续发展竞争力** | 11 | 19 | -8 | 中势 |
| 3.1 资源竞争力 | 7 | 7 | 0 | 优势 |
| 人均国土面积 | 17 | 15 | 2 | 中势 |
| 人均可使用海域和滩涂面积 | 3 | 3 | 0 | 强势 |
| 人均年水资源量 | 23 | 23 | 0 | 劣势 |
| 耕地面积 | 13 | 13 | 0 | 中势 |
| 人均耕地面积 | 10 | 10 | 0 | 优势 |
| 人均牧草地面积 | 17 | 19 | -2 | 中势 |
| 主要能源矿产基础储量 | 9 | 9 | 0 | 优势 |
| 人均主要能源矿产基础储量 | 8 | 8 | 0 | 优势 |
| 人均森林储积量 | 16 | 16 | 0 | 中势 |
| 3.2 环境竞争力 | 21 | 24 | -3 | 劣势 |
| 森林覆盖率 | 14 | 14 | 0 | 中势 |
| 人均废水排放量 | 25 | 24 | 1 | 劣势 |
| 人均工业废气排放量 | 26 | 26 | 0 | 劣势 |
| 人均工业固体废物排放量 | 28 | 28 | 0 | 劣势 |
| 人均治理工业污染投资额 | 14 | 19 | -5 | 中势 |
| 一般工业固体废物综合利用率 | 29 | 30 | -1 | 劣势 |
| 生活垃圾无害化处理率 | 22 | 17 | 5 | 中势 |
| 自然灾害直接经济损失 | 17 | 12 | 5 | 中势 |
| 3.3 人力资源竞争力 | 9 | 17 | -8 | 中势 |
| 常住人口增长率 | 30 | 29 | 1 | 劣势 |
| 15~64 岁人口比例 | 6 | 8 | -2 | 优势 |
| 文盲率 | 2 | 2 | 0 | 强势 |
| 大专以上教育程度人口比例 | 4 | 5 | -1 | 优势 |
| 平均受教育程度 | 4 | 4 | 0 | 优势 |
| 人口健康素质 | 18 | 23 | -5 | 劣势 |
| 人力资源利用率 | 23 | 24 | -1 | 劣势 |
| 职业学校毕业生数 | 18 | 19 | -1 | 中势 |

## 4. 辽宁省财政金融竞争力指标排名变化情况

**表 6-8 2014~2015 年辽宁省财政金融竞争力指标组排位及变化趋势**

| 指　　标 | 2014 | 2015 | 排位升降 | 优劣势 |
|---|---|---|---|---|
| **4 财政金融竞争力** | 23 | 31 | -8 | 劣势 |
| 4.1 财政竞争力 | 27 | 31 | -4 | 劣势 |
| 地方财政收入 | 7 | 17 | -10 | 中势 |
| 地方财政支出 | 7 | 14 | -7 | 中势 |
| 地方财政收入占 GDP 比重 | 14 | 31 | -17 | 劣势 |
| 地方财政支出占 GDP 比重 | 24 | 27 | -3 | 劣势 |

续表

| 指　　标 | 2014 | 2015 | 排位升降 | 优劣势 |
|---|---|---|---|---|
| 税收收入占 GDP 比重 | 17 | 29 | -12 | 劣势 |
| 税收收入占财政总收入比重 | 13 | 27 | -14 | 劣势 |
| 人均地方财政收入 | 8 | 16 | -8 | 中势 |
| 人均地方财政支出 | 10 | 21 | -11 | 劣势 |
| 人均税收收入 | 8 | 13 | -5 | 中势 |
| 地方财政收入增长率 | 31 | 31 | 0 | 劣势 |
| 地方财政支出增长率 | 29 | 31 | -2 | 劣势 |
| 税收收入增长率 | 31 | 31 | 0 | 劣势 |
| 4.2　金融竞争力 | 10 | 10 | 0 | 优势 |
| 存款余额 | 9 | 9 | 0 | 优势 |
| 人均存款余额 | 8 | 8 | 0 | 优势 |
| 贷款余额 | 8 | 8 | 0 | 优势 |
| 人均贷款余额 | 8 | 9 | -1 | 优势 |
| 货币市场融资额 | 6 | 6 | 0 | 优势 |
| 中长期贷款占贷款余额比重 | 20 | 17 | 3 | 中势 |
| 保险费净收入 | 15 | 15 | 0 | 中势 |
| 保险密度 | 14 | 10 | 4 | 优势 |
| 保险深度 | 28 | 21 | 7 | 劣势 |
| 人均证券市场筹资额 | 4 | 11 | -7 | 中势 |

## 5. 辽宁省知识经济竞争力指标排名变化情况

**表 6-9　2014~2015 年辽宁省知识经济竞争力指标组排位及变化趋势**

| 指　　标 | 2014 | 2015 | 排位升降 | 优劣势 |
|---|---|---|---|---|
| **5　知识经济竞争力** | 19 | 21 | -2 | 劣势 |
| 5.1　科技竞争力 | 15 | 15 | 0 | 中势 |
| R&D 人员 | 14 | 14 | 0 | 中势 |
| R&D 经费 | 8 | 14 | -6 | 中势 |
| R&D 经费投入强度 | 12 | 17 | -5 | 中势 |
| 发明专利授权量 | 12 | 12 | 0 | 中势 |
| 技术市场成交合同金额 | 9 | 10 | -1 | 优势 |
| 财政科技支出占地方财政支出比重 | 8 | 8 | 0 | 优势 |
| 高技术产业增加值 | 15 | 17 | -2 | 中势 |
| 高技术产业增加值占工业增加值比重 | 22 | 22 | 0 | 劣势 |
| 高技术产品出口额占商品出口额比重 | 19 | 18 | 1 | 中势 |
| 5.2　教育竞争力 | 25 | 25 | 0 | 劣势 |
| 教育经费 | 19 | 20 | -1 | 中势 |
| 教育经费占 GDP 比重 | 31 | 31 | 0 | 劣势 |
| 人均教育经费 | 24 | 29 | -5 | 劣势 |
| 公共教育经费占财政支出比重 | 30 | 26 | 4 | 劣势 |

续表

| 指　　标 | 2014 | 2015 | 排位升降 | 优劣势 |
|---|---|---|---|---|
| 人均文化教育支出占个人消费支出比重 | 12 | 13 | -1 | 中势 |
| 万人中小学学校数 | 20 | 20 | 0 | 中势 |
| 万人中小学专任教师数 | 28 | 28 | 0 | 劣势 |
| 高等学校数 | 9 | 9 | 0 | 优势 |
| 高校专任教师数 | 11 | 11 | 0 | 中势 |
| 万人高等学校在校学生数 | 8 | 9 | -1 | 优势 |
| 5.3　文化竞争力 | 8 | 10 | -2 | 优势 |
| 文化服务业企业营业收入 | 10 | 15 | -5 | 中势 |
| 图书和期刊出版数 | 17 | 19 | -2 | 中势 |
| 报纸出版数 | 11 | 12 | -1 | 中势 |
| 出版印刷工业销售产值 | 15 | 17 | -2 | 中势 |
| 城镇居民人均文化娱乐支出 | 7 | 8 | -1 | 优势 |
| 农村居民人均文化娱乐支出 | 8 | 7 | 1 | 优势 |
| 城镇居民人均文化娱乐支出占消费性支出比重 | 12 | 13 | -1 | 中势 |
| 农村居民人均文化娱乐支出占消费性支出比重 | 3 | 8 | -5 | 优势 |

## 6. 辽宁省发展环境竞争力指标排名变化情况

**表 6-10　2014~2015 年辽宁省发展环境竞争力指标组排位及变化趋势**

| 指　　标 | 2014 | 2015 | 排位升降 | 优劣势 |
|---|---|---|---|---|
| **6　发展环境竞争力** | 9 | 11 | -2 | 中势 |
| 6.1　基础设施竞争力 | 7 | 8 | -1 | 优势 |
| 铁路网线密度 | 4 | 4 | 0 | 优势 |
| 公路网线密度 | 19 | 19 | 0 | 中势 |
| 人均内河航道里程 | 26 | 26 | 0 | 劣势 |
| 全社会旅客周转量 | 10 | 12 | -2 | 中势 |
| 全社会货物周转量 | 5 | 4 | 1 | 优势 |
| 人均邮电业务总量 | 13 | 12 | 1 | 中势 |
| 电话普及率 | 6 | 7 | -1 | 优势 |
| 互联网上网人数比重 | 7 | 6 | 1 | 优势 |
| 人均耗电量 | 12 | 13 | -1 | 中势 |
| 6.2　软环境竞争力 | 17 | 27 | -10 | 劣势 |
| 外资企业数增长率 | 27 | 16 | 11 | 中势 |
| 万人外资企业数 | 8 | 8 | 0 | 优势 |
| 个体私营企业数增长率 | 31 | 31 | 0 | 劣势 |
| 万人个体私营企业数 | 4 | 6 | -2 | 优势 |
| 万人商标注册件数 | 12 | 13 | -1 | 中势 |
| 查处商标侵权假冒案件 | 9 | 13 | -4 | 中势 |
| 每十万人交通事故发生数 | 15 | 13 | 2 | 中势 |
| 罚没收入占财政收入比重 | 14 | 30 | -16 | 劣势 |
| 社会捐赠款物 | 10 | 13 | -3 | 中势 |

## 7. 辽宁省政府作用竞争力指标排名变化情况

**表 6－11　2014～2015 年辽宁省政府作用竞争力指标组排位及变化趋势**

| 指　　标 | 2014 | 2015 | 排位升降 | 优劣势 |
|---|---|---|---|---|
| **7　政府作用竞争力** | 3 | 2 | 1 | 强势 |
| 7.1　政府发展经济竞争力 | 7 | 5 | 2 | 优势 |
| 财政支出用于基本建设投资比重 | 14 | 17 | -3 | 中势 |
| 财政支出对 GDP 增长的拉动 | 8 | 5 | 3 | 优势 |
| 政府公务员对经济的贡献 | 8 | 8 | 0 | 优势 |
| 政府消费对民间消费的拉动 | 1 | 1 | 0 | 强势 |
| 财政投资对社会投资的拉动 | 10 | 9 | 1 | 优势 |
| 7.2　政府规调经济竞争力 | 6 | 6 | 0 | 优势 |
| 物价调控 | 8 | 13 | -5 | 中势 |
| 调控城乡消费差距 | 29 | 26 | 3 | 劣势 |
| 统筹经济社会发展 | 7 | 5 | 2 | 优势 |
| 规范税收 | 11 | 15 | -4 | 中势 |
| 人口控制 | 1 | 4 | -3 | 优势 |
| 7.3　政府保障经济竞争力 | 5 | 5 | 0 | 优势 |
| 城市城镇社区服务设施数 | 10 | 16 | -6 | 中势 |
| 医疗保险覆盖率 | 2 | 1 | 1 | 强势 |
| 养老保险覆盖率 | 4 | 3 | 1 | 强势 |
| 失业保险覆盖率 | 8 | 5 | 3 | 优势 |
| 下岗职工再就业率 | 4 | 8 | -4 | 优势 |
| 城镇登记失业率 | 18 | 18 | 0 | 中势 |

## 8. 辽宁省发展水平竞争力指标排名变化情况

**表 6－12　2014～2015 年辽宁省发展水平竞争力指标组排位及变化趋势**

| 指　　标 | 2014 | 2015 | 排位升降 | 优劣势 |
|---|---|---|---|---|
| **8　发展水平竞争力** | 10 | 16 | -6 | 中势 |
| 8.1　工业化进程竞争力 | 19 | 22 | -3 | 劣势 |
| 工业增加值占 GDP 比重 | 9 | 14 | -5 | 中势 |
| 工业增加值增长率 | 27 | 26 | 1 | 劣势 |
| 高技术产业规模以上企业产值 | 14 | 17 | -3 | 中势 |
| 高技术产业增加值占工业增加值比重 | 18 | 23 | -5 | 劣势 |
| 高技术产品出口额占商品出口额比重 | 19 | 18 | 1 | 中势 |
| 信息产业增加值占 GDP 比重 | 17 | 18 | -1 | 中势 |
| 8.2　城市化进程竞争力 | 9 | 14 | -5 | 中势 |
| 城镇化率 | 5 | 5 | 0 | 优势 |
| 城镇居民人均可支配收入 | 9 | 9 | 0 | 优势 |
| 城市平均建成区面积比重 | 8 | 29 | -21 | 劣势 |

续表

| 指　　标 | 2014 | 2015 | 排位升降 | 优劣势 |
|---|---|---|---|---|
| 人均拥有道路面积 | 25 | 24 | 1 | 劣势 |
| 人均日生活用水量 | 23 | 22 | 1 | 劣势 |
| 恩格尔系数 | 10 | 9 | 1 | 优势 |
| 人均公共绿地面积 | 19 | 23 | -4 | 劣势 |
| 8.3 市场化进程竞争力 | 7 | 10 | -3 | 优势 |
| 非公有制经济产值占全社会总产值的比重 | 11 | 18 | -7 | 中势 |
| 社会投资占投资总额比重 | 3 | 3 | 0 | 强势 |
| 私有和个体企业从业人员比重 | 17 | 17 | 0 | 中势 |
| 亿元以上商品市场成交额 | 7 | 7 | 0 | 优势 |
| 亿元以上商品市场成交额占全社会消费品零售总额比重 | 13 | 12 | 1 | 中势 |
| 居民消费支出占总消费支出比重 | 1 | 1 | 0 | 强势 |

## 9. 辽宁省统筹协调竞争力指标排名变化情况

**表6-13 2014~2015年辽宁省统筹协调竞争力指标组排位及变化趋势**

| 指　　标 | 2014 | 2015 | 排位升降 | 优劣势 |
|---|---|---|---|---|
| **9 统筹协调竞争力** | 13 | 5 | 8 | 优势 |
| 9.1 统筹发展竞争力 | 16 | 7 | 9 | 优势 |
| 社会劳动生产率 | 5 | 5 | 0 | 优势 |
| 社会劳动生产率增速 | 14 | 7 | 7 | 优势 |
| 万元GDP综合能耗 | 20 | 20 | 0 | 中势 |
| 非农用地产出率 | 13 | 14 | -1 | 中势 |
| 生产税净额和营业盈余占GDP比重 | 18 | 14 | 4 | 中势 |
| 最终消费率 | 26 | 24 | 2 | 劣势 |
| 固定资产投资额占GDP比重 | 15 | 4 | 11 | 优势 |
| 固定资产交付使用率 | 7 | 3 | 4 | 强势 |
| 9.2 协调发展竞争力 | 13 | 6 | 7 | 优势 |
| 环境竞争力与宏观经济竞争力比差 | 11 | 9 | 2 | 优势 |
| 资源竞争力与宏观经济竞争力比差 | 14 | 12 | 2 | 中势 |
| 人力资源竞争力与宏观经济竞争力比差 | 16 | 15 | 1 | 中势 |
| 资源竞争力与工业竞争力比差 | 11 | 10 | 1 | 优势 |
| 环境竞争力与工业竞争力比差 | 11 | 10 | 1 | 优势 |
| 城乡居民家庭人均收入比差 | 17 | 17 | 0 | 中势 |
| 城乡居民人均现金消费支出比差 | 29 | 26 | 3 | 劣势 |
| 全社会消费品零售总额与外贸出口总额比差 | 18 | 19 | -1 | 中势 |

# B.8
# 7
# 吉林省经济综合竞争力评价分析报告

吉林省简称吉，位于我国东北地区中部，南隔图们江、鸭绿江与朝鲜为邻，东与俄罗斯接壤，内陆与黑龙江省、内蒙古自治区、辽宁省相接。全省面积为18.74万平方公里，2015年常住人口为2753万人，地区生产总值为14063亿元，同比增长6.3%，人均GDP达51086元。本部分通过分析2014～2015年吉林省经济综合竞争力以及各要素竞争力的排名变化，从中找出吉林省经济综合竞争力的推动点及影响因素，为进一步提升吉林省经济综合竞争力提供决策参考。

## 7.1 吉林省经济综合竞争力总体分析

### 1. 吉林省经济综合竞争力一级指标概要分析

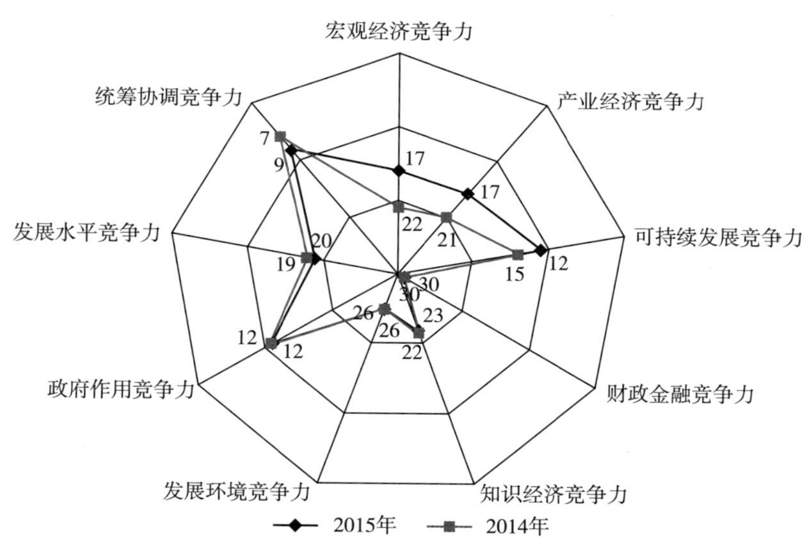


图7－1 2014～2015年吉林省经济综合竞争力二级指标比较

（1）从综合排位看，2015年吉林省经济综合竞争力在全国居第19位，这表明其在全国处于中势地位；与2014年相比，综合排位上升1位。

（2）从指标所处区位看，只有1个优势指标，即统筹协调竞争力；有5个中势指标，分别为宏观经济竞争力、产业经济竞争力、可持续发展竞争力、政府作用竞争力和

表 7-1 2014~2015 年吉林省经济综合竞争力二级指标表现情况

| 年份＼项目 | 宏观经济竞争力 | 产业经济竞争力 | 可持续发展竞争力 | 财政金融竞争力 | 知识经济竞争力 | 发展环境竞争力 | 政府作用竞争力 | 发展水平竞争力 | 统筹协调竞争力 | **综合排位** |
|---|---|---|---|---|---|---|---|---|---|---|
| 2014 | 22 | 21 | 15 | 30 | 22 | 26 | 12 | 19 | 7 | 20 |
| 2015 | 17 | 17 | 12 | 30 | 23 | 26 | 12 | 20 | 9 | 19 |
| 升降 | 5 | 4 | 3 | 0 | -1 | 0 | 0 | -1 | -2 | 1 |
| 优劣度 | 中势 | 中势 | 中势 | 劣势 | 劣势 | 劣势 | 中势 | 中势 | 优势 | 中势 |

发展水平竞争力；有 3 个劣势指标，分别为财政金融竞争力、知识经济竞争力和发展环境竞争力。

（3）从指标变化趋势看，9 个二级指标中，有 3 个指标处于上升趋势，分别为宏观经济竞争力、产业经济竞争力和可持续发展竞争力，这些是吉林省经济综合竞争力的上升动力所在；有 3 个指标排位没有发生变化，分别为财政金融竞争力、发展环境竞争力和政府作用竞争力；有 3 个指标处于下降趋势，为知识经济竞争力、发展水平竞争力和统筹协调竞争力。这些是吉林省经济综合竞争力的下降拉力所在。

**2. 吉林省经济综合竞争力各级指标动态变化分析**

表 7-2 2014~2015 年吉林省经济综合竞争力各级指标排位变化情况

| 二级指标 | 三级指标 | 四级指标数 | 上升 | | 保持 | | 下降 | | 变化趋势 |
|---|---|---|---|---|---|---|---|---|---|
| | | | 指标数 | 比重（%） | 指标数 | 比重（%） | 指标数 | 比重（%） | |
| 宏观经济竞争力 | 经济实力竞争力 | 12 | 5 | 41.7 | 5 | 41.7 | 2 | 16.7 | 上升 |
| | 经济结构竞争力 | 6 | 2 | 33.3 | 3 | 50.0 | 1 | 16.7 | 上升 |
| | 经济外向度竞争力 | 9 | 3 | 33.3 | 2 | 22.2 | 4 | 44.4 | 上升 |
| | 小　计 | 27 | 10 | 37.0 | 10 | 37.0 | 7 | 25.9 | 上升 |
| 产业经济竞争力 | 农业竞争力 | 10 | 4 | 40.0 | 4 | 40.0 | 2 | 20.0 | 下降 |
| | 工业竞争力 | 10 | 2 | 20.0 | 3 | 30.0 | 5 | 50.0 | 上升 |
| | 服务业竞争力 | 10 | 3 | 30.0 | 5 | 50.0 | 2 | 20.0 | 上升 |
| | 企业竞争力 | 10 | 8 | 80.0 | 1 | 10.0 | 1 | 10.0 | 上升 |
| | 小　计 | 40 | 17 | 42.5 | 13 | 32.5 | 10 | 25.0 | 上升 |
| 可持续发展竞争力 | 资源竞争力 | 9 | 1 | 11.1 | 7 | 77.8 | 1 | 11.1 | 上升 |
| | 环境竞争力 | 8 | 4 | 50.0 | 1 | 12.5 | 3 | 37.5 | 下降 |
| | 人力资源竞争力 | 8 | 4 | 50.0 | 0 | 0.0 | 4 | 50.0 | 上升 |
| | 小　计 | 25 | 9 | 36.0 | 8 | 32.0 | 8 | 32.0 | 上升 |
| 财政金融竞争力 | 财政竞争力 | 12 | 2 | 16.7 | 2 | 16.7 | 8 | 66.7 | 保持 |
| | 金融竞争力 | 10 | 4 | 40.0 | 5 | 50.0 | 1 | 10.0 | 下降 |
| | 小　计 | 22 | 6 | 27.3 | 7 | 31.8 | 9 | 40.9 | 保持 |
| 知识经济竞争力 | 科技竞争力 | 9 | 6 | 66.7 | 2 | 22.2 | 1 | 11.1 | 上升 |
| | 教育竞争力 | 10 | 5 | 50.0 | 3 | 30.0 | 2 | 20.0 | 上升 |
| | 文化竞争力 | 8 | 2 | 25.0 | 4 | 50.0 | 2 | 25.0 | 保持 |
| | 小　计 | 27 | 13 | 48.1 | 9 | 33.3 | 5 | 18.5 | 下降 |

续表

| 二级指标 | 三级指标 | 四级指标数 | 上升 | | 保持 | | 下降 | | 变化趋势 |
|---|---|---|---|---|---|---|---|---|---|
| | | | 指标数 | 比重（%） | 指标数 | 比重（%） | 指标数 | 比重（%） | |
| 发展环境竞争力 | 基础设施竞争力 | 9 | 2 | 22.2 | 3 | 33.3 | 4 | 44.4 | 下降 |
| | 软环境竞争力 | 9 | 6 | 66.7 | 2 | 22.2 | 1 | 11.1 | 上升 |
| | 小　计 | 18 | 8 | 44.4 | 5 | 27.8 | 5 | 27.8 | 保持 |
| 政府作用竞争力 | 政府发展经济竞争力 | 5 | 3 | 60.0 | 2 | 40.0 | 0 | 0.0 | 下降 |
| | 政府规调经济竞争力 | 5 | 2 | 40.0 | 1 | 20.0 | 2 | 40.0 | 下降 |
| | 政府保障经济竞争力 | 6 | 3 | 50.0 | 2 | 33.3 | 1 | 16.7 | 下降 |
| | 小　计 | 16 | 8 | 50.0 | 5 | 31.3 | 3 | 18.8 | 保持 |
| 发展水平竞争力 | 工业化进程竞争力 | 6 | 1 | 16.7 | 1 | 16.7 | 4 | 66.7 | 下降 |
| | 城市化进程竞争力 | 7 | 3 | 42.9 | 2 | 28.6 | 2 | 28.6 | 保持 |
| | 市场化进程竞争力 | 6 | 2 | 33.3 | 1 | 16.7 | 3 | 50.0 | 上升 |
| | 小　计 | 19 | 6 | 31.6 | 4 | 21.1 | 9 | 47.4 | 下降 |
| 统筹协调竞争力 | 统筹发展竞争力 | 8 | 1 | 12.5 | 3 | 37.5 | 4 | 50.0 | 下降 |
| | 协调发展竞争力 | 8 | 2 | 25.0 | 2 | 25.0 | 4 | 50.0 | 上升 |
| | 小　计 | 16 | 3 | 18.8 | 5 | 31.3 | 8 | 50.0 | 下降 |
| 合　计 | | 210 | 80 | 38.1 | 66 | 31.4 | 64 | 30.5 | 上升 |

从表7－2可以看出，210个四级指标中，上升指标有80个，占指标总数的38.1%；下降指标64个，占指标总数的30.5%；保持不变的指标有66个，占指标总数的31.4%。综上所述，吉林省经济综合竞争力上升的动力大于下降的拉力，因此，2015年吉林省经济综合竞争力排位上升1位。

3. 吉林省经济综合竞争力各级指标优劣势结构分析

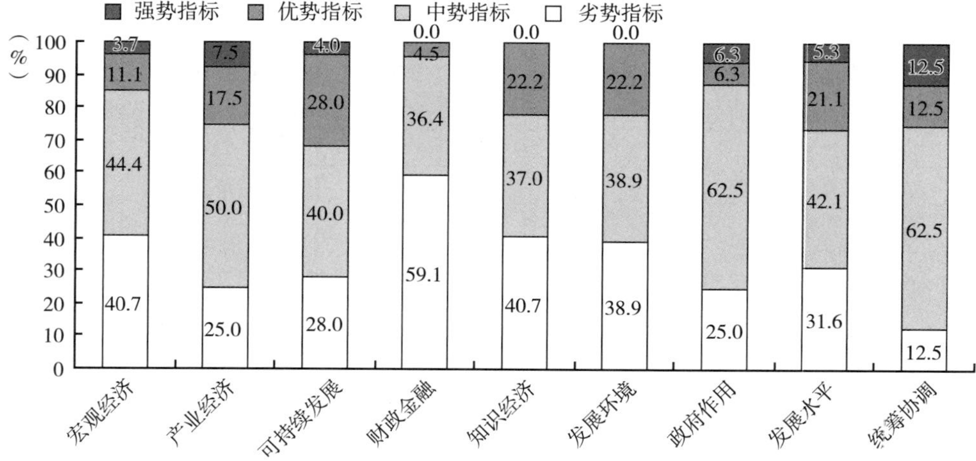


**图7－2　2015年吉林省经济综合竞争力各级指标优劣势比较**

表 7－3 2015 年吉林省经济综合竞争力各级指标优劣势情况

| 二级指标 | 三级指标 | 四级指标数 | 强势指标 | | 优势指标 | | 中势指标 | | 劣势指标 | | 优劣势 |
|---|---|---|---|---|---|---|---|---|---|---|---|
| | | | 个数 | 比重（%） | 个数 | 比重（%） | 个数 | 比重（%） | 个数 | 比重（%） | |
| 宏观经济竞争力 | 经济实力竞争力 | 12 | 0 | 0.0 | 2 | 16.7 | 7 | 58.3 | 3 | 25.0 | 中势 |
| | 经济结构竞争力 | 6 | 1 | 16.7 | 1 | 16.7 | 3 | 50.0 | 1 | 16.7 | 优势 |
| | 经济外向度竞争力 | 9 | 0 | 0.0 | 0 | 0.0 | 2 | 22.2 | 7 | 77.8 | 劣势 |
| | 小　计 | 27 | 1 | 3.7 | 3 | 11.1 | 12 | 44.4 | 11 | 40.7 | 中势 |
| 产业经济竞争力 | 农业竞争力 | 10 | 1 | 10.0 | 2 | 20.0 | 5 | 50.0 | 2 | 20.0 | 中势 |
| | 工业竞争力 | 10 | 1 | 10.0 | 2 | 20.0 | 6 | 60.0 | 1 | 10.0 | 中势 |
| | 服务业竞争力 | 10 | 0 | 0.0 | 1 | 10.0 | 4 | 40.0 | 5 | 50.0 | 劣势 |
| | 企业竞争力 | 10 | 1 | 10.0 | 2 | 20.0 | 5 | 50.0 | 2 | 20.0 | 中势 |
| | 小　计 | 40 | 3 | 7.5 | 7 | 17.5 | 20 | 50.0 | 10 | 25.0 | 中势 |
| 可持续发展竞争力 | 资源竞争力 | 9 | 1 | 11.1 | 3 | 33.3 | 4 | 44.4 | 1 | 11.1 | 优势 |
| | 环境竞争力 | 8 | 0 | 0.0 | 0 | 0.0 | 5 | 62.5 | 3 | 37.5 | 中势 |
| | 人力资源竞争力 | 8 | 0 | 0.0 | 4 | 50.0 | 1 | 12.5 | 3 | 37.5 | 中势 |
| | 小　计 | 25 | 1 | 4.0 | 7 | 28.0 | 10 | 40.0 | 7 | 28.0 | 中势 |
| 财政金融竞争力 | 财政竞争力 | 12 | 0 | 0.0 | 0 | 0.0 | 4 | 33.3 | 8 | 66.7 | 劣势 |
| | 金融竞争力 | 10 | 0 | 0.0 | 1 | 10.0 | 4 | 40.0 | 5 | 50.0 | 劣势 |
| | 小　计 | 22 | 0 | 0.0 | 1 | 4.5 | 8 | 36.4 | 13 | 59.1 | 劣势 |
| 知识经济竞争力 | 科技竞争力 | 9 | 0 | 0.0 | 0 | 0.0 | 4 | 44.4 | 5 | 55.6 | 劣势 |
| | 教育竞争力 | 10 | 0 | 0.0 | 2 | 20.0 | 4 | 40.0 | 4 | 40.0 | 劣势 |
| | 文化竞争力 | 8 | 0 | 0.0 | 4 | 50.0 | 2 | 25.0 | 2 | 25.0 | 中势 |
| | 小　计 | 27 | 0 | 0.0 | 6 | 22.2 | 10 | 37.0 | 11 | 40.7 | 劣势 |
| 发展环境竞争力 | 基础设施竞争力 | 9 | 0 | 0.0 | 1 | 11.1 | 3 | 33.3 | 5 | 55.6 | 劣势 |
| | 软环境竞争力 | 9 | 0 | 0.0 | 3 | 33.3 | 4 | 44.4 | 2 | 22.2 | 中势 |
| | 小　计 | 18 | 0 | 0.0 | 4 | 22.2 | 7 | 38.9 | 7 | 38.9 | 劣势 |
| 政府作用竞争力 | 政府发展经济竞争力 | 5 | 0 | 0.0 | 1 | 20.0 | 3 | 60.0 | 1 | 20.0 | 中势 |
| | 政府规调经济竞争力 | 5 | 1 | 20.0 | 0 | 0.0 | 2 | 40.0 | 2 | 40.0 | 优势 |
| | 政府保障经济竞争力 | 6 | 0 | 0.0 | 0 | 0.0 | 5 | 83.3 | 1 | 16.7 | 中势 |
| | 小　计 | 16 | 1 | 6.3 | 1 | 6.3 | 10 | 62.5 | 4 | 25.0 | 中势 |
| 发展水平竞争力 | 工业化进程竞争力 | 6 | 1 | 16.7 | 0 | 0.0 | 3 | 50.0 | 2 | 33.3 | 中势 |
| | 城市化进程竞争力 | 7 | 0 | 0.0 | 2 | 28.6 | 3 | 42.9 | 2 | 28.6 | 中势 |
| | 市场化进程竞争力 | 6 | 0 | 0.0 | 2 | 33.3 | 2 | 33.3 | 2 | 33.3 | 中势 |
| | 小　计 | 19 | 1 | 5.3 | 4 | 21.1 | 8 | 42.1 | 6 | 31.6 | 中势 |
| 统筹协调竞争力 | 统筹发展竞争力 | 8 | 1 | 12.5 | 1 | 12.5 | 5 | 62.5 | 1 | 12.5 | 中势 |
| | 协调发展竞争力 | 8 | 1 | 12.5 | 1 | 12.5 | 5 | 62.5 | 1 | 12.5 | 优势 |
| | 小　计 | 16 | 2 | 12.5 | 2 | 12.5 | 10 | 62.5 | 2 | 12.5 | 优势 |
| 合　计 | | 210 | 9 | 4.3 | 35 | 16.7 | 95 | 45.2 | 71 | 33.8 | 中势 |

基于图 7－2 和表 7－3，具体到四级指标，强势指标 9 个，占指标总数的 4.3%；优势指标 35 个，占指标总数的 16.7%；中势指标 95 个，占指标总数的 45.2%；劣势

指标71个，占指标总数的33.8%。三级指标中，没有强势指标；优势指标4个，占三级指标总数的16%；中势指标14个，占三级指标总数的56%；劣势指标7个，占三级指标总数的28%。从二级指标看，没有强势指标；优势指标有1个，占二级指标总数的11.1%；中势指标有5个，占二级指标总数的55.6%；劣势指标有3个，占二级指标总数的33.3%。综合来看，由于中势指标在指标体系中居于主导地位，2015年吉林省经济综合竞争力处于中势地位。

**4. 吉林省经济综合竞争力四级指标优劣势对比分析**

**表7-4　2015年吉林省经济综合竞争力四级指标优劣势情况**

| 二级指标 | 优劣势 | 四　级　指　标 |
|---|---|---|
| 宏观经济竞争力（27个） | 强势指标 | 资本形成结构优化度(1个) |
| | 优势指标 | 财政总收入增长率、人均财政收入、城乡经济结构优化度(3个) |
| | 劣势指标 | 地区生产总值、地区生产总值增长率、全社会消费品零售总额增长率、产业结构优化度、进出口总额、进出口增长率、出口总额、出口增长率、实际FDI、实际FDI增长率、外贸依存度(11个) |
| 产业经济竞争力（40个） | 强势指标 | 人均主要农产品产量、工业资产总贡献率、产品质量抽查合格率(3个) |
| | 优势指标 | 农业增加值增长率、人均农业增加值、人均工业增加值、工业全员劳动生产率、服务业从业人员数增长率、规模以上企业平均收入、规模以上企业劳动效率(7个) |
| | 劣势指标 | 农民人均纯收入增长率、农村人均用电量、工业资产总额、服务业增加值、服务业增加值增长率、服务业从业人员数、限额以上批发零售企业主营业务收入、房地产经营总收入、城镇就业人员平均工资、工业企业R&D经费投入强度(10个) |
| 可持续发展竞争力（25个） | 强势指标 | 人均耕地面积(1个) |
| | 优势指标 | 耕地面积、人均牧草地面积、人均森林储积量、15~64岁人口比例、文盲率、平均受教育程度、人口健康素质(7个) |
| | 劣势指标 | 人均国土面积、人均工业废气排放量、一般工业固体废物综合利用率、生活垃圾无害化处理率、常住人口增长率、人力资源利用率、职业学校毕业生数(7个) |
| 财政金融竞争力（22个） | 强势指标 | (0个) |
| | 优势指标 | 货币市场融资额(1个) |
| | 劣势指标 | 地方财政收入、地方财政支出、地方财政收入占GDP比重、税收收入占GDP比重、税收收入占财政总收入比重、地方财政收入增长率、地方财政支出增长率、税收收入增长率、存款余额、人均存款余额、贷款余额、中长期贷款占贷款余额比重、人均证券市场筹资额(13个) |
| 知识经济竞争力（27个） | 强势指标 | (0个) |
| | 优势指标 | 人均文化教育支出占个人消费支出比重、万人高等学校在校学生数、图书和期刊出版数、农村居民人均文化娱乐支出、城镇居民人均文化娱乐支出占消费性支出比重、农村居民人均文化娱乐支出占消费性支出比重(6个) |
| | 劣势指标 | R&D经费、R&D经费投入强度、发明专利授权量、技术市场成交合同金额、高技术产品出口额占商品出口额比重、教育经费、公共教育经费占财政支出比重、万人中小学专任教师数、高等学校数、文化服务业企业营业收入、出版印刷工业销售产值(11个) |

续表

| 二级指标 | 优劣势 | 四级指标 |
|---|---|---|
| 发展环境竞争力（18个） | 强势指标 | （0个） |
| | 优势指标 | 电话普及率、个体私营企业数增长率、查处商标侵权假冒案件、每十万人交通事故发生数（4个） |
| | 劣势指标 | 公路网线密度、全社会旅客周转量、全社会货物周转量、人均邮电业务总量、人均耗电量、外资企业数增长率、万人商标注册件数（7个） |
| 政府作用竞争力（16个） | 强势指标 | 人口控制（1个） |
| | 优势指标 | 财政投资对社会投资的拉动（1个） |
| | 劣势指标 | 财政支出用于基本建设投资比重、物价调控、规范税收、城市城镇社区服务设施数（4个） |
| 发展水平竞争力（19个） | 强势指标 | 工业增加值占GDP比重（1个） |
| | 优势指标 | 城市平均建成区面积比重、恩格尔系数、社会投资占投资总额比重、私有和个体企业从业人员比重（4个） |
| | 劣势指标 | 工业增加值增长率、信息产业增加值占GDP比重、城镇居民人均可支配收入、人均日生活用水量、亿元以上商品市场成交额、亿元以上商品市场成交额占全社会消费品零售总额比重（6个） |
| 统筹协调竞争力（16个） | 强势指标 | 固定资产交付使用率、全社会消费品零售总额与外贸出口总额比差（2个） |
| | 优势指标 | 生产税净额和营业盈余占GDP比重、城乡居民家庭人均收入比差（2个） |
| | 劣势指标 | 最终消费率、人力资源竞争力与宏观经济竞争力比差（2个） |

## 7.2 吉林省经济综合竞争力各级指标具体分析

### 1. 吉林省宏观经济竞争力指标排名变化情况

**表7－5 2014～2015年吉林省宏观经济竞争力指标组排位及变化趋势**

| 指标 | 2014 | 2015 | 排位升降 | 优劣势 |
|---|---|---|---|---|
| **1 宏观经济竞争力** | 22 | 17 | 5 | 中势 |
| 1.1 经济实力竞争力 | 24 | 16 | 8 | 中势 |
| 地区生产总值 | 22 | 22 | 0 | 劣势 |
| 地区生产总值增长率 | 27 | 28 | －1 | 劣势 |
| 人均地区生产总值 | 11 | 12 | －1 | 中势 |
| 财政总收入 | 22 | 13 | 9 | 中势 |
| 财政总收入增长率 | 25 | 7 | 18 | 优势 |
| 人均财政收入 | 16 | 10 | 6 | 优势 |
| 固定资产投资额 | 20 | 20 | 0 | 中势 |
| 固定资产投资额增长率 | 26 | 18 | 8 | 中势 |
| 人均固定资产投资额 | 11 | 11 | 0 | 中势 |

续表

| 指　　标 | 2014 | 2015 | 排位升降 | 优劣势 |
|---|---|---|---|---|
| 全社会消费品零售总额 | 16 | 16 | 0 | 中势 |
| 全社会消费品零售总额增长率 | 26 | 21 | 5 | 劣势 |
| 人均全社会消费品零售总额 | 11 | 11 | 0 | 中势 |
| 1.2　经济结构竞争力 | 12 | 10 | 2 | 优势 |
| 产业结构优化度 | 30 | 30 | 0 | 劣势 |
| 所有制经济结构优化度 | 19 | 19 | 0 | 中势 |
| 城乡经济结构优化度 | 10 | 10 | 0 | 优势 |
| 就业结构优化度 | 12 | 11 | 1 | 中势 |
| 资本形成结构优化度 | 1 | 2 | -1 | 强势 |
| 贸易结构优化度 | 18 | 17 | 1 | 中势 |
| 1.3　经济外向度竞争力 | 29 | 28 | 1 | 劣势 |
| 进出口总额 | 23 | 23 | 0 | 劣势 |
| 进出口增长率 | 24 | 27 | -3 | 劣势 |
| 出口总额 | 26 | 27 | -1 | 劣势 |
| 出口增长率 | 30 | 26 | 4 | 劣势 |
| 实际 FDI | 21 | 21 | 0 | 劣势 |
| 实际 FDI 增长率 | 26 | 28 | -2 | 劣势 |
| 外贸依存度 | 22 | 23 | -1 | 劣势 |
| 外资企业数 | 20 | 19 | 1 | 中势 |
| 对外直接投资 | 25 | 20 | 5 | 中势 |

## 2. 吉林省产业经济竞争力指标排名变化情况

**表7-6　2014~2015年吉林省产业经济竞争力指标组排位及变化趋势**

| 指　　标 | 2014 | 2015 | 排位升降 | 优劣势 |
|---|---|---|---|---|
| 2　产业经济竞争力 | 21 | 17 | 4 | 中势 |
| 2.1　农业竞争力 | 15 | 17 | -2 | 中势 |
| 农业增加值 | 20 | 19 | 1 | 中势 |
| 农业增加值增长率 | 13 | 9 | 4 | 优势 |
| 人均农业增加值 | 9 | 8 | 1 | 优势 |
| 农民人均纯收入 | 11 | 11 | 0 | 中势 |
| 农民人均纯收入增长率 | 30 | 31 | -1 | 劣势 |
| 农产品出口占农林牧渔总产值比重 | 13 | 13 | 0 | 中势 |
| 人均主要农产品产量 | 3 | 3 | 0 | 强势 |
| 农业机械化水平 | 14 | 14 | 0 | 中势 |

续表

| 指　　标 | 2014 | 2015 | 排位升降 | 优劣势 |
|---|---|---|---|---|
| 农村人均用电量 | 22 | 23 | -1 | 劣势 |
| 财政支农资金比重 | 22 | 11 | 11 | 中势 |
| 2.2　工业竞争力 | 18 | 16 | 2 | 中势 |
| 工业增加值 | 18 | 19 | -1 | 中势 |
| 工业增加值增长率 | 5 | 18 | -13 | 中势 |
| 人均工业增加值 | 10 | 10 | 0 | 优势 |
| 工业资产总额 | 21 | 22 | -1 | 劣势 |
| 工业资产总额增长率 | 21 | 20 | 1 | 中势 |
| 工业资产总贡献率 | 3 | 3 | 0 | 强势 |
| 规模以上工业主营业务收入 | 16 | 16 | 0 | 中势 |
| 规模以上工业利润总额 | 18 | 19 | -1 | 中势 |
| 工业全员劳动生产率 | 7 | 6 | 1 | 优势 |
| 工业成本费用利润率 | 16 | 19 | -3 | 中势 |
| 2.3　服务业竞争力 | 27 | 24 | 3 | 劣势 |
| 服务业增加值 | 24 | 24 | 0 | 劣势 |
| 服务业增加值增长率 | 29 | 27 | 2 | 劣势 |
| 人均服务业增加值 | 14 | 15 | -1 | 中势 |
| 服务业从业人员数 | 22 | 22 | 0 | 劣势 |
| 服务业从业人员数增长率 | 29 | 8 | 21 | 优势 |
| 限额以上批发零售企业主营业务收入 | 27 | 27 | 0 | 劣势 |
| 限额以上批零企业利税率 | 12 | 11 | 1 | 中势 |
| 限额以上餐饮企业利税率 | 8 | 17 | -9 | 中势 |
| 旅游外汇收入 | 19 | 19 | 0 | 中势 |
| 房地产经营总收入 | 26 | 26 | 0 | 劣势 |
| 2.4　企业竞争力 | 21 | 12 | 9 | 中势 |
| 规模以上工业企业数 | 18 | 16 | 2 | 中势 |
| 规模以上企业平均资产 | 15 | 15 | 0 | 中势 |
| 规模以上企业平均收入 | 7 | 6 | 1 | 优势 |
| 规模以上企业平均利润 | 17 | 11 | 6 | 中势 |
| 规模以上企业劳动效率 | 8 | 5 | 3 | 优势 |
| 城镇就业人员平均工资 | 8 | 27 | -19 | 劣势 |
| 新产品销售收入占主营业务收入比重 | 19 | 14 | 5 | 中势 |
| 产品质量抽查合格率 | 5 | 1 | 4 | 强势 |
| 工业企业 R&D 经费投入强度 | 30 | 28 | 2 | 劣势 |
| 中国驰名商标持有量 | 18 | 16 | 2 | 中势 |

## 3. 吉林省可持续发展竞争力指标排名变化情况

**表 7-7　2014～2015 年吉林省可持续发展竞争力指标组排位及变化趋势**

| 指　　标 | 2014 | 2015 | 排位升降 | 优劣势 |
|---|---|---|---|---|
| **3　可持续发展竞争力** | 15 | 12 | 3 | 中势 |
| 3.1　资源竞争力 | 9 | 8 | 1 | 优势 |
| 人均国土面积 | 9 | 23 | -14 | 劣势 |
| 人均可使用海域和滩涂面积 | 13 | 13 | 0 | 中势 |
| 人均年水资源量 | 19 | 19 | 0 | 中势 |
| 耕地面积 | 5 | 5 | 0 | 优势 |
| 人均耕地面积 | 3 | 3 | 0 | 强势 |
| 人均牧草地面积 | 11 | 10 | 1 | 优势 |
| 主要能源矿产基础储量 | 17 | 17 | 0 | 中势 |
| 人均主要能源矿产基础储量 | 18 | 18 | 0 | 中势 |
| 人均森林储积量 | 5 | 5 | 0 | 优势 |
| 3.2　环境竞争力 | 14 | 17 | -3 | 中势 |
| 森林覆盖率 | 11 | 11 | 0 | 中势 |
| 人均废水排放量 | 12 | 17 | -5 | 中势 |
| 人均工业废气排放量 | 20 | 22 | -2 | 劣势 |
| 人均工业固体废物排放量 | 17 | 16 | 1 | 中势 |
| 人均治理工业污染投资额 | 25 | 18 | 7 | 中势 |
| 一般工业固体废物综合利用率 | 13 | 23 | -10 | 劣势 |
| 生活垃圾无害化处理率 | 28 | 26 | 2 | 劣势 |
| 自然灾害直接经济损失 | 20 | 17 | 3 | 中势 |
| 3.3　人力资源竞争力 | 16 | 13 | 3 | 中势 |
| 常住人口增长率 | 29 | 28 | 1 | 劣势 |
| 15～64 岁人口比例 | 5 | 6 | -1 | 优势 |
| 文盲率 | 5 | 4 | 1 | 优势 |
| 大专以上教育程度人口比例 | 11 | 14 | -3 | 中势 |
| 平均受教育程度 | 5 | 9 | -4 | 优势 |
| 人口健康素质 | 17 | 9 | 8 | 优势 |
| 人力资源利用率 | 25 | 23 | 2 | 劣势 |
| 职业学校毕业生数 | 23 | 24 | -1 | 劣势 |

## 4. 吉林省财政金融竞争力指标排名变化情况

**表 7-8　2014～2015 年吉林省财政金融竞争力指标组排位及变化趋势**

| 指　　标 | 2014 | 2015 | 排位升降 | 优劣势 |
|---|---|---|---|---|
| **4　财政金融竞争力** | 30 | 30 | 0 | 劣势 |
| 4.1　财政竞争力 | 30 | 30 | 0 | 劣势 |
| 地方财政收入 | 26 | 25 | 1 | 劣势 |
| 地方财政支出 | 25 | 26 | -1 | 劣势 |
| 地方财政收入占 GDP 比重 | 26 | 27 | -1 | 劣势 |
| 地方财政支出占 GDP 比重 | 19 | 20 | -1 | 中势 |

续表

| 指　标 | 2014 | 2015 | 排位升降 | 优劣势 |
|---|---|---|---|---|
| 税收收入占 GDP 比重 | 27 | 26 | 1 | 劣势 |
| 税收收入占财政总收入比重 | 25 | 28 | -3 | 劣势 |
| 人均地方财政收入 | 18 | 20 | -2 | 中势 |
| 人均地方财政支出 | 13 | 14 | -1 | 中势 |
| 人均税收收入 | 18 | 20 | -2 | 中势 |
| 地方财政收入增长率 | 28 | 28 | 0 | 劣势 |
| 地方财政支出增长率 | 20 | 26 | -6 | 劣势 |
| 税收收入增长率 | 27 | 27 | 0 | 劣势 |
| 4.2　金融竞争力 | 25 | 28 | -3 | 劣势 |
| 存款余额 | 23 | 23 | 0 | 劣势 |
| 人均存款余额 | 21 | 21 | 0 | 劣势 |
| 贷款余额 | 24 | 24 | 0 | 劣势 |
| 人均贷款余额 | 18 | 18 | 0 | 中势 |
| 货币市场融资额 | 5 | 5 | 0 | 优势 |
| 中长期贷款占贷款余额比重 | 16 | 27 | -11 | 劣势 |
| 保险费净收入 | 21 | 19 | 2 | 中势 |
| 保险密度 | 19 | 13 | 6 | 中势 |
| 保险深度 | 20 | 15 | 5 | 中势 |
| 人均证券市场筹资额 | 30 | 28 | 2 | 劣势 |

## 5. 吉林省知识经济竞争力指标排名变化情况

**表 7-9　2014～2015 年吉林省知识经济竞争力指标组排位及变化趋势**

| 指　标 | 2014 | 2015 | 排位升降 | 优劣势 |
|---|---|---|---|---|
| **5　知识经济竞争力** | 22 | 23 | -1 | 劣势 |
| 5.1　科技竞争力 | 22 | 21 | 1 | 劣势 |
| R&D 人员 | 18 | 20 | -2 | 中势 |
| R&D 经费 | 23 | 22 | 1 | 劣势 |
| R&D 经费投入强度 | 24 | 23 | 1 | 劣势 |
| 发明专利授权量 | 21 | 21 | 0 | 劣势 |
| 技术市场成交合同金额 | 24 | 24 | 0 | 劣势 |
| 财政科技支出占地方财政支出比重 | 24 | 16 | 8 | 中势 |
| 高技术产业增加值 | 17 | 16 | 1 | 中势 |
| 高技术产业增加值占工业增加值比重 | 14 | 12 | 2 | 中势 |
| 高技术产品出口额占商品出口额比重 | 25 | 23 | 2 | 劣势 |
| 5.2　教育竞争力 | 24 | 23 | 1 | 劣势 |
| 教育经费 | 26 | 27 | -1 | 劣势 |
| 教育经费占 GDP 比重 | 23 | 20 | 3 | 中势 |
| 人均教育经费 | 20 | 19 | 1 | 中势 |
| 公共教育经费占财政支出比重 | 26 | 23 | 3 | 劣势 |

续表

| 指　　标 | 2014 | 2015 | 排位升降 | 优劣势 |
|---|---|---|---|---|
| 人均文化教育支出占个人消费支出比重 | 7 | 6 | 1 | 优势 |
| 万人中小学学校数 | 14 | 12 | 2 | 中势 |
| 万人中小学专任教师数 | 21 | 21 | 0 | 劣势 |
| 高等学校数 | 22 | 23 | -1 | 劣势 |
| 高校专任教师数 | 20 | 20 | 0 | 中势 |
| 万人高等学校在校学生数 | 5 | 5 | 0 | 优势 |
| 5.3　文化竞争力 | 12 | 12 | 0 | 中势 |
| 文化服务业企业营业收入 | 24 | 24 | 0 | 劣势 |
| 图书和期刊出版数 | 10 | 10 | 0 | 优势 |
| 报纸出版数 | 17 | 17 | 0 | 中势 |
| 出版印刷工业销售产值 | 22 | 21 | 1 | 劣势 |
| 城镇居民人均文化娱乐支出 | 15 | 15 | 0 | 中势 |
| 农村居民人均文化娱乐支出 | 6 | 9 | -3 | 优势 |
| 城镇居民人均文化娱乐支出占消费性支出比重 | 7 | 6 | 1 | 优势 |
| 农村居民人均文化娱乐支出占消费性支出比重 | 4 | 7 | -3 | 优势 |

## 6. 吉林省发展环境竞争力指标排名变化情况

**表 7-10　2014~2015 年吉林省发展环境竞争力指标组排位及变化趋势**

| 指　　标 | 2014 | 2015 | 排位升降 | 优劣势 |
|---|---|---|---|---|
| **6　发展环境竞争力** | 26 | 26 | 0 | 劣势 |
| 6.1　基础设施竞争力 | 26 | 27 | -1 | 劣势 |
| 铁路网线密度 | 12 | 11 | 1 | 中势 |
| 公路网线密度 | 24 | 24 | 0 | 劣势 |
| 人均内河航道里程 | 18 | 18 | 0 | 中势 |
| 全社会旅客周转量 | 22 | 22 | 0 | 劣势 |
| 全社会货物周转量 | 24 | 25 | -1 | 劣势 |
| 人均邮电业务总量 | 21 | 23 | -2 | 劣势 |
| 电话普及率 | 11 | 10 | 1 | 优势 |
| 互联网上网人数比重 | 18 | 19 | -1 | 中势 |
| 人均耗电量 | 27 | 28 | -1 | 劣势 |
| 6.2　软环境竞争力 | 26 | 14 | 12 | 中势 |
| 外资企业数增长率 | 24 | 21 | 3 | 劣势 |
| 万人外资企业数 | 13 | 12 | 1 | 中势 |
| 个体私营企业数增长率 | 30 | 7 | 23 | 优势 |
| 万人个体私营企业数 | 17 | 17 | 0 | 中势 |
| 万人商标注册件数 | 25 | 24 | 1 | 劣势 |
| 查处商标侵权假冒案件 | 6 | 8 | -2 | 优势 |
| 每十万人交通事故发生数 | 9 | 9 | 0 | 优势 |
| 罚没收入占财政收入比重 | 24 | 20 | 4 | 中势 |
| 社会捐赠款物 | 17 | 11 | 6 | 中势 |

## 7. 吉林省政府作用竞争力指标排名变化情况

**表 7-11　2014~2015 年吉林省政府作用竞争力指标组排位及变化趋势**

| 指　　标 | 2014 | 2015 | 排位升降 | 优劣势 |
|---|---|---|---|---|
| **7　政府作用竞争力** | 12 | 12 | 0 | 中势 |
| 7.1　政府发展经济竞争力 | 17 | 18 | -1 | 中势 |
| 财政支出用于基本建设投资比重 | 28 | 26 | 2 | 劣势 |
| 财政支出对 GDP 增长的拉动 | 13 | 12 | 1 | 中势 |
| 政府公务员对经济的贡献 | 14 | 14 | 0 | 中势 |
| 政府消费对民间消费的拉动 | 21 | 18 | 3 | 中势 |
| 财政投资对社会投资的拉动 | 4 | 4 | 0 | 优势 |
| 7.2　政府规调经济竞争力 | 7 | 8 | -1 | 优势 |
| 物价调控 | 17 | 22 | -5 | 劣势 |
| 调控城乡消费差距 | 13 | 11 | 2 | 中势 |
| 统筹经济社会发展 | 17 | 15 | 2 | 中势 |
| 规范税收 | 20 | 22 | -2 | 劣势 |
| 人口控制 | 2 | 2 | 0 | 强势 |
| 7.3　政府保障经济竞争力 | 14 | 16 | -2 | 中势 |
| 城市城镇社区服务设施数 | 29 | 28 | 1 | 劣势 |
| 医疗保险覆盖率 | 12 | 11 | 1 | 中势 |
| 养老保险覆盖率 | 16 | 16 | 0 | 中势 |
| 失业保险覆盖率 | 21 | 19 | 2 | 中势 |
| 下岗职工再就业率 | 14 | 16 | -2 | 中势 |
| 城镇登记失业率 | 19 | 19 | 0 | 中势 |

## 8. 吉林省发展水平竞争力指标排名变化情况

**表 7-12　2014~2015 年吉林省发展水平竞争力指标组排位及变化趋势**

| 指　　标 | 2014 | 2015 | 排位升降 | 优劣势 |
|---|---|---|---|---|
| **8　发展水平竞争力** | 19 | 20 | -1 | 中势 |
| 8.1　工业化进程竞争力 | 16 | 19 | -3 | 中势 |
| 工业增加值占 GDP 比重 | 1 | 1 | 0 | 强势 |
| 工业增加值增长率 | 17 | 21 | -4 | 劣势 |
| 高技术产业规模以上企业产值 | 17 | 20 | -3 | 中势 |
| 高技术产业增加值占工业增加值比重 | 15 | 20 | -5 | 中势 |
| 高技术产品出口额占商品出口额比重 | 25 | 20 | 5 | 中势 |
| 信息产业增加值占 GDP 比重 | 14 | 23 | -9 | 劣势 |
| 8.2　城市化进程竞争力 | 18 | 18 | 0 | 中势 |
| 城镇化率 | 14 | 14 | 0 | 中势 |
| 城镇居民人均可支配收入 | 25 | 27 | -2 | 劣势 |
| 城市平均建成区面积比重 | 19 | 8 | 11 | 优势 |

续表

| 指　　标 | 2014 | 2015 | 排位升降 | 优劣势 |
|---|---|---|---|---|
| 人均拥有道路面积 | 17 | 17 | 0 | 中势 |
| 人均日生活用水量 | 26 | 25 | 1 | 劣势 |
| 恩格尔系数 | 3 | 5 | -2 | 优势 |
| 人均公共绿地面积 | 18 | 16 | 2 | 中势 |
| 8.3　市场化进程竞争力 | 18 | 17 | 1 | 中势 |
| 非公有制经济产值占全社会总产值的比重 | 19 | 19 | 0 | 中势 |
| 社会投资占投资总额比重 | 6 | 9 | -3 | 优势 |
| 私有和个体企业从业人员比重 | 12 | 9 | 3 | 优势 |
| 亿元以上商品市场成交额 | 22 | 23 | -1 | 劣势 |
| 亿元以上商品市场成交额占全社会消费品零售总额比重 | 25 | 27 | -2 | 劣势 |
| 居民消费支出占总消费支出比重 | 21 | 18 | 3 | 中势 |

## 9. 吉林省统筹协调竞争力指标排名变化情况

**表 7-13　2014~2015 年吉林省统筹协调竞争力指标组排位及变化趋势**

| 指　　标 | 2014 | 2015 | 排位升降 | 优劣势 |
|---|---|---|---|---|
| **9　统筹协调竞争力** | 7 | 9 | -2 | 优势 |
| 9.1　统筹发展竞争力 | 10 | 13 | -3 | 中势 |
| 社会劳动生产率 | 12 | 14 | -2 | 中势 |
| 社会劳动生产率增速 | 12 | 13 | -1 | 中势 |
| 万元 GDP 综合能耗 | 13 | 13 | 0 | 中势 |
| 非农用地产出率 | 17 | 17 | 0 | 中势 |
| 生产税净额和营业盈余占 GDP 比重 | 10 | 8 | 2 | 优势 |
| 最终消费率 | 31 | 31 | 0 | 劣势 |
| 固定资产投资额占 GDP 比重 | 12 | 15 | -3 | 中势 |
| 固定资产交付使用率 | 1 | 2 | -1 | 强势 |
| 9.2　协调发展竞争力 | 5 | 4 | 1 | 优势 |
| 环境竞争力与宏观经济竞争力比差 | 23 | 20 | 3 | 中势 |
| 资源竞争力与宏观经济竞争力比差 | 7 | 11 | -4 | 中势 |
| 人力资源竞争力与宏观经济竞争力比差 | 23 | 23 | 0 | 劣势 |
| 资源竞争力与工业竞争力比差 | 10 | 12 | -2 | 中势 |
| 环境竞争力与工业竞争力比差 | 15 | 17 | -2 | 中势 |
| 城乡居民家庭人均收入比差 | 3 | 4 | -1 | 优势 |
| 城乡居民人均现金消费支出比差 | 13 | 11 | 2 | 中势 |
| 全社会消费品零售总额与外贸出口总额比差 | 1 | 1 | 0 | 强势 |

**B**.9
# 8
# 黑龙江省经济综合竞争力评价分析报告

黑龙江省简称黑，位于我国最东北部，与俄罗斯为邻，内接内蒙古自治区、吉林省。全省面积46万多平方公里，2015年常住人口为3812万人，地区生产总值为15084亿元，同比增长5.7%，人均GDP达39462元。本部分通过分析2014~2015年黑龙江经济综合竞争力以及各要素竞争力的排名变化，从中找出黑龙江经济综合竞争力的推动点及影响因素，为进一步提升黑龙江经济综合竞争力提供决策参考。

## 8.1 黑龙江省经济综合竞争力总体分析

**1. 黑龙江经济综合竞争力一级指标概要分析**

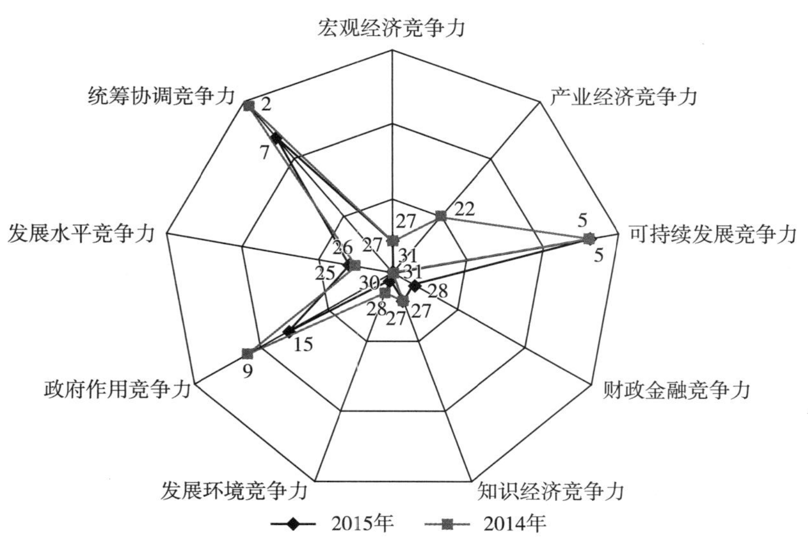


**图8-1 2014~2015年黑龙江经济综合竞争力二级指标比较**

（1）从综合排位看，2015年黑龙江经济综合竞争力在全国居第25位，这表明其在全国处于劣势地位；与2014年相比，综合排位下降3位。

（2）从指标所处区位看，9个二级指标中，有2个指标处于上游区，分别为可持续发展竞争力和统筹协调竞争力；有1个中势指标，为政府作用竞争力；其他6个为劣势指标，分别为宏观经济竞争力、产业经济竞争力、财政金融竞争力、知识经济竞争

**表 8-1 2014～2015 年黑龙江经济综合竞争力二级指标表现情况**

| 年份\项目 | 宏观经济竞争力 | 产业经济竞争力 | 可持续发展竞争力 | 财政金融竞争力 | 知识经济竞争力 | 发展环境竞争力 | 政府作用竞争力 | 发展水平竞争力 | 统筹协调竞争力 | **综合排位** |
|---|---|---|---|---|---|---|---|---|---|---|
| 2014 | 27 | 22 | 5 | 31 | 27 | 28 | 9 | 26 | 2 | 22 |
| 2015 | 27 | 31 | 5 | 28 | 27 | 30 | 15 | 25 | 7 | 25 |
| 升降 | 0 | -9 | 0 | 3 | 0 | -2 | -6 | 1 | -5 | -3 |
| 优劣度 | 劣势 | 劣势 | 优势 | 劣势 | 劣势 | 劣势 | 中势 | 劣势 | 优势 | 劣势 |

力、发展环境竞争力和发展水平竞争力。

（3）从指标变化趋势看，9 个二级指标中，有 2 个指标处于上升趋势，分别为财政金融竞争力和发展水平竞争力，这些是黑龙江经济综合竞争力的上升动力所在；有 3 个指标排位没有发生变化，分别宏观经济竞争力、可持续发展竞争力和知识经济竞争力；有 4 个指标处于下降趋势，分别为产业经济竞争力、发展环境竞争力、政府作用竞争力和统筹协调竞争力，这些是黑龙江经济综合竞争力的下降拉力所在。

**2. 黑龙江经济综合竞争力各级指标动态变化分析**

**表 8-2 2014～2015 年黑龙江经济综合竞争力各级指标排位变化情况**

| 二级指标 | 三级指标 | 四级指标数 | 上升 | | 保持 | | 下降 | | 变化趋势 |
|---|---|---|---|---|---|---|---|---|---|
| | | | 指标数 | 比重（%） | 指标数 | 比重（%） | 指标数 | 比重（%） | |
| 宏观经济竞争力 | 经济实力竞争力 | 12 | 3 | 25.0 | 2 | 16.7 | 7 | 58.3 | 上升 |
| | 经济结构竞争力 | 6 | 2 | 33.3 | 1 | 16.7 | 3 | 50.0 | 上升 |
| | 经济外向度竞争力 | 9 | 0 | 0.0 | 1 | 11.1 | 8 | 88.9 | 下降 |
| | 小　计 | 27 | 5 | 18.5 | 4 | 14.8 | 18 | 66.7 | 保持 |
| 产业经济竞争力 | 农业竞争力 | 10 | 2 | 20.0 | 5 | 50.0 | 3 | 30.0 | 下降 |
| | 工业竞争力 | 10 | 1 | 10.0 | 5 | 50.0 | 4 | 40.0 | 下降 |
| | 服务业竞争力 | 10 | 4 | 40.0 | 1 | 10.0 | 5 | 50.0 | 下降 |
| | 企业竞争力 | 10 | 1 | 10.0 | 3 | 30.0 | 6 | 60.0 | 下降 |
| | 小　计 | 40 | 8 | 20.0 | 14 | 35.0 | 18 | 45.0 | 下降 |
| 可持续发展竞争力 | 资源竞争力 | 9 | 1 | 11.1 | 6 | 66.7 | 2 | 22.2 | 上升 |
| | 环境竞争力 | 8 | 4 | 50.0 | 2 | 25.0 | 2 | 25.0 | 上升 |
| | 人力资源竞争力 | 8 | 0 | 0.0 | 2 | 25.0 | 6 | 75.0 | 下降 |
| | 小　计 | 25 | 5 | 20.0 | 10 | 40.0 | 10 | 40.0 | 保持 |
| 财政金融竞争力 | 财政竞争力 | 12 | 5 | 41.7 | 1 | 8.3 | 6 | 50.0 | 上升 |
| | 金融竞争力 | 10 | 2 | 20.0 | 5 | 50.0 | 3 | 30.0 | 上升 |
| | 小　计 | 22 | 7 | 31.8 | 6 | 27.3 | 9 | 40.9 | 上升 |
| 知识经济竞争力 | 科技竞争力 | 9 | 0 | 0.0 | 6 | 66.7 | 3 | 33.3 | 保持 |
| | 教育竞争力 | 10 | 2 | 20.0 | 4 | 40.0 | 4 | 40.0 | 保持 |
| | 文化竞争力 | 8 | 2 | 25.0 | 2 | 25.0 | 4 | 50.0 | 下降 |
| | 小　计 | 27 | 4 | 14.8 | 12 | 44.4 | 11 | 40.7 | 保持 |

续表

| 二级指标 | 三级指标 | 四级指标数 | 上升 | | 保持 | | 下降 | | 变化趋势 |
|---|---|---|---|---|---|---|---|---|---|
| | | | 指标数 | 比重（%） | 指标数 | 比重（%） | 指标数 | 比重（%） | |
| 发展环境竞争力 | 基础设施竞争力 | 9 | 1 | 11.1 | 6 | 66.7 | 2 | 22.2 | 保持 |
| | 软环境竞争力 | 9 | 2 | 22.2 | 0 | 0.0 | 7 | 77.8 | 下降 |
| | 小　计 | 18 | 3 | 16.7 | 6 | 33.3 | 9 | 50.0 | 下降 |
| 政府作用竞争力 | 政府发展经济竞争力 | 5 | 1 | 20.0 | 1 | 20.0 | 3 | 60.0 | 保持 |
| | 政府规调经济竞争力 | 5 | 1 | 20.0 | 1 | 20.0 | 3 | 60.0 | 下降 |
| | 政府保障经济竞争力 | 6 | 0 | 0.0 | 5 | 83.3 | 1 | 16.7 | 下降 |
| | 小　计 | 16 | 2 | 12.5 | 7 | 43.8 | 7 | 43.8 | 下降 |
| 发展水平竞争力 | 工业化进程竞争力 | 6 | 2 | 33.3 | 2 | 33.3 | 2 | 33.3 | 上升 |
| | 城市化进程竞争力 | 7 | 1 | 14.3 | 3 | 42.9 | 3 | 42.9 | 上升 |
| | 市场化进程竞争力 | 6 | 4 | 66.7 | 1 | 16.7 | 1 | 16.7 | 上升 |
| | 小　计 | 19 | 7 | 36.8 | 6 | 31.6 | 6 | 31.6 | 上升 |
| 统筹协调竞争力 | 统筹发展竞争力 | 8 | 2 | 25.0 | 2 | 25.0 | 4 | 50.0 | 下降 |
| | 协调发展竞争力 | 8 | 5 | 62.5 | 1 | 12.5 | 2 | 25.0 | 下降 |
| | 小　计 | 16 | 7 | 43.8 | 3 | 18.8 | 6 | 37.5 | 下降 |
| 合　计 | | 210 | 48 | 22.9 | 68 | 32.4 | 94 | 44.8 | 下降 |

从表8－2可以看出，210个四级指标中，上升指标有48个，占指标总数的22.9%；下降指标有94个，占指标总数的44.8%；保持不变的指标有68个，占指标总数的32.4%。综上所述，黑龙江经济综合竞争力下降的拉力大于上升的动力，因此，2015年黑龙江经济综合竞争力排位有所下降。

3. **黑龙江经济综合竞争力各级指标优劣势结构分析**

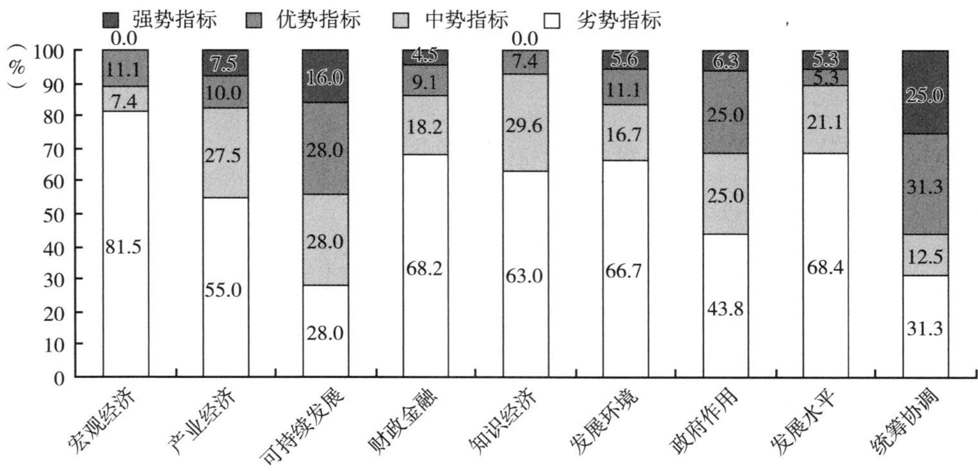


**图8－2　2015年黑龙江经济综合竞争力各级指标优劣势比较**

**表 8-3　2015 年黑龙江经济综合竞争力各级指标优劣势情况**

| 二级指标 | 三级指标 | 四级指标数 | 强势指标 | | 优势指标 | | 中势指标 | | 劣势指标 | | 优劣势 |
|---|---|---|---|---|---|---|---|---|---|---|---|
| | | | 个数 | 比重（%） | 个数 | 比重（%） | 个数 | 比重（%） | 个数 | 比重（%） | |
| 宏观经济竞争力 | 经济实力竞争力 | 12 | 0 | 0.0 | 0 | 0.0 | 2 | 16.7 | 10 | 83.3 | 劣势 |
| | 经济结构竞争力 | 6 | 0 | 0.0 | 3 | 50.0 | 0 | 0.0 | 3 | 50.0 | 中势 |
| | 经济外向度竞争力 | 9 | 0 | 0.0 | 0 | 0.0 | 0 | 0.0 | 9 | 100.0 | 劣势 |
| | 小　计 | 27 | 0 | 0.0 | 3 | 11.1 | 2 | 7.4 | 22 | 81.5 | 劣势 |
| 产业经济竞争力 | 农业竞争力 | 10 | 3 | 30.0 | 3 | 30.0 | 2 | 20.0 | 2 | 20.0 | 强势 |
| | 工业竞争力 | 10 | 0 | 0.0 | 1 | 10.0 | 1 | 10.0 | 8 | 80.0 | 劣势 |
| | 服务业竞争力 | 10 | 0 | 0.0 | 0 | 0.0 | 5 | 50.0 | 5 | 50.0 | 劣势 |
| | 企业竞争力 | 10 | 0 | 0.0 | 0 | 0.0 | 3 | 30.0 | 7 | 70.0 | 劣势 |
| | 小　计 | 40 | 3 | 7.5 | 4 | 10.0 | 11 | 27.5 | 22 | 55.0 | 劣势 |
| 可持续发展竞争力 | 资源竞争力 | 9 | 3 | 33.3 | 2 | 22.2 | 3 | 33.3 | 1 | 11.1 | 优势 |
| | 环境竞争力 | 8 | 0 | 0.0 | 3 | 37.5 | 3 | 37.5 | 2 | 25.0 | 优势 |
| | 人力资源竞争力 | 8 | 1 | 12.5 | 2 | 25.0 | 1 | 12.5 | 4 | 50.0 | 劣势 |
| | 小　计 | 25 | 4 | 16.0 | 7 | 28.0 | 7 | 28.0 | 7 | 28.0 | 优势 |
| 财政金融竞争力 | 财政竞争力 | 12 | 1 | 8.3 | 1 | 8.3 | 2 | 16.7 | 8 | 66.7 | 劣势 |
| | 金融竞争力 | 10 | 0 | 0.0 | 1 | 10.0 | 2 | 20.0 | 7 | 70.0 | 劣势 |
| | 小　计 | 22 | 1 | 4.5 | 2 | 9.1 | 4 | 18.2 | 15 | 68.2 | 劣势 |
| 知识经济竞争力 | 科技竞争力 | 9 | 0 | 0.0 | 0 | 0.0 | 3 | 33.3 | 6 | 66.7 | 劣势 |
| | 教育竞争力 | 10 | 0 | 0.0 | 0 | 0.0 | 4 | 40.0 | 6 | 60.0 | 劣势 |
| | 文化竞争力 | 8 | 0 | 0.0 | 2 | 25.0 | 1 | 12.5 | 5 | 62.5 | 中势 |
| | 小　计 | 27 | 0 | 0.0 | 2 | 7.4 | 8 | 29.6 | 17 | 63.0 | 劣势 |
| 发展环境竞争力 | 基础设施竞争力 | 9 | 0 | 0.0 | 1 | 11.1 | 2 | 22.2 | 6 | 66.7 | 劣势 |
| | 软环境竞争力 | 9 | 1 | 11.1 | 1 | 11.1 | 1 | 11.1 | 6 | 66.7 | 劣势 |
| | 小　计 | 18 | 1 | 5.6 | 2 | 11.1 | 3 | 16.7 | 12 | 66.7 | 劣势 |
| 政府作用竞争力 | 政府发展经济竞争力 | 5 | 0 | 0.0 | 0 | 0.0 | 2 | 40.0 | 3 | 60.0 | 劣势 |
| | 政府规调经济竞争力 | 5 | 1 | 20.0 | 2 | 40.0 | 1 | 20.0 | 1 | 20.0 | 优势 |
| | 政府保障经济竞争力 | 6 | 0 | 0.0 | 2 | 33.3 | 1 | 16.7 | 3 | 50.0 | 中势 |
| | 小　计 | 16 | 1 | 6.3 | 4 | 25.0 | 4 | 25.0 | 7 | 43.8 | 中势 |
| 发展水平竞争力 | 工业化进程竞争力 | 6 | 0 | 0.0 | 0 | 0.0 | 0 | 0.0 | 6 | 100.0 | 劣势 |
| | 城市化进程竞争力 | 7 | 1 | 14.3 | 1 | 14.3 | 2 | 28.6 | 3 | 42.9 | 优势 |
| | 市场化进程竞争力 | 6 | 0 | 0.0 | 0 | 0.0 | 2 | 33.3 | 4 | 66.7 | 劣势 |
| | 小　计 | 19 | 1 | 5.3 | 1 | 5.3 | 4 | 21.1 | 13 | 68.4 | 劣势 |
| 统筹协调竞争力 | 统筹发展竞争力 | 8 | 1 | 12.5 | 3 | 37.5 | 2 | 25.0 | 2 | 25.0 | 优势 |
| | 协调发展竞争力 | 8 | 3 | 37.5 | 2 | 25.0 | 0 | 0.0 | 3 | 37.5 | 中势 |
| | 小　计 | 16 | 4 | 25.0 | 5 | 31.3 | 2 | 12.5 | 5 | 31.3 | 优势 |
| 合　计 | | 210 | 15 | 7.1 | 30 | 14.3 | 45 | 21.4 | 120 | 57.1 | 劣势 |

基于图 8-2 和表 8-3，具体到四级指标，强势指标 15 个，占指标总数的 7.1%；优势指标 30 个，占指标总数的 14.3%；中势指标 45 个，占指标总数的 21.4%；劣势

指标120个，占指标总数的57.1%。三级指标中，强势指标1个，占三级指标总数的4%；优势指标5个，占三级指标总数的20%；中势指标4个，占三级指标总数的16%；劣势指标15个，占三级指标总数的60%。从二级指标看，没有强势指标；优势指标有2个，占二级指标总数的22.2%；中势指标有1个，占二级指标总数的11.1%；劣势指标有6个，占二级指标总数的66.7%。综合来看，由于劣势指标在指标体系中居于主导地位，2015年黑龙江经济综合竞争力处于劣势地位。

**4. 黑龙江经济综合竞争力四级指标优劣势对比分析**

**表8-4 2015年黑龙江经济综合竞争力四级指标优劣势情况**

| 二级指标 | 优劣势 | 四级指标 |
|---|---|---|
| 宏观经济竞争力（27个） | 强势指标 | （0个） |
| | 优势指标 | 产业结构优化度、城乡经济结构优化度、资本形成结构优化度（3个） |
| | 劣势指标 | 地区生产总值、地区生产总值增长率、人均地区生产总值、财政总收入、财政总收入增长率、人均财政收入、固定资产投资额、固定资产投资额增长率、人均固定资产投资额、全社会消费品零售总额增长率、所有制经济结构优化度、就业结构优化度、贸易结构优化度、进出口总额、进出口增长率、出口总额、出口增长率、实际FDI、实际FDI增长率、外贸依存度、外资企业数、对外直接投资（22个） |
| 产业经济竞争力（40个） | 强势指标 | 人均农业增加值、人均主要农产品产量、财政支农资金比重（3个） |
| | 优势指标 | 农业增加值、农业增加值增长率、农业机械化水平、工业资产总贡献率（4个） |
| | 劣势指标 | 农民人均纯收入增长率、农产品出口占农林牧渔总产值比重、工业增加值、工业增加值增长率、人均工业增加值、工业资产总额、工业资产总额增长率、规模以上工业主营业务收入、规模以上工业利润总额、工业成本费用利润率、服务业从业人员数、服务业从业人员数增长率、限额以上批发零售企业主营业务收入、旅游外汇收入、房地产经营总收入、规模以上工业企业数、规模以上企业平均收入、规模以上企业平均利润、规模以上企业劳动效率、城镇就业人员平均工资、新产品销售收入占主营业务收入比重、产品质量抽查合格率（22个） |
| 可持续发展竞争力（25个） | 强势指标 | 耕地面积、人均耕地面积、人均森林储积量、15~64岁人口比例（4个） |
| | 优势指标 | 人均牧草地面积、人均主要能源矿产基础储量、森林覆盖率、人均废水排放量、自然灾害直接经济损失、文盲率、平均受教育程度（7个） |
| | 劣势指标 | 人均国土面积、人均工业废气排放量、生活垃圾无害化处理率、常住人口增长率、人口健康素质、人力资源利用率、职业学校毕业生数（7个） |
| 财政金融竞争力（22个） | 强势指标 | 税收收入占财政总收入比重（1个） |
| | 优势指标 | 地方财政支出占GDP比重、保险深度（2个） |
| | 劣势指标 | 地方财政收入、地方财政收入占GDP比重、税收收入占GDP比重、人均地方财政收入、人均税收收入、地方财政收入增长率、地方财政支出增长率、税收收入增长率、存款余额、人均存款余额、贷款余额、人均贷款余额、货币市场融资额、中长期贷款占贷款余额比重、人均证券市场筹资额（15个） |
| 知识经济竞争力（27个） | 强势指标 | （0个） |
| | 优势指标 | 农村居民人均文化娱乐支出、农村居民人均文化娱乐支出占消费性支出比重（2个） |
| | 劣势指标 | R&D经费、R&D经费投入强度、财政科技支出占地方财政支出比重、高技术产业增加值、高技术产业增加值占工业增加值比重、高技术产品出口额占商品出口额比重、教育经费、人均教育经费、公共教育经费占财政支出比重、人均文化教育支出占个人消费支出比重、万人中小学学校数、万人中小学专任教师数、文化服务业企业营业收入、图书和期刊出版数、出版印刷工业销售产值、城镇居民人均文化娱乐支出、城镇居民人均文化娱乐支出占消费性支出比重（17个） |

续表

| 二级指标 | 优劣势 | 四级指标 |
|---|---|---|
| 发展环境竞争力（18个） | 强势指标 | 查处商标侵权假冒案件(1个) |
| | 优势指标 | 人均内河航道里程、每十万人交通事故发生数(2个) |
| | 劣势指标 | 铁路网线密度、公路网线密度、全社会货物周转量、人均邮电业务总量、互联网上网人数比重、人均耗电量、外资企业数增长率、个体私营企业数增长率、万人个体私营企业数、万人商标注册件数、罚没收入占财政收入比重、社会捐赠款物(12个) |
| 政府作用竞争力（16个） | 强势指标 | 人口控制(1个) |
| | 优势指标 | 物价调控、调控城乡消费差距、医疗保险覆盖率、养老保险覆盖率(4个) |
| | 劣势指标 | 财政支出用于基本建设投资比重、财政支出对GDP增长的拉动、政府消费对民间消费的拉动、统筹经济社会发展、城市城镇社区服务设施数、失业保险覆盖率、城镇登记失业率(7个) |
| 发展水平竞争力（19个） | 强势指标 | 城市平均建成区面积比重(1个) |
| | 优势指标 | 恩格尔系数(1个) |
| | 劣势指标 | 工业增加值占GDP比重、工业增加值增长率、高技术产业规模以上企业产值、高技术产业增加值占工业增加值比重、高技术产品出口额占商品出口额比重、信息产业增加值占GDP比重、城镇居民人均可支配收入、人均拥有道路面积、人均日生活用水量、非公有制经济产值占全社会总产值的比重、私有和个体企业从业人员比重、亿元以上商品市场成交额占全社会消费品零售总额比重、居民消费支出占总消费支出比重(13个) |
| 统筹协调竞争力（16个） | 强势指标 | 固定资产交付使用率、资源竞争力与宏观经济竞争力比差、城乡居民家庭人均收入比差、全社会消费品零售总额与外贸出口总额比差(4个) |
| | 优势指标 | 社会劳动生产率增速、最终消费率、固定资产投资额占GDP比重、资源竞争力与工业竞争力比差、城乡居民人均现金消费支出比差(5个) |
| | 劣势指标 | 万元GDP综合能耗、非农用地产出率、环境竞争力与宏观经济竞争力比差、人力资源竞争力与宏观经济竞争力比差、环境竞争力与工业竞争力比差(5个) |

## 8.2 黑龙江省经济综合竞争力各级指标具体分析

### 1. 黑龙江省宏观经济竞争力指标排名变化情况

**表8-5 2014~2015年黑龙江省宏观经济竞争力指标组排位及变化趋势**

| 指标 | 2014 | 2015 | 排位升降 | 优劣势 |
|---|---|---|---|---|
| **1 宏观经济竞争力** | 27 | 27 | 0 | 劣势 |
| 1.1 经济实力竞争力 | 31 | 28 | 3 | 劣势 |
| 地区生产总值 | 20 | 21 | -1 | 劣势 |
| 地区生产总值增长率 | 30 | 29 | 1 | 劣势 |
| 人均地区生产总值 | 20 | 21 | -1 | 劣势 |
| 财政总收入 | 26 | 28 | -2 | 劣势 |
| 财政总收入增长率 | 30 | 31 | -1 | 劣势 |

续表

| 指　　标 | 2014 | 2015 | 排位升降 | 优劣势 |
|---|---|---|---|---|
| 人均财政收入 | 26 | 31 | -5 | 劣势 |
| 固定资产投资额 | 22 | 24 | -2 | 劣势 |
| 固定资产投资额增长率 | 31 | 29 | 2 | 劣势 |
| 人均固定资产投资额 | 28 | 30 | -2 | 劣势 |
| 全社会消费品零售总额 | 15 | 15 | 0 | 中势 |
| 全社会消费品零售总额增长率 | 25 | 23 | 2 | 劣势 |
| 人均全社会消费品零售总额 | 14 | 14 | 0 | 中势 |
| 1.2　经济结构竞争力 | 18 | 15 | 3 | 中势 |
| 产业结构优化度 | 10 | 7 | 3 | 优势 |
| 所有制经济结构优化度 | 24 | 23 | 1 | 劣势 |
| 城乡经济结构优化度 | 8 | 8 | 0 | 优势 |
| 就业结构优化度 | 18 | 26 | -8 | 劣势 |
| 资本形成结构优化度 | 5 | 7 | -2 | 优势 |
| 贸易结构优化度 | 26 | 28 | -2 | 劣势 |
| 1.3　经济外向度竞争力 | 28 | 30 | -2 | 劣势 |
| 进出口总额 | 18 | 21 | -3 | 劣势 |
| 进出口增长率 | 26 | 30 | -4 | 劣势 |
| 出口总额 | 21 | 24 | -3 | 劣势 |
| 出口增长率 | 22 | 30 | -8 | 劣势 |
| 实际 FDI | 25 | 25 | 0 | 劣势 |
| 实际 FDI 增长率 | 25 | 31 | -6 | 劣势 |
| 外贸依存度 | 15 | 22 | -7 | 劣势 |
| 外资企业数 | 18 | 21 | -3 | 劣势 |
| 对外直接投资 | 19 | 25 | -6 | 劣势 |

## 2. 黑龙江省产业经济竞争力指标排名变化情况

**表 8-6　2014~2015 年黑龙江省产业经济竞争力指标组排位及变化趋势**

| 指　　标 | 2014 | 2015 | 排位升降 | 优劣势 |
|---|---|---|---|---|
| **2　产业经济竞争力** | 22 | 31 | -9 | 劣势 |
| 2.1　农业竞争力 | 1 | 2 | -1 | 强势 |
| 农业增加值 | 9 | 9 | 0 | 优势 |
| 农业增加值增长率 | 4 | 6 | -2 | 优势 |
| 人均农业增加值 | 3 | 3 | 0 | 强势 |
| 农民人均纯收入 | 12 | 13 | -1 | 中势 |
| 农民人均纯收入增长率 | 10 | 30 | -20 | 劣势 |
| 农产品出口占农林牧渔总产值比重 | 26 | 26 | 0 | 劣势 |
| 人均主要农产品产量 | 1 | 1 | 0 | 强势 |

续表

| 指　　标 | 2014 | 2015 | 排位升降 | 优劣势 |
|---|---|---|---|---|
| 农业机械化水平 | 6 | 6 | 0 | 优势 |
| 农村人均用电量 | 20 | 19 | 1 | 中势 |
| 财政支农资金比重 | 5 | 1 | 4 | 强势 |
| 2.2　工业竞争力 | 25 | 28 | -3 | 劣势 |
| 工业增加值 | 22 | 22 | 0 | 劣势 |
| 工业增加值增长率 | 29 | 30 | -1 | 劣势 |
| 人均工业增加值 | 26 | 26 | 0 | 劣势 |
| 工业资产总额 | 24 | 24 | 0 | 劣势 |
| 工业资产总额增长率 | 28 | 30 | -2 | 劣势 |
| 工业资产总贡献率 | 9 | 9 | 0 | 优势 |
| 规模以上工业主营业务收入 | 23 | 23 | 0 | 劣势 |
| 规模以上工业利润总额 | 22 | 24 | -2 | 劣势 |
| 工业全员劳动生产率 | 22 | 15 | 7 | 中势 |
| 工业成本费用利润率 | 5 | 26 | -21 | 劣势 |
| 2.3　服务业竞争力 | 24 | 28 | -4 | 劣势 |
| 服务业增加值 | 17 | 16 | 1 | 中势 |
| 服务业增加值增长率 | 17 | 13 | 4 | 中势 |
| 人均服务业增加值 | 16 | 14 | 2 | 中势 |
| 服务业从业人员数 | 17 | 21 | -4 | 劣势 |
| 服务业从业人员数增长率 | 31 | 31 | 0 | 劣势 |
| 限额以上批发零售企业主营业务收入 | 21 | 22 | -1 | 劣势 |
| 限额以上批零企业利税率 | 14 | 13 | 1 | 中势 |
| 限额以上餐饮企业利税率 | 16 | 19 | -3 | 中势 |
| 旅游外汇收入 | 20 | 24 | -4 | 劣势 |
| 房地产经营总收入 | 22 | 23 | -1 | 劣势 |
| 2.4　企业竞争力 | 23 | 31 | -8 | 劣势 |
| 规模以上工业企业数 | 21 | 22 | -1 | 劣势 |
| 规模以上企业平均资产 | 14 | 14 | 0 | 中势 |
| 规模以上企业平均收入 | 17 | 21 | -4 | 劣势 |
| 规模以上企业平均利润 | 21 | 24 | -3 | 劣势 |
| 规模以上企业劳动效率 | 10 | 26 | -16 | 劣势 |
| 城镇就业人员平均工资 | 10 | 30 | -20 | 劣势 |
| 新产品销售收入占主营业务收入比重 | 29 | 27 | 2 | 劣势 |
| 产品质量抽查合格率 | 18 | 31 | -13 | 劣势 |
| 工业企业 R&D 经费投入强度 | 14 | 14 | 0 | 中势 |
| 中国驰名商标持有量 | 20 | 20 | 0 | 中势 |

## 3. 黑龙江省可持续发展竞争力指标排名变化情况

**表 8－7　2014～2015 年黑龙江省可持续发展竞争力指标组排位及变化趋势**

| 指　　标 | 2014 | 2015 | 排位升降 | 优劣势 |
|---|---|---|---|---|
| **3　可持续发展竞争力** | 5 | 5 | 0 | 优势 |
| 3.1　资源竞争力 | 5 | 4 | 1 | 优势 |
| 人均国土面积 | 6 | 26 | －20 | 劣势 |
| 人均可使用海域和滩涂面积 | 13 | 13 | 0 | 中势 |
| 人均年水资源量 | 12 | 14 | －2 | 中势 |
| 耕地面积 | 1 | 1 | 0 | 强势 |
| 人均耕地面积 | 1 | 1 | 0 | 强势 |
| 人均牧草地面积 | 9 | 9 | 0 | 优势 |
| 主要能源矿产基础储量 | 13 | 12 | 1 | 中势 |
| 人均主要能源矿产基础储量 | 9 | 9 | 0 | 优势 |
| 人均森林储积量 | 3 | 3 | 0 | 强势 |
| 3.2　环境竞争力 | 18 | 9 | 9 | 优势 |
| 森林覆盖率 | 9 | 9 | 0 | 优势 |
| 人均废水排放量 | 6 | 5 | 1 | 优势 |
| 人均工业废气排放量 | 23 | 21 | 2 | 劣势 |
| 人均工业固体废物排放量 | 13 | 17 | －4 | 中势 |
| 人均治理工业污染投资额 | 16 | 15 | 1 | 中势 |
| 一般工业固体废物综合利用率 | 16 | 19 | －3 | 中势 |
| 生活垃圾无害化处理率 | 29 | 29 | 0 | 劣势 |
| 自然灾害直接经济损失 | 27 | 8 | 19 | 优势 |
| 3.3　人力资源竞争力 | 22 | 27 | －5 | 劣势 |
| 常住人口增长率 | 31 | 31 | 0 | 劣势 |
| 15～64 岁人口比例 | 3 | 3 | 0 | 强势 |
| 文盲率 | 4 | 5 | －1 | 优势 |
| 大专以上教育程度人口比例 | 10 | 13 | －3 | 中势 |
| 平均受教育程度 | 6 | 10 | －4 | 优势 |
| 人口健康素质 | 23 | 24 | －1 | 劣势 |
| 人力资源利用率 | 29 | 30 | －1 | 劣势 |
| 职业学校毕业生数 | 20 | 21 | －1 | 劣势 |

## 4. 黑龙江省财政金融竞争力指标排名变化情况

**表 8－8　2014～2015 年黑龙江省财政金融竞争力指标组排位及变化趋势**

| 指　　标 | 2014 | 2015 | 排位升降 | 优劣势 |
|---|---|---|---|---|
| **4　财政金融竞争力** | 31 | 28 | 3 | 劣势 |
| 4.1　财政竞争力 | 31 | 28 | 3 | 劣势 |
| 地方财政收入 | 24 | 26 | －2 | 劣势 |
| 地方财政支出 | 20 | 19 | 1 | 中势 |
| 地方财政收入占 GDP 比重 | 27 | 30 | －3 | 劣势 |
| 地方财政支出占 GDP 比重 | 13 | 10 | 3 | 优势 |

续表

| 指　　标 | 2014 | 2015 | 排位升降 | 优劣势 |
|---|---|---|---|---|
| 税收收入占 GDP 比重 | 26 | 28 | -2 | 劣势 |
| 税收收入占财政总收入比重 | 19 | 2 | 17 | 强势 |
| 人均地方财政收入 | 26 | 30 | -4 | 劣势 |
| 人均地方财政支出 | 19 | 18 | 1 | 中势 |
| 人均税收收入 | 26 | 27 | -1 | 劣势 |
| 地方财政收入增长率 | 30 | 30 | 0 | 劣势 |
| 地方财政支出增长率 | 31 | 27 | 4 | 劣势 |
| 税收收入增长率 | 26 | 29 | -3 | 劣势 |
| 4.2　金融竞争力 | 27 | 22 | 5 | 劣势 |
| 存款余额 | 22 | 22 | 0 | 劣势 |
| 人均存款余额 | 24 | 25 | -1 | 劣势 |
| 贷款余额 | 23 | 23 | 0 | 劣势 |
| 人均贷款余额 | 26 | 25 | 1 | 劣势 |
| 货币市场融资额 | 22 | 22 | 0 | 劣势 |
| 中长期贷款占贷款余额比重 | 27 | 23 | 4 | 劣势 |
| 保险费净收入 | 13 | 13 | 0 | 中势 |
| 保险密度 | 11 | 15 | -4 | 中势 |
| 保险深度 | 6 | 6 | 0 | 优势 |
| 人均证券市场筹资额 | 29 | 31 | -2 | 劣势 |

## 5. 黑龙江省知识经济竞争力指标排名变化情况

**表 8-9　2014~2015 年黑龙江省知识经济竞争力指标组排位及变化趋势**

| 指　　标 | 2014 | 2015 | 排位升降 | 优劣势 |
|---|---|---|---|---|
| **5　知识经济竞争力** | 27 | 27 | 0 | 劣势 |
| 5.1　科技竞争力 | 23 | 23 | 0 | 劣势 |
| R&D 人员 | 17 | 17 | 0 | 中势 |
| R&D 经费 | 21 | 21 | 0 | 劣势 |
| R&D 经费投入强度 | 22 | 24 | -2 | 劣势 |
| 发明专利授权量 | 16 | 16 | 0 | 中势 |
| 技术市场成交合同金额 | 13 | 13 | 0 | 中势 |
| 财政科技支出占地方财政支出比重 | 17 | 22 | -5 | 劣势 |
| 高技术产业增加值 | 22 | 22 | 0 | 劣势 |
| 高技术产业增加值占工业增加值比重 | 23 | 23 | 0 | 劣势 |
| 高技术产品出口额占商品出口额比重 | 28 | 29 | -1 | 劣势 |
| 5.2　教育竞争力 | 28 | 28 | 0 | 劣势 |
| 教育经费 | 23 | 22 | 1 | 劣势 |
| 教育经费占 GDP 比重 | 17 | 16 | 1 | 中势 |
| 人均教育经费 | 26 | 26 | 0 | 劣势 |
| 公共教育经费占财政支出比重 | 23 | 25 | -2 | 劣势 |

续表

| 指　　标 | 2014 | 2015 | 排位升降 | 优劣势 |
|---|---|---|---|---|
| 人均文化教育支出占个人消费支出比重 | 17 | 21 | -4 | 劣势 |
| 万人中小学学校数 | 25 | 25 | 0 | 劣势 |
| 万人中小学专任教师数 | 24 | 26 | -2 | 劣势 |
| 高等学校数 | 16 | 16 | 0 | 中势 |
| 高校专任教师数 | 15 | 15 | 0 | 中势 |
| 万人高等学校在校学生数 | 10 | 11 | -1 | 中势 |
| 5.3 文化竞争力 | 16 | 17 | -1 | 中势 |
| 文化服务业企业营业收入 | 27 | 27 | 0 | 劣势 |
| 图书和期刊出版数 | 23 | 24 | -1 | 劣势 |
| 报纸出版数 | 20 | 19 | 1 | 中势 |
| 出版印刷工业销售产值 | 25 | 24 | 1 | 劣势 |
| 城镇居民人均文化娱乐支出 | 22 | 28 | -6 | 劣势 |
| 农村居民人均文化娱乐支出 | 10 | 10 | 0 | 优势 |
| 城镇居民人均文化娱乐支出占消费性支出比重 | 17 | 21 | -4 | 劣势 |
| 农村居民人均文化娱乐支出占消费性支出比重 | 5 | 6 | -1 | 优势 |

## 6. 黑龙江省发展环境竞争力指标排名变化情况

**表 8-10　2014~2015 年黑龙江省发展环境竞争力指标组排位及变化趋势**

| 指　　标 | 2014 | 2015 | 排位升降 | 优劣势 |
|---|---|---|---|---|
| **6　发展环境竞争力** | 28 | 30 | -2 | 劣势 |
| 6.1 基础设施竞争力 | 28 | 28 | 0 | 劣势 |
| 铁路网线密度 | 24 | 24 | 0 | 劣势 |
| 公路网线密度 | 26 | 26 | 0 | 劣势 |
| 人均内河航道里程 | 6 | 6 | 0 | 优势 |
| 全社会旅客周转量 | 20 | 19 | 1 | 中势 |
| 全社会货物周转量 | 23 | 23 | 0 | 劣势 |
| 人均邮电业务总量 | 23 | 29 | -6 | 劣势 |
| 电话普及率 | 16 | 18 | -2 | 中势 |
| 互联网上网人数比重 | 21 | 21 | 0 | 劣势 |
| 人均耗电量 | 29 | 29 | 0 | 劣势 |
| 6.2 软环境竞争力 | 25 | 31 | -6 | 劣势 |
| 外资企业数增长率 | 18 | 30 | -12 | 劣势 |
| 万人外资企业数 | 16 | 18 | -2 | 中势 |
| 个体私营企业数增长率 | 17 | 30 | -13 | 劣势 |
| 万人个体私营企业数 | 22 | 23 | -1 | 劣势 |
| 万人商标注册件数 | 27 | 25 | 2 | 劣势 |
| 查处商标侵权假冒案件 | 2 | 1 | 1 | 强势 |
| 每十万人交通事故发生数 | 7 | 8 | -1 | 优势 |
| 罚没收入占财政收入比重 | 27 | 29 | -2 | 劣势 |
| 社会捐赠款物 | 27 | 29 | -2 | 劣势 |

## 7. 黑龙江省政府作用竞争力指标排名变化情况

**表 8－11　2014～2015 年黑龙江省政府作用竞争力指标组排位及变化趋势**

| 指　　标 | 2014 | 2015 | 排位升降 | 优劣势 |
|---|---|---|---|---|
| **7　政府作用竞争力** | 9 | 15 | －6 | 中势 |
| 7.1　政府发展经济竞争力 | 22 | 22 | 0 | 劣势 |
| 财政支出用于基本建设投资比重 | 27 | 27 | 0 | 劣势 |
| 财政支出对 GDP 增长的拉动 | 19 | 22 | －3 | 劣势 |
| 政府公务员对经济的贡献 | 17 | 18 | －1 | 中势 |
| 政府消费对民间消费的拉动 | 28 | 23 | 5 | 劣势 |
| 财政投资对社会投资的拉动 | 8 | 11 | －3 | 中势 |
| 7.2　政府规调经济竞争力 | 3 | 4 | －1 | 优势 |
| 物价调控 | 1 | 6 | －5 | 优势 |
| 调控城乡消费差距 | 12 | 10 | 2 | 优势 |
| 统筹经济社会发展 | 22 | 24 | －2 | 劣势 |
| 规范税收 | 13 | 18 | －5 | 中势 |
| 人口控制 | 3 | 3 | 0 | 强势 |
| 7.3　政府保障经济竞争力 | 11 | 15 | －4 | 中势 |
| 城市城镇社区服务设施数 | 23 | 23 | 0 | 劣势 |
| 医疗保险覆盖率 | 7 | 7 | 0 | 优势 |
| 养老保险覆盖率 | 10 | 10 | 0 | 优势 |
| 失业保险覆盖率 | 5 | 22 | －17 | 劣势 |
| 下岗职工再就业率 | 13 | 13 | 0 | 中势 |
| 城镇登记失业率 | 31 | 31 | 0 | 劣势 |

## 8. 黑龙江省发展水平竞争力指标排名变化情况

**表 8－12　2014～2015 年黑龙江省发展水平竞争力指标组排位及变化趋势**

| 指　　标 | 2014 | 2015 | 排位升降 | 优劣势 |
|---|---|---|---|---|
| **8　发展水平竞争力** | 26 | 25 | 1 | 劣势 |
| 8.1　工业化进程竞争力 | 31 | 28 | 3 | 劣势 |
| 工业增加值占 GDP 比重 | 26 | 27 | －1 | 劣势 |
| 工业增加值增长率 | 31 | 29 | 2 | 劣势 |
| 高技术产业规模以上企业产值 | 22 | 22 | 0 | 劣势 |
| 高技术产业增加值占工业增加值比重 | 22 | 22 | 0 | 劣势 |
| 高技术产品出口额占商品出口额比重 | 28 | 24 | 4 | 劣势 |
| 信息产业增加值占 GDP 比重 | 9 | 27 | －18 | 劣势 |
| 8.2　城市化进程竞争力 | 22 | 10 | 12 | 优势 |
| 城镇化率 | 11 | 11 | 0 | 中势 |
| 城镇居民人均可支配收入 | 27 | 30 | －3 | 劣势 |
| 城市平均建成区面积比重 | 25 | 1 | 24 | 强势 |

续表

| 指　　标 | 2014 | 2015 | 排位升降 | 优劣势 |
|---|---|---|---|---|
| 人均拥有道路面积 | 22 | 25 | -3 | 劣势 |
| 人均日生活用水量 | 28 | 28 | 0 | 劣势 |
| 恩格尔系数 | 7 | 7 | 0 | 优势 |
| 人均公共绿地面积 | 17 | 18 | -1 | 中势 |
| 8.3 市场化进程竞争力 | 25 | 23 | 2 | 劣势 |
| 非公有制经济产值占全社会总产值的比重 | 24 | 23 | 1 | 劣势 |
| 社会投资占投资总额比重 | 20 | 16 | 4 | 中势 |
| 私有和个体企业从业人员比重 | 25 | 29 | -4 | 劣势 |
| 亿元以上商品市场成交额 | 20 | 19 | 1 | 中势 |
| 亿元以上商品市场成交额占全社会消费品零售总额比重 | 23 | 23 | 0 | 劣势 |
| 居民消费支出占总消费支出比重 | 28 | 23 | 5 | 劣势 |

## 9. 黑龙江省统筹协调竞争力指标排名变化情况

**表 8-13　2014~2015 年黑龙江省统筹协调竞争力指标组排位及变化趋势**

| 指　　标 | 2014 | 2015 | 排位升降 | 优劣势 |
|---|---|---|---|---|
| **9 统筹协调竞争力** | 2 | 7 | -5 | 优势 |
| 9.1 统筹发展竞争力 | 3 | 9 | -6 | 优势 |
| 社会劳动生产率 | 13 | 11 | 2 | 中势 |
| 社会劳动生产率增速 | 1 | 10 | -9 | 优势 |
| 万元 GDP 综合能耗 | 21 | 21 | 0 | 劣势 |
| 非农用地产出率 | 24 | 24 | 0 | 劣势 |
| 生产税净额和营业盈余占 GDP 比重 | 7 | 11 | -4 | 中势 |
| 最终消费率 | 6 | 8 | -2 | 优势 |
| 固定资产投资额占 GDP 比重 | 6 | 7 | -1 | 优势 |
| 固定资产交付使用率 | 3 | 1 | 2 | 强势 |
| 9.2 协调发展竞争力 | 6 | 11 | -5 | 中势 |
| 环境竞争力与宏观经济竞争力比差 | 25 | 30 | -5 | 劣势 |
| 资源竞争力与宏观经济竞争力比差 | 2 | 1 | 1 | 强势 |
| 人力资源竞争力与宏观经济竞争力比差 | 25 | 21 | 4 | 劣势 |
| 资源竞争力与工业竞争力比差 | 5 | 5 | 0 | 优势 |
| 环境竞争力与工业竞争力比差 | 25 | 30 | -5 | 劣势 |
| 城乡居民家庭人均收入比差 | 4 | 3 | 1 | 强势 |
| 城乡居民人均现金消费支出比差 | 12 | 10 | 2 | 优势 |
| 全社会消费品零售总额与外贸出口总额比差 | 9 | 3 | 6 | 强势 |

# B.10
# 9
# 上海市经济综合竞争力评价分析报告

上海市简称沪，地处长江三角洲前缘，东濒东海，南临杭州湾，西接江苏、浙江两省，北接长江入海口，处于我国南北海岸线的中部，交通便利，腹地广阔，地理位置优越，是一个良好的江海港口城市。全市面积为6340.5平方公里，2015年常住人口为2415万人，地区生产总值为25123亿元，同比增长6.9%，人均GDP达103796元。本部分通过分析2014～2015年上海市经济综合竞争力以及各要素竞争力的排名变化，从中找出上海市经济综合竞争力的推动点及影响因素，为进一步提升上海市经济综合竞争力提供决策参考。

## 9.1 上海市经济综合竞争力总体分析

**1. 上海市经济综合竞争力一级指标概要分析**

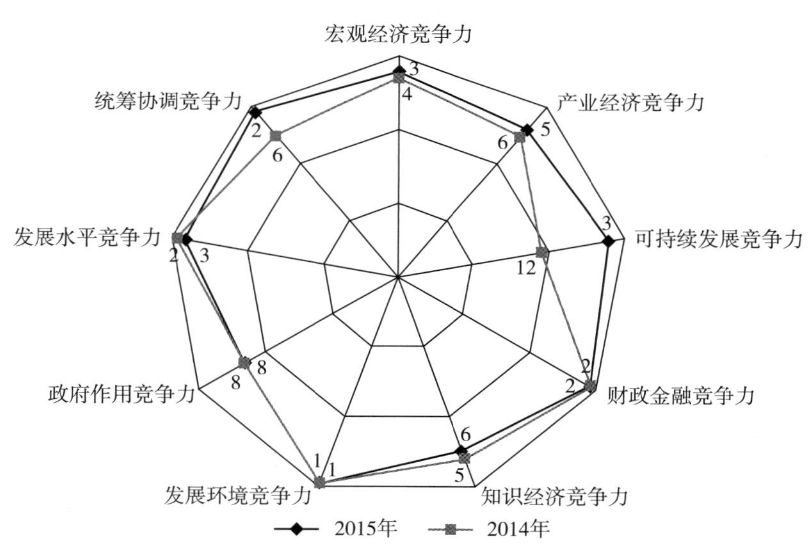


**图9－1 2014～2015年上海市经济综合竞争力二级指标比较**

（1）从综合排位看，2015年上海市经济综合竞争力排位在全国居第4位，这表明其在全国处于优势地位；与2014年相比，综合排位没有发生变化。

（2）从指标所处区位看，9个指标都处于上游区，其中宏观经济竞争力、可持续发展竞争力、财政金融竞争力、发展环境竞争力、发展水平竞争力和统筹协调竞争力这6

表 9－1 2014～2015 年上海市经济综合竞争力二级指标表现情况

| 项目 \ 年份 | 宏观经济竞争力 | 产业经济竞争力 | 可持续发展竞争力 | 财政金融竞争力 | 知识经济竞争力 | 发展环境竞争力 | 政府作用竞争力 | 发展水平竞争力 | 统筹协调竞争力 | 综合排位 |
|---|---|---|---|---|---|---|---|---|---|---|
| 2014 | 4 | 6 | 12 | 2 | 5 | 1 | 8 | 2 | 6 | 4 |
| 2015 | 3 | 5 | 3 | 2 | 6 | 1 | 8 | 3 | 2 | 4 |
| 升降 | 1 | 1 | 9 | 0 | －1 | 0 | 0 | －1 | 4 | 0 |
| 优劣度 | 强势 | 优势 | 强势 | 强势 | 优势 | 强势 | 优势 | 强势 | 强势 | 优势 |

个指标为上海市经济综合竞争力的强势指标。

（3）从指标变化趋势看，9 个二级指标中，有 4 个指标处于上升趋势，分别为宏观经济竞争力、产业经济竞争力、可持续发展竞争力和统筹协调竞争力，这些是上海市经济综合竞争力的上升动力所在；有 3 个指标排位没有发生变化，分别为财政金融竞争力、发展环境竞争力和政府作用竞争力；有 2 个指标处于下降趋势，为知识经济竞争力和发展水平竞争力，这些是上海市经济综合竞争力的下降拉力所在。

**2. 上海市经济综合竞争力各级指标动态变化分析**

表 9－2 2014～2015 年上海市经济综合竞争力各级指标排位变化情况

| 二级指标 | 三级指标 | 四级指标数 | 上升 | | 保持 | | 下降 | | 变化趋势 |
|---|---|---|---|---|---|---|---|---|---|
| | | | 指标数 | 比重（%） | 指标数 | 比重（%） | 指标数 | 比重（%） | |
| 宏观经济竞争力 | 经济实力竞争力 | 12 | 3 | 25.0 | 7 | 58.3 | 2 | 16.7 | 上升 |
| | 经济结构竞争力 | 6 | 1 | 16.7 | 4 | 66.7 | 1 | 16.7 | 上升 |
| | 经济外向度竞争力 | 9 | 4 | 44.4 | 4 | 44.4 | 1 | 11.1 | 保持 |
| | 小　计 | 27 | 8 | 29.6 | 15 | 55.6 | 4 | 14.8 | 上升 |
| 产业经济竞争力 | 农业竞争力 | 10 | 1 | 10.0 | 7 | 70.0 | 2 | 20.0 | 保持 |
| | 工业竞争力 | 10 | 3 | 30.0 | 6 | 60.0 | 1 | 10.0 | 上升 |
| | 服务业竞争力 | 10 | 4 | 40.0 | 6 | 60.0 | 0 | 0.0 | 上升 |
| | 企业竞争力 | 10 | 4 | 40.0 | 3 | 30.0 | 3 | 30.0 | 上升 |
| | 小　计 | 40 | 12 | 30.0 | 22 | 55.0 | 6 | 15.0 | 上升 |
| 可持续发展竞争力 | 资源竞争力 | 9 | 2 | 22.2 | 6 | 66.7 | 1 | 11.1 | 上升 |
| | 环境竞争力 | 8 | 2 | 25.0 | 4 | 50.0 | 2 | 25.0 | 上升 |
| | 人力资源竞争力 | 8 | 3 | 37.5 | 3 | 37.5 | 2 | 25.0 | 下降 |
| | 小　计 | 25 | 7 | 28.0 | 13 | 52.0 | 5 | 20.0 | 上升 |
| 财政金融竞争力 | 财政竞争力 | 12 | 7 | 58.3 | 4 | 33.3 | 1 | 8.3 | 上升 |
| | 金融竞争力 | 10 | 1 | 10.0 | 7 | 70.0 | 2 | 20.0 | 下降 |
| | 小　计 | 22 | 8 | 36.4 | 11 | 50.0 | 3 | 13.6 | 保持 |
| 知识经济竞争力 | 科技竞争力 | 9 | 0 | 0.0 | 6 | 66.7 | 3 | 33.3 | 保持 |
| | 教育竞争力 | 10 | 1 | 10.0 | 5 | 50.0 | 4 | 40.0 | 下降 |
| | 文化竞争力 | 8 | 2 | 25.0 | 3 | 37.5 | 3 | 37.5 | 保持 |
| | 小　计 | 27 | 3 | 11.1 | 14 | 51.9 | 10 | 37.0 | 下降 |

续表

| 二级指标 | 三级指标 | 四级指标数 | 上升 | | 保持 | | 下降 | | 变化趋势 |
|---|---|---|---|---|---|---|---|---|---|
| | | | 指标数 | 比重(%) | 指标数 | 比重(%) | 指标数 | 比重(%) | |
| 发展环境竞争力 | 基础设施竞争力 | 9 | 0 | 0.0 | 8 | 88.9 | 1 | 11.1 | 保持 |
| | 软环境竞争力 | 9 | 1 | 11.1 | 5 | 55.6 | 3 | 33.3 | 保持 |
| | 小　计 | 18 | 1 | 5.6 | 13 | 72.2 | 4 | 22.2 | 保持 |
| 政府作用竞争力 | 政府发展经济竞争力 | 5 | 0 | 0.0 | 3 | 60.0 | 2 | 40.0 | 上升 |
| | 政府规调经济竞争力 | 5 | 2 | 40.0 | 1 | 20.0 | 2 | 40.0 | 上升 |
| | 政府保障经济竞争力 | 6 | 1 | 16.7 | 3 | 50.0 | 2 | 33.3 | 保持 |
| | 小　计 | 16 | 3 | 18.8 | 7 | 43.8 | 6 | 37.5 | 保持 |
| 发展水平竞争力 | 工业化进程竞争力 | 6 | 2 | 33.3 | 2 | 33.3 | 2 | 33.3 | 上升 |
| | 城市化进程竞争力 | 7 | 2 | 28.6 | 4 | 57.1 | 1 | 14.3 | 保持 |
| | 市场化进程竞争力 | 6 | 0 | 0.0 | 4 | 66.7 | 2 | 33.3 | 下降 |
| | 小　计 | 19 | 4 | 21.1 | 10 | 52.6 | 5 | 26.3 | 下降 |
| 统筹协调竞争力 | 统筹发展竞争力 | 8 | 3 | 37.5 | 3 | 37.5 | 2 | 25.0 | 保持 |
| | 协调发展竞争力 | 8 | 6 | 75.0 | 1 | 12.5 | 1 | 12.5 | 上升 |
| | 小　计 | 16 | 9 | 56.3 | 4 | 25.0 | 3 | 18.8 | 上升 |
| 合　计 | | 210 | 55 | 26.2 | 109 | 51.9 | 46 | 21.9 | 保持 |

从表9－2可以看出，210个四级指标中，上升指标有55个，占指标总数的26.2%；下降指标有46个，占指标总数的21.9%；保持不变的指标有109个，占指标总数的51.9%。综上所述，上海市经济综合竞争力上升的动力和下降的拉力大致相当，且排位保持不变的指标占较大比重，2015年上海市经济综合竞争力排位保持不变。

**3. 上海市经济综合竞争力各级指标优劣势结构分析**

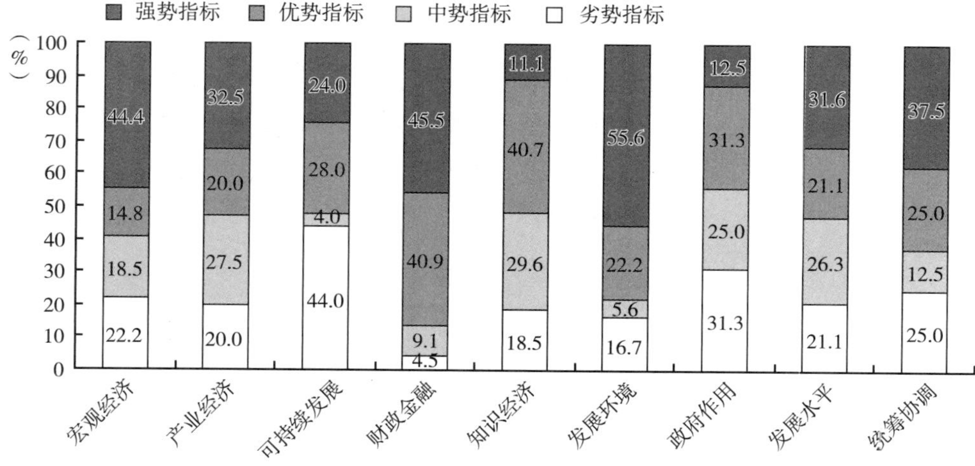


**图9－2　2015年上海市经济综合竞争力各级指标优劣势比较**

**表 9－3　2015 年上海市经济综合竞争力各级指标优劣势情况**

| 二级指标 | 三级指标 | 四级指标数 | 强势指标 | | 优势指标 | | 中势指标 | | 劣势指标 | | 优劣势 |
|---|---|---|---|---|---|---|---|---|---|---|---|
| | | | 个数 | 比重（%） | 个数 | 比重（%） | 个数 | 比重（%） | 个数 | 比重（%） | |
| 宏观经济竞争力 | 经济实力竞争力 | 12 | 4 | 33.3 | 1 | 8.3 | 2 | 16.7 | 5 | 41.7 | 优势 |
| | 经济结构竞争力 | 6 | 3 | 50.0 | 1 | 16.7 | 1 | 16.7 | 1 | 16.7 | 强势 |
| | 经济外向度竞争力 | 9 | 5 | 55.6 | 2 | 22.2 | 2 | 22.2 | 0 | 0.0 | 强势 |
| | 小　计 | 27 | 12 | 44.4 | 4 | 14.8 | 5 | 18.5 | 6 | 22.2 | 强势 |
| 产业经济竞争力 | 农业竞争力 | 10 | 3 | 30.0 | 1 | 10.0 | 0 | 0.0 | 6 | 60.0 | 中势 |
| | 工业竞争力 | 10 | 1 | 10.0 | 3 | 30.0 | 5 | 50.0 | 1 | 10.0 | 优势 |
| | 服务业竞争力 | 10 | 5 | 50.0 | 2 | 20.0 | 3 | 30.0 | 0 | 0.0 | 强势 |
| | 企业竞争力 | 10 | 4 | 40.0 | 2 | 20.0 | 3 | 30.0 | 1 | 10.0 | 优势 |
| | 小　计 | 40 | 13 | 32.5 | 8 | 20.0 | 11 | 27.5 | 8 | 20.0 | 优势 |
| 可持续发展竞争力 | 资源竞争力 | 9 | 1 | 11.1 | 0 | 0.0 | 1 | 11.1 | 7 | 77.8 | 中势 |
| | 环境竞争力 | 8 | 3 | 37.5 | 3 | 37.5 | 0 | 0.0 | 2 | 25.0 | 中势 |
| | 人力资源竞争力 | 8 | 2 | 25.0 | 4 | 50.0 | 0 | 0.0 | 2 | 25.0 | 强势 |
| | 小　计 | 25 | 6 | 24.0 | 7 | 28.0 | 1 | 4.0 | 11 | 44.0 | 强势 |
| 财政金融竞争力 | 财政竞争力 | 12 | 4 | 33.3 | 6 | 50.0 | 2 | 16.7 | 0 | 0.0 | 强势 |
| | 金融竞争力 | 10 | 6 | 60.0 | 3 | 30.0 | 0 | 0.0 | 1 | 10.0 | 强势 |
| | 小　计 | 22 | 10 | 45.5 | 9 | 40.9 | 2 | 9.1 | 1 | 4.5 | 强势 |
| 知识经济竞争力 | 科技竞争力 | 9 | 1 | 11.1 | 8 | 88.9 | 0 | 0.0 | 0 | 0.0 | 优势 |
| | 教育竞争力 | 10 | 0 | 0.0 | 2 | 20.0 | 4 | 40.0 | 4 | 40.0 | 中势 |
| | 文化竞争力 | 8 | 2 | 25.0 | 1 | 12.5 | 4 | 50.0 | 1 | 12.5 | 优势 |
| | 小　计 | 27 | 3 | 11.1 | 11 | 40.7 | 8 | 29.6 | 5 | 18.5 | 优势 |
| 发展环境竞争力 | 基础设施竞争力 | 9 | 6 | 66.7 | 1 | 11.1 | 1 | 11.1 | 1 | 11.1 | 强势 |
| | 软环境竞争力 | 9 | 4 | 44.4 | 3 | 33.3 | 0 | 0.0 | 2 | 22.2 | 强势 |
| | 小　计 | 18 | 10 | 55.6 | 4 | 22.2 | 1 | 5.6 | 3 | 16.7 | 强势 |
| 政府作用竞争力 | 政府发展经济竞争力 | 5 | 1 | 20.0 | 0 | 0.0 | 2 | 40.0 | 2 | 40.0 | 优势 |
| | 政府规调经济竞争力 | 5 | 1 | 20.0 | 2 | 40.0 | 0 | 0.0 | 2 | 40.0 | 中势 |
| | 政府保障经济竞争力 | 6 | 0 | 0.0 | 3 | 50.0 | 2 | 33.3 | 1 | 16.7 | 优势 |
| | 小　计 | 16 | 2 | 12.5 | 5 | 31.3 | 4 | 25.0 | 5 | 31.3 | 优势 |
| 发展水平竞争力 | 工业化进程竞争力 | 6 | 2 | 33.3 | 2 | 33.3 | 1 | 16.7 | 1 | 16.7 | 强势 |
| | 城市化进程竞争力 | 7 | 3 | 42.9 | 1 | 14.3 | 0 | 0.0 | 3 | 42.9 | 强势 |
| | 市场化进程竞争力 | 6 | 1 | 16.7 | 1 | 16.7 | 4 | 66.7 | 0 | 0.0 | 优势 |
| | 小　计 | 19 | 6 | 31.6 | 4 | 21.1 | 5 | 26.3 | 4 | 21.1 | 强势 |
| 统筹协调竞争力 | 统筹发展竞争力 | 8 | 5 | 62.5 | 2 | 25.0 | 0 | 0.0 | 1 | 12.5 | 强势 |
| | 协调发展竞争力 | 8 | 1 | 12.5 | 2 | 25.0 | 2 | 25.0 | 3 | 37.5 | 中势 |
| | 小　计 | 16 | 6 | 37.5 | 4 | 25.0 | 2 | 12.5 | 4 | 25.0 | 强势 |
| 合　计 | | 210 | 68 | 32.4 | 56 | 26.7 | 39 | 18.6 | 47 | 22.4 | 优势 |

基于图 9－2 和表 9－3，具体到四级指标，强势指标 68 个，占指标总数的 32.4%；优势指标 56 个，占指标总数的 26.7%；中势指标 39 个，占指标总数的 18.6%；劣势指标 47 个，占指标总数的 22.4%。三级指标中，强势指标 11 个，占三级指标总数的 44%；优势指标 8 个，占三级指标总数的 32%；中势指标 6 个，占三级指标总数的 24%；没有劣势指标。从二级指标看，强势指标 6 个，占二级指标总数的 66.7%；优势指标有 3 个，占二级指标总数的 33.3%；没有中势指标和劣势指标。综

合来看，优势和强势指标在指标体系中居于主导地位，2015 年上海市经济综合竞争力处于优势地位。

4. 上海市经济综合竞争力四级指标优劣势对比分析

表 9－4　2015 年上海市经济综合竞争力各级指标优劣势情况

| 二级指标 | 优劣势 | 四　级　指　标 |
|---|---|---|
| 宏观经济竞争力（27 个） | 强势指标 | 人均地区生产总值、财政总收入增长率、人均财政收入、人均全社会消费品零售总额、产业结构优化度、城乡经济结构优化度、就业结构优化度、进出口总额、实际 FDI、外贸依存度、外资企业数、对外直接投资（12 个） |
| | 优势指标 | 财政总收入、贸易结构优化度、出口总额、实际 FDI 增长率（4 个） |
| | 劣势指标 | 地区生产总值增长率、固定资产投资额、固定资产投资额增长率、人均固定资产投资额、全社会消费品零售总额增长率、资本形成结构优化度（6 个） |
| 产业经济竞争力（40 个） | 强势指标 | 农民人均纯收入、农产品出口占农林牧渔总产值比重、农村人均用电量、工业成本费用利润率、人均服务业增加值、服务业从业人员数增长率、限额以上批发零售企业主营业务收入、限额以上餐饮企业利税率、旅游外汇收入、规模以上企业平均利润、城镇就业人员平均工资、新产品销售收入占主营业务收入比重、工业企业 R&D 经费投入强度（13 个） |
| | 优势指标 | 农民人均纯收入增长率、人均工业增加值、工业资产总额、规模以上工业利润总额、服务业增加值、房地产经营总收入、规模以上企业平均收入、规模以上企业劳动效率（8 个） |
| | 劣势指标 | 农业增加值、农业增加值增长率、人均农业增加值、人均主要农产品产量、农业机械化水平、财政支农资金比重、工业资产总额增长率、产品质量抽查合格率（8 个） |
| 可持续发展竞争力（25 个） | 强势指标 | 人均国土面积、一般工业固体废物综合利用率、生活垃圾无害化处理率、自然灾害直接经济损失、大专以上教育程度人口比例、平均受教育程度（6 个） |
| | 优势指标 | 人均工业废气排放量、人均工业固体废物排放量、人均治理工业污染投资额、15～64 岁人口比例、文盲率、人口健康素质、人力资源利用率（7 个） |
| | 劣势指标 | 人均年水资源量、耕地面积、人均耕地面积、人均牧草地面积、主要能源矿产基础储量、人均主要能源矿产基础储量、人均森林储积量、森林覆盖率、人均废水排放量、常住人口增长率、职业学校毕业生数（11 个） |
| 财政金融竞争力（22 个） | 强势指标 | 地方财政收入占 GDP 比重、税收收入占 GDP 比重、人均地方财政收入、人均税收收入、人均存款余额、人均贷款余额、货币市场融资额、保险密度、保险深度、人均证券市场筹资额（10 个） |
| | 优势指标 | 地方财政收入、地方财政支出、人均地方财政支出、地方财政收入增长率、地方财政支出增长率、税收收入增长率、存款余额、贷款余额、保险费净收入（9 个） |
| | 劣势指标 | 中长期贷款占贷款余额比重（1 个） |
| 知识经济竞争力（27 个） | 强势指标 | 财政科技支出占地方财政支出比重、文化服务业企业营业收入、城镇居民人均文化娱乐支出（3 个） |
| | 优势指标 | R&D 人员、R&D 经费、R&D 经费投入强度、发明专利授权量、技术市场成交合同金额、高技术产业增加值、高技术产业增加值占工业增加值比重、高技术产品出口额占商品出口额比重、人均教育经费、万人高等学校在校学生数、图书和期刊出版数（11 个） |
| | 劣势指标 | 教育经费占 GDP 比重、公共教育经费占财政支出比重、万人中小学学校数、万人中小学专任教师数、农村居民人均文化娱乐支出占消费性支出比重（5 个） |

续表

| 二级指标 | 优劣势 | 四　级　指　标 |
|---|---|---|
| 发展环境竞争力（18 个） | 强势指标 | 铁路网线密度、公路网线密度、全社会货物周转量、人均邮电业务总量、电话普及率、互联网上网人数比重、万人外资企业数、万人商标注册件数、每十万人交通事故发生数、罚没收入占财政收入比重（10 个） |
| | 优势指标 | 人均耗电量、外资企业数增长率、万人个体私营企业数、社会捐赠款物（4 个） |
| | 劣势指标 | 全社会旅客周转量、个体私营企业数增长率、查处商标侵权假冒案件（3 个） |
| 政府作用竞争力（16 个） | 强势指标 | 政府公务员对经济的贡献、统筹经济社会发展（2 个） |
| | 优势指标 | 规范税收、人口控制、医疗保险覆盖率、养老保险覆盖率、失业保险覆盖率（5 个） |
| | 劣势指标 | 财政支出用于基本建设投资比重、财政投资对社会投资的拉动、物价调控、调控城乡消费差距、城镇登记失业率（5 个） |
| 发展水平竞争力（19 个） | 强势指标 | 高技术产业增加值占工业增加值比重、信息产业增加值占 GDP 比重、城镇化率、城镇居民人均可支配收入、恩格尔系数、亿元以上商品市场成交额占全社会消费品零售总额比重（6 个） |
| | 优势指标 | 高技术产业规模以上企业产值、高技术产品出口额占商品出口额比重、人均日生活用水量、亿元以上商品市场成交额（4 个） |
| | 劣势指标 | 工业增加值占 GDP 比重、城市平均建成区面积比重、人均拥有道路面积、人均公共绿地面积（4 个） |
| 统筹协调竞争力（16 个） | 强势指标 | 社会劳动生产率、社会劳动生产率增速、非农用地产出率、生产税净额和营业盈余占 GDP 比重、固定资产投资额占 GDP 比重、环境竞争力与宏观经济竞争力比差（6 个） |
| | 优势指标 | 万元 GDP 综合能耗、最终消费率、人力资源竞争力与宏观经济竞争力比差、城乡居民家庭人均收入比差（4 个） |
| | 劣势指标 | 固定资产交付使用率、资源竞争力与宏观经济竞争力比差、城乡居民人均现金消费支出比差、全社会消费品零售总额与外贸出口总额比差（4 个） |

## 9.2　上海市经济综合竞争力各级指标具体分析

### 1. 上海市宏观经济竞争力指标排名变化情况

**表 9－5　2014～2015 年上海市宏观经济竞争力指标组排位及变化趋势**

| 指　标 | 2014 | 2015 | 排位升降 | 优劣势 |
|---|---|---|---|---|
| **1　宏观经济竞争力** | 4 | 3 | 1 | 强势 |
| 1.1　经济实力竞争力 | 8 | 6 | 2 | 优势 |
| 地区生产总值 | 12 | 12 | 0 | 中势 |
| 地区生产总值增长率 | 26 | 25 | 1 | 劣势 |
| 人均地区生产总值 | 3 | 3 | 0 | 强势 |
| 财政总收入 | 6 | 6 | 0 | 优势 |

续表

| 指　　标 | 2014 | 2015 | 排位升降 | 优劣势 |
|---|---|---|---|---|
| 财政总收入增长率 | 14 | 1 | 13 | 强势 |
| 人均财政收入 | 3 | 2 | 1 | 强势 |
| 固定资产投资额 | 27 | 27 | 0 | 劣势 |
| 固定资产投资额增长率 | 28 | 28 | 0 | 劣势 |
| 人均固定资产投资额 | 29 | 31 | -2 | 劣势 |
| 全社会消费品零售总额 | 13 | 13 | 0 | 中势 |
| 全社会消费品零售总额增长率 | 15 | 24 | -9 | 劣势 |
| 人均全社会消费品零售总额 | 2 | 2 | 0 | 强势 |
| 1.2　经济结构竞争力 | 5 | 3 | 2 | 强势 |
| 产业结构优化度 | 2 | 2 | 0 | 强势 |
| 所有制经济结构优化度 | 20 | 20 | 0 | 中势 |
| 城乡经济结构优化度 | 1 | 1 | 0 | 强势 |
| 就业结构优化度 | 1 | 1 | 0 | 强势 |
| 资本形成结构优化度 | 31 | 28 | 3 | 劣势 |
| 贸易结构优化度 | 5 | 6 | -1 | 优势 |
| 1.3　经济外向度竞争力 | 2 | 2 | 0 | 强势 |
| 进出口总额 | 3 | 3 | 0 | 强势 |
| 进出口增长率 | 18 | 11 | 7 | 中势 |
| 出口总额 | 4 | 4 | 0 | 优势 |
| 出口增长率 | 26 | 18 | 8 | 中势 |
| 实际 FDI | 3 | 2 | 1 | 强势 |
| 实际 FDI 增长率 | 8 | 9 | -1 | 优势 |
| 外贸依存度 | 1 | 1 | 0 | 强势 |
| 外资企业数 | 2 | 2 | 0 | 强势 |
| 对外直接投资 | 3 | 1 | 2 | 强势 |

## 2. 上海市产业经济竞争力指标排名变化情况

**表 9-6　2014~2015 年上海市产业经济竞争力指标组排位及变化趋势**

| 指　　标 | 2014 | 2015 | 排位升降 | 优劣势 |
|---|---|---|---|---|
| **2　产业经济竞争力** | 6 | 5 | 1 | 优势 |
| 2.1　农业竞争力 | 19 | 19 | 0 | 中势 |
| 农业增加值 | 30 | 30 | 0 | 劣势 |
| 农业增加值增长率 | 30 | 31 | -1 | 劣势 |
| 人均农业增加值 | 29 | 31 | -2 | 劣势 |
| 农民人均纯收入 | 1 | 1 | 0 | 强势 |
| 农民人均纯收入增长率 | 29 | 10 | 19 | 优势 |
| 农产品出口占农林牧渔总产值比重 | 1 | 1 | 0 | 强势 |
| 人均主要农产品产量 | 30 | 30 | 0 | 劣势 |

续表

| 指　　标 | 2014 | 2015 | 排位升降 | 优劣势 |
|---|---|---|---|---|
| 农业机械化水平 | 31 | 31 | 0 | 劣势 |
| 农村人均用电量 | 1 | 1 | 0 | 强势 |
| 财政支农资金比重 | 31 | 31 | 0 | 劣势 |
| 2.2　工业竞争力 | 16 | 10 | 6 | 优势 |
| 工业增加值 | 15 | 15 | 0 | 中势 |
| 工业增加值增长率 | 21 | 20 | 1 | 中势 |
| 人均工业增加值 | 5 | 5 | 0 | 优势 |
| 工业资产总额 | 9 | 10 | -1 | 优势 |
| 工业资产总额增长率 | 29 | 29 | 0 | 劣势 |
| 工业资产总贡献率 | 17 | 17 | 0 | 中势 |
| 规模以上工业主营业务收入 | 12 | 12 | 0 | 中势 |
| 规模以上工业利润总额 | 6 | 6 | 0 | 优势 |
| 工业全员劳动生产率 | 27 | 19 | 8 | 中势 |
| 工业成本费用利润率 | 8 | 3 | 5 | 强势 |
| 2.3　服务业竞争力 | 4 | 2 | 2 | 强势 |
| 服务业增加值 | 6 | 6 | 0 | 优势 |
| 服务业增加值增长率 | 18 | 11 | 7 | 中势 |
| 人均服务业增加值 | 2 | 2 | 0 | 强势 |
| 服务业从业人员数 | 21 | 20 | 1 | 中势 |
| 服务业从业人员数增长率 | 19 | 3 | 16 | 强势 |
| 限额以上批发零售企业主营业务收入 | 1 | 1 | 0 | 强势 |
| 限额以上批零企业利税率 | 17 | 17 | 0 | 中势 |
| 限额以上餐饮企业利税率 | 2 | 2 | 0 | 强势 |
| 旅游外汇收入 | 3 | 3 | 0 | 强势 |
| 房地产经营总收入 | 7 | 5 | 2 | 优势 |
| 2.4　企业竞争力 | 7 | 5 | 2 | 优势 |
| 规模以上工业企业数 | 13 | 14 | -1 | 中势 |
| 规模以上企业平均资产 | 13 | 13 | 0 | 中势 |
| 规模以上企业平均收入 | 11 | 8 | 3 | 优势 |
| 规模以上企业平均利润 | 6 | 3 | 3 | 强势 |
| 规模以上企业劳动效率 | 7 | 6 | 1 | 优势 |
| 城镇就业人员平均工资 | 7 | 2 | 5 | 强势 |
| 新产品销售收入占主营业务收入比重 | 2 | 2 | 0 | 强势 |
| 产品质量抽查合格率 | 22 | 28 | -6 | 劣势 |
| 工业企业 R&D 经费投入强度 | 1 | 1 | 0 | 强势 |
| 中国驰名商标持有量 | 7 | 12 | -5 | 中势 |

## 3. 上海市可持续发展竞争力指标排名变化情况

表 9－7　2014～2015 年上海市可持续发展竞争力指标组排位及变化趋势

| 指　　标 | 2014 | 2015 | 排位升降 | 优劣势 |
|---|---|---|---|---|
| **3　可持续发展竞争力** | 12 | 3 | 9 | 强势 |
| 3.1　资源竞争力 | 30 | 16 | 14 | 中势 |
| 人均国土面积 | 31 | 1 | 30 | 强势 |
| 人均可使用海域和滩涂面积 | 11 | 11 | 0 | 中势 |
| 人均年水资源量 | 26 | 25 | 1 | 劣势 |
| 耕地面积 | 31 | 31 | 0 | 劣势 |
| 人均耕地面积 | 31 | 31 | 0 | 劣势 |
| 人均牧草地面积 | 30 | 31 | －1 | 劣势 |
| 主要能源矿产基础储量 | 31 | 31 | 0 | 劣势 |
| 人均主要能源矿产基础储量 | 31 | 31 | 0 | 劣势 |
| 人均森林储积量 | 31 | 31 | 0 | 劣势 |
| 3.2　环境竞争力 | 26 | 19 | 7 | 中势 |
| 森林覆盖率 | 28 | 28 | 0 | 劣势 |
| 人均废水排放量 | 31 | 31 | 0 | 劣势 |
| 人均工业废气排放量 | 7 | 8 | －1 | 优势 |
| 人均工业固体废物排放量 | 4 | 4 | 0 | 优势 |
| 人均治理工业污染投资额 | 30 | 7 | 23 | 优势 |
| 一般工业固体废物综合利用率 | 2 | 2 | 0 | 强势 |
| 生活垃圾无害化处理率 | 18 | 1 | 17 | 强势 |
| 自然灾害直接经济损失 | 2 | 3 | －1 | 强势 |
| 3.3　人力资源竞争力 | 2 | 3 | －1 | 强势 |
| 常住人口增长率 | 19 | 30 | －11 | 劣势 |
| 15～64 岁人口比例 | 2 | 4 | －2 | 优势 |
| 文盲率 | 9 | 8 | 1 | 优势 |
| 大专以上教育程度人口比例 | 2 | 2 | 0 | 强势 |
| 平均受教育程度 | 2 | 2 | 0 | 强势 |
| 人口健康素质 | 5 | 5 | 0 | 优势 |
| 人力资源利用率 | 9 | 4 | 5 | 优势 |
| 职业学校毕业生数 | 26 | 25 | 1 | 劣势 |

## 4. 上海市财政金融竞争力指标排名变化情况

表 9－8　2014～2015 年上海市财政金融竞争力指标组排位及变化趋势

| 指　　标 | 2014 | 2015 | 排位升降 | 优劣势 |
|---|---|---|---|---|
| **4　财政金融竞争力** | 2 | 2 | 0 | 强势 |
| 4.1　财政竞争力 | 2 | 1 | 1 | 强势 |
| 地方财政收入 | 4 | 4 | 0 | 优势 |
| 地方财政支出 | 10 | 7 | 3 | 优势 |
| 地方财政收入占 GDP 比重 | 1 | 1 | 0 | 强势 |
| 地方财政支出占 GDP 比重 | 20 | 14 | 6 | 中势 |

续表

| 指　　标 | 2014 | 2015 | 排位升降 | 优劣势 |
|---|---|---|---|---|
| 税收收入占 GDP 比重 | 2 | 1 | 1 | 强势 |
| 税收收入占财政总收入比重 | 2 | 15 | -13 | 中势 |
| 人均地方财政收入 | 1 | 1 | 0 | 强势 |
| 人均地方财政支出 | 4 | 4 | 0 | 优势 |
| 人均税收收入 | 2 | 1 | 1 | 强势 |
| 地方财政收入增长率 | 20 | 9 | 11 | 优势 |
| 地方财政支出增长率 | 22 | 8 | 14 | 优势 |
| 税收收入增长率 | 20 | 10 | 10 | 优势 |
| 4.2　金融竞争力 | 2 | 3 | -1 | 强势 |
| 存款余额 | 5 | 5 | 0 | 优势 |
| 人均存款余额 | 2 | 2 | 0 | 强势 |
| 贷款余额 | 6 | 6 | 0 | 优势 |
| 人均贷款余额 | 2 | 2 | 0 | 强势 |
| 货币市场融资额 | 3 | 3 | 0 | 强势 |
| 中长期贷款占贷款余额比重 | 13 | 26 | -13 | 劣势 |
| 保险费净收入 | 8 | 9 | -1 | 优势 |
| 保险密度 | 2 | 2 | 0 | 强势 |
| 保险深度 | 3 | 3 | 0 | 强势 |
| 人均证券市场筹资额 | 6 | 3 | 3 | 强势 |

## 5. 上海市知识经济竞争力指标排名变化情况

**表 9-9　2014~2015 年上海市知识经济竞争力指标组排位及变化趋势**

| 指　　标 | 2014 | 2015 | 排位升降 | 优劣势 |
|---|---|---|---|---|
| **5　知识经济竞争力** | 5 | 6 | -1 | 优势 |
| 5.1　科技竞争力 | 4 | 4 | 0 | 优势 |
| R&D 人员 | 6 | 6 | 0 | 优势 |
| R&D 经费 | 5 | 5 | 0 | 优势 |
| R&D 经费投入强度 | 6 | 6 | 0 | 优势 |
| 发明专利授权量 | 5 | 5 | 0 | 优势 |
| 技术市场成交合同金额 | 3 | 4 | -1 | 优势 |
| 财政科技支出占地方财政支出比重 | 1 | 1 | 0 | 强势 |
| 高技术产业增加值 | 7 | 10 | -3 | 优势 |
| 高技术产业增加值占工业增加值比重 | 5 | 7 | -2 | 优势 |
| 高技术产品出口额占商品出口额比重 | 5 | 5 | 0 | 优势 |
| 5.2　教育竞争力 | 14 | 20 | -6 | 中势 |
| 教育经费 | 13 | 16 | -3 | 中势 |
| 教育经费占 GDP 比重 | 22 | 24 | -2 | 劣势 |
| 人均教育经费 | 4 | 4 | 0 | 优势 |
| 公共教育经费占财政支出比重 | 25 | 29 | -4 | 劣势 |

续表

| 指　　标 | 2014 | 2015 | 排位升降 | 优劣势 |
|---|---|---|---|---|
| 人均文化教育支出占个人消费支出比重 | 22 | 17 | 5 | 中势 |
| 万人中小学学校数 | 31 | 31 | 0 | 劣势 |
| 万人中小学专任教师数 | 31 | 31 | 0 | 劣势 |
| 高等学校数 | 19 | 20 | -1 | 中势 |
| 高校专任教师数 | 17 | 17 | 0 | 中势 |
| 万人高等学校在校学生数 | 4 | 4 | 0 | 优势 |
| 5.3　文化竞争力 | 7 | 7 | 0 | 优势 |
| 文化服务业企业营业收入 | 2 | 2 | 0 | 强势 |
| 图书和期刊出版数 | 6 | 7 | -1 | 优势 |
| 报纸出版数 | 14 | 14 | 0 | 中势 |
| 出版印刷工业销售产值 | 9 | 12 | -3 | 中势 |
| 城镇居民人均文化娱乐支出 | 2 | 1 | 1 | 强势 |
| 农村居民人均文化娱乐支出 | 18 | 19 | -1 | 中势 |
| 城镇居民人均文化娱乐支出占消费性支出比重 | 22 | 17 | 5 | 中势 |
| 农村居民人均文化娱乐支出占消费性支出比重 | 30 | 30 | 0 | 劣势 |

## 6. 上海市发展环境竞争力指标排名变化情况

**表 9-10　2014～2015 年上海市发展环境竞争力指标组排位及变化趋势**

| 指　　标 | 2014 | 2015 | 排位升降 | 优劣势 |
|---|---|---|---|---|
| **6　发展环境竞争力** | 1 | 1 | 0 | 强势 |
| 6.1　基础设施竞争力 | 1 | 1 | 0 | 强势 |
| 铁路网线密度 | 3 | 3 | 0 | 强势 |
| 公路网线密度 | 2 | 3 | -1 | 强势 |
| 人均内河航道里程 | 15 | 15 | 0 | 中势 |
| 全社会旅客周转量 | 27 | 27 | 0 | 劣势 |
| 全社会货物周转量 | 1 | 1 | 0 | 强势 |
| 人均邮电业务总量 | 2 | 2 | 0 | 强势 |
| 电话普及率 | 2 | 2 | 0 | 强势 |
| 互联网上网人数比重 | 2 | 2 | 0 | 强势 |
| 人均耗电量 | 7 | 7 | 0 | 优势 |
| 6.2　软环境竞争力 | 1 | 1 | 0 | 强势 |
| 外资企业数增长率 | 4 | 4 | 0 | 优势 |
| 万人外资企业数 | 1 | 1 | 0 | 强势 |
| 个体私营企业数增长率 | 20 | 28 | -8 | 劣势 |
| 万人个体私营企业数 | 7 | 8 | -1 | 优势 |
| 万人商标注册件数 | 2 | 2 | 0 | 强势 |
| 查处商标侵权假冒案件 | 25 | 24 | 1 | 劣势 |
| 每十万人交通事故发生数 | 2 | 2 | 0 | 强势 |
| 罚没收入占财政收入比重 | 1 | 1 | 0 | 强势 |
| 社会捐赠款物 | 4 | 6 | -2 | 优势 |

## 7. 上海市政府作用竞争力指标排名变化情况

**表 9-11 2014~2015 年上海市政府作用竞争力指标组排位及变化趋势**

| 指　　标 | 2014 | 2015 | 排位升降 | 优劣势 |
|---|---|---|---|---|
| **7 政府作用竞争力** | 8 | 8 | 0 | 优势 |
| 7.1 政府发展经济竞争力 | 8 | 7 | 1 | 优势 |
| 财政支出用于基本建设投资比重 | 29 | 30 | -1 | 劣势 |
| 财政支出对 GDP 增长的拉动 | 12 | 18 | -6 | 中势 |
| 政府公务员对经济的贡献 | 1 | 1 | 0 | 强势 |
| 政府消费对民间消费的拉动 | 12 | 12 | 0 | 中势 |
| 财政投资对社会投资的拉动 | 23 | 23 | 0 | 劣势 |
| 7.2 政府规调经济竞争力 | 13 | 11 | 2 | 中势 |
| 物价调控 | 29 | 30 | -1 | 劣势 |
| 调控城乡消费差距 | 23 | 22 | 1 | 劣势 |
| 统筹经济社会发展 | 4 | 3 | 1 | 强势 |
| 规范税收 | 3 | 4 | -1 | 优势 |
| 人口控制 | 5 | 5 | 0 | 优势 |
| 7.3 政府保障经济竞争力 | 7 | 7 | 0 | 优势 |
| 城市城镇社区服务设施数 | 15 | 17 | -2 | 中势 |
| 医疗保险覆盖率 | 4 | 4 | 0 | 优势 |
| 养老保险覆盖率 | 5 | 5 | 0 | 优势 |
| 失业保险覆盖率 | 9 | 8 | 1 | 优势 |
| 下岗职工再就业率 | 10 | 14 | -4 | 中势 |
| 城镇登记失业率 | 28 | 28 | 0 | 劣势 |

## 8. 上海市发展水平竞争力指标排名变化情况

**表 9-12 2014~2015 年上海市发展水平竞争力指标组排位及变化趋势**

| 指　　标 | 2014 | 2015 | 排位升降 | 优劣势 |
|---|---|---|---|---|
| **8 发展水平竞争力** | 2 | 3 | -1 | 强势 |
| 8.1 工业化进程竞争力 | 4 | 3 | 1 | 强势 |
| 工业增加值占 GDP 比重 | 27 | 25 | 2 | 劣势 |
| 工业增加值增长率 | 26 | 19 | 7 | 中势 |
| 高技术产业规模以上企业产值 | 4 | 4 | 0 | 优势 |
| 高技术产业增加值占工业增加值比重 | 3 | 3 | 0 | 强势 |
| 高技术产品出口额占商品出口额比重 | 5 | 8 | -3 | 优势 |
| 信息产业增加值占 GDP 比重 | 2 | 3 | -1 | 强势 |
| 8.2 城市化进程竞争力 | 2 | 2 | 0 | 强势 |
| 城镇化率 | 1 | 1 | 0 | 强势 |
| 城镇居民人均可支配收入 | 1 | 1 | 0 | 强势 |
| 城市平均建成区面积比重 | 1 | 30 | -29 | 劣势 |

续表

| 指　　标 | 2014 | 2015 | 排位升降 | 优劣势 |
|---|---|---|---|---|
| 人均拥有道路面积 | 31 | 31 | 0 | 劣势 |
| 人均日生活用水量 | 11 | 10 | 1 | 优势 |
| 恩格尔系数 | 5 | 3 | 2 | 强势 |
| 人均公共绿地面积 | 31 | 31 | 0 | 劣势 |
| 8.3　市场化进程竞争力 | 4 | 7 | -3 | 优势 |
| 非公有制经济产值占全社会总产值的比重 | 20 | 20 | 0 | 中势 |
| 社会投资占投资总额比重 | 12 | 13 | -1 | 中势 |
| 私有和个体企业从业人员比重 | 14 | 18 | -4 | 中势 |
| 亿元以上商品市场成交额 | 4 | 4 | 0 | 优势 |
| 亿元以上商品市场成交额占全社会消费品零售总额比重 | 1 | 1 | 0 | 强势 |
| 居民消费支出占总消费支出比重 | 12 | 12 | 0 | 中势 |

## 9. 上海市统筹协调竞争力指标排名变化情况

**表 9-13　2014~2015 年上海市统筹协调竞争力指标组排位及变化趋势**

| 指　　标 | 2014 | 2015 | 排位升降 | 优劣势 |
|---|---|---|---|---|
| **9　统筹协调竞争力** | 6 | 2 | 4 | 强势 |
| 9.1　统筹发展竞争力 | 2 | 2 | 0 | 强势 |
| 社会劳动生产率 | 19 | 3 | 16 | 强势 |
| 社会劳动生产率增速 | 28 | 2 | 26 | 强势 |
| 万元 GDP 综合能耗 | 4 | 4 | 0 | 优势 |
| 非农用地产出率 | 1 | 2 | -1 | 强势 |
| 生产税净额和营业盈余占 GDP 比重 | 3 | 3 | 0 | 强势 |
| 最终消费率 | 5 | 9 | -4 | 优势 |
| 固定资产投资额占 GDP 比重 | 1 | 1 | 0 | 强势 |
| 固定资产交付使用率 | 30 | 29 | 1 | 劣势 |
| 9.2　协调发展竞争力 | 28 | 19 | 9 | 中势 |
| 环境竞争力与宏观经济竞争力比差 | 2 | 1 | 1 | 强势 |
| 资源竞争力与宏观经济竞争力比差 | 29 | 27 | 2 | 劣势 |
| 人力资源竞争力与宏观经济竞争力比差 | 21 | 4 | 17 | 优势 |
| 资源竞争力与工业竞争力比差 | 25 | 20 | 5 | 中势 |
| 环境竞争力与工业竞争力比差 | 10 | 12 | -2 | 中势 |
| 城乡居民家庭人均收入比差 | 7 | 5 | 2 | 优势 |
| 城乡居民人均现金消费支出比差 | 23 | 22 | 1 | 劣势 |
| 全社会消费品零售总额与外贸出口总额比差 | 30 | 30 | 0 | 劣势 |

# B.11
# 10
# 江苏省经济综合竞争力评价分析报告

江苏省简称苏，位于我国大陆东部沿海中心，位居长江、淮河下游，东濒黄海，东南与浙江省和上海市毗邻，西连安徽省，北接山东省。全省面积为10.26万平方公里，2015年常住人口为7976万人，地区生产总值为70116亿元，同比增长8.5%，人均GDP达87995元。本部分通过分析2014~2015年江苏省经济综合竞争力以及各要素竞争力的排名变化，从中找出江苏省经济综合竞争力的推动点及影响因素，为进一步提升江苏省经济综合竞争力提供决策参考。

## 10.1 江苏省经济综合竞争力总体分析

### 1. 江苏省经济综合竞争力一级指标概要分析

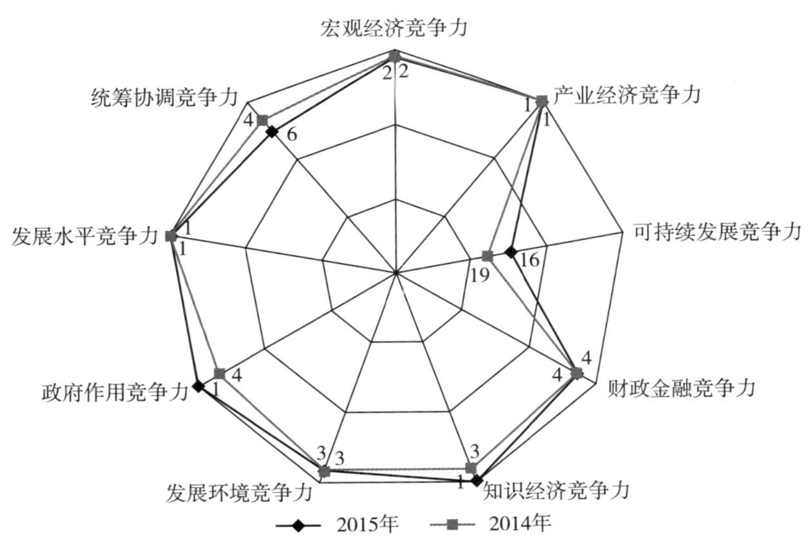


**图10-1 2014~2015年江苏省经济综合竞争力二级指标比较**

（1）从综合排位看，2015年江苏省经济综合竞争力排位在全国居第2位，这表明其在全国处于强势地位；与2014年相比，综合排位保持不变。

（2）从指标所处区位看，有8个指标处于上游区，其中宏观经济竞争力、产业经济竞争力、知识经济竞争力、发展环境竞争力、政府作用竞争力、发展水平竞争力等6个指标为江

**表 10－1　2014～2015 年江苏省经济综合竞争力二级指标表现情况**

| 项目＼年份 | 宏观经济竞争力 | 产业经济竞争力 | 可持续发展竞争力 | 财政金融竞争力 | 知识经济竞争力 | 发展环境竞争力 | 政府作用竞争力 | 发展水平竞争力 | 统筹协调竞争力 | **综合排位** |
|---|---|---|---|---|---|---|---|---|---|---|
| 2014 | 2 | 1 | 19 | 4 | 3 | 3 | 4 | 1 | 4 | 2 |
| 2015 | 2 | 1 | 16 | 4 | 1 | 3 | 1 | 1 | 6 | 2 |
| 升降 | 0 | 0 | 3 | 0 | 2 | 0 | 3 | 0 | －2 | 0 |
| 优劣度 | 强势 | 强势 | 中势 | 优势 | 强势 | 强势 | 强势 | 强势 | 优势 | 强势 |

苏省经济综合竞争力的强势指标。可持续发展竞争力为中势指标，其余两个为优势指标。

（3）从指标变化趋势看，9 个二级指标中，有 3 个指标处于上升趋势，分别为可持续发展竞争力、知识经济竞争力和政府作用竞争力，这些是江苏省经济综合竞争力的上升动力所在；有 5 个指标排位没有发生变化，分别为宏观经济竞争力、产业经济竞争力、财政金融竞争力、发展环境竞争力和发展水平竞争力；有 1 个指标处于下降趋势，为统筹协调竞争力，是江苏省经济综合竞争力的下降拉力所在。

**2. 江苏省经济综合竞争力各级指标动态变化分析**

**表 10－2　2014～2015 年江苏省经济综合竞争力各级指标排位变化情况**

| 二级指标 | 三级指标 | 四级指标数 | 上升 | | 保持 | | 下降 | | 变化趋势 |
|---|---|---|---|---|---|---|---|---|---|
| | | | 指标数 | 比重（%） | 指标数 | 比重（%） | 指标数 | 比重（%） | |
| 宏观经济竞争力 | 经济实力竞争力 | 12 | 6 | 50.0 | 5 | 41.7 | 1 | 8.3 | 保持 |
| | 经济结构竞争力 | 6 | 1 | 16.7 | 4 | 66.7 | 1 | 16.7 | 上升 |
| | 经济外向度竞争力 | 9 | 3 | 33.3 | 5 | 55.6 | 1 | 11.1 | 保持 |
| | 小　计 | 27 | 10 | 37.0 | 14 | 51.9 | 3 | 11.1 | 保持 |
| 产业经济竞争力 | 农业竞争力 | 10 | 3 | 30.0 | 6 | 60.0 | 1 | 10.0 | 上升 |
| | 工业竞争力 | 10 | 3 | 30.0 | 5 | 50.0 | 2 | 20.0 | 保持 |
| | 服务业竞争力 | 10 | 1 | 10.0 | 7 | 70.0 | 2 | 20.0 | 下降 |
| | 企业竞争力 | 10 | 3 | 30.0 | 5 | 50.0 | 2 | 20.0 | 下降 |
| | 小　计 | 40 | 10 | 25.0 | 23 | 57.5 | 7 | 17.5 | 保持 |
| 可持续发展竞争力 | 资源竞争力 | 9 | 4 | 44.4 | 4 | 44.4 | 1 | 11.1 | 上升 |
| | 环境竞争力 | 8 | 3 | 37.5 | 3 | 37.5 | 2 | 25.0 | 保持 |
| | 人力资源竞争力 | 8 | 1 | 12.5 | 4 | 50.0 | 3 | 37.5 | 下降 |
| | 小　计 | 25 | 8 | 32.0 | 11 | 44.0 | 6 | 24.0 | 上升 |
| 财政金融竞争力 | 财政竞争力 | 12 | 5 | 41.7 | 5 | 41.7 | 2 | 16.7 | 上升 |
| | 金融竞争力 | 10 | 2 | 20.0 | 6 | 60.0 | 2 | 20.0 | 保持 |
| | 小　计 | 22 | 7 | 31.8 | 11 | 50.0 | 4 | 18.2 | 保持 |
| 知识经济竞争力 | 科技竞争力 | 9 | 1 | 11.1 | 4 | 44.4 | 4 | 44.4 | 保持 |
| | 教育竞争力 | 10 | 3 | 30.0 | 6 | 60.0 | 1 | 10.0 | 上升 |
| | 文化竞争力 | 8 | 0 | 0.0 | 6 | 75.0 | 2 | 25.0 | 保持 |
| | 小　计 | 27 | 4 | 14.8 | 16 | 59.3 | 7 | 25.9 | 上升 |

续表

| 二级指标 | 三级指标 | 四级指标数 | 上升 | | 保持 | | 下降 | | 变化趋势 |
|---|---|---|---|---|---|---|---|---|---|
| | | | 指标数 | 比重（%） | 指标数 | 比重（%） | 指标数 | 比重（%） | |
| 发展环境竞争力 | 基础设施竞争力 | 9 | 2 | 22.2 | 5 | 55.6 | 2 | 22.2 | 下降 |
| | 软环境竞争力 | 9 | 1 | 11.1 | 4 | 44.4 | 4 | 44.4 | 保持 |
| | 小　计 | 18 | 3 | 16.7 | 9 | 50.0 | 6 | 33.3 | 保持 |
| 政府作用竞争力 | 政府发展经济竞争力 | 5 | 2 | 40.0 | 1 | 20.0 | 2 | 40.0 | 下降 |
| | 政府规调经济竞争力 | 5 | 2 | 40.0 | 1 | 20.0 | 2 | 40.0 | 上升 |
| | 政府保障经济竞争力 | 6 | 4 | 66.7 | 1 | 16.7 | 1 | 16.7 | 保持 |
| | 小　计 | 16 | 8 | 50.0 | 3 | 18.8 | 5 | 31.3 | 上升 |
| 发展水平竞争力 | 工业化进程竞争力 | 6 | 4 | 66.7 | 2 | 33.3 | 0 | 0.0 | 上升 |
| | 城市化进程竞争力 | 7 | 2 | 28.6 | 2 | 28.6 | 3 | 42.9 | 上升 |
| | 市场化进程竞争力 | 6 | 1 | 16.7 | 1 | 16.7 | 4 | 66.7 | 保持 |
| | 小　计 | 19 | 7 | 36.8 | 5 | 26.3 | 7 | 36.8 | 保持 |
| 统筹协调竞争力 | 统筹发展竞争力 | 8 | 5 | 62.5 | 1 | 12.5 | 2 | 25.0 | 保持 |
| | 协调发展竞争力 | 8 | 0 | 0.0 | 5 | 62.5 | 3 | 37.5 | 下降 |
| | 小　计 | 16 | 5 | 31.3 | 6 | 37.5 | 5 | 31.3 | 下降 |
| 合　计 | | 210 | 62 | 29.5 | 98 | 46.7 | 50 | 23.8 | 保持 |

从表 10－2 可以看出，210 个四级指标中，上升指标有 62 个，占指标总数的 29.5%；下降指标有 50 个，占指标总数的 23.8%；保持不变的指标有 98 个，占指标总数的 46.7%。综上所述，江苏省经济综合竞争力上升的动力大于下降的拉力，但保持不变的指标占较大比重，2015 年江苏省经济综合竞争力排位保持不变。

### 3. 江苏省经济综合竞争力各级指标优劣势结构分析

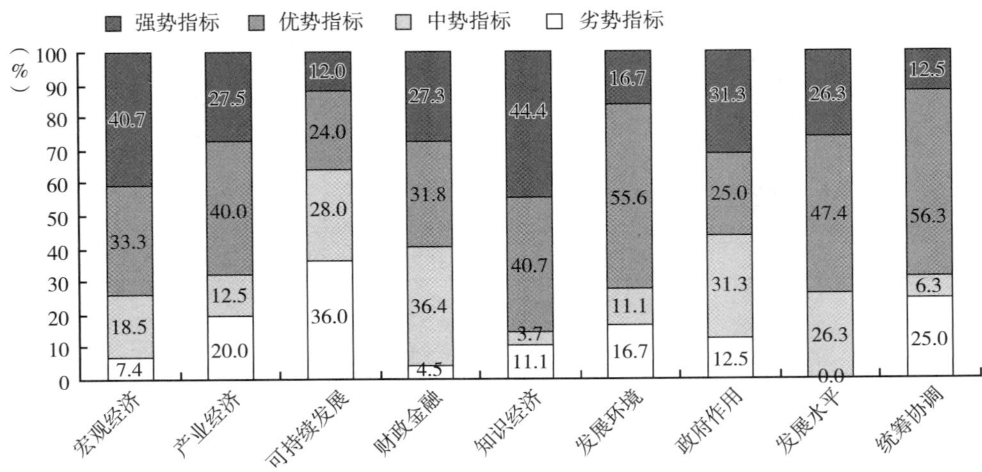


**图 10－2　2015 年江苏省经济综合竞争力各级指标优劣势比较**

**表 10－3　2015 年江苏省经济综合竞争力各级指标优劣势情况**

| 二级指标 | 三级指标 | 四级指标数 | 强势指标 | | 优势指标 | | 中势指标 | | 劣势指标 | | 优劣势 |
|---|---|---|---|---|---|---|---|---|---|---|---|
| | | | 个数 | 比重（%） | 个数 | 比重（%） | 个数 | 比重（%） | 个数 | 比重（%） | |
| 宏观经济竞争力 | 经济实力竞争力 | 12 | 5 | 41.7 | 4 | 33.3 | 2 | 16.7 | 1 | 8.3 | 强势 |
| | 经济结构竞争力 | 6 | 2 | 33.3 | 2 | 33.3 | 2 | 33.3 | 0 | 0.0 | 强势 |
| | 经济外向度竞争力 | 9 | 4 | 44.4 | 3 | 33.3 | 1 | 11.1 | 1 | 11.1 | 强势 |
| | 小　计 | 27 | 11 | 40.7 | 9 | 33.3 | 5 | 18.5 | 2 | 7.4 | 强势 |
| 产业经济竞争力 | 农业竞争力 | 10 | 2 | 20.0 | 4 | 40.0 | 1 | 10.0 | 3 | 30.0 | 强势 |
| | 工业竞争力 | 10 | 5 | 50.0 | 3 | 30.0 | 0 | 0.0 | 2 | 20.0 | 强势 |
| | 服务业竞争力 | 10 | 2 | 20.0 | 4 | 40.0 | 2 | 20.0 | 2 | 20.0 | 优势 |
| | 企业竞争力 | 10 | 2 | 20.0 | 5 | 50.0 | 2 | 20.0 | 1 | 10.0 | 强势 |
| | 小　计 | 40 | 11 | 27.5 | 16 | 40.0 | 5 | 12.5 | 8 | 20.0 | 强势 |
| 可持续发展竞争力 | 资源竞争力 | 9 | 0 | 0.0 | 2 | 22.2 | 2 | 22.2 | 5 | 55.6 | 优势 |
| | 环境竞争力 | 8 | 2 | 25.0 | 1 | 12.5 | 3 | 37.5 | 2 | 25.0 | 中势 |
| | 人力资源竞争力 | 8 | 1 | 12.5 | 3 | 37.5 | 2 | 25.0 | 2 | 25.0 | 优势 |
| | 小　计 | 25 | 3 | 12.0 | 6 | 24.0 | 7 | 28.0 | 9 | 36.0 | 中势 |
| 财政金融竞争力 | 财政竞争力 | 12 | 2 | 16.7 | 3 | 25.0 | 6 | 50.0 | 1 | 8.3 | 优势 |
| | 金融竞争力 | 10 | 4 | 40.0 | 4 | 40.0 | 2 | 20.0 | 0 | 0.0 | 优势 |
| | 小　计 | 22 | 6 | 27.3 | 7 | 31.8 | 8 | 36.4 | 1 | 4.5 | 优势 |
| 知识经济竞争力 | 科技竞争力 | 9 | 5 | 55.6 | 4 | 44.4 | 0 | 0.0 | 0 | 0.0 | 强势 |
| | 教育竞争力 | 10 | 3 | 30.0 | 4 | 40.0 | 0 | 0.0 | 3 | 30.0 | 强势 |
| | 文化竞争力 | 8 | 4 | 50.0 | 3 | 37.5 | 1 | 12.5 | 0 | 0.0 | 强势 |
| | 小　计 | 27 | 12 | 44.4 | 11 | 40.7 | 1 | 3.7 | 3 | 11.1 | 强势 |
| 发展环境竞争力 | 基础设施竞争力 | 9 | 1 | 11.1 | 7 | 77.8 | 1 | 11.1 | 0 | 0.0 | 优势 |
| | 软环境竞争力 | 9 | 2 | 22.2 | 3 | 33.3 | 1 | 11.1 | 3 | 33.3 | 强势 |
| | 小　计 | 18 | 3 | 16.7 | 10 | 55.6 | 2 | 11.1 | 3 | 16.7 | 强势 |
| 政府作用竞争力 | 政府发展经济竞争力 | 5 | 3 | 60.0 | 0 | 0.0 | 1 | 20.0 | 1 | 20.0 | 强势 |
| | 政府规调经济竞争力 | 5 | 0 | 0.0 | 3 | 60.0 | 1 | 20.0 | 1 | 20.0 | 优势 |
| | 政府保障经济竞争力 | 6 | 2 | 33.3 | 1 | 16.7 | 3 | 50.0 | 0 | 0.0 | 优势 |
| | 小　计 | 16 | 5 | 31.3 | 4 | 25.0 | 5 | 31.3 | 2 | 12.5 | 强势 |
| 发展水平竞争力 | 工业化进程竞争力 | 6 | 2 | 33.3 | 3 | 50.0 | 1 | 16.7 | 0 | 0.0 | 强势 |
| | 城市化进程竞争力 | 7 | 1 | 14.3 | 4 | 57.1 | 2 | 28.6 | 0 | 0.0 | 强势 |
| | 市场化进程竞争力 | 6 | 2 | 33.3 | 2 | 33.3 | 2 | 33.3 | 0 | 0.0 | 强势 |
| | 小　计 | 19 | 5 | 26.3 | 9 | 47.4 | 5 | 26.3 | 0 | 0.0 | 强势 |
| 统筹协调竞争力 | 统筹发展竞争力 | 8 | 0 | 0.0 | 7 | 87.5 | 1 | 12.5 | 0 | 0.0 | 优势 |
| | 协调发展竞争力 | 8 | 2 | 25.0 | 2 | 25.0 | 0 | 0.0 | 4 | 50.0 | 劣势 |
| | 小　计 | 16 | 2 | 12.5 | 9 | 56.3 | 1 | 6.3 | 4 | 25.0 | 优势 |
| 合　计 | | 210 | 58 | 27.6 | 81 | 38.6 | 39 | 18.6 | 32 | 15.2 | 强势 |

基于图 10－2 和表 10－3，具体到四级指标，强势指标 58 个，占指标总数的 27.6%；优势指标 81 个，占指标总数的 38.6%；中势指标 39 个，占指标总数的 18.6%；劣势指标 32 个，占指标总数的 15.2%。三级指标中，强势指标 14 个，占三级指标总数的 56%；优势指标 9 个，占三级指标总数的 36%；中势指标 1 个，占三级指标总数的 4%；劣势指标 1 个，占三级指标总数的 4%。从二级指标看，强势指标 6 个，占二级指标总数的 66.7%；优势指标有 2 个，占二级指标总数的 22.2%；中势指标有 1

个，占二级指标总数的 11.1%。综合来看，由于强势指标在指标体系中居于主导地位，2015 年江苏省经济综合竞争力处于强势地位。

4. 江苏省经济综合竞争力四级指标优劣势对比分析

表 10－4　2015 年江苏省经济综合竞争力四级指标优劣势情况

| 二级指标 | 优劣势 | 四　级　指　标 |
|---|---|---|
| 宏观经济竞争力（27 个） | 强势指标 | 地区生产总值、财政总收入、固定资产投资额、人均固定资产投资额、全社会消费品零售总额、所有制经济结构优化度、贸易结构优化度、进出口总额、出口总额、实际 FDI、外资企业数（11 个） |
| | 优势指标 | 人均地区生产总值、财政总收入增长率、人均财政收入、人均全社会消费品零售总额、城乡经济结构优化度、就业结构优化度、进出口增长率、外贸依存度、对外直接投资（9 个） |
| | 劣势指标 | 固定资产投资额增长率、实际 FDI 增长率（2 个） |
| 产业经济竞争力（40 个） | 强势指标 | 农业增加值、农村人均用电量、工业增加值、人均工业增加值、工业资产总额、规模以上工业主营业务收入、规模以上工业利润总额、服务业增加值、房地产经营总收入、规模以上工业企业数、中国驰名商标持有量（11 个） |
| | 优势指标 | 人均农业增加值、农民人均纯收入、农产品出口占农林牧渔总产值比重、农业机械化水平、工业增加值增长率、工业资产总贡献率、工业成本费用利润率、人均服务业增加值、服务业从业人员数、限额以上批发零售企业主营业务收入、旅游外汇收入、规模以上企业劳动效率、城镇就业人员平均工资、新产品销售收入占主营业务收入比重、产品质量抽查合格率、工业企业 R&D 经费投入强度（16 个） |
| | 劣势指标 | 农业增加值增长率、农民人均纯收入增长率、财政支农资金比重、工业资产总额增长率、工业全员劳动生产率、服务业增加值增长率、服务业从业人员数增长率、规模以上企业平均资产（8 个） |
| 可持续发展竞争力（25 个） | 强势指标 | 一般工业固体废物综合利用率、生活垃圾无害化处理率、人力资源利用率（3 个） |
| | 优势指标 | 人均国土面积、人均可使用海域和滩涂面积、人均治理工业污染投资额、大专以上教育程度人口比例、平均受教育程度、职业学校毕业生数（6 个） |
| | 劣势指标 | 人均年水资源量、人均耕地面积、人均牧草地面积、人均主要能源矿产基础储量、人均森林储积量、森林覆盖率、人均废水排放量、常住人口增长率、人口健康素质（9 个） |
| 财政金融竞争力（22 个） | 强势指标 | 地方财政收入、地方财政支出、存款余额、贷款余额、货币市场融资额、保险费净收入（6 个） |
| | 优势指标 | 税收收入占 GDP 比重、人均地方财政收入、人均税收收入、人均存款余额、人均贷款余额、保险密度、人均证券市场筹资额（7 个） |
| | 劣势指标 | 地方财政支出占 GDP 比重（1 个） |
| 知识经济竞争力（27 个） | 强势指标 | R&D 人员、R&D 经费、R&D 经费投入强度、发明专利授权量、高技术产业增加值、教育经费、高等学校数、高校专任教师数、图书和期刊出版数、出版印刷工业销售产值、城镇居民人均文化娱乐支出、农村居民人均文化娱乐支出（12 个） |
| | 优势指标 | 技术市场成交合同金额、财政科技支出占地方财政支出比重、高技术产业增加值占工业增加值比重、高技术产品出口额占商品出口额比重、人均教育经费、公共教育经费占财政支出比重、人均文化教育支出占个人消费支出比重、万人高等学校在校学生数、文化服务业企业营业收入、报纸出版数、城镇居民人均文化娱乐支出占消费性支出比重（11 个） |
| | 劣势指标 | 教育经费占 GDP 比重、万人中小学学校数、万人中小学专任教师数（3 个） |

续表

| 二级指标 | 优劣势 | 四　级　指　标 |
|---|---|---|
| 发展环境竞争力(18个) | 强势指标 | 人均内河航道里程、万人个体私营企业数、社会捐赠款物(3个) |
| | 优势指标 | 公路网线密度、全社会旅客周转量、全社会货物周转量、人均邮电业务总量、电话普及率、互联网上网人数比重、人均耗电量、万人外资企业数、万人商标注册件数、罚没收入占财政收入比重(10个) |
| | 劣势指标 | 个体私营企业数增长率、查处商标侵权假冒案件、每十万人交通事故发生数(3个) |
| 政府作用竞争力(16个) | 强势指标 | 财政支出对GDP增长的拉动、政府公务员对经济的贡献、财政投资对社会投资的拉动、城市城镇社区服务设施数、下岗职工再就业率(5个) |
| | 优势指标 | 调控城乡消费差距、统筹经济社会发展、人口控制、医疗保险覆盖率(4个) |
| | 劣势指标 | 财政支出用于基本建设投资比重、物价调控(2个) |
| 发展水平竞争力(19个) | 强势指标 | 高技术产业规模以上企业产值、信息产业增加值占GDP比重、人均拥有道路面积、非公有制经济产值占全社会总产值的比重、亿元以上商品市场成交额(5个) |
| | 优势指标 | 工业增加值增长率、高技术产业增加值占工业增加值比重、高技术产品出口额占商品出口额比重、城镇化率、城镇居民人均可支配收入、人均日生活用水量、人均公共绿地面积、社会投资占投资总额比重、亿元以上商品市场成交额占全社会消费品零售总额比重(9个) |
| | 劣势指标 | (0个) |
| 统筹协调竞争力(16个) | 强势指标 | 环境竞争力与宏观经济竞争力比差、环境竞争力与工业竞争力比差(2个) |
| | 优势指标 | 社会劳动生产率、社会劳动生产率增速、万元GDP综合能耗、非农用地产出率、生产税净额和营业盈余占GDP比重、固定资产投资额占GDP比重、固定资产交付使用率、城乡居民家庭人均收入比差、城乡居民人均现金消费支出比差(9个) |
| | 劣势指标 | 资源竞争力与宏观经济竞争力比差、人力资源竞争力与宏观经济竞争力比差、资源竞争力与工业竞争力比差、全社会消费品零售总额与外贸出口总额比差(4个) |

## 10.2　江苏省经济综合竞争力各级指标具体分析

### 1. 江苏省宏观经济竞争力指标排名变化情况

**表10－5　2014～2015年江苏省宏观经济竞争力指标组排位及变化趋势**

| 指　标 | 2014 | 2015 | 排位升降 | 优劣势 |
|---|---|---|---|---|
| **1　宏观经济竞争力** | 2 | 2 | 0 | 强势 |
| 1.1　经济实力竞争力 | 1 | 1 | 0 | 强势 |
| 地区生产总值 | 2 | 2 | 0 | 强势 |
| 地区生产总值增长率 | 15 | 11 | 4 | 中势 |
| 人均地区生产总值 | 4 | 4 | 0 | 优势 |
| 财政总收入 | 2 | 1 | 1 | 强势 |
| 财政总收入增长率 | 12 | 4 | 8 | 优势 |

续表

| 指　　标 | 2014 | 2015 | 排位升降 | 优劣势 |
|---|---|---|---|---|
| 人均财政收入 | 9 | 5 | 4 | 优势 |
| 固定资产投资额 | 2 | 2 | 0 | 强势 |
| 固定资产投资额增长率 | 22 | 24 | -2 | 劣势 |
| 人均固定资产投资额 | 4 | 2 | 2 | 强势 |
| 全社会消费品零售总额 | 3 | 3 | 0 | 强势 |
| 全社会消费品零售总额增长率 | 20 | 17 | 3 | 中势 |
| 人均全社会消费品零售总额 | 5 | 5 | 0 | 优势 |
| 1.2　经济结构竞争力 | 3 | 2 | 1 | 强势 |
| 产业结构优化度 | 8 | 11 | -3 | 中势 |
| 所有制经济结构优化度 | 1 | 1 | 0 | 强势 |
| 城乡经济结构优化度 | 6 | 6 | 0 | 优势 |
| 就业结构优化度 | 5 | 5 | 0 | 优势 |
| 资本形成结构优化度 | 19 | 14 | 5 | 中势 |
| 贸易结构优化度 | 2 | 2 | 0 | 强势 |
| 1.3　经济外向度竞争力 | 3 | 3 | 0 | 强势 |
| 进出口总额 | 2 | 2 | 0 | 强势 |
| 进出口增长率 | 23 | 10 | 13 | 优势 |
| 出口总额 | 2 | 2 | 0 | 强势 |
| 出口增长率 | 25 | 14 | 11 | 中势 |
| 实际 FDI | 1 | 1 | 0 | 强势 |
| 实际 FDI 增长率 | 24 | 25 | -1 | 劣势 |
| 外贸依存度 | 5 | 5 | 0 | 优势 |
| 外资企业数 | 3 | 3 | 0 | 强势 |
| 对外直接投资 | 5 | 4 | 1 | 优势 |

## 2. 江苏省产业经济竞争力指标排名变化情况

**表 10－6　2014～2015 年江苏省产业经济竞争力指标组排位及变化趋势**

| 指　　标 | 2014 | 2015 | 排位升降 | 优劣势 |
|---|---|---|---|---|
| **2　产业经济竞争力** | 1 | 1 | 0 | 强势 |
| 2.1　农业竞争力 | 4 | 3 | 1 | 强势 |
| 农业增加值 | 3 | 3 | 0 | 强势 |
| 农业增加值增长率 | 26 | 24 | 2 | 劣势 |
| 人均农业增加值 | 6 | 5 | 1 | 优势 |
| 农民人均纯收入 | 5 | 5 | 0 | 优势 |
| 农民人均纯收入增长率 | 27 | 22 | 5 | 劣势 |
| 农产品出口占农林牧渔总产值比重 | 10 | 10 | 0 | 优势 |

续表

| 指　　标 | | 2014 | 2015 | 排位升降 | 优劣势 |
|---|---|---|---|---|---|
| | 人均主要农产品产量 | 14 | 14 | 0 | 中势 |
| | 农业机械化水平 | 7 | 7 | 0 | 优势 |
| | 农村人均用电量 | 2 | 2 | 0 | 强势 |
| | 财政支农资金比重 | 21 | 24 | -3 | 劣势 |
| 2.2 | 工业竞争力 | 1 | 1 | 0 | 强势 |
| | 工业增加值 | 2 | 2 | 0 | 强势 |
| | 工业增加值增长率 | 13 | 8 | 5 | 优势 |
| | 人均工业增加值 | 2 | 2 | 0 | 强势 |
| | 工业资产总额 | 1 | 1 | 0 | 强势 |
| | 工业资产总额增长率 | 20 | 24 | -4 | 劣势 |
| | 工业资产总贡献率 | 6 | 6 | 0 | 优势 |
| | 规模以上工业主营业务收入 | 2 | 1 | 1 | 强势 |
| | 规模以上工业利润总额 | 1 | 1 | 0 | 强势 |
| | 工业全员劳动生产率 | 17 | 27 | -10 | 劣势 |
| | 工业成本费用利润率 | 15 | 8 | 7 | 优势 |
| 2.3 | 服务业竞争力 | 2 | 4 | -2 | 优势 |
| | 服务业增加值 | 2 | 2 | 0 | 强势 |
| | 服务业增加值增长率 | 6 | 24 | -18 | 劣势 |
| | 人均服务业增加值 | 4 | 4 | 0 | 优势 |
| | 服务业从业人员数 | 4 | 4 | 0 | 优势 |
| | 服务业从业人员数增长率 | 25 | 22 | 3 | 劣势 |
| | 限额以上批发零售企业主营业务收入 | 4 | 5 | -1 | 优势 |
| | 限额以上批零企业利税率 | 16 | 16 | 0 | 中势 |
| | 限额以上餐饮企业利税率 | 12 | 12 | 0 | 中势 |
| | 旅游外汇收入 | 6 | 6 | 0 | 优势 |
| | 房地产经营总收入 | 2 | 2 | 0 | 强势 |
| 2.4 | 企业竞争力 | 2 | 3 | -1 | 强势 |
| | 规模以上工业企业数 | 1 | 1 | 0 | 强势 |
| | 规模以上企业平均资产 | 25 | 25 | 0 | 劣势 |
| | 规模以上企业平均收入 | 21 | 16 | 5 | 中势 |
| | 规模以上企业平均利润 | 1 | 13 | -12 | 中势 |
| | 规模以上企业劳动效率 | 16 | 9 | 7 | 优势 |
| | 城镇就业人员平均工资 | 16 | 6 | 10 | 优势 |
| | 新产品销售收入占主营业务收入比重 | 8 | 8 | 0 | 优势 |
| | 产品质量抽查合格率 | 6 | 8 | -2 | 优势 |
| | 工业企业 R&D 经费投入强度 | 6 | 6 | 0 | 优势 |
| | 中国驰名商标持有量 | 3 | 3 | 0 | 强势 |

## 3. 江苏省可持续发展竞争力指标排名变化情况

**表 10－7 2014～2015 年江苏省可持续发展竞争力指标组排位及变化趋势**

| 指 标 | 2014 | 2015 | 排位升降 | 优劣势 |
|---|---|---|---|---|
| **3 可持续发展竞争力** | 19 | 16 | 3 | 中势 |
| 3.1 资源竞争力 | 18 | 10 | 8 | 优势 |
| 人均国土面积 | 28 | 4 | 24 | 优势 |
| 人均可使用海域和滩涂面积 | 5 | 5 | 0 | 优势 |
| 人均年水资源量 | 22 | 21 | 1 | 劣势 |
| 耕地面积 | 14 | 14 | 0 | 中势 |
| 人均耕地面积 | 25 | 25 | 0 | 劣势 |
| 人均牧草地面积 | 29 | 30 | －1 | 劣势 |
| 主要能源矿产基础储量 | 20 | 19 | 1 | 中势 |
| 人均主要能源矿产基础储量 | 25 | 24 | 1 | 劣势 |
| 人均森林储积量 | 28 | 28 | 0 | 劣势 |
| 3.2 环境竞争力 | 20 | 20 | 0 | 中势 |
| 森林覆盖率 | 24 | 24 | 0 | 劣势 |
| 人均废水排放量 | 28 | 28 | 0 | 劣势 |
| 人均工业废气排放量 | 15 | 14 | 1 | 中势 |
| 人均工业固体废物排放量 | 11 | 12 | －1 | 中势 |
| 人均治理工业污染投资额 | 10 | 9 | 1 | 优势 |
| 一般工业固体废物综合利用率 | 3 | 3 | 0 | 强势 |
| 生活垃圾无害化处理率 | 8 | 1 | 7 | 强势 |
| 自然灾害直接经济损失 | 6 | 19 | －13 | 中势 |
| 3.3 人力资源竞争力 | 7 | 10 | －3 | 优势 |
| 常住人口增长率 | 25 | 27 | －2 | 劣势 |
| 15～64 岁人口比例 | 15 | 12 | 3 | 中势 |
| 文盲率 | 17 | 17 | 0 | 中势 |
| 大专以上教育程度人口比例 | 6 | 6 | 0 | 优势 |
| 平均受教育程度 | 7 | 7 | 0 | 优势 |
| 人口健康素质 | 27 | 28 | －1 | 劣势 |
| 人力资源利用率 | 1 | 2 | －1 | 强势 |
| 职业学校毕业生数 | 7 | 7 | 0 | 优势 |

## 4. 江苏省财政金融竞争力指标排名变化情况

**表 10－8 2014～2015 年江苏省财政金融竞争力指标组排位及变化趋势**

| 指 标 | 2014 | 2015 | 排位升降 | 优劣势 |
|---|---|---|---|---|
| **4 财政金融竞争力** | 4 | 4 | 0 | 优势 |
| 4.1 财政竞争力 | 6 | 5 | 1 | 优势 |
| 地方财政收入 | 2 | 2 | 0 | 强势 |
| 地方财政支出 | 2 | 2 | 0 | 强势 |
| 地方财政收入占 GDP 比重 | 15 | 14 | 1 | 中势 |
| 地方财政支出占 GDP 比重 | 29 | 30 | －1 | 劣势 |

续表

| 指　　标 | 2014 | 2015 | 排位升降 | 优劣势 |
|---|---|---|---|---|
| 税收收入占 GDP 比重 | 11 | 8 | 3 | 优势 |
| 税收收入占财政总收入比重 | 4 | 18 | -14 | 中势 |
| 人均地方财政收入 | 4 | 4 | 0 | 优势 |
| 人均地方财政支出 | 12 | 11 | 1 | 中势 |
| 人均税收收入 | 4 | 4 | 0 | 优势 |
| 地方财政收入增长率 | 19 | 19 | 0 | 中势 |
| 地方财政支出增长率 | 17 | 16 | 1 | 中势 |
| 税收收入增长率 | 18 | 12 | 6 | 中势 |
| 4.2　金融竞争力 | 4 | 4 | 0 | 优势 |
| 存款余额 | 3 | 3 | 0 | 强势 |
| 人均存款余额 | 6 | 6 | 0 | 优势 |
| 贷款余额 | 3 | 3 | 0 | 强势 |
| 人均贷款余额 | 5 | 5 | 0 | 优势 |
| 货币市场融资额 | 2 | 2 | 0 | 强势 |
| 中长期贷款占贷款余额比重 | 29 | 12 | 17 | 中势 |
| 保险费净收入 | 2 | 2 | 0 | 强势 |
| 保险密度 | 4 | 5 | -1 | 优势 |
| 保险深度 | 16 | 19 | -3 | 中势 |
| 人均证券市场筹资额 | 11 | 4 | 7 | 优势 |

## 5. 江苏省知识经济竞争力指标排名变化情况

**表 10-9　2014~2015 年江苏省知识经济竞争力指标组排位及变化趋势**

| 指　　标 | 2014 | 2015 | 排位升降 | 优劣势 |
|---|---|---|---|---|
| **5　知识经济竞争力** | 3 | 1 | 2 | 强势 |
| 5.1　科技竞争力 | 2 | 2 | 0 | 强势 |
| R&D 人员 | 2 | 2 | 0 | 强势 |
| R&D 经费 | 2 | 2 | 0 | 强势 |
| R&D 经费投入强度 | 1 | 1 | 0 | 强势 |
| 发明专利授权量 | 3 | 1 | 2 | 强势 |
| 技术市场成交合同金额 | 5 | 6 | -1 | 优势 |
| 财政科技支出占地方财政支出比重 | 4 | 5 | -1 | 优势 |
| 高技术产业增加值 | 2 | 2 | 0 | 强势 |
| 高技术产业增加值占工业增加值比重 | 3 | 5 | -2 | 优势 |
| 高技术产品出口额占商品出口额比重 | 6 | 7 | -1 | 优势 |
| 5.2　教育竞争力 | 3 | 2 | 1 | 强势 |
| 教育经费 | 2 | 2 | 0 | 强势 |
| 教育经费占 GDP 比重 | 30 | 30 | 0 | 劣势 |
| 人均教育经费 | 9 | 10 | -1 | 优势 |
| 公共教育经费占财政支出比重 | 11 | 8 | 3 | 优势 |

续表

| 指　　标 | 2014 | 2015 | 排位升降 | 优劣势 |
|---|---|---|---|---|
| 人均文化教育支出占个人消费支出比重 | 5 | 5 | 0 | 优势 |
| 万人中小学学校数 | 29 | 29 | 0 | 劣势 |
| 万人中小学专任教师数 | 26 | 25 | 1 | 劣势 |
| 高等学校数 | 1 | 1 | 0 | 强势 |
| 高校专任教师数 | 1 | 1 | 0 | 强势 |
| 万人高等学校在校学生数 | 9 | 8 | 1 | 优势 |
| 5.3　文化竞争力 | 2 | 2 | 0 | 强势 |
| 文化服务业企业营业收入 | 4 | 5 | -1 | 优势 |
| 图书和期刊出版数 | 2 | 2 | 0 | 强势 |
| 报纸出版数 | 5 | 5 | 0 | 优势 |
| 出版印刷工业销售产值 | 2 | 2 | 0 | 强势 |
| 城镇居民人均文化娱乐支出 | 3 | 3 | 0 | 强势 |
| 农村居民人均文化娱乐支出 | 3 | 3 | 0 | 强势 |
| 城镇居民人均文化娱乐支出占消费性支出比重 | 5 | 5 | 0 | 优势 |
| 农村居民人均文化娱乐支出占消费性支出比重 | 15 | 19 | -4 | 中势 |

## 6. 江苏省发展环境竞争力指标排名变化情况

**表 10-10　2014～2015 年江苏省发展环境竞争力指标组排位及变化趋势**

| 指　　标 | 2014 | 2015 | 排位升降 | 优劣势 |
|---|---|---|---|---|
| **6　发展环境竞争力** | 3 | 3 | 0 | 强势 |
| 6.1　基础设施竞争力 | 4 | 5 | -1 | 优势 |
| 铁路网线密度 | 10 | 13 | -3 | 中势 |
| 公路网线密度 | 5 | 5 | 0 | 优势 |
| 人均内河航道里程 | 1 | 1 | 0 | 强势 |
| 全社会旅客周转量 | 4 | 4 | 0 | 优势 |
| 全社会货物周转量 | 6 | 8 | -2 | 优势 |
| 人均邮电业务总量 | 6 | 5 | 1 | 优势 |
| 电话普及率 | 7 | 6 | 1 | 优势 |
| 互联网上网人数比重 | 8 | 8 | 0 | 优势 |
| 人均耗电量 | 6 | 6 | 0 | 优势 |
| 6.2　软环境竞争力 | 3 | 3 | 0 | 强势 |
| 外资企业数增长率 | 17 | 17 | 0 | 中势 |
| 万人外资企业数 | 5 | 6 | -1 | 优势 |
| 个体私营企业数增长率 | 22 | 25 | -3 | 劣势 |
| 万人个体私营企业数 | 2 | 2 | 0 | 强势 |
| 万人商标注册件数 | 8 | 8 | 0 | 优势 |
| 查处商标侵权假冒案件 | 28 | 26 | 2 | 劣势 |
| 每十万人交通事故发生数 | 21 | 22 | -1 | 劣势 |
| 罚没收入占财政收入比重 | 4 | 5 | -1 | 优势 |
| 社会捐赠款物 | 1 | 1 | 0 | 强势 |

## 7. 江苏省政府作用竞争力指标排名变化情况

**表 10－11　2014～2015 年江苏省政府作用竞争力指标组排位及变化趋势**

| 指　　标 | 2014 | 2015 | 排位升降 | 优劣势 |
|---|---|---|---|---|
| **7　政府作用竞争力** | 4 | 1 | 3 | 强势 |
| 7.1　政府发展经济竞争力 | 1 | 2 | －1 | 强势 |
| 财政支出用于基本建设投资比重 | 30 | 29 | 1 | 劣势 |
| 财政支出对 GDP 增长的拉动 | 3 | 2 | 1 | 强势 |
| 政府公务员对经济的贡献 | 3 | 3 | 0 | 强势 |
| 政府消费对民间消费的拉动 | 16 | 17 | －1 | 中势 |
| 财政投资对社会投资的拉动 | 1 | 3 | －2 | 强势 |
| 7.2　政府规调经济竞争力 | 11 | 10 | 1 | 优势 |
| 物价调控 | 23 | 24 | －1 | 劣势 |
| 调控城乡消费差距 | 5 | 5 | 0 | 优势 |
| 统筹经济社会发展 | 12 | 9 | 3 | 优势 |
| 规范税收 | 12 | 11 | 1 | 中势 |
| 人口控制 | 7 | 8 | －1 | 优势 |
| 7.3　政府保障经济竞争力 | 6 | 6 | 0 | 优势 |
| 城市城镇社区服务设施数 | 2 | 2 | 0 | 强势 |
| 医疗保险覆盖率 | 13 | 10 | 3 | 优势 |
| 养老保险覆盖率 | 14 | 13 | 1 | 中势 |
| 失业保险覆盖率 | 14 | 11 | 3 | 中势 |
| 下岗职工再就业率 | 3 | 2 | 1 | 强势 |
| 城镇登记失业率 | 8 | 11 | －3 | 中势 |

## 8. 江苏省发展水平竞争力指标排名变化情况

**表 10－12　2014～2015 年江苏省发展水平竞争力指标组排位及变化趋势**

| 指　　标 | 2014 | 2015 | 排位升降 | 优劣势 |
|---|---|---|---|---|
| **8　发展水平竞争力** | 1 | 1 | 0 | 强势 |
| 8.1　工业化进程竞争力 | 3 | 2 | 1 | 强势 |
| 工业增加值占 GDP 比重 | 15 | 13 | 2 | 中势 |
| 工业增加值增长率 | 15 | 8 | 7 | 优势 |
| 高技术产业规模以上企业产值 | 2 | 2 | 0 | 强势 |
| 高技术产业增加值占工业增加值比重 | 4 | 4 | 0 | 优势 |
| 高技术产品出口额占商品出口额比重 | 6 | 5 | 1 | 优势 |
| 信息产业增加值占 GDP 比重 | 16 | 2 | 14 | 强势 |
| 8.2　城市化进程竞争力 | 4 | 3 | 1 | 强势 |
| 城镇化率 | 6 | 6 | 0 | 优势 |
| 城镇居民人均可支配收入 | 4 | 4 | 0 | 优势 |
| 城市平均建成区面积比重 | 4 | 19 | －15 | 中势 |

续表

| 指 标 | 2014 | 2015 | 排位升降 | 优劣势 |
|---|---|---|---|---|
| 人均拥有道路面积 | 2 | 3 | -1 | 强势 |
| 人均日生活用水量 | 7 | 5 | 2 | 优势 |
| 恩格尔系数 | 11 | 13 | -2 | 中势 |
| 人均公共绿地面积 | 8 | 7 | 1 | 优势 |
| 8.3 市场化进程竞争力 | 2 | 2 | 0 | 强势 |
| 非公有制经济产值占全社会总产值的比重 | 1 | 1 | 0 | 强势 |
| 社会投资占投资总额比重 | 7 | 6 | 1 | 优势 |
| 私有和个体企业从业人员比重 | 8 | 12 | -4 | 中势 |
| 亿元以上商品市场成交额 | 1 | 2 | -1 | 强势 |
| 亿元以上商品市场成交额占全社会消费品零售总额比重 | 3 | 4 | -1 | 优势 |
| 居民消费支出占总消费支出比重 | 16 | 17 | -1 | 中势 |

## 9. 江苏省统筹协调竞争力指标排名变化情况

**表 10-13 2014~2015 年江苏省统筹协调竞争力指标组排位及变化趋势**

| 指 标 | 2014 | 2015 | 排位升降 | 优劣势 |
|---|---|---|---|---|
| **9 统筹协调竞争力** | 4 | 6 | -2 | 优势 |
| 9.1 统筹发展竞争力 | 4 | 4 | 0 | 优势 |
| 社会劳动生产率 | 17 | 4 | 13 | 优势 |
| 社会劳动生产率增速 | 6 | 4 | 2 | 优势 |
| 万元 GDP 综合能耗 | 6 | 5 | 1 | 优势 |
| 非农用地产出率 | 7 | 7 | 0 | 优势 |
| 生产税净额和营业盈余占 GDP 比重 | 8 | 5 | 3 | 优势 |
| 最终消费率 | 20 | 19 | 1 | 中势 |
| 固定资产投资额占 GDP 比重 | 5 | 6 | -1 | 优势 |
| 固定资产交付使用率 | 2 | 4 | -2 | 优势 |
| 9.2 协调发展竞争力 | 21 | 25 | -4 | 劣势 |
| 环境竞争力与宏观经济竞争力比差 | 1 | 2 | -1 | 强势 |
| 资源竞争力与宏观经济竞争力比差 | 30 | 30 | 0 | 劣势 |
| 人力资源竞争力与宏观经济竞争力比差 | 20 | 26 | -6 | 劣势 |
| 资源竞争力与工业竞争力比差 | 31 | 31 | 0 | 劣势 |
| 环境竞争力与工业竞争力比差 | 3 | 3 | 0 | 强势 |
| 城乡居民家庭人均收入比差 | 6 | 7 | -1 | 优势 |
| 城乡居民人均现金消费支出比差 | 5 | 5 | 0 | 优势 |
| 全社会消费品零售总额与外贸出口总额比差 | 28 | 28 | 0 | 劣势 |

# B.12
# 11
# 浙江省经济综合竞争力评价分析报告

浙江省简称浙，位于我国东南沿海，地处长江三角洲南翼，东临东海，南邻福建，西接安徽、江西，北连上海、江苏。浙江山清水秀，物产丰饶，人杰地灵，素有“鱼米之乡、丝茶之府、文物之邦、旅游胜地”的美誉。全省面积 10.2 万平方公里，2015 年常住人口为 5539 万人，地区生产总值为 42886 亿元，同比增长 8.0%，人均 GDP 达 77644 元。本部分通过分析 2014～2015 年浙江省经济综合竞争力以及各要素竞争力的排名变化，从中找出浙江省经济综合竞争力的推动点及影响因素，为进一步提升浙江省经济综合竞争力提供决策参考。

## 11.1 浙江省经济综合竞争力总体分析

### 1. 浙江省经济综合竞争力一级指标概要分析

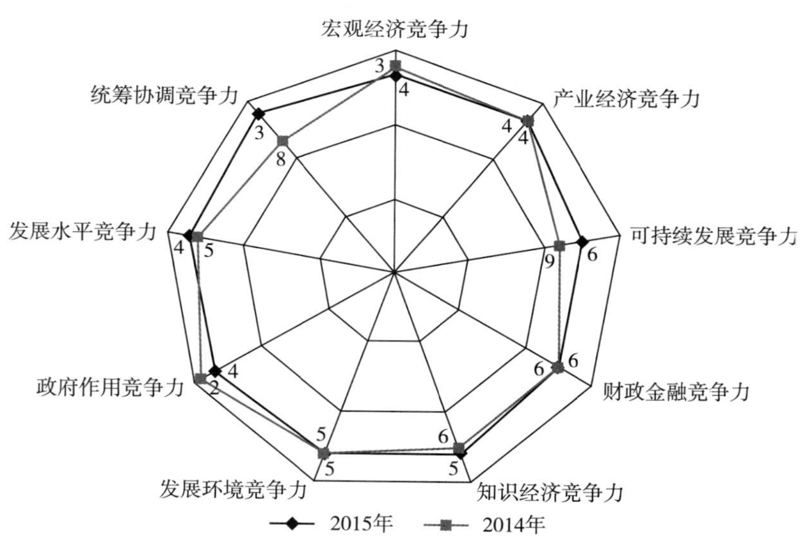


**图 11－1 2014～2015 年浙江省经济综合竞争力二级指标比较**

（1）从综合排位看，2015 年浙江省经济综合竞争力排位在全国居第 5 位，在全国处于优势地位；与 2014 年相比，综合排位没有发生变化。

（2）从指标所处区位看，9 个指标均处于上游区，其中统筹协调竞争力为浙江省经

表 11 - 1 2014 ~ 2015 年浙江省经济综合竞争力二级指标表现情况

| 年份 \ 项目 | 宏观经济竞争力 | 产业经济竞争力 | 可持续发展竞争力 | 财政金融竞争力 | 知识经济竞争力 | 发展环境竞争力 | 政府作用竞争力 | 发展水平竞争力 | 统筹协调竞争力 | 综合排位 |
|---|---|---|---|---|---|---|---|---|---|---|
| 2014 | 3 | 4 | 9 | 6 | 6 | 5 | 2 | 5 | 8 | 5 |
| 2015 | 4 | 4 | 6 | 6 | 5 | 5 | 4 | 4 | 3 | 5 |
| 升降 | -1 | 0 | 3 | 0 | 1 | 0 | -2 | 1 | 5 | 0 |
| 优劣度 | 优势 | 优势 | 优势 | 优势 | 优势 | 优势 | 优势 | 优势 | 强势 | 优势 |

济综合竞争力的强势指标。

(3) 从指标变化趋势看，9 个二级指标中，有 4 个指标处于上升趋势，分别为可持续发展竞争力、知识经济竞争力、发展水平竞争力和统筹协调竞争力，这些是浙江省经济综合竞争力的上升动力所在；有 3 个指标排位没有发生变化，分别为产业经济竞争力、财政金融竞争力和发展环境竞争力；有 2 个指标处于下降趋势，分别为宏观经济竞争力和政府作用竞争力，是浙江省经济综合竞争力的下降拉力所在。

**2. 浙江省经济综合竞争力各级指标动态变化分析**

表 11 - 2 2014 ~ 2015 年浙江省经济综合竞争力各级指标排位变化情况

| 二级指标 | 三级指标 | 四级指标数 | 上升 指标数 | 上升 比重(%) | 保持 指标数 | 保持 比重(%) | 下降 指标数 | 下降 比重(%) | 变化趋势 |
|---|---|---|---|---|---|---|---|---|---|
| 宏观经济竞争力 | 经济实力竞争力 | 12 | 7 | 58.3 | 4 | 33.3 | 1 | 8.3 | 保持 |
| | 经济结构竞争力 | 6 | 1 | 16.7 | 3 | 50.0 | 2 | 33.3 | 保持 |
| | 经济外向度竞争力 | 9 | 4 | 44.4 | 3 | 33.3 | 2 | 22.2 | 保持 |
| | 小计 | 27 | 12 | 44.4 | 10 | 37.0 | 5 | 18.5 | 下降 |
| 产业经济竞争力 | 农业竞争力 | 10 | 3 | 30.0 | 5 | 50.0 | 2 | 20.0 | 上升 |
| | 工业竞争力 | 10 | 3 | 30.0 | 5 | 50.0 | 2 | 20.0 | 上升 |
| | 服务业竞争力 | 10 | 4 | 40.0 | 6 | 60.0 | 0 | 0.0 | 上升 |
| | 企业竞争力 | 10 | 3 | 30.0 | 4 | 40.0 | 3 | 30.0 | 下降 |
| | 小计 | 40 | 13 | 32.5 | 20 | 50.0 | 7 | 17.5 | 保持 |
| 可持续发展竞争力 | 资源竞争力 | 9 | 3 | 33.3 | 6 | 66.7 | 0 | 0.0 | 下降 |
| | 环境竞争力 | 8 | 1 | 12.5 | 6 | 75.0 | 1 | 12.5 | 上升 |
| | 人力资源竞争力 | 8 | 3 | 37.5 | 1 | 12.5 | 4 | 50.0 | 保持 |
| | 小计 | 25 | 7 | 28.0 | 13 | 52.0 | 5 | 20.0 | 上升 |
| 财政金融竞争力 | 财政竞争力 | 12 | 8 | 66.7 | 3 | 25.0 | 1 | 8.3 | 上升 |
| | 金融竞争力 | 10 | 1 | 10.0 | 7 | 70.0 | 2 | 20.0 | 保持 |
| | 小计 | 22 | 9 | 40.9 | 10 | 45.5 | 3 | 13.6 | 保持 |
| 知识经济竞争力 | 科技竞争力 | 9 | 1 | 11.1 | 5 | 55.6 | 3 | 33.3 | 保持 |
| | 教育竞争力 | 10 | 5 | 50.0 | 3 | 30.0 | 2 | 20.0 | 上升 |
| | 文化竞争力 | 8 | 2 | 25.0 | 5 | 62.5 | 1 | 12.5 | 保持 |
| | 小计 | 27 | 8 | 29.6 | 13 | 48.1 | 6 | 22.2 | 上升 |

续表

| 二级指标 | 三级指标 | 四级指标数 | 上升 | | 保持 | | 下降 | | 变化趋势 |
|---|---|---|---|---|---|---|---|---|---|
| | | | 指标数 | 比重（%） | 指标数 | 比重（%） | 指标数 | 比重（%） | |
| 发展环境竞争力 | 基础设施竞争力 | 9 | 3 | 33.3 | 5 | 55.6 | 1 | 11.1 | 上升 |
| | 软环境竞争力 | 9 | 2 | 22.2 | 6 | 66.7 | 1 | 11.1 | 保持 |
| | 小　计 | 18 | 5 | 27.8 | 11 | 61.1 | 2 | 11.1 | 保持 |
| 政府作用竞争力 | 政府发展经济竞争力 | 5 | 1 | 20.0 | 2 | 40.0 | 2 | 40.0 | 下降 |
| | 政府规调经济竞争力 | 5 | 2 | 40.0 | 1 | 20.0 | 2 | 40.0 | 保持 |
| | 政府保障经济竞争力 | 6 | 0 | 0.0 | 2 | 33.3 | 4 | 66.7 | 上升 |
| | 小　计 | 16 | 3 | 18.8 | 5 | 31.3 | 8 | 50.0 | 下降 |
| 发展水平竞争力 | 工业化进程竞争力 | 6 | 3 | 50.0 | 1 | 16.7 | 2 | 33.3 | 保持 |
| | 城市化进程竞争力 | 7 | 1 | 14.3 | 3 | 42.9 | 3 | 42.9 | 下降 |
| | 市场化进程竞争力 | 6 | 1 | 16.7 | 3 | 50.0 | 2 | 33.3 | 保持 |
| | 小　计 | 19 | 5 | 26.3 | 7 | 36.8 | 7 | 36.8 | 上升 |
| 统筹协调竞争力 | 统筹发展竞争力 | 8 | 4 | 50.0 | 1 | 12.5 | 3 | 37.5 | 上升 |
| | 协调发展竞争力 | 8 | 4 | 50.0 | 3 | 37.5 | 1 | 12.5 | 上升 |
| | 小　计 | 16 | 8 | 50.0 | 4 | 25.0 | 4 | 25.0 | 上升 |
| 合　计 | | 210 | 70 | 33.3 | 93 | 44.3 | 47 | 22.4 | 保持 |

从表 11－2 可以看出，210 个四级指标中，上升指标有 70 个，占指标总数的 33.3%；下降指标有 47 个，占指标总数的 22.4%；保持不变的指标有 93 个，占指标总数的 44.3%。综上所述，浙江省经济综合竞争力上升的动力大于下降的拉力，但排位保持不变的指标占较大比重，2015 年浙江省经济综合竞争力排位保持不变。

3. 浙江省经济综合竞争力各级指标优劣势结构分析

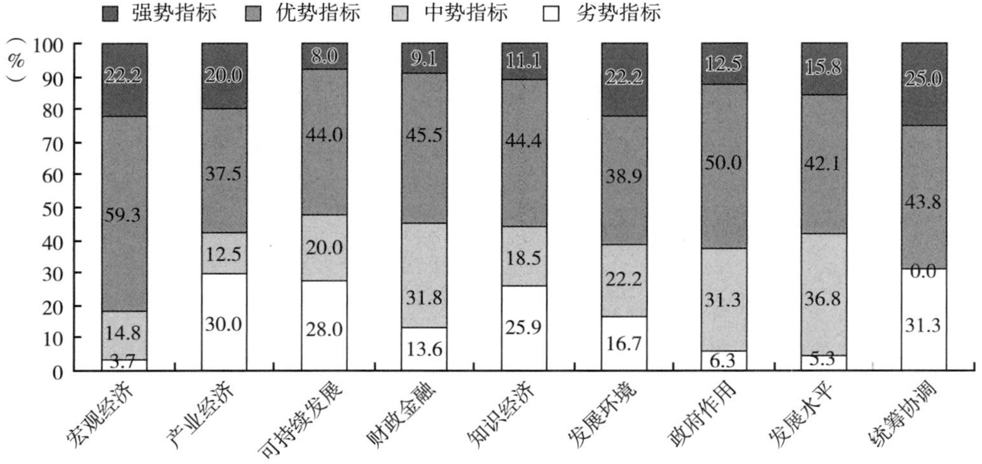


**图 11－2　2015 年浙江省经济综合竞争力各级指标优劣势比较**

**表 11－3 2015 年浙江省经济综合竞争力各级指标优劣势情况**

| 二级指标 | 三级指标 | 四级指标数 | 强势指标 | | 优势指标 | | 中势指标 | | 劣势指标 | | 优劣势 |
|---|---|---|---|---|---|---|---|---|---|---|---|
| | | | 个数 | 比重（%） | 个数 | 比重（%） | 个数 | 比重（%） | 个数 | 比重（%） | |
| 宏观经济竞争力 | 经济实力竞争力 | 12 | 3 | 25.0 | 6 | 50.0 | 3 | 25.0 | 0 | 0.0 | 优势 |
| | 经济结构竞争力 | 6 | 2 | 33.3 | 3 | 50.0 | 1 | 16.7 | 0 | 0.0 | 优势 |
| | 经济外向度竞争力 | 9 | 1 | 11.1 | 7 | 77.8 | 0 | 0.0 | 1 | 11.1 | 优势 |
| | 小　计 | 27 | 6 | 22.2 | 16 | 59.3 | 4 | 14.8 | 1 | 3.7 | 优势 |
| 产业经济竞争力 | 农业竞争力 | 10 | 2 | 20.0 | 1 | 10.0 | 3 | 30.0 | 4 | 40.0 | 优势 |
| | 工业竞争力 | 10 | 1 | 10.0 | 4 | 40.0 | 2 | 20.0 | 3 | 30.0 | 优势 |
| | 服务业竞争力 | 10 | 3 | 30.0 | 6 | 60.0 | 0 | 0.0 | 1 | 10.0 | 强势 |
| | 企业竞争力 | 10 | 2 | 20.0 | 4 | 40.0 | 0 | 0.0 | 4 | 40.0 | 优势 |
| | 小　计 | 40 | 8 | 20.0 | 15 | 37.5 | 5 | 12.5 | 12 | 30.0 | 优势 |
| 可持续发展竞争力 | 资源竞争力 | 9 | 0 | 0.0 | 2 | 22.2 | 2 | 22.2 | 5 | 55.6 | 劣势 |
| | 环境竞争力 | 8 | 1 | 12.5 | 5 | 62.5 | 0 | 0.0 | 2 | 25.0 | 中势 |
| | 人力资源竞争力 | 8 | 1 | 12.5 | 4 | 50.0 | 3 | 37.5 | 0 | 0.0 | 优势 |
| | 小　计 | 25 | 2 | 8.0 | 11 | 44.0 | 5 | 20.0 | 7 | 28.0 | 优势 |
| 财政金融竞争力 | 财政竞争力 | 12 | 1 | 8.3 | 5 | 41.7 | 4 | 33.3 | 2 | 16.7 | 优势 |
| | 金融竞争力 | 10 | 1 | 10.0 | 5 | 50.0 | 3 | 30.0 | 1 | 10.0 | 优势 |
| | 小　计 | 22 | 2 | 9.1 | 10 | 45.5 | 7 | 31.8 | 3 | 13.6 | 优势 |
| 知识经济竞争力 | 科技竞争力 | 9 | 1 | 11.1 | 5 | 55.6 | 2 | 22.2 | 1 | 11.1 | 优势 |
| | 教育竞争力 | 10 | 0 | 0.0 | 3 | 30.0 | 3 | 30.0 | 4 | 40.0 | 优势 |
| | 文化竞争力 | 8 | 2 | 25.0 | 4 | 50.0 | 0 | 0.0 | 2 | 25.0 | 优势 |
| | 小　计 | 27 | 3 | 11.1 | 12 | 44.4 | 5 | 18.5 | 7 | 25.9 | 优势 |
| 发展环境竞争力 | 基础设施竞争力 | 9 | 2 | 22.2 | 5 | 55.6 | 2 | 22.2 | 0 | 0.0 | 优势 |
| | 软环境竞争力 | 9 | 2 | 22.2 | 2 | 22.2 | 2 | 22.2 | 3 | 33.3 | 优势 |
| | 小　计 | 18 | 4 | 22.2 | 7 | 38.9 | 4 | 22.2 | 3 | 16.7 | 优势 |
| 政府作用竞争力 | 政府发展经济竞争力 | 5 | 0 | 0.0 | 3 | 60.0 | 2 | 40.0 | 0 | 0.0 | 优势 |
| | 政府规调经济竞争力 | 5 | 2 | 40.0 | 0 | 0.0 | 2 | 40.0 | 1 | 20.0 | 优势 |
| | 政府保障经济竞争力 | 6 | 0 | 0.0 | 5 | 83.3 | 1 | 16.7 | 0 | 0.0 | 强势 |
| | 小　计 | 16 | 2 | 12.5 | 8 | 50.0 | 5 | 31.3 | 1 | 6.3 | 优势 |
| 发展水平竞争力 | 工业化进程竞争力 | 6 | 0 | 0.0 | 2 | 33.3 | 4 | 66.7 | 0 | 0.0 | 中势 |
| | 城市化进程竞争力 | 7 | 1 | 14.3 | 3 | 42.9 | 2 | 28.6 | 1 | 14.3 | 优势 |
| | 市场化进程竞争力 | 6 | 2 | 33.3 | 3 | 50.0 | 1 | 16.7 | 0 | 0.0 | 强势 |
| | 小　计 | 19 | 3 | 15.8 | 8 | 42.1 | 7 | 36.8 | 1 | 5.3 | 优势 |
| 统筹协调竞争力 | 统筹发展竞争力 | 8 | 0 | 0.0 | 6 | 75.0 | 0 | 0.0 | 2 | 25.0 | 优势 |
| | 协调发展竞争力 | 8 | 4 | 50.0 | 1 | 12.5 | 0 | 0.0 | 3 | 37.5 | 优势 |
| | 小　计 | 16 | 4 | 25.0 | 7 | 43.8 | 0 | 0.0 | 5 | 31.3 | 强势 |
| 合　计 | | 210 | 34 | 16.2 | 94 | 44.8 | 42 | 20.0 | 40 | 19.0 | 优势 |

基于图 11－2 和表 11－3，具体到四级指标，强势指标 34 个，占指标总数的 16.2%；优势指标 94 个，占指标总数的 44.8%；中势指标 42 个，占指标总数的 20.0%；劣势指标 40 个，占指标总数的 19%。三级指标中，强势指标 3 个，占三级指标总数的 12%；优势指标 19 个，占三级指标总数的 76%；中势指标 2 个，占三级指标总数的 8%；劣势指标 1 个，占三级指标总数的 4%。从二级指标看，强势指标 1 个，占二级指标总数的 11.1%；优势指标有 8 个，占二级指标总数的 88.9%。综合来看，由于

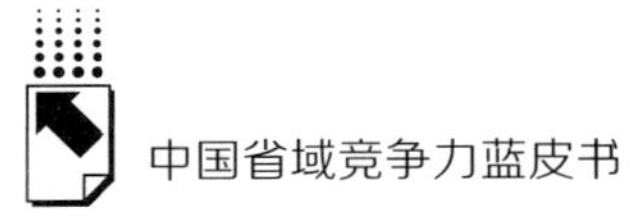


优势指标在指标体系中居于主导地位，2015 年浙江省经济综合竞争力处于优势地位。

4. 浙江省经济综合竞争力四级指标优劣势对比分析

表 11－4　2015 年浙江省经济综合竞争力四级指标优劣势情况

| 二级指标 | 优劣势 | 四　级　指　标 |
|---|---|---|
| 宏观经济竞争力（27 个） | 强势指标 | 财政总收入、财政总收入增长率、人均全社会消费品零售总额、就业结构优化度、贸易结构优化度、出口总额（6 个） |
| | 优势指标 | 地区生产总值、人均地区生产总值、人均财政收入、固定资产投资额、人均固定资产投资额、全社会消费品零售总额、产业结构优化度、所有制经济结构优化度、城乡经济结构优化度、进出口总额、进出口增长率、出口增长率、实际 FDI、外贸依存度、外资企业数、对外直接投资（16 个） |
| | 劣势指标 | 实际 FDI 增长率（1 个） |
| 产业经济竞争力（40 个） | 强势指标 | 农民人均纯收入、农村人均用电量、人均工业增加值、服务业从业人员数增长率、旅游外汇收入、房地产经营总收入、新产品销售收入占主营业务收入比重、工业企业 R&D 经费投入强度（8 个） |
| | 优势指标 | 农产品出口占农林牧渔总产值比重、工业增加值、工业资产总额、规模以上工业主营业务收入、规模以上工业利润总额、服务业增加值、服务业增加值增长率、人均服务业增加值、服务业从业人员数、限额以上批发零售企业主营业务收入、限额以上餐饮企业利税率、规模以上工业企业数、城镇就业人员平均工资、产品质量抽查合格率、中国驰名商标持有量（15 个） |
| | 劣势指标 | 农业增加值增长率、人均主要农产品产量、农业机械化水平、财政支农资金比重、工业资产总额增长率、工业资产总贡献率、工业全员劳动生产率、限额以上批零企业利税率、规模以上企业平均资产、规模以上企业平均收入、规模以上企业平均利润、规模以上企业劳动效率（12 个） |
| 可持续发展竞争力（25 个） | 强势指标 | 森林覆盖率、人力资源利用率（2 个） |
| | 优势指标 | 人均国土面积、人均可使用海域和滩涂面积、人均工业废气排放量、人均工业固体废物排放量、人均治理工业污染投资额、一般工业固体废物综合利用率、生活垃圾无害化处理率、15～64 岁人口比例、大专以上教育程度人口比例、人口健康素质、职业学校毕业生数（11 个） |
| | 劣势指标 | 耕地面积、人均耕地面积、人均牧草地面积、主要能源矿产基础储量、人均主要能源矿产基础储量、人均废水排放量、自然灾害直接经济损失（7 个） |
| 财政金融竞争力（22 个） | 强势指标 | 地方财政支出增长率、贷款余额（2 个） |
| | 优势指标 | 地方财政收入、地方财政支出、税收收入占 GDP 比重、人均地方财政收入、人均税收收入、存款余额、人均存款余额、人均贷款余额、保险费净收入、保险密度（10 个） |
| | 劣势指标 | 地方财政支出占 GDP 比重、税收收入占财政总收入比重、中长期贷款占贷款余额比重（3 个） |
| 知识经济竞争力（27 个） | 强势指标 | R&D 研究人员、报纸出版数、农村居民人均文化娱乐支出（3 个） |
| | 优势指标 | R&D 经费、R&D 经费投入强度、发明专利授权量、财政科技支出占地方财政支出比重、高技术产业增加值、教育经费、人均教育经费、公共教育经费占财政支出比重、文化服务业企业营业收入、图书和期刊出版数、出版印刷工业销售产值、城镇居民人均文化娱乐支出（12 个） |
| | 劣势指标 | 高技术产品出口额占商品出口额比重、教育经费占 GDP 比重、人均文化教育支出占个人消费支出比重、万人中小学学校数、万人中小学专任教师数、城镇居民人均文化娱乐支出占消费性支出比重、农村居民人均文化娱乐支出占消费性支出比重（7 个） |

续表

| 二级指标 | 优劣势 | 四级指标 |
|---|---|---|
| 发展环境竞争力（18个） | 强势指标 | 人均内河航道里程、人均邮电业务总量、万人个体私营企业数、万人商标注册件数（4个） |
| | 优势指标 | 全社会旅客周转量、全社会货物周转量、电话普及率、互联网上网人数比重、人均耗电量、万人外资企业数、社会捐赠款物（7个） |
| | 劣势指标 | 个体私营企业数增长率、查处商标侵权假冒案件、每十万人交通事故发生数（3个） |
| 政府作用竞争力（16个） | 强势指标 | 调控城乡消费差距、规范税收（2个） |
| | 优势指标 | 财政支出对GDP增长的拉动、政府公务员对经济的贡献、政府消费对民间消费的拉动、城市城镇社区服务设施数、医疗保险覆盖率、养老保险覆盖率、失业保险覆盖率、城镇登记失业率（8个） |
| | 劣势指标 | 统筹经济社会发展（1个） |
| 发展水平竞争力（19个） | 强势指标 | 城镇居民人均可支配收入、亿元以上商品市场成交额、亿元以上商品市场成交额占全社会消费品零售总额比重（3个） |
| | 优势指标 | 工业增加值增长率、高技术产业规模以上企业产值、城镇化率、人均拥有道路面积、人均日生活用水量、非公有制经济产值占全社会总产值的比重、私有和个体企业从业人员比重、居民消费支出占总消费支出比重（8个） |
| | 劣势指标 | 城市平均建成区面积比重（1个） |
| 统筹协调竞争力（16个） | 强势指标 | 环境竞争力与宏观经济竞争力比差、人力资源竞争力与宏观经济竞争力比差、城乡居民家庭人均收入比差、城乡居民人均现金消费支出比差（4个） |
| | 优势指标 | 社会劳动生产率、社会劳动生产率增速、万元GDP综合能耗、非农用地产出率、生产税净额和营业盈余占GDP比重、固定资产投资额占GDP比重、环境竞争力与工业竞争力比差（7个） |
| | 劣势指标 | 最终消费率、固定资产交付使用率、资源竞争力与宏观经济竞争力比差、资源竞争力与工业竞争力比差、全社会消费品零售总额与外贸出口总额比差（5个） |

## 11.2 浙江省经济综合竞争力各级指标具体分析

### 1. 浙江省宏观经济竞争力指标排名变化情况

**表11－5　2014～2015年浙江省宏观经济竞争力指标组排位及变化趋势**

| 指　　标 | 2014 | 2015 | 排位升降 | 优劣势 |
|---|---|---|---|---|
| **1　宏观经济竞争力** | 3 | 4 | －1 | 优势 |
| 1.1　经济实力竞争力 | 4 | 4 | 0 | 优势 |
| 地区生产总值 | 4 | 4 | 0 | 优势 |
| 地区生产总值增长率 | 24 | 19 | 5 | 中势 |
| 人均地区生产总值 | 5 | 5 | 0 | 优势 |
| 财政总收入 | 5 | 3 | 2 | 强势 |
| 财政总收入增长率 | 22 | 3 | 19 | 强势 |
| 人均财政收入 | 12 | 6 | 6 | 优势 |

续表

| 指　　标 | 2014 | 2015 | 排位升降 | 优劣势 |
|---|---|---|---|---|
| 固定资产投资额 | 7 | 6 | 1 | 优势 |
| 固定资产投资额增长率 | 16 | 15 | 1 | 中势 |
| 人均固定资产投资额 | 9 | 7 | 2 | 优势 |
| 全社会消费品零售总额 | 4 | 4 | 0 | 优势 |
| 全社会消费品零售总额增长率 | 11 | 14 | -3 | 中势 |
| 人均全社会消费品零售总额 | 3 | 3 | 0 | 强势 |
| 1.2　经济结构竞争力 | 4 | 4 | 0 | 优势 |
| 产业结构优化度 | 7 | 9 | -2 | 优势 |
| 所有制经济结构优化度 | 3 | 5 | -2 | 优势 |
| 城乡经济结构优化度 | 4 | 4 | 0 | 优势 |
| 就业结构优化度 | 3 | 3 | 0 | 强势 |
| 资本形成结构优化度 | 23 | 19 | 4 | 中势 |
| 贸易结构优化度 | 3 | 3 | 0 | 强势 |
| 1.3　经济外向度竞争力 | 5 | 5 | 0 | 优势 |
| 进出口总额 | 5 | 4 | 1 | 优势 |
| 进出口增长率 | 17 | 8 | 9 | 优势 |
| 出口总额 | 3 | 3 | 0 | 强势 |
| 出口增长率 | 17 | 10 | 7 | 优势 |
| 实际 FDI | 4 | 5 | -1 | 优势 |
| 实际 FDI 增长率 | 22 | 23 | -1 | 劣势 |
| 外贸依存度 | 4 | 4 | 0 | 优势 |
| 外资企业数 | 4 | 4 | 0 | 优势 |
| 对外直接投资 | 7 | 6 | 1 | 优势 |

## 2. 浙江省产业经济竞争力指标排名变化情况

**表 11-6　2014~2015 年浙江省产业经济竞争力指标组排位及变化趋势**

| 指　　标 | 2014 | 2015 | 排位升降 | 优劣势 |
|---|---|---|---|---|
| **2　产业经济竞争力** | 4 | 4 | 0 | 优势 |
| 2.1　农业竞争力 | 16 | 7 | 9 | 优势 |
| 农业增加值 | 15 | 15 | 0 | 中势 |
| 农业增加值增长率 | 29 | 28 | 1 | 劣势 |
| 人均农业增加值 | 15 | 16 | -1 | 中势 |
| 农民人均纯收入 | 2 | 2 | 0 | 强势 |
| 农民人均纯收入增长率 | 24 | 15 | 9 | 中势 |
| 农产品出口占农林牧渔总产值比重 | 5 | 5 | 0 | 优势 |
| 人均主要农产品产量 | 27 | 27 | 0 | 劣势 |
| 农业机械化水平 | 20 | 21 | -1 | 劣势 |
| 农村人均用电量 | 3 | 3 | 0 | 强势 |
| 财政支农资金比重 | 23 | 21 | 2 | 劣势 |

续表

| 指　　标 | 2014 | 2015 | 排位升降 | 优劣势 |
|---|---|---|---|---|
| 2.2　工业竞争力 | 5 | 4 | 1 | 优势 |
| 工业增加值 | 4 | 4 | 0 | 优势 |
| 工业增加值增长率 | 19 | 12 | 7 | 中势 |
| 人均工业增加值 | 4 | 3 | 1 | 强势 |
| 工业资产总额 | 4 | 4 | 0 | 优势 |
| 工业资产总额增长率 | 26 | 28 | -2 | 劣势 |
| 工业资产总贡献率 | 21 | 21 | 0 | 劣势 |
| 规模以上工业主营业务收入 | 5 | 5 | 0 | 优势 |
| 规模以上工业利润总额 | 5 | 5 | 0 | 优势 |
| 工业全员劳动生产率 | 18 | 28 | -10 | 劣势 |
| 工业成本费用利润率 | 22 | 13 | 9 | 中势 |
| 2.3　服务业竞争力 | 6 | 3 | 3 | 强势 |
| 服务业增加值 | 4 | 4 | 0 | 优势 |
| 服务业增加值增长率 | 21 | 4 | 17 | 优势 |
| 人均服务业增加值 | 5 | 5 | 0 | 优势 |
| 服务业从业人员数 | 8 | 7 | 1 | 优势 |
| 服务业从业人员数增长率 | 27 | 1 | 26 | 强势 |
| 限额以上批发零售企业主营业务收入 | 5 | 4 | 1 | 优势 |
| 限额以上批零企业利税率 | 27 | 27 | 0 | 劣势 |
| 限额以上餐饮企业利税率 | 10 | 10 | 0 | 优势 |
| 旅游外汇收入 | 2 | 2 | 0 | 强势 |
| 房地产经营总收入 | 3 | 3 | 0 | 强势 |
| 2.4　企业竞争力 | 3 | 6 | -3 | 优势 |
| 规模以上工业企业数 | 3 | 4 | -1 | 优势 |
| 规模以上企业平均资产 | 31 | 31 | 0 | 劣势 |
| 规模以上企业平均收入 | 30 | 30 | 0 | 劣势 |
| 规模以上企业平均利润 | 5 | 26 | -21 | 劣势 |
| 规模以上企业劳动效率 | 30 | 28 | 2 | 劣势 |
| 城镇就业人员平均工资 | 30 | 5 | 25 | 优势 |
| 新产品销售收入占主营业务收入比重 | 1 | 1 | 0 | 强势 |
| 产品质量抽查合格率 | 12 | 10 | 2 | 优势 |
| 工业企业 R&D 经费投入强度 | 2 | 2 | 0 | 强势 |
| 中国驰名商标持有量 | 1 | 4 | -3 | 优势 |

### 3. 浙江省可持续发展竞争力指标排名变化情况

**表 11－7　2014～2015 年浙江省可持续发展竞争力指标组排位及变化趋势**

| 指　　标 | 2014 | 2015 | 排位升降 | 优劣势 |
|---|---|---|---|---|
| **3　可持续发展竞争力** | 9 | 6 | 3 | 优势 |
| 3.1　资源竞争力 | 25 | 27 | －2 | 劣势 |
| 人均国土面积 | 24 | 8 | 16 | 优势 |
| 人均可使用海域和滩涂面积 | 7 | 7 | 0 | 优势 |
| 人均年水资源量 | 15 | 11 | 4 | 中势 |
| 耕地面积 | 23 | 23 | 0 | 劣势 |
| 人均耕地面积 | 26 | 26 | 0 | 劣势 |
| 人均牧草地面积 | 30 | 28 | 2 | 劣势 |
| 主要能源矿产基础储量 | 29 | 29 | 0 | 劣势 |
| 人均主要能源矿产基础储量 | 30 | 30 | 0 | 劣势 |
| 人均森林储积量 | 20 | 20 | 0 | 中势 |
| 3.2　环境竞争力 | 13 | 11 | 2 | 中势 |
| 森林覆盖率 | 3 | 3 | 0 | 强势 |
| 人均废水排放量 | 29 | 29 | 0 | 劣势 |
| 人均工业废气排放量 | 10 | 10 | 0 | 优势 |
| 人均工业固体废物排放量 | 5 | 5 | 0 | 优势 |
| 人均治理工业污染投资额 | 5 | 5 | 0 | 优势 |
| 一般工业固体废物综合利用率 | 5 | 4 | 1 | 优势 |
| 生活垃圾无害化处理率 | 3 | 7 | －4 | 优势 |
| 自然灾害直接经济损失 | 30 | 30 | 0 | 劣势 |
| 3.3　人力资源竞争力 | 4 | 4 | 0 | 优势 |
| 常住人口增长率 | 27 | 19 | 8 | 中势 |
| 15～64 岁人口比例 | 4 | 9 | －5 | 优势 |
| 文盲率 | 23 | 20 | 3 | 中势 |
| 大专以上教育程度人口比例 | 5 | 10 | －5 | 优势 |
| 平均受教育程度 | 14 | 18 | －4 | 中势 |
| 人口健康素质 | 7 | 8 | －1 | 优势 |
| 人力资源利用率 | 4 | 1 | 3 | 强势 |
| 职业学校毕业生数 | 10 | 10 | 0 | 优势 |

### 4. 浙江省财政金融竞争力指标排名变化情况

**表 11－8　2014～2015 年浙江省财政金融竞争力指标组排位及变化趋势**

| 指　　标 | 2014 | 2015 | 排位升降 | 优劣势 |
|---|---|---|---|---|
| **4　财政金融竞争力** | 6 | 6 | 0 | 优势 |
| 4.1　财政竞争力 | 12 | 9 | 3 | 优势 |
| 地方财政收入 | 5 | 5 | 0 | 优势 |
| 地方财政支出 | 6 | 6 | 0 | 优势 |
| 地方财政收入占 GDP 比重 | 21 | 16 | 5 | 中势 |
| 地方财政支出占 GDP 比重 | 30 | 28 | 2 | 劣势 |

续表

| 指　　标 | 2014 | 2015 | 排位升降 | 优劣势 |
|---|---|---|---|---|
| 税收收入占 GDP 比重 | 7 | 6 | 1 | 优势 |
| 税收收入占财政总收入比重 | 3 | 21 | -18 | 劣势 |
| 人均地方财政收入 | 6 | 5 | 1 | 优势 |
| 人均地方财政支出 | 18 | 12 | 6 | 中势 |
| 人均税收收入 | 5 | 5 | 0 | 优势 |
| 地方财政收入增长率 | 24 | 17 | 7 | 中势 |
| 地方财政支出增长率 | 9 | 3 | 6 | 强势 |
| 税收收入增长率 | 24 | 20 | 4 | 中势 |
| 4.2　金融竞争力 | 5 | 5 | 0 | 优势 |
| 存款余额 | 4 | 4 | 0 | 优势 |
| 人均存款余额 | 4 | 4 | 0 | 优势 |
| 贷款余额 | 2 | 2 | 0 | 强势 |
| 人均贷款余额 | 4 | 4 | 0 | 优势 |
| 货币市场融资额 | 13 | 13 | 0 | 中势 |
| 中长期贷款占贷款余额比重 | 31 | 29 | 2 | 劣势 |
| 保险费净收入 | 7 | 7 | 0 | 优势 |
| 保险密度 | 6 | 6 | 0 | 优势 |
| 保险深度 | 15 | 20 | -5 | 中势 |
| 人均证券市场筹资额 | 3 | 14 | -11 | 中势 |

## 5. 浙江省知识经济竞争力指标排名变化情况

**表 11-9　2014~2015 年浙江省知识经济竞争力指标组排位及变化趋势**

| 指　　标 | 2014 | 2015 | 排位升降 | 优劣势 |
|---|---|---|---|---|
| **5　知识经济竞争力** | 6 | 5 | 1 | 优势 |
| 5.1　科技竞争力 | 5 | 5 | 0 | 优势 |
| R&D 人员 | 3 | 3 | 0 | 强势 |
| R&D 经费 | 4 | 4 | 0 | 优势 |
| R&D 经费投入强度 | 5 | 5 | 0 | 优势 |
| 发明专利授权量 | 4 | 4 | 0 | 优势 |
| 技术市场成交合同金额 | 16 | 15 | 1 | 中势 |
| 财政科技支出占地方财政支出比重 | 3 | 4 | -1 | 优势 |
| 高技术产业增加值 | 5 | 5 | 0 | 优势 |
| 高技术产业增加值占工业增加值比重 | 12 | 15 | -3 | 中势 |
| 高技术产品出口额占商品出口额比重 | 23 | 25 | -2 | 劣势 |
| 5.2　教育竞争力 | 10 | 8 | 2 | 优势 |
| 教育经费 | 6 | 5 | 1 | 优势 |
| 教育经费占 GDP 比重 | 28 | 26 | 2 | 劣势 |
| 人均教育经费 | 10 | 7 | 3 | 优势 |

续表

| 指　　标 | 2014 | 2015 | 排位升降 | 优劣势 |
|---|---|---|---|---|
| 公共教育经费占财政支出比重 | 2 | 4 | -2 | 优势 |
| 人均文化教育支出占个人消费支出比重 | 26 | 25 | 1 | 劣势 |
| 万人中小学学校数 | 27 | 27 | 0 | 劣势 |
| 万人中小学专任教师数 | 25 | 24 | 1 | 劣势 |
| 高等学校数 | 11 | 11 | 0 | 中势 |
| 高校专任教师数 | 12 | 12 | 0 | 中势 |
| 万人高等学校在校学生数 | 15 | 16 | -1 | 中势 |
| 5.3　文化竞争力 | 5 | 5 | 0 | 优势 |
| 文化服务业企业营业收入 | 5 | 4 | 1 | 优势 |
| 图书和期刊出版数 | 8 | 8 | 0 | 优势 |
| 报纸出版数 | 3 | 3 | 0 | 强势 |
| 出版印刷工业销售产值 | 5 | 5 | 0 | 优势 |
| 城镇居民人均文化娱乐支出 | 4 | 4 | 0 | 优势 |
| 农村居民人均文化娱乐支出 | 1 | 1 | 0 | 强势 |
| 城镇居民人均文化娱乐支出占消费性支出比重 | 26 | 25 | 1 | 劣势 |
| 农村居民人均文化娱乐支出占消费性支出比重 | 20 | 23 | -3 | 劣势 |

## 6. 浙江省发展环境竞争力指标排名变化情况

**表 11－10　2014～2015 年浙江省发展环境竞争力指标组排位及变化趋势**

| 指　　标 | 2014 | 2015 | 排位升降 | 优劣势 |
|---|---|---|---|---|
| **6　发展环境竞争力** | 5 | 5 | 0 | 优势 |
| 6.1　基础设施竞争力 | 5 | 4 | 1 | 优势 |
| 铁路网线密度 | 14 | 15 | -1 | 中势 |
| 公路网线密度 | 12 | 11 | 1 | 中势 |
| 人均内河航道里程 | 2 | 2 | 0 | 强势 |
| 全社会旅客周转量 | 9 | 9 | 0 | 优势 |
| 全社会货物周转量 | 7 | 6 | 1 | 优势 |
| 人均邮电业务总量 | 4 | 3 | 1 | 强势 |
| 电话普及率 | 4 | 4 | 0 | 优势 |
| 互联网上网人数比重 | 5 | 5 | 0 | 优势 |
| 人均耗电量 | 5 | 5 | 0 | 优势 |
| 6.2　软环境竞争力 | 4 | 4 | 0 | 优势 |
| 外资企业数增长率 | 21 | 12 | 9 | 中势 |
| 万人外资企业数 | 7 | 7 | 0 | 优势 |
| 个体私营企业数增长率 | 14 | 21 | -7 | 劣势 |
| 万人个体私营企业数 | 1 | 1 | 0 | 强势 |
| 万人商标注册件数 | 3 | 3 | 0 | 强势 |
| 查处商标侵权假冒案件 | 30 | 30 | 0 | 劣势 |
| 每十万人交通事故发生数 | 30 | 30 | 0 | 劣势 |
| 罚没收入占财政收入比重 | 18 | 16 | 2 | 中势 |
| 社会捐赠款物 | 5 | 5 | 0 | 优势 |

## 7. 浙江省政府作用竞争力指标排名变化情况

**表 11－11 2014～2015 年浙江省政府作用竞争力指标组排位及变化趋势**

| 指　标 | 2014 | 2015 | 排位升降 | 优劣势 |
|---|---|---|---|---|
| **7 政府作用竞争力** | 2 | 4 | －2 | 优势 |
| 7.1 政府发展经济竞争力 | 5 | 6 | －1 | 优势 |
| 财政支出用于基本建设投资比重 | 6 | 11 | －5 | 中势 |
| 财政支出对 GDP 增长的拉动 | 2 | 4 | －2 | 优势 |
| 政府公务员对经济的贡献 | 6 | 6 | 0 | 优势 |
| 政府消费对民间消费的拉动 | 9 | 9 | 0 | 优势 |
| 财政投资对社会投资的拉动 | 18 | 17 | 1 | 中势 |
| 7.2 政府规调经济竞争力 | 5 | 5 | 0 | 优势 |
| 物价调控 | 19 | 15 | 4 | 中势 |
| 调控城乡消费差距 | 2 | 1 | 1 | 强势 |
| 统筹经济社会发展 | 18 | 25 | －7 | 劣势 |
| 规范税收 | 1 | 1 | 0 | 强势 |
| 人口控制 | 11 | 12 | －1 | 中势 |
| 7.3 政府保障经济竞争力 | 4 | 3 | 1 | 强势 |
| 城市城镇社区服务设施数 | 3 | 4 | －1 | 优势 |
| 医疗保险覆盖率 | 5 | 5 | 0 | 优势 |
| 养老保险覆盖率 | 2 | 4 | －2 | 优势 |
| 失业保险覆盖率 | 4 | 4 | 0 | 优势 |
| 下岗职工再就业率 | 18 | 20 | －2 | 中势 |
| 城镇登记失业率 | 6 | 9 | －3 | 优势 |

## 8. 浙江省发展水平竞争力指标排名变化情况

**表 11－12 2014～2015 年浙江省发展水平竞争力指标组排位及变化趋势**

| 指　标 | 2014 | 2015 | 排位升降 | 优劣势 |
|---|---|---|---|---|
| **8 发展水平竞争力** | 5 | 4 | 1 | 优势 |
| 8.1 工业化进程竞争力 | 15 | 15 | 0 | 中势 |
| 工业增加值占 GDP 比重 | 16 | 12 | 4 | 中势 |
| 工业增加值增长率 | 19 | 9 | 10 | 优势 |
| 高技术产业规模以上企业产值 | 7 | 9 | －2 | 优势 |
| 高技术产业增加值占工业增加值比重 | 13 | 13 | 0 | 中势 |
| 高技术产品出口额占商品出口额比重 | 23 | 19 | 4 | 中势 |
| 信息产业增加值占 GDP 比重 | 7 | 13 | －6 | 中势 |
| 8.2 城市化进程竞争力 | 3 | 4 | －1 | 优势 |
| 城镇化率 | 7 | 7 | 0 | 优势 |
| 城镇居民人均可支配收入 | 3 | 3 | 0 | 强势 |
| 城市平均建成区面积比重 | 7 | 22 | －15 | 劣势 |

续表

| 指　　标 | 2014 | 2015 | 排位升降 | 优劣势 |
|---|---|---|---|---|
| 人均拥有道路面积 | 7 | 8 | -1 | 优势 |
| 人均日生活用水量 | 9 | 9 | 0 | 优势 |
| 恩格尔系数 | 9 | 14 | -5 | 中势 |
| 人均公共绿地面积 | 12 | 11 | 1 | 中势 |
| 8.3　市场化进程竞争力 | 1 | 1 | 0 | 强势 |
| 非公有制经济产值占全社会总产值的比重 | 3 | 5 | -2 | 优势 |
| 社会投资占投资总额比重 | 15 | 15 | 0 | 中势 |
| 私有和个体企业从业人员比重 | 4 | 8 | -4 | 优势 |
| 亿元以上商品市场成交额 | 2 | 1 | 1 | 强势 |
| 亿元以上商品市场成交额占全社会消费品零售总额比重 | 2 | 2 | 0 | 强势 |
| 居民消费支出占总消费支出比重 | 9 | 9 | 0 | 优势 |

## 9. 浙江省统筹协调竞争力指标排名变化情况

**表 11－13　2014～2015 年浙江省统筹协调竞争力指标组排位及变化趋势**

| 指　　标 | 2014 | 2015 | 排位升降 | 优劣势 |
|---|---|---|---|---|
| **9　统筹协调竞争力** | 8 | 3 | 5 | 强势 |
| 9.1　统筹发展竞争力 | 8 | 6 | 2 | 优势 |
| 社会劳动生产率 | 24 | 10 | 14 | 优势 |
| 社会劳动生产率增速 | 21 | 5 | 16 | 优势 |
| 万元 GDP 综合能耗 | 5 | 6 | -1 | 优势 |
| 非农用地产出率 | 4 | 4 | 0 | 优势 |
| 生产税净额和营业盈余占 GDP 比重 | 11 | 10 | 1 | 优势 |
| 最终消费率 | 19 | 21 | -2 | 劣势 |
| 固定资产投资额占 GDP 比重 | 4 | 5 | -1 | 优势 |
| 固定资产交付使用率 | 24 | 23 | 1 | 劣势 |
| 9.2　协调发展竞争力 | 11 | 8 | 3 | 优势 |
| 环境竞争力与宏观经济竞争力比差 | 4 | 3 | 1 | 强势 |
| 资源竞争力与宏观经济竞争力比差 | 27 | 28 | -1 | 劣势 |
| 人力资源竞争力与宏观经济竞争力比差 | 5 | 2 | 3 | 强势 |
| 资源竞争力与工业竞争力比差 | 28 | 28 | 0 | 劣势 |
| 环境竞争力与工业竞争力比差 | 8 | 6 | 2 | 优势 |
| 城乡居民家庭人均收入比差 | 2 | 2 | 0 | 强势 |
| 城乡居民人均现金消费支出比差 | 2 | 1 | 1 | 强势 |
| 全社会消费品零售总额与外贸出口总额比差 | 29 | 29 | 0 | 劣势 |

B.13
# 12 安徽省经济综合竞争力评价分析报告

安徽省简称皖，位于华东腹地，地跨长江、淮河中下游，东连江苏、浙江，西接湖北、河南，南邻江西，北靠山东。全省总面积13.96万平方公里，2015年常住人口为6144万人，地区生产总值为22006亿元，同比增长8.7%，人均GDP达35997元。本部分通过分析2014～2015年安徽省经济综合竞争力以及各要素竞争力的排名变化，从中找出安徽省经济综合竞争力的推动点及影响因素，为进一步提升安徽省经济综合竞争力提供决策参考。

## 12.1 安徽省经济综合竞争力总体分析

### 1.安徽省经济综合竞争力一级指标概要分析

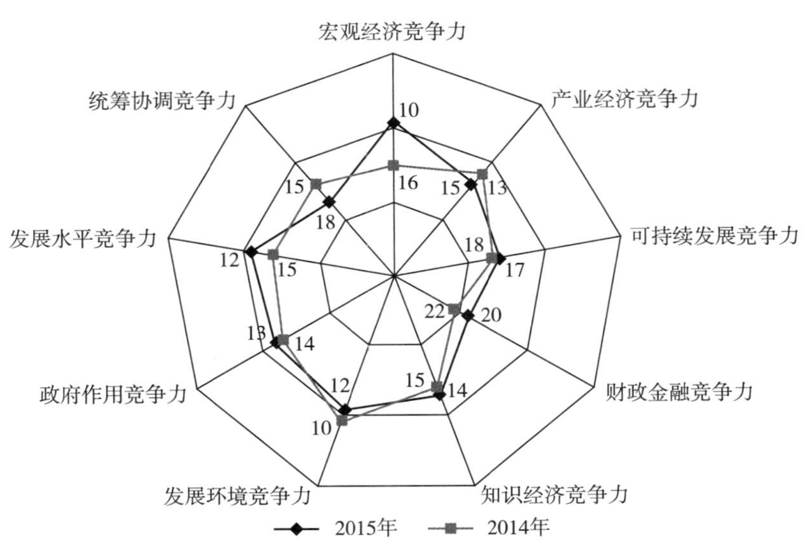


图12－1　2014～2015年安徽省经济综合竞争力二级指标比较

（1）从综合排位看，2015年安徽省经济综合竞争力排位在全国居第12位，在全国处于中势地位；与2014年相比，综合排位上升了2位。

（2）从指标所处区位看，只有宏观经济竞争力1个二级指标处于上游区，其他8个二级指标都处于中游区。

表 12－1　2014～2015 年安徽省经济综合竞争力二级指标表现情况

| 年份＼项目 | 宏观经济竞争力 | 产业经济竞争力 | 可持续发展竞争力 | 财政金融竞争力 | 知识经济竞争力 | 发展环境竞争力 | 政府作用竞争力 | 发展水平竞争力 | 统筹协调竞争力 | **综合排位** |
|---|---|---|---|---|---|---|---|---|---|---|
| 2014 | 16 | 13 | 18 | 22 | 15 | 10 | 14 | 15 | 15 | 14 |
| 2015 | 10 | 15 | 17 | 20 | 14 | 12 | 13 | 12 | 18 | 12 |
| 升降 | 6 | －2 | 1 | 2 | 1 | －2 | 1 | 3 | －3 | 2 |
| 优劣度 | 优势 | 中势 | 中势 | 中势 | 中势 | 中势 | 中势 | 中势 | 中势 | 中势 |

（3）从指标变化趋势看，9 个二级指标中，有 6 个指标处于上升趋势，分别为宏观经济竞争力、可持续发展竞争力、财政金融竞争力、知识经济竞争力、政府作用竞争力和发展水平竞争力，这些是安徽省经济综合竞争力的上升动力所在；有 3 个指标处于下降趋势，为产业经济竞争力、发展环境竞争力和统筹协调竞争力，是安徽省经济综合竞争力的下降拉力所在。

2. 安徽省经济综合竞争力各级指标动态变化分析

表 12－2　2014～2015 年安徽省经济综合竞争力各级指标排位变化情况

| 二级指标 | 三级指标 | 四级指标数 | 上升 |  | 保持 |  | 下降 |  | 变化趋势 |
|---|---|---|---|---|---|---|---|---|---|
|  |  |  | 指标数 | 比重（%） | 指标数 | 比重（%） | 指标数 | 比重（%） |  |
| 宏观经济竞争力 | 经济实力竞争力 | 12 | 5 | 41.7 | 5 | 41.7 | 2 | 16.7 | 上升 |
|  | 经济结构竞争力 | 6 | 3 | 50.0 | 1 | 16.7 | 2 | 33.3 | 保持 |
|  | 经济外向度竞争力 | 9 | 7 | 77.8 | 1 | 11.1 | 1 | 11.1 | 上升 |
|  | 小　计 | 27 | 15 | 55.6 | 7 | 25.9 | 5 | 18.5 | 上升 |
| 产业经济竞争力 | 农业竞争力 | 10 | 1 | 10.0 | 5 | 50.0 | 4 | 40.0 | 下降 |
|  | 工业竞争力 | 10 | 4 | 40.0 | 3 | 30.0 | 3 | 30.0 | 下降 |
|  | 服务业竞争力 | 10 | 3 | 30.0 | 4 | 40.0 | 3 | 30.0 | 下降 |
|  | 企业竞争力 | 10 | 2 | 20.0 | 5 | 50.0 | 3 | 30.0 | 保持 |
|  | 小　计 | 40 | 10 | 25.0 | 17 | 42.5 | 13 | 32.5 | 下降 |
| 可持续发展竞争力 | 资源竞争力 | 9 | 2 | 22.2 | 6 | 66.7 | 1 | 11.1 | 上升 |
|  | 环境竞争力 | 8 | 2 | 25.0 | 4 | 50.0 | 2 | 25.0 | 下降 |
|  | 人力资源竞争力 | 8 | 4 | 50.0 | 1 | 12.5 | 3 | 37.5 | 保持 |
|  | 小　计 | 25 | 8 | 32.0 | 11 | 44.0 | 6 | 24.0 | 上升 |
| 财政金融竞争力 | 财政竞争力 | 12 | 4 | 33.3 | 4 | 33.3 | 4 | 33.3 | 下降 |
|  | 金融竞争力 | 10 | 2 | 20.0 | 6 | 60.0 | 2 | 20.0 | 上升 |
|  | 小　计 | 22 | 6 | 27.3 | 10 | 45.5 | 6 | 27.3 | 上升 |
| 知识经济竞争力 | 科技竞争力 | 9 | 3 | 33.3 | 6 | 66.7 | 0 | 0.0 | 上升 |
|  | 教育竞争力 | 10 | 4 | 40.0 | 4 | 40.0 | 2 | 20.0 | 保持 |
|  | 文化竞争力 | 8 | 4 | 50.0 | 1 | 12.5 | 3 | 37.5 | 保持 |
|  | 小　计 | 27 | 11 | 40.7 | 11 | 40.7 | 5 | 18.5 | 上升 |

续表

| 二级指标 | 三级指标 | 四级指标数 | 上升 | | 保持 | | 下降 | | 变化趋势 |
|---|---|---|---|---|---|---|---|---|---|
| | | | 指标数 | 比重（%） | 指标数 | 比重（%） | 指标数 | 比重（%） | |
| 发展环境竞争力 | 基础设施竞争力 | 9 | 2 | 22.2 | 4 | 44.4 | 3 | 33.3 | 下降 |
| | 软环境竞争力 | 9 | 6 | 66.7 | 1 | 11.1 | 2 | 22.2 | 下降 |
| | 小　计 | 18 | 8 | 44.4 | 5 | 27.8 | 5 | 27.8 | 下降 |
| 政府作用竞争力 | 政府发展经济竞争力 | 5 | 3 | 60.0 | 1 | 20.0 | 1 | 20.0 | 上升 |
| | 政府规调经济竞争力 | 5 | 2 | 40.0 | 1 | 20.0 | 2 | 40.0 | 下降 |
| | 政府保障经济竞争力 | 6 | 4 | 66.7 | 0 | 0.0 | 2 | 33.3 | 上升 |
| | 小　计 | 16 | 9 | 56.3 | 2 | 12.5 | 5 | 31.3 | 上升 |
| 发展水平竞争力 | 工业化进程竞争力 | 6 | 4 | 66.7 | 0 | 0.0 | 2 | 33.3 | 上升 |
| | 城市化进程竞争力 | 7 | 2 | 28.6 | 3 | 42.9 | 2 | 28.6 | 保持 |
| | 市场化进程竞争力 | 6 | 4 | 66.7 | 1 | 16.7 | 1 | 16.7 | 上升 |
| | 小　计 | 19 | 10 | 52.6 | 4 | 21.1 | 5 | 26.3 | 上升 |
| 统筹协调竞争力 | 统筹发展竞争力 | 8 | 3 | 37.5 | 1 | 12.5 | 4 | 50.0 | 下降 |
| | 协调发展竞争力 | 8 | 5 | 62.5 | 1 | 12.5 | 2 | 25.0 | 上升 |
| | 小　计 | 16 | 8 | 50.0 | 2 | 12.5 | 6 | 37.5 | 下降 |
| 合　计 | | 210 | 85 | 40.5 | 69 | 32.9 | 56 | 26.7 | 上升 |

从表 12－2 可以看出，210 个四级指标中，上升指标有 85 个，占指标总数的 40.5%；下降指标有 56 个，占指标总数的 26.7%；保持不变的指标有 69 个，占指标总数的 32.9%。综上所述，安徽省经济综合竞争力上升的动力大于下降的拉力，2015 年安徽省经济综合竞争力排位上升了 2 位。

**3. 安徽省经济综合竞争力各级指标优劣势结构分析**

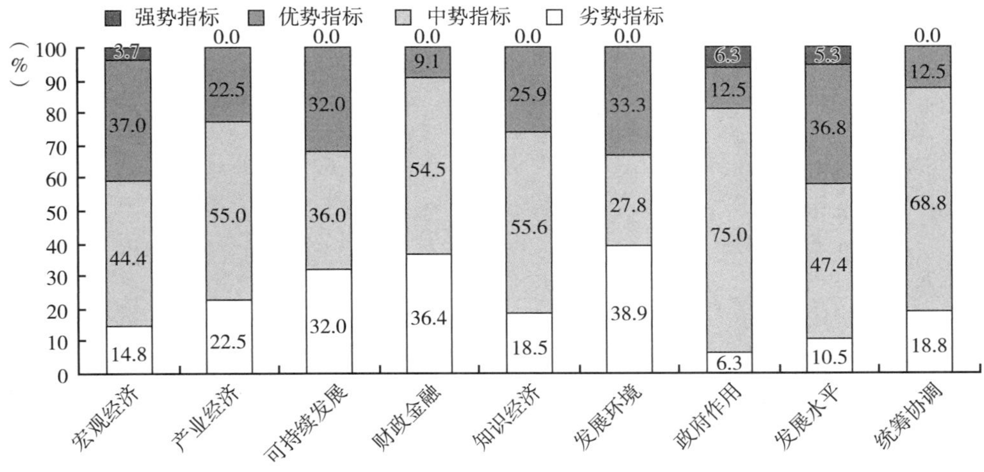


**图 12－2　2015 年安徽省经济综合竞争力各级指标优劣势比较**

**表 12－3　2015 年安徽省经济综合竞争力各级指标优劣势情况**

| 二级指标 | 三级指标 | 四级指标数 | 强势指标 | | 优势指标 | | 中势指标 | | 劣势指标 | | 优劣势 |
|---|---|---|---|---|---|---|---|---|---|---|---|
| | | | 个数 | 比重（%） | 个数 | 比重（%） | 个数 | 比重（%） | 个数 | 比重（%） | |
| 宏观经济竞争力 | 经济实力竞争力 | 12 | 0 | 0.0 | 4 | 33.3 | 6 | 50.0 | 2 | 16.7 | 中势 |
| | 经济结构竞争力 | 6 | 0 | 0.0 | 2 | 33.3 | 2 | 33.3 | 2 | 33.3 | 中势 |
| | 经济外向度竞争力 | 9 | 1 | 11.1 | 4 | 44.4 | 4 | 44.4 | 0 | 0.0 | 优势 |
| | 小　　计 | 27 | 1 | 3.7 | 10 | 37.0 | 12 | 44.4 | 4 | 14.8 | 优势 |
| 产业经济竞争力 | 农业竞争力 | 10 | 0 | 0.0 | 2 | 20.0 | 6 | 60.0 | 2 | 20.0 | 中势 |
| | 工业竞争力 | 10 | 0 | 0.0 | 1 | 10.0 | 7 | 70.0 | 2 | 20.0 | 中势 |
| | 服务业竞争力 | 10 | 0 | 0.0 | 3 | 30.0 | 5 | 50.0 | 2 | 20.0 | 中势 |
| | 企业竞争力 | 10 | 0 | 0.0 | 3 | 30.0 | 4 | 40.0 | 3 | 30.0 | 中势 |
| | 小　　计 | 40 | 0 | 0.0 | 9 | 22.5 | 22 | 55.0 | 9 | 22.5 | 中势 |
| 可持续发展竞争力 | 资源竞争力 | 9 | 0 | 0.0 | 4 | 44.4 | 3 | 33.3 | 2 | 22.2 | 中势 |
| | 环境竞争力 | 8 | 0 | 0.0 | 2 | 25.0 | 4 | 50.0 | 2 | 25.0 | 中势 |
| | 人力资源竞争力 | 8 | 0 | 0.0 | 2 | 25.0 | 2 | 25.0 | 4 | 50.0 | 中势 |
| | 小　　计 | 25 | 0 | 0.0 | 8 | 32.0 | 9 | 36.0 | 8 | 32.0 | 中势 |
| 财政金融竞争力 | 财政竞争力 | 12 | 0 | 0.0 | 0 | 0.0 | 7 | 58.3 | 5 | 41.7 | 劣势 |
| | 金融竞争力 | 10 | 0 | 0.0 | 2 | 20.0 | 5 | 50.0 | 3 | 30.0 | 中势 |
| | 小　　计 | 22 | 0 | 0.0 | 2 | 9.1 | 12 | 54.5 | 8 | 36.4 | 中势 |
| 知识经济竞争力 | 科技竞争力 | 9 | 0 | 0.0 | 4 | 44.4 | 4 | 44.4 | 1 | 11.1 | 中势 |
| | 教育竞争力 | 10 | 0 | 0.0 | 2 | 20.0 | 7 | 70.0 | 1 | 10.0 | 劣势 |
| | 文化竞争力 | 8 | 0 | 0.0 | 1 | 12.5 | 4 | 50.0 | 3 | 37.5 | 劣势 |
| | 小　　计 | 27 | 0 | 0.0 | 7 | 25.9 | 15 | 55.6 | 5 | 18.5 | 中势 |
| 发展环境竞争力 | 基础设施竞争力 | 9 | 0 | 0.0 | 4 | 44.4 | 1 | 11.1 | 4 | 44.4 | 中势 |
| | 软环境竞争力 | 9 | 0 | 0.0 | 2 | 22.2 | 4 | 44.4 | 3 | 33.3 | 中势 |
| | 小　　计 | 18 | 0 | 0.0 | 6 | 33.3 | 5 | 27.8 | 7 | 38.9 | 中势 |
| 政府作用竞争力 | 政府发展经济竞争力 | 5 | 1 | 20.0 | 1 | 20.0 | 3 | 60.0 | 0 | 0.0 | 优势 |
| | 政府规调经济竞争力 | 5 | 0 | 0.0 | 1 | 20.0 | 3 | 60.0 | 1 | 20.0 | 中势 |
| | 政府保障经济竞争力 | 6 | 0 | 0.0 | 0 | 0.0 | 6 | 100.0 | 0 | 0.0 | 中势 |
| | 小　　计 | 16 | 1 | 6.3 | 2 | 12.5 | 12 | 75.0 | 1 | 6.3 | 中势 |
| 发展水平竞争力 | 工业化进程竞争力 | 6 | 0 | 0.0 | 2 | 33.3 | 4 | 66.7 | 0 | 0.0 | 中势 |
| | 城市化进程竞争力 | 7 | 0 | 0.0 | 2 | 28.6 | 3 | 42.9 | 2 | 28.6 | 中势 |
| | 市场化进程竞争力 | 6 | 1 | 16.7 | 3 | 50.0 | 2 | 33.3 | 0 | 0.0 | 优势 |
| | 小　　计 | 19 | 1 | 5.3 | 7 | 36.8 | 9 | 47.4 | 2 | 10.5 | 中势 |
| 统筹协调竞争力 | 统筹发展竞争力 | 8 | 0 | 0.0 | 1 | 12.5 | 4 | 50.0 | 3 | 37.5 | 中势 |
| | 协调发展竞争力 | 8 | 0 | 0.0 | 1 | 12.5 | 7 | 87.5 | 0 | 0.0 | 优势 |
| | 小　　计 | 16 | 0 | 0.0 | 2 | 12.5 | 11 | 68.8 | 3 | 18.8 | 中势 |
| 合　　计 | | 210 | 3 | 1.4 | 53 | 25.2 | 107 | 51.0 | 47 | 22.4 | 中势 |

基于图 12－2 和表 12－3，具体到四级指标，强势指标 3 个，占指标总数的 1.4%；优势指标 53 个，占指标总数的 25.2%；中势指标 107 个，占指标总数的 51%；劣势指

标 47 个，占指标总数的 22.4%。三级指标中，优势指标 4 个，占三级指标总数的 16%；中势指标 18 个，占三级指标总数的 72%；劣势指标 3 个，占三级指标总数的 12%。从二级指标看，优势指标有 1 个，占二级指标总数的 11.1%；中势指标有 8 个，占二级指标总数的 88.9%。综合来看，由于中势指标在指标体系中居于主导地位，2015 年安徽省经济综合竞争力处于中势地位。

**4. 安徽省经济综合竞争力四级指标优劣势对比分析**

**表 12-4　2015 年安徽省经济综合竞争力四级指标优劣势情况**

| 二级指标 | 优劣势 | 四级指标 |
|---|---|---|
| 宏观经济竞争力（27 个） | 强势指标 | 实际 FDI 增长率（1 个） |
| | 优势指标 | 地区生产总值增长率、财政总收入、固定资产投资额、全社会消费品零售总额增长率、所有制经济结构优化度、资本形成结构优化度、进出口增长率、出口增长率、实际 FDI、对外直接投资（10 个） |
| | 劣势指标 | 人均地区生产总值、人均全社会消费品零售总额、产业结构优化度、就业结构优化度（4 个） |
| 产业经济竞争力（40 个） | 强势指标 | （0 个） |
| | 优势指标 | 人均主要农产品产量、农业机械化水平、规模以上工业主营业务收入、服务业增加值增长率、服务业从业人员数、旅游外汇收入、规模以上工业企业数、新产品销售收入占主营业务收入比重、产品质量抽查合格率（9 个） |
| | 劣势指标 | 人均农业增加值、财政支农资金比重、工业全员劳动生产率、工业成本费用利润率、人均服务业增加值、限额以上餐饮企业利税率、规模以上企业平均资产、规模以上企业平均收入、规模以上企业平均利润（9 个） |
| 可持续发展竞争力（25 个） | 强势指标 | （0 个） |
| | 优势指标 | 人均国土面积、耕地面积、主要能源矿产基础储量、人均主要能源矿产基础储量、一般工业固体废物综合利用率、生活垃圾无害化处理率、常住人口增长率、职业学校毕业生数（8 个） |
| | 劣势指标 | 人均牧草地面积、人均森林储积量、人均治理工业污染投资额、自然灾害直接经济损失、15～64 岁人口比例、文盲率、大专以上教育程度人口比例、平均受教育程度（8 个） |
| 财政金融竞争力（22 个） | 强势指标 | （0 个） |
| | 优势指标 | 货币市场融资额、人均证券市场筹资额（2 个） |
| | 劣势指标 | 税收收入占财政总收入比重、人均地方财政收入、人均地方财政支出、人均税收收入、地方财政支出增长率、人均存款余额、人均贷款余额、保险密度（8 个） |
| 知识经济竞争力（27 个） | 强势指标 | （0 个） |
| | 优势指标 | R&D 人员、R&D 经费投入强度、发明专利授权量、财政科技支出占地方财政支出比重、教育经费、高等学校数、出版印刷工业销售产值（7 个） |
| | 劣势指标 | 高技术产业增加值占工业增加值比重、人均教育经费、城镇居民人均文化娱乐支出、农村居民人均文化娱乐支出、农村居民人均文化娱乐支出占消费性支出比重（5 个） |

续表

| 二级指标 | 优劣势 | 四级指标 |
|---|---|---|
| 发展环境竞争力（18个） | 强势指标 | （0个） |
| | 优势指标 | 铁路网线密度、公路网线密度、全社会旅客周转量、全社会货物周转量、外资企业数增长率、万人个体私营企业数（6个） |
| | 劣势指标 | 人均邮电业务总量、电话普及率、互联网上网人数比重、人均耗电量、万人外资企业数、查处商标侵权假冒案件、每十万人交通事故发生数（7个） |
| 政府作用竞争力（16个） | 强势指标 | 政府消费对民间消费的拉动（1个） |
| | 优势指标 | 财政投资对社会投资的拉动、调控城乡消费差距（2个） |
| | 劣势指标 | 人口控制（1个） |
| 发展水平竞争力（19个） | 强势指标 | 居民消费支出占总消费支出比重（1个） |
| | 优势指标 | 工业增加值占GDP比重、高技术产品出口额占商品出口额比重、人均拥有道路面积、人均公共绿地面积、非公有制经济产值占全社会总产值的比重、社会投资占投资总额比重、私有和个体企业从业人员比重（7个） |
| | 劣势指标 | 城镇化率、恩格尔系数（2个） |
| 统筹协调竞争力（16个） | 强势指标 | （0个） |
| | 优势指标 | 万元GDP综合能耗、城乡居民人均现金消费支出比差（2个） |
| | 劣势指标 | 社会劳动生产率、社会劳动生产率增速、固定资产投资额占GDP比重（3个） |

## 12.2 安徽省经济综合竞争力各级指标具体分析

### 1. 安徽省宏观经济竞争力指标排名变化情况

**表12－5　2014～2015年安徽省宏观经济竞争力指标组排位及变化趋势**

| 指标 | 2014 | 2015 | 排位升降 | 优劣势 |
|---|---|---|---|---|
| **1　宏观经济竞争力** | 16 | 10 | 6 | 优势 |
| 1.1　经济实力竞争力 | 16 | 14 | 2 | 中势 |
| 地区生产总值 | 14 | 14 | 0 | 中势 |
| 地区生产总值增长率 | 11 | 9 | 2 | 优势 |
| 人均地区生产总值 | 26 | 25 | 1 | 劣势 |
| 财政总收入 | 18 | 10 | 8 | 优势 |
| 财政总收入增长率 | 20 | 11 | 9 | 中势 |
| 人均财政收入 | 28 | 20 | 8 | 中势 |
| 固定资产投资额 | 10 | 10 | 0 | 优势 |
| 固定资产投资额增长率 | 14 | 19 | -5 | 中势 |
| 人均固定资产投资额 | 16 | 16 | 0 | 中势 |

续表

| 指　　标 | 2014 | 2015 | 排位升降 | 优劣势 |
|---|---|---|---|---|
| 全社会消费品零售总额 | 14 | 14 | 0 | 中势 |
| 全社会消费品零售总额增长率 | 6 | 9 | -3 | 优势 |
| 人均全社会消费品零售总额 | 22 | 22 | 0 | 劣势 |
| 1.2　经济结构竞争力 | 19 | 19 | 0 | 中势 |
| 产业结构优化度 | 31 | 29 | 2 | 劣势 |
| 所有制经济结构优化度 | 13 | 10 | 3 | 优势 |
| 城乡经济结构优化度 | 20 | 20 | 0 | 中势 |
| 就业结构优化度 | 26 | 25 | 1 | 劣势 |
| 资本形成结构优化度 | 7 | 10 | -3 | 优势 |
| 贸易结构优化度 | 9 | 12 | -3 | 中势 |
| 1.3　经济外向度竞争力 | 22 | 9 | 13 | 优势 |
| 进出口总额 | 14 | 15 | -1 | 中势 |
| 进出口增长率 | 15 | 9 | 6 | 优势 |
| 出口总额 | 15 | 15 | 0 | 中势 |
| 出口增长率 | 16 | 9 | 7 | 优势 |
| 实际 FDI | 16 | 10 | 6 | 优势 |
| 实际 FDI 增长率 | 10 | 2 | 8 | 强势 |
| 外贸依存度 | 18 | 14 | 4 | 中势 |
| 外资企业数 | 19 | 17 | 2 | 中势 |
| 对外直接投资 | 23 | 10 | 13 | 优势 |

## 2. 安徽省产业经济竞争力指标排名变化情况

**表 12-6　2014~2015 年安徽省产业经济竞争力指标组排位及变化趋势**

| 指　　标 | 2014 | 2015 | 排位升降 | 优劣势 |
|---|---|---|---|---|
| **2　产业经济竞争力** | 13 | 15 | -2 | 中势 |
| 2.1　农业竞争力 | 10 | 15 | -5 | 中势 |
| 农业增加值 | 10 | 11 | -1 | 中势 |
| 农业增加值增长率 | 14 | 14 | 0 | 中势 |
| 人均农业增加值 | 20 | 21 | -1 | 劣势 |
| 农民人均纯收入 | 18 | 18 | 0 | 中势 |
| 农民人均纯收入增长率 | 6 | 13 | -7 | 中势 |
| 农产品出口占农林牧渔总产值比重 | 18 | 17 | 1 | 中势 |
| 人均主要农产品产量 | 7 | 7 | 0 | 优势 |
| 农业机械化水平 | 4 | 4 | 0 | 优势 |

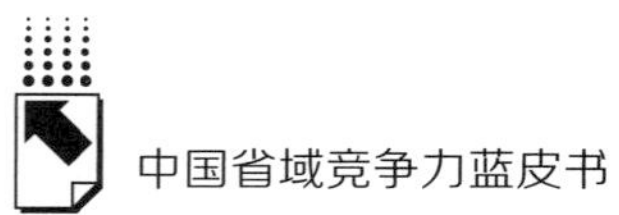



续表

| 指　　标 | 2014 | 2015 | 排位升降 | 优劣势 |
|---|---|---|---|---|
| 农村人均用电量 | 18 | 18 | 0 | 中势 |
| 财政支农资金比重 | 18 | 23 | -5 | 劣势 |
| 2.2　工业竞争力 | 15 | 17 | -2 | 中势 |
| 工业增加值 | 12 | 12 | 0 | 中势 |
| 工业增加值增长率 | 11 | 15 | -4 | 中势 |
| 人均工业增加值 | 19 | 20 | -1 | 中势 |
| 工业资产总额 | 13 | 13 | 0 | 中势 |
| 工业资产总额增长率 | 14 | 12 | 2 | 中势 |
| 工业资产总贡献率 | 15 | 15 | 0 | 中势 |
| 规模以上工业主营业务收入 | 11 | 9 | 2 | 优势 |
| 规模以上工业利润总额 | 14 | 13 | 1 | 中势 |
| 工业全员劳动生产率 | 5 | 23 | -18 | 劣势 |
| 工业成本费用利润率 | 24 | 22 | 2 | 劣势 |
| 2.3　服务业竞争力 | 11 | 14 | -3 | 中势 |
| 服务业增加值 | 15 | 15 | 0 | 中势 |
| 服务业增加值增长率 | 10 | 9 | 1 | 优势 |
| 人均服务业增加值 | 28 | 27 | 1 | 劣势 |
| 服务业从业人员数 | 5 | 6 | -1 | 优势 |
| 服务业从业人员数增长率 | 8 | 17 | -9 | 中势 |
| 限额以上批发零售企业主营业务收入 | 16 | 16 | 0 | 中势 |
| 限额以上批零企业利税率 | 13 | 12 | 1 | 中势 |
| 限额以上餐饮企业利税率 | 22 | 22 | 0 | 劣势 |
| 旅游外汇收入 | 10 | 10 | 0 | 优势 |
| 房地产经营总收入 | 9 | 12 | -3 | 中势 |
| 2.4　企业竞争力 | 15 | 15 | 0 | 中势 |
| 规模以上工业企业数 | 6 | 6 | 0 | 优势 |
| 规模以上企业平均资产 | 29 | 30 | -1 | 劣势 |
| 规模以上企业平均收入 | 29 | 29 | 0 | 劣势 |
| 规模以上企业平均利润 | 14 | 25 | -11 | 劣势 |
| 规模以上企业劳动效率 | 28 | 14 | 14 | 中势 |
| 城镇就业人员平均工资 | 28 | 18 | 10 | 中势 |
| 新产品销售收入占主营业务收入比重 | 9 | 9 | 0 | 优势 |
| 产品质量抽查合格率 | 4 | 5 | -1 | 优势 |
| 工业企业 R&D 经费投入强度 | 13 | 13 | 0 | 中势 |
| 中国驰名商标持有量 | 14 | 14 | 0 | 中势 |

### 3. 安徽省可持续发展竞争力指标排名变化情况

**表 12 -7 2014 ~2015 年安徽省可持续发展竞争力指标组排位及变化趋势**

| 指 标 | 2014 | 2015 | 排位升降 | 优劣势 |
|---|---|---|---|---|
| **3 可持续发展竞争力** | 18 | 17 | 1 | 中势 |
| 3.1 资源竞争力 | 21 | 19 | 2 | 中势 |
| 人均国土面积 | 23 | 9 | 14 | 优势 |
| 人均可使用海域和滩涂面积 | 13 | 13 | 0 | 中势 |
| 人均年水资源量 | 18 | 18 | 0 | 中势 |
| 耕地面积 | 9 | 9 | 0 | 优势 |
| 人均耕地面积 | 14 | 14 | 0 | 中势 |
| 人均牧草地面积 | 21 | 25 | -4 | 劣势 |
| 主要能源矿产基础储量 | 7 | 6 | 1 | 优势 |
| 人均主要能源矿产基础储量 | 10 | 10 | 0 | 优势 |
| 人均森林储积量 | 22 | 22 | 0 | 劣势 |
| 3.2 环境竞争力 | 12 | 18 | -6 | 中势 |
| 森林覆盖率 | 18 | 18 | 0 | 中势 |
| 人均废水排放量 | 15 | 14 | 1 | 中势 |
| 人均工业废气排放量 | 13 | 13 | 0 | 中势 |
| 人均工业固体废物排放量 | 19 | 20 | -1 | 中势 |
| 人均治理工业污染投资额 | 13 | 25 | -12 | 劣势 |
| 一般工业固体废物综合利用率 | 10 | 7 | 3 | 优势 |
| 生活垃圾无害化处理率 | 6 | 6 | 0 | 优势 |
| 自然灾害直接经济损失 | 24 | 24 | 0 | 劣势 |
| 3.3 人力资源竞争力 | 12 | 12 | 0 | 中势 |
| 常住人口增长率 | 8 | 5 | 3 | 优势 |
| 15 ~64 岁人口比例 | 23 | 25 | -2 | 劣势 |
| 文盲率 | 25 | 22 | 3 | 劣势 |
| 大专以上教育程度人口比例 | 17 | 21 | -4 | 劣势 |
| 平均受教育程度 | 24 | 24 | 0 | 劣势 |
| 人口健康素质 | 9 | 14 | -5 | 中势 |
| 人力资源利用率 | 21 | 20 | 1 | 中势 |
| 职业学校毕业生数 | 5 | 4 | 1 | 优势 |

### 4. 安徽省财政金融竞争力指标排名变化情况

**表 12 -8 2014 ~2015 年安徽省财政金融竞争力指标组排位及变化趋势**

| 指 标 | 2014 | 2015 | 排位升降 | 优劣势 |
|---|---|---|---|---|
| **4 财政金融竞争力** | 22 | 20 | 2 | 中势 |
| 4.1 财政竞争力 | 18 | 22 | -4 | 劣势 |
| 地方财政收入 | 15 | 14 | 1 | 中势 |
| 地方财政支出 | 12 | 12 | 0 | 中势 |
| 地方财政收入占 GDP 比重 | 19 | 18 | 1 | 中势 |
| 地方财政支出占 GDP 比重 | 15 | 19 | -4 | 中势 |

续表

| 指　　标 | 2014 | 2015 | 排位升降 | 优劣势 |
| --- | --- | --- | --- | --- |
| 税收收入占 GDP 比重 | 18 | 17 | 1 | 中势 |
| 税收收入占财政总收入比重 | 9 | 22 | -13 | 劣势 |
| 人均地方财政收入 | 24 | 24 | 0 | 劣势 |
| 人均地方财政支出 | 26 | 26 | 0 | 劣势 |
| 人均税收收入 | 23 | 21 | 2 | 劣势 |
| 地方财政收入增长率 | 18 | 20 | -2 | 中势 |
| 地方财政支出增长率 | 21 | 21 | 0 | 劣势 |
| 税收收入增长率 | 12 | 13 | -1 | 中势 |
| 4.2　金融竞争力 | 18 | 16 | 2 | 中势 |
| 存款余额 | 14 | 14 | 0 | 中势 |
| 人均存款余额 | 25 | 24 | 1 | 劣势 |
| 贷款余额 | 14 | 14 | 0 | 中势 |
| 人均贷款余额 | 25 | 27 | -2 | 劣势 |
| 货币市场融资额 | 10 | 10 | 0 | 优势 |
| 中长期贷款占贷款余额比重 | 15 | 15 | 0 | 中势 |
| 保险费净收入 | 14 | 14 | 0 | 中势 |
| 保险密度 | 22 | 22 | 0 | 劣势 |
| 保险深度 | 12 | 13 | -1 | 中势 |
| 人均证券市场筹资额 | 16 | 10 | 6 | 优势 |

### 5. 安徽省知识经济竞争力指标排名变化情况

**表 12-9　2014~2015 年安徽省知识经济竞争力指标组排位及变化趋势**

| 指　　标 | 2014 | 2015 | 排位升降 | 优劣势 |
| --- | --- | --- | --- | --- |
| **5　知识经济竞争力** | 15 | 14 | 1 | 中势 |
| 5.1　科技竞争力 | 14 | 13 | 1 | 中势 |
| R&D 人员 | 10 | 10 | 0 | 优势 |
| R&D 经费 | 12 | 11 | 1 | 中势 |
| R&D 经费投入强度 | 7 | 7 | 0 | 优势 |
| 发明专利授权量 | 8 | 7 | 1 | 优势 |
| 技术市场成交合同金额 | 11 | 11 | 0 | 中势 |
| 财政科技支出占地方财政支出比重 | 7 | 7 | 0 | 优势 |
| 高技术产业增加值 | 18 | 18 | 0 | 中势 |
| 高技术产业增加值占工业增加值比重 | 21 | 21 | 0 | 劣势 |
| 高技术产品出口额占商品出口额比重 | 21 | 15 | 6 | 中势 |
| 5.2　教育竞争力 | 21 | 21 | 0 | 劣势 |
| 教育经费 | 10 | 10 | 0 | 优势 |
| 教育经费占 GDP 比重 | 14 | 14 | 0 | 中势 |
| 人均教育经费 | 30 | 28 | 2 | 劣势 |
| 公共教育经费占财政支出比重 | 18 | 16 | 2 | 中势 |

续表

| 指　　标 | 2014 | 2015 | 排位升降 | 优劣势 |
|---|---|---|---|---|
| 人均文化教育支出占个人消费支出比重 | 21 | 15 | 6 | 中势 |
| 万人中小学学校数 | 13 | 15 | -2 | 中势 |
| 万人中小学专任教师数 | 19 | 20 | -1 | 中势 |
| 高等学校数 | 7 | 7 | 0 | 优势 |
| 高校专任教师数 | 13 | 13 | 0 | 中势 |
| 万人高等学校在校学生数 | 19 | 18 | 1 | 中势 |
| 5.3　文化竞争力 | 24 | 24 | 0 | 劣势 |
| 文化服务业企业营业收入 | 15 | 14 | 1 | 中势 |
| 图书和期刊出版数 | 11 | 11 | 0 | 中势 |
| 报纸出版数 | 13 | 16 | -3 | 中势 |
| 出版印刷工业销售产值 | 12 | 10 | 2 | 优势 |
| 城镇居民人均文化娱乐支出 | 28 | 24 | 4 | 劣势 |
| 农村居民人均文化娱乐支出 | 24 | 26 | -2 | 劣势 |
| 城镇居民人均文化娱乐支出占消费性支出比重 | 21 | 15 | 6 | 中势 |
| 农村居民人均文化娱乐支出占消费性支出比重 | 21 | 22 | -1 | 劣势 |

## 6. 安徽省发展环境竞争力指标排名变化情况

**表 12－10　2014～2015 年安徽省发展环境竞争力指标组排位及变化趋势**

| 指　　标 | 2014 | 2015 | 排位升降 | 优劣势 |
|---|---|---|---|---|
| **6　发展环境竞争力** | 10 | 12 | -2 | 中势 |
| 6.1　基础设施竞争力 | 11 | 13 | -2 | 中势 |
| 铁路网线密度 | 9 | 9 | 0 | 优势 |
| 公路网线密度 | 9 | 8 | 1 | 优势 |
| 人均内河航道里程 | 14 | 14 | 0 | 中势 |
| 全社会旅客周转量 | 5 | 6 | -1 | 优势 |
| 全社会货物周转量 | 3 | 5 | -2 | 优势 |
| 人均邮电业务总量 | 30 | 30 | 0 | 劣势 |
| 电话普及率 | 29 | 30 | -1 | 劣势 |
| 互联网上网人数比重 | 28 | 27 | 1 | 劣势 |
| 人均耗电量 | 25 | 25 | 0 | 劣势 |
| 6.2　软环境竞争力 | 14 | 16 | -2 | 中势 |
| 外资企业数增长率 | 8 | 6 | 2 | 优势 |
| 万人外资企业数 | 28 | 25 | 3 | 劣势 |
| 个体私营企业数增长率 | 2 | 11 | -9 | 中势 |
| 万人个体私营企业数 | 6 | 5 | 1 | 优势 |
| 万人商标注册件数 | 15 | 14 | 1 | 中势 |
| 查处商标侵权假冒案件 | 24 | 29 | -5 | 劣势 |
| 每十万人交通事故发生数 | 28 | 26 | 2 | 劣势 |
| 罚没收入占财政收入比重 | 15 | 14 | 1 | 中势 |
| 社会捐赠款物 | 14 | 14 | 0 | 中势 |

## 7. 安徽省政府作用竞争力指标排名变化情况

**表 12－11　2014～2015 年安徽省政府作用竞争力指标组排位及变化趋势**

| 指　　标 | 2014 | 2015 | 排位升降 | 优劣势 |
|---|---|---|---|---|
| **7　政府作用竞争力** | 14 | 13 | 1 | 中势 |
| 7.1　政府发展经济竞争力 | 10 | 9 | 1 | 优势 |
| 财政支出用于基本建设投资比重 | 9 | 14 | －5 | 中势 |
| 财政支出对 GDP 增长的拉动 | 17 | 13 | 4 | 中势 |
| 政府公务员对经济的贡献 | 12 | 12 | 0 | 中势 |
| 政府消费对民间消费的拉动 | 6 | 3 | 3 | 强势 |
| 财政投资对社会投资的拉动 | 14 | 10 | 4 | 优势 |
| 7.2　政府规调经济竞争力 | 10 | 13 | －3 | 中势 |
| 物价调控 | 5 | 11 | －6 | 中势 |
| 调控城乡消费差距 | 8 | 4 | 4 | 优势 |
| 统筹经济社会发展 | 14 | 13 | 1 | 中势 |
| 规范税收 | 19 | 19 | 0 | 中势 |
| 人口控制 | 19 | 22 | －3 | 劣势 |
| 7.3　政府保障经济竞争力 | 17 | 14 | 3 | 中势 |
| 城市城镇社区服务设施数 | 11 | 13 | －2 | 中势 |
| 医疗保险覆盖率 | 18 | 17 | 1 | 中势 |
| 养老保险覆盖率 | 19 | 20 | －1 | 中势 |
| 失业保险覆盖率 | 16 | 15 | 1 | 中势 |
| 下岗职工再就业率 | 21 | 18 | 3 | 中势 |
| 城镇登记失业率 | 13 | 12 | 1 | 中势 |

## 8. 安徽省发展水平竞争力指标排名变化情况

**表 12－12　2014～2015 年安徽省发展水平竞争力指标组排位及变化趋势**

| 指　　标 | 2014 | 2015 | 排位升降 | 优劣势 |
|---|---|---|---|---|
| **8　发展水平竞争力** | 15 | 12 | 3 | 中势 |
| 8.1　工业化进程竞争力 | 18 | 12 | 6 | 中势 |
| 工业增加值占 GDP 比重 | 2 | 6 | －4 | 优势 |
| 工业增加值增长率 | 11 | 20 | －9 | 中势 |
| 高技术产业规模以上企业产值 | 16 | 15 | 1 | 中势 |
| 高技术产业增加值占工业增加值比重 | 17 | 15 | 2 | 中势 |
| 高技术产品出口额占商品出口额比重 | 21 | 10 | 11 | 优势 |
| 信息产业增加值占 GDP 比重 | 29 | 12 | 17 | 中势 |
| 8.2　城市化进程竞争力 | 17 | 17 | 0 | 中势 |
| 城镇化率 | 23 | 22 | 1 | 劣势 |
| 城镇居民人均可支配收入 | 14 | 14 | 0 | 中势 |
| 城市平均建成区面积比重 | 11 | 15 | －4 | 中势 |

续表

| 指　　标 | 2014 | 2015 | 排位升降 | 优劣势 |
|---|---|---|---|---|
| 人均拥有道路面积 | 5 | 6 | -1 | 优势 |
| 人均日生活用水量 | 16 | 16 | 0 | 中势 |
| 恩格尔系数 | 26 | 25 | 1 | 劣势 |
| 人均公共绿地面积 | 10 | 10 | 0 | 优势 |
| 8.3 市场化进程竞争力 | 10 | 6 | 4 | 优势 |
| 非公有制经济产值占全社会总产值的比重 | 13 | 10 | 3 | 优势 |
| 社会投资占投资总额比重 | 9 | 7 | 2 | 优势 |
| 私有和个体企业从业人员比重 | 11 | 4 | 7 | 优势 |
| 亿元以上商品市场成交额 | 13 | 13 | 0 | 中势 |
| 亿元以上商品市场成交额占全社会消费品零售总额比重 | 11 | 13 | -2 | 中势 |
| 居民消费支出占总消费支出比重 | 6 | 3 | 3 | 强势 |

## 9. 安徽省统筹协调竞争力指标排名变化情况

**表 12-13　2014~2015 年安徽省统筹协调竞争力指标组排位及变化趋势**

| 指　　标 | 2014 | 2015 | 排位升降 | 优劣势 |
|---|---|---|---|---|
| **9 统筹协调竞争力** | 15 | 18 | -3 | 中势 |
| 9.1 统筹发展竞争力 | 18 | 19 | -1 | 中势 |
| 社会劳动生产率 | 16 | 25 | -9 | 劣势 |
| 社会劳动生产率增速 | 17 | 24 | -7 | 劣势 |
| 万元 GDP 综合能耗 | 12 | 10 | 2 | 优势 |
| 非农用地产出率 | 15 | 15 | 0 | 中势 |
| 生产税净额和营业盈余占 GDP 比重 | 12 | 13 | -1 | 中势 |
| 最终消费率 | 17 | 20 | -3 | 中势 |
| 固定资产投资额占 GDP 比重 | 27 | 26 | 1 | 劣势 |
| 固定资产交付使用率 | 16 | 15 | 1 | 中势 |
| 9.2 协调发展竞争力 | 15 | 10 | 5 | 优势 |
| 环境竞争力与宏观经济竞争力比差 | 20 | 15 | 5 | 中势 |
| 资源竞争力与宏观经济竞争力比差 | 19 | 20 | -1 | 中势 |
| 人力资源竞争力与宏观经济竞争力比差 | 22 | 16 | 6 | 中势 |
| 资源竞争力与工业竞争力比差 | 18 | 15 | 3 | 中势 |
| 环境竞争力与工业竞争力比差 | 18 | 16 | 2 | 中势 |
| 城乡居民家庭人均收入比差 | 14 | 14 | 0 | 中势 |
| 城乡居民人均现金消费支出比差 | 8 | 4 | 4 | 优势 |
| 全社会消费品零售总额与外贸出口总额比差 | 15 | 17 | -2 | 中势 |

# B.14
# 13
# 福建省经济综合竞争力评价分析报告

福建省简称闽，地处中国东南沿海，毗邻浙江、江西、广东，与台湾隔海相望。全省面积为12.4万平方公里，2015年常住人口3839万人，地区生产总值为25980亿元，同比增长9%，人均GDP达67966元。本部分通过分析2014～2015年福建省经济综合竞争力以及各要素竞争力的排名变化，从中找出福建省经济综合竞争力的推动点及影响因素，为进一步提升福建省经济综合竞争力提供决策参考。

## 13.1 福建省经济综合竞争力总体分析

### 1. 福建省经济综合竞争力一级指标概要分析

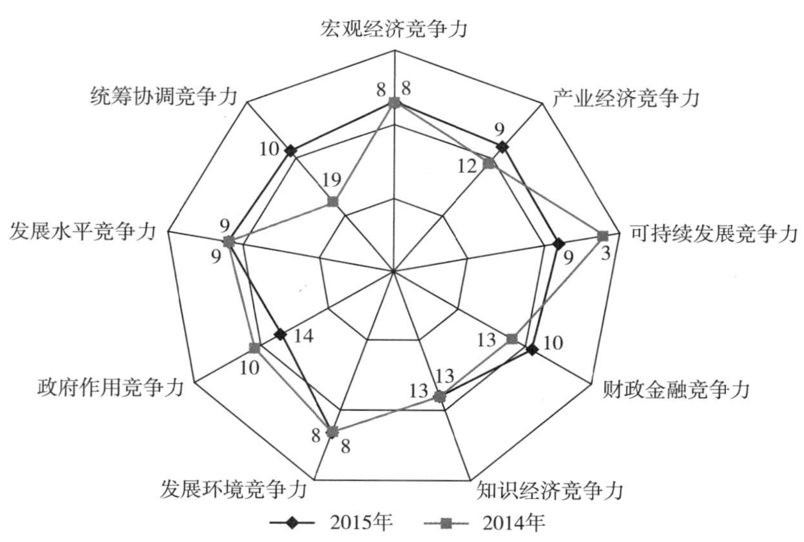


图 13－1　2014～2015 年福建省经济综合竞争力二级指标比较

（1）从综合排位看，2015年福建省经济综合竞争力排位在全国居第8位，在全国处于优势地位；与2014年相比，综合排位没有发生变化。

（2）从指标所处区位看，有7个指标处于上游区，即宏观经济竞争力、产业经济竞争力、可持续发展竞争力、财政金融竞争力、发展环境竞争力、发展水平竞争力和统筹协调竞争力。这7个指标也是福建省经济综合竞争力的优势指标。

表 13－1 2014～2015 年福建省经济综合竞争力二级指标表现情况

| 年份＼项目 | 宏观经济竞争力 | 产业经济竞争力 | 可持续发展竞争力 | 财政金融竞争力 | 知识经济竞争力 | 发展环境竞争力 | 政府作用竞争力 | 发展水平竞争力 | 统筹协调竞争力 | **综合排位** |
|---|---|---|---|---|---|---|---|---|---|---|
| 2014 | 8 | 12 | 3 | 13 | 13 | 8 | 10 | 9 | 19 | 8 |
| 2015 | 8 | 9 | 9 | 10 | 13 | 8 | 14 | 9 | 10 | 8 |
| 升降 | 0 | 3 | －6 | 3 | 0 | 0 | －4 | 0 | 9 | 0 |
| 优劣度 | 优势 | 优势 | 优势 | 优势 | 中势 | 优势 | 中势 | 优势 | 优势 | 优势 |

（3）从指标变化趋势看，9 个二级指标中，有 3 个指标处于上升趋势，分别为产业经济竞争力、财政金融竞争力、统筹协调竞争力，这些是福建省经济综合竞争力的上升动力所在；有 4 个指标排位没有发生变化，分别为宏观经济竞争力、知识经济竞争力、发展环境竞争力和发展水平竞争力；有 2 个指标处于下降趋势，为可持续发展竞争力和政府作用竞争力，是福建省经济综合竞争力的下降拉力所在。

**2. 福建省经济综合竞争力各级指标动态变化分析**

表 13－2 2014～2015 年福建省经济综合竞争力各级指标排位变化情况

| 二级指标 | 三级指标 | 四级指标数 | 上升 | | 保持 | | 下降 | | 变化趋势 |
|---|---|---|---|---|---|---|---|---|---|
| | | | 指标数 | 比重（%） | 指标数 | 比重（%） | 指标数 | 比重（%） | |
| 宏观经济竞争力 | 经济实力竞争力 | 12 | 6 | 50.0 | 3 | 25.0 | 3 | 25.0 | 下降 |
| | 经济结构竞争力 | 6 | 2 | 33.3 | 2 | 33.3 | 2 | 33.3 | 上升 |
| | 经济外向度竞争力 | 9 | 4 | 44.4 | 5 | 55.6 | 0 | 0.0 | 上升 |
| | 小　计 | 27 | 12 | 44.4 | 10 | 37.0 | 5 | 18.5 | 保持 |
| 产业经济竞争力 | 农业竞争力 | 10 | 3 | 30.0 | 5 | 50.0 | 2 | 20.0 | 上升 |
| | 工业竞争力 | 10 | 2 | 20.0 | 7 | 70.0 | 1 | 10.0 | 上升 |
| | 服务业竞争力 | 10 | 3 | 30.0 | 5 | 50.0 | 2 | 20.0 | 上升 |
| | 企业竞争力 | 10 | 3 | 30.0 | 3 | 30.0 | 4 | 40.0 | 保持 |
| | 小　计 | 40 | 11 | 27.5 | 20 | 50.0 | 9 | 22.5 | 上升 |
| 可持续发展竞争力 | 资源竞争力 | 9 | 4 | 44.4 | 5 | 55.6 | 0 | 0.0 | 上升 |
| | 环境竞争力 | 8 | 1 | 12.5 | 4 | 50.0 | 3 | 37.5 | 下降 |
| | 人力资源竞争力 | 8 | 3 | 37.5 | 1 | 12.5 | 4 | 50.0 | 下降 |
| | 小　计 | 25 | 8 | 32.0 | 10 | 40.0 | 7 | 28.0 | 下降 |
| 财政金融竞争力 | 财政竞争力 | 12 | 5 | 41.7 | 4 | 33.3 | 3 | 25.0 | 保持 |
| | 金融竞争力 | 10 | 2 | 20.0 | 5 | 50.0 | 3 | 30.0 | 上升 |
| | 小　计 | 22 | 7 | 31.8 | 9 | 40.9 | 6 | 27.3 | 上升 |
| 知识经济竞争力 | 科技竞争力 | 9 | 3 | 33.3 | 5 | 55.6 | 1 | 11.1 | 保持 |
| | 教育竞争力 | 10 | 2 | 20.0 | 7 | 70.0 | 1 | 10.0 | 保持 |
| | 文化竞争力 | 8 | 1 | 12.5 | 1 | 12.5 | 6 | 75.0 | 下降 |
| | 小　计 | 27 | 6 | 22.2 | 13 | 48.2 | 8 | 29.6 | 保持 |

续表

| 二级指标 | 三级指标 | 四级指标数 | 上升 | | 保持 | | 下降 | | 变化趋势 |
|---|---|---|---|---|---|---|---|---|---|
| | | | 指标数 | 比重(%) | 指标数 | 比重(%) | 指标数 | 比重(%) | |
| 发展环境竞争力 | 基础设施竞争力 | 9 | 1 | 11.1 | 6 | 66.7 | 2 | 22.2 | 保持 |
| | 软环境竞争力 | 9 | 7 | 77.8 | 2 | 22.2 | 0 | 0.0 | 上升 |
| | 小　　计 | 18 | 8 | 44.4 | 8 | 44.4 | 2 | 11.1 | 保持 |
| 政府作用竞争力 | 政府发展经济竞争力 | 5 | 2 | 40.0 | 1 | 20.0 | 2 | 40.0 | 下降 |
| | 政府规调经济竞争力 | 5 | 2 | 40.0 | 1 | 20.0 | 2 | 40.0 | 下降 |
| | 政府保障经济竞争力 | 6 | 1 | 16.7 | 1 | 16.7 | 4 | 66.7 | 下降 |
| | 小　　计 | 16 | 5 | 31.3 | 3 | 18.8 | 8 | 50.0 | 下降 |
| 发展水平竞争力 | 工业化进程竞争力 | 6 | 5 | 83.3 | 0 | 0.0 | 1 | 16.7 | 保持 |
| | 城市化进程竞争力 | 7 | 1 | 14.3 | 4 | 57.1 | 2 | 28.6 | 上升 |
| | 市场化进程竞争力 | 6 | 2 | 33.3 | 1 | 16.7 | 3 | 50.0 | 上升 |
| | 小　　计 | 19 | 8 | 42.1 | 5 | 26.3 | 6 | 31.6 | 保持 |
| 统筹协调竞争力 | 统筹发展竞争力 | 8 | 4 | 50.0 | 2 | 25.0 | 2 | 25.0 | 上升 |
| | 协调发展竞争力 | 8 | 3 | 37.5 | 3 | 37.5 | 2 | 25.0 | 上升 |
| | 小　　计 | 16 | 7 | 43.8 | 5 | 31.3 | 4 | 25.0 | 上升 |
| 合　　计 | | 210 | 72 | 34.3 | 83 | 39.5 | 55 | 26.2 | 保持 |

从表 13－2 可以看出，210 个四级指标中，上升指标有 72 个，占指标总数的 34.3%；下降指标有 55 个，占指标总数的 26.2%；保持不变的指标有 83 个，占指标总数的 39.5%。综上所述，福建省经济综合竞争力的上升指标和保持指标大致相当，排位下降的指标占比较小，因此 2015 年福建省经济综合竞争力排位保持不变。

**3. 福建省经济综合竞争力各级指标优劣势结构分析**

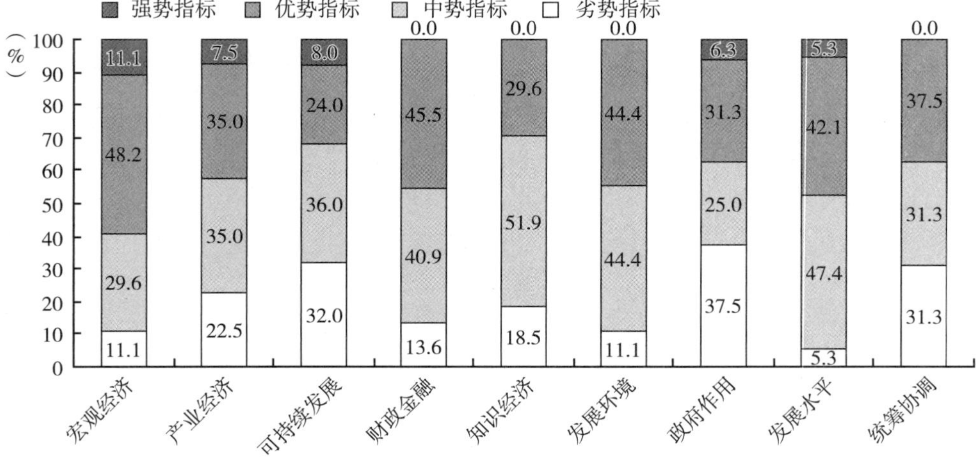


**图 13－2　2015 年福建省经济综合竞争力各级指标优劣势比较**

表 13 - 3 2015 年福建省经济综合竞争力各级指标优劣势情况

| 二级指标 | 三级指标 | 四级指标数 | 强势指标 | | 优势指标 | | 中势指标 | | 劣势指标 | | 优劣势 |
|---|---|---|---|---|---|---|---|---|---|---|---|
| | | | 个数 | 比重（%） | 个数 | 比重（%） | 个数 | 比重（%） | 个数 | 比重（%） | |
| 宏观经济竞争力 | 经济实力竞争力 | 12 | 2 | 16.7 | 4 | 33.3 | 5 | 41.7 | 1 | 8.3 | 优势 |
| | 经济结构竞争力 | 6 | 1 | 16.7 | 3 | 50.0 | 0 | 0.0 | 2 | 33.3 | 优势 |
| | 经济外向度竞争力 | 9 | 0 | 0.0 | 6 | 66.7 | 3 | 33.3 | 0 | 0.0 | 优势 |
| | 小　计 | 27 | 3 | 11.1 | 13 | 48.2 | 8 | 29.6 | 3 | 11.1 | 优势 |
| 产业经济竞争力 | 农业竞争力 | 10 | 1 | 10.0 | 3 | 30.0 | 3 | 30.0 | 3 | 30.0 | 优势 |
| | 工业竞争力 | 10 | 1 | 10.0 | 3 | 30.0 | 5 | 50.0 | 1 | 10.0 | 优势 |
| | 服务业竞争力 | 10 | 1 | 10.0 | 5 | 50.0 | 2 | 20.0 | 2 | 20.0 | 优势 |
| | 企业竞争力 | 10 | 0 | 0.0 | 3 | 30.0 | 4 | 40.0 | 3 | 30.0 | 中势 |
| | 小　计 | 40 | 3 | 7.5 | 14 | 35.0 | 14 | 35.0 | 9 | 22.5 | 优势 |
| 可持续发展竞争力 | 资源竞争力 | 9 | 1 | 11.1 | 2 | 22.2 | 1 | 11.1 | 5 | 55.6 | 中势 |
| | 环境竞争力 | 8 | 1 | 12.5 | 3 | 37.5 | 2 | 25.0 | 2 | 25.0 | 强势 |
| | 人力资源竞争力 | 8 | 0 | 0.0 | 1 | 12.5 | 6 | 75.0 | 1 | 12.5 | 中势 |
| | 小　计 | 25 | 2 | 8.0 | 6 | 24.0 | 9 | 36.0 | 8 | 32.0 | 优势 |
| 财政金融竞争力 | 财政竞争力 | 12 | 0 | 0.0 | 4 | 33.3 | 6 | 50.0 | 2 | 16.7 | 中势 |
| | 金融竞争力 | 10 | 0 | 0.0 | 6 | 60.0 | 3 | 30.0 | 1 | 10.0 | 中势 |
| | 小　计 | 22 | 0 | 0.0 | 10 | 45.5 | 9 | 40.9 | 3 | 13.6 | 优势 |
| 知识经济竞争力 | 科技竞争力 | 9 | 0 | 0.0 | 5 | 55.6 | 4 | 44.4 | 0 | 0.0 | 中势 |
| | 教育竞争力 | 10 | 0 | 0.0 | 1 | 10.0 | 7 | 70.0 | 2 | 20.0 | 中势 |
| | 文化竞争力 | 8 | 0 | 0.0 | 2 | 25.0 | 3 | 37.5 | 3 | 37.5 | 中势 |
| | 小　计 | 27 | 0 | 0.0 | 8 | 29.6 | 14 | 51.9 | 5 | 18.5 | 中势 |
| 发展环境竞争力 | 基础设施竞争力 | 9 | 0 | 0.0 | 3 | 33.3 | 6 | 66.7 | 0 | 0.0 | 优势 |
| | 软环境竞争力 | 9 | 0 | 0.0 | 5 | 55.6 | 2 | 22.2 | 2 | 22.2 | 优势 |
| | 小　计 | 18 | 0 | 0.0 | 8 | 44.4 | 8 | 44.4 | 2 | 11.1 | 优势 |
| 政府作用竞争力 | 政府发展经济竞争力 | 5 | 1 | 20.0 | 3 | 60.0 | 0 | 0.0 | 1 | 20.0 | 优势 |
| | 政府规调经济竞争力 | 5 | 0 | 0.0 | 2 | 40.0 | 1 | 20.0 | 2 | 40.0 | 中势 |
| | 政府保障经济竞争力 | 6 | 0 | 0.0 | 0 | 0.0 | 3 | 50.0 | 3 | 50.0 | 劣势 |
| | 小　计 | 16 | 1 | 6.3 | 5 | 31.3 | 4 | 25.0 | 6 | 37.5 | 中势 |
| 发展水平竞争力 | 工业化进程竞争力 | 6 | 0 | 0.0 | 5 | 83.3 | 1 | 16.7 | 0 | 0.0 | 优势 |
| | 城市化进程竞争力 | 7 | 0 | 0.0 | 2 | 28.6 | 4 | 57.1 | 1 | 14.3 | 优势 |
| | 市场化进程竞争力 | 6 | 1 | 16.7 | 1 | 16.7 | 4 | 66.7 | 0 | 0.0 | 中势 |
| | 小　计 | 19 | 1 | 5.3 | 8 | 42.1 | 9 | 47.4 | 1 | 5.3 | 优势 |
| 统筹协调竞争力 | 统筹发展竞争力 | 8 | 0 | 0.0 | 4 | 50.0 | 2 | 25.0 | 2 | 25.0 | 优势 |
| | 协调发展竞争力 | 8 | 0 | 0.0 | 2 | 25.0 | 3 | 37.5 | 3 | 37.5 | 中势 |
| | 小　计 | 16 | 0 | 0.0 | 6 | 37.5 | 5 | 31.3 | 5 | 31.3 | 优势 |
| 合　计 | | 210 | 10 | 4.8 | 78 | 37.1 | 80 | 38.1 | 42 | 20.0 | 优势 |

基于图 13 - 2 和表 13 - 3，具体到四级指标，强势指标 10 个，占指标总数的 4.8%；优势指标 78 个，占指标总数的 37.1%；中势指标 80 个，占指标总数的

38.1%；劣势指标42个，占指标总数的20%。三级指标中，强势指标1个，占三级指标总数的4%；优势指标12个，占三级指标总数的48%；中势指标11个，占三级指标总数的44%；劣势指标1个，占三级指标总数的4%。二级指标中，没有强势指标和劣势指标；优势指标7个，占二级指标总数的77.8%；中势指标有2个，占二级指标总数的22.2%。综合来看，由于优势和中势指标和在指标体系中居于主导地位，2015年福建省经济综合竞争力处于优势地位。

**4. 福建省经济综合竞争力四级指标优劣势对比分析**

**表13-4　2015年福建省经济综合竞争力四级指标优劣势情况**

| 二级指标 | 优劣势 | 四　级　指　标 |
|---|---|---|
| 宏观经济竞争力（27个） | 强势指标 | 人均固定资产投资额、全社会消费品零售总额增长率、所有制经济结构优化度(3个) |
| | 优势指标 | 地区生产总值增长率、人均地区生产总值、固定资产投资额增长率、人均全社会消费品零售总额、城乡经济结构优化度、就业结构优化度、贸易结构优化度、进出口总额、出口总额、实际FDI、外贸依存度、外资企业数、对外直接投资(13个) |
| | 劣势指标 | 财政总收入增长率、产业结构优化度、资本形成结构优化度(3个) |
| 产业经济竞争力（40个） | 强势指标 | 农产品出口占农林牧渔总产值比重、工业增加值增长率、服务业增加值增长率(3个) |
| | 优势指标 | 人均农业增加值、农民人均纯收入、农村人均用电量、人均工业增加值、规模以上工业主营业务收入、规模以上工业利润总额、人均服务业增加值、服务业从业人员数增长率、限额以上批发零售企业主营业务收入、旅游外汇收入、房地产经营总收入、规模以上工业企业数、产品质量抽查合格率、中国驰名商标持有量(14个) |
| | 劣势指标 | 人均主要农产品产量、农业机械化水平、财政支农资金比重、工业全员劳动生产率、限额以上批零企业利税率、限额以上餐饮企业利税率、规模以上企业平均资产、规模以上企业平均收入、规模以上企业劳动效率(9个) |
| 可持续发展竞争力(25个) | 强势指标 | 人均可使用海域和滩涂面积、森林覆盖率(2个) |
| | 优势指标 | 人均年水资源量、人均森林储积量、人均工业固体废物排放量、人均治理工业污染投资额、生活垃圾无害化处理率、常住人口增长率(6个) |
| | 劣势指标 | 耕地面积、人均耕地面积、人均牧草地面积、主要能源矿产基础储量、人均主要能源矿产基础储量、人均废水排放量、自然灾害直接经济损失、文盲率(8个) |
| 财政金融竞争力（22个） | 强势指标 | (0个) |
| | 优势指标 | 税收收入占财政总收入比重、人均地方财政收入、人均税收收入、地方财政支出增长率、人均存款余额、贷款余额、人均贷款余额、货币市场融资额、保险密度、人均证券市场筹资额(10个) |
| | 劣势指标 | 地方财政收入占GDP比重、地方财政支出占GDP比重、保险深度(3个) |
| 知识经济竞争力（27个） | 强势指标 | (0个) |
| | 优势指标 | R&D人员、R&D经费、R&D经费投入强度、高技术产业增加值、高技术产业增加值占工业增加值比重、公共教育经费占财政支出比重、出版印刷工业销售产值、城镇居民人均文化娱乐支出(8个) |
| | 劣势指标 | 教育经费占GDP比重、人均文化教育支出占个人消费支出比重、图书和期刊出版数、城镇居民人均文化娱乐支出占消费性支出比重、农村居民人均文化娱乐支出占消费性支出比重(5个) |

续表

| 二级指标 | 优劣势 | 四 级 指 标 |
|---|---|---|
| 发展环境竞争力（18 个） | 强势指标 | （0 个） |
| | 优势指标 | 人均邮电业务总量、电话普及率、互联网上网人数比重、外资企业数增长率、万人外资企业数、万人个体私营企业数、万人商标注册件数、罚没收入占财政收入比重（8 个） |
| | 劣势指标 | 查处商标侵权假冒案件、每十万人交通事故发生数（2 个） |
| 政府作用竞争力（16 个） | 强势指标 | 财政支出对 GDP 增长的拉动（1 个） |
| | 优势指标 | 财政支出用于基本建设投资比重、政府公务员对经济的贡献、政府消费对民间消费的拉动、调控城乡消费差距、规范税收（5 个） |
| | 劣势指标 | 财政投资对社会投资的拉动、物价调控、人口控制、医疗保险覆盖率、养老保险覆盖率、城镇登记失业率（6 个） |
| 发展水平竞争力（19 个） | 强势指标 | 非公有制经济产值占全社会总产值的比重（1 个） |
| | 优势指标 | 工业增加值占 GDP 比重、工业增加值增长率、高技术产业规模以上企业产值、高技术产业增加值占工业增加值比重、信息产业增加值占 GDP 比重、城镇化率、城镇居民人均可支配收入、居民消费支出占总消费支出比重（8 个） |
| | 劣势指标 | 恩格尔系数（1 个） |
| 统筹协调竞争力（16 个） | 强势指标 | （0 个） |
| | 优势指标 | 社会劳动生产率、社会劳动生产率增速、万元 GDP 综合能耗、非农用地产出率、人力资源竞争力与宏观经济竞争力比差、城乡居民人均现金消费支出比差（6 个） |
| | 劣势指标 | 生产税净额和营业盈余占 GDP 比重、最终消费率、资源竞争力与宏观经济竞争力比差、资源竞争力与工业竞争力比差、全社会消费品零售总额与外贸出口总额比差（5 个） |

## 13.2 福建省经济综合竞争力各级指标具体分析

### 1. 福建省宏观经济竞争力指标排名变化情况

**表 13－5 2014～2015 年福建省宏观经济竞争力指标组排位及变化趋势**

| 指 标 | 2014 | 2015 | 排位升降 | 优劣势 |
|---|---|---|---|---|
| **1 宏观经济竞争力** | 8 | 8 | 0 | 优势 |
| 1.1 经济实力竞争力 | 7 | 8 | －1 | 优势 |
| 地区生产总值 | 11 | 11 | 0 | 中势 |
| 地区生产总值增长率 | 6 | 6 | 0 | 优势 |
| 人均地区生产总值 | 8 | 7 | 1 | 优势 |
| 财政总收入 | 9 | 17 | －8 | 中势 |
| 财政总收入增长率 | 15 | 22 | －7 | 劣势 |
| 人均财政收入 | 15 | 18 | －3 | 中势 |
| 固定资产投资额 | 12 | 11 | 1 | 中势 |
| 固定资产投资额增长率 | 10 | 6 | 4 | 优势 |
| 人均固定资产投资额 | 7 | 3 | 4 | 强势 |

续表

| 指　　标 | 2014 | 2015 | 排位升降 | 优劣势 |
|---|---|---|---|---|
| 全社会消费品零售总额 | 12 | 11 | 1 | 中势 |
| 全社会消费品零售总额增长率 | 19 | 3 | 16 | 强势 |
| 人均全社会消费品零售总额 | 9 | 9 | 0 | 优势 |
| 1.2　经济结构竞争力 | 11 | 9 | 2 | 优势 |
| 产业结构优化度 | 21 | 22 | -1 | 劣势 |
| 所有制经济结构优化度 | 2 | 2 | 0 | 强势 |
| 城乡经济结构优化度 | 9 | 9 | 0 | 优势 |
| 就业结构优化度 | 8 | 7 | 1 | 优势 |
| 资本形成结构优化度 | 30 | 29 | 1 | 劣势 |
| 贸易结构优化度 | 6 | 7 | -1 | 优势 |
| 1.3　经济外向度竞争力 | 10 | 8 | 2 | 优势 |
| 进出口总额 | 7 | 7 | 0 | 优势 |
| 进出口增长率 | 19 | 12 | 7 | 中势 |
| 出口总额 | 6 | 6 | 0 | 优势 |
| 出口增长率 | 23 | 13 | 10 | 中势 |
| 实际 FDI | 8 | 8 | 0 | 优势 |
| 实际 FDI 增长率 | 20 | 18 | 2 | 中势 |
| 外贸依存度 | 7 | 7 | 0 | 优势 |
| 外资企业数 | 7 | 7 | 0 | 优势 |
| 对外直接投资 | 13 | 7 | 6 | 优势 |

## 2. 福建省产业经济竞争力指标排名变化情况

**表 13－6　2014～2015 年福建省产业经济竞争力指标组排位及变化趋势**

| 指　　标 | 2014 | 2015 | 排位升降 | 优劣势 |
|---|---|---|---|---|
| **2　产业经济竞争力** | 12 | 9 | 3 | 优势 |
| 2.1　农业竞争力 | 12 | 8 | 4 | 优势 |
| 农业增加值 | 13 | 13 | 0 | 中势 |
| 农业增加值增长率 | 16 | 20 | -4 | 中势 |
| 人均农业增加值 | 5 | 6 | -1 | 优势 |
| 农民人均纯收入 | 6 | 6 | 0 | 优势 |
| 农民人均纯收入增长率 | 19 | 16 | 3 | 中势 |
| 农产品出口占农林牧渔总产值比重 | 3 | 3 | 0 | 强势 |
| 人均主要农产品产量 | 24 | 23 | 1 | 劣势 |
| 农业机械化水平 | 23 | 23 | 0 | 劣势 |

续表

| 指　　标 | 2014 | 2015 | 排位升降 | 优劣势 |
|---|---|---|---|---|
| 农村人均用电量 | 7 | 7 | 0 | 优势 |
| 财政支农资金比重 | 25 | 22 | 3 | 劣势 |
| 2.2　工业竞争力 | 9 | 7 | 2 | 优势 |
| 工业增加值 | 11 | 11 | 0 | 中势 |
| 工业增加值增长率 | 2 | 2 | 0 | 强势 |
| 人均工业增加值 | 7 | 6 | 1 | 优势 |
| 工业资产总额 | 14 | 14 | 0 | 中势 |
| 工业资产总额增长率 | 16 | 16 | 0 | 中势 |
| 工业资产总贡献率 | 11 | 11 | 0 | 中势 |
| 规模以上工业主营业务收入 | 10 | 8 | 2 | 优势 |
| 规模以上工业利润总额 | 9 | 9 | 0 | 优势 |
| 工业全员劳动生产率 | 23 | 26 | -3 | 劣势 |
| 工业成本费用利润率 | 14 | 14 | 0 | 中势 |
| 2.3　服务业竞争力 | 14 | 7 | 7 | 优势 |
| 服务业增加值 | 13 | 13 | 0 | 中势 |
| 服务业增加值增长率 | 23 | 1 | 22 | 强势 |
| 人均服务业增加值 | 10 | 10 | 0 | 优势 |
| 服务业从业人员数 | 12 | 12 | 0 | 中势 |
| 服务业从业人员数增长率 | 9 | 4 | 5 | 优势 |
| 限额以上批发零售企业主营业务收入 | 8 | 8 | 0 | 优势 |
| 限额以上批零企业利税率 | 19 | 24 | -5 | 劣势 |
| 限额以上餐饮企业利税率 | 30 | 28 | 2 | 劣势 |
| 旅游外汇收入 | 4 | 4 | 0 | 优势 |
| 房地产经营总收入 | 6 | 9 | -3 | 优势 |
| 2.4　企业竞争力 | 13 | 13 | 0 | 中势 |
| 规模以上工业企业数 | 7 | 7 | 0 | 优势 |
| 规模以上企业平均资产 | 28 | 28 | 0 | 劣势 |
| 规模以上企业平均收入 | 28 | 27 | 1 | 劣势 |
| 规模以上企业平均利润 | 9 | 19 | -10 | 中势 |
| 规模以上企业劳动效率 | 22 | 27 | -5 | 劣势 |
| 城镇就业人员平均工资 | 22 | 14 | 8 | 中势 |
| 新产品销售收入占主营业务收入比重 | 12 | 13 | -1 | 中势 |
| 产品质量抽查合格率 | 11 | 7 | 4 | 优势 |
| 工业企业 R&D 经费投入强度 | 10 | 12 | -2 | 中势 |
| 中国驰名商标持有量 | 5 | 5 | 0 | 优势 |

## 3. 福建省可持续发展竞争力指标排名变化情况

**表 13－7　2014～2015 年福建省可持续发展竞争力指标组排位及变化趋势**

| 指　　标 | 2014 | 2015 | 排位升降 | 优劣势 |
|---|---|---|---|---|
| **3　可持续发展竞争力** | 3 | 9 | －6 | 优势 |
| 3.1　资源竞争力 | 15 | 12 | 3 | 中势 |
| 人均国土面积 | 18 | 14 | 4 | 中势 |
| 人均可使用海域和滩涂面积 | 2 | 2 | 0 | 强势 |
| 人均年水资源量 | 8 | 7 | 1 | 优势 |
| 耕地面积 | 24 | 24 | 0 | 劣势 |
| 人均耕地面积 | 27 | 27 | 0 | 劣势 |
| 人均牧草地面积 | 27 | 26 | 1 | 劣势 |
| 主要能源矿产基础储量 | 23 | 23 | 0 | 劣势 |
| 人均主要能源矿产基础储量 | 24 | 23 | 1 | 劣势 |
| 人均森林储积量 | 7 | 7 | 0 | 优势 |
| 3.2　环境竞争力 | 1 | 3 | －2 | 强势 |
| 森林覆盖率 | 1 | 1 | 0 | 强势 |
| 人均废水排放量 | 26 | 26 | 0 | 劣势 |
| 人均工业废气排放量 | 11 | 11 | 0 | 中势 |
| 人均工业固体废物排放量 | 10 | 10 | 0 | 优势 |
| 人均治理工业污染投资额 | 6 | 4 | 2 | 优势 |
| 一般工业固体废物综合利用率 | 1 | 11 | －10 | 中势 |
| 生活垃圾无害化处理率 | 7 | 8 | －1 | 优势 |
| 自然灾害直接经济损失 | 16 | 29 | －13 | 劣势 |
| 3.3　人力资源竞争力 | 11 | 14 | －3 | 中势 |
| 常住人口增长率 | 9 | 9 | 0 | 优势 |
| 15～64 岁人口比例 | 11 | 15 | －4 | 中势 |
| 文盲率 | 19 | 23 | －4 | 劣势 |
| 大专以上教育程度人口比例 | 12 | 15 | －3 | 中势 |
| 平均受教育程度 | 22 | 20 | 2 | 中势 |
| 人口健康素质 | 15 | 16 | －1 | 中势 |
| 人力资源利用率 | 15 | 12 | 3 | 中势 |
| 职业学校毕业生数 | 14 | 13 | 1 | 中势 |

## 4. 福建省财政金融竞争力指标排名变化情况

**表 13－8　2014～2015 年福建省财政金融竞争力指标组排位及变化趋势**

| 指　　标 | 2014 | 2015 | 排位升降 | 优劣势 |
|---|---|---|---|---|
| **4　财政金融竞争力** | 13 | 10 | 3 | 优势 |
| 4.1　财政竞争力 | 13 | 13 | 0 | 中势 |
| 地方财政收入 | 13 | 12 | 1 | 中势 |
| 地方财政支出 | 22 | 20 | 2 | 中势 |
| 地方财政收入占 GDP 比重 | 23 | 23 | 0 | 劣势 |
| 地方财政支出占 GDP 比重 | 27 | 29 | －2 | 劣势 |

续表

| 指　　标 | 2014 | 2015 | 排位升降 | 优劣势 |
|---|---|---|---|---|
| 税收收入占 GDP 比重 | 20 | 20 | 0 | 中势 |
| 税收收入占财政总收入比重 | 14 | 7 | 7 | 优势 |
| 人均地方财政收入 | 10 | 10 | 0 | 优势 |
| 人均地方财政支出 | 20 | 20 | 0 | 中势 |
| 人均税收收入 | 10 | 9 | 1 | 优势 |
| 地方财政收入增长率 | 10 | 12 | -2 | 中势 |
| 地方财政支出增长率 | 6 | 5 | 1 | 优势 |
| 税收收入增长率 | 10 | 18 | -8 | 中势 |
| 4.2　金融竞争力 | 13 | 11 | 2 | 中势 |
| 存款余额 | 12 | 12 | 0 | 中势 |
| 人均存款余额 | 10 | 10 | 0 | 优势 |
| 贷款余额 | 9 | 9 | 0 | 优势 |
| 人均贷款余额 | 7 | 7 | 0 | 优势 |
| 货币市场融资额 | 8 | 8 | 0 | 优势 |
| 中长期贷款占贷款余额比重 | 24 | 18 | 6 | 中势 |
| 保险费净收入 | 11 | 12 | -1 | 中势 |
| 保险密度 | 8 | 9 | -1 | 优势 |
| 保险深度 | 21 | 25 | -4 | 劣势 |
| 人均证券市场筹资额 | 12 | 7 | 5 | 优势 |

## 5. 福建省知识经济竞争力指标排名变化情况

**表 13-9　2014～2015 年福建省知识经济竞争力指标组排位及变化趋势**

| 指　　标 | 2014 | 2015 | 排位升降 | 优劣势 |
|---|---|---|---|---|
| **5　知识经济竞争力** | 13 | 13 | 0 | 中势 |
| 5.1　科技竞争力 | 12 | 12 | 0 | 中势 |
| R&D 人员 | 9 | 9 | 0 | 优势 |
| R&D 经费 | 10 | 10 | 0 | 优势 |
| R&D 经费投入强度 | 9 | 9 | 0 | 优势 |
| 发明专利授权量 | 14 | 13 | 1 | 中势 |
| 技术市场成交合同金额 | 21 | 18 | 3 | 中势 |
| 财政科技支出占地方财政支出比重 | 10 | 11 | -1 | 中势 |
| 高技术产业增加值 | 8 | 8 | 0 | 优势 |
| 高技术产业增加值占工业增加值比重 | 10 | 10 | 0 | 优势 |
| 高技术产品出口额占商品出口额比重 | 15 | 13 | 2 | 中势 |
| 5.2　教育竞争力 | 19 | 19 | 0 | 中势 |
| 教育经费 | 18 | 18 | 0 | 中势 |
| 教育经费占 GDP 比重 | 27 | 27 | 0 | 劣势 |
| 人均教育经费 | 15 | 14 | 1 | 中势 |
| 公共教育经费占财政支出比重 | 5 | 5 | 0 | 优势 |

续表

| 指　　标 | 2014 | 2015 | 排位升降 | 优劣势 |
|---|---|---|---|---|
| 人均文化教育支出占个人消费支出比重 | 25 | 27 | -2 | 劣势 |
| 万人中小学学校数 | 19 | 18 | 1 | 中势 |
| 万人中小学专任教师数 | 16 | 16 | 0 | 中势 |
| 高等学校数 | 15 | 15 | 0 | 中势 |
| 高校专任教师数 | 16 | 16 | 0 | 中势 |
| 万人高等学校在校学生数 | 13 | 13 | 0 | 中势 |
| 5.3　文化竞争力 | 17 | 20 | -3 | 中势 |
| 文化服务业企业营业收入 | 11 | 12 | -1 | 中势 |
| 图书和期刊出版数 | 22 | 23 | -1 | 劣势 |
| 报纸出版数 | 16 | 15 | 1 | 中势 |
| 出版印刷工业销售产值 | 7 | 7 | 0 | 优势 |
| 城镇居民人均文化娱乐支出 | 9 | 10 | -1 | 优势 |
| 农村居民人均文化娱乐支出 | 11 | 13 | -2 | 中势 |
| 城镇居民人均文化娱乐支出占消费性支出比重 | 25 | 27 | -2 | 劣势 |
| 农村居民人均文化娱乐支出占消费性支出比重 | 24 | 26 | -2 | 劣势 |

## 6. 福建省发展环境竞争力指标排名变化情况

**表 13-10　2014~2015 年福建省发展环境竞争力指标组排位及变化趋势**

| 指　　标 | 2014 | 2015 | 排位升降 | 优劣势 |
|---|---|---|---|---|
| **6　发展环境竞争力** | 8 | 8 | 0 | 优势 |
| 6.1　基础设施竞争力 | 9 | 9 | 0 | 优势 |
| 铁路网线密度 | 15 | 12 | 3 | 中势 |
| 公路网线密度 | 17 | 17 | 0 | 中势 |
| 人均内河航道里程 | 16 | 16 | 0 | 中势 |
| 全社会旅客周转量 | 16 | 17 | -1 | 中势 |
| 全社会货物周转量 | 11 | 11 | 0 | 中势 |
| 人均邮电业务总量 | 5 | 6 | -1 | 优势 |
| 电话普及率 | 5 | 5 | 0 | 优势 |
| 互联网上网人数比重 | 4 | 4 | 0 | 优势 |
| 人均耗电量 | 11 | 11 | 0 | 中势 |
| 6.2　软环境竞争力 | 12 | 8 | 4 | 优势 |
| 外资企业数增长率 | 15 | 9 | 6 | 优势 |
| 万人外资企业数 | 6 | 5 | 1 | 优势 |
| 个体私营企业数增长率 | 21 | 17 | 4 | 中势 |
| 万人个体私营企业数 | 5 | 4 | 1 | 优势 |
| 万人商标注册件数 | 5 | 5 | 0 | 优势 |
| 查处商标侵权假冒案件 | 26 | 25 | 1 | 劣势 |
| 每十万人交通事故发生数 | 26 | 24 | 2 | 劣势 |
| 罚没收入占财政收入比重 | 13 | 8 | 5 | 优势 |
| 社会捐赠款物 | 17 | 17 | 0 | 中势 |

## 7. 福建省政府作用竞争力指标排名变化情况

**表 13－11　2014～2015 年福建省政府作用竞争力指标组排位及变化趋势**

| 指　　标 | 2014 | 2015 | 排位升降 | 优劣势 |
|---|---|---|---|---|
| **7　政府作用竞争力** | 10 | 14 | －4 | 中势 |
| 7.1　政府发展经济竞争力 | 3 | 4 | －1 | 优势 |
| 财政支出用于基本建设投资比重 | 3 | 4 | －1 | 优势 |
| 财政支出对 GDP 增长的拉动 | 5 | 3 | 2 | 强势 |
| 政府公务员对经济的贡献 | 5 | 5 | 0 | 优势 |
| 政府消费对民间消费的拉动 | 2 | 5 | －3 | 优势 |
| 财政投资对社会投资的拉动 | 24 | 21 | 3 | 劣势 |
| 7.2　政府规调经济竞争力 | 18 | 20 | －2 | 中势 |
| 物价调控 | 18 | 25 | －7 | 劣势 |
| 调控城乡消费差距 | 7 | 7 | 0 | 优势 |
| 统筹经济社会发展 | 24 | 18 | 6 | 中势 |
| 规范税收 | 8 | 7 | 1 | 优势 |
| 人口控制 | 25 | 26 | －1 | 劣势 |
| 7.3　政府保障经济竞争力 | 21 | 25 | －4 | 劣势 |
| 城市城镇社区服务设施数 | 17 | 18 | －1 | 中势 |
| 医疗保险覆盖率 | 23 | 22 | 1 | 劣势 |
| 养老保险覆盖率 | 22 | 23 | －1 | 劣势 |
| 失业保险覆盖率 | 17 | 17 | 0 | 中势 |
| 下岗职工再就业率 | 15 | 19 | －4 | 中势 |
| 城镇登记失业率 | 22 | 25 | －3 | 劣势 |

## 8. 福建省发展水平竞争力指标排名变化情况

**表 13－12　2014～2015 年福建省发展水平竞争力指标组排位及变化趋势**

| 指　　标 | 2014 | 2015 | 排位升降 | 优劣势 |
|---|---|---|---|---|
| **8　发展水平竞争力** | 9 | 9 | 0 | 优势 |
| 8.1　工业化进程竞争力 | 9 | 9 | 0 | 优势 |
| 工业增加值占 GDP 比重 | 11 | 7 | 4 | 优势 |
| 工业增加值增长率 | 3 | 7 | －4 | 优势 |
| 高技术产业规模以上企业产值 | 11 | 10 | 1 | 优势 |
| 高技术产业增加值占工业增加值比重 | 10 | 9 | 1 | 优势 |
| 高技术产品出口额占商品出口额比重 | 15 | 12 | 3 | 中势 |
| 信息产业增加值占 GDP 比重 | 15 | 8 | 7 | 优势 |
| 8.2　城市化进程竞争力 | 10 | 9 | 1 | 优势 |
| 城镇化率 | 8 | 8 | 0 | 优势 |
| 城镇居民人均可支配收入 | 7 | 7 | 0 | 优势 |
| 城市平均建成区面积比重 | 13 | 14 | －1 | 中势 |

续表

| 指　　标 | 2014 | 2015 | 排位升降 | 优劣势 |
|---|---|---|---|---|
| 人均拥有道路面积 | 20 | 20 | 0 | 中势 |
| 人均日生活用水量 | 12 | 12 | 0 | 中势 |
| 恩格尔系数 | 23 | 24 | -1 | 劣势 |
| 人均公共绿地面积 | 14 | 12 | 2 | 中势 |
| 8.3　市场化进程竞争力 | 13 | 11 | 2 | 中势 |
| 非公有制经济产值占全社会总产值的比重 | 2 | 2 | 0 | 强势 |
| 社会投资占投资总额比重 | 17 | 19 | -2 | 中势 |
| 私有和个体企业从业人员比重 | 22 | 15 | 7 | 中势 |
| 亿元以上商品市场成交额 | 17 | 18 | -1 | 中势 |
| 亿元以上商品市场成交额占全社会消费品零售总额比重 | 20 | 19 | 1 | 中势 |
| 居民消费支出占总消费支出比重 | 2 | 5 | -3 | 优势 |

## 9. 福建省统筹协调竞争力指标排名变化情况

**表 13-13　2014～2015 年福建省统筹协调竞争力指标组排位及变化趋势**

| 指　　标 | 2014 | 2015 | 排位升降 | 优劣势 |
|---|---|---|---|---|
| **9　统筹协调竞争力** | 19 | 10 | 9 | 优势 |
| 9.1　统筹发展竞争力 | 11 | 8 | 3 | 优势 |
| 社会劳动生产率 | 9 | 7 | 2 | 优势 |
| 社会劳动生产率增速 | 15 | 9 | 6 | 优势 |
| 万元 GDP 综合能耗 | 8 | 7 | 1 | 优势 |
| 非农用地产出率 | 6 | 6 | 0 | 优势 |
| 生产税净额和营业盈余占 GDP 比重 | 20 | 21 | -1 | 劣势 |
| 最终消费率 | 30 | 30 | 0 | 劣势 |
| 固定资产投资额占 GDP 比重 | 9 | 11 | -2 | 中势 |
| 固定资产交付使用率 | 23 | 11 | 12 | 中势 |
| 9.2　协调发展竞争力 | 25 | 16 | 9 | 中势 |
| 环境竞争力与宏观经济竞争力比差 | 27 | 18 | 9 | 中势 |
| 资源竞争力与宏观经济竞争力比差 | 21 | 22 | -1 | 劣势 |
| 人力资源竞争力与宏观经济竞争力比差 | 11 | 6 | 5 | 优势 |
| 资源竞争力与工业竞争力比差 | 20 | 22 | -2 | 劣势 |
| 环境竞争力与工业竞争力比差 | 26 | 19 | 7 | 中势 |
| 城乡居民家庭人均收入比差 | 11 | 11 | 0 | 中势 |
| 城乡居民人均现金消费支出比差 | 7 | 7 | 0 | 优势 |
| 全社会消费品零售总额与外贸出口总额比差 | 27 | 27 | 0 | 劣势 |

# B.15
# 14
# 江西省经济综合竞争力评价分析报告

江西省简称赣，地处中国东南偏中部、长江中下游南岸，东邻浙江、福建，南连广东，西靠湖南，北毗湖北、安徽而共接长江。全省面积为16.69万平方公里，2015年常住人口4566万人，地区生产总值为16724亿元，同比增长9.1%，人均GDP达36724元。本部分通过分析2014~2015年江西省经济综合竞争力以及各要素竞争力的排名变化，从中找出江西省经济综合竞争力的推动点及影响因素，为进一步提升江西省经济综合竞争力提供决策参考。

## 14.1 江西省经济综合竞争力总体分析

**1. 江西省经济综合竞争力一级指标概要分析**

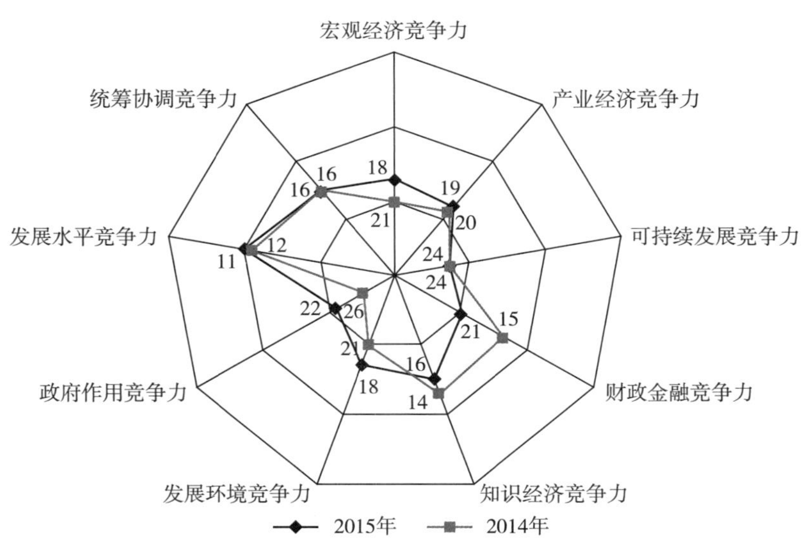


**图14-1 2014~2015年江西省经济综合竞争力二级指标比较**

（1）从综合排位看，2015年江西省经济综合竞争力排位在全国居第17位，在全国处于中势地位；与2014年相比，综合排位上升了2位。

（2）从指标所处区位看，没有指标处于上游区，其中宏观经济竞争力、产业经济竞争力、知识经济竞争力、发展环境竞争力、发展水平竞争力和统筹协调竞争力等6个

**表 14－1　2014～2015 年江西省经济综合竞争力二级指标表现情况**

| 项目<br>年份 | 宏观经济竞争力 | 产业经济竞争力 | 可持续发展竞争力 | 财政金融竞争力 | 知识经济竞争力 | 发展环境竞争力 | 政府作用竞争力 | 发展水平竞争力 | 统筹协调竞争力 | **综合排位** |
|---|---|---|---|---|---|---|---|---|---|---|
| 2014 | 21 | 20 | 24 | 15 | 14 | 21 | 26 | 12 | 16 | 19 |
| 2015 | 18 | 19 | 24 | 21 | 16 | 18 | 22 | 11 | 16 | 17 |
| 升降 | 3 | 1 | 0 | －6 | －2 | 3 | 4 | 1 | 0 | 2 |
| 优劣度 | 中势 | 中势 | 劣势 | 劣势 | 中势 | 中势 | 劣势 | 中势 | 中势 | 中势 |

指标为江西省经济综合竞争力的中势指标。

（3）从指标变化趋势看，9 个二级指标中，有 5 个指标处于上升趋势，分别为宏观经济竞争力、产业经济竞争力、发展环境竞争力、政府作用竞争力和发展水平竞争力。这些是江西省经济综合竞争力的上升动力所在；有 2 个指标排位没有发生变化，分别为可持续发展竞争力、统筹协调竞争力；有 2 个指标处于下降趋势，为财政金融竞争力和知识经济竞争力，是江西省经济综合竞争力的下降拉力所在。

**2. 江西省经济综合竞争力各级指标动态变化分析**

**表 14－2　2014～2015 年江西省经济综合竞争力各级指标排位变化情况**

| 二级指标 | 三级指标 | 四级指标数 | 上升 | | 保持 | | 下降 | | 变化趋势 |
|---|---|---|---|---|---|---|---|---|---|
| | | | 指标数 | 比重（%） | 指标数 | 比重（%） | 指标数 | 比重（%） | |
| 宏观经济竞争力 | 经济实力竞争力 | 12 | 9 | 75.0 | 3 | 25.0 | 0 | 0.0 | 上升 |
| | 经济结构竞争力 | 6 | 2 | 33.3 | 2 | 33.3 | 2 | 33.3 | 下降 |
| | 经济外向度竞争力 | 9 | 3 | 33.3 | 3 | 33.3 | 3 | 33.3 | 上升 |
| | 小　计 | 27 | 14 | 51.9 | 8 | 29.6 | 5 | 18.5 | 上升 |
| 产业经济竞争力 | 农业竞争力 | 10 | 2 | 20.0 | 4 | 40.0 | 4 | 40.0 | 下降 |
| | 工业竞争力 | 10 | 3 | 30.0 | 4 | 40.0 | 3 | 30.0 | 保持 |
| | 服务业竞争力 | 10 | 2 | 20.0 | 7 | 70.0 | 1 | 10.0 | 下降 |
| | 企业竞争力 | 10 | 5 | 50.0 | 2 | 20.0 | 3 | 30.0 | 上升 |
| | 小　计 | 40 | 12 | 30.0 | 17 | 42.5 | 11 | 27.5 | 上升 |
| 可持续发展竞争力 | 资源竞争力 | 9 | 3 | 33.3 | 6 | 66.7 | 0 | 0.0 | 下降 |
| | 环境竞争力 | 8 | 2 | 25.0 | 3 | 37.5 | 3 | 37.5 | 保持 |
| | 人力资源竞争力 | 8 | 3 | 37.5 | 1 | 12.5 | 4 | 50.0 | 保持 |
| | 小　计 | 25 | 8 | 32.0 | 10 | 40.0 | 7 | 28.0 | 保持 |
| 财政金融竞争力 | 财政竞争力 | 12 | 7 | 58.3 | 1 | 8.3 | 4 | 33.3 | 下降 |
| | 金融竞争力 | 10 | 2 | 20.0 | 6 | 60.0 | 2 | 20.0 | 下降 |
| | 小　计 | 22 | 9 | 40.9 | 7 | 31.8 | 6 | 27.3 | 下降 |
| 知识经济竞争力 | 科技竞争力 | 9 | 5 | 55.6 | 2 | 22.2 | 2 | 22.2 | 保持 |
| | 教育竞争力 | 10 | 1 | 10.0 | 5 | 50.0 | 4 | 40.0 | 保持 |
| | 文化竞争力 | 8 | 6 | 75.0 | 0 | 0.0 | 2 | 25.0 | 上升 |
| | 小　计 | 27 | 12 | 44.4 | 7 | 25.9 | 8 | 29.6 | 下降 |

续表

| 二级指标 | 三级指标 | 四级指标数 | 上升 | | 保持 | | 下降 | | 变化趋势 |
|---|---|---|---|---|---|---|---|---|---|
| | | | 指标数 | 比重（%） | 指标数 | 比重（%） | 指标数 | 比重（%） | |
| 发展环境竞争力 | 基础设施竞争力 | 9 | 3 | 33.3 | 6 | 66.7 | 0 | 0.0 | 保持 |
| | 软环境竞争力 | 9 | 3 | 33.3 | 2 | 22.2 | 4 | 44.4 | 保持 |
| | 小　计 | 18 | 6 | 33.3 | 8 | 44.4 | 4 | 22.2 | 上升 |
| 政府作用竞争力 | 政府发展经济竞争力 | 5 | 3 | 60.0 | 1 | 20.0 | 1 | 20.0 | 上升 |
| | 政府规调经济竞争力 | 5 | 2 | 40.0 | 0 | 0.0 | 3 | 60.0 | 保持 |
| | 政府保障经济竞争力 | 6 | 1 | 16.7 | 1 | 16.7 | 4 | 66.7 | 上升 |
| | 小　计 | 16 | 6 | 37.5 | 2 | 12.5 | 8 | 50.0 | 上升 |
| 发展水平竞争力 | 工业化进程竞争力 | 6 | 2 | 33.3 | 1 | 16.7 | 3 | 50.0 | 下降 |
| | 城市化进程竞争力 | 7 | 3 | 42.9 | 2 | 28.6 | 2 | 28.6 | 上升 |
| | 市场化进程竞争力 | 6 | 3 | 50.0 | 2 | 33.3 | 1 | 16.7 | 下降 |
| | 小　计 | 19 | 8 | 42.1 | 5 | 26.3 | 6 | 31.6 | 上升 |
| 统筹协调竞争力 | 统筹发展竞争力 | 8 | 4 | 50.0 | 1 | 12.5 | 3 | 37.5 | 上升 |
| | 协调发展竞争力 | 8 | 3 | 37.5 | 2 | 25.0 | 3 | 37.5 | 上升 |
| | 小　计 | 16 | 7 | 43.8 | 3 | 18.8 | 6 | 37.5 | 保持 |
| 合　计 | | 210 | 82 | 39.1 | 67 | 31.9 | 61 | 29.0 | 上升 |

从表14－2可以看出，210个四级指标中，上升指标有82个，占指标总数的39.1%；下降指标有61个，占指标总数的29.0%；保持不变的指标有67个，占指标总数的31.9%。综上所述，江西省经济综合竞争力的保持指标和下降指标大致相当，排位上升的指标占比较大，2015年江西省经济综合竞争力排位上升了2位。

**3. 江西省经济综合竞争力各级指标优劣势结构分析**

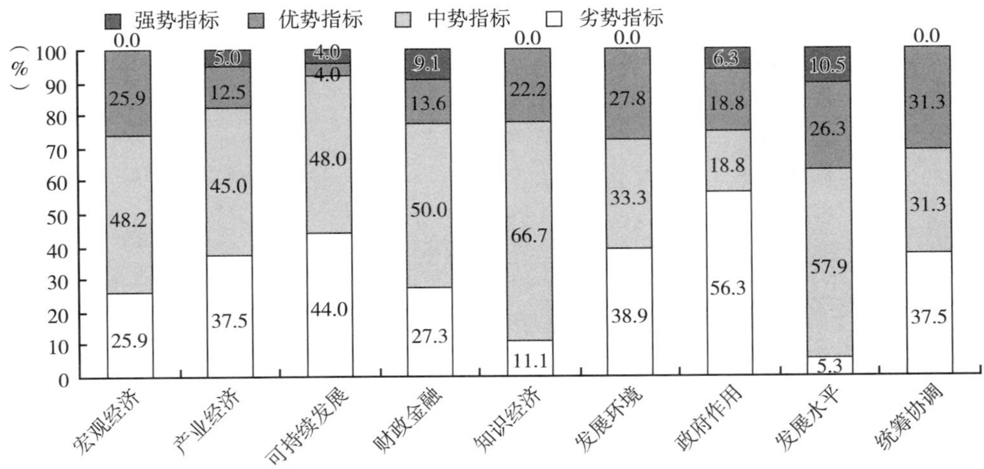


**图14－2　2015年江西省经济综合竞争力各级指标优劣势比较**

表 14-3　2015 年江西省经济综合竞争力各级指标优劣势情况

| 二级指标 | 三级指标 | 四级指标数 | 强势指标 | | 优势指标 | | 中势指标 | | 劣势指标 | | 优劣势 |
|---|---|---|---|---|---|---|---|---|---|---|---|
| | | | 个数 | 比重（%） | 个数 | 比重（%） | 个数 | 比重（%） | 个数 | 比重（%） | |
| 宏观经济竞争力 | 经济实力竞争力 | 12 | 0 | 0.0 | 2 | 16.7 | 6 | 50.0 | 4 | 33.3 | 中势 |
| | 经济结构竞争力 | 6 | 0 | 0.0 | 3 | 50.0 | 1 | 16.7 | 2 | 33.3 | 劣势 |
| | 经济外向度竞争力 | 9 | 0 | 0.0 | 2 | 22.2 | 6 | 66.7 | 1 | 11.1 | 中势 |
| | 小　计 | 27 | 0 | 0.0 | 7 | 25.9 | 13 | 48.2 | 7 | 25.9 | 中势 |
| 产业经济竞争力 | 农业竞争力 | 10 | 0 | 0.0 | 1 | 10.0 | 5 | 50.0 | 4 | 40.0 | 劣势 |
| | 工业竞争力 | 10 | 2 | 20.0 | 1 | 10.0 | 6 | 60.0 | 1 | 10.0 | 中势 |
| | 服务业竞争力 | 10 | 0 | 0.0 | 1 | 10.0 | 4 | 40.0 | 5 | 50.0 | 劣势 |
| | 企业竞争力 | 10 | 0 | 0.0 | 2 | 20.0 | 3 | 30.0 | 5 | 50.0 | 劣势 |
| | 小　计 | 40 | 2 | 5.0 | 5 | 12.5 | 18 | 45.0 | 15 | 37.5 | 中势 |
| 可持续发展竞争力 | 资源竞争力 | 9 | 0 | 0.0 | 1 | 11.1 | 4 | 44.4 | 4 | 44.4 | 劣势 |
| | 环境竞争力 | 8 | 1 | 12.5 | 0 | 0.0 | 5 | 62.5 | 2 | 25.0 | 优势 |
| | 人力资源竞争力 | 8 | 0 | 0.0 | 0 | 0.0 | 3 | 37.5 | 5 | 62.5 | 劣势 |
| | 小　计 | 25 | 1 | 4.0 | 1 | 4.0 | 12 | 48.0 | 11 | 44.0 | 劣势 |
| 财政金融竞争力 | 财政竞争力 | 12 | 2 | 16.7 | 3 | 25.0 | 6 | 50.0 | 1 | 8.3 | 优势 |
| | 金融竞争力 | 10 | 0 | 0.0 | 0 | 0.0 | 5 | 50.0 | 5 | 50.0 | 劣势 |
| | 小　计 | 22 | 2 | 9.1 | 3 | 13.6 | 11 | 50.0 | 6 | 27.3 | 劣势 |
| 知识经济竞争力 | 科技竞争力 | 9 | 0 | 0.0 | 1 | 11.1 | 6 | 66.7 | 2 | 22.2 | 中势 |
| | 教育竞争力 | 10 | 0 | 0.0 | 4 | 40.0 | 6 | 60.0 | 0 | 0.0 | 优势 |
| | 文化竞争力 | 8 | 0 | 0.0 | 1 | 12.5 | 6 | 75.0 | 1 | 12.5 | 中势 |
| | 小　计 | 27 | 0 | 0.0 | 6 | 22.2 | 18 | 66.7 | 3 | 11.1 | 中势 |
| 发展环境竞争力 | 基础设施竞争力 | 9 | 0 | 0.0 | 1 | 11.1 | 4 | 44.4 | 4 | 44.4 | 中势 |
| | 软环境竞争力 | 9 | 0 | 0.0 | 4 | 44.4 | 2 | 22.2 | 3 | 33.3 | 中势 |
| | 小　计 | 18 | 0 | 0.0 | 5 | 27.8 | 6 | 33.3 | 7 | 38.9 | 中势 |
| 政府作用竞争力 | 政府发展经济竞争力 | 5 | 1 | 20.0 | 1 | 20.0 | 0 | 0.0 | 3 | 60.0 | 中势 |
| | 政府规调经济竞争力 | 5 | 0 | 0.0 | 1 | 20.0 | 1 | 20.0 | 3 | 60.0 | 劣势 |
| | 政府保障经济竞争力 | 6 | 0 | 0.0 | 1 | 16.7 | 2 | 33.3 | 3 | 50.0 | 劣势 |
| | 小　计 | 16 | 1 | 6.3 | 3 | 18.8 | 3 | 18.8 | 9 | 56.3 | 劣势 |
| 发展水平竞争力 | 工业化进程竞争力 | 6 | 0 | 0.0 | 1 | 16.7 | 5 | 83.3 | 0 | 0.0 | 中势 |
| | 城市化进程竞争力 | 7 | 1 | 14.3 | 1 | 14.3 | 4 | 57.1 | 1 | 14.3 | 中势 |
| | 市场化进程竞争力 | 6 | 1 | 16.7 | 3 | 50.0 | 2 | 33.3 | 0 | 0.0 | 优势 |
| | 小　计 | 19 | 2 | 10.5 | 5 | 26.3 | 11 | 57.9 | 1 | 5.3 | 中势 |
| 统筹协调竞争力 | 统筹发展竞争力 | 8 | 0 | 0.0 | 2 | 25.0 | 4 | 50.0 | 2 | 25.0 | 中势 |
| | 协调发展竞争力 | 8 | 0 | 0.0 | 3 | 37.5 | 1 | 12.5 | 4 | 50.0 | 中势 |
| | 小　计 | 16 | 0 | 0.0 | 5 | 31.3 | 5 | 31.3 | 6 | 37.5 | 中势 |
| 合　计 | | 210 | 8 | 3.8 | 40 | 19.1 | 97 | 46.2 | 65 | 30.9 | 中势 |

基于图 14-2 和表 14-3，具体到四级指标，强势指标 8 个，占指标总数的 3.8%；优势指标 40 个，占指标总数的 19.1%；中势指标 97 个，占指标总数的 46.2%；劣势

指标65个，占指标总数的30.9%。三级指标中，没有强势指标。优势指标4个，占三级指标总数的16%；中势指标有12个，占三级指标总数的48%；劣势指标9个，占三级指标总数的36%。从二级指标看，没有强势指标和优势指标；中势指标有6个，占二级指标总数的66.7%；劣势指标有3个，占二级指标总数的33.3%。综合来看，由于中势指标在指标体系中居于主导地位，2015年江西省经济综合竞争力处于中势地位。

**4. 江西省经济综合竞争力四级指标优劣势对比分析**

**表14-4 2015年江西省经济综合竞争力四级指标优劣势情况**

| 二级指标 | 优劣势 | 四级指标 |
| --- | --- | --- |
| 宏观经济竞争力（27个） | 强势指标 | （0个） |
| | 优势指标 | 地区生产总值增长率、全社会消费品零售总额增长率、所有制经济结构优化度、就业结构优化度、贸易结构优化度、进出口增长率、出口增长率（7个） |
| | 劣势指标 | 人均地区生产总值、人均财政收入、全社会消费品零售总额、人均全社会消费品零售总额、产业结构优化度、资本形成结构优化度、实际FDI增长率（7个） |
| 产业经济竞争力（40个） | 强势指标 | 工业资产总额增长率、工业资产总贡献率（2个） |
| | 优势指标 | 农民人均纯收入增长率、工业增加值增长率、限额以上批零企业利税率、规模以上企业平均利润、规模以上企业劳动效率（5个） |
| | 劣势指标 | 人均农业增加值、农产品出口占农林牧渔总产值比重、农业机械化水平、农村人均用电量、工业全员劳动生产率、服务业增加值、人均服务业增加值、限额以上批发零售企业主营业务收入、限额以上餐饮企业利税率、旅游外汇收入、规模以上企业平均资产、城镇就业人员平均工资、新产品销售收入占主营业务收入比重、产品质量抽查合格率、工业企业R&D经费投入强度（15个） |
| 可持续发展竞争力（25个） | 强势指标 | 森林覆盖率（1个） |
| | 优势指标 | 人均年水资源量（1个） |
| | 劣势指标 | 人均耕地面积、人均牧草地面积、主要能源矿产基础储量、人均主要能源矿产基础储量、人均工业固体废物排放量、人均治理工业污染投资额、常住人口增长率、15~64岁人口比例、大专以上教育程度人口比例、平均受教育程度、人力资源利用率（11个） |
| 财政金融竞争力（22个） | 强势指标 | 地方财政收入增长率、税收收入增长率（2个） |
| | 优势指标 | 地方财政收入占GDP比重、税收收入占财政总收入比重、地方财政支出增长率（3个） |
| | 劣势指标 | 人均地方财政支出、人均存款余额、贷款余额、人均贷款余额、中长期贷款占贷款余额比重、保险密度（6个） |
| 知识经济竞争力（27个） | 强势指标 | （0个） |
| | 优势指标 | 高技术产业增加值占工业增加值比重、教育经费占GDP比重、公共教育经费占财政支出比重、万人中小学学校数、万人高等学校在校学生数、出版印刷工业销售产值（6个） |
| | 劣势指标 | R&D人员、发明专利授权量、城镇居民人均文化娱乐支出（3个） |
| 发展环境竞争力（18个） | 强势指标 | （0个） |
| | 优势指标 | 人均内河航道里程、个体私营企业数增长率、查处商标侵权假冒案件、每十万人交通事故发生数、社会捐赠款物（5个） |
| | 劣势指标 | 人均邮电业务总量、电话普及率、互联网上网人数比重、人均耗电量、外资企业数增长率、万人商标注册件数、罚没收入占财政收入比重（7个） |

续表

| 二级指标 | 优劣势 | 四　级　指　标 |
|---|---|---|
| 政府作用竞争力（16个） | 强势指标 | 政府消费对民间消费的拉动（1个） |
| | 优势指标 | 财政投资对社会投资的拉动、调控城乡消费差距、下岗职工再就业率（3个） |
| | 劣势指标 | 财政支出用于基本建设投资比重、财政支出对GDP增长的拉动、政府公务员对经济的贡献、统筹经济社会发展、规范税收、人口控制、城市城镇社区服务设施数、医疗保险覆盖率、失业保险覆盖率（9个） |
| 发展水平竞争力（19个） | 强势指标 | 城市平均建成区面积比重、居民消费支出占总消费支出比重（2个） |
| | 优势指标 | 工业增加值占GDP比重、人均公共绿地面积、非公有制经济产值占全社会总产值的比重、社会投资占投资总额比重、亿元以上商品市场成交额占全社会消费品零售总额比重（5个） |
| | 劣势指标 | 恩格尔系数（1个） |
| 统筹协调竞争力（16个） | 强势指标 | （0个） |
| | 优势指标 | 万元GDP综合能耗、生产税净额和营业盈余占GDP比重、人力资源竞争力与宏观经济竞争力比差、城乡居民家庭人均收入比差、城乡居民人均现金消费支出比差（5个） |
| | 劣势指标 | 社会劳动生产率、固定资产投资额占GDP比重、环境竞争力与宏观经济竞争力比差、资源竞争力与工业竞争力比差、环境竞争力与工业竞争力比差、全社会消费品零售总额与外贸出口总额比差（6个） |

## 14.2 江西省经济综合竞争力各级指标具体分析

### 1. 江西省宏观经济竞争力指标排名变化情况

**表14－5　2014～2015年江西省宏观经济竞争力指标组排位及变化趋势**

| 指　标 | 2014 | 2015 | 排位升降 | 优劣势 |
|---|---|---|---|---|
| **1　宏观经济竞争力** | 21 | 18 | 3 | 中势 |
| 1.1　经济实力竞争力 | 22 | 19 | 3 | 中势 |
| 地区生产总值 | 18 | 18 | 0 | 中势 |
| 地区生产总值增长率 | 7 | 5 | 2 | 优势 |
| 人均地区生产总值 | 25 | 24 | 1 | 劣势 |
| 财政总收入 | 24 | 20 | 4 | 中势 |
| 财政总收入增长率 | 28 | 17 | 11 | 中势 |
| 人均财政收入 | 27 | 23 | 4 | 劣势 |
| 固定资产投资额 | 15 | 14 | 1 | 中势 |
| 固定资产投资额增长率 | 15 | 11 | 4 | 中势 |
| 人均固定资产投资额 | 20 | 19 | 1 | 中势 |

续表

| 指　　标 | 2014 | 2015 | 排位升降 | 优劣势 |
|---|---|---|---|---|
| 全社会消费品零售总额 | 22 | 22 | 0 | 劣势 |
| 全社会消费品零售总额增长率 | 13 | 8 | 5 | 优势 |
| 人均全社会消费品零售总额 | 24 | 24 | 0 | 劣势 |
| 1.2　经济结构竞争力 | 16 | 21 | -5 | 劣势 |
| 产业结构优化度 | 29 | 28 | 1 | 劣势 |
| 所有制经济结构优化度 | 7 | 7 | 0 | 优势 |
| 城乡经济结构优化度 | 17 | 16 | 1 | 中势 |
| 就业结构优化度 | 10 | 10 | 0 | 优势 |
| 资本形成结构优化度 | 26 | 31 | -5 | 劣势 |
| 贸易结构优化度 | 7 | 10 | -3 | 优势 |
| 1.3　经济外向度竞争力 | 20 | 16 | 4 | 中势 |
| 进出口总额 | 16 | 17 | -1 | 中势 |
| 进出口增长率 | 11 | 7 | 4 | 优势 |
| 出口总额 | 14 | 12 | 2 | 中势 |
| 出口增长率 | 14 | 8 | 6 | 优势 |
| 实际 FDI | 13 | 15 | -2 | 中势 |
| 实际 FDI 增长率 | 15 | 26 | -11 | 劣势 |
| 外贸依存度 | 13 | 13 | 0 | 中势 |
| 外资企业数 | 13 | 13 | 0 | 中势 |
| 对外直接投资 | 17 | 17 | 0 | 中势 |

## 2. 江西省产业经济竞争力指标排名变化情况

**表 14－6　2014～2015 年江西省产业经济竞争力指标组排位及变化趋势**

| 指　　标 | 2014 | 2015 | 排位升降 | 优劣势 |
|---|---|---|---|---|
| **2　产业经济竞争力** | 20 | 19 | 1 | 中势 |
| 2.1　农业竞争力 | 20 | 21 | -1 | 劣势 |
| 农业增加值 | 16 | 16 | 0 | 中势 |
| 农业增加值增长率 | 11 | 16 | -5 | 中势 |
| 人均农业增加值 | 21 | 23 | -2 | 劣势 |
| 农民人均纯收入 | 14 | 12 | 2 | 中势 |
| 农民人均纯收入增长率 | 14 | 6 | 8 | 优势 |
| 农产品出口占农林牧渔总产值比重 | 19 | 22 | -3 | 劣势 |
| 人均主要农产品产量 | 11 | 11 | 0 | 中势 |
| 农业机械化水平 | 22 | 22 | 0 | 劣势 |

续表

| 指　　标 | 2014 | 2015 | 排位升降 | 优劣势 |
|---|---|---|---|---|
| 农村人均用电量 | 21 | 21 | 0 | 劣势 |
| 财政支农资金比重 | 10 | 13 | -3 | 中势 |
| 2.2　工业竞争力 | 12 | 12 | 0 | 中势 |
| 工业增加值 | 17 | 17 | 0 | 中势 |
| 工业增加值增长率 | 7 | 9 | -2 | 优势 |
| 人均工业增加值 | 20 | 19 | 1 | 中势 |
| 工业资产总额 | 22 | 19 | 3 | 中势 |
| 工业资产总额增长率 | 11 | 2 | 9 | 强势 |
| 工业资产总贡献率 | 1 | 1 | 0 | 强势 |
| 规模以上工业主营业务收入 | 14 | 14 | 0 | 中势 |
| 规模以上工业利润总额 | 12 | 12 | 0 | 中势 |
| 工业全员劳动生产率 | 16 | 25 | -9 | 劣势 |
| 工业成本费用利润率 | 10 | 11 | -1 | 中势 |
| 2.3　服务业竞争力 | 19 | 21 | -2 | 劣势 |
| 服务业增加值 | 21 | 21 | 0 | 劣势 |
| 服务业增加值增长率 | 14 | 14 | 0 | 中势 |
| 人均服务业增加值 | 26 | 26 | 0 | 劣势 |
| 服务业从业人员数 | 13 | 13 | 0 | 中势 |
| 服务业从业人员数增长率 | 18 | 11 | 7 | 中势 |
| 限额以上批发零售企业主营业务收入 | 26 | 26 | 0 | 劣势 |
| 限额以上批零企业利税率 | 7 | 4 | 3 | 优势 |
| 限额以上餐饮企业利税率 | 17 | 31 | -14 | 劣势 |
| 旅游外汇收入 | 21 | 21 | 0 | 劣势 |
| 房地产经营总收入 | 16 | 16 | 0 | 中势 |
| 2.4　企业竞争力 | 27 | 23 | 4 | 劣势 |
| 规模以上工业企业数 | 14 | 13 | 1 | 中势 |
| 规模以上企业平均资产 | 27 | 27 | 0 | 劣势 |
| 规模以上企业平均收入 | 14 | 13 | 1 | 中势 |
| 规模以上企业平均利润 | 12 | 10 | 2 | 优势 |
| 规模以上企业劳动效率 | 9 | 10 | -1 | 优势 |
| 城镇就业人员平均工资 | 9 | 28 | -19 | 劣势 |
| 新产品销售收入占主营业务收入比重 | 22 | 22 | 0 | 劣势 |
| 产品质量抽查合格率 | 25 | 22 | 3 | 劣势 |
| 工业企业 R&D 经费投入强度 | 27 | 26 | 1 | 劣势 |
| 中国驰名商标持有量 | 16 | 19 | -3 | 中势 |

## 3. 江西省可持续发展竞争力指标排名变化情况

**表 14-7　2014～2015 年江西省可持续发展竞争力指标组排位及变化趋势**

| 指　　标2014 | 2015 | 排位升降 | 优劣势 | |
|---|---|---|---|---|
| **3　可持续发展竞争力** | 24 | 24 | 0 | 劣势 |
| 3.1　资源竞争力 | 28 | 30 | -2 | 劣势 |
| 人均国土面积 | 16 | 16 | 0 | 中势 |
| 人均可使用海域和滩涂面积 | 13 | 13 | 0 | 中势 |
| 人均年水资源量 | 6 | 4 | 2 | 优势 |
| 耕地面积 | 20 | 20 | 0 | 中势 |
| 人均耕地面积 | 23 | 23 | 0 | 劣势 |
| 人均牧草地面积 | 26 | 23 | 3 | 劣势 |
| 主要能源矿产基础储量 | 24 | 24 | 0 | 劣势 |
| 人均主要能源矿产基础储量 | 26 | 25 | 1 | 劣势 |
| 人均森林储积量 | 12 | 12 | 0 | 中势 |
| 3.2　环境竞争力 | 4 | 4 | 0 | 优势 |
| 森林覆盖率 | 2 | 2 | 0 | 强势 |
| 人均废水排放量 | 17 | 20 | -3 | 中势 |
| 人均工业废气排放量 | 14 | 15 | -1 | 中势 |
| 人均工业固体废物排放量 | 23 | 22 | 1 | 劣势 |
| 人均治理工业污染投资额 | 24 | 22 | 2 | 劣势 |
| 一般工业固体废物综合利用率 | 20 | 20 | 0 | 中势 |
| 生活垃圾无害化处理率 | 15 | 18 | -3 | 中势 |
| 自然灾害直接经济损失 | 13 | 13 | 0 | 中势 |
| 3.3　人力资源竞争力 | 28 | 28 | 0 | 劣势 |
| 常住人口增长率 | 18 | 21 | -3 | 劣势 |
| 15～64 岁人口比例 | 27 | 28 | -1 | 劣势 |
| 文盲率 | 12 | 13 | -1 | 中势 |
| 大专以上教育程度人口比例 | 26 | 24 | 2 | 劣势 |
| 平均受教育程度 | 20 | 21 | -1 | 劣势 |
| 人口健康素质 | 20 | 20 | 0 | 中势 |
| 人力资源利用率 | 24 | 22 | 2 | 劣势 |
| 职业学校毕业生数 | 13 | 12 | 1 | 中势 |

## 4. 江西省财政金融竞争力指标排名变化情况

**表 14-8　2014～2015 年江西省财政金融竞争力指标组排位及变化趋势**

| 指　　标 | 2014 | 2015 | 排位升降 | 优劣势 |
|---|---|---|---|---|
| **4　财政金融竞争力** | 15 | 21 | -6 | 劣势 |
| 4.1　财政竞争力 | 9 | 10 | -1 | 优势 |
| 地方财政收入 | 18 | 15 | 3 | 中势 |
| 地方财政支出 | 16 | 15 | 1 | 中势 |
| 地方财政收入占 GDP 比重 | 12 | 10 | 2 | 优势 |
| 地方财政支出占 GDP 比重 | 9 | 11 | -2 | 中势 |

续表

| 指　　标 | 2014 | 2015 | 排位升降 | 优劣势 |
|---|---|---|---|---|
| 税收收入占 GDP 比重 | 15 | 11 | 4 | 中势 |
| 税收收入占财政总收入比重 | 8 | 10 | -2 | 优势 |
| 人均地方财政收入 | 20 | 17 | 3 | 中势 |
| 人均地方财政支出 | 21 | 23 | -2 | 劣势 |
| 人均税收收入 | 20 | 18 | 2 | 中势 |
| 地方财政收入增长率 | 4 | 3 | 1 | 强势 |
| 地方财政支出增长率 | 4 | 9 | -5 | 优势 |
| 税收收入增长率 | 3 | 3 | 0 | 强势 |
| 4.2　金融竞争力 | 29 | 31 | -2 | 劣势 |
| 存款余额 | 20 | 20 | 0 | 中势 |
| 人均存款余额 | 26 | 27 | -1 | 劣势 |
| 贷款余额 | 21 | 21 | 0 | 劣势 |
| 人均贷款余额 | 28 | 28 | 0 | 劣势 |
| 货币市场融资额 | 15 | 15 | 0 | 中势 |
| 中长期贷款占贷款余额比重 | 23 | 31 | -8 | 劣势 |
| 保险费净收入 | 18 | 18 | 0 | 中势 |
| 保险密度 | 23 | 23 | 0 | 劣势 |
| 保险深度 | 18 | 16 | 2 | 中势 |
| 人均证券市场筹资额 | 27 | 16 | 11 | 中势 |

## 5. 江西省知识经济竞争力指标排名变化情况

**表 14-9　2014~2015 年江西省知识经济竞争力指标组排位及变化趋势**

| 指　　标 | 2014 | 2015 | 排位升降 | 优劣势 |
|---|---|---|---|---|
| **5　知识经济竞争力** | 14 | 16 | -2 | 中势 |
| 5.1　科技竞争力 | 17 | 17 | 0 | 中势 |
| R&D 人员 | 22 | 21 | 1 | 劣势 |
| R&D 经费 | 18 | 18 | 0 | 中势 |
| R&D 经费投入强度 | 18 | 16 | 2 | 中势 |
| 发明专利授权量 | 24 | 23 | 1 | 劣势 |
| 技术市场成交合同金额 | 17 | 16 | 1 | 中势 |
| 财政科技支出占地方财政支出比重 | 26 | 17 | 9 | 中势 |
| 高技术产业增加值 | 10 | 13 | -3 | 中势 |
| 高技术产业增加值占工业增加值比重 | 7 | 8 | -1 | 优势 |
| 高技术产品出口额占商品出口额比重 | 14 | 14 | 0 | 中势 |
| 5.2　教育竞争力 | 9 | 9 | 0 | 优势 |
| 教育经费 | 12 | 12 | 0 | 中势 |
| 教育经费占 GDP 比重 | 8 | 9 | -1 | 优势 |
| 人均教育经费 | 17 | 18 | -1 | 中势 |
| 公共教育经费占财政支出比重 | 8 | 9 | -1 | 优势 |

续表

| 指 标 | 2014 | 2015 | 排位升降 | 优劣势 |
|---|---|---|---|---|
| 人均文化教育支出占个人消费支出比重 | 13 | 14 | -1 | 中势 |
| 万人中小学学校数 | 8 | 8 | 0 | 优势 |
| 万人中小学专任教师数 | 11 | 11 | 0 | 中势 |
| 高等学校数 | 12 | 12 | 0 | 中势 |
| 高校专任教师数 | 14 | 14 | 0 | 中势 |
| 万人高等学校在校学生数 | 11 | 10 | 1 | 优势 |
| 5.3 文化竞争力 | 22 | 19 | 3 | 中势 |
| 文化服务业企业营业收入 | 17 | 16 | 1 | 中势 |
| 图书和期刊出版数 | 13 | 14 | -1 | 中势 |
| 报纸出版数 | 15 | 13 | 2 | 中势 |
| 出版印刷工业销售产值 | 10 | 9 | 1 | 优势 |
| 城镇居民人均文化娱乐支出 | 27 | 25 | 2 | 劣势 |
| 农村居民人均文化娱乐支出 | 25 | 20 | 5 | 中势 |
| 城镇居民人均文化娱乐支出占消费性支出比重 | 13 | 14 | -1 | 中势 |
| 农村居民人均文化娱乐支出占消费性支出比重 | 19 | 17 | 2 | 中势 |

## 6. 江西省发展环境竞争力指标排名变化情况

**表 14-10 2014~2015 年江西省发展环境竞争力指标组排位及变化趋势**

| 指 标 | 2014 | 2015 | 排位升降 | 优劣势 |
|---|---|---|---|---|
| **6 发展环境竞争力** | 21 | 18 | 3 | 中势 |
| 6.1 基础设施竞争力 | 20 | 20 | 0 | 中势 |
| 铁路网线密度 | 16 | 16 | 0 | 中势 |
| 公路网线密度 | 15 | 15 | 0 | 中势 |
| 人均内河航道里程 | 8 | 8 | 0 | 优势 |
| 全社会旅客周转量 | 11 | 11 | 0 | 中势 |
| 全社会货物周转量 | 15 | 15 | 0 | 中势 |
| 人均邮电业务总量 | 31 | 27 | 4 | 劣势 |
| 电话普及率 | 31 | 31 | 0 | 劣势 |
| 互联网上网人数比重 | 31 | 29 | 2 | 劣势 |
| 人均耗电量 | 28 | 27 | 1 | 劣势 |
| 6.2 软环境竞争力 | 18 | 18 | 0 | 中势 |
| 外资企业数增长率 | 9 | 22 | -13 | 劣势 |
| 万人外资企业数 | 14 | 14 | 0 | 中势 |
| 个体私营企业数增长率 | 11 | 4 | 7 | 优势 |
| 万人个体私营企业数 | 16 | 16 | 0 | 中势 |
| 万人商标注册件数 | 20 | 21 | -1 | 劣势 |
| 查处商标侵权假冒案件 | 8 | 10 | -2 | 优势 |
| 每十万人交通事故发生数 | 3 | 5 | -2 | 优势 |
| 罚没收入占财政收入比重 | 30 | 28 | 2 | 劣势 |
| 社会捐赠款物 | 13 | 10 | 3 | 优势 |

## 7. 江西省政府作用竞争力指标排名变化情况

**表 14-11　2014～2015 年江西省政府作用竞争力指标组排位及变化趋势**

| 指　　标 | 2014 | 2015 | 排位升降 | 优劣势 |
|---|---|---|---|---|
| **7　政府作用竞争力** | 26 | 22 | 4 | 劣势 |
| 7.1　政府发展经济竞争力 | 16 | 15 | 1 | 中势 |
| 财政支出用于基本建设投资比重 | 24 | 23 | 1 | 劣势 |
| 财政支出对 GDP 增长的拉动 | 23 | 21 | 2 | 劣势 |
| 政府公务员对经济的贡献 | 20 | 21 | -1 | 劣势 |
| 政府消费对民间消费的拉动 | 8 | 2 | 6 | 强势 |
| 财政投资对社会投资的拉动 | 7 | 7 | 0 | 优势 |
| 7.2　政府规调经济竞争力 | 25 | 25 | 0 | 劣势 |
| 物价调控 | 25 | 17 | 8 | 中势 |
| 调控城乡消费差距 | 6 | 8 | -2 | 优势 |
| 统筹经济社会发展 | 26 | 21 | 5 | 劣势 |
| 规范税收 | 27 | 29 | -2 | 劣势 |
| 人口控制 | 23 | 24 | -1 | 劣势 |
| 7.3　政府保障经济竞争力 | 25 | 24 | 1 | 劣势 |
| 城市城镇社区服务设施数 | 19 | 21 | -2 | 劣势 |
| 医疗保险覆盖率 | 26 | 26 | 0 | 劣势 |
| 养老保险覆盖率 | 17 | 19 | -2 | 中势 |
| 失业保险覆盖率 | 29 | 30 | -1 | 劣势 |
| 下岗职工再就业率 | 12 | 4 | 8 | 优势 |
| 城镇登记失业率 | 14 | 15 | -1 | 中势 |

## 8. 江西省发展水平竞争力指标排名变化情况

**表 14-12　2014～2015 年江西省发展水平竞争力指标组排位及变化趋势**

| 指　　标 | 2014 | 2015 | 排位升降 | 优劣势 |
|---|---|---|---|---|
| **8　发展水平竞争力** | 12 | 11 | 1 | 中势 |
| 8.1　工业化进程竞争力 | 12 | 13 | -1 | 中势 |
| 工业增加值占 GDP 比重 | 7 | 9 | -2 | 优势 |
| 工业增加值增长率 | 7 | 15 | -8 | 中势 |
| 高技术产业规模以上企业产值 | 15 | 14 | 1 | 中势 |
| 高技术产业增加值占工业增加值比重 | 11 | 11 | 0 | 中势 |
| 高技术产品出口额占商品出口额比重 | 14 | 17 | -3 | 中势 |
| 信息产业增加值占 GDP 比重 | 21 | 11 | 10 | 中势 |
| 8.2　城市化进程竞争力 | 19 | 11 | 8 | 中势 |
| 城镇化率 | 19 | 19 | 0 | 中势 |
| 城镇居民人均可支配收入 | 18 | 15 | 3 | 中势 |
| 城市平均建成区面积比重 | 18 | 2 | 16 | 强势 |

续表

| 指　标 | 2014 | 2015 | 排位升降 | 优劣势 |
|---|---|---|---|---|
| 人均拥有道路面积 | 13 | 11 | 2 | 中势 |
| 人均日生活用水量 | 13 | 14 | -1 | 中势 |
| 恩格尔系数 | 22 | 23 | -1 | 劣势 |
| 人均公共绿地面积 | 9 | 9 | 0 | 优势 |
| 8.3　市场化进程竞争力 | 5 | 9 | -4 | 优势 |
| 非公有制经济产值占全社会总产值的比重 | 7 | 7 | 0 | 优势 |
| 社会投资占投资总额比重 | 5 | 5 | 0 | 优势 |
| 私有和个体企业从业人员比重 | 7 | 14 | -7 | 中势 |
| 亿元以上商品市场成交额 | 16 | 15 | 1 | 中势 |
| 亿元以上商品市场成交额占全社会消费品零售总额比重 | 12 | 10 | 2 | 优势 |
| 居民消费支出占总消费支出比重 | 8 | 2 | 6 | 强势 |

## 9. 江西省统筹协调竞争力指标排名变化情况

**表 14-13　2014~2015 年江西省统筹协调竞争力指标组排位及变化趋势**

| 指　标 | 2014 | 2015 | 排位升降 | 优劣势 |
|---|---|---|---|---|
| **9　统筹协调竞争力** | 16 | 16 | 0 | 中势 |
| 9.1　统筹发展竞争力 | 15 | 12 | 3 | 中势 |
| 社会劳动生产率 | 26 | 22 | 4 | 劣势 |
| 社会劳动生产率增速 | 20 | 11 | 9 | 中势 |
| 万元 GDP 综合能耗 | 7 | 8 | -1 | 优势 |
| 非农用地产出率 | 16 | 16 | 0 | 中势 |
| 生产税净额和营业盈余占 GDP 比重 | 5 | 4 | 1 | 优势 |
| 最终消费率 | 16 | 18 | -2 | 中势 |
| 固定资产投资额占 GDP 比重 | 21 | 23 | -2 | 劣势 |
| 固定资产交付使用率 | 15 | 14 | 1 | 中势 |
| 9.2　协调发展竞争力 | 18 | 17 | 1 | 中势 |
| 环境竞争力与宏观经济竞争力比差 | 28 | 26 | 2 | 劣势 |
| 资源竞争力与宏观经济竞争力比差 | 20 | 19 | 1 | 中势 |
| 人力资源竞争力与宏观经济竞争力比差 | 10 | 10 | 0 | 优势 |
| 资源竞争力与工业竞争力比差 | 23 | 25 | -2 | 劣势 |
| 环境竞争力与工业竞争力比差 | 22 | 21 | 1 | 劣势 |
| 城乡居民家庭人均收入比差 | 10 | 10 | 0 | 优势 |
| 城乡居民人均现金消费支出比差 | 6 | 8 | -2 | 优势 |
| 全社会消费品零售总额与外贸出口总额比差 | 22 | 23 | -1 | 劣势 |

# B.16
# 15
# 山东省经济综合竞争力评价分析报告

山东省简称鲁，地处中国东部、黄河下游，东临海洋，西部自北而南依次与河北、河南、安徽、江苏4省接壤，是中国重要沿海省份之一。全省面积为16410平方公里，2015年常住人口9847万人，地区生产总值为63002亿元，同比增长8%，人均GDP达64168元。本部分通过分析2014～2015年山东省经济综合竞争力以及各要素竞争力的排名变化，从中找出山东省经济综合竞争力的推动点及影响因素，为进一步提升山东省经济综合竞争力提供决策参考。

## 15.1 山东省经济综合竞争力总体分析

**1. 山东省经济综合竞争力一级指标概要分析**

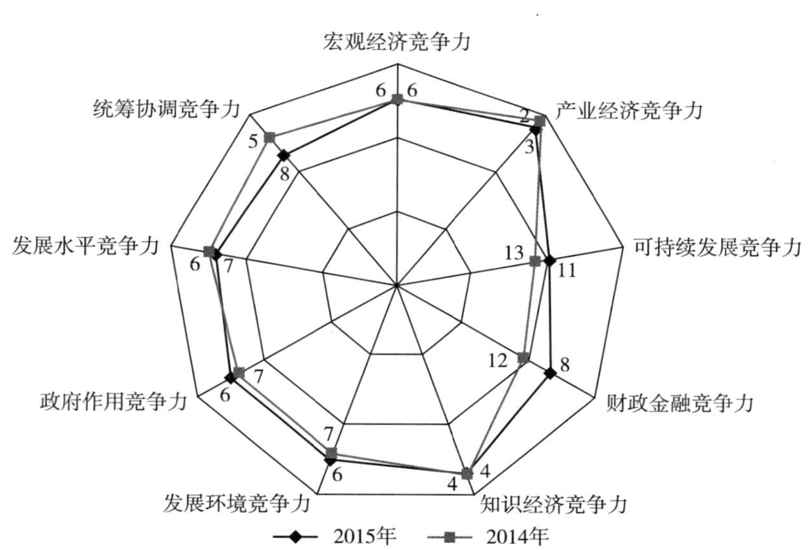


**图15－1 2014～2015年山东省经济综合竞争力二级指标比较**

（1）从综合排位看，2015年山东省经济综合竞争力排位在全国居第6位，在全国处于优势地位；与2014年相比，综合排位没有发生变化。

（2）从指标所处区位看，有8个指标处于上游区，其中宏观经济竞争力、财政金融竞争力、知识经济竞争力、发展环境竞争力、政府作用竞争力、发展水平竞争力和统

**表 15－1 2014～2015 年山东省经济综合竞争力二级指标表现情况**

| 年份＼项目 | 宏观经济竞争力 | 产业经济竞争力 | 可持续发展竞争力 | 财政金融竞争力 | 知识经济竞争力 | 发展环境竞争力 | 政府作用竞争力 | 发展水平竞争力 | 统筹协调竞争力 | **综合排位** |
|---|---|---|---|---|---|---|---|---|---|---|
| 2014 | 6 | 2 | 13 | 12 | 4 | 7 | 7 | 6 | 5 | 6 |
| 2015 | 6 | 3 | 11 | 8 | 4 | 6 | 6 | 7 | 8 | 6 |
| 升降 | 0 | －1 | 2 | 4 | 0 | 1 | 1 | －1 | －3 | 0 |
| 优劣度 | 优势 | 强势 | 中势 | 优势 | 优势 | 优势 | 优势 | 优势 | 优势 | 优势 |

筹协调竞争力等 7 个指标为山东省经济综合竞争力的优势指标。

（3）从指标变化趋势看，9 个二级指标中，有 4 个指标处于上升趋势，分别为可持续发展竞争力、财政金融竞争力、发展环境竞争力和政府作用竞争力，这些是山东省经济综合竞争力的上升动力所在；有 2 个指标排位没有发生变化，分别为宏观经济竞争力和知识经济竞争力；有 3 个指标处于下降趋势，为产业经济竞争力、发展水平竞争力和统筹协调竞争力，是山东省经济综合竞争力的下降拉力所在。

**2. 山东省经济综合竞争力各级指标动态变化分析**

**表 15－2 2014～2015 年山东省经济综合竞争力各级指标排位变化情况**

| 二级指标 | 三级指标 | 四级指标数 | 上升 | | 保持 | | 下降 | | 变化趋势 |
|---|---|---|---|---|---|---|---|---|---|
| | | | 指标数 | 比重（%） | 指标数 | 比重（%） | 指标数 | 比重（%） | |
| 宏观经济竞争力 | 经济实力竞争力 | 12 | 4 | 33.3 | 5 | 41.7 | 3 | 25.0 | 保持 |
| | 经济结构竞争力 | 6 | 2 | 33.3 | 1 | 16.7 | 3 | 50.0 | 下降 |
| | 经济外向度竞争力 | 9 | 3 | 33.3 | 5 | 55.6 | 1 | 11.1 | 上升 |
| | 小　计 | 27 | 9 | 33.3 | 11 | 40.7 | 7 | 25.9 | 保持 |
| 产业经济竞争力 | 农业竞争力 | 10 | 2 | 20.0 | 7 | 70.0 | 1 | 10.0 | 上升 |
| | 工业竞争力 | 10 | 3 | 30.0 | 5 | 50.0 | 2 | 20.0 | 保持 |
| | 服务业竞争力 | 10 | 3 | 30.0 | 4 | 40.0 | 3 | 30.0 | 下降 |
| | 企业竞争力 | 10 | 6 | 60.0 | 2 | 20.0 | 2 | 20.0 | 上升 |
| | 小　计 | 40 | 14 | 35.0 | 18 | 45.0 | 8 | 20.0 | 下降 |
| 可持续发展竞争力 | 资源竞争力 | 9 | 3 | 33.3 | 6 | 66.7 | 0 | 0.0 | 上升 |
| | 环境竞争力 | 8 | 3 | 37.5 | 2 | 25.0 | 3 | 37.5 | 下降 |
| | 人力资源竞争力 | 8 | 2 | 25.0 | 1 | 12.5 | 5 | 62.5 | 下降 |
| | 小　计 | 25 | 8 | 32.0 | 9 | 36.0 | 8 | 32.0 | 上升 |
| 财政金融竞争力 | 财政竞争力 | 12 | 5 | 41.7 | 3 | 25.0 | 4 | 33.3 | 下降 |
| | 金融竞争力 | 10 | 2 | 20.0 | 7 | 70.0 | 1 | 10.0 | 上升 |
| | 小　计 | 22 | 7 | 31.8 | 10 | 45.5 | 5 | 22.7 | 上升 |
| 知识经济竞争力 | 科技竞争力 | 9 | 1 | 11.1 | 7 | 77.8 | 1 | 11.1 | 保持 |
| | 教育竞争力 | 10 | 3 | 30.0 | 6 | 60.0 | 1 | 10.0 | 上升 |
| | 文化竞争力 | 8 | 3 | 37.5 | 4 | 50.0 | 1 | 12.5 | 上升 |
| | 小　计 | 27 | 7 | 25.9 | 17 | 63.0 | 3 | 11.1 | 保持 |

续表

| 二级指标 | 三级指标 | 四级指标数 | 上升 | | 保持 | | 下降 | | 变化趋势 |
|---|---|---|---|---|---|---|---|---|---|
| | | | 指标数 | 比重（%） | 指标数 | 比重（%） | 指标数 | 比重（%） | |
| 发展环境竞争力 | 基础设施竞争力 | 9 | 3 | 33.3 | 3 | 33.3 | 3 | 33.3 | 上升 |
| | 软环境竞争力 | 9 | 3 | 33.3 | 3 | 33.3 | 3 | 33.3 | 上升 |
| | 小　计 | 18 | 6 | 33.3 | 6 | 33.3 | 6 | 33.3 | 上升 |
| 政府作用竞争力 | 政府发展经济竞争力 | 5 | 2 | 40.0 | 2 | 40.0 | 1 | 20.0 | 上升 |
| | 政府规调经济竞争力 | 5 | 2 | 40.0 | 0 | 0.0 | 3 | 60.0 | 上升 |
| | 政府保障经济竞争力 | 6 | 3 | 50.0 | 1 | 16.7 | 2 | 33.3 | 保持 |
| | 小　计 | 16 | 7 | 43.8 | 3 | 18.8 | 6 | 37.5 | 上升 |
| 发展水平竞争力 | 工业化进程竞争力 | 6 | 4 | 66.7 | 1 | 16.7 | 1 | 16.7 | 上升 |
| | 城市化进程竞争力 | 7 | 3 | 42.9 | 2 | 28.6 | 2 | 28.6 | 下降 |
| | 市场化进程竞争力 | 6 | 3 | 50.0 | 2 | 33.3 | 1 | 16.7 | 下降 |
| | 小　计 | 19 | 10 | 52.6 | 5 | 26.3 | 4 | 21.1 | 下降 |
| 统筹协调竞争力 | 统筹发展竞争力 | 8 | 1 | 12.5 | 1 | 12.5 | 6 | 75.0 | 下降 |
| | 协调发展竞争力 | 8 | 1 | 12.5 | 3 | 37.5 | 4 | 50.0 | 下降 |
| | 小　计 | 16 | 2 | 12.5 | 4 | 25.0 | 10 | 62.5 | 下降 |
| 合　计 | | 210 | 70 | 33.3 | 83 | 39.5 | 57 | 27.1 | 保持 |

从表15－2可以看出，210个四级指标中，上升指标有70个，占指标总数的33.3%；下降指标有57个，占指标总数的27.1%；保持不变的指标有83个，占指标总数的39.5%。综上所述，山东省经济综合竞争力上升的动力和下降的拉力大致相当，且排位保持不变的指标占比较大，2015年山东省经济综合竞争力排位保持不变。

**3. 山东省经济综合竞争力各级指标优劣势结构分析**

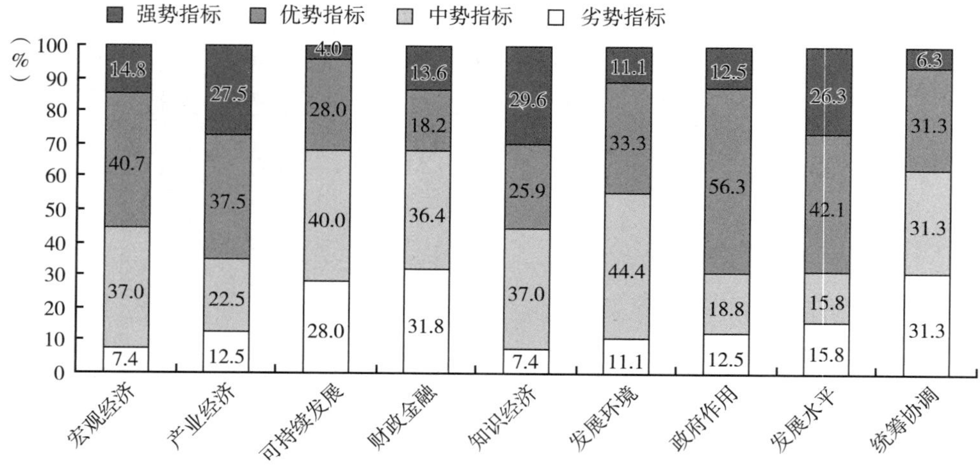


**图15－2　2015年山东省经济综合竞争力各级指标优劣势比较**

**表 15－3　2015 年山东省经济综合竞争力各级指标优劣势情况**

| 二级指标 | 三级指标 | 四级指标数 | 强势指标 | | 优势指标 | | 中势指标 | | 劣势指标 | | 优劣势 |
|---|---|---|---|---|---|---|---|---|---|---|---|
| | | | 个数 | 比重（%） | 个数 | 比重（%） | 个数 | 比重（%） | 个数 | 比重（%） | |
| 宏观经济竞争力 | 经济实力竞争力 | 12 | 3 | 25.0 | 4 | 33.3 | 5 | 41.7 | 0 | 0.0 | 强势 |
| | 经济结构竞争力 | 6 | 1 | 16.7 | 1 | 16.7 | 3 | 50.0 | 1 | 16.7 | 中势 |
| | 经济外向度竞争力 | 9 | 0 | 0.0 | 6 | 66.7 | 2 | 22.2 | 1 | 11.1 | 优势 |
| | 小　计 | 27 | 4 | 14.8 | 11 | 40.7 | 10 | 37.0 | 2 | 7.4 | 优势 |
| 产业经济竞争力 | 农业竞争力 | 10 | 2 | 20.0 | 5 | 50.0 | 2 | 20.0 | 1 | 10.0 | 强势 |
| | 工业竞争力 | 10 | 4 | 40.0 | 4 | 40.0 | 1 | 10.0 | 1 | 10.0 | 强势 |
| | 服务业竞争力 | 10 | 2 | 20.0 | 5 | 50.0 | 1 | 10.0 | 2 | 20.0 | 优势 |
| | 企业竞争力 | 10 | 3 | 30.0 | 1 | 10.0 | 5 | 50.0 | 1 | 10.0 | 优势 |
| | 小　计 | 40 | 11 | 27.5 | 15 | 37.5 | 9 | 22.5 | 5 | 12.5 | 强势 |
| 可持续发展竞争力 | 资源竞争力 | 9 | 0 | 0.0 | 4 | 44.4 | 2 | 22.2 | 3 | 33.3 | 优势 |
| | 环境竞争力 | 8 | 1 | 12.5 | 2 | 25.0 | 3 | 37.5 | 2 | 25.0 | 中势 |
| | 人力资源竞争力 | 8 | 0 | 0.0 | 1 | 12.5 | 5 | 62.5 | 2 | 25.0 | 中势 |
| | 小　计 | 25 | 1 | 4.0 | 7 | 28.0 | 10 | 40.0 | 7 | 28.0 | 中势 |
| 财政金融竞争力 | 财政竞争力 | 12 | 2 | 16.7 | 0 | 0.0 | 5 | 41.7 | 5 | 41.7 | 中势 |
| | 金融竞争力 | 10 | 1 | 10.0 | 4 | 40.0 | 3 | 30.0 | 2 | 20.0 | 优势 |
| | 小　计 | 22 | 3 | 13.6 | 4 | 18.2 | 8 | 36.4 | 7 | 31.8 | 优势 |
| 知识经济竞争力 | 科技竞争力 | 9 | 2 | 22.2 | 5 | 55.6 | 2 | 22.2 | 0 | 0.0 | 优势 |
| | 教育竞争力 | 10 | 4 | 40.0 | 0 | 0.0 | 4 | 40.0 | 2 | 20.0 | 强势 |
| | 文化竞争力 | 8 | 2 | 25.0 | 2 | 25.0 | 4 | 50.0 | 0 | 0.0 | 优势 |
| | 小　计 | 27 | 8 | 29.6 | 7 | 25.9 | 10 | 37.0 | 2 | 7.4 | 优势 |
| 发展环境竞争力 | 基础设施竞争力 | 9 | 1 | 11.1 | 4 | 44.4 | 3 | 33.3 | 1 | 11.1 | 优势 |
| | 软环境竞争力 | 9 | 1 | 11.1 | 2 | 22.2 | 5 | 55.6 | 1 | 11.1 | 优势 |
| | 小　计 | 18 | 2 | 11.1 | 6 | 33.3 | 8 | 44.4 | 2 | 11.1 | 优势 |
| 政府作用竞争力 | 政府发展经济竞争力 | 5 | 2 | 40.0 | 2 | 40.0 | 0 | 0.0 | 1 | 20.0 | 强势 |
| | 政府规调经济竞争力 | 5 | 0 | 0.0 | 2 | 40.0 | 2 | 40.0 | 1 | 20.0 | 中势 |
| | 政府保障经济竞争力 | 6 | 0 | 0.0 | 5 | 83.3 | 1 | 16.7 | 0 | 0.0 | 优势 |
| | 小　计 | 16 | 2 | 12.5 | 9 | 56.3 | 3 | 18.8 | 2 | 12.5 | 优势 |
| 发展水平竞争力 | 工业化进程竞争力 | 6 | 1 | 16.7 | 4 | 66.7 | 1 | 16.7 | 0 | 0.0 | 优势 |
| | 城市化进程竞争力 | 7 | 1 | 14.3 | 2 | 28.6 | 2 | 28.6 | 2 | 28.6 | 优势 |
| | 市场化进程竞争力 | 6 | 3 | 50.0 | 2 | 33.3 | 0 | 0.0 | 1 | 16.7 | 优势 |
| | 小　计 | 19 | 5 | 26.3 | 8 | 42.1 | 3 | 15.8 | 3 | 15.8 | 优势 |
| 统筹协调竞争力 | 统筹发展竞争力 | 8 | 0 | 0.0 | 4 | 50.0 | 3 | 37.5 | 1 | 12.5 | 优势 |
| | 协调发展竞争力 | 8 | 1 | 12.5 | 1 | 12.5 | 2 | 25.0 | 4 | 50.0 | 中势 |
| | 小　计 | 16 | 1 | 6.3 | 5 | 31.3 | 5 | 31.3 | 5 | 31.3 | 优势 |
| 合　计 | | 210 | 37 | 17.6 | 72 | 34.3 | 66 | 31.4 | 35 | 16.7 | 优势 |

基于图 15－2 和表 15－3，具体到四级指标，强势指标 37 个，占指标总数的 17.6%；优势指标 72 个，占指标总数的 34.3%；中势指标 66 个，占指标总数的

31.4%；劣势指标35个，占指标总数的16.7%。三级指标中，强势指标5个，占三级指标总数的20%；优势指标14个，占三级指标总数的56%；中势指标6个，占三级指标总数的24%；没有劣势指标。从二级指标看，强势指标1个，占二级指标总数的11.1%；优势指标有7个，占二级指标总数的77.8%；中势指标有1个，占二级指标总数的11.1%，没有劣势指标。综合来看，由于优势和中势指标在指标体系中居于主导地位，2015年山东省经济综合竞争力处于优势地位。

**4. 山东省经济综合竞争力四级指标优劣势对比分析**

**表15-4　2015年山东省经济综合竞争力四级指标优劣势情况**

| 二级指标 | 优劣势 | 四　级　指　标 |
|---|---|---|
| 宏观经济竞争力（27个） | 强势指标 | 地区生产总值、固定资产投资额、全社会消费品零售总额、所有制经济结构优化度(4个) |
| | 优势指标 | 人均地区生产总值、财政总收入、人均固定资产投资额、人均全社会消费品零售总额、贸易结构优化度、进出口总额、出口总额、实际FDI、外贸依存度、外资企业数、对外直接投资(11个) |
| | 劣势指标 | 资本形成结构优化度、实际FDI增长率(2个) |
| 产业经济竞争力（40个） | 强势指标 | 农业增加值、农业机械化水平、工业增加值、工业资产总额、规模以上工业主营业务收入、规模以上工业利润总额、服务业增加值、服务业从业人员数、规模以上工业企业数、规模以上企业劳动效率、中国驰名商标持有量(11个) |
| | 优势指标 | 人均农业增加值、农民人均纯收入、农产品出口占农林牧渔总产值比重、人均主要农产品产量、农村人均用电量、工业增加值增长率、人均工业增加值、工业资产总额增长率、工业资产总贡献率、人均服务业增加值、限额以上批发零售企业主营业务收入、限额以上批零企业利税率、旅游外汇收入、房地产经营总收入、工业企业R&D经费投入强度(15个) |
| | 劣势指标 | 农民人均纯收入增长率、工业全员劳动生产率、服务业增加值增长率、限额以上餐饮企业利税率、规模以上企业平均资产(5个) |
| 可持续发展竞争力（25个） | 强势指标 | 生活垃圾无害化处理率(1个) |
| | 优势指标 | 人均国土面积、人均可使用海域和滩涂面积、耕地面积、主要能源矿产基础储量、人均治理工业污染投资额、一般工业固体废物综合利用率、职业学校毕业生数(7个) |
| | 劣势指标 | 人均年水资源量、人均耕地面积、人均森林储积量、森林覆盖率、人均废水排放量、文盲率、人口健康素质(7个) |
| 财政金融竞争力（22个） | 强势指标 | 地方财政收入、地方财政支出、保险费净收入(3个) |
| | 优势指标 | 存款余额、贷款余额、货币市场融资额、人均证券市场筹资额(4个) |
| | 劣势指标 | 地方财政收入占GDP比重、地方财政支出占GDP比重、税收收入占GDP比重、人均地方财政支出、地方财政收入增长率、中长期贷款占贷款余额比重、保险深度(7个) |
| 知识经济竞争力（27个） | 强势指标 | R&D经费、高技术产业增加值、教育经费、公共教育经费占财政支出比重、高等学校数、高校专任教师数、图书和期刊出版数、出版印刷工业销售产值(8个) |
| | 优势指标 | R&D人员、R&D经费投入强度、发明专利授权量、技术市场成交合同金额、财政科技支出占地方财政支出比重、文化服务业企业营业收入、报纸出版数(7个) |
| | 劣势指标 | 教育经费占GDP比重、万人中小学学校数(2个) |

续表

| 二级指标 | 优劣势 | 四　级　指　标 |
| --- | --- | --- |
| 发展环境竞争力（18个） | 强势指标 | 公路网线密度、万人个体私营企业数（2个） |
| | 优势指标 | 铁路网线密度、全社会旅客周转量、全社会货物周转量、人均耗电量、万人外资企业数、社会捐赠款物（6个） |
| | 劣势指标 | 人均内河航道里程、查处商标侵权假冒案件（2个） |
| 政府作用竞争力（16个） | 强势指标 | 财政支出对GDP增长的拉动、财政投资对社会投资的拉动（2个） |
| | 优势指标 | 政府公务员对经济的贡献、政府消费对民间消费的拉动、物价调控、统筹经济社会发展、城市城镇社区服务设施数、医疗保险覆盖率、养老保险覆盖率、失业保险覆盖率、下岗职工再就业率（9个） |
| | 劣势指标 | 财政支出用于基本建设投资比重、调控城乡消费差距（2个） |
| 发展水平竞争力（19个） | 强势指标 | 高技术产业规模以上企业产值、人均拥有道路面积、非公有制经济产值占全社会总产值的比重、社会投资占投资总额比重、亿元以上商品市场成交额（5个） |
| | 优势指标 | 工业增加值占GDP比重、工业增加值增长率、高技术产业增加值占工业增加值比重、信息产业增加值占GDP比重、城镇居民人均可支配收入、人均公共绿地面积、亿元以上商品市场成交额占全社会消费品零售总额比重、居民消费支出占总消费支出比重（8个） |
| | 劣势指标 | 城市平均建成区面积比重、人均日生活用水量、私有和个体企业从业人员比重（3个） |
| 统筹协调竞争力（16个） | 强势指标 | 环境竞争力与工业竞争力比差（1个） |
| | 优势指标 | 社会劳动生产率、非农用地产出率、生产税净额和营业盈余占GDP比重、固定资产投资额占GDP比重、环境竞争力与宏观经济竞争力比差（5个） |
| | 劣势指标 | 最终消费率、资源竞争力与宏观经济竞争力比差、资源竞争力与工业竞争力比差、城乡居民人均现金消费支出比差、全社会消费品零售总额与外贸出口总额比差（5个） |

## 15.2　山东省经济综合竞争力各级指标具体分析

### 1. 山东省宏观经济竞争力指标排名变化情况

**表15-5　2014~2015年山东省宏观经济竞争力指标组排位及变化趋势**

| 指　　标 | 2014 | 2015 | 排位升降 | 优劣势 |
| --- | --- | --- | --- | --- |
| **1　宏观经济竞争力** | 6 | 6 | 0 | 优势 |
| 1.1　经济实力竞争力 | 2 | 2 | 0 | 强势 |
| 地区生产总值 | 3 | 3 | 0 | 强势 |
| 地区生产总值增长率 | 15 | 20 | -5 | 中势 |
| 人均地区生产总值 | 10 | 10 | 0 | 优势 |
| 财政总收入 | 3 | 4 | -1 | 优势 |
| 财政总收入增长率 | 2 | 14 | -12 | 中势 |
| 人均财政收入 | 18 | 12 | 6 | 中势 |
| 固定资产投资额 | 1 | 1 | 0 | 强势 |
| 固定资产投资额增长率 | 18 | 14 | 4 | 中势 |

续表

| 指　　标 | 2014 | 2015 | 排位升降 | 优劣势 |
|---|---|---|---|---|
| 人均固定资产投资额 | 10 | 8 | 2 | 优势 |
| 全社会消费品零售总额 | 2 | 2 | 0 | 强势 |
| 全社会消费品零售总额增长率 | 22 | 16 | 6 | 中势 |
| 人均全社会消费品零售总额 | 8 | 8 | 0 | 优势 |
| 1.2　经济结构竞争力 | 10 | 13 | -3 | 中势 |
| 产业结构优化度 | 14 | 14 | 0 | 中势 |
| 所有制经济结构优化度 | 5 | 3 | 2 | 强势 |
| 城乡经济结构优化度 | 14 | 15 | -1 | 中势 |
| 就业结构优化度 | 13 | 12 | 1 | 中势 |
| 资本形成结构优化度 | 28 | 30 | -2 | 劣势 |
| 贸易结构优化度 | 4 | 5 | -1 | 优势 |
| 1.3　经济外向度竞争力 | 7 | 6 | 1 | 优势 |
| 进出口总额 | 6 | 6 | 0 | 优势 |
| 进出口增长率 | 21 | 19 | 2 | 中势 |
| 出口总额 | 5 | 5 | 0 | 优势 |
| 出口增长率 | 19 | 12 | 7 | 中势 |
| 实际 FDI | 6 | 6 | 0 | 优势 |
| 实际 FDI 增长率 | 19 | 24 | -5 | 劣势 |
| 外贸依存度 | 9 | 9 | 0 | 优势 |
| 外资企业数 | 6 | 6 | 0 | 优势 |
| 对外直接投资 | 6 | 5 | 1 | 优势 |

## 2. 山东省产业经济竞争力指标排名变化情况

**表 15-6　2014~2015 年山东省产业经济竞争力指标组排位及变化趋势**

| 指　　标 | 2014 | 2015 | 排位升降 | 优劣势 |
|---|---|---|---|---|
| **2　产业经济竞争力** | 2 | 3 | -1 | 强势 |
| 2.1　农业竞争力 | 2 | 1 | 1 | 强势 |
| 农业增加值 | 1 | 1 | 0 | 强势 |
| 农业增加值增长率 | 22 | 15 | 7 | 中势 |
| 人均农业增加值 | 10 | 10 | 0 | 优势 |
| 农民人均纯收入 | 8 | 8 | 0 | 优势 |
| 农民人均纯收入增长率 | 15 | 21 | -6 | 劣势 |
| 农产品出口占农林牧渔总产值比重 | 6 | 6 | 0 | 优势 |
| 人均主要农产品产量 | 8 | 8 | 0 | 优势 |
| 农业机械化水平 | 1 | 1 | 0 | 强势 |

续表

| 指　　标 | 2014 | 2015 | 排位升降 | 优劣势 |
|---|---|---|---|---|
| 农村人均用电量 | 10 | 10 | 0 | 优势 |
| 财政支农资金比重 | 19 | 18 | 1 | 中势 |
| 2.2　工业竞争力 | 2 | 2 | 0 | 强势 |
| 工业增加值 | 3 | 3 | 0 | 强势 |
| 工业增加值增长率 | 15 | 10 | 5 | 优势 |
| 人均工业增加值 | 9 | 8 | 1 | 优势 |
| 工业资产总额 | 2 | 2 | 0 | 强势 |
| 工业资产总额增长率 | 7 | 7 | 0 | 优势 |
| 工业资产总贡献率 | 4 | 4 | 0 | 优势 |
| 规模以上工业主营业务收入 | 1 | 2 | -1 | 强势 |
| 规模以上工业利润总额 | 2 | 2 | 0 | 强势 |
| 工业全员劳动生产率 | 14 | 24 | -10 | 劣势 |
| 工业成本费用利润率 | 16 | 15 | 1 | 中势 |
| 2.3　服务业竞争力 | 5 | 6 | -1 | 优势 |
| 服务业增加值 | 3 | 3 | 0 | 强势 |
| 服务业增加值增长率 | 16 | 21 | -5 | 劣势 |
| 人均服务业增加值 | 9 | 8 | 1 | 优势 |
| 服务业从业人员数 | 1 | 1 | 0 | 强势 |
| 服务业从业人员数增长率 | 16 | 13 | 3 | 中势 |
| 限额以上批发零售企业主营业务收入 | 6 | 7 | -1 | 优势 |
| 限额以上批零企业利税率 | 10 | 10 | 0 | 优势 |
| 限额以上餐饮企业利税率 | 26 | 27 | -1 | 劣势 |
| 旅游外汇收入 | 9 | 8 | 1 | 优势 |
| 房地产经营总收入 | 4 | 4 | 0 | 优势 |
| 2.4　企业竞争力 | 5 | 4 | 1 | 优势 |
| 规模以上工业企业数 | 4 | 3 | 1 | 强势 |
| 规模以上企业平均资产 | 23 | 22 | 1 | 劣势 |
| 规模以上企业平均收入 | 12 | 12 | 0 | 中势 |
| 规模以上企业平均利润 | 2 | 12 | -10 | 中势 |
| 规模以上企业劳动效率 | 12 | 3 | 9 | 强势 |
| 城镇就业人员平均工资 | 12 | 16 | -4 | 中势 |
| 新产品销售收入占主营业务收入比重 | 11 | 11 | 0 | 中势 |
| 产品质量抽查合格率 | 20 | 12 | 8 | 中势 |
| 工业企业 R&D 经费投入强度 | 12 | 10 | 2 | 优势 |
| 中国驰名商标持有量 | 4 | 2 | 2 | 强势 |

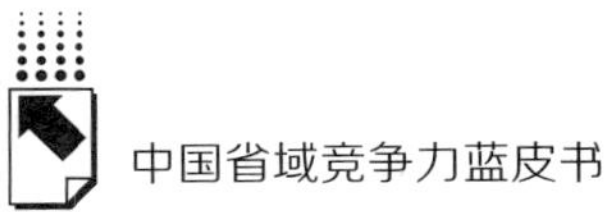


## 3. 山东省可持续发展竞争力指标排名变化情况

**表 15-7　2014~2015 年山东省可持续发展竞争力指标组排位及变化趋势**

| 指　　标 | 2014 | 2015 | 排位升降 | 优劣势 |
|---|---|---|---|---|
| **3　可持续发展竞争力** | 13 | 11 | 2 | 中势 |
| 3.1　资源竞争力 | 10 | 6 | 4 | 优势 |
| 人均国土面积 | 27 | 5 | 22 | 优势 |
| 人均可使用海域和滩涂面积 | 4 | 4 | 0 | 优势 |
| 人均年水资源量 | 28 | 28 | 0 | 劣势 |
| 耕地面积 | 4 | 4 | 0 | 优势 |
| 人均耕地面积 | 22 | 22 | 0 | 劣势 |
| 人均牧草地面积 | 22 | 20 | 2 | 中势 |
| 主要能源矿产基础储量 | 8 | 7 | 1 | 优势 |
| 人均主要能源矿产基础储量 | 16 | 16 | 0 | 中势 |
| 人均森林储积量 | 27 | 27 | 0 | 劣势 |
| 3.2　环境竞争力 | 15 | 16 | -1 | 中势 |
| 森林覆盖率 | 23 | 23 | 0 | 劣势 |
| 人均废水排放量 | 22 | 23 | -1 | 劣势 |
| 人均工业废气排放量 | 19 | 19 | 0 | 中势 |
| 人均工业固体废物排放量 | 18 | 19 | -1 | 中势 |
| 人均治理工业污染投资额 | 9 | 6 | 3 | 优势 |
| 一般工业固体废物综合利用率 | 6 | 5 | 1 | 优势 |
| 生活垃圾无害化处理率 | 2 | 1 | 1 | 强势 |
| 自然灾害直接经济损失 | 12 | 16 | -4 | 中势 |
| 3.3　人力资源竞争力 | 13 | 15 | -2 | 中势 |
| 常住人口增长率 | 16 | 18 | -2 | 中势 |
| 15~64 岁人口比例 | 19 | 19 | 0 | 中势 |
| 文盲率 | 19 | 23 | -4 | 劣势 |
| 大专以上教育程度人口比例 | 22 | 16 | 6 | 中势 |
| 平均受教育程度 | 18 | 17 | 1 | 中势 |
| 人口健康素质 | 24 | 25 | -1 | 劣势 |
| 人力资源利用率 | 12 | 14 | -2 | 中势 |
| 职业学校毕业生数 | 4 | 5 | -1 | 优势 |

## 4. 山东省财政金融竞争力指标排名变化情况

**表 15-8　2014~2015 年山东省财政金融竞争力指标组排位及变化趋势**

| 指　　标 | 2014 | 2015 | 排位升降 | 优劣势 |
|---|---|---|---|---|
| **4　财政金融竞争力** | 12 | 8 | 4 | 优势 |
| 4.1　财政竞争力 | 14 | 15 | -1 | 中势 |
| 地方财政收入 | 3 | 3 | 0 | 强势 |
| 地方财政支出 | 3 | 3 | 0 | 强势 |
| 地方财政收入占 GDP 比重 | 28 | 26 | 2 | 劣势 |
| 地方财政支出占 GDP 比重 | 31 | 31 | 0 | 劣势 |

续表

| 指　　标 | 2014 | 2015 | 排位升降 | 优劣势 |
|---|---|---|---|---|
| 税收收入占 GDP 比重 | 25 | 24 | 1 | 劣势 |
| 税收收入占财政总收入比重 | 12 | 20 | -8 | 中势 |
| 人均地方财政收入 | 13 | 12 | 1 | 中势 |
| 人均地方财政支出 | 28 | 29 | -1 | 劣势 |
| 人均税收收入 | 12 | 11 | 1 | 中势 |
| 地方财政收入增长率 | 17 | 21 | -4 | 劣势 |
| 地方财政支出增长率 | 15 | 13 | 2 | 中势 |
| 税收收入增长率 | 11 | 14 | -3 | 中势 |
| 4.2　金融竞争力 | 9 | 6 | 3 | 优势 |
| 存款余额 | 6 | 6 | 0 | 优势 |
| 人均存款余额 | 15 | 15 | 0 | 中势 |
| 贷款余额 | 4 | 4 | 0 | 优势 |
| 人均贷款余额 | 14 | 15 | -1 | 中势 |
| 货币市场融资额 | 4 | 4 | 0 | 优势 |
| 中长期贷款占贷款余额比重 | 30 | 25 | 5 | 劣势 |
| 保险费净收入 | 3 | 3 | 0 | 强势 |
| 保险密度 | 13 | 12 | 1 | 中势 |
| 保险深度 | 24 | 24 | 0 | 劣势 |
| 人均证券市场筹资额 | 9 | 9 | 0 | 优势 |

## 5. 山东省知识经济竞争力指标排名变化情况

**表 15-9　2014~2015 年山东省知识经济竞争力指标组排位及变化趋势**

| 指　　标 | 2014 | 2015 | 排位升降 | 优劣势 |
|---|---|---|---|---|
| **5　知识经济竞争力** | 4 | 4 | 0 | 优势 |
| 5.1　科技竞争力 | 6 | 6 | 0 | 优势 |
| R&D 人员 | 4 | 4 | 0 | 优势 |
| R&D 经费 | 3 | 3 | 0 | 强势 |
| R&D 经费投入强度 | 4 | 4 | 0 | 优势 |
| 发明专利授权量 | 6 | 6 | 0 | 优势 |
| 技术市场成交合同金额 | 8 | 8 | 0 | 优势 |
| 财政科技支出占地方财政支出比重 | 9 | 9 | 0 | 优势 |
| 高技术产业增加值 | 3 | 3 | 0 | 强势 |
| 高技术产业增加值占工业增加值比重 | 16 | 17 | -1 | 中势 |
| 高技术产品出口额占商品出口额比重 | 17 | 16 | 1 | 中势 |
| 5.2　教育竞争力 | 4 | 3 | 1 | 强势 |
| 教育经费 | 3 | 3 | 0 | 强势 |
| 教育经费占 GDP 比重 | 29 | 29 | 0 | 劣势 |
| 人均教育经费 | 19 | 20 | -1 | 中势 |
| 公共教育经费占财政支出比重 | 1 | 1 | 0 | 强势 |

续表

| 指　　标 | 2014 | 2015 | 排位升降 | 优劣势 |
|---|---|---|---|---|
| 人均文化教育支出占个人消费支出比重 | 27 | 20 | 7 | 中势 |
| 万人中小学学校数 | 21 | 21 | 0 | 劣势 |
| 万人中小学专任教师数 | 18 | 17 | 1 | 中势 |
| 高等学校数 | 2 | 2 | 0 | 强势 |
| 高校专任教师数 | 2 | 2 | 0 | 强势 |
| 万人高等学校在校学生数 | 14 | 12 | 2 | 中势 |
| 5.3　文化竞争力 | 10 | 6 | 4 | 优势 |
| 文化服务业企业营业收入 | 8 | 9 | -1 | 优势 |
| 图书和期刊出版数 | 3 | 3 | 0 | 强势 |
| 报纸出版数 | 4 | 4 | 0 | 优势 |
| 出版印刷工业销售产值 | 3 | 3 | 0 | 强势 |
| 城镇居民人均文化娱乐支出 | 20 | 16 | 4 | 中势 |
| 农村居民人均文化娱乐支出 | 17 | 17 | 0 | 中势 |
| 城镇居民人均文化娱乐支出占消费性支出比重 | 27 | 20 | 7 | 中势 |
| 农村居民人均文化娱乐支出占消费性支出比重 | 18 | 16 | 2 | 中势 |

## 6. 山东省发展环境竞争力指标排名变化情况

**表 15-10　2014~2015 年山东省发展环境竞争力指标组排位及变化趋势**

| 指　　标 | 2014 | 2015 | 排位升降 | 优劣势 |
|---|---|---|---|---|
| **6　发展环境竞争力** | 7 | 6 | 1 | 优势 |
| 6.1　基础设施竞争力 | 8 | 7 | 1 | 优势 |
| 铁路网线密度 | 6 | 6 | 0 | 优势 |
| 公路网线密度 | 1 | 2 | -1 | 强势 |
| 人均内河航道里程 | 25 | 25 | 0 | 劣势 |
| 全社会旅客周转量 | 8 | 8 | 0 | 优势 |
| 全社会货物周转量 | 8 | 7 | 1 | 优势 |
| 人均邮电业务总量 | 18 | 20 | -2 | 中势 |
| 电话普及率 | 20 | 17 | 3 | 中势 |
| 互联网上网人数比重 | 13 | 17 | -4 | 中势 |
| 人均耗电量 | 15 | 8 | 7 | 优势 |
| 6.2　软环境竞争力 | 8 | 7 | 1 | 优势 |
| 外资企业数增长率 | 22 | 14 | 8 | 中势 |
| 万人外资企业数 | 10 | 10 | 0 | 优势 |
| 个体私营企业数增长率 | 16 | 18 | -2 | 中势 |
| 万人个体私营企业数 | 3 | 3 | 0 | 强势 |
| 万人商标注册件数 | 10 | 11 | -1 | 中势 |
| 查处商标侵权假冒案件 | 19 | 23 | -4 | 劣势 |
| 每十万人交通事故发生数 | 18 | 18 | 0 | 中势 |
| 罚没收入占财政收入比重 | 19 | 15 | 4 | 中势 |
| 社会捐赠款物 | 6 | 4 | 2 | 优势 |

## 7. 山东省政府作用竞争力指标排名变化情况

**表 15－11 2014～2015 年山东省政府作用竞争力指标组排位及变化趋势**

| 指 标 | 2014 | 2015 | 排位升降 | 优劣势 |
|---|---|---|---|---|
| **7 政府作用竞争力** | 7 | 6 | 1 | 优势 |
| 7.1 政府发展经济竞争力 | 2 | 1 | 1 | 强势 |
| 财政支出用于基本建设投资比重 | 26 | 28 | －2 | 劣势 |
| 财政支出对 GDP 增长的拉动 | 1 | 1 | 0 | 强势 |
| 政府公务员对经济的贡献 | 7 | 7 | 0 | 优势 |
| 政府消费对民间消费的拉动 | 5 | 4 | 1 | 优势 |
| 财政投资对社会投资的拉动 | 3 | 2 | 1 | 强势 |
| 7.2 政府规调经济竞争力 | 19 | 17 | 2 | 中势 |
| 物价调控 | 15 | 9 | 6 | 优势 |
| 调控城乡消费差距 | 20 | 21 | －1 | 劣势 |
| 统筹经济社会发展 | 8 | 10 | －2 | 优势 |
| 规范税收 | 14 | 16 | －2 | 中势 |
| 人口控制 | 27 | 18 | 9 | 中势 |
| 7.3 政府保障经济竞争力 | 8 | 8 | 0 | 优势 |
| 城市城镇社区服务设施数 | 4 | 5 | －1 | 优势 |
| 医疗保险覆盖率 | 9 | 9 | 0 | 优势 |
| 养老保险覆盖率 | 8 | 7 | 1 | 优势 |
| 失业保险覆盖率 | 12 | 10 | 2 | 优势 |
| 下岗职工再就业率 | 9 | 10 | －1 | 优势 |
| 城镇登记失业率 | 16 | 15 | 1 | 中势 |

## 8. 山东省发展水平竞争力指标排名变化情况

**表 15－12 2014～2015 年山东省发展水平竞争力指标组排位及变化趋势**

| 指 标 | 2014 | 2015 | 排位升降 | 优劣势 |
|---|---|---|---|---|
| **8 发展水平竞争力** | 6 | 7 | －1 | 优势 |
| 8.1 工业化进程竞争力 | 13 | 10 | 3 | 优势 |
| 工业增加值占 GDP 比重 | 14 | 10 | 4 | 优势 |
| 工业增加值增长率 | 23 | 10 | 13 | 优势 |
| 高技术产业规模以上企业产值 | 3 | 3 | 0 | 强势 |
| 高技术产业增加值占工业增加值比重 | 9 | 10 | －1 | 优势 |
| 高技术产品出口额占商品出口额比重 | 17 | 13 | 4 | 中势 |
| 信息产业增加值占 GDP 比重 | 29 | 9 | 20 | 优势 |
| 8.2 城市化进程竞争力 | 7 | 8 | －1 | 优势 |
| 城镇化率 | 13 | 12 | 1 | 中势 |
| 城镇居民人均可支配收入 | 8 | 8 | 0 | 优势 |
| 城市平均建成区面积比重 | 6 | 26 | －20 | 劣势 |

续表

| 指　　标 | 2014 | 2015 | 排位升降 | 优劣势 |
|---|---|---|---|---|
| 人均拥有道路面积 | 1 | 1 | 0 | 强势 |
| 人均日生活用水量 | 22 | 21 | 1 | 劣势 |
| 恩格尔系数 | 14 | 11 | 3 | 中势 |
| 人均公共绿地面积 | 3 | 4 | -1 | 优势 |
| 8.3　市场化进程竞争力 | 3 | 4 | -1 | 优势 |
| 非公有制经济产值占全社会总产值的比重 | 5 | 3 | 2 | 强势 |
| 社会投资占投资总额比重 | 4 | 2 | 2 | 强势 |
| 私有和个体企业从业人员比重 | 18 | 24 | -6 | 劣势 |
| 亿元以上商品市场成交额 | 3 | 3 | 0 | 强势 |
| 亿元以上商品市场成交额占全社会消费品零售总额比重 | 8 | 8 | 0 | 优势 |
| 居民消费支出占总消费支出比重 | 5 | 4 | 1 | 优势 |

## 9. 山东省统筹协调竞争力指标排名变化情况

**表 15-13　2014~2015 年山东省统筹协调竞争力指标组排位及变化趋势**

| 指　　标 | 2014 | 2015 | 排位升降 | 优劣势 |
|---|---|---|---|---|
| **9　统筹协调竞争力** | 5 | 8 | -3 | 优势 |
| 9.1　统筹发展竞争力 | 7 | 10 | -3 | 优势 |
| 社会劳动生产率 | 4 | 9 | -5 | 优势 |
| 社会劳动生产率增速 | 16 | 15 | 1 | 中势 |
| 万元 GDP 综合能耗 | 15 | 16 | -1 | 中势 |
| 非农用地产出率 | 8 | 8 | 0 | 优势 |
| 生产税净额和营业盈余占 GDP 比重 | 4 | 6 | -2 | 优势 |
| 最终消费率 | 27 | 29 | -2 | 劣势 |
| 固定资产投资额占 GDP 比重 | 8 | 9 | -1 | 优势 |
| 固定资产交付使用率 | 12 | 17 | -5 | 中势 |
| 9.2　协调发展竞争力 | 10 | 12 | -2 | 中势 |
| 环境竞争力与宏观经济竞争力比差 | 5 | 5 | 0 | 优势 |
| 资源竞争力与宏观经济竞争力比差 | 25 | 25 | 0 | 劣势 |
| 人力资源竞争力与宏观经济竞争力比差 | 3 | 12 | -9 | 中势 |
| 资源竞争力与工业竞争力比差 | 29 | 29 | 0 | 劣势 |
| 环境竞争力与工业竞争力比差 | 2 | 1 | 1 | 强势 |
| 城乡居民家庭人均收入比差 | 12 | 13 | -1 | 中势 |
| 城乡居民人均现金消费支出比差 | 20 | 21 | -1 | 劣势 |
| 全社会消费品零售总额与外贸出口总额比差 | 19 | 21 | -2 | 劣势 |

B.17
# 16 河南省经济综合竞争力评价分析报告

河南省简称豫，位于中国中东部，黄河中下游，华北平原西南部，大部分地区在黄河以南，北承河北省、山西省，东接山东省、安徽省，南连湖北省，西邻陕西省。全省总面积约16.7万平方公里，2015年常住人口为9480万人，地区生产总值为37002亿元，同比增长8.3%，人均GDP达39123元。本部分通过分析2014～2015年河南省经济综合竞争力以及各要素竞争力的排名变化，从中找出河南省经济综合竞争力的推动点及影响因素，为进一步提升河南省经济综合竞争力提供决策参考。

## 16.1 河南省经济综合竞争力总体分析

**1. 河南省经济综合竞争力一级指标概要分析**

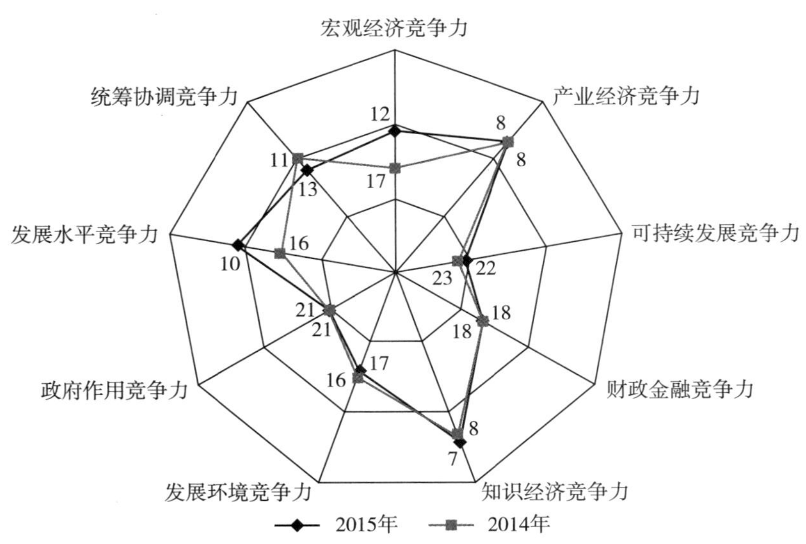


**图16－1 2014～2015年河南省经济综合竞争力二级指标比较**

（1）从综合排位看，2015年河南省经济综合竞争力排位在全国居第10位，这表明其在全国处于中势地位；与2014年相比，综合排位上升2位。

（2）从指标所处区位看，只有3个指标处于上游区，其中产业经济竞争力、知识经济竞争力和发展水平竞争力3个指标为河南省经济综合竞争力的优势指标，多数指标

表 16－1　2014～2015 年河南省经济综合竞争力二级指标表现情况

| 项目<br>年份 | 宏观经济竞争力 | 产业经济竞争力 | 可持续发展竞争力 | 财政金融竞争力 | 知识经济竞争力 | 发展环境竞争力 | 政府作用竞争力 | 发展水平竞争力 | 统筹协调竞争力 | **综合排位** |
|---|---|---|---|---|---|---|---|---|---|---|
| 2014 | 17 | 8 | 23 | 18 | 8 | 16 | 21 | 16 | 11 | 12 |
| 2015 | 12 | 8 | 22 | 18 | 7 | 17 | 21 | 10 | 13 | 10 |
| 升降 | 5 | 0 | 1 | 0 | 1 | －1 | 0 | 6 | －2 | 2 |
| 优劣度 | 中势 | 优势 | 劣势 | 中势 | 优势 | 中势 | 劣势 | 优势 | 中势 | 优势 |

为中势指标，河南省综合竞争力由中游区升入上游区。

（3）从指标变化趋势看，9 个二级指标中，有 4 个指标处于上升趋势，分别为宏观经济竞争力、可持续发展竞争力、知识经济竞争力和发展水平竞争力，这些是河南省经济综合竞争力的上升动力所在；有 3 个指标排位没有发生变化，分别为产业经济竞争力、财政金融竞争力和政府作用竞争力；有 2 个指标处于下降趋势，为发展环境竞争力和统筹协调竞争力，是河南省经济综合竞争力的下降拉力所在。

**2. 河南省经济综合竞争力各级指标动态变化分析**

表 16－2　2014～2015 年河南省经济综合竞争力各级指标排位变化情况

| 二级指标 | 三级指标 | 四级指标数 | 上升 |  | 保持 |  | 下降 |  | 变化趋势 |
|---|---|---|---|---|---|---|---|---|---|
|  |  |  | 指标数 | 比重（%） | 指标数 | 比重（%） | 指标数 | 比重（%） |  |
| 宏观经济竞争力 | 经济实力竞争力 | 12 | 4 | 33.3 | 7 | 58.3 | 1 | 8.3 | 上升 |
|  | 经济结构竞争力 | 6 | 0 | 0.0 | 6 | 100.0 | 0 | 0.0 | 下降 |
|  | 经济外向度竞争力 | 9 | 6 | 66.7 | 0 | 0.0 | 3 | 33.3 | 上升 |
|  | 小　计 | 27 | 10 | 37.0 | 13 | 48.1 | 4 | 14.8 | 上升 |
| 产业经济竞争力 | 农业竞争力 | 10 | 3 | 30.0 | 4 | 40.0 | 3 | 30.0 | 下降 |
|  | 工业竞争力 | 10 | 2 | 20.0 | 6 | 60.0 | 2 | 20.0 | 下降 |
|  | 服务业竞争力 | 10 | 6 | 60.0 | 3 | 30.0 | 1 | 10.0 | 上升 |
|  | 企业竞争力 | 10 | 2 | 20.0 | 2 | 20.0 | 6 | 60.0 | 下降 |
|  | 小　计 | 40 | 13 | 32.5 | 15 | 37.5 | 12 | 30.0 | 保持 |
| 可持续发展竞争力 | 资源竞争力 | 9 | 3 | 33.3 | 5 | 55.6 | 1 | 11.1 | 上升 |
|  | 环境竞争力 | 8 | 4 | 50.0 | 2 | 25.0 | 2 | 25.0 | 上升 |
|  | 人力资源竞争力 | 8 | 1 | 12.5 | 2 | 25.0 | 5 | 62.5 | 下降 |
|  | 小　计 | 25 | 8 | 32.0 | 9 | 36.0 | 8 | 32.0 | 上升 |
| 财政金融竞争力 | 财政竞争力 | 12 | 4 | 33.3 | 5 | 41.7 | 3 | 25.0 | 下降 |
|  | 金融竞争力 | 10 | 2 | 20.0 | 6 | 60.0 | 2 | 20.0 | 保持 |
|  | 小　计 | 22 | 6 | 27.3 | 11 | 50.0 | 5 | 22.7 | 保持 |
| 知识经济竞争力 | 科技竞争力 | 9 | 3 | 33.3 | 2 | 22.2 | 4 | 44.4 | 保持 |
|  | 教育竞争力 | 10 | 3 | 30.0 | 4 | 40.0 | 3 | 30.0 | 保持 |
|  | 文化竞争力 | 8 | 4 | 50.0 | 2 | 25.0 | 2 | 25.0 | 保持 |
|  | 小　计 | 27 | 10 | 37.0 | 8 | 29.6 | 9 | 33.3 | 上升 |

续表

| 二级指标 | 三级指标 | 四级指标数 | 上升 | | 保持 | | 下降 | | 变化趋势 |
|---|---|---|---|---|---|---|---|---|---|
| | | | 指标数 | 比重（%） | 指标数 | 比重（%） | 指标数 | 比重（%） | |
| 发展环境竞争力 | 基础设施竞争力 | 9 | 2 | 22.2 | 6 | 66.7 | 1 | 11.1 | 上升 |
| | 软环境竞争力 | 9 | 3 | 33.3 | 1 | 11.1 | 5 | 55.6 | 下降 |
| | 小　计 | 18 | 5 | 27.8 | 7 | 38.9 | 6 | 33.3 | 下降 |
| 政府作用竞争力 | 政府发展经济竞争力 | 5 | 3 | 60.0 | 1 | 20.0 | 1 | 20.0 | 上升 |
| | 政府规调经济竞争力 | 5 | 1 | 20.0 | 2 | 40.0 | 2 | 40.0 | 下降 |
| | 政府保障经济竞争力 | 6 | 0 | 0.0 | 2 | 33.3 | 4 | 66.7 | 下降 |
| | 小　计 | 16 | 4 | 25.0 | 5 | 31.3 | 7 | 43.8 | 保持 |
| 发展水平竞争力 | 工业化进程竞争力 | 6 | 6 | 100.0 | 0 | 0.0 | 0 | 0.0 | 上升 |
| | 城市化进程竞争力 | 7 | 3 | 42.9 | 3 | 42.9 | 1 | 14.3 | 上升 |
| | 市场化进程竞争力 | 6 | 3 | 50.0 | 2 | 33.3 | 1 | 16.7 | 下降 |
| | 小　计 | 19 | 12 | 63.2 | 5 | 26.3 | 2 | 10.5 | 上升 |
| 统筹协调竞争力 | 统筹发展竞争力 | 8 | 3 | 37.5 | 2 | 25.0 | 3 | 37.5 | 保持 |
| | 协调发展竞争力 | 8 | 4 | 50.0 | 3 | 37.5 | 1 | 12.5 | 上升 |
| | 小　计 | 16 | 7 | 43.8 | 5 | 31.3 | 4 | 25.0 | 下降 |
| 合　计 | | 210 | 75 | 35.7 | 78 | 37.1 | 57 | 27.1 | 上升 |

从表 16－2 可以看出，210 个四级指标中，上升指标有 75 个，占指标总数的 35.7%；下降指标有 57 个，占指标总数的 27.1%；保持不变的指标有 78 个，占指标总数的 37.1%。综上所述，河南省经济综合竞争力上升的动力大于下降的拉力，2015 年河南省经济综合竞争力排位上升 1 位。

### 3. 河南省经济综合竞争力各级指标优劣势结构分析

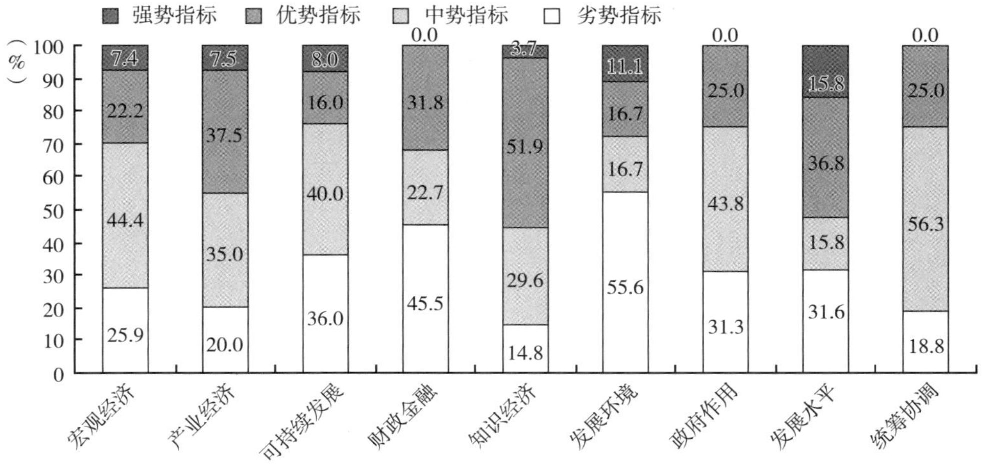


**图 16－2　2015 年河南省经济综合竞争力各级指标优劣势比较**

**表 16 -3　2015 年河南省经济综合竞争力各级指标优劣势情况**

| 二级指标 | 三级指标 | 四级指标数 | 强势指标 | | 优势指标 | | 中势指标 | | 劣势指标 | | 优劣势 |
|---|---|---|---|---|---|---|---|---|---|---|---|
| | | | 个数 | 比重（%） | 个数 | 比重（%） | 个数 | 比重（%） | 个数 | 比重（%） | |
| 宏观经济竞争力 | 经济实力竞争力 | 12 | 1 | 8.3 | 4 | 33.3 | 4 | 33.3 | 3 | 25.0 | 优势 |
| | 经济结构竞争力 | 6 | 0 | 0.0 | 1 | 16.7 | 1 | 16.7 | 4 | 66.7 | 劣势 |
| | 经济外向度竞争力 | 9 | 1 | 11.1 | 1 | 11.1 | 7 | 77.8 | 0 | 0.0 | 中势 |
| | 小　计 | 27 | 2 | 7.4 | 6 | 22.2 | 12 | 44.4 | 7 | 25.9 | 中势 |
| 产业经济竞争力 | 农业竞争力 | 10 | 2 | 20.0 | 1 | 10.0 | 6 | 60.0 | 1 | 10.0 | 优势 |
| | 工业竞争力 | 10 | 0 | 0.0 | 7 | 70.0 | 2 | 20.0 | 1 | 10.0 | 优势 |
| | 服务业竞争力 | 10 | 1 | 10.0 | 4 | 40.0 | 3 | 30.0 | 2 | 20.0 | 中势 |
| | 企业竞争力 | 10 | 0 | 0.0 | 3 | 30.0 | 3 | 30.0 | 4 | 40.0 | 中势 |
| | 小　计 | 40 | 3 | 7.5 | 15 | 37.5 | 14 | 35.0 | 8 | 20.0 | 优势 |
| 可持续发展竞争力 | 资源竞争力 | 9 | 1 | 11.1 | 2 | 22.2 | 3 | 33.3 | 3 | 33.3 | 中势 |
| | 环境竞争力 | 8 | 0 | 0.0 | 2 | 25.0 | 5 | 62.5 | 1 | 12.5 | 中势 |
| | 人力资源竞争力 | 8 | 1 | 12.5 | 0 | 0.0 | 2 | 25.0 | 5 | 62.5 | 劣势 |
| | 小　计 | 25 | 2 | 8.0 | 4 | 16.0 | 10 | 40.0 | 9 | 36.0 | 劣势 |
| 财政金融竞争力 | 财政竞争力 | 12 | 0 | 0.0 | 4 | 33.3 | 2 | 16.7 | 6 | 50.0 | 劣势 |
| | 金融竞争力 | 10 | 0 | 0.0 | 3 | 30.0 | 3 | 30.0 | 4 | 40.0 | 中势 |
| | 小　计 | 22 | 0 | 0.0 | 7 | 31.8 | 5 | 22.7 | 10 | 45.5 | 中势 |
| 知识经济竞争力 | 科技竞争力 | 9 | 0 | 0.0 | 4 | 44.4 | 4 | 44.4 | 1 | 11.1 | 优势 |
| | 教育竞争力 | 10 | 1 | 10.0 | 6 | 60.0 | 2 | 20.0 | 1 | 10.0 | 优势 |
| | 文化竞争力 | 8 | 0 | 0.0 | 4 | 50.0 | 2 | 25.0 | 2 | 25.0 | 中势 |
| | 小　计 | 27 | 1 | 3.7 | 14 | 51.9 | 8 | 29.6 | 4 | 14.8 | 优势 |
| 发展环境竞争力 | 基础设施竞争力 | 9 | 1 | 11.1 | 3 | 33.3 | 1 | 11.1 | 4 | 44.4 | 中势 |
| | 软环境竞争力 | 9 | 1 | 11.1 | 0 | 0.0 | 2 | 22.2 | 6 | 66.7 | 劣势 |
| | 小　计 | 18 | 2 | 11.1 | 3 | 16.7 | 3 | 16.7 | 10 | 55.6 | 中势 |
| 政府作用竞争力 | 政府发展经济竞争力 | 5 | 0 | 0.0 | 2 | 40.0 | 3 | 60.0 | 0 | 0.0 | 优势 |
| | 政府规调经济竞争力 | 5 | 0 | 0.0 | 1 | 20.0 | 3 | 60.0 | 1 | 20.0 | 中势 |
| | 政府保障经济竞争力 | 6 | 0 | 0.0 | 1 | 16.7 | 1 | 16.7 | 4 | 66.7 | 劣势 |
| | 小　计 | 16 | 0 | 0.0 | 4 | 25.0 | 7 | 43.8 | 5 | 31.3 | 劣势 |
| 发展水平竞争力 | 工业化进程竞争力 | 6 | 2 | 33.3 | 3 | 50.0 | 1 | 16.7 | 0 | 0.0 | 优势 |
| | 城市化进程竞争力 | 7 | 0 | 0.0 | 2 | 28.6 | 0 | 0.0 | 5 | 71.4 | 劣势 |
| | 市场化进程竞争力 | 6 | 1 | 16.7 | 2 | 33.3 | 2 | 33.3 | 1 | 16.7 | 中势 |
| | 小　计 | 19 | 3 | 15.8 | 7 | 36.8 | 3 | 15.8 | 6 | 31.6 | 优势 |
| 统筹协调竞争力 | 统筹发展竞争力 | 8 | 0 | 0 | 1 | 12.5 | 5 | 62.5 | 2 | 25.0 | 中势 |
| | 协调发展竞争力 | 8 | 0 | 0 | 3 | 37.5 | 4 | 50.0 | 1 | 12.5 | 优势 |
| | 小　计 | 16 | 0 | 0 | 4 | 25.0 | 9 | 56.3 | 3 | 18.8 | 中势 |
| 合　计 | | 210 | 13 | 6.2 | 64 | 30.5 | 71 | 33.8 | 62 | 29.5 | 优势 |

基于图 16 -2 和表 16 -3，具体到四级指标，强势指标 13 个，占指标总数的 6.2%；优势指标 64 个，占指标总数的 30.5%；中势指标 71 个，占指标总数的

33.8%；劣势指标62个，占指标总数的29.5%。三级指标中，没有强势指标；优势指标8个，占三级指标总数的32%；中势指标11个，占三级指标总数的44%；劣势指标6个，占三级指标总数的24%。从二级指标看，没有强势指标；优势指标有3个，占二级指标总数的33.3%；中势指标有4个，占二级指标总数的44.5%；劣势指标2个，占二级指标总数的22.2%。综合来看，由于中势指标在指标体系中居于主导地位，2015年河南省经济综合竞争力处于中势地位。

**4. 河南省经济综合竞争力四级指标优劣势对比分析**

**表16－4 2015年河南省经济综合竞争力四级指标优劣势情况**

| 二级指标 | 优劣势 | 四级指标 |
|---|---|---|
| 宏观经济竞争力（27个） | 强势指标 | 固定资产投资额、进出口增长率（2个） |
| | 优势指标 | 地区生产总值、固定资产投资额增长率、全社会消费品零售总额、全社会消费品零售总额增长率、所有制经济结构优化度、出口增长率（6个） |
| | 劣势指标 | 人均地区生产总值、人均财政收入、人均固定资产投资额、产业结构优化度、城乡经济结构优化度、就业结构优化度、贸易结构优化度（7个） |
| 产业经济竞争力（40个） | 强势指标 | 农业增加值、农业机械化水平、服务业从业人员数（3个） |
| | 优势指标 | 人均主要农产品产量、工业增加值、工业资产总额、工业资产总额增长率、工业资产总贡献率、规模以上工业主营业务收入、规模以上工业利润总额、工业成本费用利润率、服务业增加值、服务业增加值增长率、限额以上批零企业利税率、房地产经营总收入、规模以上工业企业数、规模以上企业平均利润、产品质量抽查合格率（15个） |
| | 劣势指标 | 农产品出口占农林牧渔总产值比重、工业全员劳动生产率、人均服务业增加值、限额以上餐饮企业利税率、规模以上企业平均资产、规模以上企业劳动效率、城镇就业人员平均工资、工业企业R&D经费投入强度（8个） |
| 可持续发展竞争力（25个） | 强势指标 | 耕地面积、职业学校毕业生数（2个） |
| | 优势指标 | 人均国土面积、主要能源矿产基础储量、一般工业固体废物综合利用率、自然灾害直接经济损失（4个） |
| | 劣势指标 | 人均年水资源量、人均牧草地面积、人均森林储积量、人均治理工业污染投资额、常住人口增长率、15～64岁人口比例、大专以上教育程度人口比例、平均受教育程度、人口健康素质（9个） |
| 财政金融竞争力（22个） | 强势指标 | （0个） |
| | 优势指标 | 地方财政收入、地方财政支出、地方财政收入增长率、税收收入增长率、存款余额、保险费净收入、保险深度（7个） |
| | 劣势指标 | 地方财政收入占GDP比重、地方财政支出占GDP比重、税收收入占GDP比重、人均地方财政收入、人均地方财政支出、人均税收收入、人均存款余额、人均贷款余额、中长期贷款占贷款余额比重、人均证券市场筹资额（10个） |
| 知识经济竞争力（27个） | 强势指标 | 万人中小学学校数（1个） |
| | 优势指标 | R&D人员、R&D经费、高技术产业增加值、高技术产品出口额占商品出口额比重、教育经费、公共教育经费占财政支出比重、人均文化教育支出占个人消费支出比重、万人中小学专任教师数、高等学校数、高校专任教师数、文化服务业企业营业收入、报纸出版数、出版印刷工业销售产值、城镇居民人均文化娱乐支出占消费性支出比重（14个） |
| | 劣势指标 | 技术市场成交合同金额、人均教育经费、城镇居民人均文化娱乐支出、农村居民人均文化娱乐支出（4个） |

续表

| 二级指标 | 优劣势 | 四　级　指　标 |
| --- | --- | --- |
| 发展环境竞争力（18个） | 强势指标 | 全社会旅客周转量、每十万人交通事故发生数（2个） |
| | 优势指标 | 铁路网线密度、公路网线密度、全社会货物周转量（3个） |
| | 劣势指标 | 人均内河航道里程、人均邮电业务总量、电话普及率、互联网上网人数比重、外资企业数增长率、万人外资企业数、个体私营企业数增长率、查处商标侵权假冒案件、罚没收入占财政收入比重、社会捐赠款物（10个） |
| 政府作用竞争力（16个） | 强势指标 | （0个） |
| | 优势指标 | 财政支出对GDP增长的拉动、财政投资对社会投资的拉动、统筹经济社会发展、城镇登记失业率（4个） |
| | 劣势指标 | 规范税收、医疗保险覆盖率、养老保险覆盖率、失业保险覆盖率、下岗职工再就业率（5个） |
| 发展水平竞争力（19个） | 强势指标 | 工业增加值占GDP比重、高技术产品出口额占商品出口额比重、社会投资占投资总额比重（3个） |
| | 优势指标 | 高技术产业规模以上企业产值、高技术产业增加值占工业增加值比重、信息产业增加值占GDP比重、城市平均建成区面积比重、恩格尔系数、非公有制经济产值占全社会总产值的比重、亿元以上商品市场成交额（7个） |
| | 劣势指标 | 城镇化率、城镇居民人均可支配收入、人均拥有道路面积、人均日生活用水量、人均公共绿地面积、私有和个体企业从业人员比重（6个） |
| 统筹协调竞争力（16个） | 强势指标 | （0个） |
| | 优势指标 | 非农用地产出率、人力资源竞争力与宏观经济竞争力比差、环境竞争力与工业竞争力比差、城乡居民家庭人均收入比差（4个） |
| | 劣势指标 | 社会劳动生产率、社会劳动生产率增速、资源竞争力与工业竞争力比差（3个） |

## 16.2　河南省经济综合竞争力各级指标具体分析

### 1. 河南省宏观经济竞争力指标排名变化情况

**表16－5　2014～2015年河南省宏观经济竞争力指标组排位及变化趋势**

| 指　标 | 2014 | 2015 | 排位升降 | 优劣势 |
| --- | --- | --- | --- | --- |
| **1　宏观经济竞争力** | 17 | 12 | 5 | 中势 |
| 1.1　经济实力竞争力 | 11 | 9 | 2 | 优势 |
| 地区生产总值 | 5 | 5 | 0 | 优势 |
| 地区生产总值增长率 | 13 | 13 | 0 | 中势 |
| 人均地区生产总值 | 22 | 22 | 0 | 劣势 |
| 财政总收入 | 12 | 14 | －2 | 中势 |
| 财政总收入增长率 | 16 | 16 | 0 | 中势 |
| 人均财政收入 | 31 | 29 | 2 | 劣势 |
| 固定资产投资额 | 3 | 3 | 0 | 强势 |
| 固定资产投资额增长率 | 11 | 9 | 2 | 优势 |

续表

| 指　　标 | 2014 | 2015 | 排位升降 | 优劣势 |
| --- | --- | --- | --- | --- |
| 人均固定资产投资额 | 21 | 21 | 0 | 劣势 |
| 全社会消费品零售总额 | 5 | 5 | 0 | 优势 |
| 全社会消费品零售总额增长率 | 21 | 4 | 17 | 优势 |
| 人均全社会消费品零售总额 | 20 | 19 | 1 | 中势 |
| 1.2　经济结构竞争力 | 26 | 27 | -1 | 劣势 |
| 产业结构优化度 | 26 | 26 | 0 | 劣势 |
| 所有制经济结构优化度 | 6 | 6 | 0 | 优势 |
| 城乡经济结构优化度 | 22 | 22 | 0 | 劣势 |
| 就业结构优化度 | 27 | 27 | 0 | 劣势 |
| 资本形成结构优化度 | 11 | 11 | 0 | 中势 |
| 贸易结构优化度 | 31 | 31 | 0 | 劣势 |
| 1.3　经济外向度竞争力 | 18 | 12 | 6 | 中势 |
| 进出口总额 | 12 | 11 | 1 | 中势 |
| 进出口增长率 | 14 | 2 | 12 | 强势 |
| 出口总额 | 12 | 11 | 1 | 中势 |
| 出口增长率 | 18 | 4 | 14 | 优势 |
| 实际 FDI | 15 | 16 | -1 | 中势 |
| 实际 FDI 增长率 | 3 | 13 | -10 | 中势 |
| 外贸依存度 | 23 | 16 | 7 | 中势 |
| 外资企业数 | 11 | 12 | -1 | 中势 |
| 对外直接投资 | 21 | 12 | 9 | 中势 |

## 2. 河南省产业经济竞争力指标排名变化情况

**表 16-6　2014～2015 年河南省产业经济竞争力指标组排位及变化趋势**

| 指　　标 | 2014 | 2015 | 排位升降 | 优劣势 |
| --- | --- | --- | --- | --- |
| **2　产业经济竞争力** | 8 | 8 | 0 | 优势 |
| 2.1　农业竞争力 | 3 | 4 | -1 | 优势 |
| 农业增加值 | 2 | 2 | 0 | 强势 |
| 农业增加值增长率 | 19 | 13 | 6 | 中势 |
| 人均农业增加值 | 18 | 19 | -1 | 中势 |
| 农民人均纯收入 | 17 | 17 | 0 | 中势 |
| 农民人均纯收入增长率 | 17 | 20 | -3 | 中势 |
| 农产品出口占农林牧渔总产值比重 | 24 | 21 | 3 | 劣势 |
| 人均主要农产品产量 | 6 | 6 | 0 | 优势 |
| 农业机械化水平 | 2 | 2 | 0 | 强势 |

续表

| 指　　标 | 2014 | 2015 | 排位升降 | 优劣势 |
|---|---|---|---|---|
| 农村人均用电量 | 15 | 14 | 1 | 中势 |
| 财政支农资金比重 | 17 | 19 | -2 | 中势 |
| 2.2　工业竞争力 | 4 | 5 | -1 | 优势 |
| 工业增加值 | 5 | 5 | 0 | 优势 |
| 工业增加值增长率 | 26 | 19 | 7 | 中势 |
| 人均工业增加值 | 16 | 16 | 0 | 中势 |
| 工业资产总额 | 5 | 5 | 0 | 优势 |
| 工业资产总额增长率 | 4 | 6 | -2 | 优势 |
| 工业资产总贡献率 | 7 | 7 | 0 | 优势 |
| 规模以上工业主营业务收入 | 4 | 4 | 0 | 优势 |
| 规模以上工业利润总额 | 4 | 4 | 0 | 优势 |
| 工业全员劳动生产率 | 21 | 29 | -8 | 劣势 |
| 工业成本费用利润率 | 9 | 7 | 2 | 优势 |
| 2.3　服务业竞争力 | 12 | 11 | 1 | 中势 |
| 服务业增加值 | 7 | 7 | 0 | 优势 |
| 服务业增加值增长率 | 9 | 8 | 1 | 优势 |
| 人均服务业增加值 | 24 | 25 | -1 | 劣势 |
| 服务业从业人员数 | 3 | 3 | 0 | 强势 |
| 服务业从业人员数增长率 | 26 | 20 | 6 | 中势 |
| 限额以上批发零售企业主营业务收入 | 12 | 11 | 1 | 中势 |
| 限额以上批零企业利税率 | 5 | 5 | 0 | 优势 |
| 限额以上餐饮企业利税率 | 31 | 30 | 1 | 劣势 |
| 旅游外汇收入 | 22 | 20 | 2 | 中势 |
| 房地产经营总收入 | 8 | 7 | 1 | 优势 |
| 2.4　企业竞争力 | 9 | 17 | -8 | 中势 |
| 规模以上工业企业数 | 5 | 5 | 0 | 优势 |
| 规模以上企业平均资产 | 22 | 23 | -1 | 劣势 |
| 规模以上企业平均收入 | 16 | 14 | 2 | 中势 |
| 规模以上企业平均利润 | 4 | 8 | -4 | 优势 |
| 规模以上企业劳动效率 | 11 | 24 | -13 | 劣势 |
| 城镇就业人员平均工资 | 11 | 31 | -20 | 劣势 |
| 新产品销售收入占主营业务收入比重 | 16 | 18 | -2 | 中势 |
| 产品质量抽查合格率 | 8 | 6 | 2 | 优势 |
| 工业企业 R&D 经费投入强度 | 24 | 24 | 0 | 劣势 |
| 中国驰名商标持有量 | 12 | 13 | -1 | 中势 |

## 3. 河南省可持续发展竞争力指标排名变化情况

**表 16 - 7 2014 ~ 2015 年河南省可持续发展竞争力指标组排位及变化趋势**

| 指 标 | 2014 | 2015 | 排位升降 | 优劣势 |
|---|---|---|---|---|
| **3 可持续发展竞争力** | 23 | 22 | 1 | 劣势 |
| 3.1 资源竞争力 | 19 | 14 | 5 | 中势 |
| 人均国土面积 | 25 | 7 | 18 | 优势 |
| 人均可使用海域和滩涂面积 | 13 | 13 | 0 | 中势 |
| 人均年水资源量 | 25 | 24 | 1 | 劣势 |
| 耕地面积 | 3 | 3 | 0 | 强势 |
| 人均耕地面积 | 18 | 18 | 0 | 中势 |
| 人均牧草地面积 | 24 | 29 | -5 | 劣势 |
| 主要能源矿产基础储量 | 10 | 8 | 2 | 优势 |
| 人均主要能源矿产基础储量 | 15 | 15 | 0 | 中势 |
| 人均森林储积量 | 24 | 24 | 0 | 劣势 |
| 3.2 环境竞争力 | 16 | 15 | 1 | 中势 |
| 森林覆盖率 | 20 | 20 | 0 | 中势 |
| 人均废水排放量 | 16 | 15 | 1 | 中势 |
| 人均工业废气排放量 | 17 | 17 | 0 | 中势 |
| 人均工业固体废物排放量 | 14 | 15 | -1 | 中势 |
| 人均治理工业污染投资额 | 19 | 21 | -2 | 劣势 |
| 一般工业固体废物综合利用率 | 11 | 10 | 1 | 优势 |
| 生活垃圾无害化处理率 | 19 | 16 | 3 | 中势 |
| 自然灾害直接经济损失 | 14 | 9 | 5 | 优势 |
| 3.3 人力资源竞争力 | 20 | 23 | -3 | 劣势 |
| 常住人口增长率 | 26 | 23 | 3 | 劣势 |
| 15 ~ 64 岁人口比例 | 26 | 29 | -3 | 劣势 |
| 文盲率 | 15 | 15 | 0 | 中势 |
| 大专以上教育程度人口比例 | 19 | 29 | -10 | 劣势 |
| 平均受教育程度 | 16 | 23 | -7 | 劣势 |
| 人口健康素质 | 27 | 29 | -2 | 劣势 |
| 人力资源利用率 | 16 | 17 | -1 | 中势 |
| 职业学校毕业生数 | 3 | 3 | 0 | 强势 |

## 4. 河南省财政金融竞争力指标排名变化情况

**表 16 - 8 2014 ~ 2015 年河南省财政金融竞争力指标组排位及变化趋势**

| 指 标 | 2014 | 2015 | 排位升降 | 优劣势 |
|---|---|---|---|---|
| **4 财政金融竞争力** | 18 | 18 | 0 | 中势 |
| 4.1 财政竞争力 | 19 | 21 | -2 | 劣势 |
| 地方财政收入 | 9 | 8 | 1 | 优势 |
| 地方财政支出 | 5 | 5 | 0 | 优势 |
| 地方财政收入占 GDP 比重 | 31 | 29 | 2 | 劣势 |
| 地方财政支出占 GDP 比重 | 25 | 25 | 0 | 劣势 |

续表

| 指　　标 | 2014 | 2015 | 排位升降 | 优劣势 |
|---|---|---|---|---|
| 税收收入占 GDP 比重 | 30 | 30 | 0 | 劣势 |
| 税收收入占财政总收入比重 | 10 | 13 | -3 | 中势 |
| 人均地方财政收入 | 30 | 28 | 2 | 劣势 |
| 人均地方财政支出 | 30 | 31 | -1 | 劣势 |
| 人均税收收入 | 29 | 29 | 0 | 劣势 |
| 地方财政收入增长率 | 9 | 8 | 1 | 优势 |
| 地方财政支出增长率 | 18 | 20 | -2 | 中势 |
| 税收收入增长率 | 8 | 8 | 0 | 优势 |
| 4.2　金融竞争力 | 15 | 15 | 0 | 中势 |
| 存款余额 | 10 | 10 | 0 | 优势 |
| 人均存款余额 | 29 | 30 | -1 | 劣势 |
| 贷款余额 | 11 | 11 | 0 | 中势 |
| 人均贷款余额 | 31 | 31 | 0 | 劣势 |
| 货币市场融资额 | 16 | 16 | 0 | 中势 |
| 中长期贷款占贷款余额比重 | 28 | 24 | 4 | 劣势 |
| 保险费净收入 | 5 | 6 | -1 | 优势 |
| 保险密度 | 20 | 20 | 0 | 中势 |
| 保险深度 | 9 | 9 | 0 | 优势 |
| 人均证券市场筹资额 | 26 | 25 | 1 | 劣势 |

## 5. 河南省知识经济竞争力指标排名变化情况

**表 16-9　2014~2015 年河南省知识经济竞争力指标组排位及变化趋势**

| 指　　标 | 2014 | 2015 | 排位升降 | 优劣势 |
|---|---|---|---|---|
| **5　知识经济竞争力** | 8 | 7 | 1 | 优势 |
| 5.1　科技竞争力 | 10 | 10 | 0 | 优势 |
| R&D 人员 | 7 | 7 | 0 | 优势 |
| R&D 经费 | 7 | 7 | 0 | 优势 |
| R&D 经费投入强度 | 15 | 13 | 2 | 中势 |
| 发明专利授权量 | 13 | 14 | -1 | 中势 |
| 技术市场成交合同金额 | 20 | 22 | -2 | 劣势 |
| 财政科技支出占地方财政支出比重 | 13 | 14 | -1 | 中势 |
| 高技术产业增加值 | 11 | 6 | 5 | 优势 |
| 高技术产业增加值占工业增加值比重 | 20 | 16 | 4 | 中势 |
| 高技术产品出口额占商品出口额比重 | 3 | 4 | -1 | 优势 |
| 5.2　教育竞争力 | 5 | 5 | 0 | 优势 |
| 教育经费 | 4 | 4 | 0 | 优势 |
| 教育经费占 GDP 比重 | 16 | 18 | -2 | 中势 |
| 人均教育经费 | 28 | 31 | -3 | 劣势 |
| 公共教育经费占财政支出比重 | 3 | 6 | -3 | 优势 |

续表

| 指　　标 | 2014 | 2015 | 排位升降 | 优劣势 |
|---|---|---|---|---|
| 人均文化教育支出占个人消费支出比重 | 16 | 10 | 6 | 优势 |
| 万人中小学学校数 | 3 | 2 | 1 | 强势 |
| 万人中小学专任教师数 | 7 | 7 | 0 | 优势 |
| 高等学校数 | 4 | 4 | 0 | 优势 |
| 高校专任教师数 | 4 | 4 | 0 | 优势 |
| 万人高等学校在校学生数 | 22 | 19 | 3 | 中势 |
| 5.3　文化竞争力 | 15 | 15 | 0 | 中势 |
| 文化服务业企业营业收入 | 12 | 10 | 2 | 优势 |
| 图书和期刊出版数 | 12 | 12 | 0 | 中势 |
| 报纸出版数 | 7 | 6 | 1 | 优势 |
| 出版印刷工业销售产值 | 6 | 6 | 0 | 优势 |
| 城镇居民人均文化娱乐支出 | 23 | 21 | 2 | 劣势 |
| 农村居民人均文化娱乐支出 | 21 | 24 | -3 | 劣势 |
| 城镇居民人均文化娱乐支出占消费性支出比重 | 16 | 10 | 6 | 优势 |
| 农村居民人均文化娱乐支出占消费性支出比重 | 14 | 15 | -1 | 中势 |

## 6. 河南省发展环境竞争力指标排名变化情况

**表 16-10　2014~2015 年河南省发展环境竞争力指标组排位及变化趋势**

| 指　　标 | 2014 | 2015 | 排位升降 | 优劣势 |
|---|---|---|---|---|
| **6　发展环境竞争力** | 16 | 17 | -1 | 中势 |
| 6.1　基础设施竞争力 | 12 | 11 | 1 | 中势 |
| 铁路网线密度 | 8 | 8 | 0 | 优势 |
| 公路网线密度 | 4 | 4 | 0 | 优势 |
| 人均内河航道里程 | 23 | 23 | 0 | 劣势 |
| 全社会旅客周转量 | 2 | 2 | 0 | 强势 |
| 全社会货物周转量 | 9 | 9 | 0 | 优势 |
| 人均邮电业务总量 | 27 | 25 | 2 | 劣势 |
| 电话普及率 | 24 | 26 | -2 | 劣势 |
| 互联网上网人数比重 | 26 | 26 | 0 | 劣势 |
| 人均耗电量 | 20 | 19 | 1 | 中势 |
| 6.2　软环境竞争力 | 28 | 30 | -2 | 劣势 |
| 外资企业数增长率 | 20 | 31 | -11 | 劣势 |
| 万人外资企业数 | 19 | 22 | -3 | 劣势 |
| 个体私营企业数增长率 | 29 | 23 | 6 | 劣势 |
| 万人个体私营企业数 | 15 | 15 | 0 | 中势 |
| 万人商标注册件数 | 18 | 19 | -1 | 中势 |
| 查处商标侵权假冒案件 | 27 | 28 | -1 | 劣势 |
| 每十万人交通事故发生数 | 4 | 3 | 1 | 强势 |
| 罚没收入占财政收入比重 | 26 | 25 | 1 | 劣势 |
| 社会捐赠款物 | 15 | 21 | -6 | 劣势 |

## 7. 河南省政府作用竞争力指标排名变化情况

**表 16－11　2014～2015 年河南省政府作用竞争力指标组排位及变化趋势**

| 指　　标 | 2014 | 2015 | 排位升降 | 优劣势 |
|---|---|---|---|---|
| **7　政府作用竞争力** | 21 | 21 | 0 | 劣势 |
| 7.1　政府发展经济竞争力 | 12 | 10 | 2 | 优势 |
| 财政支出用于基本建设投资比重 | 23 | 18 | 5 | 中势 |
| 财政支出对 GDP 增长的拉动 | 7 | 7 | 0 | 优势 |
| 政府公务员对经济的贡献 | 21 | 19 | 2 | 中势 |
| 政府消费对民间消费的拉动 | 14 | 16 | -2 | 中势 |
| 财政投资对社会投资的拉动 | 6 | 5 | 1 | 优势 |
| 7.2　政府规调经济竞争力 | 16 | 18 | -2 | 中势 |
| 物价调控 | 14 | 12 | 2 | 中势 |
| 调控城乡消费差距 | 16 | 16 | 0 | 中势 |
| 统筹经济社会发展 | 5 | 6 | -1 | 优势 |
| 规范税收 | 28 | 28 | 0 | 劣势 |
| 人口控制 | 18 | 20 | -2 | 中势 |
| 7.3　政府保障经济竞争力 | 26 | 28 | -2 | 劣势 |
| 城市城镇社区服务设施数 | 16 | 19 | -3 | 中势 |
| 医疗保险覆盖率 | 30 | 31 | -1 | 劣势 |
| 养老保险覆盖率 | 26 | 26 | 0 | 劣势 |
| 失业保险覆盖率 | 23 | 23 | 0 | 劣势 |
| 下岗职工再就业率 | 19 | 21 | -2 | 劣势 |
| 城镇登记失业率 | 7 | 10 | -3 | 优势 |

## 8. 河南省发展水平竞争力指标排名变化情况

**表 16－12　2014～2015 年河南省发展水平竞争力指标组排位及变化趋势**

| 指　　标 | 2014 | 2015 | 排位升降 | 优劣势 |
|---|---|---|---|---|
| **8　发展水平竞争力** | 16 | 10 | 6 | 优势 |
| 8.1　工业化进程竞争力 | 8 | 6 | 2 | 优势 |
| 工业增加值占 GDP 比重 | 4 | 3 | 1 | 强势 |
| 工业增加值增长率 | 16 | 13 | 3 | 中势 |
| 高技术产业规模以上企业产值 | 8 | 6 | 2 | 优势 |
| 高技术产业增加值占工业增加值比重 | 12 | 8 | 4 | 优势 |
| 高技术产品出口额占商品出口额比重 | 3 | 1 | 2 | 强势 |
| 信息产业增加值占 GDP 比重 | 28 | 10 | 18 | 优势 |
| 8.2　城市化进程竞争力 | 28 | 24 | 4 | 劣势 |
| 城镇化率 | 27 | 27 | 0 | 劣势 |
| 城镇居民人均可支配收入 | 23 | 24 | -1 | 劣势 |
| 城市平均建成区面积比重 | 10 | 4 | 6 | 优势 |

续表

| 指　　标 | 2014 | 2015 | 排位升降 | 优劣势 |
|---|---|---|---|---|
| 人均拥有道路面积 | 27 | 26 | 1 | 劣势 |
| 人均日生活用水量 | 30 | 30 | 0 | 劣势 |
| 恩格尔系数 | 13 | 10 | 3 | 优势 |
| 人均公共绿地面积 | 28 | 28 | 0 | 劣势 |
| 8.3 市场化进程竞争力 | 14 | 15 | -1 | 中势 |
| 非公有制经济产值占全社会总产值的比重 | 6 | 6 | 0 | 优势 |
| 社会投资占投资总额比重 | 1 | 1 | 0 | 强势 |
| 私有和个体企业从业人员比重 | 29 | 26 | 3 | 劣势 |
| 亿元以上商品市场成交额 | 11 | 10 | 1 | 优势 |
| 亿元以上商品市场成交额占全社会消费品零售总额比重 | 16 | 15 | 1 | 中势 |
| 居民消费支出占总消费支出比重 | 14 | 16 | -2 | 中势 |

## 9. 河南省统筹协调竞争力指标排名变化情况

**表 16-13　2014~2015 年河南省统筹协调竞争力指标组排位及变化趋势**

| 指　　标 | 2014 | 2015 | 排位升降 | 优劣势 |
|---|---|---|---|---|
| **9 统筹协调竞争力** | 11 | 13 | -2 | 中势 |
| 9.1 统筹发展竞争力 | 17 | 17 | 0 | 中势 |
| 社会劳动生产率 | 6 | 23 | -17 | 劣势 |
| 社会劳动生产率增速 | 23 | 27 | -4 | 劣势 |
| 万元 GDP 综合能耗 | 17 | 15 | 2 | 中势 |
| 非农用地产出率 | 10 | 10 | 0 | 优势 |
| 生产税净额和营业盈余占 GDP 比重 | 19 | 19 | 0 | 中势 |
| 最终消费率 | 18 | 17 | 1 | 中势 |
| 固定资产投资额占 GDP 比重 | 16 | 18 | -2 | 中势 |
| 固定资产交付使用率 | 17 | 12 | 5 | 中势 |
| 9.2 协调发展竞争力 | 8 | 5 | 3 | 优势 |
| 环境竞争力与宏观经济竞争力比差 | 19 | 17 | 2 | 中势 |
| 资源竞争力与宏观经济竞争力比差 | 17 | 17 | 0 | 中势 |
| 人力资源竞争力与宏观经济竞争力比差 | 13 | 9 | 4 | 优势 |
| 资源竞争力与工业竞争力比差 | 26 | 26 | 0 | 劣势 |
| 环境竞争力与工业竞争力比差 | 6 | 5 | 1 | 优势 |
| 城乡居民家庭人均收入比差 | 9 | 8 | 1 | 优势 |
| 城乡居民人均现金消费支出比差 | 16 | 16 | 0 | 中势 |
| 全社会消费品零售总额与外贸出口总额比差 | 10 | 13 | -3 | 中势 |

B.18

# 17 湖北省经济综合竞争力评价分析报告

湖北省简称鄂，位于长江中游，周边分别与河南省、安徽省、江西省、湖南省、重庆市、陕西省为邻。省域内多湖泊，有“千湖之省”的别称。全省面积 18 万平方公里，2015 年常住人口为 5852 万人，地区生产总值为 29550 亿元，同比增长 8.9%，人均 GDP 达 50654 元。本部分通过分析 2014 ~2015 年湖北省经济综合竞争力以及各要素竞争力的排名变化，从中找出湖北省经济综合竞争力的推动点及影响因素，为进一步提升湖北省经济综合竞争力提供决策参考。

## 17.1 湖北省经济综合竞争力总体分析

### 1. 湖北省经济综合竞争力一级指标概要分析

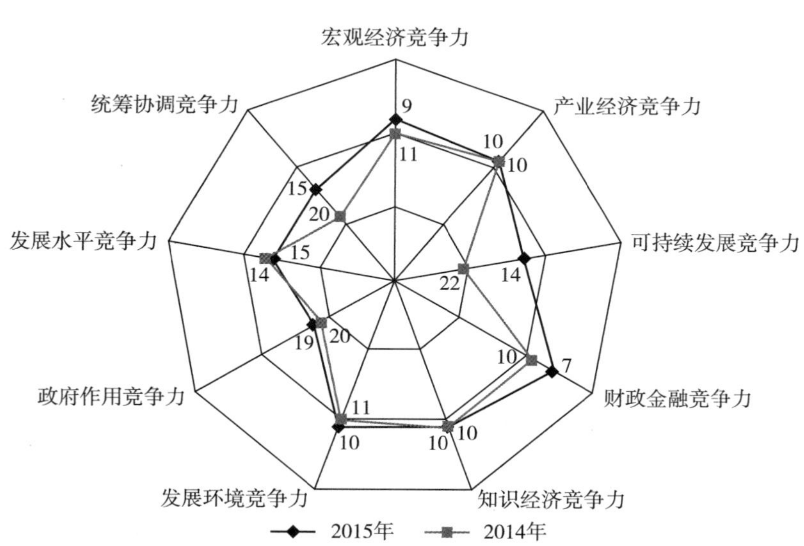


**图 17-1 2014 ~2015 年湖北省经济综合竞争力二级指标比较**

（1）从综合排位看，2015 年湖北省经济综合竞争力排位在全国居第 9 位，在全国处于优势地位；与 2014 年相比，综合排位上升了 1 位。

（2）从指标所处区位看，有 5 个指标处于上游区，分别是宏观经济竞争力、产业经济竞争力、财政金融竞争力、知识经济竞争力和发展环境竞争力，其他 4 个指标为湖

表 17－1　2014～2015 年湖北省经济综合竞争力二级指标表现情况

| 年份＼项目 | 宏观经济竞争力 | 产业经济竞争力 | 可持续发展竞争力 | 财政金融竞争力 | 知识经济竞争力 | 发展环境竞争力 | 政府作用竞争力 | 发展水平竞争力 | 统筹协调竞争力 | **综合排位** |
|---|---|---|---|---|---|---|---|---|---|---|
| 2014 | 11 | 10 | 22 | 10 | 10 | 11 | 20 | 14 | 20 | 10 |
| 2015 | 9 | 10 | 14 | 7 | 10 | 10 | 19 | 15 | 15 | 9 |
| 升降 | 2 | 0 | 8 | 3 | 0 | 1 | 1 | －1 | 5 | 1 |
| 优劣度 | 优势 | 优势 | 中势 | 优势 | 优势 | 优势 | 中势 | 中势 | 中势 | 优势 |

北省经济综合竞争力的中势指标。

（3）从指标变化趋势看，9 个二级指标中，有 6 个指标处于上升趋势，分别为宏观经济竞争力、可持续发展竞争力、财政金融竞争力、发展环境竞争力、政府作用竞争力和统筹协调竞争力，这些是湖北省经济综合竞争力的上升动力所在；有 2 个指标排位没有发生变化，为产业经济竞争力、知识经济竞争力；有 1 个指标处于下降趋势，为发展水平竞争力，是湖北省经济综合竞争力的下降拉力所在。

**2. 湖北省经济综合竞争力各级指标动态变化分析**

表 17－2　2014～2015 年湖北省经济综合竞争力各级指标排位变化情况

| 二级指标 | 三级指标 | 四级指标数 | 上升 | | 保持 | | 下降 | | 变化趋势 |
|---|---|---|---|---|---|---|---|---|---|
| | | | 指标数 | 比重（%） | 指标数 | 比重（%） | 指标数 | 比重（%） | |
| 宏观经济竞争力 | 经济实力竞争力 | 12 | 5 | 41.7 | 4 | 33.3 | 3 | 25.0 | 下降 |
| | 经济结构竞争力 | 6 | 2 | 33.3 | 2 | 33.3 | 2 | 33.3 | 下降 |
| | 经济外向度竞争力 | 9 | 4 | 44.4 | 2 | 22.2 | 3 | 33.3 | 上升 |
| | 小　计 | 27 | 11 | 40.7 | 8 | 29.6 | 8 | 29.6 | 上升 |
| 产业经济竞争力 | 农业竞争力 | 10 | 3 | 30.0 | 2 | 20.0 | 5 | 50.0 | 下降 |
| | 工业竞争力 | 10 | 7 | 70.0 | 2 | 20.0 | 1 | 10.0 | 上升 |
| | 服务业竞争力 | 10 | 6 | 60.0 | 1 | 10.0 | 3 | 30.0 | 上升 |
| | 企业竞争力 | 10 | 4 | 40.0 | 4 | 40.0 | 2 | 20.0 | 上升 |
| | 小　计 | 40 | 20 | 50.0 | 9 | 22.5 | 11 | 27.5 | 保持 |
| 可持续发展竞争力 | 资源竞争力 | 9 | 2 | 22.2 | 4 | 44.4 | 3 | 33.3 | 下降 |
| | 环境竞争力 | 8 | 3 | 37.5 | 3 | 37.5 | 2 | 25.0 | 下降 |
| | 人力资源竞争力 | 8 | 5 | 62.5 | 2 | 25.0 | 1 | 12.5 | 上升 |
| | 小　计 | 25 | 10 | 40.0 | 9 | 36.0 | 6 | 24.0 | 上升 |
| 财政金融竞争力 | 财政竞争力 | 12 | 10 | 83.3 | 2 | 16.7 | 0 | 0.0 | 上升 |
| | 金融竞争力 | 10 | 1 | 10.0 | 5 | 50.0 | 4 | 40.0 | 保持 |
| | 小　计 | 22 | 11 | 50.0 | 7 | 31.8 | 4 | 18.2 | 上升 |
| 知识经济竞争力 | 科技竞争力 | 9 | 2 | 22.2 | 5 | 55.6 | 2 | 22.2 | 下降 |
| | 教育竞争力 | 10 | 4 | 40.0 | 2 | 20.0 | 4 | 40.0 | 下降 |
| | 文化竞争力 | 8 | 2 | 25.0 | 2 | 25.0 | 4 | 50.0 | 下降 |
| | 小　计 | 27 | 8 | 29.6 | 9 | 33.3 | 10 | 37.0 | 保持 |

续表

| 二级指标 | 三级指标 | 四级指标数 | 上升 | | 保持 | | 下降 | | 变化趋势 |
|---|---|---|---|---|---|---|---|---|---|
| | | | 指标数 | 比重（%） | 指标数 | 比重（%） | 指标数 | 比重（%） | |
| 发展环境竞争力 | 基础设施竞争力 | 9 | 3 | 33.3 | 2 | 22.2 | 4 | 44.4 | 上升 |
| | 软环境竞争力 | 9 | 4 | 44.4 | 3 | 33.3 | 2 | 22.2 | 保持 |
| | 小　计 | 18 | 7 | 38.9 | 5 | 27.8 | 6 | 33.3 | 上升 |
| 政府作用竞争力 | 政府发展经济竞争力 | 5 | 2 | 40.0 | 1 | 20.0 | 2 | 40.0 | 上升 |
| | 政府规调经济竞争力 | 5 | 1 | 20.0 | 2 | 40.0 | 2 | 40.0 | 下降 |
| | 政府保障经济竞争力 | 6 | 3 | 50.0 | 2 | 33.3 | 1 | 16.7 | 上升 |
| | 小　计 | 16 | 6 | 37.5 | 5 | 31.3 | 5 | 31.3 | 上升 |
| 发展水平竞争力 | 工业化进程竞争力 | 6 | 5 | 83.3 | 0 | 0.0 | 1 | 16.7 | 保持 |
| | 城市化进程竞争力 | 7 | 1 | 14.3 | 1 | 14.3 | 5 | 71.4 | 下降 |
| | 市场化进程竞争力 | 6 | 3 | 50.0 | 1 | 16.7 | 2 | 33.3 | 下降 |
| | 小　计 | 19 | 9 | 47.4 | 2 | 10.5 | 8 | 42.1 | 下降 |
| 统筹协调竞争力 | 统筹发展竞争力 | 8 | 5 | 62.5 | 0 | 0.0 | 3 | 37.5 | 上升 |
| | 协调发展竞争力 | 8 | 2 | 25.0 | 1 | 12.5 | 5 | 62.5 | 下降 |
| | 小　计 | 16 | 7 | 43.8 | 1 | 6.3 | 8 | 50.0 | 上升 |
| 合　计 | | 210 | 89 | 42.4 | 55 | 26.2 | 66 | 31.4 | 上升 |

从表 17－2 可以看出，210 个四级指标中，上升指标有 89 个，占指标总数的 42.4%；下降指标有 66 个，占指标总数的 31.4%；保持不变的指标有 55 个，占指标总数的 26.2%。综上所述，湖北省经济综合竞争力上升的动力大于下降的拉力，2015 年湖北省经济综合竞争力排位上升一位。

3. **湖北省经济综合竞争力各级指标优劣势结构分析**

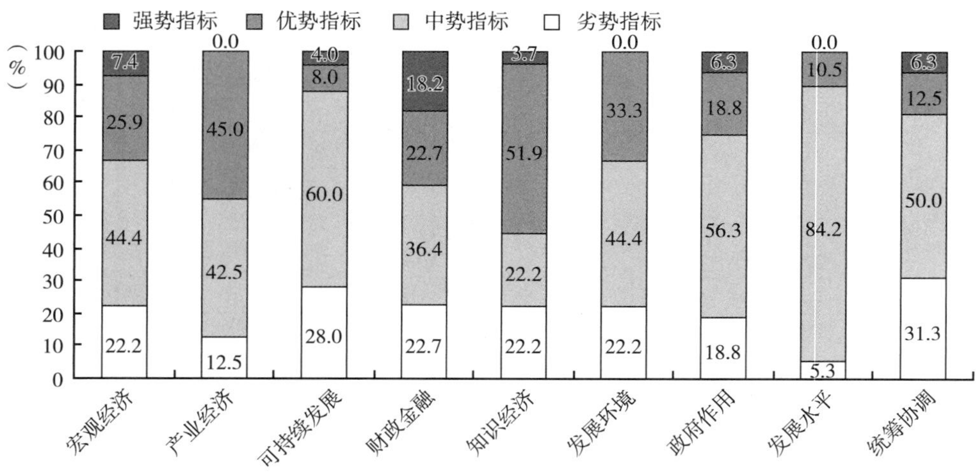


**图 17－2　2015 年湖北省经济综合竞争力各级指标优劣势比较**

**表 17－3 2015 年湖北省经济综合竞争力各级指标优劣势情况**

| 二级指标 | 三级指标 | 四级指标数 | 强势指标 | | 优势指标 | | 中势指标 | | 劣势指标 | | 优劣势 |
|---|---|---|---|---|---|---|---|---|---|---|---|
| | | | 个数 | 比重（%） | 个数 | 比重（%） | 个数 | 比重（%） | 个数 | 比重（%） | |
| 宏观经济竞争力 | 经济实力竞争力 | 12 | 1 | 8.3 | 5 | 41.7 | 4 | 33.3 | 2 | 16.7 | 优势 |
| | 经济结构竞争力 | 6 | 0 | 0.0 | 1 | 16.7 | 3 | 50.0 | 2 | 33.3 | 中势 |
| | 经济外向度竞争力 | 9 | 1 | 11.1 | 1 | 11.1 | 5 | 55.6 | 2 | 22.2 | 中势 |
| | 小　　计 | 27 | 2 | 7.4 | 7 | 25.9 | 12 | 44.4 | 6 | 22.2 | 优势 |
| 产业经济竞争力 | 农业竞争力 | 10 | 0 | 0.0 | 5 | 50.0 | 4 | 40.0 | 1 | 10.0 | 优势 |
| | 工业竞争力 | 10 | 0 | 0.0 | 4 | 40.0 | 5 | 50.0 | 1 | 10.0 | 优势 |
| | 服务业竞争力 | 10 | 0 | 0.0 | 5 | 50.0 | 4 | 40.0 | 1 | 10.0 | 优势 |
| | 企业竞争力 | 10 | 0 | 0.0 | 4 | 40.0 | 4 | 40.0 | 2 | 20.0 | 中势 |
| | 小　　计 | 40 | 0 | 0.0 | 18 | 45.0 | 17 | 42.5 | 5 | 12.5 | 优势 |
| 可持续发展竞争力 | 资源竞争力 | 9 | 0 | 0.0 | 0 | 0.0 | 6 | 66.7 | 3 | 33.3 | 劣势 |
| | 环境竞争力 | 8 | 0 | 0.0 | 1 | 12.5 | 4 | 50.0 | 3 | 37.5 | 中势 |
| | 人力资源竞争力 | 8 | 1 | 12.5 | 1 | 12.5 | 5 | 62.5 | 1 | 12.5 | 优势 |
| | 小　　计 | 25 | 1 | 4.0 | 2 | 8.0 | 15 | 60.0 | 7 | 28.0 | 中势 |
| 财政金融竞争力 | 财政竞争力 | 12 | 4 | 33.3 | 2 | 16.7 | 3 | 25.0 | 3 | 25.0 | 优势 |
| | 金融竞争力 | 10 | 0 | 0.0 | 3 | 30.0 | 5 | 50.0 | 2 | 20.0 | 中势 |
| | 小　　计 | 22 | 4 | 18.2 | 5 | 22.7 | 8 | 36.4 | 5 | 22.7 | 优势 |
| 知识经济竞争力 | 科技竞争力 | 9 | 1 | 11.1 | 6 | 66.7 | 2 | 22.2 | 0 | 0.0 | 中势 |
| | 教育竞争力 | 10 | 0 | 0.0 | 4 | 40.0 | 1 | 10.0 | 5 | 50.0 | 中势 |
| | 文化竞争力 | 8 | 0 | 0.0 | 4 | 50.0 | 3 | 37.5 | 1 | 12.5 | 中势 |
| | 小　　计 | 27 | 1 | 3.7 | 14 | 51.9 | 6 | 22.2 | 6 | 22.2 | 优势 |
| 发展环境竞争力 | 基础设施竞争力 | 9 | 0 | 0.0 | 4 | 44.4 | 3 | 33.3 | 2 | 22.2 | 中势 |
| | 软环境竞争力 | 9 | 0 | 0.0 | 2 | 22.2 | 5 | 55.6 | 2 | 22.2 | 中势 |
| | 小　　计 | 18 | 0 | 0.0 | 6 | 33.3 | 8 | 44.4 | 4 | 22.2 | 优势 |
| 政府作用竞争力 | 政府发展经济竞争力 | 5 | 0 | 0.0 | 1 | 20.0 | 4 | 80.0 | 0 | 0.0 | 中势 |
| | 政府规调经济竞争力 | 5 | 1 | 20.0 | 0 | 0.0 | 3 | 60.0 | 1 | 20.0 | 劣势 |
| | 政府保障经济竞争力 | 6 | 0 | 0.0 | 2 | 33.3 | 2 | 33.3 | 2 | 33.3 | 中势 |
| | 小　　计 | 16 | 1 | 6.3 | 3 | 18.8 | 9 | 56.3 | 3 | 18.8 | 中势 |
| 发展水平竞争力 | 工业化进程竞争力 | 6 | 0 | 0.0 | 1 | 16.7 | 5 | 83.3 | 0 | 0.0 | 中势 |
| | 城市化进程竞争力 | 7 | 0 | 0.0 | 1 | 14.3 | 5 | 71.4 | 1 | 14.3 | 中势 |
| | 市场化进程竞争力 | 6 | 0 | 0.0 | 0 | 0.0 | 6 | 100.0 | 0 | 0.0 | 中势 |
| | 小　　计 | 19 | 0 | 0.0 | 2 | 10.5 | 16 | 84.2 | 1 | 5.3 | 中势 |
| 统筹协调竞争力 | 统筹发展竞争力 | 8 | 0 | 0.0 | 0 | 0.0 | 5 | 62.5 | 3 | 37.5 | 中势 |
| | 协调发展竞争力 | 8 | 1 | 12.5 | 2 | 25.0 | 3 | 37.5 | 2 | 25.0 | 优势 |
| | 小　　计 | 16 | 1 | 6.3 | 2 | 12.5 | 8 | 50.0 | 5 | 31.3 | 中势 |
| 合　　计 | | 210 | 10 | 4.8 | 59 | 28.1 | 99 | 47.1 | 42 | 20.0 | 优势 |

基于图 17－2 和表 17－3，具体到四级指标，强势指标 10 个，占指标总数的 4.8%；优势指标 59 个，占指标总数的 28.1%；中势指标 99 个，占指标总数的 47.1%；劣势指标 42 个，占指标总数的 20.0%。三级指标中，没有强势指标；优势指标 7 个，占三级指标总数的 28%；中势指标 16 个，占三级指标总数的 64%；劣势指标 2 个，占三级指标总数的 8%。从二级指标看，没有强势指标；优势指标有 4 个，占二级指标总数的 44.4%；中势指标有 5 个，占二级指标总数的 55.6%；没有劣势指标。综合来看，由于优势指标和中势指标在指标体系中居于主导地位，2015 年湖北省经济综合竞争力处于优势地位。

**4. 湖北省经济综合竞争力四级指标优劣势对比分析**

**表 17－4　2015 年湖北省经济综合竞争力四级指标优劣势情况**

| 二级指标 | 优劣势 | 四级指标 |
|---|---|---|
| 宏观经济竞争力（27 个） | 强势指标 | 全社会消费品零售总额增长率、出口增长率(2 个) |
| | 优势指标 | 地区生产总值、地区生产总值增长率、固定资产投资额、固定资产投资额增长率、全社会消费品零售总额、贸易结构优化度、进出口增长率(7 个) |
| | 劣势指标 | 财政总收入增长率、人均财政收入、产业结构优化度、资本形成结构优化度、外贸依存度、对外直接投资(6 个) |
| 产业经济竞争力（40 个） | 强势指标 | (0 个) |
| | 优势指标 | 农业增加值、人均农业增加值、农民人均纯收入、人均主要农产品产量、农业机械化水平、工业增加值、工业增加值增长率、规模以上工业主营业务收入、规模以上工业利润总额、服务业增加值增长率、服务业从业人员数、限额以上批发零售企业主营业务收入、限额以上批零企业利税率、房地产经营总收入、规模以上工业企业数、新产品销售收入占主营业务收入比重、工业企业 R&D 经费投入强度、中国驰名商标持有量(18 个) |
| | 劣势指标 | 财政支农资金比重、工业资产总额增长率、服务业从业人员数增长率、规模以上企业平均资产、规模以上企业平均收入(5 个) |
| 可持续发展竞争力（25 个） | 强势指标 | 人力资源利用率(1 个) |
| | 优势指标 | 人均工业废气排放量、大专以上教育程度人口比例(2 个) |
| | 劣势指标 | 人均牧草地面积、主要能源矿产基础储量、人均主要能源矿产基础储量、人均废水排放量、人均治理工业污染投资额、生活垃圾无害化处理率、文盲率(7 个) |
| 财政金融竞争力（22 个） | 强势指标 | 税收收入占财政总收入比重、地方财政收入增长率、地方财政支出增长率、税收收入增长率(4 个) |
| | 优势指标 | 地方财政收入、地方财政支出、货币市场融资额、中长期贷款占贷款余额比重、保险费净收入(5 个) |
| | 劣势指标 | 地方财政收入占 GDP 比重、地方财政支出占 GDP 比重、税收收入占 GDP 比重、人均贷款余额、人均证券市场筹资额(5 个) |
| 知识经济竞争力（27 个） | 强势指标 | 技术市场成交合同金额 (1 个) |
| | 优势指标 | R&D 人员、R&D 经费 、R&D 经费投入强度、发明专利授权量 、高技术产业增加值、高技术产品出口额占商品出口额比重、教育经费、高等学校数、高校专任教师数、万人高等学校在校学生数、文化服务业企业营业收入、图书和期刊出版数、报纸出版数、农村居民人均文化娱乐支出(14 个) |
| | 劣势指标 | 教育经费占 GDP 比重、人均教育经费、公共教育经费占财政支出比重、万人中小学学校数、万人中小学专任教师数、城镇居民人均文化娱乐支出(6 个) |

续表

| 二级指标 | 优劣势 | 四级指标 |
| --- | --- | --- |
| 发展环境竞争力（18个） | 强势指标 | （0个） |
| | 优势指标 | 公路网线密度、人均内河航道里程、全社会旅客周转量、全社会货物周转量、万人个体私营企业数、每十万人交通事故发生数（6个） |
| | 劣势指标 | 电话普及率、人均耗电量、查处商标侵权假冒案件、罚没收入占财政收入比重（4个） |
| 政府作用竞争力（16个） | 强势指标 | 调控城乡消费差距（1个） |
| | 优势指标 | 财政投资对社会投资的拉动、城市城镇社区服务设施数、城镇登记失业率（3个） |
| | 劣势指标 | 规范税收、医疗保险覆盖率、失业保险覆盖率（3个） |
| 发展水平竞争力（19个） | 强势指标 | （0个） |
| | 优势指标 | 工业增加值增长率、人均日生活用水量（2个） |
| | 劣势指标 | 人均公共绿地面积（1个） |
| 统筹协调竞争力（16个） | 强势指标 | 城乡居民人均现金消费支出比差（1个） |
| | 优势指标 | 城乡居民家庭人均收入比差、全社会消费品零售总额与外贸出口总额比差（2个） |
| | 劣势指标 | 社会劳动生产率、最终消费率、固定资产交付使用率、资源竞争力与宏观经济竞争力比差、资源竞争力与工业竞争力比差（5个） |

## 17.2 湖北省经济综合竞争力各级指标具体分析

### 1. 湖北省宏观经济竞争力指标排名变化情况

**表17-5 2014~2015年湖北省宏观经济竞争力指标组排位及变化趋势**

| 指标 | 2014 | 2015 | 排位升降 | 优劣势 |
| --- | --- | --- | --- | --- |
| **1 宏观经济竞争力** | 11 | 9 | 2 | 优势 |
| 1.1 经济实力竞争力 | 9 | 10 | -1 | 优势 |
| 地区生产总值 | 9 | 8 | 1 | 优势 |
| 地区生产总值增长率 | 7 | 7 | 0 | 优势 |
| 人均地区生产总值 | 13 | 13 | 0 | 中势 |
| 财政总收入 | 10 | 19 | -9 | 中势 |
| 财政总收入增长率 | 9 | 25 | -16 | 劣势 |
| 人均财政收入 | 25 | 27 | -2 | 劣势 |
| 固定资产投资额 | 9 | 7 | 2 | 优势 |
| 固定资产投资额增长率 | 9 | 8 | 1 | 优势 |
| 人均固定资产投资额 | 14 | 13 | 1 | 中势 |

续表

| 指　　标 | 2014 | 2015 | 排位升降 | 优劣势 |
|---|---|---|---|---|
| 全社会消费品零售总额 | 6 | 6 | 0 | 优势 |
| 全社会消费品零售总额增长率 | 17 | 2 | 15 | 强势 |
| 人均全社会消费品零售总额 | 12 | 12 | 0 | 中势 |
| 1.2　经济结构竞争力 | 13 | 14 | -1 | 中势 |
| 产业结构优化度 | 19 | 21 | -2 | 劣势 |
| 所有制经济结构优化度 | 15 | 14 | 1 | 中势 |
| 城乡经济结构优化度 | 11 | 11 | 0 | 中势 |
| 就业结构优化度 | 16 | 15 | 1 | 中势 |
| 资本形成结构优化度 | 21 | 21 | 0 | 劣势 |
| 贸易结构优化度 | 8 | 9 | -1 | 优势 |
| 1.3　经济外向度竞争力 | 16 | 14 | 2 | 中势 |
| 进出口总额 | 15 | 16 | -1 | 中势 |
| 进出口增长率 | 9 | 6 | 3 | 优势 |
| 出口总额 | 16 | 16 | 0 | 中势 |
| 出口增长率 | 11 | 3 | 8 | 强势 |
| 实际 FDI | 11 | 11 | 0 | 中势 |
| 实际 FDI 增长率 | 5 | 15 | -10 | 中势 |
| 外贸依存度 | 24 | 21 | 3 | 劣势 |
| 外资企业数 | 12 | 11 | 1 | 中势 |
| 对外直接投资 | 18 | 21 | -3 | 劣势 |

## 2. 湖北省产业经济竞争力指标排名变化情况

**表 17-6　2014~2015 年湖北省产业经济竞争力指标组排位及变化趋势**

| 指　　标 | 2014 | 2015 | 排位升降 | 优劣势 |
|---|---|---|---|---|
| **2　产业经济竞争力** | 10 | 10 | 0 | 优势 |
| 2.1　农业竞争力 | 7 | 9 | -2 | 优势 |
| 农业增加值 | 7 | 8 | -1 | 优势 |
| 农业增加值增长率 | 10 | 12 | -2 | 中势 |
| 人均农业增加值 | 8 | 7 | 1 | 优势 |
| 农民人均纯收入 | 10 | 10 | 0 | 优势 |
| 农民人均纯收入增长率 | 7 | 12 | -5 | 中势 |
| 农产品出口占农林牧渔总产值比重 | 15 | 14 | 1 | 中势 |
| 人均主要农产品产量 | 9 | 10 | -1 | 优势 |
| 农业机械化水平 | 8 | 8 | 0 | 优势 |

续表

| 指　　标 | 2014 | 2015 | 排位升降 | 优劣势 |
|---|---|---|---|---|
| 农村人均用电量 | 17 | 16 | 1 | 中势 |
| 财政支农资金比重 | 24 | 25 | -1 | 劣势 |
| 2.2　工业竞争力 | 13 | 9 | 4 | 优势 |
| 工业增加值 | 9 | 7 | 2 | 优势 |
| 工业增加值增长率 | 16 | 6 | 10 | 优势 |
| 人均工业增加值 | 12 | 11 | 1 | 中势 |
| 工业资产总额 | 11 | 11 | 0 | 中势 |
| 工业资产总额增长率 | 22 | 21 | 1 | 劣势 |
| 工业资产总贡献率 | 12 | 12 | 0 | 中势 |
| 规模以上工业主营业务收入 | 8 | 7 | 1 | 优势 |
| 规模以上工业利润总额 | 8 | 7 | 1 | 优势 |
| 工业全员劳动生产率 | 12 | 17 | -5 | 中势 |
| 工业成本费用利润率 | 20 | 16 | 4 | 中势 |
| 2.3　服务业竞争力 | 10 | 9 | 1 | 优势 |
| 服务业增加值 | 10 | 11 | -1 | 中势 |
| 服务业增加值增长率 | 2 | 10 | -8 | 优势 |
| 人均服务业增加值 | 13 | 12 | 1 | 中势 |
| 服务业从业人员数 | 9 | 9 | 0 | 优势 |
| 服务业从业人员数增长率 | 23 | 24 | -1 | 劣势 |
| 限额以上批发零售企业主营业务收入 | 10 | 9 | 1 | 优势 |
| 限额以上批零企业利税率 | 8 | 7 | 1 | 优势 |
| 限额以上餐饮企业利税率 | 25 | 20 | 5 | 中势 |
| 旅游外汇收入 | 15 | 13 | 2 | 中势 |
| 房地产经营总收入 | 11 | 8 | 3 | 优势 |
| 2.4　企业竞争力 | 14 | 11 | 3 | 中势 |
| 规模以上工业企业数 | 8 | 8 | 0 | 优势 |
| 规模以上企业平均资产 | 26 | 26 | 0 | 劣势 |
| 规模以上企业平均收入 | 25 | 24 | 1 | 劣势 |
| 规模以上企业平均利润 | 8 | 18 | -10 | 中势 |
| 规模以上企业劳动效率 | 21 | 11 | 10 | 中势 |
| 城镇就业人员平均工资 | 21 | 20 | 1 | 中势 |
| 新产品销售收入占主营业务收入比重 | 10 | 10 | 0 | 优势 |
| 产品质量抽查合格率 | 13 | 14 | -1 | 中势 |
| 工业企业 R&D 经费投入强度 | 9 | 9 | 0 | 优势 |
| 中国驰名商标持有量 | 12 | 8 | 4 | 优势 |

### 3. 湖北省可持续发展竞争力指标排名变化情况

**表 17－7　2014～2015 年湖北省可持续发展竞争力指标组排位及变化趋势**

| 指　　标 | 2014 | 2015 | 排位升降 | 优劣势 |
|---|---|---|---|---|
| **3　可持续发展竞争力** | 22 | 14 | 8 | 中势 |
| 3.1　资源竞争力 | 23 | 26 | －3 | 劣势 |
| 人均国土面积 | 19 | 13 | 6 | 中势 |
| 人均可使用海域和滩涂面积 | 13 | 13 | 0 | 中势 |
| 人均年水资源量 | 17 | 16 | 1 | 中势 |
| 耕地面积 | 11 | 11 | 0 | 中势 |
| 人均耕地面积 | 16 | 16 | 0 | 中势 |
| 人均牧草地面积 | 20 | 21 | －1 | 劣势 |
| 主要能源矿产基础储量 | 18 | 22 | －4 | 劣势 |
| 人均主要能源矿产基础储量 | 19 | 26 | －7 | 劣势 |
| 人均森林储积量 | 17 | 17 | 0 | 中势 |
| 3.2　环境竞争力 | 11 | 14 | －3 | 中势 |
| 森林覆盖率 | 13 | 13 | 0 | 中势 |
| 人均废水排放量 | 21 | 22 | －1 | 劣势 |
| 人均工业废气排放量 | 9 | 9 | 0 | 优势 |
| 人均工业固体废物排放量 | 12 | 11 | 1 | 中势 |
| 人均治理工业污染投资额 | 20 | 26 | －6 | 劣势 |
| 一般工业固体废物综合利用率 | 12 | 12 | 0 | 中势 |
| 生活垃圾无害化处理率 | 23 | 22 | 1 | 劣势 |
| 自然灾害直接经济损失 | 21 | 18 | 3 | 中势 |
| 3.3　人力资源竞争力 | 14 | 7 | 7 | 优势 |
| 常住人口增长率 | 23 | 16 | 7 | 中势 |
| 15～64 岁人口比例 | 16 | 13 | 3 | 中势 |
| 文盲率 | 22 | 21 | 1 | 劣势 |
| 大专以上教育程度人口比例 | 13 | 9 | 4 | 优势 |
| 平均受教育程度 | 12 | 12 | 0 | 中势 |
| 人口健康素质 | 26 | 13 | 13 | 中势 |
| 人力资源利用率 | 2 | 3 | －1 | 强势 |
| 职业学校毕业生数 | 15 | 15 | 0 | 中势 |

### 4. 湖北省财政金融竞争力指标排名变化情况

**表 17－8　2014～2015 年湖北省财政金融竞争力指标组排位及变化趋势**

| 指　　标 | 2014 | 2015 | 排位升降 | 优劣势 |
|---|---|---|---|---|
| **4　财政金融竞争力** | 10 | 7 | 3 | 优势 |
| 4.1　财政竞争力 | 10 | 7 | 3 | 优势 |
| 地方财政收入 | 10 | 9 | 1 | 优势 |
| 地方财政支出 | 9 | 8 | 1 | 优势 |
| 地方财政收入占 GDP 比重 | 24 | 22 | 2 | 劣势 |
| 地方财政支出占 GDP 比重 | 23 | 21 | 2 | 劣势 |

续表

| 指　　标 | 2014 | 2015 | 排位升降 | 优劣势 |
|---|---|---|---|---|
| 税收收入占 GDP 比重 | 24 | 23 | 1 | 劣势 |
| 税收收入占财政总收入比重 | 15 | 1 | 14 | 强势 |
| 人均地方财政收入 | 17 | 15 | 2 | 中势 |
| 人均地方财政支出 | 23 | 19 | 4 | 中势 |
| 人均税收收入 | 17 | 15 | 2 | 中势 |
| 地方财政收入增长率 | 3 | 1 | 2 | 强势 |
| 地方财政支出增长率 | 2 | 2 | 0 | 强势 |
| 税收收入增长率 | 2 | 2 | 0 | 强势 |
| 4.2　金融竞争力 | 14 | 14 | 0 | 中势 |
| 存款余额 | 11 | 11 | 0 | 中势 |
| 人均存款余额 | 20 | 20 | 0 | 中势 |
| 贷款余额 | 12 | 12 | 0 | 中势 |
| 人均贷款余额 | 20 | 21 | -1 | 劣势 |
| 货币市场融资额 | 9 | 9 | 0 | 优势 |
| 中长期贷款占贷款余额比重 | 11 | 10 | 1 | 优势 |
| 保险费净收入 | 10 | 10 | 0 | 优势 |
| 保险密度 | 18 | 19 | -1 | 中势 |
| 保险深度 | 17 | 18 | -1 | 中势 |
| 人均证券市场筹资额 | 25 | 30 | -5 | 劣势 |

## 5. 湖北省知识经济竞争力指标排名变化情况

**表 17-9　2014~2015 年湖北省知识经济竞争力指标组排位及变化趋势**

| 指　　标 | 2014 | 2015 | 排位升降 | 优劣势 |
|---|---|---|---|---|
| **5　知识经济竞争力** | 10 | 10 | 0 | 优势 |
| 5.1　科技竞争力 | 9 | 11 | -2 | 中势 |
| R&D 人员 | 8 | 8 | 0 | 优势 |
| R&D 经费 | 6 | 6 | 0 | 优势 |
| R&D 经费投入强度 | 8 | 8 | 0 | 优势 |
| 发明专利授权量 | 10 | 9 | 1 | 优势 |
| 技术市场成交合同金额 | 4 | 2 | 2 | 强势 |
| 财政科技支出占地方财政支出比重 | 11 | 12 | -1 | 中势 |
| 高技术产业增加值 | 9 | 9 | 0 | 优势 |
| 高技术产业增加值占工业增加值比重 | 11 | 13 | -2 | 中势 |
| 高技术产品出口额占商品出口额比重 | 10 | 10 | 0 | 优势 |
| 5.2　教育竞争力 | 12 | 15 | -3 | 中势 |
| 教育经费 | 9 | 9 | 0 | 优势 |
| 教育经费占 GDP 比重 | 24 | 22 | 2 | 劣势 |
| 人均教育经费 | 25 | 24 | 1 | 劣势 |
| 公共教育经费占财政支出比重 | 20 | 22 | -2 | 劣势 |

续表

| 指　　标 | 2014 | 2015 | 排位升降 | 优劣势 |
|---|---|---|---|---|
| 人均文化教育支出占个人消费支出比重 | 9 | 19 | -10 | 中势 |
| 万人中小学学校数 | 24 | 23 | 1 | 劣势 |
| 万人中小学专任教师数 | 27 | 27 | 0 | 劣势 |
| 高等学校数 | 6 | 5 | 1 | 优势 |
| 高校专任教师数 | 5 | 6 | -1 | 优势 |
| 万人高等学校在校学生数 | 6 | 7 | -1 | 优势 |
| 5.3　文化竞争力 | 9 | 13 | -4 | 中势 |
| 文化服务业企业营业收入 | 7 | 7 | 0 | 优势 |
| 图书和期刊出版数 | 5 | 5 | 0 | 优势 |
| 报纸出版数 | 8 | 9 | -1 | 优势 |
| 出版印刷工业销售产值 | 14 | 13 | 1 | 中势 |
| 城镇居民人均文化娱乐支出 | 18 | 22 | -4 | 劣势 |
| 农村居民人均文化娱乐支出 | 9 | 8 | 1 | 优势 |
| 城镇居民人均文化娱乐支出占消费性支出比重 | 9 | 19 | -10 | 中势 |
| 农村居民人均文化娱乐支出占消费性支出比重 | 10 | 12 | -2 | 中势 |

## 6. 湖北省发展环境竞争力指标排名变化情况

**表 17-10　2014~2015 年湖北省发展环境竞争力指标组排位及变化趋势**

| 指　　标 | 2014 | 2015 | 排位升降 | 优劣势 |
|---|---|---|---|---|
| **6　发展环境竞争力** | 11 | 10 | 1 | 优势 |
| 6.1　基础设施竞争力 | 13 | 12 | 1 | 中势 |
| 铁路网线密度 | 18 | 20 | -2 | 中势 |
| 公路网线密度 | 8 | 7 | 1 | 优势 |
| 人均内河航道里程 | 4 | 4 | 0 | 优势 |
| 全社会旅客周转量 | 7 | 5 | 2 | 优势 |
| 全社会货物周转量 | 10 | 10 | 0 | 优势 |
| 人均邮电业务总量 | 19 | 17 | 2 | 中势 |
| 电话普及率 | 23 | 24 | -1 | 劣势 |
| 互联网上网人数比重 | 19 | 20 | -1 | 中势 |
| 人均耗电量 | 22 | 23 | -1 | 劣势 |
| 6.2　软环境竞争力 | 15 | 15 | 0 | 中势 |
| 外资企业数增长率 | 7 | 11 | -4 | 中势 |
| 万人外资企业数 | 15 | 15 | 0 | 中势 |
| 个体私营企业数增长率 | 6 | 16 | -10 | 中势 |
| 万人个体私营企业数 | 10 | 10 | 0 | 优势 |
| 万人商标注册件数 | 16 | 15 | 1 | 中势 |
| 查处商标侵权假冒案件 | 29 | 27 | 2 | 劣势 |
| 每十万人交通事故发生数 | 8 | 6 | 2 | 优势 |
| 罚没收入占财政收入比重 | 23 | 22 | 1 | 劣势 |
| 社会捐赠款物 | 12 | 12 | 0 | 中势 |

## 7. 湖北省政府作用竞争力指标排名变化情况

**表 17 – 11　2014 ~ 2015 年湖北省政府作用竞争力指标组排位及变化趋势**

| 指　　标 | 2014 | 2015 | 排位升降 | 优劣势 |
|---|---|---|---|---|
| **7　政府作用竞争力** | 20 | 19 | 1 | 中势 |
| 7.1　政府发展经济竞争力 | 13 | 12 | 1 | 中势 |
| 财政支出用于基本建设投资比重 | 19 | 19 | 0 | 中势 |
| 财政支出对 GDP 增长的拉动 | 9 | 11 | -2 | 中势 |
| 政府公务员对经济的贡献 | 10 | 11 | -1 | 中势 |
| 政府消费对民间消费的拉动 | 15 | 14 | 1 | 中势 |
| 财政投资对社会投资的拉动 | 9 | 8 | 1 | 优势 |
| 7.2　政府规调经济竞争力 | 20 | 21 | -1 | 劣势 |
| 物价调控 | 16 | 19 | -3 | 中势 |
| 调控城乡消费差距 | 3 | 3 | 0 | 强势 |
| 统筹经济社会发展 | 15 | 19 | -4 | 中势 |
| 规范税收 | 30 | 30 | 0 | 劣势 |
| 人口控制 | 15 | 13 | 2 | 中势 |
| 7.3　政府保障经济竞争力 | 18 | 17 | 1 | 中势 |
| 城市城镇社区服务设施数 | 9 | 9 | 0 | 优势 |
| 医疗保险覆盖率 | 21 | 23 | -2 | 劣势 |
| 养老保险覆盖率 | 18 | 18 | 0 | 中势 |
| 失业保险覆盖率 | 22 | 21 | 1 | 劣势 |
| 下岗职工再就业率 | 23 | 17 | 6 | 中势 |
| 城镇登记失业率 | 9 | 6 | 3 | 优势 |

## 8. 湖北省发展水平竞争力指标排名变化情况

**表 17 – 12　2014 ~ 2015 年湖北省发展水平竞争力指标组排位及变化趋势**

| 指　　标 | 2014 | 2015 | 排位升降 | 优劣势 |
|---|---|---|---|---|
| **8　发展水平竞争力** | 14 | 15 | -1 | 中势 |
| 8.1　工业化进程竞争力 | 14 | 14 | 0 | 中势 |
| 工业增加值占 GDP 比重 | 18 | 15 | 3 | 中势 |
| 工业增加值增长率 | 6 | 4 | 2 | 优势 |
| 高技术产业规模以上企业产值 | 13 | 12 | 1 | 中势 |
| 高技术产业增加值占工业增加值比重 | 16 | 14 | 2 | 中势 |
| 高技术产品出口额占商品出口额比重 | 10 | 16 | -6 | 中势 |
| 信息产业增加值占 GDP 比重 | 23 | 14 | 9 | 中势 |
| 8.2　城市化进程竞争力 | 13 | 16 | -3 | 中势 |
| 城镇化率 | 12 | 13 | -1 | 中势 |
| 城镇居民人均可支配收入 | 13 | 13 | 0 | 中势 |
| 城市平均建成区面积比重 | 12 | 20 | -8 | 中势 |

续表

| 指　　标 | 2014 | 2015 | 排位升降 | 优劣势 |
|---|---|---|---|---|
| 人均拥有道路面积 | 11 | 13 | -2 | 中势 |
| 人均日生活用水量 | 6 | 7 | -1 | 优势 |
| 恩格尔系数 | 21 | 16 | 5 | 中势 |
| 人均公共绿地面积 | 23 | 25 | -2 | 劣势 |
| 8.3　市场化进程竞争力 | 11 | 14 | -3 | 中势 |
| 非公有制经济产值占全社会总产值的比重 | 15 | 14 | 1 | 中势 |
| 社会投资占投资总额比重 | 11 | 12 | -1 | 中势 |
| 私有和个体企业从业人员比重 | 1 | 13 | -12 | 中势 |
| 亿元以上商品市场成交额 | 14 | 14 | 0 | 中势 |
| 亿元以上商品市场成交额占全社会消费品零售总额比重 | 22 | 20 | 2 | 中势 |
| 居民消费支出占总消费支出比重 | 15 | 14 | 1 | 中势 |

## 9. 湖北省统筹协调竞争力指标排名变化情况

**表 17-13　2014~2015 年湖北省统筹协调竞争力指标组排位及变化趋势**

| 指　　标 | 2014 | 2015 | 排位升降 | 优劣势 |
|---|---|---|---|---|
| **9　统筹协调竞争力** | 20 | 15 | 5 | 中势 |
| 9.1　统筹发展竞争力 | 25 | 16 | 9 | 中势 |
| 社会劳动生产率 | 25 | 21 | 4 | 劣势 |
| 社会劳动生产率增速 | 30 | 12 | 18 | 中势 |
| 万元 GDP 综合能耗 | 18 | 17 | 1 | 中势 |
| 非农用地产出率 | 12 | 11 | 1 | 中势 |
| 生产税净额和营业盈余占 GDP 比重 | 16 | 12 | 4 | 中势 |
| 最终消费率 | 24 | 26 | -2 | 劣势 |
| 固定资产投资额占 GDP 比重 | 13 | 14 | -1 | 中势 |
| 固定资产交付使用率 | 25 | 27 | -2 | 劣势 |
| 9.2　协调发展竞争力 | 7 | 9 | -2 | 优势 |
| 环境竞争力与宏观经济竞争力比差 | 17 | 16 | 1 | 中势 |
| 资源竞争力与宏观经济竞争力比差 | 22 | 24 | -2 | 劣势 |
| 人力资源竞争力与宏观经济竞争力比差 | 12 | 20 | -8 | 中势 |
| 资源竞争力与工业竞争力比差 | 19 | 24 | -5 | 劣势 |
| 环境竞争力与工业竞争力比差 | 17 | 13 | 4 | 中势 |
| 城乡居民家庭人均收入比差 | 5 | 6 | -1 | 优势 |
| 城乡居民人均现金消费支出比差 | 3 | 3 | 0 | 强势 |
| 全社会消费品零售总额与外贸出口总额比差 | 7 | 8 | -1 | 优势 |

**B**.19

# 18
# 湖南省经济综合竞争力评价分析报告

湖南省简称湘，位于长江中下游南岸，东与江西为邻，北和湖北为界，西连四川、贵州，南接广东、广西，是我国东南部地区的腹地。全省面积21万平方公里，2015年常住人口为6783万人，地区生产总值为28902亿元，同比增长8.5%，人均GDP达42754元。本部分通过分析2014～2015年湖南省经济综合竞争力以及各要素竞争力的排名变化，从中找出湖南省经济综合竞争力的推动点及影响因素，为进一步提升湖南省经济综合竞争力提供决策参考。

## 18.1 湖南省经济综合竞争力总体分析

### 1. 湖南省经济综合竞争力一级指标概要分析

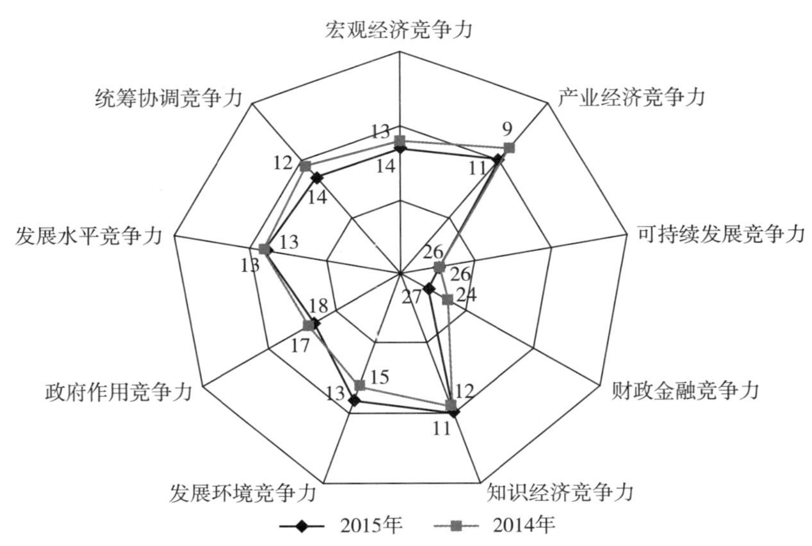


图18－1 2014～2015年湖南省经济综合竞争力二级指标比较

（1）从综合排位看，2015年湖南省经济综合竞争力排位在全国居第15位，在全国处于中势地位；与2014年相比，综合排位下降了2位。

（2）从指标所处区位看，没有指标处于上游区；有7个指标处于中游区，分别为宏观经济竞争力、产业经济竞争力、知识经济竞争力、发展环境竞争力、政府作用竞争力、

**表 18-1　2014～2015 年湖南省经济综合竞争力二级指标表现情况**

| 年份 \ 项目 | 宏观经济竞争力 | 产业经济竞争力 | 可持续发展竞争力 | 财政金融竞争力 | 知识经济竞争力 | 发展环境竞争力 | 政府作用竞争力 | 发展水平竞争力 | 统筹协调竞争力 | **综合排位** |
|---|---|---|---|---|---|---|---|---|---|---|
| 2014 | 13 | 9 | 26 | 24 | 12 | 15 | 17 | 13 | 12 | 13 |
| 2015 | 14 | 11 | 26 | 27 | 11 | 13 | 18 | 13 | 14 | 15 |
| 升降 | -1 | -2 | 0 | -3 | 1 | 2 | -1 | 0 | -2 | -2 |
| 优劣度 | 中势 | 中势 | 劣势 | 劣势 | 中势 | 中势 | 中势 | 中势 | 中势 | 中势 |

发展水平竞争力和统筹协调竞争力，这 7 个指标为湖南省经济综合竞争力的中势指标。

（3）从指标变化趋势看，9 个二级指标中，只有 2 个指标处于上升趋势，为知识经济竞争力和发展环境竞争力，这是湖南省经济综合竞争力的上升动力所在；有 2 个指标排位没有发生变化，分别为可持续发展竞争力和发展水平竞争力；有 5 个指标处于下降趋势，分别为宏观经济竞争力、产业经济竞争力、财政金融竞争力、政府作用竞争力和统筹协调竞争力，是湖南省经济综合竞争力的下降拉力所在。

**2. 湖南省经济综合竞争力各级指标动态变化分析**

**表 18-2　2014～2015 年湖南省经济综合竞争力各级指标排位变化情况**

| 二级指标 | 三级指标 | 四级指标数 | 上升 | | 保持 | | 下降 | | 变化趋势 |
|---|---|---|---|---|---|---|---|---|---|
| | | | 指标数 | 比重（%） | 指标数 | 比重（%） | 指标数 | 比重（%） | |
| 宏观经济竞争力 | 经济实力竞争力 | 12 | 9 | 75.0 | 1 | 8.3 | 2 | 16.7 | 上升 |
| | 经济结构竞争力 | 6 | 2 | 33.3 | 2 | 33.3 | 2 | 33.3 | 下降 |
| | 经济外向度竞争力 | 9 | 2 | 22.2 | 4 | 44.4 | 3 | 33.3 | 下降 |
| | 小　计 | 27 | 13 | 48.1 | 7 | 25.9 | 7 | 25.9 | 下降 |
| 产业经济竞争力 | 农业竞争力 | 10 | 2 | 20.0 | 4 | 40.0 | 4 | 40.0 | 上升 |
| | 工业竞争力 | 10 | 4 | 40.0 | 4 | 40.0 | 2 | 20.0 | 保持 |
| | 服务业竞争力 | 10 | 3 | 30.0 | 3 | 30.0 | 4 | 40.0 | 下降 |
| | 企业竞争力 | 10 | 7 | 70.0 | 2 | 20.0 | 1 | 10.0 | 上升 |
| | 小　计 | 40 | 16 | 40.0 | 13 | 32.5 | 11 | 27.5 | 下降 |
| 可持续发展竞争力 | 资源竞争力 | 9 | 4 | 44.4 | 5 | 55.6 | 0 | 0.0 | 下降 |
| | 环境竞争力 | 8 | 5 | 62.5 | 2 | 25.0 | 1 | 12.5 | 下降 |
| | 人力资源竞争力 | 8 | 3 | 37.5 | 2 | 25.0 | 3 | 37.5 | 上升 |
| | 小　计 | 25 | 12 | 48.0 | 9 | 36.0 | 4 | 16.0 | 保持 |
| 财政金融竞争力 | 财政竞争力 | 12 | 3 | 25.0 | 3 | 25.0 | 6 | 50.0 | 下降 |
| | 金融竞争力 | 10 | 3 | 30.0 | 5 | 50.0 | 2 | 20.0 | 下降 |
| | 小　计 | 22 | 6 | 27.3 | 8 | 36.4 | 8 | 36.4 | 下降 |
| 知识经济竞争力 | 科技竞争力 | 9 | 4 | 44.4 | 2 | 22.2 | 3 | 33.3 | 上升 |
| | 教育竞争力 | 10 | 4 | 40.0 | 2 | 20.0 | 4 | 40.0 | 下降 |
| | 文化竞争力 | 8 | 4 | 50.0 | 4 | 50.0 | 0 | 0.0 | 上升 |
| | 小　计 | 27 | 12 | 44.4 | 8 | 29.6 | 7 | 25.9 | 上升 |

续表

| 二级指标 | 三级指标 | 四级指标数 | 上升 | | 保持 | | 下降 | | 变化趋势 |
|---|---|---|---|---|---|---|---|---|---|
| | | | 指标数 | 比重（%） | 指标数 | 比重（%） | 指标数 | 比重（%） | |
| 发展环境竞争力 | 基础设施竞争力 | 9 | 1 | 11.1 | 3 | 33.3 | 5 | 55.6 | 保持 |
| | 软环境竞争力 | 9 | 5 | 55.6 | 2 | 22.2 | 2 | 22.2 | 上升 |
| | 小　计 | 18 | 6 | 33.3 | 5 | 27.8 | 7 | 38.9 | 上升 |
| 政府作用竞争力 | 政府发展经济竞争力 | 5 | 3 | 60.0 | 1 | 20.0 | 1 | 20.0 | 下降 |
| | 政府规调经济竞争力 | 5 | 2 | 40.0 | 1 | 20.0 | 2 | 40.0 | 下降 |
| | 政府保障经济竞争力 | 6 | 4 | 66.7 | 2 | 33.3 | 0 | 0.0 | 上升 |
| | 小　计 | 16 | 9 | 56.3 | 4 | 25.0 | 3 | 18.8 | 下降 |
| 发展水平竞争力 | 工业化进程竞争力 | 6 | 4 | 66.7 | 0 | 0.0 | 2 | 33.3 | 下降 |
| | 城市化进程竞争力 | 7 | 4 | 57.1 | 1 | 14.3 | 2 | 28.6 | 下降 |
| | 市场化进程竞争力 | 6 | 2 | 33.3 | 2 | 33.3 | 2 | 33.3 | 上升 |
| | 小　计 | 19 | 10 | 52.6 | 3 | 15.8 | 6 | 31.6 | 保持 |
| 统筹协调竞争力 | 统筹发展竞争力 | 8 | 3 | 37.5 | 2 | 25.0 | 3 | 37.5 | 保持 |
| | 协调发展竞争力 | 8 | 3 | 37.5 | 1 | 12.5 | 4 | 50.0 | 下降 |
| | 小　计 | 16 | 6 | 37.5 | 3 | 18.8 | 7 | 43.8 | 下降 |
| 合　计 | | 210 | 90 | 42.9 | 60 | 28.6 | 60 | 28.6 | 下降 |

从表 18－2 可以看出，210 个四级指标中，上升指标有 90 个，占指标总数的 42.9%；下降指标有 60 个，占指标总数的 28.6%；保持不变的指标有 60 个，占指标总数的 28.6%。综上所述，湖南省经济综合竞争力上升的动力大于下降的拉力，但是受其他外部因素影响，2015 年湖南省经济综合竞争力排位下降 2 位。

### 3. 湖南省经济综合竞争力各级指标优劣势结构分析

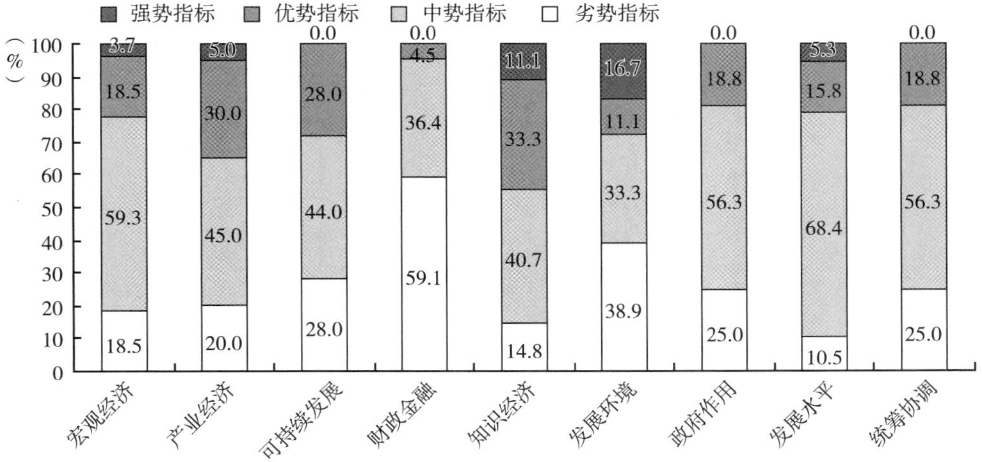


**图 18－2　2015 年湖南省经济综合竞争力各级指标优劣势比较**

**表 18-3　2015 年湖南省经济综合竞争力各级指标优劣势情况**

| 二级指标 | 三级指标 | 四级指标数 | 强势指标 | | 优势指标 | | 中势指标 | | 劣势指标 | | 优劣势 |
|---|---|---|---|---|---|---|---|---|---|---|---|
| | | | 个数 | 比重（%） | 个数 | 比重（%） | 个数 | 比重（%） | 个数 | 比重（%） | |
| 宏观经济竞争力 | 经济实力竞争力 | 12 | 1 | 8.3 | 4 | 33.3 | 5 | 41.7 | 2 | 16.7 | 中势 |
| | 经济结构竞争力 | 6 | 0 | 0.0 | 1 | 16.7 | 3 | 50.0 | 2 | 33.3 | 中势 |
| | 经济外向度竞争力 | 9 | 0 | 0.0 | 0 | 0.0 | 8 | 88.9 | 1 | 11.1 | 中势 |
| | 小　计 | 27 | 1 | 3.7 | 5 | 18.5 | 16 | 59.3 | 5 | 18.5 | 中势 |
| 产业经济竞争力 | 农业竞争力 | 10 | 0 | 0.0 | 2 | 20.0 | 5 | 50.0 | 3 | 30.0 | 优势 |
| | 工业竞争力 | 10 | 1 | 10.0 | 2 | 20.0 | 7 | 70.0 | 0 | 0.0 | 中势 |
| | 服务业竞争力 | 10 | 1 | 10.0 | 3 | 30.0 | 4 | 40.0 | 2 | 20.0 | 中势 |
| | 企业竞争力 | 10 | 0 | 0.0 | 5 | 50.0 | 2 | 20.0 | 3 | 30.0 | 优势 |
| | 小　计 | 40 | 2 | 5.0 | 12 | 30.0 | 18 | 45.0 | 8 | 20.0 | 中势 |
| 可持续发展竞争力 | 资源竞争力 | 9 | 0 | 0.0 | 1 | 11.1 | 5 | 55.6 | 3 | 33.3 | 劣势 |
| | 环境竞争力 | 8 | 0 | 0.0 | 4 | 50.0 | 3 | 37.5 | 1 | 12.5 | 优势 |
| | 人力资源竞争力 | 8 | 0 | 0.0 | 2 | 25.0 | 3 | 37.5 | 3 | 37.5 | 劣势 |
| | 小　计 | 25 | 0 | 0.0 | 7 | 28.0 | 11 | 44.0 | 7 | 28.0 | 劣势 |
| 财政金融竞争力 | 财政竞争力 | 12 | 0 | 0.0 | 1 | 8.3 | 4 | 33.3 | 7 | 58.3 | 劣势 |
| | 金融竞争力 | 10 | 0 | 0.0 | 0 | 0.0 | 4 | 40.0 | 6 | 60.0 | 劣势 |
| | 小　计 | 22 | 0 | 0.0 | 1 | 4.5 | 8 | 36.4 | 13 | 59.1 | 劣势 |
| 知识经济竞争力 | 科技竞争力 | 9 | 0 | 0.0 | 1 | 11.1 | 8 | 88.9 | 0 | 0.0 | 中势 |
| | 教育竞争力 | 10 | 1 | 10.0 | 3 | 30.0 | 2 | 20.0 | 4 | 40.0 | 中势 |
| | 文化竞争力 | 8 | 2 | 25.0 | 5 | 62.5 | 1 | 12.5 | 0 | 0.0 | 强势 |
| | 小　计 | 27 | 3 | 11.1 | 9 | 33.3 | 11 | 40.7 | 4 | 14.8 | 中势 |
| 发展环境竞争力 | 基础设施竞争力 | 9 | 2 | 22.2 | 0 | 0.0 | 2 | 22.2 | 5 | 55.6 | 中势 |
| | 软环境竞争力 | 9 | 1 | 11.1 | 2 | 22.2 | 4 | 44.4 | 2 | 22.2 | 中势 |
| | 小　计 | 18 | 3 | 16.7 | 2 | 11.1 | 6 | 33.3 | 7 | 38.9 | 中势 |
| 政府作用竞争力 | 政府发展经济竞争力 | 5 | 0 | 0.0 | 1 | 20.0 | 4 | 80.0 | 0 | 0.0 | 中势 |
| | 政府规调经济竞争力 | 5 | 0 | 0.0 | 2 | 40.0 | 2 | 40.0 | 1 | 20.0 | 中势 |
| | 政府保障经济竞争力 | 6 | 0 | 0.0 | 0 | 0.0 | 3 | 50.0 | 3 | 50.0 | 劣势 |
| | 小　计 | 16 | 0 | 0.0 | 3 | 18.8 | 9 | 56.3 | 4 | 25.0 | 中势 |
| 发展水平竞争力 | 工业化进程竞争力 | 6 | 0 | 0.0 | 1 | 16.7 | 5 | 83.3 | 0 | 0.0 | 中势 |
| | 城市化进程竞争力 | 7 | 0 | 0.0 | 1 | 14.3 | 4 | 57.1 | 2 | 28.6 | 劣势 |
| | 市场化进程竞争力 | 6 | 1 | 16.7 | 1 | 16.7 | 4 | 66.7 | 0 | 0.0 | 优势 |
| | 小　计 | 19 | 1 | 5.3 | 3 | 15.8 | 13 | 68.4 | 2 | 10.5 | 中势 |
| 统筹协调竞争力 | 统筹发展竞争力 | 8 | 0 | 0.0 | 0 | 0.0 | 7 | 87.5 | 1 | 12.5 | 中势 |
| | 协调发展竞争力 | 8 | 0 | 0.0 | 3 | 37.5 | 2 | 25.0 | 3 | 37.5 | 中势 |
| | 小　计 | 16 | 0 | 0.0 | 3 | 18.8 | 9 | 56.3 | 4 | 25.0 | 中势 |
| 合　计 | | 210 | 10 | 4.8 | 45 | 21.4 | 101 | 48.1 | 54 | 25.7 | 中势 |

基于图 18 - 2 和表 18 - 3，具体到四级指标，强势指标 10 个，占指标总数的 4.8%；优势指标 45 个，占指标总数的 21.4%；中势指标 101 个，占指标总数的 48.1%；劣势指标 54 个，占指标总数的 25.7%。三级指标中，强势指标 1 个，占三级指标总数的 4%；优势指标 4 个，占三级指标总数的 16%；中势指标 14 个，占三级指标总数的 56%；劣势指标 6 个，占三级指标总数的 24%。从二级指标看，没有强势指标；也没有优势指标；中势指标有 7 个，占二级指标总数的 77.8%；劣势指标 2 个，占二级指标总数的 22.2%。综合来看，由于中势指标在指标体系中居于主导地位，2015 年湖南省经济综合竞争力处于中势地位。

**4. 湖南省经济综合竞争力四级指标优劣势对比分析**

**表 18 - 4　2015 年湖南省经济综合竞争力四级指标优劣势情况**

| 二级指标 | 优劣势 | 四　级　指　标 |
|---|---|---|
| 宏观经济竞争力（27 个） | 强势指标 | 固定资产投资额增长率（1 个） |
| | 优势指标 | 地区生产总值、固定资产投资额、全社会消费品零售总额、全社会消费品零售总额增长率、所有制经济结构优化度（5 个） |
| | 劣势指标 | 人均财政收入、人均固定资产投资额、城乡经济结构优化度、就业结构优化度、外贸依存度（5 个） |
| 产业经济竞争力（40 个） | 强势指标 | 工业资产总贡献率、限额以上批零企业利税率（2 个） |
| | 优势指标 | 农业增加值、农业机械化水平、工业增加值、工业增加值增长率、服务业增加值、服务业增加值增长率、服务业从业人员数、规模以上工业企业数、新产品销售收入占主营业务收入比重、产品质量抽查合格率、工业企业 R&D 经费投入强度、中国驰名商标持有量（12 个） |
| | 劣势指标 | 农业增加值增长率、农产品出口占农林牧渔总产值比重、农村人均用电量、服务业从业人员数增长率、限额以上餐饮企业利税率、规模以上企业平均资产、规模以上企业平均收入、城镇就业人员平均工资（8 个） |
| 可持续发展竞争力（25 个） | 强势指标 | （0 个） |
| | 优势指标 | 人均年水资源量、森林覆盖率、人均工业废气排放量、人均工业固体废物排放量、生活垃圾无害化处理率、文盲率、职业学校毕业生数（7 个） |
| | 劣势指标 | 人均耕地面积、主要能源矿产基础储量、人均主要能源矿产基础储量、自然灾害直接经济损失、15 ~ 64 岁人口比例、人口健康素质、人力资源利用率（7 个） |
| 财政金融竞争力（22 个） | 强势指标 | （0 个） |
| | 优势指标 | 地方财政支出（1 个） |
| | 劣势指标 | 地方财政收入占 GDP 比重、地方财政支出占 GDP 比重、税收收入占 GDP 比重、税收收入占财政总收入比重、人均地方财政收入、人均地方财政支出、人均税收收入、人均存款余额、人均贷款余额、中长期贷款占贷款余额比重、保险密度、保险深度、人均证券市场筹资额（13 个） |
| 知识经济竞争力（27 个） | 强势指标 | 人均文化教育支出占个人消费支出比重、城镇居民人均文化娱乐支出占消费性支出比重、农村居民人均文化娱乐支出占消费性支出比重（3 个） |
| | 优势指标 | R&D 经费 、教育经费、高等学校数、高校专任教师数、文化服务业企业营业收入、图书和期刊出版数、出版印刷工业销售产值、城镇居民人均文化娱乐支出、农村居民人均文化娱乐支出（9 个） |
| | 劣势指标 | 教育经费占 GDP 比重、人均教育经费、万人中小学专任教师数、万人高等学校在校学生数（4 个） |

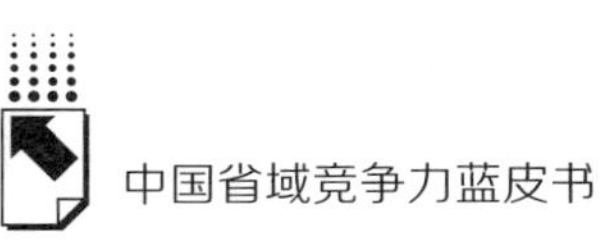



续表

| 二级指标 | 优劣势 | 四 级 指 标 |
|---|---|---|
| 发展环境竞争力（18个） | 强势指标 | 人均内河航道里程、全社会旅客周转量、外资企业数增长率（3个） |
| | 优势指标 | 个体私营企业数增长率、社会捐赠款物（2个） |
| | 劣势指标 | 铁路网线密度、人均邮电业务总量、电话普及率、互联网上网人数比重、人均耗电量、万人外资企业数、罚没收入占财政收入比重（7个） |
| 政府作用竞争力（16个） | 强势指标 | （0个） |
| | 优势指标 | 财政支出对GDP增长的拉动、调控城乡消费差距、统筹经济社会发展）（3个） |
| | 劣势指标 | 人口控制、医疗保险覆盖率、下岗职工再就业率、城镇登记失业率（4个） |
| 发展水平竞争力（19个） | 强势指标 | 私有和个体企业从业人员比重（1个） |
| | 优势指标 | 高技术产品出口额占商品出口额比重、人均日生活用水量、非公有制经济产值占全社会总产值的比重（3个） |
| | 劣势指标 | 城镇化率、人均公共绿地面积（2个） |
| 统筹协调竞争力（16个） | 强势指标 | （0个） |
| | 优势指标 | 人力资源竞争力与宏观经济竞争力比差、城乡居民人均现金消费支出比差、全社会消费品零售总额与外贸出口总额比差（3个） |
| | 劣势指标 | 社会劳动生产率增速、环境竞争力与宏观经济竞争力比差、资源竞争力与宏观经济竞争力比差、资源竞争力与工业竞争力比差（4个） |

## 18.2 湖南省经济综合竞争力各级指标具体分析

### 1. 湖南省宏观经济竞争力指标排名变化情况

**表18－5 2014～2015年湖南省宏观经济竞争力指标组排位及变化趋势**

| 指 标 | 2014 | 2015 | 排位升降 | 优劣势 |
|---|---|---|---|---|
| **1 宏观经济竞争力** | 13 | 14 | －1 | 中势 |
| 1.1 经济实力竞争力 | 15 | 12 | 3 | 中势 |
| 地区生产总值 | 10 | 9 | 1 | 优势 |
| 地区生产总值增长率 | 10 | 12 | －2 | 中势 |
| 人均地区生产总值 | 17 | 16 | 1 | 中势 |
| 财政总收入 | 14 | 11 | 3 | 中势 |
| 财政总收入增长率 | 11 | 13 | －2 | 中势 |
| 人均财政收入 | 29 | 21 | 8 | 劣势 |
| 固定资产投资额 | 11 | 9 | 2 | 优势 |
| 固定资产投资额增长率 | 8 | 3 | 5 | 强势 |
| 人均固定资产投资额 | 23 | 22 | 1 | 劣势 |

续表

| 指　　标 | 2014 | 2015 | 排位升降 | 优劣势 |
|---|---|---|---|---|
| 全社会消费品零售总额 | 10 | 10 | 0 | 优势 |
| 全社会消费品零售总额增长率 | 8 | 5 | 3 | 优势 |
| 人均全社会消费品零售总额 | 16 | 15 | 1 | 中势 |
| 1.2　经济结构竞争力 | 17 | 18 | -1 | 中势 |
| 产业结构优化度 | 17 | 19 | -2 | 中势 |
| 所有制经济结构优化度 | 9 | 8 | 1 | 优势 |
| 城乡经济结构优化度 | 21 | 21 | 0 | 劣势 |
| 就业结构优化度 | 25 | 24 | 1 | 劣势 |
| 资本形成结构优化度 | 18 | 18 | 0 | 中势 |
| 贸易结构优化度 | 17 | 18 | -1 | 中势 |
| 1.3　经济外向度竞争力 | 15 | 20 | -5 | 中势 |
| 进出口总额 | 19 | 19 | 0 | 中势 |
| 进出口增长率 | 6 | 13 | -7 | 中势 |
| 出口总额 | 19 | 18 | 1 | 中势 |
| 出口增长率 | 6 | 16 | -10 | 中势 |
| 实际 FDI | 17 | 17 | 0 | 中势 |
| 实际 FDI 增长率 | 13 | 20 | -7 | 中势 |
| 外贸依存度 | 29 | 28 | 1 | 劣势 |
| 外资企业数 | 16 | 16 | 0 | 中势 |
| 对外直接投资 | 15 | 15 | 0 | 中势 |

## 2. 湖南省产业经济竞争力指标排名变化情况

**表 18-6　2014~2015 年湖南省产业经济竞争力指标组排位及变化趋势**

| 指　　标 | 2014 | 2015 | 排位升降 | 优劣势 |
|---|---|---|---|---|
| **2　产业经济竞争力** | 9 | 11 | -2 | 中势 |
| 2.1　农业竞争力 | 11 | 10 | 1 | 优势 |
| 农业增加值 | 6 | 6 | 0 | 优势 |
| 农业增加值增长率 | 15 | 22 | -7 | 劣势 |
| 人均农业增加值 | 12 | 11 | 1 | 中势 |
| 农民人均纯收入 | 15 | 15 | 0 | 中势 |
| 农民人均纯收入增长率 | 12 | 11 | 1 | 中势 |
| 农产品出口占农林牧渔总产值比重 | 22 | 23 | -1 | 劣势 |
| 人均主要农产品产量 | 13 | 13 | 0 | 中势 |
| 农业机械化水平 | 5 | 5 | 0 | 优势 |

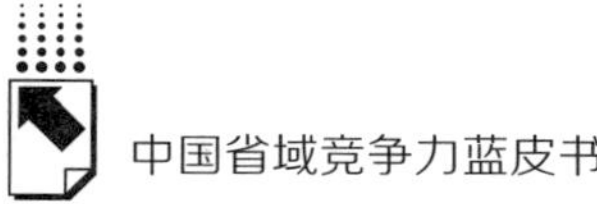



续表

| 指　　标 | 2014 | 2015 | 排位升降 | 优劣势 |
|---|---|---|---|---|
| 农村人均用电量 | 24 | 25 | -1 | 劣势 |
| 财政支农资金比重 | 16 | 17 | -1 | 中势 |
| 2.2　工业竞争力 | 11 | 11 | 0 | 中势 |
| 工业增加值 | 10 | 10 | 0 | 优势 |
| 工业增加值增长率 | 4 | 7 | -3 | 优势 |
| 人均工业增加值 | 18 | 17 | 1 | 中势 |
| 工业资产总额 | 18 | 18 | 0 | 中势 |
| 工业资产总额增长率 | 13 | 13 | 0 | 中势 |
| 工业资产总贡献率 | 2 | 2 | 0 | 强势 |
| 规模以上工业主营业务收入 | 13 | 11 | 2 | 中势 |
| 规模以上工业利润总额 | 16 | 14 | 2 | 中势 |
| 工业全员劳动生产率 | 3 | 14 | -11 | 中势 |
| 工业成本费用利润率 | 25 | 20 | 5 | 中势 |
| 2.3　服务业竞争力 | 9 | 12 | -3 | 中势 |
| 服务业增加值 | 9 | 10 | -1 | 优势 |
| 服务业增加值增长率 | 1 | 6 | -5 | 优势 |
| 人均服务业增加值 | 18 | 18 | 0 | 中势 |
| 服务业从业人员数 | 7 | 8 | -1 | 优势 |
| 服务业从业人员数增长率 | 14 | 23 | -9 | 劣势 |
| 限额以上批发零售企业主营业务收入 | 18 | 17 | 1 | 中势 |
| 限额以上批零企业利税率 | 3 | 3 | 0 | 强势 |
| 限额以上餐饮企业利税率 | 24 | 23 | 1 | 劣势 |
| 旅游外汇收入 | 18 | 18 | 0 | 中势 |
| 房地产经营总收入 | 15 | 14 | 1 | 中势 |
| 2.4　企业竞争力 | 11 | 9 | 2 | 优势 |
| 规模以上工业企业数 | 11 | 10 | 1 | 优势 |
| 规模以上企业平均资产 | 30 | 29 | 1 | 劣势 |
| 规模以上企业平均收入 | 26 | 26 | 0 | 劣势 |
| 规模以上企业平均利润 | 16 | 20 | -4 | 中势 |
| 规模以上企业劳动效率 | 26 | 20 | 6 | 中势 |
| 城镇就业人员平均工资 | 26 | 24 | 2 | 劣势 |
| 新产品销售收入占主营业务收入比重 | 6 | 4 | 2 | 优势 |
| 产品质量抽查合格率 | 10 | 9 | 1 | 优势 |
| 工业企业 R&D 经费投入强度 | 7 | 7 | 0 | 优势 |
| 中国驰名商标持有量 | 10 | 6 | 4 | 优势 |

## 3. 湖南省可持续发展竞争力指标排名变化情况

**表 18-7 2014~2015 年湖南省可持续发展竞争力指标组排位及变化趋势**

| 指　　标 | 2014 | 2015 | 排位升降 | 优劣势 |
|---|---|---|---|---|
| **3 可持续发展竞争力** | 26 | 26 | 0 | 劣势 |
| 3.1 资源竞争力 | 26 | 28 | -2 | 劣势 |
| 人均国土面积 | 20 | 12 | 8 | 中势 |
| 人均可使用海域和滩涂面积 | 13 | 13 | 0 | 中势 |
| 人均年水资源量 | 11 | 9 | 2 | 优势 |
| 耕地面积 | 17 | 17 | 0 | 中势 |
| 人均耕地面积 | 24 | 24 | 0 | 劣势 |
| 人均牧草地面积 | 19 | 17 | 2 | 中势 |
| 主要能源矿产基础储量 | 22 | 21 | 1 | 劣势 |
| 人均主要能源矿产基础储量 | 27 | 27 | 0 | 劣势 |
| 人均森林储积量 | 18 | 18 | 0 | 中势 |
| 3.2 环境竞争力 | 7 | 10 | -3 | 优势 |
| 森林覆盖率 | 8 | 8 | 0 | 优势 |
| 人均废水排放量 | 18 | 18 | 0 | 中势 |
| 人均工业废气排放量 | 6 | 5 | 1 | 优势 |
| 人均工业固体废物排放量 | 7 | 8 | -1 | 优势 |
| 人均治理工业污染投资额 | 23 | 20 | 3 | 中势 |
| 一般工业固体废物综合利用率 | 14 | 13 | 1 | 中势 |
| 生活垃圾无害化处理率 | 12 | 5 | 7 | 优势 |
| 自然灾害直接经济损失 | 26 | 25 | 1 | 劣势 |
| 3.3 人力资源竞争力 | 27 | 25 | 2 | 劣势 |
| 常住人口增长率 | 14 | 14 | 0 | 中势 |
| 15~64 岁人口比例 | 24 | 27 | -3 | 劣势 |
| 文盲率 | 11 | 9 | 2 | 优势 |
| 大专以上教育程度人口比例 | 24 | 20 | 4 | 中势 |
| 平均受教育程度 | 15 | 13 | 2 | 中势 |
| 人口健康素质 | 25 | 26 | -1 | 劣势 |
| 人力资源利用率 | 20 | 21 | -1 | 劣势 |
| 职业学校毕业生数 | 9 | 9 | 0 | 优势 |

## 4. 湖南省财政金融竞争力指标排名变化情况

**表 18-8 2014~2015 年湖南省财政金融竞争力指标组排位及变化趋势**

| 指　　标 | 2014 | 2015 | 排位升降 | 优劣势 |
|---|---|---|---|---|
| **4 财政金融竞争力** | 24 | 27 | -3 | 劣势 |
| 4.1 财政竞争力 | 24 | 26 | -2 | 劣势 |
| 地方财政收入 | 14 | 13 | 1 | 中势 |
| 地方财政支出 | 8 | 10 | -2 | 优势 |
| 地方财政收入占 GDP 比重 | 29 | 28 | 1 | 劣势 |
| 地方财政支出占 GDP 比重 | 21 | 22 | -1 | 劣势 |

续表

| 指　　标 | 2014 | 2015 | 排位升降 | 优劣势 |
|---|---|---|---|---|
| 税收收入占 GDP 比重 | 31 | 31 | 0 | 劣势 |
| 税收收入占财政总收入比重 | 18 | 23 | -5 | 劣势 |
| 人均地方财政收入 | 27 | 26 | 1 | 劣势 |
| 人均地方财政支出 | 27 | 28 | -1 | 劣势 |
| 人均税收收入 | 28 | 28 | 0 | 劣势 |
| 地方财政收入增长率 | 14 | 16 | -2 | 中势 |
| 地方财政支出增长率 | 14 | 14 | 0 | 中势 |
| 税收收入增长率 | 13 | 15 | -2 | 中势 |
| 4.2　金融竞争力 | 16 | 29 | -13 | 劣势 |
| 存款余额 | 13 | 13 | 0 | 中势 |
| 人均存款余额 | 28 | 29 | -1 | 劣势 |
| 贷款余额 | 15 | 15 | 0 | 中势 |
| 人均贷款余额 | 30 | 30 | 0 | 劣势 |
| 货币市场融资额 | 19 | 19 | 0 | 中势 |
| 中长期贷款占贷款余额比重 | 5 | 28 | -23 | 劣势 |
| 保险费净收入 | 12 | 11 | 1 | 中势 |
| 保险密度 | 24 | 24 | 0 | 劣势 |
| 保险深度 | 23 | 22 | 1 | 劣势 |
| 人均证券市场筹资额 | 24 | 22 | 2 | 劣势 |

## 5. 湖南省知识经济竞争力指标排名变化情况

**表 18-9　2014～2015 年湖南省知识经济竞争力指标组排位及变化趋势**

| 指　　标 | 2014 | 2015 | 排位升降 | 优劣势 |
|---|---|---|---|---|
| **5　知识经济竞争力** | 12 | 11 | 1 | 中势 |
| 5.1　科技竞争力 | 16 | 14 | 2 | 中势 |
| R&D 人员 | 12 | 13 | -1 | 中势 |
| R&D 经费 | 11 | 8 | 3 | 优势 |
| R&D 经费投入强度 | 11 | 11 | 0 | 中势 |
| 发明专利授权量 | 11 | 11 | 0 | 中势 |
| 技术市场成交合同金额 | 15 | 14 | 1 | 中势 |
| 财政科技支出占地方财政支出比重 | 18 | 20 | -2 | 中势 |
| 高技术产业增加值 | 13 | 11 | 2 | 中势 |
| 高技术产业增加值占工业增加值比重 | 19 | 18 | 1 | 中势 |
| 高技术产品出口额占商品出口额比重 | 16 | 17 | -1 | 中势 |
| 5.2　教育竞争力 | 16 | 18 | -2 | 中势 |
| 教育经费 | 8 | 8 | 0 | 优势 |
| 教育经费占 GDP 比重 | 20 | 21 | -1 | 劣势 |
| 人均教育经费 | 29 | 30 | -1 | 劣势 |
| 公共教育经费占财政支出比重 | 14 | 18 | -4 | 中势 |

续表

| 指　　标 | 2014 | 2015 | 排位升降 | 优劣势 |
|---|---|---|---|---|
| 人均文化教育支出占个人消费支出比重 | 2 | 1 | 1 | 强势 |
| 万人中小学学校数 | 18 | 17 | 1 | 中势 |
| 万人中小学专任教师数 | 23 | 23 | 0 | 劣势 |
| 高等学校数 | 5 | 6 | -1 | 优势 |
| 高校专任教师数 | 10 | 9 | 1 | 优势 |
| 万人高等学校在校学生数 | 23 | 22 | 1 | 劣势 |
| 5.3　文化竞争力 | 4 | 3 | 1 | 强势 |
| 文化服务业企业营业收入 | 9 | 8 | 1 | 优势 |
| 图书和期刊出版数 | 4 | 4 | 0 | 优势 |
| 报纸出版数 | 12 | 11 | 1 | 中势 |
| 出版印刷工业销售产值 | 4 | 4 | 0 | 优势 |
| 城镇居民人均文化娱乐支出 | 5 | 5 | 0 | 优势 |
| 农村居民人均文化娱乐支出 | 4 | 4 | 0 | 优势 |
| 城镇居民人均文化娱乐支出占消费性支出比重 | 2 | 1 | 1 | 强势 |
| 农村居民人均文化娱乐支出占消费性支出比重 | 8 | 3 | 5 | 强势 |

## 6. 湖南省发展环境竞争力指标排名变化情况

**表 18-10　2014～2015 年湖南省发展环境竞争力指标组排位及变化趋势**

| 指　　标 | 2014 | 2015 | 排位升降 | 优劣势 |
|---|---|---|---|---|
| **6　发展环境竞争力** | 15 | 13 | 2 | 中势 |
| 6.1　基础设施竞争力 | 15 | 15 | 0 | 中势 |
| 铁路网线密度 | 20 | 22 | -2 | 劣势 |
| 公路网线密度 | 11 | 12 | -1 | 中势 |
| 人均内河航道里程 | 3 | 3 | 0 | 强势 |
| 全社会旅客周转量 | 3 | 3 | 0 | 强势 |
| 全社会货物周转量 | 13 | 14 | -1 | 中势 |
| 人均邮电业务总量 | 25 | 31 | -6 | 劣势 |
| 电话普及率 | 30 | 29 | 1 | 劣势 |
| 互联网上网人数比重 | 24 | 25 | -1 | 劣势 |
| 人均耗电量 | 30 | 30 | 0 | 劣势 |
| 6.2　软环境竞争力 | 20 | 11 | 9 | 中势 |
| 外资企业数增长率 | 5 | 3 | 2 | 强势 |
| 万人外资企业数 | 27 | 24 | 3 | 劣势 |
| 个体私营企业数增长率 | 23 | 10 | 13 | 优势 |
| 万人个体私营企业数 | 11 | 11 | 0 | 中势 |
| 万人商标注册件数 | 17 | 18 | -1 | 中势 |
| 查处商标侵权假冒案件 | 21 | 20 | 1 | 中势 |
| 每十万人交通事故发生数 | 14 | 17 | -3 | 中势 |
| 罚没收入占财政收入比重 | 29 | 27 | 2 | 劣势 |
| 社会捐赠款物 | 7 | 7 | 0 | 优势 |

## 7. 湖南省政府作用竞争力指标排名变化情况

表 18－11　2014～2015 年湖南省政府作用竞争力指标组排位及变化趋势

| 指　　标 | 2014 | 2015 | 排位升降 | 优劣势 |
|---|---|---|---|---|
| **7　政府作用竞争力** | 17 | 18 | －1 | 中势 |
| 7.1　政府发展经济竞争力 | 11 | 13 | －2 | 中势 |
| 财政支出用于基本建设投资比重 | 12 | 12 | 0 | 中势 |
| 财政支出对 GDP 增长的拉动 | 11 | 10 | 1 | 优势 |
| 政府公务员对经济的贡献 | 18 | 15 | 3 | 中势 |
| 政府消费对民间消费的拉动 | 3 | 13 | －10 | 中势 |
| 财政投资对社会投资的拉动 | 15 | 14 | 1 | 中势 |
| 7.2　政府规调经济竞争力 | 15 | 16 | －1 | 中势 |
| 物价调控 | 13 | 14 | －1 | 中势 |
| 调控城乡消费差距 | 9 | 9 | 0 | 优势 |
| 统筹经济社会发展 | 10 | 8 | 2 | 优势 |
| 规范税收 | 25 | 20 | 5 | 中势 |
| 人口控制 | 24 | 25 | －1 | 劣势 |
| 7.3　政府保障经济竞争力 | 24 | 23 | 1 | 劣势 |
| 城市城镇社区服务设施数 | 12 | 11 | 1 | 中势 |
| 医疗保险覆盖率 | 22 | 21 | 1 | 劣势 |
| 养老保险覆盖率 | 12 | 12 | 0 | 中势 |
| 失业保险覆盖率 | 15 | 14 | 1 | 中势 |
| 下岗职工再就业率 | 29 | 24 | 5 | 劣势 |
| 城镇登记失业率 | 29 | 29 | 0 | 劣势 |

## 8. 湖南省发展水平竞争力指标排名变化情况

表 18－12　2014～2015 年湖南省发展水平竞争力指标组排位及变化趋势

| 指　　标 | 2014 | 2015 | 排位升降 | 优劣势 |
|---|---|---|---|---|
| **8　发展水平竞争力** | 13 | 13 | 0 | 中势 |
| 8.1　工业化进程竞争力 | 10 | 11 | －1 | 中势 |
| 工业增加值占 GDP 比重 | 19 | 16 | 3 | 中势 |
| 工业增加值增长率 | 14 | 11 | 3 | 中势 |
| 高技术产业规模以上企业产值 | 6 | 13 | －7 | 中势 |
| 高技术产业增加值占工业增加值比重 | 7 | 19 | －12 | 中势 |
| 高技术产品出口额占商品出口额比重 | 16 | 9 | 7 | 优势 |
| 信息产业增加值占 GDP 比重 | 19 | 15 | 4 | 中势 |
| 8.2　城市化进程竞争力 | 20 | 21 | －1 | 劣势 |
| 城镇化率 | 22 | 21 | 1 | 劣势 |
| 城镇居民人均可支配收入 | 11 | 11 | 0 | 中势 |
| 城市平均建成区面积比重 | 17 | 11 | 6 | 中势 |

续表

| 指　　标 | 2014 | 2015 | 排位升降 | 优劣势 |
|---|---|---|---|---|
| 人均拥有道路面积 | 19 | 18 | 1 | 中势 |
| 人均日生活用水量 | 8 | 6 | 2 | 优势 |
| 恩格尔系数 | 16 | 18 | -2 | 中势 |
| 人均公共绿地面积 | 29 | 30 | -1 | 劣势 |
| 8.3　市场化进程竞争力 | 9 | 8 | 1 | 优势 |
| 非公有制经济产值占全社会总产值的比重 | 9 | 8 | 1 | 优势 |
| 社会投资占投资总额比重 | 18 | 18 | 0 | 中势 |
| 私有和个体企业从业人员比重 | 9 | 3 | 6 | 强势 |
| 亿元以上商品市场成交额 | 10 | 11 | -1 | 中势 |
| 亿元以上商品市场成交额占全社会消费品零售总额比重 | 14 | 14 | 0 | 中势 |
| 居民消费支出占总消费支出比重 | 3 | 13 | -10 | 中势 |

## 9. 湖南省统筹协调竞争力指标排名变化情况

**表 18-13　2014~2015 年湖南省统筹协调竞争力指标组排位及变化趋势**

| 指　　标 | 2014 | 2015 | 排位升降 | 优劣势 |
|---|---|---|---|---|
| **9　统筹协调竞争力** | 12 | 14 | -2 | 中势 |
| 9.1　统筹发展竞争力 | 14 | 14 | 0 | 中势 |
| 社会劳动生产率 | 7 | 16 | -9 | 中势 |
| 社会劳动生产率增速 | 22 | 23 | -1 | 劣势 |
| 万元 GDP 综合能耗 | 14 | 14 | 0 | 中势 |
| 非农用地产出率 | 14 | 13 | 1 | 中势 |
| 生产税净额和营业盈余占 GDP 比重 | 17 | 16 | 1 | 中势 |
| 最终消费率 | 22 | 16 | 6 | 中势 |
| 固定资产投资额占 GDP 比重 | 10 | 13 | -3 | 中势 |
| 固定资产交付使用率 | 13 | 13 | 0 | 中势 |
| 9.2　协调发展竞争力 | 12 | 15 | -3 | 中势 |
| 环境竞争力与宏观经济竞争力比差 | 22 | 21 | 1 | 劣势 |
| 资源竞争力与宏观经济竞争力比差 | 23 | 21 | 2 | 劣势 |
| 人力资源竞争力与宏观经济竞争力比差 | 2 | 8 | -6 | 优势 |
| 资源竞争力与工业竞争力比差 | 24 | 23 | 1 | 劣势 |
| 环境竞争力与工业竞争力比差 | 16 | 18 | -2 | 中势 |
| 城乡居民家庭人均收入比差 | 19 | 20 | -1 | 中势 |
| 城乡居民人均现金消费支出比差 | 9 | 9 | 0 | 优势 |
| 全社会消费品零售总额与外贸出口总额比差 | 5 | 6 | -1 | 优势 |

# B.20
# 19
# 广东省经济综合竞争力评价分析报告

广东省简称粤，北接湖南省、江西省，东连福建省，西邻广西壮族自治区，南隔琼州海峡与海南省相望。全省面积为17.8万平方公里，2015年常住人口为10849万人，地区生产总值为72812.55亿元，同比增长8.0%，人均GDP达67503元。本部分通过分析2014～2015年广东省经济综合竞争力以及各要素竞争力的排名变化，从中找出广东省经济综合竞争力的推动点及影响因素，为进一步提升广东省经济综合竞争力提供决策参考。

## 19.1 广东省经济综合竞争力总体分析

**1. 广东省经济综合竞争力一级指标概要分析**

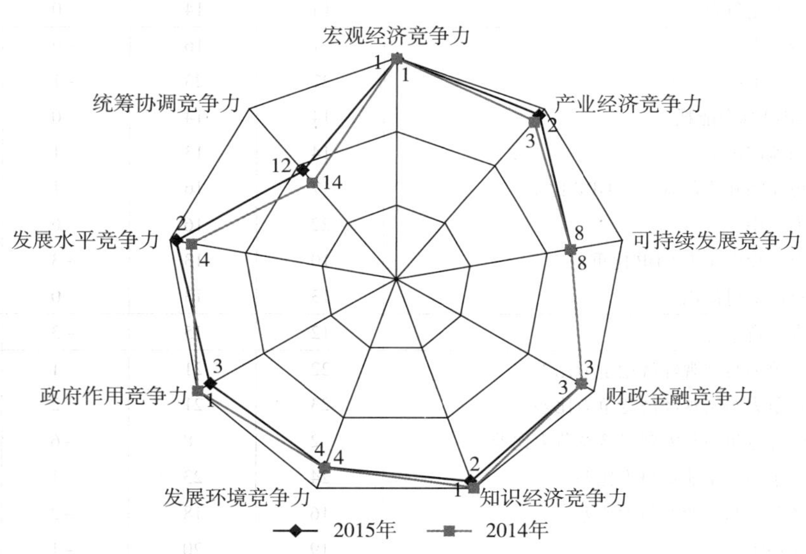


**图19－1 2014～2015年广东省经济综合竞争力二级指标比较**

（1）从综合排位看，2015年广东省经济综合竞争力排位在全国居第1位，在全国处于强势地位；与2014年相比，综合排位保持不变。

（2）从指标所处区位看，只有统筹协调竞争力1个指标处于中游区，其他8个指标处于上游区，其中宏观经济竞争力、产业经济竞争力、财政金融竞争力、知识经济竞争力、

表 19－1　2014～2015 年广东省经济综合竞争力二级指标表现情况

| 项目/年份 | 宏观经济竞争力 | 产业经济竞争力 | 可持续发展竞争力 | 财政金融竞争力 | 知识经济竞争力 | 发展环境竞争力 | 政府作用竞争力 | 发展水平竞争力 | 统筹协调竞争力 | 综合排位 |
|---|---|---|---|---|---|---|---|---|---|---|
| 2014 | 1 | 3 | 8 | 3 | 1 | 4 | 1 | 4 | 14 | 1 |
| 2015 | 1 | 2 | 8 | 3 | 2 | 4 | 3 | 2 | 12 | 1 |
| 升降 | 0 | 1 | 0 | 0 | －1 | 0 | －2 | 2 | 2 | 0 |
| 优劣度 | 强势 | 强势 | 优势 | 强势 | 强势 | 优势 | 强势 | 强势 | 中势 | 强势 |

政府作用竞争力和发展水平竞争力等 6 个指标为广东省经济综合竞争力的强势指标。

（3）从指标变化趋势看，9 个二级指标中，有 3 个指标处于上升趋势，分别为产业经济竞争力、发展水平竞争力和统筹协调竞争力，这些是广东省经济综合竞争力的上升动力所在；有 4 个指标排位没有发生变化，分别为宏观经济竞争力、可持续发展竞争力、财政金融竞争力和发展环境竞争力；有 2 个指标处于下降趋势，为知识经济竞争力和政府作用竞争力，是广东省经济综合竞争力的下降拉力所在。

**2. 广东省经济综合竞争力各级指标动态变化分析**

表 19－2　2014～2015 年广东省经济综合竞争力各级指标排位变化情况

| 二级指标 | 三级指标 | 四级指标数 | 上升 | | 保持 | | 下降 | | 变化趋势 |
|---|---|---|---|---|---|---|---|---|---|
| | | | 指标数 | 比重（%） | 指标数 | 比重（%） | 指标数 | 比重（%） | |
| 宏观经济竞争力 | 经济实力竞争力 | 12 | 6 | 50.0 | 3 | 25.0 | 3 | 25.0 | 保持 |
| | 经济结构竞争力 | 6 | 0 | 0.0 | 4 | 66.7 | 2 | 33.3 | 下降 |
| | 经济外向度竞争力 | 9 | 4 | 44.4 | 3 | 33.3 | 2 | 22.2 | 保持 |
| | 小　　计 | 27 | 10 | 37.0 | 10 | 37.0 | 7 | 25.9 | 保持 |
| 产业经济竞争力 | 农业竞争力 | 10 | 5 | 50.0 | 5 | 50.0 | 0 | 0.0 | 上升 |
| | 工业竞争力 | 10 | 4 | 40.0 | 5 | 50.0 | 1 | 10.0 | 保持 |
| | 服务业竞争力 | 10 | 3 | 30.0 | 7 | 70.0 | 0 | 0.0 | 保持 |
| | 企业竞争力 | 10 | 5 | 50.0 | 2 | 20.0 | 3 | 30.0 | 下降 |
| | 小　　计 | 40 | 17 | 42.5 | 19 | 47.5 | 4 | 10.0 | 上升 |
| 可持续发展竞争力 | 资源竞争力 | 9 | 3 | 33.3 | 6 | 66.7 | 0 | 0.0 | 保持 |
| | 环境竞争力 | 8 | 3 | 37.5 | 3 | 37.5 | 2 | 5.0 | 下降 |
| | 人力资源竞争力 | 8 | 6 | 75.0 | 1 | 12.5 | 1 | 12.5 | 上升 |
| | 小　　计 | 25 | 12 | 48.0 | 10 | 40.0 | 3 | 12.0 | 保持 |
| 财政金融竞争力 | 财政竞争力 | 12 | 8 | 66.7 | 3 | 25.0 | 1 | 8.3 | 上升 |
| | 金融竞争力 | 10 | 1 | 10.0 | 7 | 70.0 | 2 | 20.0 | 上升 |
| | 小　　计 | 22 | 9 | 40.9 | 10 | 45.5 | 3 | 13.6 | 保持 |
| 知识经济竞争力 | 科技竞争力 | 9 | 2 | 22.2 | 6 | 66.7 | 1 | 11.1 | 保持 |
| | 教育竞争力 | 10 | 1 | 10.0 | 4 | 40.0 | 5 | 50.0 | 下降 |
| | 文化竞争力 | 8 | 1 | 12.5 | 4 | 50.0 | 3 | 37.5 | 下降 |
| | 小　　计 | 27 | 4 | 14.8 | 14 | 51.9 | 9 | 33.3 | 下降 |

续表

| 二级指标 | 三级指标 | 四级指标数 | 上升 | | 保持 | | 下降 | | 变化趋势 |
|---|---|---|---|---|---|---|---|---|---|
| | | | 指标数 | 比重（%） | 指标数 | 比重（%） | 指标数 | 比重（%） | |
| 发展环境竞争力 | 基础设施竞争力 | 9 | 0 | 0.0 | 7 | 77.8 | 2 | 22.2 | 保持 |
| | 软环境竞争力 | 9 | 2 | 22.2 | 6 | 66.7 | 1 | 11.1 | 下降 |
| | 小　计 | 18 | 2 | 11.1 | 13 | 72.2 | 3 | 16.7 | 保持 |
| 政府作用竞争力 | 政府发展经济竞争力 | 5 | 0 | 0.0 | 1 | 20.0 | 4 | 80.0 | 下降 |
| | 政府规调经济竞争力 | 5 | 2 | 40.0 | 0 | 0.0 | 3 | 60.0 | 下降 |
| | 政府保障经济竞争力 | 6 | 0 | 0.0 | 5 | 83.3 | 1 | 16.7 | 保持 |
| | 小　计 | 16 | 2 | 12.5 | 6 | 37.5 | 8 | 50.0 | 下降 |
| 发展水平竞争力 | 工业化进程竞争力 | 6 | 4 | 66.7 | 2 | 33.3 | 0 | 0.0 | 保持 |
| | 城市化进程竞争力 | 7 | 2 | 28.6 | 2 | 28.6 | 3 | 42.9 | 上升 |
| | 市场化进程竞争力 | 6 | 3 | 50.0 | 2 | 33.3 | 1 | 16.7 | 上升 |
| | 小　计 | 19 | 9 | 47.4 | 6 | 31.6 | 4 | 21.1 | 上升 |
| 统筹协调竞争力 | 统筹发展竞争力 | 8 | 2 | 25.0 | 3 | 37.5 | 3 | 37.5 | 保持 |
| | 协调发展竞争力 | 8 | 1 | 12.5 | 3 | 37.5 | 4 | 50.0 | 下降 |
| | 小　计 | 16 | 3 | 18.8 | 6 | 37.5 | 7 | 43.8 | 上升 |
| 合　计 | | 210 | 68 | 32.4 | 94 | 44.8 | 48 | 22.9 | 保持 |

从表 19－2 可以看出，210 个四级指标中，上升指标有 68 个，占指标总数的 32.4%；下降指标有 48 个，占指标总数的 22.9%；保持不变的指标有 94 个，占指标总数的 44.8%。综上所述，广东省经济综合竞争力中排位保持不变的指标占比较大，2015 年广东省经济综合竞争力排位保持不变。

**3. 广东省经济综合竞争力各级指标优劣势结构分析**

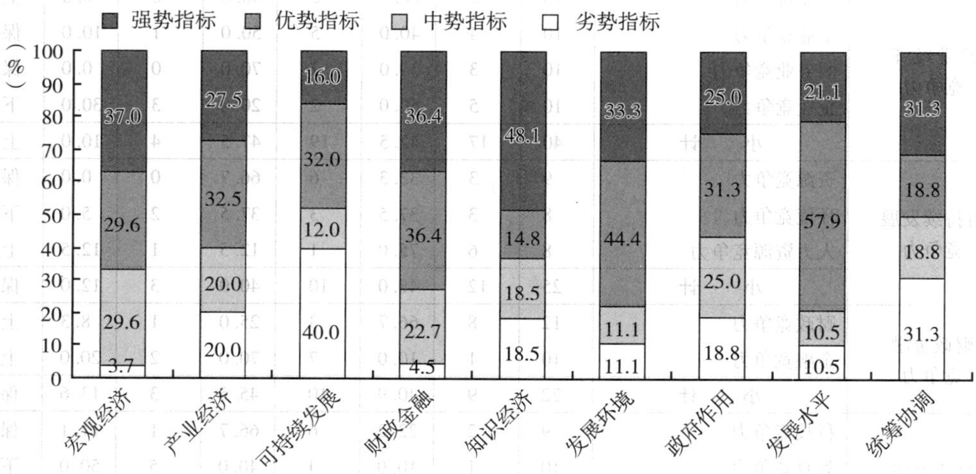


**图 19－2　2015 年广东省经济综合竞争力各级指标优劣势比较**

**表 19－3　2015 年广东省经济综合竞争力各级指标优劣势情况**

| 二级指标 | 三级指标 | 四级指标数 | 强势指标 | | 优势指标 | | 中势指标 | | 劣势指标 | | 优劣势 |
|---|---|---|---|---|---|---|---|---|---|---|---|
| | | | 个数 | 比重（%） | 个数 | 比重（%） | 个数 | 比重（%） | 个数 | 比重（%） | |
| 宏观经济竞争力 | 经济实力竞争力 | 12 | 3 | 25.0 | 4 | 33.3 | 4 | 33.3 | 1 | 8.3 | 强势 |
| | 经济结构竞争力 | 6 | 1 | 16.7 | 4 | 66.7 | 1 | 16.7 | 0 | 0.0 | 优势 |
| | 经济外向度竞争力 | 9 | 6 | 66.7 | 0 | 0.0 | 3 | 33.3 | 0 | 0.0 | 强势 |
| | 小　计 | 27 | 10 | 37.0 | 8 | 29.6 | 8 | 29.6 | 1 | 3.7 | 强势 |
| 产业经济竞争力 | 农业竞争力 | 10 | 0 | 0.0 | 4 | 40.0 | 3 | 30.0 | 3 | 30.0 | 中势 |
| | 工业竞争力 | 10 | 4 | 40.0 | 3 | 30.0 | 2 | 20.0 | 1 | 10.0 | 强势 |
| | 服务业竞争力 | 10 | 5 | 50.0 | 3 | 30.0 | 1 | 10.0 | 1 | 10.0 | 强势 |
| | 企业竞争力 | 10 | 2 | 20.0 | 3 | 30.0 | 2 | 20.0 | 3 | 30.0 | 优势 |
| | 小　计 | 40 | 11 | 27.5 | 13 | 32.5 | 8 | 20.0 | 8 | 20.0 | 强势 |
| 可持续发展竞争力 | 资源竞争力 | 9 | 0 | 0.0 | 2 | 22.2 | 1 | 11.1 | 6 | 66.7 | 劣势 |
| | 环境竞争力 | 8 | 2 | 25.0 | 2 | 25.0 | 0 | 0.0 | 4 | 50.0 | 劣势 |
| | 人力资源竞争力 | 8 | 2 | 25.0 | 4 | 50.0 | 2 | 25.0 | 0 | 0.0 | 强势 |
| | 小　计 | 25 | 4 | 16.0 | 8 | 32.0 | 3 | 12.0 | 10 | 40.0 | 优势 |
| 财政金融竞争力 | 财政竞争力 | 12 | 4 | 33.3 | 5 | 41.7 | 2 | 16.7 | 1 | 8.3 | 强势 |
| | 金融竞争力 | 10 | 4 | 40.0 | 3 | 30.0 | 3 | 30.0 | 0 | 0.0 | 强势 |
| | 小　计 | 22 | 8 | 36.4 | 8 | 36.4 | 5 | 22.7 | 1 | 4.5 | 强势 |
| 知识经济竞争力 | 科技竞争力 | 9 | 7 | 77.8 | 2 | 22.2 | 0 | 0.0 | 0 | 0.0 | 强势 |
| | 教育竞争力 | 10 | 3 | 30.0 | 0 | 0.0 | 4 | 40.0 | 3 | 30.0 | 优势 |
| | 文化竞争力 | 8 | 3 | 37.5 | 2 | 25.0 | 1 | 12.5 | 2 | 25.0 | 优势 |
| | 小　计 | 27 | 13 | 48.1 | 4 | 14.8 | 5 | 18.5 | 5 | 18.5 | 强势 |
| 发展环境竞争力 | 基础设施竞争力 | 9 | 4 | 44.4 | 4 | 44.4 | 1 | 11.1 | 0 | 0.0 | 强势 |
| | 软环境竞争力 | 9 | 2 | 22.2 | 4 | 44.4 | 1 | 11.1 | 2 | 22.2 | 优势 |
| | 小　计 | 18 | 6 | 33.3 | 8 | 44.4 | 2 | 11.1 | 2 | 11.1 | 优势 |
| 政府作用竞争力 | 政府发展经济竞争力 | 5 | 0 | 0.0 | 3 | 60.0 | 1 | 20.0 | 1 | 20.0 | 优势 |
| | 政府规调经济竞争力 | 5 | 0 | 0.0 | 1 | 20.0 | 2 | 40.0 | 2 | 40.0 | 劣势 |
| | 政府保障经济竞争力 | 6 | 4 | 66.7 | 1 | 16.7 | 1 | 16.7 | 0 | 0.0 | 强势 |
| | 小　计 | 16 | 4 | 25.0 | 5 | 31.3 | 4 | 25.0 | 3 | 18.8 | 强势 |
| 发展水平竞争力 | 工业化进程竞争力 | 6 | 3 | 50.0 | 3 | 50.0 | 0 | 0.0 | 0 | 0.0 | 强势 |
| | 城市化进程竞争力 | 7 | 1 | 14.3 | 3 | 42.9 | 1 | 14.3 | 2 | 28.6 | 优势 |
| | 市场化进程竞争力 | 6 | 0 | 0.0 | 5 | 83.3 | 1 | 16.7 | 0 | 0.0 | 强势 |
| | 小　计 | 19 | 4 | 21.1 | 11 | 57.9 | 2 | 10.5 | 2 | 10.5 | 强势 |
| 统筹协调竞争力 | 统筹发展竞争力 | 8 | 3 | 37.5 | 2 | 25.0 | 2 | 25.0 | 1 | 12.5 | 优势 |
| | 协调发展竞争力 | 8 | 2 | 25.0 | 1 | 12.5 | 1 | 12.5 | 4 | 50.0 | 劣势 |
| | 小　计 | 16 | 5 | 31.3 | 3 | 18.8 | 3 | 18.8 | 5 | 31.3 | 中势 |
| 合　计 | | 210 | 65 | 31.0 | 68 | 32.4 | 40 | 19.0 | 37 | 17.6 | 强势 |

基于图 19－2 和表 19－3，具体到四级指标，强势指标 65 个，占指标总数的 31.0%；优势指标 68 个，占指标总数的 32.4%；中势指标 40 个，占指标总数的 19.0%；劣势指标 37 个，占指标总数的 17.6%。三级指标中，强势指标 12 个，占三级指标总数的 48%；优势指标 8 个，占三级指标总数的 32%；中势指标 1 个，占三级指标总数的 4%；劣势指标 4 个，占三级指标总数的 16%。从二级指标看，强势指标 6 个，占二级指标总数的 66.7%；优势指标有 2 个，占二级指标总数的 22.2%；中势指

标有1个，占二级指标总数的11.1%。综合来看，由于强势指标在指标体系中居于主导地位，2015年广东省经济综合竞争力处于强势地位。

4. 广东省经济综合竞争力四级指标优劣势对比分析

表19-4　2015年广东省经济综合竞争力各级指标优劣势情况

| 二级指标 | 优劣势 | 四级指标 |
|---|---|---|
| 宏观经济竞争力（27个） | 强势指标 | 地区生产总值、财政总收入、全社会消费品零售总额、贸易结构优化度、进出口总额、出口总额、实际FDI、外贸依存度、外资企业数、对外直接投资（10个） |
| | 优势指标 | 人均地区生产总值、固定资产投资额、固定资产投资额增长率、人均全社会消费品零售总额、产业结构优化度、所有制经济结构优化度、城乡经济结构优化度、就业结构优化度（8个） |
| | 劣势指标 | 人均固定资产投资额（1个） |
| 产业经济竞争力（40个） | 强势指标 | 工业增加值、工业资产总额、规模以上工业主营业务收入、规模以上工业利润总额、服务业增加值、服务业从业人员数、限额以上批发零售企业主营业务收入、旅游外汇收入、房地产经营总收入、规模以上工业企业数、中国驰名商标持有量（11个） |
| | 优势指标 | 农业增加值、农民人均纯收入、农产品出口占农林牧渔总产值比重、农村人均用电量、工业增加值增长率、人均工业增加值、工业成本费用利润率、人均服务业增加值、服务业从业人员数增长率、限额以上餐饮企业利税率、城镇就业人员平均工资、新产品销售收入占主营业务收入比重、工业企业R&D经费投入强度（13个） |
| | 劣势指标 | 农业增加值增长率、人均主要农产品产量、财政支农资金比重、工业全员劳动生产率、服务业增加值增长率、规模以上企业平均资产、规模以上企业劳动效率、产品质量抽查合格率（8个） |
| 可持续发展竞争力（25个） | 强势指标 | 人均工业废气排放量、人均工业固体废物排放量、人口健康素质、职业学校毕业生数（4个） |
| | 优势指标 | 人均国土面积、人均可使用海域和滩涂面积、森林覆盖率、一般工业固体废物综合利用率、常住人口增长率、15～64岁人口比例、文盲率、平均受教育程度（8个） |
| | 劣势指标 | 耕地面积、人均耕地面积、人均牧草地面积、主要能源矿产基础储量、人均主要能源矿产基础储量、人均森林储积量、人均废水排放量、人均治理工业污染投资额、生活垃圾无害化处理率、自然灾害直接经济损失（10个） |
| 财政金融竞争力（22个） | 强势指标 | 地方财政收入、地方财政支出、税收收入占财政总收入比重、地方财政支出增长率、存款余额、贷款余额、货币市场融资额、保险费净收入（8个） |
| | 优势指标 | 税收收入占GDP比重、人均地方财政收入、人均税收收入、地方财政收入增长率、税收收入增长率、人均存款余额、人均贷款余额、保险密度（8个） |
| | 劣势指标 | 地方财政支出占GDP比重（1个） |
| 知识经济竞争力（27个） | 强势指标 | R&D人员、R&D经费、R&D经费投入强度、发明专利授权量、财政科技支出占地方财政支出比重、高技术产业增加值、高技术产业增加值占工业增加值比重、教育经费、高等学校数、高校专任教师数、文化服务业企业营业收入、报纸出版数、出版印刷工业销售产值（13个） |
| | 优势指标 | 技术市场成交合同金额、高技术产品出口额占商品出口额比重、图书和期刊出版数、城镇居民人均文化娱乐支出（4个） |
| | 劣势指标 | 教育经费占GDP比重、人均文化教育支出占个人消费支出比重、万人中小学学校数、城镇居民人均文化娱乐支出占消费性支出比重、农村居民人均文化娱乐支出占消费性支出比重（5个） |

续表

| 二级指标 | 优劣势 | 四　级　指　标 |
|---|---|---|
| 发展环境竞争力（18个） | 强势指标 | 全社会旅客周转量、全社会货物周转量、电话普及率、互联网上网人数比重、万人外资企业数、社会捐赠款物（6个） |
| | 优势指标 | 公路网线密度、人均内河航道里程、人均邮电业务总量、人均耗电量、外资企业数增长率、万人个体私营企业数、万人商标注册件数、罚没收入占财政收入比重（8个） |
| | 劣势指标 | 查处商标侵权假冒案件、每十万人交通事故发生数（2个） |
| 政府作用竞争力（16个） | 强势指标 | 城市城镇社区服务设施数、医疗保险覆盖率、养老保险覆盖率、失业保险覆盖率（4个） |
| | 优势指标 | 财政支出对GDP增长的拉动、政府公务员对经济的贡献、政府消费对民间消费的拉动、规范税收、城镇登记失业率（5个） |
| | 劣势指标 | 财政支出用于基本建设投资比重、调控城乡消费差距、统筹经济社会发展（3个） |
| 发展水平竞争力（19个） | 强势指标 | 高技术产业规模以上企业产值、高技术产业增加值占工业增加值比重、信息产业增加值占GDP比重、人均公共绿地面积（4个） |
| | 优势指标 | 工业增加值占GDP比重、工业增加值增长率、高技术产品出口额占商品出口额比重、城镇化率、城镇居民人均可支配收入、人均日生活用水量、非公有制经济产值占全社会总产值的比重、社会投资占投资总额比重、私有和个体企业从业人员比重、亿元以上商品市场成交额、居民消费支出占总消费支出比重（11个） |
| | 劣势指标 | 人均拥有道路面积、恩格尔系数（2个） |
| 统筹协调竞争力（16个） | 强势指标 | 万元GDP综合能耗、非农用地产出率、固定资产投资额占GDP比重、人力资源竞争力与宏观经济竞争力比差、环境竞争力与工业竞争力比差（5个） |
| | 优势指标 | 社会劳动生产率、社会劳动生产率增速、环境竞争力与宏观经济竞争力比差（3个） |
| | 劣势指标 | 固定资产交付使用率、资源竞争力与宏观经济竞争力比差、资源竞争力与工业竞争力比差、城乡居民人均现金消费支出比差、全社会消费品零售总额与外贸出口总额比差（5个） |

## 19.2 广东省经济综合竞争力各级指标具体分析

### 1. 广东省宏观经济竞争力指标排名变化情况

**表19－5　2014～2015年广东省宏观经济竞争力指标组排位及变化趋势**

| 指　标 | 2014年 | 2015年 | 排位升降 | 优劣势 |
|---|---|---|---|---|
| **1　宏观经济竞争力** | 1 | 1 | 0 | 强势 |
| 1.1　经济实力竞争力 | 3 | 3 | 0 | 强势 |
| 地区生产总值 | 1 | 1 | 0 | 强势 |
| 地区生产总值增长率 | 22 | 18 | 4 | 中势 |
| 人均地区生产总值 | 9 | 8 | 1 | 优势 |
| 财政总收入 | 1 | 2 | －1 | 强势 |

续表

| 指　　标 | 2014 年 | 2015 年 | 排位升降 | 优劣势 |
| --- | --- | --- | --- | --- |
| 财政总收入增长率 | 18 | 20 | -2 | 中势 |
| 人均财政收入 | 13 | 15 | -2 | 中势 |
| 固定资产投资额 | 5 | 4 | 1 | 优势 |
| 固定资产投资额增长率 | 12 | 10 | 2 | 优势 |
| 人均固定资产投资额 | 30 | 29 | 1 | 劣势 |
| 全社会消费品零售总额 | 1 | 1 | 0 | 强势 |
| 全社会消费品零售总额增长率 | 28 | 15 | 13 | 中势 |
| 人均全社会消费品零售总额 | 7 | 7 | 0 | 优势 |
| 1.2　经济结构竞争力 | 2 | 5 | -3 | 优势 |
| 产业结构优化度 | 6 | 8 | -2 | 优势 |
| 所有制经济结构优化度 | 4 | 4 | 0 | 优势 |
| 城乡经济结构优化度 | 5 | 5 | 0 | 优势 |
| 就业结构优化度 | 6 | 6 | 0 | 优势 |
| 资本形成结构优化度 | 13 | 20 | -7 | 中势 |
| 贸易结构优化度 | 1 | 1 | 0 | 强势 |
| 1.3　经济外向度竞争力 | 1 | 1 | 0 | 强势 |
| 进出口总额 | 1 | 1 | 0 | 强势 |
| 进出口增长率 | 28 | 14 | 14 | 中势 |
| 出口总额 | 1 | 1 | 0 | 强势 |
| 出口增长率 | 27 | 11 | 16 | 中势 |
| 实际 FDI | 2 | 3 | -1 | 强势 |
| 实际 FDI 增长率 | 21 | 16 | 5 | 中势 |
| 外贸依存度 | 3 | 2 | 1 | 强势 |
| 外资企业数 | 1 | 1 | 0 | 强势 |
| 对外直接投资 | 1 | 3 | -2 | 强势 |

## 2. 广东省产业经济竞争力指标排名变化情况

**表 19-6　2014～2015 年广东省产业经济竞争力指标组排位及变化趋势**

| 指　　标 | 2014 年 | 2015 年 | 排位升降 | 优劣势 |
| --- | --- | --- | --- | --- |
| **2　产业经济竞争力** | 3 | 2 | 1 | 强势 |
| 2.1　农业竞争力 | 24 | 18 | 6 | 中势 |
| 农业增加值 | 8 | 7 | 1 | 优势 |
| 农业增加值增长率 | 24 | 23 | 1 | 劣势 |
| 人均农业增加值 | 14 | 13 | 1 | 中势 |
| 农民人均纯收入 | 7 | 7 | 0 | 优势 |
| 农民人均纯收入增长率 | 26 | 14 | 12 | 中势 |
| 农产品出口占农林牧渔总产值比重 | 7 | 7 | 0 | 优势 |
| 人均主要农产品产量 | 28 | 28 | 0 | 劣势 |

续表

| 指　　标 | 2014 年 | 2015 年 | 排位升降 | 优劣势 |
|---|---|---|---|---|
| 农业机械化水平 | 16 | 16 | 0 | 中势 |
| 农村人均用电量 | 5 | 4 | 1 | 优势 |
| 财政支农资金比重 | 29 | 29 | 0 | 劣势 |
| 2.2　工业竞争力 | 3 | 3 | 0 | 强势 |
| 工业增加值 | 1 | 1 | 0 | 强势 |
| 工业增加值增长率 | 8 | 5 | 3 | 优势 |
| 人均工业增加值 | 8 | 7 | 1 | 优势 |
| 工业资产总额 | 3 | 3 | 0 | 强势 |
| 工业资产总额增长率 | 17 | 15 | 2 | 中势 |
| 工业资产总贡献率 | 14 | 14 | 0 | 中势 |
| 规模以上工业主营业务收入 | 3 | 3 | 0 | 强势 |
| 规模以上工业利润总额 | 3 | 3 | 0 | 强势 |
| 工业全员劳动生产率 | 30 | 31 | －1 | 劣势 |
| 工业成本费用利润率 | 18 | 10 | 8 | 优势 |
| 2.3　服务业竞争力 | 1 | 1 | 0 | 强势 |
| 服务业增加值 | 1 | 1 | 0 | 强势 |
| 服务业增加值增长率 | 24 | 23 | 1 | 劣势 |
| 人均服务业增加值 | 6 | 6 | 0 | 优势 |
| 服务业从业人员数 | 2 | 2 | 0 | 强势 |
| 服务业从业人员数增长率 | 10 | 6 | 4 | 优势 |
| 限额以上批发零售企业主营业务收入 | 2 | 2 | 0 | 强势 |
| 限额以上批零企业利税率 | 20 | 18 | 2 | 中势 |
| 限额以上餐饮企业利税率 | 6 | 6 | 0 | 优势 |
| 旅游外汇收入 | 1 | 1 | 0 | 强势 |
| 房地产经营总收入 | 1 | 1 | 0 | 强势 |
| 2.4　企业竞争力 | 4 | 7 | －3 | 优势 |
| 规模以上工业企业数 | 2 | 2 | 0 | 强势 |
| 规模以上企业平均资产 | 24 | 24 | 0 | 劣势 |
| 规模以上企业平均收入 | 23 | 20 | 3 | 中势 |
| 规模以上企业平均利润 | 3 | 14 | －11 | 中势 |
| 规模以上企业劳动效率 | 18 | 29 | －11 | 劣势 |
| 城镇就业人员平均工资 | 18 | 7 | 11 | 优势 |
| 新产品销售收入占主营业务收入比重 | 7 | 6 | 1 | 优势 |
| 产品质量抽查合格率 | 29 | 27 | 2 | 劣势 |
| 工业企业 R&D 经费投入强度 | 3 | 4 | －1 | 优势 |
| 中国驰名商标持有量 | 2 | 1 | 1 | 强势 |

## 3. 广东省可持续发展竞争力指标排名变化情况

**表 19－7　2014～2015 年广东省可持续发展竞争力指标组排位及变化趋势**

| 指　　标 | 2014 年 | 2015 年 | 排位升降 | 优劣势 |
|---|---|---|---|---|
| **3　可持续发展竞争力** | 8 | 8 | 0 | 优势 |
| 3.1　资源竞争力 | 24 | 24 | 0 | 劣势 |
| 人均国土面积 | 26 | 6 | 20 | 优势 |
| 人均可使用海域和滩涂面积 | 6 | 6 | 0 | 优势 |
| 人均年水资源量 | 16 | 15 | 1 | 中势 |
| 耕地面积 | 21 | 21 | 0 | 劣势 |
| 人均耕地面积 | 29 | 29 | 0 | 劣势 |
| 人均牧草地面积 | 23 | 22 | 1 | 劣势 |
| 主要能源矿产基础储量 | 27 | 27 | 0 | 劣势 |
| 人均主要能源矿产基础储量 | 29 | 29 | 0 | 劣势 |
| 人均森林储积量 | 21 | 21 | 0 | 劣势 |
| 3.2　环境竞争力 | 19 | 26 | －7 | 劣势 |
| 森林覆盖率 | 6 | 6 | 0 | 优势 |
| 人均废水排放量 | 30 | 30 | 0 | 劣势 |
| 人均工业废气排放量 | 3 | 3 | 0 | 强势 |
| 人均工业固体废物排放量 | 2 | 3 | －1 | 强势 |
| 人均治理工业污染投资额 | 27 | 23 | 4 | 劣势 |
| 一般工业固体废物综合利用率 | 7 | 6 | 1 | 优势 |
| 生活垃圾无害化处理率 | 24 | 21 | 3 | 劣势 |
| 自然灾害直接经济损失 | 28 | 31 | －3 | 劣势 |
| 3.3　人力资源竞争力 | 3 | 2 | 1 | 强势 |
| 常住人口增长率 | 10 | 4 | 6 | 优势 |
| 15～64 岁人口比例 | 10 | 7 | 3 | 优势 |
| 文盲率 | 7 | 6 | 1 | 优势 |
| 大专以上教育程度人口比例 | 23 | 19 | 4 | 中势 |
| 平均受教育程度 | 9 | 8 | 1 | 优势 |
| 人口健康素质 | 2 | 1 | 1 | 强势 |
| 人力资源利用率 | 14 | 15 | －1 | 中势 |
| 职业学校毕业生数 | 2 | 2 | 0 | 强势 |

## 4. 广东省财政金融竞争力指标排名变化情况

**表 19－8　2014～2015 年广东省财政金融竞争力指标组排位及变化趋势**

| 指　　标 | 2014 年 | 2015 年 | 排位升降 | 优劣势 |
|---|---|---|---|---|
| **4　财政金融竞争力** | 3 | 3 | 0 | 强势 |
| 4.1　财政竞争力 | 4 | 3 | 1 | 强势 |
| 地方财政收入 | 1 | 1 | 0 | 强势 |
| 地方财政支出 | 1 | 1 | 0 | 强势 |
| 地方财政收入占 GDP 比重 | 13 | 12 | 1 | 中势 |
| 地方财政支出占 GDP 比重 | 28 | 26 | 2 | 劣势 |

续表

| 指　　标 | 2014 年 | 2015 年 | 排位升降 | 优劣势 |
|---|---|---|---|---|
| 税收收入占 GDP 比重 | 6 | 5 | 1 | 优势 |
| 税收收入占财政总收入比重 | 6 | 3 | 3 | 强势 |
| 人均地方财政收入 | 5 | 6 | -1 | 优势 |
| 人均地方财政支出 | 22 | 13 | 9 | 中势 |
| 人均税收收入 | 6 | 6 | 0 | 优势 |
| 地方财政收入增长率 | 11 | 6 | 5 | 优势 |
| 地方财政支出增长率 | 10 | 1 | 9 | 强势 |
| 税收收入增长率 | 14 | 7 | 7 | 优势 |
| 4.2　金融竞争力 | 3 | 2 | 1 | 强势 |
| 存款余额 | 1 | 1 | 0 | 强势 |
| 人均存款余额 | 5 | 5 | 0 | 优势 |
| 贷款余额 | 1 | 1 | 0 | 强势 |
| 人均贷款余额 | 6 | 6 | 0 | 优势 |
| 货币市场融资额 | 1 | 1 | 0 | 强势 |
| 中长期贷款占贷款余额比重 | 12 | 11 | 1 | 中势 |
| 保险费净收入 | 1 | 1 | 0 | 强势 |
| 保险密度 | 7 | 7 | 0 | 优势 |
| 保险深度 | 14 | 17 | -3 | 中势 |
| 人均证券市场筹资额 | 15 | 17 | -2 | 中势 |

## 5. 广东省知识经济竞争力指标排名变化情况

**表 19－9　2014～2015 年广东省知识经济竞争力指标组排位及变化趋势**

| 指　　标 | 2014 年 | 2015 年 | 排位升降 | 优劣势 |
|---|---|---|---|---|
| **5　知识经济竞争力** | 1 | 2 | -1 | 强势 |
| 5.1　科技竞争力 | 1 | 1 | 0 | 强势 |
| R&D 人员 | 1 | 1 | 0 | 强势 |
| R&D 经费 | 1 | 1 | 0 | 强势 |
| R&D 经费投入强度 | 3 | 3 | 0 | 强势 |
| 发明专利授权量 | 2 | 3 | -1 | 强势 |
| 技术市场成交合同金额 | 6 | 5 | 1 | 优势 |
| 财政科技支出占地方财政支出比重 | 6 | 3 | 3 | 强势 |
| 高技术产业增加值 | 1 | 1 | 0 | 强势 |
| 高技术产业增加值占工业增加值比重 | 1 | 1 | 0 | 强势 |
| 高技术产品出口额占商品出口额比重 | 8 | 8 | 0 | 优势 |
| 5.2　教育竞争力 | 2 | 4 | -2 | 优势 |
| 教育经费 | 1 | 1 | 0 | 强势 |
| 教育经费占 GDP 比重 | 26 | 28 | -2 | 劣势 |
| 人均教育经费 | 14 | 16 | -2 | 中势 |
| 公共教育经费占财政支出比重 | 4 | 19 | -15 | 中势 |

续表

| 指　　标 | 2014 年 | 2015 年 | 排位升降 | 优劣势 |
|---|---|---|---|---|
| 人均文化教育支出占个人消费支出比重 | 18 | 24 | -6 | 劣势 |
| 万人中小学学校数 | 23 | 24 | -1 | 劣势 |
| 万人中小学专任教师数 | 13 | 13 | 0 | 中势 |
| 高等学校数 | 2 | 2 | 0 | 强势 |
| 高校专任教师数 | 3 | 3 | 0 | 强势 |
| 万人高等学校在校学生数 | 16 | 15 | 1 | 中势 |
| 5.3　文化竞争力 | 3 | 4 | -1 | 优势 |
| 文化服务业企业营业收入 | 3 | 3 | 0 | 强势 |
| 图书和期刊出版数 | 7 | 6 | 1 | 优势 |
| 报纸出版数 | 2 | 2 | 0 | 强势 |
| 出版印刷工业销售产值 | 1 | 1 | 0 | 强势 |
| 城镇居民人均文化娱乐支出 | 6 | 6 | 0 | 优势 |
| 农村居民人均文化娱乐支出 | 13 | 15 | -2 | 中势 |
| 城镇居民人均文化娱乐支出占消费性支出比重 | 18 | 24 | -6 | 劣势 |
| 农村居民人均文化娱乐支出占消费性支出比重 | 23 | 24 | -1 | 劣势 |

## 6. 广东省发展环境竞争力指标排名变化情况

**表 19-10　2014~2015 年广东省发展环境竞争力指标组排位及变化趋势**

| 指　　标 | 2014 年 | 2015 年 | 排位升降 | 优劣势 |
|---|---|---|---|---|
| **6　发展环境竞争力** | 4 | 4 | 0 | 强势 |
| 6.1　基础设施竞争力 | 2 | 2 | 0 | 强势 |
| 铁路网线密度 | 13 | 18 | -5 | 中势 |
| 公路网线密度 | 10 | 10 | 0 | 优势 |
| 人均内河航道里程 | 10 | 10 | 0 | 优势 |
| 全社会旅客周转量 | 1 | 1 | 0 | 强势 |
| 全社会货物周转量 | 2 | 2 | 0 | 强势 |
| 人均邮电业务总量 | 3 | 4 | -1 | 优势 |
| 电话普及率 | 3 | 3 | 0 | 强势 |
| 互联网上网人数比重 | 3 | 3 | 0 | 强势 |
| 人均耗电量 | 10 | 10 | 0 | 优势 |
| 6.2　软环境竞争力 | 5 | 6 | -1 | 优势 |
| 外资企业数增长率 | 12 | 10 | 2 | 优势 |
| 万人外资企业数 | 3 | 3 | 0 | 强势 |
| 个体私营企业数增长率 | 15 | 13 | 2 | 中势 |
| 万人个体私营企业数 | 9 | 9 | 0 | 优势 |
| 万人商标注册件数 | 4 | 4 | 0 | 优势 |
| 查处商标侵权假冒案件 | 31 | 31 | 0 | 劣势 |
| 每十万人交通事故发生数 | 27 | 27 | 0 | 劣势 |
| 罚没收入占财政收入比重 | 5 | 6 | -1 | 优势 |
| 社会捐赠款物 | 2 | 2 | 0 | 强势 |

## 7. 广东省政府作用竞争力指标排名变化情况

**表 19－11 2014～2015 年广东省政府作用竞争力指标组排位及变化趋势**

| 指　标 | 2014 年 | 2015 年 | 排位升降 | 优劣势 |
|---|---|---|---|---|
| **7 政府作用竞争力** | 1 | 3 | －2 | 强势 |
| 7.1 政府发展经济竞争力 | 6 | 8 | －2 | 优势 |
| 财政支出用于基本建设投资比重 | 21 | 25 | －4 | 劣势 |
| 财政支出对 GDP 增长的拉动 | 4 | 6 | －2 | 优势 |
| 政府公务员对经济的贡献 | 4 | 4 | 0 | 优势 |
| 政府消费对民间消费的拉动 | 4 | 7 | －3 | 优势 |
| 财政投资对社会投资的拉动 | 13 | 16 | －3 | 中势 |
| 7.2 政府规调经济竞争力 | 17 | 22 | －5 | 劣势 |
| 物价调控 | 24 | 20 | 4 | 中势 |
| 调控城乡消费差距 | 22 | 23 | －1 | 劣势 |
| 统筹经济社会发展 | 6 | 27 | －21 | 劣势 |
| 规范税收 | 16 | 8 | 8 | 优势 |
| 人口控制 | 13 | 15 | －2 | 中势 |
| 7.3 政府保障经济竞争力 | 1 | 1 | 0 | 强势 |
| 城市城镇社区服务设施数 | 1 | 1 | 0 | 强势 |
| 医疗保险覆盖率 | 1 | 2 | －1 | 强势 |
| 养老保险覆盖率 | 1 | 1 | 0 | 强势 |
| 失业保险覆盖率 | 2 | 2 | 0 | 强势 |
| 下岗职工再就业率 | 11 | 11 | 0 | 中势 |
| 城镇登记失业率 | 4 | 4 | 0 | 优势 |

## 8. 广东省发展水平竞争力指标排名变化情况

**表 19－12 2014～2015 年广东省发展水平竞争力指标组排位及变化趋势**

| 指　标 | 2014 年 | 2015 年 | 排位升降 | 优劣势 |
|---|---|---|---|---|
| **8 发展水平竞争力** | 4 | 2 | 2 | 强势 |
| 8.1 工业化进程竞争力 | 1 | 1 | 0 | 强势 |
| 工业增加值占 GDP 比重 | 13 | 8 | 5 | 优势 |
| 工业增加值增长率 | 10 | 6 | 4 | 优势 |
| 高技术产业规模以上企业产值 | 1 | 1 | 0 | 强势 |
| 高技术产业增加值占工业增加值比重 | 2 | 2 | 0 | 强势 |
| 高技术产品出口额占商品出口额比重 | 8 | 7 | 1 | 优势 |
| 信息产业增加值占 GDP 比重 | 5 | 1 | 4 | 强势 |
| 8.2 城市化进程竞争力 | 6 | 5 | 1 | 优势 |
| 城镇化率 | 4 | 4 | 0 | 优势 |
| 城镇居民人均可支配收入 | 5 | 5 | 0 | 优势 |
| 城市平均建成区面积比重 | 5 | 12 | －7 | 中势 |

续表

| 指　　标 | 2014 年 | 2015 年 | 排位升降 | 优劣势 |
|---|---|---|---|---|
| 人均拥有道路面积 | 24 | 22 | 2 | 劣势 |
| 人均日生活用水量 | 2 | 4 | -2 | 优势 |
| 恩格尔系数 | 25 | 26 | -1 | 劣势 |
| 人均公共绿地面积 | 5 | 3 | 2 | 强势 |
| 8.3　市场化进程竞争力 | 8 | 3 | 5 | 强势 |
| 非公有制经济产值占全社会总产值的比重 | 4 | 4 | 0 | 优势 |
| 社会投资占投资总额比重 | 10 | 8 | 2 | 优势 |
| 私有和个体企业从业人员比重 | 19 | 10 | 9 | 优势 |
| 亿元以上商品市场成交额 | 5 | 5 | 0 | 优势 |
| 亿元以上商品市场成交额占全社会消费品零售总额比重 | 19 | 18 | 1 | 中势 |
| 居民消费支出占总消费支出比重 | 4 | 7 | -3 | 优势 |

## 9. 广东省统筹协调竞争力指标排名变化情况

**表 19－13　2014～2015 年广东省统筹协调竞争力指标组排位及变化趋势**

| 指　　标 | 2014 年 | 2015 年 | 排位升降 | 优劣势 |
|---|---|---|---|---|
| **9　统筹协调竞争力** | 14 | 12 | 2 | 中势 |
| 9.1　统筹发展竞争力 | 5 | 5 | 0 | 优势 |
| 社会劳动生产率 | 18 | 8 | 10 | 优势 |
| 社会劳动生产率增速 | 27 | 6 | 21 | 优势 |
| 万元 GDP 综合能耗 | 3 | 3 | 0 | 强势 |
| 非农用地产出率 | 3 | 3 | 0 | 强势 |
| 生产税净额和营业盈余占 GDP 比重 | 15 | 18 | -3 | 中势 |
| 最终消费率 | 13 | 15 | -2 | 中势 |
| 固定资产投资额占 GDP 比重 | 3 | 3 | 0 | 强势 |
| 固定资产交付使用率 | 10 | 26 | -16 | 劣势 |
| 9.2　协调发展竞争力 | 29 | 31 | -2 | 劣势 |
| 环境竞争力与宏观经济竞争力比差 | 3 | 4 | -1 | 优势 |
| 资源竞争力与宏观经济竞争力比差 | 31 | 31 | 0 | 劣势 |
| 人力资源竞争力与宏观经济竞争力比差 | 8 | 3 | 5 | 强势 |
| 资源竞争力与工业竞争力比差 | 30 | 30 | 0 | 劣势 |
| 环境竞争力与工业竞争力比差 | 1 | 2 | -1 | 强势 |
| 城乡居民家庭人均收入比差 | 18 | 19 | -1 | 中势 |
| 城乡居民人均现金消费支出比差 | 22 | 23 | -1 | 劣势 |
| 全社会消费品零售总额与外贸出口总额比差 | 31 | 31 | 0 | 劣势 |

# B.21
# 20
# 广西壮族自治区经济综合竞争力评价分析报告

广西壮族自治区简称桂，地处华南地区西部，北靠贵州省、湖南省，东接广东省，西连云南省并与越南交界，南濒南海。全区土地面积为23.67万平方公里，北部湾海域面积12.93万平方公里，2015年常住人口为4796万人，地区生产总值为16803亿元，同比增长8.1%，人均GDP达35190元。本部分通过分析2014～2015年广西壮族自治区经济综合竞争力以及各要素竞争力的排名变化，从中找出广西壮族自治区经济综合竞争力的推动点及影响因素，为进一步提升广西壮族自治区经济综合竞争力提供决策参考。

## 20.1 广西壮族自治区经济综合竞争力总体分析

**1. 广西壮族自治区经济综合竞争力一级指标概要分析**

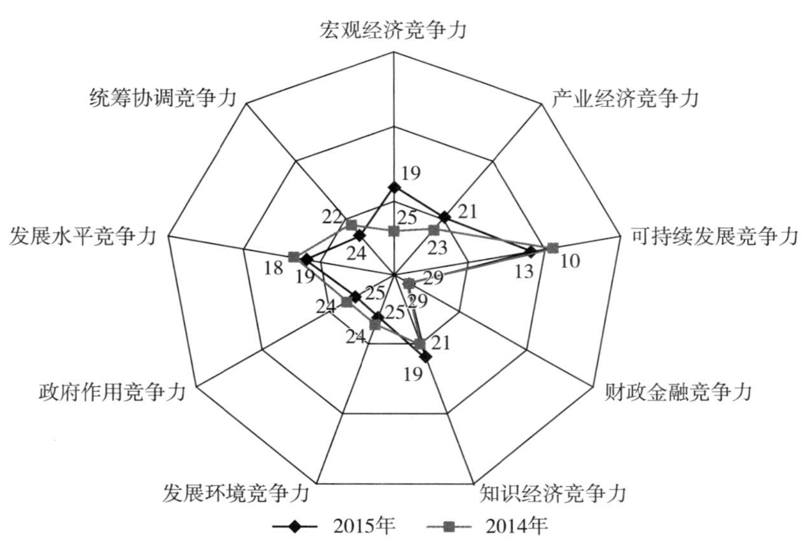


**图20－1 2014～2015年广西壮族自治区经济综合竞争力二级指标比较**

（1）从综合排位看，2015年广西壮族自治区经济综合竞争力排位在全国居第22位，在全国处于劣势地位；与2014年相比，综合排位上升1位。

（2）从指标所处区位看，有4个指标处于中游区，分别是宏观经济竞争力、可持续发展竞争力、知识经济竞争力和发展水平竞争力，其他5个指标为劣势指标。

表 20－1　2014～2015 年广西壮族自治区经济综合竞争力二级指标表现情况

| 年份＼项目 | 宏观经济竞争力 | 产业经济竞争力 | 可持续发展竞争力 | 财政金融竞争力 | 知识经济竞争力 | 发展环境竞争力 | 政府作用竞争力 | 发展水平竞争力 | 统筹协调竞争力 | **综合排位** |
|---|---|---|---|---|---|---|---|---|---|---|
| 2014 | 25 | 23 | 10 | 29 | 21 | 24 | 24 | 18 | 22 | 23 |
| 2015 | 19 | 21 | 13 | 29 | 19 | 25 | 25 | 19 | 24 | 22 |
| 升降 | 6 | 2 | －3 | 0 | 2 | －1 | －1 | －1 | －2 | 1 |
| 优劣度 | 中势 | 劣势 | 中势 | 劣势 | 中势 | 劣势 | 劣势 | 中势 | 劣势 | 劣势 |

（3）从指标变化趋势看，9 个二级指标中，有 3 个指标处于上升趋势，分别为宏观经济竞争力、产业经济竞争力和知识经济竞争力，这些是广西壮族自治区经济综合竞争力的上升动力所在；有 1 个指标排位没有发生变化，为财政金融竞争力；有 5 个指标处于下降趋势，分别为可持续发展竞争力、发展环境竞争力、政府作用竞争力、发展水平竞争力和统筹协调竞争力，是广西壮族自治区经济综合竞争力的下降拉力所在。

2. 广西壮族自治区经济综合竞争力各级指标动态变化分析

表 20－2　2014～2015 年广西壮族自治区经济综合竞争力各级指标排位变化情况

| 二级指标 | 三级指标 | 四级指标数 | 上升 | | 保持 | | 下降 | | 变化趋势 |
|---|---|---|---|---|---|---|---|---|---|
| | | | 指标数 | 比重（%） | 指标数 | 比重（%） | 指标数 | 比重（%） | |
| 宏观经济竞争力 | 经济实力竞争力 | 12 | 10 | 83.3 | 1 | 8.3 | 1 | 8.3 | 上升 |
| | 经济结构竞争力 | 6 | 2 | 33.3 | 3 | 50.0 | 1 | 16.7 | 上升 |
| | 经济外向度竞争力 | 9 | 7 | 77.8 | 1 | 11.1 | 1 | 11.1 | 上升 |
| | 小　计 | 27 | 19 | 70.4 | 5 | 18.5 | 3 | 11.1 | 上升 |
| 产业经济竞争力 | 农业竞争力 | 10 | 3 | 30.0 | 5 | 50.0 | 2 | 20.0 | 下降 |
| | 工业竞争力 | 10 | 6 | 60.0 | 2 | 20.0 | 2 | 20.0 | 保持 |
| | 服务业竞争力 | 10 | 4 | 40.0 | 2 | 20.0 | 4 | 40.0 | 上升 |
| | 企业竞争力 | 10 | 3 | 30.0 | 1 | 10.0 | 6 | 60.0 | 保持 |
| | 小　计 | 40 | 16 | 40.0 | 10 | 25.0 | 14 | 35.0 | 上升 |
| 可持续发展竞争力 | 资源竞争力 | 9 | 2 | 22.2 | 5 | 55.6 | 2 | 22.2 | 保持 |
| | 环境竞争力 | 8 | 5 | 62.5 | 2 | 25.0 | 1 | 12.5 | 上升 |
| | 人力资源竞争力 | 8 | 2 | 25.0 | 4 | 50.0 | 2 | 25.0 | 保持 |
| | 小　计 | 25 | 9 | 36.0 | 11 | 44.0 | 5 | 20.0 | 下降 |
| 财政金融竞争力 | 财政竞争力 | 12 | 5 | 41.7 | 4 | 33.3 | 3 | 25.0 | 保持 |
| | 金融竞争力 | 10 | 1 | 10.0 | 6 | 60.0 | 3 | 30.0 | 保持 |
| | 小　计 | 22 | 6 | 27.3 | 10 | 45.5 | 6 | 27.3 | 保持 |
| 知识经济竞争力 | 科技竞争力 | 9 | 4 | 44.4 | 2 | 22.2 | 3 | 33.3 | 上升 |
| | 教育竞争力 | 10 | 5 | 50.0 | 2 | 20.0 | 3 | 30.0 | 上升 |
| | 文化竞争力 | 8 | 3 | 37.5 | 2 | 25.0 | 3 | 37.5 | 下降 |
| | 小　计 | 27 | 12 | 44.4 | 6 | 22.2 | 9 | 33.3 | 上升 |

续表

| 二级指标 | 三级指标 | 四级指标数 | 上升 | | 保持 | | 下降 | | 变化趋势 |
|---|---|---|---|---|---|---|---|---|---|
| | | | 指标数 | 比重（%） | 指标数 | 比重（%） | 指标数 | 比重（%） | |
| 发展环境竞争力 | 基础设施竞争力 | 9 | 2 | 22.2 | 6 | 66.7 | 1 | 11.1 | 保持 |
| | 软环境竞争力 | 9 | 4 | 44.4 | 3 | 33.3 | 2 | 22.2 | 上升 |
| | 小　计 | 18 | 6 | 33.3 | 9 | 50.0 | 3 | 16.7 | 下降 |
| 政府作用竞争力 | 政府发展经济竞争力 | 5 | 1 | 20.0 | 4 | 80.0 | 0 | 0.0 | 下降 |
| | 政府规调经济竞争力 | 5 | 2 | 40.0 | 1 | 20.0 | 2 | 40.0 | 下降 |
| | 政府保障经济竞争力 | 6 | 3 | 50.0 | 2 | 33.3 | 1 | 16.7 | 上升 |
| | 小　计 | 16 | 6 | 37.5 | 7 | 43.8 | 3 | 18.8 | 下降 |
| 发展水平竞争力 | 工业化进程竞争力 | 6 | 5 | 83.3 | 0 | 0.0 | 1 | 16.7 | 上升 |
| | 城市化进程竞争力 | 7 | 3 | 42.9 | 2 | 28.6 | 2 | 28.6 | 下降 |
| | 市场化进程竞争力 | 6 | 1 | 16.7 | 1 | 16.7 | 4 | 66.7 | 下降 |
| | 小　计 | 19 | 9 | 47.4 | 3 | 15.8 | 7 | 36.8 | 下降 |
| 统筹协调竞争力 | 统筹发展竞争力 | 8 | 1 | 12.5 | 1 | 12.5 | 6 | 75.0 | 下降 |
| | 协调发展竞争力 | 8 | 4 | 50.0 | 1 | 12.5 | 3 | 37.5 | 上升 |
| | 小　计 | 16 | 5 | 31.3 | 2 | 12.5 | 9 | 56.3 | 下降 |
| 合　计 | | 210 | 88 | 41.9 | 63 | 30.0 | 59 | 28.1 | 上升 |

从表20－2可以看出，210个四级指标中，上升指标有88个，占指标总数的41.9%；下降指标有59个，占指标总数的28.1%；保持不变的指标有63个，占指标总数的30.0%。综上所述，广西壮族自治区经济综合竞争力上升的动力大于下降的拉力，2015年广西壮族自治区经济综合竞争力排位上升。

**3. 广西壮族自治区经济综合竞争力各级指标优劣势结构分析**

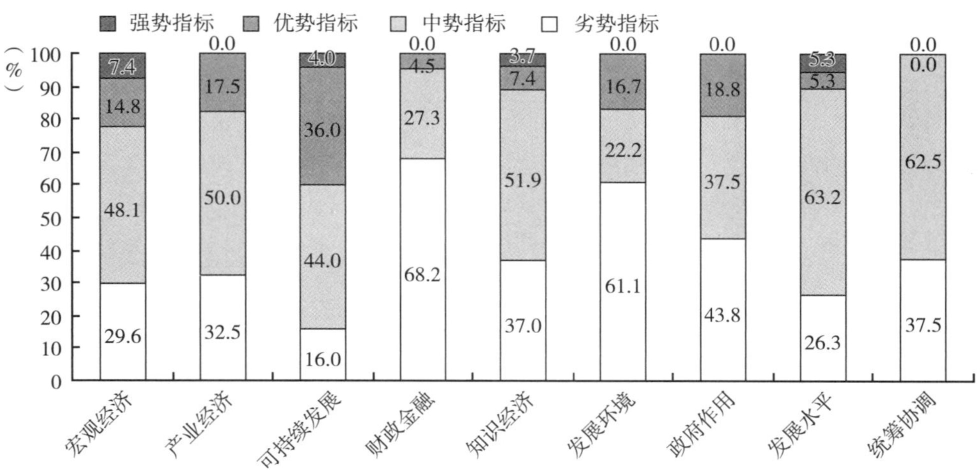


**图20－2　2015年广西壮族自治区经济综合竞争力各级指标优劣势比较**

**表 20 -3　2015 年广西壮族自治区经济综合竞争力各级指标优劣势情况**

| 二级指标 | 三级指标 | 四级指标数 | 强势指标 | | 优势指标 | | 中势指标 | | 劣势指标 | | 优劣势 |
|---|---|---|---|---|---|---|---|---|---|---|---|
| | | | 个数 | 比重（%） | 个数 | 比重（%） | 个数 | 比重（%） | 个数 | 比重（%） | |
| 宏观经济竞争力 | 经济实力竞争力 | 12 | 0 | 0.0 | 3 | 25.0 | 6 | 50.0 | 3 | 25.0 | 中势 |
| | 经济结构竞争力 | 6 | 0 | 0.0 | 1 | 16.7 | 1 | 16.7 | 4 | 66.7 | 劣势 |
| | 经济外向度竞争力 | 9 | 2 | 22.2 | 0 | 0.0 | 6 | 66.7 | 1 | 11.1 | 中势 |
| | 小　计 | 27 | 2 | 7.4 | 4 | 14.8 | 13 | 48.1 | 8 | 29.6 | 中势 |
| 产业经济竞争力 | 农业竞争力 | 10 | 0 | 0.0 | 1 | 10.0 | 6 | 60.0 | 3 | 30.0 | 中势 |
| | 工业竞争力 | 10 | 0 | 0.0 | 3 | 30.0 | 4 | 40.0 | 3 | 30.0 | 劣势 |
| | 服务业竞争力 | 10 | 0 | 0.0 | 1 | 10.0 | 5 | 50.0 | 4 | 40.0 | 中势 |
| | 企业竞争力 | 10 | 0 | 0.0 | 2 | 20.0 | 5 | 50.0 | 3 | 30.0 | 劣势 |
| | 小　计 | 40 | 0 | 0.0 | 7 | 17.5 | 20 | 50.0 | 13 | 32.5 | 劣势 |
| 可持续发展竞争力 | 资源竞争力 | 9 | 1 | 11.1 | 2 | 22.2 | 5 | 55.6 | 1 | 11.1 | 劣势 |
| | 环境竞争力 | 8 | 0 | 0.0 | 4 | 50.0 | 4 | 50.0 | 0 | 0.0 | 强势 |
| | 人力资源竞争力 | 8 | 0 | 0.0 | 3 | 37.5 | 2 | 25.0 | 3 | 37.5 | 劣势 |
| | 小　计 | 25 | 1 | 4.0 | 9 | 36.0 | 11 | 44.0 | 4 | 16.0 | 中势 |
| 财政金融竞争力 | 财政竞争力 | 12 | 0 | 0.0 | 0 | 0.0 | 4 | 33.3 | 8 | 66.7 | 劣势 |
| | 金融竞争力 | 10 | 0 | 0.0 | 1 | 10.0 | 2 | 20.0 | 7 | 70.0 | 劣势 |
| | 小　计 | 22 | 0 | 0.0 | 1 | 4.5 | 6 | 27.3 | 15 | 68.2 | 劣势 |
| 知识经济竞争力 | 科技竞争力 | 9 | 0 | 0.0 | 0 | 0.0 | 5 | 55.6 | 4 | 44.4 | 中势 |
| | 教育竞争力 | 10 | 1 | 10.0 | 1 | 10.0 | 5 | 50.0 | 3 | 30.0 | 中势 |
| | 文化竞争力 | 8 | 0 | 0.0 | 1 | 12.5 | 4 | 50.0 | 3 | 37.5 | 劣势 |
| | 小　计 | 27 | 1 | 3.7 | 2 | 7.4 | 14 | 51.9 | 10 | 37.0 | 中势 |
| 发展环境竞争力 | 基础设施竞争力 | 9 | 0 | 0.0 | 1 | 11.1 | 2 | 22.2 | 6 | 66.7 | 劣势 |
| | 软环境竞争力 | 9 | 0 | 0.0 | 2 | 22.2 | 2 | 22.2 | 5 | 55.6 | 劣势 |
| | 小　计 | 18 | 0 | 0.0 | 3 | 16.7 | 4 | 22.2 | 11 | 61.1 | 劣势 |
| 政府作用竞争力 | 政府发展经济竞争力 | 5 | 0 | 0.0 | 1 | 20.0 | 3 | 60.0 | 1 | 20.0 | 中势 |
| | 政府规调经济竞争力 | 5 | 0 | 0.0 | 0 | 0.0 | 3 | 60.0 | 2 | 40.0 | 劣势 |
| | 政府保障经济竞争力 | 6 | 0 | 0.0 | 2 | 33.3 | 0 | 0.0 | 4 | 66.7 | 劣势 |
| | 小　计 | 16 | 0 | 0.0 | 3 | 18.8 | 6 | 37.5 | 7 | 43.8 | 劣势 |
| 发展水平竞争力 | 工业化进程竞争力 | 6 | 0 | 0.0 | 1 | 16.7 | 5 | 83.3 | 0 | 0.0 | 中势 |
| | 城市化进程竞争力 | 7 | 1 | 14.3 | 0 | 0.0 | 2 | 28.6 | 4 | 57.1 | 劣势 |
| | 市场化进程竞争力 | 6 | 0 | 0.0 | 0 | 0.0 | 5 | 83.3 | 1 | 16.7 | 中势 |
| | 小　计 | 19 | 1 | 5.3 | 1 | 5.3 | 12 | 63.2 | 5 | 26.3 | 中势 |
| 统筹协调竞争力 | 统筹发展竞争力 | 8 | 0 | 0.0 | 0 | 0.0 | 5 | 62.5 | 3 | 37.5 | 劣势 |
| | 协调发展竞争力 | 8 | 0 | 0.0 | 0 | 0.0 | 5 | 62.5 | 3 | 37.5 | 劣势 |
| | 小　计 | 16 | 0 | 0.0 | 0 | 0.0 | 10 | 62.5 | 6 | 37.5 | 劣势 |
| 合　计 | | 210 | 5 | 2.4 | 30 | 14.3 | 96 | 45.7 | 79 | 37.6 | 劣势 |

基于图 20－2 和表 20－3，具体到四级指标，强势指标 5 个，占指标总数的 2.4%；优势指标 30 个，占指标总数的 14.3%；中势指标 96 个，占指标总数的 45.7%；劣势指标 79 个，占指标总数的 37.6%。三级指标中，强势指标 1 个，占三级指标总数的 4%；没有优势指标；中势指标 9 个，占三级指标总数的 36%；劣势指标 15 个，占三级指标总数的 60%。从二级指标看，没有强势指标和优势指标；中势指标有 4 个，占二级指标总数的 44.4%；劣势指标有 5 个，占二级指标总数的 55.6%。综合来看，由于中势和劣势指标在指标体系中居于主导地位，2015 年广西壮族自治区经济综合竞争力处于劣势地位。

**4. 广西壮族自治区经济综合竞争力四级指标优劣势对比分析**

**表 20－4　2015 年广西壮族自治区经济综合竞争力四级指标优劣势情况**

| 二级指标 | 优劣势 | 四　级　指　标 |
|---|---|---|
| 宏观经济竞争力（27 个） | 强势指标 | 进出口增长率、出口增长率（2 个） |
| | 优势指标 | 财政总收入、财政总收入增长率、固定资产投资额增长率、资本形成结构优化度（4 个） |
| | 劣势指标 | 人均地区生产总值、人均固定资产投资额、人均全社会消费品零售总额、产业结构优化度、城乡经济结构优化度、就业结构优化度、贸易结构优化度、对外直接投资（8 个） |
| 产业经济竞争力（40 个） | 强势指标 | （0 个） |
| | 优势指标 | 农业增加值、工业增加值增长率、工业资产总贡献率、工业全员劳动生产率、限额以上餐饮企业利税率、规模以上企业平均收入、规模以上企业平均利润（7 个） |
| | 劣势指标 | 农民人均纯收入、人均主要农产品产量、农村人均用电量、人均工业增加值、工业资产总额、工业资产总额增长率、服务业增加值、人均服务业增加值、限额以上批发零售企业主营业务收入、限额以上批零企业利税率、城镇就业人员平均工资、工业企业 R&D 经费投入强度、中国驰名商标持有量（13 个） |
| 可持续发展竞争力（25 个） | 强势指标 | 人均年水资源量、（1 个） |
| | 优势指标 | 人均可使用海域和滩涂面积、人均森林储积量、森林覆盖率、人均工业废气排放量、生活垃圾无害化处理率、自然灾害直接经济损失、常住人口增长率、人力资源利用率、职业学校毕业生数（9 个） |
| | 劣势指标 | 人均主要能源矿产基础储量、15～64 岁人口比例、大专以上教育程度人口比例、平均受教育程度（4 个） |
| 财政金融竞争力（22 个） | 强势指标 | （0 个） |
| | 优势指标 | 中长期贷款占贷款余额比重（1 个） |
| | 劣势指标 | 地方财政收入、地方财政收入占 GDP 比重、税收收入占 GDP 比重、税收收入占财政总收入比重、人均地方财政收入、人均地方财政支出、人均税收收入、地方财政收入增长率、存款余额、人均存款余额、人均贷款余额、保险费净收入、保险密度、保险深度、人均证券市场筹资额（15 个） |
| 知识经济竞争力（27 个） | 强势指标 | 公共教育经费占财政支出比重（1 个） |
| | 优势指标 | 万人中小学学校数、图书和期刊出版数（2 个） |
| | 劣势指标 | R&D 人员、R&D 经费、R&D 经费投入强度、技术市场成交合同金额、人均教育经费、高校专任教师数、万人高等学校在校学生数、文化服务业企业营业收入、城镇居民人均文化娱乐支出、农村居民人均文化娱乐支出（10 个） |

续表

| 二级指标 | 优劣势 | 四　　级　　指　　标 |
|---|---|---|
| 发展环境竞争力（18个） | 强势指标 | （0个） |
| | 优势指标 | 人均内河航道里程、外资企业数增长率、每十万人交通事故发生数（3个） |
| | 劣势指标 | 铁路网线密度、公路网线密度、人均邮电业务总量、电话普及率、互联网上网人数比重、人均耗电量、万人外资企业数、万人个体私营企业数、万人商标注册件数、罚没收入占财政收入比重、社会捐赠款物（11个） |
| 政府作用竞争力（16个） | 强势指标 | （0个） |
| | 优势指标 | 财政支出用于基本建设投资比重、城市城镇社区服务设施数、城镇登记失业率（3个） |
| | 劣势指标 | 财政投资对社会投资的拉动、规范税收、人口控制、医疗保险覆盖率、养老保险覆盖率、失业保险覆盖率、下岗职工再就业率（7个） |
| 发展水平竞争力（19个） | 强势指标 | 人均日生活用水量（1个） |
| | 优势指标 | 工业增加值增长率（1个） |
| | 劣势指标 | 城镇化率、城市平均建成区面积比重、恩格尔系数、人均公共绿地面积、亿元以上商品市场成交额占全社会消费品零售总额比重（5个） |
| 统筹协调竞争力（16个） | 强势指标 | （0个） |
| | 优势指标 | （0个） |
| | 劣势指标 | 社会劳动生产率、社会劳动生产率增速、固定资产交付使用率、环境竞争力与宏观经济竞争力比差、环境竞争力与工业竞争力比差、城乡居民家庭人均收入比差（6个） |

## 20.2　广西壮族自治区经济综合竞争力各级指标具体分析

### 1. 广西壮族自治区宏观经济竞争力指标排名变化情况

**表 20－5　2014～2015 年广西壮族自治区宏观经济竞争力指标组排位及变化趋势**

| 指　　标 | 2014 年 | 2015 年 | 排位升降 | 优劣势 |
|---|---|---|---|---|
| **1　宏观经济竞争力** | 25 | 19 | 6 | 中势 |
| 1.1　经济实力竞争力 | 26 | 20 | 6 | 中势 |
| 地区生产总值 | 19 | 17 | 2 | 中势 |
| 地区生产总值增长率 | 17 | 15 | 2 | 中势 |
| 人均地区生产总值 | 27 | 26 | 1 | 劣势 |
| 财政总收入 | 16 | 9 | 7 | 优势 |
| 财政总收入增长率 | 17 | 6 | 11 | 优势 |
| 人均财政收入 | 24 | 14 | 10 | 中势 |
| 固定资产投资额 | 16 | 15 | 1 | 中势 |
| 固定资产投资额增长率 | 17 | 5 | 12 | 优势 |

续表

| 指　　标 | 2014 年 | 2015 年 | 排位升降 | 优劣势 |
|---|---|---|---|---|
| 人均固定资产投资额 | 25 | 24 | 1 | 劣势 |
| 全社会消费品零售总额 | 18 | 19 | -1 | 中势 |
| 全社会消费品零售总额增长率 | 23 | 19 | 4 | 中势 |
| 人均全社会消费品零售总额 | 23 | 23 | 0 | 劣势 |
| 1.2　经济结构竞争力 | 28 | 25 | 3 | 劣势 |
| 产业结构优化度 | 24 | 31 | -7 | 劣势 |
| 所有制经济结构优化度 | 16 | 16 | 0 | 中势 |
| 城乡经济结构优化度 | 27 | 27 | 0 | 劣势 |
| 就业结构优化度 | 29 | 29 | 0 | 劣势 |
| 资本形成结构优化度 | 15 | 9 | 6 | 优势 |
| 贸易结构优化度 | 28 | 25 | 3 | 劣势 |
| 1.3　经济外向度竞争力 | 14 | 11 | 3 | 中势 |
| 进出口总额 | 17 | 14 | 3 | 中势 |
| 进出口增长率 | 5 | 1 | 4 | 强势 |
| 出口总额 | 17 | 17 | 0 | 中势 |
| 出口增长率 | 8 | 2 | 6 | 强势 |
| 实际 FDI | 20 | 19 | 1 | 中势 |
| 实际 FDI 增长率 | 7 | 17 | -10 | 中势 |
| 外贸依存度 | 14 | 12 | 2 | 中势 |
| 外资企业数 | 22 | 20 | 2 | 中势 |
| 对外直接投资 | 28 | 24 | 4 | 劣势 |

## 2. 广西壮族自治区产业经济竞争力指标排名变化情况

**表 20－6　2014～2015 年广西壮族自治区产业经济竞争力指标组排位及变化趋势**

| 指　　标 | 2014 年 | 2015 年 | 排位升降 | 优劣势 |
|---|---|---|---|---|
| **2　产业经济竞争力** | 23 | 21 | 2 | 劣势 |
| 2.1　农业竞争力 | 18 | 20 | -2 | 中势 |
| 农业增加值 | 11 | 10 | 1 | 优势 |
| 农业增加值增长率 | 20 | 16 | 4 | 中势 |
| 人均农业增加值 | 11 | 12 | -1 | 中势 |
| 农民人均纯收入 | 24 | 22 | 2 | 劣势 |
| 农民人均纯收入增长率 | 13 | 17 | -4 | 中势 |
| 农产品出口占农林牧渔总产值比重 | 11 | 11 | 0 | 中势 |
| 人均主要农产品产量 | 21 | 21 | 0 | 劣势 |
| 农业机械化水平 | 11 | 11 | 0 | 中势 |

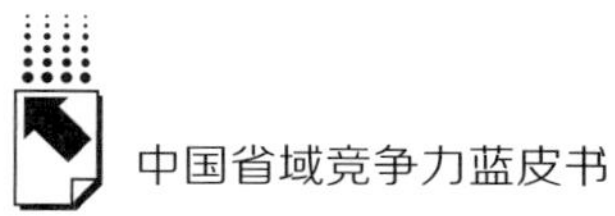


续表

| 指　　标 | 2014年 | 2015年 | 排位升降 | 优劣势 |
|---|---|---|---|---|
| 农村人均用电量 | 28 | 28 | 0 | 劣势 |
| 财政支农资金比重 | 15 | 15 | 0 | 中势 |
| 2.2　工业竞争力 | 22 | 22 | 0 | 劣势 |
| 工业增加值 | 19 | 18 | 1 | 中势 |
| 工业增加值增长率 | 12 | 4 | 8 | 优势 |
| 人均工业增加值 | 25 | 23 | 2 | 劣势 |
| 工业资产总额 | 25 | 25 | 0 | 劣势 |
| 工业资产总额增长率 | 24 | 25 | -1 | 劣势 |
| 工业资产总贡献率 | 5 | 5 | 0 | 优势 |
| 规模以上工业主营业务收入 | 20 | 18 | 2 | 中势 |
| 规模以上工业利润总额 | 21 | 18 | 3 | 中势 |
| 工业全员劳动生产率 | 4 | 10 | -6 | 优势 |
| 工业成本费用利润率 | 21 | 12 | 9 | 中势 |
| 2.3　服务业竞争力 | 22 | 19 | 3 | 中势 |
| 服务业增加值 | 20 | 22 | -2 | 劣势 |
| 服务业增加值增长率 | 22 | 18 | 4 | 中势 |
| 人均服务业增加值 | 27 | 28 | -1 | 劣势 |
| 服务业从业人员数 | 16 | 16 | 0 | 中势 |
| 服务业从业人员数增长率 | 11 | 18 | -7 | 中势 |
| 限额以上批发零售企业主营业务收入 | 23 | 21 | 2 | 劣势 |
| 限额以上批零企业利税率 | 18 | 22 | -4 | 劣势 |
| 限额以上餐饮企业利税率 | 9 | 9 | 0 | 优势 |
| 旅游外汇收入 | 13 | 12 | 1 | 中势 |
| 房地产经营总收入 | 19 | 18 | 1 | 中势 |
| 2.4　企业竞争力 | 25 | 25 | 0 | 劣势 |
| 规模以上工业企业数 | 17 | 18 | -1 | 中势 |
| 规模以上企业平均资产 | 19 | 20 | -1 | 中势 |
| 规模以上企业平均收入 | 13 | 10 | 3 | 优势 |
| 规模以上企业平均利润 | 20 | 7 | 13 | 优势 |
| 规模以上企业劳动效率 | 14 | 13 | 1 | 中势 |
| 城镇就业人员平均工资 | 14 | 21 | -7 | 劣势 |
| 新产品销售收入占主营业务收入比重 | 17 | 17 | 0 | 中势 |
| 产品质量抽查合格率 | 17 | 20 | -3 | 中势 |
| 工业企业 R&D 经费投入强度 | 26 | 29 | -3 | 劣势 |
| 中国驰名商标持有量 | 23 | 30 | -7 | 劣势 |

## 3. 广西壮族自治区可持续发展竞争力指标排名变化情况

**表 20－7　2014～2015 年广西壮族自治区可持续发展竞争力指标组排位及变化趋势**

| 指　　标 | 2014 年 | 2015 年 | 排位升降 | 优劣势 |
|---|---|---|---|---|
| **3　可持续发展竞争力** | 10 | 13 | －3 | 中势 |
| 3.1　资源竞争力 | 22 | 22 | 0 | 劣势 |
| 人均国土面积 | 13 | 19 | －6 | 中势 |
| 人均可使用海域和滩涂面积 | 10 | 10 | 0 | 优势 |
| 人均年水资源量 | 4 | 3 | 1 | 强势 |
| 耕地面积 | 16 | 16 | 0 | 中势 |
| 人均耕地面积 | 15 | 15 | 0 | 中势 |
| 人均牧草地面积 | 14 | 18 | －4 | 中势 |
| 主要能源矿产基础储量 | 21 | 20 | 1 | 中势 |
| 人均主要能源矿产基础储量 | 21 | 21 | 0 | 劣势 |
| 人均森林储积量 | 9 | 9 | 0 | 优势 |
| 3.2　环境竞争力 | 3 | 2 | 1 | 强势 |
| 森林覆盖率 | 4 | 4 | 0 | 优势 |
| 人均废水排放量 | 19 | 16 | 3 | 中势 |
| 人均工业废气排放量 | 8 | 7 | 1 | 优势 |
| 人均工业固体废物排放量 | 15 | 13 | 2 | 中势 |
| 人均治理工业污染投资额 | 22 | 14 | 8 | 中势 |
| 一般工业固体废物综合利用率 | 15 | 16 | －1 | 中势 |
| 生活垃圾无害化处理率 | 10 | 9 | 1 | 优势 |
| 自然灾害直接经济损失 | 10 | 10 | 0 | 优势 |
| 3.3　人力资源竞争力 | 21 | 21 | 0 | 劣势 |
| 常住人口增长率 | 11 | 7 | 4 | 优势 |
| 15～64 岁人口比例 | 31 | 31 | 0 | 劣势 |
| 文盲率 | 13 | 12 | 1 | 中势 |
| 大专以上教育程度人口比例 | 28 | 28 | 0 | 劣势 |
| 平均受教育程度 | 23 | 25 | －2 | 劣势 |
| 人口健康素质 | 16 | 17 | －1 | 中势 |
| 人力资源利用率 | 10 | 10 | 0 | 优势 |
| 职业学校毕业生数 | 8 | 8 | 0 | 优势 |

## 4. 广西壮族自治区财政金融竞争力指标排名变化情况

**表 20－8　2014～2015 年广西壮族自治区财政金融竞争力指标组排位及变化趋势**

| 指　　标 | 2014 年 | 2015 年 | 排位升降 | 优劣势 |
|---|---|---|---|---|
| **4　财政金融竞争力** | 29 | 29 | 0 | 劣势 |
| 4.1　财政竞争力 | 29 | 29 | 0 | 劣势 |
| 地方财政收入 | 22 | 22 | 0 | 劣势 |
| 地方财政支出 | 19 | 18 | 1 | 中势 |
| 地方财政收入占 GDP 比重 | 25 | 24 | 1 | 劣势 |
| 地方财政支出占 GDP 比重 | 16 | 16 | 0 | 中势 |

续表

| 指　　标 | 2014 年 | 2015 年 | 排位升降 | 优劣势 |
|---|---|---|---|---|
| 税收收入占 GDP 比重 | 29 | 27 | 2 | 劣势 |
| 税收收入占财政总收入比重 | 27 | 29 | -2 | 劣势 |
| 人均地方财政收入 | 29 | 29 | 0 | 劣势 |
| 人均地方财政支出 | 29 | 27 | 2 | 劣势 |
| 人均税收收入 | 30 | 30 | 0 | 劣势 |
| 地方财政收入增长率 | 21 | 23 | -2 | 劣势 |
| 地方财政支出增长率 | 23 | 18 | 5 | 中势 |
| 税收收入增长率 | 15 | 17 | -2 | 中势 |
| 4.2　金融竞争力 | 24 | 24 | 0 | 劣势 |
| 存款余额 | 21 | 21 | 0 | 劣势 |
| 人均存款余额 | 31 | 31 | 0 | 劣势 |
| 贷款余额 | 20 | 20 | 0 | 中势 |
| 人均贷款余额 | 29 | 29 | 0 | 劣势 |
| 货币市场融资额 | 12 | 12 | 0 | 中势 |
| 中长期贷款占贷款余额比重 | 7 | 6 | 1 | 优势 |
| 保险费净收入 | 23 | 24 | -1 | 劣势 |
| 保险密度 | 28 | 28 | 0 | 劣势 |
| 保险深度 | 27 | 28 | -1 | 劣势 |
| 人均证券市场筹资额 | 23 | 24 | -1 | 劣势 |

## 5. 广西壮族自治区知识经济竞争力指标排名变化情况

**表 20-9　2014~2015 年广西壮族自治区知识经济竞争力指标组排位及变化趋势**

| 指　　标 | 2014 年 | 2015 年 | 排位升降 | 优劣势 |
|---|---|---|---|---|
| 5　知识经济竞争力 | 21 | 19 | 2 | 中势 |
| 5.1　科技竞争力 | 20 | 18 | 2 | 中势 |
| R&D 人员 | 21 | 22 | -1 | 劣势 |
| R&D 经费 | 22 | 23 | -1 | 劣势 |
| R&D 经费投入强度 | 25 | 25 | 0 | 劣势 |
| 发明专利授权量 | 19 | 17 | 2 | 中势 |
| 技术市场成交合同金额 | 27 | 27 | 0 | 劣势 |
| 财政科技支出占地方财政支出比重 | 12 | 13 | -1 | 中势 |
| 高技术产业增加值 | 19 | 15 | 4 | 中势 |
| 高技术产业增加值占工业增加值比重 | 18 | 14 | 4 | 中势 |
| 高技术产品出口额占商品出口额比重 | 13 | 11 | 2 | 中势 |
| 5.2　教育竞争力 | 18 | 17 | 1 | 中势 |
| 教育经费 | 16 | 13 | 3 | 中势 |
| 教育经费占 GDP 比重 | 10 | 11 | -1 | 中势 |
| 人均教育经费 | 23 | 21 | 2 | 劣势 |
| 公共教育经费占财政支出比重 | 6 | 3 | 3 | 强势 |

续表

| 指　　标 | 2014 年 | 2015 年 | 排位升降 | 优劣势 |
|---|---|---|---|---|
| 人均文化教育支出占个人消费支出比重 | 10 | 12 | -2 | 中势 |
| 万人中小学学校数 | 4 | 6 | -2 | 优势 |
| 万人中小学专任教师数 | 17 | 15 | 2 | 中势 |
| 高等学校数 | 18 | 18 | 0 | 中势 |
| 高校专任教师数 | 21 | 21 | 0 | 劣势 |
| 万人高等学校在校学生数 | 26 | 24 | 2 | 劣势 |
| 5.3　文化竞争力 | 19 | 23 | -4 | 劣势 |
| 文化服务业企业营业收入 | 19 | 21 | -2 | 劣势 |
| 图书和期刊出版数 | 9 | 9 | 0 | 优势 |
| 报纸出版数 | 19 | 18 | 1 | 中势 |
| 出版印刷工业销售产值 | 16 | 16 | 0 | 中势 |
| 城镇居民人均文化娱乐支出 | 25 | 29 | -4 | 劣势 |
| 农村居民人均文化娱乐支出 | 26 | 25 | 1 | 劣势 |
| 城镇居民人均文化娱乐支出占消费性支出比重 | 10 | 12 | -2 | 中势 |
| 农村居民人均文化娱乐支出占消费性支出比重 | 16 | 13 | 3 | 中势 |

## 6. 广西壮族自治区发展环境竞争力指标排名变化情况

**表 20-10　2014～2015 年广西壮族自治区发展环境竞争力指标组排位及变化趋势**

| 指　　标 | 2014 年 | 2015 年 | 排位升降 | 优劣势 |
|---|---|---|---|---|
| **6　发展环境竞争力** | 24 | 25 | -1 | 劣势 |
| 6.1　基础设施竞争力 | 25 | 25 | 0 | 劣势 |
| 铁路网线密度 | 21 | 21 | 0 | 劣势 |
| 公路网线密度 | 25 | 25 | 0 | 劣势 |
| 人均内河航道里程 | 9 | 9 | 0 | 优势 |
| 全社会旅客周转量 | 14 | 14 | 0 | 中势 |
| 全社会货物周转量 | 14 | 13 | 1 | 中势 |
| 人均邮电业务总量 | 29 | 26 | 3 | 劣势 |
| 电话普及率 | 28 | 28 | 0 | 劣势 |
| 互联网上网人数比重 | 22 | 23 | -1 | 劣势 |
| 人均耗电量 | 24 | 24 | 0 | 劣势 |
| 6.2　软环境竞争力 | 23 | 21 | 2 | 劣势 |
| 外资企业数增长率 | 11 | 7 | 4 | 优势 |
| 万人外资企业数 | 24 | 21 | 3 | 劣势 |
| 个体私营企业数增长率 | 27 | 20 | 7 | 中势 |
| 万人个体私营企业数 | 21 | 21 | 0 | 劣势 |
| 万人商标注册件数 | 30 | 30 | 0 | 劣势 |
| 查处商标侵权假冒案件 | 23 | 19 | 4 | 中势 |
| 每十万人交通事故发生数 | 6 | 7 | -1 | 优势 |
| 罚没收入占财政收入比重 | 21 | 23 | -2 | 劣势 |
| 社会捐赠款物 | 25 | 25 | 0 | 劣势 |

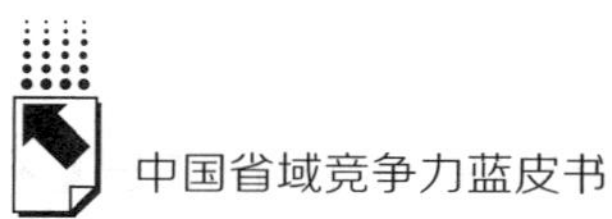



## 7. 广西壮族自治区政府作用竞争力指标排名变化情况

**表 20－11　2014～2015 年广西壮族自治区政府作用竞争力指标组排位及变化趋势**

| 指　　标 | 2014 年 | 2015 年 | 排位升降 | 优劣势 |
|---|---|---|---|---|
| **7　政府作用竞争力** | 24 | 25 | －1 | 劣势 |
| 7.1　政府发展经济竞争力 | 15 | 16 | －1 | 中势 |
| 财政支出用于基本建设投资比重 | 8 | 8 | 0 | 优势 |
| 财政支出对 GDP 增长的拉动 | 16 | 16 | 0 | 中势 |
| 政府公务员对经济的贡献 | 16 | 16 | 0 | 中势 |
| 政府消费对民间消费的拉动 | 13 | 11 | 2 | 中势 |
| 财政投资对社会投资的拉动 | 22 | 22 | 0 | 劣势 |
| 7.2　政府规调经济竞争力 | 22 | 23 | －1 | 劣势 |
| 物价调控 | 20 | 18 | 2 | 中势 |
| 调控城乡消费差距 | 18 | 15 | 3 | 中势 |
| 统筹经济社会发展 | 9 | 12 | －3 | 中势 |
| 规范税收 | 23 | 23 | 0 | 劣势 |
| 人口控制 | 26 | 27 | －1 | 劣势 |
| 7.3　政府保障经济竞争力 | 28 | 27 | 1 | 劣势 |
| 城市城镇社区服务设施数 | 27 | 8 | 19 | 优势 |
| 医疗保险覆盖率 | 24 | 24 | 0 | 劣势 |
| 养老保险覆盖率 | 27 | 28 | －1 | 劣势 |
| 失业保险覆盖率 | 25 | 25 | 0 | 劣势 |
| 下岗职工再就业率 | 28 | 22 | 6 | 劣势 |
| 城镇登记失业率 | 10 | 8 | 2 | 优势 |

## 8. 广西壮族自治区发展水平竞争力指标排名变化情况

**表 20－12　2014～2015 年广西壮族自治区发展水平竞争力指标组排位及变化趋势**

| 指　　标 | 2014 年 | 2015 年 | 排位升降 | 优劣势 |
|---|---|---|---|---|
| **8　发展水平竞争力** | 18 | 19 | －1 | 中势 |
| 8.1　工业化进程竞争力 | 17 | 16 | 1 | 中势 |
| 工业增加值占 GDP 比重 | 20 | 17 | 3 | 中势 |
| 工业增加值增长率 | 8 | 5 | 3 | 优势 |
| 高技术产业规模以上企业产值 | 20 | 18 | 2 | 中势 |
| 高技术产业增加值占工业增加值比重 | 19 | 17 | 2 | 中势 |
| 高技术产品出口额占商品出口额比重 | 13 | 15 | －2 | 中势 |
| 信息产业增加值占 GDP 比重 | 25 | 16 | 9 | 中势 |
| 8.2　城市化进程竞争力 | 23 | 26 | －3 | 劣势 |
| 城镇化率 | 26 | 26 | 0 | 劣势 |
| 城镇居民人均可支配收入 | 15 | 17 | －2 | 中势 |
| 城市平均建成区面积比重 | 21 | 24 | －3 | 劣势 |

续表

| 指　　标 | 2014 年 | 2015 年 | 排位升降 | 优劣势 |
|---|---|---|---|---|
| 人均拥有道路面积 | 14 | 12 | 2 | 中势 |
| 人均日生活用水量 | 4 | 3 | 1 | 强势 |
| 恩格尔系数 | 29 | 27 | 2 | 劣势 |
| 人均公共绿地面积 | 22 | 22 | 0 | 劣势 |
| 8.3 市场化进程竞争力 | 15 | 18 | -3 | 中势 |
| 非公有制经济产值占全社会总产值的比重 | 16 | 16 | 0 | 中势 |
| 社会投资占投资总额比重 | 13 | 14 | -1 | 中势 |
| 私有和个体企业从业人员比重 | 15 | 16 | -1 | 中势 |
| 亿元以上商品市场成交额 | 19 | 20 | -1 | 中势 |
| 亿元以上商品市场成交额占全社会消费品零售总额比重 | 18 | 21 | -3 | 劣势 |
| 居民消费支出占总消费支出比重 | 13 | 11 | 2 | 中势 |

## 9. 广西壮族自治区统筹协调竞争力指标排名变化情况

**表 20-13　2014~2015 年广西壮族自治区统筹协调竞争力指标组排位及变化趋势**

| 指　　标 | 2014 年 | 2015 年 | 排位升降 | 优劣势 |
|---|---|---|---|---|
| **9　统筹协调竞争力** | 22 | 24 | -2 | 劣势 |
| 9.1 统筹发展竞争力 | 13 | 22 | -9 | 劣势 |
| 社会劳动生产率 | 14 | 27 | -13 | 劣势 |
| 社会劳动生产率增速 | 11 | 30 | -19 | 劣势 |
| 万元 GDP 综合能耗 | 11 | 12 | -1 | 中势 |
| 非农用地产出率 | 20 | 20 | 0 | 中势 |
| 生产税净额和营业盈余占 GDP 比重 | 21 | 20 | 1 | 中势 |
| 最终消费率 | 10 | 13 | -3 | 中势 |
| 固定资产投资额占 GDP 比重 | 17 | 19 | -2 | 中势 |
| 固定资产交付使用率 | 20 | 21 | -1 | 劣势 |
| 9.2 协调发展竞争力 | 27 | 26 | 1 | 劣势 |
| 环境竞争力与宏观经济竞争力比差 | 30 | 29 | 1 | 劣势 |
| 资源竞争力与宏观经济竞争力比差 | 12 | 16 | -4 | 中势 |
| 人力资源竞争力与宏观经济竞争力比差 | 24 | 17 | 7 | 中势 |
| 资源竞争力与工业竞争力比差 | 12 | 14 | -2 | 中势 |
| 环境竞争力与工业竞争力比差 | 29 | 28 | 1 | 劣势 |
| 城乡居民家庭人均收入比差 | 24 | 24 | 0 | 劣势 |
| 城乡居民人均现金消费支出比差 | 18 | 15 | 3 | 中势 |
| 全社会消费品零售总额与外贸出口总额比差 | 17 | 20 | -3 | 中势 |

B.22

# 21 海南省经济综合竞争力评价分析报告

海南省简称琼，位于中国南部海域，北隔琼州海峡与广东省相望。全省陆地（主要包括海南岛和西沙、中沙、南沙群岛和南海诸岛）总面积3.5万平方公里，海域面积约200万平方公里，2015年常住人口为911万人，地区生产总值为3703亿元，同比增长7.8%，人均GDP达40818元。本部分通过分析2014～2015年海南省经济综合竞争力以及各要素竞争力的排名变化，从中找出海南省经济综合竞争力的推动点及影响因素，为进一步提升海南省经济综合竞争力提供决策参考。

## 21.1 海南省经济综合竞争力总体分析

### 1. 海南省经济综合竞争力一级指标概要分析

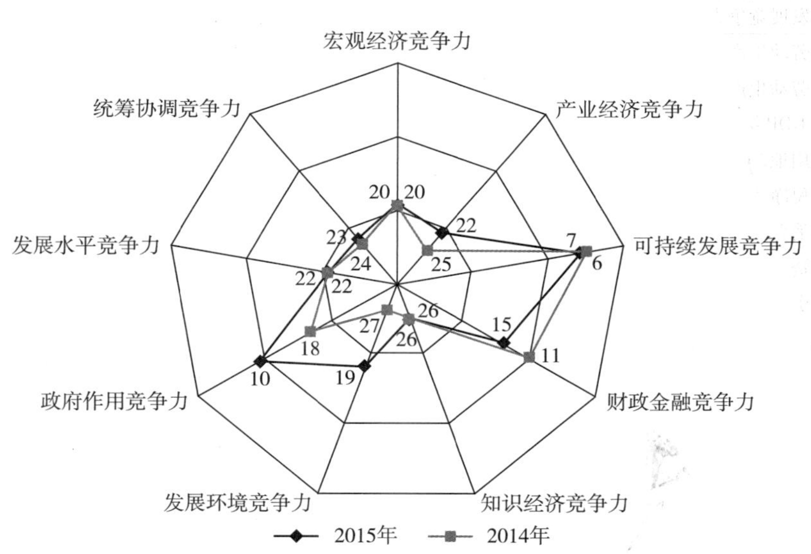


图21－1　2014～2015年海南省经济综合竞争力二级指标比较

（1）从综合排位看，2015年海南省经济综合竞争力排位在全国居第21位，在全国处于劣势地位；与2014年相比，综合排位没有发生变化。

（2）从指标所处区位看，有2个指标处于上游区，其中可持续发展竞争力和政府作用竞争力等2个指标为海南省经济综合竞争力的优势指标。

表 21－1　2014～2015 年海南省经济综合竞争力二级指标表现情况

| 年份 \ 项目 | 宏观经济竞争力 | 产业经济竞争力 | 可持续发展竞争力 | 财政金融竞争力 | 知识经济竞争力 | 发展环境竞争力 | 政府作用竞争力 | 发展水平竞争力 | 统筹协调竞争力 | **综合排位** |
|---|---|---|---|---|---|---|---|---|---|---|
| 2014 | 20 | 25 | 6 | 11 | 26 | 27 | 18 | 22 | 24 | 21 |
| 2015 | 20 | 22 | 7 | 15 | 26 | 19 | 10 | 22 | 23 | 21 |
| 升降 | 0 | 3 | －1 | －4 | 0 | 8 | 8 | 0 | 1 | 0 |
| 优劣度 | 中势 | 劣势 | 优势 | 中势 | 劣势 | 中势 | 优势 | 劣势 | 劣势 | 劣势 |

（3）从指标变化趋势看，9 个二级指标中，有 4 个指标处于上升趋势，分别为产业经济竞争力、发展环境竞争力、政府作用竞争力和统筹协调竞争力，这些是海南省经济综合竞争力的上升动力所在；有 3 个指标排位没有发生变化，分别为宏观经济竞争力、知识经济竞争力和发展水平竞争力；有 2 个指标处于下降趋势，分别为可持续发展竞争力和财政金融竞争力，是海南省经济综合竞争力的下降拉力所在。

**2. 海南省经济综合竞争力各级指标动态变化分析**

表 21－2　2014～2015 年海南省经济综合竞争力各级指标排位变化情况

| 二级指标 | 三级指标 | 四级指标数 | 上升 |  | 保持 |  | 下降 |  | 变化趋势 |
|---|---|---|---|---|---|---|---|---|---|
|  |  |  | 指标数 | 比重（%） | 指标数 | 比重（%） | 指标数 | 比重（%） |  |
| 宏观经济竞争力 | 经济实力竞争力 | 12 | 4 | 33.3 | 4 | 33.3 | 4 | 33.3 | 上升 |
|  | 经济结构竞争力 | 6 | 2 | 33.3 | 2 | 33.3 | 2 | 33.3 | 保持 |
|  | 经济外向度竞争力 | 9 | 2 | 22.2 | 4 | 44.4 | 3 | 33.3 | 上升 |
|  | 小　计 | 27 | 8 | 29.6 | 10 | 37.0 | 9 | 33.3 | 保持 |
| 产业经济竞争力 | 农业竞争力 | 10 | 2 | 20.0 | 6 | 60.0 | 2 | 20.0 | 下降 |
|  | 工业竞争力 | 10 | 5 | 50.0 | 5 | 50.0 | 0 | 0.0 | 上升 |
|  | 服务业竞争力 | 10 | 1 | 10.0 | 7 | 70.0 | 2 | 20.0 | 下降 |
|  | 企业竞争力 | 10 | 3 | 30.0 | 3 | 30.0 | 4 | 40.0 | 上升 |
|  | 小　计 | 40 | 11 | 27.5 | 21 | 52.5 | 8 | 20.0 | 上升 |
| 可持续发展竞争力 | 资源竞争力 | 9 | 2 | 22.2 | 5 | 55.6 | 2 | 22.2 | 上升 |
|  | 环境竞争力 | 8 | 3 | 37.5 | 2 | 25.0 | 3 | 37.5 | 上升 |
|  | 人力资源竞争力 | 8 | 2 | 25.0 | 1 | 12.5 | 5 | 62.5 | 下降 |
|  | 小　计 | 25 | 7 | 28.0 | 8 | 32.0 | 10 | 40.0 | 下降 |
| 财政金融竞争力 | 财政竞争力 | 12 | 2 | 16.7 | 7 | 58.3 | 3 | 25.0 | 下降 |
|  | 金融竞争力 | 10 | 4 | 40.0 | 4 | 40.0 | 2 | 20.0 | 下降 |
|  | 小　计 | 22 | 6 | 27.3 | 11 | 50.0 | 5 | 22.7 | 下降 |
| 知识经济竞争力 | 科技竞争力 | 9 | 1 | 11.1 | 5 | 55.6 | 3 | 33.3 | 下降 |
|  | 教育竞争力 | 10 | 1 | 10.0 | 6 | 60.0 | 3 | 30.0 | 保持 |
|  | 文化竞争力 | 8 | 1 | 12.5 | 2 | 25.0 | 5 | 62.5 | 下降 |
|  | 小　计 | 27 | 3 | 11.1 | 13 | 48.1 | 11 | 40.7 | 保持 |

续表

| 二级指标 | 三级指标 | 四级指标数 | 上升 指标数 | 上升 比重（%） | 保持 指标数 | 保持 比重（%） | 下降 指标数 | 下降 比重（%） | 变化趋势 |
|---|---|---|---|---|---|---|---|---|---|
| 发展环境竞争力 | 基础设施竞争力 | 9 | 4 | 44.4 | 3 | 33.3 | 2 | 22.2 | 上升 |
| | 软环境竞争力 | 9 | 5 | 55.6 | 3 | 33.3 | 1 | 11.1 | 上升 |
| | 小　计 | 18 | 9 | 50.0 | 6 | 33.3 | 3 | 16.7 | 上升 |
| 政府作用竞争力 | 政府发展经济竞争力 | 5 | 1 | 20.0 | 3 | 60.0 | 1 | 20.0 | 上升 |
| | 政府规调经济竞争力 | 5 | 4 | 80.0 | 1 | 20.0 | 0 | 0.0 | 上升 |
| | 政府保障经济竞争力 | 6 | 1 | 16.7 | 4 | 66.7 | 1 | 16.7 | 下降 |
| | 小　计 | 16 | 6 | 37.5 | 8 | 50.0 | 2 | 12.5 | 上升 |
| 发展水平竞争力 | 工业化进程竞争力 | 6 | 2 | 33.3 | 1 | 16.7 | 3 | 50.0 | 下降 |
| | 城市化进程竞争力 | 7 | 1 | 14.3 | 2 | 28.6 | 4 | 57.1 | 下降 |
| | 市场化进程竞争力 | 6 | 2 | 33.3 | 1 | 16.7 | 3 | 50.0 | 保持 |
| | 小　计 | 19 | 5 | 26.3 | 4 | 21.1 | 10 | 52.6 | 保持 |
| 统筹协调竞争力 | 统筹发展竞争力 | 8 | 4 | 50.0 | 1 | 12.5 | 3 | 37.5 | 下降 |
| | 协调发展竞争力 | 8 | 3 | 37.5 | 1 | 12.5 | 4 | 50.0 | 上升 |
| | 小　计 | 16 | 7 | 43.8 | 2 | 12.5 | 7 | 43.8 | 上升 |
| 合　计 | | 210 | 62 | 29.5 | 83 | 39.5 | 65 | 31.0 | 保持 |

从表21－2可以看出，210个四级指标中，上升指标有62个，占指标总数的29.5%；下降指标有65个，占指标总数的31.0%；保持不变的指标有83个，占指标总数的39.5%。综上所述，海南省经济综合竞争力上升的动力和下降的拉力大致相当，且排位保持不变的指标占较大比重，2015年海南省经济综合竞争力排位保持不变。

**3. 海南省经济综合竞争力各级指标优劣势结构分析**

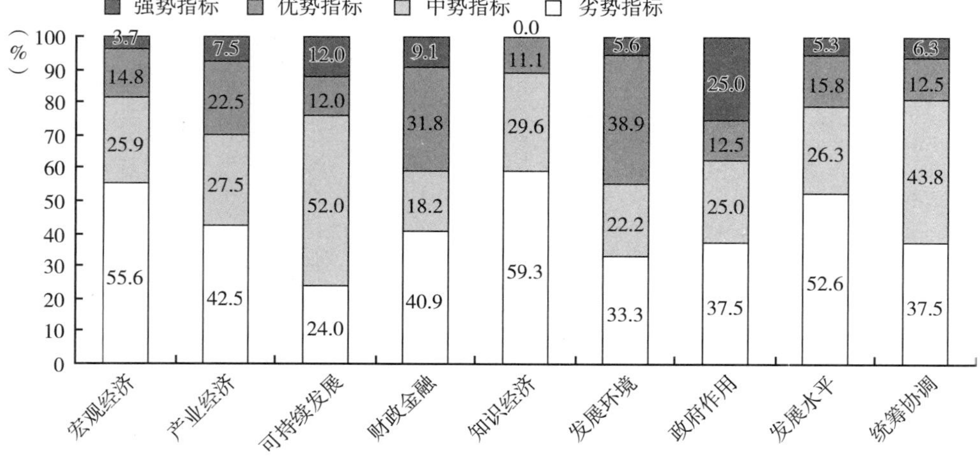


**图21－2　2015年海南省经济综合竞争力各级指标优劣势比较**

**表 21 -3　2015 年海南省经济综合竞争力各级指标优劣势情况**

| 二级指标 | 三级指标 | 四级指标数 | 强势指标 |  | 优势指标 |  | 中势指标 |  | 劣势指标 |  | 优劣势 |
|---|---|---|---|---|---|---|---|---|---|---|---|
|  |  |  | 个数 | 比重（%） | 个数 | 比重（%） | 个数 | 比重（%） | 个数 | 比重（%） |  |
| 宏观经济竞争力 | 经济实力竞争力 | 12 | 0 | 0.0 | 2 | 16.7 | 2 | 16.7 | 8 | 66.7 | 劣势 |
|  | 经济结构竞争力 | 6 | 1 | 16.7 | 1 | 16.7 | 3 | 50.0 | 1 | 16.7 | 优势 |
|  | 经济外向度竞争力 | 9 | 0 | 0.0 | 1 | 11.1 | 2 | 22.2 | 6 | 66.7 | 劣势 |
|  | 小　计 | 27 | 1 | 3.7 | 4 | 14.8 | 7 | 25.9 | 15 | 55.6 | 中势 |
| 产业经济竞争力 | 农业竞争力 | 10 | 1 | 10.0 | 3 | 30.0 | 3 | 30.0 | 3 | 30.0 | 中势 |
|  | 工业竞争力 | 10 | 0 | 0.0 | 2 | 20.0 | 1 | 10.0 | 7 | 70.0 | 劣势 |
|  | 服务业竞争力 | 10 | 1 | 10.0 | 0 | 0.0 | 4 | 40.0 | 5 | 50.0 | 劣势 |
|  | 企业竞争力 | 10 | 1 | 10.0 | 4 | 40.0 | 3 | 30.0 | 2 | 20.0 | 优势 |
|  | 小　计 | 40 | 3 | 7.5 | 9 | 22.5 | 11 | 27.5 | 17 | 42.5 | 劣势 |
| 可持续发展竞争力 | 资源竞争力 | 9 | 1 | 11.1 | 0 | 0.0 | 5 | 55.6 | 3 | 33.3 | 优势 |
|  | 环境竞争力 | 8 | 2 | 25.0 | 3 | 37.5 | 2 | 25.0 | 1 | 12.5 | 强势 |
|  | 人力资源竞争力 | 8 | 0 | 0.0 | 0 | 0.0 | 6 | 75.0 | 2 | 25.0 | 中势 |
|  | 小　计 | 25 | 3 | 12.0 | 3 | 12.0 | 13 | 52.0 | 6 | 24.0 | 优势 |
| 财政金融竞争力 | 财政竞争力 | 12 | 2 | 16.7 | 6 | 50.0 | 1 | 8.3 | 3 | 25.0 | 中势 |
|  | 金融竞争力 | 10 | 0 | 0.0 | 1 | 10.0 | 3 | 30.0 | 6 | 60.0 | 劣势 |
|  | 小　计 | 22 | 2 | 9.1 | 7 | 31.8 | 4 | 18.2 | 9 | 40.9 | 中势 |
| 知识经济竞争力 | 科技竞争力 | 9 | 0 | 0.0 | 0 | 0.0 | 3 | 33.3 | 6 | 66.7 | 劣势 |
|  | 教育竞争力 | 10 | 0 | 0.0 | 3 | 30.0 | 3 | 30.0 | 4 | 40.0 | 劣势 |
|  | 文化竞争力 | 8 | 0 | 0.0 | 0 | 0.0 | 2 | 25.0 | 6 | 75.0 | 劣势 |
|  | 小　计 | 27 | 0 | 0.0 | 3 | 11.1 | 8 | 29.6 | 16 | 59.3 | 劣势 |
| 发展环境竞争力 | 基础设施竞争力 | 9 | 0 | 0.0 | 3 | 33.3 | 3 | 33.3 | 3 | 33.3 | 劣势 |
|  | 软环境竞争力 | 9 | 1 | 11.1 | 4 | 44.4 | 1 | 11.1 | 3 | 33.3 | 中势 |
|  | 小　计 | 18 | 1 | 5.6 | 7 | 38.9 | 4 | 22.2 | 6 | 33.3 | 中势 |
| 政府作用竞争力 | 政府发展经济竞争力 | 5 | 0 | 0.0 | 0 | 0.0 | 2 | 40.0 | 3 | 60.0 | 劣势 |
|  | 政府规调经济竞争力 | 5 | 1 | 20.0 | 1 | 20.0 | 2 | 40.0 | 1 | 20.0 | 中势 |
|  | 政府保障经济竞争力 | 6 | 3 | 50.0 | 1 | 16.7 | 0 | 0.0 | 2 | 33.3 | 优势 |
|  | 小　计 | 16 | 4 | 25.0 | 2 | 12.5 | 4 | 25.0 | 6 | 37.5 | 优势 |
| 发展水平竞争力 | 工业化进程竞争力 | 6 | 0 | 0.0 | 0 | 0.0 | 1 | 16.7 | 5 | 83.3 | 劣势 |
|  | 城市化进程竞争力 | 7 | 1 | 14.3 | 1 | 14.3 | 3 | 42.9 | 2 | 28.6 | 劣势 |
|  | 市场化进程竞争力 | 6 | 0 | 0.0 | 2 | 33.3 | 1 | 16.7 | 3 | 50.0 | 中势 |
|  | 小　计 | 19 | 1 | 5.3 | 3 | 15.8 | 5 | 26.3 | 10 | 52.6 | 劣势 |
| 统筹协调竞争力 | 统筹发展竞争力 | 8 | 0 | 0.0 | 1 | 12.5 | 3 | 37.5 | 4 | 50.0 | 劣势 |
|  | 协调发展竞争力 | 8 | 1 | 12.5 | 1 | 12.5 | 4 | 50.0 | 2 | 25.0 | 劣势 |
|  | 小　计 | 16 | 1 | 6.3 | 2 | 12.5 | 7 | 43.8 | 6 | 37.5 | 劣势 |
| 合　计 |  | 210 | 16 | 7.6 | 40 | 19.0 | 63 | 30.0 | 91 | 43.3 | 劣势 |

基于图 21 -2 和表 21 -3，具体到四级指标，强势指标 16 个，占指标总数的 7.6%；优势指标 40 个，占指标总数的 19.0%；中势指标 63 个，占指标总数的

30.0%；劣势指标91个，占指标总数的43.3%。三级指标中，强势指标1个，占三级指标总数的4%；优势指标4个，占三级指标总数的16%；中势指标6个，占三级指标总数的24%；劣势指标14个，占三级指标总数的56%。从二级指标看，没有强势指标；优势指标有2个，占二级指标总数的22.2%；中势指标有3个，占二级指标总数的33.3%。综合来看，由于劣势指标在指标体系中居于主导地位，2015年海南省经济综合竞争力处于劣势地位。

**4. 海南省经济综合竞争力四级指标优劣势对比分析**

**表21－4　2015年海南省经济综合竞争力四级指标优劣势情况**

| 二级指标 | 优劣势 | 四级指标 |
|---|---|---|
| 宏观经济竞争力（27个） | 强势指标 | 资本形成结构优化度（1个） |
| | 优势指标 | 财政总收入增长率、人均财政收入、产业结构优化度、外贸依存度（4个） |
| | 劣势指标 | 地区生产总值、地区生产总值增长率、财政总收入、固定资产投资额、固定资产投资额增长率、全社会消费品零售总额、全社会消费品零售总额增长率、人均全社会消费品零售总额、就业结构优化度、进出口总额、出口总额、出口增长率、实际FDI、实际FDI增长率、外资企业数（15个） |
| 产业经济竞争力（40个） | 强势指标 | 人均农业增加值、限额以上餐饮企业利税率、规模以上企业平均收入（3个） |
| | 优势指标 | 农业增加值增长率、农民人均纯收入增长率、财政支农资金比重、工业全员劳动生产率、工业成本费用利润率、规模以上企业平均资产、规模以上企业平均利润、规模以上企业劳动效率、产品质量抽查合格率（9个） |
| | 劣势指标 | 农业增加值、农业机械化水平、农村人均用电量、工业增加值、工业增加值增长率、人均工业增加值、工业资产总额、工业资产总贡献率、规模以上工业主营业务收入、规模以上工业利润总额、服务业增加值、服务业从业人员数、限额以上批发零售企业主营业务收入、旅游外汇收入、房地产经营总收入、规模以上工业企业数、中国驰名商标持有量（17个） |
| 可持续发展竞争力（25个） | 强势指标 | 人均可使用海域和滩涂面积、人均工业废气排放量、人均工业固体废物排放量（3个） |
| | 优势指标 | 森林覆盖率、生活垃圾无害化处理率、自然灾害直接经济损失（3个） |
| | 劣势指标 | 耕地面积、人均耕地面积、主要能源矿产基础储量、人均治理工业污染投资额、大专以上教育程度人口比例、职业学校毕业生数（6个） |
| 财政金融竞争力（22个） | 强势指标 | 地方财政收入占GDP比重、税收收入占GDP比重（2个） |
| | 优势指标 | 地方财政支出占GDP比重、人均地方财政收入、人均地方财政支出、人均税收收入、地方财政收入增长率、税收收入增长率、中长期贷款占贷款余额比重（7个） |
| | 劣势指标 | 地方财政收入、地方财政支出、税收收入占财政总收入比重、存款余额、贷款余额、货币市场融资额、保险费净收入、保险密度、人均证券市场筹资额（9个） |
| 知识经济竞争力（27个） | 强势指标 | （0个） |
| | 优势指标 | 教育经费占GDP比重、人均教育经费、万人中小学专任教师数（3个） |
| | 劣势指标 | R&D人员、R&D经费、R&D经费投入强度、发明专利授权量、技术市场成交合同金额、高技术产业增加值、教育经费、人均文化教育支出占个人消费支出比重、高等学校数、高校专任教师数、文化服务业企业营业收入、图书和期刊出版数、报纸出版数、出版印刷工业销售产值、城镇居民人均文化娱乐支出、城镇居民人均文化娱乐支出占消费性支出比重（16个） |

续表

| 二级指标 | 优劣势 | 四级指标 |
|---|---|---|
| 发展环境竞争力（18个） | 强势指标 | 罚没收入占财政收入比重（1个） |
| | 优势指标 | 铁路网线密度、人均邮电业务总量、电话普及率、万人外资企业数、个体私营企业数增长率、万人商标注册件数、查处商标侵权假冒案件（7个） |
| | 劣势指标 | 全社会旅客周转量、全社会货物周转量、人均耗电量、万人个体私营企业数、每十万人交通事故发生数、社会捐赠款物（6个） |
| 政府作用竞争力（16个） | 强势指标 | 规范税收、养老保险覆盖率、失业保险覆盖率、城镇登记失业率（4个） |
| | 优势指标 | 物价调控、医疗保险覆盖率（2个） |
| | 劣势指标 | 财政支出对GDP增长的拉动、政府公务员对经济的贡献、政府消费对民间消费的拉动、人口控制、城市城镇社区服务设施数、下岗职工再就业率（6个） |
| 发展水平竞争力（19个） | 强势指标 | 人均日生活用水量（1个） |
| | 优势指标 | 人均拥有道路面积、社会投资占投资总资金的比重、私有和个体企业从业人员比重（3个） |
| | 劣势指标 | 工业增加值占GDP比重、工业增加值增长率、高技术产业规模以上企业产值、高技术产品出口额占商品出口额比重、信息产业增加值占GDP比重、城市平均建成区面积比重、恩格尔系数、亿元以上商品市场成交额、亿元以上商品市场成交额占全社会消费品零售总额比重、居民消费支出占总消费支出比重（10个） |
| 统筹协调竞争力（16个） | 强势指标 | 资源竞争力与工业竞争力比差（1个） |
| | 优势指标 | 最终消费率、资源竞争力与宏观经济竞争力比差（2个） |
| | 劣势指标 | 社会劳动生产率、非农用地产出率、生产税净额和营业盈余占GDP比重、固定资产交付使用率、环境竞争力与宏观经济竞争力比差、环境竞争力与工业竞争力比差（6个） |

## 21.2 海南省经济综合竞争力各级指标具体分析

### 1. 海南省宏观经济竞争力指标排名变化情况

**表21-5 2014～2015年海南省宏观经济竞争力指标组排位及变化趋势**

| 指标 | 2014年 | 2015年 | 排位升降 | 优劣势 |
|---|---|---|---|---|
| **1 宏观经济竞争力** | 20 | 20 | 0 | 中势 |
| 1.1 经济实力竞争力 | 27 | 26 | 1 | 劣势 |
| 地区生产总值 | 28 | 28 | 0 | 劣势 |
| 地区生产总值增长率 | 17 | 23 | -6 | 劣势 |
| 人均地区生产总值 | 21 | 18 | 3 | 中势 |
| 财政总收入 | 28 | 25 | 3 | 劣势 |
| 财政总收入增长率 | 23 | 8 | 15 | 优势 |
| 人均财政收入 | 10 | 7 | 3 | 优势 |
| 固定资产投资额 | 29 | 29 | 0 | 劣势 |
| 固定资产投资额增长率 | 20 | 21 | -1 | 劣势 |
| 人均固定资产投资额 | 17 | 20 | -3 | 中势 |

续表

| 指　　标 | 2014年 | 2015年 | 排位升降 | 优劣势 |
|---|---|---|---|---|
| 全社会消费品零售总额 | 28 | 28 | 0 | 劣势 |
| 全社会消费品零售总额增长率 | 4 | 25 | -21 | 劣势 |
| 人均全社会消费品零售总额 | 21 | 21 | 0 | 劣势 |
| 1.2　经济结构竞争力 | 7 | 7 | 0 | 优势 |
| 产业结构优化度 | 4 | 4 | 0 | 优势 |
| 所有制经济结构优化度 | 8 | 11 | -3 | 中势 |
| 城乡经济结构优化度 | 15 | 14 | 1 | 中势 |
| 就业结构优化度 | 21 | 21 | 0 | 劣势 |
| 资本形成结构优化度 | 10 | 1 | 9 | 强势 |
| 贸易结构优化度 | 15 | 16 | -1 | 中势 |
| 1.3　经济外向度竞争力 | 25 | 23 | 2 | 劣势 |
| 进出口总额 | 25 | 25 | 0 | 劣势 |
| 进出口增长率 | 16 | 17 | -1 | 中势 |
| 出口总额 | 28 | 28 | 0 | 劣势 |
| 出口增长率 | 10 | 25 | -15 | 劣势 |
| 实际FDI | 22 | 24 | -2 | 劣势 |
| 实际FDI增长率 | 30 | 22 | 8 | 劣势 |
| 外贸依存度 | 10 | 10 | 0 | 优势 |
| 外资企业数 | 24 | 24 | 0 | 劣势 |
| 对外直接投资 | 14 | 13 | 1 | 中势 |

## 2. 海南省产业经济竞争力指标排名变化情况

**表21-6　2014~2015年海南省产业经济竞争力指标组排位及变化趋势**

| 指　　标 | 2014年 | 2015年 | 排位升降 | 优劣势 |
|---|---|---|---|---|
| **2　产业经济竞争力** | 25 | 22 | 3 | 劣势 |
| 2.1　农业竞争力 | 6 | 12 | -6 | 中势 |
| 农业增加值 | 24 | 24 | 0 | 劣势 |
| 农业增加值增长率 | 9 | 4 | 5 | 优势 |
| 人均农业增加值 | 1 | 1 | 0 | 强势 |
| 农民人均纯收入 | 19 | 16 | 3 | 中势 |
| 农民人均纯收入增长率 | 3 | 9 | -6 | 优势 |
| 农产品出口占农林牧渔总产值比重 | 12 | 12 | 0 | 中势 |
| 人均主要农产品产量 | 19 | 19 | 0 | 中势 |
| 农业机械化水平 | 28 | 28 | 0 | 劣势 |

续表

| 指　　标 | 2014 年 | 2015 年 | 排位升降 | 优劣势 |
|---|---|---|---|---|
| 农村人均用电量 | 29 | 29 | 0 | 劣势 |
| 财政支农资金比重 | 9 | 10 | -1 | 优势 |
| 2.2　工业竞争力 | 31 | 29 | 2 | 劣势 |
| 工业增加值 | 30 | 30 | 0 | 劣势 |
| 工业增加值增长率 | 30 | 28 | 2 | 劣势 |
| 人均工业增加值 | 30 | 30 | 0 | 劣势 |
| 工业资产总额 | 30 | 30 | 0 | 劣势 |
| 工业资产总额增长率 | 30 | 17 | 13 | 中势 |
| 工业资产总贡献率 | 23 | 23 | 0 | 劣势 |
| 规模以上工业主营业务收入 | 30 | 30 | 0 | 劣势 |
| 规模以上工业利润总额 | 29 | 26 | 3 | 劣势 |
| 工业全员劳动生产率 | 25 | 4 | 21 | 优势 |
| 工业成本费用利润率 | 13 | 9 | 4 | 优势 |
| 2.3　服务业竞争力 | 21 | 22 | -1 | 劣势 |
| 服务业增加值 | 28 | 28 | 0 | 劣势 |
| 服务业增加值增长率 | 18 | 18 | 0 | 中势 |
| 人均服务业增加值 | 12 | 13 | -1 | 中势 |
| 服务业从业人员数 | 28 | 28 | 0 | 劣势 |
| 服务业从业人员数增长率 | 7 | 15 | -8 | 中势 |
| 限额以上批发零售企业主营业务收入 | 28 | 28 | 0 | 劣势 |
| 限额以上批零企业利税率 | 22 | 20 | 2 | 中势 |
| 限额以上餐饮企业利税率 | 3 | 3 | 0 | 强势 |
| 旅游外汇收入 | 26 | 26 | 0 | 劣势 |
| 房地产经营总收入 | 24 | 24 | 0 | 劣势 |
| 2.4　企业竞争力 | 18 | 8 | 10 | 优势 |
| 规模以上工业企业数 | 30 | 30 | 0 | 劣势 |
| 规模以上企业平均资产 | 6 | 5 | 1 | 优势 |
| 规模以上企业平均收入 | 3 | 3 | 0 | 强势 |
| 规模以上企业平均利润 | 28 | 4 | 24 | 优势 |
| 规模以上企业劳动效率 | 4 | 7 | -3 | 优势 |
| 城镇就业人员平均工资 | 4 | 15 | -11 | 中势 |
| 新产品销售收入占主营业务收入比重 | 13 | 16 | -3 | 中势 |
| 产品质量抽查合格率 | 28 | 4 | 24 | 优势 |
| 工业企业 R&D 经费投入强度 | 17 | 17 | 0 | 中势 |
| 中国驰名商标持有量 | 24 | 29 | -5 | 劣势 |

### 3. 海南省可持续发展竞争力指标排名变化情况

**表 21－7　2014～2015 年海南省可持续发展竞争力指标组排位及变化趋势**

| 指　　标 | 2014 年 | 2015 年 | 排位升降 | 优劣势 |
|---|---|---|---|---|
| **3　可持续发展竞争力** | 6 | 7 | －1 | 优势 |
| 3.1　资源竞争力 | 11 | 9 | 2 | 优势 |
| 人均国土面积 | 15 | 17 | －2 | 中势 |
| 人均可使用海域和滩涂面积 | 1 | 1 | 0 | 强势 |
| 人均年水资源量 | 3 | 12 | －9 | 中势 |
| 耕地面积 | 26 | 26 | 0 | 劣势 |
| 人均耕地面积 | 21 | 21 | 0 | 劣势 |
| 人均牧草地面积 | 18 | 14 | 4 | 中势 |
| 主要能源矿产基础储量 | 28 | 28 | 0 | 劣势 |
| 人均主要能源矿产基础储量 | 20 | 19 | 1 | 中势 |
| 人均森林储积量 | 11 | 11 | 0 | 中势 |
| 3.2　环境竞争力 | 2 | 1 | 1 | 强势 |
| 森林覆盖率 | 5 | 5 | 0 | 优势 |
| 人均废水排放量 | 11 | 11 | 0 | 中势 |
| 人均工业废气排放量 | 1 | 2 | －1 | 强势 |
| 人均工业固体废物排放量 | 3 | 2 | 1 | 强势 |
| 人均治理工业污染投资额 | 21 | 29 | －8 | 劣势 |
| 一般工业固体废物综合利用率 | 26 | 15 | 11 | 中势 |
| 生活垃圾无害化处理率 | 1 | 4 | －3 | 优势 |
| 自然灾害直接经济损失 | 7 | 6 | 1 | 优势 |
| 3.3　人力资源竞争力 | 17 | 20 | －3 | 中势 |
| 常住人口增长率 | 7 | 12 | －5 | 中势 |
| 15～64 岁人口比例 | 18 | 20 | －2 | 中势 |
| 文盲率 | 14 | 16 | －2 | 中势 |
| 大专以上教育程度人口比例 | 27 | 23 | 4 | 劣势 |
| 平均受教育程度 | 13 | 14 | －1 | 中势 |
| 人口健康素质 | 11 | 15 | －4 | 中势 |
| 人力资源利用率 | 18 | 16 | 2 | 中势 |
| 职业学校毕业生数 | 27 | 27 | 0 | 劣势 |

### 4. 海南省财政金融竞争力指标排名变化情况

**表 21－8　2014～2015 年海南省财政金融竞争力指标组排位及变化趋势**

| 指　　标 | 2014 年 | 2015 年 | 排位升降 | 优劣势 |
|---|---|---|---|---|
| **4　财政金融竞争力** | 11 | 15 | －4 | 中势 |
| 4.1　财政竞争力 | 8 | 11 | －3 | 中势 |
| 地方财政收入 | 28 | 28 | 0 | 劣势 |
| 地方财政支出 | 30 | 30 | 0 | 劣势 |
| 地方财政收入占 GDP 比重 | 3 | 3 | 0 | 强势 |
| 地方财政支出占 GDP 比重 | 8 | 8 | 0 | 优势 |

续表

| 指　　标 | 2014 年 | 2015 年 | 排位升降 | 优劣势 |
|---|---|---|---|---|
| 税收收入占 GDP 比重 | 3 | 3 | 0 | 强势 |
| 税收收入占财政总收入比重 | 17 | 24 | -7 | 劣势 |
| 人均地方财政收入 | 11 | 9 | 2 | 优势 |
| 人均地方财政支出 | 9 | 9 | 0 | 优势 |
| 人均税收收入 | 7 | 7 | 0 | 优势 |
| 地方财政收入增长率 | 6 | 4 | 2 | 优势 |
| 地方财政支出增长率 | 16 | 19 | -3 | 中势 |
| 税收收入增长率 | 5 | 6 | -1 | 优势 |
| 4.2　金融竞争力 | 17 | 23 | -6 | 劣势 |
| 存款余额 | 28 | 28 | 0 | 劣势 |
| 人均存款余额 | 14 | 13 | 1 | 中势 |
| 贷款余额 | 28 | 28 | 0 | 劣势 |
| 人均贷款余额 | 13 | 12 | 1 | 中势 |
| 货币市场融资额 | 26 | 26 | 0 | 劣势 |
| 中长期贷款占贷款余额比重 | 1 | 4 | -3 | 优势 |
| 保险费净收入 | 29 | 28 | 1 | 劣势 |
| 保险密度 | 21 | 21 | 0 | 劣势 |
| 保险深度 | 19 | 14 | 5 | 中势 |
| 人均证券市场筹资额 | 19 | 27 | -8 | 劣势 |

## 5. 海南省知识经济竞争力指标排名变化情况

**表 21-9　2014～2015 年海南省知识经济竞争力指标组排位及变化趋势**

| 指　　标 | 2014 年 | 2015 年 | 排位升降 | 优劣势 |
|---|---|---|---|---|
| **5　知识经济竞争力** | 26 | 26 | 0 | 劣势 |
| 5.1　科技竞争力 | 21 | 22 | -1 | 劣势 |
| R&D 人员 | 29 | 29 | 0 | 劣势 |
| R&D 经费 | 29 | 29 | 0 | 劣势 |
| R&D 经费投入强度 | 30 | 29 | 1 | 劣势 |
| 发明专利授权量 | 28 | 29 | -1 | 劣势 |
| 技术市场成交合同金额 | 30 | 30 | 0 | 劣势 |
| 财政科技支出占地方财政支出比重 | 14 | 15 | -1 | 中势 |
| 高技术产业增加值 | 27 | 27 | 0 | 劣势 |
| 高技术产业增加值占工业增加值比重 | 9 | 11 | -2 | 中势 |
| 高技术产品出口额占商品出口额比重 | 12 | 12 | 0 | 中势 |
| 5.2　教育竞争力 | 27 | 27 | 0 | 劣势 |
| 教育经费 | 28 | 28 | 0 | 劣势 |
| 教育经费占 GDP 比重 | 7 | 7 | 0 | 优势 |
| 人均教育经费 | 7 | 8 | -1 | 优势 |
| 公共教育经费占财政支出比重 | 17 | 15 | 2 | 中势 |

续表

| 指　　标 | 2014年 | 2015年 | 排位升降 | 优劣势 |
|---|---|---|---|---|
| 人均文化教育支出占个人消费支出比重 | 14 | 29 | -15 | 劣势 |
| 万人中小学学校数 | 11 | 11 | 0 | 中势 |
| 万人中小学专任教师数 | 6 | 6 | 0 | 优势 |
| 高等学校数 | 29 | 29 | 0 | 劣势 |
| 高校专任教师数 | 28 | 28 | 0 | 劣势 |
| 万人高等学校在校学生数 | 17 | 20 | -3 | 中势 |
| 5.3　文化竞争力 | 21 | 30 | -9 | 劣势 |
| 文化服务业企业营业收入 | 22 | 23 | -1 | 劣势 |
| 图书和期刊出版数 | 28 | 28 | 0 | 劣势 |
| 报纸出版数 | 28 | 28 | 0 | 劣势 |
| 出版印刷工业销售产值 | 24 | 25 | -1 | 劣势 |
| 城镇居民人均文化娱乐支出 | 17 | 30 | -13 | 劣势 |
| 农村居民人均文化娱乐支出 | 19 | 18 | 1 | 中势 |
| 城镇居民人均文化娱乐支出占消费性支出比重 | 14 | 29 | -15 | 劣势 |
| 农村居民人均文化娱乐支出占消费性支出比重 | 13 | 14 | -1 | 中势 |

## 6. 海南省发展环境竞争力指标排名变化情况

**表21-10　2014~2015年海南省发展环境竞争力指标组排位及变化趋势**

| 指　　标 | 2014年 | 2015年 | 排位升降 | 优劣势 |
|---|---|---|---|---|
| **6　发展环境竞争力** | 27 | 19 | 8 | 中势 |
| 6.1　基础设施竞争力 | 24 | 22 | 2 | 劣势 |
| 铁路网线密度 | 22 | 10 | 12 | 优势 |
| 公路网线密度 | 20 | 20 | 0 | 中势 |
| 人均内河航道里程 | 19 | 19 | 0 | 中势 |
| 全社会旅客周转量 | 28 | 30 | -2 | 劣势 |
| 全社会货物周转量 | 25 | 27 | -2 | 劣势 |
| 人均邮电业务总量 | 9 | 9 | 0 | 优势 |
| 电话普及率 | 10 | 8 | 2 | 优势 |
| 互联网上网人数比重 | 14 | 12 | 2 | 中势 |
| 人均耗电量 | 23 | 21 | 2 | 劣势 |
| 6.2　软环境竞争力 | 29 | 12 | 17 | 中势 |
| 外资企业数增长率 | 29 | 19 | 10 | 中势 |
| 万人外资企业数 | 9 | 9 | 0 | 优势 |
| 个体私营企业数增长率 | 28 | 8 | 20 | 优势 |
| 万人个体私营企业数 | 31 | 31 | 0 | 劣势 |
| 万人商标注册件数 | 13 | 9 | 4 | 优势 |
| 查处商标侵权假冒案件 | 15 | 5 | 10 | 优势 |
| 每十万人交通事故发生数 | 25 | 28 | -3 | 劣势 |
| 罚没收入占财政收入比重 | 7 | 3 | 4 | 强势 |
| 社会捐赠款物 | 31 | 31 | 0 | 劣势 |

## 7. 海南省政府作用竞争力指标排名变化情况

**表 21 – 11　2014 ~ 2015 年海南省政府作用竞争力指标组排位及变化趋势**

| 指　　标 | 2014 年 | 2015 年 | 排位升降 | 优劣势 |
|---|---|---|---|---|
| **7　政府作用竞争力** | 18 | 10 | 8 | 优势 |
| 7.1　政府发展经济竞争力 | 28 | 25 | 3 | 劣势 |
| 财政支出用于基本建设投资比重 | 20 | 20 | 0 | 中势 |
| 财政支出对 GDP 增长的拉动 | 24 | 24 | 0 | 劣势 |
| 政府公务员对经济的贡献 | 24 | 24 | 0 | 劣势 |
| 政府消费对民间消费的拉动 | 27 | 26 | 1 | 劣势 |
| 财政投资对社会投资的拉动 | 17 | 18 | -1 | 中势 |
| 7.2　政府规调经济竞争力 | 26 | 15 | 11 | 中势 |
| 物价调控 | 26 | 5 | 21 | 优势 |
| 调控城乡消费差距 | 26 | 19 | 7 | 中势 |
| 统筹经济社会发展 | 23 | 16 | 7 | 中势 |
| 规范税收 | 6 | 3 | 3 | 强势 |
| 人口控制 | 28 | 28 | 0 | 劣势 |
| 7.3　政府保障经济竞争力 | 3 | 4 | -1 | 优势 |
| 城市城镇社区服务设施数 | 25 | 27 | -2 | 劣势 |
| 医疗保险覆盖率 | 6 | 6 | 0 | 优势 |
| 养老保险覆盖率 | 3 | 2 | 1 | 强势 |
| 失业保险覆盖率 | 1 | 1 | 0 | 强势 |
| 下岗职工再就业率 | 26 | 26 | 0 | 劣势 |
| 城镇登记失业率 | 3 | 3 | 0 | 强势 |

## 8. 海南省发展水平竞争力指标排名变化情况

**表 21 – 12　2014 ~ 2015 年海南省发展水平竞争力指标组排位及变化趋势**

| 指　　标 | 2014 年 | 2015 年 | 排位升降 | 优劣势 |
|---|---|---|---|---|
| **8　发展水平竞争力** | 22 | 22 | 0 | 劣势 |
| 8.1　工业化进程竞争力 | 23 | 27 | -4 | 劣势 |
| 工业增加值占 GDP 比重 | 30 | 30 | 0 | 劣势 |
| 工业增加值增长率 | 4 | 23 | -19 | 劣势 |
| 高技术产业规模以上企业产值 | 27 | 26 | 1 | 劣势 |
| 高技术产业增加值占工业增加值比重 | 14 | 12 | 2 | 中势 |
| 高技术产品出口额占商品出口额比重 | 12 | 26 | -14 | 劣势 |
| 信息产业增加值占 GDP 比重 | 13 | 26 | -13 | 劣势 |
| 8.2　城市化进程竞争力 | 16 | 23 | -7 | 劣势 |
| 城镇化率 | 16 | 16 | 0 | 中势 |
| 城镇居民人均可支配收入 | 16 | 19 | -3 | 中势 |
| 城市平均建成区面积比重 | 15 | 21 | -6 | 劣势 |

续表

| 指　　标 | 2014 年 | 2015 年 | 排位升降 | 优劣势 |
|---|---|---|---|---|
| 人均拥有道路面积 | 8 | 10 | -2 | 优势 |
| 人均日生活用水量 | 3 | 2 | 1 | 强势 |
| 恩格尔系数 | 30 | 30 | 0 | 劣势 |
| 人均公共绿地面积 | 11 | 13 | -2 | 中势 |
| 8.3　市场化进程竞争力 | 16 | 16 | 0 | 中势 |
| 非公有制经济产值占全社会总产值的比重 | 8 | 11 | -3 | 中势 |
| 社会投资占投资总额比重 | 8 | 10 | -2 | 优势 |
| 私有和个体企业从业人员比重 | 13 | 5 | 8 | 优势 |
| 亿元以上商品市场成交额 | 29 | 30 | -1 | 劣势 |
| 亿元以上商品市场成交额占全社会消费品零售总额比重 | 30 | 30 | 0 | 劣势 |
| 居民消费支出占总消费支出比重 | 27 | 26 | 1 | 劣势 |

## 9. 海南省统筹协调竞争力指标排名变化情况

**表 21-13　2014～2015 年海南省统筹协调竞争力指标组排位及变化趋势**

| 指　　标 | 2014 年 | 2015 年 | 排位升降 | 优劣势 |
|---|---|---|---|---|
| **9　统筹协调竞争力** | 24 | 23 | 1 | 劣势 |
| 9.1　统筹发展竞争力 | 22 | 24 | -2 | 劣势 |
| 社会劳动生产率 | 22 | 24 | -2 | 劣势 |
| 社会劳动生产率增速 | 3 | 19 | -16 | 中势 |
| 万元 GDP 综合能耗 | 10 | 11 | -1 | 中势 |
| 非农用地产出率 | 23 | 22 | 1 | 劣势 |
| 生产税净额和营业盈余占 GDP 比重 | 30 | 28 | 2 | 劣势 |
| 最终消费率 | 15 | 6 | 9 | 优势 |
| 固定资产投资额占 GDP 比重 | 18 | 17 | 1 | 中势 |
| 固定资产交付使用率 | 31 | 31 | 0 | 劣势 |
| 9.2　协调发展竞争力 | 24 | 21 | 3 | 劣势 |
| 环境竞争力与宏观经济竞争力比差 | 29 | 31 | -2 | 劣势 |
| 资源竞争力与宏观经济竞争力比差 | 9 | 10 | -1 | 优势 |
| 人力资源竞争力与宏观经济竞争力比差 | 18 | 19 | -1 | 中势 |
| 资源竞争力与工业竞争力比差 | 3 | 2 | 1 | 强势 |
| 环境竞争力与工业竞争力比差 | 31 | 31 | 0 | 劣势 |
| 城乡居民家庭人均收入比差 | 13 | 12 | 1 | 中势 |
| 城乡居民人均现金消费支出比差 | 26 | 19 | 7 | 中势 |
| 全社会消费品零售总额与外贸出口总额比差 | 13 | 14 | -1 | 中势 |

# B.23
# 22 重庆市经济综合竞争力评价分析报告

重庆市简称渝，位于青藏高原与长江中下游平原的过渡地带，北与四川省、陕西省相连，东与湖北省、湖南省相接，南与贵州省相邻，西与云南省交界。全市面积为8.5万平方公里，2015年常住人口为3017万人，地区生产总值为15717亿元，同比增长11.0%，人均GDP达52321元。本部分通过分析2014~2015年重庆市经济综合竞争力以及各要素竞争力的排名变化，从中找出重庆市经济综合竞争力的推动点及影响因素，为进一步提升重庆市经济综合竞争力提供决策参考。

## 22.1 重庆市经济综合竞争力总体分析

### 1. 重庆市经济综合竞争力一级指标概要分析

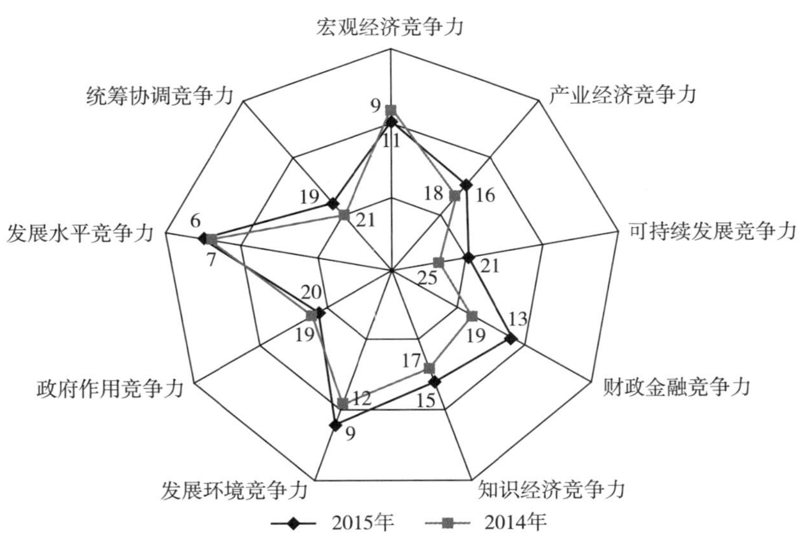


图22－1 2014~2015年重庆市经济综合竞争力二级指标比较

（1）从综合排位看，2015年重庆市经济综合竞争力排位在全国居第11位，在全国处于中势地位；与2014年相比，综合排位上升了4位。

（2）从指标所处区位看，处于上游区的指标有2个，分别为发展环境竞争力和发展水平竞争力；处于中游区的指标有6个，分别为宏观经济竞争力、产业经济竞争力、财政

表 22－1　2014～2015 年重庆市经济综合竞争力二级指标表现情况

| 年份 \ 项目 | 宏观经济竞争力 | 产业经济竞争力 | 可持续发展竞争力 | 财政金融竞争力 | 知识经济竞争力 | 发展环境竞争力 | 政府作用竞争力 | 发展水平竞争力 | 统筹协调竞争力 | **综合排位** |
|---|---|---|---|---|---|---|---|---|---|---|
| 2014 | 9 | 18 | 25 | 19 | 17 | 12 | 19 | 7 | 21 | 15 |
| 2015 | 11 | 16 | 21 | 13 | 15 | 9 | 20 | 6 | 19 | 11 |
| 升降 | －2 | 2 | 4 | 6 | 2 | 3 | －1 | 1 | 2 | 4 |
| 优劣度 | 中势 | 中势 | 劣势 | 中势 | 中势 | 优势 | 中势 | 优势 | 中势 | 中势 |

金融竞争力、知识经济竞争力、政府作用竞争力和统筹协调竞争力；处于下游区的指标有 1 个，为可持续发展竞争力。

（3）从指标变化趋势看，9 个二级指标中，只有 2 个指标处于下降趋势，分别为宏观经济竞争力和政府作用竞争力，是重庆市经济综合竞争力的下降拉力所在，其他 7 个指标都处于上升趋势，是重庆市经济综合竞争力的上升动力所在。

**2. 重庆市经济综合竞争力各级指标动态变化分析**

表 22－2　2014～2015 年重庆市经济综合竞争力各级指标排位变化情况

| 二级指标 | 三级指标 | 四级指标数 | 上升 | | 保持 | | 下降 | | 变化趋势 |
|---|---|---|---|---|---|---|---|---|---|
| | | | 指标数 | 比重（%） | 指标数 | 比重（%） | 指标数 | 比重（%） | |
| 宏观经济竞争力 | 经济实力竞争力 | 12 | 7 | 58.3 | 1 | 8.3 | 4 | 33.3 | 下降 |
| | 经济结构竞争力 | 6 | 1 | 16.7 | 2 | 33.3 | 3 | 50.0 | 下降 |
| | 经济外向度竞争力 | 9 | 1 | 11.1 | 3 | 33.3 | 5 | 55.6 | 下降 |
| | 小　计 | 27 | 9 | 33.3 | 6 | 22.2 | 12 | 44.4 | 下降 |
| 产业经济竞争力 | 农业竞争力 | 10 | 4 | 40.0 | 4 | 40.0 | 2 | 20.0 | 上升 |
| | 工业竞争力 | 10 | 7 | 70.0 | 2 | 20.0 | 1 | 10.0 | 上升 |
| | 服务业竞争力 | 10 | 5 | 50.0 | 2 | 20.0 | 3 | 30.0 | 保持 |
| | 企业竞争力 | 10 | 5 | 50.0 | 2 | 20.0 | 3 | 30.0 | 下降 |
| | 小　计 | 40 | 21 | 52.5 | 10 | 25.0 | 9 | 22.5 | 上升 |
| 可持续发展竞争力 | 资源竞争力 | 9 | 2 | 22.2 | 6 | 66.7 | 1 | 11.1 | 下降 |
| | 环境竞争力 | 8 | 3 | 37.5 | 3 | 37.5 | 2 | 25.0 | 保持 |
| | 人力资源竞争力 | 8 | 2 | 25.0 | 3 | 37.5 | 3 | 37.5 | 下降 |
| | 小　计 | 25 | 7 | 28.0 | 12 | 48.0 | 6 | 24.0 | 上升 |
| 财政金融竞争力 | 财政竞争力 | 12 | 9 | 75.0 | 2 | 16.7 | 1 | 8.3 | 上升 |
| | 金融竞争力 | 10 | 4 | 40.0 | 5 | 50.0 | 1 | 10.0 | 下降 |
| | 小　计 | 22 | 13 | 59.1 | 7 | 31.8 | 2 | 9.1 | 上升 |
| 知识经济竞争力 | 科技竞争力 | 9 | 5 | 55.6 | 2 | 22.2 | 2 | 22.2 | 上升 |
| | 教育竞争力 | 10 | 4 | 40.0 | 3 | 30.0 | 3 | 30.0 | 上升 |
| | 文化竞争力 | 8 | 4 | 50.0 | 2 | 25.0 | 2 | 25.0 | 上升 |
| | 小　计 | 27 | 13 | 48.1 | 7 | 25.9 | 7 | 25.9 | 上升 |

续表

| 二级指标 | 三级指标 | 四级指标数 | 上升 | | 保持 | | 下降 | | 变化趋势 |
|---|---|---|---|---|---|---|---|---|---|
| | | | 指标数 | 比重（%） | 指标数 | 比重（%） | 指标数 | 比重（%） | |
| 发展环境竞争力 | 基础设施竞争力 | 9 | 5 | 55.6 | 2 | 22.2 | 2 | 22.2 | 保持 |
| | 软环境竞争力 | 9 | 5 | 55.6 | 3 | 33.3 | 1 | 11.1 | 上升 |
| | 小　计 | 18 | 10 | 55.6 | 5 | 27.8 | 3 | 16.7 | 上升 |
| 政府作用竞争力 | 政府发展经济竞争力 | 5 | 2 | 40.0 | 2 | 40.0 | 1 | 20.0 | 上升 |
| | 政府规调经济竞争力 | 5 | 2 | 40.0 | 2 | 40.0 | 1 | 20.0 | 下降 |
| | 政府保障经济竞争力 | 6 | 0 | 0.0 | 3 | 50.0 | 3 | 50.0 | 保持 |
| | 小　计 | 16 | 4 | 25.0 | 7 | 43.8 | 5 | 31.3 | 下降 |
| 发展水平竞争力 | 工业化进程竞争力 | 6 | 5 | 83.3 | 1 | 16.7 | 0 | 0.0 | 上升 |
| | 城市化进程竞争力 | 7 | 1 | 14.3 | 2 | 28.6 | 4 | 57.1 | 下降 |
| | 市场化进程竞争力 | 6 | 2 | 33.3 | 3 | 50.0 | 1 | 16.7 | 上升 |
| | 小　计 | 19 | 8 | 42.1 | 6 | 31.6 | 5 | 26.3 | 上升 |
| 统筹协调竞争力 | 统筹发展竞争力 | 8 | 3 | 37.5 | 3 | 37.5 | 2 | 25.0 | 上升 |
| | 协调发展竞争力 | 8 | 5 | 62.5 | 0 | 0.0 | 3 | 37.5 | 下降 |
| | 小　计 | 16 | 8 | 50.0 | 3 | 18.8 | 5 | 31.3 | 上升 |
| 合　计 | | 210 | 93 | 44.3 | 63 | 30.0 | 54 | 25.7 | 上升 |

从表22－2可以看出，210个四级指标中，上升指标有93个，占指标总数的44.3%；下降指标有54个，占指标总数的25.7%；保持不变的指标有63个，占指标总数的30.0%。综上所述，上升指标的比重大于下降指标的比重，2015年重庆市经济综合竞争力排位上升4位。

**3. 重庆市经济综合竞争力各级指标优劣势结构分析**

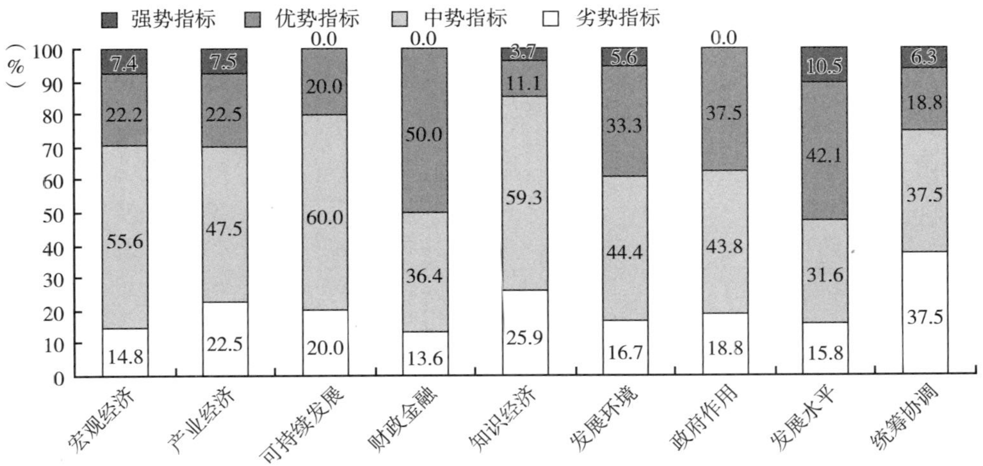


**图22－2　2015年重庆市经济综合竞争力各级指标优劣势比较**

**表 22－3　2015 年重庆市经济综合竞争力各级指标优劣势情况**

| 二级指标 | 三级指标 | 四级指标数 | 强势指标 | | 优势指标 | | 中势指标 | | 劣势指标 | | 优劣势 |
|---|---|---|---|---|---|---|---|---|---|---|---|
| | | | 个数 | 比重（%） | 个数 | 比重（%） | 个数 | 比重（%） | 个数 | 比重（%） | |
| 宏观经济竞争力 | 经济实力竞争力 | 12 | 2 | 16.7 | 2 | 16.7 | 7 | 58.3 | 1 | 8.3 | 中势 |
| | 经济结构竞争力 | 6 | 0 | 0.0 | 1 | 16.7 | 4 | 66.7 | 1 | 16.7 | 中势 |
| | 经济外向度竞争力 | 9 | 0 | 0.0 | 3 | 33.3 | 4 | 44.4 | 2 | 22.2 | 中势 |
| | 小　计 | 27 | 2 | 7.4 | 6 | 22.2 | 15 | 55.6 | 4 | 14.8 | 中势 |
| 产业经济竞争力 | 农业竞争力 | 10 | 1 | 10.0 | 1 | 10.0 | 4 | 40.0 | 4 | 40.0 | 劣势 |
| | 工业竞争力 | 10 | 0 | 0.0 | 3 | 30.0 | 5 | 50.0 | 2 | 20.0 | 中势 |
| | 服务业竞争力 | 10 | 1 | 10.0 | 2 | 20.0 | 6 | 60.0 | 1 | 10.0 | 中势 |
| | 企业竞争力 | 10 | 1 | 10.0 | 3 | 30.0 | 4 | 40.0 | 2 | 20.0 | 中势 |
| | 小　计 | 40 | 3 | 7.5 | 9 | 22.5 | 19 | 47.5 | 9 | 22.5 | 中势 |
| 可持续发展竞争力 | 资源竞争力 | 9 | 0 | 0.0 | 0 | 0.0 | 8 | 88.9 | 1 | 11.1 | 劣势 |
| | 环境竞争力 | 8 | 0 | 0.0 | 4 | 50.0 | 2 | 25.0 | 2 | 25.0 | 优势 |
| | 人力资源竞争力 | 8 | 0 | 0.0 | 1 | 12.5 | 5 | 62.5 | 2 | 25.0 | 劣势 |
| | 小　计 | 25 | 0 | 0.0 | 5 | 20.0 | 15 | 60.0 | 5 | 20.0 | 劣势 |
| 财政金融竞争力 | 财政竞争力 | 12 | 0 | 0.0 | 6 | 50.0 | 3 | 25.0 | 3 | 25.0 | 中势 |
| | 金融竞争力 | 10 | 0 | 0.0 | 5 | 50.0 | 5 | 50.0 | 0 | 0.0 | 中势 |
| | 小　计 | 22 | 0 | 0.0 | 11 | 50.0 | 8 | 36.4 | 3 | 13.6 | 中势 |
| 知识经济竞争力 | 科技竞争力 | 9 | 1 | 11.1 | 2 | 22.2 | 6 | 66.7 | 0 | 0.0 | 优势 |
| | 教育竞争力 | 10 | 0 | 0.0 | 1 | 10.0 | 5 | 50.0 | 4 | 40.0 | 劣势 |
| | 文化竞争力 | 8 | 0 | 0.0 | 0 | 0.0 | 5 | 62.5 | 3 | 37.5 | 劣势 |
| | 小　计 | 27 | 1 | 3.7 | 3 | 11.1 | 16 | 59.3 | 7 | 25.9 | 中势 |
| 发展环境竞争力 | 基础设施竞争力 | 9 | 1 | 11.1 | 1 | 11.1 | 6 | 66.7 | 1 | 11.1 | 中势 |
| | 软环境竞争力 | 9 | 0 | 0.0 | 5 | 55.6 | 2 | 22.2 | 2 | 22.2 | 优势 |
| | 小　计 | 18 | 1 | 5.6 | 6 | 33.3 | 8 | 44.4 | 3 | 16.7 | 优势 |
| 政府作用竞争力 | 政府发展经济竞争力 | 5 | 0 | 0.0 | 3 | 60.0 | 1 | 20.0 | 1 | 20.0 | 中势 |
| | 政府规调经济竞争力 | 5 | 0 | 0.0 | 1 | 20.0 | 3 | 60.0 | 1 | 20.0 | 劣势 |
| | 政府保障经济竞争力 | 6 | 0 | 0.0 | 2 | 33.3 | 3 | 50.0 | 1 | 16.7 | 中势 |
| | 小　计 | 16 | 0 | 0.0 | 6 | 37.5 | 7 | 43.8 | 3 | 18.8 | 中势 |
| 发展水平竞争力 | 工业化进程竞争力 | 6 | 1 | 16.7 | 3 | 50.0 | 2 | 33.3 | 0 | 0.0 | 优势 |
| | 城市化进程竞争力 | 7 | 0 | 0.0 | 2 | 28.6 | 2 | 28.6 | 3 | 42.9 | 中势 |
| | 市场化进程竞争力 | 6 | 1 | 16.7 | 3 | 50.0 | 2 | 33.3 | 0 | 0.0 | 优势 |
| | 小　计 | 19 | 2 | 10.5 | 8 | 42.1 | 6 | 31.6 | 3 | 15.8 | 优势 |
| 统筹协调竞争力 | 统筹发展竞争力 | 8 | 1 | 12.5 | 2 | 25.0 | 4 | 50.0 | 1 | 12.5 | 中势 |
| | 协调发展竞争力 | 8 | 0 | 0.0 | 1 | 12.5 | 2 | 25.0 | 5 | 62.5 | 劣势 |
| | 小　计 | 16 | 1 | 6.3 | 3 | 18.8 | 6 | 37.5 | 6 | 37.5 | 中势 |
| 合　计 | | 210 | 10 | 4.8 | 57 | 27.1 | 100 | 47.6 | 43 | 20.5 | 中势 |

基于图 22－2 和表 22－3，具体到四级指标，强势指标 10 个，占指标总数的 4.8%；优势指标 57 个，占指标总数的 27.1%；中势指标 100 个，占指标总数的 47.6%；劣势指标 43 个，占指标总数的 20.5%。三级指标中，没有强势指标；优势指标 5 个，占三级指标总数的 20%；中势指标 13 个，占三级指标总数的 52%；劣势指标 7 个，占三级指标总数的 28%。从二级指标看，没有强势指标；优势指标 2 个，占二级指标总数的 22.2%；中势指标有 6 个，占二级指标总数的 66.7%；劣势指标有 1 个，占二级指标总数 11.1%。综合来看，由于中势指标在指标体系中居于主导地位，2015 年重庆市经济综合竞争力处于中势地位。

**4. 重庆市经济综合竞争力四级指标优劣势对比分析**

**表 22－4　2015 年重庆市经济综合竞争力四级指标优劣势情况**

| 二级指标 | 优劣势 | 四　级　指　标 |
|---|---|---|
| 宏观经济竞争力（27 个） | 强势指标 | 地区生产总值增长率、全社会消费品零售总额增长率（2 个） |
| | 优势指标 | 固定资产投资额增长率、人均固定资产投资额、就业结构优化度、进出口总额、出口总额、外贸依存度（6 个） |
| | 劣势指标 | 财政总收入增长率、资本形成结构优化度、进出口增长率、出口增长率（4 个） |
| 产业经济竞争力（40 个） | 强势指标 | 农民人均纯收入增长率、服务业增加值增长率、新产品销售收入占主营业务收入比重（3 个） |
| | 优势指标 | 农业增加值增长率、工业资产总额增长率、工业资产总贡献率、工业成本费用利润率、服务业从业人员数增长率、限额以上批零企业利税率、规模以上企业平均利润、城镇就业人员平均工资、工业企业 R&D 经费投入强度（9 个） |
| | 劣势指标 | 农业增加值、农产品出口占农林牧渔总产值比重、农业机械化水平、财政支农资金比重、工业资产总额、工业全员劳动生产率、限额以上餐饮企业利税率、规模以上企业平均资产、产品质量抽查合格率（9 个） |
| 可持续发展竞争力（25 个） | 强势指标 | （0 个） |
| | 优势指标 | 人均工业固体废物排放量、一般工业固体废物综合利用率、生活垃圾无害化处理率、自然灾害直接经济损失、人力资源利用率（5 个） |
| | 劣势指标 | 耕地面积、人均废水排放量、人均治理工业污染投资额、15～64 岁人口比例、人口健康素质（5 个） |
| 财政金融竞争力（22 个） | 强势指标 | （0 个） |
| | 优势指标 | 地方财政收入占 GDP 比重、税收收入占 GDP 比重、人均地方财政收入、人均地方财政支出、人均税收收入、税收收入增长率、人均存款余额、中长期贷款占贷款余额比重、保险密度、保险深度、人均证券市场筹资额（11 个） |
| | 劣势指标 | 地方财政支出、地方财政收入增长率、地方财政支出增长率（3 个） |
| 知识经济竞争力（27 个） | 强势指标 | 高技术产品出口额占商品出口额比重（1 个） |
| | 优势指标 | R&D 经费投入强度、高技术产业增加值占工业增加值比重、万人高等学校在校学生数（3 个） |
| | 劣势指标 | 教育经费、公共教育经费占财政支出比重、人均文化教育支出占个人消费支出比重、高等学校数、报纸出版数、城镇居民人均文化娱乐支出、城镇居民人均文化娱乐支出占消费性支出比重（7 个） |

续表

| 二级指标 | 优劣势 | 四　级　指　标 |
| --- | --- | --- |
| 发展环境竞争力（18个） | 强势指标 | 公路网线密度（1个） |
| | 优势指标 | 人均内河航道里程、个体私营企业数增长率、万人商标注册件数、查处商标侵权假冒案件、罚没收入占财政收入比重、社会捐赠款物（6个） |
| | 劣势指标 | 人均耗电量、外资企业数增长率、每十万人交通事故发生数（3个） |
| 政府作用竞争力（16个） | 强势指标 | （0个） |
| | 优势指标 | 财政支出用于基本建设投资比重、政府公务员对经济的贡献、政府消费对民间消费的拉动、物价调控、失业保险覆盖率、下岗职工再就业率（6个） |
| | 劣势指标 | 财政投资对社会投资的拉动、规范税收、城镇登记失业率（3个） |
| 发展水平竞争力（19个） | 强势指标 | 工业增加值增长率、私有和个体企业从业人员比重（2个） |
| | 优势指标 | 高技术产业增加值占工业增加值比重、高技术产品出口额占商品出口额比重、信息产业增加值占GDP比重、城镇化率、人均公共绿地面积、亿元以上商品市场成交额、亿元以上商品市场成交额占全社会消费品零售总额比重、居民消费支出占总消费支出比重（8个） |
| | 劣势指标 | 城市平均建成区面积比重、人均拥有道路面积、恩格尔系数（3个） |
| 统筹协调竞争力（16个） | 强势指标 | 生产税净额和营业盈余占GDP比重（1个） |
| | 优势指标 | 社会劳动生产率增速、非农用地产出率、人力资源竞争力与宏观经济竞争力比差（3个） |
| | 劣势指标 | 最终消费率、环境竞争力与宏观经济竞争力比差、资源竞争力与宏观经济竞争力比差、资源竞争力与工业竞争力比差、环境竞争力与工业竞争力比差、全社会消费品零售总额与外贸出口总额比差（6个） |

## 22.2　重庆市经济综合竞争力各级指标具体分析

### 1. 重庆市宏观经济竞争力指标排名变化情况

**表22－5　2014～2015年重庆市宏观经济竞争力指标组排位及变化趋势**

| 指　标 | 2014年 | 2015年 | 排位升降 | 优劣势 |
| --- | --- | --- | --- | --- |
| **1　宏观经济竞争力** | 9 | 11 | －2 | 中势 |
| 1.1　经济实力竞争力 | 12 | 13 | －1 | 中势 |
| 地区生产总值 | 21 | 20 | 1 | 中势 |
| 地区生产总值增长率 | 1 | 2 | －1 | 强势 |
| 人均地区生产总值 | 12 | 11 | 1 | 中势 |
| 财政总收入 | 11 | 18 | －7 | 中势 |
| 财政总收入增长率 | 19 | 23 | －4 | 劣势 |
| 人均财政收入 | 8 | 13 | －5 | 中势 |
| 固定资产投资额 | 18 | 16 | 2 | 中势 |
| 固定资产投资额增长率 | 13 | 7 | 6 | 优势 |

续表

| 指　　标 | 2014 年 | 2015 年 | 排位升降 | 优劣势 |
|---|---|---|---|---|
| 人均固定资产投资额 | 13 | 10 | 3 | 优势 |
| 全社会消费品零售总额 | 20 | 18 | 2 | 中势 |
| 全社会消费品零售总额增长率 | 2 | 1 | 1 | 强势 |
| 人均全社会消费品零售总额 | 13 | 13 | 0 | 中势 |
| 1.2　经济结构竞争力 | 9 | 11 | -2 | 中势 |
| 产业结构优化度 | 9 | 12 | -3 | 中势 |
| 所有制经济结构优化度 | 14 | 13 | 1 | 中势 |
| 城乡经济结构优化度 | 12 | 12 | 0 | 中势 |
| 就业结构优化度 | 9 | 9 | 0 | 优势 |
| 资本形成结构优化度 | 25 | 26 | -1 | 劣势 |
| 贸易结构优化度 | 10 | 11 | -1 | 中势 |
| 1.3　经济外向度竞争力 | 9 | 18 | -9 | 中势 |
| 进出口总额 | 10 | 10 | 0 | 优势 |
| 进出口增长率 | 2 | 24 | -22 | 劣势 |
| 出口总额 | 7 | 7 | 0 | 优势 |
| 出口增长率 | 5 | 23 | -18 | 劣势 |
| 实际 FDI | 12 | 13 | -1 | 中势 |
| 实际 FDI 增长率 | 11 | 12 | -1 | 中势 |
| 外贸依存度 | 8 | 8 | 0 | 优势 |
| 外资企业数 | 17 | 18 | -1 | 中势 |
| 对外直接投资 | 16 | 11 | 5 | 中势 |

## 2. 重庆市产业经济竞争力指标排名变化情况

**表 22-6　2014~2015 年重庆市产业经济竞争力指标组排位及变化趋势**

| 指　　标 | 2014 年 | 2015 年 | 排位升降 | 优劣势 |
|---|---|---|---|---|
| **2　产业经济竞争力** | 18 | 16 | 2 | 中势 |
| 2.1　农业竞争力 | 27 | 25 | 2 | 劣势 |
| 农业增加值 | 22 | 22 | 0 | 劣势 |
| 农业增加值增长率 | 16 | 10 | 6 | 优势 |
| 人均农业增加值 | 17 | 14 | 3 | 中势 |
| 农民人均纯收入 | 20 | 20 | 0 | 中势 |
| 农民人均纯收入增长率 | 9 | 3 | 6 | 强势 |
| 农产品出口占农林牧渔总产值比重 | 25 | 24 | 1 | 劣势 |
| 人均主要农产品产量 | 20 | 20 | 0 | 中势 |
| 农业机械化水平 | 24 | 24 | 0 | 劣势 |

续表

| 指　　标 | 2014 年 | 2015 年 | 排位升降 | 优劣势 |
|---|---|---|---|---|
| 农村人均用电量 | 12 | 13 | -1 | 中势 |
| 财政支农资金比重 | 26 | 27 | -1 | 劣势 |
| 2.2　工业竞争力 | 20 | 15 | 5 | 中势 |
| 工业增加值 | 21 | 20 | 1 | 中势 |
| 工业增加值增长率 | 27 | 11 | 16 | 中势 |
| 人均工业增加值 | 15 | 13 | 2 | 中势 |
| 工业资产总额 | 23 | 23 | 0 | 劣势 |
| 工业资产总额增长率 | 6 | 5 | 1 | 优势 |
| 工业资产总贡献率 | 10 | 10 | 0 | 优势 |
| 规模以上工业主营业务收入 | 21 | 17 | 4 | 中势 |
| 规模以上工业利润总额 | 20 | 17 | 3 | 中势 |
| 工业全员劳动生产率 | 13 | 21 | -8 | 劣势 |
| 工业成本费用利润率 | 12 | 6 | 6 | 优势 |
| 2.3　服务业竞争力 | 15 | 15 | 0 | 中势 |
| 服务业增加值 | 18 | 17 | 1 | 中势 |
| 服务业增加值增长率 | 7 | 3 | 4 | 强势 |
| 人均服务业增加值 | 11 | 11 | 0 | 中势 |
| 服务业从业人员数 | 20 | 18 | 2 | 中势 |
| 服务业从业人员数增长率 | 12 | 7 | 5 | 优势 |
| 限额以上批发零售企业主营业务收入 | 15 | 13 | 2 | 中势 |
| 限额以上批零企业利税率 | 6 | 8 | -2 | 优势 |
| 限额以上餐饮企业利税率 | 28 | 29 | -1 | 劣势 |
| 旅游外汇收入 | 14 | 15 | -1 | 中势 |
| 房地产经营总收入 | 13 | 13 | 0 | 中势 |
| 2.4　企业竞争力 | 10 | 14 | -4 | 中势 |
| 规模以上工业企业数 | 15 | 15 | 0 | 中势 |
| 规模以上企业平均资产 | 20 | 21 | -1 | 劣势 |
| 规模以上企业平均收入 | 19 | 15 | 4 | 中势 |
| 规模以上企业平均利润 | 19 | 9 | 10 | 优势 |
| 规模以上企业劳动效率 | 13 | 18 | -5 | 中势 |
| 城镇就业人员平均工资 | 13 | 9 | 4 | 优势 |
| 新产品销售收入占主营业务收入比重 | 5 | 3 | 2 | 强势 |
| 产品质量抽查合格率 | 7 | 24 | -17 | 劣势 |
| 工业企业 R&D 经费投入强度 | 8 | 8 | 0 | 优势 |
| 中国驰名商标持有量 | 18 | 17 | 1 | 中势 |

### 3. 重庆市可持续发展竞争力指标排名变化情况

**表 22 - 7　2014 ~ 2015 年重庆市可持续发展竞争力指标组排位及变化趋势**

| 指　　标 | 2014 年 | 2015 年 | 排位升降 | 优劣势 |
|---|---|---|---|---|
| **3　可持续发展竞争力** | 25 | 21 | 4 | 劣势 |
| 3.1　资源竞争力 | 27 | 29 | -2 | 劣势 |
| 人均国土面积 | 21 | 11 | 10 | 中势 |
| 人均可使用海域和滩涂面积 | 13 | 13 | 0 | 中势 |
| 人均年水资源量 | 13 | 17 | -4 | 中势 |
| 耕地面积 | 22 | 22 | 0 | 劣势 |
| 人均耕地面积 | 20 | 20 | 0 | 中势 |
| 人均牧草地面积 | 16 | 15 | 1 | 中势 |
| 主要能源矿产基础储量 | 16 | 16 | 0 | 中势 |
| 人均主要能源矿产基础储量 | 17 | 17 | 0 | 中势 |
| 人均森林储积量 | 19 | 19 | 0 | 中势 |
| 3.2　环境竞争力 | 6 | 6 | 0 | 优势 |
| 森林覆盖率 | 12 | 12 | 0 | 中势 |
| 人均废水排放量 | 20 | 21 | -1 | 劣势 |
| 人均工业废气排放量 | 16 | 16 | 0 | 中势 |
| 人均工业固体废物排放量 | 6 | 6 | 0 | 优势 |
| 人均治理工业污染投资额 | 28 | 27 | 1 | 劣势 |
| 一般工业固体废物综合利用率 | 9 | 8 | 1 | 优势 |
| 生活垃圾无害化处理率 | 4 | 10 | -6 | 优势 |
| 自然灾害直接经济损失 | 9 | 7 | 2 | 优势 |
| 3.3　人力资源竞争力 | 23 | 24 | -1 | 劣势 |
| 常住人口增长率 | 12 | 11 | 1 | 中势 |
| 15 ~ 64 岁人口比例 | 25 | 23 | 2 | 劣势 |
| 文盲率 | 18 | 19 | -1 | 中势 |
| 大专以上教育程度人口比例 | 8 | 17 | -9 | 中势 |
| 平均受教育程度 | 19 | 19 | 0 | 中势 |
| 人口健康素质 | 30 | 30 | 0 | 劣势 |
| 人力资源利用率 | 7 | 7 | 0 | 优势 |
| 职业学校毕业生数 | 17 | 18 | -1 | 中势 |

### 4. 重庆市财政金融竞争力指标排名变化情况

**表 22 - 8　2014 ~ 2015 年重庆市财政金融竞争力指标组排位及变化趋势**

| 指　　标 | 2014 年 | 2015 年 | 排位升降 | 优劣势 |
|---|---|---|---|---|
| **4　财政金融竞争力** | 19 | 13 | 6 | 中势 |
| 4.1　财政竞争力 | 22 | 14 | 8 | 中势 |
| 地方财政收入 | 16 | 16 | 0 | 中势 |
| 地方财政支出 | 23 | 23 | 0 | 劣势 |
| 地方财政收入占 GDP 比重 | 9 | 7 | 2 | 优势 |
| 地方财政支出占 GDP 比重 | 12 | 17 | -5 | 中势 |

续表

| 指　　标 | 2014 年 | 2015 年 | 排位升降 | 优劣势 |
|---|---|---|---|---|
| 税收收入占 GDP 比重 | 13 | 10 | 3 | 优势 |
| 税收收入占财政总收入比重 | 26 | 16 | 10 | 中势 |
| 人均地方财政收入 | 9 | 8 | 1 | 优势 |
| 人均地方财政支出 | 11 | 10 | 1 | 优势 |
| 人均税收收入 | 11 | 10 | 1 | 优势 |
| 地方财政收入增长率 | 29 | 27 | 2 | 劣势 |
| 地方财政支出增长率 | 30 | 28 | 2 | 劣势 |
| 税收收入增长率 | 9 | 5 | 4 | 优势 |
| 4.2　金融竞争力 | 11 | 12 | -1 | 中势 |
| 存款余额 | 17 | 17 | 0 | 中势 |
| 人均存款余额 | 9 | 9 | 0 | 优势 |
| 贷款余额 | 16 | 16 | 0 | 中势 |
| 人均贷款余额 | 11 | 11 | 0 | 中势 |
| 货币市场融资额 | 18 | 18 | 0 | 中势 |
| 中长期贷款占贷款余额比重 | 8 | 7 | 1 | 优势 |
| 保险费净收入 | 19 | 20 | -1 | 中势 |
| 保险密度 | 10 | 8 | 2 | 优势 |
| 保险深度 | 11 | 10 | 1 | 优势 |
| 人均证券市场筹资额 | 7 | 5 | 2 | 优势 |

## 5. 重庆市知识经济竞争力指标排名变化情况

**表 22-9　2014～2015 年重庆市知识经济竞争力指标组排位及变化趋势**

| 指　　标 | 2014 年 | 2015 年 | 排位升降 | 优劣势 |
|---|---|---|---|---|
| **5　知识经济竞争力** | 17 | 15 | 2 | 中势 |
| 5.1　科技竞争力 | 11 | 9 | 2 | 优势 |
| R&D 人员 | 20 | 18 | 2 | 中势 |
| R&D 经费 | 16 | 16 | 0 | 中势 |
| R&D 经费投入强度 | 10 | 10 | 0 | 优势 |
| 发明专利授权量 | 17 | 18 | -1 | 中势 |
| 技术市场成交合同金额 | 12 | 17 | -5 | 中势 |
| 财政科技支出占地方财政支出比重 | 25 | 19 | 6 | 中势 |
| 高技术产业增加值 | 14 | 12 | 2 | 中势 |
| 高技术产业增加值占工业增加值比重 | 8 | 6 | 2 | 优势 |
| 高技术产品出口额占商品出口额比重 | 4 | 1 | 3 | 强势 |
| 5.2　教育竞争力 | 26 | 24 | 2 | 劣势 |
| 教育经费 | 25 | 24 | 1 | 劣势 |
| 教育经费占 GDP 比重 | 18 | 19 | -1 | 中势 |
| 人均教育经费 | 16 | 17 | -1 | 中势 |
| 公共教育经费占财政支出比重 | 24 | 24 | 0 | 劣势 |

续表

| 指　　标 | 2014 年 | 2015 年 | 排位升降 | 优劣势 |
|---|---|---|---|---|
| 人均文化教育支出占个人消费支出比重 | 29 | 26 | 3 | 劣势 |
| 万人中小学学校数 | 17 | 19 | -2 | 中势 |
| 万人中小学专任教师数 | 20 | 19 | 1 | 中势 |
| 高等学校数 | 21 | 21 | 0 | 劣势 |
| 高校专任教师数 | 19 | 19 | 0 | 中势 |
| 万人高等学校在校学生数 | 7 | 6 | 1 | 优势 |
| 5.3　文化竞争力 | 27 | 26 | 1 | 劣势 |
| 文化服务业企业营业收入 | 13 | 11 | 2 | 中势 |
| 图书和期刊出版数 | 18 | 20 | -2 | 中势 |
| 报纸出版数 | 22 | 22 | 0 | 劣势 |
| 出版印刷工业销售产值 | 17 | 15 | 2 | 中势 |
| 城镇居民人均文化娱乐支出 | 24 | 23 | 1 | 劣势 |
| 农村居民人均文化娱乐支出 | 16 | 16 | 0 | 中势 |
| 城镇居民人均文化娱乐支出占消费性支出比重 | 29 | 26 | 3 | 劣势 |
| 农村居民人均文化娱乐支出占消费性支出比重 | 17 | 18 | -1 | 中势 |

## 6. 重庆市发展环境竞争力指标排名变化情况

**表 22-10　2014~2015 年重庆市发展环境竞争力指标组排位及变化趋势**

| 指　　标 | 2014 年 | 2015 年 | 排位升降 | 优劣势 |
|---|---|---|---|---|
| **6　发展环境竞争力** | 12 | 9 | 3 | 优势 |
| 6.1　基础设施竞争力 | 14 | 14 | 0 | 中势 |
| 铁路网线密度 | 19 | 17 | 2 | 中势 |
| 公路网线密度 | 3 | 1 | 2 | 强势 |
| 人均内河航道里程 | 5 | 5 | 0 | 优势 |
| 全社会旅客周转量 | 18 | 18 | 0 | 中势 |
| 全社会货物周转量 | 19 | 18 | 1 | 中势 |
| 人均邮电业务总量 | 14 | 11 | 3 | 中势 |
| 电话普及率 | 18 | 12 | 6 | 中势 |
| 互联网上网人数比重 | 17 | 18 | -1 | 中势 |
| 人均耗电量 | 21 | 22 | -1 | 劣势 |
| 6.2　软环境竞争力 | 16 | 10 | 6 | 优势 |
| 外资企业数增长率 | 30 | 25 | 5 | 劣势 |
| 万人外资企业数 | 12 | 11 | 1 | 中势 |
| 个体私营企业数增长率 | 13 | 6 | 7 | 优势 |
| 万人个体私营企业数 | 13 | 12 | 1 | 中势 |
| 万人商标注册件数 | 6 | 6 | 0 | 优势 |
| 查处商标侵权假冒案件 | 7 | 7 | 0 | 优势 |
| 每十万人交通事故发生数 | 22 | 21 | 1 | 劣势 |
| 罚没收入占财政收入比重 | 6 | 9 | -3 | 优势 |
| 社会捐赠款物 | 8 | 8 | 0 | 优势 |

## 7. 重庆市政府作用竞争力指标排名变化情况

**表 22－11　2014～2015 年重庆市政府作用竞争力指标组排位及变化趋势**

| 指　　标 | 2014 年 | 2015 年 | 排位升降 | 优劣势 |
|---|---|---|---|---|
| **7　政府作用竞争力** | 19 | 20 | －1 | 中势 |
| 7.1　政府发展经济竞争力 | 14 | 11 | 3 | 中势 |
| 财政支出用于基本建设投资比重 | 11 | 7 | 4 | 优势 |
| 财政支出对 GDP 增长的拉动 | 20 | 15 | 5 | 中势 |
| 政府公务员对经济的贡献 | 9 | 9 | 0 | 优势 |
| 政府消费对民间消费的拉动 | 10 | 10 | 0 | 优势 |
| 财政投资对社会投资的拉动 | 21 | 24 | －3 | 劣势 |
| 7.2　政府规调经济竞争力 | 23 | 26 | －3 | 劣势 |
| 物价调控 | 10 | 10 | 0 | 优势 |
| 调控城乡消费差距 | 19 | 17 | 2 | 中势 |
| 统筹经济社会发展 | 13 | 11 | 2 | 中势 |
| 规范税收 | 31 | 31 | 0 | 劣势 |
| 人口控制 | 12 | 14 | －2 | 中势 |
| 7.3　政府保障经济竞争力 | 12 | 12 | 0 | 中势 |
| 城市城镇社区服务设施数 | 14 | 14 | 0 | 中势 |
| 医疗保险覆盖率 | 20 | 20 | 0 | 中势 |
| 养老保险覆盖率 | 13 | 14 | －1 | 中势 |
| 失业保险覆盖率 | 6 | 6 | 0 | 优势 |
| 下岗职工再就业率 | 7 | 9 | －2 | 优势 |
| 城镇登记失业率 | 21 | 22 | －1 | 劣势 |

## 8. 重庆市发展水平竞争力指标排名变化情况

**表 22－12　2014～2015 年重庆市发展水平竞争力指标组排位及变化趋势**

| 指　　标 | 2014 年 | 2015 年 | 排位升降 | 优劣势 |
|---|---|---|---|---|
| **8　发展水平竞争力** | 7 | 6 | 1 | 优势 |
| 8.1　工业化进程竞争力 | 6 | 4 | 2 | 优势 |
| 工业增加值占 GDP 比重 | 21 | 20 | 1 | 中势 |
| 工业增加值增长率 | 2 | 1 | 1 | 强势 |
| 高技术产业规模以上企业产值 | 12 | 11 | 1 | 中势 |
| 高技术产业增加值占工业增加值比重 | 6 | 5 | 1 | 优势 |
| 高技术产品出口额占商品出口额比重 | 4 | 4 | 0 | 优势 |
| 信息产业增加值占 GDP 比重 | 22 | 4 | 18 | 优势 |
| 8.2　城市化进程竞争力 | 12 | 19 | －7 | 中势 |
| 城镇化率 | 9 | 9 | 0 | 优势 |
| 城镇居民人均可支配收入 | 12 | 12 | 0 | 中势 |
| 城市平均建成区面积比重 | 9 | 28 | －19 | 劣势 |

续表

| 指　　标 | 2014 年 | 2015 年 | 排位升降 | 优劣势 |
|---|---|---|---|---|
| 人均拥有道路面积 | 26 | 27 | -1 | 劣势 |
| 人均日生活用水量 | 21 | 20 | 1 | 中势 |
| 恩格尔系数 | 27 | 28 | -1 | 劣势 |
| 人均公共绿地面积 | 4 | 5 | -1 | 优势 |
| 8.3　市场化进程竞争力 | 6 | 5 | 1 | 优势 |
| 非公有制经济产值占全社会总产值的比重 | 14 | 13 | 1 | 中势 |
| 社会投资占投资总额比重 | 21 | 20 | 1 | 中势 |
| 私有和个体企业从业人员比重 | 2 | 2 | 0 | 强势 |
| 亿元以上商品市场成交额 | 8 | 9 | -1 | 优势 |
| 亿元以上商品市场成交额占全社会消费品零售总额比重 | 5 | 5 | 0 | 优势 |
| 居民消费支出占总消费支出比重 | 10 | 10 | 0 | 优势 |

## 9. 重庆市统筹协调竞争力指标排名变化情况

**表 22-13　2014～2015 年重庆市统筹协调竞争力指标组排位及变化趋势**

| 指　　标 | 2014 年 | 2015 年 | 排位升降 | 优劣势 |
|---|---|---|---|---|
| **9　统筹协调竞争力** | 21 | 19 | 2 | 中势 |
| 9.1　统筹发展竞争力 | 19 | 11 | 8 | 中势 |
| 社会劳动生产率 | 28 | 18 | 10 | 中势 |
| 社会劳动生产率增速 | 18 | 8 | 10 | 优势 |
| 万元 GDP 综合能耗 | 19 | 19 | 0 | 中势 |
| 非农用地产出率 | 9 | 9 | 0 | 优势 |
| 生产税净额和营业盈余占 GDP 比重 | 2 | 2 | 0 | 强势 |
| 最终消费率 | 21 | 22 | -1 | 劣势 |
| 固定资产投资额占 GDP 比重 | 14 | 16 | -2 | 中势 |
| 固定资产交付使用率 | 21 | 19 | 2 | 中势 |
| 9.2　协调发展竞争力 | 20 | 22 | -2 | 劣势 |
| 环境竞争力与宏观经济竞争力比差 | 18 | 23 | -5 | 劣势 |
| 资源竞争力与宏观经济竞争力比差 | 24 | 23 | 1 | 劣势 |
| 人力资源竞争力与宏观经济竞争力比差 | 1 | 5 | -4 | 优势 |
| 资源竞争力与工业竞争力比差 | 16 | 21 | -5 | 劣势 |
| 环境竞争力与工业竞争力比差 | 24 | 23 | 1 | 劣势 |
| 城乡居民家庭人均收入比差 | 20 | 18 | 2 | 中势 |
| 城乡居民人均现金消费支出比差 | 19 | 17 | 2 | 中势 |
| 全社会消费品零售总额与外贸出口总额比差 | 26 | 25 | 1 | 劣势 |

# B.24
# 23
# 四川省经济综合竞争力评价分析报告

四川省简称川或蜀，地处长江上游，北与青海省、甘肃省、陕西省相接，东与重庆市相连，南与贵州省、云南省为邻，西与西藏自治区交界。全省面积48.5万平方公里，全省物产丰富，素有“天府之国”美称。2015年常住人口为8204万人，地区生产总值为30053亿元，同比增长7.9%，人均GDP达36775元。本部分通过分析2014～2015年四川省经济综合竞争力以及各要素竞争力的排名变化，从中找出四川省经济综合竞争力的推动点及影响因素，为进一步提升四川省经济综合竞争力提供决策参考。

## 23.1 四川省经济综合竞争力总体分析

**1. 四川省经济综合竞争力一级指标概要分析**

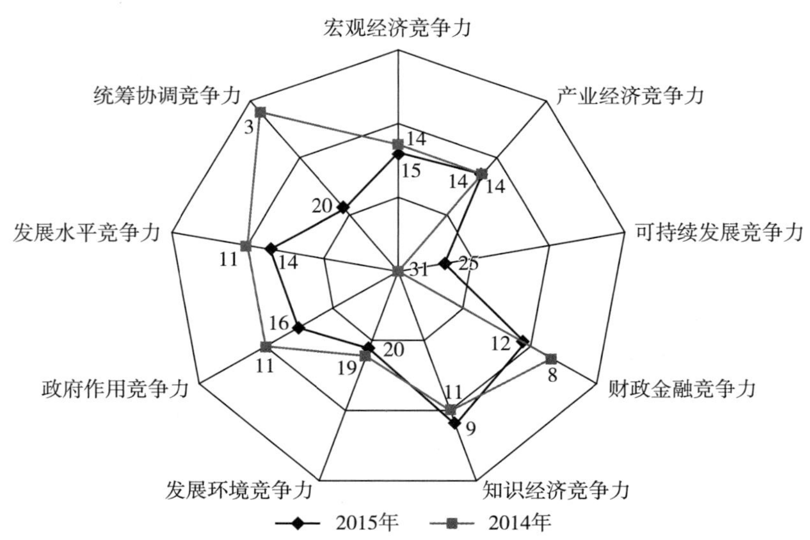


**图23－1 2014～2015年四川省经济综合竞争力二级指标比较**

（1）从综合排位看，2015年四川省经济综合竞争力排位在全国居第13位，在全国处于中势地位；与2014年相比，综合排位下降了2位。

（2）从指标所处区位看，只有知识经济竞争力1个指标处于上游区，处于下游区的指标有1个，为可持续发展竞争力，其他7个二级指标都处于中游区。

表 23－1　2014～2015 年四川省经济综合竞争力二级指标表现情况

| 项目<br>年份 | 宏观经济竞争力 | 产业经济竞争力 | 可持续发展竞争力 | 财政金融竞争力 | 知识经济竞争力 | 发展环境竞争力 | 政府作用竞争力 | 发展水平竞争力 | 统筹协调竞争力 | **综合排位** |
|---|---|---|---|---|---|---|---|---|---|---|
| 2014 | 14 | 14 | 31 | 8 | 11 | 19 | 11 | 11 | 3 | 11 |
| 2015 | 15 | 14 | 25 | 12 | 9 | 20 | 16 | 14 | 20 | 13 |
| 升降 | －1 | 0 | 6 | －4 | 2 | －1 | －5 | －3 | －17 | －2 |
| 优劣度 | 中势 | 中势 | 劣势 | 优势 | 优势 | 中势 | 中势 | 中势 | 中势 | 中势 |

（3）从指标变化趋势看，9 个二级指标中，有 2 个指标处于上升趋势，分别为可持续发展竞争力和知识经济竞争力，这些是四川省经济综合竞争力的上升动力所在；有 1 个指标排位没有发生变化，为产业经济竞争力；有 6 个指标处于下降趋势，分别为宏观经济竞争力、财政金融竞争力、发展环境竞争力、政府作用竞争力、发展水平竞争力和统筹协调竞争力，是四川省经济综合竞争力的下降拉力所在。

**2. 四川省经济综合竞争力各级指标动态变化分析**

表 23－2　2014～2015 年四川省经济综合竞争力各级指标排位变化情况

| 二级指标 | 三级指标 | 四级指标数 | 上升 | | 保持 | | 下降 | | 变化趋势 |
|---|---|---|---|---|---|---|---|---|---|
| | | | 指标数 | 比重（%） | 指标数 | 比重（%） | 指标数 | 比重（%） | |
| 宏观经济竞争力 | 经济实力竞争力 | 12 | 5 | 41.7 | 5 | 41.7 | 2 | 16.7 | 上升 |
| | 经济结构竞争力 | 6 | 3 | 50.0 | 1 | 16.7 | 2 | 33.3 | 上升 |
| | 经济外向度竞争力 | 9 | 0 | 0.0 | 1 | 11.1 | 8 | 88.9 | 下降 |
| | 小　计 | 27 | 8 | 29.6 | 7 | 25.9 | 12 | 44.4 | 下降 |
| 产业经济竞争力 | 农业竞争力 | 10 | 4 | 40.0 | 5 | 50.0 | 1 | 0.0 | 保持 |
| | 工业竞争力 | 10 | 3 | 30.0 | 2 | 20.0 | 5 | 50.0 | 下降 |
| | 服务业竞争力 | 10 | 5 | 50.0 | 1 | 10.0 | 4 | 40.0 | 保持 |
| | 企业竞争力 | 10 | 3 | 30.0 | 2 | 20.0 | 5 | 50.0 | 保持 |
| | 小　计 | 40 | 15 | 37.5 | 10 | 25.0 | 15 | 37.5 | 保持 |
| 可持续发展竞争力 | 资源竞争力 | 9 | 0 | 0.0 | 7 | 77.8 | 2 | 22.2 | 下降 |
| | 环境竞争力 | 8 | 4 | 50.0 | 2 | 25.0 | 2 | 25.0 | 上升 |
| | 人力资源竞争力 | 8 | 4 | 50.0 | 3 | 37.5 | 1 | 12.5 | 上升 |
| | 小　计 | 25 | 8 | 32.0 | 12 | 48.0 | 5 | 20.0 | 上升 |
| 财政金融竞争力 | 财政竞争力 | 12 | 2 | 16.7 | 4 | 33.3 | 6 | 50.0 | 下降 |
| | 金融竞争力 | 10 | 2 | 20.0 | 6 | 60.0 | 2 | 20.0 | 下降 |
| | 小　计 | 22 | 4 | 18.2 | 10 | 45.5 | 8 | 36.4 | 下降 |
| 知识经济竞争力 | 科技竞争力 | 9 | 3 | 33.3 | 3 | 33.3 | 3 | 33.3 | 保持 |
| | 教育竞争力 | 10 | 4 | 40.0 | 5 | 50.0 | 1 | 10.0 | 上升 |
| | 文化竞争力 | 8 | 5 | 62.5 | 2 | 25.0 | 1 | 12.5 | 上升 |
| | 小　计 | 27 | 12 | 44.4 | 10 | 37.0 | 5 | 18.5 | 上升 |

续表

| 二级指标 | 三级指标 | 四级指标数 | 上升 | | 保持 | | 下降 | | 变化趋势 |
|---|---|---|---|---|---|---|---|---|---|
| | | | 指标数 | 比重（%） | 指标数 | 比重（%） | 指标数 | 比重（%） | |
| 发展环境竞争力 | 基础设施竞争力 | 9 | 4 | 44.4 | 4 | 44.4 | 1 | 11.1 | 保持 |
| | 软环境竞争力 | 9 | 4 | 44.4 | 2 | 22.2 | 3 | 33.3 | 下降 |
| | 小　　计 | 18 | 8 | 44.4 | 6 | 33.3 | 4 | 22.2 | 下降 |
| 政府作用竞争力 | 政府发展经济竞争力 | 5 | 3 | 60.0 | 1 | 20.0 | 1 | 20.0 | 上升 |
| | 政府规调经济竞争力 | 5 | 3 | 60.0 | 0 | 0.0 | 2 | 40.0 | 下降 |
| | 政府保障经济竞争力 | 6 | 3 | 50.0 | 1 | 16.7 | 2 | 33.3 | 保持 |
| | 小　　计 | 16 | 9 | 56.3 | 2 | 12.5 | 5 | 31.3 | 下降 |
| 发展水平竞争力 | 工业化进程竞争力 | 6 | 2 | 33.3 | 1 | 16.7 | 3 | 50.0 | 下降 |
| | 城市化进程竞争力 | 7 | 2 | 28.6 | 1 | 14.3 | 4 | 57.1 | 下降 |
| | 市场化进程竞争力 | 6 | 2 | 33.3 | 3 | 50.0 | 1 | 16.7 | 上升 |
| | 小　　计 | 19 | 6 | 31.6 | 5 | 26.3 | 8 | 42.1 | 下降 |
| 统筹协调竞争力 | 统筹发展竞争力 | 8 | 0 | 0.0 | 2 | 25.0 | 6 | 75.0 | 下降 |
| | 协调发展竞争力 | 8 | 3 | 37.5 | 1 | 12.5 | 4 | 50.0 | 下降 |
| | 小　　计 | 16 | 3 | 18.8 | 3 | 18.8 | 10 | 62.5 | 下降 |
| 合　　计 | | 210 | 73 | 34.8 | 65 | 31.0 | 72 | 34.3 | 下降 |

从表 23－2 可以看出，210 个四级指标中，上升指标有 73 个，占指标总数的 34.8%；下降指标有 72 个，占指标总数的 34.3%；保持不变的指标有 65 个，占指标总数的 31.0%。综上所述，上升指标和下降指标大致相当，但受外部因素影响，2015 年四川省经济综合竞争力排位下降 2 位。

### 3. 四川省经济综合竞争力各级指标优劣势结构分析

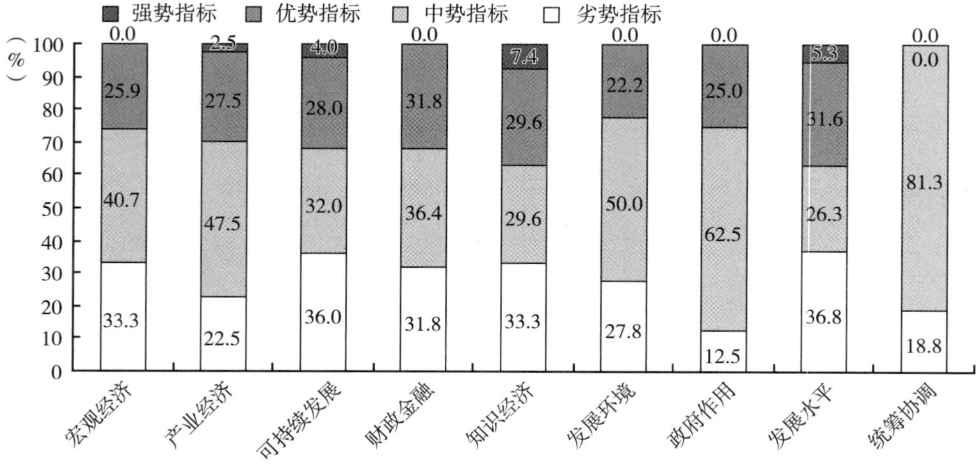


图 23－2　2015 年四川省经济综合竞争力各级指标优劣势比较

**表 23－3　2015 年四川省经济综合竞争力各级指标优劣势情况**

| 二级指标 | 三级指标 | 四级指标数 | 强势指标 | | 优势指标 | | 中势指标 | | 劣势指标 | | 优劣势 |
|---|---|---|---|---|---|---|---|---|---|---|---|
| | | | 个数 | 比重（%） | 个数 | 比重（%） | 个数 | 比重（%） | 个数 | 比重（%） | |
| 宏观经济竞争力 | 经济实力竞争力 | 12 | 0 | 0.0 | 6 | 50.0 | 2 | 16.7 | 4 | 33.3 | 中势 |
| | 经济结构竞争力 | 6 | 0 | 0.0 | 0 | 0.0 | 4 | 66.7 | 2 | 33.3 | 中势 |
| | 经济外向度竞争力 | 9 | 0 | 0.0 | 1 | 11.1 | 5 | 55.6 | 3 | 33.3 | 劣势 |
| | 小　计 | 27 | 0 | 0.0 | 7 | 25.9 | 11 | 40.7 | 9 | 33.3 | 中势 |
| 产业经济竞争力 | 农业竞争力 | 10 | 0 | 0.0 | 3 | 30.0 | 4 | 40.0 | 3 | 30.0 | 中势 |
| | 工业竞争力 | 10 | 0 | 0.0 | 3 | 30.0 | 4 | 40.0 | 3 | 30.0 | 中势 |
| | 服务业竞争力 | 10 | 1 | 10.0 | 4 | 40.0 | 3 | 30.0 | 2 | 20.0 | 优势 |
| | 企业竞争力 | 10 | 0 | 0.0 | 1 | 10.0 | 8 | 80.0 | 1 | 10.0 | 中势 |
| | 小　计 | 40 | 1 | 2.5 | 11 | 27.5 | 19 | 47.5 | 9 | 22.5 | 中势 |
| 可持续发展竞争力 | 资源竞争力 | 9 | 0 | 0.0 | 5 | 55.6 | 3 | 33.3 | 1 | 11.1 | 劣势 |
| | 环境竞争力 | 8 | 0 | 0.0 | 2 | 25.0 | 3 | 37.5 | 3 | 37.5 | 劣势 |
| | 人力资源竞争力 | 8 | 1 | 12.5 | 0 | 0.0 | 2 | 25.0 | 5 | 62.5 | 中势 |
| | 小　计 | 25 | 1 | 4.0 | 7 | 28.0 | 8 | 32.0 | 9 | 36.0 | 劣势 |
| 财政金融竞争力 | 财政竞争力 | 12 | 0 | 0.0 | 2 | 16.7 | 5 | 41.7 | 5 | 41.7 | 中势 |
| | 金融竞争力 | 10 | 0 | 0.0 | 5 | 50.0 | 3 | 30.0 | 2 | 20.0 | 优势 |
| | 小　计 | 22 | 0 | 0.0 | 7 | 31.8 | 8 | 36.4 | 7 | 31.8 | 中势 |
| 知识经济竞争力 | 科技竞争力 | 9 | 2 | 22.2 | 3 | 33.3 | 3 | 33.3 | 1 | 11.1 | 优势 |
| | 教育竞争力 | 10 | 0 | 0.0 | 3 | 30.0 | 3 | 30.0 | 4 | 40.0 | 优势 |
| | 文化竞争力 | 8 | 0 | 0.0 | 2 | 25.0 | 2 | 25.0 | 4 | 50.0 | 劣势 |
| | 小　计 | 27 | 2 | 7.4 | 8 | 29.6 | 8 | 29.6 | 9 | 33.3 | 优势 |
| 发展环境竞争力 | 基础设施竞争力 | 9 | 0 | 0.0 | 2 | 22.2 | 3 | 33.3 | 4 | 44.4 | 劣势 |
| | 软环境竞争力 | 9 | 0 | 0.0 | 2 | 22.2 | 6 | 66.7 | 1 | 11.1 | 中势 |
| | 小　计 | 18 | 0 | 0.0 | 4 | 22.2 | 9 | 50.0 | 5 | 27.8 | 中势 |
| 政府作用竞争力 | 政府发展经济竞争力 | 5 | 0 | 0.0 | 1 | 20.0 | 4 | 80.0 | 0 | 0.0 | 中势 |
| | 政府规调经济竞争力 | 5 | 0 | 0.0 | 0 | 0.0 | 5 | 100.0 | 0 | 0.0 | 中势 |
| | 政府保障经济竞争力 | 6 | 0 | 0.0 | 3 | 50.0 | 1 | 16.7 | 2 | 33.3 | 中势 |
| | 小　计 | 16 | 0 | 0.0 | 4 | 25.0 | 10 | 62.5 | 2 | 12.5 | 中势 |
| 发展水平竞争力 | 工业化进程竞争力 | 6 | 1 | 16.7 | 3 | 50.0 | 1 | 16.7 | 1 | 16.7 | 优势 |
| | 城市化进程竞争力 | 7 | 0 | 0.0 | 1 | 14.3 | 1 | 14.3 | 5 | 71.4 | 劣势 |
| | 市场化进程竞争力 | 6 | 0 | 0.0 | 2 | 33.3 | 3 | 50.0 | 1 | 16.7 | 中势 |
| | 小　计 | 19 | 1 | 5.3 | 6 | 31.6 | 5 | 26.3 | 7 | 36.8 | 中势 |
| 统筹协调竞争力 | 统筹发展竞争力 | 8 | 0 | 0.0 | 0 | 0.0 | 5 | 62.5 | 3 | 37.5 | 劣势 |
| | 协调发展竞争力 | 8 | 0 | 0.0 | 0 | 0.0 | 8 | 100.0 | 0 | 0.0 | 优势 |
| | 小　计 | 16 | 0 | 0.0 | 0 | 0.0 | 13 | 81.3 | 3 | 18.8 | 中势 |
| 合　计 | | 210 | 5 | 2.4 | 54 | 25.7 | 91 | 43.3 | 60 | 28.6 | 中势 |

基于图 23－2 和表 23－3，具体到四级指标，强势指标 5 个，占指标总数的 2.4%；优势指标 54 个，占指标总数的 25.7%；中势指标 91 个，占指标总数的 43.3%；劣势

指标60个，占指标总数的28.6%。三级指标中，没有强势指标；优势指标6个，占三级指标总数的24%；中势指标12个，占三级指标总数的48%；劣势指标7个，占三级指标总数的28%。从二级指标看，没有强势指标；优势指标1个，占二级指标总数的11.1%；中势指标有7个，占二级指标总数的77.8%；劣势指标有1个，占二级指标总数的11.1%。综合来看，由于中势指标在指标体系中居于主导地位，2015年四川省经济综合竞争力处于中势地位。

**4. 四川省经济综合竞争力四级指标优劣势对比分析**

**表23-4　2015年四川省经济综合竞争力四级指标优劣势情况**

| 二级指标 | 优劣势 | 四　级　指　标 |
|---|---|---|
| 宏观经济竞争力（27个） | 强势指标 | （0个） |
| | 优势指标 | 地区生产总值、财政总收入、财政总收入增长率、固定资产投资额、全社会消费品零售总额、全社会消费品零售总额增长率、外资企业数（7个） |
| | 劣势指标 | 地区生产总值增长率、人均地区生产总值、固定资产投资额增长率、人均固定资产投资额、城乡经济结构优化度、就业结构优化度、进出口增长率、出口增长率、实际FDI增长率（9个） |
| 产业经济竞争力（40个） | 强势指标 | 服务业从业人员数增长率（1个） |
| | 优势指标 | 农业增加值、农民人均纯收入增长率、农业机械化水平、工业增加值、工业资产总额、规模以上工业主营业务收入、服务业增加值、服务业从业人员数、限额以上批零企业利税率、房地产经营总收入、中国驰名商标持有量（11个） |
| | 劣势指标 | 农民人均纯收入、农产品出口占农林牧渔总产值比重、农村人均用电量、工业增加值增长率、人均工业增加值、工业资产总额增长率、服务业增加值增长率、人均服务业增加值、工业企业R&D经费投入强度（9个） |
| 可持续发展竞争力（25个） | 强势指标 | 职业学校毕业生数（1个） |
| | 优势指标 | 人均年水资源量、耕地面积、人均牧草地面积、主要能源矿产基础储量、人均森林储积量、人均废水排放量、人均工业废气排放量（7个） |
| | 劣势指标 | 人均国土面积、人均治理工业污染投资额、一般工业固体废物综合利用率、自然灾害直接经济损失、15～64岁人口比例、文盲率、大专以上教育程度人口比例、平均受教育程度、人口健康素质（9个） |
| 财政金融竞争力（22个） | 强势指标 | （0个） |
| | 优势指标 | 地方财政收入、地方财政支出、存款余额、贷款余额、中长期贷款占贷款余额比重、保险费净收入、保险深度（7个） |
| | 劣势指标 | 税收收入占财政总收入比重、人均地方财政收入、人均地方财政支出、人均税收收入、税收收入增长率、人均贷款余额、人均证券市场筹资额（7个） |
| 知识经济竞争力（27个） | 强势指标 | 高技术产业增加值占工业增加值比重、高技术产品出口额占商品出口额比重（2个） |
| | 优势指标 | 发明专利授权量、技术市场成交合同金额、高技术产业增加值、教育经费、高等学校数、高校专任教师数、报纸出版数、出版印刷工业销售产值（8个） |
| | 劣势指标 | 财政科技支出占地方财政支出比重、人均教育经费、人均文化教育支出占个人消费支出比重、万人中小学学校数、万人中小学专任教师数、城镇居民人均文化娱乐支出、农村居民人均文化娱乐支出、城镇居民人均文化娱乐支出占消费性支出比重、农村居民人均文化娱乐支出占消费性支出比重（9个） |

续表

| 二级指标 | 优劣势 | 四　级　指　标 |
|---|---|---|
| 发展环境竞争力（18个） | 强势指标 | （0个） |
| | 优势指标 | 人均内河航道里程、全社会旅客周转量、罚没收入占财政收入比重、社会捐赠款物（4个） |
| | 劣势指标 | 铁路网线密度、公路网线密度、互联网上网人数比重、人均耗电量、查处商标侵权假冒案件（5个） |
| 政府作用竞争力（16个） | 强势指标 | （0个） |
| | 优势指标 | 政府消费对民间消费的拉动、城市城镇社区服务设施数、医疗保险覆盖率、养老保险覆盖率（4个） |
| | 劣势指标 | 下岗职工再就业率、城镇登记失业率（2个） |
| 发展水平竞争力（19个） | 强势指标 | 高技术产品出口额占商品出口额比重（1个） |
| | 优势指标 | 高技术产业规模以上企业产值、高技术产业增加值占工业增加值比重、信息产业增加值占GDP比重、人均日生活用水量、私有和个体企业从业人员比重、居民消费支出占总消费支出比重（6个） |
| | 劣势指标 | 工业增加值增长率、城镇化率、城镇居民人均可支配收入、城市平均建成区面积比重、人均拥有道路面积、恩格尔系数、社会投资占投资总额比重（7个） |
| 统筹协调竞争力（16个） | 强势指标 | （0个） |
| | 优势指标 | （0个） |
| | 劣势指标 | 社会劳动生产率、社会劳动生产率增速、万元GDP综合能耗（3个） |

## 23.2 四川省经济综合竞争力各级指标具体分析

### 1. 四川省宏观经济竞争力指标排名变化情况

**表23－5　2014～2015年四川省宏观经济竞争力指标组排位及变化趋势**

| 指　标 | 2014年 | 2015年 | 排位升降 | 优劣势 |
|---|---|---|---|---|
| **1　宏观经济竞争力** | 14 | 15 | －1 | 中势 |
| 1.1　经济实力竞争力 | 14 | 11 | 3 | 中势 |
| 地区生产总值 | 8 | 6 | 2 | 优势 |
| 地区生产总值增长率 | 17 | 21 | －4 | 劣势 |
| 人均地区生产总值 | 23 | 23 | 0 | 劣势 |
| 财政总收入 | 4 | 5 | －1 | 优势 |
| 财政总收入增长率 | 24 | 9 | 15 | 优势 |
| 人均财政收入 | 19 | 11 | 8 | 中势 |
| 固定资产投资额 | 8 | 8 | 0 | 优势 |
| 固定资产投资额增长率 | 25 | 25 | 0 | 劣势 |
| 人均固定资产投资额 | 26 | 26 | 0 | 劣势 |

续表

| 指　　标 | 2014 年 | 2015 年 | 排位升降 | 优劣势 |
|---|---|---|---|---|
| 全社会消费品零售总额 | 7 | 7 | 0 | 优势 |
| 全社会消费品零售总额增长率 | 10 | 7 | 3 | 优势 |
| 人均全社会消费品零售总额 | 19 | 18 | 1 | 中势 |
| 1.2　经济结构竞争力 | 20 | 17 | 3 | 中势 |
| 产业结构优化度 | 23 | 20 | 3 | 中势 |
| 所有制经济结构优化度 | 12 | 12 | 0 | 中势 |
| 城乡经济结构优化度 | 25 | 24 | 1 | 劣势 |
| 就业结构优化度 | 24 | 22 | 2 | 劣势 |
| 资本形成结构优化度 | 14 | 15 | -1 | 中势 |
| 贸易结构优化度 | 12 | 13 | -1 | 中势 |
| 1.3　经济外向度竞争力 | 19 | 27 | -8 | 劣势 |
| 进出口总额 | 11 | 13 | -2 | 中势 |
| 进出口增长率 | 13 | 26 | -13 | 劣势 |
| 出口总额 | 11 | 13 | -2 | 中势 |
| 出口增长率 | 21 | 28 | -7 | 劣势 |
| 实际 FDI | 10 | 12 | -2 | 中势 |
| 实际 FDI 增长率 | 14 | 27 | -13 | 劣势 |
| 外贸依存度 | 16 | 19 | -3 | 中势 |
| 外资企业数 | 10 | 10 | 0 | 优势 |
| 对外直接投资 | 9 | 14 | -5 | 中势 |

## 2. 四川省产业经济竞争力指标排名变化情况

**表 23-6　2014～2015 年四川省产业经济竞争力指标组排位及变化趋势**

| 指　　标 | 2014 年 | 2015 年 | 排位升降 | 优劣势 |
|---|---|---|---|---|
| **2　产业经济竞争力** | 14 | 14 | 0 | 中势 |
| 2.1　农业竞争力 | 13 | 13 | 0 | 中势 |
| 农业增加值 | 4 | 4 | 0 | 优势 |
| 农业增加值增长率 | 21 | 20 | 1 | 中势 |
| 人均农业增加值 | 19 | 18 | 1 | 中势 |
| 农民人均纯收入 | 21 | 21 | 0 | 劣势 |
| 农民人均纯收入增长率 | 11 | 7 | 4 | 优势 |
| 农产品出口占农林牧渔总产值比重 | 29 | 29 | 0 | 劣势 |
| 人均主要农产品产量 | 15 | 15 | 0 | 中势 |
| 农业机械化水平 | 9 | 9 | 0 | 优势 |

续表

| 指　　标 | | 2014 年 | 2015 年 | 排位升降 | 优劣势 |
|---|---|---|---|---|---|
| | 农村人均用电量 | 23 | 22 | 1 | 劣势 |
| | 财政支农资金比重 | 13 | 14 | -1 | 中势 |
| 2.2 | 工业竞争力 | 17 | 18 | -1 | 中势 |
| | 工业增加值 | 8 | 9 | -1 | 优势 |
| | 工业增加值增长率 | 20 | 24 | -4 | 劣势 |
| | 人均工业增加值 | 23 | 22 | 1 | 劣势 |
| | 工业资产总额 | 8 | 7 | 1 | 优势 |
| | 工业资产总额增长率 | 19 | 23 | -4 | 劣势 |
| | 工业资产总贡献率 | 18 | 18 | 0 | 中势 |
| | 规模以上工业主营业务收入 | 9 | 10 | -1 | 优势 |
| | 规模以上工业利润总额 | 11 | 11 | 0 | 中势 |
| | 工业全员劳动生产率 | 15 | 18 | -3 | 中势 |
| | 工业成本费用利润率 | 19 | 18 | 1 | 中势 |
| 2.3 | 服务业竞争力 | 8 | 8 | 0 | 优势 |
| | 服务业增加值 | 11 | 9 | 2 | 优势 |
| | 服务业增加值增长率 | 13 | 22 | -9 | 劣势 |
| | 人均服务业增加值 | 25 | 24 | 1 | 劣势 |
| | 服务业从业人员数 | 6 | 5 | 1 | 优势 |
| | 服务业从业人员数增长率 | 20 | 2 | 18 | 强势 |
| | 限额以上批发零售企业主营业务收入 | 11 | 12 | -1 | 中势 |
| | 限额以上批零企业利税率 | 9 | 9 | 0 | 优势 |
| | 限额以上餐饮企业利税率 | 11 | 16 | -5 | 中势 |
| | 旅游外汇收入 | 17 | 16 | 1 | 中势 |
| | 房地产经营总收入 | 5 | 6 | -1 | 优势 |
| 2.4 | 企业竞争力 | 19 | 19 | 0 | 中势 |
| | 规模以上工业企业数 | 12 | 11 | 1 | 中势 |
| | 规模以上企业平均资产 | 17 | 18 | -1 | 中势 |
| | 规模以上企业平均收入 | 22 | 19 | 3 | 中势 |
| | 规模以上企业平均利润 | 11 | 16 | -5 | 中势 |
| | 规模以上企业劳动效率 | 19 | 19 | 0 | 中势 |
| | 城镇就业人员平均工资 | 19 | 13 | 6 | 中势 |
| | 新产品销售收入占主营业务收入比重 | 18 | 20 | -2 | 中势 |
| | 产品质量抽查合格率 | 9 | 11 | -2 | 中势 |
| | 工业企业 R&D 经费投入强度 | 21 | 21 | 0 | 劣势 |
| | 中国驰名商标持有量 | 9 | 10 | -1 | 优势 |

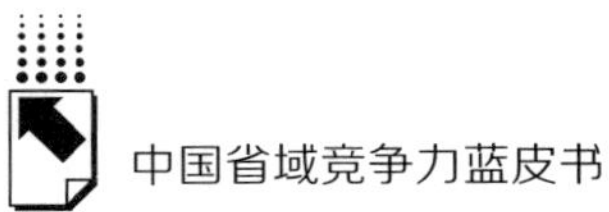



## 3. 四川省可持续发展竞争力指标排名变化情况

**表 23－7　2014～2015 年四川省可持续发展竞争力指标组排位及变化趋势**

| 指　　标 | 2014 年 | 2015 年 | 排位升降 | 优劣势 |
|---|---|---|---|---|
| **3　可持续发展竞争力** | 31 | 25 | 6 | 劣势 |
| 3.1　资源竞争力 | 17 | 21 | －4 | 劣势 |
| 人均国土面积 | 10 | 22 | －12 | 劣势 |
| 人均可使用海域和滩涂面积 | 13 | 13 | 0 | 中势 |
| 人均年水资源量 | 10 | 10 | 0 | 优势 |
| 耕地面积 | 6 | 6 | 0 | 优势 |
| 人均耕地面积 | 19 | 19 | 0 | 中势 |
| 人均牧草地面积 | 7 | 7 | 0 | 优势 |
| 主要能源矿产基础储量 | 6 | 10 | －4 | 优势 |
| 人均主要能源矿产基础储量 | 13 | 13 | 0 | 中势 |
| 人均森林储积量 | 6 | 6 | 0 | 优势 |
| 3.2　环境竞争力 | 30 | 21 | 9 | 劣势 |
| 森林覆盖率 | 17 | 17 | 0 | 中势 |
| 人均废水排放量 | 9 | 8 | 1 | 优势 |
| 人均工业废气排放量 | 4 | 4 | 0 | 优势 |
| 人均工业固体废物排放量 | 16 | 14 | 2 | 中势 |
| 人均治理工业污染投资额 | 29 | 30 | －1 | 劣势 |
| 一般工业固体废物综合利用率 | 30 | 29 | 1 | 劣势 |
| 生活垃圾无害化处理率 | 13 | 14 | －1 | 中势 |
| 自然灾害直接经济损失 | 31 | 26 | 5 | 劣势 |
| 3.3　人力资源竞争力 | 26 | 18 | 8 | 中势 |
| 常住人口增长率 | 20 | 13 | 7 | 中势 |
| 15～64 岁人口比例 | 29 | 22 | 7 | 劣势 |
| 文盲率 | 24 | 25 | －1 | 劣势 |
| 大专以上教育程度人口比例 | 25 | 22 | 3 | 劣势 |
| 平均受教育程度 | 26 | 26 | 0 | 劣势 |
| 人口健康素质 | 27 | 27 | 0 | 劣势 |
| 人力资源利用率 | 19 | 18 | 1 | 中势 |
| 职业学校毕业生数 | 1 | 1 | 0 | 强势 |

## 4. 四川省财政金融竞争力指标排名变化情况

**表 23－8　2014～2015 年四川省财政金融竞争力指标组排位及变化趋势**

| 指　　标 | 2014 年 | 2015 年 | 排位升降 | 优劣势 |
|---|---|---|---|---|
| **4　财政金融竞争力** | 8 | 12 | －4 | 中势 |
| 4.1　财政竞争力 | 15 | 20 | －5 | 中势 |
| 地方财政收入 | 8 | 7 | 1 | 优势 |
| 地方财政支出 | 4 | 4 | 0 | 优势 |
| 地方财政收入占 GDP 比重 | 17 | 17 | 0 | 中势 |
| 地方财政支出占 GDP 比重 | 11 | 12 | －1 | 中势 |

续表

| 指　　标 | 2014 年 | 2014 年 | 排位升降 | 优劣势 |
|---|---|---|---|---|
| 税收收入占 GDP 比重 | 19 | 18 | 1 | 中势 |
| 税收收入占财政总收入比重 | 21 | 26 | -5 | 劣势 |
| 人均地方财政收入 | 23 | 23 | 0 | 劣势 |
| 人均地方财政支出 | 25 | 25 | 0 | 劣势 |
| 人均税收收入 | 22 | 23 | -1 | 劣势 |
| 地方财政收入增长率 | 16 | 18 | -2 | 中势 |
| 地方财政支出增长率 | 7 | 17 | -10 | 中势 |
| 税收收入增长率 | 17 | 21 | -4 | 劣势 |
| 4.2　金融竞争力 | 6 | 9 | -3 | 优势 |
| 存款余额 | 7 | 7 | 0 | 优势 |
| 人均存款余额 | 16 | 16 | 0 | 中势 |
| 贷款余额 | 7 | 7 | 0 | 优势 |
| 人均贷款余额 | 22 | 22 | 0 | 劣势 |
| 货币市场融资额 | 11 | 11 | 0 | 中势 |
| 中长期贷款占贷款余额比重 | 9 | 8 | 1 | 优势 |
| 保险费净收入 | 6 | 5 | 1 | 优势 |
| 保险密度 | 12 | 17 | -5 | 中势 |
| 保险深度 | 4 | 4 | 0 | 优势 |
| 人均证券市场筹资额 | 18 | 21 | -3 | 劣势 |

## 5. 四川省知识经济竞争力指标排名变化情况

**表 23-9　2014~2015 年四川省知识经济竞争力指标组排位及变化趋势**

| 指　　标 | 2014 年 | 2015 年 | 排位升降 | 优劣势 |
|---|---|---|---|---|
| **5　知识经济竞争力** | 11 | 9 | 2 | 优势 |
| 5.1　科技竞争力 | 8 | 8 | 0 | 优势 |
| R&D 人员 | 13 | 12 | 1 | 中势 |
| R&D 经费 | 15 | 15 | 0 | 中势 |
| R&D 经费投入强度 | 19 | 19 | 0 | 中势 |
| 发明专利授权量 | 7 | 8 | -1 | 优势 |
| 技术市场成交合同金额 | 10 | 9 | 1 | 优势 |
| 财政科技支出占地方财政支出比重 | 21 | 23 | -2 | 劣势 |
| 高技术产业增加值 | 4 | 4 | 0 | 优势 |
| 高技术产业增加值占工业增加值比重 | 6 | 3 | 3 | 强势 |
| 高技术产品出口额占商品出口额比重 | 2 | 3 | -1 | 强势 |
| 5.2　教育竞争力 | 13 | 10 | 3 | 优势 |
| 教育经费 | 5 | 6 | -1 | 优势 |
| 教育经费占 GDP 比重 | 13 | 13 | 0 | 中势 |
| 人均教育经费 | 27 | 25 | 2 | 劣势 |
| 公共教育经费占财政支出比重 | 21 | 14 | 7 | 中势 |

续表

| 指　标 | 2014 年 | 2015 年 | 排位升降 | 优劣势 |
|---|---|---|---|---|
| 人均文化教育支出占个人消费支出比重 | 28 | 28 | 0 | 劣势 |
| 万人中小学学校数 | 22 | 22 | 0 | 劣势 |
| 万人中小学专任教师数 | 22 | 22 | 0 | 劣势 |
| 高等学校数 | 10 | 10 | 0 | 优势 |
| 高校专任教师数 | 6 | 5 | 1 | 优势 |
| 万人高等学校在校学生数 | 20 | 17 | 3 | 中势 |
| 5.3　文化竞争力 | 29 | 27 | 2 | 劣势 |
| 文化服务业企业营业收入 | 14 | 13 | 1 | 中势 |
| 图书和期刊出版数 | 15 | 13 | 2 | 中势 |
| 报纸出版数 | 9 | 8 | 1 | 优势 |
| 出版印刷工业销售产值 | 8 | 8 | 0 | 优势 |
| 城镇居民人均文化娱乐支出 | 26 | 27 | -1 | 劣势 |
| 农村居民人均文化娱乐支出 | 30 | 29 | 1 | 劣势 |
| 城镇居民人均文化娱乐支出占消费性支出比重 | 28 | 28 | 0 | 劣势 |
| 农村居民人均文化娱乐支出占消费性支出比重 | 29 | 28 | 1 | 劣势 |

## 6. 四川省发展环境竞争力指标排名变化情况

**表 23-10　2014~2015 年四川省发展环境竞争力指标组排位及变化趋势**

| 指　标 | 2014 年 | 2015 年 | 排位升降 | 优劣势 |
|---|---|---|---|---|
| **6　发展环境竞争力** | 19 | 20 | -1 | 中势 |
| 6.1　基础设施竞争力 | 23 | 23 | 0 | 劣势 |
| 铁路网线密度 | 27 | 27 | 0 | 劣势 |
| 公路网线密度 | 21 | 21 | 0 | 劣势 |
| 人均内河航道里程 | 7 | 7 | 0 | 优势 |
| 全社会旅客周转量 | 12 | 10 | 2 | 优势 |
| 全社会货物周转量 | 21 | 20 | 1 | 中势 |
| 人均邮电业务总量 | 17 | 19 | -2 | 中势 |
| 电话普及率 | 22 | 20 | 2 | 中势 |
| 互联网上网人数比重 | 25 | 24 | 1 | 劣势 |
| 人均耗电量 | 26 | 26 | 0 | 劣势 |
| 6.2　软环境竞争力 | 9 | 13 | -4 | 中势 |
| 外资企业数增长率 | 1 | 18 | -17 | 中势 |
| 万人外资企业数 | 17 | 16 | 1 | 中势 |
| 个体私营企业数增长率 | 25 | 19 | 6 | 中势 |
| 万人个体私营企业数 | 18 | 18 | 0 | 中势 |
| 万人商标注册件数 | 11 | 12 | -1 | 中势 |
| 查处商标侵权假冒案件 | 22 | 22 | 0 | 劣势 |
| 每十万人交通事故发生数 | 10 | 11 | -1 | 中势 |
| 罚没收入占财政收入比重 | 11 | 10 | 1 | 优势 |
| 社会捐赠款物 | 11 | 9 | 2 | 优势 |

## 7. 四川省政府作用竞争力指标排名变化情况

**表 23 - 11　2014 ~ 2015 年四川省政府作用竞争力指标组排位及变化趋势**

| 指　　标 | 2014 年 | 2015 年 | 排位升降 | 优劣势 |
|---|---|---|---|---|
| **7　政府作用竞争力** | 11 | 16 | -5 | 中势 |
| 7.1　政府发展经济竞争力 | 18 | 17 | 1 | 中势 |
| 财政支出用于基本建设投资比重 | 17 | 13 | 4 | 中势 |
| 财政支出对 GDP 增长的拉动 | 21 | 20 | 1 | 中势 |
| 政府公务员对经济的贡献 | 19 | 20 | -1 | 中势 |
| 政府消费对民间消费的拉动 | 7 | 6 | 1 | 优势 |
| 财政投资对社会投资的拉动 | 19 | 19 | 0 | 中势 |
| 7.2　政府规调经济竞争力 | 8 | 14 | -6 | 中势 |
| 物价调控 | 3 | 16 | -13 | 中势 |
| 调控城乡消费差距 | 15 | 13 | 2 | 中势 |
| 统筹经济社会发展 | 21 | 17 | 4 | 中势 |
| 规范税收 | 18 | 17 | 1 | 中势 |
| 人口控制 | 10 | 11 | -1 | 中势 |
| 7.3　政府保障经济竞争力 | 13 | 13 | 0 | 中势 |
| 城市城镇社区服务设施数 | 6 | 7 | -1 | 优势 |
| 医疗保险覆盖率 | 10 | 8 | 2 | 优势 |
| 养老保险覆盖率 | 7 | 6 | 1 | 优势 |
| 失业保险覆盖率 | 18 | 16 | 2 | 中势 |
| 下岗职工再就业率 | 17 | 30 | -13 | 劣势 |
| 城镇登记失业率 | 30 | 30 | 0 | 劣势 |

## 8. 四川省发展水平竞争力指标排名变化情况

**表 23 - 12　2014 ~ 2015 年四川省发展水平竞争力指标组排位及变化趋势**

| 指　　标 | 2014 年 | 2015 年 | 排位升降 | 优劣势 |
|---|---|---|---|---|
| **8　发展水平竞争力** | 11 | 14 | -3 | 中势 |
| 8.1　工业化进程竞争力 | 5 | 8 | -3 | 优势 |
| 工业增加值占 GDP 比重 | 10 | 19 | -9 | 中势 |
| 工业增加值增长率 | 13 | 27 | -14 | 劣势 |
| 高技术产业规模以上企业产值 | 5 | 5 | 0 | 优势 |
| 高技术产业增加值占工业增加值比重 | 8 | 7 | 1 | 优势 |
| 高技术产品出口额占商品出口额比重 | 2 | 3 | -1 | 强势 |
| 信息产业增加值占 GDP 比重 | 10 | 6 | 4 | 优势 |
| 8.2　城市化进程竞争力 | 24 | 30 | -6 | 劣势 |
| 城镇化率 | 24 | 24 | 0 | 劣势 |
| 城镇居民人均可支配收入 | 20 | 21 | -1 | 劣势 |
| 城市平均建成区面积比重 | 23 | 27 | -4 | 劣势 |

续表

| 指　　标 | 2014 年 | 2015 年 | 排位升降 | 优劣势 |
|---|---|---|---|---|
| 人均拥有道路面积 | 22 | 21 | 1 | 劣势 |
| 人均日生活用水量 | 5 | 8 | -3 | 优势 |
| 恩格尔系数 | 28 | 29 | -1 | 劣势 |
| 人均公共绿地面积 | 21 | 19 | 2 | 中势 |
| 8.3　市场化进程竞争力 | 17 | 12 | 5 | 中势 |
| 非公有制经济产值占全社会总产值的比重 | 12 | 12 | 0 | 中势 |
| 社会投资占投资总额比重 | 22 | 23 | -1 | 劣势 |
| 私有和个体企业从业人员比重 | 20 | 6 | 14 | 优势 |
| 亿元以上商品市场成交额 | 12 | 12 | 0 | 中势 |
| 亿元以上商品市场成交额占全社会消费品零售总额比重 | 17 | 17 | 0 | 中势 |
| 居民消费支出占总消费支出比重 | 7 | 6 | 1 | 优势 |

## 9. 四川省统筹协调竞争力指标排名变化情况

**表 23-13　2014~2015 年四川省统筹协调竞争力指标组排位及变化趋势**

| 指　　标 | 2014 年 | 2015 年 | 排位升降 | 优劣势 |
|---|---|---|---|---|
| **9　统筹协调竞争力** | 3 | 20 | -17 | 中势 |
| 9.1　统筹发展竞争力 | 9 | 21 | -12 | 劣势 |
| 社会劳动生产率 | 15 | 26 | -11 | 劣势 |
| 社会劳动生产率增速 | 2 | 26 | -24 | 劣势 |
| 万元 GDP 综合能耗 | 22 | 22 | 0 | 劣势 |
| 非农用地产出率 | 19 | 19 | 0 | 中势 |
| 生产税净额和营业盈余占 GDP 比重 | 9 | 17 | -8 | 中势 |
| 最终消费率 | 11 | 14 | -3 | 中势 |
| 固定资产投资额占 GDP 比重 | 11 | 12 | -1 | 中势 |
| 固定资产交付使用率 | 14 | 16 | -2 | 中势 |
| 9.2　协调发展竞争力 | 3 | 7 | -4 | 优势 |
| 环境竞争力与宏观经济竞争力比差 | 6 | 14 | -8 | 中势 |
| 资源竞争力与宏观经济竞争力比差 | 18 | 18 | 0 | 中势 |
| 人力资源竞争力与宏观经济竞争力比差 | 7 | 14 | -7 | 中势 |
| 资源竞争力与工业竞争力比差 | 15 | 17 | -2 | 中势 |
| 环境竞争力与工业竞争力比差 | 4 | 14 | -10 | 中势 |
| 城乡居民家庭人均收入比差 | 16 | 15 | 1 | 中势 |
| 城乡居民人均现金消费支出比差 | 15 | 13 | 2 | 中势 |
| 全社会消费品零售总额与外贸出口总额比差 | 14 | 11 | 3 | 中势 |

# B.25
# 24
# 贵州省经济综合竞争力评价分析报告

贵州省简称黔，地处我国西南地区云贵高原，东靠湖南，南邻广西，西毗云南，北连四川和重庆。全省面积 17.6 万平方公里，山地面积占 80% 以上。2015 年常住人口为 3530 万人，地区生产总值为 10503 亿元，同比增长 10.7%，人均 GDP 达 29847 元。本部分通过分析 2014 ~ 2015 年贵州省经济综合竞争力以及各要素竞争力的排名变化，从中找出贵州省经济综合竞争力的推动点及影响因素，为进一步提升贵州省经济综合竞争力提供决策参考。

## 24.1 贵州省经济综合竞争力总体分析

**1. 贵州省经济综合竞争力一级指标概要分析**

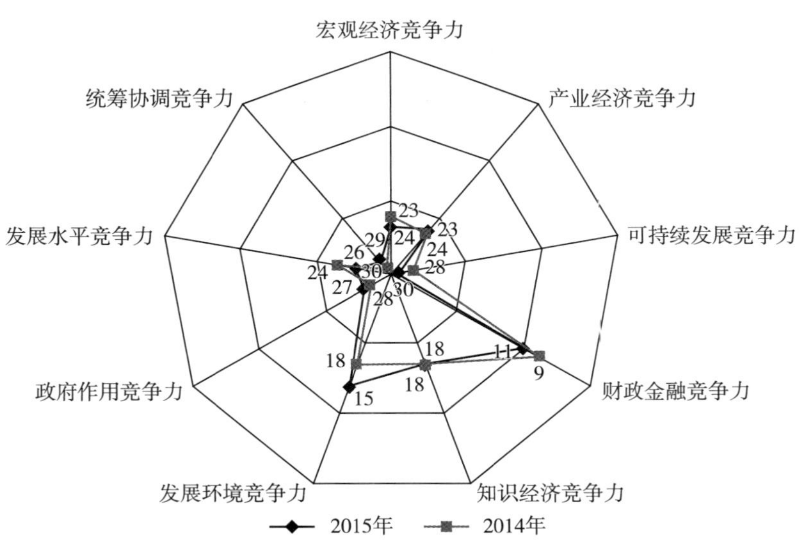


**图 24－1　2014 ~ 2015 年贵州省经济综合竞争力二级指标比较**

（1）从综合排位看，2015 年贵州省经济综合竞争力排位在全国居第 24 位，在全国处于劣势地位；与 2014 年相比，综合排位上升了 1 位。

（2）从指标所处区位看，没有指标处于上游区；处于中游区的指标有 3 个，为财政金融竞争力、知识经济竞争力和发展环境竞争力；处于下游区的指标有 6 个，分别为

表 24－1　2014～2015 年贵州省经济综合竞争力二级指标表现情况

| 年份＼项目 | 宏观经济竞争力 | 产业经济竞争力 | 可持续发展竞争力 | 财政金融竞争力 | 知识经济竞争力 | 发展环境竞争力 | 政府作用竞争力 | 发展水平竞争力 | 统筹协调竞争力 | **综合排位** |
|---|---|---|---|---|---|---|---|---|---|---|
| 2014 | 23 | 24 | 28 | 9 | 18 | 18 | 28 | 24 | 30 | 25 |
| 2015 | 24 | 23 | 30 | 11 | 18 | 15 | 27 | 26 | 29 | 24 |
| 升降 | －1 | 1 | －2 | －2 | 0 | 3 | 1 | －2 | 1 | 1 |
| 优劣度 | 劣势 | 劣势 | 劣势 | 中势 | 中势 | 中势 | 劣势 | 劣势 | 劣势 | 劣势 |

宏观经济竞争力、产业经济竞争力、可持续发展竞争力、政府作用竞争力、发展水平竞争力和统筹协调竞争力。

（3）从指标变化趋势看，9 个二级指标中，有 4 个指标处于上升趋势，分别为产业经济竞争力、发展环境竞争力、政府作用竞争力和统筹协调竞争力，这些是贵州省经济综合竞争力的上升动力所在；有 4 个指标处于下降趋势，分别为宏观经济竞争力、可持续发展竞争力、财政金融竞争力和发展水平竞争力，是贵州省经济综合竞争力的下降拉力所在。

**2. 贵州省经济综合竞争力各级指标动态变化分析**

表 24－2　2014～2015 年贵州省经济综合竞争力各级指标排位变化情况

| 二级指标 | 三级指标 | 四级指标数 | 上升 | | 保持 | | 下降 | | 变化趋势 |
|---|---|---|---|---|---|---|---|---|---|
| | | | 指标数 | 比重（%） | 指标数 | 比重（%） | 指标数 | 比重（%） | |
| 宏观经济竞争力 | 经济实力竞争力 | 12 | 4 | 33.3 | 3 | 25.0 | 5 | 41.7 | 下降 |
| | 经济结构竞争力 | 6 | 1 | 16.7 | 3 | 50.0 | 2 | 33.3 | 保持 |
| | 经济外向度竞争力 | 9 | 3 | 33.3 | 3 | 33.3 | 3 | 33.3 | 下降 |
| | 小　计 | 27 | 8 | 29.6 | 9 | 33.3 | 10 | 37.0 | 下降 |
| 产业经济竞争力 | 农业竞争力 | 10 | 6 | 60.0 | 3 | 30.0 | 1 | 10.0 | 下降 |
| | 工业竞争力 | 10 | 5 | 50.0 | 4 | 40.0 | 1 | 10.0 | 下降 |
| | 服务业竞争力 | 10 | 2 | 20.0 | 6 | 60.0 | 2 | 20.0 | 上升 |
| | 企业竞争力 | 10 | 4 | 40.0 | 1 | 10.0 | 5 | 50.0 | 上升 |
| | 小　计 | 40 | 17 | 42.5 | 14 | 35.0 | 9 | 22.5 | 上升 |
| 可持续发展竞争力 | 资源竞争力 | 9 | 0 | 0.0 | 5 | 55.6 | 4 | 44.4 | 下降 |
| | 环境竞争力 | 8 | 4 | 50.0 | 2 | 25.0 | 2 | 25.0 | 下降 |
| | 人力资源竞争力 | 8 | 2 | 25.0 | 3 | 37.5 | 3 | 37.5 | 下降 |
| | 小　计 | 25 | 6 | 24.0 | 10 | 40.0 | 9 | 36.0 | 下降 |
| 财政金融竞争力 | 财政竞争力 | 12 | 4 | 33.3 | 4 | 33.3 | 4 | 33.3 | 下降 |
| | 金融竞争力 | 10 | 4 | 40.0 | 5 | 50.0 | 1 | 10.0 | 下降 |
| | 小　计 | 22 | 8 | 36.4 | 9 | 40.9 | 5 | 22.7 | 下降 |
| 知识经济竞争力 | 科技竞争力 | 9 | 0 | 0.0 | 5 | 55.6 | 4 | 44.4 | 保持 |
| | 教育竞争力 | 10 | 7 | 70.0 | 2 | 20.0 | 1 | 10.0 | 上升 |
| | 文化竞争力 | 8 | 4 | 50.0 | 4 | 50.0 | 0 | 0.0 | 上升 |
| | 小　计 | 27 | 11 | 40.7 | 11 | 40.7 | 5 | 18.5 | 保持 |

续表

| 二级指标 | 三级指标 | 四级指标数 | 上升 | | 保持 | | 下降 | | 变化趋势 |
|---|---|---|---|---|---|---|---|---|---|
| | | | 指标数 | 比重（%） | 指标数 | 比重（%） | 指标数 | 比重（%） | |
| 发展环境竞争力 | 基础设施竞争力 | 9 | 3 | 33.3 | 6 | 66.7 | 0 | 0.0 | 上升 |
| | 软环境竞争力 | 9 | 5 | 55.6 | 2 | 22.2 | 2 | 22.2 | 上升 |
| | 小　计 | 18 | 8 | 44.4 | 8 | 44.4 | 2 | 11.1 | 上升 |
| 政府作用竞争力 | 政府发展经济竞争力 | 5 | 4 | 80.0 | 1 | 20.0 | 0 | 0.0 | 保持 |
| | 政府规调经济竞争力 | 5 | 2 | 40.0 | 0 | 0.0 | 3 | 60.0 | 上升 |
| | 政府保障经济竞争力 | 6 | 2 | 33.3 | 3 | 50.0 | 1 | 16.7 | 上升 |
| | 小　计 | 16 | 8 | 50.0 | 4 | 25.0 | 4 | 25.0 | 上升 |
| 发展水平竞争力 | 工业化进程竞争力 | 6 | 1 | 16.7 | 2 | 33.3 | 3 | 50.0 | 下降 |
| | 城市化进程竞争力 | 7 | 3 | 42.9 | 2 | 28.6 | 2 | 28.6 | 下降 |
| | 市场化进程竞争力 | 6 | 2 | 33.3 | 2 | 33.3 | 2 | 33.3 | 下降 |
| | 小　计 | 19 | 6 | 31.6 | 6 | 31.6 | 7 | 36.8 | 下降 |
| 统筹协调竞争力 | 统筹发展竞争力 | 8 | 1 | 12.5 | 4 | 50.0 | 3 | 37.5 | 保持 |
| | 协调发展竞争力 | 8 | 2 | 25.0 | 2 | 25.0 | 4 | 50.0 | 下降 |
| | 小　计 | 16 | 3 | 18.8 | 6 | 37.5 | 7 | 43.8 | 上升 |
| 合　计 | | 210 | 75 | 35.7 | 77 | 36.7 | 58 | 27.6 | 上升 |

从表24－2可以看出，210个四级指标中，上升指标有75个，占指标总数的35.7%；下降指标有58个，占指标总数的27.6%；保持不变的指标有77个，占指标总数的36.7%。上升指标占比较大，2015年贵州省经济综合竞争力排位上升了1位。

3. 贵州省经济综合竞争力各级指标优劣势结构分析

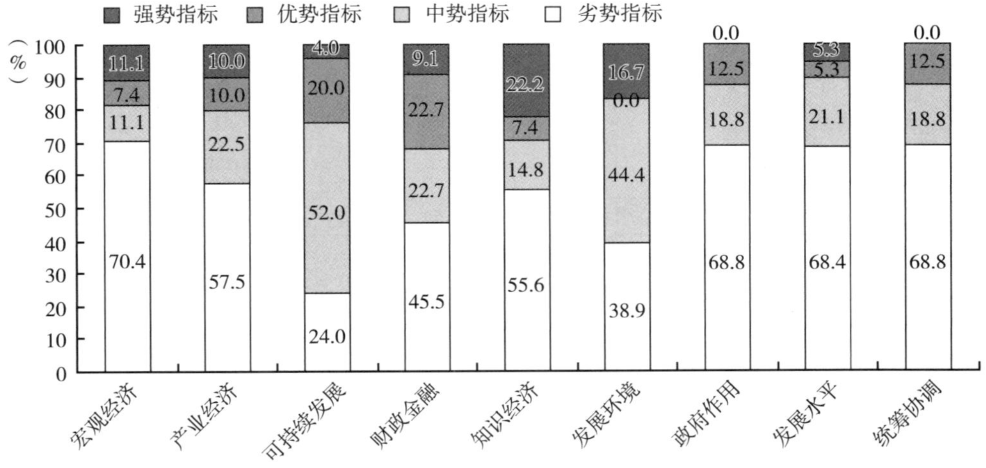


**图24－2　2015年贵州省经济综合竞争力各级指标优劣势比较**

表 24-3 2015 年贵州省经济综合竞争力各级指标优劣势情况

| 二级指标 | 三级指标 | 四级指标数 | 强势指标 | | 优势指标 | | 中势指标 | | 劣势指标 | | 优劣势 |
|---|---|---|---|---|---|---|---|---|---|---|---|
| | | | 个数 | 比重（%） | 个数 | 比重（%） | 个数 | 比重（%） | 个数 | 比重（%） | |
| 宏观经济竞争力 | 经济实力竞争力 | 12 | 2 | 16.7 | 1 | 8.3 | 0 | 0.0 | 9 | 75.0 | 劣势 |
| | 经济结构竞争力 | 6 | 0 | 0.0 | 0 | 0.0 | 2 | 33.3 | 4 | 66.7 | 劣势 |
| | 经济外向度竞争力 | 9 | 1 | 11.1 | 1 | 11.1 | 1 | 11.1 | 6 | 66.7 | 中势 |
| | 小计 | 27 | 3 | 11.1 | 2 | 7.4 | 3 | 11.1 | 19 | 70.4 | 劣势 |
| 产业经济竞争力 | 农业竞争力 | 10 | 2 | 20.0 | 1 | 10.0 | 2 | 20.0 | 5 | 50.0 | 劣势 |
| | 工业竞争力 | 10 | 1 | 10.0 | 2 | 20.0 | 2 | 20.0 | 5 | 50.0 | 劣势 |
| | 服务业竞争力 | 10 | 1 | 10.0 | 1 | 10.0 | 0 | 0.0 | 8 | 80.0 | 中势 |
| | 企业竞争力 | 10 | 0 | 0.0 | 0 | 0.0 | 5 | 50.0 | 5 | 50.0 | 劣势 |
| | 小计 | 40 | 4 | 10.0 | 4 | 10.0 | 9 | 22.5 | 23 | 57.5 | 劣势 |
| 可持续发展竞争力 | 资源竞争力 | 9 | 0 | 0.0 | 4 | 44.4 | 5 | 55.6 | 0 | 0.0 | 中势 |
| | 环境竞争力 | 8 | 1 | 12.5 | 0 | 0.0 | 6 | 75.0 | 1 | 12.5 | 中势 |
| | 人力资源竞争力 | 8 | 0 | 0.0 | 1 | 12.5 | 2 | 25.0 | 5 | 62.5 | 劣势 |
| | 小计 | 25 | 1 | 4.0 | 5 | 20.0 | 13 | 52.0 | 6 | 24.0 | 劣势 |
| 财政金融竞争力 | 财政竞争力 | 12 | 1 | 8.3 | 5 | 41.7 | 3 | 25.0 | 3 | 25.0 | 优势 |
| | 金融竞争力 | 10 | 1 | 10.0 | 0 | 0.0 | 2 | 20.0 | 7 | 70.0 | 劣势 |
| | 小计 | 22 | 2 | 9.1 | 5 | 22.7 | 5 | 22.7 | 10 | 45.5 | 中势 |
| 知识经济竞争力 | 科技竞争力 | 9 | 0 | 0.0 | 0 | 0.0 | 1 | 11.1 | 8 | 88.9 | 劣势 |
| | 教育竞争力 | 10 | 5 | 50.0 | 1 | 10.0 | 1 | 10.0 | 3 | 30.0 | 优势 |
| | 文化竞争力 | 8 | 1 | 12.5 | 1 | 12.5 | 2 | 25.0 | 4 | 50.0 | 中势 |
| | 小计 | 27 | 6 | 22.2 | 2 | 7.4 | 4 | 14.8 | 15 | 55.6 | 中势 |
| 发展环境竞争力 | 基础设施竞争力 | 9 | 0 | 0.0 | 0 | 0.0 | 4 | 44.4 | 5 | 55.6 | 劣势 |
| | 软环境竞争力 | 9 | 3 | 33.3 | 0 | 0.0 | 4 | 44.4 | 2 | 22.2 | 优势 |
| | 小计 | 18 | 3 | 16.7 | 0 | 0.0 | 8 | 44.4 | 7 | 38.9 | 中势 |
| 政府作用竞争力 | 政府发展经济竞争力 | 5 | 0 | 0.0 | 1 | 20.0 | 1 | 20.0 | 3 | 60.0 | 劣势 |
| | 政府规调经济竞争力 | 5 | 0 | 0.0 | 0 | 0.0 | 1 | 20.0 | 4 | 80.0 | 劣势 |
| | 政府保障经济竞争力 | 6 | 0 | 0.0 | 1 | 16.7 | 1 | 16.7 | 4 | 66.7 | 劣势 |
| | 小计 | 16 | 0 | 0.0 | 2 | 12.5 | 3 | 18.8 | 11 | 68.8 | 劣势 |
| 发展水平竞争力 | 工业化进程竞争力 | 6 | 1 | 16.7 | 0 | 0.0 | 0 | 0.0 | 5 | 83.3 | 劣势 |
| | 城市化进程竞争力 | 7 | 0 | 0.0 | 0 | 0.0 | 3 | 42.9 | 4 | 57.1 | 劣势 |
| | 市场化进程竞争力 | 6 | 0 | 0.0 | 1 | 16.7 | 1 | 16.7 | 4 | 66.7 | 劣势 |
| | 小计 | 19 | 1 | 5.3 | 1 | 5.3 | 4 | 21.1 | 13 | 68.4 | 劣势 |
| 统筹协调竞争力 | 统筹发展竞争力 | 8 | 0 | 0.0 | 0 | 0.0 | 1 | 12.5 | 7 | 87.5 | 劣势 |
| | 协调发展竞争力 | 8 | 0 | 0.0 | 2 | 25.0 | 2 | 25.0 | 4 | 50.0 | 劣势 |
| | 小计 | 16 | 0 | 0.0 | 2 | 12.5 | 3 | 18.8 | 11 | 68.8 | 劣势 |
| 合计 | | 210 | 20 | 9.5 | 23 | 11.0 | 52 | 24.8 | 115 | 54.8 | 劣势 |

基于图 24-2 和表 24-3，具体到四级指标，强势指标 20 个，占指标总数的 9.5%；优势指标 23 个，占指标总数的 11.0%；中势指标 52 个，占指标总数的 24.8%；劣势指标 115 个，占指标总数的 54.8%。三级指标中，没有强势指标；优势指标 3 个，占三级指标总数的 12%；中势指标 5 个，占三级指标总数的 20%；劣势指标 17 个，占三级指标总数的 68%。从二级指标看，没有强势指标和优势指标；中势指标有 3 个，占二级指标总数的 33.3%；劣势指标有 6 个，占二级指标总数的 66.7%。

综合来看，由于劣势指标在指标体系中居于主导地位，2015 年贵州省经济综合竞争力处于劣势地位。

**4. 贵州省经济综合竞争力四级指标优劣势对比分析**

**表 24－4 2015 年贵州省经济综合竞争力四级指标优劣势情况**

| 二级指标 | 优劣势 | 四级指标 |
|---|---|---|
| 宏观经济竞争力（27 个） | 强势指标 | 地区生产总值增长率、固定资产投资额增长率、进出口增长率（3 个） |
| | 优势指标 | 全社会消费品零售总额增长率、出口增长率（2 个） |
| | 劣势指标 | 地区生产总值、人均地区生产总值、财政总收入、财政总收入增长率、人均财政收入、固定资产投资额、人均固定资产投资额、全社会消费品零售总额、人均全社会消费品零售总额、所有制经济结构优化度、城乡经济结构优化度、就业结构优化度、贸易结构优化度、进出口总额、出口总额、实际 FDI、外贸依存度、外资企业数、对外直接投资（19 个） |
| 产业经济竞争力（40 个） | 强势指标 | 农业增加值增长率、农民人均纯收入增长率、工业增加值增长率、限额以上批零企业利税率（4 个） |
| | 优势指标 | 财政支农资金比重、工业资产总额增长率、工业成本费用利润率、服务业增加值增长率（4 个） |
| | 劣势指标 | 人均农业增加值、农民人均纯收入、农产品出口占农林牧渔总产值比重、人均主要农产品产量、农村人均用电量、工业增加值、人均工业增加值、工业资产总额、规模以上工业主营业务收入、规模以上工业利润总额、服务业增加值、人均服务业增加值、服务业从业人员数、服务业从业人员数增长率、限额以上批发零售企业主营业务收入、限额以上餐饮企业利税率、旅游外汇收入、房地产经营总收入、规模以上企业平均收入、规模以上企业劳动效率、新产品销售收入占主营业务收入比重、工业企业 R&D 经费投入强度、中国驰名商标持有量（23 个） |
| 可持续发展竞争力（25 个） | 强势指标 | 人均废水排放量（1 个） |
| | 优势指标 | 人均年水资源量、人均耕地面积、主要能源矿产基础储量、人均主要能源矿产基础储量、人力资源利用率（5 个） |
| | 劣势指标 | 人均治理工业污染投资额、15～64 岁人口比例、文盲率、大专以上教育程度人口比例、平均受教育程度、人口健康素质（6 个） |
| 财政金融竞争力（22 个） | 强势指标 | 税收收入增长率、中长期贷款占贷款余额比重（2 个） |
| | 优势指标 | 地方财政收入占 GDP 比重、地方财政支出占 GDP 比重、税收收入占 GDP 比重、税收收入占财政总收入比重、地方财政收入增长率（5 个） |
| | 劣势指标 | 地方财政收入、地方财政支出、人均地方财政收入、存款余额、人均存款余额、贷款余额、人均贷款余额、保险费净收入、保险密度、保险深度（10 个） |
| 知识经济竞争力（27 个） | 强势指标 | 教育经费占 GDP 比重、公共教育经费占财政支出比重、人均文化教育支出占个人消费支出比重、万人中小学学校数、万人中小学专任教师数、城镇居民人均文化娱乐支出占消费性支出比重（6 个） |
| | 优势指标 | 人均教育经费、农村居民人均文化娱乐支出占消费性支出比重（2 个） |
| | 劣势指标 | R&D 人员、R&D 经费 、R&D 经费投入强度、发明专利授权量 、技术市场成交合同金额 、财政科技支出占地方财政支出比重、高技术产业增加值、高技术产品出口额占商品出口额比重、高等学校数、高校专任教师数、万人高等学校在校学生数、图书和期刊出版数、报纸出版数、出版印刷工业销售产值、农村居民人均文化娱乐支出（15 个） |

续表

| 二级指标 | 优劣势 | 四　级　指　标 |
| --- | --- | --- |
| 发展环境竞争力（18个） | 强势指标 | 外资企业数增长率、个体私营企业数增长率、每十万人交通事故发生数(3个) |
| | 优势指标 | (0个) |
| | 劣势指标 | 铁路网线密度、全社会货物周转量、人均邮电业务总量、电话普及率、互联网上网人数比重、万人外资企业数、万人商标注册件数(7个) |
| 政府作用竞争力（16个） | 强势指标 | (0个) |
| | 优势指标 | 政府消费对民间消费的拉动、城市城镇社区服务设施数(2个) |
| | 劣势指标 | 财政支出用于基本建设投资比重、财政支出对GDP增长的拉动、政府公务员对经济的贡献、物价调控、调控城乡消费差距、统筹经济社会发展、人口控制、医疗保险覆盖率、养老保险覆盖率、失业保险覆盖率、下岗职工再就业率(11个) |
| 发展水平竞争力（19个） | 强势指标 | 工业增加值增长率(1个) |
| | 优势指标 | 居民消费支出占总消费支出比重(1个) |
| | 劣势指标 | 工业增加值占GDP比重、高技术产业规模以上企业产值 、高技术产业增加值占工业增加值比重、高技术产品出口额占商品出口额比重、信息产业增加值占GDP比重、城镇化率、城镇居民人均可支配收入、人均拥有道路面积、恩格尔系数、非公有制经济产值占全社会总产值的比重、社会投资占投资总额比重、私有和个体企业从业人员比重、亿元以上商品市场成交额(13个) |
| 统筹协调竞争力（16个） | 强势指标 | (0个) |
| | 优势指标 | 资源竞争力与宏观经济竞争力比差、人力资源竞争力与宏观经济竞争力比差(2个) |
| | 劣势指标 | 社会劳动生产率、社会劳动生产率增速、万元GDP综合能耗、非农用地产出率、生产税净额和营业盈余占GDP比重、固定资产投资额占GDP比重、固定资产交付使用率、环境竞争力与宏观经济竞争力比差、环境竞争力与工业竞争力比差、城乡居民家庭人均收入比差、城乡居民人均现金消费支出比差(11个) |

## 24.2　贵州省经济综合竞争力各级指标具体分析

### 1. 贵州省宏观经济竞争力指标排名变化情况

**表24-5　2014~2015年贵州省宏观经济竞争力指标组排位及变化趋势**

| 指　　标 | 2014年 | 2015年 | 排位升降 | 优劣势 |
| --- | --- | --- | --- | --- |
| **1　宏观经济竞争力** | 23 | 24 | -1 | 劣势 |
| 1.1　经济实力竞争力 | 19 | 24 | -5 | 劣势 |
| 地区生产总值 | 26 | 25 | 1 | 劣势 |
| 地区生产总值增长率 | 2 | 3 | -1 | 强势 |
| 人均地区生产总值 | 30 | 29 | 1 | 劣势 |
| 财政总收入 | 19 | 24 | -5 | 劣势 |
| 财政总收入增长率 | 3 | 27 | -24 | 劣势 |

续表

| 指　　标 | 2014 年 | 2015 年 | 排位升降 | 优劣势 |
|---|---|---|---|---|
| 人均财政收入 | 17 | 26 | -9 | 劣势 |
| 固定资产投资额 | 24 | 22 | 2 | 劣势 |
| 固定资产投资额增长率 | 2 | 1 | 1 | 强势 |
| 人均固定资产投资额 | 27 | 27 | 0 | 劣势 |
| 全社会消费品零售总额 | 25 | 25 | 0 | 劣势 |
| 全社会消费品零售总额增长率 | 3 | 10 | -7 | 优势 |
| 人均全社会消费品零售总额 | 31 | 31 | 0 | 劣势 |
| 1.2　经济结构竞争力 | 29 | 29 | 0 | 劣势 |
| 产业结构优化度 | 11 | 16 | -5 | 中势 |
| 所有制经济结构优化度 | 22 | 22 | 0 | 劣势 |
| 城乡经济结构优化度 | 30 | 30 | 0 | 劣势 |
| 就业结构优化度 | 31 | 30 | 1 | 劣势 |
| 资本形成结构优化度 | 16 | 16 | 0 | 中势 |
| 贸易结构优化度 | 23 | 24 | -1 | 劣势 |
| 1.3　经济外向度竞争力 | 12 | 17 | -5 | 中势 |
| 进出口总额 | 27 | 27 | 0 | 劣势 |
| 进出口增长率 | 4 | 3 | 1 | 强势 |
| 出口总额 | 23 | 22 | 1 | 劣势 |
| 出口增长率 | 3 | 7 | -4 | 优势 |
| 实际 FDI | 26 | 26 | 0 | 劣势 |
| 实际 FDI 增长率 | 2 | 11 | -9 | 中势 |
| 外贸依存度 | 28 | 26 | 2 | 劣势 |
| 外资企业数 | 27 | 27 | 0 | 劣势 |
| 对外直接投资 | 29 | 31 | -2 | 劣势 |

## 2. 贵州省产业经济竞争力指标排名变化情况

**表 24-6　2014~2015 年贵州省产业经济竞争力指标组排位及变化趋势**

| 指　　标 | 2014 年 | 2015 年 | 排位升降 | 优劣势 |
|---|---|---|---|---|
| **2　产业经济竞争力** | 24 | 23 | 1 | 劣势 |
| 2.1　农业竞争力 | 14 | 22 | -8 | 劣势 |
| 农业增加值 | 21 | 17 | 4 | 中势 |
| 农业增加值增长率 | 1 | 1 | 0 | 强势 |
| 人均农业增加值 | 26 | 22 | 4 | 劣势 |
| 农民人均纯收入 | 30 | 30 | 0 | 劣势 |
| 农民人均纯收入增长率 | 1 | 2 | -1 | 强势 |
| 农产品出口占农林牧渔总产值比重 | 28 | 27 | 1 | 劣势 |

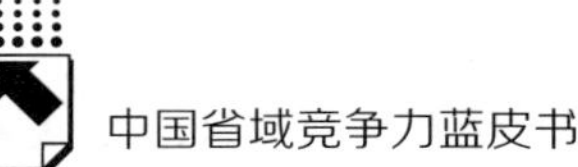


续表

| 指　　标 | 2014 年 | 2015 年 | 排位升降 | 优劣势 |
|---|---|---|---|---|
| 人均主要农产品产量 | 23 | 22 | 1 | 劣势 |
| 农业机械化水平 | 19 | 19 | 0 | 中势 |
| 农村人均用电量 | 26 | 24 | 2 | 劣势 |
| 财政支农资金比重 | 11 | 8 | 3 | 优势 |
| 2.2　工业竞争力 | 19 | 21 | -2 | 劣势 |
| 工业增加值 | 26 | 25 | 1 | 劣势 |
| 工业增加值增长率 | 1 | 1 | 0 | 强势 |
| 人均工业增加值 | 27 | 27 | 0 | 劣势 |
| 工业资产总额 | 26 | 26 | 0 | 劣势 |
| 工业资产总额增长率 | 3 | 4 | -1 | 优势 |
| 工业资产总贡献率 | 16 | 16 | 0 | 中势 |
| 规模以上工业主营业务收入 | 27 | 24 | 3 | 劣势 |
| 规模以上工业利润总额 | 24 | 22 | 2 | 劣势 |
| 工业全员劳动生产率 | 20 | 16 | 4 | 中势 |
| 工业成本费用利润率 | 6 | 4 | 2 | 优势 |
| 2.3　服务业竞争力 | 20 | 17 | 3 | 中势 |
| 服务业增加值 | 25 | 25 | 0 | 劣势 |
| 服务业增加值增长率 | 4 | 7 | -3 | 优势 |
| 人均服务业增加值 | 29 | 29 | 0 | 劣势 |
| 服务业从业人员数 | 27 | 27 | 0 | 劣势 |
| 服务业从业人员数增长率 | 28 | 21 | 7 | 劣势 |
| 限额以上批发零售企业主营业务收入 | 25 | 23 | 2 | 劣势 |
| 限额以上批零企业利税率 | 2 | 2 | 0 | 强势 |
| 限额以上餐饮企业利税率 | 23 | 24 | -1 | 劣势 |
| 旅游外汇收入 | 27 | 27 | 0 | 劣势 |
| 房地产经营总收入 | 21 | 21 | 0 | 劣势 |
| 2.4　企业竞争力 | 30 | 28 | 2 | 劣势 |
| 规模以上工业企业数 | 23 | 20 | 3 | 中势 |
| 规模以上企业平均资产 | 16 | 17 | -1 | 中势 |
| 规模以上企业平均收入 | 27 | 28 | -1 | 劣势 |
| 规模以上企业平均利润 | 23 | 15 | 8 | 中势 |
| 规模以上企业劳动效率 | 20 | 25 | -5 | 劣势 |
| 城镇就业人员平均工资 | 20 | 12 | 8 | 中势 |
| 新产品销售收入占主营业务收入比重 | 28 | 29 | -1 | 劣势 |
| 产品质量抽查合格率 | 26 | 19 | 7 | 中势 |
| 工业企业 R&D 经费投入强度 | 25 | 25 | 0 | 劣势 |
| 中国驰名商标持有量 | 26 | 28 | -2 | 劣势 |

## 3. 贵州省可持续发展竞争力指标排名变化情况

**表 24-7 2014～2015 年贵州省可持续发展竞争力指标组排位及变化趋势**

| 指　　标 | 2014 年 | 2015 年 | 排位升降 | 优劣势 |
|---|---|---|---|---|
| **3 可持续发展竞争力** | 28 | 30 | -2 | 劣势 |
| 3.1 资源竞争力 | 16 | 17 | -1 | 中势 |
| 人均国土面积 | 12 | 20 | -8 | 中势 |
| 人均可使用海域和滩涂面积 | 13 | 13 | 0 | 中势 |
| 人均年水资源量 | 7 | 8 | -1 | 优势 |
| 耕地面积 | 15 | 15 | 0 | 中势 |
| 人均耕地面积 | 9 | 9 | 0 | 优势 |
| 人均牧草地面积 | 10 | 13 | -3 | 中势 |
| 主要能源矿产基础储量 | 5 | 5 | 0 | 优势 |
| 人均主要能源矿产基础储量 | 5 | 6 | -1 | 优势 |
| 人均森林储积量 | 13 | 13 | 0 | 中势 |
| 3.2 环境竞争力 | 10 | 12 | -2 | 中势 |
| 森林覆盖率 | 15 | 15 | 0 | 中势 |
| 人均废水排放量 | 3 | 3 | 0 | 强势 |
| 人均工业废气排放量 | 21 | 20 | 1 | 中势 |
| 人均工业固体废物排放量 | 20 | 18 | 2 | 中势 |
| 人均治理工业污染投资额 | 15 | 24 | -9 | 劣势 |
| 一般工业固体废物综合利用率 | 22 | 18 | 4 | 中势 |
| 生活垃圾无害化处理率 | 17 | 19 | -2 | 中势 |
| 自然灾害直接经济损失 | 19 | 14 | 5 | 中势 |
| 3.3 人力资源竞争力 | 30 | 31 | -1 | 劣势 |
| 常住人口增长率 | 28 | 15 | 13 | 中势 |
| 15～64 岁人口比例 | 30 | 30 | 0 | 劣势 |
| 文盲率 | 29 | 29 | 0 | 劣势 |
| 大专以上教育程度人口比例 | 18 | 30 | -12 | 劣势 |
| 平均受教育程度 | 28 | 29 | -1 | 劣势 |
| 人口健康素质 | 31 | 31 | 0 | 劣势 |
| 人力资源利用率 | 6 | 8 | -2 | 优势 |
| 职业学校毕业生数 | 19 | 17 | 2 | 中势 |

## 4. 贵州省财政金融竞争力指标排名变化情况

**表 24-8 2014～2015 年贵州省财政金融竞争力指标组排位及变化趋势**

| 指　　标 | 2014 年 | 2015 年 | 排位升降 | 优劣势 |
|---|---|---|---|---|
| **4 财政金融竞争力** | 9 | 11 | -2 | 中势 |
| 4.1 财政竞争力 | 7 | 8 | -1 | 优势 |
| 地方财政收入 | 23 | 23 | 0 | 劣势 |
| 地方财政支出 | 18 | 21 | -3 | 劣势 |
| 地方财政收入占 GDP 比重 | 5 | 5 | 0 | 优势 |
| 地方财政支出占 GDP 比重 | 3 | 6 | -3 | 优势 |

续表

| 指　　标 | 2014 年 | 2015 年 | 排位升降 | 优劣势 |
|---|---|---|---|---|
| 税收收入占 GDP 比重 | 4 | 4 | 0 | 优势 |
| 税收收入占财政总收入比重 | 24 | 6 | 18 | 优势 |
| 人均地方财政收入 | 22 | 21 | 1 | 劣势 |
| 人均地方财政支出 | 15 | 17 | -2 | 中势 |
| 人均税收收入 | 21 | 19 | 2 | 中势 |
| 地方财政收入增长率 | 8 | 7 | 1 | 优势 |
| 地方财政支出增长率 | 5 | 11 | -6 | 中势 |
| 税收收入增长率 | 1 | 1 | 0 | 强势 |
| 4.2　金融竞争力 | 20 | 21 | -1 | 劣势 |
| 存款余额 | 25 | 25 | 0 | 劣势 |
| 人均存款余额 | 30 | 26 | 4 | 劣势 |
| 贷款余额 | 25 | 25 | 0 | 劣势 |
| 人均贷款余额 | 27 | 26 | 1 | 劣势 |
| 货币市场融资额 | 19 | 19 | 0 | 中势 |
| 中长期贷款占贷款余额比重 | 2 | 1 | 1 | 强势 |
| 保险费净收入 | 27 | 27 | 0 | 劣势 |
| 保险密度 | 30 | 30 | 0 | 劣势 |
| 保险深度 | 22 | 23 | -1 | 劣势 |
| 人均证券市场筹资额 | 21 | 20 | 1 | 中势 |

## 5. 贵州省知识经济竞争力指标排名变化情况

**表 24－9　2014～2015 年贵州省知识经济竞争力指标组排位及变化趋势**

| 指　　标 | 2014 年 | 2015 年 | 排位升降 | 优劣势 |
|---|---|---|---|---|
| **5　知识经济竞争力** | 18 | 18 | 0 | 中势 |
| 5.1　科技竞争力 | 24 | 24 | 0 | 劣势 |
| R&D 人员 | 26 | 26 | 0 | 劣势 |
| R&D 经费 | 26 | 26 | 0 | 劣势 |
| R&D 经费投入强度 | 26 | 27 | -1 | 劣势 |
| 发明专利授权量 | 23 | 24 | -1 | 劣势 |
| 技术市场成交合同金额 | 25 | 25 | 0 | 劣势 |
| 财政科技支出占地方财政支出比重 | 22 | 24 | -2 | 劣势 |
| 高技术产业增加值 | 21 | 21 | 0 | 劣势 |
| 高技术产业增加值占工业增加值比重 | 15 | 19 | -4 | 中势 |
| 高技术产品出口额占商品出口额比重 | 26 | 26 | 0 | 劣势 |
| 5.2　教育竞争力 | 8 | 6 | 2 | 优势 |
| 教育经费 | 17 | 14 | 3 | 中势 |
| 教育经费占 GDP 比重 | 2 | 1 | 1 | 强势 |
| 人均教育经费 | 13 | 9 | 4 | 优势 |
| 公共教育经费占财政支出比重 | 9 | 2 | 7 | 强势 |

续表

| 指　　标 | 2014 年 | 2015 年 | 排位升降 | 优劣势 |
|---|---|---|---|---|
| 人均文化教育支出占个人消费支出比重 | 3 | 3 | 0 | 强势 |
| 万人中小学学校数 | 2 | 3 | -1 | 强势 |
| 万人中小学专任教师数 | 4 | 3 | 1 | 强势 |
| 高等学校数 | 23 | 22 | 1 | 劣势 |
| 高校专任教师数 | 24 | 24 | 0 | 劣势 |
| 万人高等学校在校学生数 | 29 | 27 | 2 | 劣势 |
| 5.3 文化竞争力 | 14 | 11 | 3 | 中势 |
| 文化服务业企业营业收入 | 23 | 20 | 3 | 中势 |
| 图书和期刊出版数 | 25 | 25 | 0 | 劣势 |
| 报纸出版数 | 26 | 26 | 0 | 劣势 |
| 出版印刷工业销售产值 | 23 | 22 | 1 | 劣势 |
| 城镇居民人均文化娱乐支出 | 11 | 11 | 0 | 中势 |
| 农村居民人均文化娱乐支出 | 23 | 21 | 2 | 劣势 |
| 城镇居民人均文化娱乐支出占消费性支出比重 | 3 | 3 | 0 | 强势 |
| 农村居民人均文化娱乐支出占消费性支出比重 | 6 | 4 | 2 | 优势 |

## 6. 贵州省发展环境竞争力指标排名变化情况

**表 24-10　2014～2015 年贵州省发展环境竞争力指标组排位及变化趋势**

| 指　　标 | 2014 年 | 2015 年 | 排位升降 | 优劣势 |
|---|---|---|---|---|
| **6　发展环境竞争力** | 18 | 15 | 3 | 中势 |
| 6.1 基础设施竞争力 | 22 | 21 | 1 | 劣势 |
| 铁路网线密度 | 23 | 23 | 0 | 劣势 |
| 公路网线密度 | 13 | 13 | 0 | 中势 |
| 人均内河航道里程 | 12 | 12 | 0 | 中势 |
| 全社会旅客周转量 | 15 | 15 | 0 | 中势 |
| 全社会货物周转量 | 27 | 26 | 1 | 劣势 |
| 人均邮电业务总量 | 26 | 21 | 5 | 劣势 |
| 电话普及率 | 26 | 25 | 1 | 劣势 |
| 互联网上网人数比重 | 30 | 30 | 0 | 劣势 |
| 人均耗电量 | 17 | 17 | 0 | 中势 |
| 6.2 软环境竞争力 | 7 | 5 | 2 | 优势 |
| 外资企业数增长率 | 3 | 2 | 1 | 强势 |
| 万人外资企业数 | 31 | 31 | 0 | 劣势 |
| 个体私营企业数增长率 | 3 | 1 | 2 | 强势 |
| 万人个体私营企业数 | 24 | 20 | 4 | 中势 |
| 万人商标注册件数 | 22 | 27 | -5 | 劣势 |
| 查处商标侵权假冒案件 | 11 | 14 | -3 | 中势 |
| 每十万人交通事故发生数 | 1 | 1 | 0 | 强势 |
| 罚没收入占财政收入比重 | 20 | 13 | 7 | 中势 |
| 社会捐赠款物 | 20 | 19 | 1 | 中势 |

## 7. 贵州省政府作用竞争力指标排名变化情况

表 24 - 11 2014 ~ 2015 年贵州省政府作用竞争力指标组排位及变化趋势

| 指标 | 2014 年 | 2015 年 | 排位升降 | 优劣势 |
|---|---|---|---|---|
| **7 政府作用竞争力** | 28 | 27 | 1 | 劣势 |
| 7.1 政府发展经济竞争力 | 23 | 23 | 0 | 劣势 |
| 财政支出用于基本建设投资比重 | 25 | 24 | 1 | 劣势 |
| 财政支出对 GDP 增长的拉动 | 29 | 26 | 3 | 劣势 |
| 政府公务员对经济的贡献 | 28 | 28 | 0 | 劣势 |
| 政府消费对民间消费的拉动 | 11 | 8 | 3 | 优势 |
| 财政投资对社会投资的拉动 | 16 | 15 | 1 | 中势 |
| 7.2 政府规调经济竞争力 | 28 | 27 | 1 | 劣势 |
| 物价调控 | 28 | 26 | 2 | 劣势 |
| 调控城乡消费差距 | 27 | 28 | -1 | 劣势 |
| 统筹经济社会发展 | 27 | 23 | 4 | 劣势 |
| 规范税收 | 9 | 12 | -3 | 中势 |
| 人口控制 | 20 | 23 | -3 | 劣势 |
| 7.3 政府保障经济竞争力 | 27 | 26 | 1 | 劣势 |
| 城市城镇社区服务设施数 | 5 | 6 | -1 | 优势 |
| 医疗保险覆盖率 | 25 | 25 | 0 | 劣势 |
| 养老保险覆盖率 | 28 | 27 | 1 | 劣势 |
| 失业保险覆盖率 | 26 | 26 | 0 | 劣势 |
| 下岗职工再就业率 | 27 | 23 | 4 | 劣势 |
| 城镇登记失业率 | 14 | 14 | 0 | 中势 |

## 8. 贵州省发展水平竞争力指标排名变化情况

表 24 - 12 2014 ~ 2015 年贵州省发展水平竞争力指标组排位及变化趋势

| 指标 | 2014 年 | 2015 年 | 排位升降 | 优劣势 |
|---|---|---|---|---|
| **8 发展水平竞争力** | 24 | 26 | -2 | 劣势 |
| 8.1 工业化进程竞争力 | 20 | 21 | -1 | 劣势 |
| 工业增加值占 GDP 比重 | 24 | 23 | 1 | 劣势 |
| 工业增加值增长率 | 1 | 3 | -2 | 强势 |
| 高技术产业规模以上企业产值 | 23 | 23 | 0 | 劣势 |
| 高技术产业增加值占工业增加值比重 | 24 | 24 | 0 | 劣势 |
| 高技术产品出口额占商品出口额比重 | 26 | 27 | -1 | 劣势 |
| 信息产业增加值占 GDP 比重 | 11 | 21 | -10 | 劣势 |
| 8.2 城市化进程竞争力 | 30 | 31 | -1 | 劣势 |
| 城镇化率 | 30 | 30 | 0 | 劣势 |
| 城镇居民人均可支配收入 | 28 | 28 | 0 | 劣势 |
| 城市平均建成区面积比重 | 24 | 17 | 7 | 中势 |

续表

| 指　　标 | 2014 年 | 2015 年 | 排位升降 | 优劣势 |
|---|---|---|---|---|
| 人均拥有道路面积 | 29 | 28 | 1 | 劣势 |
| 人均日生活用水量 | 17 | 18 | -1 | 中势 |
| 恩格尔系数 | 20 | 21 | -1 | 劣势 |
| 人均公共绿地面积 | 15 | 14 | 1 | 中势 |
| 8.3　市场化进程竞争力 | 21 | 24 | -3 | 劣势 |
| 非公有制经济产值占全社会总产值的比重 | 22 | 22 | 0 | 劣势 |
| 社会投资占投资总额比重 | 29 | 29 | 0 | 劣势 |
| 私有和个体企业从业人员比重 | 16 | 27 | -11 | 劣势 |
| 亿元以上商品市场成交额 | 23 | 22 | 1 | 劣势 |
| 亿元以上商品市场成交额占全社会消费品零售总额比重 | 15 | 16 | -1 | 中势 |
| 居民消费支出占总消费支出比重 | 11 | 8 | 3 | 优势 |

## 9. 贵州省统筹协调竞争力指标排名变化情况

**表 24-13　2014～2015 年贵州省统筹协调竞争力指标组排位及变化趋势**

| 指　　标 | 2014 年 | 2015 年 | 排位升降 | 优劣势 |
|---|---|---|---|---|
| **9　统筹协调竞争力** | 30 | 29 | 1 | 劣势 |
| 9.1　统筹发展竞争力 | 28 | 28 | 0 | 劣势 |
| 社会劳动生产率 | 27 | 28 | -1 | 劣势 |
| 社会劳动生产率增速 | 13 | 29 | -16 | 劣势 |
| 万元 GDP 综合能耗 | 27 | 27 | 0 | 劣势 |
| 非农用地产出率 | 21 | 21 | 0 | 劣势 |
| 生产税净额和营业盈余占 GDP 比重 | 26 | 26 | 0 | 劣势 |
| 最终消费率 | 7 | 11 | -4 | 中势 |
| 固定资产投资额占 GDP 比重 | 24 | 24 | 0 | 劣势 |
| 固定资产交付使用率 | 28 | 25 | 3 | 劣势 |
| 9.2　协调发展竞争力 | 23 | 24 | -1 | 劣势 |
| 环境竞争力与宏观经济竞争力比差 | 26 | 27 | -1 | 劣势 |
| 资源竞争力与宏观经济竞争力比差 | 10 | 9 | 1 | 优势 |
| 人力资源竞争力与宏观经济竞争力比差 | 4 | 7 | -3 | 优势 |
| 资源竞争力与工业竞争力比差 | 13 | 13 | 0 | 中势 |
| 环境竞争力与工业竞争力比差 | 23 | 22 | 1 | 劣势 |
| 城乡居民家庭人均收入比差 | 30 | 30 | 0 | 劣势 |
| 城乡居民人均现金消费支出比差 | 27 | 28 | -1 | 劣势 |
| 全社会消费品零售总额与外贸出口总额比差 | 12 | 15 | -3 | 中势 |

# B.26
# 25
# 云南省经济综合竞争力评价分析报告

云南省简称滇，位于中国西南地区云贵高原，东部与广西、贵州相连，北部与四川和重庆为邻，西北紧靠西藏，西部与缅甸接壤，南与老挝、越南毗邻，是中国通往东南亚、南亚的门户。全省面积为39.4万平方公里，2015年常住人口为4741.8万人，地区生产总值为13619亿元，同比增长8.7%，人均GDP达28806元。本部分通过分析2014~2015年云南省经济综合竞争力以及各要素竞争力的排名变化，从中找出云南省经济综合竞争力的推动点及影响因素，为进一步提升云南省经济综合竞争力提供决策参考。

## 25.1 云南省经济综合竞争力总体分析

**1. 云南省经济综合竞争力一级指标概要分析**

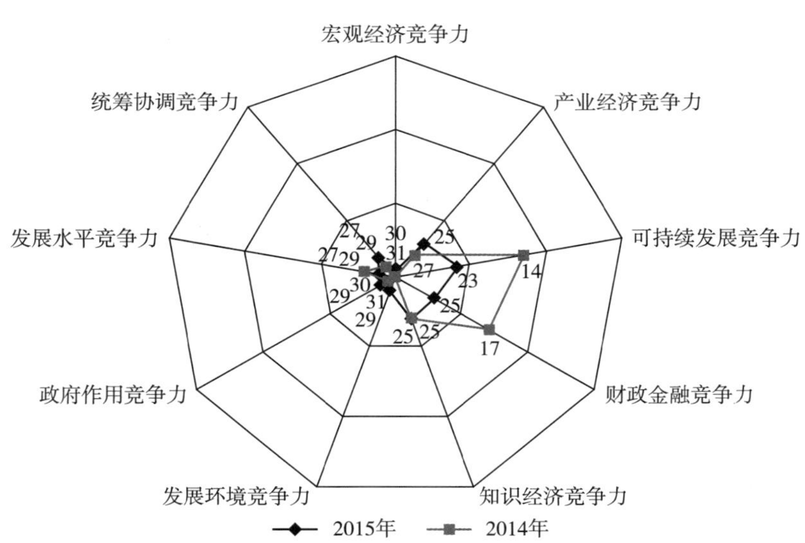


**图25-1 2014~2015年云南省经济综合竞争力二级指标比较**

（1）从综合排位看，2015年云南省经济综合竞争力排位在全国居第28位，在全国处于劣势地位；与2014年相比，综合排位上升了2位。

（2）从指标所处区位看，9个指标全部处于下游区。

（3）从指标变化趋势看，9个二级指标中，有5个指标处于上升趋势，分别为宏观

表 25-1 2014~2015 年云南省经济综合竞争力二级指标表现情况

| 年份 \ 项目 | 宏观经济竞争力 | 产业经济竞争力 | 可持续发展竞争力 | 财政金融竞争力 | 知识经济竞争力 | 发展环境竞争力 | 政府作用竞争力 | 发展水平竞争力 | 统筹协调竞争力 | **综合排位** |
|---|---|---|---|---|---|---|---|---|---|---|
| 2014 | 31 | 27 | 14 | 17 | 25 | 31 | 30 | 27 | 29 | 30 |
| 2015 | 30 | 25 | 23 | 25 | 25 | 29 | 29 | 29 | 27 | 28 |
| 升降 | 1 | 2 | -9 | -8 | 0 | 2 | 1 | -2 | 2 | 2 |
| 优劣度 | 劣势 | 劣势 | 劣势 | 劣势 | 劣势 | 劣势 | 劣势 | 劣势 | 劣势 | 劣势 |

经济竞争力、产业经济竞争力、政府作用竞争力、发展环境竞争力和统筹协调竞争力，这些是云南省经济综合竞争力的上升动力所在；有 1 个指标排位没有发生变化，为知识经济竞争力；有 3 个指标处于下降趋势，分别为可持续发展竞争力、财政金融竞争力和发展水平竞争力，是云南省经济综合竞争力的下降拉力所在。

**2. 云南省经济综合竞争力各级指标动态变化分析**

表 25-2 2014~2015 年云南省经济综合竞争力各级指标排位变化情况

| 二级指标 | 三级指标 | 四级指标数 | 上升 | | 保持 | | 下降 | | 变化趋势 |
|---|---|---|---|---|---|---|---|---|---|
| | | | 指标数 | 比重(%) | 指标数 | 比重(%) | 指标数 | 比重(%) | |
| 宏观经济竞争力 | 经济实力竞争力 | 12 | 5 | 41.7 | 4 | 33.3 | 3 | 25.0 | 上升 |
| | 经济结构竞争力 | 6 | 2 | 33.3 | 3 | 50.0 | 1 | 16.7 | 保持 |
| | 经济外向度竞争力 | 9 | 5 | 55.6 | 1 | 11.1 | 3 | 33.3 | 上升 |
| | 小计 | 27 | 12 | 44.4 | 8 | 29.6 | 7 | 25.9 | 上升 |
| 产业经济竞争力 | 农业竞争力 | 10 | 2 | 20.0 | 6 | 60.0 | 2 | 20.0 | 上升 |
| | 工业竞争力 | 10 | 4 | 40.0 | 3 | 30.0 | 3 | 30.0 | 上升 |
| | 服务业竞争力 | 10 | 2 | 20.0 | 3 | 30.0 | 5 | 50.0 | 上升 |
| | 企业竞争力 | 10 | 6 | 60.0 | 3 | 30.0 | 1 | 10.0 | 上升 |
| | 小计 | 40 | 14 | 35.0 | 15 | 37.5 | 11 | 27.5 | 上升 |
| 可持续发展竞争力 | 资源竞争力 | 9 | 1 | 11.1 | 4 | 44.4 | 4 | 44.4 | 下降 |
| | 环境竞争力 | 8 | 1 | 12.5 | 4 | 50.0 | 3 | 37.5 | 下降 |
| | 人力资源竞争力 | 8 | 4 | 50.0 | 2 | 25.0 | 2 | 25.0 | 下降 |
| | 小计 | 25 | 6 | 24.0 | 10 | 40.0 | 9 | 36.0 | 下降 |
| 财政金融竞争力 | 财政竞争力 | 12 | 3 | 25.0 | 3 | 25.0 | 6 | 50.0 | 下降 |
| | 金融竞争力 | 10 | 2 | 20.0 | 4 | 40.0 | 4 | 40.0 | 上升 |
| | 小计 | 22 | 5 | 22.7 | 7 | 31.8 | 10 | 45.5 | 下降 |
| 知识经济竞争力 | 科技竞争力 | 9 | 2 | 22.2 | 4 | 44.4 | 3 | 33.3 | 保持 |
| | 教育竞争力 | 10 | 5 | 50.0 | 4 | 40.0 | 1 | 10.0 | 保持 |
| | 文化竞争力 | 8 | 6 | 75.0 | 0 | 0.0 | 2 | 25.0 | 下降 |
| | 小计 | 27 | 13 | 48.1 | 8 | 29.6 | 6 | 22.2 | 保持 |

续表

| 二级指标 | 三级指标 | 四级指标数 | 上升 | | 保持 | | 下降 | | 变化趋势 |
|---|---|---|---|---|---|---|---|---|---|
| | | | 指标数 | 比重（%） | 指标数 | 比重（%） | 指标数 | 比重（%） | |
| 发展环境竞争力 | 基础设施竞争力 | 9 | 2 | 22.2 | 5 | 55.6 | 2 | 22.2 | 保持 |
| | 软环境竞争力 | 9 | 3 | 33.3 | 2 | 22.2 | 4 | 44.4 | 上升 |
| | 小　计 | 18 | 5 | 27.8 | 7 | 38.9 | 6 | 33.3 | 上升 |
| 政府作用竞争力 | 政府发展经济竞争力 | 5 | 1 | 20.0 | 4 | 80.0 | 0 | 0.0 | 上升 |
| | 政府规调经济竞争力 | 5 | 1 | 20.0 | 2 | 40.0 | 2 | 40.0 | 保持 |
| | 政府保障经济竞争力 | 6 | 3 | 50.0 | 2 | 33.3 | 1 | 16.7 | 下降 |
| | 小　计 | 16 | 5 | 31.3 | 8 | 50.0 | 3 | 18.8 | 上升 |
| 发展水平竞争力 | 工业化进程竞争力 | 6 | 2 | 33.3 | 2 | 33.3 | 2 | 33.3 | 上升 |
| | 城市化进程竞争力 | 7 | 3 | 42.9 | 1 | 14.3 | 3 | 42.9 | 下降 |
| | 市场化进程竞争力 | 6 | 0 | 0.0 | 2 | 33.3 | 4 | 66.7 | 下降 |
| | 小　计 | 19 | 5 | 26.3 | 5 | 26.3 | 9 | 47.4 | 下降 |
| 统筹协调竞争力 | 统筹发展竞争力 | 8 | 2 | 25.0 | 3 | 37.5 | 3 | 37.5 | 下降 |
| | 协调发展竞争力 | 8 | 3 | 37.5 | 3 | 37.5 | 2 | 25.0 | 上升 |
| | 小　计 | 16 | 5 | 31.3 | 6 | 37.5 | 5 | 31.3 | 上升 |
| 合　计 | | 210 | 70 | 33.3 | 74 | 35.2 | 66 | 31.4 | 上升 |

从表 25－2 可以看出，210 个四级指标中，上升指标有 70 个，占指标总数的 33.3%；下降指标有 66 个，占指标总数的 31.4%；保持不变的指标有 74 个，占指标总数的 35.2%。上升和保持指标的比重大于下降指标的比重，2015 年云南省经济综合竞争力排位上升 2 位。

3. 云南省经济综合竞争力各级指标优劣势结构分析

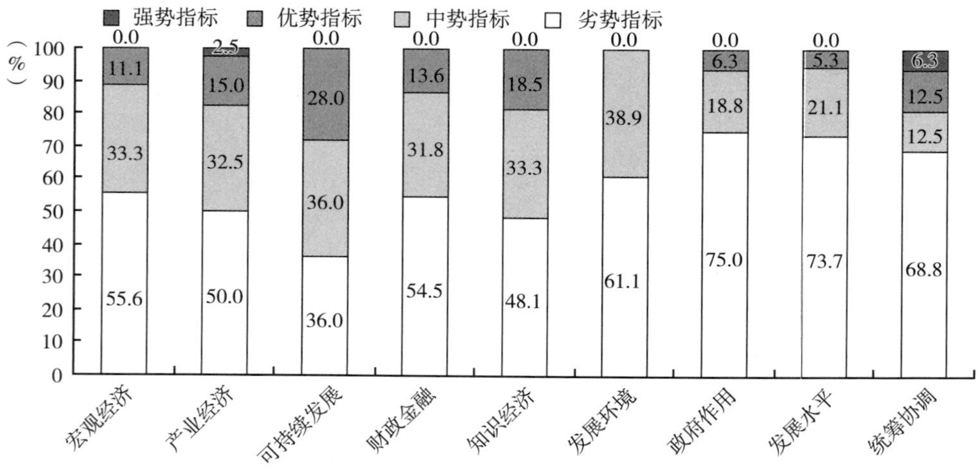


**图 25－2　2015 年云南省经济综合竞争力各级指标优劣势比较**

**表 25－3 2015 年云南省经济综合竞争力各级指标优劣势情况**

| 二级指标 | 三级指标 | 四级指标数 | 强势指标 | | 优势指标 | | 中势指标 | | 劣势指标 | | 优劣势 |
|---|---|---|---|---|---|---|---|---|---|---|---|
| | | | 个数 | 比重（%） | 个数 | 比重（%） | 个数 | 比重（%） | 个数 | 比重（%） | |
| 宏观经济竞争力 | 经济实力竞争力 | 12 | 0 | 0.0 | 2 | 16.7 | 5 | 41.7 | 5 | 41.7 | 劣势 |
| | 经济结构竞争力 | 6 | 0 | 0.0 | 0 | 0.0 | 2 | 33.3 | 4 | 66.7 | 劣势 |
| | 经济外向度竞争力 | 9 | 0 | 0.0 | 1 | 11.1 | 2 | 22.2 | 6 | 66.7 | 劣势 |
| | 小　　计 | 27 | 0 | 0.0 | 3 | 11.1 | 9 | 33.3 | 15 | 55.6 | 劣势 |
| 产业经济竞争力 | 农业竞争力 | 10 | 1 | 10.0 | 3 | 30.0 | 3 | 30.0 | 3 | 30.0 | 中势 |
| | 工业竞争力 | 10 | 0 | 0.0 | 1 | 10.0 | 4 | 40.0 | 5 | 50.0 | 劣势 |
| | 服务业竞争力 | 10 | 0 | 0.0 | 2 | 20.0 | 4 | 40.0 | 4 | 40.0 | 劣势 |
| | 企业竞争力 | 10 | 0 | 0.0 | 0 | 0.0 | 2 | 20.0 | 8 | 80.0 | 劣势 |
| | 小　　计 | 40 | 1 | 2.5 | 6 | 15.0 | 13 | 32.5 | 20 | 50.0 | 劣势 |
| 可持续发展竞争力 | 资源竞争力 | 9 | 0 | 0.0 | 4 | 44.4 | 4 | 44.4 | 1 | 11.1 | 中势 |
| | 环境竞争力 | 8 | 0 | 0.0 | 2 | 25.0 | 2 | 25.0 | 4 | 50.0 | 中势 |
| | 人力资源竞争力 | 8 | 0 | 0.0 | 1 | 12.5 | 3 | 37.5 | 4 | 50.0 | 劣势 |
| | 小　　计 | 25 | 0 | 0.0 | 7 | 28.0 | 9 | 36.0 | 9 | 36.0 | 劣势 |
| 财政金融竞争力 | 财政竞争力 | 12 | 0 | 0.0 | 2 | 16.7 | 3 | 25.0 | 7 | 58.3 | 劣势 |
| | 金融竞争力 | 10 | 0 | 0.0 | 1 | 10.0 | 4 | 40.0 | 5 | 50.0 | 中势 |
| | 小　　计 | 22 | 0 | 0.0 | 3 | 13.6 | 7 | 31.8 | 12 | 54.5 | 劣势 |
| 知识经济竞争力 | 科技竞争力 | 9 | 0 | 0.0 | 0 | 0.0 | 1 | 11.1 | 8 | 88.9 | 劣势 |
| | 教育竞争力 | 10 | 0 | 0.0 | 4 | 40.0 | 3 | 30.0 | 3 | 30.0 | 劣势 |
| | 文化竞争力 | 8 | 0 | 0.0 | 1 | 12.5 | 5 | 62.5 | 2 | 25.0 | 劣势 |
| | 小　　计 | 27 | 0 | 0.0 | 5 | 18.5 | 9 | 33.3 | 13 | 48.1 | 劣势 |
| 发展环境竞争力 | 基础设施竞争力 | 9 | 0 | 0.0 | 0 | 0.0 | 3 | 33.3 | 6 | 66.7 | 劣势 |
| | 软环境竞争力 | 9 | 0 | 0.0 | 0 | 0.0 | 4 | 44.4 | 5 | 55.6 | 劣势 |
| | 小　　计 | 18 | 0 | 0.0 | 0 | 0.0 | 7 | 38.9 | 11 | 61.1 | 劣势 |
| 政府作用竞争力 | 政府发展经济竞争力 | 5 | 0 | 0.0 | 1 | 20.0 | 1 | 20.0 | 3 | 60.0 | 劣势 |
| | 政府规调经济竞争力 | 5 | 0 | 0.0 | 0 | 0.0 | 1 | 20.0 | 4 | 80.0 | 劣势 |
| | 政府保障经济竞争力 | 6 | 0 | 0.0 | 0 | 0.0 | 1 | 16.7 | 5 | 83.3 | 劣势 |
| | 小　　计 | 16 | 0 | 0.0 | 1 | 6.3 | 3 | 18.8 | 12 | 75.0 | 劣势 |
| 发展水平竞争力 | 工业化进程竞争力 | 6 | 0 | 0.0 | 0 | 0.0 | 1 | 16.7 | 5 | 83.3 | 劣势 |
| | 城市化进程竞争力 | 7 | 0 | 0.0 | 1 | 14.3 | 2 | 28.6 | 4 | 57.1 | 劣势 |
| | 市场化进程竞争力 | 6 | 0 | 0.0 | 0 | 0.0 | 1 | 16.7 | 5 | 83.3 | 劣势 |
| | 小　　计 | 19 | 0 | 0.0 | 1 | 5.3 | 4 | 21.1 | 14 | 73.7 | 劣势 |
| 统筹协调竞争力 | 统筹发展竞争力 | 8 | 1 | 12.5 | 0 | 0.0 | 1 | 12.5 | 6 | 75.0 | 劣势 |
| | 协调发展竞争力 | 8 | 0 | 0.0 | 2 | 25.0 | 1 | 12.5 | 5 | 62.5 | 劣势 |
| | 小　　计 | 16 | 1 | 6.3 | 2 | 12.5 | 2 | 12.5 | 11 | 68.8 | 劣势 |
| 合　　计 | | 210 | 2 | 1.0 | 28 | 13.3 | 63 | 30.0 | 117 | 55.7 | 劣势 |

基于图 25－2 和表 25－3，具体到四级指标，强势指标 2 个，占指标总数的 1.0%；优势指标 28 个，占指标总数的 13.3%；中势指标 63 个，占指标总数的 30.0%；劣势

指标117个，占指标总数的55.7%。三级指标中，没有强势指标和优势指标；中势指标4个，占三级指标总数的16%；劣势指标21个，占三级指标总数的84%。二级指标全部为劣势指标。综合来看，由于劣势指标在指标体系中居于主导地位，2015年云南省经济综合竞争力处于劣势地位。

4. 云南省经济综合竞争力四级指标优劣势对比分析

表25－4　2015年云南省经济综合竞争力四级指标优劣势情况

| 二级指标 | 优劣势 | 四级指标 |
|---|---|---|
| 宏观经济竞争力（27个） | 强势指标 | （0个） |
| | 优势指标 | 地区生产总值增长率、固定资产投资额增长率、进出口增长率（3个） |
| | 劣势指标 | 地区生产总值、人均地区生产总值、人均固定资产投资额、全社会消费品零售总额、人均全社会消费品零售总额、产业结构优化度、所有制经济结构优化度、城乡经济结构优化度、资本形成结构优化度、进出口总额、出口增长率、实际FDI增长率、外贸依存度、外资企业数、对外直接投资（15个） |
| 产业经济竞争力（40个） | 强势指标 | 农业增加值增长率（1个） |
| | 优势指标 | 农民人均纯收入增长率、农产品出口占农林牧渔总产值比重、财政支农资金比重、工业全员劳动生产率、限额以上批零企业利税率、旅游外汇收入（6个） |
| | 劣势指标 | 人均农业增加值、农民人均纯收入、农村人均用电量、工业增加值、人均工业增加值、规模以上工业主营业务收入、规模以上工业利润总额、工业成本费用利润率、服务业增加值、人均服务业增加值、服务业从业人员数增长率、限额以上餐饮企业利税率、规模以上工业企业数、规模以上企业平均收入、规模以上企业平均利润、规模以上企业劳动效率、城镇就业人员平均工资、新产品销售收入占主营业务收入比重、产品质量抽查合格率、中国驰名商标持有量（20个） |
| 可持续发展竞争力（25个） | 强势指标 | （0个） |
| | 优势指标 | 人均年水资源量、耕地面积、人均耕地面积、人均森林储积量、森林覆盖率、人均废水排放量、人力资源利用率（7个） |
| | 劣势指标 | 人均国土面积、人均工业固体废物排放量、一般工业固体废物综合利用率、生活垃圾无害化处理率、自然灾害直接经济损失、文盲率、大专以上教育程度人口比例、平均受教育程度、人口健康素质（9个） |
| 财政金融竞争力（22个） | 强势指标 | （0个） |
| | 优势指标 | 地方财政收入占GDP比重、地方财政支出占GDP比重、中长期贷款占贷款余额比重（3个） |
| | 劣势指标 | 税收收入占财政总收入比重、人均地方财政收入、人均地方财政支出、人均税收收入、地方财政收入增长率、地方财政支出增长率、税收收入增长率、人均存款余额、人均贷款余额、货币市场融资额、保险费净收入、保险密度（12个） |
| 知识经济竞争力（27个） | 强势指标 | （0个） |
| | 优势指标 | 教育经费占GDP比重、人均文化教育支出占个人消费支出比重、万人中小学学校数、万人中小学专任教师数、城镇居民人均文化娱乐支出占消费性支出比重（5个） |
| | 劣势指标 | R&D人员、R&D经费、R&D经费投入强度、发明专利授权量、财政科技支出占地方财政支出比重、高技术产业增加值、高技术产业增加值占工业增加值比重、高技术产品出口额占商品出口额比重、人均教育经费、高校专任教师数、万人高等学校在校学生数、报纸出版数、农村居民人均文化娱乐支出（13个） |

续表

| 二级指标 | 优劣势 | 四　级　指　标 |
|---|---|---|
| 发展环境竞争力（18 个） | 强势指标 | （0 个） |
| | 优势指标 | （0 个） |
| | 劣势指标 | 铁路网线密度、公路网线密度、全社会旅客周转量、全社会货物周转量、电话普及率、互联网上网人数比重、外资企业数增长率、万人外资企业数、个体私营企业数增长率、万人个体私营企业数、罚没收入占财政收入比重（11 个） |
| 政府作用竞争力（16 个） | 强势指标 | （0 个） |
| | 优势指标 | 财政支出用于基本建设投资比重（1 个） |
| | 劣势指标 | 财政支出对 GDP 增长的拉动、政府公务员对经济的贡献、财政投资对社会投资的拉动、物价调控、调控城乡消费差距、统筹经济社会发展、人口控制、城市城镇社区服务设施数、医疗保险覆盖率、养老保险覆盖率、失业保险覆盖率、城镇登记失业率（12 个） |
| 发展水平竞争力（19 个） | 强势指标 | （0 个） |
| | 优势指标 | 城市平均建成区面积比重（1 个） |
| | 劣势指标 | 工业增加值占 GDP 比重、高技术产业规模以上企业产值 、高技术产业增加值占工业增加值比重、高技术产品出口额占商品出口额比重、信息产业增加值占 GDP 比重、城镇化率、人均日生活用水量、恩格尔系数、人均公共绿地面积、非公有制经济产值占全社会总产值的比重、社会投资占投资总额比重、私有和个体企业从业人员比重、亿元以上商品市场成交额、亿元以上商品市场成交额占全社会消费品零售总额比重（14 个） |
| 统筹协调竞争力（16 个） | 强势指标 | 最终消费率（1 个） |
| | 优势指标 | 资源竞争力与宏观经济竞争力比差、资源竞争力与工业竞争力比差（2 个） |
| | 劣势指标 | 社会劳动生产率、社会劳动生产率增速、万元 GDP 综合能耗、非农用地产出率、固定资产投资额占 GDP 比重、固定资产交付使用率、环境竞争力与宏观经济竞争力比差、人力资源竞争力与宏观经济竞争力比差、环境竞争力与工业竞争力比差、城乡居民家庭人均收入比差、城乡居民人均现金消费支出比差（11 个） |

## 25.2　云南省经济综合竞争力各级指标具体分析

### 1. 云南省宏观经济竞争力指标排名变化情况

**表 25－5　2014～2015 年云南省宏观经济竞争力指标组排位及变化趋势**

| 指　标 | 2014 | 2015 | 排位升降 | 优劣势 |
|---|---|---|---|---|
| **1　宏观经济竞争力** | 31 | 30 | 1 | 劣势 |
| 1.1　经济实力竞争力 | 29 | 22 | 7 | 劣势 |
| 地区生产总值 | 23 | 23 | 0 | 劣势 |
| 地区生产总值增长率 | 20 | 10 | 10 | 优势 |
| 人均地区生产总值 | 29 | 30 | －1 | 劣势 |
| 财政总收入 | 13 | 12 | 1 | 中势 |
| 财政总收入增长率 | 5 | 15 | －10 | 中势 |

续表

| 指　　标 | 2014 | 2015 | 排位升降 | 优劣势 |
|---|---|---|---|---|
| 人均财政收入 | 20 | 17 | 3 | 中势 |
| 固定资产投资额 | 19 | 19 | 0 | 中势 |
| 固定资产投资额增长率 | 21 | 4 | 17 | 优势 |
| 人均固定资产投资额 | 31 | 28 | 3 | 劣势 |
| 全社会消费品零售总额 | 24 | 24 | 0 | 劣势 |
| 全社会消费品零售总额增长率 | 12 | 18 | -6 | 中势 |
| 人均全社会消费品零售总额 | 30 | 30 | 0 | 劣势 |
| 1.2　经济结构竞争力 | 31 | 31 | 0 | 劣势 |
| 产业结构优化度 | 29 | 24 | 5 | 劣势 |
| 所有制经济结构优化度 | 30 | 30 | 0 | 劣势 |
| 城乡经济结构优化度 | 23 | 21 | 2 | 劣势 |
| 就业结构优化度 | 20 | 20 | 0 | 中势 |
| 资本形成结构优化度 | 10 | 23 | -13 | 劣势 |
| 贸易结构优化度 | 20 | 20 | 0 | 中势 |
| 1.3　经济外向度竞争力 | 23 | 21 | 2 | 劣势 |
| 进出口总额 | 24 | 23 | 1 | 劣势 |
| 进出口增长率 | 27 | 7 | 20 | 优势 |
| 出口总额 | 19 | 17 | 2 | 中势 |
| 出口增长率 | 21 | 22 | -1 | 劣势 |
| 实际 FDI | 10 | 18 | -8 | 中势 |
| 实际 FDI 增长率 | 30 | 31 | -1 | 劣势 |
| 外贸依存度 | 29 | 24 | 5 | 劣势 |
| 外资企业数 | 30 | 30 | 0 | 劣势 |
| 对外直接投资 | 23 | 21 | 2 | 劣势 |

## 2. 云南省产业经济竞争力指标排名变化情况

**表 25-6　2014~2015 年云南省产业经济竞争力指标组排位及变化趋势**

| 指　　标 | 2014 | 2015 | 排位升降 | 优劣势 |
|---|---|---|---|---|
| **2　产业经济竞争力** | 27 | 25 | 2 | 劣势 |
| 2.1　农业竞争力 | 17 | 16 | 1 | 中势 |
| 农业增加值 | 14 | 14 | 0 | 中势 |
| 农业增加值增长率 | 2 | 2 | 0 | 强势 |
| 人均农业增加值 | 25 | 25 | 0 | 劣势 |
| 农民人均纯收入 | 27 | 28 | -1 | 劣势 |
| 农民人均纯收入增长率 | 20 | 4 | 16 | 优势 |
| 农产品出口占农林牧渔总产值比重 | 9 | 8 | 1 | 优势 |

续表

| 指　标 | 2014 | 2015 | 排位升降 | 优劣势 |
|---|---|---|---|---|
| 人均主要农产品产量 | 17 | 18 | -1 | 中势 |
| 农业机械化水平 | 13 | 13 | 0 | 中势 |
| 农村人均用电量 | 27 | 27 | 0 | 劣势 |
| 财政支农资金比重 | 7 | 7 | 0 | 优势 |
| 2.2　工业竞争力 | 24 | 23 | 1 | 劣势 |
| 工业增加值 | 23 | 23 | 0 | 劣势 |
| 工业增加值增长率 | 17 | 17 | 0 | 中势 |
| 人均工业增加值 | 29 | 28 | 1 | 劣势 |
| 工业资产总额 | 19 | 20 | -1 | 中势 |
| 工业资产总额增长率 | 15 | 19 | -4 | 中势 |
| 工业资产总贡献率 | 19 | 19 | 0 | 中势 |
| 规模以上工业主营业务收入 | 24 | 25 | -1 | 劣势 |
| 规模以上工业利润总额 | 25 | 23 | 2 | 劣势 |
| 工业全员劳动生产率 | 26 | 7 | 19 | 优势 |
| 工业成本费用利润率 | 26 | 23 | 3 | 劣势 |
| 2.3　服务业竞争力 | 25 | 23 | 2 | 劣势 |
| 服务业增加值 | 23 | 23 | 0 | 劣势 |
| 服务业增加值增长率 | 26 | 18 | 8 | 中势 |
| 人均服务业增加值 | 30 | 30 | 0 | 劣势 |
| 服务业从业人员数 | 15 | 15 | 0 | 中势 |
| 服务业从业人员数增长率 | 15 | 28 | -13 | 劣势 |
| 限额以上批发零售企业主营业务收入 | 17 | 19 | -2 | 中势 |
| 限额以上批零企业利税率 | 4 | 6 | -2 | 优势 |
| 限额以上餐饮企业利税率 | 27 | 25 | 2 | 劣势 |
| 旅游外汇收入 | 8 | 9 | -1 | 优势 |
| 房地产经营总收入 | 18 | 19 | -1 | 中势 |
| 2.4　企业竞争力 | 31 | 30 | 1 | 劣势 |
| 规模以上工业企业数 | 24 | 23 | 1 | 劣势 |
| 规模以上企业平均资产 | 11 | 11 | 0 | 中势 |
| 规模以上企业平均收入 | 24 | 25 | -1 | 劣势 |
| 规模以上企业平均利润 | 24 | 22 | 2 | 劣势 |
| 规模以上企业劳动效率 | 23 | 22 | 1 | 劣势 |
| 城镇就业人员平均工资 | 23 | 23 | 0 | 劣势 |
| 新产品销售收入占主营业务收入比重 | 26 | 26 | 0 | 劣势 |
| 产品质量抽查合格率 | 31 | 30 | 1 | 劣势 |
| 工业企业 R&D 经费投入强度 | 23 | 18 | 5 | 中势 |
| 中国驰名商标持有量 | 24 | 21 | 3 | 劣势 |

## 3. 云南省可持续发展竞争力指标排名变化情况

**表 25-7　2014~2015 年云南省可持续发展竞争力指标组排位及变化趋势**

| 指　　标 | 2014 | 2015 | 排位升降 | 优劣势 |
|---|---|---|---|---|
| **3　可持续发展竞争力** | 14 | 23 | -9 | 劣势 |
| 3.1　资源竞争力 | 13 | 15 | -2 | 中势 |
| 人均国土面积 | 7 | 25 | -18 | 劣势 |
| 人均可使用海域和滩涂面积 | 13 | 13 | 0 | 中势 |
| 人均年水资源量 | 5 | 6 | -1 | 优势 |
| 耕地面积 | 8 | 8 | 0 | 优势 |
| 人均耕地面积 | 8 | 8 | 0 | 优势 |
| 人均牧草地面积 | 13 | 12 | 1 | 中势 |
| 主要能源矿产基础储量 | 12 | 13 | -1 | 中势 |
| 人均主要能源矿产基础储量 | 11 | 12 | -1 | 中势 |
| 人均森林储积量 | 4 | 4 | 0 | 优势 |
| 3.2　环境竞争力 | 5 | 13 | -8 | 中势 |
| 森林覆盖率 | 7 | 7 | 0 | 优势 |
| 人均废水排放量 | 4 | 4 | 0 | 优势 |
| 人均工业废气排放量 | 12 | 12 | 0 | 中势 |
| 人均工业固体废物排放量 | 24 | 24 | 0 | 劣势 |
| 人均治理工业污染投资额 | 18 | 17 | 1 | 中势 |
| 一般工业固体废物综合利用率 | 21 | 26 | -5 | 劣势 |
| 生活垃圾无害化处理率 | 21 | 23 | -2 | 劣势 |
| 自然灾害直接经济损失 | 23 | 27 | -4 | 劣势 |
| 3.3　人力资源竞争力 | 24 | 26 | -2 | 劣势 |
| 常住人口增长率 | 15 | 17 | -2 | 中势 |
| 15~64 岁人口比例 | 20 | 18 | 2 | 中势 |
| 文盲率 | 27 | 27 | 0 | 劣势 |
| 大专以上教育程度人口比例 | 30 | 27 | 3 | 劣势 |
| 平均受教育程度 | 30 | 28 | 2 | 劣势 |
| 人口健康素质 | 22 | 22 | 0 | 劣势 |
| 人力资源利用率 | 5 | 9 | -4 | 优势 |
| 职业学校毕业生数 | 16 | 11 | 5 | 中势 |

## 4. 云南省财政金融竞争力指标排名变化情况

**表 25-8　2014~2015 年云南省财政金融竞争力指标组排位及变化趋势**

| 指　　标 | 2014 | 2015 | 排位升降 | 优劣势 |
|---|---|---|---|---|
| **4　财政金融竞争力** | 17 | 25 | -8 | 劣势 |
| 4.1　财政竞争力 | 17 | 24 | -7 | 劣势 |
| 地方财政收入 | 21 | 20 | 1 | 中势 |
| 地方财政支出 | 14 | 13 | 1 | 中势 |
| 地方财政收入占 GDP 比重 | 10 | 9 | 1 | 优势 |
| 地方财政支出占 GDP 比重 | 7 | 7 | 0 | 优势 |

续表

| 指　　标 | 2014 | 2015 | 排位升降 | 优劣势 |
|---|---|---|---|---|
| 税收收入占 GDP 比重 | 5 | 13 | -8 | 中势 |
| 税收收入占财政总收入比重 | 22 | 25 | -3 | 劣势 |
| 人均地方财政收入 | 25 | 25 | 0 | 劣势 |
| 人均地方财政支出 | 17 | 22 | -5 | 劣势 |
| 人均税收收入 | 25 | 26 | -1 | 劣势 |
| 地方财政收入增长率 | 15 | 22 | -7 | 劣势 |
| 地方财政支出增长率 | 8 | 22 | -14 | 劣势 |
| 税收收入增长率 | 28 | 28 | 0 | 劣势 |
| 4.2　金融竞争力 | 19 | 18 | 1 | 中势 |
| 存款余额 | 19 | 19 | 0 | 中势 |
| 人均存款余额 | 27 | 28 | -1 | 劣势 |
| 贷款余额 | 18 | 18 | 0 | 中势 |
| 人均贷款余额 | 23 | 23 | 0 | 劣势 |
| 货币市场融资额 | 29 | 29 | 0 | 劣势 |
| 中长期贷款占贷款余额比重 | 10 | 9 | 1 | 优势 |
| 保险费净收入 | 20 | 22 | -2 | 劣势 |
| 保险密度 | 26 | 27 | -1 | 劣势 |
| 保险深度 | 10 | 11 | -1 | 中势 |
| 人均证券市场筹资额 | 20 | 18 | 2 | 中势 |

## 5. 云南省知识经济竞争力指标排名变化情况

**表 25-9　2014~2015 年云南省知识经济竞争力指标组排位及变化趋势**

| 指　　标 | 2014 | 2015 | 排位升降 | 优劣势 |
|---|---|---|---|---|
| **5　知识经济竞争力** | 25 | 25 | 0 | 劣势 |
| 5.1　科技竞争力 | 26 | 26 | 0 | 劣势 |
| R&D 人员 | 24 | 24 | 0 | 劣势 |
| R&D 经费 | 24 | 24 | 0 | 劣势 |
| R&D 经费投入强度 | 27 | 26 | 1 | 劣势 |
| 发明专利授权量 | 22 | 22 | 0 | 劣势 |
| 技术市场成交合同金额 | 19 | 19 | 0 | 中势 |
| 财政科技支出占地方财政支出比重 | 26 | 25 | 1 | 劣势 |
| 高技术产业增加值 | 23 | 25 | -2 | 劣势 |
| 高技术产业增加值占工业增加值比重 | 24 | 26 | -2 | 劣势 |
| 高技术产品出口额占商品出口额比重 | 18 | 27 | -9 | 劣势 |
| 5.2　教育竞争力 | 22 | 22 | 0 | 劣势 |
| 教育经费 | 15 | 15 | 0 | 中势 |
| 教育经费占 GDP 比重 | 6 | 6 | 0 | 优势 |
| 人均教育经费 | 21 | 23 | -2 | 劣势 |
| 公共教育经费占财政支出比重 | 22 | 17 | 5 | 中势 |

续表

| 指　　标 | 2014 | 2015 | 排位升降 | 优劣势 |
|---|---|---|---|---|
| 人均文化教育支出占个人消费支出比重 | 11 | 8 | 3 | 优势 |
| 万人中小学学校数 | 5 | 4 | 1 | 优势 |
| 万人中小学专任教师数 | 10 | 10 | 0 | 优势 |
| 高等学校数 | 20 | 19 | 1 | 中势 |
| 高校专任教师数 | 22 | 22 | 0 | 劣势 |
| 万人高等学校在校学生数 | 28 | 27 | 1 | 劣势 |
| 5.3　文化竞争力 | 20 | 21 | -1 | 劣势 |
| 文化服务业企业营业收入 | 20 | 19 | 1 | 中势 |
| 图书和期刊出版数 | 19 | 18 | 1 | 中势 |
| 报纸出版数 | 23 | 25 | -2 | 劣势 |
| 出版印刷工业销售产值 | 21 | 20 | 1 | 中势 |
| 城镇居民人均文化娱乐支出 | 19 | 18 | 1 | 中势 |
| 农村居民人均文化娱乐支出 | 27 | 28 | -1 | 劣势 |
| 城镇居民人均文化娱乐支出占消费性支出比重 | 11 | 8 | 3 | 优势 |
| 农村居民人均文化娱乐支出占消费性支出比重 | 12 | 11 | 1 | 中势 |

## 6. 云南省发展环境竞争力指标排名变化情况

**表 25－10　2014～2015 年云南省发展环境竞争力指标组排位及变化趋势**

| 指　　标 | 2014 | 2015 | 排位升降 | 优劣势 |
|---|---|---|---|---|
| **6　发展环境竞争力** | 31 | 29 | 2 | 劣势 |
| 6.1　基础设施竞争力 | 29 | 29 | 0 | 劣势 |
| 铁路网线密度 | 28 | 28 | 0 | 劣势 |
| 公路网线密度 | 23 | 23 | 0 | 劣势 |
| 人均内河航道里程 | 17 | 17 | 0 | 中势 |
| 全社会旅客周转量 | 21 | 21 | 0 | 劣势 |
| 全社会货物周转量 | 26 | 24 | 2 | 劣势 |
| 人均邮电业务总量 | 20 | 16 | 4 | 中势 |
| 电话普及率 | 27 | 27 | 0 | 劣势 |
| 互联网上网人数比重 | 29 | 31 | -2 | 劣势 |
| 人均耗电量 | 19 | 20 | -1 | 中势 |
| 6.2　软环境竞争力 | 30 | 29 | 1 | 劣势 |
| 外资企业数增长率 | 31 | 26 | 5 | 劣势 |
| 万人外资企业数 | 23 | 26 | -3 | 劣势 |
| 个体私营企业数增长率 | 12 | 22 | -10 | 劣势 |
| 万人个体私营企业数 | 28 | 28 | 0 | 劣势 |
| 万人商标注册件数 | 19 | 20 | -1 | 中势 |
| 查处商标侵权假冒案件 | 18 | 12 | 6 | 中势 |
| 每十万人交通事故发生数 | 12 | 12 | 0 | 中势 |
| 罚没收入占财政收入比重 | 25 | 24 | 1 | 劣势 |
| 社会捐赠款物 | 9 | 15 | -6 | 中势 |

## 7. 云南省政府作用竞争力指标排名变化情况

**表 25-11 2014~2015 年云南省政府作用竞争力指标组排位及变化趋势**

| 指 标 | 2014 | 2015 | 排位升降 | 优劣势 |
|---|---|---|---|---|
| **7 政府作用竞争力** | 30 | 29 | 1 | 劣势 |
| 7.1 政府发展经济竞争力 | 25 | 24 | 1 | 劣势 |
| 财政支出用于基本建设投资比重 | 13 | 6 | 7 | 优势 |
| 财政支出对 GDP 增长的拉动 | 25 | 25 | 0 | 劣势 |
| 政府公务员对经济的贡献 | 25 | 25 | 0 | 劣势 |
| 政府消费对民间消费的拉动 | 20 | 20 | 0 | 中势 |
| 财政投资对社会投资的拉动 | 26 | 26 | 0 | 劣势 |
| 7.2 政府规调经济竞争力 | 29 | 29 | 0 | 劣势 |
| 物价调控 | 27 | 28 | -1 | 劣势 |
| 调控城乡消费差距 | 30 | 30 | 0 | 劣势 |
| 统筹经济社会发展 | 29 | 29 | 0 | 劣势 |
| 规范税收 | 15 | 14 | 1 | 中势 |
| 人口控制 | 17 | 21 | -4 | 劣势 |
| 7.3 政府保障经济竞争力 | 30 | 31 | -1 | 劣势 |
| 城市城镇社区服务设施数 | 26 | 24 | 2 | 劣势 |
| 医疗保险覆盖率 | 29 | 28 | 1 | 劣势 |
| 养老保险覆盖率 | 30 | 30 | 0 | 劣势 |
| 失业保险覆盖率 | 30 | 29 | 1 | 劣势 |
| 下岗职工再就业率 | 8 | 15 | -7 | 中势 |
| 城镇登记失业率 | 26 | 26 | 0 | 劣势 |

## 8. 云南省发展水平竞争力指标排名变化情况

**表 25-12 2014~2015 年云南省发展水平竞争力指标组排位及变化趋势**

| 指 标 | 2014 | 2015 | 排位升降 | 优劣势 |
|---|---|---|---|---|
| **8 发展水平竞争力** | 27 | 29 | -2 | 劣势 |
| 8.1 工业化进程竞争力 | 27 | 26 | 1 | 劣势 |
| 工业增加值占 GDP 比重 | 28 | 26 | 2 | 劣势 |
| 工业增加值增长率 | 25 | 16 | 9 | 中势 |
| 高技术产业规模以上企业产值 | 25 | 25 | 0 | 劣势 |
| 高技术产业增加值占工业增加值比重 | 26 | 26 | 0 | 劣势 |
| 高技术产品出口额占商品出口额比重 | 18 | 28 | -10 | 劣势 |
| 信息产业增加值占 GDP 比重 | 20 | 28 | -8 | 劣势 |
| 8.2 城市化进程竞争力 | 27 | 29 | -2 | 劣势 |
| 城镇化率 | 28 | 28 | 0 | 劣势 |
| 城镇居民人均可支配收入 | 19 | 18 | 1 | 中势 |
| 城市平均建成区面积比重 | 26 | 10 | 16 | 优势 |

续表

| 指　　标 | 2014 | 2015 | 排位升降 | 优劣势 |
|---|---|---|---|---|
| 人均拥有道路面积 | 9 | 19 | -10 | 中势 |
| 人均日生活用水量 | 24 | 23 | 1 | 劣势 |
| 恩格尔系数 | 17 | 22 | -5 | 劣势 |
| 人均公共绿地面积 | 24 | 26 | -2 | 劣势 |
| 8.3　市场化进程竞争力 | 23 | 28 | -5 | 劣势 |
| 非公有制经济产值占全社会总产值的比重 | 26 | 29 | -3 | 劣势 |
| 社会投资占投资总额比重 | 26 | 28 | -2 | 劣势 |
| 私有和个体企业从业人员比重 | 6 | 31 | -25 | 劣势 |
| 亿元以上商品市场成交额 | 21 | 25 | -4 | 劣势 |
| 亿元以上商品市场成交额占全社会消费品零售总额比重 | 24 | 24 | 0 | 劣势 |
| 居民消费支出占总消费支出比重 | 20 | 20 | 0 | 中势 |

## 9. 云南省统筹协调竞争力指标排名变化情况

**表 25-13　2014~2015 年云南省统筹协调竞争力指标组排位及变化趋势**

| 指　　标 | 2014 | 2015 | 排位升降 | 优劣势 |
|---|---|---|---|---|
| **9　统筹协调竞争力** | 29 | 27 | 2 | 劣势 |
| 9.1　统筹发展竞争力 | 24 | 25 | -1 | 劣势 |
| 社会劳动生产率 | 30 | 30 | 0 | 劣势 |
| 社会劳动生产率增速 | 10 | 28 | -18 | 劣势 |
| 万元 GDP 综合能耗 | 26 | 25 | 1 | 劣势 |
| 非农用地产出率 | 25 | 25 | 0 | 劣势 |
| 生产税净额和营业盈余占 GDP 比重 | 13 | 15 | -2 | 中势 |
| 最终消费率 | 2 | 2 | 0 | 强势 |
| 固定资产投资额占 GDP 比重 | 19 | 21 | -2 | 劣势 |
| 固定资产交付使用率 | 26 | 24 | 2 | 劣势 |
| 9.2　协调发展竞争力 | 31 | 30 | 1 | 劣势 |
| 环境竞争力与宏观经济竞争力比差 | 31 | 28 | 3 | 劣势 |
| 资源竞争力与宏观经济竞争力比差 | 6 | 7 | -1 | 优势 |
| 人力资源竞争力与宏观经济竞争力比差 | 28 | 24 | 4 | 劣势 |
| 资源竞争力与工业竞争力比差 | 8 | 9 | -1 | 优势 |
| 环境竞争力与工业竞争力比差 | 30 | 27 | 3 | 劣势 |
| 城乡居民家庭人均收入比差 | 29 | 29 | 0 | 劣势 |
| 城乡居民人均现金消费支出比差 | 30 | 30 | 0 | 劣势 |
| 全社会消费品零售总额与外贸出口总额比差 | 16 | 16 | 0 | 中势 |

# B.27
# 26
# 西藏自治区经济综合竞争力评价分析报告

西藏自治区简称藏，位于我国西南边疆，东靠四川省，北连新疆维吾尔自治区、青海省，南部和西部与缅甸、印度、不丹、尼泊尔等国接壤。西藏自治区地处素有“世界屋脊”之称的青藏高原。全区土地面积为122万多平方公里，是中国五大牧区之一。2015年常住人口为324万人，地区生产总值为1026亿元，同比增长11.0%，人均GDP达21999元。本部分通过分析2014～2015年西藏自治区经济综合竞争力以及各要素竞争力的排名变化，从中找出西藏自治区经济综合竞争力的推动点及影响因素，为进一步提升西藏自治区经济综合竞争力提供决策参考。

## 26.1 西藏自治区经济综合竞争力总体分析

**1. 西藏自治区经济综合竞争力一级指标概要分析**

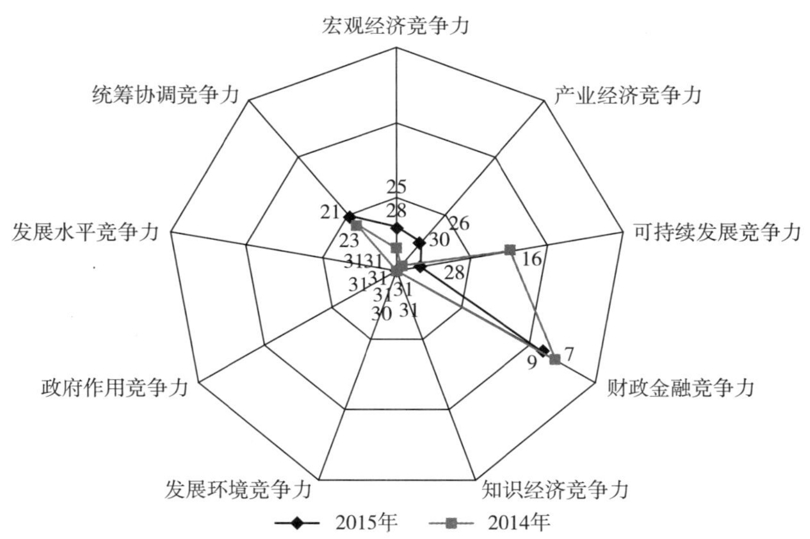


**图26－1 2014～2015年西藏自治区经济综合竞争力二级指标比较**

（1）从综合排位看，2015年西藏自治区经济综合竞争力排位在全国居第31位，在全国处于劣势地位；与2014年相比，综合排位保持不变。

（2）从指标所处区位看，只有财政金融竞争力1个指标处于上游区，没有指标处于中游区，其他8个指标都处于下游区。

表 26－1　2014～2015 年西藏自治区经济综合竞争力二级指标表现情况

| 年份＼项目 | 宏观经济竞争力 | 产业经济竞争力 | 可持续发展竞争力 | 财政金融竞争力 | 知识经济竞争力 | 发展环境竞争力 | 政府作用竞争力 | 发展水平竞争力 | 统筹协调竞争力 | **综合排位** |
|---|---|---|---|---|---|---|---|---|---|---|
| 2014 | 28 | 30 | 16 | 7 | 31 | 30 | 31 | 31 | 23 | 31 |
| 2015 | 25 | 26 | 28 | 9 | 31 | 31 | 31 | 31 | 21 | 31 |
| 升降 | 3 | 4 | －12 | －2 | 0 | －1 | 0 | 0 | 2 | 0 |
| 优劣度 | 劣势 | 劣势 | 劣势 | 优势 | 劣势 | 劣势 | 劣势 | 劣势 | 劣势 | 劣势 |

（3）从指标变化趋势看，9 个二级指标中，有 3 个指标处于上升趋势，分别为宏观经济竞争力、产业经济竞争力和统筹协调竞争力，这些是西藏自治区经济综合竞争力的上升动力所在；有 3 个指标排位没有发生变化，为知识经济竞争力、政府作用竞争力和发展水平竞争力；有 3 个指标处于下降趋势，分别为可持续发展竞争力、财政金融竞争力和发展环境竞争力，是西藏自治区经济综合竞争力的下降拉力所在。

**2. 西藏自治区经济综合竞争力各级指标动态变化分析**

表 26－2　2014～2015 年西藏自治区经济综合竞争力各级指标排位变化情况

| 二级指标 | 三级指标 | 四级指标数 | 上升 | | 保持 | | 下降 | | 变化趋势 |
|---|---|---|---|---|---|---|---|---|---|
| | | | 指标数 | 比重（%） | 指标数 | 比重（%） | 指标数 | 比重（%） | |
| 宏观经济竞争力 | 经济实力竞争力 | 12 | 5 | 41.7 | 6 | 50.0 | 1 | 8.3 | 上升 |
| | 经济结构竞争力 | 6 | 1 | 16.7 | 2 | 33.3 | 3 | 50.0 | 下降 |
| | 经济外向度竞争力 | 9 | 2 | 22.2 | 4 | 44.4 | 3 | 33.3 | 保持 |
| | 小　　计 | 27 | 8 | 29.6 | 12 | 44.4 | 7 | 25.9 | 上升 |
| 产业经济竞争力 | 农业竞争力 | 10 | 4 | 40.0 | 3 | 30.0 | 3 | 30.0 | 上升 |
| | 工业竞争力 | 10 | 3 | 30.0 | 6 | 60.0 | 1 | 10.0 | 上升 |
| | 服务业竞争力 | 10 | 1 | 10.0 | 7 | 70.0 | 2 | 20.0 | 上升 |
| | 企业竞争力 | 10 | 3 | 30.0 | 3 | 30.0 | 4 | 40.0 | 保持 |
| | 小　　计 | 40 | 11 | 27.5 | 19 | 47.5 | 10 | 25.0 | 上升 |
| 可持续发展竞争力 | 资源竞争力 | 9 | 0 | 0.0 | 8 | 88.9 | 1 | 11.1 | 保持 |
| | 环境竞争力 | 8 | 0 | 0.0 | 5 | 62.5 | 3 | 37.5 | 下降 |
| | 人力资源竞争力 | 8 | 1 | 12.5 | 5 | 62.5 | 2 | 25.0 | 上升 |
| | 小　　计 | 25 | 1 | 4.0 | 18 | 72.0 | 6 | 24.0 | 下降 |
| 财政金融竞争力 | 财政竞争力 | 12 | 1 | 8.3 | 7 | 58.3 | 4 | 33.3 | 下降 |
| | 金融竞争力 | 10 | 3 | 30.0 | 7 | 70.0 | 0 | 0.0 | 上升 |
| | 小　　计 | 22 | 4 | 18.2 | 14 | 63.6 | 4 | 18.2 | 下降 |
| 知识经济竞争力 | 科技竞争力 | 9 | 3 | 33.3 | 6 | 66.7 | 0 | 0.0 | 上升 |
| | 教育竞争力 | 10 | 2 | 20.0 | 6 | 60.0 | 2 | 20.0 | 下降 |
| | 文化竞争力 | 8 | 0 | 0.0 | 8 | 100.0 | 0 | 0.0 | 保持 |
| | 小　　计 | 27 | 5 | 18.5 | 20 | 74.1 | 2 | 7.4 | 保持 |

续表

| 二级指标 | 三级指标 | 四级指标数 | 上升 |  | 保持 |  | 下降 |  | 变化趋势 |
|---|---|---|---|---|---|---|---|---|---|
|  |  |  | 指标数 | 比重（%） | 指标数 | 比重（%） | 指标数 | 比重（%） |  |
| 发展环境竞争力 | 基础设施竞争力 | 9 | 1 | 11.1 | 6 | 66.7 | 2 | 22.2 | 保持 |
|  | 软环境竞争力 | 9 | 3 | 33.3 | 2 | 22.2 | 4 | 44.4 | 下降 |
|  | 小　计 | 18 | 4 | 22.2 | 8 | 44.4 | 6 | 33.3 | 下降 |
| 政府作用竞争力 | 政府发展经济竞争力 | 5 | 0 | 0.0 | 5 | 100.0 | 0 | 0.0 | 保持 |
|  | 政府规调经济竞争力 | 5 | 1 | 20.0 | 2 | 40.0 | 2 | 40.0 | 保持 |
|  | 政府保障经济竞争力 | 6 | 1 | 16.7 | 4 | 66.7 | 1 | 16.7 | 上升 |
|  | 小　计 | 16 | 2 | 12.5 | 11 | 68.8 | 3 | 18.8 | 保持 |
| 发展水平竞争力 | 工业化进程竞争力 | 6 | 1 | 16.7 | 2 | 33.3 | 3 | 50.0 | 上升 |
|  | 城市化进程竞争力 | 7 | 4 | 57.1 | 3 | 42.9 | 0 | 0.0 | 上升 |
|  | 市场化进程竞争力 | 6 | 1 | 16.7 | 4 | 66.7 | 1 | 16.7 | 保持 |
|  | 小　计 | 19 | 6 | 31.6 | 9 | 47.4 | 4 | 21.1 | 保持 |
| 统筹协调竞争力 | 统筹发展竞争力 | 8 | 3 | 37.5 | 3 | 37.5 | 2 | 25.0 | 上升 |
|  | 协调发展竞争力 | 8 | 5 | 62.5 | 1 | 12.5 | 2 | 25.0 | 上升 |
|  | 小　计 | 16 | 8 | 50.0 | 4 | 25.0 | 4 | 25.0 | 上升 |
| 合　计 |  | 210 | 49 | 23.3 | 115 | 54.8 | 46 | 21.9 | 保持 |

从表 26－2 可以看出，210 个四级指标中，上升指标有 49 个，占指标总数的 23.3%；下降指标有 46 个，占指标总数的 21.9%；保持不变的指标有 115 个，占指标总数的 54.8%。由于保持指标在指标体系中居主导地位，2015 年西藏自治区经济综合竞争力排位保持不变。

**3. 西藏自治区经济综合竞争力各级指标优劣势结构分析**

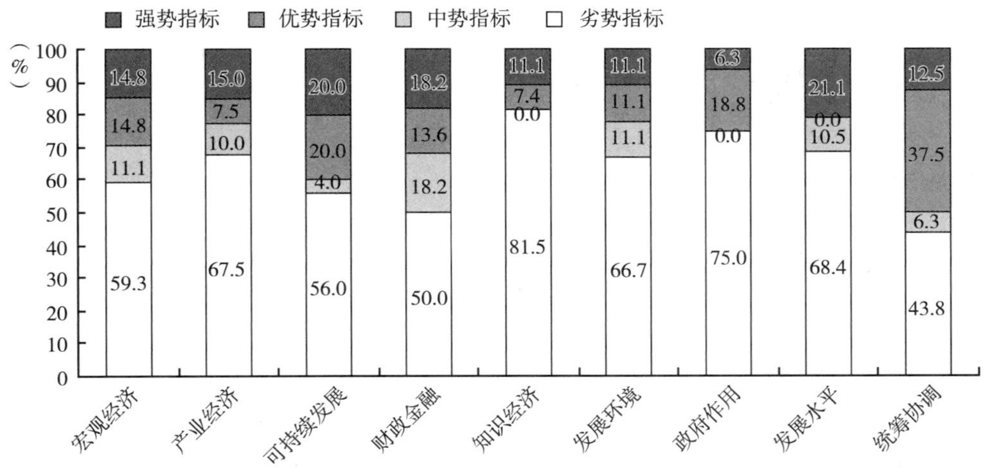


**图 26－2　2015 年西藏自治区经济综合竞争力各级指标优劣势比较**

**表 26 -3　2015 年西藏自治区经济综合竞争力各级指标优劣势情况**

| 二级指标 | 三级指标 | 四级指标数 | 强势指标 | | 优势指标 | | 中势指标 | | 劣势指标 | | 优劣势 |
|---|---|---|---|---|---|---|---|---|---|---|---|
| | | | 个数 | 比重（%） | 个数 | 比重（%） | 个数 | 比重（%） | 个数 | 比重（%） | |
| 宏观经济竞争力 | 经济实力竞争力 | 12 | 3 | 25.0 | 2 | 16.7 | 1 | 8.3 | 6 | 50.0 | 劣势 |
| | 经济结构竞争力 | 6 | 1 | 16.7 | 1 | 16.7 | 2 | 33.3 | 2 | 33.3 | 劣势 |
| | 经济外向度竞争力 | 9 | 0 | 0.0 | 1 | 11.1 | 0 | 0.0 | 8 | 88.9 | 劣势 |
| | 小　计 | 27 | 4 | 14.8 | 4 | 14.8 | 3 | 11.1 | 16 | 59.3 | 劣势 |
| 产业经济竞争力 | 农业竞争力 | 10 | 1 | 10.0 | 1 | 10.0 | 2 | 20.0 | 6 | 60.0 | 劣势 |
| | 工业竞争力 | 10 | 2 | 20.0 | 0 | 0.0 | 1 | 10.0 | 7 | 70.0 | 劣势 |
| | 服务业竞争力 | 10 | 1 | 10.0 | 2 | 20.0 | 0 | 0.0 | 7 | 70.0 | 中势 |
| | 企业竞争力 | 10 | 2 | 20.0 | 0 | 0.0 | 1 | 10.0 | 7 | 70.0 | 劣势 |
| | 小　计 | 40 | 6 | 15.0 | 3 | 7.5 | 4 | 10.0 | 27 | 67.5 | 劣势 |
| 可持续发展竞争力 | 资源竞争力 | 9 | 3 | 33.3 | 1 | 11.1 | 1 | 11.1 | 4 | 44.4 | 强势 |
| | 环境竞争力 | 8 | 1 | 12.5 | 2 | 25.0 | 0 | 0.0 | 5 | 62.5 | 劣势 |
| | 人力资源竞争力 | 8 | 1 | 12.5 | 2 | 25.0 | 0 | 0.0 | 5 | 62.5 | 劣势 |
| | 小　计 | 25 | 5 | 20.0 | 5 | 20.0 | 1 | 4.0 | 14 | 56.0 | 劣势 |
| 财政金融竞争力 | 财政竞争力 | 12 | 3 | 25.0 | 2 | 16.7 | 2 | 16.7 | 5 | 41.7 | 优势 |
| | 金融竞争力 | 10 | 1 | 10.0 | 1 | 10.0 | 2 | 20.0 | 6 | 60.0 | 劣势 |
| | 小　计 | 22 | 4 | 18.2 | 3 | 13.6 | 4 | 18.2 | 11 | 50.0 | 优势 |
| 知识经济竞争力 | 科技竞争力 | 9 | 0 | 0.0 | 1 | 11.1 | 0 | 0.0 | 8 | 88.9 | 劣势 |
| | 教育竞争力 | 10 | 3 | 30.0 | 1 | 10.0 | 0 | 0.0 | 6 | 60.0 | 劣势 |
| | 文化竞争力 | 8 | 0 | 0.0 | 0 | 0.0 | 0 | 0.0 | 8 | 100.0 | 劣势 |
| | 小　计 | 27 | 3 | 11.1 | 2 | 7.4 | 0 | 0.0 | 22 | 81.5 | 劣势 |
| 发展环境竞争力 | 基础设施竞争力 | 9 | 0 | 0.0 | 0 | 0.0 | 1 | 11.1 | 8 | 88.9 | 劣势 |
| | 软环境竞争力 | 9 | 2 | 22.2 | 2 | 22.2 | 1 | 11.1 | 4 | 44.4 | 劣势 |
| | 小　计 | 18 | 2 | 11.1 | 2 | 11.1 | 2 | 11.1 | 12 | 66.7 | 劣势 |
| 政府作用竞争力 | 政府发展经济竞争力 | 5 | 1 | 20.0 | 0 | 0.0 | 0 | 0.0 | 4 | 80.0 | 劣势 |
| | 政府规调经济竞争力 | 5 | 0 | 0.0 | 1 | 20.0 | 0 | 0.0 | 4 | 80.0 | 劣势 |
| | 政府保障经济竞争力 | 6 | 0 | 0.0 | 2 | 33.3 | 0 | 0.0 | 4 | 66.7 | 劣势 |
| | 小　计 | 16 | 1 | 6.3 | 3 | 18.8 | 0 | 0.0 | 12 | 75.0 | 劣势 |
| 发展水平竞争力 | 工业化进程竞争力 | 6 | 1 | 16.7 | 0 | 0.0 | 0 | 0.0 | 5 | 83.3 | 劣势 |
| | 城市化进程竞争力 | 7 | 2 | 28.6 | 0 | 0.0 | 2 | 28.6 | 3 | 42.9 | 劣势 |
| | 市场化进程竞争力 | 6 | 1 | 16.7 | 0 | 0.0 | 0 | 0.0 | 5 | 83.3 | 劣势 |
| | 小　计 | 19 | 4 | 21.1 | 0 | 0.0 | 2 | 10.5 | 13 | 68.4 | 劣势 |
| 统筹协调竞争力 | 统筹发展竞争力 | 8 | 2 | 25.0 | 1 | 12.5 | 0 | 0.0 | 5 | 62.5 | 中势 |
| | 协调发展竞争力 | 8 | 0 | 0.0 | 5 | 62.5 | 1 | 12.5 | 2 | 25.0 | 中势 |
| | 小　计 | 16 | 2 | 12.5 | 6 | 37.5 | 1 | 6.3 | 7 | 43.8 | 劣势 |
| 合　计 | | 210 | 31 | 14.8 | 28 | 13.3 | 17 | 8.1 | 134 | 63.8 | 劣势 |

基于图 26－2 和表 26－3，具体到四级指标，强势指标 31 个，占指标总数的 14.8%；优势指标 28 个，占指标总数的 13.3%；中势指标 17 个，占指标总数的 8.1%；劣势指标 134 个，占指标总数的 63.8%。三级指标中，强势指标 1 个，占三级指标总数的 4%；优势指标 1 个，占三级指标总数的 4%；中势指标 3 个，占三级指标总数的 12%；劣势指标 20 个，占三级指标总数的 80%。从二级指标看，没有强势指标；只有 1 个优势指标；没有中势指标；劣势指标有 8 个，占二级指标总数的 88.9%。综合来看，由于劣势指标在指标体系中居于主导地位，2015 年西藏自治区经济综合竞争力处于劣势地位。

**4. 西藏自治区经济综合竞争力四级指标优劣势对比分析**

**表 26－4　2015 年西藏自治区经济综合竞争力四级指标优劣势情况**

| 二级指标 | 优劣势 | 四级指标 |
|---|---|---|
| 宏观经济竞争力（27 个） | 强势指标 | 地区生产总值增长率、人均财政收入、固定资产投资额增长率、产业结构优化度（4 个） |
| | 优势指标 | 财政总收入增长率、全社会消费品零售总额增长率、资本形成结构优化度、实际 FDI 增长率（4 个） |
| | 劣势指标 | 地区生产总值、人均地区生产总值、财政总收入、固定资产投资额、全社会消费品零售总额、人均全社会消费品零售总额、所有制经济结构优化度、城乡经济结构优化度、进出口总额、进出口增长率、出口总额、出口增长率、实际 FDI、外贸依存度、外资企业数、对外直接投资（16 个） |
| 产业经济竞争力（40 个） | 强势指标 | 农民人均纯收入增长率、工业增加值增长率、工业资产总额增长率、限额以上批零企业利税率、规模以上企业平均资产、城镇就业人员平均工资（6 个） |
| | 优势指标 | 财政支农资金比重、服务业从业人员数增长率、限额以上餐饮企业利税率（3 个） |
| | 劣势指标 | 农业增加值、人均农业增加值、农民人均纯收入、农产品出口占农林牧渔总产值比重、农业机械化水平、农村人均用电量、工业增加值、人均工业增加值、工业资产总额、工业资产总贡献率、规模以上工业主营业务收入、规模以上工业利润总额、工业成本费用利润率、服务业增加值、服务业增加值增长率、人均服务业增加值、服务业从业人员数、限额以上批发零售企业主营业务收入、旅游外汇收入、房地产经营总收入、规模以上工业企业数、规模以上企业平均收入、规模以上企业平均利润、规模以上企业劳动效率、新产品销售收入占主营业务收入比重、工业企业 R&D 经费投入强度、中国驰名商标持有量（27 个） |
| 可持续发展竞争力（25 个） | 强势指标 | 人均年水资源量、人均牧草地面积、人均森林储积量、人均废水排放量、常住人口增长率（5 个） |
| | 优势指标 | 人均耕地面积、人均工业废气排放量、人均工业固体废物排放量、人口健康素质、人力资源利用率（5 个） |
| | 劣势指标 | 人均国土面积、耕地面积、主要能源矿产基础储量、人均主要能源矿产基础储量、森林覆盖率、人均治理工业污染投资额、一般工业固体废物综合利用率、生活垃圾无害化处理率、自然灾害直接经济损失、15～64 岁人口比例、文盲率、大专以上教育程度人口比例、平均受教育程度、职业学校毕业生数（14 个） |

续表

| 二级指标 | 优劣势 | 四　级　指　标 |
|---|---|---|
| 财政金融竞争力（22个） | 强势指标 | 地方财政支出占 GDP 比重、人均地方财政支出、地方财政收入增长率、中长期贷款占贷款余额比重（4个） |
| | 优势指标 | 地方财政收入占 GDP 比重、地方财政支出增长率、人均存款余额（3个） |
| | 劣势指标 | 地方财政收入、地方财政支出、税收收入占财政总收入比重、人均地方财政收入、人均税收收入、存款余额、贷款余额、货币市场融资额、保险费净收入、保险密度、保险深度（11个） |
| 知识经济竞争力（27个） | 强势指标 | 教育经费占 GDP 比重、人均教育经费、万人中小学专任教师数（3个） |
| | 优势指标 | 高技术产业增加值占工业增加值比重、万人中小学学校数（2个） |
| | 劣势指标 | R&D 人员、R&D 经费、R&D 经费投入强度、发明专利授权量、技术市场成交合同金额、财政科技支出占地方财政支出比重、高技术产业增加值、高技术产品出口额占商品出口额比重、教育经费、公共教育经费占财政支出比重、人均文化教育支出占个人消费支出比重、高等学校数、高校专任教师数、万人高等学校在校学生数、文化服务业企业营业收入、图书和期刊出版数、报纸出版数、出版印刷工业销售产值、城镇居民人均文化娱乐支出、农村居民人均文化娱乐支出、城镇居民人均文化娱乐支出占消费性支出比重、农村居民人均文化娱乐支出占消费性支出比重（22个） |
| 发展环境竞争力（18个） | 强势指标 | 个体私营企业数增长率、查处商标侵权假冒案件（2个） |
| | 优势指标 | 每十万人交通事故发生数、罚没收入占财政收入比重（2个） |
| | 劣势指标 | 铁路网线密度、公路网线密度、人均内河航道里程、全社会旅客周转量、全社会货物周转量、电话普及率、互联网上网人数比重、人均耗电量、外资企业数增长率、万人外资企业数、万人个体私营企业数、万人商标注册件数（12个） |
| 政府作用竞争力（16个） | 强势指标 | 财政支出用于基本建设投资比重（1个） |
| | 优势指标 | 规范税收、下岗职工再就业率、城镇登记失业率（3个） |
| | 劣势指标 | 财政支出对 GDP 增长的拉动、政府公务员对经济的贡献、政府消费对民间消费的拉动、财政投资对社会投资的拉动、物价调控、调控城乡消费差距、统筹经济社会发展、人口控制、城市城镇社区服务设施数、医疗保险覆盖率、养老保险覆盖率、失业保险覆盖率（12个） |
| 发展水平竞争力（19个） | 强势指标 | 工业增加值增长率、人均拥有道路面积、人均日生活用水量、私有和个体企业从业人员比重（4个） |
| | 优势指标 | （0个） |
| | 劣势指标 | 工业增加值占 GDP 比重、高技术产业规模以上企业产值、高技术产业增加值占工业增加值比重、高技术产品出口额占商品出口额比重、信息产业增加值占 GDP 比重、城镇化率、城镇居民人均可支配收入、恩格尔系数、非公有制经济产值占全社会总产值的比重、社会投资占投资总额比重、亿元以上商品市场成交额、亿元以上商品市场成交额占全社会消费品零售总额比重、居民消费支出占总消费支出比重（13个） |
| 统筹协调竞争力（16个） | 强势指标 | 万元 GDP 综合能耗、最终消费率（2个） |
| | 优势指标 | 固定资产交付使用率、环境竞争力与宏观经济竞争力比差、资源竞争力与宏观经济竞争力比差、资源竞争力与工业竞争力比差、环境竞争力与工业竞争力比差、全社会消费品零售总额与外贸出口总额比差（6个） |
| | 劣势指标 | 社会劳动生产率、社会劳动生产率增速、非农用地产出率、生产税净额和营业盈余占 GDP 比重、固定资产投资额占 GDP 比重、城乡居民家庭人均收入比差、城乡居民人均现金消费支出比差（7个） |

# 26.2　西藏自治区经济综合竞争力各级指标具体分析

## 1. 西藏自治区宏观经济竞争力指标排名变化情况

**表 26－5　2014～2015 年西藏自治区宏观经济竞争力指标组排位及变化趋势**

| 指　　标 | 2014 | 2015 | 排位升降 | 优劣势 |
|---|---|---|---|---|
| **1　宏观经济竞争力** | 28 | 25 | 3 | 劣势 |
| 1.1　经济实力竞争力 | 23 | 21 | 2 | 劣势 |
| 地区生产总值 | 31 | 31 | 0 | 劣势 |
| 地区生产总值增长率 | 2 | 1 | 1 | 强势 |
| 人均地区生产总值 | 28 | 28 | 0 | 劣势 |
| 财政总收入 | 31 | 27 | 4 | 劣势 |
| 财政总收入增长率 | 29 | 5 | 24 | 优势 |
| 人均财政收入 | 1 | 1 | 0 | 强势 |
| 固定资产投资额 | 31 | 31 | 0 | 劣势 |
| 固定资产投资额增长率 | 4 | 2 | 2 | 强势 |
| 人均固定资产投资额 | 19 | 15 | 4 | 中势 |
| 全社会消费品零售总额 | 31 | 31 | 0 | 劣势 |
| 全社会消费品零售总额增长率 | 1 | 6 | －5 | 优势 |
| 人均全社会消费品零售总额 | 25 | 25 | 0 | 劣势 |
| 1.2　经济结构竞争力 | 21 | 22 | －1 | 劣势 |
| 产业结构优化度 | 3 | 3 | 0 | 强势 |
| 所有制经济结构优化度 | 21 | 24 | －3 | 劣势 |
| 城乡经济结构优化度 | 31 | 31 | 0 | 劣势 |
| 就业结构优化度 | 22 | 20 | 2 | 中势 |
| 资本形成结构优化度 | 3 | 5 | －2 | 优势 |
| 贸易结构优化度 | 14 | 15 | －1 | 中势 |
| 1.3　经济外向度竞争力 | 31 | 31 | 0 | 劣势 |
| 进出口总额 | 30 | 31 | －1 | 劣势 |
| 进出口增长率 | 31 | 31 | 0 | 劣势 |
| 出口总额 | 30 | 31 | －1 | 劣势 |
| 出口增长率 | 31 | 31 | 0 | 劣势 |
| 实际 FDI | 31 | 31 | 0 | 劣势 |
| 实际 FDI 增长率 | 31 | 5 | 26 | 优势 |
| 外贸依存度 | 17 | 29 | －12 | 劣势 |
| 外资企业数 | 31 | 31 | 0 | 劣势 |
| 对外直接投资 | 31 | 27 | 4 | 劣势 |

## 2. 西藏自治区产业经济竞争力指标排名变化情况

**表 26-6　2014~2015 年西藏自治区产业经济竞争力指标组排位及变化趋势**

| 指　标 | 2014 | 2015 | 排位升降 | 优劣势 |
|---|---|---|---|---|
| **2　产业经济竞争力** | 30 | 26 | 4 | 劣势 |
| 2.1　农业竞争力 | 28 | 27 | 1 | 劣势 |
| 农业增加值 | 31 | 31 | 0 | 劣势 |
| 农业增加值增长率 | 18 | 19 | -1 | 中势 |
| 人均农业增加值 | 31 | 30 | 1 | 劣势 |
| 农民人均纯收入 | 28 | 27 | 1 | 劣势 |
| 农民人均纯收入增长率 | 5 | 1 | 4 | 强势 |
| 农产品出口占农林牧渔总产值比重 | 21 | 28 | -7 | 劣势 |
| 人均主要农产品产量 | 18 | 17 | 1 | 中势 |
| 农业机械化水平 | 26 | 26 | 0 | 劣势 |
| 农村人均用电量 | 31 | 31 | 0 | 劣势 |
| 财政支农资金比重 | 4 | 6 | -2 | 优势 |
| 2.2　工业竞争力 | 28 | 25 | 3 | 劣势 |
| 工业增加值 | 31 | 31 | 0 | 劣势 |
| 工业增加值增长率 | 3 | 3 | 0 | 强势 |
| 人均工业增加值 | 31 | 31 | 0 | 劣势 |
| 工业资产总额 | 31 | 31 | 0 | 劣势 |
| 工业资产总额增长率 | 2 | 1 | 1 | 强势 |
| 工业资产总贡献率 | 31 | 31 | 0 | 劣势 |
| 规模以上工业主营业务收入 | 31 | 31 | 0 | 劣势 |
| 规模以上工业利润总额 | 31 | 29 | 2 | 劣势 |
| 工业全员劳动生产率 | 31 | 11 | 20 | 中势 |
| 工业成本费用利润率 | 1 | 24 | -23 | 劣势 |
| 2.3　服务业竞争力 | 18 | 16 | 2 | 中势 |
| 服务业增加值 | 31 | 31 | 0 | 劣势 |
| 服务业增加值增长率 | 11 | 25 | -14 | 劣势 |
| 人均服务业增加值 | 21 | 21 | 0 | 劣势 |
| 服务业从业人员数 | 31 | 31 | 0 | 劣势 |
| 服务业从业人员数增长率 | 2 | 10 | -8 | 优势 |
| 限额以上批发零售企业主营业务收入 | 31 | 31 | 0 | 劣势 |
| 限额以上批零企业利税率 | 1 | 1 | 0 | 强势 |
| 限额以上餐饮企业利税率 | 29 | 4 | 25 | 优势 |
| 旅游外汇收入 | 28 | 28 | 0 | 劣势 |
| 房地产经营总收入 | 31 | 31 | 0 | 劣势 |
| 2.4　企业竞争力 | 29 | 29 | 0 | 劣势 |
| 规模以上工业企业数 | 31 | 31 | 0 | 劣势 |
| 规模以上企业平均资产 | 4 | 3 | 1 | 强势 |
| 规模以上企业平均收入 | 31 | 31 | 0 | 劣势 |
| 规模以上企业平均利润 | 30 | 29 | 1 | 劣势 |
| 规模以上企业劳动效率 | 25 | 31 | -6 | 劣势 |
| 城镇就业人员平均工资 | 25 | 3 | 22 | 强势 |
| 新产品销售收入占主营业务收入比重 | 27 | 28 | -1 | 劣势 |
| 产品质量抽查合格率 | 3 | 18 | -15 | 中势 |
| 工业企业 R&D 经费投入强度 | 31 | 31 | 0 | 劣势 |
| 中国驰名商标持有量 | 30 | 31 | -1 | 劣势 |

### 3. 西藏自治区可持续发展竞争力指标排名变化情况

**表 26－7 2014～2015 年西藏自治区可持续发展竞争力指标组排位及变化趋势**

| 指 标 | 2014 | 2015 | 排位升降 | 优劣势 |
|---|---|---|---|---|
| **3 可持续发展竞争力** | 16 | 28 | －12 | 劣势 |
| 3.1 资源竞争力 | 2 | 2 | 0 | 强势 |
| 人均国土面积 | 2 | 31 | －29 | 劣势 |
| 人均可使用海域和滩涂面积 | 13 | 13 | 0 | 中势 |
| 人均年水资源量 | 1 | 1 | 0 | 强势 |
| 耕地面积 | 28 | 28 | 0 | 劣势 |
| 人均耕地面积 | 7 | 7 | 0 | 优势 |
| 人均牧草地面积 | 1 | 1 | 0 | 强势 |
| 主要能源矿产基础储量 | 30 | 30 | 0 | 劣势 |
| 人均主要能源矿产基础储量 | 28 | 28 | 0 | 劣势 |
| 人均森林储积量 | 1 | 1 | 0 | 强势 |
| 3.2 环境竞争力 | 27 | 31 | －4 | 劣势 |
| 森林覆盖率 | 25 | 25 | 0 | 劣势 |
| 人均废水排放量 | 1 | 1 | 0 | 强势 |
| 人均工业废气排放量 | 2 | 6 | －4 | 优势 |
| 人均工业固体废物排放量 | 9 | 9 | 0 | 优势 |
| 人均治理工业污染投资额 | 26 | 31 | －5 | 劣势 |
| 一般工业固体废物综合利用率 | 31 | 31 | 0 | 劣势 |
| 生活垃圾无害化处理率 | 31 | 31 | 0 | 劣势 |
| 自然灾害直接经济损失 | 8 | 21 | －13 | 劣势 |
| 3.3 人力资源竞争力 | 31 | 29 | 2 | 劣势 |
| 常住人口增长率 | 2 | 2 | 0 | 强势 |
| 15～64 岁人口比例 | 28 | 26 | 2 | 劣势 |
| 文盲率 | 31 | 31 | 0 | 劣势 |
| 大专以上教育程度人口比例 | 31 | 31 | 0 | 劣势 |
| 平均受教育程度 | 31 | 31 | 0 | 劣势 |
| 人口健康素质 | 5 | 6 | －1 | 优势 |
| 人力资源利用率 | 3 | 5 | －2 | 优势 |
| 职业学校毕业生数 | 31 | 31 | 0 | 劣势 |

### 4. 西藏自治区财政金融竞争力指标排名变化情况

**表 26－8 2014～2015 年西藏自治区财政金融竞争力指标组排位及变化趋势**

| 指 标 | 2014 | 2015 | 排位升降 | 优劣势 |
|---|---|---|---|---|
| **4 财政金融竞争力** | 7 | 9 | －2 | 优势 |
| 4.1 财政竞争力 | 5 | 6 | －1 | 优势 |
| 地方财政收入 | 31 | 31 | 0 | 劣势 |
| 地方财政支出 | 29 | 29 | 0 | 劣势 |
| 地方财政收入占 GDP 比重 | 8 | 8 | 0 | 优势 |
| 地方财政支出占 GDP 比重 | 1 | 1 | 0 | 强势 |

续表

| 指　　标 | 2014 | 2015 | 排位升降 | 优劣势 |
|---|---|---|---|---|
| 税收收入占 GDP 比重 | 10 | 12 | -2 | 中势 |
| 税收收入占财政总收入比重 | 31 | 31 | 0 | 劣势 |
| 人均地方财政收入 | 21 | 22 | -1 | 劣势 |
| 人均地方财政支出 | 1 | 1 | 0 | 强势 |
| 人均税收收入 | 24 | 24 | 0 | 劣势 |
| 地方财政收入增长率 | 1 | 2 | -1 | 强势 |
| 地方财政支出增长率 | 3 | 6 | -3 | 优势 |
| 税收收入增长率 | 21 | 19 | 2 | 中势 |
| 4.2　金融竞争力 | 31 | 27 | 4 | 劣势 |
| 存款余额 | 31 | 31 | 0 | 劣势 |
| 人均存款余额 | 7 | 7 | 0 | 优势 |
| 贷款余额 | 31 | 31 | 0 | 劣势 |
| 人均贷款余额 | 16 | 14 | 2 | 中势 |
| 货币市场融资额 | 26 | 26 | 0 | 劣势 |
| 中长期贷款占贷款余额比重 | 3 | 2 | 1 | 强势 |
| 保险费净收入 | 31 | 31 | 0 | 劣势 |
| 保险密度 | 31 | 31 | 0 | 劣势 |
| 保险深度 | 31 | 31 | 0 | 劣势 |
| 人均证券市场筹资额 | 31 | 19 | 12 | 中势 |

## 5. 西藏自治区知识经济竞争力指标排名变化情况

**表 26-9　2014~2015 年西藏自治区知识经济竞争力指标组排位及变化趋势**

| 指　　标 | 2014 | 2015 | 排位升降 | 优劣势 |
|---|---|---|---|---|
| **5　知识经济竞争力** | 31 | 31 | 0 | 劣势 |
| 5.1　科技竞争力 | 29 | 28 | 1 | 劣势 |
| R&D 人员 | 31 | 31 | 0 | 劣势 |
| R&D 经费 | 31 | 31 | 0 | 劣势 |
| R&D 经费投入强度 | 31 | 31 | 0 | 劣势 |
| 发明专利授权量 | 31 | 31 | 0 | 劣势 |
| 技术市场成交合同金额 | 31 | 31 | 0 | 劣势 |
| 财政科技支出占地方财政支出比重 | 31 | 31 | 0 | 劣势 |
| 高技术产业增加值 | 30 | 29 | 1 | 劣势 |
| 高技术产业增加值占工业增加值比重 | 13 | 9 | 4 | 优势 |
| 高技术产品出口额占商品出口额比重 | 29 | 28 | 1 | 劣势 |
| 5.2　教育竞争力 | 23 | 26 | -3 | 劣势 |
| 教育经费 | 30 | 29 | 1 | 劣势 |
| 教育经费占 GDP 比重 | 1 | 3 | -2 | 强势 |
| 人均教育经费 | 3 | 3 | 0 | 强势 |
| 公共教育经费占财政支出比重 | 29 | 30 | -1 | 劣势 |

续表

| 指　　标 | 2014 | 2015 | 排位升降 | 优劣势 |
|---|---|---|---|---|
| 人均文化教育支出占个人消费支出比重 | 31 | 31 | 0 | 劣势 |
| 万人中小学学校数 | 7 | 7 | 0 | 优势 |
| 万人中小学专任教师数 | 2 | 2 | 0 | 强势 |
| 高等学校数 | 31 | 31 | 0 | 劣势 |
| 高校专任教师数 | 31 | 31 | 0 | 劣势 |
| 万人高等学校在校学生数 | 30 | 29 | 1 | 劣势 |
| 5.3　文化竞争力 | 31 | 31 | 0 | 劣势 |
| 文化服务业企业营业收入 | 31 | 31 | 0 | 劣势 |
| 图书和期刊出版数 | 30 | 30 | 0 | 劣势 |
| 报纸出版数 | 31 | 31 | 0 | 劣势 |
| 出版印刷工业销售产值 | 31 | 31 | 0 | 劣势 |
| 城镇居民人均文化娱乐支出 | 31 | 31 | 0 | 劣势 |
| 农村居民人均文化娱乐支出 | 31 | 31 | 0 | 劣势 |
| 城镇居民人均文化娱乐支出占消费性支出比重 | 31 | 31 | 0 | 劣势 |
| 农村居民人均文化娱乐支出占消费性支出比重 | 31 | 31 | 0 | 劣势 |

## 6. 西藏自治区发展环境竞争力指标排名变化情况

**表 26－10　2014～2015 年西藏自治区发展环境竞争力指标组排位及变化趋势**

| 指　　标 | 2014 | 2015 | 排位升降 | 优劣势 |
|---|---|---|---|---|
| **6　发展环境竞争力** | 30 | 31 | －1 | 劣势 |
| 6.1　基础设施竞争力 | 31 | 31 | 0 | 劣势 |
| 铁路网线密度 | 31 | 31 | 0 | 劣势 |
| 公路网线密度 | 31 | 31 | 0 | 劣势 |
| 人均内河航道里程 | 28 | 28 | 0 | 劣势 |
| 全社会旅客周转量 | 31 | 31 | 0 | 劣势 |
| 全社会货物周转量 | 31 | 31 | 0 | 劣势 |
| 人均邮电业务总量 | 11 | 14 | －3 | 中势 |
| 电话普及率 | 19 | 22 | －3 | 劣势 |
| 互联网上网人数比重 | 23 | 22 | 1 | 劣势 |
| 人均耗电量 | 31 | 31 | 0 | 劣势 |
| 6.2　软环境竞争力 | 6 | 23 | －17 | 劣势 |
| 外资企业数增长率 | 6 | 29 | －23 | 劣势 |
| 万人外资企业数 | 26 | 29 | －3 | 劣势 |
| 个体私营企业数增长率 | 1 | 2 | －1 | 强势 |
| 万人个体私营企业数 | 30 | 30 | 0 | 劣势 |
| 万人商标注册件数 | 28 | 28 | 0 | 劣势 |
| 查处商标侵权假冒案件 | 1 | 2 | －1 | 强势 |
| 每十万人交通事故发生数 | 13 | 10 | 3 | 优势 |
| 罚没收入占财政收入比重 | 12 | 7 | 5 | 优势 |
| 社会捐赠款物 | 27 | 20 | 7 | 中势 |

## 7. 西藏自治区政府作用竞争力指标排名变化情况

**表 26－11　2014～2015 年西藏自治区政府作用竞争力指标组排位及变化趋势**

| 指　标 | 2014 | 2015 | 排位升降 | 优劣势 |
|---|---|---|---|---|
| **7　政府作用竞争力** | 31 | 31 | 0 | 劣势 |
| 7.1　政府发展经济竞争力 | 31 | 31 | 0 | 劣势 |
| 财政支出用于基本建设投资比重 | 1 | 1 | 0 | 强势 |
| 财政支出对 GDP 增长的拉动 | 31 | 31 | 0 | 劣势 |
| 政府公务员对经济的贡献 | 31 | 31 | 0 | 劣势 |
| 政府消费对民间消费的拉动 | 31 | 31 | 0 | 劣势 |
| 财政投资对社会投资的拉动 | 31 | 31 | 0 | 劣势 |
| 7.2　政府规调经济竞争力 | 31 | 31 | 0 | 劣势 |
| 物价调控 | 31 | 29 | 2 | 劣势 |
| 调控城乡消费差距 | 31 | 31 | 0 | 劣势 |
| 统筹经济社会发展 | 30 | 30 | 0 | 劣势 |
| 规范税收 | 4 | 5 | －1 | 优势 |
| 人口控制 | 30 | 31 | －1 | 劣势 |
| 7.3　政府保障经济竞争力 | 31 | 30 | 1 | 劣势 |
| 城市城镇社区服务设施数 | 31 | 31 | 0 | 劣势 |
| 医疗保险覆盖率 | 28 | 29 | －1 | 劣势 |
| 养老保险覆盖率 | 31 | 31 | 0 | 劣势 |
| 失业保险覆盖率 | 31 | 31 | 0 | 劣势 |
| 下岗职工再就业率 | 24 | 5 | 19 | 优势 |
| 城镇登记失业率 | 5 | 5 | 0 | 优势 |

## 8. 西藏自治区发展水平竞争力指标排名变化情况

**表 26－12　2014～2015 年西藏自治区发展水平竞争力指标组排位及变化趋势**

| 指　标 | 2014 | 2015 | 排位升降 | 优劣势 |
|---|---|---|---|---|
| **8　发展水平竞争力** | 31 | 31 | 0 | 劣势 |
| 8.1　工业化进程竞争力 | 30 | 29 | 1 | 劣势 |
| 工业增加值占 GDP 比重 | 31 | 31 | 0 | 劣势 |
| 工业增加值增长率 | 9 | 2 | 7 | 强势 |
| 高技术产业规模以上企业产值 | 31 | 31 | 0 | 劣势 |
| 高技术产业增加值占工业增加值比重 | 20 | 21 | －1 | 劣势 |
| 高技术产品出口额占商品出口额比重 | 29 | 31 | －2 | 劣势 |
| 信息产业增加值占 GDP 比重 | 6 | 31 | －25 | 劣势 |
| 8.2　城市化进程竞争力 | 31 | 27 | 4 | 劣势 |
| 城镇化率 | 31 | 31 | 0 | 劣势 |
| 城镇居民人均可支配收入 | 30 | 25 | 5 | 劣势 |
| 城市平均建成区面积比重 | 31 | 13 | 18 | 中势 |

续表

| 指　　标 | 2014 | 2015 | 排位升降 | 优劣势 |
|---|---|---|---|---|
| 人均拥有道路面积 | 18 | 2 | 16 | 强势 |
| 人均日生活用水量 | 1 | 1 | 0 | 强势 |
| 恩格尔系数 | 31 | 31 | 0 | 劣势 |
| 人均公共绿地面积 | 25 | 20 | 5 | 中势 |
| 8.3　市场化进程竞争力 | 31 | 31 | 0 | 劣势 |
| 非公有制经济产值占全社会总产值的比重 | 21 | 24 | -3 | 劣势 |
| 社会投资占投资总额比重 | 31 | 31 | 0 | 劣势 |
| 私有和个体企业从业人员比重 | 3 | 1 | 2 | 强势 |
| 亿元以上商品市场成交额 | 31 | 31 | 0 | 劣势 |
| 亿元以上商品市场成交额占全社会消费品零售总额比重 | 31 | 31 | 0 | 劣势 |
| 居民消费支出占总消费支出比重 | 31 | 31 | 0 | 劣势 |

## 9. 西藏自治区统筹协调竞争力指标排名变化情况

**表 26－13　2014～2015 年西藏自治区统筹协调竞争力指标组排位及变化趋势**

| 指　　标 | 2014 | 2015 | 排位升降 | 优劣势 |
|---|---|---|---|---|
| **9　统筹协调竞争力** | 23 | 21 | 2 | 劣势 |
| 9.1　统筹发展竞争力 | 21 | 20 | 1 | 中势 |
| 社会劳动生产率 | 31 | 29 | 2 | 劣势 |
| 社会劳动生产率增速 | 7 | 22 | -15 | 劣势 |
| 万元 GDP 综合能耗 | 1 | 2 | -1 | 强势 |
| 非农用地产出率 | 31 | 31 | 0 | 劣势 |
| 生产税净额和营业盈余占 GDP 比重 | 31 | 31 | 0 | 劣势 |
| 最终消费率 | 1 | 1 | 0 | 强势 |
| 固定资产投资额占 GDP 比重 | 30 | 29 | 1 | 劣势 |
| 固定资产交付使用率 | 11 | 8 | 3 | 优势 |
| 9.2　协调发展竞争力 | 26 | 14 | 12 | 中势 |
| 环境竞争力与宏观经济竞争力比差 | 16 | 8 | 8 | 优势 |
| 资源竞争力与宏观经济竞争力比差 | 11 | 5 | 6 | 优势 |
| 人力资源竞争力与宏观经济竞争力比差 | 6 | 11 | -5 | 中势 |
| 资源竞争力与工业竞争力比差 | 14 | 8 | 6 | 优势 |
| 环境竞争力与工业竞争力比差 | 19 | 8 | 11 | 优势 |
| 城乡居民家庭人均收入比差 | 26 | 27 | -1 | 劣势 |
| 城乡居民人均现金消费支出比差 | 31 | 31 | 0 | 劣势 |
| 全社会消费品零售总额与外贸出口总额比差 | 20 | 5 | 15 | 优势 |

# B.28
# 27
# 陕西省经济综合竞争力评价分析报告

陕西省简称陕，东隔黄河与山西相望，西连甘肃、宁夏回族自治区，北邻内蒙古自治区，南连四川、重庆，东南与河南、湖北接壤。全省土地面积为20.6万平方公里，2015年总人口为3793万人，全省地区生产总值达18022亿元，同比增长7.9%，人均GDP达47626元。本部分通过分析“十二五”中期陕西省经济综合竞争力以及各要素竞争力的排名变化，从中找出陕西省经济综合竞争力的推动点及影响因素，为进一步提升陕西省经济综合竞争力提供决策参考。

## 27.1 陕西省经济综合竞争力总体分析

**1. 陕西省经济综合竞争力一级指标概要分析**

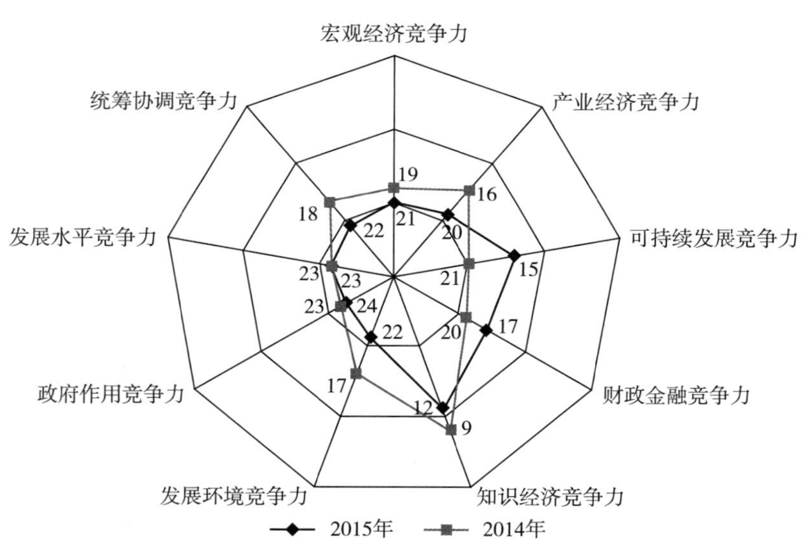


**图27-1 2014~2015年陕西省经济综合竞争力二级指标比较雷达图**

（1）从综合排位的变化来看，2015年陕西省经济综合竞争力综合排位在全国处于第20位，在全国处于中势地位，与2014年相比，综合排位下降了2位。

（2）从指标所处区位看，没有处于上游区的指标；处于中游区的指标有4个，为产业经济竞争力、可持续发展竞争力、财政金融竞争力、知识经济竞争力；处于下游区

**表 27－1　2014～2015 年陕西省经济综合竞争力二级指标表现情况**

| 年份＼项目 | 宏观经济竞争力 | 产业经济竞争力 | 可持续发展竞争力 | 财政金融竞争力 | 知识经济竞争力 | 发展环境竞争力 | 政府作用竞争力 | 发展水平竞争力 | 统筹协调竞争力 | **综合排位** |
|---|---|---|---|---|---|---|---|---|---|---|
| 2014 年 | 19 | 16 | 21 | 20 | 9 | 17 | 23 | 23 | 18 | 18 |
| 2015 年 | 21 | 20 | 15 | 17 | 12 | 22 | 24 | 23 | 22 | 20 |
| 升降 | －2 | －4 | 6 | 3 | －3 | －5 | －1 | 0 | －4 | －2 |
| 优劣度 | 劣势 | 中势 | 中势 | 中势 | 中势 | 劣势 | 劣势 | 劣势 | 劣势 | 中势 |

的指标有 5 个，为宏观经济竞争力、发展环境竞争力、政府作用竞争力、发展水平竞争力、统筹协调竞争力。

（3）从指标变化趋势看，9 个二级指标中，有 2 个指标处于上升趋势，为可持续发展竞争力、财政金融竞争力，这些是陕西省经济综合竞争力的上升动力所在；有 1 个指标排位不变，为发展水平竞争力；其他 6 个指标都处于下降趋势，是陕西省经济综合竞争力的下降拉力所在。

**2. 陕西省经济综合竞争力各级指标动态变化分析**

**表 27－2　2014～2015 年陕西省经济综合竞争力各级指标排位变化情况**

| 二级指标 | 三级指标 | 四级指标数 | 上升 |  | 保持 |  | 下降 |  | 变化趋势 |
|---|---|---|---|---|---|---|---|---|---|
|  |  |  | 指标数 | 比重（%） | 指标数 | 比重（%） | 指标数 | 比重（%） |  |
| 宏观经济竞争力 | 经济实力竞争力 | 12 | 3 | 25.0 | 5 | 41.7 | 4 | 33.3 | 保持 |
|  | 经济结构竞争力 | 6 | 4 | 66.7 | 0 | 0.0 | 2 | 33.3 | 上升 |
|  | 经济外向度竞争力 | 9 | 3 | 33.3 | 3 | 33.3 | 3 | 33.3 | 下降 |
|  | 小　计 | 27 | 10 | 37.0 | 8 | 29.6 | 9 | 33.3 | 下降 |
| 产业经济竞争力 | 农业竞争力 | 10 | 1 | 10.0 | 4 | 40.0 | 5 | 50.0 | 下降 |
|  | 工业竞争力 | 10 | 2 | 20.0 | 3 | 30.0 | 5 | 50.0 | 下降 |
|  | 服务业竞争力 | 10 | 3 | 30.0 | 4 | 40.0 | 3 | 30.0 | 下降 |
|  | 企业竞争力 | 10 | 1 | 10.0 | 4 | 40.0 | 5 | 50.0 | 下降 |
|  | 小　计 | 40 | 7 | 17.5 | 15 | 37.5 | 18 | 45.0 | 下降 |
| 可持续发展竞争力 | 资源竞争力 | 9 | 1 | 11.1 | 7 | 77.8 | 1 | 11.1 | 保持 |
|  | 环境竞争力 | 8 | 2 | 25.0 | 2 | 25.0 | 4 | 50.0 | 保持 |
|  | 人力资源竞争力 | 8 | 4 | 50.0 | 1 | 12.5 | 3 | 37.5 | 上升 |
|  | 小　计 | 25 | 7 | 28.0 | 10 | 40.0 | 8 | 32.0 | 上升 |
| 财政金融竞争力 | 财政竞争力 | 12 | 3 | 25.0 | 1 | 8.3 | 8 | 66.7 | 下降 |
|  | 金融竞争力 | 10 | 3 | 30.0 | 4 | 40.0 | 3 | 30.0 | 下降 |
|  | 小　计 | 22 | 6 | 27.3 | 5 | 22.7 | 11 | 50.0 | 上升 |
| 知识经济竞争力 | 科技竞争力 | 9 | 1 | 11.1 | 2 | 22.2 | 6 | 66.7 | 下降 |
|  | 教育竞争力 | 10 | 1 | 10.0 | 3 | 30.0 | 6 | 60.0 | 下降 |
|  | 文化竞争力 | 8 | 2 | 25.0 | 2 | 25.0 | 4 | 50.0 | 下降 |
|  | 小　计 | 27 | 4 | 14.8 | 7 | 25.9 | 16 | 59.3 | 下降 |

续表

| 二级指标 | 三级指标 | 四级指标数 | 上升 | | 保持 | | 下降 | | 变化趋势 |
|---|---|---|---|---|---|---|---|---|---|
| | | | 指标数 | 比重（%） | 指标数 | 比重（%） | 指标数 | 比重（%） | |
| 发展环境竞争力 | 基础设施竞争力 | 9 | 3 | 33.3 | 5 | 55.6 | 1 | 11.1 | 上升 |
| | 软环境竞争力 | 9 | 2 | 22.2 | 1 | 11.1 | 6 | 66.7 | 下降 |
| | 小　计 | 18 | 5 | 27.8 | 6 | 33.3 | 7 | 38.9 | 下降 |
| 政府作用竞争力 | 政府发展经济竞争力 | 5 | 1 | 20.0 | 2 | 40.0 | 2 | 40.0 | 上升 |
| | 政府规调经济竞争力 | 5 | 2 | 40.0 | 1 | 20.0 | 2 | 40.0 | 上升 |
| | 政府保障经济竞争力 | 6 | 3 | 50.0 | 3 | 50.0 | 0 | 0.0 | 保持 |
| | 小　计 | 16 | 6 | 37.5 | 6 | 37.5 | 4 | 25.0 | 下降 |
| 发展水平竞争力 | 工业化进程竞争力 | 6 | 2 | 33.3 | 0 | 0.0 | 4 | 66.7 | 下降 |
| | 城市化进程竞争力 | 7 | 3 | 42.9 | 2 | 28.6 | 2 | 28.6 | 上升 |
| | 市场化进程竞争力 | 6 | 4 | 66.7 | 1 | 16.7 | 1 | 16.7 | 上升 |
| | 小　计 | 19 | 9 | 47.4 | 3 | 15.8 | 7 | 36.8 | 保持 |
| 统筹协调竞争力 | 统筹发展竞争力 | 8 | 2 | 25.0 | 1 | 12.5 | 5 | 62.5 | 下降 |
| | 协调发展竞争力 | 8 | 3 | 37.5 | 1 | 12.5 | 4 | 50.0 | 下降 |
| | 小　计 | 16 | 5 | 31.3 | 2 | 12.5 | 9 | 56.3 | 下降 |
| 合　计 | | 210 | 59 | 28.1 | 62 | 29.5 | 89 | 42.4 | 下降 |

从表 27－2 可以看出，210 个四级指标中，上升指标有 59 个，占指标总数的 28.1%；下降指标有 89 个，占指标总数的 42.4%；保持不变的指标有 62 个，占指标总数的 29.5%。综上所述，陕西省经济综合竞争力下降的拉力大于上升的动力，2015 年陕西省经济综合竞争力排位有所下降。

**3. 陕西省经济综合竞争力各级指标优劣势结构分析**

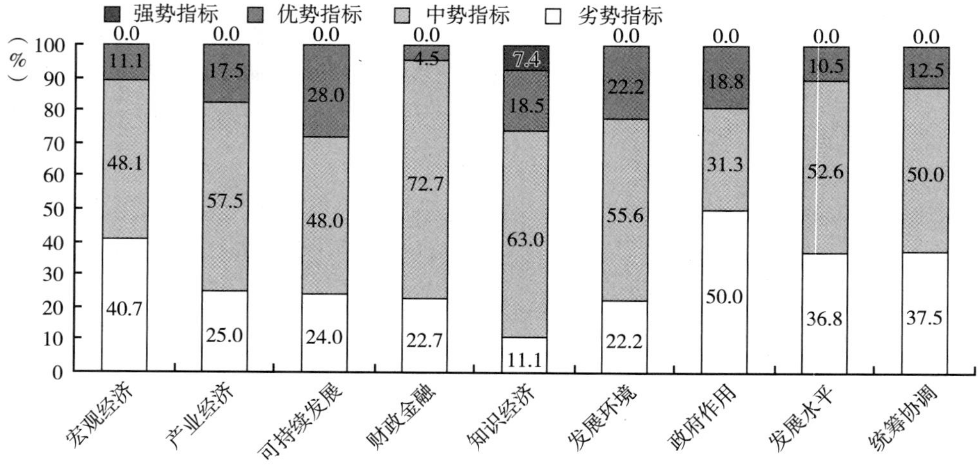


**图 27－2　2015 年陕西省经济综合竞争力各级指标优劣势比较图**

**表 27－3 2015 年陕西省经济综合竞争力各级指标优劣势比较表**

| 二级指标 | 三级指标 | 四级指标数 | 强势指标 | | 优势指标 | | 中势指标 | | 劣势指标 | | 优劣势 |
|---|---|---|---|---|---|---|---|---|---|---|---|
| | | | 个数 | 比重（%） | 个数 | 比重（%） | 个数 | 比重（%） | 个数 | 比重（%） | |
| 宏观经济竞争力 | 经济实力竞争力 | 12 | 0 | 0.0 | 1 | 8.3 | 6 | 50.0 | 5 | 41.7 | 中势 |
| | 经济结构竞争力 | 6 | 0 | 0.0 | 0 | 0.0 | 2 | 33.3 | 4 | 66.7 | 劣势 |
| | 经济外向度竞争力 | 9 | 0 | 0.0 | 2 | 22.2 | 5 | 55.6 | 2 | 22.2 | 中势 |
| | 小　计 | 27 | 0 | 0.0 | 3 | 11.1 | 13 | 48.1 | 11 | 40.7 | 劣势 |
| 产业经济竞争力 | 农业竞争力 | 10 | 0 | 0.0 | 2 | 20.0 | 5 | 50.0 | 3 | 30.0 | 劣势 |
| | 工业竞争力 | 10 | 0 | 0.0 | 3 | 30.0 | 6 | 60.0 | 1 | 10.0 | 中势 |
| | 服务业竞争力 | 10 | 0 | 0.0 | 0 | 0.0 | 7 | 70.0 | 3 | 30.0 | 劣势 |
| | 企业竞争力 | 10 | 0 | 0.0 | 2 | 20.0 | 5 | 50.0 | 3 | 30.0 | 中势 |
| | 小　计 | 40 | 0 | 0.0 | 7 | 17.5 | 23 | 57.5 | 10 | 25.0 | 中势 |
| 可持续发展竞争力 | 资源竞争力 | 9 | 0 | 0.0 | 4 | 44.4 | 4 | 44.4 | 1 | 11.1 | 中势 |
| | 环境竞争力 | 8 | 0 | 0.0 | 1 | 12.5 | 5 | 62.5 | 2 | 25.0 | 优势 |
| | 人力资源竞争力 | 8 | 0 | 0.0 | 2 | 25.0 | 3 | 37.5 | 3 | 37.5 | 中势 |
| | 小　计 | 25 | 0 | 0.0 | 7 | 28.0 | 12 | 48.0 | 6 | 24.0 | 中势 |
| 财政金融竞争力 | 财政竞争力 | 12 | 0 | 0.0 | 0 | 0.0 | 8 | 66.7 | 4 | 33.3 | 劣势 |
| | 金融竞争力 | 10 | 0 | 0.0 | 1 | 10.0 | 8 | 80.0 | 1 | 10.0 | 中势 |
| | 小　计 | 22 | 0 | 0.0 | 1 | 4.5 | 16 | 72.7 | 5 | 22.7 | 中势 |
| 知识经济竞争力 | 科技竞争力 | 9 | 1 | 11.1 | 1 | 11.1 | 5 | 55.6 | 2 | 22.2 | 中势 |
| | 教育竞争力 | 10 | 1 | 10.0 | 2 | 20.0 | 7 | 70.0 | 0 | 0.0 | 优势 |
| | 文化竞争力 | 8 | 0 | 0.0 | 2 | 25.0 | 5 | 62.5 | 1 | 12.5 | 中势 |
| | 小　计 | 27 | 2 | 7.4 | 5 | 18.5 | 17 | 63.0 | 3 | 11.1 | 中势 |
| 发展环境竞争力 | 基础设施竞争力 | 9 | 0 | 0.0 | 2 | 22.2 | 6 | 66.7 | 1 | 11.1 | 中势 |
| | 软环境竞争力 | 9 | 0 | 0.0 | 2 | 22.2 | 4 | 44.4 | 3 | 33.3 | 劣势 |
| | 小　计 | 18 | 0 | 0.0 | 4 | 22.2 | 10 | 55.6 | 4 | 22.2 | 劣势 |
| 政府作用竞争力 | 政府发展经济竞争力 | 5 | 0 | 0.0 | 1 | 20.0 | 2 | 40.0 | 2 | 40.0 | 中势 |
| | 政府规调经济竞争力 | 5 | 0 | 0.0 | 2 | 40.0 | 1 | 20.0 | 2 | 40.0 | 中势 |
| | 政府保障经济竞争力 | 6 | 0 | 0.0 | 0 | 0.0 | 2 | 33.3 | 4 | 66.7 | 劣势 |
| | 小　计 | 16 | 0 | 0.0 | 3 | 18.8 | 5 | 31.3 | 8 | 50.0 | 劣势 |
| 发展水平竞争力 | 工业化进程竞争力 | 6 | 0 | 0.0 | 0 | 0.0 | 5 | 83.3 | 1 | 16.7 | 中势 |
| | 城市化进程竞争力 | 7 | 0 | 0.0 | 2 | 28.6 | 5 | 71.4 | 0 | 0.0 | 中势 |
| | 市场化进程竞争力 | 6 | 0 | 0.0 | 0 | 0.0 | 0 | 0.0 | 6 | 100.0 | 劣势 |
| | 小　计 | 19 | 0 | 0.0 | 2 | 10.5 | 10 | 52.6 | 7 | 36.8 | 劣势 |
| 统筹协调竞争力 | 统筹发展竞争力 | 8 | 0 | 0.0 | 1 | 12.5 | 5 | 62.5 | 2 | 25.0 | 中势 |
| | 协调发展竞争力 | 8 | 0 | 0.0 | 1 | 12.5 | 3 | 37.5 | 4 | 50.0 | 劣势 |
| | 小　计 | 16 | 0 | 0.0 | 2 | 12.5 | 8 | 50.0 | 6 | 37.5 | 劣势 |
| 合　计 | | 210 | 2 | 1.0 | 34 | 16.2 | 114 | 54.3 | 60 | 28.6 | 中势 |

基于图 27－2 和表 27－3，从四级指标来看，强势指标 2 个，占指标总数的 1%；优势指标 34 个，占指标总数的 16.2%；中势指标 114 个，占指标总数的 54.3%；劣势指标 60 个，占指标总数的 28.6%。从三级指标来看，优势指标 2 个，占三级指标总数的 8%；中势指标 15 个，占三级指标总数的 60%；劣势指标 8 个，占三级指标总数的 32%。反映到二级指标上来，没有强势指标和优势指标；中势指标有 4 个，占二级指标总数的 44.44%；劣势指标 5 个，占二级指标总数的 55.56%。综合来看，由于中势指标和劣势指标在指标体系中居于主导地位，2015 年陕西省经济综合竞争力处于中势地位。

**4. 陕西省经济综合竞争力四级指标优劣势对比分析**

**表 27－4　2013 年陕西省经济综合竞争力四级指标优劣势比较表**

| 二级指标 | 优劣势 | 四　级　指　标 |
|---|---|---|
| 宏观经济竞争力（27 个） | 强势指标 | （0 个） |
| | 优势指标 | 人均固定资产投资额、进出口增长率、出口增长率（3 个） |
| | 劣势指标 | 地区生产总值增长率、财政总收入、财政总收入增长率、人均财政收入、固定资产投资额增长率、产业结构优化度、所有制经济结构优化度、城乡经济结构优化度、贸易结构优化度、出口总额、对外直接投资（11 个） |
| 产业经济竞争力（40 个） | 强势指标 | （0 个） |
| | 优势指标 | 农业增加值增长率、农民人均纯收入增长率、工业资产总额增长率、工业全员劳动生产率、工业成本费用利润率、规模以上企业平均资产、规模以上企业平均利润（7 个） |
| | 劣势指标 | 农民人均纯收入、农产品出口占农林牧渔总产值比重、人均主要农产品产量、工业增加值增长率、服务业从业人员数、服务业从业人员数增长率、限额以上餐饮企业利税率、新产品销售收入占主营业务收入比重、产品质量抽查合格率、中国驰名商标持有量（10 个） |
| 可持续发展竞争力（25 个） | 强势指标 | （0 个） |
| | 优势指标 | 人均牧草地面积、主要能源矿产基础储量、人均主要能源矿产基础储量、人均森林储积量、森林覆盖率、大专以上教育程度人口比例、平均受教育程度（7 个） |
| | 劣势指标 | 人均国土面积、人均工业废气排放量、人均工业固体废物排放量、人口自然增长率、人口健康素质、人力资源利用率（6 个） |
| 财政金融竞争力（22 个） | 强势指标 | （0 个） |
| | 优势指标 | 中长期贷款占贷款余额比重（1 个） |
| | 劣势指标 | 税收收入占 GDP 比重、地方财政收入增长率、地方财政支出增长率、税收收入增长率、货币市场融资额（5 个） |
| 知识经济竞争力（27 个） | 强势指标 | 技术市场成交合同金额、万人高等学校在校学生数（2 个） |
| | 优势指标 | 发明专利授权量、人均文化教育支出占个人消费支出比重、高校专任教师数、城镇居民人均文化娱乐支出占消费性支出比重、农村居民人均文化娱乐支出占消费性支出比重（5 个） |
| | 劣势指标 | 财政科技支出占地方财政支出比重、高技术产品出口额占商品出口额比重、报纸出版数（3 个） |

续表

| 二级指标 | 优劣势 | 四　级　指　标 |
|---|---|---|
| 发展环境竞争力（18个） | 强势指标 | （0个） |
| | 优势指标 | 人均邮电业务总量、电话普及率、个体私营企业数增长率、万人商标注册件数（4个） |
| | 劣势指标 | 人均内河航道里程、外资企业数增长率、万人个体私营企业数、社会捐赠款物（4个） |
| 政府作用竞争力（16个） | 强势指标 | （0个） |
| | 优势指标 | 财政支出用于基本建设投资比重、物价调控、人口控制（3个） |
| | 劣势指标 | 政府公务员对经济的贡献、政府消费对民间消费的拉动、调控城乡消费差距、规范税收、医疗保险覆盖率、养老保险覆盖率、失业保险覆盖率、下岗职工再就业率（8个） |
| 发展水平竞争力（19个） | 强势指标 | （0个） |
| | 优势指标 | 城市平均建成区面积比重、恩格尔系数（2个） |
| | 劣势指标 | 工业增加值增长率、非公有制经济产值占全社会总产值的比重、社会投资占投资总额比重、私有和个体企业从业人员比重、亿元以上商品市场成交额、亿元以上商品市场成交额占全社会消费品零售总额比重、居民消费支出占总消费支出比重（7个） |
| 统筹协调竞争力（16个） | 强势指标 | （0个） |
| | 优势指标 | 生产税净额和营业盈余占GDP比重、全社会消费品零售总额与外贸出口总额比差（2个） |
| | 劣势指标 | 最终消费率、固定资产投资额占GDP比重、环境竞争力与宏观经济竞争力比差、人力资源竞争力与宏观经济竞争力比差、城乡居民家庭人均收入比差、城乡居民人均现金消费支出比差（6个） |

## 27.2　陕西省经济综合竞争力各级指标具体分析

### 1. 陕西省宏观经济竞争力指标排名变化情况

**表27－5　2014～2015年陕西省宏观经济竞争力指标组排位及变化趋势表**

| 指　标 | 2014年 | 2015年 | 排位升降 | 优劣势 |
|---|---|---|---|---|
| **1　宏观经济竞争力** | 19 | 21 | －2 | 劣势 |
| 1.1　经济实力竞争力 | 17 | 17 | 0 | 中势 |
| 地区生产总值 | 16 | 15 | 1 | 中势 |
| 地区生产总值增长率 | 7 | 22 | －15 | 劣势 |
| 人均地区生产总值 | 14 | 14 | 0 | 中势 |
| 财政总收入 | 21 | 21 | 0 | 劣势 |
| 财政总收入增长率 | 21 | 21 | 0 | 劣势 |
| 人均财政收入 | 23 | 22 | 1 | 劣势 |
| 固定资产投资额 | 14 | 12 | 2 | 中势 |
| 固定资产投资额增长率 | 19 | 27 | －8 | 劣势 |
| 人均固定资产投资额 | 8 | 9 | －1 | 优势 |

续表

| 指　　标 | 2014 年 | 2015 年 | 排位升降 | 优劣势 |
| --- | --- | --- | --- | --- |
| 全社会消费品零售总额 | 17 | 17 | 0 | 中势 |
| 全社会消费品零售总额增长率 | 9 | 12 | -3 | 中势 |
| 人均全社会消费品零售总额 | 17 | 17 | 0 | 中势 |
| 1.2　经济结构竞争力 | 24 | 23 | 1 | 劣势 |
| 产业结构优化度 | 28 | 24 | 4 | 劣势 |
| 所有制经济结构优化度 | 28 | 25 | 3 | 劣势 |
| 城乡经济结构优化度 | 24 | 23 | 1 | 劣势 |
| 就业结构优化度 | 15 | 16 | -1 | 中势 |
| 资本形成结构优化度 | 6 | 12 | -6 | 中势 |
| 贸易结构优化度 | 22 | 21 | 1 | 劣势 |
| 1.3　经济外向度竞争力 | 11 | 15 | -4 | 中势 |
| 进出口总额 | 22 | 18 | 4 | 中势 |
| 进出口增长率 | 3 | 5 | -2 | 优势 |
| 出口总额 | 22 | 21 | 1 | 劣势 |
| 出口增长率 | 4 | 6 | -2 | 优势 |
| 实际 FDI | 18 | 18 | 0 | 中势 |
| 实际 FDI 增长率 | 4 | 14 | -10 | 中势 |
| 外贸依存度 | 25 | 20 | 5 | 中势 |
| 外资企业数 | 15 | 15 | 0 | 中势 |
| 对外直接投资 | 22 | 22 | 0 | 劣势 |

## 2. 陕西省产业经济竞争力指标排名变化情况

**表 27-6　2014～2015 年陕西省产业经济竞争力指标组排位及变化趋势表**

| 指　　标 | 2014 年 | 2015 年 | 排位升降 | 优劣势 |
| --- | --- | --- | --- | --- |
| **2　产业经济竞争力** | 16 | 20 | -4 | 中势 |
| 2.1　农业竞争力 | 23 | 24 | -1 | 劣势 |
| 农业增加值 | 18 | 18 | 0 | 中势 |
| 农业增加值增长率 | 8 | 8 | 0 | 优势 |
| 人均农业增加值 | 16 | 17 | -1 | 中势 |
| 农民人均纯收入 | 26 | 26 | 0 | 劣势 |
| 农民人均纯收入增长率 | 8 | 8 | 0 | 优势 |
| 农产品出口占农林牧渔总产值比重 | 23 | 25 | -2 | 劣势 |
| 人均主要农产品产量 | 25 | 24 | 1 | 劣势 |
| 农业机械化水平 | 17 | 18 | -1 | 中势 |

续表

| 指　　标 | 2014 年 | 2015 年 | 排位升降 | 优劣势 |
|---|---|---|---|---|
| 农村人均用电量 | 14 | 15 | -1 | 中势 |
| 财政支农资金比重 | 14 | 16 | -2 | 中势 |
| 2.2 工业竞争力 | 10 | 14 | -4 | 中势 |
| 工业增加值 | 13 | 14 | -1 | 中势 |
| 工业增加值增长率 | 6 | 21 | -15 | 劣势 |
| 人均工业增加值 | 11 | 12 | -1 | 中势 |
| 工业资产总额 | 16 | 16 | 0 | 中势 |
| 工业资产总额增长率 | 12 | 10 | 2 | 优势 |
| 工业资产总贡献率 | 13 | 13 | 0 | 中势 |
| 规模以上工业主营业务收入 | 19 | 19 | 0 | 中势 |
| 规模以上工业利润总额 | 15 | 16 | -1 | 中势 |
| 工业全员劳动生产率 | 10 | 5 | 5 | 优势 |
| 工业成本费用利润率 | 2 | 5 | -3 | 优势 |
| 2.3 服务业竞争力 | 23 | 26 | -3 | 劣势 |
| 服务业增加值 | 19 | 18 | 1 | 中势 |
| 服务业增加值增长率 | 15 | 12 | 3 | 中势 |
| 人均服务业增加值 | 17 | 17 | 0 | 中势 |
| 服务业从业人员数 | 24 | 24 | 0 | 劣势 |
| 服务业从业人员数增长率 | 22 | 29 | -7 | 劣势 |
| 限额以上批发零售企业主营业务收入 | 19 | 18 | 1 | 中势 |
| 限额以上批零企业利税率 | 15 | 15 | 0 | 中势 |
| 限额以上餐饮企业利税率 | 20 | 26 | -6 | 劣势 |
| 旅游外汇收入 | 11 | 11 | 0 | 中势 |
| 房地产经营总收入 | 17 | 20 | -3 | 中势 |
| 2.4 企业竞争力 | 12 | 20 | -8 | 中势 |
| 规模以上工业企业数 | 19 | 19 | 0 | 中势 |
| 规模以上企业平均资产 | 10 | 10 | 0 | 优势 |
| 规模以上企业平均收入 | 9 | 11 | -2 | 中势 |
| 规模以上企业平均利润 | 15 | 5 | 10 | 优势 |
| 规模以上企业劳动效率 | 3 | 17 | -14 | 中势 |
| 城镇就业人员平均工资 | 3 | 19 | -16 | 中势 |
| 新产品销售收入占主营业务收入比重 | 21 | 25 | -4 | 劣势 |
| 产品质量抽查合格率 | 16 | 26 | -10 | 劣势 |
| 工业企业 R&D 经费投入强度 | 11 | 11 | 0 | 中势 |
| 中国驰名商标持有量 | 22 | 22 | 0 | 劣势 |

## 3. 陕西省可持续发展竞争力指标排名变化情况

**表 27－7　2014～2015 年陕西省可持续发展竞争力指标组排位及变化趋势表**

| 指　　标 | 2014 年 | 2015 年 | 排位升降 | 优劣势 |
|---|---|---|---|---|
| **3　可持续发展竞争力** | 21 | 15 | 6 | 中势 |
| 3.1　资源竞争力 | 20 | 20 | 0 | 中势 |
| 人均国土面积 | 11 | 21 | －10 | 劣势 |
| 人均可使用海域和滩涂面积 | 13 | 13 | 0 | 中势 |
| 人均年水资源量 | 20 | 20 | 0 | 中势 |
| 耕地面积 | 19 | 19 | 0 | 中势 |
| 人均耕地面积 | 12 | 12 | 0 | 中势 |
| 人均牧草地面积 | 8 | 8 | 0 | 优势 |
| 主要能源矿产基础储量 | 4 | 4 | 0 | 优势 |
| 人均主要能源矿产基础储量 | 6 | 5 | 1 | 优势 |
| 人均森林储积量 | 10 | 10 | 0 | 优势 |
| 3.2　环境竞争力 | 8 | 8 | 0 | 优势 |
| 森林覆盖率 | 10 | 10 | 0 | 优势 |
| 人均废水排放量 | 5 | 13 | －8 | 中势 |
| 人均工业废气排放量 | 24 | 24 | 0 | 劣势 |
| 人均工业固体废物排放量 | 21 | 23 | －2 | 劣势 |
| 人均治理工业污染投资额 | 4 | 11 | －7 | 中势 |
| 一般工业固体废物综合利用率 | 23 | 14 | 9 | 中势 |
| 生活垃圾无害化处理率 | 10 | 11 | －1 | 中势 |
| 自然灾害直接经济损失 | 25 | 15 | 10 | 中势 |
| 3.3　人力资源竞争力 | 18 | 16 | 2 | 中势 |
| 人口自然增长率 | 22 | 22 | 0 | 劣势 |
| 15～64 岁人口比例 | 14 | 11 | 3 | 中势 |
| 文盲率 | 21 | 14 | 7 | 中势 |
| 大专以上教育程度人口比例 | 14 | 4 | 10 | 优势 |
| 平均受教育程度 | 11 | 6 | 5 | 优势 |
| 人口健康素质 | 20 | 21 | －1 | 劣势 |
| 人力资源利用率 | 22 | 25 | －3 | 劣势 |
| 职业学校毕业生数 | 11 | 16 | －5 | 中势 |

## 4. 陕西省财政金融竞争力指标排名变化情况

**表 27－8　2014～2015 年陕西省财政金融竞争力指标组排位及变化趋势表**

| 指　　标 | 2014 年 | 2015 年 | 排位升降 | 优劣势 |
|---|---|---|---|---|
| **4　财政金融竞争力** | 20 | 17 | 3 | 中势 |
| 4.1　财政竞争力 | 20 | 23 | －3 | 劣势 |
| 地方财政收入 | 17 | 18 | －1 | 中势 |
| 地方财政支出 | 15 | 16 | －1 | 中势 |
| 地方财政收入占 GDP 比重 | 18 | 15 | 3 | 中势 |
| 地方财政支出占 GDP 比重 | 14 | 15 | －1 | 中势 |

续表

| 指　　标 | 2014 年 | 2015 年 | 排位升降 | 优劣势 |
|---|---|---|---|---|
| 税收收入占 GDP 比重 | 21 | 22 | -1 | 劣势 |
| 税收收入占财政总收入比重 | 11 | 11 | 0 | 中势 |
| 人均地方财政收入 | 15 | 14 | 1 | 中势 |
| 人均地方财政支出 | 14 | 15 | -1 | 中势 |
| 人均税收收入 | 15 | 17 | -2 | 中势 |
| 地方财政收入增长率 | 26 | 24 | 2 | 劣势 |
| 地方财政支出增长率 | 19 | 24 | -5 | 劣势 |
| 税收收入增长率 | 25 | 26 | -1 | 劣势 |
| 4.2　金融竞争力 | 12 | 13 | -1 | 中势 |
| 存款余额 | 15 | 15 | 0 | 中势 |
| 人均存款余额 | 12 | 12 | 0 | 中势 |
| 贷款余额 | 17 | 17 | 0 | 中势 |
| 人均贷款余额 | 17 | 16 | 1 | 中势 |
| 货币市场融资额 | 26 | 26 | 0 | 劣势 |
| 中长期贷款占贷款余额比重 | 6 | 5 | 1 | 优势 |
| 保险费净收入 | 16 | 17 | -1 | 中势 |
| 保险密度 | 16 | 18 | -2 | 中势 |
| 保险深度 | 13 | 12 | 1 | 中势 |
| 人均证券市场筹资额 | 5 | 12 | -7 | 中势 |

## 5. 陕西省知识经济竞争力指标排名变化情况

**表 27-9　2014～2015 年陕西省知识经济竞争力指标组排位及变化趋势表**

| 指　　标 | 2014 年 | 2015 年 | 排位升降 | 优劣势 |
|---|---|---|---|---|
| **5　知识经济竞争力** | 9 | 12 | -3 | 中势 |
| 5.1　科技竞争力 | 13 | 16 | -3 | 中势 |
| R&D 人员 | 15 | 15 | 0 | 中势 |
| R&D 经费 | 17 | 17 | 0 | 中势 |
| R&D 经费投入强度 | 16 | 14 | 2 | 中势 |
| 发明专利授权量 | 9 | 10 | -1 | 优势 |
| 技术市场成交合同金额 | 2 | 3 | -1 | 强势 |
| 财政科技支出占地方财政支出比重 | 22 | 25 | -3 | 劣势 |
| 高技术产业增加值 | 16 | 19 | -3 | 中势 |
| 高技术产业增加值占工业增加值比重 | 17 | 20 | -3 | 中势 |
| 高技术产品出口额占商品出口额比重 | 9 | 24 | -15 | 劣势 |
| 5.2　教育竞争力 | 6 | 7 | -1 | 优势 |
| 教育经费 | 14 | 17 | -3 | 中势 |
| 教育经费占 GDP 比重 | 12 | 12 | 0 | 中势 |
| 人均教育经费 | 12 | 13 | -1 | 中势 |
| 公共教育经费占财政支出比重 | 12 | 11 | 1 | 中势 |

续表

| 指　　标 | 2014 年 | 2015 年 | 排位升降 | 优劣势 |
|---|---|---|---|---|
| 人均文化教育支出占个人消费支出比重 | 4 | 7 | -3 | 优势 |
| 万人中小学学校数 | 12 | 13 | -1 | 中势 |
| 万人中小学专任教师数 | 9 | 12 | -3 | 中势 |
| 高等学校数 | 13 | 13 | 0 | 中势 |
| 高校专任教师数 | 9 | 10 | -1 | 优势 |
| 万人高等学校在校学生数 | 3 | 3 | 0 | 强势 |
| 5.3　文化竞争力 | 13 | 14 | -1 | 中势 |
| 文化服务业企业营业收入 | 16 | 17 | -1 | 中势 |
| 图书和期刊出版数 | 16 | 17 | -1 | 中势 |
| 报纸出版数 | 21 | 21 | 0 | 劣势 |
| 出版印刷工业销售产值 | 19 | 19 | 0 | 中势 |
| 城镇居民人均文化娱乐支出 | 10 | 14 | -4 | 中势 |
| 农村居民人均文化娱乐支出 | 14 | 11 | 3 | 中势 |
| 城镇居民人均文化娱乐支出占消费性支出比重 | 4 | 7 | -3 | 优势 |
| 农村居民人均文化娱乐支出占消费性支出比重 | 7 | 5 | 2 | 优势 |

## 6. 陕西省发展环境竞争力指标排名变化情况

**表 27－10　2014～2015 年陕西省发展环境竞争力指标组排位及变化趋势表**

| 指　　标 | 2014 年 | 2015 年 | 排位升降 | 优劣势 |
|---|---|---|---|---|
| **6　发展环境竞争力** | 17 | 22 | -5 | 劣势 |
| 6.1　基础设施竞争力 | 18 | 17 | 1 | 中势 |
| 铁路网线密度 | 17 | 19 | -2 | 中势 |
| 公路网线密度 | 18 | 18 | 0 | 中势 |
| 人均内河航道里程 | 21 | 21 | 0 | 劣势 |
| 全社会旅客周转量 | 13 | 13 | 0 | 中势 |
| 全社会货物周转量 | 18 | 17 | 1 | 中势 |
| 人均邮电业务总量 | 12 | 10 | 2 | 优势 |
| 电话普及率 | 12 | 9 | 3 | 优势 |
| 互联网上网人数比重 | 15 | 15 | 0 | 中势 |
| 人均耗电量 | 18 | 18 | 0 | 中势 |
| 6.2　软环境竞争力 | 13 | 28 | -15 | 劣势 |
| 外资企业数增长率 | 10 | 28 | -18 | 劣势 |
| 万人外资企业数 | 11 | 13 | -2 | 中势 |
| 个体私营企业数增长率 | 5 | 5 | 0 | 优势 |
| 万人个体私营企业数 | 26 | 25 | 1 | 劣势 |
| 万人商标注册件数 | 9 | 10 | -1 | 优势 |
| 查处商标侵权假冒案件 | 17 | 16 | 1 | 中势 |
| 每十万人交通事故发生数 | 16 | 20 | -4 | 中势 |
| 罚没收入占财政收入比重 | 9 | 19 | -10 | 中势 |
| 社会捐赠款物 | 27 | 29 | -2 | 劣势 |

## 7. 陕西省政府作用竞争力指标排名变化情况

**表 27－11 2014～2015 年陕西省政府作用竞争力指标组排位及变化趋势表**

| 指　　标 | 2014 年 | 2015 年 | 排位升降 | 优劣势 |
|---|---|---|---|---|
| **7 政府作用竞争力** | 23 | 24 | －1 | 劣势 |
| 7.1 政府发展经济竞争力 | 20 | 19 | 1 | 中势 |
| 财政支出用于基本建设投资比重 | 7 | 9 | －2 | 优势 |
| 财政支出对 GDP 增长的拉动 | 18 | 17 | 1 | 中势 |
| 政府公务员对经济的贡献 | 22 | 22 | 0 | 劣势 |
| 政府消费对民间消费的拉动 | 18 | 21 | －3 | 劣势 |
| 财政投资对社会投资的拉动 | 20 | 20 | 0 | 中势 |
| 7.2 政府规调经济竞争力 | 14 | 12 | 2 | 中势 |
| 物价调控 | 6 | 4 | 2 | 优势 |
| 调控城乡消费差距 | 25 | 25 | 0 | 劣势 |
| 统筹经济社会发展 | 19 | 14 | 5 | 中势 |
| 规范税收 | 22 | 24 | －2 | 劣势 |
| 人口控制 | 9 | 10 | －1 | 优势 |
| 7.3 政府保障经济竞争力 | 29 | 29 | 0 | 劣势 |
| 城市城镇社区服务设施数 | 18 | 15 | 3 | 中势 |
| 医疗保险覆盖率 | 31 | 30 | 1 | 劣势 |
| 养老保险覆盖率 | 25 | 25 | 0 | 劣势 |
| 失业保险覆盖率 | 24 | 24 | 0 | 劣势 |
| 下岗职工再就业率 | 30 | 27 | 3 | 劣势 |
| 城镇登记失业率 | 17 | 17 | 0 | 中势 |

## 8. 陕西省发展水平竞争力指标排名变化情况

**表 27－12 2014～2015 年陕西省发展水平竞争力指标组排位及变化趋势表**

| 指　　标 | 2014 年 | 2015 年 | 排位升降 | 优劣势 |
|---|---|---|---|---|
| **8 发展水平竞争力** | 23 | 23 | 0 | 劣势 |
| 8.1 工业化进程竞争力 | 11 | 18 | －7 | 中势 |
| 工业增加值占 GDP 比重 | 3 | 11 | －8 | 中势 |
| 工业增加值增长率 | 12 | 25 | －13 | 劣势 |
| 高技术产业规模以上企业产值 | 19 | 16 | 3 | 中势 |
| 高技术产业增加值占工业增加值比重 | 21 | 16 | 5 | 中势 |
| 高技术产品出口额占商品出口额比重 | 9 | 14 | －5 | 中势 |
| 信息产业增加值占 GDP 比重 | 18 | 19 | －1 | 中势 |
| 8.2 城市化进程竞争力 | 15 | 13 | 2 | 中势 |
| 城镇化率 | 18 | 18 | 0 | 中势 |
| 城镇居民人均可支配收入 | 17 | 16 | 1 | 中势 |
| 城市平均建成区面积比重 | 22 | 5 | 17 | 优势 |

续表

| 指　　标 | 2014年 | 2015年 | 排位升降 | 优劣势 |
|---|---|---|---|---|
| 人均拥有道路面积 | 15 | 15 | 0 | 中势 |
| 人均日生活用水量 | 18 | 19 | -1 | 中势 |
| 恩格尔系数 | 6 | 8 | -2 | 优势 |
| 人均公共绿地面积 | 16 | 15 | 1 | 中势 |
| 8.3 市场化进程竞争力 | 27 | 26 | 1 | 劣势 |
| 非公有制经济产值占全社会总产值的比重 | 28 | 25 | 3 | 劣势 |
| 社会投资占投资总额比重 | 25 | 25 | 0 | 劣势 |
| 私有和个体企业从业人员比重 | 28 | 23 | 5 | 劣势 |
| 亿元以上商品市场成交额 | 27 | 21 | 6 | 劣势 |
| 亿元以上商品市场成交额占全社会消费品零售总额比重 | 28 | 25 | 3 | 劣势 |
| 居民消费支出占总消费支出比重 | 18 | 21 | -3 | 劣势 |

## 9. 陕西省统筹协调竞争力指标排名变化情况

**表 27-13　2014~2015 年陕西省统筹协调竞争力指标组排位及变化趋势表**

| 指　　标 | 2014年 | 2015年 | 排位升降 | 优劣势 |
|---|---|---|---|---|
| **9 统筹协调竞争力** | 18 | 22 | -4 | 劣势 |
| 9.1 统筹发展竞争力 | 12 | 15 | -3 | 中势 |
| 社会劳动生产率 | 8 | 13 | -5 | 中势 |
| 社会劳动生产率增速 | 9 | 17 | -8 | 中势 |
| 万元 GDP 综合能耗 | 16 | 18 | -2 | 中势 |
| 非农用地产出率 | 11 | 12 | -1 | 中势 |
| 生产税净额和营业盈余占 GDP 比重 | 6 | 7 | -1 | 优势 |
| 最终消费率 | 23 | 23 | 0 | 劣势 |
| 固定资产投资额占 GDP 比重 | 23 | 22 | 1 | 劣势 |
| 固定资产交付使用率 | 22 | 18 | 4 | 中势 |
| 9.2 协调发展竞争力 | 22 | 27 | -5 | 劣势 |
| 环境竞争力与宏观经济竞争力比差 | 24 | 25 | -1 | 劣势 |
| 资源竞争力与宏观经济竞争力比差 | 16 | 13 | 3 | 中势 |
| 人力资源竞争力与宏观经济竞争力比差 | 15 | 22 | -7 | 劣势 |
| 资源竞争力与工业竞争力比差 | 22 | 18 | 4 | 中势 |
| 环境竞争力与工业竞争力比差 | 14 | 20 | -6 | 中势 |
| 城乡居民家庭人均收入比差 | 28 | 26 | 2 | 劣势 |
| 城乡居民人均现金消费支出比差 | 25 | 25 | 0 | 劣势 |
| 全社会消费品零售总额与外贸出口总额比差 | 8 | 9 | -1 | 优势 |

B.29
# 28 甘肃省经济综合竞争力评价分析报告

甘肃省简称甘，地处黄河上游的青藏高原、蒙新高原、黄土高原交汇地带，位于我国地理中心。甘肃省东接陕西省，东北与宁夏回族自治区相邻，南靠四川省，西连青海省、新疆维吾尔自治区，北与内蒙古自治区交界，并与蒙古国接壤，总面积45.4万平方公里，2015年全省常住人口为2600万人，地区生产总值为6790亿元，同比增长8.1%，人均GDP达26165元。本部分通过分析2014～2015年甘肃省经济综合竞争力以及各要素竞争力的排名变化，从中找出甘肃省经济综合竞争力的推动点及影响因素，为进一步提升甘肃省经济综合竞争力提供决策参考。

## 28.1 甘肃省经济综合竞争力总体分析

### 1. 甘肃省经济综合竞争力一级指标概要分析

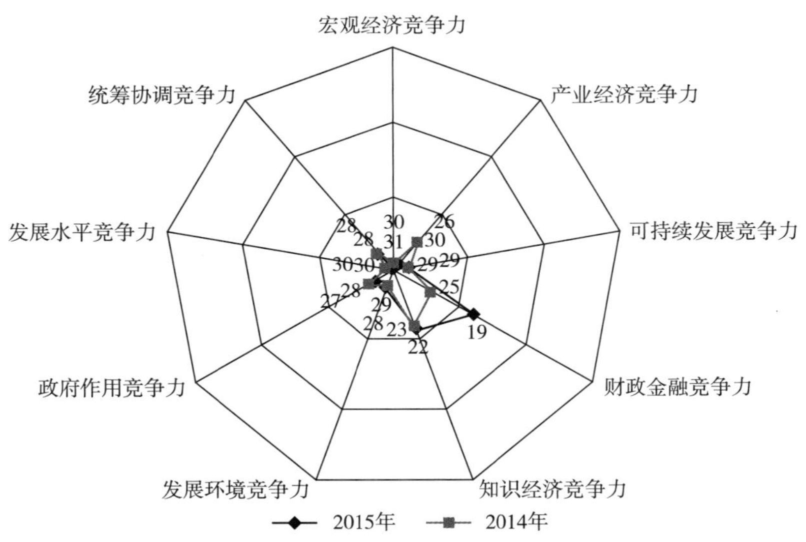


**图28－1　2014～2015年甘肃省经济综合竞争力二级指标比较雷达图**

（1）从综合排位看，2015年甘肃省经济综合竞争力综合排位在全国居第30位，在全国处于劣势地位；与2014年相比，综合排位下降1位。

（2）从指标所处区位看，只有财政金融竞争力1个指标处于中游区，其他8个二

**表 28－1　2014～2015 年甘肃省经济综合竞争力二级指标比较表**

| 项目<br>年份 | 宏观经济竞争力 | 产业经济竞争力 | 可持续发展竞争力 | 财政金融竞争力 | 知识经济竞争力 | 发展环境竞争力 | 政府作用竞争力 | 发展水平竞争力 | 统筹协调竞争力 | **综合排位** |
|---|---|---|---|---|---|---|---|---|---|---|
| 2014 | 30 | 26 | 29 | 25 | 23 | 29 | 27 | 30 | 28 | 29 |
| 2015 | 31 | 30 | 29 | 19 | 22 | 28 | 28 | 30 | 28 | 30 |
| 升降 | －1 | －4 | 0 | 6 | 1 | 1 | －1 | 0 | 0 | －1 |
| 优劣度 | 劣势 | 劣势 | 劣势 | 中势 | 劣势 | 劣势 | 劣势 | 劣势 | 劣势 | 劣势 |

级指标均处于下游区。

（3）从指标变化趋势看，9 个二级指标中，有 3 个指标处于上升趋势，分别为财政金融竞争力、知识经济竞争力、发展环境竞争力，这些是甘肃省经济综合竞争力的上升动力所在；有 3 个指标排位没有发生变化，分别为可持续发展竞争力、发展水平竞争力和统筹协调竞争力；有 3 个指标处于下降趋势，分别为宏观经济竞争力、产业经济竞争力和政府作用竞争力，这些是甘肃省经济综合竞争力的下降拉力所在。

**2. 甘肃省经济综合竞争力各级指标动态变化分析**

**表 28－2　2014～2015 年甘肃省经济综合竞争力各级指标排位变化态势比较表**

| 二级指标 | 三级指标 | 四级指标数 | 上升 | | 保持 | | 下降 | | 变化趋势 |
|---|---|---|---|---|---|---|---|---|---|
| | | | 指标数 | 比重（%） | 指标数 | 比重（%） | 指标数 | 比重（%） | |
| 宏观经济竞争力 | 经济实力竞争力 | 12 | 1 | 8.3 | 4 | 33.3 | 7 | 58.3 | 下降 |
| | 经济结构竞争力 | 6 | 1 | 16.7 | 3 | 50.0 | 2 | 33.3 | 保持 |
| | 经济外向度竞争力 | 9 | 5 | 55.6 | 2 | 22.2 | 2 | 22.2 | 上升 |
| | 小　计 | 27 | 7 | 25.9 | 9 | 33.3 | 11 | 40.7 | 下降 |
| 产业经济竞争力 | 农业竞争力 | 10 | 2 | 20.0 | 6 | 60.0 | 2 | 20.0 | 下降 |
| | 工业竞争力 | 10 | 1 | 10.0 | 4 | 40.0 | 5 | 50.0 | 下降 |
| | 服务业竞争力 | 10 | 3 | 30.0 | 4 | 40.0 | 3 | 30.0 | 下降 |
| | 企业竞争力 | 10 | 3 | 30.0 | 3 | 30.0 | 4 | 40.0 | 下降 |
| | 小　计 | 40 | 9 | 22.5 | 17 | 42.5 | 14 | 35.0 | 下降 |
| 可持续发展竞争力 | 资源竞争力 | 9 | 1 | 11.1 | 6 | 66.7 | 2 | 22.2 | 下降 |
| | 环境竞争力 | 8 | 2 | 25.0 | 4 | 50.0 | 2 | 25.0 | 上升 |
| | 人力资源竞争力 | 8 | 2 | 25.0 | 3 | 37.5 | 3 | 37.5 | 下降 |
| | 小　计 | 25 | 5 | 20.0 | 13 | 52.0 | 7 | 28.0 | 保持 |
| 财政金融竞争力 | 财政竞争力 | 12 | 5 | 41.7 | 6 | 50.0 | 1 | 8.3 | 上升 |
| | 金融竞争力 | 10 | 2 | 20.0 | 7 | 70.0 | 1 | 10.0 | 上升 |
| | 小　计 | 22 | 7 | 31.8 | 13 | 59.1 | 2 | 9.1 | 上升 |
| 知识经济竞争力 | 科技竞争力 | 9 | 4 | 44.4 | 5 | 55.6 | 0 | 0.0 | 保持 |
| | 教育竞争力 | 10 | 6 | 60.0 | 2 | 20.0 | 2 | 20.0 | 上升 |
| | 文化竞争力 | 8 | 3 | 37.5 | 3 | 37.5 | 2 | 25.0 | 上升 |
| | 小　计 | 27 | 13 | 48.1 | 10 | 37.0 | 4 | 14.8 | 上升 |

续表

| 二级指标 | 三级指标 | 四级指标数 | 上升 | | 保持 | | 下降 | | 变化趋势 |
|---|---|---|---|---|---|---|---|---|---|
| | | | 指标数 | 比重（%） | 指标数 | 比重（%） | 指标数 | 比重（%） | |
| 发展环境竞争力 | 基础设施竞争力 | 9 | 3 | 33.3 | 4 | 44.4 | 2 | 22.2 | 保持 |
| | 软环境竞争力 | 9 | 2 | 22.2 | 2 | 22.2 | 5 | 55.6 | 下降 |
| | 小　计 | 18 | 5 | 27.8 | 6 | 33.3 | 7 | 38.9 | 上升 |
| 政府作用竞争力 | 政府发展经济竞争力 | 5 | 1 | 20.0 | 3 | 60.0 | 1 | 20.0 | 上升 |
| | 政府规调经济竞争力 | 5 | 1 | 20.0 | 0 | 0.0 | 4 | 80.0 | 下降 |
| | 政府保障经济竞争力 | 6 | 1 | 16.7 | 4 | 66.7 | 1 | 16.7 | 上升 |
| | 小　计 | 16 | 3 | 18.8 | 7 | 43.8 | 6 | 37.5 | 下降 |
| 发展水平竞争力 | 工业化进程竞争力 | 6 | 0 | 0.0 | 2 | 33.3 | 4 | 66.7 | 下降 |
| | 城市化进程竞争力 | 7 | 2 | 28.6 | 3 | 42.9 | 2 | 28.6 | 上升 |
| | 市场化进程竞争力 | 6 | 2 | 33.3 | 1 | 16.7 | 3 | 50.0 | 上升 |
| | 小　计 | 19 | 4 | 21.1 | 6 | 31.6 | 9 | 47.4 | 保持 |
| 统筹协调竞争力 | 统筹发展竞争力 | 8 | 3 | 37.5 | 2 | 25.0 | 3 | 37.5 | 下降 |
| | 协调发展竞争力 | 8 | 1 | 12.5 | 2 | 25.0 | 5 | 62.5 | 下降 |
| | 小　计 | 16 | 4 | 25.0 | 4 | 25.0 | 8 | 50.0 | 保持 |
| 合　计 | | 210 | 57 | 27.1 | 85 | 40.5 | 68 | 32.4 | 下降 |

从表28－2可以看出，210个四级指标中，上升指标有57个，占指标总数的27.1%；保持指标有85个，占指标总数的40.5%；下降指标有68个，占指标总数的32.4%。综上所述，甘肃省经济综合竞争力上升的动力小于下降的拉力，2015年甘肃省经济综合竞争力排位有所下降。

3. 甘肃省经济综合竞争力各级指标优劣势结构分析

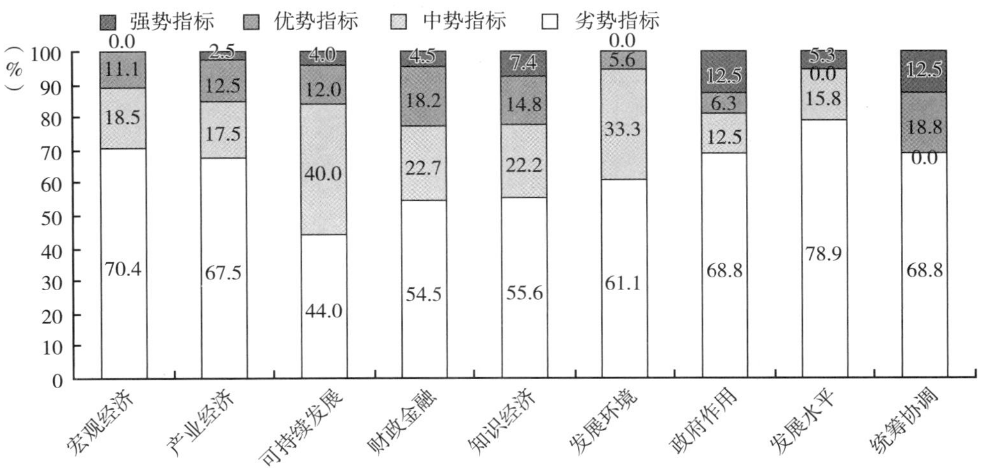


图28－2　2015年甘肃省经济综合竞争力各级指标优劣势比较图

**表 28－3　2015 年甘肃省经济综合竞争力各级指标优劣势比较表**

| 二级指标 | 三级指标 | 四级指标数 | 强势指标 | | 优势指标 | | 中势指标 | | 劣势指标 | | 优劣势 |
|---|---|---|---|---|---|---|---|---|---|---|---|
| | | | 个数 | 比重(%) | 个数 | 比重(%) | 个数 | 比重(%) | 个数 | 比重(%) | |
| 宏观经济竞争力 | 经济实力竞争力 | 12 | 0 | 0 | 0 | 0.0 | 2 | 16.7 | 10 | 83.3 | 劣势 |
| | 经济结构竞争力 | 6 | 0 | 0.0 | 2 | 33.3 | 1 | 16.7 | 3 | 50.0 | 劣势 |
| | 经济外向度竞争力 | 9 | 0 | 0.0 | 1 | 11.1 | 2 | 22.2 | 6 | 66.7 | 劣势 |
| | 小　计 | 27 | 0 | 0.0 | 3 | 11.1 | 5 | 18.5 | 19 | 70.4 | 劣势 |
| 产业经济竞争力 | 农业竞争力 | 10 | 1 | 10.0 | 2 | 20.0 | 3 | 30.0 | 4 | 40.0 | 劣势 |
| | 工业竞争力 | 10 | 0 | 0.0 | 0 | 0.0 | 0 | 0.0 | 10 | 100.0 | 劣势 |
| | 服务业竞争力 | 10 | 0 | 0.0 | 0 | 0.0 | 4 | 40.0 | 6 | 60.0 | 劣势 |
| | 企业竞争力 | 10 | 0 | 0.0 | 3 | 30.0 | 0 | 0.0 | 7 | 70.0 | 劣势 |
| | 小　计 | 40 | 1 | 2.5 | 5 | 12.5 | 7 | 17.5 | 27 | 67.5 | 劣势 |
| 可持续发展竞争力 | 资源竞争力 | 9 | 0 | 0.0 | 3 | 33.3 | 4 | 44.4 | 2 | 22.2 | 中势 |
| | 环境竞争力 | 8 | 1 | 12.5 | 0 | 0.0 | 1 | 12.5 | 6 | 75.0 | 劣势 |
| | 人力资源竞争力 | 8 | 0 | 0.0 | 0 | 0.0 | 5 | 62.5 | 3 | 37.5 | 劣势 |
| | 小　计 | 25 | 1 | 4.0 | 3 | 12.0 | 10 | 40.0 | 11 | 44.0 | 劣势 |
| 财政金融竞争力 | 财政竞争力 | 12 | 1 | 8.3 | 3 | 25.0 | 3 | 25.0 | 5 | 41.7 | 中势 |
| | 金融竞争力 | 10 | 0 | 0.0 | 1 | 10.0 | 2 | 20.0 | 7 | 70.0 | 劣势 |
| | 小　计 | 22 | 1 | 4.5 | 4 | 18.2 | 5 | 22.7 | 12 | 54.5 | 中势 |
| 知识经济竞争力 | 科技竞争力 | 9 | 0 | 0.0 | 0 | 0.0 | 3 | 33.3 | 6 | 66.7 | 劣势 |
| | 教育竞争力 | 10 | 2 | 20.0 | 2 | 20.0 | 2 | 20.0 | 4 | 40.0 | 中势 |
| | 文化竞争力 | 8 | 0 | 0.0 | 2 | 25.0 | 1 | 12.5 | 5 | 62.5 | 中势 |
| | 小　计 | 27 | 2 | 7.4 | 4 | 14.8 | 6 | 22.2 | 15 | 55.6 | 劣势 |
| 发展环境竞争力 | 基础设施竞争力 | 9 | 0 | 0.0 | 0 | 0.0 | 3 | 33.3 | 6 | 66.7 | 劣势 |
| | 软环境竞争力 | 9 | 0 | 0.0 | 1 | 11.1 | 3 | 33.3 | 5 | 55.6 | 劣势 |
| | 小　计 | 18 | 0 | 0.0 | 1 | 5.6 | 6 | 33.3 | 11 | 61.1 | 劣势 |
| 政府作用竞争力 | 政府发展经济竞争力 | 5 | 0 | 0.0 | 1 | 20.0 | 0 | 0.0 | 4 | 80.0 | 劣势 |
| | 政府规调经济竞争力 | 5 | 0 | 0.0 | 0 | 0.0 | 1 | 20.0 | 4 | 80.0 | 劣势 |
| | 政府保障经济竞争力 | 6 | 2 | 33.3 | 0 | 0.0 | 1 | 16.7 | 3 | 50.0 | 中势 |
| | 小　计 | 16 | 2 | 12.5 | 1 | 6.3 | 2 | 12.5 | 11 | 68.8 | 劣势 |
| 发展水平竞争力 | 工业化进程竞争力 | 6 | 0 | 0.0 | 0 | 0.0 | 0 | 0.0 | 6 | 100.0 | 劣势 |
| | 城市化进程竞争力 | 7 | 1 | 14.3 | 0 | 0.0 | 3 | 42.9 | 3 | 42.9 | 劣势 |
| | 市场化进程竞争力 | 6 | 0 | 0.0 | 0 | 0.0 | 0 | 0.0 | 6 | 100.0 | 劣势 |
| | 小　计 | 19 | 1 | 5.3 | 0 | 0.0 | 3 | 15.8 | 15 | 78.9 | 劣势 |
| 统筹协调竞争力 | 统筹发展竞争力 | 8 | 1 | 12.5 | 1 | 12.5 | 0 | 0.0 | 6 | 75.0 | 劣势 |
| | 协调发展竞争力 | 8 | 1 | 12.5 | 2 | 25.0 | 0 | 0.0 | 5 | 62.5 | 劣势 |
| | 小　计 | 16 | 2 | 12.5 | 3 | 18.8 | 0 | 0.0 | 11 | 68.8 | 劣势 |
| 合　计 | | 210 | 10 | 4.8 | 24 | 11.4 | 44 | 21.0 | 132 | 62.9 | 劣势 |

基于图 28－2 和表 28－3，从四级指标来看，强势指标 10 个，占指标总数的 4.8%；优势指标 24 个，占指标总数的 11.4%；中势指标 44 个，占指标总数的

21.0%；劣势指标132个，占指标总数的62.9%。从三级指标来看，没有强势指标；没有优势指标；中势指标5个，占三级指标总数的20%；劣势指标20个，占三级指标总数的80%。反映到二级指标上，中势指标1个，占二级指标总数的11.11%；劣势指标有8个，占二级指标总数的88.9%。综合来看，由于劣势指标在指标体系中居于主导地位，2015年甘肃省经济综合竞争力处于劣势地位。

**4. 甘肃省经济综合竞争力四级指标优劣势对比分析**

**表28－4　2015年甘肃省经济综合竞争力四级指标优劣势比较表**

| 二级指标 | 优劣势 | 四　级　指　标 |
|---|---|---|
| 宏观经济竞争力（27个） | 强势指标 | （0个） |
| | 优势指标 | 产业结构优化度、资本形成结构优化度、出口增长率（3个） |
| | 劣势指标 | 地区生产总值、人均地区生产总值、财政总收入、财政总收入增长率、人均财政收入、固定资产投资额、人均固定资产投资额、全社会消费品零售总额、全社会消费品零售总额增长率、人均全社会消费品零售总额、所有制经济结构优化度、城乡经济结构优化度、就业结构优化度、进出口总额、出口总额、实际FDI、外贸依存度、外资企业数、对外直接投资（19个） |
| 产业经济竞争力（40个） | 强势指标 | 财政支农资金比重（1个） |
| | 优势指标 | 农业增加值增长率、农民人均纯收入增长率、规模以上企业平均资产、规模以上企业平均收入、规模以上企业劳动效率（5个） |
| | 劣势指标 | 农业增加值、人均农业增加值、农民人均纯收入、农村人均用电量、工业增加值、工业增加值增长率、人均工业增加值、工业资产总额、工业资产总额增长率、工业资产总贡献率、规模以上工业主营业务收入、规模以上工业利润总额、工业全员劳动生产率、工业成本费用利润率、服务业增加值、人均服务业增加值、限额以上批发零售企业主营业务收入、限额以上批零企业利税率、旅游外汇收入、房地产经营总收入、规模以上工业企业数、规模以上企业平均利润、城镇就业人员平均工资、新产品销售收入占主营业务收入比重、产品质量抽查合格率、工业企业R&D经费投入强度、中国驰名商标持有量（27个） |
| 可持续发展竞争力（25个） | 强势指标 | 人均废水排放量（1个） |
| | 优势指标 | 耕地面积、人均耕地面积、人均牧草地面积（3个） |
| | 劣势指标 | 人均国土面积、人均年水资源量、森林覆盖率、人均工业废气排放量、人均工业固体废物排放量、人均治理工业污染投资额、一般工业固体废物综合利用率、生活垃圾无害化处理率、人口自然增长率、文盲率、平均受教育程度（11个） |
| 财政金融竞争力（22个） | 强势指标 | 地方财政支出占GDP比重（1个） |
| | 优势指标 | 税收收入占财政总收入比重、地方财政支出增长率、税收收入增长率、保险深度（4个） |
| | 劣势指标 | 地方财政收入、地方财政支出、地方财政收入占GDP比重、人均地方财政收入、人均税收收入、存款余额、人均存款余额、贷款余额、货币市场融资额、保险费净收入、保险密度、人均证券市场筹资额（12个） |
| 知识经济竞争力（27个） | 强势指标 | 教育经费占GDP比重、万人中小学学校数（2个） |
| | 优势指标 | 人均文化教育支出占个人消费支出比重、万人中小学专任教师数、城镇居民人均文化娱乐支出占消费性支出比重、农村居民人均文化娱乐支出占消费性支出比重（4个） |
| | 劣势指标 | R&D人员、R&D经费、发明专利授权量、财政科技支出占地方财政支出比重、高技术产业增加值、高技术产业增加值占工业增加值比重、教育经费、高等学校数、高校专任教师数、万人高等学校在校学生数、文化服务业企业营业收入、图书和期刊出版数、报纸出版数、出版印刷工业销售产值、农村居民人均文化娱乐支出（15个） |

续表

| 二级指标 | 优劣势 | 四　级　指　标 |
| --- | --- | --- |
| 发展环境竞争力（18 个） | 强势指标 | （0 个） |
| | 优势指标 | 个体私营企业数增长率（1 个） |
| | 劣势指标 | 铁路网线密度、公路网线密度、全社会货物周转量、人均邮电业务总量、电话普及率、互联网上网人数比重、外资企业数增长率、万人外资企业数、万人个体私营企业数、万人商标注册件数、社会捐赠款物（11 个） |
| 政府作用竞争力（16 个） | 强势指标 | 下岗职工再就业率、城镇登记失业率（2 个） |
| | 优势指标 | 财政支出用于基本建设投资比重（1 个） |
| | 劣势指标 | 财政支出对 GDP 增长的拉动、政府公务员对经济的贡献、政府消费对民间消费的拉动、财政投资对社会投资的拉动、物价调控、调控城乡消费差距、统筹经济社会发展、规范税收、医疗保险覆盖率、养老保险覆盖率、失业保险覆盖率（11 个） |
| 发展水平竞争力（19 个） | 强势指标 | 城市平均建成区面积比重（1 个） |
| | 优势指标 | （0 个） |
| | 劣势指标 | 工业增加值占 GDP 比重、工业增加值增长率、高技术产业规模以上企业产值、高技术产业增加值占工业增加值比重、高技术产品出口额占商品出口额比重、信息产业增加值占 GDP 比重、城镇化率、城镇居民人均可支配收入、人均日生活用水量、非公有制经济产值占全社会总产值的比重、社会投资占投资总额比重、私有和个体企业从业人员比重、亿元以上商品市场成交额、亿元以上商品市场成交额占全社会消费品零售总额比重、居民消费支出占总消费支出比重（15 个） |
| 统筹协调竞争力（16 个） | 强势指标 | 最终消费率、资源竞争力与工业竞争力比差（2 个） |
| | 优势指标 | 固定资产交付使用率、资源竞争力与宏观经济竞争力比差、全社会消费品零售总额与外贸出口总额比差（3 个） |
| | 劣势指标 | 社会劳动生产率、社会劳动生产率增速、万元 GDP 综合能耗、非农用地产出率、生产税净额和营业盈余占 GDP 比重、固定资产投资额占 GDP 比重、环境竞争力与宏观经济竞争力比差、人力资源竞争力与宏观经济竞争力比差、环境竞争力与工业竞争力比差、城乡居民家庭人均收入比差、城乡居民人均现金消费支出比差（11 个） |

## 28.2　甘肃省经济综合竞争力各级指标具体分析

### 1. 甘肃省宏观经济竞争力指标排名变化情况

**表 28 - 5　2014 ~ 2015 年甘肃省宏观经济竞争力指标组排位及变化趋势表**

| 指　标 | 2014 年 | 2015 年 | 排位升降 | 优劣势 |
| --- | --- | --- | --- | --- |
| **1　宏观经济竞争力** | 30 | 31 | -1 | 劣势 |
| 1.1　经济实力竞争力 | 20 | 31 | -11 | 劣势 |
| 地区生产总值 | 27 | 27 | 0 | 劣势 |
| 地区生产总值增长率 | 13 | 16 | -3 | 中势 |
| 人均地区生产总值 | 31 | 31 | 0 | 劣势 |
| 财政总收入 | 27 | 30 | -3 | 劣势 |
| 财政总收入增长率 | 1 | 30 | -29 | 劣势 |

续表

| 指　　标 | 2014 年 | 2015 年 | 排位升降 | 优劣势 |
|---|---|---|---|---|
| 人均财政收入 | 21 | 30 | -9 | 劣势 |
| 固定资产投资额 | 25 | 25 | 0 | 劣势 |
| 固定资产投资额增长率 | 6 | 20 | -14 | 中势 |
| 人均固定资产投资额 | 24 | 25 | -1 | 劣势 |
| 全社会消费品零售总额 | 26 | 26 | 0 | 劣势 |
| 全社会消费品零售总额增长率 | 5 | 22 | -17 | 劣势 |
| 人均全社会消费品零售总额 | 29 | 28 | 1 | 劣势 |
| 1.2　经济结构竞争力 | 30 | 30 | 0 | 劣势 |
| 产业结构优化度 | 13 | 10 | 3 | 优势 |
| 所有制经济结构优化度 | 31 | 31 | 0 | 劣势 |
| 城乡经济结构优化度 | 29 | 29 | 0 | 劣势 |
| 就业结构优化度 | 28 | 28 | 0 | 劣势 |
| 资本形成结构优化度 | 4 | 6 | -2 | 优势 |
| 贸易结构优化度 | 19 | 20 | -1 | 中势 |
| 1.3　经济外向度竞争力 | 30 | 22 | 8 | 劣势 |
| 进出口总额 | 28 | 28 | 0 | 劣势 |
| 进出口增长率 | 30 | 15 | 15 | 中势 |
| 出口总额 | 27 | 25 | 2 | 劣势 |
| 出口增长率 | 13 | 5 | 8 | 优势 |
| 实际 FDI | 28 | 29 | -1 | 劣势 |
| 实际 FDI 增长率 | 28 | 19 | 9 | 中势 |
| 外贸依存度 | 27 | 25 | 2 | 劣势 |
| 外资企业数 | 26 | 26 | 0 | 劣势 |
| 对外直接投资 | 27 | 29 | -2 | 劣势 |

## 2. 甘肃省产业经济竞争力指标排名变化情况

**表 28-6　2014~2015 年甘肃省产业经济竞争力指标组排位及变化趋势表**

| 指　　标 | 2014 年 | 2015 年 | 排位升降 | 优劣势 |
|---|---|---|---|---|
| **2　产业经济竞争力** | 26 | 30 | -4 | 劣势 |
| 2.1　农业竞争力 | 22 | 23 | -1 | 劣势 |
| 农业增加值 | 23 | 23 | 0 | 劣势 |
| 农业增加值增长率 | 5 | 5 | 0 | 优势 |
| 人均农业增加值 | 27 | 27 | 0 | 劣势 |
| 农民人均纯收入 | 31 | 31 | 0 | 劣势 |
| 农民人均纯收入增长率 | 4 | 5 | -1 | 优势 |
| 农产品出口占农林牧渔总产值比重 | 20 | 18 | 2 | 中势 |
| 人均主要农产品产量 | 16 | 16 | 0 | 中势 |
| 农业机械化水平 | 18 | 17 | 1 | 中势 |

续表

| 指　　标 | 2014 年 | 2015 年 | 排位升降 | 优劣势 |
|---|---|---|---|---|
| 农村人均用电量 | 25 | 26 | -1 | 劣势 |
| 财政支农资金比重 | 2 | 2 | 0 | 强势 |
| 2.2　工业竞争力 | 29 | 31 | -2 | 劣势 |
| 工业增加值 | 27 | 27 | 0 | 劣势 |
| 工业增加值增长率 | 22 | 29 | -7 | 劣势 |
| 人均工业增加值 | 28 | 29 | -1 | 劣势 |
| 工业资产总额 | 27 | 27 | 0 | 劣势 |
| 工业资产总额增长率 | 18 | 22 | -4 | 劣势 |
| 工业资产总贡献率 | 26 | 26 | 0 | 劣势 |
| 规模以上工业主营业务收入 | 26 | 26 | 0 | 劣势 |
| 规模以上工业利润总额 | 27 | 31 | -4 | 劣势 |
| 工业全员劳动生产率 | 24 | 22 | 2 | 劣势 |
| 工业成本费用利润率 | 30 | 31 | -1 | 劣势 |
| 2.3　服务业竞争力 | 28 | 29 | -1 | 劣势 |
| 服务业增加值 | 27 | 27 | 0 | 劣势 |
| 服务业增加值增长率 | 12 | 16 | -4 | 中势 |
| 人均服务业增加值 | 31 | 31 | 0 | 劣势 |
| 服务业从业人员数 | 18 | 17 | 1 | 中势 |
| 服务业从业人员数增长率 | 21 | 19 | 2 | 中势 |
| 限额以上批发零售企业主营业务收入 | 22 | 24 | -2 | 劣势 |
| 限额以上批零企业利税率 | 24 | 28 | -4 | 劣势 |
| 限额以上餐饮企业利税率 | 21 | 18 | 3 | 中势 |
| 旅游外汇收入 | 31 | 31 | 0 | 劣势 |
| 房地产经营总收入 | 28 | 28 | 0 | 劣势 |
| 2.4　企业竞争力 | 22 | 26 | -4 | 劣势 |
| 规模以上工业企业数 | 27 | 27 | 0 | 劣势 |
| 规模以上企业平均资产 | 9 | 9 | 0 | 优势 |
| 规模以上企业平均收入 | 5 | 5 | 0 | 优势 |
| 规模以上企业平均利润 | 26 | 31 | -5 | 劣势 |
| 规模以上企业劳动效率 | 27 | 8 | 19 | 优势 |
| 城镇就业人员平均工资 | 27 | 22 | 5 | 劣势 |
| 新产品销售收入占主营业务收入比重 | 15 | 21 | -6 | 劣势 |
| 产品质量抽查合格率 | 21 | 29 | -8 | 劣势 |
| 工业企业 R&D 经费投入强度 | 22 | 23 | -1 | 劣势 |
| 中国驰名商标持有量 | 29 | 24 | 5 | 劣势 |

## 3. 甘肃省可持续发展竞争力指标排名变化情况

表 28－7 2014～2015 年甘肃省可持续发展竞争力指标组排位及变化趋势表

| 指 标 | 2014 年 | 2015 年 | 排位升降 | 优劣势 |
|---|---|---|---|---|
| **3 可持续发展竞争力** | 29 | 29 | 0 | 劣势 |
| 3.1 资源竞争力 | 8 | 13 | －5 | 中势 |
| 人均国土面积 | 5 | 27 | －22 | 劣势 |
| 人均可使用海域和滩涂面积 | 13 | 13 | 0 | 中势 |
| 人均年水资源量 | 21 | 22 | －1 | 劣势 |
| 耕地面积 | 10 | 10 | 0 | 优势 |
| 人均耕地面积 | 5 | 5 | 0 | 优势 |
| 人均牧草地面积 | 5 | 5 | 0 | 优势 |
| 主要能源矿产基础储量 | 14 | 14 | 0 | 中势 |
| 人均主要能源矿产基础储量 | 12 | 11 | 1 | 中势 |
| 人均森林储积量 | 14 | 14 | 0 | 中势 |
| 3.2 环境竞争力 | 29 | 25 | 4 | 劣势 |
| 森林覆盖率 | 27 | 27 | 0 | 劣势 |
| 人均废水排放量 | 2 | 2 | 0 | 强势 |
| 人均工业废气排放量 | 22 | 23 | －1 | 劣势 |
| 人均工业固体废物排放量 | 22 | 21 | 1 | 劣势 |
| 人均治理工业污染投资额 | 11 | 28 | －17 | 劣势 |
| 一般工业固体废物综合利用率 | 25 | 25 | 0 | 劣势 |
| 生活垃圾无害化处理率 | 30 | 30 | 0 | 劣势 |
| 自然灾害直接经济损失 | 29 | 11 | 18 | 中势 |
| 3.3 人力资源竞争力 | 19 | 22 | －3 | 劣势 |
| 人口自然增长率 | 21 | 25 | －4 | 劣势 |
| 15～64 岁人口比例 | 12 | 14 | －2 | 中势 |
| 文盲率 | 28 | 28 | 0 | 劣势 |
| 大专以上教育程度人口比例 | 20 | 18 | 2 | 中势 |
| 平均受教育程度 | 27 | 27 | 0 | 劣势 |
| 人口健康素质 | 13 | 17 | －4 | 中势 |
| 人力资源利用率 | 11 | 11 | 0 | 中势 |
| 职业学校毕业生数 | 21 | 20 | 1 | 中势 |

## 4. 甘肃省财政金融竞争力指标排名变化情况

表 28－8 2014～2015 年甘肃省财政金融竞争力指标组排位及变化趋势表

| 指 标 | 2014 年 | 2015 年 | 排位升降 | 优劣势 |
|---|---|---|---|---|
| **4 财政金融竞争力** | 25 | 19 | 6 | 中势 |
| 4.1 财政竞争力 | 21 | 16 | 5 | 中势 |
| 地方财政收入 | 27 | 27 | 0 | 劣势 |
| 地方财政支出 | 27 | 27 | 0 | 劣势 |
| 地方财政收入占 GDP 比重 | 22 | 21 | 1 | 劣势 |
| 地方财政支出占 GDP 比重 | 4 | 3 | 1 | 强势 |

续表

| 指　　标 | 2014 年 | 2015 年 | 排位升降 | 优劣势 |
|---|---|---|---|---|
| 税收收入占 GDP 比重 | 22 | 19 | 3 | 中势 |
| 税收收入占财政总收入比重 | 29 | 8 | 21 | 优势 |
| 人均地方财政收入 | 31 | 31 | 0 | 劣势 |
| 人均地方财政支出 | 16 | 16 | 0 | 中势 |
| 人均税收收入 | 31 | 31 | 0 | 劣势 |
| 地方财政收入增长率 | 12 | 13 | -1 | 中势 |
| 地方财政支出增长率 | 11 | 10 | 1 | 优势 |
| 税收收入增长率 | 4 | 4 | 0 | 优势 |
| 4.2　金融竞争力 | 30 | 25 | 5 | 劣势 |
| 存款余额 | 27 | 27 | 0 | 劣势 |
| 人均存款余额 | 23 | 23 | 0 | 劣势 |
| 贷款余额 | 27 | 27 | 0 | 劣势 |
| 人均贷款余额 | 21 | 19 | 2 | 中势 |
| 货币市场融资额 | 21 | 21 | 0 | 劣势 |
| 中长期贷款占贷款余额比重 | 17 | 14 | 3 | 中势 |
| 保险费净收入 | 26 | 26 | 0 | 劣势 |
| 保险密度 | 25 | 25 | 0 | 劣势 |
| 保险深度 | 7 | 7 | 0 | 优势 |
| 人均证券市场筹资额 | 17 | 23 | -6 | 劣势 |

## 5. 甘肃省知识经济竞争力指标排名变化情况

**表 28-9　2014～2015 年甘肃省知识经济竞争力指标组排位及变化趋势表**

| 指　　标 | 2014 年 | 2015 年 | 排位升降 | 优劣势 |
|---|---|---|---|---|
| **5　知识经济竞争力** | 23 | 22 | 1 | 劣势 |
| 5.1　科技竞争力 | 25 | 25 | 0 | 劣势 |
| R&D 人员 | 25 | 25 | 0 | 劣势 |
| R&D 经费 | 25 | 25 | 0 | 劣势 |
| R&D 经费投入强度 | 20 | 20 | 0 | 中势 |
| 发明专利授权量 | 25 | 25 | 0 | 劣势 |
| 技术市场成交合同金额 | 14 | 12 | 2 | 中势 |
| 财政科技支出占地方财政支出比重 | 29 | 28 | 1 | 劣势 |
| 高技术产业增加值 | 26 | 26 | 0 | 劣势 |
| 高技术产业增加值占工业增加值比重 | 25 | 24 | 1 | 劣势 |
| 高技术产品出口额占商品出口额比重 | 22 | 19 | 3 | 中势 |
| 5.2　教育竞争力 | 20 | 12 | 8 | 中势 |
| 教育经费 | 27 | 26 | 1 | 劣势 |
| 教育经费占 GDP 比重 | 5 | 2 | 3 | 强势 |
| 人均教育经费 | 18 | 15 | 3 | 中势 |
| 公共教育经费占财政支出比重 | 19 | 13 | 6 | 中势 |

续表

| 指　　标 | 2014 年 | 2015 年 | 排位升降 | 优劣势 |
|---|---|---|---|---|
| 人均文化教育支出占个人消费支出比重 | 20 | 9 | 11 | 优势 |
| 万人中小学学校数 | 1 | 1 | 0 | 强势 |
| 万人中小学专任教师数 | 3 | 4 | -1 | 优势 |
| 高等学校数 | 27 | 26 | 1 | 劣势 |
| 高校专任教师数 | 25 | 25 | 0 | 劣势 |
| 万人高等学校在校学生数 | 21 | 23 | -2 | 劣势 |
| 5.3　文化竞争力 | 23 | 18 | 5 | 中势 |
| 文化服务业企业营业收入 | 28 | 28 | 0 | 劣势 |
| 图书和期刊出版数 | 20 | 21 | -1 | 劣势 |
| 报纸出版数 | 25 | 23 | 2 | 劣势 |
| 出版印刷工业销售产值 | 29 | 29 | 0 | 劣势 |
| 城镇居民人均文化娱乐支出 | 29 | 19 | 10 | 中势 |
| 农村居民人均文化娱乐支出 | 22 | 23 | -1 | 劣势 |
| 城镇居民人均文化娱乐支出占消费性支出比重 | 20 | 9 | 11 | 优势 |
| 农村居民人均文化娱乐支出占消费性支出比重 | 9 | 9 | 0 | 优势 |

## 6. 甘肃省发展环境竞争力指标排名变化情况

**表 28-10　2014~2015 年甘肃省发展环境竞争力指标组排位及变化趋势表**

| 指　　标 | 2014 年 | 2015 年 | 排位升降 | 优劣势 |
|---|---|---|---|---|
| **6　发展环境竞争力** | 29 | 28 | 1 | 劣势 |
| 6.1　基础设施竞争力 | 30 | 30 | 0 | 劣势 |
| 铁路网线密度 | 26 | 26 | 0 | 劣势 |
| 公路网线密度 | 27 | 27 | 0 | 劣势 |
| 人均内河航道里程 | 20 | 20 | 0 | 中势 |
| 全社会旅客周转量 | 17 | 16 | 1 | 中势 |
| 全社会货物周转量 | 20 | 21 | -1 | 劣势 |
| 人均邮电业务总量 | 28 | 24 | 4 | 劣势 |
| 电话普及率 | 25 | 23 | 2 | 劣势 |
| 互联网上网人数比重 | 27 | 28 | -1 | 劣势 |
| 人均耗电量 | 16 | 16 | 0 | 中势 |
| 6.2　软环境竞争力 | 21 | 26 | -5 | 劣势 |
| 外资企业数增长率 | 16 | 27 | -11 | 劣势 |
| 万人外资企业数 | 22 | 27 | -5 | 劣势 |
| 个体私营企业数增长率 | 7 | 9 | -2 | 优势 |
| 万人个体私营企业数 | 29 | 29 | 0 | 劣势 |
| 万人商标注册件数 | 31 | 31 | 0 | 劣势 |
| 查处商标侵权假冒案件 | 14 | 15 | -1 | 中势 |
| 每十万人交通事故发生数 | 11 | 14 | -3 | 中势 |
| 罚没收入占财政收入比重 | 22 | 18 | 4 | 中势 |
| 社会捐赠款物 | 26 | 24 | 2 | 劣势 |

## 7. 甘肃省政府作用竞争力指标排名变化情况

**表 28 – 11　2014 ~ 2015 年甘肃省政府作用竞争力指标组排位及变化趋势表**

| 指　　标 | 2014 年 | 2015 年 | 排位升降 | 优劣势 |
|---|---|---|---|---|
| **7　政府作用竞争力** | 27 | 28 | -1 | 劣势 |
| 7.1　政府发展经济竞争力 | 27 | 26 | 1 | 劣势 |
| 财政支出用于基本建设投资比重 | 5 | 5 | 0 | 优势 |
| 财政支出对 GDP 增长的拉动 | 28 | 29 | -1 | 劣势 |
| 政府公务员对经济的贡献 | 30 | 30 | 0 | 劣势 |
| 政府消费对民间消费的拉动 | 23 | 22 | 1 | 劣势 |
| 财政投资对社会投资的拉动 | 27 | 27 | 0 | 劣势 |
| 7.2　政府规调经济竞争力 | 27 | 28 | -1 | 劣势 |
| 物价调控 | 22 | 21 | 1 | 劣势 |
| 调控城乡消费差距 | 28 | 29 | -1 | 劣势 |
| 统筹经济社会发展 | 25 | 28 | -3 | 劣势 |
| 规范税收 | 24 | 26 | -2 | 劣势 |
| 人口控制 | 16 | 17 | -1 | 中势 |
| 7.3　政府保障经济竞争力 | 22 | 18 | 4 | 中势 |
| 城市城镇社区服务设施数 | 13 | 12 | 1 | 中势 |
| 医疗保险覆盖率 | 27 | 27 | 0 | 劣势 |
| 养老保险覆盖率 | 29 | 29 | 0 | 劣势 |
| 失业保险覆盖率 | 28 | 28 | 0 | 劣势 |
| 下岗职工再就业率 | 2 | 3 | -1 | 强势 |
| 城镇登记失业率 | 2 | 2 | 0 | 强势 |

## 8. 甘肃省发展水平竞争力指标排名变化情况

**表 28 – 12　2014 ~ 2015 年甘肃省发展水平竞争力指标组排位及变化趋势表**

| 指　　标 | 2014 年 | 2015 年 | 排位升降 | 优劣势 |
|---|---|---|---|---|
| **8　发展水平竞争力** | 30 | 30 | 0 | 劣势 |
| 8.1　工业化进程竞争力 | 25 | 31 | -6 | 劣势 |
| 工业增加值占 GDP 比重 | 25 | 28 | -3 | 劣势 |
| 工业增加值增长率 | 21 | 31 | -10 | 劣势 |
| 高技术产业规模以上企业产值 | 26 | 27 | -1 | 劣势 |
| 高技术产业增加值占工业增加值比重 | 27 | 27 | 0 | 劣势 |
| 高技术产品出口额占商品出口额比重 | 22 | 22 | 0 | 劣势 |
| 信息产业增加值占 GDP 比重 | 8 | 22 | -14 | 劣势 |
| 8.2　城市化进程竞争力 | 29 | 25 | 4 | 劣势 |
| 城镇化率 | 29 | 29 | 0 | 劣势 |
| 城镇居民人均可支配收入 | 31 | 31 | 0 | 劣势 |
| 城市平均建成区面积比重 | 27 | 3 | 24 | 强势 |

续表

| 指　　标 | 2014 年 | 2015 年 | 排位升降 | 优劣势 |
|---|---|---|---|---|
| 人均拥有道路面积 | 16 | 16 | 0 | 中势 |
| 人均日生活用水量 | 20 | 24 | -4 | 劣势 |
| 恩格尔系数 | 18 | 17 | 1 | 中势 |
| 人均公共绿地面积 | 13 | 17 | -4 | 中势 |
| 8.3　市场化进程竞争力 | 30 | 29 | 1 | 劣势 |
| 非公有制经济产值占全社会总产值的比重 | 31 | 31 | 0 | 劣势 |
| 社会投资占投资总额比重 | 28 | 26 | 2 | 劣势 |
| 私有和个体企业从业人员比重 | 21 | 22 | -1 | 劣势 |
| 亿元以上商品市场成交额 | 26 | 27 | -1 | 劣势 |
| 亿元以上商品市场成交额占全社会消费品零售总额比重 | 21 | 22 | -1 | 劣势 |
| 居民消费支出占总消费支出比重 | 23 | 22 | 1 | 劣势 |

## 9. 甘肃省统筹协调竞争力指标排名变化情况

**表 28-13　2014~2015 年甘肃省统筹协调竞争力指标组排位及变化趋势表**

| 指　　标 | 2014 年 | 2015 年 | 排位升降 | 优劣势 |
|---|---|---|---|---|
| **9　统筹协调竞争力** | 28 | 28 | 0 | 劣势 |
| 9.1　统筹发展竞争力 | 26 | 27 | -1 | 劣势 |
| 社会劳动生产率 | 29 | 31 | -2 | 劣势 |
| 社会劳动生产率增速 | 26 | 31 | -5 | 劣势 |
| 万元 GDP 综合能耗 | 24 | 24 | 0 | 劣势 |
| 非农用地产出率 | 28 | 28 | 0 | 劣势 |
| 生产税净额和营业盈余占 GDP 比重 | 25 | 24 | 1 | 劣势 |
| 最终消费率 | 4 | 3 | 1 | 强势 |
| 固定资产投资额占 GDP 比重 | 28 | 30 | -2 | 劣势 |
| 固定资产交付使用率 | 9 | 6 | 3 | 优势 |
| 9.2　协调发展竞争力 | 19 | 28 | -9 | 劣势 |
| 环境竞争力与宏观经济竞争力比差 | 15 | 24 | -9 | 劣势 |
| 资源竞争力与宏观经济竞争力比差 | 4 | 6 | -2 | 优势 |
| 人力资源竞争力与宏观经济竞争力比差 | 27 | 25 | 2 | 劣势 |
| 资源竞争力与工业竞争力比差 | 1 | 1 | 0 | 强势 |
| 环境竞争力与工业竞争力比差 | 20 | 29 | -9 | 劣势 |
| 城乡居民家庭人均收入比差 | 31 | 31 | 0 | 劣势 |
| 城乡居民人均现金消费支出比差 | 28 | 29 | -1 | 劣势 |
| 全社会消费品零售总额与外贸出口总额比差 | 6 | 7 | -1 | 优势 |

**B**.30

# 29 青海省经济综合竞争力评价分析报告

青海省简称青，位于青藏高原东北部，分别与甘肃省、四川省、西藏自治区、新疆维吾尔自治区相连。境内的青海湖是中国最大的内陆高原咸水湖，也是长江、黄河源头所在。青海省土地面积72万平方公里，2015年常住人口为588万人，地区生产总值为2417亿元，同比增长8.2%，人均GDP达41252元。本部分通过分析2014～2015年青海省经济综合竞争力以及各要素竞争力的排名变化，从中找出青海省经济综合竞争力的推动点及影响因素，为进一步提升青海省经济综合竞争力提供决策参考。

## 29.1 青海省经济综合竞争力总体分析

### 1. 青海省经济综合竞争力一级指标概要分析

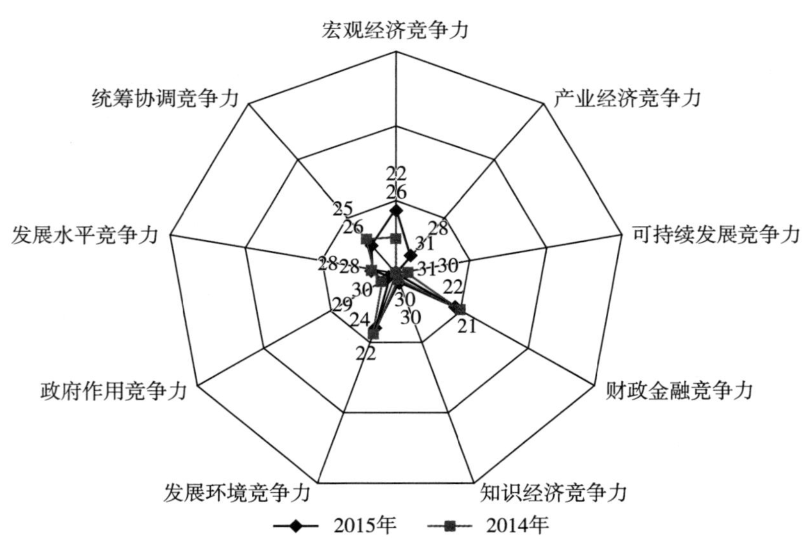


图 29-1 2014～2015年青海省经济综合竞争力二级指标比较雷达图

（1）从综合排位看，2015年青海省经济综合竞争力排位在全国居第29位，在全国处于劣势地位；与2014年相比，综合排位下降了1位。

（2）从指标所处区位看，9个二级指标均处于下游区。

表 29－1 2014～2015 年青海省经济综合竞争力二级指标表现情况

| 项目<br>年份 | 宏观经济竞争力 | 产业经济竞争力 | 可持续发展竞争力 | 财政金融竞争力 | 知识经济竞争力 | 发展环境竞争力 | 政府作用竞争力 | 发展水平竞争力 | 统筹协调竞争力 | **综合排位** |
|---|---|---|---|---|---|---|---|---|---|---|
| 2014 | 26 | 31 | 30 | 21 | 30 | 22 | 29 | 28 | 25 | 28 |
| 2015 | 22 | 28 | 31 | 22 | 30 | 24 | 30 | 28 | 26 | 29 |
| 升降 | 4 | 3 | －1 | －1 | 0 | －2 | －1 | 0 | －1 | －1 |
| 优劣度 | 劣势 | 劣势 | 劣势 | 劣势 | 劣势 | 劣势 | 劣势 | 劣势 | 劣势 | 劣势 |

（3）从指标变化趋势看，9 个二级指标中，有 2 个指标处于上升趋势，分别为宏观经济竞争力和产业经济竞争力，这些是青海省经济综合竞争力上升的动力所在；有 2 个指标排位没有发生变化，分别为知识经济竞争力、发展水平竞争力；有 5 个指标处于下降趋势，分别为可持续发展竞争力、财政金融竞争力、发展环境竞争力、政府作用竞争力、统筹协调竞争力，这些是青海省经济综合竞争力下降的拉力所在。

**2. 青海省经济综合竞争力各级指标动态变化分析**

表 29－2 2014～2015 年青海省经济综合竞争力各级指标排位变化情况

| 二级指标 | 三级指标 | 四级指标数 | 上升 | | 保持 | | 下降 | | 变化趋势 |
|---|---|---|---|---|---|---|---|---|---|
| | | | 指标数 | 比重（%） | 指标数 | 比重（%） | 指标数 | 比重（%） | |
| 宏观经济竞争力 | 经济实力竞争力 | 12 | 2 | 16.7 | 6 | 50.0 | 4 | 33.3 | 上升 |
| | 经济结构竞争力 | 6 | 2 | 33.3 | 0 | 0.0 | 4 | 66.7 | 下降 |
| | 经济外向度竞争力 | 9 | 6 | 66.7 | 3 | 33.3 | 0 | 0.0 | 上升 |
| | 小　计 | 27 | 10 | 37.0 | 9 | 33.3 | 8 | 29.6 | 上升 |
| 产业经济竞争力 | 农业竞争力 | 10 | 1 | 10.0 | 6 | 60.0 | 3 | 30.0 | 下降 |
| | 工业竞争力 | 10 | 3 | 30.0 | 4 | 40.0 | 3 | 30.0 | 保持 |
| | 服务业竞争力 | 10 | 2 | 20.0 | 4 | 40.0 | 4 | 40.0 | 保持 |
| | 企业竞争力 | 10 | 4 | 40.0 | 2 | 20.0 | 4 | 40.0 | 上升 |
| | 小　计 | 40 | 10 | 25.0 | 16 | 40.0 | 14 | 35.0 | 上升 |
| 可持续发展竞争力 | 资源竞争力 | 9 | 1 | 11.1 | 7 | 77.8 | 1 | 11.1 | 下降 |
| | 环境竞争力 | 8 | 2 | 25.0 | 4 | 50.0 | 2 | 25.0 | 上升 |
| | 人力资源竞争力 | 8 | 0 | 0.0 | 3 | 37.5 | 5 | 62.5 | 下降 |
| | 小　计 | 25 | 3 | 12.0 | 14 | 56.0 | 8 | 32.0 | 下降 |
| 财政金融竞争力 | 财政竞争力 | 12 | 2 | 16.7 | 5 | 41.7 | 5 | 41.7 | 下降 |
| | 金融竞争力 | 10 | 4 | 40.0 | 5 | 50.0 | 1 | 10.0 | 上升 |
| | 小　计 | 22 | 6 | 27.3 | 10 | 45.5 | 6 | 27.3 | 下降 |
| 知识经济竞争力 | 科技竞争力 | 9 | 2 | 22.2 | 6 | 66.7 | 1 | 11.1 | 保持 |
| | 教育竞争力 | 10 | 1 | 10.0 | 6 | 60.0 | 3 | 30.0 | 下降 |
| | 文化竞争力 | 8 | 2 | 25.0 | 3 | 37.5 | 3 | 37.5 | 保持 |
| | 小　计 | 27 | 5 | 18.5 | 15 | 55.6 | 7 | 25.9 | 保持 |

续表

| 二级指标 | 三级指标 | 四级指标数 | 上升 | | 保持 | | 下降 | | 变化趋势 |
|---|---|---|---|---|---|---|---|---|---|
| | | | 指标数 | 比重（%） | 指标数 | 比重（%） | 指标数 | 比重（%） | |
| 发展环境竞争力 | 基础设施竞争力 | 9 | 3 | 33.3 | 5 | 55.6 | 1 | 11.1 | 下降 |
| | 软环境竞争力 | 9 | 3 | 33.3 | 2 | 22.2 | 4 | 44.4 | 上升 |
| | 小　计 | 18 | 6 | 33.3 | 7 | 38.9 | 5 | 27.8 | 下降 |
| 政府作用竞争力 | 政府发展经济竞争力 | 5 | 1 | 20.0 | 3 | 60.0 | 1 | 20.0 | 下降 |
| | 政府规调经济竞争力 | 5 | 0 | 0.0 | 2 | 40.0 | 3 | 60.0 | 保持 |
| | 政府保障经济竞争力 | 6 | 3 | 50.0 | 1 | 16.7 | 2 | 33.3 | 上升 |
| | 小　计 | 16 | 4 | 25.0 | 6 | 37.5 | 6 | 37.5 | 下降 |
| 发展水平竞争力 | 工业化进程竞争力 | 6 | 0 | 0.0 | 0 | 0.0 | 6 | 100.0 | 下降 |
| | 城市化进程竞争力 | 7 | 1 | 14.3 | 2 | 28.6 | 4 | 57.1 | 下降 |
| | 市场化进程竞争力 | 6 | 2 | 33.3 | 2 | 33.3 | 2 | 33.3 | 下降 |
| | 小　计 | 19 | 3 | 15.8 | 4 | 21.1 | 12 | 63.2 | 保持 |
| 统筹协调竞争力 | 统筹发展竞争力 | 8 | 3 | 37.5 | 3 | 37.5 | 2 | 25.0 | 下降 |
| | 协调发展竞争力 | 8 | 2 | 25.0 | 0 | 0.0 | 6 | 75.0 | 下降 |
| | 小　计 | 16 | 5 | 31.3 | 3 | 18.8 | 8 | 50.0 | 下降 |
| 合　计 | | 210 | 52 | 24.8 | 84 | 40.0 | 74 | 35.2 | 下降 |

从表 29－2 可以看出，210 个四级指标中，上升指标有 52 个，占指标总数的 24.8%；下降指标有 74 个，占指标总数的 35.2%；保持不变的指标有 84 个，占指标总数的 40%。综上所述，青海省经济综合竞争力下降的拉力大于上升的动力，且排位保持不变的指标占较大比重，2015 年青海省经济综合竞争力排位下降 1 位。

**3. 青海省经济综合竞争力各级指标优劣势结构分析**

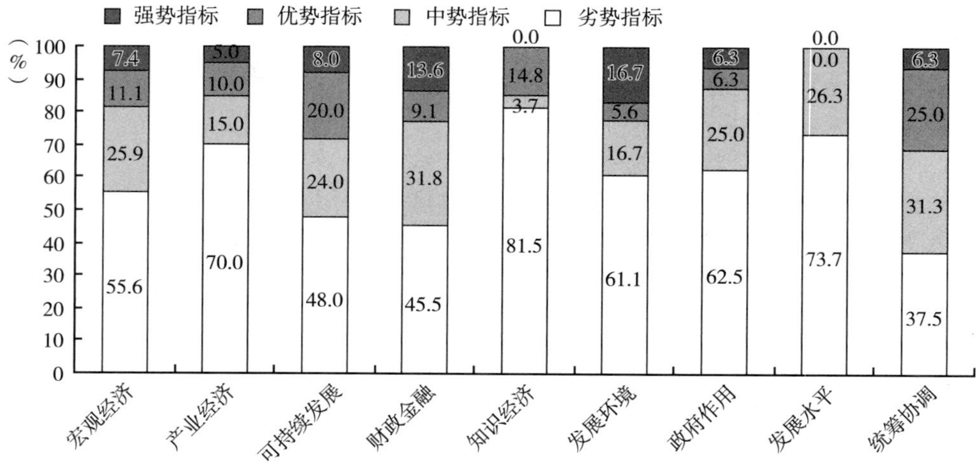


**图 29－2　2015 年青海省经济综合竞争力各级指标优劣势比较**

**表 29－3　2015 年青海省经济综合竞争力各级指标优劣势情况**

| 二级指标 | 三级指标 | 四级指标数 | 强势指标 | | 优势指标 | | 中势指标 | | 劣势指标 | | 优劣势 |
|---|---|---|---|---|---|---|---|---|---|---|---|
| | | | 个数 | 比重（%） | 个数 | 比重（%） | 个数 | 比重（%） | 个数 | 比重（%） | |
| 宏观经济竞争力 | 经济实力竞争力 | 12 | 0 | 0.0 | 2 | 16.7 | 5 | 41.7 | 5 | 41.7 | 劣势 |
| | 经济结构竞争力 | 6 | 0 | 0.0 | 0 | 0.0 | 2 | 33.3 | 4 | 66.7 | 劣势 |
| | 经济外向度竞争力 | 9 | 2 | 22.2 | 1 | 11.1 | 0 | 0.0 | 6 | 66.7 | 优势 |
| | 小　计 | 27 | 2 | 7.4 | 3 | 11.1 | 7 | 25.9 | 15 | 55.6 | 劣势 |
| 产业经济竞争力 | 农业竞争力 | 10 | 0 | 0.0 | 2 | 20.0 | 1 | 10.0 | 7 | 70.0 | 劣势 |
| | 工业竞争力 | 10 | 1 | 10.0 | 0 | 0.0 | 2 | 20.0 | 7 | 70.0 | 劣势 |
| | 服务业竞争力 | 10 | 0 | 0.0 | 0 | 0.0 | 2 | 20.0 | 8 | 80.0 | 劣势 |
| | 企业竞争力 | 10 | 1 | 10.0 | 2 | 20.0 | 1 | 10.0 | 6 | 60.0 | 劣势 |
| | 小　计 | 40 | 2 | 5.0 | 4 | 10.0 | 6 | 15.0 | 28 | 70.0 | 劣势 |
| 可持续发展竞争力 | 资源竞争力 | 9 | 2 | 22.2 | 1 | 11.1 | 4 | 44.4 | 2 | 22.2 | 劣势 |
| | 环境竞争力 | 8 | 0 | 0.0 | 3 | 37.5 | 0 | 0.0 | 5 | 62.5 | 劣势 |
| | 人力资源竞争力 | 8 | 0 | 0.0 | 1 | 12.5 | 2 | 25.0 | 5 | 62.5 | 劣势 |
| | 小　计 | 25 | 2 | 8.0 | 5 | 20.0 | 6 | 24.0 | 12 | 48.0 | 劣势 |
| 财政金融竞争力 | 财政竞争力 | 12 | 2 | 16.7 | 0 | 0.0 | 6 | 50.0 | 4 | 33.3 | 中势 |
| | 金融竞争力 | 10 | 1 | 10.0 | 2 | 20.0 | 1 | 10.0 | 6 | 60.0 | 中势 |
| | 小　计 | 22 | 3 | 13.6 | 2 | 9.1 | 7 | 31.8 | 10 | 45.5 | 劣势 |
| 知识经济竞争力 | 科技竞争力 | 9 | 0 | 0.0 | 0 | 0.0 | 0 | 0.0 | 9 | 100.0 | 劣势 |
| | 教育竞争力 | 10 | 0 | 0.0 | 4 | 40.0 | 0 | 0.0 | 6 | 60.0 | 劣势 |
| | 文化竞争力 | 8 | 0 | 0.0 | 0 | 0.0 | 1 | 12.5 | 7 | 87.5 | 劣势 |
| | 小　计 | 27 | 0 | 0.0 | 4 | 14.8 | 1 | 3.7 | 22 | 81.5 | 劣势 |
| 发展环境竞争力 | 基础设施竞争力 | 9 | 1 | 11.1 | 1 | 11.1 | 3 | 33.3 | 4 | 44.4 | 劣势 |
| | 软环境竞争力 | 9 | 2 | 22.2 | 0 | 0.0 | 0 | 0.0 | 7 | 77.8 | 中势 |
| | 小　计 | 18 | 3 | 16.7 | 1 | 5.6 | 3 | 16.7 | 11 | 61.1 | 劣势 |
| 政府作用竞争力 | 政府发展经济竞争力 | 5 | 1 | 20.0 | 0 | 0.0 | 0 | 0.0 | 4 | 80.0 | 劣势 |
| | 政府规调经济竞争力 | 5 | 0 | 0.0 | 1 | 20.0 | 1 | 20.0 | 3 | 60.0 | 劣势 |
| | 政府保障经济竞争力 | 6 | 0 | 0.0 | 0 | 0.0 | 3 | 50.0 | 3 | 50.0 | 劣势 |
| | 小　计 | 16 | 1 | 6.3 | 1 | 6.3 | 4 | 25.0 | 10 | 62.5 | 劣势 |
| 发展水平竞争力 | 工业化进程竞争力 | 6 | 0 | 0.0 | 0 | 0.0 | 1 | 16.7 | 5 | 83.3 | 劣势 |
| | 城市化进程竞争力 | 7 | 0 | 0.0 | 0 | 0.0 | 3 | 42.9 | 4 | 57.1 | 劣势 |
| | 市场化进程竞争力 | 6 | 0 | 0.0 | 0 | 0.0 | 1 | 16.7 | 5 | 83.3 | 劣势 |
| | 小　计 | 19 | 0 | 0.0 | 0 | 0.0 | 5 | 26.3 | 14 | 73.7 | 劣势 |
| 统筹协调竞争力 | 统筹发展竞争力 | 8 | 0 | 0.0 | 1 | 12.5 | 2 | 25.0 | 5 | 62.5 | 劣势 |
| | 协调发展竞争力 | 8 | 1 | 12.5 | 3 | 37.5 | 3 | 37.5 | 1 | 12.5 | 强势 |
| | 小　计 | 16 | 1 | 6.3 | 4 | 25.0 | 5 | 31.3 | 6 | 37.5 | 劣势 |
| 合　计 | | 210 | 14 | 6.7 | 24 | 11.4 | 44 | 21.0 | 128 | 61.0 | 劣势 |

基于图 29－2 和表 29－3，具体到四级指标，强势指标 14 个，占指标总数的 6.7%；优势指标 24 个，占指标总数的 11.4%；中势指标 44 个，占指标总数的 21.0%；劣势指标 128 个，占指标总数的 61.0%。三级指标中，强势指标 1 个，占三级指标总数的 4%；优势指标 1 个，占三级指标总数的 4%；中势指标 3 个，占三级指标总数的 12%；劣势指标 20 个，占三级指标总数的 80%。从二级指标看，没有强势指

标、优势指标和中势指标，9 个全部都是劣势指标。综合来看，由于劣势指标在指标体系中居于主导地位，2015 年青海省经济综合竞争力处于劣势地位。

4. 青海省经济综合竞争力四级指标优劣势对比分析

表 29－4　2015 年青海省经济综合竞争力四级指标优劣势情况

| 二级指标 | 优劣势 | 四　级　指　标 |
| --- | --- | --- |
| 宏观经济竞争力（27 个） | 强势指标 | 出口增长率、实际 FDI 增长率(2 个) |
| | 优势指标 | 人均财政收入、人均固定资产投资额、进出口增长率(3 个) |
| | 劣势指标 | 地区生产总值、财政总收入、固定资产投资额、全社会消费品零售总额、人均全社会消费品零售总额、产业结构优化度、所有制经济结构优化度、城乡经济结构优化度、贸易结构优化度、进出口总额、出口总额、实际 FDI、外贸依存度、外资企业数、对外直接投资(15 个) |
| 产业经济竞争力（40 个） | 强势指标 | 工业全员劳动生产率、规模以上企业平均资产(2 个) |
| | 优势指标 | 农业增加值增长率、财政支农资金比重、规模以上企业平均收入、城镇就业人员平均工资(4 个) |
| | 劣势指标 | 农业增加值、人均农业增加值、农民人均纯收入、农产品出口占农林牧渔总产值比重、人均主要农产品产量、农业机械化水平、农村人均用电量、工业增加值、工业增加值增长率、工业资产总额、工业资产总贡献率、规模以上工业主营业务收入、规模以上工业利润总额、工业成本费用利润率、服务业增加值、服务业增加值增长率、人均服务业增加值、服务业从业人员数、服务业从业人员数增长率、限额以上批发零售企业主营业务收入、旅游外汇收入、房地产经营总收入、规模以上工业企业数、规模以上企业平均利润、规模以上企业劳动效率、新产品销售收入占主营业务收入比重、工业企业 R&D 经费投入强度、中国驰名商标持有量(28 个) |
| 可持续发展竞争力（25 个） | 强势指标 | 人均年水资源量、人均牧草地面积(2 个) |
| | 优势指标 | 人均主要能源矿产基础储量、人均废水排放量、人均治理工业污染投资额、自然灾害直接经济损失、常住人口增长率(5 个) |
| | 劣势指标 | 人均国土面积、耕地面积、森林覆盖率、人均工业废气排放量、人均工业固体废物排放量、一般工业固体废物综合利用率、生活垃圾无害化处理率、文盲率、大专以上教育程度人口比例、平均受教育程度、人力资源利用率、职业学校毕业生数(12 个) |
| 财政金融竞争力（22 个） | 强势指标 | 地方财政支出占 GDP 比重、人均地方财政支出、中长期贷款占贷款余额比重(3 个) |
| | 优势指标 | 人均贷款余额、人均证券市场筹资额(2 个) |
| | 劣势指标 | 地方财政收入、地方财政支出、税收收入占财政总收入比重、地方财政支出增长率、存款余额、贷款余额、货币市场融资额、保险费净收入、保险密度、保险深度(10 个) |
| 知识经济竞争力（27 个） | 强势指标 | (0 个) |
| | 优势指标 | 教育经费占 GDP 比重、人均教育经费、万人中小学学校数、万人中小学专任教师数(4 个) |
| | 劣势指标 | R&D 人员、R&D 经费、R&D 经费投入强度、发明专利授权量、技术市场成交合同金额、财政科技支出占地方财政支出比重、高技术产业增加值、高技术产业增加值占工业增加值比重、高技术产品出口额占商品出口额比重、教育经费、公共教育经费占财政支出比重、人均文化教育支出占个人消费支出比重、高等学校数、高校专任教师数、万人高等学校在校学生数、文化服务业企业营业收入、图书和期刊出版数、报纸出版数、出版印刷工业销售产值、农村居民人均文化娱乐支出、城镇居民人均文化娱乐支出占消费性支出比重、农村居民人均文化娱乐支出占消费性支出比重(22 个) |

续表

| 二级指标 | 优劣势 | 四　级　指　标 |
|---|---|---|
| 发展环境竞争力（18个） | 强势指标 | 人均耗电量、外资企业数增长率、查处商标侵权假冒案件（3个） |
| | 优势指标 | 互联网上网人数比重（1个） |
| | 劣势指标 | 铁路网线密度、公路网线密度、全社会旅客周转量、全社会货物周转量、万人外资企业数、个体私营企业数增长率、万人个体私营企业数、万人商标注册件数、每十万人交通事故发生数、罚没收入占财政收入比重、社会捐赠款物（11个） |
| 政府作用竞争力（16个） | 强势指标 | 财政支出用于基本建设投资比重（1个） |
| | 优势指标 | 规范税收（1个） |
| | 劣势指标 | 财政支出对GDP增长的拉动、政府公务员对经济的贡献、政府消费对民间消费的拉动、财政投资对社会投资的拉动、物价调控、统筹经济社会发展、人口控制、城市城镇社区服务设施数、养老保险覆盖率、失业保险覆盖率（10个） |
| 发展水平竞争力（19个） | 强势指标 | （0个） |
| | 优势指标 | （0个） |
| | 劣势指标 | 工业增加值增长率、高技术产业规模以上企业产值、高技术产业增加值占工业增加值比重、高技术产品出口额占商品出口额比重、信息产业增加值占GDP比重、城镇化率、城镇居民人均可支配收入、人均拥有道路面积、人均公共绿地面积、非公有制经济产值占全社会总产值的比重、社会投资占投资总额比重、亿元以上商品市场成交额、亿元以上商品市场成交额占全社会消费品零售总额比重、居民消费支出占总消费支出比重（14个） |
| 统筹协调竞争力（16个） | 强势指标 | 人力资源竞争力与宏观经济竞争力比差（1个） |
| | 优势指标 | 最终消费率、环境竞争力与宏观经济竞争力比差、资源竞争力与工业竞争力比差、全社会消费品零售总额与外贸出口总额比差（4个） |
| | 劣势指标 | 万元GDP综合能耗、非农用地产出率、生产税净额和营业盈余占GDP比重、固定资产投资额占GDP比重、固定资产交付使用率、城乡居民家庭人均收入比差（6个） |

## 29.2 青海省经济综合竞争力各级指标具体分析

### 1. 青海省宏观经济竞争力指标排名变化情况

**表29-5 2014～2015年青海省宏观经济竞争力指标组排位及变化趋势**

| 指　　标 | 2014 | 2015 | 排位升降 | 优劣势 |
|---|---|---|---|---|
| **1 宏观经济竞争力** | 26 | 22 | 4 | 劣势 |
| 1.1 经济实力竞争力 | 28 | 25 | 3 | 劣势 |
| 地区生产总值 | 30 | 30 | 0 | 劣势 |
| 地区生产总值增长率 | 11 | 14 | -3 | 中势 |
| 人均地区生产总值 | 19 | 17 | 2 | 中势 |
| 财政总收入 | 29 | 29 | 0 | 劣势 |
| 财政总收入增长率 | 13 | 18 | -5 | 中势 |
| 人均财政收入 | 4 | 8 | -4 | 优势 |
| 固定资产投资额 | 30 | 30 | 0 | 劣势 |

续表

| 指　　标 | 2014 | 2015 | 排位升降 | 优劣势 |
|---|---|---|---|---|
| 固定资产投资额增长率 | 5 | 17 | -12 | 中势 |
| 人均固定资产投资额 | 5 | 5 | 0 | 优势 |
| 全社会消费品零售总额 | 30 | 30 | 0 | 劣势 |
| 全社会消费品零售总额增长率 | 18 | 11 | 7 | 中势 |
| 人均全社会消费品零售总额 | 27 | 27 | 0 | 劣势 |
| 1.2　经济结构竞争力 | 23 | 28 | -5 | 劣势 |
| 产业结构优化度 | 27 | 23 | 4 | 劣势 |
| 所有制经济结构优化度 | 25 | 27 | -2 | 劣势 |
| 城乡经济结构优化度 | 26 | 25 | 1 | 劣势 |
| 就业结构优化度 | 17 | 19 | -2 | 中势 |
| 资本形成结构优化度 | 8 | 13 | -5 | 中势 |
| 贸易结构优化度 | 21 | 23 | -2 | 劣势 |
| 1.3　经济外向度竞争力 | 27 | 7 | 20 | 优势 |
| 进出口总额 | 31 | 30 | 1 | 劣势 |
| 进出口增长率 | 7 | 4 | 3 | 优势 |
| 出口总额 | 31 | 30 | 1 | 劣势 |
| 出口增长率 | 7 | 1 | 6 | 强势 |
| 实际 FDI | 30 | 30 | 0 | 劣势 |
| 实际 FDI 增长率 | 29 | 1 | 28 | 强势 |
| 外贸依存度 | 31 | 30 | 1 | 劣势 |
| 外资企业数 | 30 | 30 | 0 | 劣势 |
| 对外直接投资 | 30 | 30 | 0 | 劣势 |

## 2. 青海省产业经济竞争力指标排名变化情况

**表 29-6　2014~2015 年青海省产业经济竞争力指标组排位及变化趋势**

单位：%

| 指　　标 | 2014 | 2015 | 排位升降 | 优劣势 |
|---|---|---|---|---|
| **2　产业经济竞争力** | 31 | 28 | 3 | 劣势 |
| 2.1　农业竞争力 | 25 | 29 | -4 | 劣势 |
| 农业增加值 | 27 | 27 | 0 | 劣势 |
| 农业增加值增长率 | 7 | 7 | 0 | 优势 |
| 人均农业增加值 | 24 | 26 | -2 | 劣势 |
| 农民人均纯收入 | 29 | 29 | 0 | 劣势 |
| 农民人均纯收入增长率 | 2 | 19 | -17 | 中势 |
| 农产品出口占农林牧渔总产值比重 | 31 | 30 | 1 | 劣势 |
| 人均主要农产品产量 | 26 | 26 | 0 | 劣势 |
| 农业机械化水平 | 29 | 29 | 0 | 劣势 |

续表

| 指　　标 | 2014 | 2015 | 排位升降 | 优劣势 |
|---|---|---|---|---|
| 农村人均用电量 | 30 | 30 | 0 | 劣势 |
| 财政支农资金比重 | 6 | 9 | -3 | 优势 |
| 2.2　工业竞争力 | 27 | 27 | 0 | 劣势 |
| 工业增加值 | 29 | 29 | 0 | 劣势 |
| 工业增加值增长率 | 28 | 25 | 3 | 劣势 |
| 人均工业增加值 | 17 | 18 | -1 | 中势 |
| 工业资产总额 | 29 | 29 | 0 | 劣势 |
| 工业资产总额增长率 | 10 | 11 | -1 | 中势 |
| 工业资产总贡献率 | 28 | 28 | 0 | 劣势 |
| 规模以上工业主营业务收入 | 29 | 29 | 0 | 劣势 |
| 规模以上工业利润总额 | 30 | 28 | 2 | 劣势 |
| 工业全员劳动生产率 | 8 | 3 | 5 | 强势 |
| 工业成本费用利润率 | 27 | 28 | -1 | 劣势 |
| 2.3　服务业竞争力 | 31 | 31 | 0 | 劣势 |
| 服务业增加值 | 30 | 30 | 0 | 劣势 |
| 服务业增加值增长率 | 18 | 26 | -8 | 劣势 |
| 人均服务业增加值 | 23 | 22 | 1 | 劣势 |
| 服务业从业人员数 | 29 | 30 | -1 | 劣势 |
| 服务业从业人员数增长率 | 6 | 27 | -21 | 劣势 |
| 限额以上批发零售企业主营业务收入 | 29 | 29 | 0 | 劣势 |
| 限额以上批零企业利税率 | 28 | 19 | 9 | 中势 |
| 限额以上餐饮企业利税率 | 13 | 15 | -2 | 中势 |
| 旅游外汇收入 | 29 | 29 | 0 | 劣势 |
| 房地产经营总收入 | 30 | 30 | 0 | 劣势 |
| 2.4　企业竞争力 | 28 | 22 | 6 | 劣势 |
| 规模以上工业企业数 | 29 | 29 | 0 | 劣势 |
| 规模以上企业平均资产 | 1 | 2 | -1 | 强势 |
| 规模以上企业平均收入 | 8 | 9 | -1 | 优势 |
| 规模以上企业平均利润 | 29 | 23 | 6 | 劣势 |
| 规模以上企业劳动效率 | 15 | 23 | -8 | 劣势 |
| 城镇就业人员平均工资 | 15 | 8 | 7 | 优势 |
| 新产品销售收入占主营业务收入比重 | 31 | 31 | 0 | 劣势 |
| 产品质量抽查合格率 | 30 | 17 | 13 | 中势 |
| 工业企业 R&D 经费投入强度 | 28 | 30 | -2 | 劣势 |
| 中国驰名商标持有量 | 28 | 27 | 1 | 劣势 |

## 3. 青海省可持续发展竞争力指标排名变化情况

**表 29－7　2014～2015 年青海省可持续发展竞争力指标组排位及变化趋势**

| 指　　标 | 2014 | 2015 | 排位升降 | 优劣势 |
|---|---|---|---|---|
| **3　可持续发展竞争力** | 30 | 31 | －1 | 劣势 |
| 3.1　资源竞争力 | 6 | 23 | －17 | 劣势 |
| 人均国土面积 | 3 | 30 | －27 | 劣势 |
| 人均可使用海域和滩涂面积 | 13 | 13 | 0 | 中势 |
| 人均年水资源量 | 2 | 2 | 0 | 强势 |
| 耕地面积 | 27 | 27 | 0 | 劣势 |
| 人均耕地面积 | 13 | 13 | 0 | 中势 |
| 人均牧草地面积 | 2 | 2 | 0 | 强势 |
| 主要能源矿产基础储量 | 19 | 18 | 1 | 中势 |
| 人均主要能源矿产基础储量 | 7 | 7 | 0 | 优势 |
| 人均森林储积量 | 15 | 15 | 0 | 中势 |
| 3.2　环境竞争力 | 31 | 29 | 2 | 劣势 |
| 森林覆盖率 | 30 | 30 | 0 | 劣势 |
| 人均废水排放量 | 7 | 7 | 0 | 优势 |
| 人均工业废气排放量 | 27 | 27 | 0 | 劣势 |
| 人均工业固体废物排放量 | 31 | 31 | 0 | 劣势 |
| 人均治理工业污染投资额 | 17 | 8 | 9 | 优势 |
| 一般工业固体废物综合利用率 | 24 | 27 | －3 | 劣势 |
| 生活垃圾无害化处理率 | 27 | 25 | 2 | 劣势 |
| 自然灾害直接经济损失 | 4 | 5 | －1 | 优势 |
| 3.3　人力资源竞争力 | 29 | 30 | －1 | 劣势 |
| 常住人口增长率 | 6 | 10 | －4 | 优势 |
| 15～64 岁人口比例 | 13 | 16 | －3 | 中势 |
| 文盲率 | 30 | 30 | 0 | 劣势 |
| 大专以上教育程度人口比例 | 9 | 25 | －16 | 劣势 |
| 平均受教育程度 | 29 | 30 | －1 | 劣势 |
| 人口健康素质 | 14 | 19 | －5 | 中势 |
| 人力资源利用率 | 27 | 27 | 0 | 劣势 |
| 职业学校毕业生数 | 30 | 30 | 0 | 劣势 |

## 4. 青海省财政金融竞争力指标排名变化情况

**表 29－8　2014～2015 年青海省财政金融竞争力指标组排位及变化趋势**

| 指　　标 | 2014 | 2015 | 排位升降 | 优劣势 |
|---|---|---|---|---|
| **4　财政金融竞争力** | 21 | 22 | －1 | 劣势 |
| 4.1　财政竞争力 | 16 | 18 | －2 | 中势 |
| 地方财政收入 | 30 | 30 | 0 | 劣势 |
| 地方财政支出 | 28 | 28 | 0 | 劣势 |
| 地方财政收入占 GDP 比重 | 16 | 19 | －3 | 中势 |
| 地方财政支出占 GDP 比重 | 2 | 2 | 0 | 强势 |

续表

| 指　　标 | 2014 | 2015 | 排位升降 | 优劣势 |
|---|---|---|---|---|
| 税收收入占 GDP 比重 | 16 | 15 | 1 | 中势 |
| 税收收入占财政总收入比重 | 30 | 30 | 0 | 劣势 |
| 人均地方财政收入 | 19 | 18 | 1 | 中势 |
| 人均地方财政支出 | 2 | 3 | -1 | 强势 |
| 人均税收收入 | 16 | 16 | 0 | 中势 |
| 地方财政收入增长率 | 7 | 11 | -4 | 中势 |
| 地方财政支出增长率 | 24 | 25 | -1 | 劣势 |
| 税收收入增长率 | 6 | 11 | -5 | 中势 |
| 4.2　金融竞争力 | 23 | 20 | 3 | 中势 |
| 存款余额 | 29 | 29 | 0 | 劣势 |
| 人均存款余额 | 11 | 11 | 0 | 中势 |
| 贷款余额 | 30 | 30 | 0 | 劣势 |
| 人均贷款余额 | 9 | 8 | 1 | 优势 |
| 货币市场融资额 | 23 | 23 | 0 | 劣势 |
| 中长期贷款占贷款余额比重 | 4 | 3 | 1 | 强势 |
| 保险费净收入 | 30 | 30 | 0 | 劣势 |
| 保险密度 | 27 | 26 | 1 | 劣势 |
| 保险深度 | 26 | 27 | -1 | 劣势 |
| 人均证券市场筹资额 | 10 | 8 | 2 | 优势 |

## 5. 青海省知识经济竞争力指标排名变化情

**表 29－9　2014～2015 年青海省知识经济竞争力指标组排位及变化趋势**

| 指　　标 | 2014 | 2015 | 排位升降 | 优劣势 |
|---|---|---|---|---|
| **5　知识经济竞争力** | 30 | 30 | 0 | 劣势 |
| 5.1　科技竞争力 | 31 | 31 | 0 | 劣势 |
| R&D 人员 | 30 | 30 | 0 | 劣势 |
| R&D 经费 | 30 | 30 | 0 | 劣势 |
| R&D 经费投入强度 | 27 | 30 | -3 | 劣势 |
| 发明专利授权量 | 30 | 30 | 0 | 劣势 |
| 技术市场成交合同金额 | 23 | 21 | 2 | 劣势 |
| 财政科技支出占地方财政支出比重 | 30 | 30 | 0 | 劣势 |
| 高技术产业增加值 | 28 | 28 | 0 | 劣势 |
| 高技术产业增加值占工业增加值比重 | 29 | 29 | 0 | 劣势 |
| 高技术产品出口额占商品出口额比重 | 27 | 21 | 6 | 劣势 |
| 5.2　教育竞争力 | 29 | 30 | -1 | 劣势 |
| 教育经费 | 29 | 30 | -1 | 劣势 |
| 教育经费占 GDP 比重 | 3 | 5 | -2 | 优势 |
| 人均教育经费 | 5 | 5 | 0 | 优势 |
| 公共教育经费占财政支出比重 | 31 | 31 | 0 | 劣势 |

续表

| 指　　标 | 2014 | 2015 | 排位升降 | 优劣势 |
|---|---|---|---|---|
| 人均文化教育支出占个人消费支出比重 | 6 | 23 | -17 | 劣势 |
| 万人中小学学校数 | 10 | 10 | 0 | 优势 |
| 万人中小学专任教师数 | 12 | 9 | 3 | 优势 |
| 高等学校数 | 30 | 30 | 0 | 劣势 |
| 高校专任教师数 | 30 | 30 | 0 | 劣势 |
| 万人高等学校在校学生数 | 31 | 31 | 0 | 劣势 |
| 5.3　文化竞争力 | 28 | 28 | 0 | 劣势 |
| 文化服务业企业营业收入 | 30 | 30 | 0 | 劣势 |
| 图书和期刊出版数 | 31 | 31 | 0 | 劣势 |
| 报纸出版数 | 29 | 30 | -1 | 劣势 |
| 出版印刷工业销售产值 | 26 | 26 | 0 | 劣势 |
| 城镇居民人均文化娱乐支出 | 12 | 20 | -8 | 中势 |
| 农村居民人均文化娱乐支出 | 28 | 27 | 1 | 劣势 |
| 城镇居民人均文化娱乐支出占消费性支出比重 | 6 | 23 | -17 | 劣势 |
| 农村居民人均文化娱乐支出占消费性支出比重 | 28 | 21 | 7 | 劣势 |

## 6. 青海省发展环境竞争力指标排名变化情况

**表 29-10　2014~2015 年青海省发展环境竞争力指标组排位及变化趋势**

| 指　　标 | 2014 | 2015 | 排位升降 | 优劣势 |
|---|---|---|---|---|
| **6　发展环境竞争力** | 22 | 24 | -2 | 劣势 |
| 6.1　基础设施竞争力 | 21 | 24 | -3 | 劣势 |
| 铁路网线密度 | 30 | 30 | 0 | 劣势 |
| 公路网线密度 | 30 | 30 | 0 | 劣势 |
| 人均内河航道里程 | 11 | 11 | 0 | 中势 |
| 全社会旅客周转量 | 30 | 28 | 2 | 劣势 |
| 全社会货物周转量 | 30 | 30 | 0 | 劣势 |
| 人均邮电业务总量 | 15 | 13 | 2 | 中势 |
| 电话普及率 | 15 | 16 | -1 | 中势 |
| 互联网上网人数比重 | 10 | 9 | 1 | 优势 |
| 人均耗电量 | 2 | 2 | 0 | 强势 |
| 6.2　软环境竞争力 | 24 | 20 | 4 | 中势 |
| 外资企业数增长率 | 28 | 1 | 27 | 强势 |
| 万人外资企业数 | 29 | 28 | 1 | 劣势 |
| 个体私营企业数增长率 | 8 | 24 | -16 | 劣势 |
| 万人个体私营企业数 | 25 | 27 | -2 | 劣势 |
| 万人商标注册件数 | 26 | 26 | 0 | 劣势 |
| 查处商标侵权假冒案件 | 5 | 3 | 2 | 强势 |
| 每十万人交通事故发生数 | 23 | 23 | 0 | 劣势 |
| 罚没收入占财政收入比重 | 8 | 21 | -13 | 劣势 |
| 社会捐赠款物 | 24 | 25 | -1 | 劣势 |

## 7. 青海省政府作用竞争力指标排名变化情况

**表 29－11 2014～2015 年青海省政府作用竞争力指标组排位及变化趋势**

| 指　标 | 2014 | 2015 | 排位升降 | 优劣势 |
|---|---|---|---|---|
| **7 政府作用竞争力** | 29 | 30 | －1 | 劣势 |
| 7.1 政府发展经济竞争力 | 29 | 30 | －1 | 劣势 |
| 财政支出用于基本建设投资比重 | 4 | 3 | 1 | 强势 |
| 财政支出对 GDP 增长的拉动 | 30 | 30 | 0 | 劣势 |
| 政府公务员对经济的贡献 | 26 | 26 | 0 | 劣势 |
| 政府消费对民间消费的拉动 | 25 | 28 | －3 | 劣势 |
| 财政投资对社会投资的拉动 | 30 | 30 | 0 | 劣势 |
| 7.2 政府规调经济竞争力 | 30 | 30 | 0 | 劣势 |
| 物价调控 | 30 | 31 | －1 | 劣势 |
| 调控城乡消费差距 | 14 | 18 | －4 | 中势 |
| 统筹经济社会发展 | 31 | 31 | 0 | 劣势 |
| 规范税收 | 5 | 6 | －1 | 优势 |
| 人口控制 | 29 | 29 | 0 | 劣势 |
| 7.3 政府保障经济竞争力 | 23 | 22 | 1 | 劣势 |
| 城市城镇社区服务设施数 | 30 | 29 | 1 | 劣势 |
| 医疗保险覆盖率 | 17 | 18 | －1 | 中势 |
| 养老保险覆盖率 | 24 | 22 | 2 | 劣势 |
| 失业保险覆盖率 | 27 | 27 | 0 | 劣势 |
| 下岗职工再就业率 | 16 | 12 | 4 | 中势 |
| 城镇登记失业率 | 10 | 13 | －3 | 中势 |

## 8. 青海省发展水平竞争力指标排名变化情况

**表 29－12 2014～2015 年青海省发展水平竞争力指标组排位及变化趋势**

| 指　标 | 2014 | 2015 | 排位升降 | 优劣势 |
|---|---|---|---|---|
| **8 发展水平竞争力** | 28 | 28 | 0 | 劣势 |
| 8.1 工业化进程竞争力 | 22 | 25 | －3 | 劣势 |
| 工业增加值占 GDP 比重 | 17 | 18 | －1 | 中势 |
| 工业增加值增长率 | 22 | 24 | －2 | 劣势 |
| 高技术产业规模以上企业产值 | 28 | 29 | －1 | 劣势 |
| 高技术产业增加值占工业增加值比重 | 28 | 29 | －1 | 劣势 |
| 高技术产品出口额占商品出口额比重 | 27 | 29 | －2 | 劣势 |
| 信息产业增加值占 GDP 比重 | 4 | 24 | －20 | 劣势 |
| 8.2 城市化进程竞争力 | 26 | 28 | －2 | 劣势 |
| 城镇化率 | 20 | 23 | －3 | 劣势 |
| 城镇居民人均可支配收入 | 29 | 29 | 0 | 劣势 |
| 城市平均建成区面积比重 | 30 | 18 | 12 | 中势 |

续表

| 指　　标 | 2014 | 2015 | 排位升降 | 优劣势 |
|---|---|---|---|---|
| 人均拥有道路面积 | 28 | 29 | -1 | 劣势 |
| 人均日生活用水量 | 14 | 17 | -3 | 中势 |
| 恩格尔系数 | 15 | 15 | 0 | 中势 |
| 人均公共绿地面积 | 26 | 27 | -1 | 劣势 |
| 8.3　市场化进程竞争力 | 28 | 30 | -2 | 劣势 |
| 非公有制经济产值占全社会总产值的比重 | 25 | 27 | -2 | 劣势 |
| 社会投资占投资总额比重 | 30 | 30 | 0 | 劣势 |
| 私有和个体企业从业人员比重 | 23 | 19 | 4 | 中势 |
| 亿元以上商品市场成交额 | 30 | 29 | 1 | 劣势 |
| 亿元以上商品市场成交额占全社会消费品零售总额比重 | 29 | 29 | 0 | 劣势 |
| 居民消费支出占总消费支出比重 | 25 | 28 | -3 | 劣势 |

## 9. 青海省统筹协调竞争力指标排名变化情况

**表 29-13　2014～2015 年青海省统筹协调竞争力指标组排位及变化趋势**

| 指　　标 | 2014 | 2015 | 排位升降 | 优劣势 |
|---|---|---|---|---|
| **9　统筹协调竞争力** | 25 | 26 | -1 | 劣势 |
| 9.1　统筹发展竞争力 | 30 | 31 | -1 | 劣势 |
| 社会劳动生产率 | 10 | 15 | -5 | 中势 |
| 社会劳动生产率增速 | 5 | 18 | -13 | 中势 |
| 万元 GDP 综合能耗 | 30 | 30 | 0 | 劣势 |
| 非农用地产出率 | 29 | 29 | 0 | 劣势 |
| 生产税净额和营业盈余占 GDP 比重 | 29 | 27 | 2 | 劣势 |
| 最终消费率 | 12 | 5 | 7 | 优势 |
| 固定资产投资额占 GDP 比重 | 31 | 31 | 0 | 劣势 |
| 固定资产交付使用率 | 29 | 28 | 1 | 劣势 |
| 9.2　协调发展竞争力 | 2 | 3 | -1 | 强势 |
| 环境竞争力与宏观经济竞争力比差 | 8 | 7 | 1 | 优势 |
| 资源竞争力与宏观经济竞争力比差 | 1 | 14 | -13 | 中势 |
| 人力资源竞争力与宏观经济竞争力比差 | 17 | 1 | 16 | 强势 |
| 资源竞争力与工业竞争力比差 | 2 | 7 | -5 | 优势 |
| 环境竞争力与工业竞争力比差 | 13 | 15 | -2 | 中势 |
| 城乡居民家庭人均收入比差 | 27 | 28 | -1 | 劣势 |
| 城乡居民人均现金消费支出比差 | 14 | 18 | -4 | 中势 |
| 全社会消费品零售总额与外贸出口总额比差 | 4 | 10 | -6 | 优势 |

# B.31
# 30
# 宁夏回族自治区经济综合竞争力评价分析报告

宁夏回族自治区简称宁，是中国五大自治区之一，是中华文明的发祥地之一。位于中国西部的黄河上游地区，东邻陕西省，西部、北部接内蒙古自治区，南部与甘肃省相连。南北约456公里，东西约250公里，全区面积为6.6万平方公里，2015年常住人口为668万人，地区生产总值为2912亿元，同比增长8.0%，人均GDP达43805元。本部分通过分析2014～2015年宁夏回族自治区经济综合竞争力以及各要素竞争力的排名变化，从中找出宁夏回族自治区经济综合竞争力的推动点及影响因素，为进一步提升宁夏回族自治区经济综合竞争力提供决策参考。

## 30.1 宁夏回族自治区经济综合竞争力总体分析

### 1.宁夏回族自治区经济综合竞争力一级指标概要分析

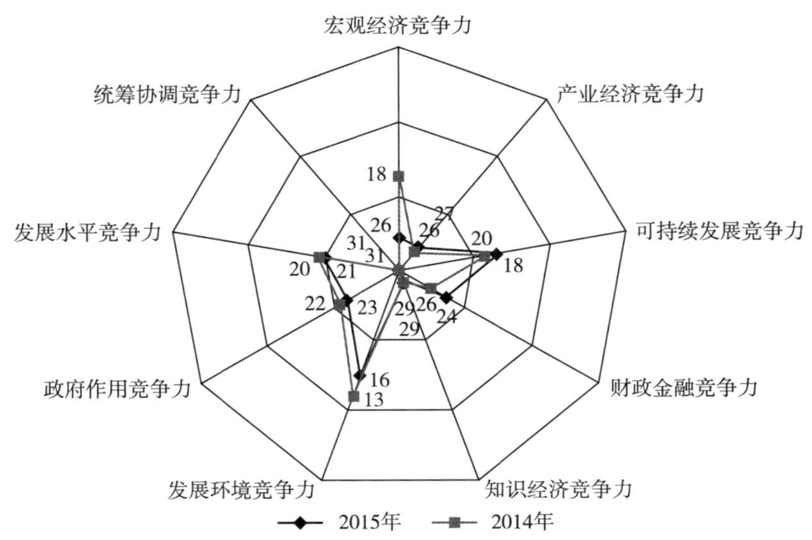


图30－1 2014～2015年宁夏回族自治区经济综合竞争力二级指标比较雷达图

（1）从综合排位看，2015年宁夏回族自治区经济综合竞争力排位在全国居第27位，在全国处于劣势地位；与2014年相比，综合排位没有发生变化。

（2）从指标所处区位看，9个指标均处于中下游区，其中，可持续发展竞争力和发展环境竞争力等2个指标为宁夏回族自治区经济综合竞争力的中势指标。

**表 30－1　2014～2015 年宁夏回族自治区经济综合竞争力二级指标表现情况**

| 项目<br>年份 | 宏观经济竞争力 | 产业经济竞争力 | 可持续发展竞争力 | 财政金融竞争力 | 知识经济竞争力 | 发展环境竞争力 | 政府作用竞争力 | 发展水平竞争力 | 统筹协调竞争力 | **综合排位** |
|---|---|---|---|---|---|---|---|---|---|---|
| 2014 | 18 | 28 | 20 | 26 | 29 | 13 | 22 | 20 | 31 | 27 |
| 2015 | 26 | 27 | 18 | 24 | 29 | 16 | 23 | 21 | 31 | 27 |
| 升降 | －8 | 1 | 2 | 2 | 0 | －3 | －1 | －1 | 0 | 0 |
| 优劣度 | 劣势 | 劣势 | 中势 | 劣势 | 劣势 | 中势 | 劣势 | 劣势 | 劣势 | 劣势 |

（3）从指标变化趋势看，9 个二级指标中，有 3 个指标处于上升趋势，分别为产业经济竞争力、可持续发展竞争力、财政金融竞争力，这些是宁夏回族自治区经济综合竞争力的上升动力所在；有 2 个指标排位没有发生变化，分别为知识经济竞争力和统筹协调竞争力；有 4 个指标处于下降趋势，分别为宏观经济竞争力、发展环境竞争力、政府作用竞争力、发展水平竞争力，这些是宁夏回族自治区经济综合竞争力的下降拉力所在。

**2. 宁夏回族自治区经济综合竞争力各级指标动态变化分析**

**表 30－2　2014～2015 年宁夏回族自治区经济综合竞争力各级指标排位变化情况**

| 二级指标 | 三级指标 | 四级指标数 | 上升 | | 保持 | | 下降 | | 变化趋势 |
|---|---|---|---|---|---|---|---|---|---|
| | | | 指标数 | 比重（%） | 指标数 | 比重（%） | 指标数 | 比重（%） | |
| 宏观经济竞争力 | 经济实力竞争力 | 12 | 3 | 25. 0 | 2 | 16. 7 | 7 | 58. 3 | 下降 |
| | 经济结构竞争力 | 6 | 2 | 33. 3 | 1 | 16. 7 | 3 | 50. 0 | 上升 |
| | 经济外向度竞争力 | 9 | 0 | 0. 0 | 1 | 11. 1 | 8 | 88. 9 | 下降 |
| | 小　计 | 27 | 5 | 18. 5 | 4 | 14. 8 | 18 | 66. 7 | 下降 |
| 产业经济竞争力 | 农业竞争力 | 10 | 1 | 10. 0 | 5 | 50. 0 | 4 | 40. 0 | 保持 |
| | 工业竞争力 | 10 | 3 | 30. 0 | 5 | 50. 0 | 2 | 20. 0 | 保持 |
| | 服务业竞争力 | 10 | 2 | 20. 0 | 5 | 50. 0 | 3 | 30. 0 | 保持 |
| | 企业竞争力 | 10 | 4 | 40. 0 | 2 | 20. 0 | 4 | 40. 0 | 下降 |
| | 小　计 | 40 | 10 | 25. 0 | 17 | 42. 5 | 13 | 32. 5 | 上升 |
| 可持续发展竞争力 | 资源竞争力 | 9 | 0 | 0. 0 | 7 | 77. 8 | 2 | 22. 2 | 下降 |
| | 环境竞争力 | 8 | 3 | 37. 5 | 3 | 37. 5 | 2 | 25. 0 | 上升 |
| | 人力资源竞争力 | 8 | 2 | 25. 0 | 3 | 37. 5 | 3 | 37. 5 | 下降 |
| | 小　计 | 25 | 5 | 20. 0 | 13 | 52. 0 | 7 | 28. 0 | 上升 |
| 财政金融竞争力 | 财政竞争力 | 12 | 5 | 41. 7 | 3 | 25. 0 | 4 | 33. 3 | 上升 |
| | 金融竞争力 | 10 | 2 | 20. 0 | 5 | 50. 0 | 3 | 30. 0 | 上升 |
| | 小　计 | 22 | 7 | 31. 8 | 8 | 36. 4 | 7 | 31. 8 | 上升 |
| 知识经济竞争力 | 科技竞争力 | 9 | 2 | 22. 2 | 5 | 55. 6 | 2 | 22. 2 | 下降 |
| | 教育竞争力 | 10 | 3 | 30. 0 | 5 | 50. 0 | 2 | 20. 0 | 上升 |
| | 文化竞争力 | 8 | 6 | 75. 0 | 2 | 25. 0 | 0 | 0. 0 | 上升 |
| | 小　计 | 27 | 11 | 40. 7 | 12 | 44. 4 | 4 | 14. 8 | 保持 |

续表

| 二级指标 | 三级指标 | 四级指标数 | 上升 | | 保持 | | 下降 | | 变化趋势 |
|---|---|---|---|---|---|---|---|---|---|
| | | | 指标数 | 比重（%） | 指标数 | 比重（%） | 指标数 | 比重（%） | |
| 发展环境竞争力 | 基础设施竞争力 | 9 | 1 | 11.1 | 6 | 66.7 | 2 | 22.2 | 保持 |
| | 软环境竞争力 | 9 | 2 | 22.2 | 5 | 55.6 | 2 | 22.2 | 下降 |
| | 小　计 | 18 | 3 | 16.7 | 11 | 61.1 | 4 | 22.2 | 下降 |
| 政府作用竞争力 | 政府发展经济竞争力 | 5 | 0 | 0.0 | 4 | 80.0 | 1 | 20.0 | 下降 |
| | 政府规调经济竞争力 | 5 | 4 | 80.0 | 0 | 0.0 | 1 | 20.0 | 上升 |
| | 政府保障经济竞争力 | 6 | 0 | 0.0 | 3 | 50.0 | 3 | 50.0 | 下降 |
| | 小　计 | 16 | 4 | 25.0 | 7 | 43.8 | 5 | 31.3 | 下降 |
| 发展水平竞争力 | 工业化进程竞争力 | 6 | 3 | 50.0 | 2 | 33.3 | 1 | 16.7 | 上升 |
| | 城市化进程竞争力 | 7 | 3 | 42.9 | 1 | 14.3 | 3 | 42.9 | 下降 |
| | 市场化进程竞争力 | 6 | 1 | 16.7 | 2 | 33.3 | 3 | 50.0 | 保持 |
| | 小　计 | 19 | 7 | 36.8 | 5 | 26.3 | 7 | 36.8 | 下降 |
| 统筹协调竞争力 | 统筹发展竞争力 | 8 | 2 | 25.0 | 3 | 37.5 | 3 | 37.5 | 上升 |
| | 协调发展竞争力 | 8 | 4 | 50.0 | 0 | 0.0 | 4 | 50.0 | 下降 |
| | 小　计 | 16 | 6 | 37.5 | 3 | 18.8 | 7 | 43.8 | 保持 |
| 合　计 | | 210 | 58 | 27.6 | 80 | 38.1 | 72 | 34.3 | 保持 |

从表 30－2 可以看出，210 个四级指标中，上升指标有 58 个，占指标总数的 27.6%；下降指标有 72 个，占指标总数的 34.3%；保持不变的指标有 80 个，占指标总数的 38.1%。综上所述，宁夏回族自治区经济综合竞争力下降的拉力大于上升的动力，且排位保持不变的指标占较大比重，但受其他外部因素的综合影响，2015 年宁夏回族自治区经济综合竞争力排位保持不变。

3. 宁夏回族自治区经济综合竞争力各级指标优劣势结构分析

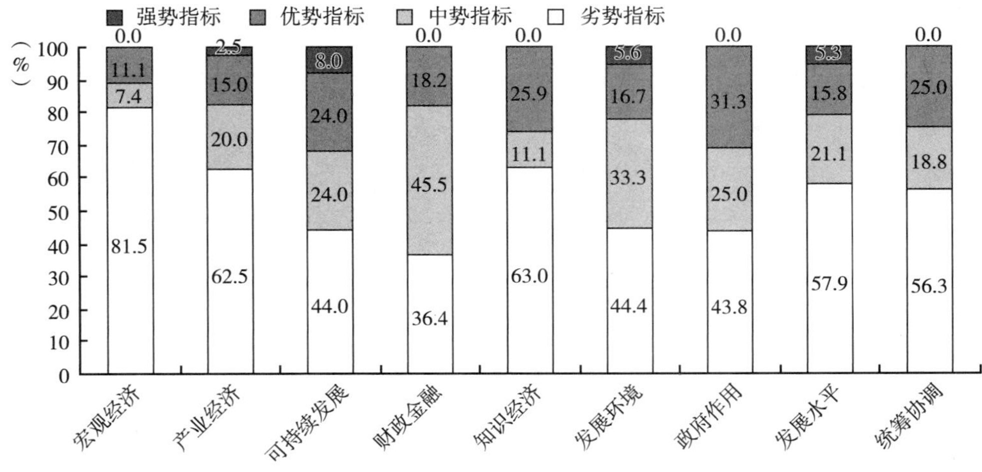


图 30－2　2015 年宁夏回族自治区经济综合竞争力各级指标优劣势比较

**表 30－3　2015 年宁夏回族自治区经济综合竞争力各级指标优劣势情况**

| 二级指标 | 三级指标 | 四级指标数 | 强势指标 | | 优势指标 | | 中势指标 | | 劣势指标 | | 优劣势 |
|---|---|---|---|---|---|---|---|---|---|---|---|
| | | | 个数 | 比重（%） | 个数 | 比重（%） | 个数 | 比重（%） | 个数 | 比重（%） | |
| 宏观经济竞争力 | 经济实力竞争力 | 12 | 0 | 0.0 | 0 | 0.0 | 2 | 16.7 | 10 | 83.3 | 劣势 |
| | 经济结构竞争力 | 6 | 0 | 0.0 | 3 | 50.0 | 0 | 0.0 | 3 | 50.0 | 中势 |
| | 经济外向度竞争力 | 9 | 0 | 0.0 | 0 | 0.0 | 0 | 0.0 | 9 | 100.0 | 劣势 |
| | 小　计 | 27 | 0 | 0.0 | 3 | 11.1 | 2 | 7.4 | 22 | 81.5 | 劣势 |
| 产业经济竞争力 | 农业竞争力 | 10 | 0 | 0.0 | 2 | 20.0 | 4 | 40.0 | 4 | 40.0 | 劣势 |
| | 工业竞争力 | 10 | 1 | 10.0 | 0 | 0.0 | 2 | 20.0 | 7 | 70.0 | 劣势 |
| | 服务业竞争力 | 10 | 0 | 0.0 | 2 | 20.0 | 1 | 10.0 | 7 | 70.0 | 劣势 |
| | 企业竞争力 | 10 | 0 | 0.0 | 2 | 20.0 | 1 | 10.0 | 7 | 70.0 | 劣势 |
| | 小　计 | 40 | 1 | 2.5 | 6 | 15.0 | 8 | 20.0 | 25 | 62.5 | 劣势 |
| 可持续发展竞争力 | 资源竞争力 | 9 | 0 | 0.0 | 3 | 33.3 | 2 | 22.2 | 4 | 44.4 | 中势 |
| | 环境竞争力 | 8 | 1 | 12.5 | 1 | 12.5 | 2 | 25.0 | 4 | 50.0 | 劣势 |
| | 人力资源竞争力 | 8 | 1 | 12.5 | 2 | 25.0 | 2 | 25.0 | 3 | 37.5 | 优势 |
| | 小　计 | 25 | 2 | 8.0 | 6 | 24.0 | 6 | 24.0 | 11 | 44.0 | 中势 |
| 财政金融竞争力 | 财政竞争力 | 12 | 0 | 0.0 | 2 | 16.7 | 6 | 50.0 | 4 | 33.3 | 中势 |
| | 金融竞争力 | 10 | 0 | 0.0 | 2 | 20.0 | 4 | 40.0 | 4 | 40.0 | 劣势 |
| | 小　计 | 22 | 0 | 0.0 | 4 | 18.2 | 10 | 45.5 | 8 | 36.4 | 劣势 |
| 知识经济竞争力 | 科技竞争力 | 9 | 0 | 0.0 | 0 | 0.0 | 1 | 11.1 | 8 | 88.9 | 劣势 |
| | 教育竞争力 | 10 | 0 | 0.0 | 4 | 40.0 | 1 | 10.0 | 5 | 50.0 | 劣势 |
| | 文化竞争力 | 8 | 0 | 0.0 | 3 | 37.5 | 1 | 12.5 | 4 | 50.0 | 中势 |
| | 小　计 | 27 | 0 | 0.0 | 7 | 25.9 | 3 | 11.1 | 17 | 63.0 | 劣势 |
| 发展环境竞争力 | 基础设施竞争力 | 9 | 1 | 11.1 | 1 | 11.1 | 3 | 33.3 | 4 | 44.4 | 中势 |
| | 软环境竞争力 | 9 | 0 | 0.0 | 2 | 22.2 | 3 | 33.3 | 4 | 44.4 | 中势 |
| | 小　计 | 18 | 1 | 5.6 | 3 | 16.7 | 6 | 33.3 | 8 | 44.4 | 中势 |
| 政府作用竞争力 | 政府发展经济竞争力 | 5 | 0 | 0.0 | 1 | 20.0 | 0 | 0.0 | 4 | 80.0 | 劣势 |
| | 政府规调经济竞争力 | 5 | 0 | 0.0 | 1 | 20.0 | 3 | 60.0 | 1 | 20.0 | 中势 |
| | 政府保障经济竞争力 | 6 | 0 | 0.0 | 3 | 50.0 | 1 | 16.7 | 2 | 33.3 | 优势 |
| | 小　计 | 16 | 0 | 0.0 | 5 | 31.3 | 4 | 25.0 | 7 | 43.8 | 劣势 |
| 发展水平竞争力 | 工业化进程竞争力 | 6 | 0 | 0.0 | 0 | 0.0 | 1 | 16.7 | 5 | 83.3 | 劣势 |
| | 城市化进程竞争力 | 7 | 1 | 14.3 | 2 | 28.6 | 2 | 28.6 | 2 | 28.6 | 中势 |
| | 市场化进程竞争力 | 6 | 0 | 0.0 | 1 | 16.7 | 1 | 16.7 | 4 | 66.7 | 中势 |
| | 小　计 | 19 | 1 | 5.3 | 3 | 15.8 | 4 | 21.1 | 11 | 57.9 | 劣势 |
| 统筹协调竞争力 | 统筹发展竞争力 | 8 | 0 | 0.0 | 2 | 25.0 | 1 | 12.5 | 5 | 62.5 | 劣势 |
| | 协调发展竞争力 | 8 | 0 | 0.0 | 2 | 25.0 | 2 | 25.0 | 4 | 50.0 | 劣势 |
| | 小　计 | 16 | 0 | 0.0 | 4 | 25.0 | 3 | 18.8 | 9 | 56.3 | 劣势 |
| 合　计 | | 210 | 5 | 2.4 | 41 | 19.5 | 46 | 21.9 | 118 | 56.2 | 劣势 |

基于图 30－2 和表 30－3，具体到四级指标，强势指标 5 个，占指标总数的 2.4%；优势指标 41 个，占指标总数的 19.5%；中势指标 46 个，占指标总数的 21.9%；劣势指标

118 个，占指标总数的 56.2%。三级指标中，没有强势指标；优势指标 2 个，占三级指标总数的 8%；中势指标 9 个，占三级指标总数的 36%；劣势指标 14 个，占三级指标总数的 56%。从二级指标看，没有强势指标和优势指标；中势指标有 2 个，占二级指标总数的 22.2%；劣势指标 7 个，占二级指标总数的 77.8%。综合来看，由于劣势指标在指标体系中居于主导地位，2015 年宁夏回族自治区经济综合竞争力处于劣势地位。

**4. 宁夏回族自治区经济综合竞争力四级指标优劣势对比分析**

**表 30－4　2015 年宁夏回族自治区经济综合竞争力四级指标优劣势情况**

| 二级指标 | 优劣势 | 四级指标 |
|---|---|---|
| 宏观经济竞争力（27 个） | 强势指标 | （0 个） |
| | 优势指标 | 产业结构优化度、城乡经济结构优化度、资本形成结构优化度（3 个） |
| | 劣势指标 | 地区生产总值、地区生产总值增长率、人均地区生产总值、财政总收入、财政总收入增长率、人均财政收入、固定资产投资额、固定资产投资额增长率、人均固定资产投资额、全社会消费品零售总额增长率、所有制经济结构优化度、就业结构优化度、贸易结构优化度、进出口总额、进出口增长率、出口总额、出口增长率、实际 FDI、实际 FDI 增长率、外贸依存度、外资企业数、对外直接投资（22 个） |
| 产业经济竞争力（40 个） | 强势指标 | 工业资产总额增长率（1 个） |
| | 优势指标 | 人均主要农产品产量、财政支农资金比重、服务业从业人员数增长率、限额以上餐饮企业利税率、规模以上企业平均资产、城镇就业人员平均工资（6 个） |
| | 劣势指标 | 农业增加值、农民人均纯收入、农民人均纯收入增长率、农业机械化水平、工业增加值、人均工业增加值、工业资产总额、工业资产总贡献率、规模以上工业主营业务收入、规模以上工业利润总额、工业成本费用利润率、服务业增加值、服务业增加值增长率、服务业从业人员数、限额以上批发零售企业主营业务收入、限额以上批零企业利税率、旅游外汇收入、房地产经营总收入、规模以上工业企业数、规模以上企业平均收入、规模以上企业平均利润、规模以上企业劳动效率、产品质量抽查合格率、工业企业 R&D 经费投入强度、中国驰名商标持有量（25 个） |
| 可持续发展竞争力（25 个） | 强势指标 | 人均治理工业污染投资额、人口健康素质（2 个） |
| | 优势指标 | 人均耕地面积、人均牧草地面积、人均主要能源矿产基础储量、自然灾害直接经济损失、常住人口增长率、大专以上教育程度人口比例（6 个） |
| | 劣势指标 | 人均国土面积、人均年水资源量、耕地面积、人均森林储积量、森林覆盖率、人均工业废气排放量、人均工业固体废物排放量、生活垃圾无害化处理率、文盲率、平均受教育程度、职业学校毕业生数（11 个） |
| 财政金融竞争力（22 个） | 强势指标 | （0 个） |
| | 优势指标 | 地方财政支出占 GDP 比重、人均地方财政支出、人均贷款余额、保险深度（4 个） |
| | 劣势指标 | 地方财政收入、地方财政支出、地方财政支出增长率、税收收入增长率、存款余额、贷款余额、保险费净收入、人均证券市场筹资额（8 个） |
| 知识经济竞争力（27 个） | 强势指标 | （0 个） |
| | 优势指标 | 教育经费占 GDP 比重、人均文化教育支出占个人消费支出比重、万人中小学学校数、万人中小学专任教师数、城镇居民人均文化娱乐支出、城镇居民人均文化娱乐支出占消费性支出比重、农村居民人均文化娱乐支出占消费性支出比重（7 个） |
| | 劣势指标 | R&D 人员、R&D 经费、R&D 经费投入强度、发明专利授权量、技术市场成交合同金额、财政科技支出占地方财政支出比重、高技术产业增加值、高技术产业增加值占工业增加值比重、教育经费、公共教育经费占财政支出比重、高等学校数、高校专任教师数、万人高等学校在校学生数、文化服务业企业营业收入、图书和期刊出版数、报纸出版数、出版印刷工业销售产值（17 个） |

续表

| 二级指标 | 优劣势 | 四级指标 |
| --- | --- | --- |
| 发展环境竞争力（18个） | 强势指标 | 人均耗电量(1个) |
| | 优势指标 | 人均邮电业务总量、外资企业数增长率、查处商标侵权假冒案件(3个) |
| | 劣势指标 | 公路网线密度、人均内河航道里程、全社会旅客周转量、全社会货物周转量、万人外资企业数、万人商标注册件数、每十万人交通事故发生数、社会捐赠款物(8个) |
| 政府作用竞争力（16个） | 强势指标 | (0个) |
| | 优势指标 | 财政支出用于基本建设投资比重、物价调控、养老保险覆盖率、失业保险覆盖率、下岗职工再就业率(5个) |
| | 劣势指标 | 财政支出对GDP增长的拉动、政府公务员对经济的贡献、政府消费对民间消费的拉动、财政投资对社会投资的拉动、统筹经济社会发展、城市城镇社区服务设施数、城镇登记失业率(7个) |
| 发展水平竞争力（19个） | 强势指标 | 人均公共绿地面积(1个) |
| | 优势指标 | 人均拥有道路面积、恩格尔系数、亿元以上商品市场成交额占全社会消费品零售总额比重(3个) |
| | 劣势指标 | 工业增加值占GDP比重、高技术产业规模以上企业产值、高技术产业增加值占工业增加值比重、高技术产品出口额占商品出口额比重、信息产业增加值占GDP比重、城镇居民人均可支配收入、城市平均建成区面积比重、非公有制经济产值占全社会总产值的比重、社会投资占投资总额比重、亿元以上商品市场成交额、居民消费支出占总消费支出比重(11个) |
| 统筹协调竞争力（16个） | 强势指标 | (0个) |
| | 优势指标 | 最终消费率、固定资产交付使用率、资源竞争力与宏观经济竞争力比差、资源竞争力与工业竞争力比差(4个) |
| | 劣势指标 | 社会劳动生产率增速、万元GDP综合能耗、非农用地产出率、生产税净额和营业盈余占GDP比重、固定资产投资额占GDP比重、环境竞争力与宏观经济竞争力比差、人力资源竞争力与宏观经济竞争力比差、环境竞争力与工业竞争力比差、城乡居民家庭人均收入比差(9个) |

## 30.2 宁夏回族自治区经济综合竞争力各级指标具体分析

### 1. 宁夏回族自治区宏观经济竞争力指标排名变化情况

**表30-5 2014~2015年宁夏回族自治区宏观经济竞争力指标组排位及变化趋势**

| 指　　标 | 2014 | 2015 | 排位升降 | 优劣势 |
| --- | --- | --- | --- | --- |
| **1 宏观经济竞争力** | 18 | 26 | -8 | 劣势 |
| 1.1 经济实力竞争力 | 25 | 29 | -4 | 劣势 |
| 地区生产总值 | 20 | 21 | -1 | 劣势 |
| 地区生产总值增长率 | 30 | 29 | 1 | 劣势 |
| 人均地区生产总值 | 20 | 21 | -1 | 劣势 |
| 财政总收入 | 26 | 28 | -2 | 劣势 |

续表

| 指 标 | 2014 | 2015 | 排位升降 | 优劣势 |
| --- | --- | --- | --- | --- |
| 财政总收入增长率 | 30 | 31 | -1 | 劣势 |
| 人均财政收入 | 26 | 31 | -5 | 劣势 |
| 固定资产投资额 | 22 | 24 | -2 | 劣势 |
| 固定资产投资额增长率 | 31 | 29 | 2 | 劣势 |
| 人均固定资产投资额 | 28 | 30 | -2 | 劣势 |
| 全社会消费品零售总额 | 15 | 15 | 0 | 中势 |
| 全社会消费品零售总额增长率 | 25 | 23 | 2 | 劣势 |
| 人均全社会消费品零售总额 | 14 | 14 | 0 | 中势 |
| 1.2 经济结构竞争力 | 22 | 20 | 2 | 中势 |
| 产业结构优化度 | 10 | 7 | 3 | 优势 |
| 所有制经济结构优化度 | 24 | 23 | 1 | 劣势 |
| 城乡经济结构优化度 | 8 | 8 | 0 | 优势 |
| 就业结构优化度 | 18 | 26 | -8 | 劣势 |
| 资本形成结构优化度 | 5 | 7 | -2 | 优势 |
| 贸易结构优化度 | 26 | 28 | -2 | 劣势 |
| 1.3 经济外向度竞争力 | 6 | 26 | 20 | 劣势 |
| 进出口总额 | 18 | 21 | -3 | 劣势 |
| 进出口增长率 | 26 | 30 | -4 | 劣势 |
| 出口总额 | 21 | 24 | -3 | 劣势 |
| 出口增长率 | 22 | 30 | -8 | 劣势 |
| 实际 FDI | 25 | 25 | 0 | 劣势 |
| 实际 FDI 增长率 | 25 | 31 | -6 | 劣势 |
| 外贸依存度 | 15 | 22 | -7 | 劣势 |
| 外资企业数 | 18 | 21 | -3 | 劣势 |
| 对外直接投资 | 19 | 25 | -6 | 劣势 |

## 2. 宁夏回族自治区产业经济竞争力指标排名变化情况

**表 30-6 2014~2015 年宁夏回族自治区产业经济竞争力指标组排位及变化趋势**

| 指 标 | 2014 | 2015 | 排位升降 | 优劣势 |
| --- | --- | --- | --- | --- |
| **2 产业经济竞争力** | 28 | 27 | 1 | 劣势 |
| 2.1 农业竞争力 | 26 | 26 | 0 | 劣势 |
| 农业增加值 | 26 | 26 | 0 | 劣势 |
| 农业增加值增长率 | 6 | 11 | -5 | 中势 |
| 人均农业增加值 | 23 | 20 | 3 | 中势 |
| 农民人均纯收入 | 25 | 25 | 0 | 劣势 |
| 农民人均纯收入增长率 | 25 | 25 | 0 | 劣势 |
| 农产品出口占农林牧渔总产值比重 | 14 | 19 | -5 | 中势 |
| 人均主要农产品产量 | 5 | 5 | 0 | 优势 |

续表

| 指　　标 | 2014 | 2015 | 排位升降 | 优劣势 |
|---|---|---|---|---|
| 农业机械化水平 | 25 | 25 | 0 | 劣势 |
| 农村人均用电量 | 19 | 20 | -1 | 中势 |
| 财政支农资金比重 | 1 | 5 | -4 | 优势 |
| 2.2　工业竞争力 | 26 | 26 | 0 | 劣势 |
| 工业增加值 | 28 | 28 | 0 | 劣势 |
| 工业增加值增长率 | 18 | 16 | 2 | 中势 |
| 人均工业增加值 | 22 | 21 | 1 | 劣势 |
| 工业资产总额 | 28 | 28 | 0 | 劣势 |
| 工业资产总额增长率 | 1 | 3 | -2 | 强势 |
| 工业资产总贡献率 | 29 | 29 | 0 | 劣势 |
| 规模以上工业主营业务收入 | 28 | 28 | 0 | 劣势 |
| 规模以上工业利润总额 | 28 | 27 | 1 | 劣势 |
| 工业全员劳动生产率 | 19 | 20 | -1 | 中势 |
| 工业成本费用利润率 | 29 | 29 | 0 | 劣势 |
| 2.3　服务业竞争力 | 30 | 30 | 0 | 劣势 |
| 服务业增加值 | 29 | 29 | 0 | 劣势 |
| 服务业增加值增长率 | 30 | 30 | 0 | 劣势 |
| 人均服务业增加值 | 15 | 16 | -1 | 中势 |
| 服务业从业人员数 | 30 | 29 | 1 | 劣势 |
| 服务业从业人员数增长率 | 5 | 9 | -4 | 优势 |
| 限额以上批发零售企业主营业务收入 | 30 | 30 | 0 | 劣势 |
| 限额以上批零企业利税率 | 26 | 23 | 3 | 劣势 |
| 限额以上餐饮企业利税率 | 4 | 8 | -4 | 优势 |
| 旅游外汇收入 | 30 | 30 | 0 | 劣势 |
| 房地产经营总收入 | 29 | 29 | 0 | 劣势 |
| 2.4　企业竞争力 | 26 | 27 | -1 | 劣势 |
| 规模以上工业企业数 | 28 | 28 | 0 | 劣势 |
| 规模以上企业平均资产 | 8 | 8 | 0 | 优势 |
| 规模以上企业平均收入 | 20 | 22 | -2 | 劣势 |
| 规模以上企业平均利润 | 27 | 28 | -1 | 劣势 |
| 规模以上企业劳动效率 | 29 | 21 | 8 | 劣势 |
| 城镇就业人员平均工资 | 29 | 10 | 19 | 优势 |
| 新产品销售收入占主营业务收入比重 | 23 | 15 | 8 | 中势 |
| 产品质量抽查合格率 | 18 | 25 | -7 | 劣势 |
| 工业企业 R&D 经费投入强度 | 20 | 22 | -2 | 劣势 |
| 中国驰名商标持有量 | 30 | 25 | 5 | 劣势 |

## 3. 宁夏回族自治区可持续发展竞争力指标排名变化情况

**表 30－7 2014～2015 年宁夏回族自治区可持续发展竞争力指标组排位及变化趋势**

| 指　　标 | 2014 | 2015 | 排位升降 | 优劣势 |
|---|---|---|---|---|
| **3 可持续发展竞争力** | 20 | 18 | 2 | 中势 |
| 3.1 资源竞争力 | 12 | 18 | －6 | 中势 |
| 人均国土面积 | 8 | 24 | －16 | 劣势 |
| 人均可使用海域和滩涂面积 | 13 | 13 | 0 | 中势 |
| 人均年水资源量 | 27 | 29 | －2 | 劣势 |
| 耕地面积 | 25 | 25 | 0 | 劣势 |
| 人均耕地面积 | 6 | 6 | 0 | 优势 |
| 人均牧草地面积 | 6 | 6 | 0 | 优势 |
| 主要能源矿产基础储量 | 15 | 15 | 0 | 中势 |
| 人均主要能源矿产基础储量 | 4 | 4 | 0 | 优势 |
| 人均森林储积量 | 26 | 26 | 0 | 劣势 |
| 3.2 环境竞争力 | 25 | 23 | 2 | 劣势 |
| 森林覆盖率 | 26 | 26 | 0 | 劣势 |
| 人均废水排放量 | 23 | 19 | 4 | 中势 |
| 人均工业废气排放量 | 31 | 31 | 0 | 劣势 |
| 人均工业固体废物排放量 | 26 | 27 | －1 | 劣势 |
| 人均治理工业污染投资额 | 2 | 2 | 0 | 强势 |
| 一般工业固体废物综合利用率 | 18 | 17 | 1 | 中势 |
| 生活垃圾无害化处理率 | 16 | 24 | －8 | 劣势 |
| 自然灾害直接经济损失 | 5 | 4 | 1 | 优势 |
| 3.3 人力资源竞争力 | 6 | 9 | －3 | 优势 |
| 常住人口增长率 | 5 | 6 | －1 | 优势 |
| 15～64 岁人口比例 | 17 | 17 | 0 | 中势 |
| 文盲率 | 26 | 26 | 0 | 劣势 |
| 大专以上教育程度人口比例 | 16 | 8 | 8 | 优势 |
| 平均受教育程度 | 25 | 22 | 3 | 劣势 |
| 人口健康素质 | 1 | 3 | －2 | 强势 |
| 人力资源利用率 | 13 | 13 | 0 | 中势 |
| 职业学校毕业生数 | 28 | 29 | －1 | 劣势 |

## 4. 宁夏回族自治区财政金融竞争力指标排名变化情况

**表 30－8 2014～2015 年宁夏回族自治区财政金融竞争力指标组排位及变化趋势**

| 指　　标 | 2014 | 2015 | 排位升降 | 优劣势 |
|---|---|---|---|---|
| **4 财政金融竞争力** | 26 | 24 | 2 | 劣势 |
| 4.1 财政竞争力 | 23 | 19 | 4 | 中势 |
| 地方财政收入 | 29 | 29 | 0 | 劣势 |
| 地方财政支出 | 31 | 31 | 0 | 劣势 |
| 地方财政收入占 GDP 比重 | 11 | 13 | －2 | 中势 |
| 地方财政支出占 GDP 比重 | 5 | 5 | 0 | 优势 |

续表

| 指　　标 | 2014 | 2015 | 排位升降 | 优劣势 |
|---|---|---|---|---|
| 税收收入占 GDP 比重 | 12 | 14 | -2 | 中势 |
| 税收收入占财政总收入比重 | 28 | 19 | 9 | 中势 |
| 人均地方财政收入 | 14 | 13 | 1 | 中势 |
| 人均地方财政支出 | 7 | 6 | 1 | 优势 |
| 人均税收收入 | 14 | 12 | 2 | 中势 |
| 地方财政收入增长率 | 13 | 15 | -2 | 中势 |
| 地方财政支出增长率 | 25 | 23 | 2 | 劣势 |
| 税收收入增长率 | 22 | 23 | -1 | 劣势 |
| 4.2　金融竞争力 | 28 | 26 | 2 | 劣势 |
| 存款余额 | 30 | 30 | 0 | 劣势 |
| 人均存款余额 | 19 | 17 | 2 | 中势 |
| 贷款余额 | 29 | 29 | 0 | 劣势 |
| 人均贷款余额 | 10 | 10 | 0 | 优势 |
| 货币市场融资额 | 16 | 16 | 0 | 中势 |
| 中长期贷款占贷款余额比重 | 14 | 13 | 1 | 中势 |
| 保险费净收入 | 28 | 29 | -1 | 劣势 |
| 保险密度 | 15 | 16 | -1 | 中势 |
| 保险深度 | 8 | 8 | 0 | 优势 |
| 人均证券市场筹资额 | 22 | 26 | -4 | 劣势 |

### 5. 宁夏回族自治区知识经济竞争力指标排名变化情况

**表 30-9　2014~2015 年宁夏回族自治区知识经济竞争力指标组排位及变化趋势**

| 指　　标 | 2014 | 2015 | 排位升降 | 优劣势 |
|---|---|---|---|---|
| **5　知识经济竞争力** | 29 | 29 | 0 | 劣势 |
| 5.1　科技竞争力 | 28 | 29 | -1 | 劣势 |
| R&D 人员 | 28 | 28 | 0 | 劣势 |
| R&D 经费 | 28 | 28 | 0 | 劣势 |
| R&D 经费投入强度 | 20 | 21 | -1 | 劣势 |
| 发明专利授权量 | 29 | 28 | 1 | 劣势 |
| 技术市场成交合同金额 | 28 | 28 | 0 | 劣势 |
| 财政科技支出占地方财政支出比重 | 19 | 21 | -2 | 劣势 |
| 高技术产业增加值 | 31 | 31 | 0 | 劣势 |
| 高技术产业增加值占工业增加值比重 | 30 | 30 | 0 | 劣势 |
| 高技术产品出口额占商品出口额比重 | 24 | 20 | 4 | 中势 |
| 5.2　教育竞争力 | 30 | 29 | 1 | 劣势 |
| 教育经费 | 31 | 31 | 0 | 劣势 |
| 教育经费占 GDP 比重 | 9 | 8 | 1 | 优势 |
| 人均教育经费 | 11 | 12 | -1 | 中势 |
| 公共教育经费占财政支出比重 | 28 | 28 | 0 | 劣势 |

续表

| 指　　标 | 2014 | 2015 | 排位升降 | 优劣势 |
|---|---|---|---|---|
| 人均文化教育支出占个人消费支出比重 | 8 | 4 | 4 | 优势 |
| 万人中小学学校数 | 6 | 5 | 1 | 优势 |
| 万人中小学专任教师数 | 8 | 8 | 0 | 优势 |
| 高等学校数 | 28 | 28 | 0 | 劣势 |
| 高校专任教师数 | 29 | 29 | 0 | 劣势 |
| 万人高等学校在校学生数 | 18 | 21 | -3 | 劣势 |
| 5.3　文化竞争力 | 18 | 16 | 2 | 中势 |
| 文化服务业企业营业收入 | 29 | 29 | 0 | 劣势 |
| 图书和期刊出版数 | 29 | 29 | 0 | 劣势 |
| 报纸出版数 | 30 | 29 | 1 | 劣势 |
| 出版印刷工业销售产值 | 30 | 28 | 2 | 劣势 |
| 城镇居民人均文化娱乐支出 | 16 | 9 | 7 | 优势 |
| 农村居民人均文化娱乐支出 | 15 | 14 | 1 | 中势 |
| 城镇居民人均文化娱乐支出占消费性支出比重 | 8 | 4 | 4 | 优势 |
| 农村居民人均文化娱乐支出占消费性支出比重 | 11 | 10 | 1 | 优势 |

## 6. 宁夏回族自治区发展环境竞争力指标排名变化情况

**表 30-10　2014~2015 年宁夏回族自治区发展环境竞争力指标组排位及变化趋势**

| 指　　标 | 2014 | 2015 | 排位升降 | 优劣势 |
|---|---|---|---|---|
| **6　发展环境竞争力** | 13 | 16 | -3 | 中势 |
| 6.1　基础设施竞争力 | 16 | 16 | 0 | 中势 |
| 铁路网线密度 | 11 | 14 | -3 | 中势 |
| 公路网线密度 | 22 | 22 | 0 | 劣势 |
| 人均内河航道里程 | 22 | 22 | 0 | 劣势 |
| 全社会旅客周转量 | 29 | 29 | 0 | 劣势 |
| 全社会货物周转量 | 29 | 29 | 0 | 劣势 |
| 人均邮电业务总量 | 8 | 8 | 0 | 优势 |
| 电话普及率 | 8 | 13 | -5 | 中势 |
| 互联网上网人数比重 | 20 | 16 | 4 | 中势 |
| 人均耗电量 | 1 | 1 | 0 | 强势 |
| 6.2　软环境竞争力 | 11 | 17 | -6 | 中势 |
| 外资企业数增长率 | 2 | 5 | -3 | 优势 |
| 万人外资企业数 | 25 | 23 | 2 | 劣势 |
| 个体私营企业数增长率 | 4 | 12 | -8 | 中势 |
| 万人个体私营企业数 | 14 | 14 | 0 | 中势 |
| 万人商标注册件数 | 24 | 22 | 2 | 劣势 |
| 查处商标侵权假冒案件 | 4 | 4 | 0 | 优势 |
| 每十万人交通事故发生数 | 29 | 29 | 0 | 劣势 |
| 罚没收入占财政收入比重 | 17 | 17 | 0 | 中势 |
| 社会捐赠款物 | 22 | 22 | 0 | 劣势 |

## 7. 宁夏回族自治区政府作用竞争力指标排名变化情况

**表 30－11　2014～2015 年宁夏回族自治区政府作用竞争力指标组排位及变化趋势**

| 指　　标 | 2014 | 2015 | 排位升降 | 优劣势 |
|---|---|---|---|---|
| **7　政府作用竞争力** | 22 | 23 | －1 | 劣势 |
| 7.1　政府发展经济竞争力 | 26 | 28 | －2 | 劣势 |
| 财政支出用于基本建设投资比重 | 10 | 10 | 0 | 优势 |
| 财政支出对 GDP 增长的拉动 | 27 | 27 | 0 | 劣势 |
| 政府公务员对经济的贡献 | 23 | 23 | 0 | 劣势 |
| 政府消费对民间消费的拉动 | 26 | 27 | －1 | 劣势 |
| 财政投资对社会投资的拉动 | 25 | 25 | 0 | 劣势 |
| 7.2　政府规调经济竞争力 | 21 | 19 | 2 | 中势 |
| 物价调控 | 12 | 8 | 4 | 优势 |
| 调控城乡消费差距 | 17 | 20 | －3 | 中势 |
| 统筹经济社会发展 | 28 | 26 | 2 | 劣势 |
| 规范税收 | 17 | 13 | 4 | 中势 |
| 人口控制 | 21 | 19 | 2 | 中势 |
| 7.3　政府保障经济竞争力 | 9 | 10 | －1 | 优势 |
| 城市城镇社区服务设施数 | 28 | 30 | －2 | 劣势 |
| 医疗保险覆盖率 | 8 | 13 | －5 | 中势 |
| 养老保险覆盖率 | 9 | 9 | 0 | 优势 |
| 失业保险覆盖率 | 7 | 7 | 0 | 优势 |
| 下岗职工再就业率 | 5 | 6 | －1 | 优势 |
| 城镇登记失业率 | 27 | 27 | 0 | 劣势 |

## 8. 宁夏回族自治区发展水平竞争力指标排名变化情况

**表 30－12　2014～2015 年宁夏回族自治区发展水平竞争力指标组排位及变化趋势**

| 指　　标 | 2014 | 2015 | 排位升降 | 优劣势 |
|---|---|---|---|---|
| **8　发展水平竞争力** | 20 | 21 | －1 | 劣势 |
| 8.1　工业化进程竞争力 | 26 | 24 | 2 | 劣势 |
| 工业增加值占 GDP 比重 | 22 | 22 | 0 | 劣势 |
| 工业增加值增长率 | 24 | 12 | 12 | 中势 |
| 高技术产业规模以上企业产值 | 29 | 28 | 1 | 劣势 |
| 高技术产业增加值占工业增加值比重 | 30 | 30 | 0 | 劣势 |
| 高技术产品出口额占商品出口额比重 | 24 | 23 | 1 | 劣势 |
| 信息产业增加值占 GDP 比重 | 3 | 29 | －26 | 劣势 |
| 8.2　城市化进程竞争力 | 11 | 12 | －1 | 中势 |
| 城镇化率 | 17 | 15 | 2 | 中势 |
| 城镇居民人均可支配收入 | 24 | 26 | －2 | 劣势 |
| 城市平均建成区面积比重 | 16 | 25 | －9 | 劣势 |

续表

| 指　　标 | 2014 | 2015 | 排位升降 | 优劣势 |
| --- | --- | --- | --- | --- |
| 人均拥有道路面积 | 3 | 5 | -2 | 优势 |
| 人均日生活用水量 | 19 | 13 | 6 | 中势 |
| 恩格尔系数 | 8 | 4 | 4 | 优势 |
| 人均公共绿地面积 | 2 | 2 | 0 | 强势 |
| 8.3 市场化进程竞争力 | 20 | 20 | 0 | 中势 |
| 非公有制经济产值占全社会总产值的比重 | 23 | 21 | 2 | 劣势 |
| 社会投资占投资总额比重 | 19 | 21 | -2 | 劣势 |
| 私有和个体企业从业人员比重 | 10 | 11 | -1 | 中势 |
| 亿元以上商品市场成交额 | 28 | 28 | 0 | 劣势 |
| 亿元以上商品市场成交额占全社会消费品零售总额比重 | 7 | 7 | 0 | 优势 |
| 居民消费支出占总消费支出比重 | 26 | 27 | -1 | 劣势 |

## 9. 宁夏回族自治区统筹协调竞争力指标排名变化情况

**表 30-13　2014~2015 年宁夏回族自治区统筹协调竞争力指标组排位及变化趋势**

| 指　　标 | 2014 | 2015 | 排位升降 | 优劣势 |
| --- | --- | --- | --- | --- |
| **9　统筹协调竞争力** | 31 | 31 | 0 | 劣势 |
| 9.1 统筹发展竞争力 | 31 | 30 | 1 | 劣势 |
| 社会劳动生产率 | 20 | 20 | 0 | 中势 |
| 社会劳动生产率增速 | 29 | 21 | 8 | 劣势 |
| 万元 GDP 综合能耗 | 31 | 31 | 0 | 劣势 |
| 非农用地产出率 | 26 | 26 | 0 | 劣势 |
| 生产税净额和营业盈余占 GDP 比重 | 27 | 29 | -2 | 劣势 |
| 最终消费率 | 9 | 10 | -1 | 优势 |
| 固定资产投资额占 GDP 比重 | 29 | 28 | 1 | 劣势 |
| 固定资产交付使用率 | 8 | 10 | -2 | 优势 |
| 9.2 协调发展竞争力 | 17 | 23 | -6 | 劣势 |
| 环境竞争力与宏观经济竞争力比差 | 12 | 22 | -10 | 劣势 |
| 资源竞争力与宏观经济竞争力比差 | 13 | 8 | 5 | 优势 |
| 人力资源竞争力与宏观经济竞争力比差 | 26 | 30 | -4 | 劣势 |
| 资源竞争力与工业竞争力比差 | 7 | 6 | 1 | 优势 |
| 环境竞争力与工业竞争力比差 | 21 | 24 | -3 | 劣势 |
| 城乡居民家庭人均收入比差 | 23 | 22 | 1 | 劣势 |
| 城乡居民人均现金消费支出比差 | 17 | 20 | -3 | 中势 |
| 全社会消费品零售总额与外贸出口总额比差 | 21 | 18 | 3 | 中势 |

# B.32
# 31 新疆维吾尔自治区经济综合竞争力评价分析报告

新疆维吾尔自治区简称新，地处中国西北边疆，东部与甘肃、青海相连，南部与西藏相邻，西部和北部分别与巴基斯坦、印度、阿富汗、塔吉克斯坦、吉尔吉斯斯坦、哈萨克斯坦、俄罗斯、蒙古等国接壤，是国境线最长、交界邻国最多的省区。新疆维吾尔自治区总面积166万多平方公里，是全国土地面积最大的省区。2015年常住人口为2360万人，地区生产总值为9325亿元，同比增长8.8%，人均GDP达40036元。本部分通过分析2014~2015年新疆维吾尔自治区经济综合竞争力以及各要素竞争力的排名变化，从中找出新疆维吾尔自治区经济综合竞争力的推动点及影响因素，为进一步提升新疆维吾尔自治区经济综合竞争力提供决策参考。

## 31.1 新疆维吾尔自治区经济综合竞争力总体分析

### 1. 新疆维吾尔自治区经济综合竞争力一级指标概要分析

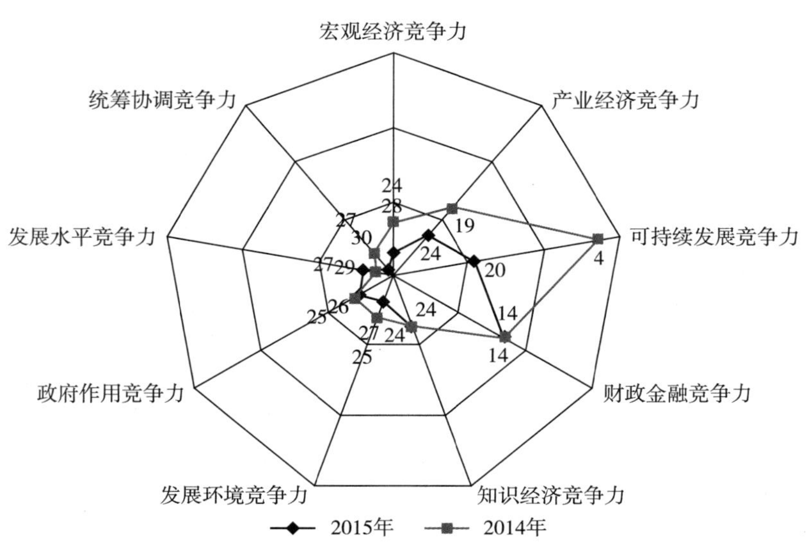


图31-1 2014~2015年新疆维吾尔自治区经济综合竞争力二级指标比较

表 31－1 2014～2015 年新疆维吾尔自治区经济综合竞争力二级指标表现情况

| 项目<br>年份 | 宏观经济竞争力 | 产业经济竞争力 | 可持续发展竞争力 | 财政金融竞争力 | 知识经济竞争力 | 发展环境竞争力 | 政府作用竞争力 | 发展水平竞争力 | 统筹协调竞争力 | 综合排位 |
|---|---|---|---|---|---|---|---|---|---|---|
| 2014 | 24 | 19 | 4 | 14 | 24 | 25 | 25 | 29 | 27 | 26 |
| 2015 | 28 | 24 | 20 | 14 | 24 | 27 | 26 | 27 | 30 | 26 |
| 升降 | －4 | －5 | －16 | 0 | 0 | －2 | －1 | 2 | －3 | 0 |
| 优劣度 | 劣势 | 劣势 | 中势 | 中势 | 劣势 | 劣势 | 劣势 | 劣势 | 劣势 | 劣势 |

（1）从综合排位看，2015 年新疆维吾尔自治区经济综合竞争力排位在全国居第 26 位，在全国处于劣势地位；与 2014 年相比，综合排位保持不变。

（2）从指标所处区位看，没有强势指标，也没有指标处于上游区，只有 2 个指标处于中游区，分别是可持续发展竞争力和财政金融竞争力，其他 7 个指标都处于下游区。

（3）从指标变化趋势看，9 个二级指标中，只有 1 个指标处于上升趋势，为发展水平竞争力，这是新疆维吾尔自治区经济综合竞争力的上升动力所在；有 2 个指标排位没有发生变化，为财政金融竞争力和知识经济竞争力；其他 6 个指标处于下降趋势，是新疆维吾尔自治区经济综合竞争力的下降拉力所在。

**2. 新疆维吾尔自治区经济综合竞争力各级指标动态变化分析**

表 31－2 2014～2015 年新疆维吾尔自治区经济综合竞争力各级指标排位变化情况

| 二级指标 | 三级指标 | 四级指标数 | 上升 | | 保持 | | 下降 | | 变化趋势 |
|---|---|---|---|---|---|---|---|---|---|
| | | | 指标数 | 比重（%） | 指标数 | 比重（%） | 指标数 | 比重（%） | |
| 宏观经济竞争力 | 经济实力竞争力 | 12 | 0 | 0.0 | 3 | 25.0 | 9 | 75.0 | 下降 |
| | 经济结构竞争力 | 6 | 3 | 50.0 | 1 | 16.7 | 2 | 33.3 | 上升 |
| | 经济外向度竞争力 | 9 | 0 | 0.0 | 1 | 11.1 | 8 | 88.9 | 下降 |
| | 小　计 | 27 | 3 | 11.1 | 5 | 18.5 | 19 | 70.4 | 下降 |
| 产业经济竞争力 | 农业竞争力 | 10 | 3 | 30.0 | 3 | 30.0 | 4 | 40.0 | 下降 |
| | 工业竞争力 | 10 | 2 | 20.0 | 1 | 10.0 | 7 | 70.0 | 下降 |
| | 服务业竞争力 | 10 | 3 | 30.0 | 5 | 50.0 | 2 | 20.0 | 下降 |
| | 企业竞争力 | 10 | 5 | 50.0 | 1 | 10.0 | 4 | 40.0 | 保持 |
| | 小　计 | 40 | 13 | 32.5 | 10 | 25 | 17 | 42.5 | 下降 |
| 可持续发展竞争力 | 资源竞争力 | 9 | 1 | 11.1 | 7 | 77.8 | 1 | 11.1 | 下降 |
| | 环境竞争力 | 8 | 2 | 25.0 | 2 | 25.0 | 4 | 50.0 | 下降 |
| | 人力资源竞争力 | 8 | 3 | 37.5 | 1 | 12.5 | 4 | 50.0 | 上升 |
| | 小　计 | 25 | 6 | 24.0 | 10 | 40.0 | 9 | 36.0 | 下降 |
| 财政金融竞争力 | 财政竞争力 | 12 | 6 | 50.0 | 1 | 8.3 | 5 | 41.7 | 下降 |
| | 金融竞争力 | 10 | 1 | 10.0 | 5 | 50.0 | 4 | 40.0 | 上升 |
| | 小　计 | 22 | 7 | 31.8 | 6 | 27.3 | 9 | 40.9 | 保持 |
| 知识经济竞争力 | 科技竞争力 | 9 | 1 | 11.1 | 6 | 66.7 | 2 | 22.2 | 保持 |
| | 教育竞争力 | 10 | 4 | 40.0 | 4 | 40.0 | 2 | 20.0 | 保持 |
| | 文化竞争力 | 8 | 3 | 37.5 | 1 | 12.5 | 4 | 50.0 | 上升 |
| | 小　计 | 27 | 8 | 29.6 | 11 | 40.7 | 8 | 29.6 | 保持 |

续表

| 二级指标 | 三级指标 | 四级指标数 | 上升 | | 保持 | | 下降 | | 变化趋势 |
|---|---|---|---|---|---|---|---|---|---|
| | | | 指标数 | 比重(%) | 指标数 | 比重(%) | 指标数 | 比重(%) | |
| 发展环境竞争力 | 基础设施竞争力 | 9 | 0 | 0.0 | 6 | 66.7 | 3 | 33.3 | 上升 |
| | 软环境竞争力 | 9 | 3 | 33.3 | 1 | 11.1 | 5 | 55.6 | 上升 |
| | 小　计 | 18 | 3 | 16.7 | 7 | 38.9 | 8 | 44.4 | 下降 |
| 政府作用竞争力 | 政府发展经济竞争力 | 5 | 0 | 0.0 | 4 | 80.0 | 1 | 20.0 | 上升 |
| | 政府规调经济竞争力 | 5 | 2 | 40.0 | 0 | 0.0 | 3 | 60.0 | 保持 |
| | 政府保障经济竞争力 | 6 | 1 | 16.7 | 1 | 16.7 | 4 | 66.7 | 上升 |
| | 小　计 | 16 | 3 | 18.8 | 5 | 31.3 | 8 | 50.0 | 下降 |
| 发展水平竞争力 | 工业化进程竞争力 | 6 | 1 | 16.7 | 2 | 33.3 | 3 | 50.0 | 下降 |
| | 城市化进程竞争力 | 7 | 4 | 57.1 | 3 | 42.9 | 0 | 0.0 | 上升 |
| | 市场化进程竞争力 | 6 | 4 | 66.7 | 2 | 33.3 | 0 | 0.0 | 上升 |
| | 小　计 | 19 | 9 | 47.4 | 7 | 36.8 | 3 | 15.8 | 上升 |
| 统筹协调竞争力 | 统筹发展竞争力 | 8 | 1 | 12.5 | 2 | 25.0 | 5 | 62.5 | 保持 |
| | 协调发展竞争力 | 8 | 3 | 37.5 | 2 | 25.0 | 3 | 37.5 | 下降 |
| | 小　计 | 16 | 4 | 25.0 | 4 | 25.0 | 8 | 50.0 | 下降 |
| 合　计 | | 210 | 56 | 26.7 | 65 | 31.0 | 89 | 42.4 | 保持 |

从表31－2可以看出，210个四级指标中，上升指标有56个，占指标总数的26.7%；下降指标有89个，占指标总数的42.4%；保持不变的指标有65个，占指标总数的31.0%。总体来说，2015年新疆维吾尔自治区经济综合竞争力排位保持不变。

**3. 新疆维吾尔自治区经济综合竞争力各级指标优劣势结构分析**

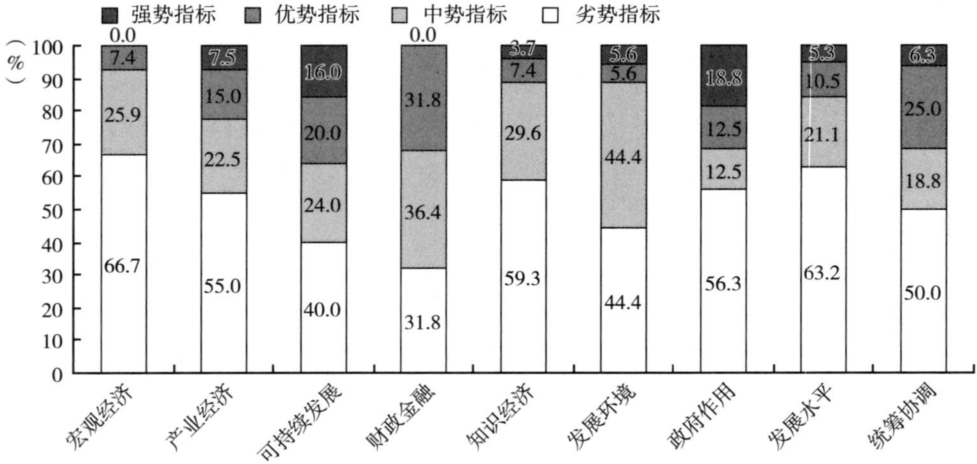


**图31－2　2015年新疆维吾尔自治区经济综合竞争力各级指标优劣势比较**

表 31－3 2015 年新疆维吾尔自治区经济综合竞争力各级指标优劣势情况

| 二级指标 | 三级指标 | 四级指标数 | 强势指标 | | 优势指标 | | 中势指标 | | 劣势指标 | | 优劣势 |
|---|---|---|---|---|---|---|---|---|---|---|---|
| | | | 个数 | 比重（%） | 个数 | 比重（%） | 个数 | 比重（%） | 个数 | 比重（%） | |
| 宏观经济竞争力 | 经济实力竞争力 | 12 | 0 | 0.0 | 1 | 8.3 | 3 | 25.0 | 8 | 66.7 | 劣势 |
| | 经济结构竞争力 | 6 | 0 | 0.0 | 1 | 16.7 | 2 | 33.3 | 3 | 50.0 | 劣势 |
| | 经济外向度竞争力 | 9 | 0 | 0.0 | 0 | 0.0 | 2 | 22.2 | 7 | 77.8 | 劣势 |
| | 小计 | 27 | 0 | 0.0 | 2 | 7.4 | 7 | 25.9 | 18 | 66.7 | 劣势 |
| 产业经济竞争力 | 农业竞争力 | 10 | 2 | 20.0 | 2 | 20.0 | 3 | 30.0 | 3 | 30.0 | 中势 |
| | 工业竞争力 | 10 | 0 | 0.0 | 2 | 20.0 | 0 | 0.0 | 8 | 80.0 | 劣势 |
| | 服务业竞争力 | 10 | 1 | 10.0 | 1 | 10.0 | 3 | 30.0 | 5 | 50.0 | 中势 |
| | 企业竞争力 | 10 | 0 | 0.0 | 1 | 10.0 | 3 | 30.0 | 6 | 60.0 | 劣势 |
| | 小计 | 40 | 3 | 7.5 | 6 | 15.0 | 9 | 22.5 | 22 | 55.0 | 劣势 |
| 可持续发展竞争力 | 资源竞争力 | 9 | 2 | 22.2 | 4 | 44.4 | 2 | 22.2 | 1 | 11.1 | 优势 |
| | 环境竞争力 | 8 | 0 | 0.0 | 1 | 12.5 | 1 | 12.5 | 6 | 75.0 | 劣势 |
| | 人力资源竞争力 | 8 | 2 | 25.0 | 0 | 0.0 | 3 | 37.5 | 3 | 37.5 | 优势 |
| | 小计 | 25 | 4 | 16.0 | 5 | 20.0 | 6 | 24.0 | 10 | 40.0 | 中势 |
| 财政金融竞争力 | 财政竞争力 | 12 | 0 | 0.0 | 6 | 50.0 | 3 | 25.0 | 3 | 25.0 | 中势 |
| | 金融竞争力 | 10 | 0 | 0.0 | 1 | 10.0 | 5 | 50.0 | 4 | 40.0 | 中势 |
| | 小计 | 22 | 0 | 0.0 | 7 | 31.8 | 8 | 36.4 | 7 | 31.8 | 中势 |
| 知识经济竞争力 | 科技竞争力 | 9 | 0 | 0.0 | 0 | 0.0 | 1 | 11.1 | 8 | 88.9 | 劣势 |
| | 教育竞争力 | 10 | 1 | 10.0 | 2 | 20.0 | 4 | 40.0 | 3 | 30.0 | 中势 |
| | 文化竞争力 | 8 | 0 | 0.0 | 0 | 0.0 | 3 | 37.5 | 5 | 62.5 | 劣势 |
| | 小计 | 27 | 1 | 3.7 | 2 | 7.4 | 8 | 29.6 | 16 | 59.3 | 劣势 |
| 发展环境竞争力 | 基础设施竞争力 | 9 | 0 | 0.0 | 1 | 11.1 | 4 | 44.4 | 4 | 44.4 | 劣势 |
| | 软环境竞争力 | 9 | 1 | 11.1 | 0 | 0.0 | 4 | 44.4 | 4 | 44.4 | 中势 |
| | 小计 | 18 | 1 | 5.6 | 1 | 5.6 | 8 | 44.4 | 8 | 44.4 | 劣势 |
| 政府作用竞争力 | 政府发展经济竞争力 | 5 | 1 | 20.0 | 0 | 0.0 | 0 | 0.0 | 4 | 80.0 | 劣势 |
| | 政府规调经济竞争力 | 5 | 1 | 20.0 | 1 | 20.0 | 0 | 0.0 | 3 | 60.0 | 劣势 |
| | 政府保障经济竞争力 | 6 | 1 | 16.7 | 1 | 16.7 | 2 | 33.3 | 2 | 33.3 | 优势 |
| | 小计 | 16 | 3 | 18.8 | 2 | 12.5 | 2 | 12.5 | 9 | 56.3 | 劣势 |
| 发展水平竞争力 | 工业化进程竞争力 | 6 | 0 | 0.0 | 0 | 0.0 | 0 | 0.0 | 6 | 100.0 | 劣势 |
| | 城市化进程竞争力 | 7 | 0 | 0.0 | 2 | 28.6 | 3 | 42.9 | 2 | 28.6 | 劣势 |
| | 市场化进程竞争力 | 6 | 1 | 16.7 | 0 | 0.0 | 1 | 16.7 | 4 | 66.7 | 劣势 |
| | 小计 | 19 | 1 | 5.3 | 2 | 10.5 | 4 | 21.1 | 12 | 63.2 | 劣势 |
| 统筹协调竞争力 | 统筹发展竞争力 | 8 | 0 | 0.0 | 1 | 12.5 | 3 | 37.5 | 4 | 50.0 | 劣势 |
| | 协调发展竞争力 | 8 | 1 | 12.5 | 3 | 37.5 | 0 | 0.0 | 4 | 50.0 | 中势 |
| | 小计 | 16 | 1 | 6.3 | 4 | 25.0 | 3 | 18.8 | 8 | 50.0 | 劣势 |
| 合计 | | 210 | 14 | 6.7 | 31 | 14.8 | 55 | 26.2 | 110 | 52.4 | 劣势 |

基于图 31－2 和表 31－3，具体到四级指标，强势指标 14 个，占指标总数的 6.7%；优势指标 31 个，占指标总数的 14.8%；中势指标 55 个，占指标总数的

26.2%；劣势指标110个，占指标总数的52.4%。三级指标中，没有强势指标；优势指标3个，占三级指标总数的12%；中势指标7个，占三级指标总数的28%；劣势指标15个，占三级指标总数的60%。从二级指标看，没有强势指标；没有优势指标；中势指标有2个，占二级指标总数的22.2%；劣势指标有7个，占二级指标总数的77.8%。综合来看，由于劣势指标在指标体系中居于主导地位，2015年新疆维吾尔自治区经济综合竞争力处于劣势地位。

**4. 新疆维吾尔自治区经济综合竞争力四级指标优劣势对比分析**

**表31-4　2015年新疆维吾尔自治区经济综合竞争力四级指标优劣势情况**

| 二级指标 | 优劣势 | 四　级　指　标 |
|---|---|---|
| 宏观经济竞争力（27个） | 强势指标 | （0个） |
| | 优势指标 | 地区生产总值增长率、资本形成结构优化度（2个） |
| | 劣势指标 | 地区生产总值、财政总收入、财政总收入增长率、人均财政收入、固定资产投资额、全社会消费品零售总额、全社会消费品零售总额增长率、人均全社会消费品零售总额、所有制经济结构优化度、城乡经济结构优化度、贸易结构优化度、进出口总额、进出口增长率、出口增长率、实际FDI、实际FDI增长率、外资企业数、对外直接投资（18个） |
| 产业经济竞争力（40个） | 强势指标 | 农业增加值增长率、财政支农资金比重、服务业增加值增长率（3个） |
| | 优势指标 | 人均农业增加值、人均主要农产品产量、工业资产总额增长率、工业全员劳动生产率、限额以上餐饮企业利税率、规模以上企业平均资产（6个） |
| | 劣势指标 | 农业增加值、农民人均纯收入、农民人均纯收入增长率、工业增加值、工业增加值增长率、人均工业增加值、工业资产总额、工业资产总贡献率、规模以上工业主营业务收入、规模以上工业利润总额、工业成本费用利润率、服务业增加值、服务业从业人员数、限额以上批零企业利税率、旅游外汇收入、房地产经营总收入、规模以上工业企业数、规模以上企业平均利润、新产品销售收入占主营业务收入比重、产品质量抽查合格率、工业企业R&D经费投入强度、中国驰名商标持有量（22个） |
| 可持续发展竞争力（25个） | 强势指标 | 主要能源矿产基础储量、人均主要能源矿产基础储量、常住人口增长率、人口健康素质（4个） |
| | 优势指标 | 人均年水资源量、人均耕地面积、人均牧草地面积、人均森林储积量、人均废水排放量（5个） |
| | 劣势指标 | 人均国土面积、森林覆盖率、人均工业废气排放量、人均工业固体废物排放量、一般工业固体废物综合利用率、生活垃圾无害化处理率、自然灾害直接经济损失、15~64岁人口比例、人力资源利用率、职业学校毕业生数（10个） |
| 财政金融竞争力（22个） | 强势指标 | （0个） |
| | 优势指标 | 地方财政收入占GDP比重、地方财政支出占GDP比重、税收收入占GDP比重、税收收入占财政总收入比重、人均地方财政支出、地方财政收入增长率、保险深度（7个） |
| | 劣势指标 | 地方财政收入、地方财政支出、税收收入增长率、存款余额、贷款余额、货币市场融资额、保险费净收入（7个） |
| 知识经济竞争力（27个） | 强势指标 | 万人中小学专任教师数（1个） |
| | 优势指标 | 教育经费占GDP比重、人均教育经费（2个） |
| | 劣势指标 | R&D人员、R&D经费、R&D经费投入强度、发明专利授权量、技术市场成交合同金额、高技术产业增加值、高技术产业增加值占工业增加值比重、高技术产品出口额占商品出口额比重、高等学校数、高校专任教师数、万人高等学校在校学生数、文化服务业企业营业收入、报纸出版数、出版印刷工业销售产值、农村居民人均文化娱乐支出、农村居民人均文化娱乐支出占消费性支出比重（16个） |

续表

| 二级指标 | 优劣势 | 四级指标 |
| --- | --- | --- |
| 发展环境竞争力（18个） | 强势指标 | 个体私营企业数增长率（1个） |
| | 优势指标 | 人均耗电量（1个） |
| | 劣势指标 | 铁路网线密度、公路网线密度、人均内河航道里程、全社会货物周转量、万人外资企业数、万人个体私营企业数、每十万人交通事故发生数、社会捐赠款物（8个） |
| 政府作用竞争力（16个） | 强势指标 | 财政支出用于基本建设投资比重、物价调控、下岗职工再就业率（3个） |
| | 优势指标 | 规范税收、城镇登记失业率（2个） |
| | 劣势指标 | 财政支出对GDP增长的拉动、政府公务员对经济的贡献、政府消费对民间消费的拉动、财政投资对社会投资的拉动、调控城乡消费差距、统筹经济社会发展、人口控制、城市城镇社区服务设施数、养老保险覆盖率（9个） |
| 发展水平竞争力（19个） | 强势指标 | 亿元以上商品市场成交额占全社会消费品零售总额比重（1个） |
| | 优势指标 | 城市平均建成区面积比重、人均拥有道路面积（2个） |
| | 劣势指标 | 工业增加值占GDP比重、工业增加值增长率、高技术产业规模以上企业产值、高技术产业增加值占工业增加值比重、高技术产品出口额占商品出口额比重、信息产业增加值占GDP比重、城镇化率、人均公共绿地面积、非公有制经济产值占全社会总产值的比重、社会投资占投资总额比重、私有和个体企业从业人员比重、居民消费支出占总消费支出比重（12个） |
| 统筹协调竞争力（16个） | 强势指标 | 资源竞争力与宏观经济竞争力比差（1个） |
| | 优势指标 | 最终消费率、环境竞争力与宏观经济竞争力比差、资源竞争力与工业竞争力比差、环境竞争力与工业竞争力比差（4个） |
| | 劣势指标 | 万元GDP综合能耗、非农用地产出率、生产税净额和营业盈余占GDP比重、固定资产投资额占GDP比重、人力资源竞争力与宏观经济竞争力比差、城乡居民家庭人均收入比差、城乡居民人均现金消费支出比差、全社会消费品零售总额与外贸出口总额比差（8个） |

## 31.2 新疆维吾尔自治区经济综合竞争力各级指标具体分析

### 1. 新疆维吾尔自治区宏观经济竞争力指标排名变化情况

**表31－5 2014～2015年新疆维吾尔自治区宏观经济竞争力指标组排位及变化趋势**

| 指　　标 | 2014 | 2015 | 排位升降 | 优劣势 |
| --- | --- | --- | --- | --- |
| **1 宏观经济竞争力** | 24 | 28 | -4 | 劣势 |
| 1.1 经济实力竞争力 | 21 | 27 | -6 | 劣势 |
| 地区生产总值 | 25 | 26 | -1 | 劣势 |
| 地区生产总值增长率 | 4 | 8 | -4 | 优势 |
| 人均地区生产总值 | 16 | 20 | -4 | 中势 |
| 财政总收入 | 23 | 26 | -3 | 劣势 |
| 财政总收入增长率 | 8 | 29 | -21 | 劣势 |
| 人均财政收入 | 11 | 24 | -13 | 劣势 |

续表

| 指　　标 | 2014 | 2015 | 排位升降 | 优劣势 |
|---|---|---|---|---|
| 固定资产投资额 | 23 | 23 | 0 | 劣势 |
| 固定资产投资额增长率 | 3 | 12 | -9 | 中势 |
| 人均固定资产投资额 | 12 | 12 | 0 | 中势 |
| 全社会消费品零售总额 | 27 | 27 | 0 | 劣势 |
| 全社会消费品零售总额增长率 | 14 | 30 | -16 | 劣势 |
| 人均全社会消费品零售总额 | 28 | 29 | -1 | 劣势 |
| 1.2　经济结构竞争力 | 27 | 26 | 1 | 劣势 |
| 产业结构优化度 | 20 | 17 | 3 | 中势 |
| 所有制经济结构优化度 | 30 | 26 | 4 | 劣势 |
| 城乡经济结构优化度 | 23 | 26 | -3 | 劣势 |
| 就业结构优化度 | 20 | 18 | 2 | 中势 |
| 资本形成结构优化度 | 2 | 4 | -2 | 优势 |
| 贸易结构优化度 | 29 | 29 | 0 | 劣势 |
| 1.3　经济外向度竞争力 | 24 | 29 | -5 | 劣势 |
| 进出口总额 | 21 | 22 | -1 | 劣势 |
| 进出口增长率 | 25 | 28 | -3 | 劣势 |
| 出口总额 | 18 | 19 | -1 | 中势 |
| 出口增长率 | 24 | 27 | -3 | 劣势 |
| 实际 FDI | 27 | 28 | -1 | 劣势 |
| 实际 FDI 增长率 | 6 | 21 | -15 | 劣势 |
| 外贸依存度 | 12 | 15 | -3 | 中势 |
| 外资企业数 | 28 | 28 | 0 | 劣势 |
| 对外直接投资 | 20 | 23 | -3 | 劣势 |

## 2. 新疆维吾尔自治区产业经济竞争力指标排名变化情况

**表 31-6　2014~2015 年新疆维吾尔自治区产业经济竞争力指标组排位及变化趋势**

| 指　　标 | 2014 | 2015 | 排位升降 | 优劣势 |
|---|---|---|---|---|
| **2　产业经济竞争力** | 19 | 24 | -5 | 劣势 |
| 2.1　农业竞争力 | 9 | 14 | -5 | 中势 |
| 农业增加值 | 19 | 21 | -2 | 劣势 |
| 农业增加值增长率 | 3 | 2 | 1 | 强势 |
| 人均农业增加值 | 7 | 9 | -2 | 优势 |
| 农民人均纯收入 | 23 | 24 | -1 | 劣势 |
| 农民人均纯收入增长率 | 16 | 26 | -10 | 劣势 |
| 农产品出口占农林牧渔总产值比重 | 16 | 15 | 1 | 中势 |
| 人均主要农产品产量 | 4 | 4 | 0 | 优势 |

续表

| 指　　标 | 2014 | 2015 | 排位升降 | 优劣势 |
| --- | --- | --- | --- | --- |
| 农业机械化水平 | 21 | 20 | 1 | 中势 |
| 农村人均用电量 | 11 | 11 | 0 | 中势 |
| 财政支农资金比重 | 3 | 3 | 0 | 强势 |
| 2.2　工业竞争力 | 21 | 24 | -3 | 劣势 |
| 工业增加值 | 25 | 26 | -1 | 劣势 |
| 工业增加值增长率 | 14 | 26 | -12 | 劣势 |
| 人均工业增加值 | 24 | 25 | -1 | 劣势 |
| 工业资产总额 | 20 | 21 | -1 | 劣势 |
| 工业资产总额增长率 | 9 | 8 | 1 | 优势 |
| 工业资产总贡献率 | 24 | 24 | 0 | 劣势 |
| 规模以上工业主营业务收入 | 25 | 27 | -2 | 劣势 |
| 规模以上工业利润总额 | 23 | 25 | -2 | 劣势 |
| 工业全员劳动生产率 | 11 | 8 | 3 | 优势 |
| 工业成本费用利润率 | 3 | 25 | -22 | 劣势 |
| 2.3　服务业竞争力 | 16 | 18 | -2 | 中势 |
| 服务业增加值 | 26 | 26 | 0 | 劣势 |
| 服务业增加值增长率 | 4 | 2 | 2 | 强势 |
| 人均服务业增加值 | 19 | 20 | -1 | 中势 |
| 服务业从业人员数 | 26 | 26 | 0 | 劣势 |
| 服务业从业人员数增长率 | 4 | 12 | -8 | 中势 |
| 限额以上批发零售企业主营业务收入 | 20 | 20 | 0 | 中势 |
| 限额以上批零企业利税率 | 31 | 30 | 1 | 劣势 |
| 限额以上餐饮企业利税率 | 5 | 5 | 0 | 优势 |
| 旅游外汇收入 | 24 | 22 | 2 | 劣势 |
| 房地产经营总收入 | 25 | 25 | 0 | 劣势 |
| 2.4　企业竞争力 | 24 | 24 | 0 | 劣势 |
| 规模以上工业企业数 | 26 | 26 | 0 | 劣势 |
| 规模以上企业平均资产 | 5 | 6 | -1 | 优势 |
| 规模以上企业平均收入 | 10 | 17 | -7 | 中势 |
| 规模以上企业平均利润 | 22 | 21 | 1 | 劣势 |
| 规模以上企业劳动效率 | 5 | 15 | -10 | 中势 |
| 城镇就业人员平均工资 | 5 | 11 | -6 | 中势 |
| 新产品销售收入占主营业务收入比重 | 25 | 23 | 2 | 劣势 |
| 产品质量抽查合格率 | 27 | 21 | 6 | 劣势 |
| 工业企业 R&D 经费投入强度 | 29 | 27 | 2 | 劣势 |
| 中国驰名商标持有量 | 27 | 25 | 2 | 劣势 |

### 3. 新疆维吾尔自治区可持续发展竞争力指标排名变化情况

**表 31－7　2014～2015 年新疆维吾尔自治区可持续发展竞争力指标组排位及变化趋势**

| 指　　标 | 2014 | 2015 | 排位升降 | 优劣势 |
|---|---|---|---|---|
| **3　可持续发展竞争力** | 4 | 20 | －16 | 中势 |
| 3.1　资源竞争力 | 3 | 5 | －2 | 优势 |
| 人均国土面积 | 1 | 29 | －28 | 劣势 |
| 人均可使用海域和滩涂面积 | 13 | 13 | 0 | 中势 |
| 人均年水资源量 | 9 | 5 | 4 | 优势 |
| 耕地面积 | 12 | 12 | 0 | 中势 |
| 人均耕地面积 | 4 | 4 | 0 | 优势 |
| 人均牧草地面积 | 4 | 4 | 0 | 优势 |
| 主要能源矿产基础储量 | 3 | 3 | 0 | 强势 |
| 人均主要能源矿产基础储量 | 3 | 3 | 0 | 强势 |
| 人均森林储积量 | 8 | 8 | 0 | 优势 |
| 3.2　环境竞争力 | 28 | 30 | －2 | 劣势 |
| 森林覆盖率 | 31 | 31 | 0 | 劣势 |
| 人均废水排放量 | 14 | 10 | 4 | 优势 |
| 人均工业废气排放量 | 29 | 28 | 1 | 劣势 |
| 人均工业固体废物排放量 | 25 | 25 | 0 | 劣势 |
| 人均治理工业污染投资额 | 8 | 13 | －5 | 中势 |
| 一般工业固体废物综合利用率 | 19 | 21 | －2 | 劣势 |
| 生活垃圾无害化处理率 | 26 | 27 | －1 | 劣势 |
| 自然灾害直接经济损失 | 11 | 28 | －17 | 劣势 |
| 3.3　人力资源竞争力 | 8 | 6 | 2 | 优势 |
| 常住人口增长率 | 4 | 1 | 3 | 强势 |
| 15～64 岁人口比例 | 22 | 24 | －2 | 劣势 |
| 文盲率 | 10 | 11 | －1 | 中势 |
| 大专以上教育程度人口比例 | 7 | 11 | －4 | 中势 |
| 平均受教育程度 | 10 | 15 | －5 | 中势 |
| 人口健康素质 | 4 | 2 | 2 | 强势 |
| 人力资源利用率 | 26 | 26 | 0 | 劣势 |
| 职业学校毕业生数 | 24 | 23 | 1 | 劣势 |

### 4. 新疆维吾尔自治区财政金融竞争力指标排名变化情况

**表 31－8　2014～2015 年新疆维吾尔自治区财政金融竞争力指标组排位及变化趋势**

| 指　　标 | 2014 | 2015 | 排位升降 | 优劣势 |
|---|---|---|---|---|
| **4　财政金融竞争力** | 14 | 14 | 0 | 中势 |
| 4.1　财政竞争力 | 11 | 12 | －1 | 中势 |
| 地方财政收入 | 25 | 24 | 1 | 劣势 |
| 地方财政支出 | 21 | 22 | －1 | 劣势 |
| 地方财政收入占 GDP 比重 | 7 | 6 | 1 | 优势 |
| 地方财政支出占 GDP 比重 | 6 | 4 | 2 | 优势 |

续表

| 指　　标 | 2014 | 2015 | 排位升降 | 优劣势 |
|---|---|---|---|---|
| 税收收入占 GDP 比重 | 8 | 9 | -1 | 优势 |
| 税收收入占财政总收入比重 | 23 | 5 | 18 | 优势 |
| 人均地方财政收入 | 12 | 11 | 1 | 中势 |
| 人均地方财政支出 | 8 | 8 | 0 | 优势 |
| 人均税收收入 | 13 | 14 | -1 | 中势 |
| 地方财政收入增长率 | 2 | 10 | -8 | 优势 |
| 地方财政支出增长率 | 13 | 12 | 1 | 中势 |
| 税收收入增长率 | 16 | 24 | -8 | 劣势 |
| 4.2　金融竞争力 | 21 | 19 | 2 | 中势 |
| 存款余额 | 26 | 26 | 0 | 劣势 |
| 人均存款余额 | 17 | 19 | -2 | 中势 |
| 贷款余额 | 26 | 26 | 0 | 劣势 |
| 人均贷款余额 | 15 | 17 | -2 | 中势 |
| 货币市场融资额 | 30 | 30 | 0 | 劣势 |
| 中长期贷款占贷款余额比重 | 21 | 19 | 2 | 中势 |
| 保险费净收入 | 25 | 25 | 0 | 劣势 |
| 保险密度 | 9 | 14 | -5 | 中势 |
| 保险深度 | 5 | 5 | 0 | 优势 |
| 人均证券市场筹资额 | 14 | 15 | -1 | 中势 |

## 5. 新疆维吾尔自治区知识经济竞争力指标排名变化情况

**表 31－9　2014～2015 年新疆维吾尔自治区知识经济竞争力指标组排位及变化趋势**

| 指　　标 | 2014 | 2015 | 排位升降 | 优劣势 |
|---|---|---|---|---|
| **5　知识经济竞争力** | 24 | 24 | 0 | 劣势 |
| 5.1　科技竞争力 | 30 | 30 | 0 | 劣势 |
| R&D 人员 | 27 | 27 | 0 | 劣势 |
| R&D 经费 | 27 | 27 | 0 | 劣势 |
| R&D 经费投入强度 | 29 | 28 | 1 | 劣势 |
| 发明专利授权量 | 26 | 26 | 0 | 劣势 |
| 技术市场成交合同金额 | 29 | 29 | 0 | 劣势 |
| 财政科技支出占地方财政支出比重 | 15 | 18 | -3 | 中势 |
| 高技术产业增加值 | 29 | 30 | -1 | 劣势 |
| 高技术产业增加值占工业增加值比重 | 31 | 31 | 0 | 劣势 |
| 高技术产品出口额占商品出口额比重 | 31 | 31 | 0 | 劣势 |
| 5.2　教育竞争力 | 11 | 11 | 0 | 中势 |
| 教育经费 | 20 | 19 | 1 | 中势 |
| 教育经费占 GDP 比重 | 4 | 4 | 0 | 优势 |
| 人均教育经费 | 6 | 6 | 0 | 优势 |
| 公共教育经费占财政支出比重 | 13 | 12 | 1 | 中势 |

续表

| 指　　标 | 2014 | 2015 | 排位升降 | 优劣势 |
|---|---|---|---|---|
| 人均文化教育支出占个人消费支出比重 | 23 | 18 | 5 | 中势 |
| 万人中小学学校数 | 15 | 14 | 1 | 中势 |
| 万人中小学专任教师数 | 1 | 1 | 0 | 强势 |
| 高等学校数 | 26 | 27 | -1 | 劣势 |
| 高校专任教师数 | 27 | 27 | 0 | 劣势 |
| 万人高等学校在校学生数 | 27 | 30 | -3 | 劣势 |
| 5.3　文化竞争力 | 30 | 29 | 1 | 劣势 |
| 文化服务业企业营业收入 | 21 | 22 | -1 | 劣势 |
| 图书和期刊出版数 | 24 | 16 | 8 | 中势 |
| 报纸出版数 | 24 | 24 | 0 | 劣势 |
| 出版印刷工业销售产值 | 28 | 30 | -2 | 劣势 |
| 城镇居民人均文化娱乐支出 | 21 | 17 | 4 | 中势 |
| 农村居民人均文化娱乐支出 | 29 | 30 | -1 | 劣势 |
| 城镇居民人均文化娱乐支出占消费性支出比重 | 23 | 18 | 5 | 中势 |
| 农村居民人均文化娱乐支出占消费性支出比重 | 25 | 27 | -2 | 劣势 |

## 6. 新疆维吾尔自治区发展环境竞争力指标排名变化情况

**表 31-10　2014~2015 年新疆维吾尔自治区发展环境竞争力指标组排位及变化趋势**

| 指　　标 | 2014 | 2015 | 排位升降 | 优劣势 |
|---|---|---|---|---|
| **6　发展环境竞争力** | 25 | 27 | -2 | 劣势 |
| 6.1　基础设施竞争力 | 27 | 26 | 1 | 劣势 |
| 铁路网线密度 | 29 | 29 | 0 | 劣势 |
| 公路网线密度 | 29 | 29 | 0 | 劣势 |
| 人均内河航道里程 | 28 | 28 | 0 | 劣势 |
| 全社会旅客周转量 | 19 | 20 | -1 | 中势 |
| 全社会货物周转量 | 22 | 22 | 0 | 劣势 |
| 人均邮电业务总量 | 10 | 15 | -5 | 中势 |
| 电话普及率 | 14 | 15 | -1 | 中势 |
| 互联网上网人数比重 | 11 | 11 | 0 | 中势 |
| 人均耗电量 | 4 | 4 | 0 | 优势 |
| 6.2　软环境竞争力 | 22 | 19 | 3 | 中势 |
| 外资企业数增长率 | 19 | 15 | 4 | 中势 |
| 万人外资企业数 | 30 | 30 | 0 | 劣势 |
| 个体私营企业数增长率 | 9 | 3 | 6 | 强势 |
| 万人个体私营企业数 | 27 | 26 | 1 | 劣势 |
| 万人商标注册件数 | 14 | 16 | -2 | 中势 |
| 查处商标侵权假冒案件 | 12 | 17 | -5 | 中势 |
| 每十万人交通事故发生数 | 24 | 25 | -1 | 劣势 |
| 罚没收入占财政收入比重 | 10 | 12 | -2 | 中势 |
| 社会捐赠款物 | 27 | 28 | -1 | 劣势 |

## 7. 新疆维吾尔自治区政府作用竞争力指标排名变化情况

**表 31－11 2014～2015 年新疆维吾尔自治区政府作用竞争力指标组排位及变化趋势**

| 指　　标 | 2014 | 2015 | 排位升降 | 优劣势 |
|---|---|---|---|---|
| **7　政府作用竞争力** | 25 | 26 | －1 | 劣势 |
| 7.1　政府发展经济竞争力 | 30 | 29 | 1 | 劣势 |
| 财政支出用于基本建设投资比重 | 2 | 2 | 0 | 强势 |
| 财政支出对 GDP 增长的拉动 | 26 | 28 | －2 | 劣势 |
| 政府公务员对经济的贡献 | 29 | 29 | 0 | 劣势 |
| 政府消费对民间消费的拉动 | 30 | 30 | 0 | 劣势 |
| 财政投资对社会投资的拉动 | 29 | 29 | 0 | 劣势 |
| 7.2　政府规调经济竞争力 | 24 | 24 | 0 | 劣势 |
| 物价调控 | 21 | 1 | 20 | 强势 |
| 调控城乡消费差距 | 24 | 27 | －3 | 劣势 |
| 统筹经济社会发展 | 16 | 22 | －6 | 劣势 |
| 规范税收 | 7 | 10 | －3 | 优势 |
| 人口控制 | 31 | 30 | 1 | 劣势 |
| 7.3　政府保障经济竞争力 | 10 | 9 | 1 | 优势 |
| 城市城镇社区服务设施数 | 21 | 25 | －4 | 劣势 |
| 医疗保险覆盖率 | 11 | 12 | －1 | 中势 |
| 养老保险覆盖率 | 23 | 24 | －1 | 劣势 |
| 失业保险覆盖率 | 11 | 13 | －2 | 中势 |
| 下岗职工再就业率 | 1 | 1 | 0 | 强势 |
| 城镇登记失业率 | 12 | 7 | 5 | 优势 |

## 8. 新疆维吾尔自治区发展水平竞争力指标排名变化情况

**表 31－12 2014～2015 年新疆维吾尔自治区发展水平竞争力指标组排位及变化趋势**

| 指　　标 | 2014 | 2015 | 排位升降 | 优劣势 |
|---|---|---|---|---|
| **8　发展水平竞争力** | 29 | 27 | 2 | 劣势 |
| 8.1　工业化进程竞争力 | 28 | 30 | －2 | 劣势 |
| 工业增加值占 GDP 比重 | 23 | 24 | －1 | 劣势 |
| 工业增加值增长率 | 5 | 28 | －23 | 劣势 |
| 高技术产业规模以上企业产值 | 30 | 30 | 0 | 劣势 |
| 高技术产业增加值占工业增加值比重 | 31 | 31 | 0 | 劣势 |
| 高技术产品出口额占商品出口额比重 | 31 | 30 | 1 | 劣势 |
| 信息产业增加值占 GDP 比重 | 24 | 30 | －6 | 劣势 |
| 8.2　城市化进程竞争力 | 25 | 22 | 3 | 劣势 |
| 城镇化率 | 25 | 25 | 0 | 劣势 |
| 城镇居民人均可支配收入 | 26 | 20 | 6 | 中势 |
| 城市平均建成区面积比重 | 29 | 6 | 23 | 优势 |

续表

| 指　　标 | 2014 | 2015 | 排位升降 | 优劣势 |
|---|---|---|---|---|
| 人均拥有道路面积 | 12 | 9 | 3 | 优势 |
| 人均日生活用水量 | 15 | 15 | 0 | 中势 |
| 恩格尔系数 | 19 | 19 | 0 | 中势 |
| 人均公共绿地面积 | 27 | 24 | 3 | 劣势 |
| 8.3　市场化进程竞争力 | 29 | 25 | 4 | 劣势 |
| 非公有制经济产值占全社会总产值的比重 | 30 | 26 | 4 | 劣势 |
| 社会投资占投资总额比重 | 27 | 27 | 0 | 劣势 |
| 私有和个体企业从业人员比重 | 30 | 21 | 9 | 劣势 |
| 亿元以上商品市场成交额 | 18 | 16 | 2 | 中势 |
| 亿元以上商品市场成交额占全社会消费品零售总额比重 | 4 | 3 | 1 | 强势 |
| 居民消费支出占总消费支出比重 | 30 | 30 | 0 | 劣势 |

## 9. 新疆维吾尔自治区统筹协调竞争力指标排名变化情况

**表 31－13　2014～2015 年新疆维吾尔自治区统筹协调竞争力指标组排位及变化趋势**

| 指　　标 | 2014 | 2015 | 排位升降 | 优劣势 |
|---|---|---|---|---|
| **9　统筹协调竞争力** | 27 | 30 | －3 | 劣势 |
| 9.1　统筹发展竞争力 | 29 | 29 | 0 | 劣势 |
| 社会劳动生产率 | 11 | 17 | －6 | 中势 |
| 社会劳动生产率增速 | 8 | 20 | －12 | 中势 |
| 万元 GDP 综合能耗 | 29 | 29 | 0 | 劣势 |
| 非农用地产出率 | 30 | 30 | 0 | 劣势 |
| 生产税净额和营业盈余占 GDP 比重 | 28 | 30 | －2 | 劣势 |
| 最终消费率 | 8 | 7 | 1 | 优势 |
| 固定资产投资额占 GDP 比重 | 26 | 27 | －1 | 劣势 |
| 固定资产交付使用率 | 19 | 20 | －1 | 中势 |
| 9.2　协调发展竞争力 | 14 | 20 | －6 | 中势 |
| 环境竞争力与宏观经济竞争力比差 | 13 | 10 | 3 | 优势 |
| 资源竞争力与宏观经济竞争力比差 | 5 | 3 | 2 | 强势 |
| 人力资源竞争力与宏观经济竞争力比差 | 30 | 31 | －1 | 劣势 |
| 资源竞争力与工业竞争力比差 | 4 | 4 | 0 | 优势 |
| 环境竞争力与工业竞争力比差 | 12 | 9 | 3 | 优势 |
| 城乡居民家庭人均收入比差 | 21 | 23 | －2 | 劣势 |
| 城乡居民人均现金消费支出比差 | 24 | 27 | －3 | 劣势 |
| 全社会消费品零售总额与外贸出口总额比差 | 24 | 24 | 0 | 劣势 |

# Ⅲ 专题分析报告

Special Reports

# B.33 专题一 供给侧结构性改革与中国区域经济发展格局重塑研究

加快供给侧结构性改革是适应和引领经济发展新常态的重大战略抉择。供给侧结构性改革和区域经济发展格局重塑具有内在的关联性和统一性。当前，利用供给侧结构性改革这一重大战略契机，加快重塑区域经济发展格局，具有重大而深远的意义。本文首先分析了供给侧结构性改革对重塑中国区域经济发展格局的重要意义，并总结了供给侧结构性改革背景下重塑中国区域经济发展格局的积极进展，在此基础上探讨了供给侧结构性改革背景下重塑中国区域经济发展格局的着力点，最后提出了以供给侧结构性改革重塑中国区域经济发展格局的具体对策思路。

## 一 供给侧结构性改革对重塑中国区域经济发展格局的重要意义

推动供给侧结构性改革与重塑区域经济发展格局是有机统一、密切联系的系统工程。在中国进入经济新常态的环境下，大力推进供给侧结构性改革能够为区域经济增长注入新的活力，并将进一步推动区域经济结构转型升级，促进区域经济协同发展目标的实现。

### （一）供给侧结构性改革能够为区域经济增长注入新的活力

改革开放以来，中国依靠低廉劳动力成本的出口以及巨大的基础设施投资，利用消费、投资、出口等需求侧因素，有效拉动了中国经济高速增长，使中国一跃成为世界上第二大经济体。2008 年金融危机爆发后，政府通过 4 万亿刺激政策，在短期内达到了保持经济持续稳定增长的目的，但同时也产生了一系列过剩的产能以及高杠杆的债务问题，前期的刺激政策进入了消化阶段。中国经济增速进入了换挡时期，这种经济的下行并非周期性的，而是结构性的。在此新常态下，以需求管理来刺激经济增长的模式已经遇到了瓶颈，传统的需求拉动经济增长模式已行不通了，供给侧结构性改革应运而生。供给侧主要有两大组成部分：第一是生产要素的投入，如资本、劳动力等；第二就是全要素生产率。供给侧改革，就是要从生产要素和全要素生产率两方面入手，为经济注入新的增长活力。首先，供给侧的改革，就是促进资本、劳动力等资源流动到最有生产力和创新力的部门，成为新的经济增长点。同时通过提高劳动力的素质、受教育程度等，从供给侧为经济的持续稳定增长提供保障。其次，如何提高全要素生产率对于推进供给侧结构性改革也至关重要。提高全要素生产率离不开创新，科技创新、制度创新等都在经济发展过程中发挥重要作用，创新已成为发展的第一动力。在新常态下，通过供给侧结构性改革必然将区域经济发展动力从传统的投资和要素驱动转换为以科技创新为驱动力。与此同时，我们并非放弃需求管理，而是供给侧与需求侧改革同步进行。具体来说，创新能够创造出新的消费需求，从而进一步扩大消费需求，并带来投资需求增加，从供给和需求两头发力，使其都成为区域经济发展的强劲动力。因此，推动供给侧结构性改革，有利于促进区域经济动力转换，保持区域经济持续稳定增长。

### （二）供给侧结构性改革有利于推动区域经济转型升级

中国经济已经进入后工业化时代，过去几年第三产业对 GDP 的贡献已经超过了第二产业。即便如此，我国的工业特别是制造业仍处在中低端，尤其是成套设备等基本还是依赖国外的进口。而第三产业也大多集中在劳动力密集型的服务业，生产性服务业依然匮乏。从现有的粗放型经济向集约型经济转变，从劳动密集型产业向资本技术密集型转变，都离不开技术创新。对供给侧的全要素生产率进行改革，就是利用技术创新，增加区域组织创新能力的供给，推进区域经济向高端化、智能化产业方向转型升级，切实改善区域发展的产业层面供给。

现阶段中国供给侧结构性改革主要是完成去产能、去库存、去杠杆、降成本、补短板等五个重大任务，而这五大任务的完成对促进区域经济转型升级起着不可或缺的作用。首先是去产能，就是去实体经济中过剩的产能，这些产能过剩的企业大多是区域的支柱产业，当地政府出于稳定就业、信贷和社会的考量，不愿意主动淘汰落后或过剩产能企业，因而阻碍产业结构的转型与升级。其次是去库存，去房地产业中的高库存。再次是去杠杆，去地方政府和企业的高负债率。再次是降成本，降实体经济企业的制度性交易、税费、财务等成本。最后是补短板，补扶贫、农业、生态、公共服务业的短板。这些都是区域产业转型升级的主要内容。在供给侧结构性改革的背景下，通过兼并重组各个区域内过剩产能行业的企业，不仅能够化解过剩产能，同时能够降低生产成本，实现规模效益，达到总体经营状况的好转，为企业乃至整个区域经济转型升级奠定坚实基础。

产能过剩也从另一侧面反映了地方政府与市场关系的错位，地方政府出于就业、信贷和社会稳定等方面考虑，大力扶持这一类型的企业，不但没有能够扭转经济形势、促进产业结构调整升级，反而导致了大量“僵尸企业”的出现。因此，在现阶段提出供给侧结构性改革，就是要更好地处理地方政府与市场的关系。在提升产业结构方面，供给侧改革实际上就是要强调按照客观经济规律办事，在现阶段就是要通过完善市场制度和市场秩序，真正让市场经济在配置资源中充分发挥决定性作用，实现各个产业的均衡发展①。

### （三）供给侧结构性改革有利于促进区域经济协同发展

改革开放30多年来，中国经济发展已有了翻天覆地的变化，中国已经成为全世界第二大经济体。但是，伴随着经济社会的快速发展，我国区域分化问题依然存在。从区域发展总体情况来看，东部、东北、中部、西部四大板块的发展特点各不相同。东北老工业基地经济下滑严重，企业大规模亏损；东部地区的长三角、珠三角面临劳动力成本上升、市场需求萎缩等压力；中西部地区作为产业转移承接地也面临很多问题。区域经济发展的不平衡、不协调问题更加突出，如果得不到有效解决，一系列的社会矛盾将会凸显，不利于我国经济健康发展。这种区域发展的不平衡，从供给侧来看，就是生产要素、资本、劳动力不断流向大城市，而不发达地区的资源要素进一步恶化，资源配置效率低，经济增长能力减弱。因此，中央提出的供给侧改革的思路，就是要在现阶段，通过供给侧的改革来推动实现各地区均衡协同发展的目标。

供给侧结构性改革有利于政府引导各种资本和生产要素流向需要的地区，特别是一些欠发达地区，以此来达到区域协同发展的目标。十八大以来，党中央提出了“三个支撑带”战略：“一带一路”、京津冀协同发展、长江经济带发展战略。这三大区域发展战略的目标最终都是希望实现区域经济的一体化，而通过供给侧结构性改革，能够合理引导要素分配，达到区域经济协同发展的战略目标，促进区域经济一体化。因此，东北老工业基地要抓住供给侧结构性改革的契机，加快国有企业改革，改变产业结构的单一性，从供给侧入手，加快创新推动经济发展，从而推动东北区域经济格局更新与升级，打破东北经济现有困境。而西部地区要结合供给侧结构性改革，更加高效地投入基础设施建设，实施“一带一路”发展战略，打开向西开放的重要通道，成为互联互通的重要枢纽。此外，通过供给侧改革还能够引导社会财富分配与再分配，进一步促进区域经济的协同与均衡。国民收入的分配与再分配，其开端在供给侧。在推进供给侧结构性改革“降成本”任务的同时，通过适当提高劳动要素的报酬，增加居民收入，最终达到促进消费、推动区域经济持续增长的目的。

---

① 刘伟、蔡志洲：《经济增长新常态与供给侧结构性改革》，《求是学刊》2016年第1期。

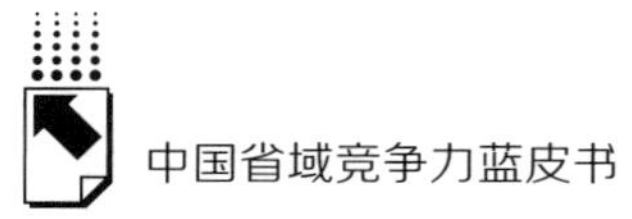


## 二　供给侧结构性改革背景下重塑中国区域经济发展格局的积极进展

自2015年底“供给侧结构性改革”概念被提出以来，为适应供给侧结构性改革的要求，我国积极加快区域经济发展格局重塑，各区域在推动经济发展过程中都牢固树立和贯彻落实创新、协调、绿色、开放、共享的新发展理念，着力加强供给侧结构性改革，优化区域发展格局，促进区域协调发展，加快形成区域发展新格局，取得了积极的进展。

### （一）“四大板块”协调发展取得新成效

“四大板块”协调发展是符合供给侧结构性改革要求的区域发展战略。以“四大板块”为区域发展格局的区域发展总体战略是在“十一五”规划当中明确提出的，随着区域发展总体战略的深入实施，“四大板块”区域差距总体上已逐渐缩小，进一步促进了区域协调发展。2015年3月，李克强总理在政府工作报告中明确表示，统筹实施“四大板块”和“三个支撑带”战略组合，以“四大板块”为区域发展格局的区域发展总体战略在“十三五”期间继续实施。随着供给侧结构性改革的加快推进，区域发展的供给侧结构性改革也取得新成效，“四大板块”发展更趋协调。在加快西部大开发方面，组织编制和实施西部大开发“十三五”规划及配套专项规划；大力推进基础设施建设，安排西部大开发重点项目前期工作专项补助资金1亿元，新开工30项重大工程，涉及铁路、公路，大型水利枢纽和能源、通信等重大基础设施建设，总投资7687亿元；积极推进广西东兴、云南瑞丽、内蒙古满洲里和二连浩特等重点开发开放试验区建设，新设立云南勐腊（磨憨）重点开发开放试验区；支持重庆两江、四川天府、贵州贵安、陕西西咸、甘肃兰州、云南滇中等国家级新区建设发展；支持四川凉山、云南怒江、甘肃临夏等特殊困难民族自治州发展的政策性文件出台；加强对陕甘宁、左右江、川陕等革命老区以及沿边地区、高寒地区的政策支持，出台实施左右江革命老区振兴规划。在促进东北振兴方面，大力实施《东北地区培育和发展新兴产业三年行动计划》，推进“三去一降一补”五大任务，加快供给侧结构性改革；制定了《推进东北地区等老工业基地振兴三年滚动实施方案（2016～2018年）》，明确了137项重点工作和127项重大项目；积极推进东北地区深化改革、扩大开放，加快推动中德（沈阳）高端装备制造产业园、珲春国际合作示范区等平台建设，支持内蒙古自治区打造呼伦贝尔中俄蒙合作先导区；支持全国85个城区老工业区和54个独立工矿区改造，加快资源枯竭城市转型发展步伐。在促进中部崛起方面，启动编制促进中部地区崛起新十年规划；积极承接产业转移和促进产业结构调整优化，高附加值集聚优势开始逐步显现；出台实施大别山革命老区振兴发展规划。在支持东部率先发展方面，四大自贸区在体制机制创新、扩大改革开放等方面引领全国发展；出台实施环渤海地区合作发展纲要，推动建立环渤海地区合作发展协调机制，支持长三角、泛珠三角区域合作；支持东部地区在体制创新、陆海统筹等方面率先突破，加快海洋经济提质增效升级。这一系列政策措施顺应了供给侧结构性改革对区域转型发展的新要求，有利于进一步促进“四大板块”协调发展。

### （二）“一带一路”拓展区域经济发展新空间

“一带一路”战略既是我国新一轮对外开放的重大战略部署，也是重塑我国区域经济格局的重要战略引擎。相比东部地区，我国中西部地区的发展水平不高，提升中西部经济综合竞争力是实现我国全面建设小康社会目标的必然要求，“一带一路”建设有助于形成中西部地区与中亚、东欧、西亚的新商贸通道和经贸合作网络，带动内陆沿边扩大向西开放，拓展中国区域经济发展新空间，为沿海、内陆、沿边新一轮对外开放指明了方向和着力点。当前，“一带一路”建设快速推进，我国已与沿线30多个国家达成了合作协议，建立了六大关键经济走廊。与沿线国家的基础设施建设加快推进，贸易与投资快速增长，推动我国从全球最大的商品贸易出口国向资本出口国转变，2015年，我国对沿线国家直接投资规模达到了2330亿美元。我国各个省份也纷纷出台参与和融入“一带一路”建设的地方实施方案，并加快推进和落实。例如，新疆围绕丝绸之路经济带核心区建设，提出以能源、交通、通信等三大通道为主线，以大型油气生产加工和储备、大型煤炭煤电煤化工、大型风电和光伏发电等三大基地为支撑，以五大中心为重点构建全方位对外开放新格局；陕西为强化“一带一路”战略支撑作用，推动丝绸之路经济带新起点建设，打造西部科学发展新引擎、内陆改革开放新高地，制定并发布了“一带一路”建设2016年行动计划；广西提出参与“一带一路”建设的重点是打造“一廊两港两会四基地”；福建提出要加快建设21世纪海上丝绸之路核心区，打造海上丝绸之路互联互通的重要枢纽、经贸合作的前沿平台、体制机制创新的先行区域和人文交流的重要纽带；广东将打造成为“一带一路”的战略枢纽、经贸合作中心和重要引擎；重庆依托渝新欧大通道、长江黄金水道和渝昆泛亚铁路大通道，充分发挥战略连接点的枢纽作用，增强在西部开发开放中的聚集辐射能力；湖南以“长沙等五大增长极+长株潭等四大区域板块+重要交通干线放射状对接”的空间布局全面对接“一带一路”建设；等等。各个省份政策文件的陆续出台，进一步优化了各地参与“一带一路”建设的政策环境，强化了“一带一路”建设的资金保障力度，推动了各地相关配套基础设施建设，拓展了区域经济发展的空间。根据国家信息中心“一带一路”大数据中心对全国31个省、区、市参与“一带一路”建设情况及实施效果的综合测评结果，有12个省、区、市处于“较高”水平，5个省、区、市处于“高”水平，其中，东部沿海省份得分相对较高，西部内陆省份还有待加强。

### （三）自贸区扩容构筑区域对外开放新格局

加快实施自由贸易区战略是我国新一轮对外开放的重要内容，也是符合供给侧结构性改革要求的重大战略。自贸区以制度创新为核心，通过改革制度供给，改善供给侧环境、优化供给侧机制，为实现经济持续稳定增长提供新动力。中国经济多年来持续快速增长的重要原因就是在改革开放的基础上，持续扩大开放与合作。自贸区的不断扩容无疑是正确的方向，有助于进一步扩大贸易自由度和贸易规模。当前，自贸区的不断扩容，不仅包括对外推进和签署的自由贸易协定数量不断增加，而且包括国内自由贸易试验区试点范围的逐步扩大。从对外推进和签署的自贸协定情况来看，目前，我国已签署并实施 14 个自贸协定，涉及 22 个国家和地区，自贸伙伴遍及亚洲、拉丁美洲、大洋洲、欧洲等地区，涵盖了中国对外贸易的 38%。此外，中国—海合会、中国—挪威、中日韩、RCEP、中国—斯里兰卡、中国—巴基斯坦自贸协定第二阶段、中国—马尔代夫、中国—格鲁吉亚等八大自贸区的谈判工作正在加快推进，中国—印度、中国—哥伦比亚、中国—摩尔多瓦等诸多自贸区也在研究当中。在此过程中，各级政府不断加快地方和产业对自由贸易协定实施工作的参与，打造协定实施的示范地区和行业。尤其是强调自由贸易区建设应更好地服务西部地区经济社会发展，促进区域协调发展。从国内自贸区建设情况看，我国自由贸易试验区建设已迈进 3.0 时代。根据中央部署，“十三五”时期我国将在辽宁省、浙江省、河南省、湖北省、重庆市、四川省、陕西省新设立 7 个自贸试验区，形成东中西部“七星连珠”，在更广领域、更大范围构建各具特色、各有侧重的试点格局，辐射不同的区域，推动全面深化改革扩大开放。国内自贸区作为地方对外开放的先行先试区，将在新一轮对外开放中发挥更加积极的作用，扩大自贸试验区试点是“十三五”时期的一项重要工作。2016 年 11 月，国务院印发《国务院关于做好自由贸易试验区新一批改革试点经验复制推广工作的通知》，推进改革试点经验在全国范围内复制推广。由于自贸区的制度创新优势具有很强的吸引力，各个省份都在积极申请设立自贸区，因此，自贸区建设强调避免陷入同质化竞争，各地应充分发掘自身特色，形成其他地方所不可替代的优势。对于各个地方政府来说，自贸区建设将更注重通过制度供给改革，倒逼政府职能转变，提升市场化水平。自贸区试验范围的不断扩大，正在加快促进我国形成高水平的区域对外开放新格局，进一步激发中国经济的增长动能。

### （四）城市群一体化发展推动形成区域经济新增长极

城市群集现代化服务功能、知识技术扩散功能、人才资本集聚功能、文化先导功能于一身，是城市发展到成熟阶段的最高空间组织形式，也是参与全球化竞争合作的最高端平台。城市群的发展有利于提高区域供给体系的质量和效率，促进区域协同发展。随着《长江中游城市群发展规划》于 2015 年 4 月颁布实施，全国范围内正在加快形成以城市群为重要载体的多层次、多元化区域合作机制。2016 年上半年，《哈长城市群发展规划》《成渝城市群发展规划》《长江三角洲城市群发展规划》相继获批出台，加快城市群建设发展成为“十三五”时期的重要任务。“十三五”规划提出：“优化提升东部地区城市群，建设京津冀、长三角、珠三角世界级城市群，提升山东半岛、海峡西岸城市群开放竞争水平。培育中西部地区城市群，发展壮大东北地区、中原地区、长江中游、成渝地区、关中平原城市群，规划引导北部湾、山西中部、呼包鄂榆、黔中、滇中、兰州—西宁、宁夏沿黄、天山北坡城市群发展，形成更多支撑区域发展的增长极。”随着城市群范围的不断扩大，跨省级行政区的城市群数量增加，推动区域经济一体化。“三大支撑带”重要战略也将依托主要交通干道和经济核心区，以城市群和中心城市为节点，形成横贯东西、带动全国的新增长极。京津冀城市群建设以促进区域协同发展为目标，以有序疏解北京非首都功能、调整经济结构和空间结构为核心，重塑京津冀城市群经济地理新格局，致力于打造世界级城市群。长江经济带则以长江黄金水道建设为首要任务，以长江三角洲、长江中游和成渝三大城市群为战略支撑点，打造贯穿东中西部地区的重要经济增长带。在城市化进程与工业化进程加快推进的背景下，城市群越来越成为区域竞合格局中最具活力和潜力的核心区。

### （五）主体功能区建设积极探索新模式

加快主体功能区建设，促进区域经济发展方式转变，形成区域协调发展新格局，是坚持绿色发展、建设美丽中国的重大战略举措，也是推进供给侧结构性改革的题中应有之义。随着供给侧结构性改革的不断推进，主体功能区建设也在积极探索新的模式和方法。2015 年 7 月，环保部、国家发展改革委联合发布《关于贯彻实施国家主体功能区环境政策的若干意见》，将环境政策作为主体功能区的质量保障和空间约束，明确各功能区的重点领域，建立环境功能区和主体功能区的空间对应关系，大力促进主体功能区环境政策落地，推动我国生态文明建设。主体功能区建设成效成为绩效考核评价的重要内容，也是评价供给侧结构性改革成效的重要标准。2016 年 10 月，国家发展改革委印发《重点生态功能区产业准入负面清单编制实施办法》，这是健全主体功能区制度的重大举措，有利于形成符合主体功能定位的产业结构，提升生态产品供给能力，促进政府治理能力现代化，切实加快主体功能区建设。在主体功能的定位和发展方向下，各地依照资源禀赋与发展优势，采取符合地方特色和优势的差异性区域产业政策，出台重点产业布局和产业转移指导意见，合理引导产业有序转移，优化产业空间布局。各地不断完善主体功能区政策，以主体功能区规划为基础统筹各类空间性规划，积极探索制订各类主体功能区尤其是重点生态功能区产业项目负面清单，进一步明确不同主体功能区限制和禁止类产业。进一步建立主体功能区适应性评价制度，要求区域规划、布局重大项目的编制必须符合各区域的主体功能定位。采取更加严格的市场准入制度，对不同主体功能区的产业项目实行不同的占地、耗能、耗水、资源综合利用和污染物排放等强制性标准。进一步建立市场退出机制，对限制开发区域制定和执行严格的产业准入门槛，对不符合主体功能定位的现有产业和项目，通过设备折旧补贴、迁移补贴、土地置换等手段，促进跨区域转移或关闭；对重点开发区域增强产业配套能力，引导产业集群发展，提高产业和人口集聚度；对优化开发区域引导弱势产业有序外迁，加快产业转型升级。综合考虑不同主体功能区生态功能因素和支出成本差异，切实加大对限制开发区域、禁止开发区域特别是重点生态功能区的财政支持力度。

### （六）陆海统筹全面推进，力争新突破

陆海统筹是要求对陆地和海洋发展进行统一筹划的一种发展理念，强调海洋经济与陆域经济的协调互动发展。随着资源短缺、人口膨胀、生态环境破坏等问题的凸显，陆

域经济可持续发展面临严峻挑战，迫切需要大力发展海洋经济，提升海洋国土地位。党的十八届五中全会提出要“拓展蓝色经济空间。坚持陆海统筹，壮大海洋经济，科学开发海洋资源，保护海洋生态环境，维护我国海洋权益，建设海洋强国”。当前，海洋经济对国民经济的支撑作用日趋明显。根据《中国海洋经济发展报告2015》和《中国海洋经济发展报告2016》提供的数据，在全球经济持续低迷和国内经济增速放缓的大背景下，我国海洋经济保持总体平稳增长态势，2011～2014年，全国海洋生产总值分别为45580亿元、50173亿元、54949亿元和59936亿元，年均增速8.4%；海洋生产总值占国内生产总值的比重始终保持在9.3%以上。2015年，海洋生产总值达64669亿元，同比增长7.9%，占国内生产总值的比重进一步提高。顺应供给侧结构性改革的要求，我国海洋产业结构调整步伐持续加快，部分产业加快淘汰落后产能，海洋经济布局不断优化，海洋战略性新兴产业和海洋服务业呈现良好发展势头，海洋产业科技创新迈上新台阶，海洋环境保护和生态文明建设加快推进，陆海统筹发展取得积极进展。为引领海洋经济创新发展，2016年10月，国家海洋局和财政部共同批复“十三五”海洋经济创新发展示范城市工作方案，确定天津、南通、舟山、福州、厦门、青岛、烟台、湛江等8个城市为首批海洋经济创新发展示范城市。随着陆海统筹的全面推进，我国必将着力推进海洋经济领域供给侧结构性改革，加快推动海洋经济向质量效益型转变，促进海洋强国建设。

## 三　供给侧结构性改革背景下重塑中国区域经济发展格局的着力点

在供给侧结构性改革背景下，优化区域经济发展格局、创新区域经济制度供给、强化区域经济合作共赢、增强农村区域有效供给、促进区域协调发展，是区域供给侧结构性改革的重要内容，也是重塑我国区域经济发展格局的重要方向。

### （一）在更大视野和格局中推进区域协调发展

协调发展是五大发展理念之一，区域协调发展的战略格局事关经济发展和社会稳定大局，以大视野和大格局观照区域协调发展之路，才能开拓新局面、实现新跨越。“十三五”规划建议指出，要进一步推动区域协调发展，塑造要素有序自由流动、主体功能约束有效、基本公共服务均等、资源环境可承载的区域协调发展新格局。这一要求明确了推动区域协调发展的总体思路，保持了区域发展政策的延续性。2016年8月，经国务院同意，国家发展改革委印发《关于贯彻落实区域发展战略　促进区域协调发展的指导意见》，提出要进一步统筹协调东中西部和东北地区四大板块，优化经济发展空间格局，促进区域协调发展、协同发展、共同发展，到2020年要实现基本形成区域协调发展新格局的目标。因此，加快推进区域协调发展是重塑我国区域经济发展格局的重中之重。长期以来，由于自然、地理和社会历史等多重因素的影响，区域发展差异较大成为我国的基本国情之一。实现区域协调发展是需要长期奋斗的目标，不可能一蹴而就，也不是通过三五年的时间就能完全实现的。当前，在供给侧结构性改革和新一轮大开放战略加快推进的背景下，促进区域协调发展应进一步拓宽视野、拓新格局，按照五大发展理念的要求，以区域发展总体战略为基础，以“一带一路”建设、京津冀协同发展、长江经济带发展为引领，加强区域政策顶层设计，加快健全区域协调发展机制，既要打破国内区域行政分割，推动国内统一市场形成，促进资源要素自由流动，推进东部产业有序向中西部转移，提升区域协同发展水平，又要结合区域自身特色和优势准确定位，积极融入国际开放市场，构建对外合作机制与交流平台，培育参与国际经济合作竞争新优势。优化区域空间布局，形成均衡化、网络化的全面开放格局①。各地在准确把握中央供给侧结构性改革总体要求、贯彻落实中央“三去一降一补”工作部署的同时，要结合本地实际情况，找准影响自身要素资源配置效率的突出问题，以精准识别、找准短板、瞄准发力点为主要手段，采取切实可行的有效措施加以应对。最大限度地创造发展机会公平的环境，充分发挥各个地区发展的主动性和创造性，探索各具特色、创新高效、符合区域环境的发展模式，逐步缩小区域差距。此外，要充分认识到加快推进扶贫开发工作在缩小区域发展差距、促进区域协调发展中的重要作用。大力推进精准扶贫、精准脱贫，努力构建大扶贫格局，通过东西部扶贫协作、金融扶贫、定点扶贫等多种举措以及专项扶贫、行业扶贫、社会扶贫等多方力量的有机结合，凝聚扶贫开发强大合力。加大对革命老区、民族地区、边疆地区和困难地区等特殊类型地区的支持力度。

### （二）重视区域管理制度创新，优化区域发展环境

推进制度变革是提高全要素生产率的最重要途径，也是加快供给侧结构性改革的着力点之一。从区域发展层面来看，区域管理制度创新是供给侧结构性改革的关键内容或必由之路，要更好地推动供给侧结构性改革，必须重视区域管理制度创新，破除区域矛盾与冲突滋生的制度障碍，优化区域发展制度环境，将区域管理制度创新作为供给侧结构性改革的着力点②。正因为供给侧结构性改革的核心在于“改革”，所以更加强调着眼于培育长期可持续发展的动力，加快推动总供给的结构优化和效率提升，而制度创新则是根本的途径。从当前我国供给侧出现的严重问题来看，各地区之间的盲目竞争与重复建设是导致区域供给侧结构性矛盾的重要原因。由于我国区域经济发展的供给侧要素受不同地方利益主体的影响，在区域管理制度缺失或不健全的情况下，这些主体在发展经济的过程中往往会存在恶性竞争，并因而导致整个供给侧出现不协调、不稳定、不匹配等问题。因此，供给侧结构性改革的重点不在于给各级地方政府分解去过剩产能、去库存、去“僵尸企业”指标，更不在于给地方政府的高压指令，而在于通过改革铲除导致这些供给侧问题的制度原因③。基于此，在供给侧结构性改革背景下，重塑中国区

---

① 陈政高：《拓展区域发展空间》，《人民日报》2015 年 11 月 19 日。

② 张可云：《供给侧结构性改革与区域管理创新》，《区域经济评论》2016 年第 3 期。

③ 张可云：《供给侧结构性改革与区域管理创新》，《区域经济评论》2016 年第 3 期。

域经济发展格局必须重视区域管理制度创新，优化区域制度供给，为区域可持续发展营造良好的制度环境。

### （三）培育发展重点城市群，提升区域发展效率

城市群是人口、产业聚集的主要区域，是我国新型城镇化的主体形态，也是优化区域经济发展格局的重要着力点，“十三五”规划已经明确了我国城市群发展的重点。为加快促进城市群健康可持续发展，国家发展改革委办公厅于2016年11月发布了《关于加快城市群规划编制工作的通知》，明确了城市群规划编制的工作安排和任务要求。当前，国内已形成以北京和天津为中心的京津冀城市群、以上海为中心的长三角城市群、以广州为中心的珠三角城市群等较为成熟的国家级城市群，有望在“十三五”时期建成世界级城市群，引领我国城市群发展。从中长期来看，需要加大中西部城市群建设力度，通过城市群辐射周边，打造人口和产业承载新空间。城市群的发展，改变了区域的空间结构，将城市之间经济上的竞争关系变成竞合关系、协作关系，实现了城市间的要素自由流动、信息共享和功能互补，增加了区域要素的有效供给，提高了各城市经济实力和竞争力，促进和带动了整个区域的发展，也缩小了区域内部的差距①。比如，通过优化城市群内部的人口结构，提高人口素质，能够增加劳动力的有效供给；提高城市群建设的资金投入效率，优化投资结构，能够增加资本的有效供给。这些都是供给侧结构性改革的方向，也是重塑区域经济发展格局的着力点。因此，在供给侧结构性改革持续推进的背景下，科学规划城市群建设，培育发展重点城市群，促进城市之间的分工协作与协同发展，深化全球价值链合作，有利于拓展区域发展空间、释放区域发展潜力、提升区域发展效率，加快推进区域供给侧结构性改革，形成区域参与国际竞争的新优势。

### （四）推进城乡发展一体化，拓展农村发展空间

城乡一体化发展是新时期我国城乡协同发展、互补互惠、共同繁荣的必然选择，是构建我国新型城乡关系的必由之路，是统筹城乡经济共同进步的重要途径。城乡一体化发展跳出了固有的城乡割裂的传统思维，拓宽了我国现代化建设的视野和思路。推进城乡一体化发展就是统筹城乡共同发展、打破城乡二元结构为基本特征的城乡分治格局、以城市带动农村发展，使城乡居民共享改革发展的成果，最终建立起城市和农村互补互促、共同进步、平等和谐的经济社会发展新格局。围绕城乡经济社会发展一体化新格局，明确把实现“一体化”作为处理城乡关系的根本要求和目标，把农村和农民作为变革的主要对象，以供给侧结构性改革为契机，在解放农村生产力、释放农村发展活力、增强农村有效供给能力中寻找农村经济社会发展新动力，避免传统城市化模式中农民始终处于被动地位和农村不断被边缘化的现象。推进城乡一体化发展，解决“三农”问题，拓展农村发展空间，要重点解决两大矛盾：一是基本国情矛盾，人地关系紧张；二是基本体制矛盾，城乡分裂的二元社会经济结构。合理高效地解决这两大矛盾，是有

---

① 张广兴：《城市经济发展的产业支点和路径选择》，《河北日报》2016年12月9日。

效推进城乡一体化的重中之重，是发展农业、富裕农民、繁荣农村经济的有效途径。在供给侧结构性改革的大环境下，要进一步加强农业供给侧改革，重点是农产品去库存、降成本、补短板。积极拓展农村发展空间，要以增强农村有效供给能力为核心，切实贯彻落实发展新理念，适应经济新常态，加速促进农村三产融合，以结构性改革强农惠农，加快转变农业发展方式，拓宽农民增收渠道，促进农业现代化与新型城镇化相衔接，加快推进城乡发展一体化。

### （五）实施创新驱动战略，打造区域发展新引擎

依靠创新驱动战略提高全要素生产率，从而促进区域产业结构优化升级，提高经济发展质量和效益，是“十三五”时期我国优化区域竞争格局、促进区域协调发展的关键。当前，世界各国均加大创新投入力度，力求释放创新潜力，抢占全球新一轮技术革命和产业变革的重要机遇。面对经济新常态下的趋势变化和特点，我国也着力转变经济发展方式，努力实现 2020 年进入创新型国家行列的目标。2015 年 11 月，国务院印发《国务院关于积极发挥新消费引领作用　加快培育形成新供给新动力的指导意见》，提出要“着力加强供给侧结构性改革”“坚持创新驱动，以供给创新释放消费潜力”，全面部署以消费升级引领产业升级，以制度创新、技术创新、产品创新增加新供给，满足创造新消费，形成新动力。创新驱动涵盖政治、经济、文化、生活的方方面面，包括理念创新、体制创新、管理创新、机制创新、知识创新等多种内容。实施创新驱动战略，首先要强调科技创新在全面创新中的引领作用，加强基础研究，强化原始创新、集成创新和引进消化吸收再创新。围绕新技术、新产业、新业态，实行“互联网 +”行动计划，推进移动互联网与智能控制技术融合，使得制造业的生产方式在工业互联网、工业云等新的生产理念引导下，朝着智能制造、网络制造、柔性制造的方向变革，同时推进其他产业的创新发展，依托创新引领产业的结构升级。其次要增强自主创新能力，把握重点领域的科技发展，实现关键技术和核心技术的突破，推动“大众创业、万众创新”，最大限度地激发整体社会的创新潜力。再次要实施协同创新，强化平台支撑，推动跨区域创新合作，实现创新资源共享，加速创新成果转化，培育更多的创新增长极。最后要推进重点领域制度创新，破除阻碍消费升级和产业升级的体制机制障碍，保证市场主体的公平竞争，加大行业对内对外开放力度，助推新兴领域发展的制度保障，全力打造区域发展新引擎。

## 四　以供给侧结构性改革重塑中国区域经济发展格局的对策思路

### （一）深入推进实施区域发展总体战略

深入推进实施区域发展总体战略是现阶段我国区域发展的重大战略要求与部署，这不仅关系到全国各族人民的幸福安康，更是我国长治久安和中华民族伟大复兴的有力保障，具有重大的现实意义和深远的历史意义。“十三五”期间我国积极实施板块与轴带

相互结合的区域发展战略，加强区域之间的经济联系。一方面，进一步有序推进此前形成的东中西部及东北“四大板块”战略；另一方面，实施“一带一路”、京津冀协同发展、长江经济带三大战略，最终形成“四大板块” + “三个支撑带” 的战略大布局。在这一区域发展格局下丰富扩大内需和对外开放的相关内容，并将未来极具发展潜力的海洋经济纳入区域发展总体战略框架之中，达到陆海统筹发展的目的，从而使得我国区域发展总体战略更富层次性和空间感。由此，各区域要依据地方特色，因地制宜，贯彻落实创新、协调、绿色、开放、共享的发展理念，以积极主动的态度适应经济新常态，以供给侧结构性改革为抓手，提高供给体系的效率和质量，促进区域产业转型升级，实现区域经济协调发展。

首先，要坚持强化区域经济绿色发展理念。只顾数量和规模的粗放式发展往往以牺牲效率和质量为前提，这与经济新常态下供给侧结构性改革的要求相背离。为扭转这种局面，要不断提高资源利用效率，将绿色产业培育成区域经济发展的支柱性产业，以促进区域经济的持续健康发展。这就要求，一是要积极改造升级传统产业，淘汰“耗能大户”和“污染大户”等低端的产能过剩企业，有效控制区域内工业废物的排放，同时利用新工艺、新技术改造原有生产线，去库存、去产能，提高资源的利用效率，优化供给结构；二是要培育环保产业，为发展区域绿色经济提供新动力；三是要大力鼓励群众绿色消费，促进需求结构的调整，引导供给向绿色化、低碳化转变，促进需求与供给的有效衔接。

其次，要统筹四大板块协调发展。在新时期，应继续将率先发展东部地区、振兴东北老工业基地、促进西部大开发以及中部崛起作为优先发展战略，继续坚定不移地促进四大板块的协调发展。一要进一步推进东部地区的经济发展，克服环境污染、资源紧张、劳动力成本以及土地成本上涨等问题，加大创新发展力度，以创新谋发展，提高自主创新能力，创建国家创新型发展区域。二要全面振兴东北老工业基地，发挥东北地区基建设施完善、工业基础雄厚的优势，加大智力投入力度，以供给侧结构性改革为契机，调整升级产业结构。三要深化实施西部大开发战略，进一步凸显西部大开发在我国区域发展战略中的重要地位，发挥西部地区资源丰富、市场潜力大的优势，与东部地区形成互补之势，相互促进，共谋发展。四要明确中部地区的战略功能定位，因时制宜，强化其与“一带一路”战略的有效衔接，发挥好东部与西部之间的桥梁纽带作用。

再次，要有效推动主体功能区建设。目前，我国尚未建立起有效的主体功能区制度综合政策体系，相关政策条例零散分布在各个部门，部门分割严重导致其无法发挥应有作用。现有的国家主体功能区仍然处在建设试点示范阶段，缺乏明确的体系标准与技术指标。因此，应以主体功能区的发展定位为导向，对不同区域进行差异化政策制定。一是要对相关部门进行科学合理整合，逐步打破部门间割裂，不断完善主体功能区政策制定体系。二是要根据实际需求，着眼全局制定明确的主体功能区体系标准与技术指标。三是逐步确立区域生态补偿机制，实现政府政策补偿与市场机制补偿的有效对接。四是建立完善的动态和静态监管体系，实施差别化的绩效考核制度，使监管考核更加科学有据。

## （二）推动区域经济合作与“一带一路”对接

“一带一路”是在供给侧结构性改革的大背景下提出的，对深化我国区域经济开放发展具有战略指导意义，是前瞻性战略，是中国可持续发展战略的有机组成部分。“一带一路”项目将推动沿线各国和地区发展战略的有效对接与耦合，充分发掘沿线各区域的市场潜力，为区域内的投资和消费、供给和需求提供良好的发展契机，同时也是我国构建全方位开放新格局、深化与国际经济接轨的外在表现。推动区域经济合作与“一带一路”深度对接，突破了原有的区域发展模式，从而使得资源可以得到更有效的空间配置。

首先，要加快与周边国家和地区之间的沟通交流。政策沟通、贸易畅通、道路联通、民心相通、货币流通是丝绸之路经济带建设的基本要求。这就要求，一是努力增强我国与沿线周边国家和地区基础设施的互联互通能力；二是积极与“一带一路”沿线周边国家和地区签订相关双边或区域性贸易协定，并努力通过谈判的方式来降低双方的贸易壁垒，加强贸易、政治、文化沟通；三是降低投资准入门槛，加速整合相关产业链，改善投资环境，提升整个外商投资效率；四是适度简化与相关国家和地区的跨境签证手续，提高有关部门的工作效率；五是加大与相关国家和地区的金融合作力度，为沿线区域内的企业、机构提供更加便捷的金融服务。

其次，要加大重点领域的区域合作力度。“一带一路”战略涉及国家数量众多，类型多样，要立足于双方共同利益，求同存异，保持“一带一路”战略的旺盛生命力。在对外贸易领域，一是加强与东北亚区域的合作交流，稳步推动中日韩自贸区的建立，提高三国贸易的水平分工和垂直分工水平；二是致力于拓宽中国与大洋洲方面的多层次合作空间；三是积极发挥我国经济对东南亚地区经济的正向外部效应，提升我国对东南亚地区的经济影响力。在能源、投资方面，积极推进与中亚以及阿拉伯地区主要石油、天然气生产、出口地区的合作进程。一方面，加大石油、天然气进口数量；另一方面，努力促成中国在这些区域的基础设施建设投资，进一步加强我国的能源安全保障。在经贸投资方面，努力深化与东南亚区域的合作，推动双方经济的稳定与发展。

再次，要注重“一带一路”国内沿线区域贸易投资数量和质量的双重提升。随着全面协调发展政策的推进，国内内陆以及沿边地区的基础设施建设水平较以往有了大幅度提升，已经有能力承接来自东南沿海地区的产业转移。因此，一要鼓励东南沿海地区的加工贸易产业科学有序地向内陆以及沿边地区进行产业转移，加速东南沿海的去地方化和产业升级进程，同时充分发挥内陆地区的资源禀赋优势，提高经济发展水平。二要以优惠政策积极引导内陆及沿边地区有能力的企业深入了解“一带一路”沿线周边国家和地区的投资环境和外资政策，进行科学投资，为扩大中国与“一带一路”沿线国家和地区在有关产业链各个不同环节的深入交流与合作奠定基础。三要大力推动建设新型合作产业园区，通过合作、合资方式在境外灵活设立产业创新园区、境外经贸合作区等各种新型产业合作区，为双方产业合作提供稳定的发展环境。

### （三）持续加快城市群建设发展

城市群的形成往往以一个区域性的中心城市为核心，以相关产业辐射为纽带，对周边地区和城市产生较强的虹吸效应和溢出效应，从而实现中心城市与周边区域和城市在资金流、技术流、人才流以及物流等方面的相互交换。目前，我国城市群的发展大多强调地理邻近，但城市群内部各城市之间的经济功能匹配程度有限，无法真正发挥城市群对区域经济的有效带动作用。

首先，要以产业布局的优化为前提来规划发展城市群。城市群的规划建设应充分考虑国家层面的整体产业分工与布局战略，以国家产业政策为导向，科学、集约地进行城市产业布局和城市用地规划。在涉及国家重大战略性产业时，更要科学论证、全局把握，严把用地审核与批复流程标准，坚决杜绝以各种事由为借口进行盲目无序的城市用地扩张。同时，对于非国家战略性产业，各地应充分考虑城市群未来的发展方向和重点产业，以不断加强城市群内部各产业链之间的高效对接以及各经济要素的有效流动为目的推进城市群发展。

其次，要以生态环境的优化为核心来发展城市群。传统的城市群发展往往为了追求更高的经济效益、更快的发展速度，忽视了生态环境保护，最终造成了先污染后治理的尴尬局面，带来了人力、物力、财力的极大浪费，更为严重的是给生态环境造成了不可逆转的破坏。因此，在经济新常态下，要彻底扭转这种错误的发展理念，从生产源头开始，严格控制生产对生态环境造成的破坏，切实做到谁生产谁保护、边生产边保护，贯彻落实绿色生产理念。一是要在城市群发展过程中充分体现绿色理念，努力实现生态文明城市建设目标；二是要不断提升经济资源利用效率，积极发展循环经济，使资源得到最大限度利用；三是要优化产业结构，推动绿色生产体系构建，与循环经济相结合，为绿色发展创造良好的产业环境；四是要在注重绿色生产的同时加强环境污染治理。

再次，要以体制机制的创新为抓手来发展城市群。有效的市场机制和完善的政府政策的有机结合有助于营造自由、活跃的城市群发展氛围。一是要敢于打破行政部门以及行政区划界限，探索协调发展新机制，扫清城市群发展的制度障碍；二是要遵循“政府宏观引导，企业微观自主”的原则，为城市群发展建立多领域、多层次、全方位的参与平台；三是要从区域全局和整个战略层面出发，在城市群内部完善高效统一的补偿机制和利益分配机制，处理好城市之间的利益关系，为城市群的可持续和谐发展提供强有力的保障。

### （四）实施创新驱动区域协调发展战略

促进区域协调发展是我国全面建成小康社会、加快推进现代化建设过程中的一个重大战略问题。依靠创新驱动，促进区域产业结构优化升级，实现创新发展，提高发展质量和效益，是“十三五”时期优化区域竞争格局、促进区域协调发展的关键。实施区域创新驱动发展战略，有利于提高区域经济增长的质量和效益，促进区域产业结构的优化升级，化解传统区域竞争中存在的问题和矛盾，增强区域可持续发展能力，实现区域协调发展。

首先，要把创新作为区域协调发展的关键驱动因素。一方面，要支持鼓励发达地区实施创新驱动战略；另一方面，也要支持和鼓励中西部地区走创新驱动发展之路。中西部地区要重点加强利用后发优势的能力建设，东部地区要建立一批能更好地发挥先发优势的国际先进制造业基地，积极推动区域间协同创新共同体建设，建成一批科技创新新高地，缩小区域差距，推进区域协调发展。

其次，要以科技创新为核心引领全面创新。一是要培育发展新动力，拓展发展新空间，打造现代产业支撑体系，尤其是注重加快打造创新型产业集群，着力培育新产业、新业态、新模式，增强区域可持续发展能力，提升区域竞争的层次、水平和效益。二是要以创新为基础、以需求为导向，依托区域发展特色和优势，瞄准社会消费新需求，培植创新供给，大力发展具有地方特色、体现区域优势、符合科技创新方向的主导优势产业，拓展区域产业发展空间。三是要加快建立和完善区域创新体系，坚持以市场为导向、以企业为主体、政产学研相结合的基本要求，发挥市场在创新资源配置方面的决定性作用，强化企业自主创新的主体地位，加大创新研发投入，加快区域科技创新平台载体建设，加强区域科技政策引导，优化区域科技创新环境，基本形成适应创新驱动发展要求的制度环境和政策法律体系。

### （五）拓展蓝色经济发展空间

蓝色经济是具有引擎作用的新经济体系，是一国经济转型升级的重要选择。“十三五”期间我国将全面推进实施陆海战略统筹，拓展蓝色经济发展空间，将海域纳入国土开发体系，将国土空间开发的战略布局重点向海洋拓展，重视近海资源开发与远洋空间拓展，推进海上互联互通，加快推进蓝色经济区合作，维护海上通道的畅通与安全；加快海洋产业结构优化与产业布局调整，促进海洋产业集聚融合发展，积极延伸高端产业链，加快海洋传统产业的转型升级；推动资源配置、产业发展、生态保护与灾害风险防控等的统筹协调，全面推进海洋生态文明建设与综合管理，保证对海洋资源进行全面保护、合理利用与有序开发。

首先，供给侧改革是拓展蓝色经济发展空间的内生动力。供给侧改革的根本要义在于促进生产要素优化配置，提高全要素生产率。一是通过供给侧改革，有效节约资源，促进海洋资源集约化利用，推动海洋生态系统良性循环。二是加快海洋开发利用技术创新，提高科技研发质量，减少排污量，提高生态效率，推动海洋产业向高端化、多元化发展。三是拓宽海洋利用空间，将其延伸到深海、远海领域，缓解近海和海岸带的生态压力，减少对海洋资源的掠夺，提升海洋生态质量，推动海洋生态文明建设。四是推动海洋生态体制创新和制度完善，通过制度和政策来规范和保障生产方式的绿色化，提高海洋生态环保意识，培育以绿色发展为主的市场内生机制，激发市场潜力，形成合力。

其次，拓展蓝色经济空间，更深更广地融入全球海洋产业价值链体系，提升海洋产业国际竞争力。我国海洋经济空间布局不仅要实现从近岸海域向海岛及深远海域的有效拓展，更要追求海外市场的开拓。21 世纪海上丝绸之路战略的实施不仅为我国沿海地区经济发展开拓了新空间，也使我国与周边国家的海洋经济合作关系更具建设性和互利性。坚持陆海统筹，发展海洋经济，科学开发海洋资源，保护海洋生态环境，维护海洋权益，建设海洋强国，壮大海洋经济，加强海洋资源环境保护，维护海洋权益。具体形式表现为：借助于互联互通、港口建设等基础设施建设，依靠多年来积累的基础设施建设能力和经验，向外转移中国具备比较优势的石油炼化、化学原料、化学纤维、橡胶、有色金属、建材、钢铁、通用设备制造、仪器仪表制造等行业，促进中国的对外直接投资。

## 参考文献

1. 吴福象：《重塑经济地理格局的国家区域发展新战略》，《光明日报》2016 年 3 月 24 日。
2. 杜家毫：《共同推进供给侧改革　培育区域发展新动能》，《经济日报》2016 年 7 月 8 日。
3. 王一鸣：《“十三五”时期推动区域协调发展的几点思考》，《中国发展观察》2016 年第 3 期。
4. 张可云：《供给侧结构性改革与区域管理创新》，《区域经济评论》2016 年第 3 期。
5. 赵执：《供给侧结构性改革与区域发展——第四届中原智库论坛综述》，《区域经济评论》2016 年第 4 期。
6. 刘岳平、文余源：《城市群集中与城市群经济增长》，《商业经济与管理》2016 年第 11 期。
7. 张晓丽：《论区域经济发展中的城市群建设》，《社科纵横》2016 年第 11 期。
8. 唐亚林：《产业升级、城市群发展与区域经济社会一体化——区域治理新图景建构》，《同济大学学报》（社会科学版）2015 年第 6 期。
9. 孙久文：《“一带一路”：构建中国区域经济发展大格局》，《社会科学报》2016 年 11 月 10 日。
10. 郁鹏、安树伟：《以供给侧改革引领区域发展新常态》，《城市》2016 年第 2 期。

# B.34 专题二 供给侧结构性改革与中国区域生态环境优化研究

## 一 供给侧结构性改革与区域生态环境优化的关系分析

目标导向和问题导向构成供给侧结构性改革的内在逻辑，两个导向中都有生态环境要素。供给侧结构性改革重点强调改善供给体系的供给效率和供给质量，协调供给侧和需求侧，提高生产力水平。生态环境治理的本质是解决发展的问题，保障生态环境的可持续发展就要处理好自然资源的供给与需求问题，两者是互联互通的。

### （一）生态环境是供给侧和需求侧的矛盾统一体

环境是供给侧和需求侧的矛盾统一体，它的矛盾体现在两个方面。一方面，生态环境的恶化是社会经济发展的结果，它是经济发展中不重视外部性所造成的。由于生产方式粗放、产业结构不合理、市场机制缺位、比价关系扭曲以及地方政府的发展冲动，大量资源无效或低效配置到高资源消耗、高环境污染产业。2015 年，中国固定资产投资主要流向制造业和基础设施投资，虽然投资量的增长速度明显放缓，但是仍有大量投资涌入钢铁、水泥、平板玻璃、化工、纺织、金属、造纸等高耗能、高污染产业。这样的发展方式易造成生态恶化，环境质量堪忧。另一方面，经济社会的停滞发展又会带来生态退化。强大的经济实力是开展生态文明建设的基础，在生态治理和环境保护过程中，需要强大的财政保障用于生态补偿，一旦出现经济停滞，不仅无法维持生态治理过程中所需要的高昂费用，同时也将严重打击全民共同参与生态治理和环境保护的积极性。在经济停滞甚至下行的压力之下，人们必将退回到以牺牲环境为代价谋求经济发展的恶性循环当中，从而造成生态退化。

生态环境和供给侧结构性改革的统一性则表现如下。一方面，供给侧结构性改革可以助推生态环境治理。供给侧结构性改革可以推动政府简政放权，激发市场活力，优化资源配置，建构新型生态环境多元共治的治理范式，促进资源节约集约利用和健全环境保护体制机制，在一定程度上，供给侧结构性改革可以助推生态环境治理。另一方面，生态环境治理是供给侧结构性改革的重要评价标准之一，它是供给侧结构性改革的基础和发力点，提高生产率是供给侧结构性改革的目的。供给侧结构性改革可以满足人类对物质资源和生态环境的需求，促进经济社会的可持续发展，供给侧结构性改革的一个关键因素和评价标准就是生态环境治理成效。

## （二）供给侧结构性改革给生态环境优化带来的机遇与挑战

供给侧结构性改革使生态环境优化迎来了难得的机遇。

首先，供给侧结构性改革为生态产品的多样发展搭建了平台。良好的生态环境与民生福祉息息相关，然而在我国生态环境治理过程中，一直存在生态产品短缺的问题。供给侧结构性改革为生态产品的多样发展搭建了平台，它能够有效地补短板、强产品，进一步调整供给结构，增加优质的空气、土壤、水资源等生态产品的有效供给。与此同时，供给侧结构性改革还将有助于形成绿色生产方式和消费方式，引导民众购买节能节水器具等有利于节约资源、改善环境的商品和服务。除此之外，供给侧结构性改革还将重点推进我国的大型生态修复工程，从而提高生态产品的生产水平和生产效率，加大对石漠化、荒漠化的整治力度，扩大湖泊、湿地面积，保护生物多样性，为生态产品的供给和多样发展搭建更大的平台。

其次，供给侧结构性改革为经济发展方式的转变提供助力。如何去产能是我国在经济结构和产业结构调整过程中的重点和难点，而这也正是供给侧结构性改革所要达到的重要目标。供给侧结构性改革能够有效改善供给结构，抑制旧产业、旧业态的供给需求，提高经济运行效率，减少生产过程中的资源浪费和环境污染，加快资源从传统“三高两低”行业的退出速度，并将成为强大的助力，推动我国从当前的“高投入、高消耗、高污染”发展模式向新型的“低投入、低消耗、低污染”发展模式转变。

再次，供给侧结构性改革为生态产业的持续发展拓展空间。习近平总书记曾经提出，“绿水青山就是金山银山”“保护生态环境就是保护生产力，改善生态环境就是发展生产力”，深入阐释了生态环境与生产力之间的关系。而供给侧结构性改革也必将在贯彻这一科学理念的基础上扎实推进，优化生态环境，为高品质生态产品的供给拓展自然空间，最大限度地发挥生态环境对经济增长的促进作用，从而推动我国经济朝更加健康稳健的方向发展。

最后，供给侧结构性改革为生态红线的划定提供保障。供给侧结构性改革着眼于发挥制度供给保障优势，将进一步深化生态文明体制改革，我们应利用这一契机乘势而上，有所作为，解决制约环保事业发展的体制机制障碍，加大环境保护力度，严格有关方面的执法监管，制定并完善自然资源用途管制、资源有偿使用制度等，明确资源保护主体和责任，强化企业污染减排和达标排放，切实推动环保工作的有序开展。

供给侧结构性改革同时也面临一系列的挑战。

第一，推进环境治理和保护工作任重而道远。一方面，我国当前面临严峻的环境考验，传统煤烟型污染与臭氧、PM2.5、挥发性有机物等新老环境问题并存。我国一些主要污染物排放量居高不下，《2015 年环境统计年报》数据显示，2015 年全国化学需氧量（COD）排放总量为 161536 万吨，二氧化硫为 71172 万吨，氮氧化物为 137627 万吨，而要实现环境质量根本好转，二氧化硫、氮氧化物等总量排放至少要下降到百万吨级水平。2015 年，首批开展空气质量监测考核的 74 个城市当中，28.8% 的城市 PM2.5 监测超标天数占全年的比例超过四分之一。不仅空气质量堪忧，我国生态足迹增加的速度也远高于生物承载力的增长速度，海河、黄河、辽河流域水资源开发利用率分别高达 106%、82%、76%，远高于国际水资源开发的生态警戒线（40%），资源开发程度是生物承载力的 2 倍以上，存在严重的比例失衡。另一方面，我国工业化、城镇化正处于快速发展期，污染物的增长速度依然不低。相关研究结果显示，城镇人均生活能耗是农村人均水平的 1.54 倍，城镇化率每提高 1 个百分点，将增加生活垃圾1200 万吨，增排生活污水 11.5 亿吨，消耗8000 万吨标准煤。如果不加快调整产业结构、补齐生态环境短板、转变粗放的传统城镇化模式，我国的环境治理将举步维艰。除此之外，我们还应该深刻认识到，我国生态环境问题日益突出的根本原因在于缺乏科学合理、规范刚性的制度安排，许多地方和部门重经济增长轻环境保护的做法使得人与自然的矛盾日益激化。因此，未来以供给侧结构性改革助推生态环境治理道阻且长，面临着巨大的挑战。

第二，防范环境风险刻不容缓。我国长期以来的粗放式发展带来的副作用十分明显，如 2015 年福建漳州古雷石化（PX）项目爆炸、天津港“8·12”特别重大火灾爆炸等环境事故，区域性、局部性、结构性环境风险不可小觑，这也再一次显示出供给侧结构性改革的必要性。我国化工产业大多临水分布靠近城区，12% 的危险化学品企业距离饮用水水源保护区、重要生态功能区等环境敏感区域不足 1 公里，10% 的企业距离人口集中居住区不足 1 公里，保障饮用水安全压力巨大。原本存在的环境隐患加上供给侧结构性改革过程中可能衍生的生态问题，未来的改革将成为我国生态环境的高风险期，守住安全底线任务繁重、难度巨大。

第三，遏制区域环境分化趋势势在必行。伴随着经济社会的不断发展，我国东部地区的工业化进程已经进入后期，环境问题得到重视，环境质量也有所改善。但是由于经济发展水平的不平衡，中西部地区很大程度上仍然延续了东部地区过去的发展套路。“十二五”以来，我国中西部地区的重化工项目投资热度不减，占全国重化工投资项目总量的 80%。青海、甘肃等省的规划和项目建设集中在石油化工、有色冶金和电力行业；中部地区集中在装备制造、石油化工、钢铁、有色冶金、煤炭及电力、建材等基础能源原材料行业。西部是我国的生态屏障和“水塔”，在我国生态环境保护和建设中占据极其重要的地位，但同时西部地区又存在生态环境敏感度高、监管能力弱等一系列现实问题，在供给侧结构性改革过程中，若没有及时进行合理布局和统筹协调，西部地区有可能延续东部部分地区以环境为代价换取经济增长的发展之路，从而使得供给侧结构性改革在中西部地区的效果大打折扣。

总体而言，机遇与挑战并存，动力与压力同在。我国必须牢牢抓住供给侧结构性改革的机遇，转变经济发展方式，全面释放改革红利，形成全社会保护生态环境的合力，引领我国经济的绿色可持续健康发展。

### （三）加强生态环境保护是促进供给侧结构性改革的重要手段

第一，环境资源是供给侧结构性改革的重要调整对象。环境资源作为影响经济发展的内生变量，未来也将与劳动力、土地、资本、技术和制度等因素一同列入生产要素的范围，并将生态指标纳入供给侧结构性改革的考核体系，适当增加资源保护、利用效率、生态治理等方面指标的考核权重，根据各地不同的主体功能区定位实施差别化的考核办法，进一步健全生态制度，建立自然资源实物量和环境容量账户，优化国民经济核算体系，量化生态改善所带来的现实价值和经济效益。与此同时，各级政府也应结合各地区实际情况，充分发挥与彰显生态资源的优势和特色，加大对流域、空气、土壤等全方位环境监测的广度和力度，通过供给侧结构性改革进一步提升环境竞争力。

第二，将改善生态环境质量作为供给侧结构性改革的重点任务。进一步明确政府在生态治理中的责任和作用，坚持将经济发展规划、城乡规划、土地利用规划、生态建设规划等“多规合一”，进行统筹布局，协调生态、产业、林业、农业、交通等各类规划的空间要素和项目安排，对流域、大气和土壤等生态资源开展有针对性的集中治理。例如，对流域开展源头污染整顿、对水下生态修复进行全方位治理，加快推进清洁能源替代工程建设，从而打好大气治理战，通过开展垃圾不落地、创新垃圾处理机制等手段防治土壤污染等等。除此之外，还可以通过在地方设立“山长”“河长”等方法，进一步将环境责任予以明确和落实，从而更加科学有效地提升环境质量，推进供给侧结构性改革。

第三，将培育和发展绿色产业作为供给侧结构性改革的重要抓手。以高效节能减排为目标，优化生产技术和生产工艺，制订绿色审核标准，多管齐下对传统产业进行生态化改造，对改造成功的企业给予一定的奖励和生态补偿，对于改造不合格的进行二次整改或者予以关停，扎实推进传统污染产业向新型绿色产业的改造工作。以建立绿色供应链为手段，提升从生产投入、生产过程到产品和消费的环境要求，大力发展生态型工业、生态型农业、生态型旅游业等生态型产业，形成供给侧结构性改革的新动力、增长极。

## 二　供给侧结构性改革中生态环境优化的切入点和重点

当前我国生态环境的短板主要体现在大气、水和土壤污染严重，生态退化问题突出，资源能源综合利用效率较低等方面。而供给侧结构性改革的实质是转变经济发展方式，其标志是经济产出的质量改进和包括资源环境在内的效率提升。因此，显著降低资源环境负荷、全面改善生态环境质量本身就是供给侧结构性改革的重要内容。生态环境的优化可以起到推进去产能、降成本和补短板的作用，为供给侧改革提供有力支撑，提高经济发展的生态效率，加快实现绿色发展。目前，环境保护工作正处于大改革时期，各项政策亟待优化、整合甚至重构，因此有必要准确把握生态环境优化的切入点和重点。

环境保护促进供给侧结构性改革的主要着力点是强化三大动力：一是推动力，即对生产活动进行从严从紧的环境管制，包括从产业政策和环境影响评价等对落后产能进行更加严格的准入控制等；二是拉动力，即对绿色经济发展给予激励和引导，包括对新能源、新材料等绿色产品的生产给予减税、奖励等鼓励措施；三是行动力，即增强经济体本身的绿色创新能力，包括对循环经济、清洁生产等技术创新活动进行培训和推广等。

这三大动力合起来就构成了环境保护促进供给侧结构性改革的总驱动力①。总之，环境保护促进供给侧结构性改革，就是在新形势下继续发挥环境保护优化经济发展的作用，通过经济体系的绿色化改造，形成环境与经济共生共赢的新型生产结构。

遵循这一思路，我们认为，加快推进生态环境优化，为供给侧结构性改革提供强大支撑可以从以下五个方面着手。

### （一）完善生态环境标准体系，增加制度供应

当前我国的生态环境标准比较匮乏，环境制度供应不足，这对推进生态环境优化造成了制度性障碍，不利于控制污染、改善环境。因此，我国应该大力完善环境标准体系，更好地发挥环境标准在改善环境质量和推进供给侧结构性改革中的作用。

环境标准要与生态红线一起，作为新增产业准入、高能耗重污染产业淘汰的标尺，形成国家标准做“底线”、地方标准高于国家标准、企业标准高于地方标准的环境标准体系。国家环境标准应起到淘汰落后的“切尾巴”作用，企业标准逐步起到行业的领跑者作用，并不断升级为地方标准乃至国家标准。行业标准和企业标准要科学制定，要在对行业和企业整体发展情况及污染治理水平等进行综合考量的基础上，明确标准的适用环境，提高标准实施的可行性，对环境污染贡献大的行业和企业进一步提高污染物排放标准，提高重污染产能门槛。同时，不断完善标准的监测方法，依托达标判定依据，合法合规推进落后产能、污染产能的淘汰，倒逼行业和企业转型升级。

在完善生态环境标准体系的同时，要积极增加制度供应。环境绩效是制度安排的结果。《中共中央、国务院关于加快推进生态文明建设的意见》《生态文明体制改革总体方案》，以及《大气污染防治行动计划》《水污染防治行动计划》《环境保护法》《大气污染防治法》等的出台或修订实施，环境保护督察、党政领导干部生态环境损害责任追究等配套制度的相继实施，构建了生态文明建设的顶层设计图和路线图，迫切需要细化为“施工图”，加快推进制度试点和推广，并以制度形式在全国范围内固定下来。具体来说，要有效实施污染物总量控制制度，加快推行排污许可证制度，严格执行环境影响评价和“三同时”制度，不断完善强制淘汰制度，强化限期治理制度，完善环境监察制度，严格执行突发环境事件应急预案，建立跨省界河流断面水质考核制度等，形成完整的环境保护制度体系。

### （二）严格执行环境监管制度，去除落后产能

生态环境保护支撑供给侧结构性改革的一个重要内容就是做好减法，就是要通过强化环保约束，提高环境准入门槛，严格执行环境标准，并通过排污总量削减有步骤地推动落后产能和过剩产能退出。要按照“源头严防、过程严控、结果严惩”的要求，对环境违法行为实行“零容忍”，坚决严格执行环境监管制度，有效遏制环境问题的出现。

积极开展重点污染源督查抽查工作，针对情节恶劣、偷排漏排、弄虚作假的企业，

---

① 夏光：《环境保护促进供给侧结构性改革》，《环境与可持续发展》2016 年第 2 期，第 1 页。

采取综合手段，始终保持对违法企业的高压态势。坚持以工业企业和工业园区为重点，加强项目建设、试运行、验收全过程监督管理，坚持做好建设项目验收监测和验收受理、拟审批、验收公告，有效促进建设项目的规范管理。在项目管理方面，坚持验收底线，对未批准试生产即投产的项目一律责令停止试生产，对环保设施不配套、总量超标、污染排放不达标、存在环境安全风险隐患的一律不得通过验收。严格执行《环境行政执法后督察办法》，制定后督察工作计划，加大对重点工业园区、重点区域、重点行业及重点案件的督察力度，提高查处违法案件的执行率。对本级政府和环境保护主管部门作出的环境行政处罚决定、行政命令、排污申报及排污费征收等情况进行稽查，切实提高环境行政执法效能，做到排污费征收依法、全面、科学，确保环境问题整改落实到位、处理处罚到位的良好态势。强化责任追究，对领导干部实行离任审计和责任终身追究制度，对那些不顾生态环境盲目决策、造成严重后果的干部，实行终身责任制，解决“形象工程”“政绩工程”以及不作为、乱作为等问题。

### （三）加快产业绿色转型，大力发展绿色经济

生态环境保护支撑供给侧结构性改革的另一个重要内容就是做好加法，就是要大力发展节能环保产业、新能源可再生能源产业等战略性新兴产业，加快推进产业绿色转型，着力发展绿色经济，改变总供给与总需求不匹配的格局。绿色是供给侧结构性改革的方向和标志。供给侧结构性改革本身就是朝着绿色发展和生态文明建设的方向迈进的改革，必须全方位、全过程融入绿色的理念、遵循绿色的要求。

实施各种绿色经济激励政策，推动绿色技术创新和进步，加快产业绿色转型升级，着力推进绿色制造，大力发展以新能源、新材料、可再生能源、环保产业为代表的新兴绿色产业，尽快形成门类齐全、装备先进、富有活力的绿色产业体系，大力发展绿色生产力，补齐绿色发展的短板。加快引入绿色供应链管理理念，通过清洁生产和全生命周期评价，推进资源开发、产品生产、流通、消费乃至最终处置的各环节和全过程绿色化。加快构建覆盖全社会的资源循环利用体系，完善节能减排指标，使经济朝着绿色化方向发展。不断完善绿色信贷、绿色税收、生态补偿和绿色贸易政策，积极研究绿色投资政策，促进重点产业的绿色化生产，加强对环保领域的金融服务和境外投资的引导。以环境标志产品认证为重要手段，以政府绿色采购为重要的推动力量，有针对性地采购绿色产品、节能产品、环境友好型产品，引导公众自觉选择节约环保、低碳排放的消费模式，建立绿色消费体系。积极开展绿色经济国际合作，重点加强绿色技术、绿色实践经验等的交流、共享。

### （四）切实增强绿色创新能力，有效提高环境绩效

大力提升绿色创新能力和环境绩效是促进生态环境优化的重要手段。在创新驱动发展战略下，紧紧围绕资金和人才创新二因素，提高绿色创新研发程度，着力提升绿色科技的创新和应用能力，大幅提高环境管理的信息化能力，提升技术创新对绿色增长的产业化支撑能力。大力发展绿色科技，加大资金投入，推动科技进步和创新，构建节约资

源能源的技术支撑体系，支持能源资源循环利用和可持续使用，突破能源、资源、环境对经济发展的约束。充分发挥政府在资金投入上的主导作用，激励和引导企业真正成为绿色科技研究开发、绿色技术创新活动和绿色创新成果应用的主体。在加大资金投入力度的同时，更要重视人才的巨大作用，不断加强创新人才队伍建设，大力开展人才柔性引进工作，加快绿色创新人才的培养与引进，从根本上解决绿色创新能力不足的问题。此外，要通过市场手段来推动绿色创新能力的提升，建立健全环境产权制度，改革重要资源性产品的价格机制，制定合理的财税政策，将生产和消费领域所产生的环境成本显性化，发展环保市场，激发市场活力和社会创造力，创建有序竞争的绿色产业发展市场环境。积极管理和大力支持政府及企业之外的第三方市场主体参与环境污染治理和生态保护，切实提高市场推动绿色创新和内化环境外部性的能力。优化配置资金、人才、技术等资源，切实提高绿色创新的投入产出效率，同时借鉴国内外发展经验，突出各区域特色，促进环境绩效的快速提升。

### （五）扩大生态产品供给，积极培育绿色消费观念

生态环境优化支撑供给侧结构性改革的一个重要方面就是补短板，而生态产品供给缺乏是我国当前面临的一个重要短板，要坚持“基本、优质、高效、永续”的标准，大力支持绿色环保产业发展，积极引导企业发挥主观能动性，增强生态产品生产能力，大力生产节能环保产品，促进生态产品供给持续增加，切实扩大生态产品的有效和优质供给。积极培育绿色消费观念，通过绿色消费需求来推动绿色供给。不断完善相关法律法规制度，加快创新制度运行的体制机制，健全生态产品有偿使用制度，加快自然资源及其产品价格改革，稳步推进用能权、用水权、排污权、碳排放权初始分配制度，开展交易试点工作。健全生态补偿制度，对因保护生态产品而影响发展的重点生态功能区、环境脆弱区加大转移支付力度，使生态产品的生产者真正得到收益。健全生态损害赔偿制度，开展损害赔偿试点，对造成生态产品功能损害的责任者严格实行赔偿制度。加快形成公平公正开放的市场环境，充分发挥市场在生态产品配置中的决定性作用，突出生态产品价值功能，通过市场力量促进供给与需求的持续有效互动，为绿色生产和绿色消费创造有利条件，使生态产品的生产者得到实惠，广泛调动全社会保护生态产品的积极性，促使其加大生态产品的研发力度，提高技术创新水平，不断提供有利于生态环境治理和优化的新产品，建立有利于生态环境治理和优化的新业态，全面改善环境质量。

## 三　供给侧结构性改革与生态环境的现状和发展趋势

### （一）我国区域生态环境的现状和问题分析

近年来，中国经济进入新常态。过去高耗能高污染经济增长模式累积的遗留问题逐渐显现。以煤为主的能源消费结构带来了二氧化碳、二氧化硫及烟尘、粉尘的大量排放，给环境造成了巨大的压力。

以库兹涅茨曲线为基础的环境经济理论提出，在中国经济高速发展阶段，环境污染难以避免。而随着人均收入的提高，人们对环境保护的支出意愿增强，会主动采取环境友好措施，此即发达国家“先污染后治理”模式的理论基础。

我们应当注意的是，当今中国面临的污染方式、资源条件和国际经济环境已经大相径庭，若不在经济增长的同时采取一定的措施控制环境污染的恶化和保护生态环境，可能会对环境造成不可逆转的影响，所谓的“后治理”只能成为一句空话。

目前，我国的环境问题呈现出一定的特点：一是趋势有所控制，部分地区的环境质量得到了治理和改善；二是污染结构发生了变化，工业污染在整个环境污染中所占的比例有所下降，生活和农业污染的比重有所上升；三是我国的环境污染形势依然严峻，污染物排放量大，受污染程度深，一些地区的环境质量甚至出现恶化。

**1. 我国废水污染现状**

整体而言，2001～2014年我国废水排放的绝对值仍然呈上升趋势，2011～2014年的平均增长率为2.81%。其中，工业废水的排放总量呈现较为明显的改善趋势，排放总量年均下降3.83%，生活废水的增速则较快，年均增速达到了6.06%，并且在废水排放总量中的占比也逐年升高。与此同时，废水排放的质量有所改善，2011～2014年，化学需氧量排放量与氨氮排放量的总量均呈现下降趋势，年均下降速度分别为2.82%与2.89%（见表2－1）。

**表2－1　2001～2014年中国废水污染排放情况**

| 年度＼项目 | 废水排放量(亿吨) | | | 化学需氧量排放量(万吨) | | | 氨氮排放量(万吨) | | |
|---|---|---|---|---|---|---|---|---|---|
| | 合计 | 工业 | 生活 | 合计 | 工业 | 生活 | 合计 | 工业 | 生活 |
| 2001 | 433 | 202.7 | 230.3 | 1404.8 | 607.5 | 797.3 | 125.2 | 41.3 | 83.9 |
| 2002 | 439.5 | 207.2 | 232.3 | 1366.9 | 584.0 | 782.9 | 128.8 | 42.1 | 86.7 |
| 2003 | 460 | 212.4 | 247.6 | 1333.6 | 511.9 | 821.7 | 129.7 | 40.4 | 89.3 |
| 2004 | 482.4 | 221.1 | 261.3 | 1339.2 | 509.7 | 829.5 | 133.0 | 42.2 | 90.8 |
| 2005 | 524.5 | 243.1 | 281.4 | 1414.2 | 554.7 | 859.4 | 149.8 | 52.5 | 97.3 |
| 2006 | 536.8 | 240.2 | 296.6 | 1428.2 | 542.3 | 885.9 | 141.3 | 42.5 | 98.8 |
| 2007 | 556.8 | 246.6 | 310.2 | 1381.8 | 511.0 | 870.8 | 132.4 | 34.1 | 98.3 |
| 2008 | 571.9 | 241.9 | 330.0 | 1320.7 | 457.6 | 863.1 | 127.0 | 29.7 | 97.3 |
| 2009 | 589.2 | 234.4 | 354.8 | 1277.5 | 439.7 | 837.8 | 122.6 | 27.3 | 95.3 |
| 2010 | 617.3 | 237.5 | 379.8 | 1238.1 | 434.8 | 803.3 | 120.3 | 27.3 | 93.0 |
| 2011 | 658.8 | 230.9 | 427.9 | 2499.9 | — | — | 260.4 | — | — |
| 2012 | 684.3 | 221.6 | 462.7 | 2423.7 | — | — | 253.6 | — | — |
| 2013 | 694.9 | 209.8 | 485.1 | 2352.7 | — | — | 245.7 | — | — |
| 2014 | 715.6 | 205.3 | 510.3 | 2294.6 | — | — | 238.5 | — | — |
| 增长率(%) | 2.81 | -3.83 | 6.06 | -2.82 | | | -2.89 | | |

注：1. 2011年环境治理部对统计制度中的指标体系、调查方法及相关技术规定等进行了修订，化学需氧量排放量及氨氮排放量的统计范围扩展为工业源、农业源、城镇生活源、机动车、集中式污染治理设施5个部分，下同。这导致2011年之后的统计数据和2010年之前的汇报数据可比性较弱。2. 增长率是指2011～2014年的平均增长率。

分地区考察2011年与2014年废水排放质量的改善情况。整体而言，从废水中污染物质的排放量来看，全国范围内与2011年相比，2014年以来废水整体质量有所改善。2011～2014年，化学需氧量排放量与氨氮排放量年均下降2.82%与2.89%，呈现出良性变化趋势。分省看，我国大部分省份（除青海和海南外）的废水质量有所改善，化学需氧量与氨氮排放量均保持了下降趋势。这说明近年来我国在废水改善方面有较为明显的进步。分区域考察我国的废水污染物排放情况，从绝对值上看，我国东部地区的化学需氧量排放仍然占较大比重，同时也是改善最为明显的区域，年均下降速度达到了3.5%。氨氮排放量绝对值仍然是东部区域最高，但改善速度最快的则是东北地区，年均下降速度达到了3.6%（见表2－2）。

**表2－2　2011年与2014年全国各地区的化学需氧量和氨氮排放量的变化情况**

| 地区 | 化学需氧量排放量(万吨) | | | 氨氮排放量(万吨) | | |
|---|---|---|---|---|---|---|
| | 2011年 | 2014年 | 增长率(%) | 2011年 | 2014年 | 增长率(%) |
| 全　国 | 2499.86 | 2294.58 | －2.82 | 260.44 | 238.51 | －2.89 |
| 东　部 | 887.76 | 797.82 | －3.50 | 100.69 | 91.19 | －3.25 |
| 北　京 | 19.32 | 16.88 | －4.40 | 2.13 | 1.90 | －3.74 |
| 天　津 | 23.58 | 21.43 | －3.14 | 2.64 | 2.45 | －2.46 |
| 河　北 | 138.88 | 126.85 | －2.98 | 11.43 | 10.27 | －3.50 |
| 上　海 | 24.90 | 22.44 | －3.41 | 5.04 | 4.46 | －3.99 |
| 江　苏 | 124.62 | 110.00 | －4.07 | 15.72 | 14.25 | －3.22 |
| 浙　江 | 81.83 | 72.54 | －3.94 | 11.54 | 10.32 | －3.66 |
| 福　建 | 67.94 | 62.98 | －2.50 | 9.54 | 8.93 | －2.18 |
| 山　东 | 198.25 | 178.04 | －3.52 | 17.29 | 15.50 | －3.58 |
| 广　东 | 188.45 | 167.06 | －3.94 | 23.09 | 20.82 | －3.39 |
| 海　南 | 19.99 | 19.60 | －0.65 | 2.27 | 2.29 | 0.29 |
| 中　部 | 605.73 | 562.78 | －2.42 | 71.23 | 65.40 | －2.81 |
| 山　西 | 48.96 | 44.13 | －3.40 | 5.91 | 5.37 | －3.14 |
| 安　徽 | 95.33 | 88.56 | －2.43 | 10.98 | 10.05 | －2.91 |
| 江　西 | 75.79 | 72.01 | －1.69 | 9.34 | 8.60 | －2.71 |
| 河　南 | 143.67 | 131.87 | －2.82 | 15.38 | 13.90 | －3.32 |
| 湖　北 | 110.47 | 103.31 | －2.21 | 13.12 | 12.04 | －2.82 |
| 湖　南 | 130.52 | 122.90 | －1.99 | 16.50 | 15.44 | －2.19 |
| 西　部 | 631.91 | 595.59 | －1.95 | 61.94 | 58.11 | －2.11 |
| 内蒙古 | 91.90 | 84.77 | －2.66 | 5.39 | 4.93 | －2.93 |
| 广　西 | 79.33 | 74.40 | －2.12 | 8.39 | 7.93 | －1.86 |
| 重　庆 | 41.68 | 38.64 | －2.49 | 5.50 | 5.13 | －2.29 |
| 四　川 | 130.23 | 121.63 | －2.25 | 14.37 | 13.47 | －2.13 |
| 贵　州 | 34.22 | 32.67 | －1.53 | 3.98 | 3.80 | －1.53 |
| 云　南 | 55.47 | 53.38 | －1.27 | 5.93 | 5.65 | －1.60 |
| 西　藏 | 2.68 | 2.79 | 1.35 | 0.33 | 0.34 | 1.00 |
| 陕　西 | 55.77 | 50.49 | －3.26 | 6.34 | 5.82 | －2.81 |

续表

| 地区 | 化学需氧量排放量(万吨) | | | 氨氧排放量(万吨) | | |
|---|---|---|---|---|---|---|
| | 2011 年 | 2014 年 | 增长率(%) | 2011 年 | 2014 年 | 增长率(%) |
| 甘 肃 | 39.66 | 37.32 | -2.01 | 4.26 | 3.81 | -3.65 |
| 青 海 | 10.32 | 10.5 | 0.58 | 0.96 | 0.98 | 0.69 |
| 宁 夏 | 23.37 | 21.98 | -2.02 | 1.8 | 1.66 | -2.66 |
| 新 疆 | 67.29 | 67.02 | -0.13 | 4.68 | 4.59 | -0.65 |
| 东 北 | 374.47 | 338.39 | -3.32 | 26.58 | 23.81 | -3.60 |
| 辽 宁 | 134.34 | 121.7 | -3.24 | 11.11 | 10.01 | -3.42 |
| 吉 林 | 82.47 | 74.3 | -3.42 | 5.82 | 5.31 | -3.01 |
| 黑龙江 | 157.65 | 142.39 | -3.34 | 9.65 | 8.49 | -4.18 |

注：增长率为 2011 ~2014 年平均增长率。

数据来源：2012 年《中国环境统计年鉴》和 2015 年《中国环境统计年鉴》。

### 2. 我国废气污染现状

与废水的持续改进状况稍有不同，我国的废气污染物排放并没有那么乐观。以 2011 ~2014 年为时间样本进行考察，全国的废气排放中，二氧化硫和氮氧化物呈现较为明显的下降趋势。2011 ~2014 年的年均下降速度为 3.8% 与 4.75%。而烟粉尘的排放则呈现恶化趋势。从 2012 年到 2014 年，我国废气中烟粉尘的排放量呈现上升趋势，特别是 2013 ~2014 年，我国废气中烟粉尘的排放量从 1278.1 万吨上升到了 1740.7 万吨，上升绝对量高达 462.6 万吨，上升速度高达 36.2% （见表 2 -3）。

**表 2 -3　2001 ~2014 年全国废气中主要污染物排放量**

| 年度 \ 项目 | 二氧化硫(万吨) | | | 烟粉尘(万吨) | | | 氮氧化物(万吨) | | |
|---|---|---|---|---|---|---|---|---|---|
| | 合计 | 工业 | 生活 | 合计 | 工业 | 生活 | 合计 | 工业 | 生活 |
| 2001 | 1947.2 | 1566.0 | 381.2 | 1069.9 | 852.1 | 217.9 | — | — | — |
| 2002 | 1926.6 | 1562.0 | 364.6 | 1012.7 | 804.2 | 208.5 | — | — | — |
| 2003 | 2158.5 | 1791.6 | 366.9 | 1048.5 | 846.1 | 202.5 | — | — | — |
| 2004 | 2254.9 | 1891.4 | 363.5 | 1095.0 | 886.5 | 208.6 | — | — | — |
| 2005 | 2549.4 | 2168.4 | 381.0 | 1182.5 | 948.9 | 233.6 | — | — | — |
| 2006 | 2588.8 | 2234.8 | 354.0 | 1088.8 | 864.5 | 224.3 | 1523.8 | 1136.0 | 387.8 |
| 2007 | 2468.1 | 2140.0 | 328.1 | 986.6 | 771.1 | 215.5 | 1643.4 | 1261.3 | 382.0 |
| 2008 | 2321.2 | 1991.4 | 329.9 | 901.6 | 670.7 | 230.9 | 1624.5 | 1250.5 | 374.0 |
| 2009 | 2214.4 | 1865.9 | 348.5 | 847.7 | 604.4 | 243.3 | 1692.7 | 1284.8 | 407.9 |
| 2010 | 2185.1 | 1864.4 | 320.7 | 829.1 | 603.2 | 225.9 | 1852.4 | 1465.6 | 386.8 |
| 2011 | 2217.6 | 2017.2 | 200.4 | 1278.8 | — | — | 2404.3 | — | — |
| 2012 | 2117.4 | 1911.7 | 205.7 | 1235.8 | — | — | 2337.8 | — | — |
| 2013 | 2043.7 | 1835.2 | 208.5 | 1278.1 | — | — | 2227.4 | — | — |
| 2014 | 1974.3 | 1740.4 | 233.9 | 1740.7 | — | — | 2078 | — | — |
| 增长率(%) | -3.8 | — | — | 10.8 | — | — | -4.75 | — | — |

注：1. 2011 年环境保护部对统计制度中的指标体系、调查方法及相关技术规定等进行了修订，烟尘排放量和氮氧化物排放量的统计范围扩展为工业、生活、机动车、集中式污染治理设施 4 个部分，下同。这导致 2011 年之后的分源统计数据和 2010 年之前的汇报数据可比性较弱。2. 增长率是指 2011 ~2014 年的平均增长率。

下面分地区考察2011年与2014年我国各地区废气污染物的排放状况。整体而言，全国范围内，二氧化硫排放量与氮氧化物排放量呈现出明显的改善趋势，废气污染物减排的效果比较明显。但是烟粉尘排放量则持续走高，2011年与2014年的年均增长率高达10.83%，成为近年来空气污染和雾霾现象频发的主要原因。值得注意的是，在烟粉尘排放量持续走高的趋势下，北京和云南仍然呈现改善趋势，年均下降幅度分别为4.45%和1.36%（见表2－4）。

**表2－4　2011年与2014年全国各地区废气污染物排放情况**

| 地区 | 二氧化硫排放量(万吨) | | | 氮氧化物排放量(万吨) | | | 烟粉尘排放量(万吨) | | |
|---|---|---|---|---|---|---|---|---|---|
| | 2011年 | 2014年 | 增长率(%) | 2011年 | 2014年 | 增长率(%) | 2011年 | 2014年 | 增长率(%) |
| 全　国 | 2217.91 | 1974.41 | －3.80 | 2404.27 | 2078.02 | －4.74 | 1278.82 | 1740.75 | 10.83 |
| 东　部 | 679.37 | 585.37 | －4.84 | 894.68 | 742.12 | －6.04 | 375.4 | 532.84 | 12.38 |
| 北　京 | 9.79 | 7.89 | －6.94 | 18.83 | 15.10 | －7.09 | 6.58 | 5.74 | －4.45 |
| 天　津 | 23.09 | 20.92 | －3.24 | 35.89 | 28.23 | －7.69 | 7.59 | 13.95 | 22.49 |
| 河　北 | 141.21 | 118.99 | －5.55 | 180.11 | 151.25 | －5.65 | 132.25 | 179.77 | 10.77 |
| 上　海 | 24.01 | 18.81 | －7.81 | 43.54 | 33.28 | －8.57 | 8.98 | 14.17 | 16.42 |
| 江　苏 | 105.38 | 90.47 | －4.96 | 153.57 | 123.26 | －7.07 | 52.74 | 76.37 | 13.13 |
| 浙　江 | 66.20 | 57.40 | －4.64 | 85.91 | 68.79 | －7.14 | 32.33 | 37.97 | 5.51 |
| 福　建 | 38.92 | 35.60 | －2.93 | 49.45 | 41.17 | －5.93 | 22.53 | 36.79 | 17.76 |
| 山　东 | 182.74 | 159.02 | －4.53 | 179.03 | 159.33 | －3.81 | 78.38 | 120.81 | 15.51 |
| 广　东 | 84.77 | 73.01 | －4.86 | 138.81 | 112.21 | －6.85 | 32.42 | 44.95 | 11.51 |
| 海　南 | 3.26 | 3.26 | 0.00 | 9.54 | 9.50 | －0.14 | 1.58 | 2.32 | 13.66 |
| 中　部 | 523.43 | 464.13 | －3.93 | 585.89 | 497.23 | －5.32 | 337.69 | 450.42 | 10.08 |
| 山　西 | 139.91 | 120.82 | －4.77 | 128.6 | 106.99 | －5.95 | 112.99 | 150.68 | 10.07 |
| 安　徽 | 52.95 | 49.30 | －2.35 | 95.91 | 80.73 | －5.58 | 45.22 | 65.28 | 13.02 |
| 江　西 | 58.41 | 53.44 | －2.92 | 61.23 | 54.01 | －4.10 | 39.6 | 46.23 | 5.30 |
| 河　南 | 137.05 | 119.82 | －4.38 | 166.54 | 142.20 | －5.13 | 66.82 | 88.21 | 9.70 |
| 湖　北 | 66.56 | 58.38 | －4.28 | 66.97 | 58.02 | －4.67 | 34.62 | 50.40 | 13.34 |
| 湖　南 | 68.55 | 62.37 | －3.10 | 66.64 | 55.28 | －6.04 | 38.44 | 49.62 | 8.88 |
| 西　部 | 808.98 | 741.00 | －2.88 | 678.57 | 620.49 | －2.94 | 387.61 | 518.56 | 10.19 |
| 内蒙古 | 140.94 | 131.24 | －2.35 | 142.19 | 125.83 | －3.99 | 73.99 | 102.15 | 11.35 |
| 广　西 | 52.10 | 46.66 | －3.61 | 49.4 | 44.24 | －3.61 | 28.83 | 40.29 | 11.80 |
| 重　庆 | 58.69 | 52.69 | －3.53 | 40.26 | 35.50 | －4.11 | 18.10 | 22.61 | 7.70 |
| 四　川 | 90.20 | 79.64 | －4.07 | 67.49 | 58.54 | －4.63 | 38.59 | 42.86 | 3.56 |
| 贵　州 | 110.43 | 92.58 | －5.71 | 55.32 | 49.11 | －3.89 | 30.35 | 37.79 | 7.58 |
| 云　南 | 69.12 | 63.67 | －2.70 | 54.85 | 49.89 | －3.11 | 38.22 | 36.68 | －1.36 |
| 西　藏 | 0.42 | 0.42 | 0.00 | 4.06 | 4.83 | 5.96 | 1.00 | 1.39 | 11.60 |
| 陕　西 | 91.68 | 78.10 | －5.20 | 83.17 | 70.58 | －5.32 | 46.34 | 70.91 | 15.23 |
| 甘　肃 | 62.39 | 57.56 | －2.65 | 48.09 | 41.84 | －4.53 | 23.62 | 34.58 | 13.55 |
| 青　海 | 15.66 | 15.43 | －0.49 | 12.41 | 13.45 | 2.72 | 13.83 | 23.99 | 20.15 |
| 宁　夏 | 41.04 | 37.71 | －2.78 | 45.82 | 40.40 | －4.11 | 21.55 | 23.92 | 3.54 |

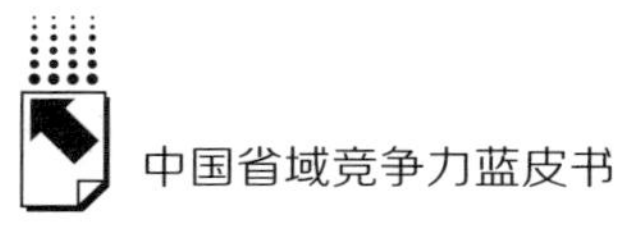


续表

| 地区 | 二氧化硫排放量(万吨) | | | 氮氧化物排放量(%) | | | 烟(粉)尘排放量(%) | | |
|---|---|---|---|---|---|---|---|---|---|
| | 2011 年 | 2014 年 | 增长率(%) | 2011 年 | 2014 年 | 增长率(%) | 2011 年 | 2014 年 | 增长率(%) |
| 新　疆 | 76.31 | 85.3 | 3.78 | 75.51 | 86.28 | 4.54 | 53.19 | 81.39 | 15.23 |
| 东　北 | 206.13 | 183.91 | -3.73 | 245.13 | 218.18 | -3.81 | 178.12 | 238.93 | 10.29 |
| 辽　宁 | 112.62 | 99.46 | -4.06 | 106.28 | 90.2 | -5.32 | 69.32 | 112.07 | 17.37 |
| 吉　林 | 41.32 | 37.23 | -3.41 | 60.47 | 54.92 | -3.16 | 43.22 | 47.51 | 3.20 |
| 黑龙江 | 52.19 | 47.22 | -3.28 | 78.38 | 73.06 | -2.32 | 65.59 | 79.35 | 6.55 |

注：数据来源于 2012 年《中国环境统计年鉴》和 2015 年《中国环境统计年鉴》。

从分区域大气污染物排放状况来看：绝对值上，我国西部地区的二氧化硫排放仍然占据了较大的比重，而改善最为明显的则是东部地区，年均下降速度达到了 4.84%。氮氧排放量绝对值仍然是东部地区最高，同时也是改善速度最快的一个区域，年均下降速度达到了 6.04%。与此同时，从环境恶化指标烟粉尘排放的绝对量看，所有区域都呈现快速恶化趋势，增长速度均高达 10% 以上，绝对量上仍然以东部和西部地区排放为主（见图 2－1）。

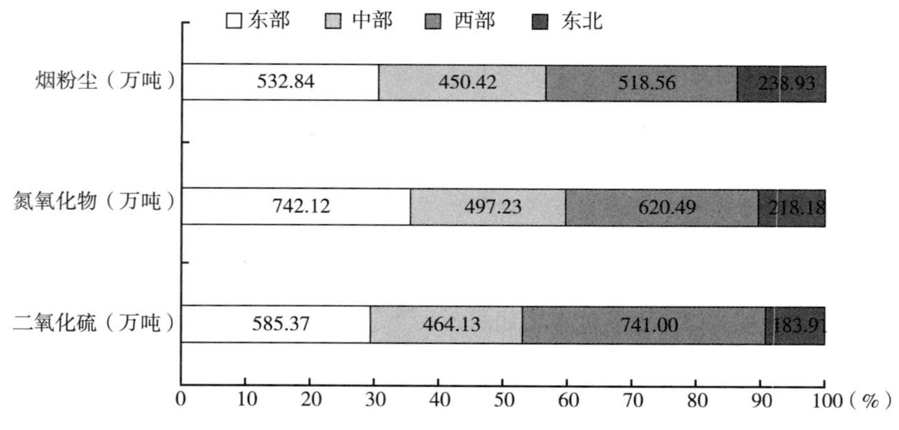


**图 2－1　2014 年我国不同区域大气污染物排放情况**

进一步分省考察我国的废气排放情况，工业废气排放总量居全国前十位的省份分别是河北、江苏、山东、河南、内蒙古、山西、辽宁、广东、安徽和浙江。其中东部省份占了 5 个，中部省份 3 个，西部省份和东北省份各 1 个（见图 2－2）。这与各区域的工业经济发展相一致。东部区域作为经济最为发达的地区，排放的绝对值也最高。

二氧化硫排放量居全国前十的省份包括山东、内蒙古、山西、河南、河北、辽宁、贵州、江苏、新疆和四川。其中山东、内蒙古、山西、河南等二氧化硫排放靠前的省份均为煤炭资源和重工业集中的省份（见图 2－3）。

烟粉尘排放量居全国前十的省份包括河北、山西、山东、辽宁、内蒙古、河南、新疆、黑龙江、江苏和陕西（见图 2－4）。

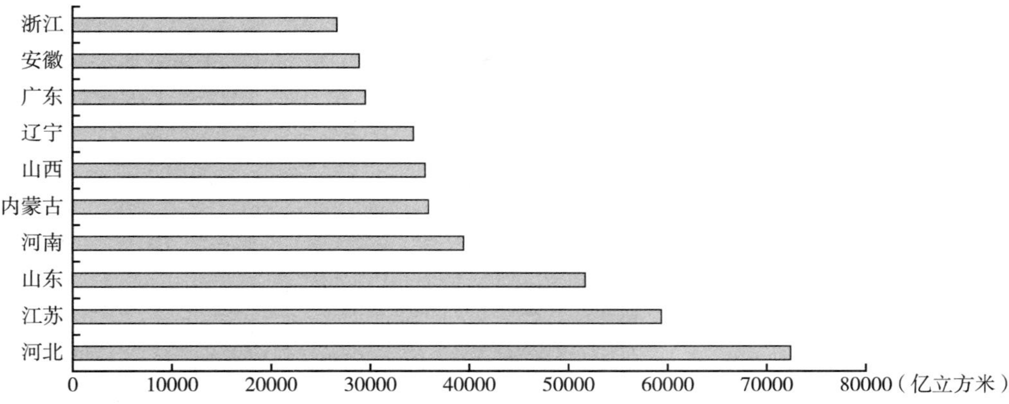


**图 2－2　2014 年我国工业废气排放排名前十的省份**

资料来源：2015 年《中国环境统计年鉴》。

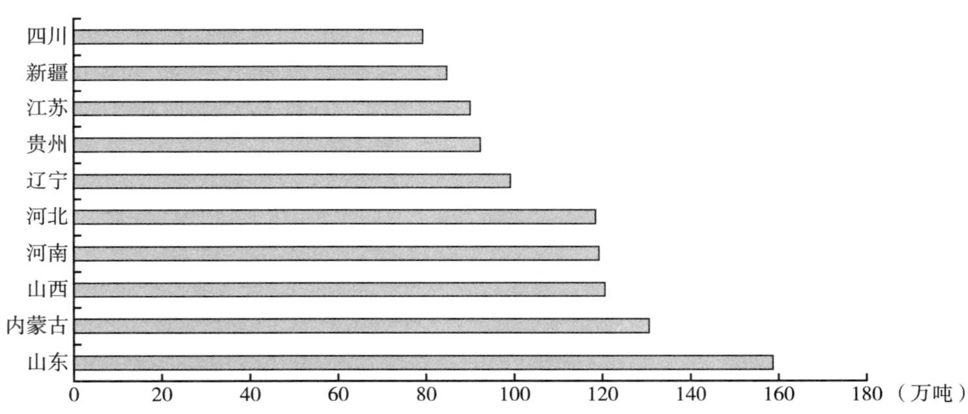


**图 2－3　2014 年我国二氧化硫排放排名前十的省份**

资料来源：2015 年《中国环境统计年鉴》。

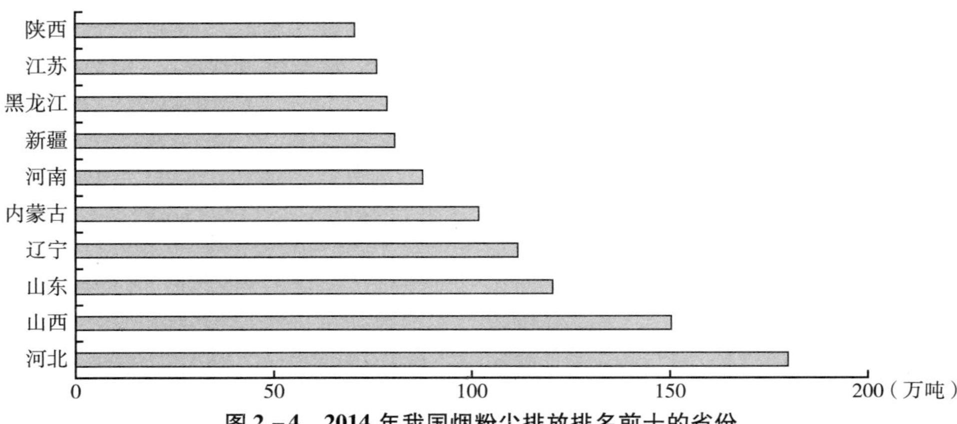


**图 2－4　2014 年我国烟粉尘排放排名前十的省份**

资料来源：2015 年《中国环境统计年鉴》。

从增长率的角度考察各省烟粉尘的排放情况，增长速度（恶化速度）排前十位的省份包括天津、青海、福建、辽宁、上海、山东、陕西、新疆、海南和甘肃。增长速度均超过了13%。其中山东、辽宁、陕西和新疆四个省份无论从烟粉尘排放的绝对值还是恶化速度看，均排名靠前，应当是未来烟粉尘防治的重点区域（见图2－5）。

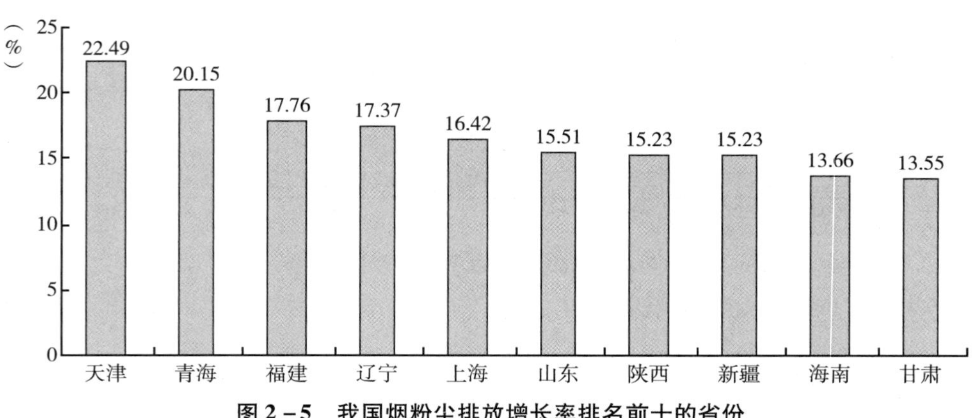


**图2－5　我国烟粉尘排放增长率排名前十的省份**

## （二）我国经济结构现状与生态环境保护的现实矛盾

### 1. 经济结构现状决定了不合理的能源消费结构

经济结构、社会发展程度以及一定的科技水平下可利用的能源状况决定了一国的能源消费结构，而能源消费结构在很大程度上影响甚至决定着一国的环境。因而，经济结构与生态环境保护之间存在千丝万缕的联系，这种联系在相当大程度上通过能源消费结构产生影响。

在世界范围内，经济发展的进程伴随着能源消费结构的不断变迁。18世纪的工业革命使煤成为工业化国家早期的主要能源。19世纪内燃机的发明与电力的应用，使得石油在20世纪取代煤成为发达国家的主要能源。20世纪70年代爆发的石油危机带来了油价暴涨，从而给西方国家带来巨大冲击，同时也刺激了新油田的勘探开发与能源技术的进步。之后，发达国家通过进一步改变能源结构，提高能源效率，通过能源多样化减少对石油的依赖，如发展核电、开发清洁煤技术、开发可再生能源等。在这一进程中，世界历史经历了以农业为主导的经济发展模式逐渐转变为工业占据绝对优势的经济模式，直至现在，高新技术行业和第三产业逐渐成为经济的主导。在这一进程中能源消费结构也呈现不断清洁化的趋势。在大的历史趋势下，经济结构通常与能源消费结构协调发展，在经济结构与能源消费结构不断优化的过程中，过去高污染高耗能的发展模式对环境影响的外部性不断显现出来，并且成为我国亟须解决的现实问题。

从经济结构上看，第二产业一直是占经济主导地位的产业。随着近年来产业结构的不断升级和优化，第三产业的产值比重不断增加。以2014年为例，三大产业产值占GDP的比重分别为9.5%、43.1%和47.8%。在三大产业中，又以第二产业的能源消耗量最为突出，是经济结构对环境产生影响的集中体现（见图2－6）。

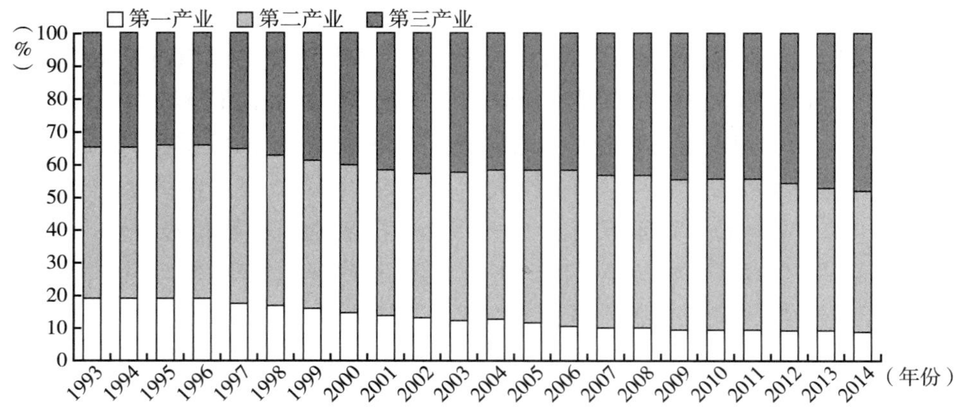


**图2－6　1993～2014年我国经济结构变化趋势**

数据来源：CEIC中国经济数据库，笔者整理制图。

进一步对行业的能源消费进行细分，根据《中国统计年鉴》的分类，第一产业具体为农、林、牧、渔、水利业，第二产业包括工业，采掘业，制造业，电力、煤气及水生产和供应业，建筑业，第三产业包括交通运输、仓储和邮政业，批发、零售业和住宿、餐饮业，其他行业以及生活消费等大部门。

从图2－7可以看出，总体来说各行各业的能源消费量在1993～2014年均有所增加，其中工业能源消费量在行业的总能源消费量中占据了绝大多数，并且保持了比较明显的上升趋势。工业能源消费量从1993年的755.8百万吨标准煤上升到2014年的2956.86百万吨标准煤，涨幅高达291.2%。单从涨幅看，建筑业的增长也十分迅速。从1993年的226.99百万吨标准煤上升到2014年的4488.05百万吨标准煤，涨幅高达1877.2%。

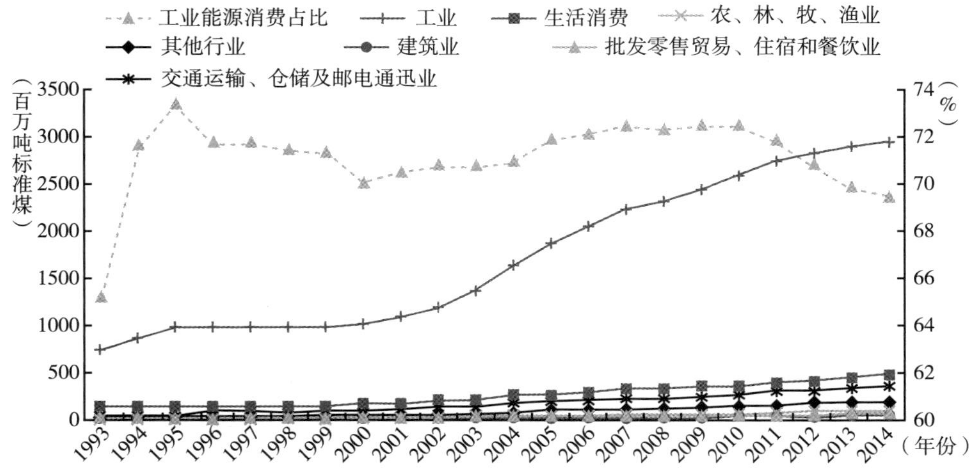


**图2－7　1993～2014年我国各行业能源消费总量**

观察我国产业结构与能源消费结构的变化趋势，可以发现二者存在一定的相似性。从1980年至2014年，第一产业占GDP的比重一直呈现直线下降趋势，2010年以后，第一产业的占比逐渐趋于稳定，保持在9%左右。第二产业产值在经济中一直处于优势地位，2012年以后，随着第三产业的快速发展，这种优势地位逐渐被打破，第三产业取代第二产业成为经济的主导。与产业结构变化相类似的是，煤炭在中国一次能源消费中一直处于绝对主导地位，比重保持在65%以上。随着国家对绿色经济和绿色发展问题的重视程度提高，煤炭占比逐渐下降，但绝对量仍然处于上升趋势。与此同时，受到国家政策的大力支持，可再生能源和清洁能源的占比逐渐增加，并在2013年以后达到了10%以上。“十一五”期间，我国产业结构调整进展较慢。第三产业增加值占国内生产总值的比重低于预期，重工业占工业总产值的比重由68.1%上升到70.9%，高耗能、高排放产业增长过快，结构性节能目标没有实现。高比例开采和消费煤炭，带来二氧化碳、二氧化硫及烟粉尘的大量排放，给环境带来了巨大的压力（见表2－5）。

**表2－5　1980～2014年我国产业结构与能源消费结构变化**

单位：%

| 年份＼项目 | 第一产业 | 第二产业 | 第三产业 | 煤炭 | 石油 | 天然气 | 其他 |
|---|---|---|---|---|---|---|---|
| 1980 | 29.6 | 48.1 | 22.3 | 72.2 | 20.7 | 3.1 | 4.0 |
| 1985 | 27.9 | 42.7 | 29.4 | 75.8 | 17.1 | 2.2 | 4.9 |
| 1990 | 26.6 | 41.0 | 32.4 | 76.2 | 16.6 | 2.1 | 5.1 |
| 1995 | 19.6 | 46.8 | 33.7 | 74.6 | 17.5 | 1.8 | 6.1 |
| 2000 | 14.7 | 45.5 | 39.8 | 68.5 | 22.0 | 2.2 | 7.3 |
| 2005 | 11.6 | 47.0 | 41.3 | 72.4 | 17.8 | 2.4 | 7.4 |
| 2010 | 9.5 | 46.4 | 44.1 | 69.2 | 17.4 | 4.0 | 9.4 |
| 2011 | 9.4 | 46.4 | 44.2 | 70.2 | 16.8 | 4.6 | 8.4 |
| 2012 | 9.4 | 45.3 | 45.3 | 68.5 | 17.0 | 4.8 | 9.7 |
| 2013 | 9.3 | 44.0 | 46.7 | 67.4 | 17.1 | 5.3 | 10.2 |
| 2014 | 9.1 | 43.1 | 47.8 | 65.6 | 17.4 | 5.7 | 11.3 |

资料来源：《BP能源统计年鉴》，2016年。

值得注意的是，现阶段中国的能源消费中，煤炭仍然占据了主导地位。根据BP2016年的统计数据，2015年，中国的能源消费中，煤炭的占比为64%，居于绝对主导地位，此外，石油的占比仅次于煤炭，为19%。对环境影响较小的核能、水电、新能源，三项加起来占比为11%。在中国，以煤为主的能源消费结构难以改变（见图2－8）。

从以上分析可以看出，在推进环境保护的过程中，为了减少化石能源消费，调整能源消费结构，调整产业结构将会是一个有效的政策手段。通过提高某些产业的进入门槛，清除规模小、能耗高、能源利用效率低的作坊式经营单位，同时调整产业内部结构，严格控制高耗能、高污染行业的项目建设和过快发展，优先发展那些科技含量高、低能耗、低污染的行业，能够在较大程度上实现能源结构的优化，从而达到环境保护的目的。

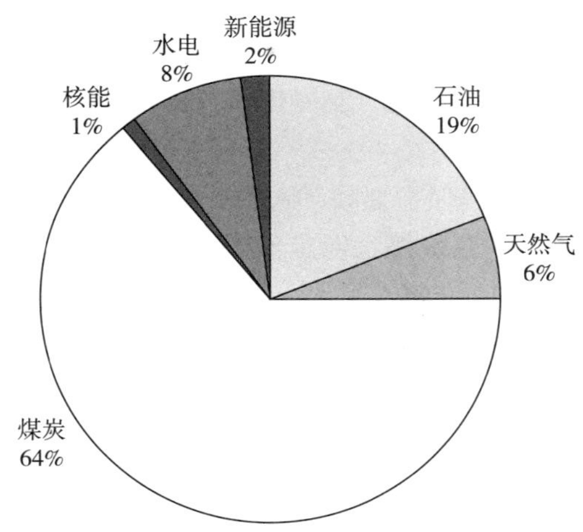


**图 2－8　2015 年我国能源消费结构**

**2. 经济社会发展目标与环境保护目标相冲突**

在以工业作为经济支撑和煤炭作为主要能源的背景下，在较大程度上，经济的增长是以环境的牺牲为代价。格罗斯曼和克鲁格（G. Grossman&A. Kureger）1991 年提出的环境库兹涅茨曲线，第一次直观地揭示了环境污染与经济增长之间的关系。该曲线说明，一个国家的整体环境质量或污染水平，会随着经济增长和经济实力的积累呈先恶化后改善的趋势，也即经济增长和环境污染之间呈先污染后治理的倒 U 形曲线关系。发达国家“先污染后治理”的传统经济增长模式证实了环境库兹涅茨曲线的正确性，但是在中国，“先污染后治理”的传统模式能否行得通，需要更进一步的考虑。

首先，我们应当承认的是，今天中国面临的污染方式、资源条件和国际经济环境已经与以往大为不同。在庞大的人口压力下，大规模高速度的经济增长和能源消费可能会使环境污染接近或者超过资源和环境的临界点，很难逆转。

其次，如果今后能源价格愈走愈高，传统的“先污染后治理”除成本更高之外，也可能不一定真正走得通。

再次，发达国家倒 U 形曲线的快速实现通常以不发达国家的加速污染为代价，即污染生产转移。中国目前的经济结构和收入水准以及中国的国家性质决定了中国不可以把高污染产品生产转向其他不发达国家，而基于中国的经济规模，世界上也很难有地方可以接受中国生产的转移。环境恶化的曲线上升区域可能需要很长时间，拐点会推迟到来。

因此，我们必须在经济增长和环境保护之间寻找一个平衡点。大气污染是环境污染最现实、最受重视的问题。我国工业化的发展以及以煤为主的能源结构，造成工业废气、烟粉尘以及汽车尾气排放迅速增加，我国大中型城市的空气质量形势越来越严峻。2013 年初，我国首次评估城市空气质量管理绩效，根据环境公报发布的评估结果，空气质量好的城市仅占 10. 67%，差的城市占 75. 80%，极差的城市高达 13. 52%。特别是 2016 年冬全国性的恶劣雾霾天气，为我国环境污染敲响了警钟，激发了全社会的环保意识。

因此，对中国而言，从可持续发展的角度必须从现在起花大气力防治和治理某些环境污染，全面改变高耗能高污染行业的发展现状，这可能意味着要牺牲GDP增速，是政府需要全面考虑并加以取舍的方面。

在理论上，经济发展与环境保护之间存在博弈。从经济学的角度出发，中国经济发展的一个重要保障是低廉的能源价格，但是低廉的能源价格可能会引致能源的过量消费，而化石能源的过量消费则可能带来环境的污染。因此，从环境保护的角度出发，需要在一定程度上提升能源价格，使其能够反映能源的稀缺性，从而实现节能减排（见表2-6）。

**表2-6　经济结构与环境保护的矛盾体现**

| 发展目标 | 能源结构 | 能源价格 |
| --- | --- | --- |
| 经济发展(经济结构) | 较高的煤炭比例 | 较低的能源价格 |
| 环境保护 | 较低的煤炭比例 | 较高的能源价格 |

## （三）供给侧结构性改革的基础与发展趋势分析

供给侧结构性改革是指从提高供给质量的角度出发，用改革的办法推进结构调整，矫正要素配置扭曲，扩大有效供给，提高供给结构对需求变化的适应性和灵活性，从而提高全要素生产率，以期更好地满足广大人民群众的需要，同时促进经济社会持续健康发展。对于环境保护而言，供给侧结构性改革的意义在于改善“供需错位”和“资源错配”的现状。经历了长期的高速发展历程，中国经济已经出现了较为明显的瓶颈和制约因素，供给侧改革即要解决这些问题，未来将呈现如下发展趋势。

**1. 部分行业产能过剩压力仍然较大**

目前产能过剩比较严重的行业分别是电解铝、电石、焦炭、水泥、平板玻璃、钢铁、造船等行业。这些行业的产能利用率均低于75%，低于合理的产能利用率标准①。2013年，水泥、粗钢、平板玻璃、造船业的产能利用率分别为75.7%、74.9%、73.5%和65.7%。尽管多数传统行业总体产能严重过剩，但也存在结构性产能不足，如平板玻璃中的电视机用大平板、玻璃基板等多数还是依靠进口。

**2. 重工业化主导的产能扩张可能引发中国经济结构性问题**

过去十年中国经济的迅速增长以重工业的快速扩张为前提，第二产业一直是中国经济的主导，中国经济重工业化程度偏高，而高耗能高排放的特征也成为中国经济绿色发展的制约，需要依靠新的技术寻找新的经济增长点。现在，随着工业化进程的逐渐减缓，中国的城镇化率已经发展到一定程度，城镇化率虽然仍有提升的空间，但高速发展的阶段已经过去。城镇居民的消费将再度升级，逐步从改善型耐用消费品转变为服务类

① 合理的产能利用率标准：国际经验值为80%~81%，国家发展改革委标准为80%~85%。

消费品。这意味着中国的经济结构由依靠物质能源消耗向主要依靠科技进步、劳动力素质提高、管理创新的方向转变。

**3. 投资主导型的粗放增长模式亟须改变**

20 世纪 80 年代，中国资本形成总额占 GDP 约 30%。1992 年以后，这一比例迅速上升，2002 年以后，除少数年份外，投资率均超过最终消费率。2013 年时，投资率达到 48.9%。

比较来看，发达国家的投资率普遍在 25% 以内，2013 年，我国投资率则接近 50%，较金砖国家印度、巴西分别高了 13.9% 和 29.7%。

长期高强度的投资引致的后果主要表现为两个方面。一是产能增长超过需求消化能力，特别是在外在因素冲击带来需求动荡时，产能过剩的风险大幅增加。历史经验也表明，在 20 世纪末亚洲金融危机和 2008 年国际金融危机带来的外需冲击下，需求波动直接造成了产能无处消化，形成产能过剩现象。二是随着投资率的不断上升，投资回报率将会呈现边际收益递减效应。高强度投资与投资回报率递减效应叠加，企业和政府投资主体必然倾向于以更大规模的投资维持利润目标，进一步恶化了产能过剩。

**4. 政府与市场关系的失衡将制约中国经济的进一步发展**

在市场经济体制下，市场在资源配置中起着决定性的作用，政府的活动范围则以弥补市场失灵为界。但是由于中国经济中占较大比重的国有经济决定了中国在处理市场与政府的关系中，必须加强政府的宏观调控能力。特别是在经济受到外在因素冲击的时候，政府几乎都会主导大规模的投资，为中国经济的可持续发展能力带来隐患，同时也助长了产能过剩的风险。

政府过度参与市场活动还会造成市场价格机制的失灵。在完善的市场经济条件下，所有的商品都能通过市场实现价格和需求的出清，达到市场均衡。而政府的参与会导致价格的扭曲，造成效率损失。从中国的具体国情来看，价格扭曲主要体现在以下几个方面：资源价格不能反映资源市场供求关系和稀缺程度，环境成本没有完全内部化；工业用地市场没有市场价格定价机制，价格被长期人为压低；劳动力价格尤其是制造行业的劳动力价格明显处于较低水平，劳动力成本与劳动生产率不匹配；信贷资金成本相对较低。在一些特定的能源市场，由于存在行政垄断和政治考虑，价格长期被低估，造成了市场的严重扭曲和效率损失。中国经济目前存在的主要问题必须通过一系列的改革来解决，因此，中国供给侧结构性改革总体而言应该以经济转型为主线。总体而言，通过结构性改革要实现的经济转型目标主要包括：克服国民经济比例失调和转变经济发展方式，由出口拉动、投资拉动向消费、出口协调拉动转变，由主要依靠第二产业带动向第一、第二、第三产业协同带动转变，由主要依靠增加物质能源消耗向主要依靠科技进步、劳动力素质提高、管理创新转变。这两个目标互相促进，克服重大经济比例失调包括基本收入差距扩大是转方式的必要前提①。同时在以上两个目标的基础上，政府管制逐渐退出市场，为市场化创造空间。因此，中国的结构性改革也应当是综合性的，可以

① 郎丽华、周明生：《结构性改革与宏观经济稳定》，《经济研究》2012 年第 8 期，第 152 ~ 160 页。

通过各个领域的结构性改革来实现中国经济转型的主要目标。通过综合的结构性改革能够从根本上优化中国的产业结构，从而达到调整能源消费结构、实现环境保护的初衷。

**5. 供给侧结构性改革将在绿色低碳行业有更大的作为**

供给侧改革的明确提出，也使得社会的目光更多地关注中国产业的“供需错位”和“资源错配”现象。人们开始更积极地关注传统高耗能、高污染、高排放产业的过度发展对生态环境和自然资源的损害。大面积的区域和城市雾霾、大范围的水环境质量下滑，促进了对供给侧粗放型产业结构、高消耗能源结构的反思和重视。从能源消费结构看，2015 年以来，能源消费“总量控制”理念取得了较好的实施效果。煤炭占能源消费的比重呈现明显的下降趋势，取而代之的是清洁能源比重的上升。各类工业能耗也呈现下降趋势，排放情况整体向好。根据国家统计局的数据，2015 年全年能源消费总量 43.0 亿吨标准煤，比上年增长 0.9%。煤炭消费量下降 3.7%，原油消费量增长 5.6%，天然气消费量增长 3.3%，电力消费量增长 0.5%。全国万元国内生产总值能耗下降 5.6%（见图 2－9）。工业企业每吨粗铜综合能耗下降 0.79%，每吨钢综合能耗下降 0.56%，单位烧碱综合能耗下降 1.41%，每吨水泥综合能耗下降 0.49%，每千瓦时火力发电标准煤能耗下降 0.95%。结构性改革初见成效。随着供给侧结构性改革的进一步推进，通过调整落后产能、压缩低端产品、补齐环境短板，环境问题将会得到进一步改善。

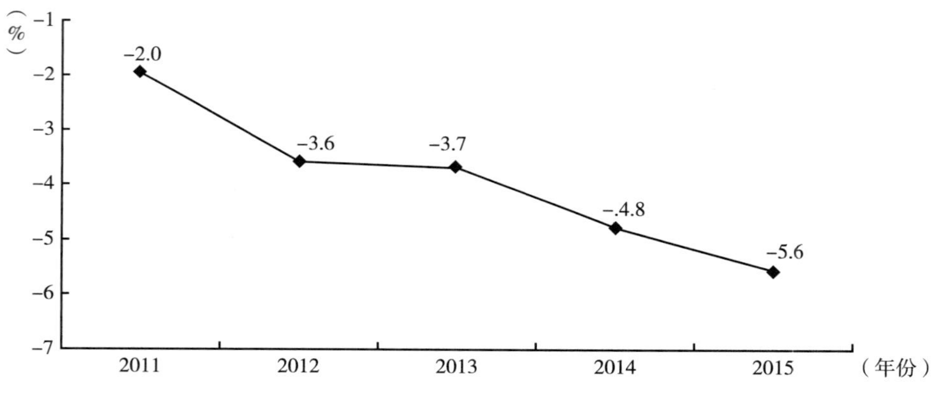


**图 2－9　2011～2015 年万元 GDP 能耗趋势**

供给侧结构性改革与环境保护存在一致的出发点，那就是绿色低碳发展。环境保护的初衷和最终目标是实现绿色低碳发展，而对供给侧结构性改革而言，绿色低碳发展所带来的资源环境约束将会直接影响供给侧价格改革的价值取向。因此，未来供给侧结构性改革的发展路径将是通过严格的环境保护制度强化对低端产业发展的约束，推动供给侧结构性改革的绿色发展导向，形成低碳循环和减量化的经济发展方式，形成绿色低碳环保的发展方式和生活方式，在满足人类需求无限性与资源环境生态供给可持续性中寻求最佳配置。未来，供给侧结构性改革将在绿色低碳行业有更大的作为。

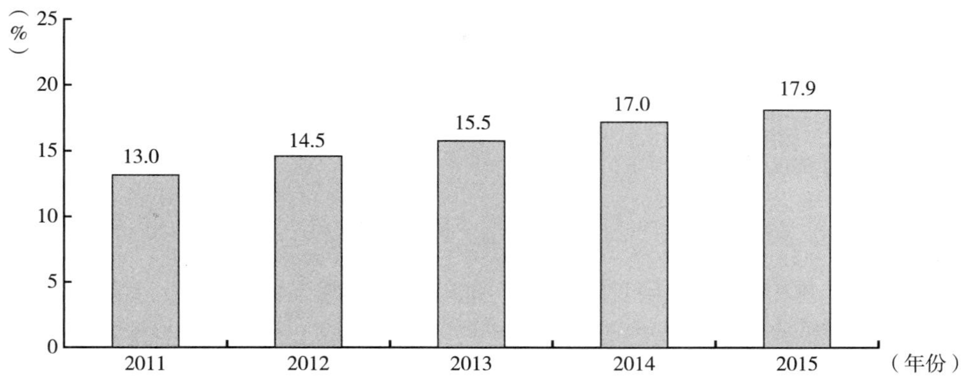


**图 2－10　2011～2015 年清洁能源消费量占能源消费总量比重**

## 四　环境保护支撑供给侧结构性改革的政策建议

### （一）切实转变政府职能，充分发挥政府主导作用

促进生态环境的治理和优化既是重要的生态问题，也是重要的经济问题、民生问题和社会问题，政府是生态环境保护的第一责任人。良好的生态环境是重要的公共产品和公共服务，市场在公共产品领域有可能是失效的，完全依赖市场来解决生态环境不切实际也不可行，政府必须参与其中，而且应该要主导生态环境的治理和优化。当然，政府主导并不是要否定市场和企业的作用和责任，企业在生态产品供给上仍然是主体，市场在生态产品交易上也发挥着决定性的作用。

政府的主导作用主要体现在加快与环境保护相关的体制机制改革、制定严格的环境标准、强化环境监管和执法、倒逼落后产能和过剩产能退出、加大生态产品供给等方面。实现这一目标就要求政府切实转变职能，简政放权、优化服务，强化政府的组织引导和政策配套，着力解决那些单靠市场力量不能有效解决的问题。同时，要求政府部门在法治的轨道上强化解决环境污染问题，坚持依法保护环境。

### （二）运用市场化、法制化手段解决结构性矛盾

在生态环境治理和优化领域，政府虽然发挥着主导作用，但是市场仍然起着至关重要的作用，尤其是在生态产品的交易中起着基础性作用。要充分借力供给侧资本要素、资源要素改革，加快推动绿色金融体制机制建设，着力推进生态系统服务和自然资源资产核算与生态补偿机制，积极探索生态产品价值实现的机制与路径，引导资本投入绿色产业体系和绿色产品生产，推进合适的自然资源资产和生态产品进入市场交易，通过市场化、法制化的手段来解决结构性矛盾。

要使市场能够充分发挥作用，就要加快出台相关政策法规和制度，明确市场在生态

环境治理和优化中的地位，积极推进政府和社会资本合作（PPP）模式，引导资本流动，充分利用绿色信贷、绿色投资等措施，引导资本和要素向节能环保领域流动。此外，要将生态环境作为内生变量，纳入供给侧改革要素中，促进环境保护成本的内部化。要改革财税制度，充分发挥资源税、消费税、环境税的调节作用，推动整个财税体系向绿色化方向转变。

### （三）推进绿色供应链创新与实践，加快构建绿色供应链产业体系

绿色供应链作为一种创新型管理工具，能够充分发挥市场的作用，引导各行业企业采购污染排放少、环保绩效高的原材料和产品，从而促使上游更多的企业主动遵守环境法规，采取环保措施，实现整体产业的绿色升级和可持续发展。绿色供应链注重对环境的保护，充分考虑了供应链中各个环节的环境问题，对构建高效、清洁、低碳、循环的绿色制造体系，促进传统产业转型升级，推进经济与环境的协调发展，改善环境质量和推动供给侧结构性改革发挥着至关重要的作用。

我们应该加快推进绿色供应链创新与实践，抓紧出台一系列的政策法规、指导意见、相关指南等，加强政策引导，促进各行业企业积极参与和实施绿色供应链管理制度，充分发挥企业的创新主体作用，同时积极鼓励公众参与，形成政府引导、行业指导、企业践行、市场评判、公众参与的绿色供应链管理模式。此外，以某些制造业行业为试点，积极探索实践绿色供应链模式，然后总结经验不断扩大范围，为构建绿色制造体系提供支撑。从制造业再进一步扩展到服务业，不断推进各行业供应链的绿色化，实现产业绿色转型。

### （四）加强全球环境治理合作

环境问题蔓延的无国界性和环境污染传导的全球性决定了生态环境保护是全人类共同的责任，关系到世界上的每一个国家、每一个公民，需要各个国家和全体公民全面参与，共同携起手来积极推动国际环境问题谈判和开展全球合作。我们要超越狭隘的国家利益理念的束缚，通过“一带一路”倡议的深入推进，加大“走出去”战略实施力度，不断加强与其他国家、国际组织的环境合作，逐步与它们建立起有效的合作模式，积极引进、借鉴先进的环境保护理念、管理模式、污染治理技术和资金，促进我国环境保护事业的健康发展。同时，采取更高的环境标准、生态标准，有效防范生态环境风险，加快促进环保技术和产业“走出去”，不断加大我国生态产品与服务的国际供给，积极拓展国际环保市场。加快推进绿色贸易，健全与新的国际贸易投资规则相适应的绿色供应链管理制度，加快形成各国深度融合、互利共赢的环保制度体系，为更好地解决全球环境问题作出应有的贡献。

### （五）培养公民的环保意识和绿色消费观念

随着我国环境保护事业的进一步发展，生态文明建设的加快推进，人们对环境问题的认识不断深化，关注面不断扩大，公民的环保意识和绿色消费观念被极大激发，民众

更加积极主动地参与环境保护，形成更为良好的生活方式和消费习惯。今后，我们应该继续加大环境保护和生态文明建设的宣传力度，倡导实施全民生态环境保护行动计划，促进公众自觉、自愿保护环境，显著增强全社会的环保意识。充分发挥政府绿色采购的引导作用，积极培育和壮大绿色消费市场，进而传导至供给侧，促进供给侧更多地提供生态产品和服务，强化公民绿色消费、可持续消费的观念。通过互联网、大数据等手段，建立统一的信息发布平台，不断加强环保信息公开，为民众参与和监督环境治理和保护提供技术支撑。

# B.35 专题三 供给侧结构性改革与中国区域产业转型升级研究

我国区域产业发展整体保持向好态势，但也面临较大的发展压力，其中结构性问题尤为突出。对此，如何解决产业结构调整中存在的问题，成为产业发展必须要考虑的重要议题。本文主要从区域产业结构的现状及存在的问题出发，对推进供给侧结构性改革、加快区域产业转型升级进行深入研究，着重分析了供给侧结构性改革对区域产业转型升级的重要性和要求，以及供给侧结构性改革背景下促进区域产业转型升级的着力点，并提出了相关的政策建议，推进供给侧结构性改革加快区域产业转型升级。

## 一 供给侧结构性改革对区域产业转型升级的重要意义

针对当前经济结构中存在的各种问题，2015 年 11 月，习近平主席明确提出实施供给侧结构性改革，刺激经济进一步发展。供给侧结构性改革是从提高供给质量出发，用改革的办法推进产业结构调整，矫正要素配置扭曲，扩大有效供给，提高全要素生产率，来适应市场需求的结构变化。与西方国家的供给学派不同，我国供给侧结构性改革抓住了新常态下经济工作的主要矛盾，强调市场运行背后各种结构和比例以及相互关系的调整，通过“去产能、去库存、去杠杆、降成本、补短板”，消除过剩产能，促进生产要素流动，实现经济长远可持续发展。随着供给侧结构性改革的持续推进，其对区域产业结构、产业发展模式等都会带来一系列冲击，推进供给侧结构性改革不仅是产业转型升级的突破口和关键点，也是适应和引领经济发展新常态的重大创新。

### （一）推进供给侧结构性改革是调整优化区域产业结构的根本举措

一个国家或地区的经济发展不仅表现为经济总量的扩张和国民收入的提高，还表现为产业结构的优化和技术进步。推动产业结构调整和优化升级是促进区域协调发展的重要内容，产业结构优化升级也成为一个国家或地区经济发展到一定阶段的必然选择。产业结构优化升级共包括两个方面的内容：一是产业结构的合理化，即从传统工业化向新型工业化转变，发展方式从粗放型转变为集约型；二是产业结构的高级化，即从产业价值链低端向高端发展，包括产业之间的升级和产业内部的升级。改革开放 30 多年来，我国经济发展取得了显著成就，产业得到了迅速发展，产业结构优化升级也发生了很大变化。从产业之间的优化升级来看，产业结构从最初的工业主导型发展到了目前的二、三产业并重型，三次产业之间的比重出现了显著的改善；从产业内部的优化升级来看，各个产业从传统的产业模式发展到了更高级的产业模式，产业内部结构朝着合理化和高级化方向发展。综合来看，我国产业结构发展的总体趋势基本符合经济发展的一般规律，但与西方发达国家相比，我国产业结构仍有许多不合理的地方，就第三产业而言，欧美国家第三产业在国民经济中的比重一般在60%～70%，我国显然还没有达到这一水平。

从理论上说，产业结构优化升级是资本、劳动力、技术等生产要素从低效率、低附加值向高效率、高附加值转移的过程，在市场经济环境下，生产要素在不同部门之间的转移主要依靠市场竞争和要素价格机制来实现，然而实际运行过程中，市场机制并没有像经济理论描述得那么完美有效。生产要素想进入的产业，如新兴产业，由于技术或制度因素，无法顺利进入，生产要素想退出的产业，如传统产业，也因为相关因素制约，无法顺利退出。在这种情况下，要素资源配置就存在一定的扭曲或无效率。就钢铁业而言，我国钢铁产能严重过剩，这些过剩的产能沉淀了大量的厂房、设备和人员等要素，造成了要素使用的低效率，阻碍了产业结构的调整优化。要想解决这一问题，必须大力推进供给侧结构性改革，通过改革的方法，打通要素流动通道，使生产要素流向经济效益更高的部门，提高要素配置效率。供给侧结构性改革针对现实经济存在的结构性问题，主要从供给侧角度出发，优化要素使用效率，提高全要素生产率，加快产业结构转型升级。

### （二）推进供给侧结构性改革是构建现代产业发展新体系的有力支撑

"十三五"时期是经济发展方式转变和经济结构调整的关键时期，习近平主席强调，在"十三五"期间，要加快改造提升传统产业，深入推进信息化与工业化深度融合，着力培育战略性新兴产业，大力发展服务业特别是现代服务业，积极培育新业态和新商业模式，构建现代产业发展新体系。一个区域的经济发展与产业体系健全有着密切联系，产业是区域发展的基础。加快构建现代产业发展新体系，努力培育以信息化、智能化、绿色化和服务化为主要发展方向的现代产业，打造新的经济增长点，是适应经济发展新常态的主动选择。

改革开放以来，我国大力发展重化工业，优先发展劳动密集型产业，形成了较为完整的产业体系，各个区域也都形成了自己的传统优势产业，这些产业的突出特点是产业发展与区域要素禀赋结构相结合，优势明显，发展空间大。但是，伴随着工业化的不断推进，我国传统劳动力成本优势不断弱化，传统产业出现了严重的产能过剩问题。与传统产业发展相比，我国高技术产业特别是战略性新兴产业占比较低，现代产业发展受阻。构建现代产业发展新体系，重点还在于培育战略性新兴产业，加快发展节能环保、新一代信息技术、生物、高端装备制造业等支柱产业，大力发展金融、专业服务、现代物流等现代服务业。当前和今后一个时期，深化产业结构调整，化解产能过剩矛盾，构建现代产业发展新体系，是我国经济社会发展的重要内容之一。要实现这些目标，必须推进供给侧结构性改革，从供给侧角度，调整存量，培育增量，改造提升传统产业，优化产业布局。

### （三）推进供给侧结构性改革是推动产业迈向中高端水平的必由之路

十八届五中全会把向中高端迈进作为全面建设小康社会的途径之一，向中高端迈进主要是指推动产业向价值链中高端发展，产业向高级化方向演化。经过30多年的经济发展，我国已发展成为世界第二大经济体，出口贸易量逐年增加，出口贸易对象也遍布全球，然而，我国所出口的产品却一直处于全球产业链和价值链的低端，产品附加值较低，国际竞争力和话语权都有待提升。为此，我国制定了《中国制造2025》，引导制造业朝分工细化、协作紧密的方向发展，促进信息技术向市场、设计、生产等环节渗透。当前，新一轮科技革命和产业变革正在全球范围内发生，世界各国纷纷采取应对措施，抢占未来产业发展的制高点。在这种情况下，我国经济要迈向中高端水平，必须有新的发展思路，实现经济从大到强的历史跨越，提升产业国际竞争力。

提高生产率是推进产业迈向中高端的政策标准。习近平主席强调，从发展来看，主导一个国家发展命运的决定性因素是社会生产力发展和劳动生产率提高。针对当前要素成本不断上升的现状，迈向中高端发展的有效途径就是改造提升传统产业，提高要素生产率，通过生产率的提高，降低成本和价格，刺激市场需求。这些正是此次供给侧结构性改革的重点，供给侧结构性改革的推出，通过“去产能、去库存、去杠杆、降成本、补短板”等方式，解放和发展社会生产力，利用改革的办法推进结构调整，消除过剩产能，实现经济转型升级。通过供给侧结构性改革，消除各种体制机制障碍，发展新行业、新业态、新商业模式，发展新经济，助推产业迈向中高端水平。

## 二　供给侧结构性改革对区域产业转型升级提出的要求

当前，我国经济发展的国内外环境发生了深刻变化。从国际上看，2008年国际金融危机爆发以后，全球经济格局出现了重大转变，发达国家贸易保护主义抬头和再工业化政策的推行，以及印度、越南等新兴经济体对我国低成本竞争优势的替代，导致我国贸易出口严重受阻。从国内看，我国经济增速放缓，正处于增长速度换挡期、结构调整阵痛期、前期刺激政策消化期“三期叠加”的新常态，面临产能过剩、供需结构矛盾突出等诸多问题，再加上要素和环境资源约束加剧、人口红利逐渐消失等一系列不利因素，经济发展面临较大压力，这些变化倒逼产业转型升级。在经济发展新常态下，产业转型升级能否抓住机遇，围绕供给侧结构性改革的主线，妥善处理经济发展中面临的各类问题，这将是未来相当长一段时间内我国经济发展所处的状态。正如国务院总理李克强所强调的，我国正处在必须更加依靠转型升级才能持续健康发展的阶段，加快产业转型升级刻不容缓。与传统的需求侧结构性改革不同，供给侧结构性改革对产业转型升级提出了重大要求。

### （一）主动适应市场需求变化

供给侧结构性改革要求，在产业转型升级过程中，从生产端入手，提高供给质量，提高供给结构对需求变化的适应性和灵活性。供给侧结构性改革的目标是提高有效供给能力，满足市场需求。因此，在供给侧结构性改革背景下，产业转型升级不能脱离需求面，不能忽视市场需求，还需尽力满足市场需求，适应市场需求的变化，通过深化改革，主动调整供给，形成供需平衡的理想状态。供需问题得不到解决，产业转型就不能成功，经济增长也会受限。

过去，我国主要依靠消费、投资、出口拉动经济增长，虽然取得了一定成效，但也出现了不少问题。一方面，扩大内需的政策推行已久，却没有取得预期的理想效果。这主要是因为我国所面临的问题不是需求不足，而是需求没有得到满足，供给的产品没有跟上。近年来，伴随着经济的持续增长，人们的收入水平有了明显的提高，收入水平的提高推动居民消费不断升级，消费结构和消费品种类都发生了很大的变化，消费需求从一般的日常用品转变为高档耐用品，电器、电脑、汽车等高档消费品以及旅游等精神消费品的需求不断增加。就旅游产品而言，消费者开始从原来的吃、住、行、游、购的旅游方式，转变为更自由更个性化的旅游方式，完全打破了传统的观光旅游方式，对传统旅游行业的服务体系和组织形式都提出了较大挑战。而且，近些年我国居民境外消费和跨境购买金额都在大幅增加，这表明国内需求空间是巨大的，需求是旺盛的。新一代消费者的崛起，必然需要新一代的产品和服务与之相匹配。企业生产产品最终是为了销售出去，获取利润，因此，从根本上说，消费决定生产，随着人们的消费水平、需求升级，企业也要不断转型升级，提高供给能力，以满足升级后的新需求。另一方面，部分产业出现了严重的产能过剩现象，投资需求增加进一步扩大了这类无效产能，如钢铁、煤炭等。与此同时，由于世界经济增长放缓，全球经济不景气，出口需求也受到阻碍。在这种情况下，继续依靠需求去拉动经济，显得不够理智，而且更为现实的情况是，在存在过剩产能的同时，国内需求却没有得到满足，这充分说明了我国产业发展所存在的供给结构性问题。因此，大力推行供给侧结构性改革，加快产业转型升级，需要认真考察市场需求面，根据市场需求变化提供相应的产品，努力实现供需平衡。

### （二）主动选择创新驱动的产业发展道路

创新是产业发展的引擎，未来各区域之间经济实力的竞争，归根结底是创新的竞争。创新不仅可以提高传统产业的供给质量，更好地适应和满足市场需求变化，还可以挖掘和形成新的经济增长点，更好地创造和引领市场的潜在需求。创新贯穿于供给侧结构性改革的全过程，推行供给侧结构性改革本身就是一场深刻的、系统的创新实践。清华大学经济管理学院教授李稻葵在“2016 产业中国年会”上强调，创新是中国经济进入新常态、产业结构转型升级的第一原动力。十八届五中全会明确指出，必须把发展基点放在创新上。因此，供给侧结构性改革要求各区域在产业转型升级过程中，必须深入实施创新驱动发展战略，把创新摆在产业发展的核心位置，把增强技术实力作为构建现代产业发展新体系的支撑点，努力营造有利于激励创新的制度环境，推动区域走创新驱动产业发展道路。

产业转型升级的困难既有来自体制机制方面的因素，也有来自产业发展自身的因素。在国际国内环境变化以及需求结构变化为我国产业转型升级带来强烈外在压力的同时，经济发展所导致的要素资源结构变化则是我国产业转型升级的内在动力，其中包括劳动力、土地、资金等成本的上升。随着劳动力、土地等生产要素价格的持续上升，我国产业拥有的低成本优势正在逐渐减弱，劳动密集型产品和低端产品的国际竞争力正在逐步下降。我国自改革开放以来，经济总体上属于粗放型发展，产业的生产环节大都处于全球价值链的低端，资源消耗严重，生态环境损害严重。当前，随着我国经济发展进入新常态，原有的粗放型发展方式已无法继续下去，新兴经济体具备更优越的劳动力成本优势，而发达国家又开始实施再工业化战略，客观上对我国产业发展造成了两头挤压的困难局面。“十二五”以来，我国经济增速明显放缓，区域产业发展也面临较为严重的结构性问题。一方面，以钢铁、煤炭为代表的部分行业，产能严重过剩；另一方面，居民有效需求没有得到及时满足，产品与服务的供给严重落后于消费需求，形成产能的结构性过剩。要改变这种状况，必须依靠创新和技术革新，将产业从低端环节转向中高端环节，提高企业产品的附加值，实现经济由粗放型向集约型转变。近些年来，我国在推进技术创新方面虽然取得了一定成效，但与西方发达国家相比，仍存在较大差距，产业发展层次低、产业内部结构不合理、高技术含量高附加值产品供应能力不足等问题仍然存在。因此，在产业转型升级过程中，我国迫切需要推进供给侧结构性改革，不断创新，提升产业技术水平，塑造新的国际竞争力。

### （三）主动化解过剩产能

供给侧结构性改革的重点任务是“去产能、去库存、去杠杆、降成本、补短板”，这些目标要在改革和发展中实现。化解产能过剩作为产业结构调整的重点，也是供给侧结构性改革的重点任务之一。随着社会需求和各产业的发展，很多产业已经越来越难以适应社会发展的需要，供给侧结构性改革要求产业转型升级必须做到化解过剩产能，调整淘汰落后产能，提高有效供给。

由于各个区域劳动力、资金、技术以及自然资源的禀赋条件不同，经济发展水平存在较大差异，客观上决定了各个区域的主导产业和产业结构有所不同。然而，产能过剩现象也恰恰说明了我国一些地方出现了明显的产业发展一哄而上、产业结构趋同问题。在改革开放初期，由于劳动力资源丰富，我国优先选择发展劳动密集型产业，如钢铁业，钢铁业为我国的工业化、现代化和城市化建设作出了巨大贡献。如今，产能过剩主要集中在这些传统的优势产业，并对经济增长造成了较大的影响。产能过剩是近年来我国产业发展和结构调整过程中面临的比较突出的问题，许多产能过剩企业不仅亏损严重，还累积了不少外债，造成银行不良贷款率提高、社会资源浪费，严重影响了我国产业转型升级进度。在新常态下，我国产能过剩矛盾更加突出，一方面，由于国际市场的萎缩和我国劳动力成本优势的减弱，我国制造业出口受到很大影响，制造业产能过剩矛盾加剧。另一方面，为了应对2008年以来的金融危机，我国实施了大规模的经济刺激政策，制造业领域积累了大量潜在产能。此外，国内经济增速放缓，需求相对萎缩，进一步加剧了产能过剩现象。化解产能过剩已成为当前和今后一段时间内我国产业结构调整的重点工作。供给侧结构性改革的主旨在于创造新供给，释放新需求，通过积极稳妥地化解过剩产能，将宝贵的资源要素从过剩产能行业转向更有潜力发展的行业，提供有效供给，创造新的增长点。产业转型升级应该借供给侧结构性改革的东风，优化供给结构，有效化解过剩产能。

## 三　供给侧结构性改革背景下区域产业转型升级的现状与困境

### （一）四大区域产业结构现状分析

**1. 全国及四大区域产业结构变动分析**

中国国土面积幅员辽阔，在众多因素的影响下，国内各区域之间经济发展和产业结构存在一定差异。本部分将中国分为四大区域，分别为东部地区（包括北京市、天津市、上海市、河北省、山东省、江苏省、浙江省、福建省、广东省以及海南省等 10 个地区）、西部地区（包括内蒙古自治区、新疆维吾尔自治区、宁夏回族自治区、陕西省、甘肃省、青海省、重庆市、四川省、西藏自治区、广西壮族自治区、贵州省以及云南省等 12 个地区）、东北地区（包括黑龙江省、吉林省以及辽宁省等 3 个地区）、中部地区（包括山西省、河南省、湖北省、安徽省、湖南省以及江西省等 6 个地区）。本文选取 2000 年、2005 年、2010 年、2015 年等五年规划末期各地区三次产业的构成情况来考察当前区域产业转型升级的现状（见表 3 – 1）。

**表 3 – 1　2000 年、2005 年、2010 年、2015 年全国及四大区域三次产业生产总值构成**

单位：%

| 年份 | 2000 | | | 2005 | | | 2010 | | | 2015 | | |
|---|---|---|---|---|---|---|---|---|---|---|---|---|
| 地区＼产业 | 第一产业 | 第二产业 | 第三产业 | 第一产业 | 第二产业 | 第三产业 | 第一产业 | 第二产业 | 第三产业 | 第一产业 | 第二产业 | 第三产业 |
| 全　国 | 14.70 | 45.50 | 39.80 | 11.60 | 47.00 | 41.30 | 9.50 | 46.40 | 44.10 | 8.90 | 40.90 | 50.20 |
| 东部地区 | 12.86 | 45.38 | 41.75 | 9.82 | 47.68 | 42.50 | 7.64 | 45.81 | 46.57 | 6.75 | 40.36 | 52.89 |
| 中部地区 | 22.33 | 41.73 | 35.95 | 18.73 | 43.47 | 37.80 | 12.50 | 52.50 | 35.00 | 10.33 | 46.53 | 43.14 |
| 东北地区 | 14.55 | 50.53 | 34.92 | 13.57 | 48.97 | 37.47 | 11.17 | 52.10 | 36.73 | 12.38 | 42.37 | 45.25 |
| 西部地区 | 20.62 | 41.62 | 37.77 | 15.41 | 43.84 | 40.75 | 12.98 | 48.08 | 38.93 | 11.72 | 43.70 | 44.58 |

数据来源：历年《中国统计年鉴》。

从表 3 – 1 可以看出，从“九五”末期到“十二五”末期，全国三次产业生产总值构成由 14.70 : 45.50 : 39.80 调整到 8.90 : 40.90 : 50.20，其中第一产业比重不断下降，第二产业比重在 2005 年达到 47.00% 的峰值后开始下降，第三产业比重稳步提升。总体来说，全国三次产业结构重心向第三产业转移。

从全国四大区域来看，东部地区第一产业比重从 2000 年的 12.86% 下降到 2015 年的

6.75%；第二产业比重也呈现出先上升再下降的趋势，2015 年占比为 40.36%；第三产业比重呈上升趋势，在“十二五”末期达 52.89%；东部地区第一产业比重始终低于全国平均水平，第二产业比重与全国平均水平基本持平，第三产业比重最大且始终高于全国平均水平。中部地区三次产业比重在 2000 年为 22.33∶41.73∶35.95，2015 年为 10.33∶46.53∶43.14，可以看出，第一产业比重下降幅度较大，第二、三产业比重逐步提高，第二产业仍是中部地区的支柱产业。东北地区第一产业比重变化不大，由 14.55% 缓慢下降到 12.38%；第二产业比重在 2010 ~2015 年出现较大幅度下滑，2015 年第二产业比重降至 42.37%；第三产业比重逐步提升，2015 年达 45.25%，但仍低于全国平均水平。西部地区第一产业比重同样出现下降，2015 年比重为 11.72%；第二产业比重先上升后下降，2015 年比重为 43.70%；第三产业比重在这个阶段内经历了升降反复，2015 年比重为 44.58%。因此，总体上看，全国四大区域产业结构变动趋势与全国平均变化幅度基本不大。四大区域第一产业比重下降幅度较大，产业结构重心由第二产业逐步向第三产业转型。

2. 全国三次产业劳动力就业结构比较

产业结构的转型升级也体现在劳动力的就业结构方面。劳动力就业结构的变化应与产业结构变动一致，即伴随着经济发展和产业结构转型，第一产业劳动力比重逐步降低，第二、三产业劳动力比重逐步提高，从图 3 -1 中就可以看出这种趋势。全国第一产业就业比重由 1978 年的 70.50% 下降到 2015 年的 28.30%；第二产业就业比重由 17.30% 提高至 29.30%；第三产业上升幅度较大，从 12.20% 逐步提高至 42.40%。2015 年三次产业就业结构为 28.30∶29.30∶42.40，与三次产业产值结构 8.90∶40.90∶50.20 相比，三次产业劳动力就业结构的转化明显滞后于三次产业产值结构的转型。

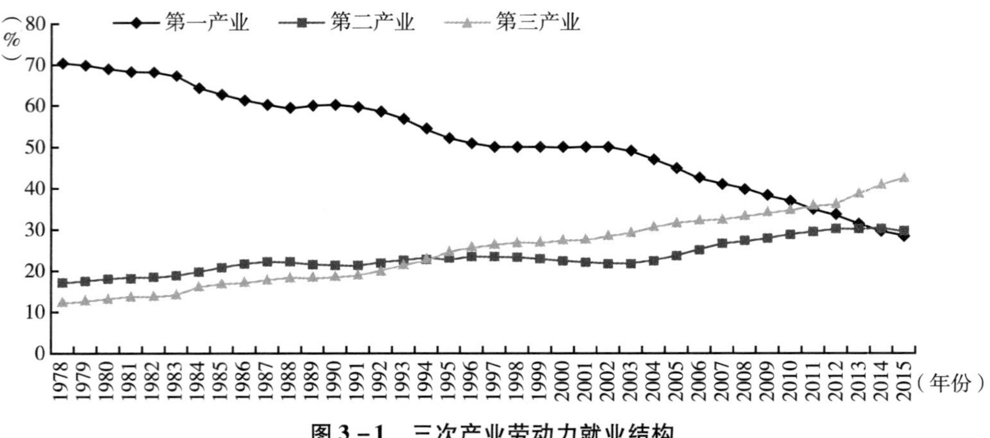


图 3 -1　三次产业劳动力就业结构

3. 第一产业内部结构变动分析

随着经济发展与产业结构的不断调整，全国及各区域第一产业内部结构也发生了一定变化（见表 3 -2）。全国第一产业内部农、林、牧、渔业结构基本保持稳定。东部地区第一产业变动最大的为牧业，由 26.12% 下降至 23.54%。中部地区第一产业内部渔业比重调整最大，上升 1.77 个百分点。东北地区农业、渔业比重下降幅度较大，分别为 2.2 个百分点和

2.41 个百分点，林业、牧业比重分别上升 1.69 个百分点和 2.92 个百分点，说明东北地区第一产业内部转型明显。西部地区第一产业内部结构没有发生明显变化，各产业比重较为稳定。

**表 3-2　2000 年、2005 年、2010 年、2015 年全国及四大区域第一产业内部结构变动**

单位：%

| 年份 | 2000 | | | | 2005 | | | | 2010 | | | | 2015 | | | |
|---|---|---|---|---|---|---|---|---|---|---|---|---|---|---|---|---|
| 行业 | 农业 | 林业 | 牧业 | 渔业 | 农业 | 林业 | 牧业 | 渔业 | 农业 | 林业 | 牧业 | 渔业 | 农业 | 林业 | 牧业 | 渔业 |
| 全　　国 | 55.68 | 3.76 | 29.67 | 10.89 | 51.12 | 3.72 | 34.69 | 10.47 | 55.31 | 3.89 | 31.18 | 9.62 | 56.10 | 4.32 | 28.99 | 10.59 |
| 东部地区 | 52.30 | 3.57 | 26.12 | 18.01 | 49.56 | 3.18 | 29.69 | 17.57 | 53.65 | 3.51 | 26.26 | 16.58 | 53.71 | 3.74 | 23.54 | 19.02 |
| 中部地区 | 57.22 | 4.15 | 31.62 | 7.00 | 52.16 | 3.99 | 36.53 | 7.32 | 57.96 | 4.26 | 30.52 | 7.26 | 56.41 | 4.97 | 29.85 | 8.77 |
| 东北地区 | 54.42 | 2.24 | 34.00 | 9.34 | 47.60 | 3.85 | 39.70 | 8.85 | 46.50 | 3.39 | 42.25 | 7.85 | 52.22 | 3.93 | 36.92 | 6.93 |
| 西部地区 | 60.47 | 4.22 | 32.14 | 3.17 | 53.98 | 4.22 | 38.59 | 3.21 | 58.61 | 4.23 | 34.17 | 3.00 | 60.47 | 4.61 | 31.59 | 3.33 |

数据来源：《中国统计年鉴》，依据各年农、林、牧、渔业总产值计算。

**4. 第二产业内部结构变动分析**

在区域产业转型升级过程中，第二产业比重发生了较大变化，本部分考察第二产业内部结构的转型升级。首先将第二产业分为工业和建筑业，分别考察这两个产业的结构变动（见表 3-3）。从全国范围看，工业占第二产业比重呈现先上升后下降趋势，而建筑业与之相反。从全国各区域看，2015 年东部地区工业占第二产业比重最大，达 87.90%，而建筑业仅占 12.10%；其他区域工业占比均低于全国平均水平，其中西部地区最低，仅占 79.46%，建筑业占比最高的同样是西部地区，达 20.54%。总体来看，东部地区第二产业内部结构保持稳定，且工业在国民经济体系中占重要位置，工业化进程领先其他区域；中部地区第二产业内部结构接近全国平均水平；东北地区工业占比下滑明显，建筑业占比提高幅度较大；西部地区工业占比显著低于平均水平，而建筑业占比较高，说明西部地区工业化进程暂时落后。

**表 3-3　2000 年、2005 年、2010 年、2015 年全国及四大区域第二产业内部结构变动**

单位：%

| 年份 | 2000 | | 2005 | | 2010 | | 2015 | |
|---|---|---|---|---|---|---|---|---|
| 行业 | 工业 | 建筑业 | 工业 | 建筑业 | 工业 | 建筑业 | 工业 | 建筑业 |
| 全　　国 | 86.24 | 13.76 | 88.14 | 11.86 | 87.85 | 12.15 | 85.45 | 14.55 |
| 东部地区 | 87.87 | 12.13 | 90.20 | 9.80 | 89.31 | 10.69 | 87.90 | 12.10 |
| 中部地区 | 85.46 | 14.54 | 85.65 | 14.35 | 87.16 | 12.84 | 85.34 | 14.66 |
| 东北地区 | 88.46 | 11.54 | 88.76 | 11.24 | 88.01 | 11.99 | 85.42 | 14.58 |
| 西部地区 | 79.78 | 20.22 | 82.61 | 17.39 | 84.41 | 15.59 | 79.46 | 20.54 |

数据来源：《中国统计年鉴》，依据各年分行业增加值计算。

其次考察各区域工业内部结构的转型升级。东部地区产值最高的五个产业分别为计算机、通信和其他电子设备制造业，化学原料和化学制品制造业，电气机械和器材制造业，黑色金属冶炼和压延加工业，汽车制造业；行业产值占全国总产值比重最高的五个产业为化学纤维制造业（89.20%），文教、工美、体育和娱乐用品制造业（80.38%），仪器仪表制造业（78.08%），计算机、通信和其他电子设备制造业（77.61%），纺织业（73.17%）。东部地区产值最高的五个行业科技含量较高，行业产值占比最高的五个行业以轻工业为主，且占比较大。

中部地区产值最高的五个产业分别为非金属矿物制品业、农副食品加工业、采矿业、有色金属冶炼和压延加工业、化学原料和化学制品制造业；行业产值占全国总产值比重最高的五个产业为有色金属冶炼和压延加工业（33.80%），非金属矿物制品业（31.74%），酒、饮料和精制茶制造业（27.54%），农副食品加工业（27.29%），食品制造业（26.86%）。中部地区产值最高的五个行业中有四个为重化工业，说明该地区较为依赖重化工产业；行业产值占比最高的五个行业与其他区域相比也不占绝对优势，这些行业并没有形成全国范围的主导地位，产业升级空间大。

东北地区产值最高的五个产业分别为农副食品加工业，汽车制造业，采矿业，黑色金属冶炼和压延加工业，石油加工、炼焦和核燃料加工业；行业产值占全国总产值比重最高的五个产业是农副食品加工业（15.92%），木材加工和木、竹、藤、棕、草制品业（15.59%），汽车制造业（14.56%），石油加工、炼焦和核燃料加工业（14.31%），采矿业（11.69%）。东北地区产值最高的五个行业主要是重化工业，产值占比最高的产业大部分也是重化工业，因此东北地区产业结构仍以重化工业为主。在更加注重环境保护的经济新常态下，东北地区产业转型升级的压力较大。

西部地区产值最高的五个产业分别为采矿业、黑色金属冶炼和压延加工业、有色金属冶炼和压延加工业、汽车制造业、农副食品加工业；行业产值占全国总产值比重最高的五个产业为采矿业（34.68%），烟草制品业（33.43%），酒、饮料和精制茶制造业（30.00%），有色金属冶炼和压延加工业（22.04%），石油加工、炼焦和核燃料加工业（19.98%）。西部地区产值最高的五个行业中三个是重化工业，一个是先进制造业，另一个是轻工业；行业产值占比最高的产业有两个为轻工业，三个为重化工业。除采矿业外，行业产值占比最高的四个行业相比其他区域也不占绝对优势，行业优势不明显，产业升级压力大（见表3-4）。

**表3-4　四大区域工业内部结构比较**

单位：亿元，%

| 行业 | 全国工业销售总产值 | 东部地区 | | 中部地区 | | 东北地区 | | 西部地区 | |
|---|---|---|---|---|---|---|---|---|---|
| | | 总产值 | 占比 | 总产值 | 占比 | 总产值 | 占比 | 总产值 | 占比 |
| 采矿业 | 60599.20 | 16526.84 | 27.27 | 15972.02 | 26.36 | 7082.94 | 11.69 | 21017.39 | 34.68 |
| 农副食品加工业 | 63595.75 | 26385.88 | 41.49 | 17355.86 | 27.29 | 10127.17 | 15.92 | 9726.86 | 15.29 |
| 食品制造业 | 19914.00 | 9741.74 | 48.92 | 5349.73 | 26.86 | 1617.47 | 8.12 | 3205.05 | 16.09 |
| 酒、饮料和精制茶制造业 | 16372.18 | 5658.14 | 34.56 | 4509.38 | 27.54 | 1293.36 | 7.90 | 4911.3 | 30.00 |
| 烟草制品业 | 9116.64 | 3314.53 | 36.36 | 2414.83 | 26.49 | 339.87 | 3.73 | 3047.42 | 33.43 |
| 纺织业 | 37704.25 | 27589.83 | 73.17 | 7101.8 | 18.84 | 672.72 | 1.78 | 2339.91 | 6.21 |

续表

| 行业 | 全国工业销售总产值 | 东部地区 | | 中部地区 | | 东北地区 | | 西部地区 | |
|---|---|---|---|---|---|---|---|---|---|
| | | 总产值 | 占比 | 总产值 | 占比 | 总产值 | 占比 | 总产值 | 占比 |
| 纺织服装、服饰业 | 21056.56 | 15303.74 | 72.68 | 4318.27 | 20.51 | 792.45 | 3.76 | 642.13 | 3.05 |
| 皮革、毛皮、羽毛及其制品和制鞋业 | 13855.50 | 9988.87 | 72.09 | 2842.82 | 20.52 | 350.96 | 2.53 | 672.84 | 4.86 |
| 木材加工和木、竹、藤、棕、草制品业 | 13490.65 | 6688.3 | 49.58 | 2944.26 | 21.82 | 2102.8 | 15.59 | 1755.3 | 13.01 |
| 家具制造业 | 7348.16 | 4654.97 | 63.35 | 1391.98 | 18.94 | 574.24 | 7.81 | 726.96 | 9.89 |
| 造纸和纸制品业 | 13774.99 | 8911.38 | 64.69 | 2813.31 | 20.42 | 563.88 | 4.09 | 1486.42 | 10.79 |
| 印刷和记录媒介复制业 | 6893.98 | 4137.28 | 60.01 | 1792.23 | 26.00 | 216.7 | 3.14 | 747.77 | 10.85 |
| 文教、工美、体育和娱乐用品制造业 | 14761.64 | 11865.26 | 80.38 | 2072.53 | 14.04 | 292.11 | 1.98 | 531.75 | 3.60 |
| 石油加工、炼焦和核燃料加工业 | 40802.63 | 21768.53 | 53.35 | 5042.27 | 12.36 | 5840.27 | 14.31 | 8151.55 | 19.98 |
| 化学原料和化学制品制造业 | 82352.92 | 52589.28 | 63.86 | 15288.21 | 18.56 | 4974.99 | 6.04 | 9500.43 | 11.54 |
| 医药制造业 | 23200.28 | 11926.12 | 51.41 | 5201.49 | 22.42 | 2654.36 | 11.44 | 3418.28 | 14.73 |
| 化学纤维制造业 | 7157.88 | 6384.83 | 89.20 | 347.93 | 4.86 | 106.38 | 1.49 | 318.73 | 4.45 |
| 橡胶和塑料制品业 | 30131.04 | 20197.3 | 67.03 | 5304.83 | 17.61 | 2035.53 | 6.76 | 2593.38 | 8.61 |
| 非金属矿物制品业 | 58239.63 | 24944.89 | 42.83 | 18484.39 | 31.74 | 5609.39 | 9.63 | 9200.92 | 15.80 |
| 黑色金属冶炼和压延加工业 | 71026.51 | 39658.02 | 55.84 | 13582.19 | 19.12 | 6116.86 | 8.61 | 11669.46 | 16.43 |
| 有色金属冶炼和压延加工业 | 46154.64 | 18912.18 | 40.98 | 15600.87 | 33.80 | 1467.52 | 3.18 | 10174.05 | 22.04 |
| 金属制品业 | 36612.45 | 25074.77 | 68.49 | 6083.3 | 16.62 | 2375.99 | 6.49 | 3078.43 | 8.41 |
| 通用设备制造业 | 47150.91 | 30275.58 | 64.21 | 8284.3 | 17.57 | 4835.2 | 10.25 | 3755.83 | 7.97 |
| 专用设备制造业 | 35039.02 | 19870.12 | 56.71 | 8978.04 | 25.62 | 3098.72 | 8.84 | 3092.16 | 8.82 |
| 汽车制造业 | 66342.10 | 34869.34 | 52.56 | 12022.8 | 18.12 | 9656.41 | 14.56 | 9793.55 | 14.76 |
| 铁路、船舶、航空航天和其他运输设备制造业 | 18653.82 | 11132.49 | 59.68 | 2800.92 | 15.02 | 1626.36 | 8.72 | 3094.05 | 16.59 |
| 电气机械和器材制造业 | 66921.57 | 46757.33 | 69.87 | 12755.84 | 19.06 | 2688.61 | 4.02 | 4719.83 | 7.05 |
| 计算机、通信和其他电子设备制造业 | 85274.75 | 66178.67 | 77.61 | 9533.65 | 11.18 | 992.83 | 1.16 | 8569.59 | 10.05 |
| 仪器仪表制造业 | 8286.27 | 6470.23 | 78.08 | 1030.45 | 12.44 | 290.35 | 3.50 | 495.24 | 5.98 |
| 其他制造业 | 2605.23 | 1481.44 | 56.86 | 575.51 | 22.09 | 128.13 | 4.92 | 420.14 | 16.13 |

数据来源：《2015 年中国工业统计年鉴》，依据工业销售产值计算。

### 5. 第三产业内部结构变动分析

近年来，我国三次产业结构中变化幅度最大的就是第三产业，由 2005 年的 41.30% 提升至 2015 年的 50.20%，增速较快。表 3－5 显示了近年来全国及四大区域第三产业内部结构的变动。从全国范围看，批发和零售业占比始终最高；交通运输、仓储和邮政业占第三产业总产值比重下降幅度最大，从 2005 年的 14.31% 下降到 2015 年的 9.87%；而金融业上升幅度最大，从 2005 年的 8.37% 上升到 2015 年的 15.17%。

**表 3－5 2005 年、2010 年、2015 年全国及四大区域第三产业内部结构变动**

单位：%

| | 2005 年 | | | | | |
|---|---|---|---|---|---|---|
| | 交通运输、仓储和邮政业 | 批发和零售业 | 住宿和餐饮业 | 金融业 | 房地产业 | 其 他 |
| 全 国 | 14.31 | 21.45 | 5.43 | 8.37 | 10.79 | 39.65 |
| 东部地区 | 12.67 | 22.19 | 4.81 | 9.99 | 12.21 | 38.12 |
| 中部地区 | 17.40 | 19.51 | 6.33 | 5.41 | 9.17 | 42.19 |
| 东北地区 | 16.08 | 24.97 | 5.67 | 5.12 | 8.07 | 40.09 |
| 西部地区 | 15.78 | 19.24 | 6.49 | 7.54 | 8.97 | 41.98 |
| | 2010 年 | | | | | |
| | 交通运输、仓储和邮政业 | 批发和零售业 | 住宿和餐饮业 | 金融业 | 房地产业 | 其 他 |
| 全 国 | 12.18 | 22.78 | 5.16 | 12.25 | 10.97 | 36.66 |
| 东部地区 | 11.17 | 23.95 | 4.20 | 13.90 | 12.26 | 34.51 |
| 中部地区 | 13.73 | 21.07 | 6.62 | 9.44 | 9.63 | 39.50 |
| 东北地区 | 12.81 | 23.77 | 5.71 | 8.09 | 9.52 | 40.10 |
| 西部地区 | 13.81 | 20.02 | 6.70 | 11.26 | 8.57 | 39.63 |
| | 2015 年 | | | | | |
| | 交通运输、仓储和邮政业 | 批发和零售业 | 住宿和餐饮业 | 金融业 | 房地产业 | 其 他 |
| 全 国 | 9.87 | 20.52 | 4.67 | 15.17 | 9.82 | 39.95 |
| 东部地区 | 8.87 | 21.98 | 3.68 | 15.97 | 10.76 | 38.72 |
| 中部地区 | 10.99 | 18.14 | 5.66 | 13.37 | 9.10 | 42.74 |
| 东北地区 | 11.36 | 22.31 | 5.52 | 12.68 | 8.51 | 39.62 |
| 西部地区 | 11.17 | 17.66 | 6.32 | 15.58 | 8.23 | 41.04 |

数据来源：《中国统计年鉴 2016》。

## （二）供给侧改革背景下区域产业结构存在的问题

**1. 第一产业现代化步伐落后**

改革开放以来，我国第一产业内部结构不断调整改善，农、林、牧、渔业发展水平不断提高，但第一产业内部低度化问题突出，产业升级压力大。首先，农业现代化水平低。农民生产方式仍然以粗放式经营为主，农民种植粮食大多依靠传统经验，技术含量较低。在现行农村土地制度背景下，农业经营分散，难以形成规模经济，传统农业增收空间有限。而农产品加工企业又以初级加工为主，产品多数集中在粮食加工等初级加工范畴，产品档次不高，市场竞争力和带动能力较弱，与西方发达国家发展水平差距较大。其次，林产品附加值低。受地理环境因素影响，我国林业资源主要分布在东部丘陵地区，产业集中度相对较高，但林产品仍停留在浅加工和粗加工层面，产品附加值低。再次，畜牧业专业化水平低。我国牧业主要集中于东北地区及西部地区，多个规模化养殖场以及畜产品加工企业也分布于这两个地区，但时常曝光的"奶粉质量问题"又从侧面间接反映出畜牧业专业化水平不高的问题。最后，集约化渔业养殖方式落后。我国渔业生产方式已由过去主要依靠自然捕捞向以水产养殖为主转变，但是渔业企业多以粗放式养殖为主，尚未形成集约化的养殖模式，渔业养殖造成的水质污染现象仍然严重。

**2. 现代服务业发展滞后**

当前，我国第三产业发展相对滞后，服务业比重虽有上升，2015 年我国服务业比重为 50.2%，但仍远低于世界高收入国家 73.8% 的平均水平[①]。2015 年三次产业对 GDP 的贡献率分别为 4.6%、41.6% 和 53.7%。虽然第三产业经济贡献率首次超过第二产业，但和发达国家相比仍有一定差距（见表 3-6）。

**表 3-6　部分国家三次产业对国内生产总值的贡献率**

单位：%

| 国家 | | 第一产业 | 第二产业 | 第三产业 |
|---|---|---|---|---|
| 日　本 | Japan | 2.7 | 20.8 | 76.5 |
| 韩　国 | Korea, Rep. | 1.8 | 41.2 | 57 |
| 美　国 | United States | 7.2 | 19.9 | 72.9 |
| 德　国 | Germany | 3.3 | 29.9 | 66.9 |
| 英　国 | United Kingdom | 0.5 | 20.2 | 79.4 |
| 澳大利亚 | Australia | 5.4 | 35.4 | 59.2 |

数据来源：《国际统计年鉴 2015》。

与传统服务业相比，现代服务业在商业模式、管理方法和服务方式等方面都注入了信息通信技术的全新元素。现代服务业可以利用现代信息技术提升和改造传统服务业，

① 资料来源：世界银行 WDI 数据库。

具有人力资本和技术资本密集、附加值高、耗能低、无污染等特征。但是，当前我国服务业仍以传统服务业为主，现代服务业整体水平较低，其科技和人才等高级要素支撑力度不够，制约了我国现代服务业的发展。因此，我国现代服务业具有很强的提升潜力，现代服务业的供给侧改革势在必行。

3. 产业创新能力不足

一方面，我国的科技创新能力与西方发达国家相比还有一定的差距，具体表现在：很多行业的核心技术还没有研发成功、对知识产权的保护力度不够、技术创新的外部环境不够优越以及市场在技术资源配置中没有发挥决定性的作用。2015 年中国 R&D 经费支出占 GDP 比重为 2.07%，低于世界平均水平 2.1% 和高收入国家平均水平 2.3%。

另一方面，我国各地区科技创新能力差距明显，东部地区和中部地区在研发人员、经费投入、研究项目数量和研究成果等方面都显著领先于西部和东北地区（见表 3－7）。若从各省 R&D 经费支出角度看，支出最大的三个省份都分布于东部地区，分别是广东省（1520 亿元）、江苏省（1506 亿元）和山东省（1291 亿元），而排在末位的三个省份都来自西部地区，经费支出总和仅约 18 亿元。

**表 3－7　2015 年全国及四大区域规模以上工业企业 R&D 活动情况**

| 地　区 | R&D 人员全时当量(人年) | R&D 经费(万元) | R&D 项目数(项) | 专利申请数(件) | 发明专利(件) | 有效发明专利数(件) |
|---|---|---|---|---|---|---|
| 全　国 | 2638290 | 100139330 | 309895 | 638513 | 245688 | 573765 |
| 东部地区 | 1822432 | 68873654 | 221706 | 442989 | 168392 | 421487 |
| 中部地区 | 458724 | 16991768.3 | 47792 | 109736 | 43860 | 85158 |
| 西部地区 | 253073 | 10113172 | 29881 | 70724 | 26766 | 50748 |
| 东北地区 | 104061 | 4160735.5 | 10516 | 15064 | 6670 | 16372 |

数据来源：《中国统计年鉴 2016》。

4. 产业发展模式粗放与产能过剩

长久以来我们过于重视产业规模和总量的发展，而忽视质量和效益的提高。这一方面造成我国能源利用率低，根据世界银行数据，2012 年我国国内生产总值能耗为 1.95 吨标准油/万美元，远高于世界平均水平 1.34 吨标准油/万美元，是美国的 1.44 倍、日本的 1.93 倍、德国的 2.17 倍、印度的 1.52 倍。另一方面，从国人境外抢购奶粉、马桶盖等海外“爆买”现象可以看出，随着国民收入水平提高，人们对产品的关注度逐渐从价格向品牌、服务及质量转移。而国内一些产业仍旧停留在跟风仿制阶段，不仅错失了研发核心技术、创立品牌价值的宝贵机会，而且传统的要素成本优势也正在被新兴国家所超越。

而产业发展模式粗放带来的另一个严重后果就是产能过剩。地方政府在国家政策引导下，制定地方产业政策或产业规划，甚至直接干预企业的投资计划。在地方政府的过度干预下，原本的优势产业在过度投资下，反而出现过剩；产能过剩出现后，政府的

"父爱主义"又对过剩行业过度保护，由此出现大量"僵尸企业"①。另外，在国家垄断和市场投资过旺等条件催化下，产能过剩问题逐渐发酵，甚至部分战略性新兴产业也曾经出现了产能过剩，如多晶硅、光伏玻璃、光伏电池产业等。在 2016 年国务院、工业和信息化部公布的 18 个产能过剩行业中，高耗能、高排放和高污染的制造业行业占主体，其中 10 个为重化工行业。因此，推进供给侧结构性改革，需要改变过去粗放的产业发展模式，不仅要提升制造业产品的质量和层次，实现制造业产品需求与供给的有效匹配，还需要及时化解产能过剩、淘汰"僵尸企业"。

## 四　当前中国区域产业转型适应供给侧结构性改革的着力点

从生产端入手推进供给侧结构性改革，实现社会总供给结构的优化，离不开产业结构的转型升级。结合我国区域产业转型的现实状况与上文分析可以看出，充分发挥区域产业特色优势，推进产业结构转型升级，以提高产品质量和核心竞争力为中心，坚持市场导向，坚持创新驱动发展，扩大高质量产品和服务的供给，既是新常态下中国区域产业转型升级的根本路径，也是我国区域产业转型适应供给侧结构性改革的着力点。

### （一）坚持创新驱动，不断提升区域产业的供给水平

在中国经济新常态下，科技创新是推动产业结构优化升级的关键②，是区域产业转型适应供给侧结构性改革的着力点。一般而言，产业升级包括产业间升级，即不同产业的替代过程，也包括产业内升级，即同一产业的进步过程，二者都离不开科技创新的支持。实践证明，正是一大批引领性、颠覆性新技术、新工具、新材料的涌现，有力推动了新经济成长和传统产业升级。产业形态越高端，生产组织管理形式越复杂，对科技进步的依赖程度就越高，以至于科技创新与产业变革的深度融合已成为当今时代经济发展最突出的特征之一③。只有不断吸取先进的科技成果，并将其转化为自身优势，实现吸收再创新，才能不断提升我国区域产业自身的科技创新水平。只有以新科技引领产业转型，才能保持我国区域产业的竞争力，才能在世界产业竞争中争取到有利地位。

当今世界，衡量一个地区是否在产业链条中处于高端位置的关键要素在于是否具有较强的科技创新能力以及是否具有高附加值及品牌效应的高端产品④。对于当前我国区域产业而言，无论是核心科技还是科技创新能力，都还与发达国家存在一定差距，这一不足不仅限制了我国区域产业的竞争力，也使产品品质无法提高，难以满足市场的真正需求。科技创新是驱动助力产品高端化与产业结构合理化的有效手段。因此，一方面要

① 楚明钦：《产业发展、要素投入与我国供给侧改革》，《求实》2016 年第 6 期，第 33 ~ 39 页。

② 杨晓光：《中国经济新常态下产业结构优化升级研究》，《商业经济》2015 年第 2 期。

③ 邱兆祥：《从供给侧推动产业结构优化升级》，人民网，2016 年 8 月 24 日，http：//opinion. people. com. cn/n1/2016/0824/c1003 - 28659911. html？ from = singlemessage&isappinstalled = 0。

④ 王鹏远：《优化传统产业结构　助力经济转型升级》，《光明日报》2014 年 1 月 6 日，第 7 版。

注重产业的优化升级，努力向产业链高端迈进，另一方面要注重培养行业主导以及自主创新能力强的技术品牌①。这就要求在供给侧结构性改革中，我国区域产业要不断推进科技进步与创新及其成果产业化进程，提高供给水平，实现区域产业的合理转型与升级。

纵观当今世界，新一轮科技革命正在蓬勃兴起，科学技术对产业升级和经济发展的驱动作用越来越强。因此，各区域应充分抓住这一产业变革机遇，重视发挥科技创新的支撑和引领作用，通过高起点培育和发展以高新技术为代表的新兴产业，培育一批具有“三高”（产品档次高、科技含量高、市场占有率高）特点和长远发展潜力的骨干企业，通过这些骨干企业的品牌效应和带动作用促进我国产业整体转型升级②。此外，区域产业转型升级还应充分利用科技创新成果，有效、快速提升产业整体质量，如发挥科技创新的支撑和引领作用，大力发展现代服务业。现代服务业主要是依托信息技术和现代管理理念发展起来的，具有知识技术密集的特点。在研发设计、流程优化、市场营销、物流配送、节能降耗等方面，现代服务业特别是科技服务业和生产性服务业能够为战略性新兴产业发展提供必要支撑，从而有力推动产业结构优化升级③。

### （二）坚持市场引导，有效激活区域产业活力

推进供给侧结构性改革的实质，是正确处理好政府与市场的关系，发挥好市场在资源配置中的决定性作用，同时更好地发挥政府的作用④。当前，无论是僵尸企业的形成，还是产能的过剩，都与政府作用发挥过多、市场调节缺失有关。过去，我们过多地通过政府的需求管理政策，特别是政府投资政策和货币金融政策，从需求侧“三驾马车”来拉动经济增长，“有形之手”伸得过长⑤，不仅限制了产业活力，也阻碍了资源的有效配置。2015 年底，我国钢铁产能利用率已降至 70% 左右，煤炭产能利用率还要更低一些，产能过剩问题十分突出；商品房待售面积达 7.2 亿平方米，创下历史新高，尤其是三四线城市库存压力很大。过剩产能和积压的库存沉淀了大量的厂房、土地、设备和劳动力等生产要素，使得要素无法从过剩领域流入有市场需求的领域、从低效率领域流入高效率领域，降低了资源配置效率⑥。

要解决上述的无效、低端供给问题，实现资源的高效合理配置，就必须充分发挥市

---

① 王鹏远：《优化传统产业结构　助力经济转型升级》，《光明日报》2014 年 1 月 6 日，第 7 版。

② 邱兆祥：《从供给侧推动产业结构优化升级》，人民网，2016 年 8 月 24 日，http：//opinion. people. com. cn/n1/2016/0824/c1003 -28659911. html? from = singlemessage&isappinstalled =0。

③ 邱兆祥：《从供给侧推动产业结构优化升级》，人民网，2016 年 8 月 24 日，http：//opinion. people. com. cn/n1/2016/0824/c1003 -28659911. html? from = singlemessage&isappinstalled =0。

④ 李佐军：《正确理解供给侧结构性改革》，光明网，2015 年 11 月 21 日，http：//theory. gmw. cn/2015 -11/21/content_ 17810895. htm。

⑤ 李佐军：《正确理解供给侧结构性改革》，光明网，2015 年 11 月 21 日，http：//theory. gmw. cn/2015 -11/21/content_ 17810895. htm。

⑥ 王一鸣、陈昌盛、李承健：《正确理解供给侧结构性改革》，新华网，2016 年 3 月 29 日，http：//news. xinhuanet. com/politics/2016 -03/29/c_ 128843429_ 2. htm。

场机制的作用，让市场在资源配置中起决定性作用。市场通过竞争实现其经济协调功能，释放市场活力。通过市场调节，将竞争的主体地位还给企业和个人，充分发挥他们的作用，提升其创新主体的地位和创新激情。通过培育有市场竞争力的新产业和新产品，进而使产业转型能够以推进供给侧结构性改革为主线，通过去除没有需求的无效供给、创造适应新需求的有效供给，打通供求渠道，努力实现供求关系新的动态均衡。

但这并不意味着不需要政府作用的发挥，更好地发挥政府作用，是将政府的主要职责定位于制定好法律、法规、标准和政策，为企业和社会提供良好的制度和政策环境。再有就是提高宏观调控的针对性、有效性，把握好政策出台的时机、力度，防止政策叠加效应，避免新一轮的“产能过剩”。还要有针对性地调整现有产品结构，开发市场需要、赢利能力强的产品，下决心淘汰那些靠消耗能源资源、经济效益差、没有竞争力的产品，加快产品结构的升级换代，实现区域产业的转型升级。

### （三）优化传统产业，发展新兴产业，推进区域产业转型升级

从前面的分析可见，在当前我国的区域经济中，尤其是东北老工业基地，传统产业依然是重点产业，所占比重较大，整体水平偏低，是其经济的主要支撑力量。这就意味着实现区域产业的转型升级不是简单地丢掉传统产业，转而发展新兴产业，而是要优化传统产业，通过对传统产业的改造，加快传统产业的升级换代。通过升级换代使传统产业焕发新的生命力，提高产品竞争力，满足市场需求。在当前的传统产业中，农业成为“四化同步”的短板①。当前农业同样面临着结构性失衡的问题，也需要深入推进供给侧结构性改革。尽管农业在国民经济中的比重已经下降到9%左右，但它仍然是国民经济的基础产业。在一些区域经济中，农业依然占据着一定的比重，如黑龙江省和海南省等。从供给侧结构性改革入手，优化农业结构，就必须增加绿色、有机安全农产品的供给，减少一般农产品的供应，加快结构调整，以满足消费者更高层次的需求，提高中国农业在国际上的竞争力②。

新兴产业是未来的发展方向，正如习近平所强调的，制约我国经济发展的主要矛盾就在供给侧，要加大供给侧结构性改革力度，重点发展战略性新兴产业和现代服务业。每次科技和产业革命，都带来生产力的提升，创造着难以想象的供给能力。当今时代，社会化大生产的突出特点，就是供给侧一旦实现了飞跃性创新，市场就会以波澜壮阔的交易进行回应③。因此，推进供给侧改革，必须推动新技术、新产业、新业态蓬勃发展，让科技为产业转型升级提供强劲动力。然而，当前区域产业发展的现实是，高新产业比重小、发展缓慢，难以有效支撑整体经济的持续快速发展。因此，在供给侧结构性改革的背景下，我国区域产业转型发展的思路应是：一方面优化传统产业，另一方面大

① 习近平：《推进农业供给侧结构性改革》，中国经济网，2016年3月10日，http：//www. ce. cn/xwzx/gnsz/szyw/201603/10/t20160310_ 9418222. shtml。

② 《中国加强农业供给侧结构性改革破解新难题》，新华网，2015年12月26日，http：//news. xinhuanet. com/fortune/2015 –12/26/c_ 1117588471. htm。

③ 《从供给侧着力实现新跃升》，《人民日报》2016年1月23日，第1版。

力发展新兴产业。并通过创新驱动，使传统产业向战略性新兴产业升级。传统产业转型升级的最终方向仍然是技术和知识密集型的战略性新兴产业，通过在传统产业的基础上“嫁接”或“孕育”新兴产业[①]，通过两者的融合、协调发展，来实现供给侧结构性改革背景下区域产业的转型升级。

### （四）发挥区域特色，实现协调发展，提升区域产业整体竞争力

通过前文分析可知，东部、中部、西部和东北各区域之间的产业结构以及产业发展水平存在差异。这种差异是自然、地理和社会历史等多重因素形成的。区域产业发展差距大是我国经济发展中面临的问题之一，但从辩证视角看，作为一个发展中大国，区域产业发展水平的落差，往往可以增大产业发展的回旋空间，形成梯度推进和持续增长的动力[②]。因此，通过实现协调发展，协作分工，加大区域间的产业合作力度，能够实现各个区域产业整体水平的提升。近年来，尤其是国际金融危机之后，东部地区产业转型升级的步伐逐渐加快，实施创新驱动的压力越来越大，这将促使东部地区的部分产业向中西部转移。中西部地区经济发展相对滞后，上游资源型产业比重较大，产业转型升级起步相对较晚，需要加快“追赶”进程，缩小与东部沿海地区的差距。但在“追赶”路径选择上，必须摆脱传统发展模式，促进经济发展从规模速度型粗放增长向质量效率型集约增长转变，从而实现产业的飞跃式发展。同时，将东部沿海的创新理念、新技术与东北老工业基地的传统产业相结合，能够加快实现传统产业向新兴产业的发展，从而能够使创新产品迅速占领市场，满足国内外需求，有利于各区域产业整体水平的提升。

当前，无论是不良的产业竞争还是产品品质相近的产能过剩，都与区域产业结构相似、低水平重复建设有关。因此，在供给侧结构性改革背景下，各区域应根据区域产业生产力与区位优势，发展特色产业，优化产业的空间分布，推动各资源要素的重新组合配置，在实现产业集聚效应的同时，体现出本区域产业的特色优势。这一产业发展思路不仅有利于充分提升本区域产业的竞争力，更有利于通过提升产品竞争力来占领市场，实现生产端的优化。

## 五　供给侧结构性改革背景下中国区域产业转型升级的政策建议

### （一）加快科技创新，为区域产业转型升级提供不竭的动力

推进供给侧结构性改革，并非仅仅是数量结构的调整，而是整个产业结构的变革和升级。在这一过程中，科技创新扮演着十分重要的角色。科技创新的步伐加快了，供给

① 王鹏远：《优化传统产业结构　助力经济转型升级》，《光明日报》2014年1月6日，第7版。

② 王一鸣：《“十三五”时期推动区域协调发展的几点思考》，人民网－理论频道，2016年2月3日，http://theory.people.com.cn/n1/2016/0203/c83865-28108298.html。

侧的“造血机能”便增强了，就能够为满足需求升级提供源源不断的动力。为此，首先，围绕传统产业升级和技术改造构建创新联盟，重点突破高端制造装备、关键零部件、基础原材料、重大工业流程等核心技术；其次，借助信息化整合科技资源，形成一批面向行业和区域、开放运行的技术创新服务平台，为企业特别是广大中小企业提供研发设计、检测测试、专利标准等公共技术服务；再次，针对高科技企业高风险、高回报的特点，由政府支持和引导，推动创业投资基金、风险投资基金的发展，切实解决高科技企业融资难的问题①。

### （二）传统产业与新兴产业相互促进发展，实现区域产业良性升级

借鉴发达国家再工业化、本土回归等经验与教训，我国区域产业的发展思路，一定是重视实体经济，用新一代新兴技术优化传统产业，发挥传统产业优势，提升经济实力，控制世界经济的制高点。世界上没有落后的产业，只有落后的技术；没有落后的行业，只有落后的产品；没有落后的领域，只有落后的思路②。因此，在推进区域产业转型升级时，一定要正确认识和处理传统产业与新兴产业的逻辑关系，坚持优化传统产业与发展新兴产业并重，最好是二者相互促进，真正实现产业转型升级和经济发展振兴。

为此，可以合理利用传统企业现有平台、市场、网络等资源优势来发展战略性新兴产业。加快传统产业组织创新、制度创新、管理创新，创建与战略性新兴产业协调发展的外部环境。从组织上积极探索适合现代企业发展模式的管理机构和运作团队，从制度上积极探索规范化的现代公司治理机构，从管理上积极激发员工的创新活力，营造良好的企业文化。通过相关的产业政策、科技政策、金融政策及土地政策等保障传统产业向战略性新兴产业转移的力度，不断加强传统产业与战略性新兴产业的统筹规划和衔接，制定远景规划和发展模式，逐步形成集群内企业间上下游联系紧密、相互依存的发展模式，探索和掌握战略性新兴产业的运作模式和发展规律③。

### （三）发挥市场主体作用，推进产业顺利转型

供给侧改革的要义在于：发挥市场在资源配置中的决定性作用。“市场活力来自于人，特别是来自于企业家，来自于企业家精神”，供给侧改革强调发挥企业和创业者作为市场主体的作用④。以市场化手段顺势让生产要素从夕阳产业向“希望”产业转移，更新供给内容和方式，确保中国区域产业转型升级的合理性。

当然，强调市场的主体作用，不代表政府一味地做减法，建立规范、合理监管、放管结合，“全面提高标准化水平，以更严的标准和监管强化企业主体责任”，“营造公平

---

① 周茂清：《供给侧改革与产业结构转型升级》，《经济参考》2016年11月17日，http：//jjckb. xinhuanet. com/2016-11/17/c_ 135835870. htm。

② 李后强、邓子强：《处理好传统产业与新兴产业的关系》，《四川日报》2015年9月30日，第6版。

③ 王鹏远：《优化传统产业结构　助力经济转型升级》，《光明日报》2014年1月6日，第7版。

④ 万方：《供给侧改革如何做好产业结构调整的加减法》，新华网，2015年12月30日，http：//news. xinhuanet. com/fortune/2015-12/30/c_ 128581434. htm。

竞争环境，保护知识产权”，才能从长远意义上建立起有序的竞争平台，从而达到提高主体的素质和能力、激发主体的积极性和创造性等供给层面的本质提升①。通过简政放权，制定合理的市场运行规则，为中国区域产业转型发展营造良好的环境。

### （四）减少低端供给，有效化解产能过剩

“去产能”是推进供给侧结构性改革的关键一招，为此，一定要严控新增产能、淘汰落后产能、改造优势产能②，从而有效解决低端供给。国家统计局数据显示，煤炭、钢铁、水泥、有色金属等多个领域中，产能过剩已成“痼疾”。2015 年以来，各地钢厂相继曝出的停产潮，福建三钢、包钢、首钢长治、新抚钢等钢厂相继以生产线检修方式变相停产。2015 年 11 月 14 日，唐山淞汀钢铁厂宣布停产，成为继山西海鑫钢铁厂之后第二个 500 万吨以上的停产钢厂③。究其原因，是利润迅速下滑、产能利用率偏低。可见，产能过剩不仅影响到产业转型升级，还直接关系到企业的生存。为此，一定要依据存量产能推进供给侧改革，要下定决心淘汰效率低下的“僵尸企业”，减少低端无效供给，让市场及时出清。同时还要支持企业完成内在的改造升级，推进过剩产能的转型升级，使其从低端无效供给向高端优势产能转换，进而适应市场需求。

### （五）协调区域产业发展，全面提升区域产业水平

经济发展实际上是产业结构高级化的过程。目前，东部地区产业集聚趋势已经出现拐点，市场拥挤效应通常会使对工资差距敏感的劳动密集型产业以及与本地产业联系较弱的产业首先转移出去。中西部地区承接产业转移，应注重增强产业间的前后向联系，注重承接产业与原有产业的结构互补④。当然，在承接产业转移方面，经济欠发达地区应着重考虑产业发展空间与本区域环境承载力，避免盲目承接产业转移而被锁定于价值链末端，应根据地理区位和要素禀赋情况，确立具有比较优势的支柱产业、创新产业或主导产业，在综合考虑产业结构和运输成本的基础上，围绕区域中心城市形成合理的专业分工格局和经济发展圈层。与此同时，东部沿海地区的产业结构应向高科技、高附加值方向调整优化，并肩负起参与国际分工与竞争和引领国内技术创新与产业发展的双重任务⑤。通过增强区域协作，推进产业协调发展，实现区域产业结构从失衡到优化，达到整体升级，全面提升中国区域产业水平。

---

① 万方：《供给侧改革如何做好产业结构调整的加减法》，新华网，2015 年 12 月 30 日，http：//news. xinhuanet. com/fortune/2015 - 12/30/c_ 128581434. htm。

② 万方：《供给侧改革如何做好产业结构调整的加减法》，新华网，2015 年 12 月 30 日，http：//news. xinhuanet. com/fortune/2015 - 12/30/c_ 128581434. htm。

③ 万方：《供给侧改革如何做好产业结构调整的加减法》，新华网，2015 年 12 月 30 日，http：//news. xinhuanet. com/fortune/2015 - 12/30/c_ 128581434. htm。

④ 王利耀：《以产业集聚促进区域协调发展》，人民网，2015 年 10 月 22 日，http：//theory. people. com. cn/n/2015/1022/c40531 - 27726549. html。

⑤ 王利耀：《以产业集聚促进区域协调发展》，人民网，2015 年 10 月 22 日，http：//theory. people. com. cn/n/2015/1022/c40531 - 27726549. html。

## 参考文献


胡鞍钢、周邵杰、任皓：《供给侧结构性改革——适应和引领中国经济新常态》，《清华大学学报》（哲学社会科学版）2016 年第 2 期。

洪银兴：《准确认识供给侧结构性改革的目标和任务》，《中国工业经济》2016 年第 6 期。

黄群慧：《论中国工业的供给侧结构性改革》，《中国工业经济》2016 年第 9 期。

顾松：《关于“着力构建现代产业发展新体系”的若干理论解读和思考》，《经济与社会发展》2013 年第 5 期。

王小广：《加快供给侧结构性改革，促进产业转型升级》，《区域经济评论》2016 年第 3 期。

http：//cpc. people. com. cn/n/2014/0324/c83083 – 24715349. html，2014 年 3 月 24 日。

http：//opinion. people. com. cn/n1/2016/0329/c1003 – 28233239. html，2016 年 3 月 29 日。

http：//news. xinhuanet. com/comments/2016 – 05/20/c_ 1118850190. htm，2016 年 5 月 20 日。

http：//finance. ifeng. com/a/20161026/14964469_ 0. shtml，2016 年 10 月 26 日。

http：//views. ce. cn/view/ent/201604/05/t20160405_ 10121167. shtml，2016 年 4 月 5 日。

# B.36
# 专题四
# 供给侧结构性改革与中国区域创新能力提升研究

现有研究表明，区域创新的主体是由区域市场、创新资源、单个创新主体和中介机构共同构成的非层次性网络，而政府在这个网络中居于中心地位。我国目前区域创新能力的形成过程和机理符合这种政府管理型区域创新的特征。在这种区域创新模式下，创新的想法不但可以来自企业或科研机构，也经常来自市场和政策。因此，区域创新能力的提升不再是“线性”的结构，而是复杂的“互动性”结构，强调市场各方参与者在各阶段的互动和反馈。这种区域创新能力的认识角度，带动创新能力提升的研究逐步从单纯的创新主体转向主体间关系分析，从实体要素转向制度、理论、文化、政策等无形的要素。我国国家领导人近一年来也多次强调了当前供给侧结构性改革的关键是创新，要通过创新发展理论、发展模式、发展路径，加快产业升级换代，通过科技创新带动产品、管理、商业模式创新①。本文将从区域创新能力的内涵与影响因素出发，分析当前供给侧结构性改革对区域创新能力的要求与面临的困境，提出以培育区域创新能力为目标的改革策略。

## 一　我国区域创新能力的内涵与影响因素

区域创新能力的概念最早来自 20 世纪 80 年代弗里曼（C. Freeman）和尼尔森（R. Nelson）提出的国家创新体系。21 世纪以来，我国学者开始对区域创新能力的内涵、构成及影响因素展开了大量的研究，为我国区域创新能力的提升奠定了理论基础。

**1. 我国区域创新能力的内涵与构成**

现有的研究表明，区域创新能力是一个系统的概念，它是各创新主体（企业、高校、研发机构、中介服务机构和地方政府等）的行为集合，这些行为将各种资源（信息、知识、技术、人力、资本、土地等）进行整合，形成系统性的创新产出②。区域创新能力的创新主体并不仅仅限于科研机构和企业的研发部门，还扩展到了政府和中介机构，因此区域创新能力涵盖的是一个广义的能力组合，其不仅包括核心的知识和技术创

① 杨芳、马葳：《习近平为何九天两提“供给侧结构性改革”?》，人民网，2015 年 11 月 19 日，http://politics.people.com.cn/n/2015/1119/c1001-27834311.html。

② 范柏乃、陈玉龙、段忠贤：《区域创新能力研究评述》，《自然辩证法通讯》2015 年第 37（5）期，第 95~102 页。

新能力，还包括制度创新能力、组织创新能力和理论创新能力等，不仅代表现有的创新能力，还包括由创新环境、创新投入反映的创新潜能。

区域创新能力是一个系统的概念，因此从不同的角度进行划分会得到不同的构成方式。例如，可以从创新的主体、创新的行为和创新能力的形成资源、创新能力的形成环境等方面进行划分。其中最具有综合性的是从创新能力评价的角度来阐释区域创新能力的构成，也是我国区域创新能力研究的重点领域。其中科技创新（也被分为知识创新与技术创新）、制度创新和创新产出在现有的区域创新能力研究中被广泛接受为主要的评价指标①。除此之外，理论创新在近几年的许多权威媒体和政府报告中被不断提及，因为越来越多的颠覆式创新并不是源自技术和知识的创造，而是源自思维方式的改变，是对旧有理论的革新②。

知识创新能力，是指一个国家或地区创造知识、获取知识和应用知识的能力③。知识创新能力是区域创新能力的源泉，以高校为代表的科研机构是知识创新的主体，它们通过自身的科研能力将现存的知识通过与其他创新主体交易，从而将知识转化为技术，并进一步实现知识的经济效益。知识的创造能力开始于各个创新主体对科研经费和科研人员的投入，知识的获取能力反映了一个区域对知识需求的程度以及对知识的扩散和流动的保障水平，知识的应用能力则体现了知识在创造主体与应用主体之间的流动性和便利性。

技术创新能力，是以促进区域经济增长为目标，综合创新主体之间的积极性，汇聚创新所必需的有形和无形资源，将创新的概念转化为新产品、新工艺和新服务的能力④，从而实现创新驱动的区域经济增长模式。技术创新的主体是企业，企业通过学习科研机构创造的先进知识，将其转化为产品或服务并销售出去，从而推动创新持续进行。企业也可以通过表达自己的创新需求并传递给科研机构，由后者实现其所需的技术创新。

制度创新能力，是指地区进行制度变革的能力，不仅包括与创新直接相关的具体制度，还包括经济社会的整体制度，其核心是为创新驱动以及创新要素的有效配置提供制度框架。政府利用政策优势和资金优势，优化创新的软环境和硬环境，降低创新的风险，提高科研机构、企业等创新主体的积极性，从而推动区域创新。因此，区域制度创新的主体是地方政府，其创新能力表现为能够提供有利于扩大开放、促进共享、协调矛盾的机制，以及有利于绿色发展和创新驱动的各项制度与体制机制能力。

理论创新能力是一种从现实的新现象、新活动出发，抽象出反映特定的经济社会关系规律的能力。理论创新能够通过分析规律，将成功的创新活动不断复制和再创新，从而孕育全新的市场、创造全新的需求，最终造就深刻、迅猛且难以模仿的创新。在全球化和信息化推动下，新一轮的理论创新已经在全球市场经营、全时信息传递和全平台接

---

① 王建民、王艳涛：《我国区域创新能力研究》，《经济问题探索》2015 年第 12 期，第 185 ~ 190 页。

② 〔美〕克莱顿·克里斯滕森：《创新者的窘境》，胡建桥译，中信出版社，2014。

③ 中国科技发展战略研究小组：《2002 年中国区域创新能力评价》，《科学学与科学技术管理》2003 年第 4 期，第 5 ~ 11 页。

④ 邵云飞：《区域技术创新能力形成机理探析》，《管理科学学报》2006 年第 4 期，第 76 ~ 82 页。

触等一系列变革中井喷式出现，推动了经济理念从工业思维到互联网思维的转变。理论创新在新一轮的供给侧结构性改革中将扮演驱动新供给、化解供需矛盾和促进区域协作的关键角色。推动理论创新的主体是多元的，可能源自科研机构的学术研究，也可能源自企业或中介机构的全新商业模式，甚至可能源自政府的一系列政策。

创新产出能力是一个区域创新能力的最终反映形式，表现为区域创新成果及创新的产业化成果的多少，是创新应用于生产过程并转化为现实生产力的能力。创新的产出不但是创新的目的，还可以有效促进区域的二次创新活动。因此，创新的产出能力还应体现潜在的持续创新产出能力，创新潜力越大，则区域创新的连续性越好，对区域经济发展也就越能产生持续的驱动作用。

**2. 我国区域创新能力的影响因素**

创新能力的培育是一个极其复杂的过程，影响创新能力提升的因素也很多，需要综合考虑这些因素及其对创新能力提升的影响路径，才能充分解释区域供给侧结构性改革推动创新能力提升的机制。

首先，创新投入是影响区域创新能力的最直接因素。创新投入反映的是区域创新主体对创新的重视程度，是产生创新的前提条件，创新投入越多就越可能产生新的持续的创新。创新投入包括创新的人力投入和创新的资本投入，其中人力的投入是产生创新的能动性因素，也是区域之间影响竞争的关键因素，而资本投入是创新产生的不可或缺的后盾。政府在区域创新中的作用是至关重要的，政府的支持是其他创新主体无法替代和比拟的①。政府的创新投入和创新政策可带动市场上的创新资金加入。我国的科研机构在很长一段时间都承担着区域创新的角色，而企业的创新能力则相对较弱，这与政府对科研机构和高等院校的创新资金投入有很大关系，科研机构和高等院校承担着绝大部分的科研活动。

其次，区域智力资源的聚集能够有效提升区域创新能力。区域智力资源是指符合地区社会经济发展需要，个体、组织和区域所拥有、能够在区域范围内流动、具有价值创造功能的知识，它能够为区域发展带来新的活力和动力，产生直接或间接的经济和社会效益②。区域的智力资源与区域创新能力之间具有双向互动关系。一方面，区域智力资源对创新能力同时具有直接拉动和间接支撑作用；另一方面，随着区域创新能力和经济效益的提升，区域人力资源的吸引、配置和利用效率也会得到提升。

再次，区域的社会资本是创新能力提升的催化剂，能够通过信任关系降低交易和创新成本，促进创新资源流动，增强创新主体的协作能力。同样，创新能力和经济效益提升后，社会资源能够在外部投资支持、创新网络建立的基础上得到进一步积累。区域社会资本是一个区域内人与人、人与组织及组织与组织间在长期的互动过程中形成的，是可以为个人或组织带来收益的一种无形资源。社会资本的具体表现形式很多，包括关系

① Nelson, Regional Innovation Systems and Sustainability - Selected Examples of International Discussion. *Technovation*. 2004, 24 (9): 749 - 758.

② 陈武、王学军：《区域智力资本与区域创新能力的关系——一个理论分析框架》，《技术经济与管理研究》2010 年第 2 期，第 32 ~ 36 页。

网络、社会风俗、文化氛围以及隐性制度等等。文化因素能够通过在区域内形成共同的创新氛围，促进创新能力的持续提升①。但区域社会资本对创新能力的影响具有明显的门槛效应，即当创新环境（法制、市场化）的水平达到一定程度才会起作用。

复次，区域产业集群能够积极推动区域创新能力的提升。一般认为，区域创新的行为主体在空间上的邻近有利于各参与者的创新协作，从而提高创新产出，同时高产出也会进一步集聚其他创新行为主体。产业集聚利用网络化的知识传播结构和空间结构优势，加速参与主体的创新行为，从而提升区域的创新能力。区域产业集聚对创新能力的影响还受到政府的扶持政策、创新主体的知识溢出水平、产业间关联程度和专业化分工程度的影响②。

最后，区域创新环境孕育区域创新能力，其包括的内容多种多样。例如，良好的创新基础设施能够直接推动区域创新能力的提升，便利的交通条件能够便于创新要素的流动和创新主体间的互动，既降低了创新的成本，也大大增强了区域联动创新的可能，高水平的教育设施，能够培养更多的高素质劳动者，本身也能聚集知识型和创新型的人才，有利于知识的创造、转移和利用。对外开放的程度，有助于地区吸收和借鉴外部先进的技术和经验。但这些环境因素对于区域创新能力的积极作用在各区域（东部—中部—西部）的表现有差异。目前的研究表明，市场化程度、累积知识存量、知识流动能力以及环境造成的吸引外商投资差异是不同区域创新能力差异的主要因素③。不能忽视的是，创新环境中同样存在对创新能力提升有负面影响的因素，如公有制企业的比重过大和侵权行为④。

## 二　区域供给侧结构性改革促进创新能力提升的路径与方向

近年来的许多研究表明，区域创新能力的提升呈现多种驱动模式⑤，但仍可以归纳为传统的市场要素驱动和政府驱动两个主要作用力。结合前文分析的我国供给侧结构性改革的方向和区域创新能力提升的内涵与影响因素，区域供给侧结构性改革能够通过要素新供给、制度新供给、结构新供给和政策新供给，对影响区域创新能力提升的五个主要因素产生影响，从而分别促进区域创新能力五个组成部分的提升（见图4－1）。以下从供给侧结构性改革四个方面的影响路径、经济学逻辑以及促进区域创新能力提升的方向三个角度进行论述。

---

① 李新功：《以社会资本为契机提高区域技术创新能力》，《管理世界》2007年第1期，第158～159页。

② 李凯、任晓艳、向涛：《产业集群效应对技术创新能力的贡献——基于国家高新区的实证研究》，《科学学研究》2007年第25（3）期，第448～452页。

③ 岳鹄、康继军：《区域创新能力及其制约因素解析——基于1997～2007省际面板数据检验》，《管理学报》2009年第6（9）期，第1182～1187页。

④ 王鹏、赵捷：《区域创新环境对创新效率的负面影响研究——基于我国12个省份的面板数据》，《暨南学报》（哲学社会科学版）2011年第33（5）期，第40～46页。

⑤ 范柏乃、陈玉龙、段忠贤：《区域创新能力研究评述》，《自然辩证法通讯》2015年第37（5）期，第95～102页。

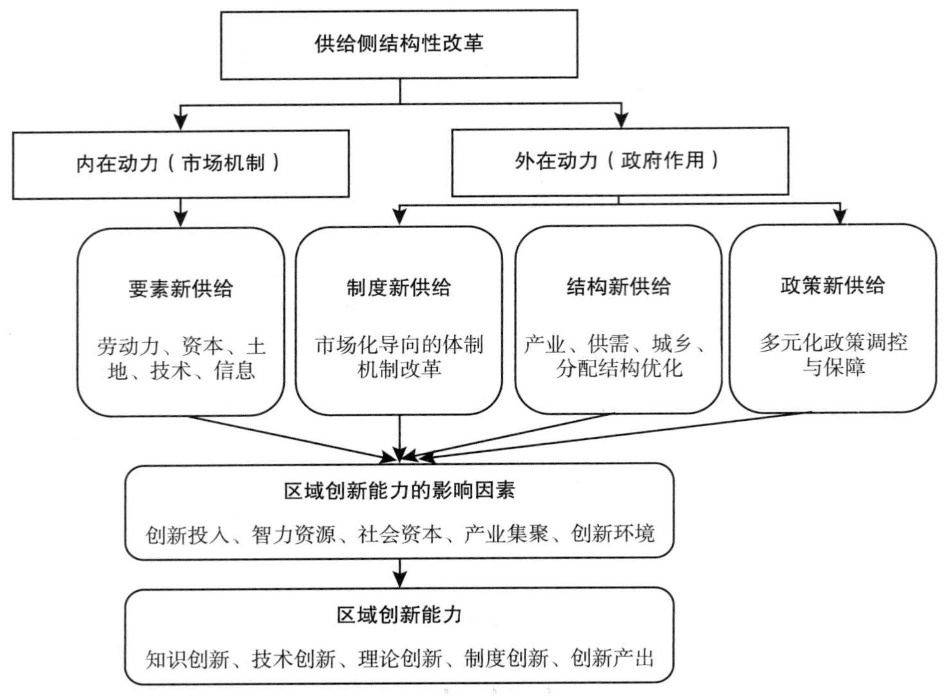


**图 4－1　供给侧结构性改革促进创新能力提升的路径**

**1. 要素新供给，补短板，培育创新主体，提升全要素生产率**

全球各经济体的发展历史表明，低收入国家和地区由于劳动力和土地成本的优势和技术进步方面的巨大空间，一旦获得外部资本的注入，往往能够持续一个高速发展的时期，这是一种赶超现象，是经济增长后发优势的体现。宏观经济学的主流观点认为，全要素生产率是经济增长的主要动力。随着我国国民收入水平的提升，各类要素价格的优势已经不明显，甚至消失，依靠传统要素投入的增长模式已经难以为继，逼迫企业降低传统要素投入，通过要素新供给，补足短板，提高全要素生产率和贡献度以及促进要素资源的配置效率，提升区域创新能力。

全要素生产效率的提升就是要提升劳动力、资本、土地和技术等要素资源的产出效率，是推动供给侧结构性改革的动力源。供给侧结构性改革对要素供给的核心要求就是要着力提升要素的供给效率和供给质量，充分发挥创新在要素资源生产率水平提升中的作用。因此，区域要素新供给与创新能力提升的关系显而易见。过去三十多年，我国全要素生产率对经济增长的平均贡献率较低，主要依赖的是要素投入的增长①，说明我国各地区依靠要素生产率提升来推动经济增长的空间还很大。同时，从不同要素生产率的作用看，劳动力生产率是全要素生产率上升的主要推动力，资本的生产率则是瓶颈因素。因此，加大创新投入，引导资本流向高回报的新兴产业，是提升全要素生产率、实

① 肖林：《新供给经济学》，上海人民出版社，2016。

现区域经济持续增长的关键。要素资源配置的效率提升是指资源要素在不同生产领域流动的便利性、配置的合理性和产出的回报率。供给侧结构性改革对于要素配置效率的要求是通过要素市场的改革，放开要素市场价格，推动要素资源按照市场规律在产业和区域间自由流动，才能激活要素资源的活力。这种情况下，要素资源自然会向高需求、高回报的新产品、新技术、新产业流动，必将推动创新投入的增加、智力资源和新兴产业的集聚，从而全面提升创新能力。

从要素供给影响创新能力发展的逻辑来看，各类要素新供给的主要方向如下。首先，劳动力要素的新供给是要提升智力资源的数量和质量，需预判劳动力人口的发展趋势，通过动态调整人口政策和管理方式，引导人口结构的优化；通过创新公共福利政策提升适龄人口的劳动参与率，促进劳动人口的自由流动；通过教育体制的改革扩大高等教育的覆盖面，鼓励劳动人口接受再教育，改善劳动力整体素质水平，从而提升劳动要素的有效供给；通过完善高端智力资源的集聚政策，为知识和技术创新提供攻坚力量。其次，资本要素的新供给是要提升创新投入的效率，通过推进资本要素市场化改革，推动多元化的资本投入创新活动；改革基准利率的形成模式推进利率市场化，保证基准利率能够更准确地反映区域经济状况和市场对资本的需求水平；完善汇率市场化机制，保障资本在国内国际两个市场的稳定流动，协调国内国际两种资本的配置；建立多层次资本市场，包括搭建多层次的股权市场和债券市场，丰富和规范期货市场，鼓励和引导互联网金融创新。一方面丰富资本参与创新投入的渠道，另一方面畅通创新资本在市场上兑现的渠道，通过创新产出的提升激发创新投入的积极性。再次，技术要素的新供给是要强化技术的突破与转化，通过加大科研创新投入，集聚顶尖智力资源，培育新型创新攻坚主体和领头羊，加强关键技术的基础研究和突破；通过构建新型的科技协同创新系统，破除科研人员在各创新主体间流动的障碍，加强科研人员、科研机构与企业、中介机构的协调创新，使技术突破与产业、消费者需求对接，提升要素的效率和创新产出水平；通过科技政策调整，提升知识与技术转化的便利性、积极性和回报率；通过科研体制机制改革，最大程度地发挥科技人员的自主性和创造力，创造宽容失败、鼓励创新、无后顾之忧的科研环境。复次，土地要素的新供给是要促进土地要素在产业间、城乡间的有效流转，提高土地资源在新型城镇化过程中的配置效率。一方面，在土地承包经营权流转、农村集体用地入市、宅基地制度改革的基础上，建设统一开放、竞争有序的城乡建设用地市场，使市场在土地资源配置中起决定性作用，为创新投入和产业集群所需的土地资源提供基础的制度保障；另一方面，通过推进土地开发制度改革，推广土地利用的新技术，推动原有低效用地、闲置土地的再开发，提高土地资源的整体利用效率。最后，信息要素的新供给。

**2. 制度新供给，降成本，激活社会资本，完善区域一体化市场**

我国改革开放三十多年的快速发展，很大程度上是改革开放这一重大制度创新带来的红利。在新常态下，我国面临的区域结构性问题，归根结底还是制度瓶颈，需要进一步的制度改革和创新来提供发展转型的动力。制度新供给的核心在于充分发挥市场在资源配置中的决定性作用，消除劳动力、资本、技术、土地、信息等创新要素面临的供给约束和供给抑制，充分释放创新主体的活力和潜力，提升创新的效率和产出。具体而言，制度创新影响创新能力主要遵循三条逻辑路径：提升市场效率，降低交易成本，激活社会资本的催化能力，扩大创新产出的社会和经济效益；提高知识和技术创新的回报率，激发智力资源的创新动力，实现全要素创新效率的提升；政府正确定位并履职，营造并维护稳定创新的环境，在明确制度变革导向基础上循序进行制度创新。

根据新制度经济学的观点，有效率的制度能够降低不确定性和交易费用，约束或鼓励经济活动主体的行为。首先，制度化的交易结构和程序有助于识别复杂的社会环境。法律结构越完备，社会规则和社会习俗的联系越强，则建立的契约内容的不确定性就越小，因此有限理性的个人在复杂环境中的交易行为能够得到大幅简化，从而大幅降低交易费用，激发市场的活力。其次，制度通过鼓励、限制和惩罚等手段影响个人或组织的决策选择，即社会制度结构决定了创新主体的创新行为，而创新主体在既定制度结构下的行为决定了创新的产出。最后，制度有利于稳定创新主体对未来的预期，从而避免机会主义行为。当经济主体之间的交易规模较小时，人们倾向于合作。但随着分工的复杂化，这种合作化机制就很难形成。处于转型期的中国，由于制度频繁变迁带来了较长时期内很强的不确定性，而创新行为的回报因此受到很大的影响，这诱发了创新主体获取短期利益最大化的投机行为，而不是遵循创新发展的一般规律进行决策。尽管这些行为从单个经济主体的角度而言是合理的，却导致了整个社会经济活动效率的降低，也成为经济发展转向创新驱动的制度性障碍。

从制度供给影响创新能力发展的逻辑来看，有三个关键的制度供给方向。一是要降低市场的准入门槛，完善区域市场一体化发展合作机制，着力打破地区封锁和行业垄断，激发民间资本创新投入的动力和社会资本的活力，从而提升区域创新能力。要允许各类创新主体依法平等进入各行业、各领域、各业务，减少政府对微观经济活动的行政干预，保证创新行为不会因行政干预导致无果而终。同时也要完善市场退出机制，取缔无法达到安全和节能标准的市场主体，激励市场主体持续创新发展。二是进一步完善有利于整个市场创新发展的法律法规，尤其是针对新兴领域和新兴行业。法律法规等制度建设一方面要破除不适应市场创新发展的内容，保障创新先行者的创新收益；另一方面也要保持新兴市场的可进入性，打造有利于整个新兴市场而不是单个创新主体发展的法治环境。三是构建市场自我监管的内部治理结构和机制，从而降低政府干预和监管的影响。其中的关键是建设跨领域、跨行业的诚信体系，通过信息的及时更新与共享，快速打击假冒伪劣、价格欺诈、虚假宣传、商业贿赂等投机和不法竞争，维护公平公正的市场环境。政府通过重大项目合作，树立有诚信、有责任感、有创新精神的企业标杆。

**3. 结构新供给，去库存，聚集产业和智力资源，化解区域供需矛盾**

虽然要素优势推动我国成为“世界工厂”，但也导致了经济结构在多个层面的不合理，在要素供给增长下降、价格优势减弱、资源环境约束强化、出口和投资增速放缓、消费需求持续较快增长的多重背景下，结构方面不合理导致的矛盾日益突出。区域发展不平衡、产业发展不协调、企业发展不可持续的问题根源是供给结构的不合理，其引发的粗放式发展也抑制了创新能力的培养。2015 年各省份 GDP 增长的统计数据显示，山西、河北、东三省这些依赖资源要素投入和要素价格优势的省份经济增长放缓明显，甚至出现了衰退，而同样具有要素资源优势的重庆、贵州两省则由于传统制造业的转型升级迎来新的发展契机，天津、山东、江苏、上海等地的强劲增长则依赖于服务业的快速增长。新的省域经济发展状况已经提供了结构新供给的基本思路和逻辑，结构新供给通过四条路径影响区域的创新能力：一是通过经济结构从增量扩能为主转向存量调整与做优增量并存，引导创新投入，提升供给端的有效性和竞争力；二是通过产业结构向中高端制造业和服务业调整，实现新兴产业和智力资源集聚；三是通过协调城乡区域结构，加速推进城镇化和劳动力转移，促进创新要素流动；四是通过优化收入分配结构，凸显人力资源尤其是高端智力资源的价值，激发创新主体的活力。

以林毅夫为代表的新结构经济学认为，一个经济体在特定时点的经济结构是由其当时的要素禀赋及结构决定的。较发达地区的资本相对丰富而劳动力短缺，欠发达地区的劳动力与自然资源相对丰富，而资本及高端智力资源则较为稀缺。这种要素禀赋的优势就构成了一个国家或地区的优势产业，但随着经济的增长，不同地区可以根据自身要素禀赋结构的变化遵循一定的产业结构升级路线，将要素结构、产业结构、收入结构等因素纳入统一的分析框架中，突出政府在结构调整和产业升级中的抓手作用。一只手要抓供给存量消化与调整，通过减少低端供给，淘汰无效供给，倒逼创新要素从效率较低的区域和产业转移到效率较高的区域和产业，从而提高创新资源的配置效率和创新要素的生产率；另一只手抓区域特色新兴产业培育，通过扩大有效和中高端供给，聚集新兴产业与智力资源，使得创新投入、创新主体和创新活动进一步向城市和产业集群靠拢，从而有效提升创新能力。以产业集聚带动新型城镇化，还能够提高低收入人群的收入水平、改进农民生活方式和消费结构，从而推动能够促进创新的需求环境形成。

从结构供给影响创新能力发展的逻辑来看，有四个关键的结构调整方向。首先是推进价值链低端的加工制造业升级，鼓励企业通过技术改造和技术创新抓住新一轮智能制造引领的制造业革命的机会，在补齐制造业技术短板的同时焕发新的活力。营造宽容创新的氛围，倡导传统制造企业管理理论创新，推进信息技术与传统产业的深度融合，运用互联网思维开创新业态、新模式，更好地引领和适应消费需求的升级。其次是加大对新兴产业的创新投入，通过科研机构与龙头企业的技术创新联动，打造一批国际领先的云计算、大数据、物联网、新能源、新材料、生物技术等高科技产业集群，通过世界前沿知识创新和一流技术创新，抢占全球产业发展制高点。再次是推进高效、稳健和可持续的城镇化建设，通过新兴产业集群支撑农业转移人口的就业，鼓励土地、户籍、公共服务、就业辅导等领域的全面改革，提升区域制度创新能力。最后是推进服务业和农业的高端化、精细化发展，增强服务业和农业供给的有效性，增强传统劳动密集型产业对智力资源的吸引力，调节当前低收入水平群体的收入结构，提升创新的积极性，引领服务理念创新。

**4. 政策新供给，去产能去杠杆，营造创新环境，实现可持续发展**

我国高技术产品近年来占出口比重逐渐提高，但劳动密集型加工组装环节的产品占高技术产品出口额超过90%。由于低端产能迅速扩张，钢铁、电解铝、玻璃等行业平均产能利用率低于75%①，产能过剩十分严重。因此，应在短、中、长三个阶段通过政策新供给来提升区域创新能力：在短期内，以消化过剩产能为抓手，激发理论创新配置过剩产能，推动制度创新化解产能过剩的制度性矛盾；中期建立金融风险防控体系，加快推进金融体制改革，去杠杆，引导投入创新活动的风险资金管控风险、披露信息；长期内把政策新供给瞄准营造有利于公平竞争、维护市场秩序和鼓励创新的环境，驱动企业转型升级，带动整体经济创新发展和可持续发展。

长期以来，我国各地方政府综合运用包括财政补贴、税收优惠、土地优惠和银行信贷等手段在内的产业政策推动行业发展，从而导致投资行为经常不是根据市场需求而是根据政策导向进行。而以GDP增长为主要指标的地方政府绩效考核评价机制，导致这些产业扶持资金和其他资源流向有利于快速提升产能、创造GDP的产业，在政策层面上助推了当前的大面积产能过剩情况，也增加了地方政府的债务负担。产能过剩又导致了企业经营效益下降，偿债能力下滑，加上影子银行、房地产高库存，使我国经济面临的系统性金融风险加剧。因此，区域的政策新供给，首先要面对的就是针对性解决短期内的产能过剩和风险问题，加大存量调整和落后产能的淘汰力度，防范和化解金融风险。其中地方国有企业是传统政策促增长背景下的产能过剩重灾户。政策的新供给要释放民生、教育领域对创新的束缚。当前的医疗和教育供给，远远无法满足健康与发展的需求，这两者正是创新环境的最基本要素。

从政策供给影响创新能力发展的逻辑来看，有五个关键的政策调整方向。一是改变产业政策导向，打破政府单纯以维持GDP增长为目的的产业不当干预。化解产能过剩的政策可区分过剩产能的不同情况分类施策，对区域内重叠严重，仅能提供低端供给的“僵尸企业”坚决淘汰，对经转型升级仍有生命力的企业鼓励进行改造，并切实监督扶持资金投入有利于技术和供给升级的环节，对新兴产业和潜力科技企业，综合采用孵化辅助、直接投资和引导风险投资等多种扶持手段。二是改变政府投资的导向。一方面加强基础设施、公共服务设施建设，加强基本社会保障体系建设，补齐经济社会发展的短板，营造良好的创新环境；另一方面，加大对教育、医疗、就业、文化等公共服务的投入，提升城镇化和产能调整带来的富余劳动力技术水平，为创新能力提供智力资源。三是调整地方国有企业的管理方式，将政府定位为投资运营主体，以市场化为方向持续推进国有企业改革，探索战略投资为主、风险管控为辅、企业自主经营的管控模式，发挥国有企业在发展战略性新兴产业方面的排头兵作用，树立国有企业在创新投入和产业集聚方面的领头羊作用，继续发扬国有企业在凝聚社会资本和吸引智力资源方面的优势，提高国有资本的供给效率和创新产出。四是畅通双创企业的融资渠道。五是实施结构性减税。一方面，降低双创企业所得税税率，减少并逐步消除重复征税，促进专业化分工和创新协作，提高创新投入的积极性和创新产出效率；另一方面，建立综合与分类相结

① 国家发展和改革委员会产业经济与技术经济研究所：《中国产业发展报告2015》，中国市场出版社，2015，第134页。

合的个人所得税制，发挥个人所得税在调节收入分配中的作用，释放低收入人群的购买力，促进与供给升级相匹配的消费升级。

## 三　创新驱动我国区域供给侧结构性改革面临的困境

“三去一降一补”是供给侧结构性改革的重点任务①，供给侧结构性改革的关键是增长动力的转变，而动力转变的核心必须依托于创新驱动。因此，供给侧结构性改革的根本困境就是创新的瓶颈问题。本部分将从理论创新、科技创新和制度创新三个维度分析当前我国区域创新驱动供给侧结构性改革过程中面临的主要困境。

**1. 理论创新内涵亟须深化**

理论创新引领实践创新，理论创新是核心与灵魂，在供给侧结构性改革过程中，首先要充分发挥好理论创新的先导指引作用。习近平总书记也曾指出：“我们党之所以能够历经考验磨难无往而不胜，关键就在于不断进行实践创新和理论创新。”理论创新既是一种必然又是一种必需，是建设中国特色社会主义事业实践的需要，是推进党的建设新的伟大工程的需要，是参与国际竞争的需要。

但当前我们在供给侧结构性改革过程中理论创新的内涵亟须深化，这集中体现在我国的供给侧结构性改革与美国里根时代的供给侧改革不一样，里根时代侧重于通过降低企业和劳动者的所得税率，鼓励劳动者更辛勤地劳动，扩大税基，增加政府总税收。我们国家当前的问题更为复杂，我国的供给侧结构性改革是从经济增长速度和经济增长动力转换阶段遇到的瓶颈出发，是在2010年以来所面临的经济增速波动下滑以及供给和需求不平衡、不协调的背景下提出的，更侧重于结构上的调整。但当前大部分学者在解读“供给侧结构性改革”时，很多是照搬美国“供给学派”的理论体系来解释中国的“供给侧结构性改革”。很多学者认为，过去的政策是需求侧，是凯恩斯主义政策，那么现在提出的供给侧结构性改革就意味着抛弃凯恩斯主义，支持供给学派的政策。还有学者认为，当前的供给侧结构性改革的理论来源包括以萨伊定律为核心的新古典理论、以传统供给经济学为内核的新供给经济学、以发展经济学为核心的各类结构主义和以保守主义、货币主义以及供给主义为核心的里根经济学和撒切尔主义，以华盛顿共识为核心的新自由主义结构性改革理论、以产权理论和制度创新理论为核心的新制度主义②。事实上，现有的供给侧结构性改革是供需两手均要抓，双侧都要进行政策改革，并不是强调供给侧就抛弃了需求侧。这些理论所产生的背景与我国的背景不一样，十八届三中全会所提出的政府积极全面深化改革、充分发挥市场在资源配置中的决定性作用、中国特色社会主义政治经济学才是当前供给侧结构性改革的理论基础。供给侧结构性改革是理论密切联系实际的创新，是问题导向下引领新常态的动力体系再造创新，是通盘规划

① 即去产能、去库存、去杠杆、降成本、补短板。

② 刘元春：《论供给侧结构性改革的理论基础》，《人民日报》2016年2月25日。

的系统工程式全局长远创新，是以改革为核心、以现代化为主轴攻坚克难的制度供给创新[①]。因此，要深入探讨我国供给侧结构性改革的深刻内涵必须强化理论方面的创新，如怎么解决收入分配不均问题，这是我们制定政策的理论基础，是实现可持续增长的不竭动力。另外，当前我们所理解的“创新”更多停留在“科技创新”层面上，殊不知，科技创新仅仅是创新驱动的维度之一，创新本质上是一个经济过程，必须回到熊彼特时代[②]，从战略上、政策上把握创新的本质和内涵，除了科技创新之外，还包括理论创新和制度创新等。

**2. 科技创新动力不足**

当前我国并不是没有需求，而是供给方面不能满足消费者需求能力的提升，出现了供需错配的现象，大量游客在境外旅游消费的现象说明我国的供给处于结构性失衡状态，低端产品过剩，而中高端产品供给不足。要加快供给侧结构性改革，提高全要素生产率，必须着眼于推动科技创新，可以说，科技创新是供给侧结构性改革的基础与前提，当前我国经济发展过程中所出现的产能严重过剩、生态环境恶化等问题，供给侧结构性改革中的“三去一降一补”“有效供给”在很大程度上必须依靠科技创新带来新供给、创造新需求。19 世纪末 20 世纪初的美国所产生的一大批新科技公司，如 AT&T、Boeing、Disney 等，它们通过科技创新研发了新产品、创造了新供给、激发了新需求、开拓了新市场[③]，这就是典型的通过科技创新驱动产品供给质量提升从而创造新需求。

但当前我国科技创新动力不足，主要是由以下因素造成的。首先，我国各创新主体对创新的认识不够。科技创新意识不强，思想不够解放，创新魄力欠缺，很多企业并没有建立自己的技术研究中心。其次，企业科技投入严重不足。我国规模以上工业企业的研发投入一般占主营业务收入的0.71%，而发达国家这一比例为2.5% ~4%[④]，尤其是科技研究中的基础研究、前沿探索是提升一个国家原始创新能力的关键，但目前我国在这方面的比例尚低，我国基础研究投入占全社会研发投入的比例在5%左右，发达国家这一比例一般都在15% ~20%。从研究与试验发展（R&D）经费投入强度来看，2015 年全国为2.07%，比 2014 年上升 0.05 个百分点，高于全国平均水平的省份包括北京、上海、天津、江苏、广东、浙江、山东和陕西，除了陕西外，均为东部较为发达的地区，而其余 23 个省份均低于全国平均水平，科技研发投入还有很大的提升空间。分区域来看，从表 4 - 1 中 2009 ~2014 年我国 31 个省（区、市）的 R&D 投入占 GDP 比重变化情况中可以看出，按照国际上创新型国家必须满足的四个条件之一——R&D 投入占 GDP 比重必须在2%以上，目前我国只有北京、上海、天津、江苏、陕西和广东达到了这样的标准，其他地区均低于2%的水平。

---

① 贾康：《中国的供给侧改革与西方供给学派不是一回事》，http://news.sohu.com/20161219/n476316786.shtml，2016 年 12 月 19 日。

② 熊彼特认为创新是建立一种新的生产函数，在经济活动中引入新的思想、方法以实现生产要素新的组合。

③ 《为供给侧改革插上科技创新的翅膀》，《文汇报》2016 年 5 月 24 日。

④ 陈建辉：《理性看待我国研发投入强度首超欧盟：与发达国家差距仍然很大》，《经济日报》2014 年 1 月 28 日。

表 4-1　2009～2014 年我国各省、区、市 R&D 投入占 GDP 比重一览

| 地区＼年份 | 2009 | 2010 | 2011 | 2012 | 2013 | 2014 | 均值 | 地区＼年份 | 2009 | 2010 | 2011 | 2012 | 2013 | 2014 | 均值 |
|---|---|---|---|---|---|---|---|---|---|---|---|---|---|---|---|
| 北　京 | 5.5 | 5.82 | 5.76 | 5.95 | 5.98 | 5.95 | 5.83 | 湖　北 | 1.65 | 1.65 | 1.65 | 1.73 | 1.81 | 1.87 | 1.73 |
| 天　津 | 2.37 | 2.49 | 2.63 | 2.80 | 2.98 | 2.95 | 2.70 | 湖　南 | 1.18 | 1.16 | 1.19 | 1.30 | 1.33 | 1.36 | 1.25 |
| 河　北 | 0.78 | 0.76 | 0.82 | 0.92 | 1.00 | 1.06 | 0.89 | 广　东 | 1.65 | 1.76 | 1.96 | 2.17 | 2.32 | 2.37 | 2.04 |
| 山　西 | 1.1 | 0.98 | 1.01 | 1.09 | 1.23 | 1.19 | 1.10 | 广　西 | 0.61 | 0.66 | 0.69 | 0.75 | 0.75 | 0.71 | 0.69 |
| 内蒙古 | 0.53 | 0.55 | 0.59 | 0.64 | 0.70 | 0.69 | 0.62 | 海　南 | 0.35 | 0.34 | 0.41 | 0.48 | 0.47 | 0.48 | 0.42 |
| 辽　宁 | 1.53 | 1.56 | 1.64 | 1.57 | 1.65 | 1.52 | 1.58 | 重　庆 | 1.22 | 1.27 | 1.28 | 1.40 | 1.39 | 1.42 | 1.33 |
| 吉　林 | 1.12 | 0.87 | 0.84 | 0.92 | 0.92 | 0.95 | 0.94 | 四　川 | 1.52 | 1.54 | 1.4 | 1.47 | 1.52 | 1.57 | 1.50 |
| 黑龙江 | 1.27 | 1.19 | 1.02 | 1.07 | 1.15 | 1.07 | 1.13 | 贵　州 | 0.68 | 0.65 | 0.64 | 0.61 | 0.59 | 0.60 | 0.63 |
| 上　海 | 2.81 | 2.81 | 3.11 | 3.37 | 3.60 | 3.66 | 3.22 | 云　南 | 0.6 | 0.61 | 0.63 | 0.67 | 0.68 | 0.67 | 0.64 |
| 江　苏 | 2.04 | 2.07 | 2.17 | 2.38 | 2.51 | 2.54 | 2.29 | 西　藏 | 0.33 | 0.29 | 0.19 | 0.25 | 0.28 | 0.26 | 0.27 |
| 浙　江 | 1.73 | 1.78 | 1.85 | 2.08 | 2.18 | 2.26 | 1.98 | 陕　西 | 2.32 | 2.15 | 1.99 | 1.99 | 2.14 | 2.07 | 2.11 |
| 安　徽 | 1.35 | 1.32 | 1.4 | 1.64 | 1.85 | 1.89 | 1.57 | 甘　肃 | 1.1 | 1.02 | 0.97 | 1.07 | 1.07 | 1.12 | 1.06 |
| 福　建 | 1.11 | 1.16 | 1.26 | 1.38 | 1.44 | 1.48 | 1.30 | 青　海 | 0.7 | 0.74 | 0.75 | 0.69 | 0.65 | 0.62 | 0.69 |
| 江　西 | 0.99 | 0.92 | 0.83 | 0.88 | 0.95 | 0.97 | 0.92 | 宁　夏 | 0.77 | 0.68 | 0.73 | 0.78 | 0.81 | 0.87 | 0.77 |
| 山　东 | 1.53 | 1.72 | 1.86 | 2.04 | 2.15 | 2.19 | 1.92 | 新　疆 | 0.51 | 0.49 | 0.5 | 0.53 | 0.54 | 0.53 | 0.52 |
| 河　南 | 0.9 | 0.91 | 0.98 | 1.05 | 1.10 | 1.14 | 1.01 | | | | | | | | |

资料来源：根据《中国统计年鉴》《中国科技统计》相关数据整理。

再次，科技与经济“两张皮”的格局还未得到根本扭转。科研人员的专利申请数、论文发表数虽然名列世界前茅。2013 年发明专利授权量（国外）高达 64153 项，位居第 2 位。2013 年科学引文索引 SCI 文章共计 232070 篇，位居全球第 2 位，仅次于美国，但我们的科技成果转化率大约在 25%，真正实现产业化的不足 10%①。最后，科技人才队伍有待进一步壮大，尤其是高精尖制造业、信息产业和新材料方面的人才亟须培养和引进。除此之外，科技基础条件相对薄弱，公共科技服务能力不强，科技资源配置分散重复，政产学研联系不够紧密等因素严重影响了企业科技创新能力和市场竞争力的提升。

**3. 制度创新障碍亟须破解**

供给侧结构性改革的核心内涵是有效制度供给问题，即在市场化、全球化、法治化取向下于改革“深水区”攻坚克难急需推进经济社会转轨升级问题②。对于政府来说，最根本的是通过制度创新，提供新的制度安排。因此，供给侧结构性改革的重点是制度

① 冯俏彬：《供给侧改革：核心是制度创新与制度供给》，《中国经济时报》2016 年 3 月 20 日。

② 贾康：《“供给侧改革”的理论内涵与主要着力点》，《中国青年报》2016 年 10 月 10 日。

创新，具体来说是以“八双”[①] 和“五并重”[②] 为核心的系列制度创新，当前供给侧结构性改革强调，要加快实施以结构性减税为重点的税费改革和大幅度减少行政审批。其中，降低制度性交易成本（即企业在运转过程中由于执行政府制定的一系列规章制度所付出的成本，如各种税费负担、融资成本等）是“降成本”中关键的一招。

当前我国的制度体系已经严重滞后。首先，企业所面临的各方面成本比较高。统计显示，中国的土地成本是美国的9倍，企业还面临工资上涨的压力、资源和环境的税收压力。调查研究显示，87%的企业家认为税负很重和较重，2017年“经济蓝皮书”数据显示，我国税收收入占生产总值比重自2012年以来呈现下降趋势，但同时非税收入快速增长，从而导致宏观税负水平提高[③]，目前30%～40%的宏观税负[④]对企业来说太高[⑤]，从而导致大部分企业发展处于困境。尽管我国的社会物流总费用与GDP的比例从20世纪90年代初的24%下降到目前的18%左右，但仍然比世界平均水平高出6.5个百分点，比美国、日本、德国平均高出9.5个百分点，也高于印度、巴西等国家6个百分点。国家发展改革委公布的数据显示，2015年我国社会物流总费用为10.8万亿元，其中运输费用5.8万亿元，保管费用3.7万亿元，管理费用1万多亿元，高额的物流成本已经拖累了制造业的发展。其次，我国政府运行成本偏高。统计显示，中国政府运行的显性成本占财政支出的比重自1990年以来几乎都在10%以上，并且大部分年份增速超过15%[⑥]。政府部门之间存在信息资源分割和垄断，降低了社会服务效率和应急响应能力。世界经济论坛2014～2015年全球竞争力报告分析指出，全球最有效率的政府排行榜中，我国排行第31位，比卡塔尔、新加坡、芬兰、中国香港等效率低。党的十八大之后，新一届政府把行政审批制度改革作为深化改革的“当头炮”。以投资审批为例，十八大以来在中国自贸试验区建设的驱动下，中央层面政府核准的投资事项累计减少76%[⑦]，但还存在诸多系统性和基础性的问题需要进一步深化改革，政府在这方面仍然有很大的作为空间。因此，必须通过降低制度性交易成本，减轻企业负担，实施制度创新，为供给侧结构性改革的实施提供制度保障。

---

① “八双”即双创、双化、双减、双扩、双转、双进、双到位、双配套。

② “五并重”即“五年规划”与“四十年规划”并重、“法治经济”与“文化经济”并重、“海上丝绸之路”和“陆上丝绸之路”并重、柔性参与TPP与独立开展经济合作区谈判并重、高调推动国际货币体系改革与低调推进人民币国际化并重。

③ 李扬、李平、李雪松、张平：《2017年中国经济形势分析与预测》（经济蓝皮书），社会科学文献出版社，2016。

④ 宏观税负是指一段时间内政府税收占GNP或者GDP的比例，此处的一段时间内可以是一年，也可以是半年，由于时间段的选取不同，对于一个国家的宏观税负的测量可能也会得出不同的结果。一般包括公共财政预算、政府性基金、社会保险基金以及国有经营性资产收入。

⑤ 刘晓雷：《中美竞减税负，抢占制造业投资高地》，《第一财经》2016年12月20日，http://www.yicai.com/news/5186659.html。

⑥ 《中国行政成本规模大增速快，占财政支出近2成》，网易数据，2014年4月21日，http://data.163.com/14/0421/07/9QBATP0B00014MTN.html。

⑦ 刘诚：《供给侧改革的理论内涵及最新进展》，《经济参考报》2016年3月14日。

## 四　供给侧结构性改革与区域创新能力协同发展的策略建议

根据供给侧结构性改革与区域创新能力提升的逻辑关系以及当前需要着力解决的瓶颈问题，促进供给侧改革与区域创新能力的协调发展，本文提出以下四个方面的具体策略建议。

**1. 深入实施全创新要素培育工程**

中小企业是创新网络的核心主体，中小企业创新也是区域创新体系的重要组成部分，加快推进区域创新体系建设，协同推进供给侧结构性改革，必须要将科技创新、体制机制改革和创新向纵深推进，即通过深入实施中小企业创新能力培育工程，领航区域创新经济的发展。同时，区域创新网络的完善与发展，也将助推中小企业降低创新成本、提升创新能力，引领中小企业发展进入新阶段。

（1）多元主体共生创新，营造良好产业生态。

在全球化和互联网技术高速发展的时代，新产品、新工艺、新技术和新材料研发与应用的生命周期在不断缩短，如何适应当前越来越快的经济发展速度和市场创新频率，是当前企业尤其是中小企业在互联网时代面临的重大课题。企业传统的纵向一体化发展模式，一定程度上已经制约了资源禀赋劣势中小企业的发展与改革。对中小企业而言，独立创新已经无法让企业取得持续性的竞争优势。这就要求中小企业从独立创新转变为多元主体共生创新，与相关利益方联结成创新共同体，打造良好的产业生态和创新型产业集群①。以共生的理念整合中小企业内外各项创新资源，以提升企业自主创新能力和产业核心竞争力为共同目标，鼓励中小企业创新共生单元积极合作，形成一个共生体的组织形式，并在不断优化的市场竞争中相互作用、相互渗透。中小企业间通过开放共享创新资源，加强创新主体之间的创新共生合作，以携手打造创新多元的产业生态，以及携手搭建共创、共生、共赢和共享的新模式，不断提高中小企业的抗风险能力、科技创新能力和核心竞争力。

（2）积极培育创新型人才，打造理论创新生力军。

创新型人才的紧缺是中小企业形成自主创新能力的短板，尤其是创新工程师等高层次人才和技术人才缺乏，是中小企业提升自主创新能力和集成创新能力的最大人才障碍。因此，“十三五”期间，我国部分地区将进行面向中小企业的创新工程师培育示范工程试点，积累经验和师资后，在全国范围内开展中小企业创新工程师培育工程，使其在国家实施区域创新驱动战略过程中高效发挥作用②。一方面，创新型人才的培育首先要靠人才制度牵引。我国各省份要加快实施国家人才战略，不断完善有利于创新创业人才培育、引进和作用发挥的体制机制，加快实现创新型人才的价值。另一方面，高校、科研院所和相关培训机构作为培育人才的中枢机构，对提高区域创新系统的人才支撑能力有

---

① 赵志耘：《以科技创新引领供给侧结构性改革》，《中国软科学》2016 年第 9 期，第 1 ~ 6 页。

② 檀润华：《实施创新工程师培育工程　提升创新能力》，《人民政协报》2014 年 12 月 1 日。

举足轻重的作用。鼓励高校、科研院所和企业共同合作培育专门人才和高层次人才，集聚创新创业人才，加强人才队伍建设。可见，加大对中小企业创新型人才的投入力度，培育促进产学研合作的人才，优化提升中小企业人才的供给水平和管理水平，以进一步优化区域创新系统的人才智力支撑体系，强化区域经济中长期增长动力。

**2. 建立健全创新驱动战略的保障制度**

供给侧结构性改革的核心是以政府为核心的各类制度创新与制度供给①，推进供给侧结构性改革与区域创新能力提升协同发展。一方面，要立足当前，针对我国经济发展中突出的结构性问题，顺应经济新常态发展趋势，加快改革进程，集中力量完成“三去一降一补”五大重点任务，强调从供需两端发力推进结构性改革；另一方面，也要着眼长远，持续深化要素市场改革，更好地发挥制度创新和制度供给的引领作用，从根本上释放经济社会发展活力。可见，我国创新驱动战略和供给侧结构性改革的实施和推进，必须聚焦于有利于促进创新驱动战略的系列制度的制定和完善②。

（1）建立财政科技投入统筹联动机制，高效发挥财政政策的引导作用。

科技创新投入是创新驱动战略实施的前提。我国科技创新研发经费投入力度不断加大的同时，基础研究成果与共性关键技术却没有获得较大突破，甚至陷入了技术创新瓶颈。因此，要建立健全财政科技投入统筹联动机制，进一步完善科技部门与财税部门、金融部门、产业部门、企业部门等相关部门的统筹衔接，促进财政科技投入与银行信贷资金、企业研发资金、民间投资的深度合作。其中，要着重强调通过调整科技创新和财政政策的分配方式和结构，高效发挥财政科技投入的引导作用和放大效应，引导科技创新投入力度和结构，尤其是加大对强基础研究和原始创新特别是共性关键技术的资金投入力度，积极推进支撑基础研究和共性关键技术研究的平台建设，统筹衔接基础研究、应用开发、成果转化和产业发展等环节工作，扩大基础研究和共性关键技术供给，为我国建立先进制造业创新型产业体系提供重要保障。此外，财政分配政策也要进一步加大引进和培育创新型企业与领军人才的资助和补贴力度，为创新驱动战略实施营造宽松的环境，全方位支撑创新驱动战略，助力供给侧结构性改革。

（2）深化产学研合作创新体制机制改革，积极完善科技成果评价体系。

科学技术创新和社会经济发展的不断融合，对中国的产学研合作体制机制改革提出了更高的要求。高校、科研院所作为基础研究、应用研究和人才培育的摇篮，只有深化产学研合作创新体制机制改革，打破高校、科研院所和产业部门的“封闭式内部循环”，不断改革和创新高校、科研院所和产业部门的管理体制机制，为高校、科研院所和产业部门沟通协作提供有效的制度保障，以制度创新推动高校、科研院所和产业部门转型发展的耦合。同时，通过进一步深化科技创新体制机制改革，积极完善科技成果评价体系，推进科学技术与知识产权交易平台建设，构建以企业为主导的产业技术创新战略联盟和从基础研究、实验研究、中试到生产的全过程科技创新融资模式，形成全新的

① 何欣：《供给侧改革：核心是制度创新与制度供给》，《中国经济时报》2016 年 3 月 20 日。

② 凌捷：《供给侧改革与中国创新驱动发展战略研究》，《改革与战略》2016 年第 7 期，第 83 ~86 页。

产学研合作模式。通过持续深化产学研合作创新体制机制改革，促进科技创新成果的资本化、产业化、商业化，加强高等院校、科研院所和产业之间的协同合作，缩短从基础研究到产业化的周期，加快促进创新成果转化为现实生产力。

（3）健全技术创新市场导向机制，创造创新驱动的良好环境。

市场在资源配置中起决定性作用，但我国技术创新资源在很大程度上是由政府支配的。如何真正最大限度地发挥市场在创新资源配置中的决定作用，关键在于要厘清政府和市场在创新中的作用与关系。充分利用“目录清单、责任清单、权力清单和负面清单”等四张清单，为企业、产业等各类市场主体提供宽松的市场环境，积极构建统一开放、竞争有序的现代市场体系，高效发挥市场机制在技术创新研究与发展中的价值取向、路径选择以及创新资源高效配置和综合集成中的引导作用，从而进一步促进创新资源在良性市场中的有序流动，实现创新资源的最优配置。首先，加快政府职能转变，通过简政放权，培育支持“大众创业、万众创新”的良好环境，同时，鼓励和扶持企业转型升级，使企业积极研究新技术、开发新产品、开拓新市场，突出企业的主体地位。其次，加强知识产权的保护和应用，依法保护企业的创新收益，增强企业创新发展能力。最后，打破创新行业垄断和市场分割，构建鼓励创新的公平竞争的市场环境和创新公共服务体系，扩大企业创新发展空间和创新资源、服务供给，创造创新驱动的良好环境。

**3. 完善区域创新能力提升的政策统筹协调机制**

当前，在供给侧结构性改革的大背景下，由于区位、制度和区域政策等因素的影响，各个地区的创新能力存在较大差距，亟须构建完善区域创新能力提升的统筹协调机制，建立多措并举、上下联动和全面协调的长效工作机制，统筹协调好中央和地方、政府和企业以及部门、行业和企业之间等多重关系，确保区域创新能力显著提升。

（1）加强中央和地方、部门和行业之间的沟通联动。

确保相互间创新发展规划和体制机制的协调。供给侧结构性改革正进入加速期，正逐步形成中央强力推动、地方加速落实的双轮驱动新格局。打破中央和地方、部门和行业壁垒，调整各省份、各部门、各行业在资金、技术、信息、政策等资源不均衡的格局，在不同区域间和区域内实现资源共享。可见，通过区域创新能力助力完成供给侧结构性改革这一重大发展战略，必须坚持创新驱动发展，充分借助国务院建立的贯彻落实全面创新驱动和全面深化改革的战略方针，通过区域联动、项目联办、目标联创的体制机制构建和优势互补创新，不断加强中央和地方、部门和行业之间的沟通联动，在强力推动中央宏观政策指导的同时，地方政府加速落实供给侧改革和构建区域创新系统，各部门、各行业及时跟进配合，实现中央和地方、部门和行业之间的协调、兼容发展，形成一种融合性、共享性的创新。

（2）加强政府、高校和企业之间的创新协作。

通过加强政府、高校和企业之间的交流协作，加快区域科技创新合作平台建设，搭建政府、高校和企业之间协同联动和协同创新的平台。可以通过制定相关的激励制度和政策法规，一方面，通过财政补贴、税收政策、财政投资政策等财税政策积极推进政府、高校和企业之间的沟通合作；另一方面，明确规定政府、高校和企业在合作中的职责和权益，促进政府、高校和企业之间的交流合作制度化。此外，可以通过鼓励创业创新共建“大众创业，万众创新”平台，尤其是通过中央政府、地方政府、高校、科研院所、龙头企业、中小微企业等多方协同、多效并举，培育区域科技创新合作新动能，打造产学研用贯通的众创空间，深入实施创新驱动战略，全方位推动区域创新供给侧结构性改革。

（3）要加强区域创新政策的统筹协调。

包容创新激发国家创新活力，区域协同创新的重点在于区域创新体系内和区域创新体系之间广大利益攸关方的统筹协调，加强区域创新体系中各项制度和政策的对话和协调，减少区域创新各项制度和政策的矛盾和抵牾，同时，也要避免区域创新体系政策内容的单一化和趋同化。可见，建立健全科技、教育、人才、财政、税收、产业、金融、投资、政府采购、知识产权、成果评价及转化等政策相互衔接的区域创新政策，打造科技成果转化的良好环境，激发创新创造活力，推进各项区域政策聚集并作用于推进创新，实现各项区域创新政策的共融、共通和高效衔接，以达到优化创新资源配置、提高创新效率、增强创新效果，最终助力供给侧结构性改革和区域创新协调发展。

**4. 加快区域金融改革创新**

以金融供给侧结构性改革提升区域创新能力，是供给侧结构性改革与中国区域创新能力提升的重要内容。通过金融供给端改革与实体经济供给端改革的协同联动，积极推动金融市场创新与金融风险防控，逐步实现区域金融改革创新与中国区域经济的转型升级。其中，金融创新是供给侧改革与区域创新协同发展的活力之源，同时金融风险防控也是供给侧改革与区域创新协同发展的重要屏障。加强金融市场的创新支持与风险防控，积极改革发展中国区域经济新金融是互联网时代中国区域经济发展的新机遇、新挑战和新任务。

（1）加快金融供给创新，改革完善金融供给结构。

区域金融供给和区域金融创新是区域经济发展的基础，也是区域经济刺激的产物。其中，区域创新加快金融供给创新的首要任务是改革完善金融供给结构，关键是加快发展以资本市场直接融资为主体的金融供给。在扩大金融有效供给和改革完善金融供给结构中，注重拓展金融创新发展新路径。一是大力开展普惠金融，鼓励各类金融机构创新普惠金融产品和服务手段，加大对小微企业、精准扶贫、“三农”发展等特殊群体的金融支持力度；二是持续推进科技金融，加快推进科技信贷产品和服务模式创新，建立健全以投贷联动为核心的金融服务模式，大力扶持科技型企业（尤其是中小科技企业），为科技型企业提供生命周期的整体化投融资解决方案，有效推进区域创新经济发展；三是积极践行绿色金融，扩大全国各省份的绿色投融资，构建绿色评价机制和信贷管理制度，不断完善绿色金融市场，引导企业绿色生产制造和消费者绿色消费观念；四是规范发展互联网金融，催生更多适应当代互联网新形势的新理论、新合作、新业态、新产品和新模式，推进整个金融产业链的创新和升级；五是加快开放型金融步伐，金融合作由国内区域金融合作转向国内外同业和多边金融合作，为我国企业走出去和全球范围内的产能合作提供全方位的金融服务，助力开放型经济建设，增创新优势和实现新跨越。

（2）加紧构建宏观审慎的监管框架，强化金融风险防控。

推进供给侧结构性改革，重点就是淘汰落后产能、治理“僵尸企业”，降低企业成本，清理产能过剩的企业，以优化存量企业和促进产业优化重组。但供给侧结构性改革是一项系统性和持续性的长期工程，在落实“三去一降一补”五大艰巨任务的同时，也会带来部分产能落后、产能过剩的行业企业融资难、成本高等问题，不良贷款率明显提高，企业债务压力明显增加，落后产能出清时金融风险急剧扩大。因此，要加紧构建宏观审慎的监管框架，构建企业融资风险稳控机制，强化金融风险防控，进一步加强我国区域金融宏观调控和防范系统性风险。在去产能和去库存的过程中，要紧密结合融资产品创新与防范信贷风险，实施差别化信贷政策；在去杠杆的过程中，要加快融资渠道创新，提高企业上市、发行企业债券、企业内部融资、合资合作等直接融资比例，鼓励企业（尤其是煤炭企业、钢铁企业等产能过剩企业）开展市场化债转股，构建多元化的投融资体制，降低企业杠杆负债率。在降成本和补短板的过程中，要高效发挥金融创新在中小企业融资、产业转型和精准扶贫中的关键作用，充分发挥社会资本在产能过剩产业的企业并购与重组中的关键作用。

## 参考文献

《为供给侧改革插上科技创新的翅膀》，《文汇报》2016 年 5 月 24 日。

《中国行政成本规模大增速快，占财政支出近 2 成》，网易数据，2014 年 4 月 21 日，http：//data. 163. com/14/0421/07/9QBATP0B00014MTN. html。

陈建辉：《理性看待我国研发投入强度首超欧盟：与发达国家差距仍然很大》，《经济日报》2014 年 1 月 28 日。

陈武、王学军：《区域智力资本与区域创新能力的关系——一个理论分析框架》，《技术经济与管理研究》2010 年第 2 期。

范柏乃、陈玉龙、段忠贤：《区域创新能力研究评述》，《自然辩证法通讯》2015 年第 37（5）期。

冯俏彬：《供给侧改革：核心是制度创新与制度供给》，《中国经济时报》2016 年 3 月 20 日。

国家发展和改革委员会产业经济与技术经济研究所：《中国产业发展报告 2015》，中国市场出版社，2015。

何欣：《供给侧改革：核心是制度创新与制度供给》，《中国经济时报》2016 年 3 月 20 日。

贾康：《“供给侧改革”的理论内涵与主要着力点》，《中国青年报》2016 年 10 月 10 日。

贾康：《中国的供给侧改革与西方供给学派不是一回事》，光明网，2016 年 12 月 19 日，http：//news. sohu. com/20161219/n476316786. shtml。

〔美〕克莱顿·克里斯滕森：《创新者的窘境》，胡建桥译，中信出版社，2014。

李凯、任晓艳、向涛：《产业集群效应对技术创新能力的贡献——基于国家高新区的实证研究》，《科学学研究》2007 年第 25（3）期。

李新功：《以社会资本为契机提高区域技术创新能力》，《管理世界》2007 年第 1 期。

李扬、李平、李雪松、张平：《2017 年中国经济形势分析与预测》（经济蓝皮书），社会科学文献出版社，2016。

凌捷：《供给侧改革与中国创新驱动发展战略研究》，《改革与战略》2016 年第 7 期。

刘诚：《供给侧改革的理论内涵及最新进展》，《经济参考报》2016 年 3 月 14 日。

刘晓雷：《中美竞减税负，抢占制造业投资高地》，《第一财经》2016 年 12 月 20 日，http://www.yicai.com/news/5186659.html。

刘元春：《论供给侧结构性改革的理论基础》，《人民日报》2016 年 2 月 25 日。

邵云飞：《区域技术创新能力形成机理探析》，《管理科学学报》2006 年第 4 期，第 76 ~ 82 页。

檀润华：《实施创新工程师培育工程　提升创新能力》，《人民政协报》2014 年 12 月 1 日。

王建民、王艳涛：《我国区域创新能力研究》，《经济问题探索》2015 年第 12 期，第 185 ~ 190 页。

王鹏、赵捷：《区域创新环境对创新效率的负面影响研究——基于我国 12 个省份的面板数据》，《暨南学报》（哲学社会科学版）2011 年第 33（5）期。

肖林：《新供给经济学》，上海人民出版社，2016。

杨芳、马葳：《习近平为何九天两提“供给侧结构性改革”?》，人民网，2015 年 11 月 19 日，http://politics.people.com.cn/n/2015/1119/c1001-27834311.html。

岳鹄、康继军：《区域创新能力及其制约因素解析——基于 1997 ~ 2007 年省际面板数据检验》，《管理学报》2009 年第 6（9）期。

赵志耘：《以科技创新引领供给侧结构性改革》，《中国软科学》2016 年第 9 期。

中国科技发展战略研究小组：《2002 年中国区域创新能力评价》，《科学学与科学技术管理》2003 年第 4 期。

Nelson, Regional Innovation Systems and Sustainability - Selected Examples of International Discussion. *Technovation*. 2004, 24 (9).

# B.37 专题五 供给侧结构性改革与中国区域对外开放新格局构建研究

在我国经济发展进程中，改革和开放总是联系在一起，对内改革和对外开放的双轮驱动开创了我国经济发展一个又一个的奇迹。在经济发展的不同阶段，改革的焦点领域不同，从表面问题到深层次问题，再到改革的深水区和攻坚阶段，改革如同抽丝剥茧般层层深入，推动我国经济发展的体制和机制更加完善，源源不断地释放出经济发展的活力和动力，也加快了我国体制机制与国际接轨，不断开拓我国对外开放的新局面。从“引进来”到“走出去”，从区域性的贸易到全球化的延伸，从贸易链的低端到价值链的高端，我国在国际上的话语权和影响力不断增强，也为我国改革的进一步深入提供新的思路。改革与开放是相辅相成、相互推进的，一方面，改革要立足于开放的视野，通过深化改革为扩大开放提供重要的体制支撑；另一方面，对外开放也会倒逼国内改革，使国内的体制机制更能适应国际规则。当前我国进行的供给侧结构性改革与构建新一轮对外开放新格局在新的历史时期又“不期而遇”，两者的正向互补作用正逐步显现。供给侧结构性改革通过对我国经济结构和产业结构的调整，着眼于国内和国际市场需求，扭转供需错配的局面，通过改善供给质量、提升资源配置效率，提高我国在国际市场的地位和影响力。供给侧结构性改革的重要任务是通过“三去一降一补”化解过剩产能，在强化国际产能合作中引领我国产能“走出去”，打开我国对外开放的新局面。供给侧结构性改革与对外开放之间形成良好的互动机制将为我国经济发展提供新机遇和新动力。

## 一 供给侧结构性改革助力中国区域对外开放格局的转变

### （一）中国区域对外开放面临“内忧外患”

2008 年国际金融危机以来，世界经济陷入了泥潭，在深度调整中徘徊不前，不确定性的风险因素增多，复苏动力不足，发达国家和新兴发展中国家加快了经济结构调整的步伐，企盼能依托创新构筑起经济增长的坚实基础，突破经济增长的瓶颈，成为新一轮经济增长的引领者。国家和地区间也拉开了新一轮的竞争，与以往的国际竞争不同，当前的国际竞争不单是对市场的争夺，更是着眼于国际地位和话语权的争夺，着眼于国际规则的制定以及区域性联盟的构建。这对各个国家和地区而言，既是机遇，更是挑战。在“内忧外患”中，我国区域对外开放也在寻求新的突破。

从内忧来看，长期以来，我国依托廉价的资源优势一举成为世界贸易大国，然而随着国际市场的疲软以及国内要素价格的攀升，对外贸易的比较优势不断丧失，国际市场也不断萎缩。据海关统计，2015 年，我国货物贸易进出口总值 24.59 万亿元人民币，比 2014 年下降 7%，这是我国外贸连续第四年未达预期目标，且低于两位数下降。2016 年，我国货物贸易进出口总值继续下降，2016 年上半年，我国货物贸易进出口总值 11.13 万亿元人民币，比上年同期下降 3.3%，其中，出口下降 2.1%，进口下降 4.7%。在国际分工中，我国长期处于加工贸易的中低端环节，只能赚取低份额的加工费，没有形成自己的技术、品牌、标准、质量等核心竞争优势，出口的产品质量和档次偏低，只能占有国际中低端市场。国际市场需求变化对我国的外贸行业造成了巨大的冲击，一些抗风险能力弱的外贸企业纷纷破产倒闭。

从外患来看，国际经济环境发生了很大的变化，各国在加快产业结构调整进程中加剧竞争，发达经济体纷纷实施“再工业化”战略，不仅是重振实体经济，更是瞄准高端制造环节，试图通过新一轮的技术创新引领产业革命，占据全球产业链的制高点。这对其他发达国家和新兴发展中国家形成了巨大的压力，如何跟随国际创新的步伐，避免经济发展差距的进一步扩大，考验着国家经济发展战略的调整。发达国家对新兴发展中国家充满了排斥，为了巩固和维护自己的既有国际地位，试图通过新的国际贸易和投资规则的制定限制新兴发展中国家进入国际市场，如近年来国际贸易和投资规则在知识产权、劳工、环境、国有企业、政府采购等领域加大限制力度。此外，全球经济和贸易增速下滑也使全球贸易保护主义更加严重，我国出口产品更多地受到约束，出口结构升级也受到贸易保护主义的极大冲击。

在“内忧外患”的双重夹击下，供给侧结构性改革成为破解我国对外开放困局的重要利器，为我国新一轮对外开放提供了新手段和新思路。供给侧结构性改革改变了长期以来主要着眼于国际市场需求的末端、一味降低价格等竞争方式的思路，而是从源头上把好供给关，着力于提高产品质量，夯实内在实力，进而进军更大的国际市场，从市场规模缩小—降低价格—市场规模再缩小—再降低价格的恶性循环中自我解放出来，促进外贸向优质优价、优进优出转变，开辟我国对外开放的新空间。供给侧结构性改革也能提高我国对外开放的自信心，通过产业结构和产品结构调整，生产出技术含量高、质量好的产品，巩固国际市场的竞争地位，同时我国注重国际上的合作和开展区域联盟，从被动适应国际环境的变化，到主动出击参与国际规则的制定，提升国际影响力和号召力。

### （二）供给侧结构性改革为构建中国区域对外开放新格局提供新机遇

从国际的角度来看，供给侧结构性改革就是要推动我国国际分工地位向中高端水平迈进，既要加强对外投资，引领我国产能走出去，又要引进先进的资本和技术推动国内产业结构升级。全球技术创新的加速推进以及对我国的渗透是向供给侧结构性改革的动力注入，使供给侧结构性改革不仅仅是改变供给的方式，更是改变供给的结构，同时借助改革的手段，通过完善相应体制机制，破除对外开放的制度性壁垒，主动与全球贸易规则有效对接，牢牢掌控对外开放的主动权，供给侧结构性改革为我国区域对外开放新格局的构建提供的新机遇主要表现为以下几个方面。

**1. 在经济全球化中找位置**

要素资源禀赋的变化使我国传统对外贸易的比较优势不断弱化，而新的竞争优势又尚未形成，我国在对外贸易中的地位陷入了尴尬的境地。一方面，我国作为贸易大国每年出口大量的商品，连续多年的贸易顺差成为拉动经济增长的重要动力，然而金融危机后国际市场需求的萎缩使我国出口额锐减，对外贸易一度陷入负增长的境地，在国际市场中一时的无所适从使我国开拓市场的重心不得不转向国内。另一方面，低成本优势使我国出口一直局限于劳动密集型产品的生产，无法跻身高端市场，同时还要接受随时可能出现的贸易保护主义调查，既难以提升国际地位，又缺乏持续增长的动力。这种角色注定了我国在对外贸易的量上占有优势，但是在规则的制定上却无话语权，被贴上了只能生产低端产品的标签，得不到国际市场的尊重和认可。供给侧结构性改革为我国对外开放进行了精准定位，既要通过“机器换人”、结构升级等方式重建比较优势，巩固我国在加工贸易中的优势地位，又要着眼于前沿技术和关键技术的突破，生产技术含量高、质量好的产品，抢占国际中高端市场，更要发挥我国的大国优势，积极参与国际事务和国际规则的制定，联合广大发展中国家和不发达国家在国际事务讨论中发出中国声音。供给侧结构性改革使我国对外开放的目标更加明确，思路也更加开拓。

**2. 在“一带一路”战略中找空间**

我国虽然已经成为世界第二大经济体和第一大货物贸易国，但是国内对外开放的格局是不平衡的，总体上呈现东快西慢、海强陆弱格局，同时，在竞争日趋激烈的国际环境和国内产能过剩压力不断加大的形势下，迫切需要统筹国内国际两个大局、两个市场、两种资源，构建开放型经济新体制，开拓国际合作的新空间和新领域。“一带一路”战略正是契合了当前的形势，“一带一路”战略改变了我国长期以来主要把目光聚焦于欧美等发达国家的思维，拓展到亚欧非众多国家和地区，东有亚太经济圈，西接欧洲经济圈，穿越非洲，环连亚欧，基本上把整个世界市场串联在一起，构建起我国对外开放的整体大格局。既可以拓展我国对外开放的新空间，培育新市场，构建面向全球的价值链、供应链、产业链、能源链，又可以通过对外开放倒逼国内产业结构升级，缩小对外开放的差距，逐步形成陆海内外联动、东中西互动开放的全国对外开放新格局。供给侧结构性改革可以使我国在实施“一带一路”战略中更精准地提供产品和服务，以改革的决心表达与沿线各国加强合作的诚意，以改革的成效证明我国可以驾驭得了“一带一路”的开放格局，使沿线各国从被动适应到主动融入其中，更加自愿地与我国进行合作，自主地为我国对外开放提供更大的空间。

**3. 在“三去一降一补”中找基础**

对外开放是我国资本和商品输出的主要通道，是我国参与国际竞争的主要窗口，但我国在对外开放中能走多宽、多远主要还是取决于内在的经济实力，只有不断夯实内在经济基础才能为我国对外开放提供更加充足的动力和更加强有力的支撑。国务院总理李克强在2014年亚洲博鳌论坛上曾提出，“基础实才会行得稳，动力足方能走得远”。不断夯实国内经济基础，才能为我国对外开放提供信心和动力，而供给侧结构性改革就是通过改革来推进结构调整，矫正要素配置的扭曲，扩大有效供给，改善供给质量，巩固我国经济基础，培育我国经济增长的动力。“三去一降一补”五大重点任务一针见血地指出了当前我国经济结构的弊端所在，也是我国当前供给侧结构性改革的关键之处，“三去一降一补”也要借助开放才能得以实现，并进而为对外开放提供更加坚实的基础。“去产能”可以通过外贸结构调整、国际产能合作等对外输出我国富余优势产能和高端装备，夯实我国对外合作基础；“去库存”可以调整国内的产业结构，促进各产业健康发展，为对外开放提供稳定的国内环境；“去杠杆”主要为企业提供稳定的金融环境，提高企业经济实力，降低我国对外开放的风险；“降成本”会通过提高通关效率、降低进出口环节税费来实现，“补短板”则会通过扩大先进技术设备、关键零部件及国内紧缺能源原材料进口加以支持。

**4. 在区域制度创新中找契机**

供给侧结构性改革的核心是推动以政府为核心的各类制度创新与制度供给，通过“简政放权、放管结合、优化服务”，清晰地定位政府在市场经济发展中作用，提供最佳的营商环境，激发市场主体的创新和创业活力，激发广大企业家积极探索、积极进取，更好地实现新的商业模式和产品服务的供给。自由贸易试验区是我国对外开放中制度创新的重要样本，自贸区建设的重要任务就是制度创新，通过聚焦商事制度、贸易监管制度、金融开放创新制度、事中事后监管制度等，率先形成法治化、国际化、便利化的营商环境，营造公平、统一、高效的市场环境。据统计，截至 2016 年 3 月，上海自贸试验区共新设各类企业 3 万家，相当于前 20 年新设企业数的一半，平均注册资本约为 5000 万元人民币，其中新设外资企业数占全部新设企业数的比重从最初的 6% 提高到最近的 20%，实际发生纳税记录的新设企业占比达到 70% 以上，自贸区的制度创新已经激发了广大市场主体的积极性。在上海自贸区之后，2015 年，国务院又批准广东、天津、福建三个自由贸易区试验，复制和推广上海自贸区的经验，各自贸区加大制度创新力度，各辟蹊径，推动自贸区在对外开放中加强国际合作，形成了各具特色的对外开放之路。上海自贸试验区建立亚太示范电子口岸网络；广东自贸试验区“走出去”与伊朗、马来西亚、印度尼西亚等国家自贸园区开展合作；天津自贸试验区推出“一带一路”过境货物专项便利检验检疫制度；福建自贸试验区以中欧班列（厦门）常态化运营为契机，融入“一带一路”战略。2016 年 8 月，国务院又决定辽宁省、浙江省、河南省、湖北省、重庆市、四川省、陕西省等新设立 7 个自贸试验区，紧扣制度创新这一核心，自贸区加快供给侧结构性改革，进一步对接高标准国际经贸规则，开辟我国对外开放的新局面。

**5. 在对外开放区域布局调整中找潜力**

长期以来，区域不平衡发展战略使我国对外开放的区域格局呈现出不平衡的态势。东部地区凭借区位优势和资源要素禀赋优势以及政策优势等多重优势叠加，一直担当着我国对外开放的先锋角色，中西部内陆地区及沿边地区的对外开放则十分落后，海强陆弱、东快西慢的开放格局制约了我国对外开放潜力的释放，也不利于我国对外开放的持续推进。供给侧结构性改革要在推进我国区域制度调整中破除资源要素流动的区域性壁垒，在促进区域经济协调发展中形成陆海内外联动、东西双向开放的全面开放新格局。要加大内陆沿边开放的力度，加强基础设施建设，增加开放口岸，结合“一带一路”建设，与相关国家共同规划建设面向东南亚、南亚、中亚、欧洲等地区的国际物流大通道；增强对外开放的产业基础，通过产业转移和产业布局调整，积极吸纳国内和国际产业转移，发展面向国际市场的加工制造、贸易物流等产业，形成外向型产业集群。要进一步巩固东部地区的开放基础，提高东部地区经济开放水平，通过供给侧结构性改革促进东部地区产业结构升级，加快从国际加工装配基地向先进制造基地转变，从制造中心向制造研发中心、服务贸易中心转变，提升在全球国际分工中的地位和竞争优势。对外开放布局的调整和平衡可以大大激发我国对外开放的潜力。

**6. 在积极参与国际事务和国际竞争中找优势**

2016 年是全球金融危机爆发后的第八年，世界经济仍深陷泥潭难以自拔，在漫长的复苏之路中，全球在经济结构的深度调整中寻求经济增长的契机，美国等发达国家虽然继续进行大规模的需求刺激，但政策的边际效用开始递减，而广大的发展中国家还在思索着政策的调整方向。在探寻经济走出低迷的主导力量中，世界各国几乎是站在同一起跑线上，谁率先取得技术创新的重大突破和完成结构重大调整，谁就将可能成为未来全球经济的引领者。中国的供给侧结构性改革是在结构调整中开辟的一条独特路径，向世界树立了中国模式和样本。习近平在 2015 年 11 月亚太经合组织第二十三次领导人非正式会议中指出：“要解决世界经济深层次问题，单靠货币刺激政策是不够的，必须下决心在推进经济结构性改革方向作更大努力，使供给体系适应需求结构的变化。”供给侧结构性改革不仅是解决中国经济问题的关键所在，也是缓解全球经济持续下行危机、努力实现供给需求新平衡的重要路径，为全球经济结构调整指明了新的方向。中国在参与 G20 峰会、APEC 峰会等全球治理重要事务中，积极推介中国理念和中国方案，达成一系列开创性、引领性、机制性的成果，彰显了中国在国际事务中的重要地位。此外，供给侧结构性改革是对全世界的红利溢出，大大提升了中国的国际地位，中国的创新会源源不断地对外输出，多个产业将与世界对接，信息、资本、人才等要素也会在融入全球体系中进行更高效的配置。中国为提供更加有效和优质的供给，与其他经济体的分工会更加细化，不仅进一步融入全球经贸体系，而且还将促进国际经济秩序合理化、公平化。

### （三）供给侧结构性改革为构建中国区域对外开放新格局提供新动力

我国经济发展取得不断成功的经验表明，改革与开放是互促互进的，相互提供驱动力。通过改革破除体制机制的束缚，适应国际规则的变化及时调整，更好地应对国际形势的变化，在对外开放中占据更大的主动权，以内在发展动力的释放为对外开放提供重要支撑。同时，我国在对外开放中地位的不断提升和影响力的扩大，也会促进以开放型经济新体制倒逼改革，为中国经济社会发展注入新的动力和活力。总体而言，对外开放的动力来自于内力的释放，由于资源要素的有限性，传统依靠廉价要素成本优势支撑的对外开放格局已经难以为继，同时国际竞争的焦点也从市场的争夺转向创新、环境、话语权等内涵的竞争上。供给侧结构性改革就是通过供给结构的调整提高资源配置效率，为发展提供了新技术、新手段，着眼于更加长远的未来和更加广阔的视野为对外开放源源不断地注入新动力。

**1. 国际市场开拓力**

国际市场具有原料产地、销售市场的功能，如何扩大和占有更广阔的国际市场仍然是我国对外开放的一项重要任务。国际市场竞争主要聚焦于产品和服务方面，竞争的手段主要以价格竞争为主，即一个国家和地区的生产成本越低，则产品和服务的价格越具有优势，对国际市场的开拓力越强。但我国的低成本优势也使我国连续 21 年成为全球遭遇反倾销调查最多的国家，连续 10 年成为全球遭遇反补贴调查最多的国家。供给侧结构性改革可以通过产品结构的调整，把重心转向生产制造的高端环节，从要素成本优势转向技术、质量等核心优势，拓展国际中高端市场，同时也能更大范围内激起国际市场的潜在需求。供给侧结构性改革可以改变我国长期以来只能生产低端产品的国际形象，在国际市场中赢得口碑和信任。供给侧结构性改革还可以促进我国生产技术水平的提升，充分发挥创新的潜能，不仅推动商品出口，而且还可以促进技术的出口，大大提升我国国际市场开拓力。

**2. 资源要素整合力**

供给侧结构性改革的关键是要解决生产要素的合理配置问题，核心就是充分发挥市场在资源配置中的决定性作用。我国长期以来沿用的高投入、高消耗和低产出的粗放式生产方式，不仅造成了生产要素的巨大浪费，而且还造成我国企业技术创新动力的缺失，在对外开放中过于依赖低成本优势，没有对要素的供需关系进行合理的预判，以至于一旦出现危机便难以从容应对。供给侧结构性改革就是要矫正要素配置扭曲，淘汰落后的产能，扩大有效供给，提高供给结构对需求变化的适应性和灵活性。要运用先进技术改造传统产业部门，同时发展新兴产业，根据产业的轻重缓急有针对性地配置要素资源，使各资源要素真正做到“物尽其用”。供给侧结构性改革更加注重要素之间的分工，充分利用国际市场的资源要素，将不同的要素有机地结合在一起，提升在对外开放中的资源要素整合力。

**3. 技术创新驱动力**

改革开放以来，长期的模仿创新让大量的供给主体快速实现了市场利润，却也导致了我国对模仿创新的依赖，自主创新能力不足，一旦外需市场疲软，这些供给主体就可能因创新不足而无法灵活地转向生产适应内需的产品，同时又缺乏在国际高端市场竞争的能力，最终陷入了低水平过剩的困境。一方面，供给侧结构性改革本身就是一场深刻的、系统的创新实践过程，无论是制度变革、结构优化还是要素升级，都离不开创新，既需要政府培育创新环境，也需要企业尽快成为创新主体。另一方面，供给侧结构性改革也可以激发创新思维，激励企业积极探索创新的路径、关键技术和前沿技术，鼓励企业与国际大企业合作，联合开展技术攻关。我国在对外开放中既要正视创新方面的劣势，同时也要看到机遇，在很多的新兴产业领域，我国和发达国家是站在同一起跑线上，仍然有很多的创新机会等待着挖掘和把握，供给侧结构性改革正可增强我国在对外开放中的创新敏锐性，在正视创新差距中增强自主创新能力。

**4. 国际地位话语权**

当前，世界经济仍处于国际金融危机后的深度调整期，政治、经济、地缘等各种因素相互交织使世界经济面临的不稳定、不确定性因素增多，复苏道路依然曲折，全球治理体系正处于不断调整之中，这对我国全球治理地位的提升既是机遇，也是挑战。“一带一路”战略、自贸区战略等的实施，在G20杭州峰会上中国倡导共同构建公正高效的全球金融治理格局、开放透明的全球贸易和投资治理格局、绿色低碳的全球能源治理格局、包容联动的全球发展治理格局等，都表明了中国在国际上的影响力在不断增强，日益成为全球治理体系的中坚力量。供给侧结构性改革凸显了中国敢于挑战制度“顽疾”的信心，敢于承认问题并解决问题，展现一个作为负责任大国对历史和现实责任的担当，向世界提供了中国的改革经验和改革样本。这必然会提升中国在国际上的形象和地位，也会使中国的改革得到国际社会的支持，期待中国的供给侧改革带来的经济增长能成为世界新一轮经济增长的引擎。

**5. 国际合作凝聚力**

在竞争与合作交织的错综复杂的国际关系中，任何一个国家和地区都无法独善其身，相互之间形成的利益关系网使得对外开放中必须对彼此展开充分的博弈。在当前全球聚集经济增长新动能的阶段，合作显然是比竞争更优的策略。供给侧结构性改革可以为我国加强国际合作提供更广泛的基础，借助“一带一路”战略加强国际产能合作和高端制造业合作，既可以让中国的优势产能在国际合作中得到消化和提高，推动国内产业结构升级提质增效，又能带动沿线国家的共同发展，提升我国的国际形象。同时，中国的对外开放战略也得到了不少发达国家的认可，如中国发起成立亚投行就得到了国际社会的广泛支持。供给侧结构性改革给予中国在国际经济发展中的信心，在对外开放中的创新举措拉近了发达国家与发展中国家的距离，增强了国际合作的凝聚力。

## 二　中国区域对外开放适应供给侧结构性改革的目标方向

我国区域对外开放对供给侧结构性改革的影响是双面的。一面是形成倒逼机制，国际经济结构的深度调整和外贸投资结构优化对供给侧结构性改革提出更高的要求；从国际规则来看，国际贸易和投资在知识产权、劳工、国有企业、政府采购等领域制定的新规则大多和供给侧相关，在给我国带来压力的同时也提供了示范。另一面是形成助推机制，对外开放水平的不断提升会吸引全球高端要素聚集，助推供给侧结构性改革迈向更高的层次，同时，国际市场需求变化也会使我国供给侧结构性改革不断调整方向。为顺利实现供给侧结构性改革目标，我国区域对外开放应积极主动，在做好自我调整的同时积极转变开放思路，更好地适应国际经济形势的变化。

### （一）从依赖比较优势到培育国际竞争优势

长期以来，我国凭借低廉的劳动力成本和土地要素成本使得劳动密集型产品生产的机会成本低于其他国家，建立起了规模庞大的比较优势出口产业，在国际市场上占据了较大的份额。但是随着劳动力成本的攀升和土地利用成本的上涨，大量劳动密集型产业的比较优势在逐渐减弱，并向印度尼西亚、缅甸、越南、泰国等东南亚国家和拉美、非洲等地区的国家转移，我国外贸出口下降，空间严重压缩。长期以来对传统比较优势的过度依赖导致了我国外贸结构的固化和僵化，转型升级难以在短期内完成，再加上资源环境的约束，传统粗放式的外贸方式已经难以为继，亟须培育新的国际竞争优势。大力推动外贸由规模速度型向质量效益型转变，推动出口由货物为主向货物、服务、技术、资本输出相结合转变，在巩固原有的价格竞争优势基础上，建立以技术、品牌、质量、服务为核心的综合竞争新优势，这既是未来我国外贸新的增长点，也推动供给侧结构性改革与国际市场对接。

### （二）从“世界工厂”到面向全球价值链高端布局

2009 年，中国取代日本成为世界第二大贸易国，同时超越德国成为世界第一大出口国，同年，中国制造业占全球制造业总值的 15.6%，成为仅次于美国的全球第二大工业制造国，中国制造业的高速发展和在全球市场中不断扩大的影响力，使其成为继英国、美国、日本之后被冠以“世界工厂”称号的第四个国家。但是“世界工厂”并没有塑造中国“制造强国”的形象，尽管中国制造产品遍布全球且有 210 种工业品产量位居世界第一，但粗放式的生产方式和相对落后的技术使得制造业生产率水平整体偏低；制造业出口的产品大多是技术含量低、价格低、附加价值低的产品，再加上产品质量上频繁出现如毒奶粉、毒牙膏、毒水饺、毒玩具等产品安全事件，严重损害了中国产品的国际形象。我国在技术创新、企业实力、品牌建设等方面与真正的“世界工厂”还有较大的差距，要夯实“世界工厂”地位，就要积极推动我国产业从价值链低端迈向价值链高端。《中国制造 2025》中提出，中国制造业发展要瞄准创新驱动、智能转型、强化基础、绿色发展等关键环节，让中国制造跻身世界第一方阵。这代表的就是向全球价值链高端挺进，更好地展现中国产品的国际形象，这也为供给侧结构性改革提供了有力的佐证。

### （三）从商品输出大国迈向资本输出大国

改革开放以来，我国产品逐渐出口到世界各地，成为名副其实的商品出口大国，也成就了第一外汇储备大国、第一货物贸易大国、第一制造业大国。商品输出的同时带动了资本输出，特别是 2001 年我国确定“走出去”战略以来，一大批中国企业开始了海外投资进程，并从资源领域扩展到制造业、服务业等多个领域。2014 年，我国实现全行业对外直接投资 1160 亿美元，加上中国企业在国（境）外利润再投资和通过第三地的投资，实际对外投资规模在 1400 亿美元左右，一举超过美国成为全球外商直接投资第一目的国，中国正向资本输出大国迈进。这种转变也契合了我国供给侧结构性改革的目标，通过资本输出化解我国过剩的产能。据经合组织报告预测，2013 ~ 2030 年，全球基础设施投资需求将达 55 万亿美元；据亚洲开发银行测算，2010 ~ 2020 年，成员国需要基础设施投资8.22万亿美元，资本输出可以推动我国参与到全球基础设施建设中，在全球经济发展中把握更大的控制力和主动权。另外，资本输出也可以把我国的劣势和淘汰产业转移出去，把资源要素集中于发展比较优势大、产品附加值高的产业，通过国内产能结构的调整，推动产业结构升级，同时提升我国在全球价值链中的地位。

### （四）从化解产能过剩到强化国际产能和装备制造合作

我国供给侧结构性改革中的去产能，并不是单纯地减少产能，或者是对外输出过剩产能，而是要充分发挥过剩产能的资源优化配置作用，在化解过剩产能的同时加强国际产能和装备制造合作，将我国过剩产能劣势转化为国际竞争优势，进一步开拓国际市场，让更多中国企业在全球基础设施建设中发挥作用，提升我国企业国际竞争力的同时也壮大我国在全球生产力发展中的影响力。我国在国际产能和装备制造业合作中拥有巨大的空间，无论是“一带一路”沿线国家，还是亚非拉地区，基础设施都比较落后，中国凭借战略优势和富有远见的规划，可以在与这些国家的基础设施建设合作中占据先机。同时国际产能和装备制造业合作也为我国供给侧结构性改革提供动力，在国际合作中充分把握国际市场的需求动态，并将这一信息反馈给国内，为国内深化供给侧结构性改革提供更加明确的目标。此外，在国际合作中可以不断扩大范围，从面向发展中国家市场扩展到面向全球市场，争取与发达国家在高端装备制造业领域的合作，学习、借鉴国际先进技术，为国内供给侧结构性改革注入动力，提升我国装备制造业发展水平，跻身国际高端装备制造之列，同时也推动我国对外开放从区域性合作走向全球包容性共赢格局。

### （五）从以东部地区为主导到四大区域的全面开放

供给侧结构性改革不仅要解决产业结构、产品结构的失衡问题，而且要推动区域结构的调整，通过产业转移和区域产业结构调整实现生产空间布局的优化，促进资源要素在区域间的合理配置。对外开放是推动我国区域经济协调发展的重要路径，可以弥补我国区域资源分布不均的劣势，形成特色化的区域开放格局。由于资源禀赋、发展基础、区位条件及开放意识等因素的差异，再加上国家给予的优惠政策不同，长期以来，我国对外开放主要以东部地区为主，形成了东快西慢、海强陆弱的对外开放格局。据统计，中西部地区面积占全国的86%，人口占全国的58%，而进出口贸易仅占全国的15%，利用外资仅占16%，沿边地区占比则更低。供给侧结构性改革推动的区域开放格局应是四大区域的全面开放，东部地区要加快率先转型，面向价值链高端提升对外开放水平。西北和东北地区要借助丝绸之路经济带深化与中亚、南亚、西亚等地区的国家合作交流，进一步向西、向北开放。西南地区要加强与东盟国家之间的开放合作，把21世纪海上丝绸之路与丝绸之路经济带连接起来。中西部内陆地区要依托长江中游城市群、成渝城市群、中原城市群等重点区域加快构建对外开放格局。四大区域的全面开放可以为我国供给侧结构性改革提供更大的空间和更广的思路，形成对内改革和对外开放的全方位联动格局。

## 三　供给侧结构性改革在构建我国区域对外开放新格局中的成效

供给侧结构性改革是适应和引领经济新常态的重要战略举措，在推进供给侧结构性改革的过程中，我国进一步提升区域对外开放水平，取得了一系列成效。

### （一）对外直接投资规模扩大且质量不断提升

随着我国经济持续快速发展，国内部分企业已积累了大量资本，具备了在全球配置资源的能力，开始实施“走出去”战略，不断加大对外直接投资的规模。对外直接投资一方面可以将我国的过剩产能适度转移到国外，找到相匹配的国外消费能力，同时减少我国的经济生态压力；更为重要的是更好地利用国内外两个市场的资源，获得丰富的异质性资源，如技术、人力资本等，带动我国产业转型升级和经济增长方式转变。我国对外投资虽然一直持续增长，但投资的产业多数为技术含量较低、产品附加值较低的产业，如采矿业、批发零售业、制造业等。在供给侧结构性改革背景下，我国经济发展将从要素驱动、投资驱动转向创新驱动。我国对外直接投资应从以目标市场为导向的布点式投资，向以行业发展为导向的全球布局性投资转变，从被动跟进型的投资，向占据全球产业高端、掌控资源要素为主的主动、先导型投资转变，从小规模、探索性的绿地投资，向大规模兼并收购、与行业全球领先者合作的投资转变，不断提升国际投资效用，获得更多的高端化、智能化、绿色化、服务化技术，从而带动我国产业转型升级，进而逐渐实现经济结构优化及经济增长方式的转变。

根据《2016 世界投资报告》公布的数据，2015 年我国对外投资达到 1276 亿美元，同比增长 4%，居全球第三位，对外直接投资存量已突破 1 万亿美元，排名全球第 10 位。我国已经成为对外直接投资的净流出国，对外直接投资额已经超过外商来华投资额。2016 年 1～7 月，我国非金融类对外直接投资 1027.5 亿美元，同比增长 61.8%；对外承包工程业务新签合同额 1139.8 亿美元，同比增长 3.6%。其中与“一带一路”相关的国家新签合同 511 亿美元，同比增长 37%。同时，我国已经成为部分发达国家的主要的外资来源国，对外投资的对象由发展中国家的矿产资源转向发达国家的成熟资产，对外投资行业分布格局进一步优化，由传统的自然资源领域向服务业和制造业转变。2016 年 1～6 月对商业服务业和制造业的投资分别占投资总额的 24.6% 和 19.8%，而对采矿业的投资仅占 4.7%①。

### （二）国际产能合作取得新进展

供给侧改革的主要内容是化解过剩产能、传统产业的转型升级以及对新兴产业的支

① 国家信息中心宏观经济形势课题组：《下半年利用外资规模将稳步增长》，http://www.ccstock.cn/finance/hongguanjingji/2016-09-05/A1473022260601.html。

持和培育。推进国际产能合作既是我国推动供给侧改革的有效途径，也是我国扩大和深化对外开放、加强和亚欧非及世界各国互利合作的有效途径。2016 年以来，我国加强了国际产能合作，国际产能合作在提升合作范围和层次、基础设施互联互通以及投融资机制创新等方面取得新进展①。

在提升合作范围和层次方面，我国通过双边或多边合作机制以及举办区域或国际论坛（例如，博鳌亚洲论坛年会国际产能合作论坛）等方式推动项目和订单达成协议，不断拓展产能合作的范围。目前，我国已与 22 个国家签署双边产能合作协议或备忘录，与“一带一路”沿线和国际产能合作重点国家深入开展规划和项目的对接。2016 年 1 ~6 月，我国对外承包工程业务新签合同额 997 亿美元，同比增长 15%。此外，我国企业以市场为导向优化配置产能资源，向合作国输出其优质环保的产能和装备，推动其产业结构不断调整优化。一批有代表性的项目正在稳步推进，如马来西亚马中关丹产业园 350 万吨钢铁项目、印度尼西亚 60 万吨镍铁冶炼项目、塞尔维亚斯梅代雷沃钢厂项目、埃及玻璃纤维二期项目、哈萨克斯坦 100 万吨熟料水泥项目等。我国企业在开展境外投资的过程中，注重产业链重点领域和薄弱环节的做强做大，不断提升供给水平。2016 年 1 ~ 10 月，我国非金融类对外直接投资 1459. 6 亿美元，同比增长 53. 3%。从行业分布情况来看，流向制造业的对外直接投资 262. 3 亿美元，增长 163. 8%，仅占对外直接投资的 18%，其中流向装备制造业 160. 4 亿美元，是上年同期的 3. 6 倍，占制造业对外投资的 61. 2%②。

在基础设施互联互通方面，我国政府支持企业开展境外基础设施合作，推动基础设施建设和装备“走出去”，促进周边地区及“一带一路”沿线国家基础设施互联互通。一批境外铁路、港口重大项目取得积极进展，如雅万高铁启动先导段建设，中老铁路建设进展顺利。巴基斯坦喀喇昆仑公路二期、卡拉奇高速公路开工建设，拉合尔轨道交通橙线等一批重点项目完成融资，斯里兰卡科伦坡港口城复工，汉班托塔港二期工程即将竣工，希腊比雷埃夫斯港股权收购项目完成交割。

在投融资机制创新方面，我国政府为真正发挥 PPP 模式在基础设施建设融资中的作用，不断扩大境外投资基金和企业海外投资保函风险专项资金规模，帮助私营企业做好风险分析、预测、预防和评估工作，有针对性地制订应对风险方案，最大限度地降低项目风险。同时，我国还不断深化外债规模改革试点，扩大国际产能合作的资金规模。2016 年 1 ~6 月备案登记企业境外发债规模 715 亿美元。此外，我国通过筹设多双边基金，降低重点项目融资成本。例如，新设的中非产能合作基金，稳步推进的中欧共同投资基金、中—阿（联酋）投资合作基金等。

① 国家发展改革委：《国际产能合作取得多方面新进展》，http：//finance. people. com. cn/n1/2016/0816/c1004 -28639953. html。

② 商务部对外投资和经济合作司：《2016 年 1 ~ 10 月国际产能合作统计数据》，http：//www. mofcom. gov. cn/article/tongjiziliao/dgzz/201611/20161101884399. shtml。

## （三）“一带一路”建设积极效应持续显现

“一带一路”建设是新时期我国对外开放战略的重要内容。我国实施新一轮高水平对外开放，实施“一带一路”建设至关重要。目前，已经有100多个国家和国际组织参与“一带一路”建设，通过协议、规划、机制、项目等方式，共同推动沿线国家包容性发展。“一带一路”建设积极效应持续显现①。

一是共同制定推进区域合作的规划和措施，寻求各国经济发展战略的契合点。我国加强与沿线国家的政策沟通和磋商，进一步推进与沿线国家战略对接、规划编制等工作。2016年3月，中国与捷克签署了两国政府间《关于共同编制中捷合作规划纲要的谅解备忘录》，与土耳其签署了《关于加强“网上丝绸之路”建设合作谅解备忘录》。2016年6月，中国与俄罗斯、蒙古国三国在塔什干签订《建设中蒙俄经济走廊规划纲要》，与波兰签署了两国政府间《关于共同编制中波合作规划纲要的谅解备忘录》，与塞尔维亚签署了关于共同推进产能合作的谅解备忘录。2016年9月，我国与联合国开发计划署签署了《中华人民共和国政府与联合国开发计划署关于共同推进丝绸之路经济带和21世纪海上丝绸之路建设的谅解备忘录》，这是中国政府与国际组织签署的第一份政府间共建“一带一路”的谅解备忘录，也是国际组织参与“一带一路”建设的一大创新。

二是投资贸易规模不断扩大。2016年1～10月，我国企业对“一带一路”相关的51个国家非金融类直接投资120.7亿美元，占同期总额的8.3%，主要投资地区为俄罗斯、新加坡、印度、马来西亚、印度尼西亚、泰国、老挝、伊朗等。对外承包工程方面，2016年1～10月，我国企业在“一带一路”相关的61个国家新签对外承包工程项目合同6877份，新签合同额843.9亿美元，同比增长30.7%，占同期我国对外承包工程新签合同额的51%；完成营业额527.4亿美元，同比增长5.6%，占同期总额的46%②。2016年3月，中国—土耳其跨境电子商务平台上线启动会在重庆召开，这是推进中土网上丝绸之路建设合作的重要内容。我国与哈萨克斯坦、吉尔吉斯斯坦、塔吉克斯坦开通的农产品快速通关“绿色通道”，使农产品通关时间仅为原来的10%。截至2016年6月，我国同“一带一路”沿线17个国家共同建设了46个境外合作区，企业累计投资超过140亿美元，为当地创造6万个就业岗位。

三是推进资金融通以及民心相通。我国金融服务业正在积极走出去，与东南亚、南亚、中东欧等区域的国家深化金融合作业务，推进各国资金之间的融通。目前，中国人民银行已与21个沿线国家央行签订了双边本币互换协议。2016年1月，亚投行开业仪式暨理事会和董事会成立大会在北京举行。丝路基金还将继续加大金融支持力度，为“一带一路”建设提供充足的金融保障。“国之交在于民相亲，民相亲在于心相通。”教

① 国家发展改革委：《“一带一路”建设取得积极成效》，http://news.163.com/16/0816/15/BUJQ5QPT00014JB5.html。

② 商务部对外投资和经济合作司：《2016年1～10月我国对“一带一路”相关国家投资合作情况》，http://www.mofcom.gov.cn/article/tongjiziliao/dgzz/201611/20161101884398.shtml。

育、文化和青年等领域的人文交流是国与国关系长远发展的根基，也是“一带一路”深化发展的不竭动力。我国教育部与沿线60多个国家签署教育合作协议，已在沿线国家举办37个办学项目、131个孔子学院、119个孔子课堂。2015年，来自“一带一路”沿线国家的留学生占来华留学生总量将近一半。

### （四）自贸试验区战略路线深入推进

上海、广东、天津、福建4个自贸试验区自成立以来，在政府职能转变、投资贸易、金融创新等多个方面持续推出一系列制度创新举措，以制度创新引领供给侧结构性改革。目前，许多先行先试的改革措施已经在其他地方复制推广，取得了良好成效①。

一是转变政府职能，加强事中事后监管。我国自贸试验区坚持问题导向和企业需求导向，进一步深化政府职能转变，实施以简政放权为核心内容的商事制度改革，构建事中事后监管的制度举措。福建自贸试验区对于企业设立采取“一照一码”登记制度，通过“一口受理、互联互通、信息共享”，在工商营业执照加载18位统一社会信用代码，质监、税务部门不再另行赋码和发证。截至2016年5月，福建自贸试验区25项事中事后监管措施基本制定相关配套操作细则或实施办法，出台16份事中事后监管文件，推出7项创新举措。上海自贸试验区海关共取消、下放、让渡、放开22项前道审批事权或限制，企业注册登记从40个工作日缩短为3个。天津自贸试验区采用以信用风险分类为依托的市场监管制度，对保税展示交易、保税租赁货物实施分线监管、预检验和登记核销管理模式。广东自贸试验区企业注册登记实行“多证合一、一照一码”，22个省直部门下放60项省一级管理权限，行政审批时间压缩了50%以上。

二是深化投资体制改革。我国自贸区全面实行准入前国民待遇加负面清单的外资管理模式，对负面清单122项特别管理措施之外领域实行备案制。自2015年5月8日起，我国四大自贸试验区共同使用一份负面清单，与之前的负面清单相比，进一步减少和取消了外商投资准入限制，投资领域进一步放开。自贸试验区虹吸效应显著，入驻企业大幅度攀升。截至2016年4月底，上海自贸试验区累计新设企业3.5万家，其中新设外资企业超过5500家，新设外资企业的平均注册资本接近内资企业的2倍。截至2016年10月，广东自贸试验区累计新设立企业超过11万家，其中创新型金融主体占比近一半。新设立企业中，外商投资企业超过6000家。此外，注册资本10亿元以上的企业有650家，注册资本100亿元以上的企业有39家。自2015年1月1日至2016年9月30日，天津自贸试验区新增市场主体24321户，注册资本（金）7875.97亿元人民币，在新增市场主体中，注册资本（金）超10亿元的150户，超亿元的1670户。自2015年4月21日挂牌起至2016年10月31日，福建自贸试验区共新增内、外资企业45678户，注册资本8657.22亿元人民币，分别同比增长185.88%、189.65%。

三是提高贸易便利化水平，拓展贸易新业态。四大自贸试验区逐步推进以贸易便利

① 黄茂兴、王珍珍：《我国四大自贸试验区创新举措比较分析》，http：//news.gmw.cn/2016－04/20/content_19774250.htm。

化为中心的贸易监管方式转变，率先实行了海关、检验检疫、边检和海事等部门的一站式查验平台，通关效率明显提升。其中，上海自贸区一线进出境平均通关时间分别较区外缩短78.5%和31.7%。福建自贸试验区运行国际贸易“单一窗口”，直接服务外资企业4000多家，间接服务外贸企业3万多家，日单证处理量3.5万多票。企业进出口货物申报时间从4小时缩短至5~10分钟；船舶进（出）境时间由36小时减少至2.5小时（1小时）。广东自贸试验区的“智检口岸”平台使绝大多数货柜可在1分钟内办结所有手续，查验率降低90%，检验检疫验放周期由原来的平均2~3天缩短为16分钟。天津自贸试验区平均通关时间由原来的1~2天缩短到2个小时，节约70%的报关成本。此外，自贸试验区利用政策资源优势，不断深化贸易功能，拓展新业态。国际采购、国际中转、转口贸易、整车进口等业务不断完善，保税展示交易、跨境电商、融资租赁、专业服务和旅游服务等新业态发展迅速。

四是推进金融领域开放创新。四大自贸试验区逐步推进金融领域开放创新，出台了一系列金融创新政策。福建自贸试验区厦门片区率先在全国建立跨海峡人民币代理清算群，发行首单信贷资产支持证券，平潭片区利用“互联网+金融+征信”模式了解台资企业信用信息，拓展闽台银团贷款业务和跨境融资业务。截至2016年8月，一行三会发布的“51条”政策在上海自贸试验区已基本破题，“金改40条”政策正在逐步推进实施，其中，已有19项政策通过出台细则或推出创新实例的方式取得突破，5项政策已初步拟定细则。天津自贸试验区鼓励企业使用应收账款融资服务平台开展应收账款融资的试点事项，开展大额存单发行试点，允许融资租赁类公司售后回租项下外币支付设备价款。广东自贸试验区在跨境人民币业务、外债宏观审慎管理试点、跨境双向资金池、跨境双向投资等金融业对外开放领域不断取得新进展。

为了进一步对接高标准国际经贸规则，在更广领域、更大范围形成各具特色、各有侧重的试点格局，党中央、国务院于2016年8月决定，在辽宁省、浙江省、河南省、湖北省、重庆市、四川省、陕西省新设立7个自贸试验区，自贸区战略路线在我国深入推进。

### （五）国际地位和国际影响力持续提升

随着我国经济的快速发展，我国的国际地位和国际影响力持续提升。我国积极参与国际多边事务，在各类重大国际议题上均具有发言权和影响力，为解决全球性问题和热点问题发挥了建设性作用。2016年9月4~5日召开的G20杭州峰会上，我国通过主场外交，在提高金融市场的抗冲击力、促进市场公平有效竞争、促进贸易投资便利化、推进创新驱动发展等结构性改革举措发出自己的声音，进一步扩大了我国的国际影响力[①]。

一是做世界经济发展的引领者，为世界经济发展指明方向和规划路径。面对当前世界经济的风险和挑战，我国不断加强与主要工业化发达国家和新兴市场国家间的宏观政策沟通和协调，强化战略对接，凝聚合作共识，综合运用财政、货币、结构性改革等多方位有效政策工具，促进世界经济强劲、可持续、平衡、包容增长。

---

① 《G20杭州峰会取得五大成果》，http：//news.hexun.com/2016-09-06/185893352.html。

二是做经济增长方式的创新者，为世界经济注入新动力。我国倡导创新驱动发展，鼓励以科技创新为核心，带动发展理念、体制机制、商业模式等全方位、多层次、宽领域创新，进而全面提升世界经济的长期增长潜力。目前，全球正处在由移动互联网、云计算、新能源、新材料和生物工程等所引领的新产业革命之中，全球应以此为契机，规划世界经济创新增长的新蓝图，全面催生新业态、新模式、新产业和新企业，创造新的有效需求，为世界经济增长注入新动力。

三是做全球经济金融治理的平衡者，提高世界经济抗风险能力。我国不断推动全球经济金融机构份额和治理机制改革，提高发展中国家和新兴市场国家的代表性和发言权，支持国际货币基金组织重启主权债务重组机制的新一轮辩论与磋商，以促进公平与可持续发展。倡导构建多层次、灵活、相互协调的全球金融安全网，加强国际反腐败合作，营造法治、规范、良好的国际发展环境。

四是做国际贸易和投资两大引擎的重振者，构建开放型世界经济。我国继续支持多边贸易体制，重申反对保护主义承诺。在杭州 G20 峰会期间，G20 成员共同制定《二十国集团全球贸易增长战略》和全球首个多边投资规则框架《二十国集团全球投资指导原则》。同时，继续推动多哈回合谈判重返轨道，解决谈判遗留问题；推动双边、区域和诸边等各类自由贸易协定开放、互为补充、透明，推动国际贸易更趋公平合理。

五是做包容和联动式发展的推动者，让全球化成果惠及全球。在杭州 G20 峰会期间，我国第一次把发展问题置于全球宏观政策框架的突出位置，第一次就落实联合国 2030 年可持续发展议程制定行动计划，同意推动《巴黎协定》尽早生效，倡导节约能源，降低温室气体排放强度，发展循环经济，推广低碳技术，积极应对全球气候变化，促进经济社会发展和人口资源环境的协调互动与平衡。同时，发起《二十国集团支持非洲和最不发达国家工业化倡议》和《全球基础设施互联互通联盟倡议》，倡导加强各国之间基础设施建设的统筹规划，技术标准体系的对接，推进基础设施互联互通，逐步形成连接各区域、诸边国家甚至是全球性的基础设施网络。

### （六）对外开放区域布局进一步完善

目前，我国正结合供给侧结构性改革和“一带一路”建设，有重点、有步骤地推进国内区域建设和合作。沿海地区的发展方向是全面参与全球价值链的合作和竞争，培育有全球影响力的先进制造基地和经济区。沿海地区应进一步提升对外开放水平，提高自主创新能力，培育参与全球分工和竞争的核心能力，加快从国际加工装配基地向先进制造基地升级，从制造中心向制造研发中心、服务贸易中心转型。内陆沿边地区则既要加强口岸和基础设施建设，开辟跨境多式联运交通走廊，更要夯实对外开放的产业基础，发展外向型产业集群，提高吸纳国内沿海地区和国际产业转移的能力，形成依托本地优势且突出区域个性特征的对外开放基地①。

我国对外开放区域布局的进一步完善取得了积极成效。供给侧结构性改革已成为省

① 高虎城：《完善对外开放战略布局》，http：//opinion. people. com. cn/n/2015/1210/c1003 - 27908427. html。

域经济发展的主线，区域发展新亮点不断涌现，新经济新业态加速发展，“大众创业，万众创新”持续推进。对中西部经济发展而言，从东部向中西部的产业转移立下了汗马功劳。截至2016年11月3日，我国28个省份统计局公布了2016年前三季度GDP数据。重庆、安徽、福建、河南、宁夏、云南、山东、陕西、吉林、河北、山西等11个省份的前三季度GDP增速高于上半年。其中，重庆、安徽、福建、河南、宁夏、陕西等6省份与上半年相比，增加0.1个百分点，山东、吉林和河北3省增加了0.2个百分点，山西增加了0.6个百分点。云南的表现最为抢眼，增幅由上半年的6.6%提高到前三季度的7.6%，扩大了1个百分点。前三季度GDP出现增幅的省份，多集中在中西部。此外，排在前两位的重庆、贵州前三季度GDP增速分别达到10.7%和10.5%，重庆比上半年增速高了0.1个百分点，贵州增速与上半年持平。2014年开始，重庆取代天津，GDP增速领跑全国，至2016年第三季度，重庆已是连续11个季度经济增速领跑全国①。

## 四　依托供给侧结构性改革加快构建我国区域对外开放新格局的对策建议

我国30多年来的对外开放历程表明，越早对外开放的省份，越能够获得各种经济发展要素，资源配置效率越高，经济发展的成效越明显。我国形成了东中西各大区域经济发展的巨大差异，很大一部分是由于开放的进程和开放程度决定的。当前，我国各区域经济发展呈现出极度不平衡的状态，产业结构和经济发展水平有很大差异，在对外开放中也处于不同的地位，发挥了不同的影响。多年来，我国出口导向战略取得巨大成功，带动了各省产业快速发展，但也带来较多负面影响，特别是部分省份过度依赖出口廉价产品形成的过剩产能，在遭遇国际市场波动时，就会产生明显的结构性问题，使经济发展面临各种困境。当前，我国经济体制改革的重点任务是“三去一降一补”，通过有效的市场竞争提高资源配置效率，实现新旧产业和发展动能的顺利转换。供给侧结构性改革不是简单地淘汰落后产能、降低库存总量，而应着眼当前、立足长远，通过调整和优化经济结构，促进产业升级，推动经济由粗放型发展转向集约型发展，形成经济增长的内生动力，更好地配置生产要素，在市场结构、产业结构、企业结构、产品结构和区域结构方面得到优化，使各区域能够更好地发挥比较优势，区域间达到更优化的均衡。

### （一）市场结构：以供需有效对接为基础，进一步开拓国际市场

**1.充分了解国际市场需求结构的变化**

自国际金融危机爆发以来，在发达国家和一些新兴市场超常规政策的干预下，全球

---

① 《2016年前三季度各省市GDP增速排名：经济数据公布》，http：//www.mnw.cn/news/china/1422143.html。

经济衰退势头有所减弱，但后危机时代整个世界经济的复苏进程异常缓慢。世界各国的经济发展格局日益分化，不但发达国家和发展中国家走出了不同的经济发展之路，而且发达国家内部、发展中国家内部也出现极大分化，使得国际市场出现了很大的变化，国际市场结构出现了复杂化和多样化的特点，中国在出口中高端产品时将面临激烈的竞争。更为重要的是，众多发展中国家在国内经济复苏阶段通过采取本币贬值等手段刺激出口争夺国际市场，导致中国传统产业的竞争优势也将逐渐丧失。因此，要充分了解国际市场需求结构的变化，及时作出出口战略布局的调整，使我国的产业布局能够适应这种需求结构发生的变化。这种出口战略布局的调整，一方面是要从国家层面进行统筹规划，制定合理的出口调整战略，另一方面是大力发挥社会各方的积极力量，特别是研究机构和企业的及时反映，对世界不同地区经济发展、产业结构、消费水平、需求结构的动态变化和趋势作出及时的预测，为我国能够尽快适应这种结构变化做好充足的准备。

**2. 有效对接国际市场需求**

我国目前先进制造业和高端制造业的比重越来越高，高新技术产业出口规模越来越大，现代化农业生产能力进一步提升，服务业覆盖面和服务能力飞速发展，可以说，我国的产业体系越来越完备，竞争力越来越强。要发挥我国产业体系完备的巨大优势，就要大力挖掘国际市场的需求，把我国产业的有效供给和国际市场的需求充分结合起来，进行有效的对接和匹配，把国际市场需求和我国的产业供给有效结合起来，进一步扩大我国各类产品和服务的出口能力。

要及时抓住信息化推动消费品升级的大趋势，适应国际新型消费模式，满足消费结构升级的需求，抓住服务消费、信息消费、绿色消费、时尚消费、品质消费和信用消费等热点消费，引导企业积极调整产品结构，开发适销对路的商品和服务。加快在供给侧发力，改善供给结构，包括增品种、提品质、创品牌，才能更好适应消费升级的时代趋势。顺应“互联网＋”时代要求，支持发展共同配送、电子商务物流等流通新业态，降低流通成本，提高物流效率。鼓励商贸企业应用互联网技术，大力拓展国际市场，提高商品流通效率，通过互联网展示、销售商品和服务，提升线上体验、配送和售后服务，促进线上线下融合发展。特别是要在维护传统欧美市场的同时，大力拓展南美、东欧、西亚等新兴市场，使出口市场格局进一步优化，着力培养海外出口新的增长点，同时也可以避免发达国家经济周期带来的市场波动风险。

### （二）产业结构：以项目合作为依托，进一步深化国际产能合作

**1. 加快推进“一带一路”战略步伐**

通过“一带一路”战略来加强国际产能合作，其中大规模基础设施可以大量吸收我国的过剩产能，基础设施条件的提升将改善沿线国家的整体投资环境，也可以极大地拉动相关制造业海外投资，进一步将我国的过剩产能向海外转移，同时沿线国家间的产业合作将推进中小企业的境外直接投资，“一带一路”战略还将拉动服务业投资。总之，加快推进“一带一路”战略将有利于我国资本向海外转移，既可以化解国内过剩

产能，避免无序竞争和过度竞争，获得较高收益，还可以规避国际贸易保护主义的各种壁垒，整体上提升资本回报率。

**2. 建立双多边产能合作机制**

以共同体利益为基础，以共同发展为目标，加强与世界发展中国家的合作，加强双边和多边的产能合作，并建立体制化的合作机制，组织政策对话和项目对接，搭建各部门、各地区统一对外合作平台，与相关有合作意愿的国家加紧商签共同推进产能合作框架协议。利用现有的合作对话平台，加强与东盟、非盟、欧盟、拉共体等区域组织的经贸合作，借助多边舞台推动产能合作。与美国、欧洲等发达国家，也要逐步建立合作机制，在技术共享、资本合作和人才交流等方面展开全方位的合作。在产业结构上，使经济发展更多依靠服务业和战略新兴产业带动，大力发展战略性新兴产业和先进制造业，充分吸收先进技术，加快产业创新和升级，将推进新型工业化、信息化与建设生态文明紧密结合起来，向互联网经济、信息经济和绿色经济方向转型升级，提升我国各个行业的国际竞争力，改善我国各产业在国际产业链的位置。

**3. 多渠道设立系列双多边合作基金**

我国发起的亚投行开始运营，人民币海外合作基金也逐渐设立，要进一步扩大亚投行的参与国，多渠道吸收国际资本，提升亚投行的资金实力，增加“一带一路”沿线国家合作项目的支持力度。要发挥亚投行在国际上的影响力，对产能合作项目给予充分的资金支持，特别是对我国在国外进行基础设施建设、对外承包工程建设等项目提供金融保障，有力促进我国钢铁、有色金属、建材、电力、铁路、机械等优势装备制造业“走出去”，使我国部分过剩产能能够在这些资金的助力下更好地转移出去。除了亚投行外，还要和其他国家建立广泛的合作，成立包括双边和多边的产能合作基金，为我国的产能和装备走出去提供有力的资金支持。

### （三）企业结构：以大企业集团为主导，“引进来”与“走出去”双向结合

**1. 培育大企业集团竞争力**

中国的大公司和大企业集团的核心竞争力还较弱，与发达国家跨国公司相比，在技术创新能力、多样化经营能力、适应市场能力和赢利能力等方面存在很大的差距，必须从体制、机制、技术创新、人力资本、改善外部环境等方面多做工作，促进大公司和大企业集团竞争力的提高。围绕提升大企业集团国际竞争力的核心目标，深化国有企业改革，深入推进混合所有制改革，鼓励企业兼并重组。根据业务特点和行业性质，组建多家具有国际竞争实力的大企业集团。在资本投入、经营机制、科技创新、人才培养方面给予必要的扶持，帮助具有一定竞争优势的企业开拓国际市场，在外交、金融、法律等方面进行全方位的扶持，完善相关法规政策。要积极落实各项财税支持、不良资产处置、失业人员再就业和生活保障以及专项奖补等政策，资本市场要配合企业兼并重组，做好职工安置等社会兜底服务工作。完善税务管理和征缴、投融资管理和外汇管理等政策，切实降低企业各项经营成本，提升企业的经营活力和竞争力。积极探索境外企业风险预警系统，防范和化解我国企业在境外面临的社会风险、政治风险、经济风险等。鼓

励企业“走出去”的同时，也要继续坚持“引进来”，但要吸取过去“市场换技术”战略的经验和教训，应该从我国产业升级和技术创新的角度引进国际资本，对引进的资本要严格审查其投资领域、技术水平和经营战略，鼓励引进满足我国产业升级、弥补现有企业技术短板的企业，坚决限制过剩产能或者环境污染企业的进入。

**2. 创新企业服务政策**

在服务企业走出去参与国际竞争过程中，进行政策创新，改革监管条块分割的不利局面，建立有利于激发企业活力的一体化服务体系，从国家层面协调提升央企、民企国际竞争力的合作机制，推进政府、行业协会协同服务，全面推进国际产能合作，优化产品出口结构。在资本流动、技术共享、市场拓展等方面，发挥行业协会桥梁纽带作用，加强政府和企业的沟通，提升中国企业的整体实力，避免国内企业在国际上的不恰当竞争，维护中国企业的整体利益。改革涉外金融服务体系，加快资本流动监管体系改革，支持企业和金融机构境外发债融资，为中国企业在国际资本市场上的投融资提供更高效的金融服务，通过优惠信贷、出口保险、项目融资等各种途径，有效缓解我国企业在境外融资难的问题。改革企业发行外债管理，发挥企业境外发债对国际产能合作的促进作用。加快我国汇率管理制度改革，使我国汇率制度能够更好地适应企业经营管理的需求，有助于促进企业在国际市场的经营更加灵活。鼓励大型金融机构扶持核电、高铁、汽车、高技术等领域重大涉外项目，支持开发银行、进出口银行重点支持大企业集团的国际合作项目。

### （四）产品结构：以技术创新为导向，跻身国际高端消费市场

**1. 建立完善的技术创新体系**

统筹发挥市场配置资源的基础性作用和政府的引导支持作用，发挥企业作为市场创新的主体作用，形成以企业为主体、市场为导向、产学研用相结合的技术创新体系。建立各种技术创新合作平台，加大技术创新共享力度，完善知识产权保护制度，加强技术创新保护力度。各级政府要鼓励和引导企业加大研发投入，大力培育创新型企业，充分发挥其对技术创新的示范引领作用。推进科研项目经费后补助工作，鼓励和引导企业按照国家战略和市场需求先行投入开展研发项目。完善科技投入要素考核制度，加强公共科技经费使用监管，建立健全促进企业和科技人才创新的约束和激励机制。要尽快和国际创新体系接轨，包括科技要素投入、考核、评估，以及创新成果的保护和运用，都要尽量对接国际通行规则，使我国研发机构和科技企业能够在国际市场上吸收资本和人才参与科技创新，促进中国的科技创新成果得到国际社会的认可和保护，从而提升中国产品和服务的质量，获得国际市场的认可和合理回报。

**2. 跻身国际高端消费市场**

深入研究国际消费理念，把握各国消费者心理，追踪国际市场的消费潮流，鼓励企业生产经营高端消费品和服务。大力改造提升传统产业，培育壮大战略性新兴产业，大力发展先进制造业，以技术创新推动产品创新，以满足智能化、个性化、时尚化消费需求为引领，推进智能制造和高端产品生产，挖掘民族特色产品和文化，打造有中国特色

的产品品牌。提升服务质量，促进生产性服务业专业化发展，推动生活性服务业便利化、精细化、品质化发展。提升企业家和职业技能人力资源的数量和质量，培养企业家适应转型升级的战略能力、实施企业质量创新的领导能力、推动产品和服务质量提升的执行能力以及构建企业质量文化的引领能力等。弘扬“工匠精神”，鼓励精细化制造，大力发展职业教育，培养具有较高质量技能的高级技术工人。

### （五）区域结构：以全面对外开放为支撑，实施差异化区域对外开放战略

**1. 实施全面开放战略**

我国区域经济发展差异很大程度上是由开放时间差异和开放程度不同造成的，特别是改革开放进程中，各地开放政策的差异，显著影响了区域经济协调发展。因此，实现区域协调发展，缩小区域发展差距的关键就是实施全面开放战略，完善对外开放战略布局，推进双向开放，支持沿海地区全面参与全球经济合作和竞争，培育有全球影响力的先进制造基地和经济区。同时，要鼓励西部地区提高边境经济合作区、跨境经济合作区发展水平，为中部地区的开放创造各种条件，使各区域能够公平地利用开放政策，提高开放水平，促进区域经济协调发展。完善法治化、国际化、便利化的营商环境，健全服务贸易促进体系，尽快推广上海等自贸区的创新经验和做法，全面实行准入前国民待遇加负面清单管理制度。要树立共赢共享理念，在开放合作中实现资源共享、优势互补、共同发展，要着力营造开放共享的营商环境，打造公开透明的法治环境，运用法治思维和法治方式来解决问题，使企业能够尽快适应国际市场规则，全方位提升对外开放水平。

**2. 实施差异化区域对外开放战略**

在第三届中美省州长论坛上，习近平指出：“我们将采取有力措施促进国内区域协调发展、城乡协调发展，加快欠发达地区发展。我们将加快推进‘一带一路’建设，为国内各地区拓展对外合作搭建平台。比如，新疆是丝绸之路经济带‘核心区域’，云南是‘一带一路’向西南开放的‘桥头堡’。”既要鼓励全国各省、各区域积极开放、全方位开放，又要发展区域特色，注重区域开放布局，沿海发达地区、沿海欠发达地区、内陆地区和沿边地区，具有不同的经济基础和产业结构，产业国际竞争力水平有很大差别，对外开放的条件和重点也不尽相同，要分别研究不同地区在新形势下推进对外开放的新战略，做到差异化开放、特色化开放。既要考虑区域的产业基础和资源禀赋优势，又要考虑地理位置，特别是外国的经济结构和市场需求，努力做到优势互补、合作共赢。

### （六）要素结构：以先进要素投入为保障，向全球价值链高端迈进

**1. 加大高端要素投入**

资本投入、劳动投入和技术进步被看作影响经济增长的三大因素，要素投入结构不合理，是我国粗放型增长方式难以根本转变的重要原因。推进经济结构改革，提高对外开放水平，要把调整优化要素投入结构作为一项重要任务，关键是加大先进要素的投入

规模和比重。引导资本更多地投向高新技术产业和战略性新兴产业，大力推进《中国制造2025》战略，推进企业加快建设创新步伐，加大研发投入，提升企业创新能力和新产品开发能力。推进航空航天、生物医药、电子信息、智能制造、新材料等产业进军国际领域。人力资本是技术创新与进步的重要源泉，是技术扩散与应用的必要条件和基础，而技术进步能够提高劳动生产率，推进经济增长方式的转变。政府部门要增加人力资本教育投入，鼓励企业和个人通过大力发展教育和劳动力技能培训，提升劳动力素质，增加人力资本存量。培养和引进高端人才，特别是适应国际市场需要的综合素质较高的人才，制定完善人才培养体系和人才作用发挥的激励机制，最大限度发挥人才在对外开放中的作用。

**2. 提高要素配置效率**

“十三五”规划建议指出：“推进双向开放，促进国内国际要素有序流动、资源高效配置、市场深度融合。”深化行政体制改革，加快简政放权进程，更好地发挥政府和市场的作用，明确政府行政手段和市场机制的边界，切实发挥市场在资源配置中的决定性作用，提升先进要素的配置效率。大力推进供给侧结构性改革，可以打通要素流动和再配置的通道，使生产要素从无效需求流向有效需求领域、从低端领域流向中高端领域，进而提高先进要素配置效率。统一思想和认识，坚决落实“三去一降一补”政策，把资本和各种生产要素从无效产能和落后产能中解放出来，更好地投入高效产能和先进产能。

**3. 重塑价值链地位**

必须实施创新驱动战略，注重技术创新和管理创新，大力培育国际竞争新优势，在巩固“中国制造”地位的同时，大力推进“中国创造”。对于传统劳动密集型产品，要逐步提升质量和档次，通过各种政策措施鼓励加工贸易从组装加工逐步向研发、设计、核心元器件制造、物流营销等环节拓展。把握世界科技创新发展趋势，有效利用全球创新资源，加强国家创新体系建设，重点培育和发展新兴产业，提高自创品牌能力，延长国内增值链条，提升我国产业在国际产业链中的地位。更好地发挥企业在资源配置中的主体作用，以竞争力提升为核心，注重投入产出效率，在全世界范围内配置资源，增加在高端制造业和知识服务业领域的海外投资，促进全球价值链在服务领域的延伸。鼓励国内企业到境外设立研发中心和营销中心，充分利用互联网技术，实现“弯道超车”，在通信技术和智能制造等领域抢占国际市场先机。引导具有较强比较优势的部分加工制造业到市场需求规模较大的发展中国家建立生产基地，建立起自己的生产网络和营销网络。完善自身发展战略，积极参与国际贸易规则和产业标准的制定，加强全球价值链统计和相关标准的国际合作，提升在全球价值链中的地位。

# Ⅳ 附 录

Appendix

## B.38
## 附录一
## 中国省域经济综合竞争力评价指标体系

| 二级指标（9个） | 权重 | 三级指标（25个） | 权重 | 四级指标（210个） | 权重 |
|---|---|---|---|---|---|
| B1 | | C11 | | （12个） | |
| 宏观经济竞争力 | 0.15 | 经济实力竞争力 | 0.4 | 地区生产总值 | 0.105 |
| | | | | 地区生产总值增长率 | 0.095 |
| | | | | 人均地区生产总值 | 0.098 |
| | | | | 财政总收入 | 0.090 |
| | | | | 财政总收入增长率 | 0.088 |
| | | | | 人均财政收入 | 0.088 |
| | | | | 固定资产投资额 | 0.095 |
| | | | | 固定资产投资额增长率 | 0.080 |
| | | | | 人均固定资产投资额 | 0.077 |
| | | | | 全社会消费品零售总额 | 0.080 |
| | | | | 全社会消费品零售总额增长率 | 0.052 |
| | | | | 人均全社会消费品零售总额 | 0.052 |
| | | C12 | | （6个） | |
| | | 经济结构竞争力 | 0.3 | 产业结构优化度 | 0.188 |
| | | | | 所有制经济结构优化度 | 0.178 |
| | | | | 城乡经济结构优化度 | 0.187 |
| | | | | 就业结构优化度 | 0.158 |
| | | | | 资本形成结构优化度 | 0.131 |
| | | | | 贸易结构优化度 | 0.158 |

续表

| 二级指标（9 个） | 权重 | 三级指标（25 个） | 权重 | 四级指标（210 个） | 权重 |
|---|---|---|---|---|---|
| | | C13 | | （9 个） | |
| 宏观经济竞争力 | 0. 15 | 经济外向度竞争力 | 0. 3 | 进出口总额 | 0. 150 |
| | | | | 进出口增长率 | 0. 100 |
| | | | | 出口总额 | 0. 120 |
| | | | | 出口增长率 | 0. 100 |
| | | | | 实际 FDI | 0. 120 |
| | | | | 实际 FDI 增长率 | 0. 100 |
| | | | | 外贸依存度 | 0. 080 |
| | | | | 外资企业数 | 0. 080 |
| | | | | 对外直接投资 | 0. 150 |
| B2 | | C21 | | （10 个） | |
| 产业经济竞争力 | 0. 125 | 农业竞争力 | 0. 2 | 农业增加值 | 0. 115 |
| | | | | 农业增加值增长率 | 0. 096 |
| | | | | 人均农业增加值 | 0. 102 |
| | | | | 农民人均纯收入 | 0. 116 |
| | | | | 农民人均纯收入增长率 | 0. 095 |
| | | | | 农产品出口占农林牧渔总产值比重 | 0. 088 |
| | | | | 人均主要农产品产量 | 0. 092 |
| | | | | 农业机械化水平 | 0. 092 |
| | | | | 农村人均用电量 | 0. 102 |
| | | | | 财政支农资金比重 | 0. 102 |
| | | C22 | | （10 个） | |
| | | 工业竞争力 | 0. 3 | 工业增加值 | 0. 163 |
| | | | | 工业增加值增长率 | 0. 098 |
| | | | | 人均工业增加值 | 0. 143 |
| | | | | 工业资产总额 | 0. 138 |
| | | | | 工业资产总额增长率 | 0. 083 |
| | | | | 工业资产总贡献率 | 0. 073 |
| | | | | 规模以上工业主营业务收入 | 0. 076 |
| | | | | 规模以上工业利润总额 | 0. 089 |
| | | | | 工业全员劳动生产率 | 0. 073 |
| | | | | 工业成本费用利润率 | 0. 064 |
| | | C23 | | （10 个） | |
| | | 服务业竞争力 | 0. 25 | 服务业增加值 | 0. 110 |
| | | | | 服务业增加值增长率 | 0. 090 |
| | | | | 人均服务业增加值 | 0. 110 |
| | | | | 服务业从业人员数 | 0. 100 |
| | | | | 服务业从业人员数增长率 | 0. 090 |
| | | | | 限额以上批发零售企业主营业务收入 | 0. 100 |
| | | | | 限额以上批零企业利税率 | 0. 100 |
| | | | | 限额以上餐饮企业利税率 | 0. 100 |
| | | | | 旅游外汇收入 | 0. 100 |
| | | | | 房地产经营总收入 | 0. 100 |

续表

| 二级指标（9 个） | 权重 | 三级指标（25 个） | 权重 | 四级指标（210 个） | 权重 |
|---|---|---|---|---|---|
| | | C24 | | （10 个） | |
| 产业经济竞争力 | 0. 125 | 企业竞争力 | 0. 25 | 规模以上工业企业数 | 0. 135 |
| | | | | 规模以上企业平均资产 | 0. 089 |
| | | | | 规模以上企业平均收入 | 0. 101 |
| | | | | 规模以上企业平均利润 | 0. 085 |
| | | | | 规模以上企业劳动效率 | 0. 101 |
| | | | | 城镇就业人员平均工资 | 0. 090 |
| | | | | 新产品销售收入占主营业务收入比重 | 0. 080 |
| | | | | 产品质量抽查合格率 | 0. 098 |
| | | | | 工业企业 R&D 经费投入强度 | 0. 119 |
| | | | | 中国驰名商标持有量 | 0. 102 |
| B3 | | C31 | | （9 个） | |
| 可持续发展竞争力 | 0. 1 | 资源竞争力 | 0. 325 | 人均国土面积 | 0. 108 |
| | | | | 人均可使用海域和滩涂面积 | 0. 100 |
| | | | | 人均年水资源量 | 0. 097 |
| | | | | 耕地面积 | 0. 110 |
| | | | | 人均耕地面积 | 0. 144 |
| | | | | 人均牧草地面积 | 0. 099 |
| | | | | 主要能源矿产基础储量 | 0. 116 |
| | | | | 人均主要能源矿产基础储量 | 0. 117 |
| | | | | 人均森林储积量 | 0. 109 |
| | | C32 | | （8 个） | |
| | | 环境竞争力 | 0. 325 | 森林覆盖率 | 0. 185 |
| | | | | 人均废水排放量 | 0. 110 |
| | | | | 人均工业废气排放量 | 0. 110 |
| | | | | 人均工业固体废物排放量 | 0. 110 |
| | | | | 人均治理工业污染投资额 | 0. 100 |
| | | | | 一般工业固体废物综合利用率 | 0. 100 |
| | | | | 生活垃圾无害化处理率 | 0. 100 |
| | | | | 自然灾害直接经济损失 | 0. 185 |
| | | C33 | | （8 个） | |
| | | 人力资源竞争力 | 0. 35 | 常住人口增长率 | 0. 111 |
| | | | | 15 ~64 岁人口比例 | 0. 122 |
| | | | | 文盲率 | 0. 109 |
| | | | | 大专以上教育程度人口比例 | 0. 150 |
| | | | | 平均受教育程度 | 0. 140 |
| | | | | 人口健康素质 | 0. 130 |
| | | | | 人力资源利用率 | 0. 130 |
| | | | | 职业学校毕业生数 | 0. 108 |

续表

| 二级指标（9个） | 权重 | 三级指标（25个） | 权重 | 四级指标（210个） | 权重 |
|---|---|---|---|---|---|
| B4 | | C41 | | （12个） | |
| 财政金融竞争力 0.1 | 0.1 | 财政竞争力 | 0.55 | 地方财政收入 | 0.079 |
| | | | | 地方财政支出 | 0.084 |
| | | | | 地方财政收入占GDP比重 | 0.079 |
| | | | | 地方财政支出占GDP比重 | 0.103 |
| | | | | 税收收入占GDP比重 | 0.090 |
| | | | | 税收收入占财政总收入比重 | 0.084 |
| | | | | 人均地方财政收入 | 0.084 |
| | | | | 人均地方财政支出 | 0.084 |
| | | | | 人均税收收入 | 0.079 |
| | | | | 地方财政收入增长率 | 0.080 |
| | | | | 地方财政支出增长率 | 0.080 |
| | | | | 税收收入增长率 | 0.078 |
| | | C42 | | （10个） | |
| | | 金融竞争力 | 0.45 | 存款余额 | 0.110 |
| | | | | 人均存款余额 | 0.110 |
| | | | | 贷款余额 | 0.110 |
| | | | | 人均贷款余额 | 0.110 |
| | | | | 货币市场融资额 | 0.090 |
| | | | | 中长期贷款占贷款余额比重 | 0.110 |
| | | | | 保险费净收入 | 0.080 |
| | | | | 保险密度（人均保险费收入） | 0.080 |
| | | | | 保险深度（保险费收入占GDP比重） | 0.080 |
| | | | | 人均证券市场筹资额 | 0.120 |
| B5 | | C51 | | （9个） | |
| 知识经济竞争力 | 0.125 | 科技竞争力 | 0.425 | R&D人员 | 0.180 |
| | | | | R&D经费 | 0.090 |
| | | | | R&D经费投入强度 | 0.090 |
| | | | | 发明专利授权量 | 0.110 |
| | | | | 技术市场成交合同金额 | 0.110 |
| | | | | 财政科技支出占地方财政支出比重 | 0.090 |
| | | | | 高技术产业增加值 | 0.110 |
| | | | | 高技术产业增加值占工业增加值比重 | 0.110 |
| | | | | 高技术产品出口额占商品出口额比重 | 0.110 |
| | | C52 | | （10个） | |
| | | 教育竞争力 | 0.425 | 教育经费 | 0.160 |
| | | | | 教育经费占GDP比重 | 0.090 |
| | | | | 人均教育经费 | 0.160 |
| | | | | 公共教育经费占财政支出比重 | 0.090 |
| | | | | 人均文化教育支出占个人消费支出比重 | 0.060 |
| | | | | 万人中小学学校数 | 0.050 |
| | | | | 万人中小学专任教师数 | 0.050 |
| | | | | 高等学校数 | 0.080 |
| | | | | 高校专任教师数 | 0.130 |
| | | | | 万人高等学校在校学生数 | 0.130 |

续表

| 二级指标（9个） | 权重 | 三级指标（25个） | 权重 | 四级指标（210个） | 权重 |
|---|---|---|---|---|---|
| | | C53 | | （8个） | |
| 知识经济竞争力 | 0.125 | 文化竞争力 | 0.15 | 文化服务业企业营业收入 | 0.110 |
| | | | | 图书和期刊出版数 | 0.110 |
| | | | | 报纸出版数 | 0.110 |
| | | | | 出版印刷工业销售产值 | 0.110 |
| | | | | 城镇居民人均文化娱乐支出 | 0.160 |
| | | | | 农村居民人均文化娱乐支出 | 0.120 |
| | | | | 城镇居民人均文化娱乐支出占消费性支出比重 | 0.160 |
| | | | | 农村居民人均文化娱乐支出占消费性支出比重 | 0.120 |
| B6 | | C61 | | （9个） | |
| 发展环境竞争力 | 0.1 | 基础设施竞争力 | 0.55 | 铁路网线密度 | 0.13 |
| | | | | 公路网线密度 | 0.13 |
| | | | | 人均内河航道里程 | 0.09 |
| | | | | 全社会旅客周转量 | 0.12 |
| | | | | 全社会货物周转量 | 0.12 |
| | | | | 人均邮电业务总量 | 0.102 |
| | | | | 电话普及率 | 0.101 |
| | | | | 互联网上网人数比重 | 0.095 |
| | | | | 人均耗电量 | 0.112 |
| | | C62 | | （9个） | |
| | | 软环境竞争力 | 0.45 | 外资企业数增长率 | 0.110 |
| | | | | 万人外资企业数 | 0.130 |
| | | | | 个体私营企业数增长率 | 0.110 |
| | | | | 万人个体私营企业数 | 0.130 |
| | | | | 万人商标注册件数 | 0.110 |
| | | | | 查处商标侵权假冒案件 | 0.080 |
| | | | | 每十万人交通事故发生数 | 0.080 |
| | | | | 罚没收入占财政收入比重 | 0.130 |
| | | | | 社会捐赠款物 | 0.120 |
| B7 | | C71 | | （5个） | |
| 政府作用竞争力 | 0.1 | 政府发展经济竞争力 | 0.366 | 财政支出用于基本建设投资比重 | 0.202 |
| | | | | 财政支出对 GDP 增长的拉动 | 0.201 |
| | | | | 政府公务员对经济的贡献 | 0.196 |
| | | | | 政府消费对民间消费的拉动 | 0.197 |
| | | | | 财政投资对社会投资的拉动 | 0.204 |
| | | C72 | | （5个） | |
| | | 政府规调经济竞争力 | 0.317 | 物价调控 | 0.209 |
| | | | | 调控城乡消费差距 | 0.211 |
| | | | | 统筹经济社会发展 | 0.190 |
| | | | | 规范税收 | 0.200 |
| | | | | 人口控制 | 0.190 |

续表

| 二级指标（9个） | 权重 | 三级指标（25个） | 权重 | 四级指标（210个） | 权重 |
|---|---|---|---|---|---|
| | | C73 | | （6个） | |
| 政府作用竞争力 | 0.1 | 政府保障经济竞争力 | 0.317 | 城市城镇社区服务设施数 | 0.132 |
| | | | | 医疗保险覆盖率 | 0.202 |
| | | | | 养老保险覆盖率 | 0.202 |
| | | | | 失业保险覆盖率 | 0.202 |
| | | | | 下岗职工再就业率 | 0.138 |
| | | | | 城镇登记失业率 | 0.124 |
| B8 | | C81 | | （6个） | |
| 发展水平竞争力 | 0.1 | 工业化进程竞争力 | 0.366 | 工业增加值占GDP比重 | 0.125 |
| | | | | 工业增加值增长率 | 0.115 |
| | | | | 高技术产业规模以上企业产值 | 0.215 |
| | | | | 高技术产业增加值占工业增加值比重 | 0.195 |
| | | | | 高技术产品出口额占商品出口额比重 | 0.155 |
| | | | | 信息产业增加值占GDP比重 | 0.195 |
| | | C82 | | （7个） | |
| | | 城市化进程竞争力 | 0.317 | 城镇化率 | 0.25 |
| | | | | 城镇居民人均可支配收入 | 0.25 |
| | | | | 城市平均建成区面积比重 | 0.08 |
| | | | | 人均拥有道路面积 | 0.08 |
| | | | | 人均日生活用水量 | 0.08 |
| | | | | 恩格尔系数 | 0.13 |
| | | | | 人均公共绿地面积 | 0.13 |
| | | C83 | | （6个） | |
| | | 市场化进程竞争力 | 0.317 | 非公有制经济产值占全社会总产值的比重 | 0.212 |
| | | | | 社会投资占投资总额比重 | 0.191 |
| | | | | 私有和个体企业从业人员比重 | 0.176 |
| | | | | 亿元以上商品市场成交额 | 0.116 |
| | | | | 亿元以上商品市场成交额占全社会消费品零售总额比重 | 0.112 |
| | | | | 居民消费支出占总消费支出比重 | 0.193 |
| B9 | | C91 | | （8个） | |
| 统筹协调竞争力 | 0.1 | 统筹发展竞争力 | 0.55 | 社会劳动生产率 | 0.160 |
| | | | | 社会劳动生产率增速 | 0.120 |
| | | | | 万元GDP综合能耗 | 0.160 |
| | | | | 非农用地产出率 | 0.150 |
| | | | | 生产税净额和营业盈余占GDP比重 | 0.100 |
| | | | | 最终消费率 | 0.110 |
| | | | | 固定资产投资额占GDP比重 | 0.100 |
| | | | | 固定资产交付使用率 | 0.100 |
| | | C92 | | （8个） | |
| | | 协调发展竞争力 | 0.45 | 环境竞争力与宏观经济竞争力比差 | 0.125 |
| | | | | 资源竞争力与宏观经济竞争力比差 | 0.125 |
| | | | | 人力资源竞争力与宏观经济竞争力比差 | 0.125 |
| | | | | 资源竞争力与工业竞争力比差 | 0.125 |
| | | | | 环境竞争力与工业竞争力比差 | 0.125 |
| | | | | 城乡居民家庭人均收入比差 | 0.125 |
| | | | | 城乡居民人均现金消费支出比差 | 0.125 |
| | | | | 全社会消费品零售总额与外贸出口总额比差 | 0.125 |

**B**.39

# 附录二 2015年中国省域经济综合竞争力评价指标得分和排名情况

## 一 2015年中国省域宏观经济竞争力及三级指标得分和排名情况

| | 指标得分 | | | | 指标排名 | | | |
|---|---|---|---|---|---|---|---|---|
| | 经济实力竞争力 | 经济结构竞争力 | 经济外向度竞争力 | 宏观经济竞争力 | 经济实力竞争力 | 经济结构竞争力 | 经济外向度竞争力 | 宏观经济竞争力 |
| 北 京 | 50.9 | 74.9 | 43.6 | 55.9 | 7 | 1 | 4 | 5 |
| 天 津 | 52.7 | 63.8 | 24.1 | 47.4 | 5 | 6 | 10 | 7 |
| 河 北 | 39.0 | 52.3 | 16.5 | 36.2 | 15 | 12 | 19 | 16 |
| 山 西 | 19.5 | 40.1 | 13.8 | 24.0 | 30 | 24 | 25 | 29 |
| 内蒙古 | 29.5 | 48.5 | 14.6 | 30.7 | 23 | 16 | 24 | 23 |
| 辽 宁 | 35.4 | 57.9 | 20.1 | 37.6 | 18 | 8 | 13 | 13 |
| 吉 林 | 35.8 | 53.7 | 10.7 | 33.7 | 16 | 10 | 28 | 17 |
| 黑龙江 | 22.7 | 49.0 | 4.7 | 25.2 | 28 | 15 | 30 | 27 |
| 上 海 | 51.3 | 72.1 | 63.0 | 61.1 | 6 | 3 | 2 | 3 |
| 江 苏 | 79.8 | 72.8 | 51.8 | 69.3 | 1 | 2 | 3 | 2 |
| 浙 江 | 63.5 | 70.6 | 39.2 | 58.3 | 4 | 4 | 5 | 4 |
| 安 徽 | 40.6 | 47.6 | 27.0 | 38.6 | 14 | 19 | 9 | 10 |
| 福 建 | 48.9 | 53.9 | 27.7 | 44.0 | 8 | 9 | 8 | 8 |
| 江 西 | 34.9 | 44.0 | 18.6 | 32.7 | 19 | 21 | 16 | 18 |
| 山 东 | 69.6 | 51.4 | 30.2 | 52.3 | 2 | 13 | 6 | 6 |
| 河 南 | 48.1 | 39.5 | 22.0 | 37.7 | 9 | 27 | 12 | 12 |
| 湖 北 | 46.6 | 50.4 | 20.0 | 39.8 | 10 | 14 | 14 | 9 |
| 湖 南 | 44.9 | 47.8 | 16.3 | 37.2 | 12 | 18 | 20 | 14 |
| 广 东 | 67.2 | 70.0 | 72.9 | 69.8 | 3 | 5 | 1 | 1 |
| 广 西 | 34.5 | 40.0 | 22.3 | 32.5 | 20 | 25 | 11 | 19 |
| 海 南 | 24.3 | 59.6 | 14.7 | 32.0 | 26 | 7 | 23 | 20 |
| 重 庆 | 41.4 | 53.7 | 17.5 | 37.9 | 13 | 11 | 18 | 11 |
| 四 川 | 46.1 | 47.9 | 13.2 | 36.8 | 11 | 17 | 27 | 15 |
| 贵 州 | 28.9 | 34.0 | 17.7 | 27.1 | 24 | 29 | 17 | 24 |
| 云 南 | 29.6 | 22.9 | 15.0 | 23.2 | 22 | 31 | 21 | 30 |
| 西 藏 | 33.6 | 40.8 | 4.2 | 26.9 | 21 | 22 | 31 | 25 |
| 陕 西 | 35.4 | 40.2 | 19.2 | 32.0 | 17 | 23 | 15 | 21 |
| 甘 肃 | 19.4 | 30.9 | 15.0 | 21.5 | 31 | 30 | 22 | 31 |
| 青 海 | 27.6 | 38.0 | 28.6 | 31.0 | 25 | 28 | 7 | 22 |
| 宁 夏 | 20.1 | 44.4 | 13.5 | 25.4 | 29 | 20 | 26 | 26 |
| 新 疆 | 22.8 | 39.8 | 10.6 | 24.3 | 27 | 26 | 29 | 28 |

# 二 2015年中国省域产业经济竞争力及三级指标得分和排名情况

| | 指标得分 | | | | | 指标排名 | | | | |
|---|---|---|---|---|---|---|---|---|---|---|
| | 农业竞争力 | 工业竞争力 | 服务业竞争力 | 企业竞争力 | 产业竞争力 | 农业竞争力 | 工业竞争力 | 服务业竞争力 | 企业竞争力 | 产业竞争力 |
| 北 京 | 23.9 | 33.7 | 53.4 | 71.8 | 46.2 | 31 | 20 | 5 | 1 | 6 |
| 天 津 | 29.2 | 47.6 | 34.8 | 64.3 | 44.9 | 28 | 6 | 10 | 2 | 7 |
| 河 北 | 44.7 | 37.9 | 34.1 | 35.0 | 37.6 | 6 | 13 | 13 | 18 | 12 |
| 山 西 | 24.1 | 13.5 | 22.2 | 31.8 | 22.4 | 30 | 30 | 25 | 21 | 29 |
| 内蒙古 | 45.8 | 42.0 | 19.8 | 40.4 | 36.8 | 5 | 8 | 27 | 10 | 13 |
| 辽 宁 | 40.9 | 34.0 | 24.7 | 35.1 | 33.3 | 11 | 19 | 20 | 16 | 18 |
| 吉 林 | 37.4 | 35.4 | 22.7 | 38.5 | 33.4 | 17 | 16 | 24 | 12 | 17 |
| 黑龙江 | 50.3 | 20.5 | 19.8 | 20.6 | 13.9 | 2 | 28 | 28 | 31 | 31 |
| 上 海 | 36.7 | 39.9 | 59.0 | 57.8 | 48.5 | 19 | 10 | 2 | 5 | 5 |
| 江 苏 | 49.4 | 76.0 | 54.1 | 61.1 | 61.5 | 3 | 1 | 4 | 3 | 1 |
| 浙 江 | 42.3 | 50.4 | 54.5 | 54.5 | 50.8 | 7 | 4 | 3 | 6 | 4 |
| 安 徽 | 38.6 | 35.3 | 33.3 | 36.2 | 35.7 | 15 | 17 | 14 | 15 | 15 |
| 福 建 | 42.1 | 43.0 | 37.6 | 38.1 | 40.2 | 8 | 7 | 7 | 13 | 9 |
| 江 西 | 36.1 | 39.5 | 24.6 | 29.2 | 32.5 | 21 | 12 | 21 | 23 | 19 |
| 山 东 | 55.2 | 71.8 | 46.8 | 58.2 | 58.8 | 1 | 2 | 6 | 4 | 3 |
| 河 南 | 47.2 | 48.3 | 34.7 | 35.0 | 41.4 | 4 | 5 | 11 | 17 | 8 |
| 湖 北 | 42.1 | 41.3 | 35.3 | 39.7 | 39.6 | 9 | 9 | 9 | 11 | 10 |
| 湖 南 | 41.3 | 39.6 | 34.2 | 41.5 | 39.0 | 10 | 11 | 12 | 9 | 11 |
| 广 东 | 37.1 | 69.6 | 73.3 | 54.3 | 60.2 | 18 | 3 | 1 | 7 | 2 |
| 广 西 | 36.7 | 33.3 | 25.7 | 28.9 | 31.0 | 20 | 22 | 19 | 25 | 21 |
| 海 南 | 40.2 | 19.0 | 24.2 | 42.6 | 30.4 | 12 | 29 | 22 | 8 | 22 |
| 重 庆 | 31.8 | 35.4 | 30.6 | 37.7 | 34.1 | 25 | 15 | 15 | 14 | 16 |
| 四 川 | 40.0 | 35.1 | 37.4 | 34.9 | 36.6 | 13 | 18 | 8 | 19 | 14 |
| 贵 州 | 35.1 | 33.6 | 28.1 | 22.7 | 29.8 | 22 | 21 | 17 | 28 | 23 |
| 云 南 | 38.3 | 26.2 | 23.2 | 20.8 | 26.5 | 16 | 23 | 23 | 30 | 25 |
| 西 藏 | 29.9 | 23.1 | 28.1 | 22.7 | 25.6 | 27 | 25 | 16 | 29 | 26 |
| 陕 西 | 33.2 | 37.6 | 22.1 | 34.8 | 32.1 | 24 | 14 | 26 | 20 | 20 |
| 甘 肃 | 34.8 | 11.2 | 18.6 | 28.5 | 22.1 | 23 | 31 | 29 | 26 | 30 |
| 青 海 | 26.2 | 20.5 | 14.2 | 30.3 | 22.5 | 29 | 27 | 31 | 22 | 28 |
| 宁 夏 | 31.0 | 21.9 | 17.6 | 26.7 | 23.8 | 26 | 26 | 30 | 27 | 27 |
| 新 疆 | 39.9 | 24.1 | 27.9 | 29.0 | 29.4 | 14 | 24 | 18 | 24 | 24 |

# 三　2015年中国省域可持续发展竞争力及三级指标得分和排名情况

| | 指标得分 | | | | 指标排名 | | | |
|---|---|---|---|---|---|---|---|---|
| | 资源竞争力 | 环境竞争力 | 人力资源竞争力 | 可持续发展竞争力 | 资源竞争力 | 环境竞争力 | 人力资源竞争力 | 可持续发展竞争力 |
| 北　京 | 5.2 | 71.8 | 78.6 | 52.5 | 31 | 7 | 1 | 1 |
| 天　津 | 8.0 | 72.9 | 57.1 | 46.3 | 25 | 5 | 5 | 4 |
| 河　北 | 12.9 | 61.0 | 42.5 | 38.9 | 11 | 22 | 19 | 27 |
| 山　西 | 30.6 | 55.0 | 47.8 | 44.5 | 3 | 28 | 11 | 10 |
| 内蒙古 | 36.9 | 55.9 | 51.7 | 48.3 | 1 | 27 | 8 | 2 |
| 辽　宁 | 17.3 | 58.8 | 45.1 | 40.5 | 7 | 24 | 17 | 19 |
| 吉　林 | 15.1 | 65.8 | 47.7 | 43.0 | 8 | 17 | 13 | 12 |
| 黑龙江 | 28.2 | 70.3 | 38.5 | 45.5 | 4 | 9 | 27 | 5 |
| 上　海 | 11.3 | 65.5 | 63.6 | 47.2 | 16 | 19 | 3 | 3 |
| 江　苏 | 13.4 | 62.9 | 49.5 | 42.1 | 10 | 20 | 10 | 16 |
| 浙　江 | 8.0 | 69.6 | 57.6 | 45.4 | 27 | 11 | 4 | 6 |
| 安　徽 | 10.7 | 65.5 | 47.8 | 41.5 | 19 | 18 | 12 | 17 |
| 福　建 | 12.7 | 74.0 | 46.9 | 44.6 | 12 | 3 | 14 | 9 |
| 江　西 | 5.8 | 73.5 | 38.1 | 39.1 | 30 | 4 | 28 | 24 |
| 山　东 | 17.6 | 66.2 | 46.6 | 43.6 | 6 | 16 | 15 | 11 |
| 河　南 | 12.0 | 66.6 | 40.9 | 39.9 | 14 | 15 | 23 | 22 |
| 湖　北 | 8.0 | 67.1 | 51.8 | 42.5 | 26 | 14 | 7 | 14 |
| 湖　南 | 6.3 | 70.1 | 40.4 | 39.0 | 28 | 10 | 25 | 26 |
| 广　东 | 8.6 | 56.5 | 67.8 | 44.9 | 24 | 26 | 2 | 8 |
| 广　西 | 9.1 | 77.4 | 42.1 | 42.8 | 22 | 2 | 21 | 13 |
| 海　南 | 14.3 | 78.6 | 42.2 | 45.0 | 9 | 1 | 20 | 7 |
| 重　庆 | 6.2 | 72.9 | 40.6 | 39.9 | 29 | 6 | 24 | 21 |
| 四　川 | 9.9 | 62.7 | 44.0 | 39.0 | 21 | 21 | 18 | 25 |
| 贵　州 | 11.1 | 68.3 | 30.0 | 36.3 | 17 | 12 | 31 | 30 |
| 云　南 | 11.3 | 67.9 | 40.1 | 39.8 | 15 | 13 | 26 | 23 |
| 西　藏 | 35.3 | 46.2 | 32.5 | 37.8 | 2 | 31 | 29 | 28 |
| 陕　西 | 10.3 | 70.5 | 46.0 | 42.4 | 20 | 8 | 16 | 15 |
| 甘　肃 | 12.3 | 57.0 | 41.3 | 37.0 | 13 | 25 | 22 | 29 |
| 青　海 | 8.8 | 48.6 | 30.9 | 29.5 | 23 | 29 | 30 | 31 |
| 宁　夏 | 10.9 | 59.9 | 50.3 | 40.6 | 18 | 23 | 9 | 18 |
| 新　疆 | 17.8 | 48.3 | 54.1 | 40.4 | 5 | 30 | 6 | 20 |

# 四　2015年中国省域财政金融竞争力及三级指标得分和排名情况

| | 指标得分 | | | 指标排名 | | |
|---|---|---|---|---|---|---|
| | 财政竞争力 | 金融竞争力 | 财政金融竞争力 | 财政竞争力 | 金融竞争力 | 财政金融竞争力 |
| 北　京 | 67.1 | 74.9 | 70.6 | 2 | 1 | 1 |
| 天　津 | 47.7 | 36.9 | 42.8 | 4 | 8 | 5 |
| 河　北 | 27.8 | 25.7 | 26.9 | 25 | 17 | 23 |
| 山　西 | 24.9 | 37.4 | 30.5 | 27 | 7 | 16 |
| 内蒙古 | 32.7 | 17.9 | 26.0 | 17 | 30 | 26 |
| 辽　宁 | 8.9 | 32.7 | 19.6 | 31 | 10 | 31 |
| 吉　林 | 19.6 | 21.4 | 20.4 | 30 | 28 | 30 |
| 黑龙江 | 22.2 | 24.0 | 23.1 | 28 | 22 | 28 |
| 上　海 | 69.9 | 55.4 | 63.3 | 1 | 3 | 2 |
| 江　苏 | 44.2 | 50.2 | 46.9 | 5 | 4 | 4 |
| 浙　江 | 40.2 | 40.6 | 40.4 | 9 | 5 | 6 |
| 安　徽 | 29.4 | 27.5 | 28.6 | 22 | 16 | 20 |
| 福　建 | 34.4 | 31.6 | 33.2 | 13 | 11 | 10 |
| 江　西 | 38.1 | 16.5 | 28.4 | 10 | 31 | 21 |
| 山　东 | 33.2 | 37.5 | 35.1 | 15 | 6 | 8 |
| 河　南 | 29.8 | 28.7 | 29.3 | 21 | 15 | 18 |
| 湖　北 | 42.0 | 29.4 | 36.3 | 7 | 14 | 7 |
| 湖　南 | 26.3 | 19.5 | 23.3 | 26 | 29 | 27 |
| 广　东 | 56.6 | 55.9 | 56.3 | 3 | 2 | 3 |
| 广　西 | 22.1 | 23.8 | 22.9 | 29 | 24 | 29 |
| 海　南 | 38.0 | 24.0 | 31.7 | 11 | 23 | 15 |
| 重　庆 | 33.7 | 31.1 | 32.5 | 14 | 12 | 13 |
| 四　川 | 30.0 | 36.2 | 32.8 | 20 | 9 | 12 |
| 贵　州 | 40.3 | 24.3 | 33.1 | 8 | 21 | 11 |
| 云　南 | 27.9 | 25.4 | 26.8 | 24 | 18 | 25 |
| 西　藏 | 43.6 | 21.8 | 33.8 | 6 | 27 | 9 |
| 陕　西 | 29.0 | 29.9 | 29.4 | 23 | 13 | 17 |
| 甘　肃 | 33.1 | 23.2 | 28.6 | 16 | 25 | 19 |
| 青　海 | 31.4 | 24.4 | 28.2 | 18 | 20 | 22 |
| 宁　夏 | 30.2 | 22.8 | 26.8 | 19 | 26 | 24 |
| 新　疆 | 37.7 | 25.1 | 32.0 | 12 | 19 | 14 |

# 五 2015年中国省域知识经济竞争力及三级指标得分和排名情况

| | 指标得分 | | | | 指标排名 | | | |
|---|---|---|---|---|---|---|---|---|
| | 科技竞争力 | 教育竞争力 | 文化竞争力 | 知识经济竞争力 | 科技竞争力 | 教育竞争力 | 文化竞争力 | 知识经济竞争力 |
| 北　京 | 67.3 | 59.5 | 72.7 | 64.8 | 3 | 1 | 1 | 3 |
| 天　津 | 40.7 | 41.2 | 33.7 | 39.9 | 7 | 14 | 22 | 8 |
| 河　北 | 14.0 | 41.8 | 32.5 | 28.6 | 20 | 13 | 25 | 20 |
| 山　西 | 16.1 | 40.8 | 44.2 | 30.8 | 19 | 16 | 8 | 17 |
| 内蒙古 | 6.7 | 26.3 | 43.6 | 20.6 | 27 | 31 | 9 | 28 |
| 辽　宁 | 19.1 | 31.7 | 41.1 | 27.7 | 15 | 25 | 10 | 21 |
| 吉　林 | 13.9 | 33.9 | 40.0 | 26.4 | 21 | 23 | 12 | 23 |
| 黑龙江 | 10.8 | 28.7 | 35.8 | 22.2 | 23 | 28 | 17 | 27 |
| 上　海 | 50.5 | 38.3 | 45.9 | 44.6 | 4 | 20 | 7 | 6 |
| 江　苏 | 75.7 | 57.8 | 61.1 | 65.9 | 2 | 2 | 2 | 1 |
| 浙　江 | 45.8 | 45.4 | 52.1 | 46.6 | 5 | 8 | 5 | 5 |
| 安　徽 | 25.7 | 38.1 | 33.3 | 32.1 | 13 | 21 | 24 | 14 |
| 福　建 | 26.4 | 38.6 | 34.4 | 32.8 | 12 | 19 | 20 | 13 |
| 江　西 | 17.6 | 44.5 | 34.7 | 31.6 | 17 | 9 | 19 | 16 |
| 山　东 | 45.3 | 55.4 | 46.4 | 49.8 | 6 | 3 | 6 | 4 |
| 河　南 | 31.0 | 51.3 | 38.9 | 40.8 | 10 | 5 | 15 | 7 |
| 湖　北 | 30.9 | 41.1 | 39.7 | 36.6 | 11 | 15 | 13 | 10 |
| 湖　南 | 22.0 | 39.6 | 56.2 | 34.6 | 14 | 18 | 3 | 11 |
| 广　东 | 82.1 | 54.1 | 53.3 | 65.9 | 1 | 4 | 4 | 2 |
| 广　西 | 16.4 | 40.4 | 33.4 | 29.2 | 18 | 17 | 23 | 19 |
| 海　南 | 11.2 | 31.6 | 26.9 | 22.2 | 22 | 27 | 30 | 26 |
| 重　庆 | 31.8 | 32.3 | 31.6 | 32.0 | 9 | 24 | 26 | 15 |
| 四　川 | 36.5 | 43.8 | 28.5 | 38.4 | 8 | 10 | 27 | 9 |
| 贵　州 | 8.7 | 48.9 | 40.2 | 30.5 | 24 | 6 | 11 | 18 |
| 云　南 | 6.9 | 37.8 | 34.1 | 24.1 | 26 | 22 | 21 | 25 |
| 西　藏 | 5.7 | 31.6 | 0.0 | 15.9 | 28 | 26 | 31 | 31 |
| 陕　西 | 18.2 | 48.5 | 39.6 | 34.3 | 16 | 7 | 14 | 12 |
| 甘　肃 | 8.1 | 42.5 | 35.1 | 26.8 | 25 | 12 | 18 | 22 |
| 青　海 | 3.3 | 26.5 | 28.3 | 16.9 | 31 | 30 | 28 | 30 |
| 宁　夏 | 5.7 | 27.9 | 37.8 | 20.0 | 29 | 29 | 16 | 29 |
| 新　疆 | 4.1 | 43.3 | 27.6 | 24.3 | 30 | 11 | 29 | 24 |

# 六　2015年中国省域发展环境竞争力及三级指标得分和排名情况

| | 指标得分 | | | 指标排名 | | |
|---|---|---|---|---|---|---|
| | 基础设施竞争力 | 软环境竞争力 | 发展环境竞争力 | 基础设施竞争力 | 软环境竞争力 | 发展环境竞争力排名 |
| 北　京 | 56.5 | 58.7 | 57.5 | 3 | 2 | 2 |
| 天　津 | 40.5 | 43.9 | 42.0 | 6 | 9 | 7 |
| 河　北 | 35.4 | 30.9 | 33.4 | 10 | 24 | 14 |
| 山　西 | 25.3 | 30.7 | 27.7 | 18 | 25 | 23 |
| 内蒙古 | 24.1 | 34.2 | 28.6 | 19 | 22 | 21 |
| 辽　宁 | 38.8 | 30.6 | 35.1 | 8 | 27 | 11 |
| 吉　林 | 18.6 | 37.3 | 27.0 | 27 | 14 | 26 |
| 黑龙江 | 16.8 | 23.7 | 19.9 | 28 | 31 | 30 |
| 上　海 | 64.3 | 68.3 | 66.1 | 1 | 1 | 1 |
| 江　苏 | 55.3 | 58.4 | 56.7 | 5 | 3 | 3 |
| 浙　江 | 55.3 | 46.9 | 51.5 | 4 | 4 | 5 |
| 安　徽 | 33.4 | 36.6 | 34.8 | 13 | 16 | 12 |
| 福　建 | 38.0 | 44.5 | 40.9 | 9 | 8 | 8 |
| 江　西 | 24.0 | 36.3 | 29.5 | 20 | 18 | 18 |
| 山　东 | 39.6 | 45.2 | 42.1 | 7 | 7 | 6 |
| 河　南 | 34.8 | 24.7 | 30.2 | 11 | 30 | 17 |
| 湖　北 | 34.7 | 36.8 | 35.7 | 12 | 15 | 10 |
| 湖　南 | 30.5 | 38.7 | 34.2 | 15 | 11 | 13 |
| 广　东 | 61.1 | 45.9 | 54.3 | 2 | 6 | 4 |
| 广　西 | 20.4 | 35.4 | 27.2 | 25 | 21 | 25 |
| 海　南 | 21.6 | 37.9 | 28.9 | 22 | 12 | 19 |
| 重　庆 | 33.3 | 40.0 | 36.3 | 14 | 10 | 9 |
| 四　川 | 21.5 | 37.5 | 28.7 | 23 | 13 | 20 |
| 贵　州 | 21.7 | 46.2 | 32.7 | 21 | 5 | 15 |
| 云　南 | 14.6 | 30.2 | 21.6 | 29 | 29 | 29 |
| 西　藏 | 3.7 | 33.1 | 16.9 | 31 | 23 | 31 |
| 陕　西 | 26.1 | 30.5 | 28.1 | 17 | 28 | 22 |
| 甘　肃 | 14.3 | 30.7 | 21.7 | 30 | 26 | 28 |
| 青　海 | 21.2 | 35.6 | 27.7 | 24 | 20 | 24 |
| 宁　夏 | 27.6 | 36.5 | 31.6 | 16 | 17 | 16 |
| 新　疆 | 19.2 | 35.6 | 26.6 | 26 | 19 | 27 |

# 七　2015年中国省域政府作用竞争力及三级指标得分和排名情况

| | 指标得分 | | | | 指标排名 | | | |
|---|---|---|---|---|---|---|---|---|
| | 政府发展经济竞争力 | 政府规调经济竞争力 | 政府保障经济竞争力 | 政府作用竞争力 | 政府发展经济竞争力 | 政府规调经济竞争力 | 政府保障经济竞争力 | 政府作用竞争力排名 |
| 北　京 | 26.6 | 71.3 | 68.8 | 57.6 | 27 | 3 | 2 | 7 |
| 天　津 | 59.0 | 78.7 | 31.7 | 60.4 | 3 | 1 | 19 | 5 |
| 河　北 | 40.9 | 65.6 | 39.7 | 51.6 | 14 | 7 | 11 | 9 |
| 山　西 | 33.6 | 73.4 | 31.6 | 49.2 | 21 | 2 | 20 | 11 |
| 内蒙古 | 34.3 | 63.9 | 31.5 | 45.9 | 20 | 9 | 21 | 17 |
| 辽　宁 | 53.3 | 66.6 | 60.8 | 63.1 | 5 | 6 | 5 | 2 |
| 吉　林 | 38.0 | 64.4 | 36.1 | 48.9 | 18 | 8 | 16 | 12 |
| 黑龙江 | 31.2 | 67.0 | 36.2 | 47.4 | 22 | 4 | 15 | 15 |
| 上　海 | 47.2 | 60.7 | 50.3 | 55.5 | 7 | 11 | 7 | 8 |
| 江　苏 | 63.1 | 63.5 | 55.2 | 63.8 | 2 | 10 | 6 | 1 |
| 浙　江 | 50.2 | 66.7 | 62.6 | 62.6 | 6 | 5 | 3 | 4 |
| 安　徽 | 43.7 | 57.7 | 36.3 | 48.6 | 9 | 13 | 14 | 13 |
| 福　建 | 55.2 | 50.8 | 29.4 | 48.1 | 4 | 20 | 25 | 14 |
| 江　西 | 40.7 | 47.2 | 30.0 | 41.7 | 15 | 25 | 24 | 22 |
| 山　东 | 64.4 | 54.7 | 49.7 | 59.4 | 1 | 17 | 8 | 6 |
| 河　南 | 42.3 | 54.1 | 24.2 | 43.0 | 10 | 18 | 28 | 21 |
| 湖　北 | 41.6 | 50.7 | 35.2 | 44.9 | 12 | 21 | 17 | 19 |
| 湖　南 | 41.0 | 55.3 | 30.9 | 45.0 | 13 | 16 | 23 | 18 |
| 广　东 | 47.1 | 49.4 | 87.3 | 63.0 | 8 | 22 | 1 | 3 |
| 广　西 | 38.6 | 48.9 | 27.0 | 40.6 | 16 | 23 | 27 | 25 |
| 海　南 | 27.1 | 55.5 | 62.0 | 49.9 | 25 | 15 | 4 | 10 |
| 重　庆 | 41.6 | 44.5 | 38.9 | 43.9 | 11 | 26 | 12 | 20 |
| 四　川 | 38.1 | 57.0 | 37.9 | 46.8 | 17 | 14 | 13 | 16 |
| 贵　州 | 30.6 | 39.9 | 27.1 | 34.4 | 23 | 27 | 26 | 27 |
| 云　南 | 30.1 | 36.0 | 17.6 | 29.8 | 24 | 29 | 31 | 29 |
| 西　藏 | 20.2 | 24.9 | 18.4 | 22.3 | 31 | 31 | 30 | 31 |
| 陕　西 | 34.9 | 58.3 | 21.9 | 41.1 | 19 | 12 | 29 | 24 |
| 甘　肃 | 27.0 | 38.6 | 32.0 | 34.2 | 26 | 28 | 18 | 28 |
| 青　海 | 21.2 | 31.6 | 31.4 | 29.3 | 30 | 30 | 22 | 30 |
| 宁　夏 | 25.9 | 50.9 | 41.9 | 41.4 | 28 | 19 | 10 | 23 |
| 新　疆 | 22.2 | 48.7 | 45.4 | 40.3 | 29 | 24 | 9 | 26 |

# 八 2015年中国省域发展水平竞争力及三级指标得分和排名情况

| | 指标得分 | | | | 指标排名 | | | |
|---|---|---|---|---|---|---|---|---|
| | 工业化进程竞争力 | 城市化进程竞争力 | 市场化进程竞争力 | 发展水平竞争力 | 工业化进程竞争力 | 城市化进程竞争力 | 市场化进程竞争力 | 发展水平竞争力 |
| 北　京 | 45.2 | 68.7 | 47.3 | 56.7 | 7 | 1 | 22 | 5 |
| 天　津 | 52.1 | 50.4 | 51.7 | 53.9 | 5 | 6 | 21 | 8 |
| 河　北 | 23.0 | 35.3 | 65.1 | 42.0 | 20 | 15 | 13 | 18 |
| 山　西 | 30.2 | 34.8 | 40.6 | 36.6 | 17 | 20 | 27 | 24 |
| 内蒙古 | 22.0 | 45.6 | 56.8 | 42.8 | 23 | 7 | 19 | 17 |
| 辽　宁 | 22.2 | 38.9 | 67.0 | 43.6 | 22 | 14 | 10 | 16 |
| 吉　林 | 25.0 | 35.0 | 61.2 | 41.4 | 19 | 18 | 17 | 20 |
| 黑龙江 | 13.4 | 41.8 | 45.9 | 34.8 | 28 | 10 | 23 | 25 |
| 上　海 | 56.5 | 61.1 | 71.1 | 65.5 | 3 | 2 | 7 | 3 |
| 江　苏 | 78.2 | 55.3 | 86.0 | 76.1 | 2 | 3 | 2 | 1 |
| 浙　江 | 32.7 | 55.2 | 88.2 | 60.2 | 15 | 4 | 1 | 4 |
| 安　徽 | 33.7 | 35.1 | 71.9 | 48.0 | 12 | 17 | 6 | 12 |
| 福　建 | 41.5 | 42.8 | 65.5 | 51.6 | 9 | 9 | 11 | 9 |
| 江　西 | 33.3 | 41.0 | 70.1 | 49.4 | 13 | 11 | 9 | 11 |
| 山　东 | 40.8 | 45.6 | 73.6 | 55.0 | 10 | 8 | 4 | 7 |
| 河　南 | 49.8 | 31.6 | 64.0 | 50.1 | 6 | 24 | 15 | 10 |
| 湖　北 | 33.0 | 35.1 | 64.1 | 45.3 | 14 | 16 | 14 | 15 |
| 湖　南 | 33.9 | 34.3 | 70.9 | 47.4 | 11 | 21 | 8 | 13 |
| 广　东 | 89.3 | 52.3 | 73.9 | 75.3 | 1 | 5 | 3 | 2 |
| 广　西 | 31.5 | 30.2 | 59.6 | 41.4 | 16 | 26 | 18 | 19 |
| 海　南 | 13.5 | 33.9 | 62.2 | 37.0 | 27 | 23 | 16 | 22 |
| 重　庆 | 55.7 | 34.9 | 72.9 | 56.3 | 4 | 19 | 5 | 6 |
| 四　川 | 45.0 | 26.9 | 65.2 | 47.0 | 8 | 30 | 12 | 14 |
| 贵　州 | 22.7 | 25.2 | 43.5 | 31.3 | 21 | 31 | 24 | 26 |
| 云　南 | 16.9 | 27.1 | 33.0 | 26.5 | 26 | 29 | 28 | 29 |
| 西　藏 | 13.2 | 27.6 | 28.3 | 23.9 | 29 | 27 | 31 | 31 |
| 陕　西 | 25.5 | 38.9 | 41.3 | 36.7 | 18 | 13 | 26 | 23 |
| 甘　肃 | 8.9 | 31.3 | 32.8 | 25.1 | 31 | 25 | 29 | 30 |
| 青　海 | 17.1 | 27.5 | 32.7 | 26.7 | 25 | 28 | 30 | 28 |
| 宁　夏 | 19.3 | 40.3 | 56.3 | 39.7 | 24 | 12 | 20 | 21 |
| 新　疆 | 10.8 | 33.9 | 42.6 | 29.8 | 30 | 22 | 25 | 27 |

# 九　2015年中国省域统筹协调竞争力及三级指标得分和排名情况

| | 指标得分 | | | 指标排名 | | |
|---|---|---|---|---|---|---|
| | 统筹发展竞争力 | 协调发展竞争力 | 统筹协调竞争力 | 统筹发展竞争力 | 协调发展竞争力 | 统筹协调竞争力 |
| 北　京 | 66.6 | 49.9 | 59.1 | 3 | 29 | 4 |
| 天　津 | 77.3 | 63.8 | 71.2 | 1 | 13 | 1 |
| 河　北 | 35.0 | 71.2 | 51.3 | 23 | 1 | 17 |
| 山　西 | 30.1 | 58.9 | 43.1 | 26 | 18 | 25 |
| 内蒙古 | 39.6 | 70.9 | 53.7 | 18 | 2 | 11 |
| 辽　宁 | 50.7 | 66.3 | 57.7 | 7 | 6 | 5 |
| 吉　林 | 44.0 | 67.5 | 54.6 | 13 | 4 | 9 |
| 黑龙江 | 48.7 | 65.3 | 56.2 | 9 | 11 | 7 |
| 上　海 | 73.6 | 58.5 | 66.8 | 2 | 19 | 2 |
| 江　苏 | 61.2 | 52.6 | 57.4 | 4 | 25 | 6 |
| 浙　江 | 56.5 | 65.8 | 60.7 | 6 | 8 | 3 |
| 安　徽 | 39.2 | 65.3 | 50.9 | 19 | 10 | 18 |
| 福　建 | 49.5 | 60.6 | 54.5 | 8 | 16 | 10 |
| 江　西 | 45.2 | 59.5 | 51.6 | 12 | 17 | 16 |
| 山　东 | 47.5 | 64.9 | 55.3 | 10 | 12 | 8 |
| 河　南 | 39.7 | 67.2 | 52.1 | 17 | 5 | 13 |
| 湖　北 | 40.2 | 65.7 | 51.7 | 16 | 9 | 15 |
| 湖　南 | 43.1 | 63.0 | 52.1 | 14 | 15 | 14 |
| 广　东 | 59.2 | 46.4 | 53.4 | 5 | 31 | 12 |
| 广　西 | 36.5 | 52.5 | 43.7 | 22 | 26 | 24 |
| 海　南 | 33.6 | 56.3 | 43.8 | 24 | 21 | 23 |
| 重　庆 | 47.1 | 55.5 | 50.9 | 11 | 22 | 19 |
| 四　川 | 36.6 | 65.8 | 49.8 | 21 | 7 | 20 |
| 贵　州 | 24.4 | 53.3 | 37.4 | 28 | 24 | 29 |
| 云　南 | 31.8 | 47.7 | 39.0 | 25 | 30 | 27 |
| 西　藏 | 37.9 | 63.0 | 49.2 | 20 | 14 | 21 |
| 陕　西 | 41.9 | 52.5 | 46.6 | 15 | 27 | 22 |
| 甘　肃 | 27.6 | 50.9 | 38.1 | 27 | 28 | 28 |
| 青　海 | 18.8 | 69.1 | 41.4 | 31 | 3 | 26 |
| 宁　夏 | 19.2 | 54.8 | 35.2 | 30 | 23 | 31 |
| 新　疆 | 19.7 | 57.0 | 36.5 | 29 | 20 | 30 |

# 十 2015年中国省域经济综合竞争力及二级指标得分和排名情况

| 地区 | 指标得分 | | | | | | | | | |
|---|---|---|---|---|---|---|---|---|---|---|
| | 宏观经济竞争力 | 产业竞争力 | 可持续发展竞争力 | 财政金融竞争力 | 知识经济竞争力 | 发展环境竞争力 | 政府作用竞争力 | 发展水平竞争力 | 统筹协调竞争力 | 经济综合竞争力 |
| 北京 | 55.9 | 46.2 | 52.5 | 70.6 | 64.8 | 57.5 | 57.6 | 56.7 | 59.1 | 57.7 |
| 天津 | 47.4 | 44.9 | 46.3 | 42.8 | 39.9 | 42.0 | 60.4 | 53.9 | 71.2 | 49.4 |
| 河北 | 36.2 | 37.6 | 38.9 | 26.9 | 28.6 | 33.4 | 51.6 | 42.0 | 51.3 | 38.1 |
| 山西 | 24.0 | 22.4 | 44.5 | 30.5 | 30.8 | 27.7 | 49.2 | 36.6 | 43.1 | 33.4 |
| 内蒙古 | 30.7 | 36.8 | 48.3 | 26.0 | 20.6 | 28.6 | 45.9 | 42.8 | 53.7 | 36.3 |
| 辽宁 | 37.6 | 33.3 | 40.5 | 19.6 | 27.7 | 35.1 | 63.1 | 43.6 | 57.7 | 39.2 |
| 吉林 | 33.7 | 33.4 | 43.0 | 20.4 | 26.4 | 27.0 | 48.9 | 41.4 | 54.6 | 36.0 |
| 黑龙江 | 25.2 | 13.9 | 45.5 | 23.1 | 22.2 | 19.9 | 47.4 | 34.8 | 56.2 | 31.0 |
| 上海 | 61.1 | 48.5 | 47.2 | 63.3 | 44.6 | 66.1 | 55.5 | 65.5 | 66.8 | 57.2 |
| 江苏 | 69.3 | 61.5 | 42.1 | 46.9 | 65.9 | 56.7 | 63.8 | 76.1 | 57.4 | 60.6 |
| 浙江 | 58.3 | 50.8 | 45.4 | 40.4 | 46.6 | 51.5 | 62.6 | 60.2 | 60.7 | 53.0 |
| 安徽 | 38.6 | 35.7 | 41.5 | 28.6 | 32.1 | 34.8 | 48.6 | 48.0 | 50.9 | 39.5 |
| 福建 | 44.0 | 40.2 | 44.6 | 33.2 | 32.8 | 40.9 | 48.1 | 51.6 | 54.5 | 43.0 |
| 江西 | 32.7 | 32.5 | 39.1 | 28.4 | 31.6 | 29.5 | 41.7 | 49.4 | 51.6 | 36.9 |
| 山东 | 52.3 | 58.8 | 43.6 | 35.1 | 49.8 | 42.1 | 59.4 | 55.0 | 55.3 | 50.5 |
| 河南 | 37.7 | 41.4 | 39.9 | 29.3 | 40.8 | 30.2 | 43.0 | 50.1 | 52.1 | 40.4 |
| 湖北 | 39.8 | 39.6 | 42.5 | 36.3 | 36.6 | 35.7 | 44.9 | 45.3 | 51.7 | 41.1 |
| 湖南 | 37.2 | 39.0 | 39.0 | 23.3 | 34.6 | 34.2 | 45.0 | 47.4 | 52.1 | 38.9 |
| 广东 | 69.8 | 60.2 | 44.9 | 56.3 | 65.9 | 54.3 | 63.0 | 75.3 | 53.4 | 60.9 |
| 广西 | 32.5 | 31.0 | 42.8 | 22.9 | 29.2 | 27.2 | 40.6 | 41.4 | 43.7 | 34.2 |
| 海南 | 32.0 | 30.4 | 45.0 | 31.7 | 22.2 | 28.9 | 49.9 | 37.0 | 43.8 | 35.0 |
| 重庆 | 37.9 | 34.1 | 39.9 | 32.5 | 32.0 | 36.3 | 43.9 | 56.3 | 50.9 | 39.9 |
| 四川 | 36.8 | 36.6 | 39.0 | 32.8 | 38.4 | 28.7 | 46.8 | 47.0 | 49.8 | 39.3 |
| 贵州 | 27.1 | 29.8 | 36.3 | 33.1 | 30.5 | 32.7 | 34.4 | 31.3 | 37.4 | 32.1 |
| 云南 | 23.2 | 26.5 | 39.8 | 26.8 | 24.1 | 21.6 | 29.8 | 26.5 | 39.0 | 28.2 |
| 西藏 | 26.9 | 25.6 | 37.8 | 33.8 | 15.9 | 16.9 | 22.3 | 23.9 | 49.2 | 27.6 |
| 陕西 | 32.0 | 32.1 | 42.4 | 29.4 | 34.3 | 28.1 | 41.1 | 36.7 | 46.6 | 35.5 |
| 甘肃 | 21.5 | 22.1 | 37.0 | 28.6 | 26.8 | 21.7 | 34.2 | 25.1 | 38.1 | 27.8 |
| 青海 | 31.0 | 22.5 | 29.5 | 28.2 | 16.9 | 27.7 | 29.3 | 26.7 | 41.4 | 27.9 |
| 宁夏 | 25.4 | 23.8 | 40.6 | 26.8 | 20.0 | 31.6 | 41.4 | 39.7 | 35.2 | 30.8 |
| 新疆 | 24.3 | 29.4 | 40.4 | 32.0 | 24.3 | 26.6 | 40.3 | 29.8 | 36.5 | 30.9 |

**续表**

| 地区 | 指标排名 | | | | | | | | | |
|---|---|---|---|---|---|---|---|---|---|---|
| | 宏观经济竞争力 | 产业经济竞争力 | 可持续发展竞争力 | 财政金融竞争力 | 知识经济竞争力 | 发展环境竞争力 | 政府作用竞争力 | 发展水平竞争力 | 统筹协调竞争力 | 经济综合竞争力 |
| 北　京 | 5 | 6 | 1 | 1 | 3 | 2 | 7 | 5 | 4 | 3 |
| 天　津 | 7 | 7 | 4 | 5 | 8 | 7 | 5 | 8 | 1 | 7 |
| 河　北 | 16 | 12 | 27 | 23 | 20 | 14 | 9 | 18 | 17 | 16 |
| 山　西 | 29 | 29 | 10 | 16 | 17 | 23 | 11 | 24 | 25 | 23 |
| 内蒙古 | 23 | 13 | 2 | 26 | 28 | 21 | 17 | 17 | 11 | 18 |
| 辽　宁 | 13 | 18 | 19 | 31 | 21 | 11 | 2 | 16 | 5 | 14 |
| 吉　林 | 17 | 17 | 12 | 30 | 23 | 26 | 12 | 20 | 9 | 19 |
| 黑龙江 | 27 | 31 | 5 | 28 | 27 | 30 | 15 | 25 | 7 | 25 |
| 上　海 | 3 | 5 | 3 | 2 | 6 | 1 | 8 | 3 | 2 | 4 |
| 江　苏 | 2 | 1 | 16 | 4 | 1 | 3 | 1 | 1 | 6 | 2 |
| 浙　江 | 4 | 4 | 6 | 6 | 5 | 5 | 4 | 4 | 3 | 5 |
| 安　徽 | 10 | 15 | 17 | 20 | 14 | 12 | 13 | 12 | 18 | 12 |
| 福　建 | 8 | 9 | 9 | 10 | 13 | 8 | 14 | 9 | 10 | 8 |
| 江　西 | 18 | 19 | 24 | 21 | 16 | 18 | 22 | 11 | 16 | 17 |
| 山　东 | 6 | 3 | 11 | 8 | 4 | 6 | 6 | 7 | 8 | 6 |
| 河　南 | 12 | 8 | 22 | 18 | 7 | 17 | 21 | 10 | 13 | 10 |
| 湖　北 | 9 | 10 | 14 | 7 | 10 | 10 | 19 | 15 | 15 | 9 |
| 湖　南 | 14 | 11 | 26 | 27 | 11 | 13 | 18 | 13 | 14 | 15 |
| 广　东 | 1 | 2 | 8 | 3 | 2 | 4 | 3 | 2 | 12 | 1 |
| 广　西 | 19 | 21 | 13 | 29 | 19 | 25 | 25 | 19 | 24 | 22 |
| 海　南 | 20 | 22 | 7 | 15 | 26 | 19 | 10 | 22 | 23 | 21 |
| 重　庆 | 11 | 16 | 21 | 13 | 15 | 9 | 20 | 6 | 19 | 11 |
| 四　川 | 15 | 14 | 25 | 12 | 9 | 20 | 16 | 14 | 20 | 13 |
| 贵　州 | 24 | 23 | 30 | 11 | 18 | 15 | 27 | 26 | 29 | 24 |
| 云　南 | 30 | 25 | 23 | 25 | 25 | 29 | 29 | 29 | 27 | 28 |
| 西　藏 | 25 | 26 | 28 | 9 | 31 | 31 | 31 | 31 | 21 | 31 |
| 陕　西 | 21 | 20 | 15 | 17 | 12 | 22 | 24 | 23 | 22 | 20 |
| 甘　肃 | 31 | 30 | 29 | 19 | 22 | 28 | 28 | 30 | 28 | 30 |
| 青　海 | 22 | 28 | 31 | 22 | 30 | 24 | 30 | 28 | 26 | 29 |
| 宁　夏 | 26 | 27 | 18 | 24 | 29 | 16 | 23 | 21 | 31 | 27 |
| 新　疆 | 28 | 24 | 20 | 14 | 24 | 27 | 26 | 27 | 30 | 26 |

# B.40
# 附录三
# 2015年中国31个省、区、市主要经济指标数据

统计资料（I）

| 地　区 | GDP（亿元） | GDP 增长率（%） | 人均 GDP（元） | 第一产业增加值（亿元） | 第二产业增加值（亿元） | 工业增加值（亿元） | 第三产业增加值（亿元） |
|---|---|---|---|---|---|---|---|
| 北　京 | 23015 | 6.9 | 106497 | 143 | 4543 | 3711 | 18332 |
| 天　津 | 16538 | 9.3 | 107960 | 211 | 7704 | 6983 | 8625 |
| 河　北 | 29806 | 6.8 | 40255 | 3579 | 14387 | 12626 | 11980 |
| 山　西 | 12766 | 3.1 | 34919 | 824 | 5194 | 4360 | 6789 |
| 内蒙古 | 17832 | 7.7 | 71101 | 1643 | 9001 | 7739 | 7214 |
| 辽　宁 | 28669 | 3.0 | 65354 | 2505 | 13042 | 11271 | 13243 |
| 吉　林 | 14063 | 6.3 | 51086 | 1645 | 7006 | 6112 | 5461 |
| 黑龙江 | 15084 | 5.7 | 39462 | 2688 | 4798 | 4054 | 7652 |
| 上　海 | 25123 | 6.9 | 103796 | 114 | 7991 | 7162 | 17023 |
| 江　苏 | 70116 | 8.5 | 87995 | 4210 | 32044 | 27996 | 34086 |
| 浙　江 | 42886 | 8.0 | 77644 | 1865 | 19712 | 17217 | 21342 |
| 安　徽 | 22006 | 8.7 | 35997 | 2550 | 10947 | 9265 | 8602 |
| 福　建 | 25980 | 9.0 | 67966 | 2194 | 13065 | 10820 | 10797 |
| 江　西 | 16724 | 9.1 | 36724 | 1828 | 8412 | 6918 | 6539 |
| 山　东 | 63002 | 8.0 | 64168 | 5183 | 29486 | 25911 | 28537 |
| 河　南 | 37002 | 8.3 | 39123 | 4348 | 17917 | 15823 | 14875 |
| 湖　北 | 29550 | 8.9 | 50654 | 3417 | 13504 | 11532 | 12737 |
| 湖　南 | 28902 | 8.5 | 42754 | 3462 | 12811 | 10946 | 12760 |
| 广　东 | 72813 | 8.0 | 67503 | 3426 | 32614 | 30259 | 36853 |
| 广　西 | 16803 | 8.1 | 35190 | 2633 | 7718 | 6360 | 6520 |
| 海　南 | 3703 | 7.8 | 40818 | 881 | 876 | 486 | 1972 |
| 重　庆 | 15717 | 11.0 | 52321 | 1169 | 7069 | 5558 | 7498 |
| 四　川 | 30053 | 7.9 | 36775 | 3745 | 13248 | 11039 | 13128 |
| 贵　州 | 10503 | 10.7 | 29847 | 1713 | 4148 | 3316 | 4714 |
| 云　南 | 13619 | 8.7 | 28806 | 2098 | 5416 | 3848 | 6147 |
| 西　藏 | 1026 | 11.0 | 31999 | 101 | 376 | 70 | 552 |
| 陕　西 | 18022 | 7.9 | 47626 | 1673 | 9082 | 7345 | 7342 |
| 甘　肃 | 6790 | 8.1 | 26165 | 996 | 2495 | 1778 | 3341 |
| 青　海 | 2417 | 8.2 | 41252 | 212 | 1207 | 894 | 1001 |
| 宁　夏 | 2912 | 8.0 | 43805 | 252 | 1380 | 980 | 1294 |
| 新　疆 | 9325 | 8.8 | 40036 | 1599 | 3596 | 2741 | 4169 |

**统计资料（Ⅱ）**

| 地区 | 地方财政收入（亿元） | 固定资产投资（亿元） | 全社会消费品零售总额(亿元) | 进出口总额（亿美元） | 出口总额（亿美元） | 实际 FDI（亿美元） |
|---|---|---|---|---|---|---|
| 北京 | 4724 | 7496 | 10338 | 3194 | 547 | 3810 |
| 天津 | 2667 | 11832 | 5257 | 1143 | 512 | 1813 |
| 河北 | 2649 | 29448 | 12991 | 515 | 329 | 736 |
| 山西 | 1642 | 14074 | 6034 | 147 | 84 | 411 |
| 内蒙古 | 1964 | 13702 | 6108 | 127 | 57 | 351 |
| 辽宁 | 2127 | 17918 | 12787 | 959 | 507 | 2066 |
| 吉林 | 1229 | 12705 | 6652 | 189 | 46 | 352 |
| 黑龙江 | 1166 | 10183 | 7640 | 210 | 80 | 223 |
| 上海 | 5520 | 6353 | 10132 | 4492 | 1959 | 6613 |
| 江苏 | 8029 | 46247 | 25877 | 5456 | 3386 | 7822 |
| 浙江 | 4810 | 27323 | 19785 | 3468 | 2763 | 2918 |
| 安徽 | 2454 | 24386 | 8908 | 478 | 323 | 1065 |
| 福建 | 2544 | 21301 | 10506 | 1688 | 1127 | 1967 |
| 江西 | 2166 | 17388 | 5926 | 424 | 331 | 726 |
| 山东 | 5529 | 48312 | 27761 | 2406 | 1439 | 2193 |
| 河南 | 3016 | 35660 | 15740 | 738 | 431 | 687 |
| 湖北 | 3006 | 26564 | 14003 | 456 | 292 | 892 |
| 湖南 | 2515 | 25045 | 12024 | 293 | 191 | 521 |
| 广东 | 9367 | 30343 | 31518 | 10225 | 6432 | 6443 |
| 广西 | 1515 | 16228 | 6348 | 511 | 279 | 425 |
| 海南 | 628 | 3451 | 1325 | 140 | 37 | 312 |
| 重庆 | 2155 | 14353 | 6424 | 745 | 552 | 788 |
| 四川 | 3355 | 25526 | 13878 | 512 | 331 | 884 |
| 贵州 | 1503 | 10946 | 3283 | 122 | 99 | 181 |
| 云南 | 1808 | 13501 | 5103 | 245 | 166 | 327 |
| 西藏 | 137 | 1296 | 409 | 9 | 6 | 20 |
| 陕西 | 2060 | 18582 | 6578 | 305 | 148 | 516 |
| 甘肃 | 744 | 8754 | 2907 | 80 | 58 | 77 |
| 青海 | 267 | 3211 | 691 | 19 | 16 | 74 |
| 宁夏 | 373 | 3505 | 790 | 37 | 30 | 90 |
| 新疆 | 1331 | 10813 | 2606 | 197 | 175 | 85 |

**统计资料（Ⅲ）**

| 地　区 | 公共教育经费（亿元） | 金融机构存款余额（亿元） | 旅游外汇收入（百万美元） | 铁路网线密度（公里/平方公里） | 公路网线密度（公里/平方公里） | 耕地面积（千公顷） | 森林覆盖率（%） |
|---|---|---|---|---|---|---|---|
| 北　京 | 856 | 113108 | 4605 | 7.8 | 133 | 219 | 35.8 |
| 天　津 | 507 | 27726 | 3298 | 8.8 | 139 | 437 | 9.9 |
| 河　北 | 1041 | 48753 | 502 | 3.7 | 98 | 6525 | 23.4 |
| 山　西 | 603 | 28479 | 297 | 3.2 | 90 | 4059 | 18.0 |
| 内蒙古 | 537 | 18083 | 962 | 1.1 | 15 | 9238 | 21.0 |
| 辽　宁 | 610 | 46763 | 1637 | 3.9 | 81 | 4977 | 38.2 |
| 吉　林 | 478 | 18493 | 724 | 2.6 | 51 | 6999 | 40.4 |
| 黑龙江 | 550 | 21074 | 395 | 1.4 | 36 | 15854 | 43.2 |
| 上　海 | 767 | 84522 | 5860 | 5.6 | 160 | 190 | 10.7 |
| 江　苏 | 1746 | 98987 | 3527 | 2.6 | 149 | 4575 | 15.8 |
| 浙　江 | 1265 | 87325 | 6788 | 2.4 | 112 | 1979 | 59.1 |
| 安　徽 | 857 | 34391 | 2263 | 3.0 | 133 | 5873 | 27.5 |
| 福　建 | 758 | 35267 | 5561 | 2.6 | 84 | 1336 | 66.0 |
| 江　西 | 793 | 24779 | 567 | 2.4 | 94 | 3083 | 60.0 |
| 山　东 | 1691 | 75721 | 2896 | 3.5 | 168 | 7611 | 16.7 |
| 河　南 | 1271 | 47634 | 624 | 3.2 | 151 | 8106 | 21.5 |
| 湖　北 | 913 | 40947 | 1672 | 2.2 | 136 | 5255 | 38.4 |
| 湖　南 | 929 | 35520 | 858 | 2.1 | 112 | 4150 | 47.8 |
| 广　东 | 2041 | 142716 | 17885 | 2.2 | 120 | 2616 | 51.3 |
| 广　西 | 790 | 22686 | 1917 | 2.2 | 50 | 4402 | 56.5 |
| 海　南 | 207 | 7141 | 249 | 2.9 | 76 | 726 | 55.4 |
| 重　庆 | 536 | 28330 | 1469 | 2.3 | 171 | 2430 | 38.4 |
| 四　川 | 1252 | 59599 | 1181 | 0.9 | 65 | 6731 | 35.2 |
| 贵　州 | 773 | 19471 | 231 | 1.6 | 106 | 4537 | 37.1 |
| 云　南 | 767 | 25074 | 2876 | 0.8 | 62 | 6209 | 50.0 |
| 西　藏 | 167 | 3670 | 177 | 0.1 | 7 | 443 | 12.0 |
| 陕　西 | 758 | 32334 | 2000 | 2.2 | 83 | 3995 | 41.4 |
| 甘　肃 | 498 | 16289 | 14 | 1.0 | 35 | 5375 | 11.3 |
| 青　海 | 163 | 5214 | 39 | 0.3 | 11 | 588 | 5.6 |
| 宁　夏 | 143 | 4821 | 21 | 2.5 | 64 | 1290 | 11.9 |
| 新　疆 | 648 | 16891 | 556 | 0.4 | 11 | 5189 | 4.2 |

**统计资料（Ⅳ）**

| | 年末人口（万人） | 常驻人口增长率（‰） | 城镇化率（%） | 平均受教育程度（年） | 城镇登记失业率（%） | 居民消费品零售价格指数（%） | 城镇居民人均可支配收入（元） | 农村居民人均可支配收入（元） |
|---|---|---|---|---|---|---|---|---|
| 北　京 | 2171 | 8.78 | 86.5 | 12.1 | 1.4 | 101.8 | 52859 | 20569 |
| 天　津 | 1547 | 19.87 | 82.6 | 10.5 | 3.5 | 101.7 | 34101 | 18482 |
| 河　北 | 7425 | 5.58 | 51.3 | 9.0 | 3.6 | 100.9 | 26152 | 11051 |
| 山　西 | 3664 | 4.43 | 55.0 | 9.6 | 3.5 | 100.6 | 25828 | 9454 |
| 内蒙古 | 2511 | 2.49 | 60.3 | 9.3 | 3.7 | 101.1 | 30594 | 10776 |
| 辽　宁 | 4382 | -1.96 | 67.4 | 9.8 | 3.4 | 101.4 | 31126 | 12057 |
| 吉　林 | 2753 | 0.34 | 55.3 | 9.3 | 3.5 | 101.7 | 24901 | 11326 |
| 黑龙江 | 3812 | -5.56 | 58.8 | 9.3 | 4.5 | 101.1 | 24203 | 11095 |
| 上　海 | 2415 | -4.29 | 87.6 | 10.9 | 4.0 | 102.4 | 52962 | 23205 |
| 江　苏 | 7976 | 2.04 | 66.5 | 9.4 | 3.0 | 101.7 | 37173 | 16257 |
| 浙　江 | 5539 | 5.63 | 65.8 | 8.9 | 2.9 | 101.4 | 43714 | 21125 |
| 安　徽 | 6144 | 9.98 | 50.5 | 8.7 | 3.1 | 101.3 | 26936 | 10821 |
| 福　建 | 3839 | 8.67 | 62.6 | 8.8 | 3.7 | 101.7 | 33275 | 13793 |
| 江　西 | 4566 | 5.17 | 51.6 | 8.8 | 3.4 | 101.5 | 26500 | 11139 |
| 山　东 | 9847 | 5.90 | 57.0 | 9.0 | 3.4 | 101.2 | 31545 | 12930 |
| 河　南 | 9480 | 4.66 | 46.9 | 8.8 | 3.0 | 101.3 | 25576 | 10853 |
| 湖　北 | 5852 | 6.10 | 56.9 | 9.3 | 2.6 | 101.5 | 27051 | 11844 |
| 湖　南 | 6783 | 6.80 | 50.9 | 9.2 | 4.1 | 101.4 | 28838 | 10993 |
| 广　东 | 10849 | 11.66 | 68.7 | 9.4 | 2.5 | 101.5 | 34757 | 13360 |
| 广　西 | 4796 | 8.83 | 47.1 | 8.6 | 2.9 | 101.5 | 26416 | 9467 |
| 海　南 | 911 | 8.12 | 55.1 | 9.1 | 2.3 | 101.0 | 26356 | 10858 |
| 重　庆 | 3017 | 8.41 | 60.9 | 8.9 | 3.6 | 101.3 | 27239 | 10505 |
| 四　川 | 8204 | 7.84 | 47.7 | 8.4 | 4.1 | 101.5 | 26205 | 10247 |
| 贵　州 | 3530 | 6.12 | 42.0 | 7.7 | 3.3 | 101.8 | 24580 | 7387 |
| 云　南 | 4742 | 5.92 | 43.3 | 8.0 | 4.0 | 101.9 | 26373 | 8242 |
| 西　藏 | 324 | 20.22 | 27.7 | 5.3 | 2.5 | 102.0 | 25457 | 8244 |
| 陕　西 | 3793 | 4.74 | 53.9 | 9.5 | 3.4 | 101.0 | 26420 | 8689 |
| 甘　肃 | 2600 | 3.39 | 43.2 | 8.4 | 2.1 | 101.6 | 23767 | 6936 |
| 青　海 | 588 | 8.59 | 50.3 | 7.5 | 3.2 | 102.6 | 24542 | 7933 |
| 宁　夏 | 668 | 9.58 | 55.2 | 8.8 | 4.0 | 101.1 | 25186 | 9119 |
| 新　疆 | 2360 | 26.65 | 47.2 | 9.0 | 2.9 | 100.6 | 26275 | 9425 |

# B.41
# 参考文献


白永秀、吴丰华、周江燕、吴振磊等：《2014 中国省域城乡社会一体化水平评价报告》，中国经济出版社，2014。

财政部财政科学研究所：《60 年来中国财政发展历程与若干重要节点》，《改革》2009 年第 10 期。

曹立编《中国经济新常态》，新华出版社，2014。

陈婷婷：《前有“劲敌”后有“追兵” 中国制造何去何从?》，http：//finance.chinanews.com/cj/2012/11 -09/4315816.shtml。

杜传忠：《新常态关键应在经济结构的转型升级》，http：//business.sohu.com/20141101/n405676529.shtml。

《2015 年度中国对外直接投资统计公报》，2016。

方竹兰：《经济“新常态”下的区域发展动力源于创新》，《区域经济评论》2014 年第 6 期。

冯天韬、徐金森：《提升中心城区可持续竞争力研究报告》，经济管理出版社，2016。

耿明斋：《中原经济区竞争力报告（2012）》，社会科学文献出版社，2013。

国家统计局：《从十六大到十八大经济社会发展成就系列报告之一》，http：//www.stats.gov.cn/tjfx/ztfx/sbdcj/t20120815_402827873.htm。

国家统计局：《中国统计年鉴 2015》，中国统计出版社，2015。

国家统计局：《中国统计年鉴 2016》，中国统计出版社，2016。

胡家勇：《经济“新常态”下区域发展动力的转换》，《区域经济评论》2014 年第 6 期。

胡锦涛：《坚定不移沿着中国特色社会主义道路前进，为全面建成小康社会而奋斗：在中国共产党第十八次全国代表大会上的报告》，人民出版社，2012。

黄茂兴：《二十国集团（G20）经济热点分析报告（2015 ~2016）》，经济科学出版社，2015。

黄茂兴：《中国省域经济热点问题研究》，经济科学出版社，2014。

黄茂兴等：《历史与现实的呼应：21 世纪海上丝绸之路的复兴》，经济科学出版社，2015。

姬兆亮、戴永翔、胡伟：《政府协同治理：中国区域协调发展协同治理的实现路径》，《西北大学学报》（哲学社会科学版）2013 年第 2 期。

贾康：《“十二五”时期中国财政制度改革》，《财政研究》2011 年第 7 期。

贾晓俊、岳希明：《我国均衡性转移支付资金分配机制研究》，《经济研究》2012年第1期。

江宝章、贺林平、朱少军：《自贸区扩容，蓄力新常态》，《人民日报》2014年12月16日，第10版。

金碚：《中国企业竞争力报告（2013）》，社会科学文献出版社，2013。

李春顶、夏枫林：《中美需求结构比较与中国未来的需求结构优化》，《中国市场》2014年第3期。

李虹茹：《新时期我国收入分配公平问题研究》，沈阳师范大学硕士学位论文，2014。

李建平、李建建、黄茂兴等：《中国经济60年发展报告（1949～2009）》，经济科学出版社，2009。

李建平等主编《“十二五”中期中国省域环境竞争力发展报告》，社会科学文献出版社，2014。

李建平等主编《“十二五”中期中国省域经济综合竞争力发展报告》，社会科学文献出版社，2014。

李建平等主编《“十一五”时期中国省域经济综合竞争力发展报告》，社会科学文献出版社，2012。

李建平等主编《全球环境竞争力发展报告（2013）》，社会科学文献出版社，2014。

李建平等主编《全球环境竞争力发展报告（2015）》，社会科学文献出版社，2015。

李建平等主编《中国省域环境竞争力发展报告（2005～2009）》，社会科学文献出版社，2010。

李建平等主编《中国省域环境竞争力发展报告（2009～2010）》，社会科学文献出版社，2011。

李建平等主编《中国省域经济综合竞争力发展报告（2005～2006）》，社会科学文献出版社，2007。

李建平等主编《中国省域经济综合竞争力发展报告（2006～2007）》，社会科学文献出版社，2008。

李建平等主编《中国省域经济综合竞争力发展报告（2007～2008）》，社会科学文献出版社，2009。

李建平等主编《中国省域经济综合竞争力发展报告（2008～2009）》，社会科学文献出版社，2010。

李建平等主编《中国省域经济综合竞争力发展报告（2009～2010）》，社会科学文献出版社，2011。

李建平等主编《中国省域经济综合竞争力发展报告（2011～2012）》，社会科学文献出版社，2013。

李建平等主编《中国省域经济综合竞争力发展报告（2013～2014）》，社会科学文献出版社，2015。

李建平等主编《中国省域经济综合竞争力发展报告（2014～2015）》，社会科学文献出版社，2016。

李克强：第十二届全国人民代表大会第三次会议政府工作报告，2015年3月5日。

李克强：第十二届全国人民代表大会第四次会议政府工作报告，2016年3月5日。

李闽榕：《中国省域经济综合竞争力研究报告（1998～2004）》，社会科学文献出版社，2006。

李闽榕、李建平、黄茂兴：《中国省域经济综合竞争力评价与预测研究》，社会科学文献出版社，2007。

李闽榕、李建平、黄茂兴：《中国省域经济综合竞争力预测研究报告（2009～2012）》，社会科学文献出版社，2010。

梁黄光：《中国区域经济发展报告（2014～2015）》，社会科学文献出版社，2015。

刘伟、苏剑：《"新常态"下的中国宏观调控》，《经济科学》2014年第4期。

刘伟、苏剑：《"新常态"下的中国宏观调控》，《经济科学》2014年第4期。

刘勇：《为转型升级构筑坚实的需求基础》，《经济日报》2014年12月16日，第12版。

刘元春：《"新常态"需除"旧教条"》，《光明日报》2014年6月23日，第11版。

卢启程等：《国内外区域竞争力研究现状与分析》，《经济问题探索》2011年第3期。

马一德：《经济立法，引领"新常态"》，《经济日报》2014年12月4日，第12版。

内蒙古发展研究中心：《中国经济"三期叠加"：换挡期、阵痛期、消化期》，《领导决策信息》2013年第32期，http：//www.nmg.cei.gov.cn/jcxx/201309/t20130906_164459.html。

倪鹏飞：《中国城市竞争力报告No.14》，中国社会科学出版社，2016。

曲凤杰：《加快金融改革开放　推动金融体系国际化进程》，《宏观经济管理》2012年第3期。

税伟：《区域竞争力的国际争论及启示》，《人文地理》2010年第1期。

谭志娟：《多数据凸显经济下行压力加大》，http：//www.cb.com.cn/economy/2014_1213/1101385.html。

王军：《适应新常态寻求新动力》，《中国经贸导刊》2014年7月（上）。

魏江、周丹：《我国生产性服务业与制造业互动需求结构及发展态势》，《经济管理》2010年第8期。

吴敬琏等著、胡舒立等编《新常态改变中国：首席经济学家谈大趋势》，民主与建设出版社，2014。

吴晓灵：《中国金融体制改革30年回顾与展望》，人民出版社，2008。

《"新常态"中有新亮点》，新华网，2014年10月21日，http：//news.xinhuanet.com/2014-10/21/c_1112916976.htm。

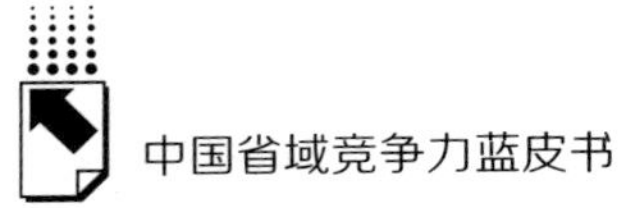


《新常态定位我国经济发展大逻辑》，光明网，2014 年 12 月 14 日，http：//economy. gmw. cn/newspaper/2014 – 12/14/content_ 102868207. htm。

张纯记：《中国省级区域经济发展水平的动态综合评价》，《工业技术经济》2010 年第 7 期。

张桂文：《推进以人为核心的城镇化，促进城乡二元结构转型》，《当代经济研究》2014 年第 3 期。

张连城、李方正：《中国需求结构失衡判定的国际比较》，《首都经济贸易大学学报》2014 年第 4 期。

张其仔：《促进区域经济协调发展的财政政策研究》，《中国产业竞争力报告（2015） No. 5》，社会科学文献出版社，2015。

张伟丽、李建新：《中国行政区经济协调发展的空间格局及演化分析》，《经济地理》2013 年第 6 期。

张中华：《论产业结构、投资结构与需求结构》，《财贸经济》2000 年第 1 期。

郑新立：《我国金融体制改革的五大关键点》，《经济研究参考》2012 年第 8 期。

《中共中央关于全面深化改革若干重大问题的决定》，2013。

《中共中央关于制定国民经济和社会发展第十三个五年规划的建议》，2015 年 10 月。

《中华人民共和国国民经济和社会发展第十三个五年规划纲要》，2016 年 3 月。

《中央经济工作会闭幕：提 2015 年 5 项任务（全文）》，中财网，2014 年 12 月 11 日，http：//news. cnfol. com/guoneicaijing/20141211/19676282. shtml。

《中央经济工作会议首次阐释新常态九大特征：稳增长成明年首务》，http：//www. guancha. cn/economy/2014_ 12_ 12_ 303130. shtml，2014 年 12 月 12 日。

中国科技统计，http：//www. sts. org. cn。

中国人民银行：《2016 中国区域金融运行报告》，http：//www. pbc. gov. cn。

中华人民共和国商务部：《中国农产品进出口月度统计报告》。

中华人民共和国新闻出版总署：《2015 年新闻出版产业分析报告》。

钟经文：《挖掘新动力，开拓新格局》，《经济日报》2014 年 12 月 7 日。

周程程：《国家统计局中国经济景气监测中心副主任潘建成：新常态下经济增长仍有三大动力》，每经网，2014 年 10 月 23 日，http：//www. nbd. com. cn/articles/2014 – 10 – 23/870841. html。

周广亮：《基于主成分分析的省级区域竞争力评价》，《经济研究参考》2010 年第 65 期。

周加来：《农村金融体制改革研究，安徽县域经济竞争力报告（2016）》，合肥工业大学出版社，2016。

# B.42
# 后　记

本书是课题组发布的第 11 部“中国省域竞争力蓝皮书”。十余年来，在各方的关怀和支持下，“中国省域竞争力蓝皮书”持续得到了社会各界的关注和认可，产生了积极的社会反响。2013 年 8 月，由中国社会科学院主办的“第十四次全国皮书年会”公布了首批中国社会科学院以外授权使用“中国社会科学院创新工程学术出版项目”标识的优秀皮书，“中国省域竞争力蓝皮书”光荣入列，这是对这部皮书的重要褒奖。2014 年 10 月，中国社会科学院科研局《关于同意 41 种院外皮书使用创新工程学术出版项目标识的批复》显示，“中国省域竞争力蓝皮书”再次入选中国社会科学院创新工程学术出版项目。2015 年 6 月，中国社会科学院科研局批准并正式公布 2016 年 46 种院外皮书使用“中国社会科学院创新工程学术出版项目”标识名单，“中国省域竞争力蓝皮书”又一次入选中国社会科学院创新工程学术出版项目。承蒙社会各界的关心和鼓励，我们必将继续奋力前行。

本书是全国经济综合竞争力研究中心 2016 年重点研究项目成果、中智科学技术评价研究中心 2016 年重点项目研究成果、中央组织部资助的首批青年拔尖人才支持计划（组厅字〔2013〕33 号）和中央组织部第 2 批“万人计划”哲学社会科学领军人才（组厅字〔2016〕37 号）2016 年资助的阶段性成果、中宣部 2014 年入选全国文化名家暨“四个一批”人才工程（中宣办发〔2015〕49 号）2016 年资助的阶段性研究成果、2016 年教育部哲学社会科学研究重大课题（项目编号：16JZD028）和国家社科基金重点项目（项目编号：16AGJ004）以及国家社科基金青年项目（项目编号：14CKS013）资助的阶段性研究成果、福建省社会科学研究基地——福建师范大学竞争力研究中心 2017 年重大项目研究成果、福建省高等学校科技创新团队（闽教科〔2012〕03 号）和福建师范大学创新团队建设计划 2016～2017 年资助的阶段性研究成果，以及福建省特色重点学科和省重点学科福建师范大学理论经济学学科 2014～2016 年重大研究成果。

省域经济是中国经济的重要组成部分，在中国经济发展中发挥了中流砥柱的作用，由此也决定了省域经济越来越引起区域经济发展战略决策者和经济理论界的高度关注。自 2007 年起，由全国经济综合竞争力研究中心福建师范大学分中心具体承担研究的“中国省域竞争力蓝皮书”，已由社会科学文献出版社正式出版了 10 部，分别于 2007 年、2008 年、2009 年、2010 年、2011 年、2012 年、2013 年、2014 年、2015 年和 2016 年全国“两会”期间或前夕在中国社会科学院第一学术报告厅举行新闻发布会，引起了各级政府、学术界和海内外新闻媒体的高度关注，产生了强烈的社会反响。

为全面贯彻落实党的十八大和十八届三中、四中、五中、六中全会以及 2016 年中央经济工作会议精神，课题组结合国内外经济形势对我国各省域经济发展的影响，特别是“十三五”时期国际经济、国内和区域发展对省域经济综合竞争力的影响，进一步深化中国省域经济综合竞争力问题研究。值得一提的是，在国务院发展研究中心管理世界杂志社、中国社会科学院社会科学文献出版社领导的大力支持下，全国经济综合竞争力研究中心福建师范大学分中心具体承担了蓝皮书《中国省域经济综合竞争力发展报告（2015～2016）——供给侧结构性改革与中国区域经济新动能培育》的研究工作，福建师范大学原校长李建平教授亲自担任课题组组长和本书的主编之一，直接指导和参与了本书的研究和审订书稿工作；本书主编之一福建省新闻出版广电局原党组书记、中智科学技术评价研究中心理事长、福建师范大学兼职教授李闽榕博士指导、参与了本书的研究和书稿统改、审订工作；国务院发展研究中心管理世界杂志社社长高燕京先生对本书的研究工作给予了积极指导和大力支持，并担任本书的主编之一；国务院发展研究中心管理世界杂志社竞争力部主任苏宏文同志为本书的顺利完成积极创造了条件。全国经济综合竞争力研究中心福建师范大学分中心常务副主任、福建师范大学经济学院院长黄茂兴教授为本课题的研究从策划到最终完稿做了大量具体工作。

2016 年 3 月以来，课题组着手对省域经济综合竞争力的创新内容、主攻方向、评价方法等问题展开了比较全面和深入研究，跟踪研究 2014～2015 年中国各省、区、市经济发展动态和指标数据，研究对象涉及全国 31 个省级区域，本书 90 多万字，数据采集、录入和分析工作庞杂而艰巨，采集、录入基础数据 1.2 万个，计算、整理和分析数据 4 万多个，共制作简图 100 多幅、统计表格 500 多个，竞争力地图 30 幅。这是一项复杂艰巨的工程，课题组的各位研究人员为完成这项工程付出了艰辛劳动，在此谨向全力支持并参与本项目研究的李军军博士（承担本书第二部分第 1～9 章，按原稿文件统计共计 12.3 万字）、林寿富博士（承担本书第二部分第 10～14 章和第三部分“专题二”部分内容，共计 8.1 万字）、叶琪博士（承担本书第二部分第 15～18 章和第三部分“专题五”部分内容，共计 7.6 万字）、陈洪昭博士（承担本书第二部分第 19～22 章和第三部分“专题三”部分内容，共计 7.2 万字）、王珍珍博士（承担本书第二部分第 23～24 章和第三部分“专题四”部分内容，共计 3.0 万字）、陈伟雄博士（承担本书第二部分第 25～26 章和第三部分“专题一”部分内容，共计 4.6 万字）、唐杰博士（承担本书第二部分第 27 章和第三部分“专题四”部分内容，共计 3.2 万字）、黄新焕博士（承担本书第二部分第 28 章和第三部分“专题五”部分内容，共计 2.7 万字）、郑蔚博士（承担本书第二部分第 29 章和第三部分“专题一”部分内容，共计 2.7 万字）、周利梅博士（承担本书第三部分“专题五”部分内容，共计 2.5 万字）、易小丽博士（承担本书第三部分“专题三”部分内容，共计 1.2 万字）、杨莉莎博士（承担本书第二部分第 30 章和第三部分“专题二”部分内容，共计 2.7 万字）、张宝英博士（承担本书第三部分“专题四”部分内容，共计 1.9 万字），以及博（硕）士研究生吴娟、林惠玲、林瀚、马永伟、兰筱琳、李师源、夏琼、彭席席、张艺婷、黄成、李振、张越、游宇东、张贵平、余学颖、张若琼、史方圆、陈鹏、唐璟怡、肖蕾等同志表示深深的谢意。他们放弃节假日休息时间，每天坚持工作十多个小时，为本报告的数据采集、测算等做了许多细致的工作。

该书也是福建师范大学与福建省人民政府发展研究中心共同组织实施的福建省研究生教育创新基地建设项目——福建省政治经济学研究生教育创新基地的阶段性成果，福建师范大学经济学院各年级研究生通过积极参加本项目的研究，增强了科研意识，提高了创新能力，使经济学院的研究生培养质量有了很大提高。

本书还直接或间接引用、参考了其他研究者的相关研究文献，在此对这些文献的作者表示诚挚的感谢。

社会科学文献出版社的谢寿光社长，社会政法分社王绯社长以及责任编辑曹长香，为本书的出版提出了很好的修改意见，付出了辛苦的劳动，在此一并向他们表示由衷的谢意。

由于时间仓促，本书难免存在疏漏和不足，敬请读者批评指正。

作 者

2016 年 12 月

## 皮书起源

“皮书”起源于十七、十八世纪的英国，主要指官方或社会组织正式发表的重要文件或报告，多以“白皮书”命名。在中国，“皮书”这一概念被社会广泛接受，并被成功运作、发展成为一种全新的出版形态，则源于中国社会科学院社会科学文献出版社。

## 皮书定义

皮书是对中国与世界发展状况和热点问题进行年度监测，以专业的角度、专家的视野和实证研究方法，针对某一领域或区域现状与发展态势展开分析和预测，具备原创性、实证性、专业性、连续性、前沿性、时效性等特点的公开出版物，由一系列权威研究报告组成。

## 皮书作者

皮书系列的作者以中国社会科学院、著名高校、地方社会科学院的研究人员为主，多为国内一流研究机构的权威专家学者，他们的看法和观点代表了学界对中国与世界的现实和未来最高水平的解读与分析。

## 皮书荣誉

皮书系列已成为社会科学文献出版社的著名图书品牌和中国社会科学院的知名学术品牌。2016 年，皮书系列正式列入“十三五”国家重点出版规划项目；2012~2016 年，重点皮书列入中国社会科学院承担的国家哲学社会科学创新工程项目；2017 年，55 种院外皮书使用“中国社会科学院创新工程学术出版项目”标识。

# 中国皮书网

发布皮书研创资讯，传播皮书精彩内容
引领皮书出版潮流，打造皮书服务平台

## 栏目设置

关于皮书：何谓皮书、皮书分类、皮书大事记、皮书荣誉、
皮书出版第一人、皮书编辑部

最新资讯：通知公告、新闻动态、媒体聚焦、网站专题、视频直播、下载专区

皮书研创：皮书规范、皮书选题、皮书出版、皮书研究、研创团队

皮书评奖评价：指标体系、皮书评价、皮书评奖

互动专区：皮书说、皮书智库、皮书微博、数据库微博

## 所获荣誉

2008 年、2011 年，中国皮书网均在全国新闻出版业网站荣誉评选中获得“最具商业价值网站”称号；

2012 年，获得“出版业网站百强”称号。

## 网库合一

2014 年，中国皮书网与皮书数据库端口合一，实现资源共享。更多详情请登录 www.pishu.cn。

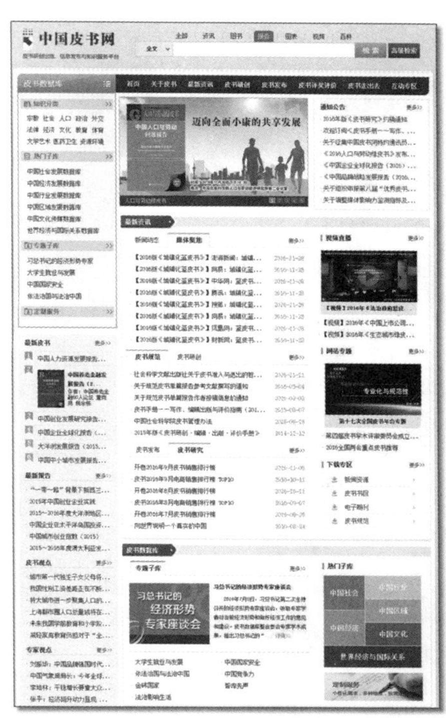

# S 子库介绍
# Sub-Database Introduction

## 中国经济发展数据库

涵盖宏观经济、农业经济、工业经济、产业经济、财政金融、交通旅游、商业贸易、劳动经济、企业经济、房地产经济、城市经济、区域经济等领域，为用户实时了解经济运行态势、把握经济发展规律、洞察经济形势、做出经济决策提供参考和依据。

## 中国社会发展数据库

全面整合国内外有关中国社会发展的统计数据、深度分析报告、专家解读和热点资讯构建而成的专业学术数据库。涉及宗教、社会、人口、政治、外交、法律、文化、教育、体育、文学艺术、医药卫生、资源环境等多个领域。

## 中国行业发展数据库

以中国国民经济行业分类为依据，跟踪分析国民经济各行业市场运行状况和政策导向，提供行业发展最前沿的资讯，为用户投资、从业及各种经济决策提供理论基础和实践指导。内容涵盖农业，能源与矿产业，交通运输业，制造业，金融业，房地产业，租赁和商务服务业，科学研究，环境和公共设施管理，居民服务业，教育，卫生和社会保障，文化、体育和娱乐业等 100 余个行业。

## 中国区域发展数据库

对特定区域内的经济、社会、文化、法治、资源环境等领域的现状与发展情况进行分析和预测。涵盖中部、西部、东北、西北等地区，长三角、珠三角、黄三角、京津冀、环渤海、合肥经济圈、长株潭城市群、关中—天水经济区、海峡经济区等区域经济体和城市圈，北京、上海、浙江、河南、陕西等 34 个省份及中国台湾地区 。

## 中国文化传媒数据库

包括文化事业、文化产业、宗教、群众文化、图书馆事业、博物馆事业、档案事业、语言文字、文学、历史地理、新闻传播、广播电视、出版事业、艺术、电影、娱乐等多个子库。

## 世界经济与国际关系数据库

以皮书系列中涉及世界经济与国际关系的研究成果为基础，全面整合国内外有关世界经济与国际关系的统计数据、深度分析报告、专家解读和热点资讯构建而成的专业学术数据库。包括世界经济、国际政治、世界文化与科技、全球性问题、国际组织与国际法、区域研究等多个子库。

# 法律声明